BIBLIOTECA TEOLÓGICA VIDA

8

DE
Pentecostés
A
Patmos

UNA INTRODUCCIÓN A LOS LIBROS DE HECHOS A APOCALIPSIS

Craig L. Blomberg

Vida®

DE PENTECOSTÉS A PATMOS. UNA INTRODUCCIÓN A LOS LIBROS DE HECHOS A APOCALIPSIS

Edición en español publicada por
Editorial Vida – 2011
Miami, Florida

©2011 por CRAIG L. BLOMBERG

Originally published in the U.S.A. under the title:
From Pentecost to Patmos. An introduction to Acts through Revelation
Copyright © 2006 by Craig L. Blomberg
Published by permission of Wm. B. Eerdmans Publishing Company, Grand Rapids, Michigan.

Traducción: *Dorcas González Bataller y Juan Carlos Martín Cobano*
Edición: *Anabel Fernández Ortiz y Juan Carlos Martín Cobano*
Diseño interior: *José Luis López González*

ISBN: 978–0–8297–5386–8

CATEGORÍA: Comentario bíblico / Nuevo Testamento

IMPRESO EN ESTADOS UNIDOS DE AMÉRICA
PRINTED IN THE UNITED STATES OF AMERICA

11 12 13 14 15 ❖ 8 7 6 5 4 3 2 1

Dedicatoria

Τῇ Μαριάμ
ἀδελφῇ γνησίᾳ ἐν τῇ πίστει

ÍNDICE

PARTE 1

LOS HECHOS DE LOS APÓSTOLES

PARTE 2

PABLO Y SUS CARTAS

PARTE 3

OTROS ESCRITOS DEL NUEVO TESTAMENTO

Abreviaturas de publicaciones periódicas

ABR	*Australian Biblical Review*
AJT	*Asia Journal of Theology*
AUSS	*Andrews University Seminary Studies*
BBR	*Bulletin for Biblical Research*
BI	*Biblical Interpretation*
Bib	*Biblica*
BibRes	*Biblical Research*
BSac	*Bibliotheca Sacra*
BT	*Bible Translator*
BTB	*Biblical Theology Bulletin*
CBQ	*Catholic Biblical Quarterly*
CBR	*Currents in Biblical Research*
CT	*Christianity Today*
CTJ	*Calvin Theological Journal*
CTR	*Criswell Theological Review*
EJT	*European Journal of Theology*
EQ	*Evangelical Quarterly*
ET	*Expository Times*
ExAud	*Ex Auditu*
FN	*Filología Neotestamentaria*
GTJ	*Grace Theological Journal*
HBT	*Horizons in Biblical Theology*
HTR	*Harvard Theological Review*
Int	*Interpretation*
JAAR	*Journal of the American Academy of Religion*
JBL	*Journal of Biblical Literature*
JETS	*Journal of the Evangelical Theological Society*
JPT	*Journal of Pentecostal Theology*
JSNT	*Journal of Theological Studies*
LS	*Louvain Studies*
Neot	*Neotestamentica*
NovT	*Novum Testamentum*
NTS	*New Testament Studies*
PRS	*Perspectives in Religious Studies*
PSB	*Princeton Seminary Bulletin*
RB	*Revue biblique*
RestQ	*Restoration Quarterly*
RevExp	*Review and Expositor*
RevQ	*Revue de Qumrán*
SJT	*Scottish Journal of Theology*
ST	*Studia Theologica*
STJ	*Stulos Theological Journal*

SWJT	Southwestern Journal of Theology
TrinJ	Trinity Journal
TS	Theological Studies
TynB	Tyndale Bulletin
USQR	Union Seminary Quarterly Review
VC	Vigilae Christianae
WTJ	Westminster Theological Journal
WW	Word and World
ZNW	Zeitschrift für die neutestamentliche Wissenschaft

Abreviaturas de series y editoriales

AB	Anchor Bible
ANTC	Abingdon New Testament Commentary
BBC	Blackwell Bible Commentaries
BECNT	Baker Exegetical Commentary on the New Testament
BNTC	Black's New Testament Commentary
BIP	Biblical Institute Press
BST	Bible Speaks Today
CBAA	Catholic Biblical Association of America
CUP	Cambridge University Press
ECC	Eerdmans Critical Commentary
HNTC	Harper's New Testament Commentary
ICC	International Critical Commentary
IVP	Inter–Varsity Press
IVPNTC	Inter–Varsity Press New Testament Commentary
JSOT	Journal for the Study of the Old Testament
LUP	Leuven University Press
NAC	New American Commentary
NCB	New Century Bible
NCBC	New Cambridge Bible Commentary
NIBC	New International Biblical Commentary
NICNT	New International Commentary on the New Testament
NIGTC	New International Greek Testament Commentary
NIVAC	NIV Application Commentary
NTC	New Testament Commentary
NTG	New Testament Guides
NTinCont	New Testament in Context
OUP	Oxford University Press
PIB	Pontificio Istituto Biblico
PNTC	Pillar New Testament Commentary
SAP	Sheffield Academic Press
SBL	Society of Biblical Literature
SBS	Standard Bible Studies
SCM	Student Christian Movement

SHBC	Smyth & Helwys Bible Commentary
SP	Sacra Pagina
SPCK	Society for the Promotion of Christian Knowledge
THNTC	Two Horizons New Testament Commentary
TNTC	Tyndale New Testament Commentary
UBS	United Bible Societies
UPA	University Press of America
WBC	Word Biblical Commentary
WJKP	Westminster John Knox Press
ZEC	Zondervan Exegetical Commentary

Agradecimientos

Puede que para crear un libro no haga falta un pueblo entero, pero ha sido mucha la gente que me ayudó a que este libro viera la luz, y a todos ellos quiero darles las gracias. En primer lugar, a los alumnos de mis clases, universitarios y de postgrado, durante un periodo de veintidós años, en lugares tan diversos como Palm Beach Atlantic College, West Palm Beach, Florida; Sangre de Cristo Seminary, Westcliffe, Colorado; University of Colorado, Boulder; Southern Baptist Theological Seminary, Louisville, Kentucky; Saint Petersburg Christian University, Rusia; Irish Bible Institute, Dublín, Irlanda; Bible College of Victoria, Melbourne, Australia; Moore College, Sydney, Australia; y sobre todo Denver Seminary, Englewood y Littleton, Colorado. Ellos leyeron y trabajaron las versiones previas de este material, ayudándome a ver qué era importante y qué no lo era, y qué cosas estaban claras y qué cosas no lo estaban.

También tengo que dar las gracias al Institute of Theological Studies (ITS) de Grand Rapids, Michigan, cuya invitación a través de Harold van Broekhoven a crear una serie de grabaciones con un temario más extenso para un curso por correspondencia sobre las Epístolas y Apocalipsis. Todo ese material se publicó en 1995 en un solo volumen la mitad de extenso que éste, y en el año 2000 se publicó una revisión. *Outreach, Incorporated*, del que ITS formaba parte, me permitió mantener los derechos de autor de todo ese material, con el que elaboré un *dossier* para poder revisarlo y elaborarlo más si surgía la oportunidad.

De igual modo quiero mostrar mi gratitud a la Facultad y a la Junta del Denver Seminary, que me dieron la oportunidad de contar con un tiempo sabático en la primavera de 2004, lo que me permitió hacer el trabajo de investigación necesario y producir esta edición (también, pude elaborar el material sobre Hechos, pues hasta ese momento no había redactado nada que pudiera ser publicado). El Dr. Philip Duce, editor de obras teológicas en Inter-Varsity Press en el Reino Unido, y su homólogo en B & H Publishing Group, el Dr. John Landers, fueron de mucha ayuda para la producción de este volumen, igual que ya lo había sido con el volumen anterior. Y, claro está, ningún editor trabaja en solitario, sino rodeado de un personal competente.

Varios compañeros de trabajo y estudiantes me ayudaron con las tareas de transcribir, corregir, editar y añadir las referencias. En especial doy gracias a Jeanette Freitag, empleada de la Facultad, a Elodie Emig, profesora de griego y de Nuevo Testamento, a Michael Hemenway, estudiante del Máster y empleado de Servicios de Información, y a Jennifer Foutz, que también trabajó para mí en su último año de Máster. Jeannette trabajó sin descanso y siempre con alegría y de forma muy competente editando todos los proyectos escritos que yo le hacía llegar. Elodie revisó de forma concienzuda todas las citas y pies de página. Mike convirtió mis presentaciones de PowerPoint en documentos Word para que yo pudiera utilizar toda esa información para completar mi libro, mientras que Jennifer revisó todo el manuscrito y elaboró un primer borrador de las preguntas que aparecen al final de cada sección. También leyó un elevado número de libros recientes una vez entregamos el manuscrito y mientras esperábamos las pruebas de página, subrayando cuestiones que quizá yo querría incorporar en este volumen, para que fuera lo más actualizado posible. Estoy en deuda con todos ellos, pues gracias a su labor pudimos publicar el libro muy pronto, y tenemos un texto mucho más preciso y más fluido de lo que habría sido sin su ayuda inestimable.

El personal de la biblioteca Carey S. Thomas en el Denver Seminary fue de mucha ayuda, como siempre. Jeannette France atendió mis consultas de búsqueda con una dedicación extraordinaria, más allá de lo que era su deber. La encargada de la librería, Kim Backlund, y su equipo siempre estuvieron prestos a ayudarme con los pedidos o el préstamo interbibliotecario para poder estar al tanto de las nuevas publicaciones académicas antes de que éstas llegaran a las librerías. Kim, en particular, invirtió mucho de su tiempo personal para encontrar nuevos materiales que yo aún no conocía, y su ánimo fue clave en los momentos de la investigación en los que yo me sentí abrumado.

Pero sobre todo, quiero destacar la ayuda sin igual de Miriam Kamell, que pronto tendrá el título de Doctora. Ella fue mi ayudante de investigación durante los dos cursos académicos entre el 2003 y el 2005, y trabajó en este proyecto de una forma incansable. Sin su trabajo, sobre todo la tarea de revisar mucha de la literatura académica reciente sobre los libros que van de Hechos a Apocalipsis, este libro no podría haber salido en la fecha en la que salió, ni contendría un informe tan amplio sobre lo que los estudiosos dicen *a día de hoy* (también de posicionamientos diferentes al mío). Cuando, a causa de la reaparición de una lesión por estrés repetitivo, estuve convaleciente durante tres meses (primavera de 2004), ella se hizo cargo de gran parte de la trascripción que yo estaba realizando. Tuvo que soportar mis cambios de humor debidos a mi estado de salud, y más adelante con mucho amor me perdonó uno o dos ataques de impaciencia, que fueron principalmente fruto de la frustración que me había provocado el asumir demasiadas actividades profesionales y el verme incapaz de completar mis proyectos en el tiempo que me había propuesto. En 2004-06 pasó a ser una compañera de trabajo muy valiosa como profesora adjunta de nuestro Departamento de Nuevo Testamento, trabajo que combinaba con su Doctorado en la Universidad de Saint Andrews, Escocia. Su optimismo y su estilo de vida santo son una inspiración para muchos, no solo para mí. Por tanto, quiero dedicar esta obra a Miriam, con la confianza de que el Señor le dará al menos tanta satisfacción y gozo en su vida profesional y ministerio como profesora y erudita de Nuevo Testamento como me ha dado a mí. Pero a Dios sea toda la gloria.

Introducción

Cuando una película tiene un gran éxito de taquilla, muchos productores deciden hacer una continuación. La segunda parte (y tercera, etcétera) no suele estar tan elaborada como la primera. No obstante, siempre aparece la excepción que confirma la regla, y alguien logra crear una larga serie. El ejemplo contemporáneo más famoso es la saga de *La Guerra de las Galaxias*. Sus seis episodios, distribuidos por todo el mundo, nos tuvieron en vilo durante tres décadas.

En 1997 tuve el privilegio de publicar mi libro *Jesus and the Gospels: An Introduction and Survey*.[1] Durante muchos años estuve enseñando sobre ese tema tanto a estudiantes universitarios como de postgrado. Y mis notas se fueron convirtiendo en un material muy completo, que era el que distribuía a mis estudiantes. Cuando Broadman & Holman Publishers se dispusieron a buscar un libro introductorio sobre esta misma materia, fue para mí un placer desarrollar aún más el material que ya estaba usando y cederlo para su publicación. Fue una grata sorpresa que Inter-Varsity en el Reino Unido quisiera publicar una edición para el mundo anglosajón británico.

En aquel entonces no se me había pasado por la mente escribir una segunda parte. Broadman & Holman ya habían acordado que John B. Polhill escribiría una introducción similar al libro de los Hechos y a la literatura paulina, y ésta apareció en 1999 bajo el título de *Paul and His Letters*, un libro extraordinario, muy completo pero a la vez muy fácil de usar. No obstante, quedé muy animado ante la buena acogida de *Jesus and the Gospels*. Igualmente, muchos miembros de iglesia (gente que no eran estudiantes de seminario, ni pastores) me comentaban lo útil que les estaba resultando mi libro para un estudio personal profundo.

Pronto, varias personas contactaron conmigo para preguntarme qué libros de texto usaba cuando enseñaba sobre Hechos hasta Apocalipsis. Les expliqué que mis notas también estaban empezando a ser muy completas. De hecho, en 1995 realicé una primera edición de una introducción y comentario a las Epístolas y al Apocalipsis (en forma de dossier) para una serie de conferencias en *cassette* que el Institute of Theological Studies usaba en sus cursos a distancia. Para el libro de los Hechos, aún daba a mis alumnos unas fotocopias que contenían el esquema del libro, pero poco a poco había ido añadiendo información y el material que les entregaba se había convertido en un pequeño dossier de treinta páginas. Por ello, a principios del nuevo milenio empecé a completar de forma seria y concienzuda lo que sería la segunda parte de mi primer libro. Las dos editoriales con las que había publicado el primero se mostraron interesadas, así que fui adelante con la investigación. John Landers fue quien me sugirió el título *From Pentecost to Patmos (De Pentecostés a Patmos)*.

---

1. Nashville: Broadman & Holman; Leicester: IVP.

En el primer semestre de los cursos 2004-2005 y 2005-2006, les pedí a mis alumnos de la asignatura sobre los Evangelios y Hechos que leyeran el borrador del material sobre Hechos. Y en el segundo semestre les pedí a los alumnos de la asignatura sobre las Epístolas y el Apocalipsis que comentaran mi borrador sobre el resto del Nuevo Testamento. Si nuestro seminario aún estuviera funcionando por trimestres, *Jesus and the Gospels* encajaría perfectamente en el primer trimestre, y *De Pentecostés a Patmos*, en el segundo y tercer trimestre.[2] Pero el Denver Seminary, como la mayoría de las instituciones de estudios superiores en los EE.UU. en los últimos años, ha pasado a funcionar por semestres, por lo que la división de la materia resulta ahora un tanto desproporcionada.

Me anima el hecho de que la introducción al Nuevo Testamento en dos volúmenes de Ralph Martin ha dejado un precedente a favor de la división que yo también presento, y ha sido bastante útil para una generación de estudiantes de Teología.[3] No planeo escribir una larga saga; ¡no tengo la especialización necesaria del Antiguo Testamento como para elaborar «precuelas» como hizo George Lucas con la saga de *La Guerra de las Galaxias*! Pero si los que se sacaron provecho de *Jesus and the Gospels* creen que este nuevo volumen es un compañero útil, no habré perdido el tiempo y me daré por satisfecho.

Como el primer libro, éste intenta ofrece al lector una guía de todo lo que a mi entender un estudiante de teología debería saber sobre los libros bíblicos tratados. Hasta ahora, las «introducciones» recogían información sobre el trasfondo de un libro en cuestión: autor, fecha, receptores, procedencia, propósito, género literario, esquema y teología. Y los «comentarios», mostraban el contenido de los libros de las Escrituras de forma secuencial, después de un breve comentario que apenas incluía información sobre el trasfondo. Sin embargo, cada vez más, las introducciones incluyen más comentario, y los comentarios, más información sobre el trasfondo. Las introducciones más recientes han sabido ver que el estudiante de teología de hoy necesita aprender sobre los contenidos y sobre las implicaciones de los textos bíblicos, y por eso están incluyendo ese tipo de información, cosa que antes no hacían.[4] Algunas subrayan formas de análisis más especializadas que se han hecho populares en los últimos años, como la crítica literaria y la crítica sociológica,[5] o se centran en cuestiones teológicas mucho más que antes, pues esa era la tarea de la «teolo-

---

2. *N. de la T.* Aunque aún no se ha traducido *Jesus and the Gospels* escrito por Blomberg al español, sí hemos traducido otra buena introducción a los Evangelios: Robert Stein, *Jesús, el Mesías: Un estudio de la vida de Cristo* (Terrassa: Clie, 2006).

3. Ralph P. Martin, *New Testament Foundations*, 2 vols. (Grand Rapids: Eerdmans; Carlisle: Paternoster, 1975-78).

4. P. ej., Paul J. Achtemeier, Joel B. Green y Marianne M. Thompson, *Introducing the New Testament: Its Literature and Theology* (Grand Rapids y Cambridge: Eerdmans, 2001); D. A. Carson y Douglas J. Moo, *Una Introducción al Nuevo Testamento* (Terrassa: CLIE, 2008).

5. Ver esp. David A. deSilva, *An Introduction to the New Testament: Contexts, Methods and Ministry Formation* (Downers Grove y Leicester: IVP, 2004).

gía bíblica».[6] Generalmente, todos estos acercamientos dan por sentado que las clases en el seminario son un complemento al libro de texto, porque en clase se trata la exégesis de pasajes importantes y se explica de forma más detallada las controversias interpretativas.

Mi experiencia me ha llevado a un procedimiento más bien opuesto a lo anterior. Lo que interesa a la mayoría de los estudiantes del siglo XXI y lo que más necesitan para el ministerio y para la vida en general es conocer bien el significado de los textos de las Escrituras. Todos los demás temas son importantes, pero no son lo principal. Así que he intentado tratar las cuestiones introductorias más relevantes con el detenimiento suficiente como para proporcionar el trasfondo necesario para interpretar correctamente los libros del Nuevo Testamento, con notas a pie de página donde remito a bibliografía donde el lector puede encontrar un estudio más profundo. No obstante, he dedicado casi todo el espacio al estudio propiamente de la estructura y el contenido de cada libro, los puntos principales de cada sección, las características exegéticas distintivas y los elementos clave para la aplicación a nuestros días. Por tanto, si hay estudiantes que no asisten a clase pero conocen y comprenden lo que escribo en este libro, quedo con la conciencia tranquila porque lo que aquí encontrarán un fundamento levantado sobre la literatura bíblica que esta obra cubre.

¡Aunque está claro que aprenderán mucho más si asisten a clase! En clase, hacemos una gran variedad de actividades: concursos periódicos como un incentivo para aprender bien los contenidos del libro de texto; breves reseñas de los puntos principales de cada sección, «miniconferencias» adicionales para desarrollar algunos temas clave más allá de lo que aparece en el libro o para introducir temas relacionados que ni siquiera aparecen en el libro; pausas en el temario para debatir y evaluar las lecturas y para tener un tiempo de preguntas y respuestas (los estudiantes hacen preguntas, y yo hago preguntas), estudio de casos prácticos, y otros tipos de aplicación. Las diapositivas y clips pueden ser muy útiles para que los estudiantes puedan ver el mundo del Nuevo Testamento como algo vivo; las presentaciones en PowerPoint (gráficos, mapas) sirven para clarificar, ilustrar y reforzar ideas importantes. También, los estudiantes internacionales o de culturas minoritarias (o estudiantes con experiencia transcultural) pueden aportar detalles que la mayoría de estudiantes nunca habrían considerado por sí mismos.

Como en *Jesus and the Gospels*, adopto una perspectiva ampliamente evangélica. En la bibliografía, gran parte de las fuentes, especialmente en las secciones de comentario, son obras de autores evangélicos. Pero he realizado una extensa investigación, leyendo a estudiosos de diferentes trasfondos, y he intentado ofrecer una muestra representativa de las diferentes convicciones teológicas. En cuanto a los pasajes más polémicos, es casi imposible hacer justicia a todos los puntos de vista, pero cuando soy honesto y digo una y otra vez a mis estudiantes que tienen la libertad de no estar de acuerdo conmigo,

---

6. Ver esp. Carl R. Holladay, *A Critical Introduction to the New Testament: Interpreting the Message and Meaning of Jesus Christ* (Nashville: Abingdon, 2005).

escuchan con buena actitud y leen con interés mi perspectiva. Tienen la oportunidad de explorar las diferentes opciones tanto en clase, como a través de los trabajos escritos, ya sean temáticos o exegéticos. Espero también que un gran número de profesores vean el valor de este libro y se acerquen a él de forma similar; es decir, espero que no piensen que el libro solo tiene valor si ellos están de acuerdo con todos o casi todos mis puntos de vista, y espero que vean que con este libro, los estudiantes podrán aprender y entender una perspectiva evangélica muy extendida. (No suelo adoptar una posición respaldada tan solo por unos pocos comentaristas). Y luego, en el aula, pueden complementar las perspectivas que yo expongo con cualquier otra u otras aproximaciones que quieran explicar.

La estructura general del libro es bastante lógica. El primer capítulo está dedicado al libro de Hechos, porque es el libro que aparece inmediatamente después de los Evangelios en el canon, y porque nos ayuda a entender el contexto en el que se escribieron muchas de las epístolas. En la sección sobre las epístolas paulinas, las cartas aparecen el orden cronológico que hemos reconstruido teniendo en cuenta la mejor información a nuestro alcance. Estos capítulos están precedidos por una introducción a la vida y ministerio de Pablo que incluye, entre otras cosas, una explicación de por qué en el canon las epístolas están ordenadas de forma distinta. La fechación de las demás epístolas (Hebreos, Santiago, 1ª y 2ª Pedro, 1ª, 2ª y 3ª Juan, y Judas) es más difícil de determinar. Pero una posible cronología, que es la que seguimos aquí, es Santiago, Hebreos, 1ª Pedro, Judas, 2ª Pedro, y 1ª, 2ª y 3ª Juan.[7] Apocalipsis es, con casi toda seguridad, el último libro del Nuevo Testamento que se escribió.

A lo largo de la historia de la iglesia, estas epístolas han pasado a llamarse las epístolas «generales» o «católicas» (el sentido original del término *católico* es, simplemente, «universal»), porque se creía que no estaban dirigidas a una iglesia específica o a un grupo de iglesias concreto. Hoy, esta idea ha quedado casi universalmente descartada, como explicaremos más adelante. Pero esa creencia explica por qué se catalogan bajo una misma sección. Después de aparecer en órdenes diferentes, la secuencia que seguimos hoy, al parecer, responde principalmente a los dos factores siguientes: en primer lugar, porque dada la importancia y la influencia de Pablo desde el principio del cristianismo, de forma natural sus cartas se colocaron antes de las demás; y, en segundo lugar, porque las cartas «generales» también parecen haber sido ordenadas según la importancia de sus autores en la vida de los primeros cristianos. Santiago fue el primer anciano de la iglesia de Jerusalén y era hermano biológico de Jesús, Pedro fue el líder de los apóstoles y Juan fue uno de los discípulos más cercanos, mientras que Judas es el menos conocido de los cuatro.

---

7. La divergencia más clara tiene que ver con la carta de Judas, que podría ser anterior a las demás epístolas generales, a excepción quizás de Santiago. Pero dada la estrecha relación literaria con 2ª Pedro, tiene sentido tratarla cuando tratamos 2ª Pedro.

Ninguno de los manuscritos más antiguos de Hebreos hace mención a su autoría. Algunos padres de la iglesia pensaron que había sido escrito por Pablo; pero otros muchos no pensaron así. Así que con el tiempo se «asentó» entre las epístolas paulinas y las supuestamente más generales. Sabemos que Apocalipsis no es una carta *per se*, aunque contiene siete cartas que ocupan dos de sus capítulos, y contiene algunas otras características del género epistolar. Pero Apocalipsis es predominantemente literatura apocalíptica y profética. Dado que su contenido culmina con los sucesos que acompañan la Segunda Venida de Cristo, el final de la historia de la humanidad, y los cielos nuevos y la tierra nueva, es lógico que, independientemente de su fechación, aparezca al final de la Biblia. No obstante, sí se cree que fue el último libro que se escribió.

El comentario de cada libro empieza con ciertas consideraciones introductorias. A continuación, en forma de comentario aparecen observaciones sobre los detalles más importantes, interesantes, pertinentes y/o polémicos del libro. Después, está el comentario pasaje a pasaje (y a veces versículo a versículo), con notas al pie donde hay conceptos especializados o citas, o donde se hace necesario dar bibliografía complementaria. Y por último, concluimos con algunos comentarios sobre la aplicación contemporánea de cada libro y una bibliografía para un estudio más profundo. Los comentarios que aparecen en la bibliografía están organizados bajo las siguientes categorías: avanzados, para los que se requiere cierto conocimiento de griego; intermedios, un comentario detallado aunque no extremadamente técnico del texto en inglés escrito por personas que conocen la lengua original y el debate académico; e introductorios, más breves y más centrados en la aplicación, pero aun así están basados en los estudios académicos más recientes que realizan sus investigaciones usando textos originales en las lenguas originales.

EL CANON DEL NUEVO TESTAMENTO	
Evangelios	Mateo
	Marcos
	Lucas
	Juan
	Hechos
	Cartas de Pablo a las iglesias (ordenadas de más extensas a menos extensas)

	Cartas de Pablo a personas concretas (ordenadas de más extensas a menos extensas)
Epístolas generales	Hebreos Santiago 1ª y 2ª Pedro 1ª, 2ª y 3ª Juan Judas
	Apocalipsis

Aunque he estado leyendo bibliografía y trabajos académicos procedentes de otras culturas y en otros idiomas, en las notas al pie solo incluyo bibliografía en inglés que a día de hoy se puede conseguir fácilmente. Para hacer de este libro de texto una herramienta más útil, algunas palabras o ideas importantes aparecen en cursiva, y hemos puesto preguntas de repaso, mapas, tablas y diagramas.

En mi volumen anterior, acabé la introducción invitando a los lectores a poner en práctica la crítica constructiva, sobre todo teniendo en cuenta la utilidad de esta obra para la enseñanza teológica. Mantengo la invitación. Mi meta es que los lectores lleguen a una mejor comprensión del cristianismo del siglo I, y de la literatura que produjo y que se acogió como sagrada. Y que, gracias a esa comprensión, amen aún más al Señor Jesucristo, al que adoraba aquella iglesia incipiente, que pasó sufrimiento y dificultades muy similares a las que sufre la iglesia de hoy en muchas partes del mundo, por más que haya avances culturales y tecnológicos, que muchas veces encubren los duros retos con los que la iglesia se enfrenta.

PARTE 1
LOS HECHOS DE LOS APÓSTOLES

1

HECHOS: EL EVANGELIO SE EXTIENDE

INTRODUCCIÓN

LA SINGULARIDAD DE HECHOS

El quinto libro del Nuevo Testamento es único en varios sentidos. *En primer lugar, es la única «secuela» o «continuación» intencional que encontramos en el canon.* Lucas es el único evangelista que continúa su narración recogiendo la historia de la primera generación de cristianos. Y aunque la escritura de alguna de las epístolas provocó la escritura de una segunda carta, que sepamos, en ningún caso la segunda carta ya estaba en la mente del autor cuando escribió la primera. Por tanto, no podemos entender de forma completa el libro de los Hechos si primero no tenemos en cuenta el Evangelio de Lucas.[1] Aunque esta afirmación resulta lógica, la cuestión es que esa realidad muchas veces se pierde de vista porque al haberse agrupado los cuatro Evangelios, Juan se ha intercalado entre el primer y el segundo volumen de Lucas.[2]

En segundo lugar, los contenidos de Hechos continúan siendo únicos. Es el único libro que recoge el periodo entre la crucifixión de Jesús (probablemente en el año 30 d.C.) y el final del ministerio de Pablo (o, al menos, cerca del final de su ministerio, en algún momento de los años sesenta). En muchas ocasiones se ha dicho que el título tradicional de «Los Hechos de los Apóstoles» es engañoso, porque el único de los doce que tiene un papel prominente es Pedro. El personaje humano que más destaca es Pablo, que se veía a sí mismo como un apóstol, pero no uno de los doce. Aparte de eso, Juan aparece en alguna ocasión y se menciona el nombre de los otros diez; pero el resto de personajes que aparecen en Hechos no son apóstoles. Quizá debería haberse titulado «Los Hechos de Pedro y Pablo», o mejor, «Los Hechos del Espíritu Santo», puesto que Lucas en todo momento deja claro que la obra de la iglesia primitiva está dirigida por el Espíritu Santo.[3] No obstante, independientemente de la idoneidad del título, *se trata de la única obra dentro y fuera del canon de las Escrituras que describe la primera generación de la iglesia.* Por tanto, si se habla de la

---

1. Ver Craig L. Blomberg, *Jesus and the Gospels: An Introduction and Survey* (Nashville: Broadman & Holman, 1997), 140–55, y las obras allí citadas.
2. Cf. I. Howard Marshall, «Acts and the Former Treatise», en *The Book of Acts in Its Ancient Literary Setting*, vol. 1, eds. Bruce W. Winter y Andrew D. Clarke (Grand Rapids: Eerdmans; Carlisle: Paternoster, 1993), 163–82.
3. Justo L. González, *Acts: The Gospel of the Spirit* (Maryknoll: Orbis, 2001), 8.

«iglesia del Nuevo Testamento» como modelo para la vida cristiana de cualquier época y lugar, se tendrá que realizar un estudio concienzudo de Hechos.

En tercer lugar, esta obra es única en cuanto a los problemas de aplicación que plantea. A diferencia de las epístolas, ofrece muy pocas enseñanzas «formales». Incluso los cuatro Evangelios, con el énfasis que hacen en la instrucción ética de Jesús, contienen más material explícitamente didáctico que el libro de los Hechos. La mayor parte del contenido consiste en diversas escenas en las que aparecen los personajes que Lucas ha querido destacar. Los lectores posteriores frecuentemente se hacen preguntas como las siguientes: «¿Cuál es la norma?». «¿Cuáles son los ejemplos que hemos de imitar, y cuáles los que hemos de evitar?». O, «¿Algunos sucesos tan solo están ahí porque ocurrieron y porque luego servirían para explicar el desarrollo de aquella iglesia naciente?». *Un axioma hermenéutico fundamental para responder estas preguntas es distinguir patrones de conducta que se repiten en diferentes contextos a lo largo de todo el libro (y en el resto del Nuevo Testamento también) y patrones que varían de un contexto a otro.* Lucas, como narrador, también da pistas indirectas cuando menciona la bendición de Dios como resultado de una actividad concreta, un indicativo más de su naturaleza pedagógica.[4]

Por último, el libro de los Hechos ocupa una posición única en el progreso de la revelación de Dios a la humanidad. La primera generación de cristianos constituyó claramente un periodo de transición entre la era de la ley y la era del evangelio. El día después de Pentecostés, nadie se levantó en Jerusalén anunciando el final del antiguo pacto y el inicio del nuevo. Los seguidores de Jesús se dieron cuenta del significado y las implicaciones de su vida, muerte y resurrección de una forma muy gradual. De forma paralela al desarrollo en la comprensión, el primer grupo de discípulos de Jesús en una generación pasó de ser una secta exclusivamente judía de Jerusalén a un movimiento predominantemente gentil extendido por todo el Imperio Romano. Así, mientras que muchos incidentes en Hechos reflejan a cristianos, especialmente judíos, que aún observaban la ley, el énfasis teológico de Lucas subraya cómo el cristianismo se liberó de la ley. Esta libertad (que no se puede usar como excusa para pecar) es lo que quedó como normativa una vez finalizado ese periodo de transición.[5]

AUTORÍA

Al comparar los prefacios de Lucas y Hechos, junto con el estilo de las dos narraciones, casi todos los estudiosos, por no decir todos, están convencidos de que el autor de estos dos volúmenes tiene que ser la misma persona. Pero, ¿quién? Estrictamente hablando, Hechos, como los cuatro Evangelios, es anónimo. Que sepamos, los títulos de los libros no salían en los documentos originales y, probablemente, se añadieron por primera vez en el siglo II, cuan-

---

4. Encontrará una buena explicación de este tema en Walter L. Liefeld, *Interpreting the Book of Acts* (Grand Rapids: Baker, 1995).

5. Craig L. Blomberg, «The Law in Luke–Acts», *JSNT* 22 (1984); 53–80.

do empezaron a compilarse algunos de los libros del Nuevo Testamento.[6] *Sin embargo, el testimonio de los padres de la iglesia afirma de forma unánime que Lucas, al que Pablo llama su «querido médico» (Col 4:14), era el autor*, al parecer un hombre gentil, puesto que Pablo lo menciona solo después de haber mencionado a «los únicos judíos» que han seguido colaborando con él (v. 11). La tradición de la iglesia también comenta esas secciones de Hechos en las que el autor pasa de escribir en tercera persona del singular, a escribir en primera persona del plural (describiendo lo que «hicimos»), y lo atribuye a que en esas ocasiones Lucas estaba con Pablo (16:10–17; 20:5–21:18; 27:1–28:16).[7] Sin embargo, en tiempos modernos, los estudiosos han propuesto al menos otras dos opciones. La primera, este material escrito en primera persona del plural podría tratarse del diario, las memorias, o la historia oral de un testigo ocular y compañero de Pablo, a quien el autor del libro consultó.[8] Otros, en cambio, piensan que se trata de un recurso literario completamente artificial, basado en prácticas similares, como por ejemplo el caso de las narraciones de viajes por mar de algunos personajes de historias grecorromanas, incluso cuando el autor no tenía ningún tipo de relación con las participantes de esas aventuras.[9]

A finales del siglo XIX, William Hobart explicó que a lo largo de Lucas–Hechos aparece vocabulario claramente médico, corroborando así la tradición de que el autor de estos dos libros fue un médico.[10] Pero a principios del siglo XX, Henry Cadbury demostró que ese vocabulario aparecía con la misma frecuencia en obras no especializadas, rechazando la tesis de Hobart.[11] Sin embargo, en tiempos más recientes, Loveday Alexander dice que en los tratados científicos grecorromanos encontramos prefacios muy similares a los de Lucas y Hechos. Aunque eso no prueba que Lucas fuera un «científico», o más concretamente un médico, al menos encaja con la tradición de la iglesia primitiva.[12]

---

6. Pero ver Martin Hengel (*The Four Gospels and the One Gospel of Jesus Christ* [London: SCM; Harrisburg: Trinity, 2000]), que defiende la originalidad de los títulos.

7. P. ej., el Canon de Muratori; Ireneo, *Contra las Herejías* 3.1.1, 3.14.1; Tertuliano, *Contra Marción* 4.2; Eusebio, *Historia de la Iglesia*, 3.4.

8. Ver esp. Stanley E. Porter, «The "We" Passages» en *The Book of Acts in its Graeco–Roman Setting*, eds. David W. J. Gill y conrad H. Gempf (Grand Rapids: Eerdmans; Carlisle: Paternoster, 1994), 545–74; A. J. M. Wedderburn, «The "We"–Passages in Acts: On the Horns of a Dilemma», *ZNW* 93 (2002): 78–98.

9. Ver esp. Vernon K. Robbins, «By Land and by Sea: The We–Passages and Ancient Sea–Voyages», en *Perspectives on Luke–Acts*, ed. C. H. Talbert (Danville, Va.: NABPR, 1978), 215–42. Pero ver la respuesta de Colin J. Hemer, «First Person Narrative in Acts 27–28», *TynB* 36 (1985): 79–109.

10. William K. Hobart, *The Medical Language of St. Luke* (London: Longmans and Green, 1882).

11. Henry J. Cadbury, *The Style and Literary Method of Luke* (Cambridge, Mass.: Harvard University Press, 1920).

12. Loveday C. A. Alexander, *The Preface to Luke's Gospel* (Cambridge and New York: CUP, 1993). Alexander también ha demostrado que, a pesar de que ciertos rasgos de Hechos a primera vista podrían parecer ficticios, un estudio más detallado del estilo y

Con la creciente popularidad de la crítica bíblica moderna, particularmente en el siglo XIX, muchos siguieron la influyente filosofía de Ferdinand Christian Baur, que se basó en la visión dialéctica de la historia de Georg W. F. Hegel, en la que un movimiento (tesis) siempre llevaba a su opuesto (antítesis) hasta que se llegaba a un acuerdo entre ambos (síntesis). Baur creía que «Lucas» fue una mediación entre el cristianismo extremadamente judío de Pedro y Jacobo, y el cristianismo extremadamente gentil de Pablo, creando una síntesis bastante tardía (mediados del siglo II). Si ambas obras son tan tardías, está claro que el autor o autores no podrían haber sido compañeros de viaje de Pablo. Muchos son aún los que contemplan esta teoría.

El escepticismo contemporáneo en cuanto a la autoría de Lucas se ha centrado mucho más en las aparentes contradicciones teológicas entre Hechos y las epístolas de Pablo para afirmar que el autor de Hechos no pudo ser un seguidor cercano de Pablo. La exposición clásica de esta teoría aparece en un breve artículo de Philipp Vielhauer, quien destacó cuatro grandes diferencias: (1) En Hechos encontramos una «teología natural» en la que los seres humanos encuentran a Dios a través de la revelación general (esp. Hechos 17:16–31), mientras que en Pablo tenemos una visión claramente negativa de la posibilidad de salvación aparte de la fe explícita en Cristo (p. ej., Ro 1:18–32). (2) La actitud de Pablo en cuanto a la obediencia a la ley es más positiva en Hechos, si la comparamos sobre todo con la descarga que hay en Gálatas contra los que imponían la ley a los cristianos. (3) La cristología de Pablo en Hechos, como la de otros predicadores cristianos tempranos, se centra en la resurrección, mientras que en 1ª Corintios 2:2 Pablo se refiere a la crucifixión como el centro único del evangelio. (4) Por último, la escatología de Lucas parece un poco «retardada», es decir, el autor reconoce que puede pasar cierto tiempo hasta el Segunda Venida de Cristo, mientras que el Pablo de las epístolas se aferra a la esperanza de una parusía inminente.[13]

Las observaciones de estos contrastes entre Hechos y las epístolas son válidas, pero también tienen fácil respuesta. (1) Romanos 1:19–20 está de acuerdo con Pablo en Atenas (Hechos 17) en que, a partir de la naturaleza de la creación, toda la humanidad debería reconocer que hay un Creador. (2) Hechos 13:39 deja claro, incluso en Hechos, que Pablo no cree que la ley pueda salvar, mientras que 1ª Corintios 9:19–23 enfatiza la disposición de Pablo de ponerse bajo la ley si eso le va a permitir alcanzar a sus contemporáneos judíos. (3) Ni la crucifixión ni la resurrección representan de forma completa la obra salvífica de Cristo, tal y como Pablo mismo dice en 1ª Corintios 15 cuando hace hincapié en la necesidad de la resurrección. (4) Por último, un estudio más detallado

---

el género de Lucas demuestra que la intención del autor fue escribir un libro que fuera reconocido como una narración de «hechos históricos» («Fact, Fiction and the Genre of Acts», *NTS* 44 [1998]: 30–39).

13. Philipp Vielhauer, «On the "Paulinism" of Acts», en *Studies in Luke–Acts*, eds. Leander E. Keck y J. Louis Martyn (Nashville: Abingdon, 1966; London: SPCK, 1978), 33–50.

tanto de Hechos como de las cartas de Pablo nos deja ver la expectativa de que Cristo vuelve pronto, pero siempre acompañada de la posibilidad de que probablemente no ocurra de forma inmediata (cf. p. ej., Lucas 17:20–27; Hechos 13:40–41, 47; 1Ts 4:13–5:10).

De ahí que David Wenham concluya que las diferencias entre Hechos y las epístolas prueban que Pablo no es el autor de Hechos (aunque, no sabemos por qué menciona esta conclusión, ¡pues nadie ha defendido que lo fuera!). Pero las diferencias no demuestran que sea imposible que un colaborador de Pablo, formado teológicamente en la fe cristiana temprana —con sus propios énfasis y con unos receptores concretos que tenían unas necesidades concretas—, fuera el autor de esta obra.[14] Además, nadie ha ofrecido otra razón convincente que explicara por qué la iglesia primitiva apuntó unánimemente a Lucas como el verdadero autor del Evangelio y Hechos. Se trata de un personaje en el que nadie habría pensado a la hora de buscar un posible autor, por lo que el hecho de que la iglesia primitiva lo mencione debería ser un argumento suficientemente convincente.

FECHA

Como hemos visto arriba, a mediados del siglo XIX muchos fechaban el libro de Hechos a principios o incluso a mediados del siglo II. Esta fecha tan tardía permitía a los estudiosos rechazar la autoría de Lucas, escondiendo así las serias diferencias que dividían a la primera generación de cristianos. Se creía que el pensamiento de Pedro y el pensamiento de Pablo eran en el siglo I dos trayectorias claramente diferenciadas, y que la posición intermedia de Lucas fue una creación más tardía. Según ellos, Gálatas 2:11–15 refleja mejor las tensiones de aquellos primeros años que Hechos 15.

Sin embargo, hoy, la gran mayoría de los estudiosos fecha el libro de Hechos entre algún año después del 70 d.C. y mediados de los 90. La fecha más popular entre los comentaristas más liberales es la década de los 80. En su opinión, no tiene sentido decir que es más tardía porque, si las cartas de Pablo ya estaban circulando, entonces, ¿cómo se explica que el libro de Hechos no las mencione? Dado que Hechos es una continuación del Evangelio de Lucas, y muchos fechan ese Evangelio justo después de la caída de Jerusalén (basándose sobre todo en que Lucas 21:20 es una «profecía posterior al suceso»), Hechos también tiene que ser posterior al año 70. Las supuestas contradicciones teológicas asociadas con Vielhauer (ver más arriba) también han llevado a los estudiosos a dar por sentado que tiene que haber un margen de tiempo entre la escritura de las epístolas (años 50 y 60) y la de Hechos, dado el desarrollo que se puede apreciar en el pensamiento.

Por otro lado, *la mayoría de conservadores siguen fechando el libro de Hechos entre el año 62 y 64 d.C.* El abrupto final del libro, momento en el

---

14. David Wenham, «Acts and the Pauline Corpus II. The Evidence of Parallels», *en The Book of Acts in its Ancient Literary Setting*, eds. Winter y Clarke, 215–58. Encontrará un estudio más extenso de *Paul in Acts* en la obra de Stanley E. Porter que lleva ese título (Tübingen: Mohr, 1999; Peabody: Hendrickson, 2001).

que Pablo está en Roma esperando el resultado de su apelación al César, hace pensar que Lucas escribió inmediatamente después de esos sucesos. Dado que Hechos 21-28 narra el arresto de Pablo y las diferentes comparecencias y encarcelamientos con bastante detalle, todo un proceso que culmina con la apelación al César, es difícil entender por qué Lucas no ha recogido el resultado de dicha apelación si ya lo conocía cuando escribió Hechos. Ese periodo de dos años que se menciona al final del libro probablemente está haciendo referencia al periodo entre el 60 y el 62 d.C., puesto que Festo llegó al poder en el año 59 y a Pablo lo enviaron para Roma aquel mismo otoño. Si le concedemos a Lucas algo de tiempo para que también escribiera su Evangelio, entonces llegamos a la fecha sugerida arriba. Es más, si la tradición de la iglesia primitiva está en lo cierto y la apelación al César sirvió y Pablo fue puesto en libertad (aunque en esa misma década sería apresado de nuevo, y asesinado), lo más lógico es pensar que todo eso ocurrió antes de que Nerón empezara a perseguir a los cristianos en el año 64 (ver más adelante, 93). Como ya comentamos en nuestro volumen anterior, Lucas 21:20 no tiene por qué ser la narración de un suceso que ya ha acontecido, disfrazado de profecía. Si Lucas 21:20 es una predicción, este texto no sirve para determinar la fecha del Evangelio de Lucas.[15]

No obstante, es importante destacar que en este debate no solo están los conservadores que defienden una fecha anterior al año 70, y los liberales que defienden una fecha posterior al año 70. Algunos estudiosos evangélicos de renombre optan por la fecha posterior diciendo que el objetivo de Lucas fue acabar su narración en el momento en el que el Evangelio llegó a Roma.[16] Ese era el corazón del Imperio, desde donde ya se podía extender «hasta los confines de la tierra» (Hechos 1:8). Aunque la mente del escritor moderno no logre entenderlo, puede ser que ese fuera para Lucas el clímax y el final adecuado. La posible estructura quiástica de la obra de Lucas (una obra en dos volúmenes) podría también respaldar esta teoría. Vemos que Lucas empieza, al principio del Evangelio, planteando el plan divino de salvación en Jesús en el contexto de la historia romana; y que acaba, al final de Hechos, con el cumplimiento de ese plan en Roma. En una estructura quiástica, el clímax aparece en el centro del documento, que en este caso se correspondería con el relato de la resurrección de Jesús. Ese es el dato teológico más importante de Lucas, y da la impresión de que no hay necesidad de que el final de la obra tenga un nuevo clímax. Por el contrario, el conocido obispo liberal de la década de 1970, John Robinson, fecha el libro de Hechos antes del año 70 d.C. por una serie de razones, una de las cuales es su convicción de que Lucas 21:20 es demasiado impreciso como para ser una descripción posterior al hecho.[17]

---

15. Ver más en Blomberg, *Jesus and the Gospels*, 151.

16. P. ej., David J. Williams, *Acts* (Peabody: Hendrickson, rev. 1990), 11-13; Ben Witherington III, *The Acts of the Apostles: A Socio-Rhetorical Commentary* (Grand Rapids and Cambridge: Eerdmans; Carlisle: Paternoster, 1998), 62.

17. John A.T. Robinson, *Redating the New Testament* (Philadelphia: Westminster, London: SCM, 1976), 86-117.

DESTINATARIOS

Tanto los Evangelios como la tradición temprana de la iglesia nos dan muy poca información sobre los destinatarios de los Evangelios y del libro de Hechos. En el principio de sus dos obras, Lucas menciona a *Teófilo*, un nombre que significa «el que ama a Dios» y que algunos han tomado como un nombre genérico que se refiere a los cristianos en general. No obstante, la mayoría cree que se trata de un nombre propio común en el mundo antiguo de influencia helena, y que *probablemente está haciendo referencia al mecenas que le está dando a Lucas los recursos para que pueda realizar el proyecto de escribir dos obras tan ambiciosas*, dado el tiempo y el coste que supone el trabajo de investigación y de dictado a un escriba. Por el prefacio al Evangelio (Lucas 1:1–4), tenemos dos opciones en cuanto a Teófilo: o bien hacía poco que era cristiano, o bien era lo que llamaríamos un «buscador» o alguien que está en el proceso de búsqueda. Lo que está claro es que Lucas le quiere instruir más en los asuntos de la fe para que pueda creer con una mayor certeza. Pero la iglesia primitiva, por lo general, creía que todos los Evangelios *se habían escrito en primer lugar para comunidades cristianas concretas, pero con el objetivo de que acto seguido se circularan para el beneficio de la iglesia en general*. No hay forma de saber dónde estaba la congregación de Lucas. Se han propuesto diferentes alternativas: desde Antioquía hasta Éfeso, pasando por Filipos. Pero todo queda en especulación. Debido a su interés por el tema de las posesiones materiales, y a que en Hechos podemos ver a un número de creyentes considerablemente ricos, *también se ha sugerido que quizá se estaba dirigiendo a una comunidad cristiana acomodada de algún lugar predominantemente gentil y de habla griega en la mitad oriental del Imperio*. Pero en cuanto a este tema no podemos pronunciarnos con firmeza por la falta de evidencias.[18]

PROPÓSITOS

En Hechos encontramos al menos tres propósitos centrales, que quizá se tratan de una forma más extensa que en el Evangelio de Lucas. *El primero es, claramente, un propósito histórico*. Como único evangelista que escribió una continuación, está claro que Lucas quiso inmortalizar la vida de la primera generación de cristianos, redactando un informe selectivo de sucesos importantes. A pesar de un pequeño número de aparentes contradicciones, que trataremos en el comentario, muchos de los nombres, lugares, costumbres, fechas y otros detalles que aparecen en Hechos aparecen también en fuentes no cristianas. Además, muchos de los datos casan perfectamente con los datos de las epístolas, formando así una cronología detallada y posible de ese periodo de unos treinta años aproximadamente. Un ejemplo clásico es los términos que Lucas usa para referirse a los políticos en varias ciudades y provincias, términos que incluyen *procónsul, magistrado, gobernador, principal, administrador municipal, tribuno, procurador y gobernador municipal (politarca)*. Algunos de estos términos cambiaron, incluso durante el transcurso del primer siglo. Y sin

---

18. Blomberg, *Jesus and the Gospels*, 150–52.

embargo, en todos los casos, Lucas usa todos los términos de forma correcta, asociándolos con la comunidad y con el periodo de tiempo adecuados, algo que no hubiera logrado si realmente no se hubiera esmerado en elaborar un escrito histórico serio.[19]

Y el respaldo arqueológico de los Evangelios palidece en comparación con la cantidad de información existente de todos los lugares descritos en el libro de Hechos. Hasta el día de hoy hay turistas que viajan por Italia, Grecia, Turquía y el este del Mediterráneo visitando tanto ciudades modernas como antiguas ruinas que encajan muy bien con un gran número de detalles del segundo volumen de Lucas. Hace unos cien años, el arqueólogo británico Sir William Ramsay se propuso negar la historicidad de Hechos pero, después de un trabajo meticuloso, desarrollado sobre todo en Turquía, se convenció de la fiabilidad histórica del libro y se convirtió al cristianismo. Su obra aún sigue teniendo un gran valor,[20] pero hay que complementarla con la obra magistral de Colin Hemer, *The Book of Acts in the Setting of Hellenistic History* [El libro de Hechos en el marco de la historia helenista], que contiene el compendio más extenso de información histórica acerca del libro de Hechos.[21] Hemer, al final, llega a un veredicto totalmente favorable. La obra en cinco volúmenes editada por Bruce Winter bajo el título *The Book of Acts in Its First–Century Setting* [El libro de Hechos en su marco del siglo I] también es imprescindible para entender bien el trasfondo histórico más general de casi todos los lugares, costumbre y desarrollos que aparecen en Hechos.[22]

Sin embargo, mucho más importante que el propósito histórico es el propósito teológico. Lucas no solo está narrando Historia tal y como se entiende en el mundo secular, sino que está narrando Historia de la Salvación (*Heilsgeschichte*), el plan divino de redención, en un momento a caballo entre el antiguo y el nuevo pacto. Por eso Dios, a través de su Espíritu Santo, aparece como el agente principal, como la causa de los sucesos que se narran en este libro. Surgen nuevas iglesias, y en todo este proceso, el progreso geográfico del evangelio tiene una importancia prominente. Se enfatiza el esfuerzo evangelístico por encima de la obra necesaria del «seguimiento».[23] Aunque algunos han exagerado este punto, es justo mencionar que, al parecer, Lucas reconoce que probablemente el final no está tan cercano. Ciertamente, nuestro autor podría ser el primer cristiano (o al menos el primer escritor cristiano) en sospechar

---

19. Craig L. Blomberg, *Making Sense of the New Testament: Three Crucial Questions* (Grand Rapids: Baker, Leicester: IVP, 2004), 50–53.

20. Ver esp. William M. Ramsay, *St. Paul the Traveller and Roman Citizien*, rev. Mark Wilson (London: Angus Hudson; Grand Rapids: Kregel, 2001 [orig. 1895]).

21. Ed. Conrad H. Gempf (Tübingen: Mohr, 1989).

22. En cinco volúmenes (Grand Rapids: Eerdmans; Carlisle; Paternoster, 1993–96). Cf. también Ben Witherington III, ed. *History, Literatura and Society in the Book of Acts* (Cambridge and New York: CUP, 1996).

23. Ver esp. Michael Green, *Evangelism in the Early Church* (Grand Rapids and Cambridge: Eerdmans, re. 2004).

que puede que la iglesia dure lo suficiente como para necesitar la historia teológica que él nos ofrece.[24]

El estudio más reciente y completo de los principales temas teológicos de Hechos ha sido editado por David Peterson y I. Howard Marshall.[25] Un compendio evangélico completísimo del estudio de la teología de Hechos, que incluye contribuciones sobre temas como el plan de Dios, las Escrituras y la realización de los propósitos de Dios, Historia de la Salvación y Escatología, Dios como Salvador, la necesidad de la salvación, salvación y salud, el rol de los apóstoles, misión y testimonio, el progreso de la Palabra, oposición y persecución, la predicación de Pedro, el discurso de Esteban, la predicación y la defensa de Pablo, el espíritu de profecía, el nuevo pueblo de Dios, la adoración de la nueva comunidad, Israel y la misión gentil, reciprocidad y ética, junto con otros ensayos más generales o metodológicos.

Aunque no sea exactamente un tema concreto, hemos de tener en cuenta que estrechamente relacionado al propósito teológico de Lucas está su aparente propósito apologético: defender la fe de las diversas críticas. Si Lucas no solo tiene en mente a Teófilo, sino que quiere que la verdad sobre lo que ocurrió llegue a todos los creyentes de las comunidades a las que va a llegar su escrito, quizá sabía que habían empezado a circular tradiciones apócrifas sobre los personajes y los sucesos asociados con los primeros cristianos, si no en forma escrita, de forma oral. Más probable aún es que hubiera acusaciones de parte de los judíos y de los romanos que exigían una respuesta cristiana. Ambos grupos creían que los cristianos estaban violando sus leyes. Lucas se esfuerza a lo largo de todo el libro para demostrar que eso no es así. Podría ser también que Lucas estuviera defendiendo la fe ante los gentiles, dentro y fuera de la iglesia, quienes habían empezado a preguntarse por qué esa secta originalmente judía se estaba convirtiendo en un grupo predominantemente gentil, y por qué la mayoría de judíos rechazaron el cristianismo tan solo treinta años después de sus inicios. Así, Lucas demuestra que es la continuidad natural y necesaria del judaísmo, y que los que se han desviado de la voluntad de Dios no son los cristianos, sino los judíos incrédulos.[26]

Un tercer propósito, aunque sin duda subordinado al interés histórico y teológico, es el literario. Lucas escribe muchas de sus historias de una forma aventurera y artística. ¿Quién puede leer el relato de la tormenta y el naufragio de Pablo en el capítulo 27 y no sentirse invadido por el suspense? ¿Quién no se ve tentado a reírse de los que estaban orando en casa de Juan Marcos, en el capítulo 12, que se niegan a creer que Dios ha contestado a sus oraciones y que Pedro ha salido de prisión, incluso cuando Rode les dice que acaba de llegar?

---

24. Ver esp. Daniel Marguerat, *The First Christian Historian: Writing the «Acts of the Apostles»* (Cambridge and New York: CUP, 2002).

25. *Witness to the Gospel: The Theology of Acts* (Grand Rapids and Cambridge: Eerdmans, 1998).

26. Paul W. Walaskay, «And so We Come to Rome»: The Political Perspective of St. Luke (Cambridge and New York: CUP, 1983).

¿Quién no se maravilla ante la superstición de los paganos de Listra (capítulo 14) o de la isla de Malta (capítulo 27), donde primero creen que es divino, y acto seguido lo condenan como a un criminal? Lucas repite las historias que le parecen más importantes, dedica más espacio a los discursos y sucesos que considera más trascendentales, usa el recurso literario de crear expectativa (p. ej., al mencionar la presencia de Saulo en el apedreamiento de Esteban), y, en general, parece deleitarse en describir las acción de Dios en este mundo de una forma estética.[27]

Un aspecto particularmente controvertido del estilo del Lucas tiene que ver con los discursos o sermones atribuidos a otras personas. Tucídides, el antiguo historiador griego, explica que, aunque siempre intentaba reunir fuentes fiables cuando atribuía discursos a sus personajes, reconocía que no siempre las encontraba. Y en esas ocasiones, escribía libremente las palabras que él creía que aquellos personajes podían haber dicho (*La Guerra del Peloponeso* 1.22.1–2). Los estudiosos del libro de Hechos con frecuencia citan estos comentarios de Tucídides como explicación de la composición de los discursos que aparecen en Hechos.[28] Sin duda alguna, los mensajes, como las enseñanzas de Jesús en los Evangelios, en muchas ocasiones se tenían que resumir. Manteniéndose fiel a la práctica literaria e histórica de sus tiempos, Lucas se habría sentido libre de poner con sus propias palabras el sentido y la esencia de lo que se había predicado. El hecho de que, para componer su Evangelio, Lucas se basara en el testimonio de testigos oculares, en la tradición oral fiable y en fuentes escritas breves nos hace pensar que lo más probable es que hiciera exactamente lo mismo para redactar el libro de Hechos.

El historiador romano Livio, por ejemplo, a diferencia de Tucídides, afirmaba que él siempre se basaba en fuentes que había heredado, mientras que Polibio censuraba a aquellos que se inventaban la historia. A la vez, en Hechos encontramos algún discurso escrito u oral que, con casi toda seguridad, ningún cristiano presenció o al que ningún cristiano habría tenido acceso. El clásico ejemplo es el de la carta de Claudio Lisias al gobernador Félix que aparece en 23:26–30, y Lucas podría haber dado pistas de que en ese tipo de ocasiones está incluyendo la información de una forma menos literal (ver más adelante, 86). Pero en general no tenemos razones para dudar de la fiabilidad de los discursos que aparecen en Hechos.[29]

---

27. Cf. Richard I. Pervo, *Profit with Delight: The Literary Genre of the Acts of the Apostles* (Philadelphia: Fortress, 1987); con Loland Ryken, *Words of Life: A Literary Introduction to the New Testament* (Grand Rapids: Baker, 1987), 77–87. Ver también John Goldingay, «Are They Comic Acts?» *EQ* 69 (1997): 99–107.

28. Stanley E. Porter, «Thucydides 1.22.1 and Speeches in Acts: Is There a Thucydidean on View?» *NovT 32* (1990): 121–42.

29. F.F. Bruce, *The Speeches in the Acts of the Apostles* (London: Tyndale, 1943) aún está disponible, pero sería bueno completarlo consultando Conrad Gempf, «Public Speaking and Published Accounts», en *The Book of Acts in Its Ancient Literary Setting*, 259–303.

GÉNERO LITERARIO

«El antiguo título *Praxeis* era un término que designaba una forma literaria griega específica, una narración de los hechos heroicos de figuras mitológicas o históricas famosas».[30] Según Lucas, está claro que los personajes de sus relatos son históricos. Estudios recientes dedicados a analizar la cuestión del género literario de Hechos apuntan a que el segundo volumen de Lucas tiene características comunes con «la monografía histórica breve», «la biografía intelectual antigua», «la historiografía apologética», y «la historia bíblica», aunque también reconocen que, como los Evangelios, el producto final de Hechos es una mezcla única de diversos géneros.[31] Como segunda parte de la obra de Lucas, se podría suponer que Hechos sigue un género similar al de los Evangelios. Sin embargo, como el énfasis ya no está en un personaje central, Jesús, sino en varios líderes cristianos y en la iglesia que estos dirigían, no tenemos por qué usar la misma etiqueta. Si una buena descripción de los Evangelios es decir que son como biografías teológicas, entonces puede que una buena descripción del libro de Hechos sea decir que es como una *historia teológica*.[32] Y, como vimos arriba, eso no excluye que Lucas escriba con un estilo artístico y que tiene también un interés estético. Como el antiguo historiador Éforo, Lucas organiza una serie de sujetos históricos no dejando a un lado la cuestión geográfica;[33] mientras que en cuanto a la retórica, el autor de Hechos mezcla elementos del estilo de la Septuaginta con características de los oradores grecorromanos.[34]

ESTRUCTURA

De los muchos bosquejos de Hechos que se han propuesto, cuatro son los que contemplan las características textuales que no debemos dejar de lado. En primer lugar, *Hechos 1:8* se ha entendido como la declaración programática del bosquejo. En este versículo, Jesús profetiza que *los discípulos serán sus testigos, empezando en Jerusalén, saliendo a Judea y Samaria y, por último, llegando hasta los confines de la tierra.* Las tres etapas que encontramos en los capítulos 1–7, 8–12, y 13–28 se corresponden, aproximadamente, a ese bosquejo de tres partes. No hay duda de que la progresión temática del libro muestra cómo el movimiento cristiano perseguido se extiende más allá de Israel.

En segundo lugar, 1–12 y 13–28 se corresponden el uno con el otro: la misión cristiana aún opera de forma predominante en los círculos judíos con Pedro como personaje principal de la primera «mitad» del libro, mientras que

---

30. Joseph A. Fitzmyer, *The Acts of the Apostles* (New York and London: Doublebay, 1998), 47.
31. Ver el estudio de Todd Penner, «Madness in the Method? The Acts of the Apostles in Current Study», *CBR* 2 (2004): 233–41.
32. Craig L. Blomberg, «The Diversity of Literary Genres in the New Testament», en *Interpreting the New Testament*, eds. David A. Black y David S. Dockery (Nashville: Broadman & Holman, rev. 2001), 277–79.
33. Witherington, *Acts*, 35.
34. Howard C. Kee, *To Every Nation under Heaven: The Acts of the Apostles* (Harrisburg: Trinity, 1997), 20.

con Pablo en la segunda «mitad», la misión da un giro y se centra sobre todo en el mundo gentil. Curiosamente, encontramos muchos paralelismos entre los ministerios de Pedro y de Pablo. Los discursos de ambos están repletos de citas de las Escrituras cumplidas en Jesús. Ambos son liberados de prisión de forma milagrosa. Ambos sanan enfermos y resucitan a los muertos. Ambos superan el judaísmo, promoviendo un evangelio que no está supeditado a la ley. A ambos les preocupan los pobres, y organizan ofrendas para cubrir sus necesidades. También hay algunos paralelismos entre su ministerio y el de Jesús mismo, según la descripción del Evangelio de Lucas, algunos de ellos con detalles realmente similares (ver p. ej., el comentario de Hechos 9:32–43 o de 19:21).[35]

En tercer lugar, y que nos permite dividir el libro en secciones más cortas, *a modo de resumen, Lucas recoge seis declaraciones* que describen de forma sucinta el crecimiento y la expansión de la Palabra de Dios, la multiplicación de la iglesia, y otras cuestiones similares. Cada una de ellas aparece al final de una serie de textos razonablemente homogénea, geográficamente hablando: 6:7:9:31; 12:24; 16:5; 19:20; y 28:31.[36] Combinando las sugerencias de estos tres acercamientos, tenemos el siguiente bosquejo:

I. La misión cristiana a los judíos (1:1–12:24)

A. La iglesia en Jerusalén (1:1–6:7)

B. La iglesia en Judea, Galilea y Samaria (6:8–9:31)

C. Avances en Palestina y Siria (9:32–12:24)

II. La misión cristiana a los gentiles (12:25–28:31)

A. El primer viaje misionero de Pablo y el concilio apostólico (12:25–16:5)

B. El segundo y el tercer viaje misionero (16:6–19:20)

C. Los viajes finales de Pablo a Jerusalén y a Roma (19:21–28:31)

Además, puede parecer que Lucas y Hechos están organizados como un solo quiasmo. El Evangelio de Lucas empieza ubicando el nacimiento de Jesús en el contexto de la historia mundial, es decir, en el Imperio Romano. Luego habla del ministerio de Jesús en Galilea. A continuación presenta sus viajes por Samaria y Judea. Y por último tenemos a Jesús en Jerusalén. El Evangelio de Lucas es el único que, a la hora de mencionar las apariciones de Jesús después de la resurrección, solo menciona las que tuvieron lugar en Jerusalén; y el único que menciona brevemente la ascensión. Entonces, Hechos resume las apariciones después de la resurrección, describe la ascensión antes de describir con sumo detalle la expansión de la iglesia desde Jerusalén, a Judea, a Samaria, y al mundo gentil, y acaba explicando que, con Pablo, la predicación del evan-

---

35. Ver esp. Andrew C. Clark, *Parallel Lives: The Relation of Paul to the Apostles in Lucan Perspective* (Carlisle: Paternoster, 2001); cf. Charles H. Talbert, *Reading Acts* (New York: Crossroad, 1997).

36. Cf. Richard N. Longenecker, «Acts», en *The Expositor's Bible Commentary*, ed. Frank E. Gaebelein, vol. 9 (Grand Rapids: Zondervan, 1981), 244–47.

gelio ha llegado hasta Roma.[37] Las únicas secciones que parecen no encajar son Jesús en Galilea y la iglesia en el mundo gentil, hasta que recordamos que desde los días de Isaías Galilea era conocida como «Galilea de los gentiles» (cf. Is. 9:1M Mt 4:15).[38]

CRÍTICA TEXTUAL

La crítica textual del Nuevo Testamento ha identificado cuatro grupos de manuscritos, clasificación que responde a los patrones que los textos siguen, y a un diseño característico, condicionado por la parte del Imperio Romano en la que predominaban. Estos cuatro tipos de texto son el Alejandrino, el Cesariense, el Bizantino y el Occidental. Como su nombre sugiere, el texto Occidental refleja sobre todo manuscritos asociados con Italia, incluyendo las traducciones más antiguas del Nuevo Testamento al latín. El principal manuscrito uncial griego (de los tiempos más antiguos, cuando se escribía todo en mayúsculas) es el Códice de Beza (que para abreviar se denomina simplemente D, y data del siglo V). Aunque en el Código de Beza hay otras partes del Nuevo Testamento en las que no vemos apenas alteración, *el texto Occidental del libro de Hechos es un 10 por ciento más extenso que los demás tipos de textos, en los que se han basado las traducciones modernas que hoy utilizamos.* Es posible que al realizar la copia se añadieran en el texto las notas que los escribas anteriores habían escrito en los márgenes. Lo que es desconcertante sobre el texto Occidental de Hechos es que varias de estas inserciones al parecer aportan nueva información histórica, aunque no reflejen lo que Lucas escribió. Quizá la más famosa es la de 19:9 (ver más adelante, 78). Pero una doctrina evangélica de las Escrituras se basa exclusivamente en lo que aparece en las copias originales de cada libro, por lo que aquí no dedicaremos más tiempo a hablar de esta cuestión textual.[39]

FUENTES

Como ya hemos visto, es probable que Lucas usara una variedad de fuentes para escribir el libro de Hechos. Entre los autores recientes, Fitzmyer tiene la serie de propuestas más elaborada.[40] Se piensa que la mayor parte de la infor-

---

37. Curiosamente, este bosquejo podría tener correlación con el de Bruce Longenecker (*«Lukan Aversion to Humps and Hollow*s: The Case of Acts 11.27–12.25», *NTS* 50 [2204]; 185–204), que toma cuatro «eslabones» entrelazados como las claves para establecer la estructura de Lucas, obteniendo como resultado el siguiente bosquejo: 1:1–8:3 (la iglesia en Jerusalén); 8:4–12:25 (la persecución y la expansión del cristianismo); 13:1–19:41 (los viajes misioneros de Pablo); y 20:1–28:31 (la serie de acontecimientos que llevan a Pablo de Jerusalén a Roma).

38. Blomber*g, Jesus and the Gospels,* 142–44; y Kenneth Wolfe, «The Chiastic Structure of Luke–Acts and Some Implications for Worship», *SWJT* 22 (1980): 60–71.

39. Más detalles en Eldon J. Epp, *The Theological Tendency of Codex Bezae Cantabrigiensis in Acts* (Cambridge y New York: CUP, 1966); y W.A. Strange, *The Problem of the Text of Acts* (Cambridge y New York: CUP, 1992).

40. Fitzmyer, *Acts,* 80–88.

mación se podría haber conseguido en Antioquía, dado su papel como «campamento base» de Pablo, y como lugar de encuentro de varios de los apóstoles. Cuando Lucas acompañó a Pablo a Jerusalén al final de su tercer viaje misionero, podría haber tenido la oportunidad de entrevistar a personas que habían visto al Jesús histórico y habían contemplado los inicios del movimiento cristiano, además de consultar cualquier documento que pudiera existir sobre los acontecimientos que él no había presenciado. Con el Evangelio de Lucas podemos desarrollar otras hipótesis razonables porque tenemos otros Evangelios con los que compararlo. Así, la mayoría de estudiosos cree que Lucas se basó en parte en el Evangelio de Marcos, en una colección de dichos de Jesús (llamada Q, un material principalmente didáctico que encontramos en Mateo y Lucas, pero que no encontramos en Marcos), y posiblemente una fuente más breve de la que Lucas extrajo todo lo que no aparece en los otros Evangelios (L). Pero como no tenemos textos paralelos de Hechos, la tarea de la crítica de las fuentes en este caso es mucho más subjetiva. Como no ha habido ningún descubrimiento nuevo y espectacular en Oriente Medio, *probablemente nunca podamos llegar a establecer las fuentes de Hechos con un alto grado de certeza.*[41]

CRONOLOGÍA[42]

La fecha menos cuestionable en el libro de Hechos aparece en 18:12, cuando Pablo se presenta ante Galión en Corinto. Por una inscripción en Delfi, parece que Galión fue procónsul ahí solo desde el mes de julio del año 51 al mes de julio del año 52. La hambruna de Hechos 11:27–30, según Josefo, fue parte de una serie de hambrunas locales que ocurrieron entre el 44 y el 46, aunque su efecto se notó al menos durante dos años más. Hechos 12:25–14:28 sugiere que el primer viaje misionero de Pablo empezó muy poco después de que Pablo y Bernabé volvieran de llevar a Jerusalén la ayuda para los pobres.

En Gálatas 1:18 y 2:1, Pablo habla de un intervalo de tres y otro de catorce, respectivamente, entre su conversión y sus dos primeros viajes a Jerusalén. Estos viajes parecen corresponderse con Hechos 9:28 y 11:30 (una defensa más detallada en nuestro comentario de Gálatas más adelante). El siguiente paso es identificar las fechas específicas de estas dos visitas. Aunque la misión de llevar ayuda a los hambrientos que aparece en 11:30 hubiera sido en el año 47 (fecha bastante tardía), esto nos haría ubicar su conversión diecisiete años antes, es decir, en el año 30 d.C.(año en el que la mayoría cree que crucificaron a Jesús). Pero eso no deja margen para que ocurrieran los sucesos de Hechos 1–8 entre la crucifixión y la conversión de Pablo, y mucho menos si Jesús murió en el año 33 d.C., la segunda fecha que más respaldo tiene. Por ello, algunos creen que los tres y los catorce años de Gálatas 1:18 y 2:1 son a partir de la conversión de Pablo, con lo cual el tiempo que pasó desde su conversión hasta su segundo viaje a Jerusalén solo es de catorce años. Así, la conversión de Pa-

---

41. Cf. Lewis R. Donelson, «Cult Histories and the Sources of Acts», *Bib* 68 (1987): 1–21; Justin Taylor, «The Making of Acts: A New Account», *RB* 97 (1990): 504–24.

42. Para más detalles, cf. esp. Rainer Riesner, *Paul's Early Period: Chronology, Mission Strategy, Theology* (Grand Rapids y Cambridge: Eerdmans, 1998).

blo sí había podido ser en el año 33. El problema es que esta interpretación no encaja con lo que pone en el texto original en Gálatas.

Una mejor solución es tener en cuenta que la fechación antigua normalmente era inclusiva, es decir, el primer y el último año del periodo mencionado estaban incluidos. Así, los «diecisiete» años desde la conversión de Pablo hasta la visita para ayudar a los pobres podrían haber sido realmente quince años, quizá quince años y algún mes más. Esto situaría la conversión de Pablo muy poco después de la muerte de Esteban en torno al 32 d.C. y su segundo viaje a Jerusalén, en el 47. El primer viaje a Jerusalén habría sido en el 35 (32, más los tres años de Gálatas 1:18).

Robert Jewett defiende que esa cronología es imposible y que nunca sabremos a ciencia cierta sobre la historicidad y la cronología de Hechos. Jewett observa que Aretas IV no gobernó sobre Damasco hasta el año 37, pero él es el rey del que Pablo huye antes de realizar su primera visita a Jerusalén (2Co 12:32–33), visita que nosotros estamos fechando en el año 35.[43] Por otro lado, ni siquiera sabemos si Aretas recibió todo el poder en el 37. Tan solo es una hipótesis, dado que Calígula, que tomó el poder como emperador en el 37, con frecuencia dio a los reyes más poderes de los que dieron los demás emperadores. Por tanto, parece ser que lo mejor es seguir a F.F. Bruce, que sugiere que la influencia de Aretas fue algo más bien no oficial, siendo posible así la primera fecha. En las Escrituras no se le confiere ningún título oficial como gobernante en Damasco; Pablo simplemente dice que huyó de Aretas.[44]

La muerte de Herodes Agripa I, descrita en Hechos 12:19b–25, el historiador Josefo la sitúa en el año 44. Eso hace que los sucesos del capítulo 12 ocurran antes de los que aparecen al final de Hechos 11, lo cual no es un problema porque Lucas no une los capítulos de forma cronológica. El primer versículo del capítulo 12 en griego solo dice «por ese tiempo», y en su Evangelio, en muchas ocasiones Lucas ordena los sucesos de forma temática en lugar de hacerlo de forma cronológica. Aquí, el vínculo temático sería el tema común de sucesos relacionados con Antioquía que encontramos en 11:19–30. Una tradición de la iglesia dice que Pedro se quedó doce años en Jerusalén después de la crucifixión (Hechos de Pedro 5:22), lo que significaría que su encarcelamiento, liberación milagrosa, y marcha de la ciudad, que también se recoge en el capítulo 12, ocurrió en el año 42.

El primer viaje misionero de Pablo, el concilio apostólico y su segundo viaje misionero hasta su llegada a Corinto debieron de ocurrir entre el 47 y el 52. Puesto que Pablo estuvo en Corinto al menos un año y medio (18:11), aparentemente la mayor parte de ese tiempo transcurrió antes de su comparecencia ante Galión, probablemente llegó a Jerusalén no antes de finales del año 50. La fecha más comúnmente establecida para el concilio apostólico es, por

---

43. Robert Jewett, *Dating Paul's Life* (London: SCM, [= *A Chronology of Paul's Life* (Philadelphia: Fortress)], 1979), 30–33.

44. F.F. Bruce, *Paul: Apostle of the Heart Set Free* (Grand Rapids: Eerdmans, 1977), 76–82, 475.

tanto, el año 49, pero podría haber sido incluso un año antes. El primer viaje misionero de Pablo, el más corto, pudo realizarse en el año 48 o 49 (o durante ambos). Parece ser que el tercer viaje misionero consistió en una serie de paradas breves en ciudades donde ya se había estado evangelizando, a excepción de la estancia en Éfeso, que duró casi tres años (20:31). Así que esos años se corresponderían con el periodo entre el 52 y el 55, o quizá el 53 y el 56.

La siguiente fecha clara tiene que ver con Festo y su llegada al cargo de procurador de Judea. Basándonos en una comparación de varios pasajes de Eusebio y otros escritos cristianos tempranos, parece ser que Félix gobernó desde el 52 al 59, aunque algunos discrepan sobre una de las fechas, o sobre ambas. Si son las fechas exactas, la cronología situaría el arresto de Pablo en Jerusalén en el año 57, puesto que pasó dos años en prisión durante el mandato de Félix (24:27). Eso supone que el resto del tercer viaje misionero de Pablo pudo durar un año o más, tiempo en el que visitó ciudades que había visitado en su segundo viaje, y luego regresaría a Jerusalén. Al parecer, la comparecencia ante Festo y Agripa tuvo lugar poco después de que Festo subiera al poder, y la apelación al César habría sido inmediatamente después. Así que el viaje a Roma probablemente comenzó en el otoño del año 59, y después de que los supervivientes del naufragio pasaran el invierno en la isla de Malta, finalizó en la primavera del año 60. El arresto de dos años en Roma (28:30) corresponde, por tanto, al periodo entre el 60 y el 62.[45]

---

45. Casi todas estas fechas son aproximadas. Muchos estudiosos están de acuerdo en el bosquejo general, pero las propuestas varían un año o dos hacia arriba o hacia *abajo cu*ando se trata de sucesos concretos. Algunos han propuesto varias cronologías muy diferentes a la que aquí desarrollamos, pero en ningún caso han encontrado el apoyo de los demás estudiosos del tema.

MOMENTOS CLAROS EN LA CRONOLOGÍA DE HECHOS

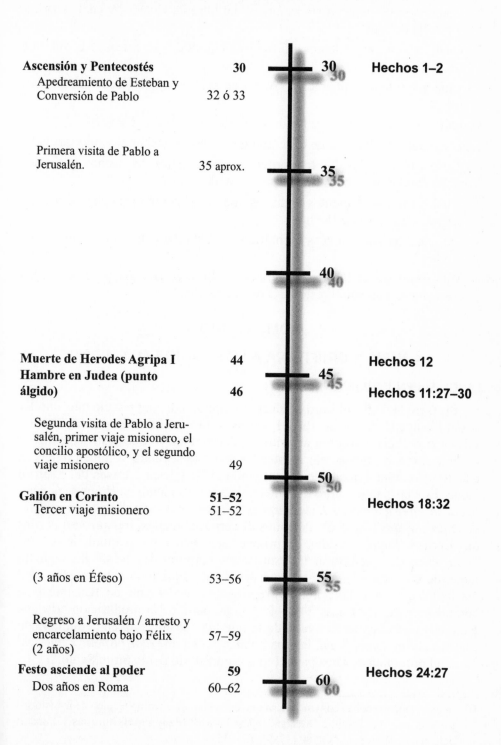

Ascensión y Pentecostés 30   30   **Hechos 1–2**

Apedreamiento de Esteban y
Conversión de Pablo   32 ó 33

Primera visita de Pablo a
Jerusalén.   35 aprox.   35

40

Muerte de Herodes Agripa I   44   **Hechos 12**
Hambre en Judea (punto   45
álgido)   46   **Hechos 11:27–30**

Segunda visita de Pablo a Jerusalén, primer viaje misionero, el
concilio apostólico, y el segundo
viaje misionero   49

50

Galión en Corinto   **51–52**
Tercer viaje misionero   51–52   **Hechos 18:32**

(3 años en Éfeso)   53–56   55

Regreso a Jerusalén / arresto y
encarcelamiento bajo Félix   57–59
(2 años)

Festo asciende al poder   **59**   **Hechos 24:27**
Dos años en Roma   60–62   60

PREGUNTAS

1. ¿Cuáles son las características únicas del libro de Hechos, y cuál es la importancia de éstas?

2. ¿Cuáles son los argumentos a favor y en contra de que Lucas es el autor de Hechos?

3. ¿Cuáles son los argumentos a favor y en contra de que Hechos es anterior al 70 d.C.?

4. ¿Qué podemos decir sobre los destinatarios del libro de Hechos?

5. ¿Qué podemos decir sobre el género de Hechos y cuál es su importancia?

6. ¿Cuáles parecen ser los tres propósitos principales de Hechos, y de qué modo condicionan nuestra interpretación del libro?

7. ¿Cuáles son los elementos textuales que nos permiten proponer varias estructuras del libro de Hechos?

8. ¿Qué características únicas encontramos al estudiar el texto y las fuentes de Hechos?

9. ¿Cuáles son las fechas más seguras en el libro de Hechos, y de qué forma nos ayudan a fechar el resto de acontecimientos?

COMENTARIO

LA MISIÓN CRISTIANA A LOS JUDÍOS (1:1–12:24)

LA IGLESIA EN JERUSALÉN (1:1–6:7)

Prefacio (1:1–5). El libro de Hechos empieza con un prefacio muy similar al del Evangelio de Lucas. En 1:1, Lucas se dirige al mismo patrón, Teófilo, y hace referencia a su obra anterior. Al decir «todo lo que Jesús comenzó a hacer y enseñar», parece dar a entender que este segundo volumen refleja lo que Jesús continúa haciendo y enseñando en la iglesia a través del Espíritu Santo. Éste es el único libro de todo el Nuevo Testamento en el que se nos habla *de las apariciones de Jesús después de la resurrección durante un periodo de cuarenta días* (vv. 2–5). Podemos discernir, al menos, tres razones por las que Lucas incluyó este dato. En primer lugar, tienen un extraordinario *valor apologético* para demostrar la resurrección corporal de Jesús.[46] En segundo lugar, tienen *valor didáctico,* porque Jesús usó ese tiempo para enseñar a los discípulos que todas las porciones representativas del Antiguo Testamento se cumplían en él (ver Lucas 24:25–27). Gran parte de la predicación cristiana temprana podría haber derivado de lo que los apóstoles aprendieron durante esos días. Y en tercer lugar, las apariciones tienen un *valor profético*, pues esbozan el programa de Dios para el futuro ministerio del Espíritu Santo.

---

46. La expresión «pruebas convincentes» era, de hecho, un término técnico de la historiogra*fía* griega. Ver David L. Mealand, «The Phrase "Many Proofs" in Acts 1,3 and in Hellenisctic Writers», *ZNW* 80 (1989): 134–35.

Los discípulos no deben comenzar su ministerio inmediatamente, sino que deben esperar aquello que Juan el Bautista ya anunció: *el bautismo del Espíritu Santo*. Esta expresión se usa de muchas formas diferentes en las iglesias de hoy, pero si queremos ser fieles al uso bíblico de la terminología, la reservaremos para referirnos a la experiencia inicial del Espíritu en la vida de una persona. De las otras seis ocasiones en las que esta expresión aparece en el Nuevo Testamento, cinco de ellas (incluyendo la que estamos comentando) hacen referencia a la predicción de Juan el Bautista sobre el papel del Espíritu en el ministerio del Mesías que había de venir. Por tanto, hacen referencia a la *primera inmersión en el poder del Espíritu de los seguidores de Jesús*, y no a una «segunda bendición» posterior, por genuina e importante que esta última pueda ser para algunos creyentes. El otro uso de la expresión «el bautismo del Espíritu» aparece en 1ª Corintios 12:13, donde Pablo habla de ella como una experiencia que todas las personas de la iglesia han tenido, incluyendo también, al parecer, los cristianos más inmaduros. Esto sugiere, de nuevo, que la expresión se refiere al momento de la conversión.[47]

Ascensión (1:6–11). La segunda sección introductoria de Hechos narra la ascensión de Cristo (vv. 6–11). Al parecer, los discípulos aún esperan que su Mesías reine sobre un reino terrenal de Israel (v. 6). Jesús no niega que eso vaya a ocurrir, pero en todo caso, ahora no es el momento. En cambio, habla de que cuando el Espíritu venga sobre los discípulos, ellos tendrán la tarea de llevar a cabo la Gran Comisión (vv. 7–8; cf. Mt 28:18–20). Este pasaje es una advertencia en contra de todas aquellas profecías que pretendan desvelar la hora del regreso de Cristo. En griego, los términos «hora y tiempo» (*chronos* y *kairos*) son dos palabras muy generales, por lo que aquí podría decir que ni siquiera podemos saber la generación en la que ocurrirá. El versículo 8 es un bosquejo en miniatura de lo que vendrá en el resto del libro. Ha inspirado a los cristianos de todas las épocas a empezar la evangelización en el lugar donde se encuentran, y de ahí, extenderse cada vez más hacia fuera.[48]

En los versículos 9–11, Jesús asciende al cielo. Esto no prueba que el cielo está ahí arriba en algún lugar del firmamento, sino que avisa a los discípulos de que *las apariciones después de la resurrección han llegado a su fin*. Como explican los ángeles, la Ascensión también revela la forma en la que Jesús volverá: de forma pública, visible, en las nubes del cielo (cf. Mt 24:24–27; Mr 14:62). Para Jesús mismo, la Ascensión es la señal de que *ha completado la obra de salvación*, y por eso regresa al lado del Padre celestial.[49]

Esperando al Espíritu Santo (1:12–26). El resto del capítulo 1 describe a la espera de los discípulos, que aguardan la llegada del Espíritu. Los versículos 12–14 nos muestran a unos discípulos que obedecen lo recogido en el versícu-

---

47. Ver esp. James D.G. Dunn, *El Bautismo del Espíritu Santo* (Salamanca: Ediciones Secretariado, 1979).

48. E. Earle Ellis, «"The End of the Earth" (Acts 1:8)», *BBR* 1 (1991): 123–32.

49. Cf. John F. Maile, «The ascension in Luke–Acts», *TynB* 37 (1986): 29–59.

lo 4, y destaca su unidad.[50] El versículo 15 nos dice cuántos eran; y es interesante constatar que en el judaísmo, con 120 personas se podía constituir una comunidad legítima e independiente.[51] Con un espíritu de oración, en lugar de actuar precipitadamente, Pedro dirige a la congregación para elegir al sustituto de Judas. Los versículos 18–19 explican la forma en la que Judas se quitó la vida. Mateo 27:3–10 parece dar una versión bastante diferente de su muerte, pero se pueden armonizar. La cuerda con la que se colgó del árbol pudo romperse, con lo que el cuerpo podría haber caído sobre una roca, y también podría ser que los dueños del terreno que los sacerdotes compraron entendieran que lo compraban de parte de Judas.[52]

Más importante aún, Pedro cita dos salmos en los que David contiende contra un enemigo (69:25; 109:8), dando por sentado que aquello apuntaba a lo que se acaba de cumplir en el primer siglo (vv. 16–17, 20). Por tanto, el grupo debe elegir a alguien que sustituya a Judas. Aunque este pasaje se convirtió en la base de la doctrina de la sucesión apostólica en la iglesia primitiva, en ningún otro lugar de la Biblia se describe la sustitución de ninguno de los doce. Sobre todo, cuando Jacobo, el hermano de Juan, murió asesinado (Hechos 12:2), no hay ningún indicio de que buscaran a alguien para ocupar su lugar. Al parecer, para el liderazgo de la iglesia incipiente era importante ser doce en los inicios —aunque no a lo largo de su historia—, como símbolo de que la iglesia era el verdadero Israel, aunque no a lo largo de su historia. Al principio, en su fase totalmente judía, la iglesia se ha convertido en el nuevo o el verdadero Israel.[53]

Los criterios para elegir al nuevo apóstol son reveladores (vv. 21–22): debe ser alguien de entre el grupo de los seguidores de Jesús desde los días de Juan el Bautista, y debe ser un testigo de la resurrección. Claramente, según esta definición de *apóstol*, este oficio o cargo solo pudo existir en el siglo I. Por otro lado, Pablo usará esta palabra en su lista de dones espirituales como una de las formas que Dios otorga a su pueblo en todas las épocas (ver la p. 221). La manera en la que se elige entre los dos candidatos es más fascinante aún (vv. 23–26). Como ocurre a menudo en el Antiguo Testamento, echaron suertes. ¿Significa eso que los creyentes de hoy deberían utilizar ese método para conocer la voluntad de Dios? Probablemente no. Ese método no se vuelve a utilizar en todo el Nuevo Testamento, y «la llegada del Espíritu pronto daría a la iglesia una guía para conocer la voluntad de Dios mucho más segura».[54] A la vez, en el texto de Lucas no hay nada que sugiera que los discípulos no

---

50. La palabra griega *homothumadon* («unánimes», «en un mismo espíritu») aparece en los primeros capítulos de Hechos un número considerable de veces. Ver 1:14, 2:46, 4:24, 5:12, 7:57, 8:6, etc.

51. *m. Sanedrín* 1:6.

52. I. Howard Marshall, *The Acts of the Apostles* (Leicester: IVP; Grand Rapids: Eerdmans, 1980), 65.

53. Cf. Arie Zwiep, *Judas and the Choice of Matthias: A Study in the Context and Concern of Acts 1:15–26* (Tübingen: Mohr Siebeck, 2004).

54. Williams, *Acts*, 35.

deberían haber usado aquel método. Aunque a veces se argumenta que ya no volvemos a oír de Matías, y que Pablo fue realmente el apóstol número doce, no hay que olvidar que, aparte de Pedro y Juan, el resto del libro no vuelve a mencionar a ninguno de los doce.[55]

Pentecostés (2:1–41). Hechos 2 recoge un suceso de suma importancia. *Pentecostés completa la secuencia de sucesos que empezó con la muerte de Cristo, y que incluye la Resurrección y la Ascensión. Ahora, Dios va a derramar su Espíritu sobre todos sus hijos.* En el Antiguo Testamento, el Espíritu Santo descendía sobre algunos israelitas de forma temporal para realizar hazañas poderosas; ahora, vivirá de forma permanente en todos los creyentes. Ocurre durante la fiesta de la cosecha celebrada cincuenta días después de la Pascua (Lv 23:15–22). Ya durante el periodo intertestamentario, los judíos habían decidido que esta fiesta marcaba el momento en el que recibieron la Ley en el Sinaí (*Jub.* 1:1). Por tanto, era lógico que, del mismo modo en que el primer pacto se estableció con señales y maravillas, el segundo pacto también viniera acompañado de un acontecimiento espectacular. Además, aunque Dios confundió las lenguas de los habitantes de la tierra en la torre de Babel (Gn 11), aquí empieza a deshacer esa confusión.

No está claro lo que ocurrió exactamente cuando el Espíritu descendió sobre los discípulos (vv. 1–4). Lucas usa símiles para explicar que hubo un sonido «como» el de un fuerte *viento* (en hebreo y en griego es la misma palabra que se usa para *espíritu*) y lenguas «como» de *fuego* (el símbolo del juicio divino en el Antiguo Testamento). Milagrosamente, todo visitante judío de otras partes del Imperio donde no se hablaba griego oyó a los apóstoles hablar en su propio idioma (vv. 5–12).[56] Este milagro casi no era necesario porque todo el mundo sabía suficiente griego como para comunicarse y para participar de las fiestas. Además, a continuación, Pedro se dirige a la multitud, para explicar el fenómeno que acaban de experimentar, y lo hace en griego. Lo que el milagro hace es ofrecer una confirmación espectacular del origen divino y de la veracidad del mensaje de los discípulos. Aquí, Lucas también usa la expresión «lleno del Espíritu» que, para él, es diferente al bautismo del Espíritu. *Mientras que el bautismo solo tiene lugar una vez, en el momento de la conversión, el creyente puede ser llenado una y otra vez, es decir, recibir poder para dar testimonio o cualquier otro servicio* (p. ej., Lc 1:15, 41, 67; Hch 2:4; 4:8, 31; 9:17; 13:9).[57]

El primer sermón de Pedro (vv. 14–41) empieza con una interpretación de este primer ejemplo de hablar en lenguas a la luz de la profecía de Joel 2:28–

---

55. William J. Larkin Jr., *Acts* (Leicester and Downers Grove: IVP, 1995), 47.

56. «Las regiones que aparecen en 2:9–11 forman un cuadrado alrededor de Judea y Jerusalén, sugiriendo la presencia de un amplio espectro de procedencias de los cuatro rincones de la tierra» (F. Scout Spencer, *Journeying through Acts: A Literary–Cultural Reading* [Peabody: Hendrickson, rev. 2004], 44 [con mapa]).

57. Sobre esto y otros ministerios del Espíritu en Lucas y Hechos, ver las obras de Max Turner, esp. *Power from on High: The Spirit in Israel's Restoration and Witness in Luke–Acts* (Sheffield: SAP, 1996).

32. Pero lo que en el Antiguo Testamento ocurriría «después» (Jl 2:28), Pedro dice que está ocurriendo «en los últimos días» (Hch 2:17). El Nuevo Testamento afirma que los últimos días empezaron o el final de los tiempos empezó con la primera venida de Cristo. Y con el derramamiento del Espíritu Santo, Dios da dones a su pueblo (vv. 17–18). Las señales cósmicas que Joel predijo (vv. 19–20) se pueden tomar de forma figurada y pensar que se cumplieron en la crucifixión (recordemos el eclipse de sol en Lc 23:45) o se pueden entender como algo que aún no ha ocurrido.[58] Sea como sea, Lucas quiere citar a Joel hasta llegar a la promesa final: «Y todo el que invoque el nombre del Señor será salvo» (v. 21). Ésta es la primera pista en Hechos de que los discípulos entienden que el Evangelio también llegará a los gentiles. Los versículos 22–36 forman el cuerpo de este sermón de Pedro, que está construido siguiendo un argumento lógico. Si los últimos días han llegado, entonces, el Mesías ya había aparecido. Jesús era el Mesías (vv. 22–24). Y lo demuestra extrayendo evidencias de las mismas Escrituras hebreas. El Salmo 16:8–11 (vv. 25–28) parece sugerir que David estaba hablando de sí mismo, pero está claro que él no era inmortal. Sabiendo que Dios había prometido poner a sus descendientes en el trono judío para siempre (2S 7:12–16), David profetiza sobre el Mesías que había de venir, creyendo que la muerte no le iba a vencer (ver esp. v. 31).[59] En cuanto al Salmo 110:1 (vv. 34–35), Jesús mismo ya había interpretado que este texto se refería a su rol mesiánico (Mr 12:35–37). Por tanto, no hay otra conclusión posible: Dios ha resucitado a Jesús, y lo ha puesto en algo, dándole la misma posición celestial que ya había ocupado. Y por eso, además del título de «Cristo» (Mesías), Dios le otorga el de «Señor» (v. 36).[60]

El sermón de Pedro dejó a su audiencia realmente conmovida, lo que le llevó a hacer lo que se ha llamado la primera «invitación evangelística» de la historia de la predicación cristiana (vv. 37–41). *Pedro menciona dos cosas que sus oyentes deben hacer (arrepentirse y bautizarse) y hace dos promesas sobre lo que recibirán (perdón y el regalo del Espíritu Santo). Podríamos hablar de estos cuatro elementos como el «conjunto pentecostal» porque, tanto aquí como a lo largo de la mayor parte del Nuevo Testamento, están considerados como una unidad.* Habrá en el libro de Hechos tres excepciones, que trataremos en su debido momento. Por el momento, vamos a definir cada uno de ellos. El arrepentimiento, como ocurre repetidamente en las Escrituras, no se refiere solamente a la tristeza por el pecado, si no a un cambio de conducta.

---

58. F.F. Bruce, *Hechos de los Apóstoles* (Nueva Creación, 1997), 61–62 de la edición en inglés.

59. Encontrará un estudio de los diferentes acercamientos al uso que Pedro hace del Salmo 16, y una defensa de que el apóstol lo entendió como una profecía directa sobre el Mesías que había de venir, en Gregoy V. Trull, «Views on Peter's Use of Psalm 16:8–11 in Acts 2:25–32», *BSac* 161 (2004): 194–214, 432–48.

60. «No es que Jesús pasara a ser alguien diferente al que era antes, sino que después de la ascensión entró en una nueva etapa o asumió nuevos roles» (Witherington, *Acts,* 149). Encontrará un estudio equilibrado sobre este tema en el artículo de Darrell L. Bock titulado «Jesus as Lord in Acts and in the Gospel Message», *BSac* 143 (1986): 146–54.

El bautismo de agua, bien conocido por los judíos pues ya lo practicaban con los conversos al judaísmo y también por el ministerio de Juan el Bautista, era una señal externa y testimonio del cambio interior que Dios había iniciado en la persona.[61] El hecho de que el bautismo se tenía que hacer en el nombre de Jesucristo no contradice el texto de la Gran Comisión, donde aparece una fórmula trinitaria (Mt 28:19). De hecho, eso nos dice que en aquel momento de la historia de la iglesia no había una fórmula exacta que debiera recitarse.

A primera vista, podría parecer que Pedro dice que el bautismo de agua es necesario para recibir el perdón de pecados, pero eso es contrario a muchos textos que hablan de la salvación solo por la gracia. Incluso en el capítulo 3, en su siguiente sermón, Pedro habla del arrepentimiento sin mencionar el Bautismo (v. 19). Probablemente, el versículo 38 forma un quiasmo (A. B. B. A.), en el que el arrepentimiento está relacionado con el perdón, y el Bautismo, con el nombre de Jesús.[62] «El don del Espíritu Santo» no se refiere a un don espiritual específico, a diferencia de la lista paulina de los *charismata* (enseñanza, profecía, generosidad, etc.). Aquí tenemos un genitivo explicativo o aposicional: el don es el Espíritu mismo. Como en el versículo 22, Pedro enfatiza de nuevo que su ofrecimiento es para todos, «para vosotros y para vuestros hijos» (v. 39), es decir, aquella generación de judíos y su descendencia, y también para «los que están lejos», expresión que podría incluir a los gentiles.

Todo en común (2:42–47). El último párrafo de Hechos 2 describe la organización inicial de aquellos que respondieron la invitación de Pedro y se unieron a los 120 (vv. 42–47). El versículo 42 se suele citar como la descripción más antigua de los cuatro elementos de la adoración cristiana, los cuatro elementos que deberían caracterizar a la iglesia de cualquier época y cualquier lugar: la predicación o la enseñanza de la Palabra de Dios, la comunión, la celebración de la Santa Cena (o Eucaristía), y la oración. Y en los versículos del 43 al 47 se nos dice de forma más detallada cuál es el significado de la comunión, que es más que una simple conversación durante la comida. Implica compartir, poner todo en común, sobre todo las posesiones materiales.[63] Los tiempos imperfectos que aparecen en estos versículos sugieren un proceso, es decir, que no se pasó de repente a una renuncia total y absoluta de los bienes personales. No tenemos aquí el sistema moderno del comunismo contemporáneo, que es ateo y coercitivo. Los discípulos hicieron un fondo común de recursos por amor a Dios y por amor los unos a los otros, de una forma totalmente voluntaria. A la vez, el versículo 45 nos ofrece el fundamento de la primera mitad del famoso

---

61. El testimonio de Josefo lo corrobora claramente: *A.* 18.5.2.

62. El cambio del plural «arrepentíos» al singular «bautícese» respalda la idea de que el autor está tratando estos dos verbos de forma diferente. Cf. Luther McIntyre, «Baptism and Forgiveness in Acts 2:38», *BSac* 153 (1996): 53–62.

63. En cuanto a los paralelos en Qumrán, ver Brian Capper, «The Palestinian Cultural Context of the Earliest Christian Community of Goods», en *The Book of Acts in Its Palestinian Setting*, ed. Richard Bauckham (Grand Rapids: Eerdmans; Carlisle: Paternoster, 1995), 323–56.

manifiesto de Marx: «a todos según la necesidad de cada uno». La otra mitad también aparece en Hechos: en 11:29 (ver el comentario más adelante, 60).

¡Los hijos de Dios deberían compartir sus recursos con los pobres y los necesitados que haya entre ellos! Está claro que de este párrafo no se puede extraer que estas prácticas fueran incorrectas (lo que algunos argumentan, basándose en que la pobreza posterior de la iglesia se podría haber evitado si los creyentes no lo hubieran dado todo al principio). Lucas, como narrador, deja claro que Dios aprueba este tipo de organización, haciendo hincapié en que Dios «añadía cada día a la iglesia los que habían de ser salvos».[64]

PREGUNTAS

1. ¿Cuál es la importancia de los relatos de la resurrección y la ascensión?

2. ¿Qué aspectos de Hechos 1:12–26 son normativos y cuáles no, y cómo podemos saber la diferencia?

3. ¿Qué conclusiones deberíamos sacar del fenómeno de las lenguas en Pentecostés, y qué conclusiones no deberíamos sacar?

4. Analiza la argumentación del sermón de Pedro en Pentecostés, y explica el «conjunto pentecostal» de 2:38. ¿Qué implica cada uno de los elementos de dicho conjunto?

5. ¿Qué elementos de Hechos 2:42–47 son normativos y cuáles no, y cómo podemos saber la diferencia?

Una curación en el templo, y sus consecuencias (3:1–4:31). Hechos 3:1–4:31 describe la primera curación hecha por la iglesia primitiva, junto con las consecuencias que ésta tuvo. El relato sobre el milagro aparece en 3:1–11. Como en Pentecostés, este increíble suceso hace que mucha gente escuche el evangelio. Como cuando Jesús envió a los doce a reproducir su ministerio (Mt 10 y paralelos), los apóstoles reciben el poder para reproducir sus milagros curativos. Pero deben hacerlo «en su nombre», no dando la orden de forma directa como él hacía. El versículo 6 muestra la prioridad de la sanidad espiritual por encima de la sanidad física. A la vez, la restauración física de aquel hombre le permite poder trabajar de nuevo y así obtener su sustento de una forma mejor.[65] Y, como hemos visto en 2:42–47, la preocupación por el estado económico de las personas es un importante componente de la organización comunitaria de la iglesia primitiva.

El segundo sermón de Pedro aparece en 3:12–26. La estructura sigue de cerca el mensaje de Pentecostés y sienta un modelo para la predicación que aparecerá en el resto del libro: un mensaje centrado en Jesús, el rol de los líderes judíos en la crucifixión, la resurrección y exaltación, un llamamiento al arrepentimiento,

---

64. Sobre todo este pár*rafo,* ver también Craig L. Blomberg, *Ni pobreza ni riquezas: Una teología bíblica de las posesiones* (Andamio), 161–63 de la edición en inglés.

65. Marshall, *Acts of the Apostles*, 88. Cf., con más detalles, McGlory T. Speckman, «Heal*ing* and Wholeness in Luke–Acts as a Foundation for Economic Development: A Particular Referent to ὁλοκληρία in Acts 3:16», *Neot* 36 (2002): 97–109.

y el respaldo del Antiguo Testamento para demostrar que todo lo ocurrido es el cumplimiento de la profecía. Una diferencia clave de los sermones anteriores de Pedro es el uso de títulos claramente cristológicos que no se suelen encontrar fuera de los primeros capítulos de Hechos. Así, en el versículo 13 Jesús es el *siervo* sufriente de Isaías 52–53; en el versículo 14, es *el Santo y el Justo*. En el mismo sentido, Pedro también le llama *el autor de la vida* (v. 15); y en el versículo 22 es *el profeta* como Moisés, cumpliendo lo dicho en Deuteronomio 18:15–18. Richard Longenecker trata todos estos títulos en una obra sobre la Cristología del incipiente cristianismo judío, mostrando que estas referencias únicas apuntan a que Lucas usa aquí una tradición temprana y fiable.[66]

El segundo sermón de Pedro también nos deja ver que ha entendido perfectamente el mandamiento a los discípulos de ir por todo el mundo, aunque aún no ha salido de Jerusalén. El versículo 21 implica que ha de pasar un tiempo hasta que Cristo vuelva, pues primero se debe llevar a cabo la misión a los gentiles. Este periodo de tiempo también echa por tierra la idea de que Jesús hubiera regresado de inmediato si los judíos hubieran aceptado el evangelio. La Gran Comisión era parte del plan de Dios desde el principio, no simplemente un «plan B» después de que los líderes judíos rechazaran a Jesús, como algunos han interpretado basándose solo en los versículos 19–20. Desde que Dios llamó a Abraham y le bendijo para que él pudiera bendecir a todas las naciones, la intención de Dios fue que de la simiente de Abraham (concretamente, el Mesías), la palabra saldría para llegar a todas las naciones (v. 25).[67]

Así, es normal que esos líderes que meses antes habían crucificado a Jesús no permitieran que los primeros cristianos siguieran predicando. Por eso, el capítulo 4 narra el primer conflicto posterior a la resurrección entre los discípulos y el Sanedrín. La oposición más fuerte viene de parte de los saduceos, personalizada en el liderazgo del sumo sacerdote y su familia (vv. 5–6). Recordamos de los Evangelios que algunos fariseos importantes se habían puesto del lado de Jesús (p. ej., Nicodemo; José de Arimatea), y pronto oiremos de otro (Gamaliel). A lo largo del libro de Hechos, cada vez que los cristianos aparecen ante las autoridades judías, sus creencias causan un debate interno dentro del judaísmo. Los fariseos creían en la resurrección de todas las personas (Dn 12:2), pero los saduceos no lo creían (según ellos, la doctrina vinculante solo provenía de los cinco libros de Moisés). Así, a lo largo de todo el libro, vemos

---

66. Richard N. Longenecker, *The Christology of Early Jewish Christianity* (Naperville: Allenson; London: SCM, 1970). También, Larry Hurtado (*Lord Jesus Christ* [Grand Rapids: Eerdmans, 2003]) dice que ya en una época muy temprana la iglesia primitiva contaba con una cristología claramente desarrollada (en contra de los que defienden que la Cristología apareció de forma lenta y progresiva). En cuando a estos primeros capítulos de Hechos, ver también Rainer Riesner, «Christology in the Early Jerusalem Community», *Mishkan* 24.1 (1996): 6–17.

67. «Pedro admite que Dios, por su misericordia, perdonará a esos judíos por lo que su Mesías tuvo que sufrir, y que Dios les concederá una prórroga, es decir, un tiempo cuando podrán arrepentirse y convertirse antes del fin» (Fitzmyer, *Acts*, 288).

que la característica más visible del cristianismo temprano es el énfasis en la resurrección de Jesús (aquí, ver v. 2).

El interrogatorio a los discípulos es para Pedro una tercera oportunidad para predicar públicamente, en este caso ante los líderes judíos (vv. 8–12). Es interesante ver que Lucas ya ha descrito cómo el número de creyentes en Jerusalén ya ha pasado de los tres mil después de Pentecostés a más de cinco mil (v. 4). Algunos han usado estas estadísticas como una base bíblica para medir el crecimiento de la iglesia según el número de conversos. No obstante, es interesante notar que esas cifras no se vuelven a mencionar. Si hay aquí un modelo a imitar es el de la predicación valiente en medio de la persecución, pues Pedro y Juan utilizan cualquier oportunidad de expresarse para hablar de Jesús, aunque sus vidas corran peligro.

El resumen que Lucas hace de este mensaje llega a su clímax con la afirmación que aparece en el versículo 12: en ningún otro nombre hay salvación. En muchas ocasiones, el término «nombre» en la Biblia no solo hace referencia al nombre propio, sino también al poder y autoridad de una persona. Por tanto, este versículo no es una afirmación sobre lo que les ocurre a aquellos que nunca han oído hablar de Jesús, sino que insiste en que todos los que son salvos, sea en la época que sea, lo son gracias a la obra de Cristo en la cruz. Obviamente, el pueblo de Dios en el Antiguo Testamento no había oído el nombre de *Jesús*, y los sacrificios de animales no eran una expiación completa por sus pecados (ver el libro de Hebreos); aún así, fueron salvos porque Dios veía la expiación completa que tendría lugar en la crucifixión de Cristo.[68]

La fe y la valentía de los discípulos al proclamar el evangelio sorprende a los líderes judíos, sobre todo porque saben que son personas sin una educación formal (v. 13). Las dos palabras griegas que se usan en este versículo (*agrammatos* y *idiotes*) se han usado para decir que los discípulos eran analfabetos, pero, en este contexto, estos términos significan que, después de los doce o trece años, cuando acababa la escuela, los discípulos de Jesús no habían recibido un estudio formal al lado de un rabí.[69] La formación teológica y reglada tanto entonces como ahora puede mejorar las habilidades para el ministerio, ¡pero a Dios no le hace falta para obrar de forma poderosa a través de cualquier persona!

También es interesante ver que los del Sanedrín son incapaces de contestar de forma argumentada a los discípulos. En lugar de dar un respuesta, el conci-

---

68. En cuanto a las posiciones ortodoxas principales a lo largo de la historia de la iglesia sobre aquellos que nunca han oído el evangelio, ver John Sanders, *No Other Name: An Investigation into the Destiny of the Unevangelized* (Grand Rapids: Eerdmans, 1992).

69. Witherington, *Acts*, 195. *Idiotes* en el resto del Nuevo Testamento significa «profano» o «seglar». *Agrammatos*, que no vuelve a aparecer en el resto de las Escrituras, en el griego antiguo puede hacer referencia a aquellos que pueden leer y escribir pero no de forma culta, o a aquellos que puede leer y escribir, pero solo en una lengua. Ver Thomas J. Graus, «"Uneducated," "Ignorant," or Even "Illiterate"? Aspects and Background for an Understanding of ἀγράμματοι(and ἰδιῶται) in Acts 4.13», *NTS* 45 (1999): 434, 441–42.

lio simplemente prohíbe a aquellos predicadores que continúen proclamando su mensaje (vv. 14–17). A su vez, Pedro y Juan responden con uno de los clásicos paradigmas bíblicos de desobediencia civil (vv. 19–20). *Cuando la ley humana contradice la ley de Dios, los hijos de Dios tienen que estar dispuestos a incumplir las leyes de la tierra.*[70] En esta ocasión, las autoridades logran acordar qué hacer con aquellos individuos, por lo que los dejan en libertad (vv. 21–22). De forma sorprendente, la liberación lleva a aquel pequeño grupo a alabar a Dios y a pedir más valentía para seguir testificando (vv. 23–31).[71] Aquellos discípulos siguen viendo el cumplimiento de las Escrituras tanto en la oposición por parte de las autoridades, como en el poco éxito de dicha oposición, y lo hacen citando el Salmo 2:1–2 (vv. 25–26).

Más en común, aunque no siempre funciona (4:32–5:11). En 4:32–5:11, Lucas vuelve al modelo de compartirlo los bienes.[72] Los versículos 32–35 no ofrecen la segunda definición de la actividad de la iglesia. Los versículos 32 y 34 nos muestran que cada cual conservaba sus propiedades personales, y que solo se vendían en caso de necesidad. El versículo 33 nos muestra que la preocupación social o económica no sustituía la predicación del Evangelio, sino que la hacía posible o, al menos, más eficaz. A continuación, Lucas presenta un ejemplo de alguien que vendió un terreno que poseía y dio el dinero para el «pote común» (vv. 36–37). Su nombre era José, llamado Bernabé, sobrenombre que significaba «hijo de consolación».[73] Más adelante lo conoceríamos como aquel que fue de ánimo y consuelo para el apóstol Pablo, pero es interesante ver que la primera vez que oímos hablar de él es por su generosidad.

A diferencia de la acción ejemplar de Bernabé, en 5:1–11 encontramos el ejemplo a evitar de Ananías y Safira. Después de hacer ver que dan todo el dinero que han sacado de la venta de una propiedad, cuando se estaban guardando a escondidas parte del beneficio, Dios los fulmina. Es normal que la pregunta exegética más común en torno a este pasaje sea por qué Dios actuó de forma tan drástica cuando a lo largo de la historia ha dejado pasar pecados más serios. Se han ofrecido al menos nueve respuestas.

(1) El verbo «quedarse con» (de la raíz griega *nosphizo*) tiene el sentido de «estafar», y la única otra ocasión en la que aparece en la Biblia griega es en Josué 7:1, que recoge la historia del pecado de Acán. En ambos casos Dios estaba formando un pueblo, y al parecer en los inicios la disciplina debía ser

---

70. Ajith Fernando (*Acts* [Grand Rapids: Zondervan, 1998], 221) recoge una lista de criterios en cuanto a la desobediencia civil, sobre cómo ponerla en práctica con el mayor tacto posible, y solo como último recurso.

71. En todo el libro de Hechos, «la liberación de prisión» es también «una liberación para la proclamación» (*John B. Weaver, Plots of Ephiphany: Prison–Escape in Acts of the Apostles* [Berlin and New York: de Gruyter, 2004], 286).

72. Sobre este tema, ver esp. Richard J. Cassidy, *Society and Politics in the Acts of the Apostles* (Maryknoll, N. Y.: Orbis, 1987).

73. Quizá el hebreo *bar nabi*, «hijo de un profeta», y aquí se tendría en mente el ministerio profético de la exhortación o el consuelo.

más estricta para asegurar la supervivencia de la comunidad. (2) Tanto Ananías como Safira pecaron de forma consciente y premeditada. Curiosamente, ¡Safira no pudo declarar que simplemente estaba sometiéndose y obedeciendo a su marido![74] (3) Basándose en el versículo 3, algunos han dicho que esta pareja estaba poseída. Pero lo más probable es que «Satanás ha llenado tu corazón» sea una expresión semita que significa «Satanás os ha incitado».[75] Sea como sea, se trata de una expresión muy fuerte y está claro que estamos ante un pecado extremadamente serio. (4) No solo mintieron a la iglesia, sino que mintieron al Espíritu Santo, que es igual a Dios (vv. 3–4). (5) El pecado no fue negarse a dar todo el dinero que habían ganado, sino mentir y decir que lo estaban dando todo. (6) De hecho, no había nada que obligara a la pareja a dar de su dinero, pues era una acción totalmente voluntaria.(7) Decir que Dios obró de forma sobrenatural para acabar con sus vidas puede sonar demasiado fuerte, pero es obvio que es posible. Por eso algunos han sugerido que Ananías y Safira sufrieron un fuerte *shock* cuando fueron confrontados con su pecado, y murieron de un paro cardíaco o algo similar. (8) A pesar de la tragedia, estos sucesos tuvieron un efecto enorme que, junto con otras «señales y prodigios», hicieron que la iglesia creciera aún más (vv. 5, 11–12, 14). (9) Aunque ambos murieron, no hay por qué cuestionar su salvación. Se les presenta como creyentes que simplemente perdieron su vida física. Compárese con los que murieron después de profanar la cena del Señor en 1ª Corintios 11:29–30.

No obstante, después de enumerar estas nueve interpretaciones, lo que nos sigue viniendo a la mente es la dureza del veredicto divino. Por eso, quizá el comentario final más importante sería el siguiente: cada vez que Dios no castiga el pecado de una forma tan dura es testimonio de su maravillosa gracia, porque la paga del pecado es la muerte (Ro 6:23).

Más crecimiento y conflicto (5:12–42). El resto del capítulo 5 describe el crecimiento y el conflicto en la vida de la iglesia de Jerusalén. Es normal que muchos no quisieran acercarse a los apóstoles, a la luz de la forma en la que Dios había obrado a través de ellos con Ananías y Safira (vv. 12–13). Sin embargo, Dios continuó bendiciendo a la iglesia haciéndola crecer, usando incluso la superstición popular para obrar curaciones y exorcismos (vv. 14–16).[76] Las autoridades locales arrestan de nuevo a los apóstoles, pero el Señor milagrosamente abre las puertas de la cárcel. En lugar de ir a esconderse, vuelven al

---

74. Como explica Ivoni Richter Reimer (*Women in the Acts of the Apostles* [Minneapolis: Fortress, 1995], 24), «el marido actúa; la mujer conoce su acción, pero no hace nada en contra de esa acción corrupta». Por tanto, «ella es igual de culpable y se encuentra igual que él ante el castigo de Dios».

75. Bruce M. Metzger, *A Textual Commentary on the Greek New Testament* (New York and London: United Bible Societies, rev. 1994), 285.

76. «Se puede citar paralelos de ese tipo, pero quizá lo más correcto es decir que en el pensamiento antiguo no importaba mucho si el milagro ocurría por la sombra, las manos, o las palabras del que hacía el milagro. Sea como sea, el agente del milagro en este caso es Dios» (C. K. Barrett, *Acts: A Shorter Commentary* [Edinburgh: T & T Clark; New York: Continuum, 2002], 74).

templo para proclamar el mensaje sobre Jesús (vv. 17–26). Enfadados por ese comportamiento, el sumo sacerdote se vuelve a enfrentar a los doce, ordenándoles que desistan, pero ellos se niegan (vv. 27–32), pues insisten en que, ante un conflicto entre lo que Dios dice y lo que las máximas autoridades humanas dicen, deben obedecer a Dios (v. 29). En este punto, Gamaliel interviene y les salva la vida (vv. 33–40).

Es probable que este ilustre rabino fuera nieto de Hillel, por lo representaría a la facción más liberal del fariseísmo. Desgraciadamente, su consejo (v. 39) con frecuencia se ha aplicado en otros contextos en detrimento de los creyentes. No todos los movimientos religiosos cuyos orígenes son simplemente humanos acaban por marchitarse y desaparecer. Solo porque Dios usara el consejo de Gamaliel para libertar a los creyentes no significa que estuviera basado en principios atemporales.[77] La creencia en la inerrancia y la autoridad de las Escrituras no implica que todo lo que dicen los personajes que aparecen en la Biblia sea verdad. Lo único que implica es que eso es lo que dijeron.

Un problema más complejo en cuanto a las palabras de Gamaliel tiene que ver con la mención que hace de Teudas en el versículo 36. Según Josefo, Teudas dirigió sus revueltas en el año 44 d.C., después de los sucesos recogidos en Hechos 5 y bastante después de la rebelión de Judas (v. 37) que él fecha en el año 6 d.C. (cf. *A.* 20.97, 102, 171; *G.* 2.259–64). Obviamente, puede que Josefo esté equivocado, como ocurre en otras ocasiones (aunque no a menudo), o puede que Gamaliel esté hablando de otro Teudas. Era un nombre bastante común, y Josefo recoge un número considerable de revueltas de ese tipo. Pero aún no se ha descubierto una solución completamente satisfactoria.[78] No obstante, es muy poco probable que Lucas atribuyera a Gamaliel una comparación entre Jesús y aquellos simples revolucionarios, y se arriesgara a crear confusión sobre la misión de Jesús, a menos que sus adversarios lo percibieran como tal.[79]

Hebreos y helenistas (6:1–7). La parte final de esta primera sección de Hechos está compuesta por 6:1–7. La iglesia ya ha recibido ataques desde el exterior, y también ha tenido que lidiar con un par de rebeliones internas, pero ahora se enfrenta a la primera división de iglesia. A los dos grupos en cuestión se les llama literalmente «hebreos» y «helenistas» (v. 1). Los estudiosos han debatido mucho con el objetivo de determinar si las diferencias entre estos dos grupos eran puramente lingüísticas, y si eran también culturales.[80] *Al me-*

---

77. Pensemos en el rápido crecimiento del Islam, con frecuencia gracias a la fuerza bruta, incluso en la actualidad. Más general, William J. Lyons, «The Words of Gamaliel (Acts 5:38–39) and the Irony of Indeterminacy», *JSNT* 68 (1997): 23–49.

78. Cf. Fitzmyer (*Acts*, 334): «El hecho es que la información histórica que Lucas aporta se puede corroborar en *much*as ocasiones y es más sabio dejar este asunto sin resolver que acusar a Lucas de haber cometido un error».

79. Jeffrey A. Trumbower, «The Historical Jesus and the Speech of Gamaliel (Acts 5:35–9)», *NTS* 39 (1993): 500–17.

80. La obra clásica que habla de diferencias culturales es de Martin Hengel, *Between Jesus and Paul* (London: SCM; Philadelphia: Fortress, 1983); una respuesta importante que

nos, podemos saber que los hebreos hablaban arameo como lengua materna, mientras que los helenistas, de fuera de Israel, tenían el griego como lengua materna. Pero, dado que algunos judíos que vivían en la diáspora adoptaron rápidamente el griego, mientras que otros mantuvieron sus tradiciones e incluso continuaron hablando arameo y/o hebreo, también es posible que hubiera diferencias culturales que dividieran a estos dos grupos. Por ejemplo, Pablo se llamaba hebreo (Fil 3:5), aunque creció en Tarso de Cilicia.

Se nos dice que lo que causó tensión entre los dos grupos fue que los hebreos descuidaban a las viudas de habla griega cuando hacían la distribución diaria (algunas versiones añaden «de alimentos» en el v. 1). Esto podría haberse tratado de una forma de caridad para proveer alimentos para los más necesitados de la comunidad; pero, basándonos en analogías judías, esa caridad podría haber incluido la distribución de dinero. Fuera como fuera, los apóstoles, como líderes de los hebreos, les dicen a los helenistas que escojan líderes de entre ellos para que se encarguen del problema (vv. 2–6). De esa forma, reconocen una distinción de ministerios, los que predican la palabra, y los que «sirven (*diakonein*) las mesas», una distinción que será el precedente para el posterior establecimiento del cargo de diáconos como un servicio diferenciado del de los ancianos de una iglesia. A la vez, es importante observar que los criterios de selección de estos nuevos líderes son tan espirituales como los criterios para elegir ancianos («llenos del Espíritu y de sabiduría», v. 3; cf. 1Ti 3:1–7). Aunque esos siete van a desempeñar una tarea más práctica, también tienen que ser creyentes maduros. Curiosamente, las únicas actividades que Lucas recogerá de estos hombres son los ministerios totalmente espirituales de la enseñanza y la curación (Esteban y Felipe en 6:8–8:40).[81]

De Hechos 6:1–7 podemos extraer algunos otros principios. Cuando en una comunidad cristiana hay diferencias étnicas o lingüísticas, el equipo de liderazgo debería estar formado por personas que representen a los distintos grupos. También es lógico que las congregaciones escojan a sus propios líderes, siempre y cuando hagan uso de criterios piadosos. Para los apóstoles hebreos quizá habría sido más sencillo nombrar líderes *para* los helenistas, pero decidieron que fueran los helenistas los que escogieran líderes de entre ellos mismos (v. 3). Por tanto, este texto se ha usado como respaldo del gobierno de iglesia congregacional. Pero en el mismo libro de Hechos veremos también otro tipo de modelos. Además, los siete nombres de los hombres que escogen son griegos, lo que sugiere que sí eligieron a personas de su grupo. El liderazgo autóctono también es una práctica importante para la iglesia de cualquier época de la historia.[82]

---

defiende que tan solo había diferencias lingüísticas es la de Craig Hill, *Hellenists and Hebrews* (Minneapolis: Fortress, 1992).

81. Sobre este párrafo, ver más en Blomberg, *Ni riquezas ni pobrezas,* pp.167–69 de la edición en inglés.

82. Pero no a expensas de la unidad de la iglesia. Ver Eckhard J. Schnabel, *Early Christian Mission*, vol. 1 (Downers Grove and Leicester: IVP, 2004), 654–55.

El versículo 6 refleja una ceremonia ya conocida en el judaísmo, la imposición de manos, que se usaba para apartar o consagrar a las personas que iban a desempeñar un papel de liderazgo. Pero ni en el judaísmo de la época ni en el cristianismo del Nuevo Testamento encontramos una división clara entre el «clero» y el «lego», ni ningún cargo oficial que requiera una ceremonia de ordenación tal y como se entiende dicho término hoy en día. De hecho, hay cierta ironía en la observación de que siete era el número señalado para los comités judíos creados con un fin específico,[83] mientras que hoy el diaconado en algunos círculos se ha convertido en un cargo profundamente arraigado, ligado a numerosas tradiciones inalterables. Al menos, lo que Lucas quiere dejarnos al final de esta sección de su libro es que la Palabra de Dios se extendió y que Dios bendijo grandemente la actividad de la nueva iglesia. Incluso muchos sacerdotes, que eran en su mayoría saduceos y, por tanto, los más claros oponentes de la iglesia, abrazaron la fe (v. 7).

PREGUNTAS

1. Compara y contrasta los milagros y los sermones de Hechos 2 y 3.

2. ¿Cuáles son las observaciones exegéticas más importantes del conflicto entre la iglesia y el Sanedrín en Hechos 4:1–31?

3. ¿Qué más aprendemos en Hechos 4:32–35 sobre la vida comunitaria de la iglesia primitiva?

4. ¿Cómo podemos explicar el juicio y la severidad de Dios con Ananías y Safira?

5. Comenta sobre la naturaleza del consejo de Gamaliel y sobre la exactitud histórica.

6. ¿Quiénes eran los hebreos y los helenistas? ¿Cuál era el problema que había entre ellos? ¿Cómo se solucionó? De dicha resolución, ¿qué principios podemos extraer para la iglesia de hoy?

La iglesia en Judea, Galilea y Samaria (6:8–9:31). *El ministerio y martirio de Esteban (6:8–8:3).* Esta segunda parte presenta a una iglesia que empieza a extenderse más allá de Jerusalén. El empuje inicial viene del ministerio y el martirio de Esteban, uno de los primeros «diáconos». Como habla de forma poderosa y hace milagros, atrae la atención y la censura de las autoridades (vv. 8–14). Le acusan de blasfemar contra Moisés y Dios, y de intentar cambiar las costumbres que Moisés dejó (vv. 11, 13). En otras palabras, creen que Esteban está enseñando a la gente a violar la ley. En segundo lugar, insisten en que no para de hablar en contra de «este lugar santo» (vv. 13–14), que muy probablemente no solo se refiera al *templo*, sino a *toda la tierra de Israel*. Aunque Lucas dice que esas acusaciones son falsas, sin duda contienen al

---

83. Marshall, *Acts, 126.*

menos media verdad; «falsas más en cuanto al matiz y al grado, y no tanto en cuanto al tipo».[84]

El juicio de Esteban ante Caifás probablemente tiene lugar unos dos años antes de la crucifixión de Cristo (recuérdese nuestra discusión sobre la cronología). A primera vista, su defensa (7:2–53) parece más bien la de un filibustero moderno, mientras enumera ante el Consejo los detalles más importantes y por todos conocidos de la historia bíblica. ¿Realmente esperaba que olvidaran la pregunta que le habían hecho? Si nos fijamos de forma más detallada, vemos claramente que Esteban selecciona y estructura muy bien su respuesta. Lucas sabe abreviar los discursos extensos, por lo que el espacio que dedica a éste en concreto muestra la importancia que tiene para él, pues sirve para ilustrar la transición de una iglesia exclusivamente judía y ubicada en Jerusalén, a un movimiento más helenista y geográficamente más diverso.[85] *La defensa de Esteban hace referencia, a su vez, a los tres cargos de los que se le acusan.* En los versículos 2–18 explica que todos los patriarcas sirvieron a Dios de forma fiel, pero que ninguno de ellos heredó de forma completa la tierra prometida.[86] En los versículos 18–43, revisa de forma más detallada momentos clave de la vida de Moisés, centrándose particularmente en que Moisés mismo predijo la venida de un profeta como él (el Mesías) al que el pueblo debía seguir (v. 37; citando Dt 18:15). Jesús era ese profeta; por tanto, los judíos deberían escucharle. Así, el mensaje de Esteban es el verdadero cumplimiento de la ley. En cuanto al templo, los versículos 44–50 dejan claro que no era el templo lo que representaba el plan inicial de Dios para su pueblo, sino el tabernáculo. Los israelitas habían rechazado aquel plan, pidiéndole a Dios un templo como los de las otras naciones. Uno de los peligros de un templo estático, a diferencia del tabernáculo transportable, era que el pueblo podría empezar a pensar que Dios estaba limitado a un lugar concreto; por eso Esteban cita Isaías 66:1–2 y 49–50.

La «visión panorámica del Antiguo Testamento» que Estaban hace nos demuestra que son los judíos incrédulos los que han desobedecido a Dios de una forma constante. Él no ha violado la Ley, pero ellos sí lo han hecho, y el trato que ahora le están dando concuerda con ese patrón repetido a lo largo de la

---

84. Longenecker, «Acts», 335. A la vez hemos de evitar la tentación de ver a Esteban como un enemigo del templo; lo único que hace es reconocer que su papel en la historia de la salvación ya ha sido superado. Ver James P. Sweeney, «Stephen's Speech (Acts 7:2–53): Is It as "Anti–Temple" as Is Frequently Agreed?», *TrinJ* 23 (2002): 185–210.

85. Para un estudio profundo de este discurso, ver John Kilgallen, *The Stephen Speech: A Literary and Redactional Study of Acts 7, 2–53* (Rome: Biblical Institute Press, 1976). Más brevemente y actualizado, cf. ídem., «The Speech of Stephen, Acts 7:2–53», *ET* 115 (2004): 293–97.

86. Encontramos aquí algunas pequeñas discrepancias entre el relato de Esteban y el texto hebreo de los textos relevantes del Antiguo Testamento. Se han dado diferentes explicaciones. Pero de nuevo, como con el discurso de Gamaliel, una visión elevada de las Escrituras no nos obliga a creer que Esteban la recordó de forma literal y exacta durante su discurso. Y Lucas recogió un relato fiable de lo que Esteban dijo. Ver Rex A. Koivisto, «Stephen's Speech: A Theology of Errors?» *GTJ* 8 (1987): 101–14.

historia (vv. 51–53). Ben Witherington describe este discurso como un modelo ejemplar de resistencia no violenta.[87] También parece reflejar una comprensión más radical de esa religión incipiente, más radical que la de los mismos apóstoles. Los seguidores de Jesús avanzan y se emancipan del judaísmo, algo que en los principios nunca hubieran imaginado.

Lejos de quedar convencidos, los líderes judíos se enfurecen y empiezan a apedrear a Esteban (7:54–8:3). Bajo la ley romana, en una situación como aquella no tenían el derecho de llevar a cabo una sentencia de muerte (Juan 18:31), pero el relato parece apuntar a que estamos ante la acción de una turba violenta indiferente a las restricciones legales. Además, Esteban los ha provocado aún más mirando al cielo y diciendo que había visto la gloria de Dios y a Jesús, el Hijo del Hombre, a la derecha del Padre (vv. 55–56).[88] Curiosamente, éste es el único lugar fuera de los Evangelios en el que aparece el título «Hijo del Hombre».[89] Mientras lo están apedreando, Esteban imita a su Señor orando y pidiendo a Jesús que reciba su espíritu y que no tenga en cuenta el pecado de sus asesinos (vv. 59–60; cf. Lc 23:34, 46).

ESTEBAN (HECHOS 6–7)

Cargos:	Tierra	Ley	Templo
Rechazar la enseñanza de Dios sobre			
Defensa: Cambio en todas ellas	Los patriarcas no la necesitaban	Apunta a Cristo	No es el ideal de Dios
Implicaciones: Todas se cumplen en Cristo	Los cristianos heredan toda la tierra	Ética basada en el AT y en el NT	Adoración en Espíritu y verdad

87. Witherington, *Acts*, 275.

88. Barrett (*Acts*, 110) sugiere «que el Hijo del hombre está de pie para acercarse al mártir en el momento de su muerte, del mismo modo que vendrá a todos los hombres en el momento final».

89. Kee (*To Every Nation under Heaven*, 103) habla de la que se ha llamado la «visión trinitaria» del discurso de Esteban: Esteban está lleno del Espíritu Santo, ve la gloria de Dios, y luego ve a Jesús de pie al lado del Padre.

En este momento, Lucas nos recuerda otra vez la presencia de Saulo, un recurso para preparar a los lectores e introducir a un personaje que tendrá un papel muy importante más adelante (8:1). Uno podría pensar que lo normal sería que este primer martirio hubiera frenado la predicación de la palabra, pero lo que ocurrió fue precisamente todo lo contrario. Como diría Tertuliano más de un siglo después, la sangre de los mártires normalmente se convierte en la semilla de la iglesia (*Apología* 50). Aunque en 8:1 Lucas dice que «todos se dispersaron, excepto los apóstoles», lo más probable es que use «los apóstoles» como representantes de los hebreos en general.[90] Si Esteban, como representante de los helenistas, tenía una comprensión más radical de la forma en la que seguir a Jesús se distanciaba de la ley judía, es probable que las autoridades fueran más intolerantes con él que con los cristianos hebreos, que en este momento aún seguían la ley. Eso también podría explicar la rabia de Saulo y la persecución de la iglesia (v. 3), que a la vez será el escenario en el que tendrá lugar su dramática conversión.

El ministerio de Felipe el Evangelista (8:4–40). El capítulo 8 deja atrás a Esteban y centra su atención en Felipe, otro de los siete líderes de entre los helenistas. Aquí Lucas relata dos episodios por los que este «diácono» pasa a ser conocido como un evangelista (no se debe confundir con el apóstol que lleva el mismo nombre). En los versículos 4–25 leemos sobre el encuentro de Felipe con un grupo de samaritanos y su cabecilla Simón. Este suceso ha suscitado numerosos debates teológicos, así que lo comentaremos de forma breve. Pero, de todos modos, no debemos perder de vista la idea central que Lucas quiere transmitir: el evangelio sale de Jerusalén, incluso de Judea, y llega a Samaria, la provincia habitada principalmente por descendientes de los matrimonios entre judíos y gentiles que habían tenido lugar siglos antes. Los samaritanos eran una raza contaminada, por lo que los judíos los odiaban más que a cualquier otra raza. En Cristo, todas estas barreras humanas se vienen abajo.[91]

Pero, ¿qué decir de Simón? En el versículo 13 se nos dice que cree, pero aun así intenta comprar el poder del Espíritu Santo, por lo que Pedro lo reprende duramente (vv. 18–23). La tradición temprana de la iglesia refleja una convicción casi unánime de que Simón no fue salvo (ver esp. Ireneo, *Contra las herejías* 1:23; Justino Mártir, *Apología* 1:26), y la secta gnóstica afirma que sus orígenes están asociados a este hombre (aunque no hay ninguna evidencia de ello).[92] La dura reacción de Pedro parece sugerir que el apóstol no creía que Simón se hubiera convertido. De hecho, el versículo 20 dice más literalmente, como vemos en la paráfrasis de J. B. Phillips: «¡Al infierno tú

---

90. Richard Bauckham, «James and the Jerusalem Church», en *The Book of Acts in Its Palestinian Setting*, ed. Bauckham, 429.

91. John T. Squires, «The Function of Acts 8.4–12.25», *NTS* 44 (1998): 608–17.

92. Encontrará un análisis completo del material bíblico y extrabíblico sobre las diferentes tradiciones en torno a Simón el mago, y también una explicación de las ambigüedades teológicas de todos esos acercamientos en Stephen Haar, *Simon Magus: The First Gnostic?* (Berlin and New York: de Gruyter, 2003).

y tu dinero!». Lo mismo se puede inferir de las palabras que siguen, cuando Pedro le dice «no tienes parte en este ministerio». Los que creen que los cristianos pueden perder la salvación suelen decir que eso es lo que ocurrió en el caso de Simón. Y los que afirman la «seguridad eterna» argumentan que al principio su fe fue una fe superficial, más asociada al asombro ante la persona de Felipe y su mensaje, que a un verdadero compromiso (v. 13).

Hay dos observaciones lingüísticas que parecen respaldar esta última interpretación. El término griego que traducimos en el v. 13 por «asombrado», es el mismo término que aparece en el v. 11, donde se traduce por «deslumbrados». Pero ese asombro de los samaritanos ante los prodigios de Simón no significa necesariamente que le hubieran prometido lealtad. En segundo lugar, tanto los samaritanos como Simón «creyeron a Felipe» (v. 12). La expresión más normal en el Nuevo Testamento para referirse a la fe que salva es «creer *en* Jesús». Por ello, parece ser que se nos está hablando de una «fe» inferior a la verdadera confianza en el Señor.[93]

Y una cuestión exegética más compleja sería la aparente tardanza del Espíritu Santo. ¿Por qué no es derramado sobre los samaritanos cuando creen y son bautizados? ¿Por qué no viene sobre ellos hasta que Pedro y Juan llegan de Jerusalén? Históricamente, los católicos romanos y algunos protestantes han usado este intervalo en el tiempo para justificar el bautismo de los niños y la confirmación en la adolescencia. ¡Pero en este pasaje no aparece nada sobre esos ritos! Y los pentecostales lo suelen citar como ejemplo de una «segunda bendición» o «segunda experiencia». Pero si el Espíritu aún no había descendido sobre ellos, ¡entonces en este texto no tenemos otra cosa que una «primera experiencia»! Muchos protestantes, y de ellos probablemente la mayoría de evangélicos, tienen claro que este pasaje no se puede tomar como un patrón normativo, pues se trata de aquella situación única en la que el evangelio llegó a los samaritanos. Sin el respaldo del liderazgo de la iglesia y, más generalmente, de los judeocristianos hebraicos, la reconciliación entre los judíos y los samaritanos en círculos cristianos quizá nunca se hubiera dado.

Por otro lado, hay otras dos pequeñas observaciones lingüísticas que parecen sugerir un acercamiento diferente. Si tenemos en cuenta la interpretación de «Simón creyó a Felipe» que mencionamos anteriormente, tendríamos que decir que, cuando los samaritanos se bautizaron con agua, aún no se habían convertido de verdad. Además, el orden de las palabras en el versículo 16 («solamente habían sido bautizados en el nombre del Señor Jesús») sugiere que lo que ahí se está contrastando es la acción de ser bautizado en el nombre de Jesús, y cualquier otra acción dirigida a Jesús (como por ejemplo, la de creer).[94] Por tanto, si los samaritanos no habían creído hasta la llegada de Pedro y Juan,

---

93. En cuanto a estos dos puntos, ver Dunn, *Bautismo del Espíritu Santo*, pp. 64–65 de la edición en inglés.
94. Ibíd., 58.

entonces no hay ningún conflicto con el patrón de Pentecostés que observamos anteriormente.

El otro episodio del capítulo 8, en el que también aparece Felipe, se describe de forma más breve. Los versículos 26–40 describen el encuentro con un etíope eunuco, oficial de la realeza que había sido castrado para que fuera un guarda fiable de las mujeres del harén. De nuevo, la idea principal de Lucas es describir cómo el evangelio llega a grupos a los que el judaísmo había marginado (ver Dt 23:1, pero cf. Is 56:3–8).[95] Como etíope, lo más probable es que este hombre fuera negro.[96] También, es probable que fuera un hombre temeroso de Dios, un gentil que había llegado a creer en el Dios de Israel. Está leyendo el rollo de Isaías, y tiene preguntas sobre el siervo sufriente. Felipe le explica que esa profecía se ha cumplido en Jesús. Parece ser que la mayoría de los judíos en el primer siglo interpretaban que Isaías 52–53 se refería al pueblo de Israel. Aunque hay muy poca evidencia de que antes del cristianismo este texto se interpretara en clave mesiánica,[97] queda claro que así es como los cristianos lo entendieron desde el principio. También aparece una cuestión más secundaria, que sería la estrecha correlación entre la fe (que el v. 35 presupone) y el bautismo de agua. En los vv. 38–39 se explica que Felipe y el etíope entraron en el agua, y luego salieron, lo que parece sugerir que lo que allí tuvo lugar fue un bautismo por inmersión, aunque también podría haber sido por efusión (la persona entra en el agua pero no se sumerge, sino que se le rocía con agua).[98]

La conversión de Saulo (9:1–31). La parte final de esta segunda sección es Hechos 9:1–31, pasaje que describe la conversión de Saulo. Los cristianos lo conocemos mejor por Pablo, y a menudo damos por sentado que empezó a llamarse así después de su conversion, pero Hechos no empieza a usar el nuevo nombre hasta 13:9, cuando empieza su ministerio entre los gentiles de forma más seria. De hecho, los ciudadanos romanos tenían tres nombres y, si eran judíos, solían tener también un nombre judío. Por tanto, «Pablo» (que proviene de una palabra latina que significa «pequeño») debía de ser uno de

---

95. Keith H. Reeves, «The Ethiopian Eunuco: A Key Transition from Hellenist to Gentile Mission: Acts 8:26–40», en *Mission in Acts: Ancient Narratives in Contemporary Context*, eds. Robert L. Gallagher y Paul Hertig (Maryknoll, N. Y.: Orbis, 2004), 114–22.

96. Sobre esta identificación, y sobre la cuestión de personas de color en las Escrituras, ver esp. J. Daniel Hays, *From Every People and Nation: A Biblical Theology of Race* (Leicester and Downers Grove: IVP, 2003).

97. Martin Hengel, «Zur Wirkungsgeschichte von Jes 53 in vorchristlicher Zeit», en *Der leidende Gottesknecht: Jesaja 53 und Seine Wirkungsgeschichte*, eds. Bernd Janowski y Peter Stuhlmacher (Tübingen: Mohr, 1996), 49–91.

98. Algunos manuscritos tardíos añaden al principio del v. 37 «Felipe dijo: "Si crees con todo tu corazón, puedes". Y el eunuco contestó: "Creo que Jesucristo es el Hijo de Dios"». Pero, puesto que es tardío, lo más probable es que no se corresponda con lo que Lucas escribió, sino que se trate de un intento por parte de un escriba posterior de dejar constancia de una confesión de fe adecuada.

sus nombres romanos, aunque no sabemos nada de los otros dos.[99] El contexto familiar de Pablo y la educación que recibió le dieron una formación excelente y única para ministrar tanto a judíos, a griegos como a romanos. Era ciudadano romano de nacimiento, estatus heradado de ambos o, al menos, de uno de sus padres (22:28). Creció en Tarso (9:11), que en el mundo mediterráneo del siglo I era la tercera ciudad de la cultura griega y la vida intelectual (después de Atenas y Alejandría). Por último, sus estudios bajo Gamaliel en Jerusalén para ser fariseo y rabino (22:3, 6) le inculcaron la religión judía ancestral. Esta educación formal debió tener lugar entre los doce y los dieciocho años, aunque no sabemos si la completó o si llegó a ser ordenado de manera formal (ver más adelante, en el comentario de 26:10). La persecución de la secta conocida como «el Camino»[100] no encaja con el espíritu liberal de su maestro Gamaliel (ver más arriba, p. 33), pero con frecuencia los estudiantes se alejan de los caminos de sus maestros.

Probablemente, Saulo estaba convencido de que este grupo «apóstata» de seguidores de Jesús era la causa por la que Dios no estaba bendiciendo a los judíos, y la causa por la que no llegaba la era mesiánica (que no podía haber llegado con Jesús porque, como murió crucificado como un criminal, era hombre maldito; Dt 21:23). Por tanto, la exterminación de dicha secta debía estar de acuerdo con la voluntad de Dios. En un sentido, la actitud de Pablo encajaría con la de los grupos extremistas que hay en Oriente Medio en la actualidad; de ahí que N. T. Wright le compara con algunos de los terroristas modernos.[101] Aunque su conversión tirará por tierra su teología, su celo por sus convicciones quedará intacto.

Una de las formas en las que Lucas transmite la importancia de la conversión de Saulo[102] es incluyendo tres narraciones de la misma: no solo aparece en el capítulo 9, sino que volverá a aparecer en los capítulos 22 y 26. Si comparamos los tres relatos encontramos pequeñas diferencias, relacionadas sobre todo con los oyentes y la ocasión en particular,[103] pero todas dan fe del cambio dramático en la vida de Saulo. No es una exageración decir que los pilares fundamentales de la nueva teología de Pablo debieron aparecer al reflexionar sobre el suceso en el camino a Damasco. Obviamente, su *cristología* cambió, pues ahora reconocía a Jesús como el Mesías. Pero eso significó una transformación de su *sotereología*: la salvación ya no es por las obras de la ley, sino por la fe en Jesús. Del mismo modo, si el Mesías había llegado, la era

---

99. Fitzmyer (*Acts*, 502) cree que Pablo era el *cognomen*; y Saulo sería el nombre judío extra y, por tanto, el *supernomen*.

100. Probablemente esta designación se deba a que Jesús dijo ser «el Camino» (Jn 14:6).

101. N. T. Wright, *El verdadero pensamiento de Pablo* (Terrassa: CLIE, 2002), pp. 28, 35 de la edición en inglés.

102. Una etiqueta apropiada, dada la presentación que Lucas hace de los cambios en la vida de Saulo. Ver Philip H. Kern, «Paul's Conversion and Luke's Portrayal of Character in Acts 8–10», *TynB* 54.2 (2003): 63–80.

103. Ver esp. John B. Polhill, *Acts* (Nashville: Broadman, 1992), 457–62, 498–504.

mesiánica había empezado, y la *escatología* de Saulo ya no era la de antes. Por último, su *eclesiología* también dio un vuelco, pues los judíos ya no eran los únicos escogidos por Dios: ahora esa categoría incluía a todos los seguidores de Cristo, fuera cual fuera su procedencia o trasfondo racial.[104]

Desde que Martín Lutero empezó la Reforma Protestante al principio del siglo XVI, la comprensión popular de la conversión de Pablo dice que él, como Lutero, llevaba tiempo intentando observar la ley, sin conseguirlo. Por eso Saulo estaba psicológicamente listo para el dramático cambio que experimentó. El texto que se suele usar para respaldar esta interpretación es Romanos 7:14–25, pero más adelante veremos una lectura más lógica de estos versículos (p. 291). Gálatas 1:14 y Filipenses 2:4–6 sugieren que Saulo se consideraba un judío maduro e intachable, que agradaba a Dios y que obedecía su voluntad mejor que muchos otros. De hecho, Dios tuvo que intervenir de aquella forma dramática y sobrenatural debido a ese celo ciego de Saulo.[105]

Ciego temporalmente, Pablo siguió las prácticas de los fariseos orando y ayunando (v. 9). Le llevaron a la casa de un creyente de Damasco llamado Ananías (¡que no se debe confundir con el hombre que murió en el capítulo 5!). En ese momento tiene lugar su curación tanto física como espiritual (vv. 10–19). El Señor le revela a Ananías que Pablo será el primer misionero a los gentiles, pero que su importancia le acarreará grandes sufrimientos (vv. 15–16). Una vez Pablo recibe todas esas instrucciones, es bautizado (v. 18) y, como en Pentecostés, recibió el Espíritu Santo. El bautismo va acompañado de la imposición de manos, pero es interesante ver que la ceremonia no está dirigida por ningún apóstol o líder de la iglesia. Las Escrituras no especifican quién debe bautizar (o servir la cena del Señor). Los pentecostales a veces diferencian entre la conversión de Saulo y la posterior recepción del Espíritu; pero solo pasan tres días, y lo más probable es que a Saulo le fuera necesario escuchar la enseñanza de Ananías antes de hacer tomar un compromiso firme con Cristo.[106]

A diferencia de alguna historia de la iglesia que ha insistido en que los nuevos conversos pasaban por un largo periodo de capacitación antes de empezar a proclamar sus convicciones, Saulo empieza a predicar a sus compatriotas judíos casi de inmediato (vv. 20–22). De hecho, los nuevos creyentes normalmente tienen sus mejores oportunidades de hablar de su fe a sus amigos y familiares justo después de su conversión, antes de introducirse de lleno en la cultura cristiana y, tristemente, quedarse con muy pocos amigos no cristianos.

---

104. En cuanto a estos y a otros cambios, ver Seyoon Kim, *The Origin of Paul's Gospel* (Tübingen: Mohr, 1981; Grand Rapids: Eerdmans, 1982) y Richard N. Longenecker, ed., *The Road from Damascus* (Grand Rapids y Cambridge: Eerdmans, 1997).

105. Ver esp. Krister Stendahl, «The Apostle Paul and the Introspective Conscience of the West», *HTR* 56 (1963): 199–215.

106. En cuanto a una lista de características típicas de las conversiones bíblicas ver Fernando, *Acts*, 302–4. Las conversiones bíblicas pueden ser tanto graduales como espontáneas. Ver esp. Scot McKnight, *Turning to Jesus: The Sociology of Conversion in the Gospels* (Loiusville and London: WJKP, 2002).

Vemos que Saulo pasó «muchos días» (v. 23) predicando el evangelio, periodo que, según Gálatas 1:18, duró tres años. Pero lo que a Lucas le importa es dejar claro el cambio radical de Saulo tanto en creencias como en comportamiento, y pasar al siguiente capítulo en Jerusalén, donde le vimos por primera vez. Pero ahora es la antítesis de lo que había sido. El relato de 9:1–31 presenta de forma completa a Saulo, llamado Pablo, el que se convertirá en el personaje principal de los capítulos 13–28.

PREGUNTAS

1. ¿De qué se le acusó a Esteban, y cómo se defendió él de los cargos que se le imputaban?

2. ¿Cuáles son los puntos principales de las historias sobre el ministerio de Felipe en Hechos 8? ¿Qué controversias teológicas aparecen aquí, y cómo las resuelves?

3. ¿Qué elementos destacarías del trasfondo de Saulo? ¿Y de su conversión?

4. ¿Qué podemos aprender de las consecuencias inmediatas de la conversión de Saulo?

PALESTINA EN TIEMPOS DEL NUEVO TESTAMENTO

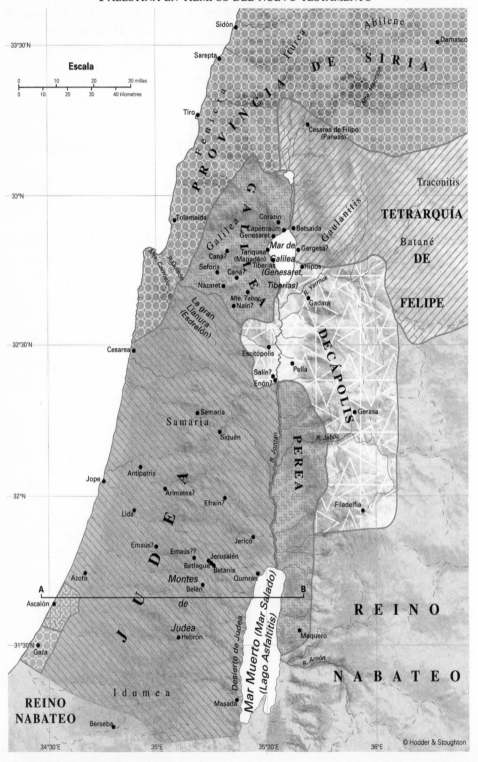

© Hodder & Stoughton

Avances en Palestina y Siria (9:32–12:24). *El ministerio de Pedro: tres episodios (9:32–11:18).* La tercera sección de la primera mitad de Hechos prepara el terreno para que Saulo entre en acción, y lo hace mostrando que *los seguidores de Jesús continuaban alejándose de Jerusalén y del judaísmo que dicha ciudad representaba.* La primera parte presenta tres sucesos en los que Pedro aparece como el protagonista central. El capítulo 9 acaba con dos breves episodios. El primero, a través del poder de Jesucristo, Pedro sana a un paralítico llamado Eneas (vv. 32–35). El pasaje se parece mucho al episodio en el que Jesús sana a un paralítico en Marcos 2:1–12 y paralelos. Y después de eso Pedro va a Lidia (y luego a Jope), alejándose así aún más de Jerusalén.

Más espectacular aún, Pedro resucita a una mujer llamada Dorcas (vv. 36–43). Este milagro es similar al que Jesús realizó cuando resucitó a la hija de Jairo (Marcos 5:21–43 y paralelos). El nombre de la mujer en hebreo es significativo, pues Pedro le diría: «*Tabita, koum*» (v. 40); recordemos que las palabras de Jesús en los Evangelios para que la hija de Jairo resucitara habían sido «*Talita, koum*».[107] El poder para hacer milagros que Cristo les había dado a sus discípulos en Mateo 10 y paralelos está teniendo un efecto enorme. Además, vemos que Pedro se queda con un hombre con un nombre judío (Simón) que se dedica a una labor impura (es curtidor), pues trabaja la piel del cerdo. Así, el versículo 43 abre ese tercer relato sobre Pedro, que ocupa todo el capítulo 10 y en el que Dios declara puro todo animal y, por extensión, todo alimento.

El amplio espacio que Lucas le dedica a la conversión de Cornelio muestra lo importante que ésta es; como la conversión de Saulo, aparecerá tres veces en todo el libro.[108] Después de ocupar todo el capítulo 10 con este tema, Lucas recoge el momento en el que, al regresar a Jerusalén, Pedro explica todo lo que ha sucedido (11:1–18). Y lo volverá a mencionar, aunque de forma más breve, en el concilio apostólico (15:7–11). Si en Hechos 8 tenemos un Pentecostés samaritano, en el capítulo 10 ya tenemos un Pentecostés completamente gentil.[109]

Esta historia nos permite ver un ejemplo del Dios Soberano que prepara tanto a Pedro como a Cornelio para el suceso que va a tener lugar. Los versículos 1–8 nos presentan al centurión romano, comandante de cien tropas, como un hombre temeroso de Dios. Como muchos de los que incluimos dentro de esta categoría, lo más probable es que hubiera aceptado todas las leyes judías excepto la circuncisión (¡el mandamiento más difícil de obedecer en un mundo donde no existía la anestesia!). La aparición del ángel es similar a la experiencia de muchas personas a lo largo de la historia de la iglesia. Aunque no es la norma, a falta de la intervención de una persona o misionero, Jesús mismo o un ángel mensajero pueden aparecerse a una persona directamente.

---

107. Cf. Fernando, *Acts*, 310.
108. Ronald D. Witherup, «Cornelius Over and Over and Over Again: "Functional Redundancy" in the Acts of the Apostles», *JSNT* 49 (1993): 45–66.
109. Ver esp. J. Julios Scout Jr., «The Cornelius Incident in the Light of Its Setting», *JETS* 34 (1991): 475–84.

Dios también está preparando a Pedro (vv. 9–23a). Pedro debía de tener en mente la enseñanza de Jesús en la Gran Comisión sobre ir a los gentiles (Mt 28:18–20), pero dicho mandamiento no aclaraba la relación entre el evangelio y la ley. También había oído de boca de Jesús que lo que entra en el cuerpo no es lo que hace a una persona impura (Mr 7:14–19a), pero las leyes dietéticas estaban tan profundamente arraigadas entre los judíos (pues la ley así lo mandaba; ver Levítico 11) que, para abandonarlas, Pedro iba a necesitar una revelación directa de Dios. Es cierto que Marcos 7:19 explica que Jesús había proclamado que no hay alimentos impuros, pero ese comentario podría ser un añadido que Marcos incluyó cuando escribió su Evangelio dos o tres décadas después de los eventos de Hechos 10. No hay nada que nos sugiera que Pedro ya había entendido ese mensaje mientras Jesús estaba en medio de ellos.[110]

Ahora, en esta historia, Pedro recibe un mandamiento directo, claro, ¡que se llega a repetir hasta tres veces! Una voz del cielo le dice que coma carne de una variada selección de animales, tanto puros como impuros. Después de rechazar, quizá porque cree que Dios le está probando, por fin entiende lo que está ocurriendo. La llegada inmediata de los amigos de Cornelio le permite entender la relación entre la comida impura y los gentiles. *Si Dios está diciendo que toda la comida es pura, está diciendo también que todas las personas son puras.*[111] Por tanto, Pedro puede ir a casa de Cornelio, comer con él, y predicarle el evangelio.

En los versículos 23b–48 tenemos el encuentro entre Pedro y Cornelio. El versículo 34 muestra explícitamente que Pedro reconoce «que para Dios no hay favoritismos, sino que en toda nación él ve con agrado a los que le temen y actúan con justicia».[112] Mientras Pedro le está explicando a Cornelio la historia de Jesús, el Espíritu Santo «interrumpe» su predicación, y el comandante y los que con él están empiezan a hablar en lenguas (vv. 44–46). Éste es el segundo pasaje en el que los acontecimientos pentecostales llegan, al parecer, de forma separada. De hecho, ¡aquí parece que el Espíritu desciende sobre ellos antes de que se arrepientan y crean! Pero cuando uno examina lo que Pedro estaba proclamando en el momento en el que el Espíritu descendió, se da cuenta de que está hablando explícitamente sobre el perdón de pecados a través de la fe en el nombre de Jesús (v. 43). No hay duda de que en aquel momento Cornelio y sus compañeros se estaban arrepintiendo, por lo que el Espíritu descendió

---

110. «Se trata de un mensaje tan radical que se repite en forma de visión hasta tres veces. El origen celestial de dicha visión queda confirmado porque la sábana desciende del "cielo" y regresa al "cielo"» (Kee, *To Every Nation under Heaven*, 137).

111. Cf. Charles E. Van Ungen, «Peter's Conversion: A Culinary Disaster Launches the Gentile Mission: Acts 10:1–11:18», en *Mission in Acts*, eds. Gallagher y Hertig, 133–43. Curiosamente, el tardío Midrash de Salmos (146.4) predice que el Mesías declarará limpios todos los animales, pero no hay forma de saber la fuente original ni la fecha de esa traducción.

112. «Lucas quiere decir que Dios juzga a los hombres justamente, según sus oportunidades. Dios mira favorablemente a aquellos que le temen, conozcan de Él lo que conozcan, y practican la justicia, hasta donde han comprendido en cuanto a la justicia. Y a los que han llegado a ese punto, Dios va a hacer que sigan avanzando» (Barrett, *Acts*, 154).

en el momento de su conversión. Una vez más, el bautismo de agua ocurre de una forma inmediata, práctica y sin necesidad de formalidades (vv. 47–48).

La otra controversia en cuanto a la interpretación de este pasaje tiene que ver con el v.46, cuando dice que hablaron en lenguas. En Pentecostés, la gente oyó a los apóstoles hablando en su propio idioma, pero aquí no se explica nada más sobre estas lenguas. Es cierto que Pedro dice que «han recibido el Espíritu Santo lo mismo que nosotros» (v. 47), pero eso no quiere decir que todo ocurriera de la misma forma.[113] En 1ª Corintios 12–14, cuando Pablo habla de las lenguas las describe como un don espiritual que precisa de interpretación (aunque no siempre la hay), por lo que no puede tratarse del mismo fenómeno que el de Pentecostés. Es imposible saber a ciencia cierta cómo ocurrió lo que describe en Hechos 10, pero el hecho de que no se habla de un mensaje concreto apunta a que podría tratarse del mismo fenómeno que en Hechos 2. *Al parecer, el término glosolalia (el término técnico que se traduce por «hablar en lenguas») en este texto no se refiere a la transmisión de nueva información, sino a la autenticación de aquellas nuevas conversiones.*[114]

Sea como sea, es importante ver que, aunque ya ha habido muchas conversiones, ésta es tan solo la segunda ocasión en la que se nos habla de las lenguas. Así, vemos que no se puede decir que este fenómeno sea imprescindible para la salvación o para la madurez espiritual. No obstante, también vemos que Lucas no lo critica, por lo que no debería verse como algo aberrante (más sobre las lenguas en pp. 225–228).

Poco después, Pedro regresa a Jerusalén y cuenta lo que ha ocurrido. Los cristianos de Jerusalén al principio no acaban de creer la historia que les cuenta, pero al final aceptan que el testimonio de Pedro es irrefutable. Sin embargo, eso no significa necesariamente que lo aceptan de buen grado, pues en Hechos 21 volvemos a ver la hostilidad de algunos judíos hacia los gentiles cristianos.

La iglesia en Antioquía (11:19–39). El capítulo 11 concluye con un texto que parece no concordar con la secuencia cronológica que se viene desarrollando (vv. 19–30). Lucas quiere contar que los creyentes están empezando a predicar entre los gentiles, concretamente en Antioquía de Siria (vv. 19–22). Antioquía era un centro urbano importante, pues era la tercera ciudad del Imperio después de Roma y Alejandría. Tenía alrededor de medio millón de personas.[115] Era un centro marítimo y comercial importante, y además albergaba el templo de Apolo, situado en la zona de las fuentes de Dafne, que era un lugar conocido por su libertinaje. Una séptima parte de la población era judía,

---

113. «Pedro no dice que Cornelio y compañía hablaron del mismo *modo* que en Pentecostés. Simplemente dice que han recibido el mismo Espíritu, cosa que también les ocurrió a oyentes en Pentecostés (Witherington, *Acts*, 360).

114. Que los gentiles hablaran en lenguas, mostrando así que tenían al Espíritu Santo, «era la prueba irrefutable que haría que los judíos abandonaran su aversión a mezclarse con los gentiles» (Philip F. Ester, «Glossolalia and the admisión of Gentiles into the Early Christian Community», *BTB* 22 [1992]: 142).

115. Bruce, *Paul*, 130.

un porcentaje alto para una ciudad de habla griega. Al parecer, Pablo convirtió esta ciudad en su base, a la que volvió después de los dos primeros viajes misioneros. Antioquía también es la ciudad en la que a los creyentes se les llamó «cristianos» por primera vez (v. 26b), término formado por el sufijo latino que los identifica como «seguidores» (de Cristo). Parece ser que fueron los no creyentes los que empezaron a llamarles así, del mismo modo que a los seguidores de Herodes se les llamaba herodianos.[116]

Aquí vuelve a aparecer Bernabé, esta vez como un emisario que viene de Jerusalén. Está claro que está al corriente de la conversión de Saulo, y va a Tarso a buscarlo y a llevarlo a Antioquía, donde ambos ministran juntos (vv. 22–26a). Es imposible saber con exactitud qué ha estado haciendo Saulo desde la última vez que leímos de él en el capítulo 9, y también, determinar cuánto tiempo ha pasado.[117] Pero cuando anteriormente tratamos el tema de la cronología, vimos que lo más probable es que su conversión tuviera lugar en el año 32 d.C., su primera visita a Jerusalén en el año 35, y su primer viaje misionero (que empieza en Hechos 13) entre el 48 y el 49. Así que nos queda un periodo de trece o catorce años en los que se podría haber dado este ministerio en Antioquía.

El gran hambre que se describe en los versículos 27–30 llegó a su apogeo en el año 46 d.C., al menos según Josefo (*A.* 20.51–53). Por tanto, lo que se recoge en este párrafo es posterior a la muerte de Herodes (que, de nuevo según Josefo, ocurrió en el 44 d.C.; ver 62), con la que empezará el capítulo 12. Parecer ser que Lucas quiso poner toda la información sobre Antioquía junta, y al menos en este pasaje recoge y ordena la información de forma temática en lugar de hacerlo de forma cronológica. Estos versículos contienen las dos primeras apariciones de un profeta cristiano, Agabo, cuya predicción permite que los cristianos más ricos alivien la pobreza de los creyentes en Judea, la parte del Imperio más afectada por el hambre. En este pasaje también aparece la segunda parte del famoso Manifiesto de Marx («según los recursos de cada cual», v. 29; semejante a 2:45). Pero ahora estamos en un contexto totalmente cristiano, que es aún más significativo porque la ayuda entre los creyentes va más allá de las barreras étnicas y nacionales.[118] Lo que tenemos aquí no es un modelo de ayuda a los pobres exactamente igual al que vimos en los capítulos 2, 4 o 6, pero sí responde a la misma preocupación. Es interesante notar que la ofrenda la enviaron a los ancianos de Jerusalén, un cargo que ya existía

---

116. Según Tácito (*Anales* 15.44), ya a principios del siglo II *Christianoi* se usaba de forma despectiva. Es probable que el término lo acuñaran los líderes romanos, que veían a los creyentes como un grupo problemático y sedicioso. Ver Justin Taylor, «Why Were the Disciples First Called "Christians" in Antioch? (Acts 11,26)», *RB* 101 (1994): 75–94.

117. Pero lo más probable es que ese tiempo lo dedicara a enseñar a otros. Ver esp. Martin Hengel y Anna Maria Schwemer, *Paul between Damascus and Antioch* (Louisville: WJKP; London: SCM, 1997).

118. Y revela que la iglesia de Antioquía tiene una clara comprensión de su responsabilidad de preocuparse por su «iglesia madre». Aquí tenemos la misión «en dos direcciones», un concepto clave para nuestros días. Ver González, *Acts*, 142–143.

en las sinagogas judías, y que el cristianismo retomaría. Puede que en esos momentos los apóstoles viajaran con frecuencia para participar en proyectos misioneros, y que fuera necesario nombrar líderes locales en las diferentes congregaciones.[119]

Herodes persigue a la Iglesia. Muerte de Herodes (12:1–24). Antes de que Lucas pase a centrarse en Pablo, narra dos incidentes relacionados con el rey Herodes Agripa I. El Hijo de Herodes el Grande y sobrino de Herodes Antipas, Agripa fue más amigo de los judíos que cualquier otro gobernante romano en Israel. Para complacer a los judíos, ordena el martirio de Jacobo (vv. 1–2; hermano de Juan e hijo de Zebedeo). Herodes planea hacer lo mismo con Pedro, pero Dios milagrosamente lo libera de la cárcel (vv. 3–11), como ya hizo en 5:19. No hay nada en el texto que nos lleve a pensar que Pedro fue más fiel que Jacobo, lo que nos recuerda que la persecución u otro tipo de sufrimiento no tienen que ver necesariamente con el grado de obediencia de los cristianos. Curiosamente, cuando Pedro escapa y va a la casa donde los creyentes están orando por él, al principio no se creen que haya salido de la cárcel (vv. 12–19).[120] ¿Nos ocurre eso a nosotros? ¿Estamos tan ocupados orando y tan preocupados por nuestras peticiones que no logramos ver la respuesta del Señor? Una vez Pedro les convence de que es él, y de que está bien, Lucas explica que se fue «a otro lugar» (v. 17). Aunque una venerable tradición católica asegura que ese «otro lugar» es Roma, en ningún texto del Nuevo Testamento se nos dice adónde fue.[121] Pero el hecho de que mencione a Jacobo (que obviamente no es el apóstol que acaban de matar, sino el hermano de Jesús) encaja con que en el capítulo 15 éste aparece como el anciano principal de la iglesia de Jerusalén. Quizá tenemos aquí una corroboración de que, en la capital judía, los ancianos ya habían sustituido a los apóstoles y habían tomado así la responsabilidad como líderes locales.

Puede que en respuesta a la traición de Herodes, los versículos 20–23 cuentan cómo el Señor no tardó en castigarle. La causa más inmediata del castigo fue que Herodes aceptó, en una comparecencia real ante los habitantes de Tiro y Sidón, que le adoraran como a un dios. *Josefo* recoge un recuento independiente de este mismo suceso:

> Después de su séptimo año de gobierno, Agripa acudió a Cesarea a celebrar unos juegos en honor de César. Al amanecer, entró en el teatro, vestido con un ropaje de plata que resplandecía en los rayos del sol naciente. Sus aduladores comenzaron a dirigirse a él·

---

119. Ver Bauckham, «James and the Jerusalem Church», 437.

120. J. Albert Harrill («The Dramatic Function of the Running Slave Rhoda (Acts 12.15–16): A Piece of Greco–Roman Comedy», *NTS* 46 [2000]: 150–57) nos muestra que esta escena es un toque de humor pensado para aliviar la tensión en torno a la forma en la que aquellos creyentes reciben a Pedro.

121. Pero es poco probable que fuera a Roma antes de los años 60, pues cuando Pablo escribe su carta a los romanos en el año 57 d.C., parece ser que ningún apóstol había visitado aún aquella ciudad.

como si fuera un dios, pero luego levantó la vista y vio un búho posado en una cuerda por encima de él y sintió un inmenso dolor. «¡Yo, a quien vosotros habéis llamado un dios, —gritó él— estoy ahora bajo sentencia de muerte!». Cinco días después murió, a los 54 años (*A.* XIX, VIII, 2)

Josefo se explaya más que Lucas, y no todos los detalles de los dos escritos encajan a la perfección. Pero es interesante ver que los dos autores reconocen que detrás de la muerte de Herodes hubo tanto una causa natural, como una causa sobrenatural, y que ambos dicen que su muerte fue un castigo divino por deificar su persona. Lucas añade al acabar la primera mitad de su libro que «la palabra de Dios seguía extendiéndose y difundiéndose» (v. 24).[122]

---

122. Lo más probable es que el texto original es el que contiene «a Jerusalén», no «de Jerusalén». Pero quizá el texto se debería puntuar de tal modo que la traducción del texto diga: «Bernabé y Pablo regresaron, una vez que cumplieron su misión en Jerusalén». Ver Luke T. Johnson, *The Acts of the Apostles* (Collegeville: Liturgical, 1992), 216.

EL MUNDO DEL NUEVO TESTAMENTO

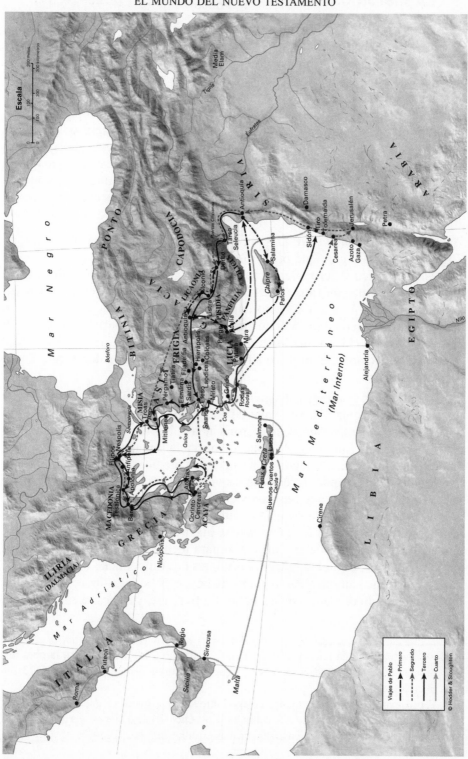

LA MISIÓN CRISTIANA A LOS GENTILES (12:25–28:31)

El primer viaje de Pablo y el concilio apostólico (12:25–16:5). *Enviando a Bernabé y a Pablo (12:25–13:3).* Desde aquí hasta el final del libro, seguimos el camino y el progreso de Saulo/Pablo. Esta breve sección nos ofrece el segundo ejemplo de una ceremonia informal de ordenación: la imposición de manos sobre Bernabé y Saulo para enviarlos a la obra misionera.[123] Las categorías no están del todo claras; lo que sí está claro es que a los dos se les llama «profeta» y «maestro». En 14:14, el único texto en Hechos donde Lucas quebranta su costumbre, los llama «apóstoles». Antes de iniciar su viaje eligen a un tercer acompañante, Juan Marcos, en cuya casa se había reunido la iglesia de Jerusalén para orar (12:12). Esta referencia apunta a futuras ocasiones en las que se volverá a mencionar a este discípulo, al que conocemos más por el nombre de Marcos (el autor del Evangelio que lleva por título su nombre).

El primer viaje misionero (13:4–14:28). Dado que Bernabé era natural de Chipre (4:36), es lógico que primero se detuvieran en esa isla (13:4–12). De esa visita, el único suceso que Lucas recoge de forma detallada es un extraño milagro de destrucción (nos recuerda al episodio en el que Jesús seca la higuera; Mr 11:20–25 y par.). Pablo deja ciego temporalmente a un hechicero llamado Elimas, que también tiene un nombre judío (bar–Jesús), por lo que el castigo es apropiado, ya que los judíos sabían que tenían que evitar el poder de lo oculto. Además, el milagro sirvió para que el gobernador Sergio Paulo aceptara al Señor.[124]

De Chipre, nuestros amigos siguen hacia el Norte hasta llegar a tierra firme, a lo que hoy es Turquía. Pero en lugar de quedarse por la costa donde había una serie de ciudades importantes, siguieron hacia el Norte hasta la región de Pisidia. En Antioquía (que no es la misma Antioquía que mencionamos anteriormente), encuentran una sinagoga y les invitan a predicar el sábado (vv. 13–41). Ésa era una de las comunidades de la provincia de Galacia, a las que más tarde Pablo dirigiría la carta que hoy conocemos. ¿Fueron en esa dirección debido a una enfermedad que Pablo había contraído (cf. Gá 4:13)? Se sabe que en las regiones costeras era fácil contraer la malaria; quienes la contraían solían mudarse a un lugar más alto y más seco para recuperarse. Pero es interesante ver también que Sergio Paulo tenía familiares en Antioquía de Pisidia, así que quizá fue él quien animó a Pablo y a Bernabé a ir en aquella dirección.[125] Inexplicablemente, Juan Marcos deja a Pablo y a Bernabé, y regresa a casa en lugar

---

123. «El mensaje que la iglesia recibió fue que apartaran a los mejores para la obra misionera (13:2), y la iglesia se lo tomó en serio y estuvo dispuesta a obedecer (13:3)» (Fernando, *Acts*, 377).

124. Ver los paralelismos con el episodio en el que Saulo se queda ciego; ambos hombres estaban yendo en contra de la Palabra de Dios, Dios los dejó ciegos, y a ambos tuvieron que ayudarles para orientarse. Ver más en Johnson, *Acts*, 226–27.

125. See Barrett, *Acts*, 195.

de continuar con ellos (v. 13). Más adelante, Pablo dejará claro que Marcos no hizo bien (15:36–41).

En la sinagoga de Antioquía de Pisidia, Pablo repasa los sucesos principales de la historia del pueblo judío para demostrar que Jesús es el clímax de ésta. Como esta predicación de Pablo tiene muchos elementos similares a las de Pedro y Esteban, algunos críticos han dicho que las predicaciones en la literatura lucana no son totalmente originales, sino que Lucas las reelabora para que encajen en su relato. Pero es lógico que los primeros predicadores cristianos usaran los mismos textos de las Escrituras para hablar de Jesús a los judíos. D. H. Dodd dice que en estos primeros discursos se puede discernir un *kerygma* común que, según él, Marcos tuvo en cuenta cuando más tarde compuso su Evangelio.[126] Además, los versículos 38–39 son característicamente paulinos y sirven de enlace con las epístolas, porque aparte de estos versículos, dedica muy poco espacio a la teología de la cruz y de la muerte propiciatoria de Cristo. Lo que ocurre después de la predicación de Pablo es un precedente de lo que va a ir ocurriendo de forma repetida: habrá gran interés, pero también mucha oposición, y finalmente Pablo se centrará en predicar a los gentiles (vv. 42–52).[127]

De Antioquía de Pisidia, Pablo y Bernabé viajan a otros lugares de Galacia: Icono, Listra y Derbe, para después volver a Antioquía de Siria (14:1–28). Los únicos elementos nuevos que se recogen en este capítulo ocurren cuando están ministrando en Listra (vv. 8–18). ¡Esta vez los críticos se quejan de que el discurso de Pablo (vv. 15–17) es tan diferente al anterior que no puede ser auténtico! Pero en Listra no había judíos. Así que Pablo tiene que ser más creativo. Los gentiles de esta región eran especialmente supersticiosos,[128] y creían, entre otras cosas, que siglos atrás Zeus y Hermes habían visitado una granja del lugar, la gente del lugar les había ignorado, y ambos dioses les habían castigado por no haberles mostrado respeto (Ovidio, *Las metamorfosis* 8:626–724). ¿Tendría Bernabé algo que ver con Zeus (el dios principal del panteón griego) porque era el más grande y apuesto? ¿Tendría Pablo algo que ver con Hermes porque, como el dios mensajero, era el que hablaba? El libro apócrifo y tardío *Hechos de Pablo y Tecla* 3 (= *Hechos de Pablo* 3.3) contiene una descripción nada idealizada, por lo que podría ser una descripción cercana a la realidad: «hombre de baja estatura, más bien calvo, piernas arqueadas, fuerte, de cejas muy pobladas y juntas, nariz aguileña, lleno de bondad; a veces parecía hombre, pero otras veces su rostro era el de un ángel».[129] La superstición de aquella zona es obvia cuando vemos las reacciones de los que allí estaban. El milagro

---

126. C.H. Dodd, *The Apostolic Preaching and Its Developments* (London: Odre & Stoughton, 1936), 54–56.

127. John Kilgallen («Hostility to Paul in Pisidian Antioch [Acts 13,45] –Why?», *Bib* 84 [2003]: 1–15) argumenta que la oposición judía que Pablo encuentra aquí y en las regiones vecinas representa el creciente fanatismo judío de aquellos días.

128. Dean Bechard, «Paul among the Rustics: The Lystran Episode (Acts 14:8–20) and Lucan Apologetic», *CBQ* 63 (2001): 84–101.

129. Bruce, *Paul*, 468.

que realizaron hizo que los aclamaran como a dioses (vv. 8–13),[130] pero un grupo de judíos procedentes de ciudades que Pablo ya había visitado, convencieron al gentío del lugar para que los apedrearan (v. 19).

La falta de espacio no nos permite comentar todos los detalles importantes de cada uno de los lugares en los que Pablo ministró. *Pero ya durante su primer viaje podemos apreciar algunos patrones de su obra misionera. Cuanto más se repita el patrón, más probabilidad hay de que se trate de un modelo para los cristianos de otras épocas y lugares.*[131]

(1) En los lugares en los que había una comunidad judía, Pablo empezaba por ahí, pero luego siempre pasaba a predicar a los gentiles (cf. Ro 1:16). O generalizando y haciendo una adaptación cultural de ese principio, empezaba donde se supone que la Palabra debía ser predicada (pero se estaba haciendo de forma deficiente), y a continuación iba a comunidades menos «alcanzadas» por el evangelio. Cuando Pablo encontraba oposición en una ciudad, eso no hacía que en la siguiente cambiara su visión, por lo que aquellos que dicen que el rechazo del evangelio por parte de los judíos en el libro de Hechos es un punto de inflexión decisivo en la historia de la salvación, después del cual el mensaje cristiano ya no se debe predicar a los judíos, están peligrosamente equivocados.

(2) Uno de los patrones que, se repite es que, en sus sermones, Pablo busca algún elemento en común con sus oyentes, lo que le ayuda a explicar el Evangelio con un lenguaje comprensible, apoyando su mensaje ya sea en la revelación general (p. ej., la prueba que tenemos en la propia naturaleza, 14:17) o en la revelación especial (p. ej., las Escrituras hebreas, 13:16–41).

(3) Con pocas excepciones, Pablo se concentra en los principales centros urbanos del Imperio Romano, porque de allí el mensaje fácilmente se extenderá a las regiones más rurales (mientras que el movimiento a la inversa no era tan común).

(4) Pablo repetidamente regresa a las zonas donde ha evangelizado para hacer «seguimiento», para discipular a los nuevos creyentes. Cuando las iglesias ya están listas para un liderazgo autóctono, nombra a ancianos (14:23), reconociendo así la necesidad de que cada congregación cuente con un liderazgo local independiente.

(5) Por último, Pablo hace todo lo mencionado a pesar de la adversidad y la oposición, enfatizando que «es necesario pasar por muchas dificultades para entrar en el reino de Dios» (14:22).[132]

---

130. Quizá la mirada de Pablo, y el hecho de que habló con voz fuerte, también ayudó a que los de Listra pensaran que se trataba de una divinidad. Ver Rick Strelan, «Recognizing the Gods (Acts 14.8–10)», *NTS* 46 (2000): 488–503.

131. Cf. Robert C. Tannehill, *The Narrative Unity of Luke–Acts*, vol. 2 (Minneapolis: Fortress, 1990), 182.

132. Sobre el equilibrado acercamiento de Pablo en cuanto a la contextualización del evangelio sin caer en el sincretismo, ver Hans–Josef Klauck, «With Paul in Paphos and Lystra: Magic and Paganism in the Acts of the Apostles», *Neot* 28 (1994): 93–108.

El Concilio Apostólico (15:1–35). No exageramos si decimos que el concilio en Jerusalén que se describe en los versículos 6–29 tiene una enorme importancia. En cuanto a los desacuerdos teológicos entre los hebreos y los helenistas en torno a la relación entre el evangelio y la ley, en este pasaje vemos que las tensiones de 6:8–8:3 llegan a un punto crítico. Algunos de Judea (supuestamente los judeocristianos hebraicos más conservadores) llegan a Siria y a Antioquía donde Pablo está predicando. Estos judíos enseñan que la circuncisión es un requisito para obtener la salvación (vv. 1–5). Para que les escucharan, quizá dijeron que contaban con el respaldo de los apóstoles, pero el versículo 24 deja bien claro que salieron sin la autorización apostólica. Junto con la circuncisión, estaban exigiendo a los gentiles (o temerosos de Dios)[133] que observaran toda la ley, es decir, básicamente les estaban diciendo que para ser cristianos primero tenían que ser judíos. Si este acercamiento hubiera prevalecido, el cristianismo nunca habría dejado de ser una secta judía más. Por tanto, no es de sorprender que, ante una cuestión tan seria, se convoque una reunión en Jerusalén.

En el versículo 6 encontramos a los apóstoles y a los ancianos en la capital judía. Bernabé y Pablo también están presentes, representando a «los acusados». Hablando por los apóstoles, en esta ocasión Pedro defiende plenamente el planteamiento de Pablo (vv. 6–11). Su actitud parece muy diferente a su confrontación con Pablo en Antioquía (Gá 2:11–15), un tema que trataremos cuando comentemos el libro de Gálatas. Sin embargo, aquí, recordando su experiencia con Cornelio, Pedro asegura que lo único que salva es la gracia de Dios en Cristo (vv. 7–11).[134]

A continuación, Bernabé y Pablo toman la palabra (v. 12). En lugar de enzarzarse en una discusión teológica, apelan a los milagros innegables que Dios ha obrado en los gentiles, que han creído aparte de la ley. Muchos son los que han abusado de este tipo de apologética, pero hemos de recordar que tiene su lugar. Es cierto que Satanás puede hacer señales para engañar, y que los hombres también pueden inventárselas; pero donde hay un grupo de personas que aman a Dios, que están predicando el evangelio y sirviendo de forma honesta, y el resultado de eso es crecimiento y vidas santas, apelar a la experiencia puede tener mucha fuerza.

Por último, tenemos la intervención de Jacobo, en representación de los ancianos (vv. 13–21). Ahora, la misma conclusión a la que los demás han ido llegando, se valida con el respaldo de las Escrituras (vv. 16–18; Amós 9:11–12). El problema que encontramos aquí es de qué forma el pasaje de Amós sirve de apoyo para lo que Jacobo está queriendo transmitir. La versión que Lucas reproduce es la Septuaginta (LXX), que es sensiblemente diferente del hebreo (MT). En este último texto habla de que Israel posee el remanente de Edom, y no de que el remanente de la humanidad busca al Señor. Pero dos documentos

---

133. En cuanto a esto, ver especialmente Irina Levinskaya, *The Book of Acts in Its Diaspora Setting* (Grand Rapids: Eerdmans; Carlisle: Paternoster, 1996).

134. John Nolland, «A Fresh Look at Acts 15.10», *NTS* 27 (1980): 105–15.

de los Manuscritos del Mar Muerto (4QFlorilegium y CD 7:16) contienen en hebreo algo que se acerca bastante al texto de la LXX y no tanto al MT,[135] así que parece ser que las palabras de Jacobo sí reflejan el texto original de las Escrituras. De forma alternativa, limitaríamos el mensaje de Jacobo al material que aparece en ambas versiones: que Dios hará que en los días finales los gentiles vengan a Israel, y los unirá como un solo cuerpo. Una forma antigua de dispensacionalismo decía que ése era el texto más importante de las Escrituras sobre el *futuro* de Israel, pero hoy en día la mayoría cree que el «después de esto» del versículo 16 es una paráfrasis de las palabras de Amós «en aquel día», mostrando al menos un cumplimiento parcial que empieza ya en el siglo I (recordemos el uso que Pedro hace de Joel 2:17 en Pentecostés).[136]

A primera vista, la solución que el concilio adopta parece sorprendente. Después de que todas las partes parecen estar de acuerdo en que la salvación es por gracia de Dios y no por las obras de la ley, ahora imponen sobre los gentiles que aceptan el evangelio cuatro restricciones (vv. 19–21): deben abstenerse «de lo contaminado por los ídolos, de la inmoralidad sexual, de la carne de animales estrangulados, y de sangre». Pero, ¿por qué estas cuatro restricciones? El texto occidental de Hechos no contiene la referencia a los animales estrangulados, interpretando al parecer que las tres cuestiones restantes son cuestiones morales: idolatría, fornicación y asesinato. Pero eso parece un intento tardío para lograr que el decreto tenga sentido. Si la palabra que traducimos por inmoralidad sexual se refiere a la prohibición de los matrimonios mixtos, entonces todas las prohibiciones podrían concordar con las leyes de Levítico 18:6–18, leyes que incumben tanto a los residentes extranjeros como a los israelitas.[137] Sin embargo, otros piensan que estos tabúes se corresponden con las estipulaciones de la tradición judía sobre las leyes dadas a Noé que todos debían seguir, incluso los gentiles,[138] o que todos los ítems prohibidos formaban parte de una adoración potencialmente pagana e idólatra.[139]

Sea cual sea su origen exacto, la observación pertinente es que el concilio no impone a los creyentes gentiles una nueva ley, ni siquiera una ley abreviada. Las prácticas que tienen que evitar son prácticas que también resultan ofensivas para los judíos, que se habían dispersado por la mayoría del Imperio Romano (v. 21). Cuando el concilio escribe la carta a los creyentes en Antioquía y las regiones de alrededor explicando su decisión (vv. 22–29), ésta finaliza di-

---

135. Jan de Waard, A Comparative Study of the Old Testament in the Dead Sea Scrolls and in the New Testament (Leiden y New York: Brill, 1965), 24–26.

136. Robert L. Saucy, The Case for Pregressive Dispensationalism (Gran Rapids: Zondervan, 1993), 179.

137. P. ej., Terrance Callan, «The Background of the Apostolic Decree (Acts 15.20, 29; 21:25)», CBQ 55 (1993): 284–97.

138. P. ej., Markus Bockmuehl, «the Noachide Commandments and New Testament Ethics, with Special Referente to Acts 15 and Pauline Halakhah», RB 102 (1995): 93–95.

139. P. ej., Charles H. Savelle, «A Reexamination of the Prohibitions in Acts 15», BSac 161 (2004): 449–68.

ciendo, simplemente, «bien haréis si evitáis estas cosas» (v. 29), expresión que no parece hablar de una legislación preceptiva u obligatoria. Son restricciones que los líderes cristianos esperan que los creyentes gentiles adopten de forma voluntaria para no ofender las conciencias de los judíos de forma innecesaria.[140] El hecho de que los cristianos que recibieron esta carta la recibieron con alegría, despidiendo luego a los mensajeros con la paz del Señor, sugiere que entendieron el «decreto» en un sentido no impositivo (vv. 30–35). El hecho de que Pablo escriba más adelante sobre la carne sacrificada a los ídolos tanto a los corintios (1Co 8–10) como a los romanos (Ro 14:1–15:13), sin hacer referencia a esta decisión, también habla de que ésta se escribió pensando en unos lectores concretos.

La sección final de esta parte de Hechos describe los preparativos para que Pablo y Bernabé regresen a las ciudades en Galacia donde han establecido iglesias. No obstante, los dos misioneros no logran ponerse de acuerdo en cuanto a Marcos, que les había abandonado anteriormente (15:36–41). Es interesante ver que Lucas no le resta importancia a este serio debate, como demuestra el uso que hace la palabra *paroxysmos* (cf. la palabra castellana «paroxismo»). Así, ambos acuerdan seguir en desacuerdo y partir por separado con compañeros distintos. En todo el libro de Hechos ya no volvemos a oír de Bernabé, pero sabemos por las epístolas que más adelante Pablo y Marcos se reconciliaron (Col 4:10; 2Ti 4:11; Flm 24).

En 16:1–4, Pablo y su nuevo compañero, Silas, vuelven a Galacia e invitan a Timoteo, un joven creyente de aquel lugar, a que se una a ellos. Dado que Timoteo es medio judío, debería haber sido circuncidado como judío, por lo que Pablo pone remedio a esa situación. Pero, ¿no es esa una enorme contradicción si recordamos aquello por lo que luchó en el concilio apostólico? No, porque en aquella ocasión estaban hablando de la salvación; pero aquí se trata de evitar ofender a los judíos a los que se está evangelizando. De hecho, Pablo está adoptando la misma estrategia que siguió el concilio con el «decreto», y que él mismo unciaría en 1ª Corintios 9:19–23.[141] De nuevo, Lucas acaba esta parte enfatizando la bendición de Dios y el crecimiento de las iglesias (v. 5).

PREGUNTAS

1. ¿De qué modo los breves episodios sobre Pedro al final de Hechos 9 son una preparación para lo que experimenta en los capítulos 10–11?

---

140. En cuanto a esto, ver más en Craig L. Blomberg, «The Christian and the Law of Moses», en *Witness to the Gospel*, ed. Marshall and Peterson, 407–10. Bruce (Paul, 187) observa: «Pablo estaba persuadido de que la libertad del Espíritu era un incentivo más poderoso para una vida que agrada a Dios que cualquier ordenanza o decreto». Está claro que la inmoralidad sexual siempre está mal, pero aunque esa información no aparece en este texto, sí hay otros textos que lo dejan claro.

141. William O. Walter Jr., «The Timothy–Titus Problem Reconsidered», *ET* 92 (1981): 231–35.

2. ¿Cuál es el objetivo de las visiones que Pedro y Cornelio reciben? ¿Cuál es la importancia de la conversión de Cornelio? ¿De qué forma y por qué Lucas cuenta esta historia tres veces?

3. ¿Qué ocurre en Antioquía y por qué es importante?

4. Compara y contrasta las dos partes de Hechos 12.

5. ¿Cuáles son algunos de los patrones recurrentes de la actividad misionera de Pablo que se nos presentan en Hechos 13–14?

6. Menciona cada una de las partes del concilio apostólico y describe la importancia de cada una de ellas.

7. ¿De qué modo la conducta posterior de Pablo parece contradecir los resultados del concilio, y de qué forma podemos resolver la aparente contradicción?

El segundo y tercer viaje misionero de Pablo (16:6–19:20). *Llamado a Macedonia (16:6–12).* Después de visitar de nuevo las ciudades de Galacia y la región vecina de Frigia,[142] Pablo y sus colaboradores viajan hacia el Oeste. Mientras buscan su próximo lugar de ministerio, reciben la guía de Dios tanto positiva como negativa o contraria. Lucas no nos dice de qué forma el Espíritu «cerró las puertas» en las regiones de Asia, Misia y Bitinia; pero lo importante es que Pablo no se sentó a esperar instrucciones especiales de parte del Señor sin probar todas las posibilidades a su alcance. Al final, en la ciudad costera de Troas, tiene una visión de un macedonio que le ruega que vaya a ministrar a esa parte norte de Grecia. *Hoy también, cuando los creyentes buscan la guía de Dios, deben entender que Él usa una amplia variedad de formas para comunicarse con sus hijos. A veces lo hará abriendo o cerrando puertas, a veces será a través de señales bien claras, y otras, no tendremos más remedio que usar el sentido común santificado sin una seguridad plena de que hemos tomado la única decisión correcta posible.*[143] Después de todo, 15:28 parece una expresión sorprendentemente mansa o conformista para un momento tan trascendente: «Nos pareció bien al Espíritu Santo y a nosotros».

Ministerio en Filipos (16:13–40). Lucas menciona varios de los sitios donde nuestros misioneros se detienen mientras se están adentrando en Europa, pero hasta que llegan a Filipos no recoge nada en cuanto a sus actividades.[144]

---

142. De hecho, el texto se refiere a la sola región de Frigia y Galacia, un reflejo acertado de cómo la administración provincial romana había unido las dos provincias, aunque solo durante un breve periodo de tiempo. Ver Colin J. Hemer, «The Adjective Phrygia», *JTS* 27 (1976): 122–26.

143. Y a veces habla a través de la comunidad cristiana. Recordemos 13:1–3 (González, *Acts*, 153–54). Ver más en Gene L. Green, «Finding the Will of God: Historical and Modern Perspectives –Acts 16:1–30», en *Mission in Acts*, eds. Gallagher y Hertig, 209–20.

144. El uso que Lucas hace de la primera persona del plural, «nosotros», empieza y acaba en Filipos en esta parte del libro (16:7, 20:5), sugiriendo quizá que Lucas era de esa ciudad.

Esa colonia romana era conocida por ser el lugar donde iban los líderes militares cuando dejaban sus cargos, pero apenas tenía población judía.[145] Sin embargo, Pablo se dirige primero a los judíos. Para formar una sinagoga se necesitaba a diez hombres padres de familia; al parecer, en Filipos no llegaban a ese número. En lugar de tener un lugar de reunión, los judíos iban a orar fuera de la ciudad, preferiblemente cerca de un lugar donde hubiera agua corriente. Por eso el sábado Pablo se dirige al río que atraviesa la ciudad, y encuentra allí a un grupo de mujeres judías reunidas (v. 13). La mayoría de líderes religiosos del mundo no se habrían molestado en visitar a un grupo tan poco significativo, pero de entre este pequeño grupo saldrá la primera cristiana europea, Lidia, que ayudará con el inicio de la iglesia en aquella ciudad (vv. 14–15). Es probable que su nombre signifique simplemente «una mujer de la provincia de Lidia» (Turquía contemporánea). Quizá no estaba casada, pues no se menciona a ningún marido, y se dedicaba al comercio; pero también es verdad que las mujeres casadas helenistas estaban más «liberadas» y tenían una función social más amplia que sus homónimas judías (cf. 13:50; 17:4). La expresión «adoraba a Dios» puede apuntar a que era una gentil temerosa de Dios, y por eso se había unido a la reunión de oración de las mujeres judías.

El segundo episodio en Filipos nos presenta a un Pablo que libra a una joven esclava de un «espíritu de Pitón» (vv. 16–18), que debe su nombre al dragón mitológico, y que se asociaba con la demencia, la ventriloquía, y con estar endemoniado. Según palabras de Pablo, la joven sufría de la última de esas tres aflicciones. Su mensaje (v. 17) es totalmente cierto, pero no es bien recibido. En una lucha espiritual, conocer el nombre o la identidad del adversario solía ser la clave para vencerle. Como en los Evangelios, el demonio o los demonios que estaban dentro de la joven están intentando protegerse contra Pablo y sus compañeros, por lo que éste se ve obligado a entrar en acción.[146] No obstante, la curación de la joven supone una pérdida para sus amos, por lo que prendieron a Pablo y a Silas y los llevaron a las autoridades (vv. 19–21). (Quizá a Lucas y a Timoteo no los prendieron por ser gentiles [en el caso de Timoteo, solo por parte de padre]). Los magistrados mandaron azotar a los «criminales», y luego los enviaron a prisión (vv. 22–24).

Como ya le ocurrió a Pedro en dos ocasiones, Pablo y Silas son rescatados de forma milagrosa de la cárcel, por la noche (vv. 25–28). Cuando el carcelero se da cuenta de lo que ha ocurrido, prefiere quitarse la vida a perder su honor siendo ejecutado, que era la pena por dejar escapar a un prisionero. Pablo gritó para evitar que se suicidara, acción que dejó al carcelero maravillado y que le llevó a decir «¿qué tengo que hacer para ser salvo?» (vv. 29–30). *La respuesta de Pablo es como el «Juan 3:16» de Hechos: «Cree en el Señor Jesús, y se-*

---

145. Para encontrar varias explicaciones sobre por qué Filipos era la ciudad principal de ese distrito (v. 12), siendo que Tesalónica era más grande, ver Witherington, *Acts*, 489–90.
146. El mismo fenómeno aparece en los Evangelios cuando los demonios confiesan a Cristo. Sobre este tema, ver, p. ej. William L. Lane, *The Gospel According to Mark* (Grand Rapids: Eerdmans, 1974; London: Marshall, Morgan & Scott, 1975).

rás salvo» (v. 31). Este versículo añade «y tu casa», por lo que algunos dicen que el cristianismo en esa fecha tan temprana ya incluía a los bebés como creyentes. Lo mismo ocurre en el versículo 33, donde dice que el carcelero y su familia son bautizados. Éste es uno de los textos que se usan para defender el bautismo de niños (recordemos también el v. 15). Pero el versículo 32 deja claro que Pablo y Silas expusieron la Palabra de Dios a todos los miembros de la familia, y el versículo 34, que la familia del carcelero había creído en Dios. Por tanto, aunque es verdad que las familias en la Antigüedad tenían muchos miembros y que casi siempre había algún bebé en la familia, en este pasaje no hay ninguna evidencia de que aquella familia tuviera bebés.[147] Lo que el pasaje sí destaca, pensando en culturas patriarcales, es la importancia de que el mensaje de Cristo llegue a la cabeza de la familia, porque así las posibilidades de que el mensaje llegue al resto de la familia son más altas que si lleva a la mujer o a un hijo.[148]

Los versículos 35–40 describen las consecuencias de la anulación de la sentencia. Los prisioneros se habían quedado en sus celdas toda la noche (!), pero por la mañana las autoridades romanas ofrecieron a Pablo y a Silas ponerles en libertad. Pero en lugar de aceptar la oferta y marchar de forma silenciosa, Pablo apela a su ciudadanía romana y saca a la luz la ilegalidad del procedimiento de la noche anterior.[149] Pero, ¿por qué apelar a sus derechos ahora, en lugar de hacerlo la noche anterior? Al parecer, Pablo vio que ese era un momento estratégico para hacerlo, no para su bien personal, sino de forma más general para el bien del cristianismo en Filipos. Con una declaración pública por parte de las autoridades romanas reconociendo que se habían equivocado, la iglesia podría crecer libre de cualquier tipo de acoso legal.[150] Del mismo modo, los cristianos de cualquier lugar que tengan que decidir cuándo apelar a sus derechos y cuándo renunciar a ellos de forma voluntaria, deberían preguntarse si solo buscan un beneficio personal, o el crecimiento y el avance del evangelio.[151]

En Tesalónica (17:1–9). La siguiente parada de la que Lucas habla de forma detallada aparece en la ruta costera que atraviesa el este de Macedonia

---

147. Barrett, *Acts*, 256.

148. La evangelización a las familias en Hechos también obedece al mandato que Jesús dio a los setenta y dos en Lucas 10:5–7 de evangelizar y comer con las familias que les acogieran, pues el ministerio de aquellos discípulos apunta a la misión a los gentiles. Ver David L. Matson, *Household Conversion Narratives in Acts* (Sheffield: SAP, 1996).

149. Ciertamente, este pasaje supone un paradigma de la ética social paulina en Hechos. Ver esp. David Suazo, «El poder de la verdad para transformar culturas», *Kairós* 37 (2005): 97–110.

150. Los ciudadanos romanos que viajaban normalmente llevaban consigo unas tablillas de barro que daban fe de su ciudadanía que, salvando las distancias, hacían la función de nuestros pasaportes hoy.

151. Cf. González, *Acts*, 196. Weaver (*Plots of Epiphany,* 287) también cree que, como en otras obras de la literatura grecorromana, «la apertura de la prisión es una sinécdoque espacial por la que se expresa la apertura de una ciudad a una creencia concreta».

de Norte a Sur. Vemos aquí el mismo patrón que hasta ahora: Pablo predica al Cristo crucificado y resucitado, según las Escrituras, primero a los judíos, que lo rechazan y lo persiguen. Lucas habla del ministerio en la sinagoga solo durante tres sábados (v. 2). ¿Estuvo Pablo allí durante más tiempo? A la luz de textos como 1ª Tesalonicenses 2:9 o Filipenses 4:16, algunos creen que sí. Pero no podemos saberlo a ciencia cierta. En el versículo 6, la mayoría de las versiones traducen «los que han trastornado el mundo». No deberíamos pasar por alto que el texto original tiene un sentido moderadamente despectivo: «los que han molestado» o «los que han causado conflictos».[152] *La 1ª Epístola a los Tesalonicenses confirma lo rápido que creció la iglesia en aquella zona, a pesar del poco tiempo que Pablo pasó allí.* Los capítulos 1–4 de la epístola son la sección más extensa de alabanzas de todas las epístolas de Pablo. Una razón clave del rápido crecimiento es que los tesalonicenses aceptaron el evangelio como Palabra de Dios (2:13).

En Berea (17:10–15). La siguiente parada llevó a nuestros misioneros a una ciudad más pequeña y no tan importante; pero era la siguiente más cercana. Quizá los misioneros esperaban encontrar allí refugio, pero no fue así. Allí se dio el mismo patrón de predicación seguida de oposición, con la diferencia de que los perseguidores no son de esa misma ciudad, sino que vienen de fuera. *La característica clave de los de Berea es que eran de mente abierta; el versículo 11 explica que «todos los días examinaban las Escrituras para ver si era verdad lo que se les anunciaba».* Aunque esta descripción en muchas ocasiones se usa para animar a los creyentes a tener un tiempo devocional o de estudio bíblico diario, lo que Lucas está describiendo aquí es un grupo de judíos que aún no se han convertido, y que están investigando en las Escrituras para averiguar si están de acuerdo con lo que Pablo está predicando.

En Atenas (17:16–34). Quizá el sermón más famoso de Pablo es el que hace en esta comunidad aún por evangelizar, la capital y el centro cultural de Grecia. Allí vio estatuas y templos dedicados a todo el panteón griego, lo que al apóstol «le dolió en el alma» (v. 16). Lucas describe la interacción de Pablo con los filósofos del *ágora* (vv. 17–21). Como parte del centro de una ciudad antigua, el *ágora* era el lugar donde la gente se reunía a diario para oír las últimas noticias, a la vez que para comprar y para encontrarse con las amistades. Los equivalentes modernos más cercanos serían los medios de comunicación actuales (periódicos, radio, televisión, Internet, etc.), no necesariamente espacios públicos o comerciales (donde quizá los únicos oradores serían vendedores y charlatanes). Otro equivalente serían las universidades, puesto que las *stoa* (o pórticos) que había en torno al *ágora* era donde los filósofos enseñaban a sus estudiantes. El Areópago era el lugar donde se reunía el concilio de la ciudad, pero el término pasó a usarse para designar también al propio concilio, por lo que es posible que en tiempos de Pablo el concilio se reuniera en un

---

152. Demostrando la percepción de que la fe cristiana tenía elementos subversivos. Ver González, *Acts*, 198.

rincón del *ágora*.[153] Como en otros lugares, Pablo empieza buscando un punto de unión con los que le están escuchando, y por eso hace referencia al altar al dios desconocido (vv. 22–23), y les dice que les va a hablar de él para que lo puedan conocer. Así, tomando varias de las creencias de aquellos filósofos, y rechazando otras, crea un conflicto entre los estoicos y los epicúreos. Pablo declara que Dios está cerca de todos. Para probarlo, cita a Epiménides, poeta y filósofo cretense del s. VI a.C. (vv. 27–28a). Pero niega la creencia estoica de que todo es parte de Dios (panteísmo). Con los epicúreos está de acuerdo en que Dios o los dioses crearon a las personas, pero niega que ahora el creador se haya despreocupado de su creación. De nuevo, cita a un escritor pagano, Arato de Cilicia del s. III a.C. (v. 28b).

Vemos que Pablo dice que Dios es el Creador, y que aún actúa en la historia, lo que le llevará a hablar de Jesús y de su resurrección, y de la necesidad de que la gente se arrepienta (vv. 29–31). Del mismo modo hoy, muchos misioneros han descubierto que deben empezar la presentación del evangelio con Génesis 1:1, explicando la naturaleza de la fe cristiana en Dios, antes de citar Juan 3:16 y de esperar que la gente entienda el amor de Dios en Jesús.[154] A pesar de algunas diferencias claras entre este sermón y otros sermones de Pablo, los principios generales que aparecen tiran por tierra la teoría de que este texto sea creación de Lucas.[155] *Pero se trata de un modelo de evangelización transcultural, sobre todo para nuestros modernos centros cosmopolitas.* El comentario de Kenneth Gangel una generación atrás aún sigue siendo válido: «El cristianismo moderno no ha ofrecido a la intelectualidad de la sociedad americana hoy un claro testimonio de la verdad como el que recibieron los filósofos griegos en Atenas en aquel entonces. La "predicación de la cruz" no tiene por qué consistir en divagaciones verbales simplistas, calculadas para evocar una respuesta emocional. El sermón del Areópago nos ofrece un modelo de excelencia en cuanto a profundidad y relevancia. ¡Que los atenienses de la actualidad oigan de nuevo la palabra del Cristo resucitado!».[156]

No obstante, es fácil leer los versículos 32–24 y quedarse decepcionado, especialmente si recordamos la gran respuesta ante el evangelio que hubo en Pentecostés. Es probable que la idea de un cuerpo resucitado fuera la piedra

---

153. Lo que el concilio le dice a Pablo es, básicamente, lo siguiente: «Tenemos el derecho legal de juzgar esta nueva enseñanza que traes». Ver Bruce W. Winter, «On Introducing Gods to Athens: An Alternative Reading of Acts 17:18–20», *TynB* 47 (1996), 82.

154. La famosa organización *New Tribes Mission* ha desarrollado todo un currículum para contar la historia de la Biblia desde el principio, que se usa en la evangelización y el discipulado entre etnias a las que aún no ha llegado el evangelio.

155. Además, Pablo ya ha estado predicando a los atenienses (vv. 17–21), así que este «sermón» no tiene por qué recoger todo el evangelio. Ver más en John J. Kilgallen, «Acts 17:22b–31 –What Kind of Speech Is This?», *RB* 110 (2003): 417–24.

156. «Paul's Areopagus Speech», *BSac* 127 (1970): 312. Cf. también J. Daryl Charles, «Engaging the (Neo)Pagan Mind: Paul's Encounter with Athenian Culture as a Model for Cultural Apologists (Acts 17:16–34», *TrinJ* 16 (1995): 47–62; y Karl O. Sandnes, «Paul and Socrates: The Aim of Paul's Areopagus Speech», *JSNT* 50 (2004): 205–18.

de tropiezo más grande para aquellos griegos cultos, que solo creían en la inmortalidad del alma. Aunque algunos sí creyeron, y Lucas nos da los nombres de dos de ellos: Dionisio, uno de los miembros del Areópago o concilio, y una mujer llamada Dámaris, probablemente una invitada especial aquel día, ya que el concilio estaba compuesto solo por hombres. Y otros dijeron estar dispuestos a escuchar más otro día. Podríamos decir que esta respuesta era y es el paradigma típico para el ministerio en los grandes centros urbanos.[157] Sea como sea, Lucas no apunta a que Pablo adoptara una estrategia poco directa por no predicar el «claro evangelio» de Cristo, y éste crucificado (1Co 2:2), como algunos han querido ver. Un estudio de la carta de 1ª Corintios muestra que Pablo habló de una amplia variedad de temas, y es evidente que el relato de Lucas sobre el sermón de Pablo en Atenas es un resumen.[158]

A Corinto, y a casa (18:1–22). Situada en un pequeño istmo, Corinto era una ciudad portuaria muy importante para el comercio. Era conocida por la prostitución y la falta de moral en general, de lo que la lengua griega se hace eco, ya que incorporó en su registro coloquial la expresión «mujer corintia» como sinónimo de prostituta. Se dice que el templo de Afrodita en el Acrocorinto, una elevación rocosa desde la que se podía ver toda la ciudad, al menos en tiempos precristianos, contaba con más de mil sacerdotes y sacerdotisas que también se ofrecían para tener relaciones sexuales con los fieles que querían llegar a estar en perfecta unión con la diosa.[159] ¡No es de extrañar que Pablo pasara aquí más tiempo que en los demás lugares (más de un año y medio; v. 11), luchando hasta establecer una iglesia viable!

Los versículos 2–4 nos permiten ver que, durante su ministerio itinerante, muchas veces Pablo trabajaba para mantenerse económicamente, poniendo en práctica un oficio que probablemente había aprendido de joven con su padre: la confección de tiendas. En general, a los rabinos judíos les estaba prohibido aceptar dinero por la profesión de la enseñanza, por lo que necesitaban otra ocupación que les permitiera sostenerse (ver el comentario de 1ª Corintios 9). En ocasiones Pablo acepta ofrendas de iglesias de otros lugares o de la iglesia en la que está sirviendo (ver Filipenses), pero esas ayudas no cubren todas las necesidades que surgen en sus viajes.[160] En esta ocasión se une a un matrimonio que también trabaja confeccionando tiendas, Aquila y Priscila, que más adelante se convertirán en líderes importantes de aquella iglesia primitiva.

---

157. Cf. Patrick Gray, «Implied Audiences in the Areopagus Narrative», *TynB* 55 (2004): 205–18.

158. Sobre todo el sermón y su coherencia con la perspectiva de Pablo en sus epístolas, ver Bertil Gärtner, *The Areopagus Speech and Natural Revelation* (Lund: Gleerup, 1955).

159. Más sobre Corinto, en Jerome Murphy–O'Connor, *St. Paul's Corinth: Texts and Archaeology* (Wilmington: Glazier, 1983).

160. En cuanto a todas estas prácticas, ver más en Blomberg, *Ni pobreza ni riquezas: Una teología bíblica de las posesiones* (Andamio), pp. 185–86 de la edición en inglés.

En este párrafo introductorio donde se nos habla del tiempo de Pablo en Corinto, también se menciona la orden de Claudio de que todos sean expulsados de Roma (v. 2), un suceso que también recoge el historiador romano Suetonio, que probablemente tuvo lugar en el año 49 d.C. Suetonio explica que lo que provocó la expulsión fue un motín de los judíos de Roma, que habían sido instigados por alguien llamado *Chrestus*. Según los estudiosos, ésta es una referencia mal escrita a *Christus*, que es Cristo en latín, y que lo que ocurrió fue, en realidad, una disputa entre los judíos cristianos y los no cristianos sobre el mensaje del evangelio (*Vida de Claudio*, 25). Gracias a esto quedó bien claro que el cristianismo no era una secta judía más; Roma ya no le daría los privilegios que le concedía al judaísmo como *religio licita* o religión legal, no obligando a sus fieles a adorar al Emperador. No obstante, después de la muerte de Claudio en el año 54, muchos judíos regresaron a Roma, y hubo otra década de relativa paz hasta el 64, año en que Nerón dictó la persecución de los judíos.

El ministerio de Pablo en Corinto sigue el patrón que había seguido hasta ahora de predicación de los judíos, pero pronto, después de ser rechazado por éstos, va a los gentiles (vv. 5–11). ¡No sería extraño si llegado este punto se hubiera desanimado! *Fuera como fuera, lo cierto es que aquí ocurre algo que no es muy común fuera de los evangelios: Jesús habla directamente a Pablo para animarle, diciéndole que está con él y prometiéndole que «tengo mucha gente en esta ciudad» (v. 10).* Dado que no hay evidencia de que el cristianismo llegara a Corinto antes que Pablo, lo que el Señor está diciendo es que ya ha establecido que un número considerable de personas responda de forma positiva ante el evangelio. Como en el resto de las Escrituras, la doctrina de la elección no es un impedimento para la evangelización, ¡sino un incentivo![161] Si Dios no actuara primero en las personas, nadie podría aceptar a Cristo.

La oposición judía finalmente culmina cuando los judíos lo llevan ante Galión, el procónsul romano en Corinto. Pero Galión considera que se trata de una disputa por cuestiones relacionadas con la fe judía, por lo que se niega a juzgar a Pablo. Eso sienta un importante precedente en cuanto a la legalidad del cristianismo en Corinto, comparable a la liberación de Pablo en Filipos.[162] Curiosamente, la multitud, en su mayoría pagana, respondió abalanzándose sobre Sóstenes, el jefe de la sinagoga, mientras Galión hace la vista gorda ante la paliza que le dan, dejando en evidencia el profundo antisemitismo que había en el mundo griego en aquella época.[163] Uno se pregunta si éste es el mismo

---

161. Encontrará un precioso estudio de este tema en James I. Packer, *Evangelism and the Sovereignty of God* (London and Downers Grove: IVP, 1961).

162. Más concretamente, mostrando que el cristianismo aún era una *religio licita*. Ver Bruce W. Winter, «Gallio's Ruling on the Legal Status of Early Christianity (Acts 18:14–15)», *TynB* 50 (1999): 222.

163. Ver también Moyer V. Hubbard, «Urban Uprisings in the Roman World: The Social Setting on the Mobbing of Sosthenes», *NTS* 51 (2005): 416–28.

Sóstenes cuyo nombre aparece en el primer versículo de 1ª Corintios. De hecho, su antecesor Crispo ya se había convertido (v. 8).

El último párrafo dedicado al segundo viaje misionero de Pablo (vv. 18–22) describe cómo Pablo hace cortarse el pelo en Cencreas «a causa de un voto que había hecho» (v. 18). Lo más probable es que se tratara del voto nazareo (ver Nm 6), que culminaría ofreciendo un sacrificio en el templo cuando llegara a Jerusalén.[164] Pero, ¿por qué Pablo hace ese voto, si Jesús ya se sacrificó una sola vez y para siempre por los pecados? Es difícil saber la respuesta; Lucas no hace ningún comentario y, aunque lo hiciera, el sacrificio podría haber sido una ofrenda de gratitud en lugar de una ofrenda por los pecados.[165] Lucas también menciona que Pablo se detiene brevemente en Éfeso, donde rechaza una invitación, aunque promete regresar (vv. 19–21). Éfeso será, de hecho, la parada principal de Pablo en su tercer viaje misionero.

Visitando ciudades donde ya había estado en su primer viaje (18:23). Con el último versículo de la sección anterior y el primer versículo sobre el nuevo viaje de Pablo, Lucas nos muestra lo rápido que puede cubrir las largas distancias de estos viajes. No obstante, no olvidemos la preocupación constante de Pablo por aquellos a los que ya ha evangelizado, por las iglesias que ha ayudado a establecer, y por el crecimiento del cristianismo, sobre todo en las regiones donde está experimentando oposición. Pero lo cierto es que Lucas tiene más interés en lo que ocurre en Éfeso, y a eso dedicará su atención.

Ministerio en Éfeso (18:24–19:20). Aquí Pablo se quedará alrededor de tres años, o quizá un poco más. Éfeso era otro centro importante de la vida cultural y religiosa del Imperio Romano.[166] El primer incidente que Lucas recoge (vv. 24–28), antes de que Pablo llegue, nos presenta a Apolos. Cuando vemos que era un judío de Egipto al que los romanos en Asia le habían enseñado a predicar, y que ahora estaba predicando en Grecia, ¡podemos apreciar algo de la naturaleza cosmopolita del Imperio del primer siglo! Apolos conocía bien las Escrituras, había recibido instrucción sobre algunos elementos del cristianismo, enseñaba con exactitud acerca de Jesús y, «aunque conocía sólo el bautismo de Juan» (vv. 24–25). Al parecer, esto apunta a que no había oído del bautismo del Espíritu, o al menos no sobre la forma en la que se cumplió en Pentecostés, y, por tanto, en cierto sentido estaba enseñando un mensaje incompleto. Pero Priscila y Aquila le contaron todos los detalles que no conocía (v. 26). Es interesante ver que, como en los versículos 18–19, Lucas menciona primero el nombre de la mujer, aunque eso no era nada común en aquella época. Quizá eso quiera decir que ella era más prominente que su marido, pero decir que ella era la líder formal de la iglesia es leer algo que el texto no dice. Por otro lado, este hecho muestra no es inapropiado, al menos en algunos contextos cristia-

---

164. Cuando Lucas habla de «subir», lo más lógico es pensar en Jerusalén, porque uno siempre subía para llegar a la colina en la que Jerusalén estaba situada.
165. Sobre el voto, ver esp. Witherington, *Acts*, 557.
166. En cuanto al trasfondo histórico, cf. esp. Paul Trebilco, *The Early Christians in Ephesus from Paul to Ignatius* (Tübingen: Mohr, 2004).

nos, que una mujer enseñe a los hombres (un dato importante a tener en cuenta cuando luchamos con 1Ti. 2:12).[167]

Hechos 19:1–7 es uno de los sucesos más curiosos de este libro. Cuando Pablo regresa a Éfeso, se encuentra con doce hombres a los que Lucas llama «discípulos» (v. 1). No obstante, cuando ya hemos leído toda la información que nos da sobre esos hombres, da la impresión de que en el versículo 1 ha usado el término «discípulos» de manera fenomenológica, es decir, que era el término que aquellos hombres usaban para denominarse a ellos mismos. Después de todo, a diferencia de Apolos, que lo único de lo que no había oído hablar era el *bautismo* del Espíritu, estos «creyentes» ni siquiera habían oído hablar del *Espíritu Santo* (v. 2). Eso significa que no eran judíos, porque el Espíritu aparece en el Antiguo Testamento. Pero también significa que tampoco debían conocer demasiado el mensaje de Juan el Bautista, aunque según ellos habían sido bautizados por él, porque la parte central de su mensaje era Aquel que vendría después que él y bautizaría en el Espíritu. Y está claro que tampoco sabían mucho de Jesús, puesto que, sobre todo en el Evangelio de Lucas, se dice una y otra vez que Jesús estaba lleno del Espíritu o que era fortalecido por el Espíritu.

Así, aunque a primera vista este pasaje parece ser la tercera y última desviación del «conjunto pentecostal» (ver capítulos 8 y 10) porque tanto el bautismo cristiano como la llegada del Espíritu se dan después de la «fe» inicial, de hecho es imposible imaginar que estos discípulos fueran cristianos desde el principio. Cuando Pablo les cuenta todo lo que aún necesitan saber, entonces ya pueden tomar un compromiso con conocimiento de causa, y de forma inmediata se dan los otros dos elementos: el Bautismo y la recepción del Espíritu (vv. 4–7). Éste también es el tercer y último lugar en Hechos en el que se menciona la acción de hablar en lenguas (v. 6). En cuanto a este tema, ver nuestro comentario unas páginas atrás (p. 44–45).[168]

Los versículos 8–10 nos presentan el ministerio de enseñanza de Pablo tomando el mismo patrón que se ha dado anteriormente: primero a los judíos, y luego a los griegos. En el versículo 9, el texto occidental añade que Pablo enseñaba en la escuela de Tirano «desde la hora quinta a la hora novena» (es decir, desde las 11 de la mañana hasta las 4 de la tarde). Dado que ese era el periodo más caluroso del día, e incluía el rato de la siesta, parte de la escuela debía estar vacía, por lo que aquí tenemos lo que podría considerarse un reflejo de exactitud histórica. Nos hace preguntarnos sobre nuestro compromiso con la enseñanza y el aprendizaje de la Palabra de Dios, porque, ¿estaríamos dispuestos a dedicarle las horas menos adecuadas del día? Los versículos 11–12 recogen que Pablo hizo milagros espectaculares, semejantes a los que Pedro hace en 5:15 (sin duda, otro paralelismo deliberado entre estos dos personajes). Una demostración de que el poder de Dios en Jesús es genuino. *La naturaleza casi mágica de estos milagros quizá encaja en una ciudad que era el centro de*

---

167. El texto occidental añade al versículo 27 que los efesios habían pedido a Apolos que viniera para servir entre ellos.

168. Cf. Dunn, *Bautismo del Espíritu Santo*, pp. 83–89 de la edición en inglés.

mucha de la «magia» antigua, similar a lo que hoy llamaríamos ocultismo.[169] Pero Lucas deja claro que Dios es el que hace estos milagros extraordinarios, y que estos no son obra ni de Pablo, ni de los pañuelos o delantales que el apóstol ha tocado.[170]

De hecho, el siguiente episodio ilustra el poder y el peligro de la magia (vv. 13–19). Los siete hijos insensatos de Esceva[171] intentan manipular el poder de Jesús, del mismo modo que los practicantes de conjuros mágicos intentaban manipular a los dioses paganos, pero al final un endemoniado se vuelve contra ellos. En los papiros se ha encontrado una fórmula muy similar: «Te suplico por el Dios de los hebreos, Jesús». Pero para que el poder divino pueda actuar de verdad es necesario que la fe en Cristo se ejerza de forma adecuada.[172] Cuando la noticia sobre aquella debacle se extiende, muchos se arrepienten, y a continuación somos testigos de la primera quema de libros de la historia de la iglesia.[173] Es significativo ver la cantidad de dinero que se pierde: el equivalente a cincuenta mil días de trabajo como mínimo. ¡Si los cristianos hoy estuvieran dispuestos a arruinar de esa forma a, por ejemplo, la industria de la pornografía! El hecho de que se han encontrado miles de papiros con conjuros y fórmulas mágicas que fechan de muy poco tiempo después de este incidente nos recuerda que esa reforma no duró demasiado. No obstante, en aquel momento, la respuesta fue muy positiva y, para cerrar otra sección de su libro, Lucas vuelve a decirnos que «la Palabra del Señor crecía y se difundía», (v. 20).

PREGUNTAS

1. ¿Qué principios sobre la guía divina podemos extraer de los inicios del segundo viaje misionero de Pablo?

---

169. En cuanto a los milagros «mágicos» en Éfeso, ver Fernando, *Acts*, 520, que también ofrece un estudio equilibrado sobre la aplicación contemporánea.

170. Hans–Josef Klauck, *Magic and Paganism in Early Christianity: The World of the Acts of the Apostles* (Edinburgh: T & T Clark, 2000), 98–99.

171. En los documentos antiguos judíos no se menciona a ningún sumo sacerdote que se llamara Esceva. Al parecer, se trata de un sobrenombre que quiere decir «zurdo». También es posible que fuera alguien que se hacía pasar por sacerdote (Kee, *To Every Nation under Heaven*, 231), aunque muchos creen que era un judío renegado que llegó a ser el sumo sacerdote de alguna secta romana.

172. «Lucas está intentando transmitir la idea de que el cristianismo no tiene nada que ver con la magia, y que el nombre de Jesús no es una fórmula ni un conjuro mágico» (Fitzmyer, *Acts*, 646). Clinton E. Arnold (*Ephisians: Power and Magic* [Cambridge and New York: CUP, 1989], 19), observa: «En las religiones, uno ora y ruega a los dioses, esperando que estos le concedan su petición; en el mundo de la magia, uno ordena a los dioses lo que tienen que hacer, y por eso espera resultados».

173. De nuevo, es importante enfatizar que no se trataba de documentos que simplemente narraban historias de personas que tenían que ver con el ocultismo. Eran las herramientas necesarias para perpetrar ritos diabólicos (recogían conjuros, fórmulas y maleficios). Cf. Klauck, *Magic and Paganism*, 101–2.

2. En el ministerio de Pablo en Filipos, ¿en qué vemos que el apóstol hace uso de su trasfondo multicultural?

3. Compara y contrasta el ministerio de Pablo en Tesalónica y en Berea.

4. Si el acercamiento de Pablo en Atenas no tenía errores, ¿cómo podemos explicar que su respuesta fuera tan pobre? ¿Qué principios atemporales podemos extraer del modelo de predicación en el Areópago?

5. En el ministerio de Pablo en Corinto, ¿en qué vemos que el apóstol hace uso de su trasfondo multicultural?

6. ¿Cuál es la importancia de cada uno de los cuatro episodios que ocurren en Éfeso en torno a Apolos y Pablo (18:24–19:19)?

Los últimos viajes de Pablo a Jerusalén y a Roma (19:21–28:31). *Últimos días en Éfeso (19:21–41).* Éste es el único lugar en este volumen de Lucas en el que el principio de una nueva sección no se corresponde exactamente con el inicio o el final de un viaje misionero, quizá un recordatorio de que hablar de viajes específicos se debe más bien a nuestro afán por la precisión. Pero el versículo 21 podría verse como un paralelo de Lucas 9:51, en el que Jesús toma la difícil decisión de ir hacia Jerusalén. Aunque Pablo no va a morir crucificado, lo arrestarán, juzgarán, encarcelarán, igual que le sucedió a Jesús, y en el viaje a Roma llegará a estar muy cerca de la muerte. Por tanto, podría ser que Lucas estuviera comparando las etapas finales de la vida de ambos, y sacando a relucir las coincidencias de forma deliberada.[174] Es cierto que Pablo aún estará un tiempo en Éfeso, pero a partir de este momento el viaje a Jerusalén está muy presente en su mente, por lo que es natural hacer aquí la división (ver cómo en el versículo 22 ya envía a dos de sus ayudantes para que vayan antes que él).

El último suceso que Lucas decide recoger antes de que Pablo marche de la ciudad es el disturbio causado por el platero Demetrio (vv. 23–41). En Éfeso había un templo a la diosa Artemio (en griego) o Diana (en latín), diosa de la caza y de la fertilidad. La estatua que la representaba era una mujer con muchos pechos que, decían, había caído del cielo. Aquel templo estaba considerado como una de las siete maravillas del mundo. Como muchos paganos estaban abandonando la idolatría, la venta de figuras de la diosa estaba bajando. *Demetrio, que era como el máximo representante del gremio, intenta exponer su queja en términos religiosos, pero está claro que la causa de su enfado es la pérdida económica (vv. 23–27).*

Manipulando a la multitud, los plateros logran provocar tal desorden y alboroto que las autoridades romanas tienen que intervenir para salvar a Pablo y a sus compañeros. Pablo, por su lado, habría intentado razonar con la multitud, pero sus amigos se lo impidieron (vv. 28–34). El secretario del consejo municipal explica a la multitud que es peligroso que las noticias sobre los disturbios

---

174. Talbert, *Acts*, 12.

lleguen hasta Roma (vv. 35–41). Una vez más, las autoridades romanas demuestran que los cristianos no han hecho nada ilegal.[175]

Empieza el viaje a casa (20:1–16). El capítulo 20 detalla las etapas iniciales del regreso de Pablo a Jerusalén (vv. 1–16). Visitando de nuevo las iglesias que había iniciado en su segundo viaje misionero, Pablo también reúne delegados de algunas de ellas, acción que podría tener relación con los estrictos mecanismos de supervisión que establece en torno a la ofrenda que lleva para Judea (vv. 1–6; cf. 2Co 8–9).[176]

En los versículos 7–12 aparece un toque un tanto humorístico. Cuando se detiene en Troas, Pablo predica «el primer día de la semana» cuando los creyentes se reunían «para partir el pan» (v. 7). Esto habla de que, ya desde los principios, los cristianos no se reunían el sábado, sino el domingo, aunque según las leyes romanas no era un día de fiesta. Como ocurriría hasta el siglo IV (cuando Constantino convirtió el domingo en un día de fiesta para promover el cristianismo), los creyentes se reunían o bien muy de mañana, cuando aún estaba oscuro y antes de ir al trabajo o, lo que era más común, por la noche una vez acabado el trabajo. ¿Nos comprometeríamos a asistir al culto regularmente si tuviéramos tantos impedimentos? El culto incluía el partimiento del pan, que deber ser una referencia a la cena del Señor. Sea como sea, entre el ambiente cargado, y la extensión del sermón de Pablo, un joven llamado Eutico se durmió, cayó de la ventana donde estaba sentado y, al parecer, murió. Pero Pablo se abalanza sobre el joven diciendo que está vivo. Aunque es posible que Eutico no llegara a morir, lo más probable es que Lucas quiere transmitir que Pablo recibió poder para resucitar al muerto, al igual que le ocurrió a Pedro.

Palabras a los ancianos de Éfeso (20:17–38). Pablo y sus compañeros hacen varias paradas breves en su viaje hacia el Este, pero el único lugar en el que se detienen durante algo más de tiempo es Mileto (vv. 13–16). Para evitar que le obliguen a quedarse más tiempo en Éfeso, manda llamar a los ancianos de esa comunidad para dirigirles unas palabras de despedida (vv. 17–35). Curiosamente, encontramos aquí más puntos en común con la teología de las epístolas paulinas que en ningún otro sermón de Hechos. Después de todo, éste es el único mensaje de Pablo dirigido a un grupo de cristianos que Lucas recoge, porque todos los demás son parte de algún esfuerzo evangelístico.[177] El discurso de despedida era un género judío muy común, tanto en su formato oral como escrito. El ejemplo bíblico más antiguo lo tenemos en Génesis 49, con Jacob. Jesús mismo da un discurso de despedida bastante extenso en Juan

---

175. Cf. Robert F. Stoops Jr., «Riot and Assembly: The Social Context of Acts 19:23–41», *JBL* 108 (1989): 73–91.

176. Esta suposición queda confirmada en 24:17, donde Pablo habla de los donativos que llevó a Jerusalén.

177. Realmente sorprendentes son, sobre todo, las similitudes con 1ª Tesalonicenses, esp. en cuanto al tema del liderazgo, pero también en cuanto al sufrimiento, el dinero, y la muerte de Jesús. Ver Steve Walton, *Leadership and Lifestyle: The Portrait of Paul in the Miletus Speech and 1 Thessalonians* (Cambridge and New York: CUP, 2000), 140–85.

14–16 (y otro más breve en Lucas 21). Sin duda, para Lucas aquí hay otro paralelismo entre Pablo y Cristo.

En su mensaje, Pablo insiste en que ha acabado su tarea entre los efesios de forma fiel, en lo que se refiere a la predicación de todo el consejo de Dios (vv. 20, 27, 31).[178] Pablo también anuncia el sufrimiento que le va a sobrevenir (vv. 22–25), lo que para algunos es una prueba de que Lucas escribe después de la muerte de Pablo. Pero, como en el Evangelio, si Dios puede revelar eventos futuros, entonces no hay razón para pensar que esto es una «profecía posterior al suceso». Pablo encarga a los ancianos que sean fieles (vv. 28–31) en una sección que pone al mismo nivel a los «ancianos» o «presbíteros» (*presbuteroi*), a los «obispos» (*episkopoi*) y a los «pastores» (en el griego aparece la forma verbal *poimaino*). Aunque todas estas palabras significan cosas diferentes en los diferentes momentos de la historia de la iglesia y en las diferentes denominaciones, en el Nuevo Testamento parecen términos que se pueden intercambiar entre sí y que hacen referencia al cargo de mayor responsabilidad dentro de una congregación local.[179] Dado que «la iglesia» de una comunidad estaba compuesta por muchas pequeñas congregaciones que se reunían por casas, cuando una de esas congregaciones crecía y llegaban a ser más de entre treinta y cinco y cincuenta —los que cabían en una casa romana acomodada—, se iniciaba otra congregación en otra casa. Probablemente, en cada casa había un anciano. Y se cree que periódicamente se reunía a toda la comunidad (es decir, todas esas congregaciones), probablemente en un lugar al aire libre.[180]

El mensaje de Pablo en Mileto contiene un versículo de mucha importancia teológica. Al final del versículo 28 dice «la iglesia de Dios, que él adquirió con su propia sangre». Dado que Lucas no enfatiza la propiciación tanto como los demás evangelistas o como Pablo lo hará en las epístolas, este versículo sirve para dejar claro que Lucas reconoce el sacrificio sustitutorio de Jesús. Si la traducción de la NVI es correcta, también tenemos aquí algo único: una referencia no solo a la sangre de Jesús, sino a la sangre de Dios. Pero el texto griego también podría traducirse «que adquirió con la sangre del suyo propio (es decir, de su Hijo)», y probablemente esta sea la interpretación más acertada.

Pablo cierra su despedida repitiendo que su vida es un modelo de cómo vivir el evangelio (vv. 32–35), esta vez subrayando que no ha codiciado el apoyo económico de nadie. En este contexto Pablo cita unas palabras de Jesús que no aparecen en ningún evangelio: «Hay más dicha en dar que en recibir» (v. 35). Éste es un sano recordatorio de que los Evangelios no recogen todo lo

---

178. «Pablo no dejó de predicar *todo* el mensaje, a pesar de las consecuencias que eso tuvo para él» (Dean S. Gilliland, «For Missionaries and Leaders: Paul's Farewell to the Ephesians Elders –Acts 20:17–38», en *Mission in Acts*, eds. Gallagher y Hertig, 264.

179. Ver Robert L. Saucy, *The Church in God's Program* (Chicago: Moody, 1972), 151–52.

180. Sobre las iglesias en las casas tanto aquí como en todo el periodo de la iglesia primitiva, ver Bradley Blue, «Acts and the House Church», en *The Book of Acts in Its Greco–Roman Setting*, eds. Gill y Gempf, 119–222.

que Jesús enseñó (Jn 21:5) y que incluso antes de que éstos se escribieran, las enseñanzas de Jesús ya estaban circulando de boca en boca.

Del liderazgo o servicio de Pablo podemos extraer al menos diez principios, sobre todo en estas últimas etapas de su ministerio público: (1) dejó claro que el liderazgo tiene que ver con el servicio a Cristo; (2) capacitó a las personas para que fueran capaces de servir; (3) hizo de mentor; (4) de los temas delicados se encargó él de forma personal; (5) enfatizó las responsabilidades de las iglesias; (6) lideró con la fuerza de su propio ejemplo y de la persuasión; (7) formó a líderes; (8) dio importancia a las personas, no a los resultados; (9) creyó en la adaptación a las diferentes culturas; (10) acabó bien su tarea.[181]

De Mileto a Jerusalén (21:1–16). Esta sección parece más un compendio de itinerarios que una serie de episodios específicos. Quizá la cuestión teológica más interesante de estos versículos sea la naturaleza de la profecía cristiana.[182] En 21:4, los creyentes de Tiro exhortan a Pablo «por medio del Espíritu» a que no vaya a Jerusalén. Esta expresión es la misma (*dia pneumatos*) que encontramos en 11:28 cuando Agabo profetizaba. Pero en el versículo 5 se nos dice que Pablo y sus compañeros continuaron su camino. Entonces, en los versículos 10–11 aparece el mismo Agabo profetizando que Pablo será entregado a los gentiles en Jerusalén y, según él, es el Espíritu Santo quien se lo ha mostrado. De nuevo vemos a un grupo que le ruega que no vaya, pero él insiste en que debe ir. Cuando aquellos creyentes ven que no pueden disuadirle, exclaman: «¡Que se haga la voluntad del Señor!» (vv. 12–14).

¿Qué está ocurriendo aquí? ¿Está Pablo yendo en contra de la voluntad de Dios? Y la gente, ¿no sabe verlo? Una mejor explicación es que, a diferencia de la profecía del Antiguo Testamento, que tenía que ser cien por cien exacta si venía de parte del Señor, los profetas del Nuevo Testamento ejercen un don espiritual (ver más adelante, p. 190), que debe de ser aprobado por la congregación en la que aparece (1Co 14:29). No hay ningún otro don espiritual que los cristianos ejerzamos de forma perfecta, así que, ¿por qué algunos insisten en que el ejercicio de la profecía como don espiritual es inerrante? En el caso del texto, puede que los cristianos de Tiro recibieran el mismo mensaje que Agabo anunció un poco más tarde, y de forma natural, aunque incorrecta, pensaron que si Pablo iba a ser encarcelado en Jerusalén, no podía ser la voluntad de Dios que el apóstol fuera para allá. Lo que ocurre es que lo transmitieron como si todo eso hubiera venido del Señor.

Aquí tenemos una advertencia para los profetas contemporáneos, ya sea en círculos carismáticos cuando alguien asegura que está hablando palabras de Dios, ya sea en círculos no carismáticos cuando alguien dice «el Señor me

---

181. Grace P. Barnes, «The Art of Finishing Well: Paul as Servant Leader –Acts 18:1–28 and 20:17–38» en *Mission in Acts*, eds. Gallagher y Hertig, 246.

182. No hay que pasar por alto el versículo 9, donde las hijas de Felipe profetizan, cumpliendo así Joel 2:28–29 (nos recuerda Hechos 2:17–18). «Por tanto, ellas han tenido parte en la proclamación del evangelio» (Reimer, *Women in the Acts of the Apostles*, 248).

ha dicho» o «el Señor te dice», sin aceptar que se puede estar equivocando.[183] De hecho, la decisión de Pablo de seguir su viaje queda como ejemplo, y uno enseguida recuerda la experiencia de Jesús en Getsemaní (vv. 13–14).

Llevada a Jerusalén (21:17–26). Lo que empieza como una calurosa bienvenida pronto se vuelve en tensión, pues está claro que el problema que se trató en el concilio apostólico solo se solucionó de forma temporal. Los cristianos en Jerusalén creen, erróneamente, que Pablo está diciendo a los judíos que abandonen la ley mosaica, y prohibiendo la circuncisión. Pero lo único que Pablo les ha dicho es que están libres de la ley, aunque practicarla por el bien de la evangelización entre los judíos es lícito, siempre que recuerden que por el cumplimiento de la ley no se obtiene la salvación (cf. 1Co 9:20). Para aplacar la ira de los judíos cristianos que defienden la observancia de la ley, los ancianos sugieren que Pablo vaya y cumpla con los ritos de purificación junto a unos hombres que tienen que cumplir un voto (vv. 17–26). Aquí, de nuevo, surgen las mismas preguntas que surgieron en torno al voto nazareo que Pablo había hecho anteriormente (ver 77). Los críticos acusan a Lucas de que esta descripción de Pablo es incompatible con el Pablo de las epístolas, pues no soportaba el sistema de sacrificios del templo. Pero, una vez más, es muy probable que Pablo tan solo esté poniendo en práctica su estrategia de hacerse «todo para todos, a fin de salvar a algunos por todos los medios posibles» (1Co 9:22).[184] Por otro lado, quizá Lucas está queriendo transmitir que no fue la mejor idea, puesto que al final, no sirvió de mucho.[185] En los versículos 27–32, algunos judíos que no eran de la ciudad alborotaron la multitud acusando a Pablo falsamente de introducir a un gentil en la parte del templo reservada para los judíos. La ciudad se alborota, ¡y las autoridades romanas tienen que arrestar a Pablo para protegerlo de los judíos![186]

Otra característica extraña de este pasaje es que los ancianos de Jerusalén repiten el decreto apostólico en el versículo 25 como si nadie lo hubiera escuchado antes. Algunos dicen que Lucas usó diferentes fuentes y de ahí el solapamiento, pero lo más probable es que, del mismo modo que el decreto fue diseñado para no ofender innecesariamente las conciencias judías, esta estratagema de cumplir los votos con aquellos hombres fue diseñada para dejar a

---

183. Cf. la explicación de Murray J. Harris, «Appendix», en *The New International Dictionary of New Testament Theology*, ed. Colin Brown, vol. 3 (Grand Rapids: Zondervan, 1978), 1183: «Motivados por una predicción del Espíritu, le dijeron a Pablo que no fuera a Jerusalén». Cf. también las diversas obras de Grudem sobre la profecía en el Nuevo Testamento.

184. También Fitzmyer, *Acts*, 692.

185. También Barrett, *Acts*, 328.

186. A diferencia de otras obras de la literatura antigua donde se habla de los encarcelamientos romanos, Lucas describe aquí a un prisionero (Pablo) que, hasta el final del libro, puede hablar de los elementos positivos de sus encarcelamientos, sobre todo en relación con el avance del evangelio. Ver Matthew L. Skinner, *Locating Paul: Places of Custody as Narrative Settings in Acts 21–28* (Atlanta: SBL, 2003).

Pablo libre de toda sospecha. Al repetirla, los apóstoles de Jerusalén también están reafirmando su compromiso con el decreto.[187]

Arresto y palabras a la multitud (21:27–22:29). Cuando están arrestando/ rescatando a Pablo, éste se dirige a los soldados en griego (la *lingua franca* o lengua común, que permitía que toda la gente del Imperio, independientemente de cuál fuera su lengua materna, se entendiera). Y a continuación pide permiso para dirigirse a la multitud (21:37–39). El comandante se sorprende porque había confundido a Pablo con un terrorista egipcio, quizá el mismo revolucionario que Josefo menciona, que había escapado de Félix cuando éste manda matar a miles de sus seguidores en el año 55 d.C. (*G.* 2.261–63; *A.* 20.169–72). Pero cuando Pablo tiene la oportunidad de hablar con los judíos, lo hace en arameo, sorprendiendo así a la multitud porque corría el rumor de que el apóstol había abandonado toda su herencia judía (21:20–22:1).

De hecho, aunque no es algo a lo que él dé importancia, Pablo habla de su educación como judío ortodoxo, de su celo por su religión, que incluso le llevó a perseguir a los cristianos, y de cómo el encuentro sobrenatural con Jesús le hizo dar media vuelta y caminar en la dirección opuesta (22:2–11). Entonces explica que Ananías le estuvo sirviendo y, después de eso, llegó a entender su nuevo llamamiento (vv. 12–16). Añadiendo un detalle que Lucas no ha mencionado anteriormente, Pablo cuenta que en otra revelación, en el templo de Jerusalén, el Señor profetizó que los judíos en general no aceptarían su testimonio (vv. 17–18). Cuando Pablo protesta diciendo que los judíos saben que él antes perseguía a los cristianos, el Señor le responde que su misión principal estará «lejos, entre los gentiles» (vv. 19–21). Hasta ahora, la multitud le está escuchando de forma atenta. Pero eso ya no lo pueden permitir. Aunque muchos cristianos hoy encuentran que los judíos no están dispuestos a escuchar de Jesús, eso no fue así en este episodio: *lo que realmente molestó a los judíos fue que Pablo dijera que Jesús lo enviaba a los gentiles.*[188] Ése era el verdadero problema, comprensible cuando recordamos la intensa hostilidad que había entre los judíos y los gentiles.

Después de usar sus conocimientos de *griego* para hablar a los soldados, y su fluidez en *arameo* para dirigirse a la multitud, ahora Pablo hace uso de su ciudadanía romana para que no lo azoten sin antes juzgarle (vv. 22–29). De nuevo, parece que está actuando no solo en defensa propia, sino que tiene como objetivo que el cristianismo sea públicamente vindicado. «El uso que Pablo hace de su ciudadanía romana nos enseña que como expresión del orden moral de Dios, y cuando las leyes que imperan son justas, se puede apelar al Estado para que proteja y asegure el bienestar físico de los ciudadanos que se someten a dichas leyes. La apelación de los cristianos siempre tiene que

---

187. Witherington, *Acts*, 650.

188. «Los que están escuchando a Pablo no soportan que diga que Dios le ha enviado a predicar el mensaje de salvación a pueblos que no tenían que observar la ley mosaica» (Fitzmyer, *Acts*, 711). En cuanto a los paralelismos entre éste y el discurso de Esteban, ver Clark, *Parallel Lives*, 273–78; Tannehill, *Narrative Unity*, vol. 2, 272–74.

velar por el interés y el avance del evangelio».[189] Después de todo, Pablo se
sometió cinco veces en sinagogas judías al horrible castigo de treinta y nueve
latigazos (2Co 11:24), cuando podría haber renunciado al judaísmo, dejar que
le excomulgaran, y ya no estar sujeto a su jurisdicción. Pero para ganarse a sus
compatriotas intentaba seguir siendo parte de su comunidad. Vemos pues que,
por el bien del evangelio, Pablo estaba dispuesto a sufrir si hacía falta.

Defensa ante el Sanedrín (22:30–23:11). Dado que los romanos habían
«arrestado» a Pablo más para rescatarlo de la multitud que por haber violado
la ley romana, el comandante organiza al consejo *judío* para que Pablo com-
parezca ante ellos (22:30).[190] Pablo empieza su defensa diciendo que tiene la
conciencia tranquila (23:1; cf. Fil 3:6), que no es lo mismo que decir que nunca
ha pecado. Lo que está diciendo es que no es culpable de nada que merezca un
proceso judicial. En ese momento, el sumo sacerdote —otro Ananías— ordena
que le golpeen (v. 2), a lo que Pablo responde con lo que quizá sea su declaración más vengativa de todo Hechos y de sus cartas (v. 3).[191] Los presentes están
sorprendidos de que Pablo haya insultado al sumo sacerdote, a lo que Pablo
replica que no se había dado cuenta de que se trataba del sumo sacerdote, y
al parecer se disculpa, citando las Escrituras (v. 5; cf. Éx 22:28). Los comentaristas no saben muy bien qué decir, pues la mayoría cree que Pablo ofreció
una defensa genuina, pero se preguntan cómo puede ser que no supiera que
Ananías era el sumo sacerdote. ¿Tanto tiempo había estado fuera de Jerusalén?
(Pero el sumo sacerdote llevaba una ropa especial que le distinguía como tal).
¿Fue una sesión del Sanedrín menos informal que de costumbre y los sacerdotes no llevaban su indumentaria típica? (Pero viendo quién había convocado el
encuentro, debía de estar claro quién era el líder).

Quizá la mejor explicación de las palabras de Pablo en el versículo 5a es que
reflejan una amarga ironía —Pablo no podía creer que la persona que sin razón
alguna ordenaba que le golpearan fuera realmente el sumo sacerdote—,[192] y
que 5b no es parte de la respuesta de Pablo (recordemos que los manuscritos
originales no usaban signos para indicar cuándo empezaba una cita, y cuándo
acababa), sino una nota editorial de Lucas donde explica la seriedad del encen-
dido diálogo de los versículos 4–5a.[193]

Sea como sea, a continuación, Pablo adopta una estrategia para dividir al
consejo. Sabiendo que los fariseos y los saduceos no se ponían de acuerdo

---

189. Larkin, *Acts,* 325.
190. Sobre la acusación a Pablo, ver H. W. Tajra, *The Trial of St. Paul: A Judical Exegesis
of the Second Half of the Acts of the Apostles* (Tübingen: Mohr, 1989).
191. Una pared blanqueada significa alguien que tapa su contaminación cubriéndola con
una capa muy fina (Fitzmyer, *Acts*, 717). Las palabras de Pablo también podrían
entenderse de forma profética, pues se cumplieron cuando Ananías fue asesinado por
los revolucionarios al principio de la Guerra de los judíos (Josefo, *G.* 2.441).
192. Witherington, *Acts*, 689; cf. Johnson, *Acts*, 397.
193. Craig L. Blomberg, «The Christian and the Law of Moses», en *Witness to the Gospel*,
eds. Marshall y Peterson, 415.

sobre la vida después de la muerte, *describe la esencia de su mensaje como «la esperanza en la resurrección de los muertos»* (v. 6).[194] Parece ser que en el siglo I en el Sanedrín había más saduceos que fariseos, así que, aunque éstos pudieran absolver a Pablo, eran minoría. El debate se volvió cada vez más violento, por lo que los romanos tuvieron que volver a llevarse al apóstol (v. 10). En un momento en el que Pablo podría haberse sentido abandonado, el Señor le habla de nuevo, diciéndole que cobre ánimo y prometiéndole que podrá dar testimonio incluso en Roma (v. 11). No obstante, es importante observar que esa promesa no lleva a Pablo a esperar pasivamente a que Dios obre y dirija los sucesos. Él está dispuesto a moverse y actuar. Más adelante veremos que apelará al Emperador (25:11), acción que Dios usará para cumplir su propósito.

Traslado a Cesarea (23:12–35). La promesa del Señor llegó en el momento adecuado, porque al día siguiente los líderes religiosos juran matar a Pablo. Providencialmente, un sobrino del apóstol se entera de la conspiración, y va a la cárcel a avisar a su tío (y tenemos aquí una demostración de que Pablo tenía parientes en Jerusalén). De nuevo, Pablo no se queda sentado, sino que envía al chico a hablar con el centurión romano para que los guardas le protejan (vv. 12–22). El comandante, Lisias, mueve a una cantidad importante de personal militar para salir por la noche y acompañar a Pablo a la guarnición de la costa en la que residía Félix, el gobernador de Judea (vv. 23–24).[195]

Aquí es donde Lucas incluye una carta escrita por el comandante al gobernador (vv. 26–30). No obstante, como vimos en la introducción (26), lo más probable es que ni Pablo ni ningún cristiano tuviera acceso a ella. De hecho, parece ser que Lucas quiso que fuéramos conscientes de eso, pues el texto griego en el versículo 25 dice más exactamente «escribió una carta *de este tipo*». Esta expresión podría sugerir algo que Tucídides comenta: cuando no había acceso a una información concreta, un historiador podía escribir aquello que, en su parecer, se había dicho o escrito. Aún si ese fuera el caso, la introducción de Lucas nos muestra su preocupación por ser lo más exacto posible.[196] Y, de todos modos, cabe la posibilidad de que la carta o su contenido hubieran llegado a manos u oídos de Lucas de algún modo.[197] Sea como sea, tanto la carta como los enviados logran su propósito y Pablo llega sano y salvo a Cesarea (vv. 31–35).

Defensa ante Félix, y custodia (24:1–27). Tal y como le ocurrió a Pilatos dos décadas antes, Félix está entre la espada y la pared, pues tiene que agradar al Emperador y a los judíos de Judea, que podrían rebelarse y organizar distur-

---

194. Más difícil *es* la interpretación de «ni ángeles ni espíritus» del v. 8. En cuanto a las diferentes opciones, ver Floyd Parker, «The Terms "Angel" and "Spirit" in Acts 23.8», *Bib* 84 (2003): 344–65.

195. El texto occidental añade que Lisias temía que le acusaran de aceptar dinero a cambio de la muerte de Pablo, y también, por su propia muerte.

196. Cf. Marshall, *Acts*, 370.

197. En cuanto a diferentes sugerencias de la forma en la que Lucas podría haber tenido acceso a esa información, ver Witherington, *Acts*, 698.

bios y así, crearle un problema con Roma. A pesar de que Pablo es inocente, Félix nunca lo deja en libertad. En su defensa formal, a la que asisten el sumo sacerdote y algunos de los ancianos, un abogado llamado Tértulo hace de fiscal. Su nombre griego sugiere que los demandantes judíos de Pablo quieren contratar a alguien que pueda lograr el resultado que ellos desean, y les da igual que sea gentil. Lucas ofrece suficiente información sobre la intervención de Tértulo para saber que coincide con la retórica pomposa característica del mundo grecorromano (vv. 2–8), otra muestra de la verosimilitud del informe de Lucas.[198]

Cuando le llega el turno de hablar, Pablo de nuevo niega que él haya violado la ley y hace que la conversación se centre en la resurrección (vv. 10–21). Cuando Félix pospone el procedimiento, promete tomar una decisión cuando el comandante Lisias llegue. Pero cuando Lucas continúa narrando, queda claro que eso no es más que una táctica evasiva. Vemos que Félix tiene algún tipo de interés o curiosidad, pues manda llamar a Pablo en varias ocasiones para hablar con él, pero también espera que Pablo le pague el acostumbrado soborno para obtener su libertad, algo que Pablo no hará. Pablo no paga, por lo que languidece en prisión durante dos años,[199] aunque periódicamente tiene la oportunidad de predicar el evangelio al gobernador (vv. 22–27).[200]

Custodia bajo Festo, y defensa (25:1–12). En el año 59 d.C., Roma depuso a Félix, en parte por su crueldad, y nombró en su lugar a Festo, que tenía reputación de ser un competente administrador (cf. Josefo, *A.* 20.8.9). No existe ningún indicativo de que Festo pensara que Pablo era culpable, pero estaba en la misma posición precaria que el anterior procurador romano, pues también tenía que agradar a los judíos y a Roma. Así que intenta darle al Sanedrín otra oportunidad de juzgar a Pablo. Independientemente de si Pablo sabía o no de la nueva conspiración para matarle, con toda seguridad recordaba la anterior y podía imaginarse que algo similar estarían maquinando. Y si no se imaginaba nada, de todos modos sabía que el concilio judío no lo iba a tratar justamente. A pesar de algunas desigualdades en el sistema judicial romano, por experiencia sabía que estar en dicho sistema le iba a ayudar. Si un gobernador provincial se negaba a escuchar su caso, siempre le quedaba apelar al Emperador. Los únicos que tenían el privilegio de poder hacer eso eran los ciudadanos romanos; y cuando Pablo apela, Festo está en la obligación de honrar esa petición.

---

198. Con su introducción en el versículo 10, Pablo mismo intenta congraciarse con el gobernador y ganarse su favor, pero no es tan servil como el abogado. En cuanto a ambas introducciones, ver Bruce W. Winter, «The Importance of the Captatio Benevolentiae in the Speeches of Tertullus and Paul in Acts 24:1–21», *JTS* 42 (1991): 505–31.

199. La obra más importante sobre las condiciones de la cárcel en la antigua Roma es Brian Rapske, *The Book of Acts and Paul in Roman Custody* (Grand Rapids: Eerdmans; Carlisle: Paternoster, 1994).

200. Félix tiene un matrimonio adúltero con Drusila, una judía, por lo que las charlas de Pablo sobre «la justicia, el dominio propio y el juicio venidero» tienen mucho sentido.

Pablo ante Agripa II (25:13–26:32). Antes de que Pablo pueda ser enviado a Roma, tiene que enfrentarse a una comparecencia más. Agripa II, hijo del Agripa que el Señor hirió de muerte en 12:23, llega a Cesarea para ver a Festo, oye de aquel famoso prisionero, y quiere oírle por sí mismo (vv. 13–22). El hecho de que Lucas dedica un espacio para recoger cómo Festo explica a Agripa todos los detalles del caso, nos habla del deseo del autor de demostrar la inocencia de Pablo. El hecho de que Festo accediera de inmediato ante Agripa nos habla de lo delicado de las relaciones entre los representantes de los dos sistemas que en el siglo I competían en Roma por la jurisdicción en Israel. Después de que el gobierno cruel de Arquelao, hijo de Herodes el Grande, terminara el año 6 d.C., Roma sacó del poder a la familia de Herodes y puso a sus propios procuradores en Judea y Samaria. Desde el punto de vista del cristianismo, el más famoso de ellos fue Poncio Pilato, que gobernó del año 26 al 36. Félix y Festo ocuparon esa misma posición a finales de los años 50 y a principios de los 60. Mientras tanto, los descendientes de Herodes continuaron gobernando en Galilea y Perea. Pero durante un breve periodo de tres años, del 41 al 44, Israel estuvo unido bajo el gobierno de Agripa I, nieto de Herodes el Grande. ¿Estaría Roma pensando hacer lo mismo con el hijo de Agripa? Festo no tenía forma de saberlo, por lo que tenía que mostrarle cierta deferencia.[201]

Para los judíos, el hecho de que Agripa II viviera con su hermana era un escándalo, y corrían todo tipo de rumores sobre su relación incestuosa (Josefo, *A.* 20.145–47; *G.* 2.217). Sin embargo, este Agripa, al igual que su padre, descendiente del Herodes que había profesado su conversión al judaísmo, conocía las creencias judías mucho mejor que los gobernadores romanos, y Pablo lo aprovecha a su favor cuando elabora su defensa. De nuevo, Lucas recoge una larga introducción a la comparecencia, demostrando otra vez la deferencia de Festo hacia Agripa, y que a Pablo no se le ha podido culpar de ningún delito. Quizá esta nueva comparecencia sirva para encontrar algo de lo que acusarle, y así poder enviarlo ante el Emperador (25:23–27).

Dado que éste no es un juicio formal, tampoco hay una acusación formal. Lo único que hacen es pedirle a Pablo que hable. Dado que el apóstol sabe que Agripa está familiarizado con las costumbres judías, y que el rey incluso sería capaz de presentarse como judío en espíritu,[202] adopta una estrategia semejante a la que ha adoptado en varios de los encuentros con los judíos. Habla de su educación ortodoxa, que le llevó a vivir como un fariseo, persiguiendo a los cristianos[203] y de camino a ello iba cuando Cristo se le apareció en el camino a

---

201. Vemos que no estaba claro quién tenía la jurisdicción en el caso de Pablo. Los líderes religiosos presentaban un tema religioso en términos políticos para llevar a Pablo ante los gobernadores romanos, mientras que Pablo insistía en que se trataba de un asunto religioso, ¡pero que aun así eran las autoridades romanas las que debían pronunciarse! Además, Claudio nombró a Agripa comisario del templo de Jerusalén.

202. Barret, *Acts,* 392.

203. Al leer 26:10, muchos se preguntan si Pablo no habría formado parte del Sanedrín. Pero la expresión «yo di mi voto» o «yo di mi aprobación» podría ser una forma

Damasco (26:1–14). Jesús no solo se presenta como el Señor verdadero, sino que encarga a Pablo la tarea de dar testimonio de lo que ha visto y aprendido y, particularmente, la de convertirse en emisario a los gentiles (vv. 15–18). ¿Cómo no iba a obedecer un llamamiento tan espectacular y persuasivo? De nuevo explica que su mensaje es la continuación natural del judaísmo y el cumplimiento de las profecías de las Escrituras judías, que culminan en la resurrección de Jesús (vv. 19–23). Pero cuando Pablo, citando a Isaías, habla de que Jesús proclamaría la luz no solo a su pueblo, sino también a los gentiles,[204] Festo le interrumpe diciéndole que está loco (v. 24).

Pablo rechaza esa acusación, pero vuelve su atención a Agripa. Desafía al rey a que reconozca su simpatía por el judaísmo aceptando el testimonio de los profetas, que según Pablo se ha cumplido en Cristo (vv. 25–27). La respuesta de Agripa en el versículo 28 se ha hecho famosa, pues es emocionante que un rey llegara a decir: «Un poco más y me convences a hacerme cristiano». Pero lo más probable es que esta traducción sea demasiado positiva, y que Agripa estuviera siendo sarcástico: «¿Con tan poco pretendes hacerme cristiano?» o «¿Crees que me voy a hacer cristiano tan fácilmente?».[205] Sea como sea, a Pablo le hubiera encantado, pero el rey pone punto y final a la comparecencia (vv. 29–30). Y en este final trágicamente irónico, si no fuera por la confianza en la guía providencial de Dios, Agripa y Festo se pronuncian reconociendo que Pablo es inocente y podrían haberlo puesto en libertad en aquel mismo momento (vv. 31–32). *Pero Pablo, como el lector, sabe que Dios ha prometido llevarle a Roma, y esa apelación al Emperador resulta ser el mecanismo que Dios usa para cumplir su promesa.*

Viaje por mar y naufragio (27:1–44). Este capítulo recoge una de las mejores historias de suspense de todas las Escrituras. Lucas incluye muchos más detalles de los que el lector espera, dada la naturaleza de su estilo narrativo hasta aquí, detalles sobre los puertos en los que hacen escala y las actividades que tienen lugar en el barco durante la tormenta. En ocasiones se ha dicho que estas líneas son ficción, siguiendo el modelo de las antiguas leyendas sobre viajes marítimos. Pero lo cierto es que al comparar este texto con esas leyendas, apenas encontramos semejanzas. Además, la información de Lucas es tan exacta, sobre todo en cuanto a náutica se refiere, que los expertos dicen que la persona que describió un viaje así solo pudo hacerlo después de haberlo

---

metafórica de decir que Pablo estaba de acuerdo con aquellas muertes, y no una referencia literal a que Pablo fuera un miembro del Concilio con derecho a voto. Después de todo, Pablo tenía mucha menos edad de la que era habitual para pasar a formar parte del máximo tribunal judío.

204. Dennis Hamm («Paul's Blindness and Its Healing: Clues to Symbolic Intent [Acts 9; 22 and 26]», *Bib* 71 [1990]: 63–72) explica que las referencias que Pablo hace *en las tres* narraciones de su conversión a su vista y su ceguera son también símbolo de las realidades espirituales, no solo de su realidad, sino de la realidad de todo ser humano.

205. O, si no se tratara de una interrogación, vendría a ser algo menos rotundo, algo más *des*enfadado: «¡Con poco tiempo crees que me vas a hacer cristiano!». Ver Marshall, *Acts*, 399–400.

vivido. El estudio clásico que recoge esta perspectiva es el de James Smith, *The Voyage and Shipwreck of St. Paul* [El viaje y naufragio de San Pablo], publicado por primera vez en 1856.[206] Nadie lo ha logrado refutar de forma seria, y son muchos los que lo han ignorado. Volviendo al estilo narrativo de Lucas, su descripción contiene reminiscencias del estilo literario de su tiempo, pues incluye los cinco elementos característicos: descripción del viaje, descripción meteorológica, tormenta, discurso y preocupación por la supervivencia de la tripulación.[207]

A Pablo lo entregaron a un centurión llamado Julio, que iba a llevar en barco a un grupo de prisioneros a Asia Menor, para luego transferirlos a otro barco que les llevaría a Roma (vv. 1–2). En los versículos 3–8 se describe el itinerario, e incluso explica que en una de las escalas a Pablo le permiten ir a pasar tiempo con, literalmente, «los amigos» (quizá una forma temprana de llamar a los cristianos). Sidón era un puerto importante donde se cargaban barcos que iban hacia el Oeste, mientras que Mira, la ciudad más grande de Licia, era un puerto principal para los barcos de grano. Allí encontraron un barco que iba hacia Italia, y en él llegaron hasta la costa de Creta. La navegación se volvió más peligrosa después de la «fiesta del ayuno», es decir, el día de la propiciación. Si estamos hablando del año 59 d.C., la fecha sería el 5 de octubre.[208] Durante el periodo entre mediados de septiembre y mediados de noviembre hacía muy mal tiempo, con lo que era muy arriesgado hacer trayectos largos por el Mediterráneo (Vegecio, *De re militari* 4.39). Más adelante, en invierno, el mar se volvía casi innavegable. El viaje de Jerusalén a Roma en época de buen tiempo podía durar un mes; pero vemos que en esta ocasión, el barco no llega más allá de la costa de Creta (vv. 9–12).

Engañado por el suave viento y un cielo algo despejado, e ignorando el consejo de Pablo, el capitán del barco ordena continuar el viaje. No obstante, pronto se levanta un fuerte viento del Nordeste (vv. 13–26). Al venir de esa dirección, ese viento les habría empujado dirección Sudoeste, hacia la parte más desprotegida y peligrosa del mar. Como los días pasan, la tormenta no amaina, y al parecer ya no hay esperanza, Pablo no puede contenerse y les lanza lo que se ha guardado desde que salieron: «¡Ya se lo había dicho!». No obstante, a continuación les explica que un ángel le ha prometido que llegará a salvo a Roma y que salvará las vidas de toda la tripulación.

Dos semanas después del inicio de la tormenta, unos de los marineros se dan cuenta de que se están acercando a tierra. Ésta vez sí están dispuestos a escuchar el consejo de Pablo. Éste insiste en que nadie deje el barco (vv. 27–32), les anima a comer, y parte el pan y da gracias a Dios enfrente de todos ellos (vv. 33–38). La forma en la que Lucas expresa esto último hace pensar

---

206. Minneapolis: James Family. Encontrará una breve actualización en J. M. Gilchrist, «The Historicity of Paul's Shipwreck», *JSNT* 61 (1996): 29–51.

207. Susan M. Praeder, «Acts 27:1–28:16: Sea Voyages in Ancient literature and the Theology of Luke–Acts», *CBQ* 46 (1984): 683–706.

208. Bruce, *Acts*, 481.

en la Eucaristía o Santa Cena. Pero es muy poco probable que Pablo celebrara la cena del Señor con un grupo mayoritariamente de paganos, y las palabras que Lucas usa son suficientemente comunes, por lo que lo más seguro es que se esté refiriendo a una comida judía normal. Al final, el barco por fin encalla en la isla de Malta, y el centurión busca una forma en la que salvar a Pablo. Dios, a su vez, obra de forma providencial para que ninguno de los prisioneros escape o muera (vv. 39–44).

En la isla de Malta (28:1–10). De forma similar a los residentes de Listra en 14:11–19, los malteses también se desviven en darles la bienvenida y se muestran muy supersticiosos. Tratan con toda clase de atenciones a los supervivientes de aquella horrible tormenta; pero cuando a Pablo le pica una víbora en la mano,[209] llegan a la conclusión de que se debe tratar de un asesino, y que «Justicia» (a menudo vista como una diosa) le acaba de castigar. Sin embargo, cuando ven que el veneno no le produce la muerte, cambian de opinión y se van al otro extremo, pues dicen que es un dios (vv. 1–6). Al leer esto, uno recuerda las últimas semanas de la vida de Jesús y los cambios de opinión radicales sobre quién era que también se dan.

El funcionario principal de Malta (que traducido de forma literal sería «el hombre principal») es muy hospitalario con los náufragos, y a cambio de eso, Pablo recibe el poder milagroso de sanar al padre del funcionario de una grave enfermedad. Eso da lugar a un gran número de curaciones de enfermos que vienen de toda la isla. Es interesante ver que Lucas usa un verbo que en el Nuevo Testamento no es tan común, *therapeuo*, el verbo que se usaba para referirse a «sanar» haciendo uso de las prácticas médicas normales en aquel tiempo. ¿Será que Lucas, el médico, ayudó al apóstol?

Por fin hacia Roma (28:11–31). Los versículos 11–6 son el final del itinerario de Pablo. Un grupo de cristianos sale a su encuentro hasta el Foro de Apio, y le escoltaron hasta Roma. En aquel entonces Pablo ya había escrito su epístola a los cristianos de Roma. Aquella carta, junto con las noticias de su llegada en aquellas duras condiciones, habrían generado un gran interés por su visita. En Roma le pusieron en arresto domiciliario, una pena realmente benévola, si tenemos en cuenta las costumbres romanas. No obstante, imaginamos que durante las veinticuatro horas del día estaba encadenado a un soldado, que cada cuatro horas era relevado por un compañero.[210] Pablo podía recibir visitas, recibir y enviar correo; lo único que no podía era dejar el domicilio, por el que incluso tenía que pagar un alquiler. Es probable que fueran sus amigos los

---

209. En el griego antiguo, *echidna* no solo hacía referencia a las víboras, sino que se usaba para describir a todo tipo de serpientes y reptiles de pequeño tamaño. Por tanto, el hecho de que en Malta no hay víboras no resta credibilidad a la narración de Lucas. Ver Kee, *To Every Nation Under Heaven*, 337, n. 62.

210. Pero se supone que a los ciudadanos romanos no se les podía encadenar, por lo que es posible que el v. 20 sea met*afó*rico (Barrett, *Acts*, 423). Sobre el relevo cada cuatro horas, cf. también Witherington, *Acts*, 789 (aunque la referencia que hace a Josefo no es correcta).

que le proveyeran de comida, porque el Estado no cubría la alimentación de los prisioneros en arresto domiciliario.

Como en muchas otras comunidades, Pablo hace llamar a los ancianos de la sinagoga (ya que él no podía ir hasta allí) y les predica el evangelio (vv. 17–28). De nuevo explica su testimonio, afirmando otra vez que el Evangelio es el cumplimiento de «la esperanza de Israel» (v. 20). La respuesta de los ancianos refleja la mala comunicación que había en aquellos tiempos. El Sanedrín no tiene jurisdicción sobre los judíos de la diáspora, y dado que Pablo está tan lejos y bajo custodia romana, parece ser que el tribunal judío no ve la necesidad de enviar cartas sobre Pablo a los líderes judíos de Roma. Los judíos de Roma que hacían viajes a Judea, no habían traído ninguna noticia negativa de Pablo, pero sí que habían llegado muchos rumores desfavorables sobre los cristianos (vv. 21–23).

Cuando más adelante viene un grupo más grande a escuchar al prisionero, Lucas resume el mensaje de Pablo en cuatro palabras: el reino de Dios (v. 23); un recordatorio de que el mensaje paulino sigue encajando con los énfasis de Jesús, a pesar de que ni en Hechos ni en sus epístolas encontremos tantas referencias al reino como aparecen en los Evangelios.[211] Como Jesús en Lucas 24:27, Pablo apela a un amplio número de textos de la Ley y los Profetas para intentar persuadir a sus oyentes judíos de que Jesús es el Mesías prometido (v. 24). Algunos acaban creyendo, pero en general la respuesta no es suficientemente positiva como para que Pablo pueda continuar con su ministerio. De forma dura, pero comprensible a la luz del rechazo que ha experimentado con el paso de los años, Pablo cita Isaías 6:9–10 (el mismo texto que Jesús usó para explicar su enseñanza a través de parábolas y las diferentes respuestas de la gente) porque ve cómo se vuelve a cumplir en la terquedad de ese grupo de líderes judíos (vv. 25–27). Como en otras ciudades, Pablo entonces se dedica a predicar principalmente a los gentiles, anticipando que ellos van a responder de forma más positiva (v. 28).

Marshall explica la intransigencia de algunos: «Una vez una persona rechaza de forma deliberada la Palabra, llega un momento en el que se le quita la capacidad de recibirla».[212] *Pero este final dramático con los judíos de Roma no significa que Dios rechaza definitivamente al pueblo judío, y no significa tampoco que a partir de ese momento los cristianos ya no deben predicar el Evangelio a los judíos (cf. también el positivo final de Isaías 6). Éste es, simplemente, el último ejemplo del patrón «a los judíos primero, y también a los griegos» que queda registrado en Hechos.*[213]

El libro de Hechos acaba con dos versículos extraordinarios (vv. 30–31). Pablo sigue bajo arresto domiciliario durante dos años completos. Las causas imperiales tenían que ser vistas en dos años; si no, quedaban desestimadas (cf.

---

211. Polhill (*Acts*, 538) nos recuerda que el libro también empezaba con una referencia al reino (1:6). Por tanto, Lucas abre y cierra el libro con dicho tema.

212. Marshall, *Acts*, 425.

213. Tannehill, *Narrative Unity of Luke–Acts*, vol. 2, 328.

Filón, *Contra Flaucus* 16.128). Por eso, algunos estudiosos creen que Lucas nos dice de manera indirecta que posteriormente Pablo fue puesto en libertad. Según la tradición de la iglesia, Pablo podría haber sido absuelto, solo para ser arrestado de nuevo y ejecutado unos años después (1 Clemente 5:5–7; Eusebio, *Historia Eclesiástica*, 2.22).[214] Pero es muy poco probable que Lucas se esté refiriendo a eso. De todos modos, ¡los tribunales nunca han sido famosos por cumplir los plazos estipulados, sino más bien por lo contrario! Sin embargo, lo que Lucas quiere enfatizar es que, incluso bajo unas circunstancias tan desfavorables, el evangelio avanzó con poder, cambiando la vida de muchas personas.[215] Si Filipenses se corresponde con este encarcelamiento (ver pp. 375–377), entonces es fascinante que en la epístola Pablo declare que el evangelio había llegado a toda la guardia de palacio (Fil 1:13). Bien sencillo debió ser si los soldados a los que les tocó vigilar a Pablo fueron muchos. Y aunque si los soldados que se turnaban para vigilarle hubieran sido solo unos pocos, éstos podrían haber corrido la voz del mensaje que el preso predicaba. Dios ha hecho llegar su mensaje a los gentiles a través del apóstol escogido, incluso en Roma, el corazón del Imperio. Aunque aún no sabe el resultado de la apelación de Pablo, Lucas ya puede acabar su libro.[216]

PREGUNTAS

1. Destaca los puntos clave de las palabras que Pablo dirige a los ancianos de Éfeso.

2. Explica las aparentes contradicciones entre Hechos 20:22, 21:4; y 21:11.

3. ¿Cómo es posible que Pablo estuviera de acuerdo en apoyar a los cristianos judíos que hacían sacrificios de animales en el templo?

4. ¿De qué forma usa Pablo su trasfondo multicultural en su arresto y discurso ante la multitud de judíos en Hechos 21:27–22:29?

5. Resume el acercamiento principal de Pablo en cada una de las cuatro comparecencias después de ser arrestado (ante el Sanedrín, Félix, Festo y Herodes Agripa II). ¿Qué elementos de su defensa se repiten en las cuatro comparecencias, y qué elementos cambian?

6. ¿Qué teología podemos extraer del viaje y naufragio de Pablo?

7. ¿Cuál es la enseñanza de cada uno de los episodios de Hechos 28, y a qué contribuye cada uno de ellos a la parte final de la obra de Lucas?

---

214. Para un buen estudio sobre los últimos años de la vida de Pablo después de Hechos, ver Bruce, *Paul*, 441–45.

215. Winter («Gallio's Ruling», 223–24) muestra que el término podría querer decir que no había obstáculos legales que prohibieran lo que Pablo estaba haciendo.

216. «El final abierto de Hechos sugiere que el mensaje de la obra salvadora de Jesucristo continuaría avanzando» (Marion L. Soards, *The Speeches in Acts: Their Content, Context and Concerns* [Louisville: WJKP, 1994], 208).

APLICACIÓN

En nuestro estudio de Hechos hemos podido extraer muchos principios concretos para la vida cristiana hoy y la misión. Y el retrato general nos presenta a una iglesia que avanza hacia fuera, con ganas de integrar a más y más gente en la comunidad de los redimidos. A lo largo de la mayor parte de la historia de la humanidad, debido a las comunidades bastante homogéneas organizadas por pueblos y ciudades, provincias, e incluso naciones (haciendo una generalización quizá exagerada), para los cristianos ha sido más fácil dar testimonio a los que estaban cerca, que a los que estaban lejos. Aunque este principio sigue vigente para muchos en la actualidad, nuestra aldea global, con unas oportunidades sin precedentes en cuanto al transporte y la comunicación, nos permite alcanzar a personas de toda etnia, nacionalidad, raza y religión con una facilidad impensable hace tan solo unas décadas. En las grandes ciudades occidentales uno puede proclamar el evangelio a personas de docenas de culturas sin salir del área metropolitana. A través de Internet, uno puede llegar a representantes de todas las naciones y a miles de subculturas de todo el mundo, aunque, cuanto más pobre es un país, menos posibilidades tiene la gente de acceder a esa tecnología.

No obstante, el modelo de Hechos no se logra cuando personas de diferentes lugares y trasfondos se convierten en creyentes. La siguiente fase es incorporarlas en las iglesias, en comunidades cristianas sanas que les enseñen las verdades centrales de la fe, que cubren sus necesidades físicas y espirituales, que les ayudan a amar y adorar a Dios, que les animan y enseñan a amar y servir a su prójimo (al que está cerca, y al que está lejos), que les sostienen en tiempos de dificultad y persecución, que les muestran cómo vivir y trabajar para que el impacto del reino de Dios llegue aún más lejos. En lugar de presentar una evangelización y un discipulado cortados por un patrón occidental, el libro de Hechos nos muestra lo importante que es contextualizar el mensaje del evangelio a cada cultura y subcultura. Las verdades básicas seguirán siendo las mismas, pero lo que debe cambiar es la forma en la que las comunicamos. Una vida de santidad supone una obediencia incuestionable a los mandamientos de las Escrituras, pero la forma de inculcar dichos principios puede variar, y mucho. Con frecuencia la iglesia de una parte del mundo, en sus esfuerzos misioneros, no solo ha llevado a otros países la enseñanza de la Biblia, sino que también ha llevado su cultura, sin darse cuenta de lo inapropiadas que eran sus costumbres en aquella otra parte del mundo.

El libro de Hechos también nos recuerda que la iglesia no se trata de programas, sino de personas. No somos nosotros los que determinamos la metodología perfecta para que haya crecimiento. Lo que normalmente ocurre es lo siguiente: el Espíritu de Dios obra en los lugares menos pensados, entre la gente más insospechada, y de formas realmente sorprendentes. Es cierto que es posible discernir ciertos principios que funcionan bien o mal en un lugar o momento, pero tan pronto como los creyentes los institucionalizan, dependen de ellos, o se jactan de ellos, ¡es muy probable que el Espíritu Soberano empiece a obrar de forma diferente! ¡Si hay un método que es atemporal es la dependencia en oración! La disciplina espiritual que las iglesias occidentales no están muy dispuestas a priorizar.

Hechos es la única base de datos para determinar cómo debería ser la «iglesia del Nuevo Testamento», pero fijémonos cuántas iglesias creen que son las únicas que han captado a la perfección el modelo de Hechos. Las iglesias de Jerusalén y Antioquía funcionan, hasta cierto punto, de forma congregacional; los ancianos de las iglesias de Éfeso parecen un presbiterio; y los apóstoles y evangelistas itinerantes son un precedente parcial de la autoridad del posterior modelo episcopal, completado con obispos cuya jurisdicción abarcaría grandes extensiones de territorio. Las iglesias carismáticas normalmente apelan a los diversos momentos de la recepción del Espíritu y la aparición de las glosolalia en Hechos; las iglesias no carismáticas de una forma igualmente válida dicen que los textos sobre las lenguas y la recepción tardía del Espíritu son excepciones que difieren de la norma. Los igualitaristas hacen hincapié en el gran número de mujeres en medio del liderazgo que aparecen en Hechos, como Lidia, Priscila y las hijas de Felipe. Los complementaristas observan que este libro nunca nombra a mujeres que ejercieran de ancianos y obispos en la congregación local. Los arminianos enfatizan la libertad y la necesidad de que todos los seres humanos respondan en arrepentimiento al mensaje del evangelio; los calvinistas responden apuntando al previo conocimiento de Dios y a la elección de esas respuestas humanas libres. Los bautistas subrayan los repetidos ejemplos de inmersión de forma casi inmediata a la conversión. Los pedobautistas especulan que los bebés también eran bautizados en aquellas conversiones de toda la «casa» que Lucas describe en varias ocasiones. ¡Estos debates teológicos no se van a resolver solo basándonos en el libro de Hechos!

Por otro lado, sí hay en Hechos una serie de principios inalterables, aunque expresados de diferentes maneras según la situación, que muchas ramas de la iglesia hoy ignoran con demasiada frecuencia: una profunda preocupación por los pobres, para que en la congregación cristiana no haya ningún necesitado, una acción integral que insiste en que se traten por igual las necesidades físicas y espirituales de la persona, el compromiso por parte de los líderes de las iglesias a ir más allá de su «descripción de trabajo», para discipular y enseñar a otros a que usen sus dones, y una disposición a hablar de forma valiente pero con tacto, incluso cuando hay peligro de encarcelamiento o muerte. Quizá el menos imitado de todos es el deseo incansable de las iglesias de Hechos de alcanzar la heterogeneidad, de unir a los judíos y a los gentiles (y a todo tipo de judíos y tipo de gentiles, por diferentes que fueran entre ellos también) bajo un organismo donde reine el amor, un amor que haga que cualquier observador vea la acción de una fuerza sobrenatural, y de no legislar lo que solo ocurre cuando alguien entiende que el evangelio libera de la ley y experimenta la liberación del pecado y por eso vive una vida de gratitud espontánea a Dios con el deseo de servir a Cristo tanto como pueda. Claro está que ese estilo de vida hará que muchos de los poderosos de este mundo se sientan celosos, por lo que la persecución de los cristianos se vuelve algo bastante común. Pero eso solo hace que los sufridores confíen aún más en su Dios Soberano.[217]

OBRAS SELECCIONADAS
COMENTARIOS:

AVANZADOS

Barrett, C. K. *A Critical and Exegetical Commentary on the Acts of the Apostles*, ICC, rev. 2 vols. Edinburgh: T & T Clark, 1994–98.

Bruce, F. F. *The Acts of the Apostles: The Greek Text with Introduction and Commentary*. Leicester: IVP; Grand Rapids: Eerdmans, rev. 1990.

Conzelmann, Hans. *Acts of the Apostles*. *Hermeneia*. Philadelphia: Fortress, 1987.

Fitzmyer, Joseph A. *The Acts of the Apostles*. AB. New York y London: Doubleday. 1998.

Haenchen, Ernst. *The Acts of the Apostles*. Oxford: Blackwell; Philadelphia: Westminster, 1971.

INTERMEDIOS

Barrett, C. K. *Acts: A Shorter Commentary*. Edinburgh: T & T Clark; New York: Continuum, 2002.

Bruce, F. F. *The Book of the Acts*. NICNT. Grand Rapids: Eerdmans, rev. 1988.

Dunn, James D. G. *The Acts of the Apostles*. London: Epworth, 1996.

González, Justo L. *Acts: The Gospel of the Spirit*. Maryknoll, N. Y. Orbos, 2001.

Johnson, Luke T. *The Acts of the Apostles*. SP. Collegeville: Liturgical, 1992.

Kee, Howard C. *To Every Nation under Heaven: The Acts of the Apostles*. NTinCont. Harrisburg: Trinity, 1997.

Polhill, John B. *Acts*. NAC. Nashville: Broadman, 1992.

Talbert, Charles H. *Reading Acts*. New York: Crossroad, 1997.

Witherington, Ben, III. *The Acts of the Apostles: A Socio–Rhetorical commentary*. Grand Rapids: Eerdmans, 1998.

INTRODUCTORIOS

Fernando, Ajith. *Acts*. NIVAC. Grand Rapids: Zondervan, 1998.

Gaventa, Beverly. *The Acts of the Apostles*. ANTC. Nashville: Abingdon, 2003.

---

217. Encontrará una estupenda aplicación del libro de Hechos en Gallagher y Hertig, eds., *Mission in Acts*; Fernando, *Acts*. Más general, cf. esp. Green, *Thirty Years*; ídem, *Evangelism*.

Larkin, William J. *Acts*. IVPNTC. Downers Grove: IVP, 1995.

Longenecker, Ricard N. «The Acts of the Apostles». En *The Expositor's Bible Commentary*, ed. Frank E. Gaebelein, vol. 9, 207–573. Grand Rapids: Zondervan, 1981.

Marshall, I. Howard. *The Acts of the Apostles*. TNTC, rev. Leicester: IVP; Grand Rapids: Eerdmans, 1980.

Stott, John. *The Message of Acts: The Spirit, the Church and the World*. BST. Leicester y Downers Grove: IVP, rev. 1994.

Willams, David J. *Acts*, NIBC. Peabody: Hendrickson, rev. 1990.

OTROS LIBROS:

Cassidy, Richard J. *Society and Politics in the Acts of the Apostles*. Maryknoll, N. Y.: Orbis, 1987.

Clark, Andrew C. *Parallel Lives: The Relation of Paul to the Apostles in the Lucan Perspective*. Carlisle: Paternoster, 2001.

Dibelius, Martin. *The Book of Acts: Form, Style, and Theology*, ed. K. C. Hanson. Minneapolis: Fortress, rev. 2004.

Foeakes–Jackson, F. T. y Kirsopp Lake, eds. *The Beginnings of Christianity: The Acts of the Apostles*. 5 vols. London y New York: Macmillan, 1920–33.

Gallagher, Robert L. y Paul Hertig, eds. *Mission in Acts: Ancient Narrative in Contemporary Context*. Maryknoll, N. Y.: Orbis, 2004.

Gasque, W. Ward. *A History of the Criticism of the Acts of the Apostles*. Tübingen: Mohr; Grand Rapids: Eerdmans, 1975.

Green, Michael. *Evangelism in the Early Church*. Grand Rapids y Cambridge: Eerdmans, rev. 2004.

Green, Michael. *Thirty Years That Changed the World: The Book of Acts for Today*. Grand Rapids y Cambridge: Eerdmans, rev. 2002.

Hemer, Colin J. *The Book of Acts in the Setting of Hellenistic History*, ed. Conrad J. Gempf. Tübingen: Mohr, 1989.

Hengel, Martin. *Acts and the History of Earliest Christianity*. London: SCM, 1979.

Jervell, Jacob. *The Theology of the Acts of the Apostles*. Cambridge y New York: CUP, 1996.

Klauck, Hans–Josef. *Magic and Paganism in Early Chirstianity: The World of the Acts of the Aspotles*. Edinburgh: T & T Clark, 2000.

Liefeld, Walter L. *Interpreting the Book of Acts*. Grand Rapids: Baker, 1995.

Marguerat, Daniel. *The First Christian Historian: Writing the «The Acts of the Apostles»*. Cambridge y New York: CUP, 2002.

Marshall, I. H. *The Acts of the Apostles*. Sheffield: JSOT, 1992.

Marshall, I. H. y David Peterson, eds. *Witness to the Gospel: The theology of Acts*. Grand Rapids y Cambridge: Eerdmans, 1998.

Pervo, Richard I. *Profit with Delight: The Literary Genre of the Acts of the Apostles*. Philadelphia: Fortress, 1987.

Porter, Stanley E. *Paul in Acts*. Tübingen: Mohr, 1999; Peabody: Hendrickson, 2001.

Powell, Mark A. *What Are They Saying About Acts?* New York: Paulist, 1991.

Strelan, Rick. *Strange Acts: Studies in the Cultural World of the Acts of the Apostles*. Berlin y New York: de Gruyter, 2004.

Walaskay, P. W. *«And So We Came to Rome»: The Political Perspectiva of St. Luke*. Cambridge y New York: CUP, 1983.

Winter, Bruce W., ed. *The Book of Acts in Its First Century Stting*, 5 vols. Carlisle: Paternoster; Grand Rapids: Eerdmans, 1993–96.

Witherington, Ben, III, ed. *History, Literature and Society in the Book of Acts*. Cambridge y New York: CUP, 1996.

MÁS BIBLIOGRAFÍA EN:

Mills, Watson E. *The Acts of the Apostles*. Lewiston y Lampeter: Mellen, 1996.

Penner, Todd. «Madness in the Method? The Acts of the Apostles in Current Study». *CBR* 2 (2004): 223–93.

PARTE 2
PABLO Y SUS CARTAS

2

PABLO: VIDA Y MINISTERIO

Casi todo el mundo está de acuerdo en que, después de Jesús, Saulo de Tarso fue el líder cristiano más influyente de la primera generación del cristianismo. Se le atribuyen trece de las cartas que aparecen en el Nuevo Testamento. Se convirtió en el apóstol y misionero a los gentiles. Su comprensión de la doctrina cristiana preparó el camino para que aquella nueva religión se extendiera por todo el Imperio. Se trataba de una fe cuyas raíces estaban en el judaísmo, pero que se fue despojando de las restricciones nacionalistas y etnocéntricas que caracterizaban las relaciones entre los judíos y los gentiles en el primer siglo. Algunos estudiosos han llegado a decir, erróneamente, que él es el verdadero fundador del cristianismo. Una breve panorámica de su vida y ministerio, algo más detallada de lo que ya hemos visto en la primera parte, nos ofrecerá el trasfondo necesario para un estudio serio de sus cartas canónicas.

UNA PANORÁMICA DE LA VIDA DE PABLO

TRASFONDO Y EDUCACIÓN

El término que en Hechos 7:58 traducimos por «un joven» (*neanios*), solía hacer referencia a alguien entre los dieciocho y los veintidós años de edad.[1] Si en este caso se usa de forma precisa, y si Esteban fue apedreado entre el año 30 y el 32 d.C. (ver 30), entonces *Pablo habría nacido en torno al año 10 d*.C. Al leer Hechos 9:11, 21:39 y 22:3, vemos que nació en *Tarso*, donde al parecer también pasó su infancia. Tarso era una comunidad multicultural y próspera, donde había varias escuelas de retórica, una universidad, una escuela de filosofía estoica y una comunidad minoritaria de judíos. Todas estas influencias presentes en los primeros años de la vida de Saulo se pueden apreciar en sus cartas.[2] Pero los judíos solían vivir aislados de los demás, incluso en la diáspora, para reservar su propia cultura. Por eso es muy probable que, aun habiendo crecido en Tarso, Pablo recibiera la educación normal judía que se impartía a los niños entre cinco y doce años en la sinagoga local, lo que incluía la memo-

---

1. John McRay, *Paul: His Life and Teaching* (Grand Rapids: Baker, 2003), 33.
2. Michael J. Gorman, *Apostle of the Crucified Lord: A Theological Introduction to Paul and His Letters* (Grand Rapids and Cambridge: Eerdmans, 2004), 51. Cf. Bruce Chilton, *Rabbi Paul* (New York and London: Doubleday, 2004), 6–24.

rización y la interpretación de las Escrituras judías.[3] Al llegar a los doce o trece años, es probable que lo celebraran con el antiguo equivalente del *bar mitzvah*, el rito de iniciación por el cual el joven se convertía en un «hijo del mandamiento», haciendo suya la religión judía y aceptando el «yugo de la Torá».

Por la información que encontramos en Hechos 22:3, algunos creen que la familia de Saulo se mudó a Jerusalén muy temprano, porque Pablo dice que se ha «criado en esta ciudad».[4] Pero la estructura de esta frase en el original griego (que es una sola frase) puede sugerir que cuando dice «criado» se está refiriendo a la formación bajo Gamaliel, que habría sido posterior a su educación primaria. *Así que el cambio de Tarso a Jerusalén podría haberse dado cuando decidió acceder a una formación más avanzada bajo el gran maestro Gamaliel, formación que habría recibido durante los trece y los dieciocho años de edad.*[5]

LA VIDA DE PABLO ANTES DE SUS CARTAS	
5–10 d.C.	Nacimiento en Tarso
5–12 años de edad	Educación primaria (?)
12–14 años de edad (?)	Aprendizaje del oficio de fabricar tiendas
15–18 años de edad (?)	Estudios en Jerusalén bajo el maestro Gamaliel
32–25 d.C. (veintitantos años de edad)	Conversión/Llamamiento/Comisión
Hasta el 47–48 d.C.	«Años escondidos», y por fin ministrando en Antioquía de Siria

Dado que los rabinos normalmente no recibían remuneración por su ministerio, también tenían que aprender un oficio, casi siempre como aprendices de un artesano del tipo que fuera. En ocasiones el que le enseñaba era el mismo padre del chico, quien le enseñaba su propio oficio. *Si Pablo aprendió a hacer tiendas*[6] *(Hechos 18:3) de su padre, lo más probable es que ese aprendizaje tuviera lugar durante los dos o tres primeros años después de acabar su educación primaria, y antes de marcharse a Jerusalén.* En aquellos tiempos, la familia,

---

3. Richard N. Longenecker, *The Ministry and Message of Paul* (Grand Rapids: Zondervan, 1971), 21–22.
4. Ver el clásico de W. C. van Unnik, *Tarsus or Jerusalem: The City of Paul's Youth* (London: Epworth, 1962).
5. Encontrará más argumentos a favor de esta conclusión en Martin Hengel, *The Pre–Christian Paul* (London: SCM; Philadelphia: Trinity, 1991), 18–39.
6. La palabra que traducimos por «el oficio de hacer tiendas» en Hechos 18:3 (*skenopoios*) también se puede traducir por «curtidor» o «el oficio de trabajar la piel»; de hecho, la mayoría de tiendas que se fabricaban en tiempos de Pablo se hacían con piel (McRay, *Paul*, 23).

y no solo la familia formada por los miembros más directos, solía mantenerse unida incluso cuando alguien decidía mudarse. Por ello, no sería de extrañar que toda la familia se mudara a Jerusalén con Saulo. El hecho de que la hermana de Saulo vivía en Jerusalén con su hijo (Hechos 23:16) podría sugerir que parte de la familia ya vivía allí antes de la llegada de Saulo, y que eso arrastró a que el resto de la familia se mudara a la capital. No obstante, también podría sugerir que eso permitió a los padres de Saulo quedarse en Tarso porque pudieron enviar a su hijo a casa de sus parientes. Como vemos, no hay forma de saber a ciencia cierta si Saulo llegó a Jerusalén acompañado de sus familiares.

Hace unos años, había una generación de estudiosos que veían con escepticismo las afirmaciones que aparecen en Hechos sobre la relación que Pablo tenía con Jerusalén ya desde bien temprano. ¿Cómo podía alguien que defendía la igualdad de los cristianos *gentiles* llamarse a sí mismo «fariseo, hijo de fariseos»? (Hechos 23:6). ¡Y lo hacía usando el tiempo presente, como si casi treinta años después de su conversión aún se asociara con aquel grupo que perseguía a los creyentes! La teología de Pablo tenía pocos puntos en común con la enseñanza de Gamaliel (o, al menos, con lo que conocemos de ella a partir de la literatura rabínica). Decían que era más importante observar las evidencias primarias (las cartas) que las evidencias secundarias (el testimonio de Hechos). Sin embargo, en 2ª Corintios 11:22, Pablo se define —y lo hace en tiempo presente— como hebreo, israelita y descendiente de Abraham. En Filipenses 3:5 también se llama a sí mismo «hebreo de hebreos» (es decir, no un judío heleno, a pesar de que creció en la diáspora; ver arriba la 45) y fariseo, aunque luego aclara que ahora ya no se jacta de su origen racial, sino que por causa de Cristo, ya no le da ninguna importancia (v. 7).

Así, en ese momento en el que Pablo intenta dividir al Sanedrín proclamando la resurrección de Jesús, que en principio los fariseos no debían rechazar, es comprensible que use el tiempo presente. Y *toda una generación de estudiosos que se han dedicado a estudiar de forma detallada las cartas de Pablo teniendo en cuenta el trasfondo del judaísmo del primer siglo ha demostrado que Pablo seguía totalmente inmerso en las Escrituras hebreas, totalmente influenciado por la forma judía de argumentar, totalmente interesado en las categorías teológicas judías del monoteísmo, la elección, la escatología, etcétera. Si no fuera por la formación que recibió, que en aquellos días solo podía obtenerse estudiando con un experto rabino, sería imposible explicar de dónde sacó esas habilidades y esas convicciones.*[7]

A la vez, las costumbres y la cultura helenas se habían difundido de tal modo por todo Israel que, independientemente de la fecha en la que Pablo se mudara de Tarso a Jerusalén, se empapó de las diferentes dimensiones del pensamiento griego. No hay evidencias de que siguiera un estudio formal de literatura griega y retórica, pero alguien que frecuentaba los lugares de debate

---

7. Más información en Hengel, *The Pre–Christian Paul*, 40–62. Aunque es exagerado en algunos puntos, cf. esp. Brad H. Young, *Paul the Jewish Theologian* (Peabody: Hendrickson, 1997).

público, ya fuera en una ciudad o en la otra, en seguida se familiarizaba con el conocimiento básico y los conceptos populares, las palabras y proverbios de los filósofos y poetas más famosos, y las prácticas religiosas de aquella cultura. Sin embargo, la habilidad retórica del apóstol y el hecho de que en Tarso aún quedaban escuelas griegas de oratoria, podrían sugerir que después de la escuela, y antes de ir a Jerusalén, estuvo uno o dos años recibiendo una educación formal de corte más heleno. Y su conocimiento de la versión griega de las Escrituras hebreas, la Septuaginta, solo podría haberlo adquirido mientras aún era judío y vivía fuera de Israel.[8] Todo este trasfondo, junto con la gran facilidad con la que más adelante se movería entre los líderes religiosos y políticos en las provincias en las que evangelizaba, sugiere que provenía de un estatus socioeconómico alto.[9]

¿Acabó Pablo sus estudios para ser rabino? La respuesta depende en gran parte de la interpretación que hagamos de Hechos 26:10, donde le dice a Agripa II que «yo manifestaba mi aprobación» cuando el Sanedrín discutía la posible ejecución de los cristianos a los que él había ayudado a arrestar. Si tomamos esta expresión de forma literal, entonces Pablo debía formar parte del Sanedrín, por lo que sí habría sido un distinguido rabí. Pero un joven de veintitantos años no podía ocupar un lugar de tanto honor, y la expresión en griego puede también usarse de forma metafórica para referirse a una aprobación más informal ante aquella decisión. Si Pablo había formado parte del Sanedrín, lo más probable es que lo hubiera mencionado en sus cartas cuando estaba luchando en contra de los judaizantes.[10] El debate sobre su papel religioso tiene una relación directa con el debate sobre su estado civil. Todos los miembros del Sanedrín tenían que estar casados (*b. San.* 36b), y casi todos los rabinos lo estaban también. La cuestión es que tan solo un porcentaje muy pequeño de la población masculina se quedaba soltera durante toda su vida. La referencia que encontramos en 1ª Corintios 7:8–9 a la soltería de Pablo podría indicar pues que hacia los cincuenta y tantos años de edad, estaba viudo o divorciado. Aunque más probable sería lo primero que lo segundo, pues en los círculos judíos pocas eran las mujeres que se podían divorciar de sus maridos y, a la luz de la enseñanza de Pablo en este capítulo (v. 10–16), es muy poco probable que él hubiera iniciado el divorcio, aun si su mujer no se hubiera convertido al cristianismo.[11]

Ya hemos hablado del celo y la lealtad al Señor que llevó a Saulo a perseguir a los cristianos. Si seguía creyendo que Jesús era un impostor y un blasfe-

8. En cuanto a esto, ver Jerome Murphy–O'Connor, *Paul: A Critical Life* (Oxford: Clarendon, 1996), 32–51. Para un estudio profundo sobre Pablo y los filósofos populares, ver *Paul and the Popular Philosophers*, de Abraham J. Malherbe (Minneapolis: Fortress, 1989). Cf. también Troels Engberg–Pedersen, ed., *Paul in His Hellenistic Context* (Minneapolis: Fortress, 1995); y J. Paul Sampley, *Paul in the Greco–Roman World: A Handbook* (Harrisburg: Trinity, 2003).
9. Gillian Clark, «The Social Status of Paul», *ET* 96 (1985): 110–11.
10. John B. Polhill, *Paul and His Letters* (Nashville: Broadman & Colman, 1999), 37.
11. Murphy–O'Connor, *Paul*, 64–65.

mo, su pensamiento «teo–lógico» seguiría impecable. N.T. Wright cree que las actividades de Saulo demuestran que era uno de los fariseos shammaitas más estrictos, a pesar de su formación bajo el hillelita Gamaliel, más indulgente.[12] Podría ser cierto; ¡a veces los estudiantes optan por ideologías diferentes a las que sus maestros promovían! Muchos autores han intentado hacer un análisis psicológico de este personaje aparentemente volátil. Tan solo unos pocos han logrado hacer un estudio detallado basado en toda la información que encontramos en las Escrituras sobre este intrigante apóstol, y libre de especulaciones que el texto bíblico no respalda.[13]

Además, debemos tener en cuenta el trasfondo sociológico del mundo mediterráneo antiguo.[14] Como cualquier persona en aquel tiempo, en lugar de definirse asociándose con un cierto tipo de personajes, Pablo se habría definido refiriéndose a los grupos con los que se identificaba. También observamos que ni en el texto biográfico de Lucas ni en los textos autobiográficos de las epístolas hay señales de que el apóstol fuera un «judío frustrado», es decir, alguien que hacía todo lo posible por intentar cumplir la ley, a la vez que reconocía que estaba muy lejos de la justicia de Dios. *En su opinión, él sí cumplía la ley, ¡y lo hacía mucho mejor que otros! (ver más arriba, 54). Pero el dramático suceso en el camino a Damasco cambiaría su forma de entender las cosas).*

CONVERSIÓN, LLAMAMIENTO Y COMISIÓN

Tradicionalmente, cuando se habla de su conversión se hace referencia al cambio radical de Saulo cuando pasó de perseguir a los del Camino a ser uno de sus seguidores más activos. ¿Pero significa eso de que Pabló comprendió que estaba cambiando de religión? (Pues eso es lo que el término significa normalmente). No, no fue así. Entendió que Jesús era el *Mesías*, una categoría netamente judía. Pero si la era mesiánica había llegado, entonces también se debía cumplir las profecías sobre el siervo de Dios, que sería luz para los gentiles (Is 42:6). Por fin se cumpliría la promesa de que la descendencia de Abraham traería bendición a todas las naciones de la tierra (Gn 12:3). Años después, Pablo hablaría de los cristianos como los verdaderos judíos (p. ej., Ro 2:28–29). Las creencias y las prácticas que empezó a adoptar representaban el cumplimiento de la Torá judía, y no su abolición (Gá 5:14). Quizá la evidencia más profunda de que Pablo aún se consideraba judío fue su disposición a someterse a las autoridades de la sinagoga en no menos de cinco ocasiones, dispuesto a recibir treinta y nueve latigazos (2Co 11:24). Sí él hubiera dicho que se había convertido a una religión completamente diferente, los líderes judíos habrían rechazado su mensaje pero no le habrían castigado de ese modo.

---

12. Wright, *El verdadero pensamiento de Pablo*. En cuanto al celo de Pablo, ver también Terence L. Donaldson, «Zealot and Convert: The Origin of Paul's Christ–Torah Antithesis», *CBQ* 51 (1989): 655–82.

13. Un muy buen trabajo es el de James R. Beck, *The Psychology of Paul* (Gran Rapids: Kregel, 2002).

14. Ver la introducción en Blomberg, *Jesus and the Gospels*, 64–66.

Simplemente le habrían etiquetado de apóstata, declarando que ya no estaba bajo su jurisdicción, y que ya no podía beneficiarse del pacto con Dios.[15]

Entonces, ¿la experiencia de Saulo en el camino a Damasco no fue una conversión? Algunos han dicho que solo debería verse como una llamada o una comisión a la siguiente etapa de su servicio a Dios.[16] Sorprendentemente, se han mostrado más dispuestos a concederle a Pablo la etiqueta de «converso» los académicos judíos que muchos de los cristianos. El libro definitivo de Alan Segal demuestra que *para ser un «converso» es suficiente con un cambio de identidades y comunidades religiosas*.[17] Aquel cambio de un judaísmo farisaico a un judaísmo mesiánico se caracterizó por una reorientación radical de creencia y convicciones, de conducta y comportamiento, de afiliación y amistades.[18] Filipenses 3:1–11 resume la dramática ruptura con el pasado, la ruptura con aquellos valores etnocéntricos y nacionalistas. Su disposición a mezclarse de forma cercana con los gentiles en su trabajo misionero provocó, como ya era de esperar, más resentimiento y hostilidad por parte de los judíos tradicionales. De hecho, parecía que uno de los objetivos principales de su ministerio itinerante era «crear comunidades multiculturales de creyentes en Cristo formadas tanto por judíos como por gentiles».[19]

De todos modos, creemos que sí podemos describir el encuentro de Cristo con Saulo como un llamamiento y, también, como una comisión. En Gálatas 1:15, Pablo percibe que, como al profeta Jeremías en la Antigüedad, Dios le había apartado para este servicio desde antes de que naciera. Dios le «llamó por su gracia» y «tuvo a bien revelarme a su Hijo para que yo lo predicara entre los gentiles». De nuevo, en Romanos 15:15–16, Pablo explica que la gracia de Dios le llevó a ser «ministro de Cristo Jesús a los gentiles» con «el deber sacerdotal de proclamar el evangelio de Dios». Aunque nunca dejaría de evangelizar a los judíos (de hecho, cada vez que visitaba una comunidad nueva empezaba predicando a los judíos, siguiendo con la política de «primero a los judíos, y después a los gentiles» [Ro 1:16]), la cuestión es que pasó la mayoría de su tiempo con los griegos y los romanos. Por tanto, no es una exageración que dijera que a él se le había encomendado «predicar el evangelio a los gentiles, de la misma manera que se le había encomendado a Pedro predicarlo a los judíos» (Gá 2:7). Todas estas referencias autobiográficas confirman lo que

---

15. McRay, *Paul*, 49.
16. Ver Stendahl, «The Apostle Paul and the Introspective Conscience of the West».
17. Alan F. Segal, *Paul the Convert: The Apostolate and Apostasy of Saul the Pharisee* (New Haven and London: Yale University Press, 1990).
18. Gorman, *Apostle of the Crucified Lord*, 60. Cf. esp. Peter T. O'Brien, «Was Paul Converted?» en *Justification and Variegated Nomism*, eds. D. A. Carson, Peter T. O'Brien y Mark A. Seifrid, vol., 2 (Tübingen: Mohr; Grand Rapids: Baker, 2004), 361–91.
19. Gorman, *Apostle of the Crucified Lord*, 63. Terence L. Donaldson (*Paul and the Gentiles: Remapping the Apostle's Convictional World* [Minneapolis: Fortress, 1997]) explora este tema con detenimiento, y llega a la conclusión de que Pablo se convirtió, pero nunca llegó a ser un converso típico.

Lucas declara en Hechos 22:21: que el Señor le había dicho a Pablo «Vete; yo te enviaré lejos, a los gentiles».[20]

Ya hemos observado que la consecuencia inmediata del encuentro de Saulo con el Cristo resucitado fue una reevaluación de los principios teológicos fundamentales (arriba, 53). Pero es lógico que eso le llevara a reevaluar también otras doctrinas secundarias. Si Dios tomó la iniciativa de acercarse a Pablo y redirigir su vida, no solo lo «salvó», sino que también lo *reconcilió* consigo mismo. Si la era mesiánica había llegado, entonces también era momento del cumplimiento del nuevo pacto prometido, y de un cumplimiento completo, con una total interiorización de la ley o de la voluntad de Dios. También era el momento para el derramamiento del *Espíritu Santo*. Dado que el Espíritu equipaba y daba dones según su elección soberana, independientemente del género, la práctica y la enseñanza de Pablo se empezaron a caracterizar por *una orientación menos patriarcal hacia los roles en el hogar y en la iglesia*. Así, generalmente hablando, la libertad marcada por el amor sería el elemento central de la ética paulina.[21]

EL MINISTERIO PAULINO MÁS ALLÁ DEL LIBRO DE HECHOS

La mayoría de lo que sabemos de la vida de Saulo como cristiano proviene de los episodios recogidos en el libro de Hechos, como ya hemos visto. Obviamente, esos episodios nos llegan filtrados a través de la visión teológica de Lucas. Los apuntes autobiográficos que Pablo incluye en las epístolas son igualmente subjetivos. Muchos desarrollan lo que no aparece en Lucas. ¿Qué otras cosas aparecen solo en las epístolas? ¿Qué podríamos inferir sobre el ministerio de Pablo si miramos otros documentos históricos de aquel periodo? ¿Podemos encontrar en el libro de Hechos y/o en las epístolas alguna información? ¿Y podemos hacer alguna generalización más sobre la carrera de Pablo que no haya salido de nuestro análisis detallado de Hechos?

Los periodos de tres y catorce años entre la conversión de Saulo y sus dos viajes a Jerusalén para encontrarse con los apóstoles (Gá 1:18; 2:1) quedan envueltos en un halo de misterio. Pero el ministerio que se describe en Hechos no empieza hasta después del segundo de esos viajes. No obstante, Hechos 9:20–22 nos recuerda que Saulo empezó a predicar a sus contemporáneos en Damasco casi inmediatamente después de su conversión, una vez recuperó la vista y las fuerzas. Así que es probable que su viaje por Arabia durante esos primeros tres años (Gá 1:17) no tuviera otro propósito que el de predicar. Quizá ya se dio cuenta de que no debía evangelizar donde ya había otros llevando a cabo un ministerio (Ro 15:20; 2Co 10:16). Los árabes, a través de Ismael, también eran descendientes de Abraham, y vivían relativamente cerca (y no

---

20. Cf. John M.G. Barclay, «Paul Among Diaspora Jews: Anomaly or Apostate?», *JSNT* 60 (1995): 89–120; James D.G. Dunn, «What Did Paul Think He Was? A Study on Jewish–Christian Identity», *NTS* 45 (1999): 174–93.

21. En cuanto a todos estos puntos, ver los artículos relacionados en Longenecker, ed., *The Road from Damascus*.

muy lejos de Jerusalén donde él había estado viviendo), por lo que era lógico ir a llevarles el evangelio.[22]

Durante el segundo periodo que Hechos omite, éste de catorce años, Saulo probablemente pasó la mayoría del tiempo sirviendo en Tarso y alrededores. En Gálatas 1:21 dice que durante ese tiempo fue a las provincias de Siria y Cilicia. Sabemos que Siria incluía la ciudad de Damasco, del mismo modo que Cilicia incluía la ciudad de Tarso. Hechos 9:30 explica que después del primer encuentro en Jerusalén los cristianos lo enviaron a Tarso para evitar a los que lo querían atacar. Es lógico que se les ocurriera enviarle a su ciudad natal. Entonces, en 11:25, Bernabé fue a Tarso a buscar a Saulo y llevarlo a Antioquía de Siria, donde sirvieron juntos durante un año, al parecer justo antes de la segunda visita de Pablo a Jerusalén. Las referencias a Cilicia en Hechos 15:23, 41 respaldan la idea de que Pablo ya había estado ejerciendo su ministerio en aquella región; si no, ¿por qué el decreto apostólico estaba dirigido a ellos tanto como a los de Antioquía de Siria y alrededores? Si no, ¿por qué iba a viajar por *las dos* regiones «consolidando las iglesias»?[23] Si Pablo no hubiera tenido un ministerio eficaz durante esos años «escondidos», sería difícil explicar por qué Bernabé querría llevarle a Antioquía como su ayudante o por qué Pablo eclipsó a su compañero de una forma tan rápida.[24] El tiempo de Pablo en Antioquía le dio una nueva estabilidad e integración en el cuerpo de una iglesia local, que se convertiría en su «base» para sus próximos viajes.[25]

Los tres principales viajes misioneros de Pablo, al menos tal y como se conocen tradicionalmente, nos presentan a un Pablo que va avanzando hacia el Oeste, y con el deseo de llegar hasta el final del mundo conocido en España (Ro 15:24). El principio de llegar cada vez más lejos lo irá poniendo en práctica durante toda su carrera, pero, ¿por qué ir hacia el Oeste, en lugar de hacia el Norte, el Este o el Sur? Isaías 66:18–19 profetiza que el Señor reunirá a todas las naciones, en parte enviando mensajeros a los pueblos al oeste de Israel, incluyendo Grecia, España «y las costas lejanas que no han oído hablar de mi fama ni han visto mi gloria». Si Pablo recibió un llamamiento especial para evangelizar a los gentiles, fácilmente pudo interpretar este texto creyendo que debía ir hacia el oeste.[26] En Romanos 15:19, sugiere que ha predicado «habiendo comenzado en Jerusalén … hasta la región de Iliria» (la actual Albania), un arco

---

22. Hengel y Schwemer, *Paul between Damascus and Antioch*, 109–18. Cf. también Jerome Murphy–O'Connor, «Paul in Arabia», *CBQ* 55 (1993): 732–37.

23. Cf. Mark Wilson, «Cilicia: The First Christian Churches in Anatolia», *TynB* 54 (2003): 15–30.

24. Ver Hengel y Schwemer, *Paul between Damascus and Antioch*, 151–77.

25. Aunque algunas de sus sugerencias son poco sólidas, en general Nicholas Taylor (*Paul, Antioch and Jerusalem* [Sheffield: JSOT, 1992]) explica mejor que otros estudios el importante papel que esta ciudad tuvo en el ministerio de Pablo.

26. Riesner, *Paul's Early Period*, 245–53. James M. Scout (*Paul and the Nations* [Tübingen: Mohr, 1995]) argumenta que Pablo y Pedro, como judíos que eran, debieron dividir el mundo según la Tabla de Naciones de Génesis 10, decidiendo que Pablo se centrara en los jafetitas (europeos), y Pedro, en los semitas.

relativamente contiguo a la «mitad» occidental y de habla helena, del Imperio. Eso hace pensar que realizó mucha más actividad evangelística de la que se recoge en el libro de Hechos, aunque sin duda alguna está haciendo referencia a que hubo obra misionera y establecimiento de iglesias en todas las regiones principales. Así, no es de sorprender que en este capítulo describa su deseo de llegar a la otra mitad occidental y de habla latina: de Roma a España (v. 23–24).

Se puede extraer alguna generalización más de este periodo de la obra misionera de Pablo. Michael Gorman resume los roles del ministerio de Pablo de la siguiente forma: *predicador itinerante, constructor de comunidades, y siervo sufriente.*[27] No podemos llegar a imaginar ni tan siquiera las dificultades asociadas a todos aquellos viajes, gran parte de los cuales los hizo a pie. Las dificultades incluían el mal tiempo o un terreno en malas condiciones, los ataques de los ladrones, y el cansancio y desgaste del cuerpo. Y si unimos eso a la persecución a causa de su predicación del cristianismo, llegaremos a la conclusión de que era una persona de constitución fuerte (una observación que no casa con algunas de las teorías sobre su «aguijón en la carne» de 2Co 12:7). Varios de los sufrimientos que Pablo enumera en 2ª Corintios 11:23b–33 quedan reflejados en Hechos; pero no todos. Al menos mientras viajaba, su vida consistió casi exclusivamente en luchar por sobrevivir.

A la vez, cabe destacar que todo eso no lo hizo solo. En todos los viajes misioneros de los que tenemos información siempre iba acompañado de jóvenes colegas de viaje (a excepción quizá de Bernabé) a los que Pablo formaba y discipulaba. Pero en sus epístolas con frecuencia describe a esos acompañantes como colaboradores, como compañeros de milicia, como esclavos o prisioneros, alabándoles por el duro trabajo y también por sobrevivir a las dificultades. La misión era un trabajo en equipo.[28] El éxito de estos equipos ministeriales se debe al espíritu fraternal que había entre ellos, a que nadie intentaba dominar, y al servicio en amor que se brindaban los unos a los otros y a los de afuera.[29] Los éxtasis, incluso las experiencias místicas, como la visión del cielo que Pablo describe en 2ª Corintios 12:1–6, podrían haberle sostenido durante sus horas más oscuras.[30]

Las metáforas que Pablo usa en sus cartas para describir su ministerio misionero y pastoral también son muy esclarecedoras: *mensajero, sembrador, constructor, padre/madre/nodriza, y sacerdote.* Su papel es el de ser representante de Dios, encargado con la tarea de iniciar ministerio en diversos lugares, devoto a su gente como si fueran de su familia o amigos de sus familiares,

---

27. Gorman, *Apostle of the Crucified Lord*, 65–71.

28. Encontrará una lista de los cincuenta y siete cristianos mencionados solo en las epístolas, que colaboraron con el ministerio de Pablo de algún modo u otro, a varios de los cuales Pablo llama colaboradores (o un adjetivo similar) en L.J. Lietaert Peerbolte, *Paul the Missionary* (Leuven: Peeters, 2003), 228–30.

29. Eddy Paimoen, «The Importance of Paul's Missionary Team», *STJ* 4 (1996): 175–91.

30. Cf. Jean Paillard, *In Praise of the Inexpressible: Paul's Experience of the Divine Majesty* (Peabody: Hendrickson, 2003).

ofreciéndose como mediador informal entre ellos y Dios.[31] Alguien que había aprendido el oficio de fabricar tiendas y que se había formado para ser rabino farisaico probablemente procedía de una familia acomodada (ver arriba, 102). Pero como se sustentó con aquel trabajo manual en la mayoría de las ciudades en las que estuvo, y aceptó dinero para el ministerio solo cuando venía de iglesias a las que no estaba sirviendo en aquel momento, la mayoría de gente debía pensar, sobre todo según las normas sociales del mundo grecorromano, que su estatus era deshonroso.[32]

Muchos no tenían ningún respeto por el apóstol. En algunos círculos se le odiaba a muerte; de ahí, la persecución incesante que experimentó. Elizabeth Castelli acusa a Pablo de la más vil de las manipulaciones a la hora de ejercer su autoridad apostólica con mano severa, que podría explicar parte de la oposición que sufrió.[33] Y es cierto que cuando los judaizantes y otros falsos maestros le atacaban, Pablo contraataca haciendo hincapié en que su autoridad es igual a la de los apóstoles de Jerusalén (ver esp. Gá 1–2; 2Co 10–13; Fil 3). Además, también amenaza a varias congregaciones con una acción disciplinaria severa, intentando avergonzarles para que tengan un buen comportamiento, y cuando las advertencias no surgen su efecto, lleva a cabo sus amenazas (cf. p. ej., 1Co 4:14–21 y 5:1–5). Pero la breve carta a Filemón nos presenta al maestro del tacto y la persuasión, que prefiere no usar la autoridad que podría haber ejercido. Pero en una sociedad patriarcal e imperial como la de sus días, no fue su carácter autoritario lo que debió de llamar la atención, sino el liderazgo servicial que ejerció en numerosas ocasiones (p. ej., 1 Co 3; Fil 2:5–11), incluyendo el servicio en medio del sufrimiento (p. ej., 1 Co 4:8–13; 2Co 4:7–12; 6:3–10).[34]

¿Podemos descubrir alguna información nueva que no apareciera en Hechos sobre los últimos días de Pablo? Además del testimonio de Clemente y Eusebio que sugieren que lo dejaron ir de prisión, pero que poco después lo volvieron a arrestar y acabó ejecutado (ver arriba, p. 93), podríamos añadir lo siguiente: el canon muratorio de mediados o finales del s. II dice que Lucas omitió el viaje que Pablo hizo «saliendo de Roma rumbo a España».[35] Probablemente del mismo periodo, la obra *Hechos de Pablo* (11:3–5) describe su ejecución por decapitación en Roma durante la persecución de Nerón (entre el año 64 y 68, demasiado tarde para coincidir con el encarcelamiento de Hechos

---

31. Stephen C. Barton, «Paul as Missionary and Pastor», en *The Cambridge Companion to St. Paul*, ed. D. G. Dunn (Cambridge and New York: CUP, 2003), 35–39.

32. Witherington, *Paul Quest*, 128.

33. Ver esp. Elizabeth Castelli, *Imitating Paul: A Discourse of Power* (Louisville: WJKP, 1991).

34. Cf. Witherington, *Paul Quest*, 156–72; Jerry L. Sumney, «Paul's Weakness: An Integral Part of His Conception of Apostleship», *JSNT* 52 (1993): 71–91. Para una respuesta directa a Castelli, ver Trevor J. Burke, *Family Matters: A Socio–Historical Study of Kinship Metaphors in 1 Thessalonians* (London and New Cork: T & T Clark, 2003).

35. Bruce, *Paul*, 449.

28:16–31).[36] En el siglo IV, Jerónimo se hace eco de las palabras de Eusebio cuando dice que Pablo fue puesto en libertad de su primer encarcelamiento en Roma (*De viris illustribus* 5). Numerosas tradiciones locales en España se basan en la convicción de que el apóstol llegó y evangelizó partes del país. Si también llevó a cabo los planes que comenta en las epístolas pastorales de visitar de nuevo ciertas partes del este de Italia, estas visitas podrían haber tenido lugar tanto antes como después del viaje a España.

Pero es difícil determinar en qué momentos estos documentos cruzan la línea entre la realidad y la ficción. Otras informaciones, transmitidas a través de la tradición cristiana más tardía, parecen ser totalmente ficticias. Por ejemplo, Crisóstomo escribió que Nerón se vengó de Pablo por haber convertido a su concubina favorita. Otra historia cuenta que la cabeza de Pablo botó tres veces en el suelo después de que lo decapitaran, ¡y en los lugares en los que botó brotó agua![37] Como resultado, muchos académicos creen que toda la «información adicional» sobre la vida de Pablo después del final del libro de Hechos es poco fiable y que estuvo en la cárcel desde el momento en el que le arrestaron hasta su ejecución.

Después de todo, también surgieron leyendas apócrifas sobre el *ministerio* de Pablo, muchas de ellas convirtiéndole en un predicador asceta, figura que no coincide para nada con el Pablo de las epístolas. La más famosa de ellas es una novela dramática sobre una mujer casada, Tecla, ¡que se enamoró tanto no solo del evangelio sino también del celibato del que Pablo hablaba que dejó a su marido para convertirse en compañera de viaje y colaboradora de Pablo! (*Hechos de Pablo* 3). Las presentaciones apócrifas de Pablo también muestran a un apóstol que hacía numerosos milagros similares a las curaciones, los exorcismos y la resurrección que aparecen en el libro de Hechos. Estas dos tendencias convergen en una de las leyendas más extrañas asociadas con el apóstol. Después de bautizar a un león que se le acercó porque quería convertirse al cristianismo y convertirse en un asceta, se encuentra en la arena para ser devorado por una bestia «feroz» que resulta ser ese mismo león. Aprovechando una oportuna tormenta de granizo, prisionero y león escapan juntos. Esta leyenda es la que inspiró el famoso *remake* de George Bernard Shaw de un paralelo parcial de la antigua historia griega *Androcles y el León*.[38]

---

36. Encontrará una defensa de la secuencia tradicional de las epístolas desde la prisión (Flm/Col/Ef/ Fil/2Ti) en la ubicación tradicional (Roma), con numerosos detalles sobre las condiciones de las cárceles, en Richard J. Cassidy, *Paul in Chains: Roman Imprisonment and the Letters of St. Paul* (New Cork: Crossroad, 2001).

37. Polhill, *Paul and His Letters*, 439–40.

38. En cuanto a las tradiciones post–paulinas de Pablo como asceta y como hacedor de milagros, cf. el estudio de Calvin J. Roetzel: *Paul: The Man and the Myth* (Columbia: University of South Carolina Prees, 1998), 157–76. Información más general, cf. Dennis R. Macdonald, *The Legend and the Apostle: The Battle for Paul in Story and Canon* (Philadelphia: Westminster, 1983).

En cuanto a la Iglesia o el Santo Sepulcro que marcan el lugar en el que Jesús fue ejecutado, en Roma también se construyó una iglesia para conmemorar el lugar donde se cree que Pablo murió y fue enterrado. Se llama San Pablo Extramuros y es la iglesia más grande de Roma después de la Basílica de San Pedro en el Vaticano. Nunca se ha realizado una excavación minuciosa. Pero de nuevo, igual que ocurre con el lugar que conmemora la muerte de Jesús, la tradición de que ese es el lugar exacto se remonta a los días de Constantino, en este caso confirmado por una inscripción que afirma que Pablo murió como mártir. Hay tres factores que nos hacen pensar que es muy poco probable que los cristianos devotos de Pablo se inventaran la ubicación: (1) en ese lugar había un cementerio pagano; (2) era un lugar muy estrecho entre dos caminos; y (3) el terreno era pantanoso, pues estaba al lado de la cuenca del río Tíber.[39]

Independientemente de los detalles inciertos en torno a la vida de Pablo después de Hechos, su martirio culmina una vida de imitación de Cristo. Esa vida empezó después de abandonar la lucha que había emprendido de joven, lucha en la que convirtió a muchos seguidores de Jesús en mártires. Pero se dio cuenta de que otros cristianos seguirían su camino hasta la persecución e incluso el martirio, pues ellos también imitaban a su Señor. Está claro que ni Pablo ni ningún otro creyente expiaron los pecados de nadie a través de su sufrimiento, pero a través de ese sufrimiento muchos demostraron la autenticidad de su fe, su crecimiento como discípulos, y su derecho al liderazgo.[40]

PABLO Y SUS CARTAS

EPISTOLOGRAFÍA HELENA

La forma y estructura de una epístola hasta hace aproximadamente cien años, para hacer un estudio comparativo de las cartas de Pablo, los estudiosos solo contaban con las obras clásicas de la antigua Grecia, entre las cuales encontramos epístolas de un gran valor literario. Pero en las décadas previas a la Primera Guerra Mundial, Adolf Deissmann tradujo y analizó un gran número de papiros recién encontrados, papiros no literarios y provenientes principalmente de Egipto. Deissmann constató una gran diferencia entre la adornada retórica de las cartas clásicas y la sencilla prosa de los papiros, y llegó a la conclusión de que el estilo y la forma de Pablo estaban más cerca de los papiros que de las cartas clásicas.[41] Hoy en día los estudiosos colocan las epístolas de Pablo justo en medio de esos dos extremos, entre la escritura formal y la infor-

39. Jack Finegan, *The Archaelogy of the New Testament: The Mediterranean World of the Early Christian Apostles* (Boulder: Westview, 1981), 30.

40. Ver esp. John S. Pobee, *Persecution and Martyrdom in the Theology of Paul* (Sheffield: JSOT, 1985).

41. Adolf Deissmann, *Light from the Ancient East* (New York: Harper & Bros.; London: Hodder & Stoghton, rev. 1922), 146–251.

mal, pero el estilo personal y a veces informal de las epístolas paulinas siguen apuntando a una mayor afinidad con las no literarias.[42]

La mayoría de las cartas del Nuevo Testamento que se le atribuyen a Pablo (incluso las que son un tanto extensas) responde a la estructura de las cartas helenas sencillas, breves y libres de florituras literarias: (1) La carta empezaba con una *introducción* que contenía (a) el nombre del autor, (b) los destinatarios, y (c) un breve saludo. (2) Le seguían unas palabras de *gratitud* y /o el deseo u oración por el bienestar de los destinatarios. (3) *El cuerpo de la carta* venía a continuación, (a) donde aparecía la *información* principal que el escritor quería comunicar, seguida de (b) una sección de peticiones o *exhortaciones* si eran necesarias. La carta concluía con (4) los *saludos finales*.[43]

La razón por las cual las cartas de Pablo difieren del formato convencional se debe a la naturaleza claramente teológica de la correspondencia del apóstol. Tanto la introducción como las palabras de gratitud son explícitamente cristianas, y normalmente esas palabras de gratitud ya desvelaban cuáles serían los temas principales del cuerpo de la carta.[44] El cuerpo de la carta suele ser más extenso de lo normal, estructurado de forma esmerada; y normalmente hay muchas más exhortaciones que en los paralelos de los papiros. Los saludos finales pueden resumir los temas principales de la carta y recogen los nombres de una o más personas que, junto con Pablo, envían sus saludos a los destinatarios.[45] Aun así, en comparación con los grandes poetas y dramaturgos de la Grecia de los siglos cuarto y quinto antes de Cristo, el estilo de Pablo resulta considerablemente sencillo.

CARTA GRECORROMANA TÍPICA

Saludos
- X saluda a Y

Oración y/o acción de gracias

Cuerpo
- Información principal
- Exhortación o petición

Saludos finales

Usos de la Retórica. Lo que no es tan sencillo es asociar la retórica de Pablo al modelo de escritura no literaria de aquel entonces. En el mundo me-

---

42. P. ej., David E. Aune, *The New Testament in Its Literary Environment* (Philadelphia: Westminster, 1987), 218.

43. Cf. McRay, Paul, 265; Holladay, *A Critical Introduction to the New Testament*, 267–71.

44. Ver esp. Meter T. O'Brien, *Introductory Thanksgivings in the Letters of Paul* (Leiden and New Cork: Brill, 1977). Sobre la forma, cf. Jeffrey T. Reed, «Are Paul's Thanksgivings Epistolary?», *JSNT* 61 (1996): 87–99.

45. Ver esp. Jeffrey A. D. Weima, *Neglected Endings: The Significance of the Pauline Letter Closings* (Sheffield: SAP, 1994).

diterráneo antiguo existían principalmente tres géneros de retórica: judicial o forense, deliberativa y epidíctica. La retórica *judicial* se usaba en los tribunales (o en situaciones equivalente) para pronunciar un veredicto. La retórica *deliberativa* predominaba en la asamblea cuando los oradores argumentaban los pros y los contras de las medidas que se presentaban. La retórica *epidíctica* era o de alabanza o de crítica, y se usaba en las aulogias de los funerales o en los concursos de oratoria que tenían lugar en el contexto de la vida pública.[46] Algunas de las cartas de Pablo contienen combinaciones de dos o más géneros retóricos, y algunas de ellas son más difíciles de clasificar que otras, aunque es útil hacer un análisis detallado. Gálatas parece hacer uso de la retórica judicial cuando Pablo se dirige de forma condenatoria a los judaizantes. 2ª Tesalonicenses utiliza principalmente la retórica deliberativa, pues Pablo propone cierta perspectiva de la escatología para apaciguar el fervor de algunos miembros de la congregación. Por otro lado, Efesios contiene unas largas dosis de discurso epidíctico, alabando a Dios por lo que ha hecho en Cristo por la humanidad.

De hecho, los bosquejos de los discursos helenos antiguos resultan mucho más útiles. Como las cartas, los discursos también estaban estructurados en una serie de secciones que se podían modificar o subdividir, a las que se podían añadir otras subsecciones. El bosquejo típico incluía el *exordium* (o introducción), la *narratio* (que explicaba la naturaleza del tema que se iba a tratar), la *propositio* (la tesis que se iba a defender), la *probatio* (argumentos o evidencias), la *refutatio* (la refutación de los argumentos contrarios) y la *peroratio* (resumen y apelación final).[47] Más adelante (ver p. 142) presentaremos un bosquejo de Gálatas en esta línea, bosquejo que ha tenido muy buena acogida.

Los escritores de buenos discursos prestaban una esmerada atención a tres dimensiones de su oratoria: el *ethos*, el *pathos* y el *logos*. El *ethos* consistía en «una apelación a la naturaleza moral del orador»; el *pathos*, «una apelación a las emociones»; y el *logos*, «una apelación a la lógica».[48] La *probatio* o sección de evidencias del cuerpo de la carta podía contener estos tres elementos. Los buenos escritores y oradores sabían que con cada uno de esos elementos lograrían apelar y persuadir a diferentes tipos de oyentes, en diferentes momentos, así que daban igual importancia a los tres. ¡Entonces, como ahora, apelar a las emociones a veces podía dar más resultado que apelar a la lógica o a la moral![49]

---

46. Witherington, *Paul Quest*, 116. Encontrará una presentación más detallada en Stanley E. Porter, ed., *Handbook of Classical Rhetoric in the Hellenistic Period* (Leiden and New York: Brill, 1997).

47. Witherington, *Paul Quest*, 117–18. Witherington mismo ha escrito numerosos comentarios socioretóricos de libros del Nuevo Testamento en los últimos años, donde encontramos un estudio detallado que le permite llegar a conclusiones en cuanto al género retórico de cada texto. Duane Watson ha hecho el mismo tipo de análisis, a modo de artículos.

48. Gorman, *Apostle of the Crucified Lord*, 85.

49. Cf. esp. Thomas H. Olbricht y Jerry L. Sumney, eds., *Paul and Pathos* (Atlanta: SBL, 2001).

De los análisis retóricos que se han hecho de las cartas de Pablo, muchos han sido rechazados porque las cartas no son discursos. Pero dado que las cartas en la Antigüedad se escribían para ser leídas públicamente, no había una diferenciación tan clara entre estos dos géneros. No podemos decir que todas las cartas, ya sean de Pablo o de cualquier otro autor, seguían un bosquejo retórico concreto. Lo que deberíamos hacer es analizar las propuestas que los estudiosos han hecho antes de rechazarlas, y también antes de aceptarlas de forma ciega.[50]

Modificaciones judías. En cuando a cartas judías, se han conservado muchas menos. Las que nos han llegado, muchas son muy similares a las cartas helenas debido a la influencia de las culturas no judías a la que se veían sometidas las comunidades judías en todo el Imperio. Otras se parecen mucho a la forma epistolar que veremos cuando analicemos las «cartas generales». No es de extrañar que Pablo introdujera numerosas técnicas judías de argumentación y análisis, especialmente en las citas y aplicaciones de textos del Antiguo Testamento. Varias formas de interpretación *midrásica* presentan una amplia colección de mecanismos de comentario exegético diseñados ya sea para explicar el significado y/o la importancia de los textos opacos o para contemporizar a la época del autor las leyes y los textos de siglos atrás que a primera vista no parecen tener la relevancia que una vez tuvieron.[51] Las interpretaciones *pesher* ven el cumplimiento de la profecía antigua en los días del autor, ya sea una profecía de predicción o tipológica. Estos son los principales mecanismos interpretativos hebreos que aparecen en las cartas de Pablo, pero podríamos mencionar muchos más.[52]

Otras consideraciones. En un mundo en el que se habían mejorado mucho las comunicaciones y ya era posible hacer viajes muy largos, las cartas eran un excelente medio para sustituirle a uno en caso de ausencia prolongada. En el mundo antiguo, si los destinatarios vivían muy lejos, no se solía tratar por

---

50. Encontrará acercamientos precavidos en cuando a la aplicación del análisis retórico en el caso de las epístolas en Stanley E. Porter, «The Theoretical Justification for Application of Rhetorical Categories to Pauline Epistolary Literature», en *Rhetoric and the New Testament*, eds. Stanley E. Porter y Thomas H. Olbricht (Sheffield: JSOT, 1993), 100–22. Si quiere consultar una respuesta equilibrada, vea Janet Fairweather, «The Epistle to the Galatians and Classical Rhetoric», *TynB* 45 (1994): 1–38; 213–43.

51. Judah Goldin, «Midrash and Aggadah», *The Encyclopedia of Religion*, ed. Mircea Eliade, vol. 9 (New York: Macmillan, 1987), 512.

52. Encontrará un buen resumen en Richard N. Longenecker, *Biblical Exegesis in the Apostolic Period* (Grand Rapids and Cambridge: Eerdmans, rev. 1999), 6–35. En cuanto al uso más general que Pablo hace del Antiguo Testamento, ver esp. Richard B, Hays, *Echoes of Scripture in the Letters of Paul* (New Haven and London: Yale University Press, 1989); Christopher D. Stanley, *Paul and the Language of Scripture* (Cambridge and New York: CUP, 1992); Craig A. Evans y James A. Sanders, *Paul and the Scriptures of Israel* (Sheffield: JSOT, 1993); James W. Aageson, *Written Also for Our Sake: Paul and the Art of Biblical Interpretation* (Louisville: WJKP, 1993); y Francis Watson, *Paul and the Hermeneutics of Faith* (London and New York: T & T Clark, 2004).

carta los temas realmente serios. Solo había en casos realmente excepcionales.[53] Quizá el ejemplo más dramático de una excepción así en las epístolas es el veredicto de excomulgar (¿o matar?) al inmoral de la iglesia de Corinto (1Co 5:1–5). Pablo usaba las cartas para tratar controversias ideológicas o de conducta que afligían a sus lectores.[54] Aunque eso sí existía en el género epistolar heleno, no se hacía con la contundencia y la frecuencia en la que el apóstol lo hizo. También, vemos que Pablo se dirigía más bien a comunidades enteras (es decir, iglesias o grupos de iglesias), algo que no se acostumbraba a hacer en el género epistolar informal y no literario. Como veremos más adelante, incluso las cuatro cartas dirigidas a personas concretas (1ª y 2ª Timoteo, Tito y Filemón) contienen partes dirigidas a las congregaciones que esos hombres están liderando.

GÉNEROS Y FORMAS QUE LOS COMPONEN

Los principales géneros epistolares. El autor anónimo del siglo I a. C., que firmó la obra *Sobre el estilo* con el nombre de Demetrio, elaboró una lista de no menos de veintiún subgéneros epistolares. Los más comunes de estos subgéneros incluían cartas de amistad, cartas a la familia, cartas de alabanza o de acusación, cartas de mediación y cartas apologéticas. También eran muy comunes las cartas de exhortación o consejos, que a su vez se podían subdividir en disuasión, sermón, consolación, amonestación, reproche, etc.[55] En el análisis que haremos de cada una de las epístolas del Nuevo Testamento, sugeriremos a cuáles de estos géneros epistolares se acercan.

Una clasificación de las cartas grecorromanas menos completa es la que diferencia entre la correspondencia pública y la oficial. En esta clasificación se puede identificar principalmente tres grupos: «informes dirigidos a un cuerpo constituyente», «los informes administrativos o ejecutivos», o «de un ciudadano a las autoridades públicas». Estas amplias categorías a su vez pueden clasificarse en tipos más concretos, como cartas de la Embajada, edictos reales, encomios honoríficos, cartas de recomendación, etcétera.[56] En nuestro análisis de las cartas de Pablo también mencionaremos alguno de estos tipos epistolares. Está claro que cuanto más podamos identificar el género de una carta, que a la vez nos da pistas sobre los propósitos del autor y sobre la

53. Robert W. Funk, «The Apostolic *Parousia*: Form and Significance», en *Christian History and Interpretation*, ed. William R. Farmer, C. F. D. Moule, y R. R. Niebuhr (Cambridge and New York: CUP, 1967), 249–68.

54. Ver esp. C.K. Barrett, *Paul: An Introduction to His Thought* (London: Geoffrey Chapman; Louisville: WJKP, 1994), 22–54.

55. En cuanto a todas estas categorías, ver Stanley K. Stowers, *Letter–Writing in Greco–Roman Antiquity* (Philadelphia: Westminster, 1996), donde además encontrará ejemplos de cartas del mundo mediterráneo antiguo. Cf. también John. L. White, *Light from Ancient Letters* (Philadelphia: Fortress, 1986). Encontrará una lista con definiciones en deSilva, *An Introduction to the New Testament*, 532–34.

56. Cf. esp., Luther Stirewalt Jr., *Paul the Letter Writer* (Grand Rapids and Cambridge: Eerdmans, 2003), 25–55).

forma en la que los receptores recibirían la carta en cuestión, mejor podremos interpretar su significado para los receptores originales y para nosotros.

Formas literarias dentro de las cartas. Los intérpretes nos avisan de que dentro de las cartas encontraremos otras formas literarias. Aunque ninguna carta en su totalidad encaja con el antiguo género de la *diatriba* (diferente al uso actual que hacemos de dicho término para referirnos a una invectiva ininterrumpida), en algunas partes de Romanos tenemos a un Pablo que responde a las posibles objeciones que sus argumentos podrían suscitar (p. ej., Ro 2:1–4, 17–24; 3:1–9, 27–31; 4:1–3, 9–12; 6:1–4, 15–18; etc.). Sea que sus opositores fueran reales, sea que fueran imaginarios, así es como funcionaba una diatriba antigua.[57] Algunas de las cartas de Pablo contienen listas de *virtudes* o de *vicios*, extensas listas de atributos y acciones que los cristianos deberían o poner en práctica o evitar. Por ejemplo, Romanos 1:29–31; 1ª Corintios 6:9–10; y Gálatas 5:19–23. Una rápida comparación de estas listas con las listas de vicios y virtudes de los documentos romanos, griegos o judíos de aquel entonces nos permite las similitudes y las diferencias. Por ejemplo, la humildad era más valorada en el judaísmo y el cristianismo que en la religión y la filosofía grecorromana, en la que de hecho se veía como una debilidad.[58] Lo mismo ocurre hoy en un buen número de culturas no cristianas, de lo que se desprende que la humildad es una característica que los creyentes deberían esforzarse en cultivar para que la gente pueda ver claramente lo que Jesús puede hacer en la vida de una persona.

1ª Corintios contiene una serie de ejemplos (algunos de ellos bien claros; otros, más debatibles), de eslóganes que algunos miembros de la congregación habían adoptado. La mayoría de comentaristas están de acuerdo en que, si no fuera así, Pablo no habría dicho «todo me está permitido» (1Co 6:12), por más que predicara la libertad que el evangelio aportaba. Así, la NVI pone esa declaración entre comillas las dos veces que aparece en ese versículo, dando a entender que Pablo está rebatiendo esa idea, que algunos miembros de la congregación defendían. ¿Pero podemos usar este mismo método para despachar el problemático texto de 14:34–35 que silencia a las mujeres? Probablemente no. Estos versículos no parecen un eslogan, pues no se trata de una frase breve y fácil de memorizar; los versículos 36–38 presentan la forma típica de una refutación.[59]

En cuanto al debate sobre los roles del hombre y la mujer en casa y en la iglesia tenemos los *códigos de deberes domésticos*. Estas secciones de las cartas de Pablo (que encontramos sobre todo en Ef 5:22–6:9 y Col 3:18–4:1) definen las responsabilidades de las autoridades y los subordinados en las relaciones entre gobiernos y ciudadanos, amos y esclavos, padres e hijos, mari-

---

57. Stanley K. Stowers, *The Diatribe and Paul's Letter to the Romans* (Chico, Calif.: Scholars, 1981).

58. Craig A. Evans, «Jesus' Ethic of Humility», *TrinJ* 13 (1992); 127–38.

59. Cf. William W. Klein, Craig L. Blomberg y Robert L. Hubbard Jr., *Introduction to Biblical Interpretation* (Nashville: Nelson, rev. 2004), 436–37.

dos y esposas, ancianos y otros miembros de la iglesia, etcétera. De nuevo, si hacemos una comparación con los códigos no cristianos de aquella época nos permite apreciar lo abierto que Pablo es en cuanto al rol de la mujer, a pesar de los ataques que ha recibido por parte de las feministas modernas.[60]

Por último, prestaremos atención a unidades independientes de contenido doctrinal que afirman numerosas verdades teológicas (y especialmente cristológicas) clave, normalmente con una estructura poética (nos referimos al texto griego, claro está). A estas unidades se las ha llamado *credos, confesiones* o *himnos*. Filipenses 2:6–11 nos ofrece el ejemplo más claro de ese tipo de «himnos» y de esos momentos en los que Pablo parece estar adoptando (y a veces adaptando) material que se conocía y usaba ampliamente entre los cristianos de la iglesia primitiva. Según la mayoría de estudiosos, Colosenses 1:15–20 y 1ª Timoteo 3:16 son también credos o himnos paulinos.[61] Dado que alguno de estos pasajes contiene algunas de las afirmaciones sobre Jesús más elevadas, y dado que deben ser anteriores a la década de los años 50 (años en los que Pablo escribió la mayoría de sus cartas), podemos decir que en el cristianismo primitivo ya había una clara Cristología. Esto sirve de respuesta a aquellos que dicen que la Cristología apareció más tarde, dos o tres generaciones después y en una cultura que ya no tenía nada que ver con la cultura de Jesús.[62]

Hay otros segmentos de las cartas de Pablo que, aunque giran en torno a una sola doctrina cristiana, también parecen tener un estilo propio y parecen lo suficientemente independientes del contexto en el que aparecen como para hacernos pensar que forman parte de una *tradición prepaulina*. Las veces en las que Pablo dice que está transmitiendo lo que él ha recibido, confirman esta hipótesis. Probablemente el más significativo de todos los ejemplos sea la forma en la que escribe sobre la muerte, sepultura y resurrección de Jesús, completándolo con una lista de todos los testigos oculares de aquel increíble suceso (1Co 15:3–7). Incluso el ateo Gerd Lüdemann, que atribuye la experiencia que los discípulos tienen de la resurrección al subjetivismo, reconoce que el testimonio que Pablo cita aquí ya debía de formar parte de la instrucción básica para todos los nuevos cristianos. Si Pablo se convirtió en el año 32 d.C., entonces, en menos de dos años después de la muerte de Jesús, la creencia de su resurrección física ya estaba reconocida como una doctrina principal. Queda claro, pues, que, para explicar esta creencia, ¡no sirve decir que es el producto de las leyendas helenas que surgieron décadas después, cuando el contexto judío original y la verdad sobre el suceso ya habían caído en el olvido![63]

La naturaleza ocasional del género epistolar. De toda esta discusión sobre el género epistolar extraemos que, de los principales géneros de los que

---

60. Ver esp. William J. Webb, *Slaves, Women and Homosexuals* (Leicester and Downers Grove: IVP, 2001).

61. Robert J. Karris, *A Symphony of New Testament Hymns* (Collegeville: Liturgical, 1996).

62. Ver especialmente Hurtado, *Lord Jesus Christ*.

63. Cf. Gerd Lüdemann con Alf Özen, *What Really Happened to Jesus: A Historical Approach to the Resurrection* (Louisville: WJKP, 1995), 15.

está compuesto el Nuevo Testamento (Evangelios, Hechos, Epístolas y Apocalipsis), las cartas son el género más *ocasional*. Es decir, se escribieron en una ocasión concreta para tratar las circunstancias concretas de las congregaciones a las que están dirigidas. Aunque los otros tres tipos de textos también se escribieron para un grupo específico de personas, la naturaleza de sus contenidos sugiere que la intención original fue que rápidamente llegara también a otras personas. Es cierto que algunos de los contenidos de las cartas de Pablo son más generales que otros. Romanos es el ejemplo más claro de párrafos y párrafos de material más general. No obstante, al igual que con todas las epístolas, hemos de intentar saber lo máximo posible sobre las personas a las que iba dirigida la carta. Como ocurre con muchos tipos de cartas a lo largo de la historia de la humanidad, muchos de los detalles que aparecen en ellas pueden ser bastante personales, muchas de las instrucciones están dirigidas a personas concretas, y muchas veces se da por sentado que ya se conoce el tema del que se está hablando, pues el autor conoce a los receptores lo suficiente como para saber qué saben y qué no saben.[64]

Por tanto, debemos aprender a discernir qué instrucciones de una epístola son para aplicar a todos los cristianos en todas las épocas y lugares, y cuáles se deberían aplicar de forma diferente según el contexto. Para reconocer si un material está pensado exclusivamente para una situación específica, existen cuatro principios a tener en cuenta, que se pueden aplicar a modo de pregunta: (1) ¿El contexto inmediato recoge un mandamiento aparentemente contradictorio? (2) La instrucción en cuestión, ¿parece contradecirse con otras enseñanzas del mismo autor? (3) ¿La lógica que hay detrás de la orden concreta no funciona en una cultura diferente a la cultura del autor? (4) ¿En la carta se dice de forma explícita que esa enseñanza es para una situación única? Complementando lo anterior, añadiremos dos preguntas más que, en caso de tener una respuesta afirmativa, sugieren que estamos ante una enseñanza normativa o atemporal: (5) Si hay un mandamiento, ¿apela a la forma en que Dios estableció las cosas en tiempos del Antiguo Testamento o la forma en la que las restablece en tiempos del Nuevo Testamento? (6) ¿Refleja la enseñanza un principio universal, ya sea de forma explícita o implícita? Para progresar en este área de la interpretación, un buen ejercicio es consultar ejemplos de todos estos principios.[65]

LOS MECANISMOS DE ESCRITURA EN EL GÉNERO EPISTOLAR

En un mundo donde los e–mails y los mensajes de texto están a la orden del día, es fácil olvidar lo difícil que era en la Antigüedad comunicarse con alguien

---

64. Encontrará una excelente introducción a cómo interpretar las epístolas a la luz de su naturaleza ocasional en Gordon D. Fee y Douglas Stuart, *How to Read the Bible for All its Worth* (Grand Rapids: Zondervan, rev. 2003), 55–87.

65. Ver más en Craig L. Blomberg, *Making Sense of the New Testament*, 131–36; Klein, Blomberg y Hubbard, *Introduction to Biblical Interpretation*, 485–98.

que estaba lejos. Básicamente, las dos únicas opciones eran las siguientes: enviar a un amigo para que hablara directamente con la persona en cuestión, o enviar una carta. Y a veces se utilizaban los dos medios a la vez. Se ponía por escrito el material para que el mensajero no olvidara o no transmitiera bien el mensaje que se le había confiado, pero, dado que la carta se tenía que enviar a través de un intermediario, éste hacía de intérprete del comunicado, haciendo su aportación sobre su significado y la intención del autor.

En un mundo donde el índice de analfabetismo era elevadísimo, aún había mucha gente inteligente y de clase alta que no sabía escribir. Por tanto, si querían poner sus pensamientos por escrito tenían que contratar a escribas profesionales. Para la minoría que sabía escribir, a veces era más fácil o eficaz pagar a alguien que escribiera lo que se les dictaba que transcribir su propio discurso. El término técnico en griego para referirse a este tipo de escriba es *amanuensis*. Algunos amanuenses aprendían algún sistema de escritura abreviada que les permitía escribir a la misma velocidad del que hablaba.

Como judío que había recibido educación rabínica, Pablo estaba entre las personas mejor preparadas en el arte de leer y escribir. No obstante, está claro que hizo uso de los servicios de un amanuense al menos una vez, y quizá para todas sus cartas. En Romanos 16:22, Tercio se identifica de forma explícita como la persona que ha transcrito la carta. En 1ª Corintios 16:21, Gálatas 6:11, Colosenses 4:18, 2ª Tesalonicenses 3:17 y Filemón 19 Pablo dice que las palabras finales las escribe «de su puño y letra», lo que sugiere que todo lo demás está escrito por un amanuense. La forma de las conclusiones de otras cartas, junto con el hecho de que en la Antigüedad era algo común que los escritores contaran con los servicios de un amanuense, sugiere que Pablo habría escrito todas sus cartas así.

Pero, ¿cómo se dictaba en aquel entonces? En la literatura grecorromana antigua había al menos cuatro formas de recoger los pensamientos de una persona. En primer lugar, *verbatim*, es decir, palabra por palabra. En segundo lugar, un amanuense anotaba los pensamientos o las palabras del autor y las retocaba para mejorar el estilo, sin modificar el contenido. En tercer lugar, otras personas que también enviaban la carta añadían alguna cosa, ya fuera referente al estilo o al contenido, y el escriba lo tenía en cuenta. Y por último, en escasas ocasiones (de hecho, solo se ha encontrado en Cicerón), el autor podía dar instrucciones en cuanto a la forma y los contenidos de una carta y dejar que el amanuense la elaborara.[66] Estas opciones tienen una relación directa con el debate sobre la autoría de las cartas de Pablo (si las cartas que se le atribuyen son seudónimas o no).

---

66. Toda la información que incluimos aquí la encontrará en E. Randolph Richards, *The Secretary in the Letters of Paul* (Tübingen: Mohr, 1991). Encontrará una publicación más extensa y más divulgativa en la obra del mismo autor titulada *Paul and First-Century Letter Writing: Secretaries, Composition and Collection* (Downers Grove: IVP, 2004), en la que Richards claramente opta por una combinación de la segunda y tercera forma que aparecen arriba.

No obstante, antes de adentrarnos en dicho debate, hay algo más que tenemos que decir. No podemos olvidar que Pablo vivía en una cultura oral. Dado que por norma general los cristianos no llegaban a ser lo suficientemente ricos como para tener su propia copia de un manuscrito de una de las cartas de Pablo, la inmensa mayoría tenía que aprender las enseñanzas de las epístolas a fuerza de escucharlas cuando las leían en la iglesia. Sin duda, cuando una carta llegaba a su destino, en el siguiente encuentro se leía de principio a fin delante de toda la congregación para que todos la pudieran escuchar. Pero como se reconoció la autoridad y la utilidad de aquellas cartas, se siguieron leyendo y, con el tiempo, como los judíos hicieron con las Escrituras hebreas, se seleccionaron pasajes tanto de las epístolas de Pablo como de los Evangelios para leerlos domingo tras domingo. Después eso dio forma al sistema litúrgico, y más adelante se abrevió para incluir porciones del Antiguo y del Nuevo Testamento. Pero lo que queremos dejar claro aquí es que el conocimiento de los primeros cristianos dependía de que el autor de la carta hubiera estructurado su mensaje de una forma que fuera fácil de memorizar, para que los oyentes (y no tanto los lectores) pudieran digerirlo, preservarlo y transmitir los contenidos. La gran cantidad y variedad de recursos estilísticos que aparecen en las cartas de Pablo demuestran que quiso dotar a sus escritos de herramientas nemotécnicas.[67]

EL PROBLEMA DE LA SEUDONIMIA

Por varias razones que trataremos en las introducciones de cada carta en cuestión, en los dos últimos siglos son muchos los eruditos que han llegado a la conclusión de que seis de las cartas neotestamentarias que se atribuyen a Pablo no fueron escritas por él. Algunos han dicho que el autor de 2ª Tesalonicenses firmó con el seudónimo de Pablo, pero sigue habiendo muchos argumentos que apuntan a la autenticidad de su autoría. Más desacuerdo hay en cuanto a Colosenses, y más aún en cuanto a Efesios. Por no hablar de las Epístolas Pastorales. Dicen que los contenidos y los estilos de estas cartas son distintos a los de las siete cartas que indiscutiblemente son de Pablo.[68]

Hasta hace bien poco, la mayoría de los estudiosos que llegaban a esas conclusiones también defendían la idea de que la seudonimia era un recurso

---

67. Polhill, *Paul and His Letters*, 121. Más detalles en John D. Harvey, *Listening to the Text: Oral Patterning in Paul's Letters* (Gran Rapids: Baker, 1998). Encontrará uno de los análisis mas elaborados sobre estas técnicas nemotécnicas en Ian H. Thomson, *Chiasmus in the Pauline Letters* (Sheffield: SAP, 1995).

68. Se han utilizado modelos matemáticos periódicos para intentar poner a prueba estas diferencias e intentar averiguar si varían lo suficiente como para tener «peso estadístico». Los resultados son variados. Pero la respuesta es negativa en más ocasiones. Entrará un resumen de los estudios más importantes, y también los análisis mas ambiguos hasta la fecha, decantándose a favor de la autenticidad de las trece cartas que se atribuyen a Pablo, en George H. Barr, *Scalomery and the Pauline Epistles* (London and New York: T & T Clark, 2004). Cf. también Kenneth J. Neumann, *The Authenticity of the Pauline Epistles in the Light of Stylostatistical Analysis* (Atlanta: Scholars, 1990).

literario reconocido (o incluso un género) en el mundo judío y en el mundo grecorromano, por lo que cuando se usaba no había intención de engañar a nadie. Y defienden que, de hecho, nadie se creía que el escrito fuera obra de la persona que firmaba. Eran varias las razones por las que a veces se atribuía un documento a una personalidad del pasado: que el documento fuera considerado como una fuente de autoridad, transmitir la idea de que se estaba dando continuidad a la tradición ideológica o teológica del individuo en cuestión (de tal modo que el mérito era más para el maestro que para el estudiante), la posibilidad (especialmente con la literatura apocalíptica) de que alguien hubiera experimentado una visión o un éxtasis en el que creía estar temporal pero íntimamente unido a la persona en cuestión, o simplemente era una convención de algunos géneros ficticios (especialmente en las narraciones de despedida o en un testamento). Los defensores de este acercamiento «inocuo» a la seudonimia apelaban a la literatura en las Escrituras hebreas consideradas obras seudónimas (sobre todo Daniel), a numerosos escritos intertestamentarios (en especial de la literatura apocalíptica) atribuidos a patriarcas y a héroes de la historia judía antigua, y también a las cartas grecorromanas seudónimas atribuidas a figuras tan conocidas como Sócrates, Platón, Pitágoras, Apolonio de Tiana y Diógenes el Cínico.[69]

EPÍSTOLAS: DEBATE SOBRE LA AUTORÍA DE PABLO	
Incuestionables	**Semicuestionables**
• Gálatas	• 2ª Tesalonicenses
• Romanos	• Colosenses
• 1ª Corintios	**Altamente cuestionables**
• 2ª Corintios	• Efesios
• 1ª Tesalonicenses	• 1ª Timoteo
• Filemón	• 2ª Timoteo
• Filipenses	• Tito

No obstante, estas supuestas analogías deben sopesarse a la luz de varias observaciones. En primer lugar, al parecer, el judaísmo precristiano aceptaba todas las autorías del Antiguo Testamento y consideraba todos sus documentos canónicos como documentos de origen profético. En segundo lugar, obviamente no era difícil darse cuenta de que un documento recién aparecido en el siglo II o I a. C., atribuido por ejemplo a Enoc, no podía ser de un autor de la era antediluviana. Pero eso es diferente a que un cristiano de segunda generación atribuyera un documento a alguien que vivió tan solo una generación antes que él, como dicen algunos expertos en el Nuevo Testamento. En tercer

---

69. Encontrará una defensa evangélica de esta perspectiva esp. en David G. Meade, *Pseudonymity and Canon* (Grand Rapids: Eerdmans, 1986). Encontrará un estudio de este género de literatura grecorromana en Charles D. N. Costa, *Greek Fictional Letters* (New York, OUP, 2001).

lugar, los paralelismos en cuanto a forma y contenidos entre las epístolas del Nuevo Testamento y las cartas seudoepigráficas en el mundo helenista son escasos. Por último, y muy importante, todas las evidencias no ambiguas que nos han llegado sobre la reacción de los cristianos ante la seudografía (es decir, de mitades del siglo II en adelante) nos muestran un rechazo absoluto. De hecho, una correcta atribución de autoría (es decir, el conocimiento de que un documento estaba escrito por un apóstol o un colaborador directo del apóstol) jugaba un papel mucho más determinante que cualquier otro criterio a la hora de aceptar un escrito cristiano temprano como legítimo y como susceptible de ser considerado como Escritura.

Pero, ¿qué si el cristianismo del siglo I o de principios del siglo II tenía una actitud diferente? A mitades del siglo II mucho cambió, y la nueva religión perdió de vista sus raíces judías y se sumió en el helenismo. Y hay algunos textos cristianos del siglo II que, dependiendo de cómo se interpreten los detalles discutibles, pueden tomarse como una aprobación limitada de la seudografía bajo ciertas condiciones. Éstos incluyen los comentarios de Serapión sobre el Evangelio apócrifo de Pedro, los comentarios de Tertuliano sobre los Hechos de Pablo, como también sobre la dependencia de Marcos del testimonio de Pedro y la dependencia de Lucas de los relatos de Pablo y algunos comentarios sueltos del fragmento Muratorio sobre los libros que se debían incluir en el canon. Incluso una referencia mishnaica a la perspectiva del judaísmo del siglo II o III sugiere que las palabras de un discípulo podían tratarse como si fueran las de su maestro. (En cuanto a los dos textos más sugerentes de estos textos cristianos y judíos, ver más abajo, p. 541). Por tanto, en principio, los estudiantes de las Escrituras no deberían oponerse a ciertos tipos de propuestas seudoepigráficas más de lo que se tienen que preocupar por las parábolas como un tipo poético de ficción diseñado para comunicar verdades inspiradas y autoritativas.[70]

Pero los análisis más recientes, tanto de declaraciones específicas como éstas sobre la seudografía y los documentos que normalmente se citan como analogías, ponen en duda que los cristianos aceptaran esta convención literaria e, incluso, que dicha convención existiera, al menos entre los autores de la literatura más cercana o similar a las cartas neotestamentarias. Es más, estos estudios han demostrado que el concepto de la propiedad literaria estaba bien extendido por el mundo mediterráneo antiguo, así que la seudografía, cuando existía, se usaba con toda probabilidad para hacer creer —o dicho de otro modo, para engañar— que ciertos documentos sí estaban escritos por los autores a los que se atribuía su autoría. Por tanto, si algunas de las cartas atribuidas a Pablo las hubieran escrito los discípulos del apóstol algunos años después, el deseo de esos autores era, con casi toda seguridad, que el mundo cristiano pensara que Pablo las había escrito. Además, toda la evidencia que tenemos

---

70. Cf. el breve resumen de Terry L. Wilder, «Pseudonymity and the New Testament», en *Interpreting the New Testament*, eds. Black and Dockery, esp. 301–8. Según Wilder esta evidencia no es convincente.

desde los primeros debates cristianos sobre la autoría y/o canonización de las cartas de Pablo sugiere que la iglesia creía que Pablo era el autor de todas ellas.

Esta conclusión no descarta la participación de amanuenses, ni tan siquiera la posibilidad de que a algunos de ellos Pablo les diera una mayor libertad literaria para escribir o para que redactaran los pensamientos y las instrucciones de Pablo con su propio estilo e incluso con sus propios énfasis. Pablo seguiría siendo el responsable y quien debía aprobar cada palabra del escrito, así que esta hipótesis sigue siendo muy diferente a la que dice que después de la muerte de Pablo alguien compuso una serie de documentos firmándolos con el nombre del apóstol.[71] Pero estudios recientes ponen en cuestión la teoría de que los primeros cristianos escribieron usando el nombre de Pablo (o de cualquier otro líder ya fallecido), y que lo hicieron siguiendo un recurso literario aceptado, sin ningún tipo de impunidad. Y los argumentos contra la autoría de Pablo no son tan firmes como muchos nos quieren hacer creer.[72]

LA RECOPILACIÓN Y LA CANONIZACIÓN DE LAS CARTAS DE PABLO

Curiosamente, en las discusiones que los primeros cristianos tuvieron sobre el canon, los únicos siete libros neotestamentarios que cuestionaron se encuentran en la última parte del Nuevo Testamento, después de los Evangelios, Hechos y de las cartas paulinas. Estos siete libros son Hebreos (debido a la incertidumbre que hay en torno a su autoría), Santiago (por las aparentes contradicciones con las cartas de Pablo), 2ª Pedro (porque su estilo es bastante diferente a 1ª Pedro), Judas, y 2ª y 3ª de Juan (por su brevedad y su naturaleza tan ocasional), y Apocalipsis (debido a las controversias en torno a su interpretación).[73] Trataremos todos estos temas cuando hablemos de cada uno de esos libros.

Por otro lado, las cartas de Pablo enseguida empezaron a circular más allá de las comunidades o individuos a las que estaban dirigidas. Pronto se convirtió en algo normal hacer pequeños recopilatorios de dos o tres cartas paulinas, sobre todo con cartas dirigidas a la misma congregación. Romanos, 1ª y 2ª Corintios y Gálatas eran reconocidas como las que contenían la «carne» teológica de Pablo y podrían haber formado una unidad natural de cuatro cartas. Lo mismo podría haber ocurrido con Gálatas, Efesios, Filipenses y Colosenses porque tienen más o menos la misma extensión, y porque recogen temas similares, especialmente Gálatas y Filipenses, y Efesios y Colosenses. También es probable que Pablo siguiera la práctica común de hacer copia de sus propias cartas, que las guardara juntas a modo de códice o cuaderno en Roma, y que después de su muerte sus discípulos las recuperaran y las copiaran a modo de

---

71. Cf. esp. Terry L. Wilder, *Pseudonymity, the New Testament, and Deception* (Lanham, Md. And Oxford: UPA, 2004); y Jeremy N. Duff, «A Reconsideration of Pseudoepigraphy in Early Christianity» (Oxford: Tesis de Doctorado en Filosofía, 1998).

72. Encontrará una defensa de la autenticidad de las llamadas deuteropaulinas en Bo Reicke, *Re–examining Paul's Letters: The History of the Pauline Correspondence, eds. David* P. Moessner y Ingalisa Reicke (Harrisburg: Trinity, 2001).

73. Cf. esp. F. F. Bruce, *El Canon de la Escritura* (Terrassa: CLIE, 2002).

recopilatorio.[74] Ya fuera de forma gradual o más bien repentina, la aparición de un canon paulino jugó un papel importante e útil para combatir las herejías del siglo II, puesto que muchas de las cartas del apóstol son respuestas a los debates existentes en la segunda mitad del siglo I.[75]

Al principio, el orden de las cartas no era siempre el mismo, incluso cuando empezaron a aparecer los recopilatorios que incluían las trece cartas. Del mismo modo, cuando el canon del Nuevo Testamento empezó a tomar forma, a veces aparecían las cartas de Pablo en primer lugar, otras después de los Evangelios, otras después de Hechos, en alguna ocasión incluso después de las epístolas generales.[76] Pero después de poco tiempo el lugar que se les dio fue después de Hechos, lugar lógico temática y cronológicamente hablando puesto que están escritas después de los sucesos que se recogen en los Evangelios, pero son simultáneas a muchos de los eventos que aparecen en Hechos (Pablo mismo es el protagonista de muchos de esos sucesos). El orden en el que se colocaron las cartas de Pablo se decidió adoptando un método de ordenación muy común en la Antigüedad: *de las más extensas a las menos extensas, agrupando primero las dirigidas a congregaciones, y luego, a personas concretas.* Tan solo encontramos dos excepciones. Es lógico que las cartas dirigidas a la misma congregación o a la misma persona aparecieran una detrás de la otra. Es cierto que Efesios es algo más extensa que Gálatas, y sin embargo aparece después. Pero es posible que en algún momento Gálatas apareciera encabezando el recopilatorio de las cuatro epístolas (que también incluía Efesios, Filipenses y Colosenses) debido a la referencia al *kanon* que aparece en Gálatas 6:16 (*kanon*: término griego que traducimos por «regla», «norma» o «canon», el principio regulador por el cual se escogen los libros bíblicos).[77]

TEOLOGÍA PAULINA

La gran cantidad de libros atribuidos a Pablo hace que sea bastante complicado resumir la teología de este autor. ¿Intentamos hacer una lista de los temas que aparecen en cada carta, y luego hacemos una síntesis a partir de todos dichos temas?[78] ¿Usamos las trece cartas que se le han llegado a atribuir, o tan solo las siete casi universalmente aceptadas?[79] Para formular su doctrina,

---

74. E. Randolph Richards, «The Codex and the Early Collection of Paul's Letters», *BBR* 8 (1988), esp. 198–203.

75. Encontrará un resumen y una crítica de las principales ideas opuestas en Stanley E. Porter, «When and How Was the Pauline Canon Compiled? An Assessment of Theories», en *The Pauline Canon*, ed. Stanley E. Porter (Leiden and Boston: Brill, 2004), 95–127.

76. Ver las tablas en McRay, *Paul*, 274–75.

77. Cf. William R Farmer con Denis M. Farkasfalvy, *The Formation of the New Testament Canon* (New York: Paulist, 1983), 79–81.

78. Ver, p. ej., I. Howard Marshall, *New Testament Theology* (Leicester and Downers Grove: IVP, 2004), 209–469.

79. Ver esp. Thomas R. Schreiner, *Paul: Apostle of God's Glory in Christ* (Downers Grove and Leicester: IVP, 2001);

¿ordenamos los resultados de forma temática, como han hecho la mayoría de teologías sistemáticas a lo largo de la historia de la iglesia? ¿O los ordenamos en función de las historias o la narrativa elaborada o revisada por Pablo?[80] ¿Intentamos establecer el «centro» del pensamiento paulino, o al menos el grupo de los temas más centrales, y le conferimos mayor importancia que a otro grupo de temas más secundarios?[81] ¿Asumimos que la comprensión que Pablo tenía de un tema concreto pudo «evolucionar» con el paso del tiempo? ¿Importa si esa «evolución» parece más una evolución normal y lógica a partir de una comprensión inicial, o más un rechazo radical de una posición previa?[82] ¿Qué ocurre con aquellos que creen que las posiciones de Pablo, incluso las que aparecen en las siete cartas de autoría indiscutible, a veces son increíblemente contradictorias?[83] Afortunadamente, aun cuando hay numerosas cuestiones secundarias que difieren considerablemente después de considerar las respuestas a todas estas preguntas, los temas centrales de la enseñanza de Pablo siguen siendo los mismos.

Michael Gorman identifica «una docena de convicciones fundamentales» de la teología paulina, lista de convicciones con la que la mayoría de autores está de acuerdo, aunque luego difieran en cuanto a la forma de ordenarlas o en cuanto a la interrelación entre ellas: (1) El Dios único y verdadero, Creador del mundo, ha elegido a Israel y ha hecho un pacto con ella para que sea su vehículo principal de bendición entre las naciones del mundo. (2) El pecado del ser humano ha separado a toda la raza humana y a cada persona en particular del Dios del pacto; la ley judía, a pesar de sus muchos beneficios, no puede librar a la gente de su pecado ni ofrecer la justicia que da vida eterna. (3) La naturaleza justa de Dios le lleva a ser fiel a su pacto y a salvar a su pueblo, extendiendo esa misericordia a los gentiles, a quien la da sobre la misma base que a los judíos. (4) Esta salvación tiene lugar a través de «la crucifixión de Jesús el Mesías, crucifixión que revela, representa y reconcilia». (5) La posterior resurrección y exaltación de Jesús vindican su vida y enseñanza y lo coloca en el cosmos como el Señor de todo. (6) Por tanto, Cristo es el clímax del pacto,

---

80. P. ej., Ben Witherington III, *Paul's Narrative Through World: The Tapestry of Tragedy and Triumph* (Louisville: WJKP, 1994). Cf. también Bruce W. Longenecker, ed., *Narrative Dynamics in Paul: A Critical Assessment* (Louisville and London: WJKP, 2002).

81. Ver esp. Johan C. Beber, *Paul the Apostle: The Triumph of God in Life and Thought* (Philadelphia: Fortress, 1980).

82. En cuanto al primer acercamiento, en relación con la comprensión paulina de la resurrección y la escatología, una cuestión clave en Pablo sobre la cual la mayoría ha adoptado la segunda hipótesis, ver Ben F. Meyer, «Did Paul's View of the Resurrection of the Dead Undergo Develoment?», *TS* 47 (1986): 363–87; y Paul Woodbridge, «Did Paul Change His Mind? –an Examination of Some Aspects of Pauline Eschatology», *Themelios* 28 (2003): 5–18.

83. Esp. Heikki Raisanen, *Paul and the Law* (Tübingen: Mohr, 1983; Philadelphia: Fortress, 1986). Encontrará una respuesta en Teunis E. van Spanje, *Inconsistency in Paul?* (Tübingen: Mohr, 1999).

cumpliendo todas las profecías de Dios. Pero a diferencia de la creencia judía convencional, lo hace en dos etapas, que se corresponden con lo que hoy llamamos su primera y su Segunda Venida. Mientras, vivimos en el «ya pero todavía no», el periodo intermedio entre la antigua y la nueva era de la historia de la salvación.

(7) En este periodo intermedio, podemos vivir reconciliados con Dios sola y exclusivamente por su obra justificadora, que los seres humanos hacemos nuestra por gracia a través de la fe. La obediencia que nace a continuación es la consecuencia natural de la relación con Dios —que ha sido restaurada—, y no un medio para conseguir dicha restauración. (8) Es apropiado, de hecho es crucial, hablar de Jesús (y del Espíritu Santo que le dio poder y que ahora da poder a los creyentes) con el vocabulario reservado exclusivamente para Yahvé, Dios de Israel. Dicho de otra forma, Pablo articula un incipiente trinitarianismo. (9) El seguimiento de Jesús es crucicéntrico, caracterizado por la negación de uno mismo, el amor por los demás, e incluso el sufrimiento, que caracterizó también la vida y la muerte de Cristo. (10) Además, el Espíritu obra en nuestra vida como señal las promesas de Dios que ya ha cumplido, y como garantía de la esperanza que también actuará en el futuro cumpliendo las promesas que aún están por cumplir. (11) Los cristianos deben unirse para adorar juntos, ejercer sus dones espirituales, para animarse los unos a los otros, creando así una comunidad diferente y atractiva, contraria a las instituciones corruptas del mundo. (12) Por último, la historia culminará en la parusía (el retorno de Cristo), la resurrección de de todas las personas para vida o muerte eterna, y el triunfo final de Dios sobre todos sus enemigos, humanos o diabólicos.[84]

Desde la Reforma, los intérpretes protestantes normalmente han seguido a Martín Lutero y han visto que el tema central del pensamiento de Pablo es «la justificación por la fe». A principios del siglo XX, la tesis de Albert Schweitzer de que el concepto de estar «en Cristo» era un mensaje central del apóstol tuvo bastante aceptación. El existencialismo influyente de Rudolf Bultmann a mitades de siglo hizo que el énfasis recayera en la crisis de la humanidad (el pecado) y la decisión de vivir «de forma auténtica» ante Dios y los hombres como solución a dicha crisis. Después de la Segunda Guerra Mundial, W. D. Davies presagió un retorno a las raíces judías de Pablo, y estableció como centro de la teología de Pablo creer en Jesús como el Mesías judío. Muy poco después, Ernst Käsemann recuperó la apocalíptica judía, creyendo que era la categoría fundamental para interpretar a Pablo.[85] Hoy en día, no obstante, todas estas ideas han quedado eclipsadas por el debate sobre la llamada «nueva perspectiva de Pablo», que tiene sus orígenes en la obra de E. P. Sanders, *Paul and Palestinian Judaism* [Pablo y el judaísmo palestino], publicada en 1977.[86]

---

84. Gorman, *Apostle of the Crucified Lord*, 131–44.
85. Encontrará más sobre estas ideas en Wright, *El verdadero pensamiento de Pablo* (CLIE, 2002), 17–25.
86. London: SCM; Philadelphia: Fortress.

Sanders explicó de forma muy detallada que el retrato que los académicos habían hecho del judaísmo en Israel antes del 70 d.C. contenía bastantes anacronismos históricos, puesto que describía a los contemporáneos judíos de Pablo igual que a sus descendientes rabínicos de siglos después. Según Sanders, si uno se centra en la literatura judía precristiana, detecta la casi omnisciente presencia del «nomismo pactual», un acercamiento a la vida religiosa en el que los judíos veían las obras de la ley como consecuencia de su relación y su pacto con Yahvé, y no como un modo de ganarse la entrada en el pueblo de Dios. Después de todo, nacer como judío (y para los varones el rito de la circuncisión) ya le otorgaba a uno el derecho de pertenecer al pueblo de Dios. Por tanto, Pablo y el judaísmo de su época creían que las buenas obras no habían sido diseñadas para que la gente pudiera «ser salva», sino para que pudiera «seguir» salva. La diferencia principal entre Pablo y sus contemporáneos no tenía que ver con el debate sobre el papel de la ley, sino sobre si el Mesías había llegado ya en la persona de Jesús.

James Dunn construyó sobre la obra de Sanders y lo que hizo fue centrarse en las obras de la Torá que él llamó «marcas de justicia nacional». La circuncisión, guardar el *sabbat* y las leyes dietéticas eran unas marcas o características que diferencian a los judíos de las demás naciones. Y estas marcas les podían hacer caer en el orgullo étnico. Según Dunn, las quejas de Pablo en contra de los líderes religiosos de su época tienen que ver con ese nacionalismo injustificado, y no tanto con el legalismo clásico (intentar salvarse a través de las obras).[87] A partir del marco interpretativo establecido por Sanders y Dunn, N. T. Wright ha desarrollado algunas ideas clave. La más destacada es la siguiente: el «evangelio» (o «buenas nuevas») es mucho más que el anuncio de cómo llegar a Dios; es la declaración de que Jesús es Señor por encima de todo el cosmos. No todos reconocieron este hecho, así que el término «justificación», al menos inicialmente, no era tanto un método para reconciliarse con Dios, sino más bien un criterio para saber, de entre todos los que decían ser parte de la comunidad del pacto, quiénes eran realmente de su pueblo. Los que realmente lo eran, confesarían a Jesús como Señor (en contra de la declaración del César, que se autoproclamaba como la divinidad de todo su pueblo) y dejarían que el señorío de Jesús influenciara todas las áreas de sus vidas, a nivel individual, y como pueblo.[88]

En los estudios de Pablo, en los últimos años la «nueva perspectiva» ha provocado más reacciones que cualquier otro tema. Algunos la aceptan con los ojos cerrados; otros, con los ojos cerrados la censuran. Normalmente, estos dos extremos reflejan que no hay una comprensión completa de todas las cuestiones. No obstante, la mayoría reconoce por un lado los puntos fuertes del

---

87. James D. G. Dunn, (*Jesus, Paul and the Law: Studies in Mark and Galatians* [London: SPCK: Louisville: WJKP, 1990] incluye algunos de sus estudios en este área. Ver también su obra titulada *The Theology of Paul the Apostle*.

88. Wright, *El verdadero pensamiento de Pablo* (CLIE, 2002), 45–168.

movimiento y, por otro, sus puntos débiles.[89] La «nueva perspectiva» está en lo cierto en cuanto a la mayoría de cosas que dice sobre el judaísmo de principios del siglo I, pero es errónea en cuanto a muchas de las cosas que niega sobre las obras–justicia. En relación con este tema, hay tres observaciones que hemos de considerar. Primero, en algunas fuentes judías precristianas encontramos algo de «teología de los méritos» (un juicio final donde a un lado de la balanza se pondrán las buenas obras, y al otro, los pecados). Mientras que es cierto que interpretar el pensamiento del siglo I a través del pensamiento rabínico posterior suele llevar a error, Sanders no supo reconocer la diversidad de acercamientos que ya había en días de Pablo (especialmente porque desconocía los Manuscritos del Mar Muerto).[90] Segundo, la «teología del remanente» (tan solo una minoría de judíos serán salvos) estaba más presente en la literatura judía intertestamentaria de lo que Sanders supo ver, y el criterio clave para saber quién era un judío fiel (de entre todos los que creían tener el favor de Dios solo por su procedencia étnica) era la obediencia a la Torá.[91] Tercero, en un mundo que aún no había desarrollado de forma completa el concepto de la «seguridad eterna» (o la «perseverancia de los santos», por usar el vocabulario de la Reforma), las obras de la ley no solo nacían de la fe en Yahvé como consecuencia lógica, sino que eran un factor determinante para probar en el día del juicio que uno se había mantenido fiel a Dios.[92]

Como resultado, el mundo de Pablo era mucho más complejo de lo que los reformadores y sus herederos habían pensado. Además, aunque cuando se estudia a Jesús el imperialismo dominante y opresivo que Roma promovía se tiene muy en cuenta, no es ese el caso cuando se estudia a Pablo. La mayor parte de los escritos de Pablo invierten de forma implícita las costumbres políticas y teológicas de su mundo.[93] Al mismo tiempo, no tenemos que desechar ninguna de las ideas centrales de la teología de la Reforma, sino tan solo complementarlas o matizarlas. Después de todo, cuanto más reconocía el

---

89. De todos los estudios que se han hecho, el más reciente y útil (por no decir el mejor), es Stephen Westerholm, *Perspectives Old and New on Paul: The «Lutheran» Paul and His Critics* (Grand Rapids and Cambridge: Eerdmans, 2004).

90. La obra maestra que recoge esta diversidad del judaísmo precristiano es la que D. A. Carson, Peter T. O'Brien y Mark Seifrid, eds., *Justification and Variegated Nomism*, vol I (Tübingen: Mohr; Grand Rapids: Baker, 2001). Vol. 2 (2004) reevalúa algunos temas principales de Pablo a la luz de esta diversidad, demostrando que la comprensión que los reformadores tenían de Pablo era bastante acertada.

91. Ver esp. Mark A. Elliot, *The Survivors of Israel* (Grand Rapids and Cambridge: Eerdmans, 2000).

92. Ver esp. Simon J. Gathercole, *Where Is Boasting?* (Grand Rapids and Cambridge: Eerdmans, 2002).

93. Ver esp. John Dominic Crossan y Jonathan L. Reed, *In Search of Paul* (San Francisco: HarperSanFrancisco, 2004). Cf. Neil Elliott, *Liberating Paul: The Justice of God and the Politics of the Apostle* (Maryknoll: Orbis, 1994); Bruno Blumenfeld, *The Political Paul: Justice, Democracy and Kingship in a Hellenistic Framework* (Sheffield: SAP, 2001).

judaísmo la gracia, y más veía Pablo lo lejos que quedaba de la gloria de Dios, más evidente se hacía la depravación total de la humanidad. La llamada nueva perspectiva sobre Pablo y el judaísmo no elimina este elemento de la teología paulina, sino que lo intensifica.[94]

Pablo combatió el legalismo, pero también combatió el nomismo pactual y el nacionalismo o etnocentrismo. Mientras que muchas iglesias cristianas hoy se esfuerzan por evitar la primera de estas herejías, las otras dos no siempre se han detectado ni tratado de forma adecuada.

PABLO Y JESÚS

Para muchos lectores de las epístolas de Pablo, resulta un tanto extraño que el apóstol apenas cite las enseñanzas de Jesús. Y a excepción de la muerte y la resurrección de Cristo, tampoco menciona hechos de Jesús. Los temas principales del Jesús de los Evangelios Sinópticos, que según muchos estudiosos representan la imagen más aproximada que podemos tener del Jesús histórico, casi no aparecen en las epístolas. Y lo mismo ocurre a la inversa: los temas principales de Pablo apenas aparecen en los Sinópticos. Toda la enseñanza de Jesús gira en torno al reino de Dios; mientras que el tema principal de Pablo es la justificación. Un Jesús judío que predica un mensaje de arrepentimiento a sus correligionarios principalmente pertenecientes a la nación de Israel, da paso a aquel apóstol a los gentiles que estableció que la iglesia de Cristo estaba formada por judíos y por no judíos, y que todos ellos eran iguales antes el Señor. El maestro de Nazaret que casi nunca hace una declaración directa sobre su identidad, aparece en las epístolas proclamado como Mesías, Señor, e Hijo de Dios. ¿Cómo podemos explicarlo? ¿La comprensión que Pablo tenía de las buenas nuevas de Cristo se aleja de los énfasis que hacía el Jesús histórico?[95]

De hecho, aunque hay pocas citas directas de Jesús en las epístolas, sí hay un buen número de alusiones. Dado que los Evangelios aún no se habían escrito ,y por ello, el conocimiento que Pablo tenía de las enseñanzas de Jesús debía venir de la tradición oral, no sorprende la falta de citas *verbatim*. De hecho, es más bien normal. En los casos en los que la «liturgia» cristiana dio paso a la fijación de ciertas tradiciones, sí encontramos citas directas; obsérvese la interpretación que Pablo hace de las palabras de Jesús sobre el pan y el vino durante la última cena en 1ª Corintios 11:23–25 (cf. esp. Lucas 22:19–20). Las referencias a los mandamientos éticos de Jesús sugieren que Pablo conocía sermones enteros sobre este tema, y no tan solo dichos aislados. Así, Romanos 12:14 cita el Sermón del Monte/Llano (Lucas 6:28; Mt 5:44), concretamente el mandamiento de bendecir y no maldecir a aquellos que persiguen a los creyentes. En el versículo 17, Pablo sigue Mateo 5:38 mencionando el tema de

---

94. Dan G. McCartney, «No Grace without Weakness», *WTJ* 61 (1999).

95. La mayor parte del material de esta sección es un resumen de Blomberg, *Making Sense of the New Testament*, 71–106. La obra más completa sobre este tema es la de David Wenham, *Paul: Follower of Jesus or Founder of Christianity?* (Grand Rapids and Cambridge: Eerdmans, 1995).

no pagar mal por mal, mientras que los versículos 18–19 al parecer aluden a Lucas 6:27, 36, que hablan del amor a los enemigos. Los ejemplos en los que Pablo hace referencia a enseñanzas éticas de Jesús incluyen también: aquellos que predican el evangelio deben recibir su sustento (1Co. 9:14; cf. Lc 10:7); las instrucciones sobre el divorcio (1Co. 7:10; cf. Mr 10:2–12 par.); el mandato de pagar los impuestos (Ro 13:7; cf. Mr 12:17 par.); y la insistencia de que Jesús declaró que todos los alimentos son puros (Ro 14:14; cf. Mr 7:18–19 par.).

En cuanto a cuestiones teológicas, Pablo alude a las creencias de Jesús sobre todo cuando trata el tema de la escatología. De nuevo encontramos un conjunto de referencias, esta vez al discurso en el monte de los Olivos (Mt 24–25 par.), en textos como 1ª Tesalonicenses 4:15, donde habla de la resurrección de los creyentes al son de la trompeta (cf. Mr 13:26 y Mt 24:31); 1ª Tesalonicenses 5:2, 4, donde usa la comparación del ladrón en la noche (cf. Mt 24:43–44 par.); 1ª Tesalonicenses 5:3, donde se habla de los «dolores de parto» anteriores a la venida del Mesías (cf. Mr 13:8 par.); y 1ª Tesalonicenses 5:4–6, que habla de estar alerta (cf. Mr 13:33 y las parábolas relacionadas). De nuevo, la lista de ejemplos podría ser mucho más larga.[96]

En cuanto a los hechos de Jesús, Stanley Porter ofrece un catálogo seguro, hasta minimalista, de todo lo que sin duda alguna Pablo conocía de Jesús: «Nació como humano (Ro 9:5) de una mujer y bajo la ley, es decir, como judío (Gá 4:4); era descendiente de David (Ro 1:3; 15:12) aunque no era como Adán (Ro 5:15); tenía hermanos, entre los cuales había uno llamado Jacobo (1Co 9:5; Gá 1:19); había celebrado una cena la noche que fue entregado (1Co 11:23–25); fue crucificado y murió en una cruz (Fil 2: 8; 1Co 1:23; 8:11; 15:3; Ro 4:25; 5:6, 8; 1Ts 2:15; 4:14, etc.); fue enterrado (1Co 15:4) y resucitó tres días después (1Co 15:4; Ro 4:25; 8:34; 1Ts 4:14, etc.); y Pedro, los discípulos y otros lo vieron resucitado (1Co 15:5–7)».[97]

Algunas otras alusiones podrían apuntar a que Pablo sabía del nacimiento virginal de Jesús (Gá 4:4), que fue bautizado por Juan (Gá 4:6), que vivió una vida sin pecado (1Co 5:21), de su preocupación por los pobres (2Co 8:9), de la transfiguración (2Co 3:18), de su liderazgo basado en el servicio (1Co 10:1), etcétera.

Las comparaciones teológicas amplias demuestran que la distancia entre Jesús y Pablo no es tan grande como muchos han creído. El término «justi-

---

96. Ver esp. la tabla de treinta y un elementos compilada por Seyoon Kim, «Jesus, Sayings of», en *Dictionary of Paul and His Letters*, eds. Gerald F. Hawthorne, Ralph P. Martin y Daniel G. Reid (Leicester and Downers Grove: IVP, 1993), 481, aunque algunos de ellos resultan menos convincentes que otros. Los dieciocho más ambiguos aparecen convenientemente a modo de tabla en Bruce N. Fisk: «Paul, Life and Letters», en *The Face on New Testament Studies*, eds. Scot McKnight y Grant R. Osborne (Grand Rapids: Baker; Leicester: IVP, 2004), 311–12.

97. Stanley E. Porter, «Images of Christ in Paul's Letters», en *Images of Christ: Ancient and Modern*, eds. Stanley E. Porter, Michael A. Hayes y David Tombs (Sheffield: SAP, 11Co 1997), 98–99.

ficación» lo usamos para traducir la palabra griega *dikaiosune*, que también significa «justicia». Pero Jesús enseñó a sus discípulos a pedir que el reino de Dios viniera y que se hiciera su voluntad (Mt 6:10), lo que obviamente incluye la justicia para aquellos que son tratados injustamente (Lc 10:25–37; Mt 25:31–46). Además, Pablo se refiere al reino de forma explícita unas doce veces, y Jesús usa el verbo *justificado* del mismo modo que Pablo al menos en una ocasión, al final de la parábola del fariseo y el recaudador de impuestos (Lc 18:14). Las comparaciones entre el ministerio a los judíos y gentiles simplemente encaja con lo que tanto Jesús como Pablo reconocen de forma explícita como una secuencia cronológica de prioridades (cf. Mt 10:5–6 con 28:19–20; Ro 1:16). Por último, el paso de una cristología más implícita a una cristología más explícita es precisamente lo que uno podría esperar después de que la resurrección, pues ésta vindicó el ministerio y las declaraciones de Cristo. Una vez más, podríamos continuar con una larga lista de comparaciones de este tipo.[98]

No obstante, después de decir todo esto, reconocemos que sigue siendo sorprendente que en Pablo aparezca tan poco de los contenidos de los Evangelios. Llegado este punto, es importante hacer alguna otra observación. (1) Ninguna de las cartas de Pablo son evangelísticas en el sentido más estricto de la palabra, pues están dirigidas a personas o iglesias que ya conocen la historia del evangelio, y que ya han llegado a la fe. (2) Las demás epístolas del Nuevo Testamento no contienen tantas referencias o alusiones al Jesús histórico, ¡ni siquiera las cartas de Juan, que fueron escritas por la misma persona que escribió uno de los Evangelios! Al parecer, citar a Jesús no era uno de los propósitos principales del género epistolar cristiano de aquel entonces. (3) Los primeros autores de las epístolas, como los cristianos en general, pronto se dieron cuenta de que la muerte y la resurrección de Jesús eclipsaron todo lo que enseñó y las otras cosas que hizo y, por eso, al hacer referencia a su vida en la tierra, se centraron en esos dos eventos. (4) La frecuente tensión que Pablo tuvo con los que decían (acertada o equivocadamente) que representaban a los doce apóstoles (los que habían caminado con el Jesús histórico y sus seguidores), significó que Pablo tuvo que subrayar que él no pertenecía a dicho grupo. Mencionar y recordar su encuentro directo con Cristo en el camino a Damasco serviría para ese propósito mucho más que citar aquí y allá las palabras y los hechos de Jesús ocurridos cuando él aún no era un discípulo ni un testigo ocular. (5) Por último, y como extensión de este último punto, el sentido de inspiración divina que guió a Pablo (1Co 7:12, 25, 40; 1Ts 2:13) le dio la libertad de decir lo que creía que Dios le estaba diciendo de forma directa, sin importarle si lo expresaba o no tal y como Jesús lo había expresado durante su ministerio en la tierra.[99]

---

98. Ver tambien J.P. Arnold, «The Relationship of Paul to Jesus», en *Hillel and Jesus: Comparative Studies of Two Major Religious Leaders*, eds. James H. Charlesworth y Loren L. Johns (Minneapolis: Fortress, 1997), 256–88.

99. Ver esp. Herman Ridderbos, *Paul and Jesus* (Grand Rapids: Baker, *1958). Cf. further F. F. Bruce, Paul and Jesus (Grand Rapids: Baker, 1954); Traugott Holtz*, «Paul and

CONCLUSIÓN

Muchos son los que hoy denigrarían a Pablo, quizás porque en el pasado se hizo un énfasis exagerado en sus cartas, en detrimento de otras partes del canon, quizás porque sus posicionamientos éticos no son suficientemente radicales, o quizás por preferir la narrativa por encima de la literatura didáctica. No obstante, sus escritos continúan fascinando a muchas personas, y no solo a personas cristianas, y su lectura siempre recompensa a los que deciden estudiarlos de forma seria y concienzuda. *Su perspectiva cruciforme de la vida cristiana aún escandaliza a aquellos que siguen las filosofías del mundo caído, que sin excepción elevan a la humanidad al lugar que solo pertenece a Dios. Pero puso en práctica lo que predicó, y los que creen en la autoridad única de las Escrituras deben darle a la obra de Pablo un lugar central, y reflexionar sobre ella y obedecerla.*

PREGUNTAS

1. ¿Cuáles son los eventos más importantes de la vida de Pablo antes de ser cristiano para comprender sus experiencias posteriores, y por qué son tan importantes?

2. ¿Por qué el encuentro de Saulo con Jesús fue una experiencia de conversión? ¿Y por qué fue un llamamiento y una comisión?

3. ¿Cuáles son algunos de los detalles más importantes de la vida cristiana de Pablo que tan solo aparecen en las epístolas (es decir, que no aparecen en Hechos), y por qué son tan importantes?

4. ¿Cómo logra Pablo usar de forma eficaz los principales géneros de la retórica y otras formas literarias menos recurrentes del mundo de habla griega de sus tiempos? Menciona ejemplos concretos.

5. ¿Cuáles son algunas de las respuestas que se pueden dar a los estudiosos que dicen que, como la seudonimia era un recurso aceptado y reconocido en el antiguo mundo grecorromano y judío, algunas de las cartas que se atribuyeron a Pablo podrían ser seudónimas?

6. ¿Por qué las epístolas paulinas siguen el orden que siguen en el canon del Nuevo Testamento? ¿Por qué sus cartas están ordenadas en el orden en el que aparecen en nuestras Biblias?

7. ¿Cuáles son las convicciones teológicas fundamentales que conforman el pensamiento de Pablo?

8. Identifica principios hermenéuticos concretos que ayudan al lector del siglo XXI a determinar qué instrucciones de las epístolas paulinas son prescriptivas y, por tanto, para todos los tiempos y culturas, y cuáles se pueden aplicar de forma distinta dependiendo del contexto y las circunstancias.

---

the Oral Gospel Tradition», en *Jesus and the Oral Gospel Tradition*, ed. Henry Wansbrough (Sheffield: JSOT, 1991), 380–93.

9. ¿Qué podemos saber con certeza sobre el final de la vida de Pablo? ¿Qué fuentes fiables nos pueden ayudar a reconstruir los detalles? ¿Qué principios podemos extraer del martirio de Pablo?

10. ¿Cuál es la relación entre las enseñanzas de Pablo y las enseñanzas y la vida del Jesús que aparece en los Evangelios? Identifica las similitudes más significativas. ¿Qué observaciones clave nos ayudan a explicar las diferencias entre los énfasis de Pablo y los énfasis de los autores de los Evangelios?

OBRAS SELECCIONADAS

AVANZADOS

Boyarin, Daniel. *A Radical Jew: Paul and the Politics of Identity.* Berkeley: University of California Press, 1994.

Crossan, John Dominic y Jonathan L. Reed. *In Search of Paul.* San Francisco: HarperSanFrancisco, 2004.

Dunn, James D. G. *The Theology of Paul the Apostle.* Grand Rapids and Cambridge, 1998.

Murphy–O'Connor, Jerome. Paul: *A Critical Life.* Oxford: Clarendon, 1996.

Ridderbos, Herman. Paul: *An Outline of His Theology.* Grand Rapids: Eerdmans, 1975.

Roetzel, Calvin J. *Paul: The Man and the Myth.* Columbia: University of South Carolina Press, 1998.

Sanders, E. P. *Paul and Palestinian Judaism.* London: SCM; Philadelphia: Fortress, 1977.

Segal, Alan F. *Paul the Convert: The Apostolate and Apostasy of Saul the Pharisee.* New Haven y London: Yale University Press, 1990.

INTERMEDIOS

Bruce, F. F. *Paul: Apostle of the Heart Set Free.* Grand Rapids: Eerdmans, 1977.

Chilton, Bruce. *Rabbi Paul.* New York y London: Doubleday, 2004.

Dunn, James D. G., ed. *The Cambridge Companion to St Paul.* Cambridge and New York: CUP, 2003.

Gorman, Michael J. *Apostle of the Crucified Lord: A Theological Introduction to Paul and His Letters.* Grand Rapids y Cambridge: Eerdmans, 2004.

McRay, John. *Paul: His Life and Teaching.* Grand Rapids: Baker, 2003.

Polhill, John B. *Paul and His Letters.* Nashville: Broadman & Holman, 1999.

Reymond, Robert L. *Paul, Missionary Theologian*. Fearn, Ross–shire, Scotland: Christian Focus Publns., 2000.

Schreiner, Thomas R. *Paul: Apostle of God's Glory in Christ*. Downers Grove y Leicester: IVP, 2001.

Witherington, Ben, III. *The Paul Quest: The Renewed Search for the Jew of Tarsus*. Downers Grove and Leicester: IVP, 1998.

————. *Paul's Narrative Thought World*. Louisville: WJKP, 1994.

Young, Brad H. *Paul the Jewish Theologian*. Peabody: Hendrickson, 1997.

INTRODUCTORIOS

Ellis, E. Earle. *Pauline Theology, Ministry and Society*. Grand Rapids: Eerdmans; Exeter: Paternoster, 1989.

Longenecker, Richard N. *The Ministry and Message of Paul*. Grand Rapids:Zondervan, 1971.

Polaski, Sandra H. *A Feminist Introduction to Paul*. St. Louis: Chalice, 2005.

Sanders, E. P. *Paul*. Oxford y New York: OUP, 1991.

Schreiner, Thomas R. *Interpreting the Pauline Epistles*. Grand Rapids: Baker, 1990.

Wiles, Virginia. *Making Sense of Paul: A Basic Introduction to Pauline Theology*. Peabody: Hendrickson, 2000.

Witherup, Ronald D. *101 Questions and Answers on Paul*. New York: Paulist, 2003.

Wright, N. T. *What Saint Paul Really Said*. Oxford: Lion; Grand Rapids: Eerdmans, 1997.

MÁS BIBLIOGRAFÍA EN:

Seifrid, Mark A., y R. K. J. Tan, *The Pauline Writings: An Annotated Bibliography*. Grand Rapids: Baker, 2002.

LAS EPÍSTOLAS Y EL APOCALIPSIS

PREGUNTAS SOBRE CADA LIBRO

De cada libro que estudiemos, asegúrate de averiguar, en la medida que se pueda, las circunstancias en torno a la composición del libro: autor, fecha, lugar de composición, receptores, cuestiones que afectaban a los receptores, frase o párrafo que recoja el tema (o tesis), género literario o subgénero, formas literarias importantes que aparecen, y el sentido general del esquema con sus principales divisiones y subdivisiones. Además, fíjate en las preguntas más especializadas que aparecen al final del comentario de cada libro o de cada grupo de libros.

CRONOLOGÍA DE LAS CARTAS DE PABLO	
Gálatas	48–49
1ª y 2ª Tesalonicenses	50–51
1ª Corintios	55
2ª Corintios	56
Romanos	57
Filemón/Colosenses/Efesios	60–61
Filipenses	61–62
Tito, 1ª Timoteo	ca. 62
2ª Timoteo	ca. 68

3

GÁLATAS: LA CARTA DE LA LIBERTAD CRISTIANA
INTRODUCCIÓN

DESTINATARIOS Y FECHA

Cuando intentamos identificar las circunstancias que hicieron que Pablo escribiera la carta que conocemos como la carta a los Gálatas, nos encontramos principalmente con dos problemas. El primero tiene que ver con determinar si estaba escribiendo a las iglesias en la región que hoy es el norte y el centro norte de Turquía, que incluía a los gálatas étnicos, es decir, a las personas que usaban dicho término para identificarse a sí mismos, o si tenía en mente la región romana de Galacia, mucho más extensa, pues incluía también todo el centro y el centro sur de la actual Turquía. En el año 25 a.C., Roma había unido las regiones anteriormente conocidas como Galacia (en el norte) y Frigia (en el sur), y la combinación de estos términos en Hechos 16:6 y 18:23 sugiere que Lucas reconocía esta reorganización provincial. No obstante, a nivel local se solían mantener las distinciones, y por lo general la gente de Frigia no se llamaba a sí misma gálata.

La resolución del debate depende en parte de si el ministerio inicial de Pablo a los gálatas (descrito en Gá 3:1–5 y 4:12–16) debería asociarse con alguno de los viajes misioneros que aparecen en Hechos. En ese libro no se recoge que Pablo predicara en el norte de Galacia, pero por el contenido de las epístolas sabemos que Hechos no recoge otras porciones de los viajes de Pablo. Así, el hecho de que esta información no aparezca en Hechos no tiene demasiada importancia. Por otro lado, Hechos 13–14 habla del ministerio de Pablo en Antioquía de Pisidia (de hecho, que está algo más allá de Pisidia, hacia Frigia, pero la llama así para que no se confunda con la Antioquía que había en el centro de Frigia) y en Iconio, ciudades que estaban en la parte sur de la Galacia romana. Partes de Licaonia también pasaron a incorporarse a la Galacia romana, así que puede ser que las ciudades de Listra y Derbe llegaran a estar incluidas.[1]

El segundo problema, que está interrelacionado con el primero, tiene que ver con determinar si Pablo escribió la epístola a los Gálatas antes o después del Concilio Apostólico del año 49 d.C., aproximadamente, que aparece en Hechos 15:1–29. Los académicos más liberales creen que Gálatas 2:1–10 contiene tantos elementos similares a los del concilio, que tiene que tratarse de un relato independiente sobre el mismo suceso (Pablo y los apóstoles de Jerusalén

---

1. Ver esp. F.F. Bruce, *Un comentario de la epístola a los Gálatas* (CLIE, 2004), 41–55. Cf. también Frank J. Matera, *Galatians* (Collegeville: Liturgical, 1992), 19–24. Está claro que llegar a la conclusión de que la carta estaba escrita para el sur de Galacia no demuestra que Pablo tuviera en mente estas dos ciudades. Pablo también podría haber evangelizado otras comunidades del sur de Galacia que no se mencionan en Hechos.

tienen que decidir si la circuncisión y, por tanto, la observación de toda la ley mosaica, es requisito indispensable para la salvación). No obstante, una vez hecha esta ecuación, entre Gálatas y Hechos sigue habiendo discrepancias que parecen irreconciliables. Por ejemplo, en Gálatas 2:1–2, Pablo, Bernabé y Tito se reúnen en privado, mientras que en Hechos 15 Pablo y Bernabé aparecen en público. En Gálatas 2:6–10, los apóstoles de Jerusalén no añaden nada al mensaje de Pablo; en Hechos 15 añaden las cuatro restricciones que forman el decreto apostólico (v. 19–21).[2] Y podríamos seguir. Vemos, pues, que hay bastantes detalles que aparecen en un texto que están ausentes en el otro, por lo que uno se pregunta si estos dos textos se están refiriendo al mismo suceso. Por otro lado, si Gálatas 2:1–10 no se refiere al episodio que aparece en Hechos 15, entonces nos tenemos que enfrentar a la siguiente pregunta: ¿cómo se explica un nuevo desacuerdo sobre algunos de los temas que se debatieron en el concilio de Hechos 15? ¡Como si allí no se hubiera tomado ninguna decisión!

Sin embargo, hay razones de peso para creer que los dos textos se refieren a sucesos diferentes. Si consideramos el libro de Hechos como una fuente históricamente fiable, entonces hemos de recordar que Pablo visita Jerusalén dos veces antes del concilio de Hechos 15. En Hechos 9:26–29 se narra el primer viaje que Pablo hizo a Jerusalén después de su conversión, mientras que en 11:27–30 él y Bernabé llegan a Jerusalén desde Antioquía para llevar una ofrenda de ayuda a los creyentes azotados por el hambre. Gálatas también hace referencia al primer viaje de Pablo a Jerusalén, en 1:18–24, y la impresión que nos da es que 2:1–10, aunque es catorce años después, narra la segunda vez que Pablo vuelve a aquella ciudad. Eso nos llevaría a relacionar Hechos 9:26–29 con Gálatas 1:18–24, y Hechos 11:27–30 con Gálatas 2:1–10. Hechos 15:1, donde se dice que «algunos habían llegado de Judea a Antioquía», y estaban enseñando a los cristianos que «a menos que os circuncidéis, conforme a la tradición de Moisés, no podéis ser salvos», encajaría con la referencia en Gálatas 2:12 donde «algunos de parte de Jacobo … partidarios de la circuncisión», hicieron que Pedro y Bernabé se separaran de los gentiles, con los que ya habían estado comiendo.[3]

Estas correlaciones también nos hacen pensar que Pablo, en su relato autobiográfico de Gálatas 1 y 2 no ha omitido ninguna de sus visitas a Jerusalén. Estas suposiciones estarían respaldadas por la lógica, pues el propósito de Pablo al contar su historia es demostrar su independencia de los apóstoles de Jerusalén. De hecho, omitir la mención de alguna de sus visitas habría mermado su argumentación; por lo que concluimos que ha incluido todas y cada una de ellas.[4]

Queriendo demostrar la invalidez de estas correlaciones, algunos han apuntado a las grandes diferencias que hay entre Hechos 11:27–30 y Gálatas 2:1–10.

---

2. Cf. p. ej., J. Louis Martín, *Galatians* (New Cork and London: Doubleday, 1997), 187–221.

3. Ver Colin J. Hemer, «Acts and Galatians Reconsidered», *Themelios* 2 (1977): 81–88. Cf. L. Ann Jervis, *Galatians* (Peabody: Hendrikson, 1999), 7–15.

4. Robert K. Rapa, *The Meaning of «Works of the Law» in Galatians and Romans* (New York: Peter Lang, 2001), 79–80.

No obstante, no encontramos ninguna contradicción, al igual que cuando intentamos emparejar Gálatas 2:1–10 con Hechos 15. Y aunque la versión enormemente abreviada de Lucas de la segunda visita se centra exclusivamente en la ofrenda para los pobres, en Gálatas 2:1–10 hay dos detalles interesantes que encajan mucho mejor con Hechos 11 que con Hechos 15. El primero aparece en Gálatas 2:2, donde Pablo explica que fue a Jerusalén «obedeciendo a una revelación», pues encaja perfectamente con la profecía de Agabo de Hechos 11:27–28. El segundo es el recordatorio que aparece en Gálatas 2:10 de que Pablo y sus compañeros debían acordarse de los pobres, que era exactamente lo que él quería hacer, y encaja perfectamente con la ofrenda de Hechos 11:29–30.[5]

El hecho de que Pedro no respaldara un acuerdo que ya se había alcanzado no debería sorprendernos, dada la naturaleza volátil del tema en cuestión. Pedro no sería el primero en la historia de la humanidad que necesita más de una conversación para reafirmar un compromiso a pensar y a actuar de una forma radicalmente nueva. De hecho, sería más sorprendente si el conflicto de Gálatas 2:11–15 hubiera tenido lugar *después* del concilio más formal de Hechos 15, donde los acuerdos se pusieron por escrito. La actitud de Pedro no sorprende tanto si tan solo está renegando de una conversación privada e informal como la de Gálatas 2:1–10.

Los problemas en cuanto a los destinatarios y la fecha están relacionados porque si creemos que el origen está en el norte de Galacia, es más fácil imaginar a Pablo dirigiéndose al norte después de visitar de nuevo las ciudades del sur de Galacia en su *segundo* viaje misionero, donde según él están yendo de un lado al otro buscando la guía de Dios para saber a dónde ir (Hechos 16:6–10), que imaginarlo intentando encajar un viaje más en el *primer* viaje misionero, que fue más rápido y más corto, y en el que viajó del sur de la provincia a las ciudades del sur de Galacia, para luego regresar a su origen. Por tanto, la mayoría de los que dicen que la carta está dirigida al sur de Galacia, la fechan entre *el 48 y el 49, antes del Concilio Apostólico*. La mayoría de los que dicen que la carta tiene su origen en el norte de Galacia, la fechan entre el 51 y el 53, después de que Pablo ha pasado de la «Turquía» central a las ciudades de Grecia,[6] aunque algunos la fechan incluso un poco más tarde. No obstante, no es necesario hacer una correlación entre las dos cuestiones, y algunos estudiosos de los que creen que la carta va dirigida al sur de Galacia la fechan más tarde,[7] mientras que algunos, aunque bien pocos, de los que piensan que proviene del norte de Galacia, la fechan más temprano.[8]

---

5. Cf. Richard N. Longenecker, *Galatians* (Dallas: Word, 1990), 47, 59–60.
6. Francis Watson (*Paul, Judaism and the Gentiles* [Cambridge and New Cork: CUP, 1986], 59 observa que Gálatas 2:10 demuestra que esta carta debe fecharse antes de 1ª Corintios, donde Pablo empieza a poner en práctica lo acordado, recogiendo otra ofrenda para los pobres de Jerusalén.
7. P. ej., Herman N. Ridderbos, *The Epistle of Paul to the Churches of Galatia* (Grand Rapids: Eerdmans, 1953), 22–35.
8. P. ej., Hans Dieter Betz, *Galatians* (Philadelphia: Fortress, 1979), 5, 12.

| PABLO EN JERUSALÉN EN HECHOS Y GÁLATAS ||
Hechos	Gálatas
Conversión (9:1–25)	Conversión (1:15–17)
Primer viaje (9:26–30)	Primer viaje (1:28–24)
Segundo viaje (11:27–30)	Segundo viaje (2:1–10)
Problemas en Antioquía (15:1–2)	Problemas en Antioquía (2:11–14)
	Pablo escribe su carta
Concilio Apostólico	

Sin embargo, entre los evangélicos, la combinación favorita es la siguiente: la carta está dirigida al sur de Galacia, y fue escrita bastante temprano. Es interesante notar que ésta no fue la opinión de la mayoría de los primeros Padres de la iglesia, pero al parecer eso se debe a que a partir del 74 d.C., la reorganización romana redujo de nuevo el territorio al que había designado Galacia, por lo que los autores posteriores solo tuvieron en cuenta las divisiones geográficas de su tiempo.

Una ventaja obvia de la hipótesis de que el destino era el sur de Galacia es que nos permite relacionar la carta con la información que encontramos en Hechos 13–14. Ciertamente, si hacemos así, inmediatamente hay un par de cuestiones que nos sorprenden. La primera está en Gálatas 3:1, donde Pablo pregunta: «¿Quién os ha hechizado?» usando un verbo que podría estar haciendo referencia a la antigua creencia de que algunas personas eran capaces de hechizar a otras echándoles un «mal de ojo».[9] Este lenguaje solo sería apropiado en lugares altamente supersticiosos como Listra, donde sus habitantes pasan de adorar a Pablo porque creen que es un dios, a apedrearlo cuando se dan cuenta de que no lo es. Y la segunda está en 4:14, pues cuando Pablo describe la bienvenida que le dieron casi como si fueran ángeles de Dios o el mismo Cristo Jesús, encaja muy bien con aquella primera reacción de los habitantes de Listra.

OTRAS CIRCUNSTANCIAS Y PROPÓSITOS

Afortunadamente, el contenido principal de esta carta no se ve afectado por estos debates espinosos. Lo que está claro para todos los estudiosos es que un grupo de judíos que profesaban ser cristianos habían llegado a Galacia después de que Pablo estableciera iglesias, y estaba promoviendo la creencia de que la circuncisión, que era la señal de iniciación en la observancia de la ley mosaica, era un requisito para la salvación. Pablo se referirá a esta práctica como «judaizar» u «obligar a practicar el judaísmo» (2:14). De ahí que los estudiosos los hayan denominado los *judaizantes*. Algunos han dicho que estos

---

9. Sobre esta práctica, ver Jerome H. Neyrey, «Bewitched in Galatia: Paul and Cultural Anthropology», *CBQ* 50 (1988): 72–100.

judaizantes no eran cristianos, y lo que estaban haciendo era intentar deshacer la conversiones que Dios había realizado a través del ministerio de Pablo,[10] pero 6:12 (que habla de evitar ser perseguidos por causa de la cruz de Cristo) apunta a que esa afirmación no tiene mucho sentido. Pero este mismo versículo explica claramente por qué los judíos que profesaban la fe cristiana habrían querido observar la ley tanto como les fuera posible y evitar ser acusados de enseñar a los gentiles una enseñanza diferente (recuérdese el problema en Hechos 21:20–26).

Ciertamente, a medida que la frustración de los judíos ante el Imperio Romano crecía, y el movimiento zelote se desarrollaba cada vez más, la diferencia entre los cristianos y los judíos se hacía más evidente porque éstos sabían que no podían contar con los cristianos en su lucha contra Roma.[11] Curiosamente, uno de los fragmentos de los manuscritos del Mar Muerto traducido recientemente (4QMMT) retrata una actitud hacia la ley mosaica entre los judíos esenios muy similar a la que Pablo combate en Gálatas.[12] Así que no podemos estar totalmente seguros del origen o trasfondo de los adversarios de Pablo.

Resumiendo, al parecer Pablo ha oído que los judaizantes están cambiando el mensaje que él había predicado a las iglesias de Antioquía de Pisidia, Iconio, y quizá también de Listra y Derbe, de una forma muy similar a la confrontación con los judaizantes que él mismo tuvo en Antioquía de Siria. Si el Concilio Apostólico de Hechos 15 aún no ha tenido lugar, entonces Pablo debe de estar escribiendo la carta a los Gálatas durante el breve periodo de tiempo que hay entre el choque con Pedro y con los judaizantes en Antioquía de Siria y el viaje que hizo a Jerusalén para acabar con el problema. El poco tiempo, junto al hecho de que para Pablo se trataba de un tema muy serio, explica el tono urgente y a veces duro de la carta.[13]

GÉNERO Y ESTRUCTURA

Si tenemos que clasificar esta carta de forma más precisa, diremos que quizá lo más adecuado es describirla como una *carta apologética*. Es decir, Pablo está presentando una apología o defensa de su autoridad apostólica y, por tanto, la fiabilidad y fidelidad del evangelio que les ha predicado. Es posible esquematizar la carta siguiendo la estructura de las antiguas cartas apologéticas.[14] Algunos análisis recientes de la retórica difieren, pues dicen que usa la

---

10. Cf. esp. Mark D. Nanos, *The Irony of Galatians: Paul's Letter in First–Century Context* (Minneapolis: Fortress, 2002).

11. En cuanto a estos desarrollos, ver esp. Robert Jewett, «The Agitators and the Galatian Congregation», *NTS* 17 (1970–71): 198–212. Si quiere encontrar todo un comentario basado en esta presuposición, vea Martyn, *Galatians*.

12. James D.G. Dunn, «4QMMT and Galatians», *NTS* 43 (1997): 147–53.

13. Por razones culturales más amplias, podría ser que la gente de esta región se sintiera fácilmente atraída por la falsa enseñanza que Pablo intenta combatir. Ver Clinton E. Arnold, «"I Am Astonished That You Are So Quickly Turning Away" (Gal. 1:6): Paul and Anatolian Folk Belief», *NTS* 51 (2005): 429–49.

14. Betz, *Galatians*, 14–25.

retórica judicial de la apologética formal, por lo que Pablo está usando, en su opinión, la retórica deliberativa.[15] Pero la actitud defensiva de Pablo, especialmente si lo comparamos con muchas de sus cartas que claramente adoptan la retórica deliberativa, apunta más bien a un discurso apologético. Bastará decir, junto a otros comentaristas, que, entre la introducción y la conclusión la argumentación del Pablo se puede dividir en tres partes:[16]

I. Saludos (1:1–5)

II. Defensa de la autoridad apostólica que Dios ha dado a Pablo (1:6–2:14)

   A. La singularidad del evangelio (1:6–10)

   B. La conversión de Pablo (1:11–17)

   C. El encuentro con los apóstoles en Jerusalén (1:18–2:10)

   D. Pablo confronta a Pedro en Antioquía (2:11–14)

III. Definición de la justificación por la fe en lugar de por la ley (2:15–4:31)

   A. Tesis: justificación por fe (2:15–21)

   B. Argumentos para defender la tesis de Pablo (3:1–18)

   C. Los propósitos de la ley (3:19–4:7)

      1. Aumentar la transgresión (3:19–20)

      2. Impedir el pecado (3:21–4:7)

   D. Más argumentos para defender la tesis de Pablo (4:8–31)

IV. Descripción de la libertad en Cristo a través del Espíritu (5:1–6:10)

   A. Mantenerse firme en libertad (5:1)

   B. O todo o nada (5:2–12)

   C. La ley de Cristo (5:13–6:10)

V. Conclusión (6:11–18)

---

15. Encontrará un resumen completo de los diferentes acercamientos en Philip H. Kern, *Rhetoric and Galatians* (Cambridge and New York: CUP, 1998). Afortunadamente, este resumen es cauteloso en cuanto a la aplicación de análisis de la retórica oral a las cartas de Pablo, que son documentos escritos.

16. Cf. los tres temas principales en Frank J. Matera, «The Death of Christ and The Cross in Paul's Letter to the Galatians», *LS* 18 (1993): 238–96.

GÁLATAS COMO CARTA APOLOGÉTICA

Introducción epistolar (1:1–5)

Exordium – Descripción del problema (1:6–11)

Narratio – Demostración de la tesis y de los hechos (1:12–2:14)

Propositio – Resumen de los puntos en los que están de acuerdo y de lo que aún queda por rebatir (2:15–21)

Probatio – Pruebas o evidencias (3:1–4:31)

- Tipos de argumentos

    Lógicos

    Emocionales

    Ilustrativos

    Figurativos

Exhortatio – Parénesis (5:1–6:10)

Conclusión epistolar (6:11–18)

COMENTARIO

SALUDOS (1:1–5)

Pablo empieza su carta haciendo hincapié en que tiene tanto derecho de hablarle a la gente del verdadero evangelio como los apóstoles que acompañaron a Jesús en su ministerio. Y enfatizará esta idea al menos de ocho formas distintas. En *primer* lugar, prestemos atención a las palabras introductorias. De forma inusual, su saludo tiene un alto contenido teológico, y ahí se identifica como apóstol, es decir, como alguien que ha recibido de parte del Señor una misión concreta. También habla de la necesidad de ser rescatados de «este mundo malvado» (v. 4). En *segundo* lugar, y haciendo algo aún más sorprendente, Pablo hace caso omiso de la norma y no incluye una parte para dar gracias a Dios o pedir por los gálatas. Saltándose esa convención, pasa directamente a hablar de su asombro ante la conducta de los gálatas.[17]

DEFENSA DE LA AUTORIDAD APOSTÓLICA QUE DIOS HA DADO A PABLO (1:6–2:14)

La singularidad del evangelio (1:6–10). La *tercera* forma en la que Pablo defiende la validez de su ministerio aparece al principio del cuerpo de la carta. Inmediatamente declara que no hay otro evangelio aparte del que él les ha pre-

---

17. Ben Wintherington III (*Grace in Galatia: A Commentary on Paul's Letter to the Galatians* [Grand Rapids: Eerdmans; Edinburgh: T & T Clark, 1998], 79–80) observa que en situaciones de gran seriedad o gravedad, el *exordium* de una epístola podría sustituir la parte de alabanzas y gratitud por una parte dedicada a criticar a los receptores.

dicado, y maldice la perversión del evangelio que está seduciendo a los gálatas (v. 6–9). Parte de la dureza de su retórica se puede comparar con maldiciones que encontramos en otros escritos de la Antigüedad: desde las maldiciones de Deuteronomio 27 que el pueblo de Israel pronuncia sobre sí anunciando lo que ocurrirá en el caso de desobedecer al Señor, hasta el castigo que los médicos aceptaban de parte de los dioses por haber violado el juramento hipocrático. Es significativo que las palabras de maldición que Pablo escribe no están dirigidas directamente a los judaizantes, sino que su objetivo es advertir a los creyentes de la iglesia que él estableció del daño que esa gente puede causar. Por tanto, la severidad de las palabras de Pablo no se puede usar como argumento para hablar de forma severa a los no creyentes; si nuestro objetivo es acercarlos a Cristo, ¡lo único que esta táctica va a conseguir es alejarlos más! No obstante, queda claro que para Pablo es muy grave que haya un grupo de gente que esté negando las cuestiones fundamentales de la fe.[18] El hecho de que hable de una forma tan clara y directa echa por tierra las acusaciones que se le han hecho de que su estrategia de hacerse todo para todos (1Co 19–23) solo es un intento de ganar la aprobación de los hombres (v. 10).[19]

La conversión de Pablo (1:11–17). En *cuarto* lugar, Pablo continúa defendiendo el mandato divino de su ministerio compartiendo elementos de su biografía en 1:11–2:14, o más concretamente, hablando de su conversión.[20] Y él tiene muy claro que su conversión se trata de algo que ha ocurrido por iniciativa de Dios, pues su vida antes de conocer a Jesús no le estaba preparando para ello, sino todo lo contrario (v. 11–14).[21] Esta aclaración, junto con Filipenses 3:6, refuta la imagen que se tenía de Pablo hasta los días de Lutero como alguien que psicológicamente estaba listo para la conversión porque, como Lutero, tenía una gran lucha interna porque se veía incapaz de cumplir la ley. De hecho, ¡para cambiarle de forma radical hizo falta que Jesús se le revelara en el camino a Damasco! (ver arriba, p. 54).[22]

---

18. Cf. Betz, *Galatians*, 50–52.

19. Longenecker, *Galatians*, 18.

20. Muchos dicen que Pablo nunca se «convirtió», porque eso sería sugerir que cambió de religión, y no es así como Pablo lo vivió. Según estos autores, para Pablo estas nuevas convicciones no son más que el cumplimiento del judaísmo. Pero ver Segal, *Paul the Convert*, y recuérdese lo comentado en p. 104.

21. No obstante, estos versículos no significan que Pablo no aprendiera más cosas sobre el evangelio a lo largo de su vida cristiana. Más adelante describiremos lo que aprendió de la tradición (p. ej., 1Co 11:23) y de lo que «recibió» (p. ej., 1Co 15:3), donde quizá se refiere a un cuerpo de información bastante definido que formaba parte de lo que se enseñaba a los nuevos cristianos. Ver más en Knox Chamblin, «Revelation and Tradition in the Pauline *Euangelion*», *WTJ* 48 (1986): 1–16.

22. En cuanto a la posibilidad de que Pablo estuviera asociado con los zelotes, ver Mark Fairchild, «Paul's Pre–Christian Zealot Assotiations», *NTS* 45 (1999): 514–32. No obstante, los zelotes no se convirtieron en un movimiento organizado hasta la década de los 60, por lo que lo más lógico es verlos (y quizá a Pablo también) como «individuos recelosos que se tomaban la justicia por su mano cuando alguien incurría en una

En *quinto* lugar, después de su conversión Pablo no consultó inmediatamente a los apóstoles de Jerusalén, sino que pasó tres años en Damasco y cerca de Damasco (v. 15–17). Puede que parte de este tiempo lo dedicara a prepararse mejor para el ministerio, pero lo más probable es que desde muy temprano ya estuviera predicando el evangelio (recuérdese Hechos 9:20–25; 11:25–26). Cuando leemos que va a Arabia, no pensemos en el desierto de la actualidad; Pablo se estaba refiriendo a un territorio poblado no lejos de Damasco.[23]

El encuentro con los apóstoles en Jerusalén (1:18–2:10). En *sexto* lugar, cuando por fin se encontró con los apóstoles, el contacto fue mínimo, pero lo cierto es que los apóstoles alabaron a Dios por el ministerio de Pablo (1:18–24). Pablo explica que solo vio a Pedro y a Jacobo, el hermano del Señor, y a ambos los describe como apóstoles (v. 18–19). Esto concuerda con el uso más amplio que Pablo hace del término «apóstol» que con el que vimos en Hechos, donde normalmente solo se usa para hacer referencia a uno de los doce. También encaja con Hechos 12:17, donde Jacobo ya es uno de los líderes de la iglesia en Jerusalén, incluso antes de que Pedro se marche. Y aunque Pablo intenta minimizar la importancia de sus contactos con los apóstoles de Jerusalén, este periodo de dos semanas debió de ser crucial para aprender todo tipo de detalles sobre la fe cristiana y el Jesús histórico.[24]

Inicialmente, Gálatas 1:22–23 supone un problema porque Hechos 9:26–30 sugiere que Pablo había llegado a ser bastante conocido en Jerusalén y alrededores. Sin embargo, si miramos detenidamente, el pasaje de Hechos no dice cuántos apóstoles vio Pablo, y lo que hizo en Jerusalén fue hablar y debatir con los judíos helenistas (v. 29). Aparentemente pasó la mayor parte del tiempo con los amigos de antes, hablándoles de su nueva fe, y no tanto con los cristianos de la zona.[25] Podríamos decir que aquí encontramos una importante lección para los nuevos creyentes. El momento inmediatamente después de la conversión es quizá el mejor momento de explicar a otros lo que ha ocurrido, pues con el paso del tiempo uno entra en la vida social del contexto eclesial y tiene menos amigos no creyentes.

La *séptima* forma en la que Pablo defiende su autoridad apostólica tiene que ver con su siguiente encuentro con los apóstoles en Jerusalén, cuatro años después (2:1–10). Esta vez el encuentro fue más largo, pero los apóstoles respaldaron su ministerio de predicar la salvación a los gentiles aparte de la observación de la ley mosaica. Esta vez Pablo tenía con él a su colaborador Tito, de origen griego y, aunque algunos judíos que profesaban ser cristianos estaban

---

grave transgresión de la Torá». Ver T. Sealand, «Saul of Tarsus and Early Zealotism: Reading Gal 1,13–14 in Light of Philo's Writings», *Bib* 83 (2002): 471.

23. Encontrará más detalles sobre lo que podemos inferir de este periodo de la vida de Pablo en Hengel y Schwemer, *Paul between Damascus and Antioch*. Pero ver también N. T. Wright («Paul, Arabia and Elijah [Galatians 1:17]», *JBL* 115 [1996]: 683–92), quien cree que hay paralelismos deliberados con la vida de Elías.

24. James D. G. Dunn, *The Epistle to the Galatians* (Peabody: Hendrickson, 1993), 73.

25. Cf. Ronald Y. K. Fung, *The Epistle to the Galatians* (Grand Rapids: Eerdmans, 1988), 82.

intentando convencer a Pablo de que Tito tenía que circuncidarse (v. 4), en este encuentro se decidió que no tenía por qué (v. 3). El versículo 2 podría sugerir que Pablo no estaba seguro de estar predicando el verdadero evangelio, pero eso no encaja de ninguna de las maneras con el espíritu del resto de la carta. Su temor a esforzarse en vano no tiene que ver con el temor a estar predicando un evangelio equivocado, sino fracasar en su intento de mantener el cristianismo libre de cualquier forma de legalismo.[26]

Los versículos 6 y 9 hablan de lo que los apóstoles de Jerusalén «parecían ser» o «de la reputación que tenían», que podría apuntar a que Pablo los está despreciando. Pero esa es una inferencia innecesaria y, de todos modos, el énfasis de este párrafo está en el acuerdo que alcanzaron.[27] La división de la tarea que aparece en el versículo 9 suele sorprender a los lectores, puesto que tanto Pablo como Pedro ministraron a judíos y a gentiles. Probablemente se esté refiriendo a su público más habitual, pues Pablo ministró de forma más extensa a gentiles que a judíos y Pedro, Jacobo y Juan se centraron más en los judíos.[28] A veces se le presta poca atención al versículo 10, un recordatorio de que el compromiso con los pobres, particularmente en círculos cristianos y más especialmente entre los necesitados de Judea, no es solo una preocupación de Lucas en el momento en el que escribió Hechos, sino que se remonta a las etapas más incipientes del cristianismo.

Pablo confronta a Pedro en Antioquía (2:11–14). La *octava* y última forma en la que Pablo defiende su apostolado nos introduce en un serio conflicto que había en la iglesia primitiva. Después de que Pedro acordara que la salvación era solo por gracia (al respaldar el mensaje de Pablo en los versículos 1–10), e incluso después de que reafirmara esa posición en Antioquía de Siria, llegaron de Jerusalén unos judaizantes ultraconservadores y lograron que Pedro se desdijera de su compromiso anterior (v. 11–13).[29] El hecho de que estos

---

26. Si los apóstoles de Jerusalén no hubieran respaldado a Pablo, su ministerio podría haber quedado destruido y muy probablemente la unidad que la iglesia necesitaba para llevar a cabo su misión de forma eficaz no se habría empezado a desarrollar. Ver Charles B. Cousar, *Reading Galatians, Philippians, and 1 Thessalonians* (Macon: Smyth & Helwys, 2001), 37.

27. James M. Boice («Galatians» en *The Expositor's Bible Commentary*, ed. Frank E. Gaebelein, vol. 10 [Grand Rapids: Zondervan, 1976], 74) observa que Pablo reconoce la autoridad de los apóstoles de Jerusalén sin minimizar su propia autoridad, evita hacer declaraciones exageradas sobre la autoridad de dichos líderes, separa el evangelio de las políticas de los judaizantes, y menciona la unidad entre él y los doce para no ceder ante las presiones de los judaizantes.

28. Martyn, *Galatians*, 211–12. Recuérdese la p. 105 más arriba. Sobre los cuatro círculos principales de ministerio que surgieron en la iglesia primitiva en torno a Pablo, Jacobo, Pedro y Juan, ver Paul Barnett, *Jesus and the Rise of Early Christianity* (Downers Grove and Leicester: IVP, 1999), 276–327.

29. Encontrará un debate paralelo en el judaísmo no cristiano en Josefo, *A.* 20.2.1–5. Cf. Kang–Yup Na, «The Conversion of Izates and Galatians 2:11–14», *HBT* 27 (2005): 56–78.

individuos vinieran «de parte de Jacobo» (v. 12) no significa necesariamente que Jacobo los autorizara (recuérdese Hechos 15:24); puede que ellos se lo inventaran. Fuera como fuera, Pablo ve la deserción de Pedro como la más grande de las hipocresías, y lo confronta directamente (v. 14). Al parecer, Pedro no reconoció su error en aquel mismo momento, pues lo más lógico sería que de haber sido así, Pablo lo hubiera mencionado para respaldar su argumentación. Afortunadamente, para el Concilio Apostólico, Pedro ya había vuelto a sus convicciones anteriores (Hechos 15:10–11).[30]

DEFINICIÓN DE LA JUSTIFICACIÓN POR LA FE EN LUGAR DE POR LA LEY (2:15–4:31)

Tesis: justificación por fe (2:15–21). Según dónde coloquemos las comillas que cierran las palabras que Pablo le dirigió a Pedro (después del 2:14 o del 2:21), 2:15–21 podría ser o bien la continuación de la respuesta que Pablo le da a Pedro, o bien el comentario que el mismo Pablo hace sobre el suceso en cuestión.[31] Sea como sea, 2:15–21 es el párrafo donde encontramos la tesis central de la epístola. Recoge la forma en la que Pablo entiende el evangelio y sirve de transición hacia los capítulos 3 y 4, donde defenderá la definición que aquí aparece.

PABLO vs. LOS JUDAIZANTES

Judaizantes

Fe en Cristo + obras de la ley → justificación

Pablo

Fe en Cristo → justificación + obras del Espíritu

El término clave para Pablo en estos versículos es el verbo «justificar» (*dikaio*) y el sustantivo «justificación» (*dikaiosune*). La raíz de estas palabras proviene del léxico jurídico; en un juicio, la justificación hacía referencia a la

---

30. Si Pedro hubiera sabido lo que Pablo más tarde escribiría en 1ª Corintios 9:19–23, uno podría imaginar a Pedro usando la misma argumentación para defenderse: «Tan solo estaba siendo como los judíos, con tal de ganarlos». Después de todo, lo que acordaron en 2:1–10 no recogía de forma específica lo de comer con los gentiles. Por otro lado, los gálatas gentiles eran cristianos, hermanos en la fe, no judíos aún por evangelizar. Y el mensaje de los judaizantes, que hablaba de la salvación por la ley, era tan opuesto al evangelio que es lógico que llegara un punto en que Pedro abriera los ojos. Encontrará una comparación más detallada de los dos pasajes en D.A. Carson, «Pauline Inconsistency: Reflections on 1 Corinthians 9.19–23 y Galatians 2.11–14», *Churchman* 109 (1986): 6–45.

31. Los versículos 15–21 no están escritos como una conversación personal, sino que recogen lo que es el mensaje de Pablo a los gálatas (Leon Morris, *Galatians: Paul's Charter of Christian Freedom* [Leicester and Downers Grove: IVP, 1996], 83).

absolución. Pablo está diciendo que es por la fe en Cristo,[32] y no por las obras de la ley, como somos declarados «no culpables» de los pecados que hemos cometido (v. 16). Pero también habla de «Cristo ... en mí» (v. 20), que le capacita para vivir el tipo de vida que antes era incapaz de vivir. Así que la justificación también tiene una dimensión moral o relacional.[33] Podríamos comparar el concepto a un juez que primero paga la fianza por alguien que está sentenciado por un delito (o que cumple la pena de cárcel que le cae al delincuente) pero luego invita a la persona a la que ha puesto en libertad a vivir con él y con su familia como hijo adoptado (cf. 4:5–6).

Pero esta raíz también puede significar «justicia» o «hacer justo» [*N. de la T.* En inglés, «righteousness» o «make righteous»]. Por tanto, una comprensión completa de la justificación incluye ambas partes del debate de la era de la Reforma entre protestantes y católicos. Cuando aceptamos a Cristo, se nos imputa o atribuye su justicia. Pero a través del Espíritu que vive en nosotros también empezamos un proceso por el que nuestras vidas van siendo transformadas, de tal modo que también se nos imparte o da justicia.[34] No solo se nos trata como si nunca hubiéramos pecado, sino que además, con el paso del tiempo, pecamos menos. En varios contextos, *dikaiosune* también tiene el sentido de «justicia» (*N. de la T.* En inglés, «justice»). A medida que los cre-

---

32. Muchos estudiosos hoy dicen que la expresión que aquí aparece deberíamos entenderla como un genitivo subjuntivo, es decir, como «la fidelidad de Cristo». El estudio más importante que defiende esta posición y la aplica a Gálatas es Richard B. Hays, *The Faith of Jesus Christ: The Narrative Structure of Galatians 3:1–4:11* (Grand Rapids and Cambridge: Eerdmans, rev. 2002). A pesar de que son muchos los estudiosos que están adoptando esta posición, sigue habiendo evidencias de peso para decir que es un genitivo objetivo, es decir, «(nuestra) fe en Cristo». Ver esp. R. Barry Matlock, «Detheologizing the πίστιν χριστοῦ Debate: Cautionary Remarks from a Lexical Semantic Perspective», *NovT* 42 (2000): 1–23. Cf. también Roy A. Harrisville III, «πίστιν χριστοῦ: Witness of the Fathers», *NovT* 36 (1994):233–41; Arland J. Hultgren, «The *Pistis Christou* Formulation in Paul», *NovT* 22 (1980): 248–63.

33. Boice («Galatians», 450) observa que no se trata de una ficción jurídica o legal sino de una transformación real.

34. P. ej., John H.P. Reumann, ed., *«Righteousness» in the New Testament* (Philadelphia: Fortress, 1982); más recientemente, cf. la declaración de 1994, «Evangelicals and Catholics Together», y el acuerdo católico–luterano de 1999 sobre la justificación. Cf. Stephen E. Robinson (*Following Christ* [Salt Lake City: Deseret, 1995], 5), que refleja un énfasis creciente en al menos algunos círculos de la Iglesia de Jesucristo de los Santos de los Últimos Días): «Recibimos crédito por lo que Cristo ha hecho, y es su mérito infinito y no nuestra actuación defectuosa lo que finalmente garantiza el veredicto de "no culpable" a la nueva criatura que llegamos a ser en Cristo y con Cristo» (citando Gá 2:16). Con relación al tema de la adopción, cf. p. 18: «Personalmente, encuentro poder y consuelo al saber que trabajo para Cristo, trabajo como hijo, rodeado por sus brazos y su amor, desde una posición ya segura en su reino. Creo que la gratitud y el amor que siento en respuesta a saberme hijo de Dios es una motivación mucho más fuerte y más duradera que la motivación que podría surgir del miedo y la ansiedad ante un juicio futuro y un posible castigo».

yentes van creciendo en justicia o rectitud («righteousness»), deberían buscar la justicia («justice») para aquellos que están siendo tratados injustamente.[35]

El versículo 20 también habla de la crucifixión «con Cristo», por lo que «ya no vivo yo sino que Cristo vive en mí». Si creer que uno puede pasar a ser cristiano sin que se dé una transformación moral es un error, el error opuesto es creer que el cristiano puede erradicar el pecado en su vida. Algunas teologías y psicologías pop a veces han enfatizado tanto la muerte definitiva representada por la crucifixión que caen en el peligro de comunicar que el creyente ya no tiene una naturaleza pecaminosa. Pero el mismo «yo», ese que ya no vive, aún vive gracias a que Cristo vive en «mí». En su contexto, el versículo 20 no habla de morir al pecado sino de morir a la ley (v. 19), o más concretamente, morir a los intentos de salvarse por las obras de la ley.[36]

Argumentos para defender la tesis de Pablo (3:1–18). El capítulo 3 presenta una serie de cuatro argumentos para defender la tesis de Pablo de que la justificación es por la fe y no por las obras de la ley. *Primero*, Pablo apela a la experiencia personal de los Gálatas, es decir, al tiempo en el que escucharon el evangelio por primera vez y fueron salvos (v. 1–5). El Espíritu Santo entró en sus vidas, y eso no fue gracias al esfuerzo humano, y ellos incluso estuvieron dispuestos a sufrir[37] a causa de su fe (pero también fueron testigos de milagros). En Hechos 14:1–20 encontramos ejemplos tanto de ese sufrimiento como de esos milagros a los que aquí se hace referencia. *Segundo*, Pablo desarrolla un argumento a partir de la cronología de la historia judía: Abraham, el fundador de la nación, fue justificado por la fe y no por la ley como modelo para todos los gentiles que un día podrían llegar a ser salvos en Cristo (v. 6–9). Los pasajes que hablaban del plan de Dios para las naciones a través de los descendientes de Abraham y de su fe (Gn 12:3 y 15:6, respectivamente) aparecen antes de su famoso ejemplo de obediencia a Dios cuando le ordena que sacrifique a su hijo Isaac (cap. 22), que curiosamente se había convertido en el ejemplo que los judíos citaban para presentar a Abraham como modelo de alguien que hace buenas obras. Por tanto, Dios miró a Abraham y, por su fe, lo consideró justo; sus obras solo fueron una consecuencia de su fe.[38]

LA HISTORIA EN ROMANOS Y GÁLATAS

Promesa	Ley	Cumplimiento
Abraham	Moisés	Jesús

---

35. Elsa Támez, *The Amnesty of Grace: Justification by Faith from a Latin–American Perspective* (Nashville: Abingdon, 1993).

36. G. Walter Hansen, *Galatians* (Downers Grove: IVP, 1994), 74–76.

37. El verbo (del griego *pascho*) también se puede traducir por «experimentar». Pero ésta es una acepción menos común, y el testimonio de Hechos 13–14 deja claro que los creyentes de Galacia sufrieron a causa de su fe.

38. Timothy George, *Galatians* (Nashville: Broadman & Holman, 1994), 221.

Tercero, los versículos 10–14 argumentan que la ley es incapaz de salvar a nadie; lo único que puede hacer es apuntar hacia Cristo. Estos versículos son particularmente difíciles de seguir y han levantado mucha controversia. Pero la lógica de Pablo parece apuntar a que el mismo Antiguo Testamento habla de una forma adecuada de usar la ley y de una forma errónea. Los que piensan que pueden obedecer la ley de forma perfecta y que por tanto merecen la salvación, siempre fracasarán (v. 10, 12). Los que siguen la ley como consecuencia de su fe en Dios y en sus promesas, se salvarán (v. 11).[39] Antes de que Cristo viniera, los judíos fieles ofrecían animales en sacrificio para el perdón (temporal) de sus pecados, como anticipo de la llegada de una era en la que los pecados serían perdonados de una vez para siempre. Pero ahora, con Jesús, esa era ya ha llegado. Cristo nos ha redimido de la maldición de la ley que pesaba sobre los que no lograban cumplirla (v. 13–14). La muerte por crucifixión ya se había asociado con colgar a alguien de un árbol, por lo que también había pasado a relacionarse con la maldición de Deuteronomio 21:23 (11QTemple 64.6–13; 4Q169 1.17–18). Pero eso también significaba que uno ya no podía continuar obedeciendo la ley, ni siquiera ofreciendo todos los sacrificios estipulados, como una expresión adecuada de fe en Dios. La fe en las promesas de Dios significaba reconocer el cumplimiento. Cristo es el cumplimiento de la ley, confiar en él como el sacrificio perfecto y definitivo por el pecado, y dejar de confiar en la ley como medio para alcanzar la salvación.[40]

Cuarto, los versículos 15–18 cierran esta sección volviendo al argumento histórico. La ley mosaica entró en vigor sustancialmente después del principio de la justificación por la fe con Abraham, por lo que no anula el principio original. El versículo 16 es difícil porque los diferentes pasajes del Antiguo Testamento que prometen bendición para los descendientes (o «semilla») de Abraham parecen usar singulares colectivos para referirse a múltiples descendientes. Pero el Salmo 72:17, que al parecer hace referencia a uno de esos pasajes (Gn 22:17b–18a), claramente entiende que el cumplimiento llegará en un único rey. El cumplimiento inicial de la promesa también apuntaba a una sola persona, Isaac. Así que la aplicación que Pablo hace al Mesías no es diferente a la interpretación que el propio Antiguo Testamento hace.[41] Además, el uso que hace de esta misma promesa en Gálatas 3:29 demuestra que también entiende su aplicación colectiva.

---

39. Moisés Silva, «Abraham, Faith, and Works: Paul's Use of Scripture in Galatians 3:6–14», *WTJ* 93 (2001): 251–67.

40. Bruce, *Gálatas*, 205–233. Encontrará un estudio sobre la aplicación de estos conceptos a la vida cristiana en Andrew H. Wakefield, *Where to Live: The Hermeneutical Significance of Paul's Citations from Scripture in Galatians 3:1–14* (Leiden y Boston: Brill, 2003), aunque Wakefield dice que este texto no explica la forma en la que una persona se salva.

41. T. Desmond Alexander, «Further Observations of the Term "Seed" in Genesis», *TynB* 48 (1997): 363–67.

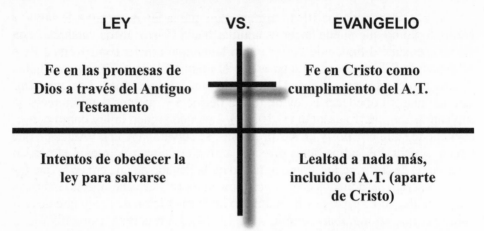

LEY   VS.   EVANGELIO

Fe en las promesas de
Dios a través del Antiguo
Testamento

Fe en Cristo como
cumplimiento del A.T.

Intentos de obedecer la
ley para salvarse

Lealtad a nada más,
incluido el A.T. (aparte
de Cristo)

El otro problema en este párrafo es la referencia a que la ley vino 430 años después de la promesa (v. 17). Génesis 15:13 había anunciado que los israelitas estarían cautivos en Egipto durante 400 años; pero que el tiempo adicional de Abraham a José habría sido bastante más de treinta años. El número 430 también aparece en Éxodo 12:40 como el tiempo que duró la cautividad, quizá como una cifra más precisa que el número redondo 400; pero eso lo único que hace es agravar el problema. Quizá Pablo tenía en mente la última vez que Dios renovó su promesa antes del final de la era patriarcal, con Jacob (Gn 49:20), y eso sí dejaría aproximadamente 430 años antes del Éxodo y de la entrega de la ley en el Monte Sinaí.[42]

Los propósitos de la ley (3:19–4:7). Pablo interrumpe esta serie de argumentos a favor de la justificación por la fe para centrarse en una objeción potencial que probablemente sospechaba que estaba en las mentes de todos sus oyentes. Si la ley no fue dada para salvar a las personas, ni siquiera en tiempos del Antiguo Testamento, entonces, ¿cuál era su propósito? En esta sección, Pablo dará dos respuestas; más adelante aparecerá una tercera.

Aumentar la transgresión (3:19–20). La primera respuesta es bien breve: la ley fue dada «por causa de las transgresiones» (v. 19). La preposición griega no es una de las que comúnmente se usa para transmitir el sentido de «por causa de». Se trata de una palabra poco común que también puede significar «para causar» o «con el propósito de causar» (*charin*). La palabra que traducimos por «transgresión» (*parabasis*) significa «pecado consciente». Entre otras cosas, dar la ley a los israelitas aumentaba la conciencia de pecado, porque cuando hacían algo que estaba mal ahora sabían que iba en contra de la voluntad de Dios. Pero Pablo también podría estar diciendo que la entrega de la ley hizo que algunas personas la desobedecieran más; la naturaleza humana en todas las culturas ha demostrado que, por regla general, «el fruto prohibido es el más apetecible».[43] En Romanos, Pablo vuelve a este tema en repetidas ocasiones

---

42. Gleason L. Archer, *Encyclopedia of Bible Difficulties* (Grand Rapids: Zondervan, 1992), 403.

43. Encontrará más sobre estas dos opciones en Fung, *Galatians*, 159–60.

(4:15–16; 5:20–21; 7:3–13) y deja claro que, cuanto más evidente se hace la profunda oscuridad de nuestro pecado, más evidente se vuelve la necesidad de un Salvador. Por tanto, la ley prepara el camino para la predicación del evangelio (cf. también toda la estructura de Romanos 1:18–3:31).[44]

Impedir el pecado (3:21–4:7). Sin embargo, si ese fuera el único propósito de la ley, parecería una ruta un tanto tortuosa para lograr los objetivos de Dios. Pero Pablo sigue para explicar *un segundo propósito* con mucho más detalle: para mucha gente, la ley también tiene el efecto de frenar el pecado (3:21–4:7). Es como si nos custodiara hasta que Cristo vuelva. Pablo ilustra esta función de la ley con tres metáforas: (1) el carcelero que protege a la sociedad de los presos (¡y a los presos entre ellos!), versículos 22–23; (2) el pedagogo (*paidogogos*) o siervo de las familias ricas que se encargaba de guiar al hijo sano y salvo a la escuela, y luego a casa de nuevo, versículos 24–25;[45] y (3) los tutores y administradores que supervisan el estado de un menor, 4:1–7. Pero en las tres ilustraciones Pablo deja claro que el periodo de custodia ya ha finalizado; a través de la fe en Cristo el prisionero gana la libertad, los días de la escuela han llegado a su fin, y el hijo ya ha alcanzado la mayoría de edad.[46] Esa libertad en Cristo se hace visible en el símbolo del bautismo (3:26–29).

En medio del párrafo que acabamos de citar, aparece un versículo que muchos ven como uno de los más importantes en todo el pensamiento de Pablo. La libertad cristiana une a los judíos y a los griegos, a los esclavos y a los libres, a los hombres y a las mujeres (v. 28). Ésta es una inversión radical de la oración judía común en la que los hombres piadosos daban gracias a Dios porque los había hecho judíos y no gentiles, libres y no esclavos, hombres y no mujeres (p. ej., *t. Berakot* 7.18 y *j. Berakot* 13b). Es importante no interpretar este versículo de forma extremista; y también es importante no intimidarse por las interpretaciones extremistas que ha tenido, y saber ver la importancia que tiene en su justa medida. Por un lado, hay otros textos judíos y grecorromanos muy similares al de Pablo, pero que desarrollan un poco más los conceptos definiendo los diferentes roles de, por ejemplo, el hombre y la mujer. Así que este versículo no se puede tomar de forma aislada para probar que Pablo promovió

---

44. El versículo 20 es bien conocido por la gran cantidad de interpretaciones que ha recibido a lo largo de la historia de la iglesia. Quizá la mejor es que el concepto de un mediador implica una pluralidad que contrasta con la singularidad de Dios. Ver más en Terrance Callan, «Pauline Midrash: The Exegetical Background of Gal. 3:19b», *JBL* 99 (1980): 549–67. Más concretamente, que un mediador «no es de uno solo» podría significar que Moisés no solo estaba trabajando para una parte (Dios), sino también para otras partes (los ángeles –v. 19; cf. Dt 33:2 LXX; Sal 68:17; Hch 7:38, 53; He 2:2) y así, mediaba un pacto con Dios inferior (porque era más indirecto). Ver Sam K. Williams, *Galatians* (Nashville: Abingdon, 1997), 99.

45. Ver esp. Richard N. Longenecker, «The Pedagogical Nature of the Law in Galatians 3:19–4:7», *JETS* 25 (1982): 53–61.

46. En el momento preciso de la historia, según el plan de Dios (4:4), y haciendo posible una mayor intimidad con Dios, tal como refleja la palabra aramea *Abba,* que Jesús mismo usó para dirigirse a su Padre celestial (v. 6).

un igualitarismo radical; para tratar el tema, tendremos que tener en cuenta otros textos. Por otro lado, este versículo está hablando de algo más que una igualdad en Cristo espiritual e invisible. Aparece en el contexto del bautismo, un ritual externo en el que el hombre y la mujer participaban en igualdad de términos, a diferencia del equivalente veterotestamentario, la circuncisión, que estaba reservada para los hombres. *Así que parece que la aplicación contemporánea de este texto debería llevar a los cristianos a buscar expresiones de igualdad de todas las personas en Cristo igual de sorprendentes y visibles.*[47]

Más argumentos para defender la tesis de Pablo (4:8–31). Pablo ahora puede resumir su serie de argumentos a favor de que la justificación es solo por la fe. *Primero*, en 4:8–11 hace mención de la esclavitud a «los principios ineficaces y sin valor» (*stoicheaia*, v. 9) en la que antes estaban sumidos los gálatas, y se maravilla de que quieran volver a algo similar. El término se refiere al menos a normas y regulaciones que formaban parte de su manera pagana de vivir; también podría estar apuntando a los poderes demoníacos que estaban detrás de esas religiones.[48] Aplicar un término pagano y de la adoración a los demonios a la observancia de la ley judía ¡es un recurso increíblemente impactante! *Segundo*, en los versículos del 12–20 les recuerda el interés amoroso con el que le recibieron al principio, y contrasta con el interés deshonesto de los judaizantes. Aquí es donde Pablo nos desvela que la primera vez que vino a Galacia fue a causa de una enfermedad (v. 13). No sabemos de qué enfermedad se trataba. Si interpretamos el versículo 15 de forma literal, entonces Pablo tenía problemas en la vista, pero lo de «os habríais sacado los ojos» podría ser metafórico. La otra sugerencia más común es que tuviera malaria, porque era una enfermedad bastante común en la costa sur de lo que hoy es Turquía, y los que padecían esta enfermedad normalmente viajaban hacia el Norte en busca de lugares más secos para recuperarse. Pero la idea importante para Pablo es el contraste entre la preocupación inicial de los gálatas y el desinterés que están mostrando en ese momento, que le ha llevado a sufrir ¡como sufre una mujer en un parto! (v. 17–20). Del mismo modo que la madre espera hasta que el bebé ya está formado y listo para nacer, así Pablo desea la formación y la madurez espiritual de los creyentes en Galacia (v. 19).[49]

Tercero, en los versículos 21–31 Pablo apela a la historia de Abraham y sus dos mujeres, Agar y Sara, para crear una alegoría que origina la aplicación que

---

47. En cuanto a este párrafo, estoy en deuda con Ben Witherington III («Rite and Rights for Women –Galatians 3.28», *NTS* 27 [1981]: 593–604), quien ofrece las referencias a las fuentes primarias que he mencionado. Cf. también su *Grace in Galatia*, 270–81.

48. Clinton E. Arnold, *The Colossian Syncretism* (Grand Rapids: Baker, 1996), 158–94. Los «días de fiesta, meses, estaciones y años» del versículo 10 estaría haciendo referencia principalmente a las celebraciones judías de los *sabbats*, las lunas nuevas, las fiestas anuales y los años sabáticos.

49. Cf. Beverly R. Gaventa, «The Maternity of Paul: An Exegetical Study of Galatians 4:19» en *The Conversation Continues: Studies in Paul and John*, ed. Robert T. Fortna y Beverly R. Gaventa (Nashville: Abingdon, 1990), 189–201.

los judaizantes probablemente estaban haciendo.[50] Siguiendo las genealogías, era fácil observar que los judíos eran descendientes de Sara, la mujer libre; y los gentiles, la descendencia de Agar, la mujer esclava. Sin embargo, Pablo hace unos paralelismos espirituales que invierten esas líneas sucesorias: los cristianos (judíos y gentiles) son los que realmente están libres, mientras que los judíos (no cristianos) siguen esclavos de la ley. Pablo no está diciendo que esta alegoría es lo que la historia del Génesis significaba originalmente; lo que está diciendo es que ésa es la aplicación que tiene en el tiempo en el que él vive. Y del mismo modo en que Abraham y Sara echaron a Agar, los gálatas también deben expulsar de su congregación la enseñanza de que las obras son necesarias para la salvación (v. 30).[51]

LA TEOLOGÍA DE PABLO EN GÁLATAS 4:21–31

	descendientes espirituales	descendientes físicos	
Isaac (por Sara)	judíos (Jerusalén actual)	cristianos (Jerusalén celestial)	**libres**
Ismael (por Agar)	cristianos (esp. gentiles)	judíos no cristianos	**esclavos**
	El punto de vista de los judaizantes	**El punto de vista de Pablo**	

50. Ver esp. *Galatians*, Longenecker, 198. El texto griego en 24a dice literalmente: «Estas cosas están siendo entendidas de forma alegórica»; y se refiere a los judaizantes. Aquí Pablo ofrece su «corrección» de la interpretación alegórica que los judaizantes hacen. En cuanto a una explicación plausible de la compleja referencia a Agar como una montaña, ni más ni menos que en Arabia (v. 5), ver Susan Elliot, «Choose Your Mother, Choose Your Master: Galatians 4:21–5:1 in the Shadow of the Anatolian Mother of the Gods», *JBL* 118 (1999): 661–83. Los gálatas debían saber sobre las montañas de su región que estaban personificadas como diosas madres que velaban por el cumplimiento de la ley. Una vez Pablo ha asociado a Agar con los que son esclavos de la ley, su imagen como «madre montaña», especialmente en relación con el Monte Sinaí donde Moisés recibió la ley, es bastante natural. Arabia era una referencia suficientemente abstracta como para referirse a varias regiones desérticas cerca de Israel.

51. O incluso a los maestros que están enseñando tal cosa. Ver G. Walter Hansen, *Abraham in Galatians: Epistolary and Rhetorical Contexts* (Sheffield: JSOT, 1989), 146. John Stott (*Only One Way: The Message of Galatians* [Downers Grove and Leicester:

DESCRIPCIÓN DE LA LIBERTAD EN CRISTO A TRAVÉS DEL ESPÍRTU (5:1–6:10)

Mantenerse firme en libertad (5:1). Hasta ahora la polémica de Pablo ha tenido un solo objetivo: *combatir el legalismo*. Pero siempre hay el peligro del extremo opuesto, el *antinomianismo* (vivir contra la ley). El cristianismo no da a su seguidor el derecho de hacer cualquier cosa que le plazca. La vida inmoral no es reflejo de libertad, sino de una clara esclavitud del pecado. No sabemos si junto a los judaizantes, también había en Galacia un grupo de antinomianistas, o si lo único que ocurre es que Pablo es consciente del peligro de irse al otro extremo, y prefiere prevenir. Sea como sea, empieza la última sección del cuerpo de la carta con un llamamiento a mantenerse firmes en la libertad.

O todo o nada (5:2–12). Sin embargo, antes de pasar a explicar los contenidos de esta libertad, la gravedad de la situación hace que Pablo, apasionado, diga a los gálatas que no piensen que pueden mezclar diferentes acercamientos y fabricarse un «cristianismo» que es parte ley y parte gracia. Las fuertes palabras contra la circuncisión de los versículos 2–3 no se pueden sacar fuera de contexto. En el versículo 6a, Pablo clarificará que para salvarse, para nada vale la circuncisión y tampoco la incircuncisión. Por tanto, su idea al principio de la sección es dejar claro que, si uno se circuncida (como insistían los judaizantes) porque cree que es un requisito para la salvación (v. 4), entonces tendrá que cumplir el resto de la ley a la perfección. La expresión «habéis caído de la gracia» del versículo 4 no significa necesariamente que un grupo de verdaderos cristianos ha perdido su salvación. No obstante, sí significa, al menos, que algunos han dejado de vivir la vida cristiana por gracia para vivirla por la ley, por lo que su comunión con Cristo se ha visto interrumpida.[52] Pero Pablo no está en contra de las buenas obras (!); el versículo 6b enfatizará la necesidad de «la fe que actúa mediante el amor».[53]

En el versículo 7 Pablo compara las vidas cristianas de los gálatas a una carrera.[54] Pero otros corredores han invadido sus carriles y les están impidiendo correr como deberían. Eso no es lo que Dios hace (v. 8). Aunque los judaizantes solo sean unos pocos, su falsa enseñanza puede infectar a toda la congregación

---

IVP, 1968], 136) añade: «Me aventuro a decir que si estuviéramos tan preocupados por la iglesia de Dios y por Palabra de Dios como lo estaba Pablo, nosotros también desearíamos que los falsos maestros desaparecieran de la tierra».

52. Cf. Boice, «Galatians», 488.

53. J.B. Lightfoot (*The Epistle of St. Paul to the Galatians* [Grand Rapids: Zondervan, rePr 1957], 205) llama al versículo 6 un «puente que une el golfo que separa el lenguaje de S. Pablo y de Santiago».

54. La versión inglesa de la Biblia NIV preserva el juego de palabras que aparece en el texto griego con el verbo «cortar» («cortar el paso» en la carrera), juego de palabras apropiado si pensamos en la circuncisión. Puede que los gálatas, que sabían de los esclavos galos castrados, que servían a la diosa madres de las montañas anatolías como sacerdotes, entendieran que Pablo estaba retratando a los circuncisos como esclavos de un dios falso. Ver Susan Elliott, *Cutting Too Close for Comfort: Paul's Letter to the Galatians in Its Anatolian Cultic Context* (London and New York: T&T Clark, 2003).

rápidamente (v. 9). Sin embargo, Pablo se muestra seguro de que los gálatas aceptarán sus palabras y amonestarán a los judaizantes (v. 10). Una vez más, Pablo reflexiona sobre los que quizá le estaban acusando de haber predicado un mensaje judaizante similar en otros contextos con el fin de ganar a judíos (v. 11; ver el comentario sobre 1:10) y clarifica que la escandalosa maldición asociada a la crucifixión de Jesús (ver 3:13) habría sido en balde. Por último, como en 1:6–10, Pablo reserva sus duras palabras para los que promueven esta religión de las obras (v. 12), porque, si se practica de forma coherente, se hace evidente que no salva. Si insisten en mutilarse con la circuncisión, ¡más les valdría mutilarse del todo![55]

La ley de Cristo (5:13–6:10). Ahora, Pablo ya está listo para volver al tema de la libertad en Cristo, del que había empezado a hablar en 5:1. Esa libertad no es independiente de la ley; el evangelio va de la mano de una serie de demandas éticas. Aquí tenemos *el tercer uso o propósito de la ley en el pensamiento de Pablo: guía moral para una vida santa.*[56] Pero difiere de una adhesión literal a los 613 mandamientos de la ley mosaica, como si la venida de Cristo no hubiera cambiado nada. En esta sección podemos ver cinco segmentos, que recogen las obligaciones de los cristianos.[57] (1) Los creyentes deben amarse los unos a los otros, y así cumplir toda la ley (v. 13–15; cf. v 6). (2) Deben evitar gratificar la «carne», es decir, sus deseos pecaminosos (v. 16–21). Los versículos 19–21 ofrecen una lista de algunos pecados, donde se hace bastante hincapié en la inmoralidad sexual y en la «fiesta» excesiva, pero más aún en la discordia entre las personas.[58] (3) En cambio, los cristianos encarnarán el fruto del Espíritu (v. 22–26). De nuevo, Pablo enuncia una lista de ejemplos (v. 22–23a), y luego declara que «no hay ley que condene estas cosas» (23b). Dicho de otro modo, las virtudes como el amor, el gozo, la paz, etcétera no

---

55. Cf. Pheme Perkins, *Abraham's Divided Children: Galatians and the Politics of Faith* (Harrisburg: Trinity, 2001), 98: «La radical propuesta de que la castración era un castigo adecuado para los que están causando alboroto en Galacia (v. 12) invita a los lectores a librarse de la ira y las acusaciones que dichos alborotadores habían lanzado contra ellos». La forma en la que Pablo se expresa podría estar haciendo referencia a cortar el pene en lugar de los testículos.

56. Encontrará un estudio detallado de estos tres temas en In–Gyu Hong, *The Law in Galatians* (Sheffield: JSOT, 1993). Cf. Frank Thielman, *From Plight to Salvation: A Jewish Framework for Undertanding Paul's View of the Law in Galatians and Romans* (Leiden and New Cork: Brill, 1989).

57. Ver esp. John M.G. Barclay, *Obeying the Truth: A Study of Paul's Ethics in Galatians* (Edinburgh: T & T Clark, 1988: Minneapolis: Fortress Press, 1991).

58. «Los que practican tales cosas» del versículo 21 dice, literalmente, «los que continuamente practican tales cosas». La gente cuya vida está constantemente caracterizada por esos vicios no son creyentes de verdad, pero eso no quiere decir que los creyentes no puedan cometer pecados serios. Cf. Ernest de W. Burton, *A Critical and Exegetical Commentary on the Epistle to the Galatians* (Edinburgh: T & T Clark, 1921), 312.

se pueden legislar.[59] Una vez más, como en 2:19–20, Pablo dice que la carne ha sido crucificada; pero inmediatamente después les dice a sus lectores que no cometan los actos de la carne, sino que caminen por el Espíritu (v. 24–26), demostrando así que los cristianos siempre tienen la posibilidad de desviarse y servir a la vieja naturaleza que aún reside en ellos y que compite con su nueva naturaleza cristiana (ver más en el comentario sobre Ro 7:14–25).[60]

(4) Los cristianos deben llevar los unos las cargas de los otros, cuando éstas son demasiado pesadas, pero sin olvidar que cada uno debe cargar con su propia responsabilidad (v. 1–5). Ésta es la resolución más acertada de la aparente contradicción entre los versículos 2 y 5.[61] Cuando un creyente descubre que otro creyente está en pecado, tiene la doble responsabilidad de confrontarle con la esperanza de llevarle al arrepentimiento, pero de hacerlo de la forma más amable posible; de la forma en la que les gustaría que le trataran si fuera él el que se encontrara en esa situación (v. 1). La humildad que viene de reconocer la propia vulnerabilidad ayudará al creyente a no sobrevalorar su propia madurez espiritual (v. 3–4). (5) Otra marca crucial del cristiano es una adecuada mayordomía del dinero, especialmente para apoyar a los maestros cristianos (v. 6–10). Poner los versículos del 9 al 10 en un párrafo aparte podría transmitir que Pablo empieza a hablar de un tema diferente al del versículo 6, pero los principios que ahí aparecen —cosechar lo que uno siembra, hacer el bien y cosechar— se aplican a la perfección a la mayordomía que Pablo quizá aún tiene en mente.[62] El versículo 10 también nos recuerda que tenemos una responsabilidad con los cristianos necesitados, aunque eso no significa olvidar la responsabilidad de ayudar a los no cristianos cuando tengamos oportunidad.

Todas estas obligaciones éticas, junto a otras similares, forman «la ley de Cristo» (v. 2). El lenguaje de cumplimiento sugiere una alusión a la enseñanza de Jesús en Mateo 5:17, donde dice que vino a dar cumplimiento a toda la Escritura judía. Lo que los cristianos llaman Antiguo Testamento sigue siendo una autoridad para ellos, pero solo después de haber entendido la forma en la que sus leyes se aplican a la luz de la revelación del Nuevo Testamento.[63] Pero la impresión general que uno obtiene cuando lee lo que Pablo escribe en 5:13–6:10 es que la ética cristiana, reflejando la vida en el Espíritu, fluye del corazón y de una relación de amor con Dios y con los demás, más que de una lista específica de obligaciones y prohibiciones. Bruce Longenecker lo explica de la siguiente forma: la ley de Cristo hace referencia a «la ley mosaica que

---

59. Bruce Longenecker, «"Until Christ is Formed in You": Suprahuman Forces and Moral Caracter in Galatians», *CBQ* 61 (1999): 92–108.

60. Jon Lambrecht, «The Right Things You Want to Do: A Note on Galatians 5:17d», *Bib* 79 (1998): 515–24.

61. De hecho, el texto griego usa dos palabras diferentes: en el versículo 2 *bare* puede significar una carga pesada, mientras que en el versículo 5 *phortion* hace referencia a un paquete normal o bastante ligero (Morris, Galatians, 180, n. 12).

62. Max Anders, *Galatians, Ephesians, Philippians & Colossians* (Nashville: Broadman & Colman, 1999), 79–80. Cf. Matera, *Galatians*, 222–23.

63. Cf. Klein, Blomberg y Hubbard Jr., *Introduction to Biblical Interpretation*, 278–83.

llega a su adecuada y máxima expresión en las relaciones de servicio mutuo, dentro de la comunidad de aquellos» cuyas vidas están siendo transformadas por el Espíritu en conformidad con el carácter de Cristo.[64]

Conclusión (6:11–18). En el versículo 11 es muy probable que dejara de dictarle al amanuense (ver arriba, p. 119) para poder escribir los saludos finales de su propio puño y letra (quizá haciendo una letra más grande). Los versículos 12–15 hacen un repaso de los principales temas de la carta, enfatizando la naturaleza cruciforme del evangelio. Dado que nadie puede guardar la ley de forma perfecta, ni la ley ni ningún mandamiento puede verse como un camino a la salvación. La cruz de Cristo debe llevar a sus seguidores a una vida basada en la fe (haciéndoles nuevas criaturas), opuesta a la idea de que se puede ganar el favor de Dios por lo que uno es o por lo que hace.[65] Se ha dicho mucho sobre el significado del versículo 16, pero parece apuntar a que o bien los cristianos judíos, o bien todos los cristianos son ahora el verdadero «Israel de Dios», es decir, su nuevo pueblo escogido.[66] Pablo ora por paz y misericordia para estos creyentes. Entonces les recuerda lo que ha sufrido, incluyendo el castigo físico, por ser seguidor de Jesús (v. 17) y ofrece un «adiós» cristiano (v. 18).

APLICACIÓN

Gálatas es un claro llamamiento en contra de cualquier forma de legalismo. Su aplicación más obvia se da en los casos llamados «legalismo estricto»: gente que, incluso profesándose cristianos, afirman que ciertas obras o rituales humanos son indispensables para llegar a obtener la salvación. Pero el judaísmo del siglo I y los judaizantes no siempre imponían un legalismo tan evidente. A menudo practicaban lo que conocemos como el «legalismo moderado» (o, técnicamente, «nomismo pactual»; ver p. 127), tratando la vida religiosa como un conjunto de reglas o regulación y no tanto como una relación con Dios, de la que de forma natural nace un cambio de conducta. Este acercamiento muchas veces se convierte en una religión basada en «mis esfuerzos con mis propios recursos para obedecer a Dios y obtener mi recompensa». Este tipo de legalismo o nomismo ha sido mucho más común en la vida del cristianismo, pero la perspectiva de Pablo es clara: es un acercamiento a la religión falso, que no puede salvar a nadie. Todo lo dicho no quiere decir que la vida cristiana sea una vida sin ley, pero la ética cristiana es fundamentalmente algo interior y asociado a la actitud («amor, alegría, paz, paciencia, amabilidad, bondad, fide-

---

64. Bruce W. Longenecker, *The Triumph of Abraham's God: The Transformation of Identity in Galatians* (Edinburgh: T&T Clark, Nashville: Abingdon, 1998), 86. Michael Winger («The Law of Christ», *NTS* 46 [2000]: 537–46) también concibe la ley de Cristo como vivir por el Espíritu bajo el Señorío de Cristo.

65. Ninguna otra carta contiene un resumen tan detallado de los temas tratados, otra indicación de lo urgente que era abordar el problema en cuestión (Cousar, *Reading Galatians*, 109).

66. Más bien lo segundo. Ver Andreas J. Köstenberger, «The Identity of the ΙΣΡΑΗΛ ΤΟΥ ΘΕΟΥ(Israel of God) in Galatians 6:16», *Faith and Mission* 19 (2001): 3–24.

lidad, humildad y dominio propio»; 5:22–23a). Estos rasgos del carácter no se pueden cultivar a base de obligaciones y prohibiciones; nacen de un corazón transformado por la presencia de Cristo en él.[67] Y dado que el judaísmo del siglo I basado en la «justicia por las obras» a menudo era una religión basada en la «justicia nacional», Gálatas es una clara amonestación contra toda clase de orgullo tribal o etnocentrismo.

Por otro lado, en muchos contextos hoy, la aplicación más necesaria proviene de los capítulos 4 y 6. Usando las palabras de Sam Williams, «Solo un padre puede adoptar a un esclavo como su hijo. Dios no *obliga* a la gente a unirse a su familia, pero si alguien decide hacerlo debe actuar como miembro de la familia. No es suficiente con *sentirse* como un miembro más o contestar adecuadamente a una lista de preguntas sobre lo que supone ser parte de la familia. Lo que cuenta es *conducirse* como hijo o hija». Esa es la única forma de demostrar la fe verdadera pues, como sigue Williams, «la fe no son sentimientos, ni siquiera buenos sentimientos sobre Dios. La fe no es el asentimiento de la mente a una lista de afirmaciones sobre Jesús o sobre la propia naturaleza pecadora. La fe es confiarse de forma absoluta y exclusiva a Dios».[68]

PREGUNTAS

1. Nombra las diferentes hipótesis en relación con la fecha y el destino de la carta a los Gálatas. Normalmente, ¿qué fecha se asocia con un destino concreto? ¿Por qué? ¿Qué combinación de fecha y procedencia cuenta con la ventaja de tener correlación con Hechos? ¿De qué modo?

2. ¿Qué característica distintiva tiene la estructura de Gálatas cuando la comparamos con las demás epístolas paulinas? ¿De qué modo el género de la carta ayuda a explicar la estructura?

3. ¿Qué métodos usa Gálatas 1:1–2:10 para enfatizar la autoridad que Dios le ha dado a Pablo para predicar el verdadero evangelio? ¿Cuáles son las circunstancias en Galacia que hacen necesario que Pablo defienda su autoridad apostólica?

4. Resume con tus propias palabras la tesis de la carta de Gálatas. ¿Qué cuatro argumentos usa Pablo en Gálatas 3 para respaldar esa tesis?

5. ¿Cómo puede uno responder a los que dicen que Pablo no interpreta bien Génesis 22:17–18 y que su mención de los 430 años en Gálatas 3:17 no es históricamente exacta?

---

67. Encontrará una exquisita exposición y aplicaciones contemporáneas en Charles R. Swindoll, *El Despertar de la Gracia* (EE.UU: Editorial Caribe, 1995); Chap Clark, *The Performance Illusion* (Colorado Springs: NavPress, 1993); y Philip Yancey, *Gracia Divina vs. Condena Humana* (Miami: Vida, 1998). Encontrará un estudio conmovedor con reflexiones transculturales y económicas en Elsa Tamez, «Hagar and Sarah in Galatians: A Case Study in Freedom», *WW* 20 (2000): 265–71.

68. Williams, *Galatians*, 161.

6. ¿Qué dos ejemplos sorprendentes usa Pablo para refutar a los judaizantes en el capítulo 4? ¿Por qué es sorprendente que Pablo use el término *stoicheia* en relación a la observación de la Torá?

7. En la alegoría de Agar y Sara, ¿con quiénes se habrían asociado los judaizantes, y por qué? ¿Dé qué forma hábil Pablo le da la vuelta a esta alegoría?

8. Según Pablo, ¿cuáles eran los propósitos de la ley antes de que llegara el cumplimiento en Cristo? ¿De qué forma la ley allanó el camino para el evangelio?

9. ¿Cuáles de esos propósitos siguen siendo vigentes después de la venida de Cristo? ¿Cuáles son las obligaciones del cristiano según «la ley de Cristo»?

10. ¿Cómo podemos lograr un equilibrio entre la enseñanza de la carta sobre la libertad de la ley y sus palabras contra la conducta pecaminosa?

11. ¿Qué es el legalismo, el nomismo pactual y el etnocentrismo? ¿Dónde vemos ejemplos contemporáneos de estos fenómenos en los llamados círculos cristianos?

OBRAS SELECCIONADAS

COMENTARIOS:

Avanzados

Betz, Hans–Dieter. *Galatians*. Hermeneia. Philadelphia: Fortress, 1979.

Bruce, F. F. *The Epistle to the Galatians*. NIGTC. Exeter: Paternoster; Grand Rapids: Eerdmans, 1982.

Longenecker, Richard N. *Galatians*. WBC. Dallas: Word, 1990.

Martyn, J. Louis. *Galatians*. AB. New York y London: Doubleday, 1997.

Intermedios

Dunn, James D. G. *The Epistle to the Galatians*. BNTC/HNTC. London: Black; Peabody: Hendrickson, 1993.

Fung, Ronald Y. K. *The Epistle to the Galatians,* rev. NICNT. Grand Rapids: Eerdmans, 1998.

George, Timothy. *Galatians*. NAC. Nashville: Broadman & Holman, 1994.

Matera, Frank J. *Galatians*. SP. Collegeville: Liturgical, 1992.

Morris, Leon. *Galatians: Paul's Charter of Christian Freedom*. Leicester y Downers Grove: IVP, 1996.

Witherington, Ben, III. *Grace in Galatia: A Commentary on Paul's Letter to the Galatians*. Grand Rapids: Eerdmans; Edinburgh: T & T Clark, 1998.

Introductorios

Hansen, G. Walter. *Galatians*. IVPNTC. Leicester y Downers Grove: IVP, 1994.

Jervis, L. Ann. *Galatians*. NIBC. Peabody: Hendrickson, 1999.

McKnight, Scot. *Galatians*. NIVAC. Grand Rapids: Zondervan, 1995.

Perkins, Pheme. *Abraham's Divided Children: Galatians and the Politics of Faith*. NTinCont. Harrisburg: Trinity, 2001.

Stott, John R. W. *Only One Way: The Message of Galatians*. BST. Leicester y Downers Grove: IVP, 1968.

Williams, Sam K. *Galatians*. ANTC. Nashville: Abingdon, 1997.

OTROS LIBROS:

Barclay, John M. G. *Obeying the Truth: A Study of Paul's Ethics in Galatians*. Edinburgh: T & T Clark, 1988; Minneapolis: Fortress, 1991.

Barrett, C. K. *Freedom and Obligation: A Study of the Epistle to the Galatians*. London: SPCK; Philadelphia: Westminster, 1985.

Braxton, Brad R. *No Longer Slaves: Galatians and African American Experience*. Collegeville: Liturgical, 2002.

Bryant, Robert A. *The Risen Crucified Christ in Galatians*. Atlanta: SBL, 2001.

Dunn, James D. G. *The Theology of Paul's Letter to the Galatians*. Cambridge y New York: CUP, 1993.

Elliott, Susan. *Cutting Too Close for Comfort: Paul's Letter to the Galatians in Its Anatolian Cultic Context*. London y New York: T & T Clark, 2003.

Hong, In–Gyu. *The Law in Galatians*. Sheffield: JSOT, 1993.

Longenecker, Bruce W. *The Triumph of Abraham's God: The Transformation of Identity in Galatians*. Edinburgh: T&T Clark; Nashville: Abingdon, 1998.

Nanos, Mark D., ed. *The Galatians Debate: Contemporary Issues in Rhetorical and Historical Interpretation*. Peabody: Hendrickson, 2002.

Silva, Moisés. *Interpreting Galatians: Explorations in Exegetical Method,* rev. Grand Rapids: Baker, 2001.

Tsang, Sam. *From Slaves to Sons: A New Rhetoric on Paul's Slave Metaphors in His Letter to the Galatians*. Bern y New York: Peter Lang, 2005.

MÁS BIBLIOGRAFÍA EN:

Mills, Watson E. *Galatians*. Lewiston y Lampeter: Mellen, 1999.

LA CORRESPONDENCIA A LOS TESALONICENSES:
UNA VISIÓN EQUILIBRADA DE LA SEGUNDA VENIDA DE CRISTO

1ª TESALONICENSES: CRISTO VUELVE PRONTO

INTRODUCCIÓN

Tesalónica era la ciudad más grande y la capital de la provincia de Macedonia, que se corresponde aproximadamente con la mitad norte de la actual Grecia. Esta ciudad estaba situada en la costa noroeste como uno de los puertos principales del mar Egeo, y era una de las principales paradas de la Vía Ignacia. Según Hechos, Tesalónica fue la primera ciudad griega en la que Pablo proclamó el evangelio, ya en su segundo viaje misionero (Hch 17:1–9). Centro del culto imperial, Tesalónica también albergaba altares en honor a muchas deidades nacionales y locales, y era la sede de varias asociaciones profesionales voluntarias o gremios, grupos que normalmente tenían una dimensión espiritual. Había de todos los colores, ¡hasta una secta local que adoraba a un dios llamado Cabiro erigiendo una estatua con forma de falo gigante![1]

Por el texto de Hechos sabemos que Pablo primero buscaba la oportunidad de predicar en una sinagoga local, y de hecho predicó en la sinagoga de Tesalónica en tres ocasiones (tres sábados diferentes). Allí, habló de las profecías bíblicas sobre Jesús, de su sufrimiento y resurrección (Hch 17:2–3). Como resultado, pudo establecer una pequeña iglesia, compuesta por unos pocos judíos, muchos temerosos de Dios (ver p. 72), y «un buen número de mujeres prominentes» (v. 4). La otra cosa que Hechos nos dice tiene que ver con los últimos días de Pablo en Tesalónica: algunos de los judíos que rechazaron el mensaje iniciaron alborotos, atacaron a algunos de los nuevos cristianos, y básicamente forzaron a Pablo a sus acompañantes a abandonar la ciudad (v. 5–10a).[2]

---

1. Sobre el culto imperial, ver Jl R. Harrison, «Paul and the Imperial Gospel at Thessaloniki», *JSNT* 25 (2002): 71–96; en cuanto a otras religiones grecorromanas, ver Karl P. Donfried, «The Cults of Thessalonica and the Thessalonian Correspondence», *NTS* 31 (1985): 336–56; en cuanto a los gremios, Richard Ascough, «The Thessalonian Christian Community as a Professional Voluntary Association», *JBL* 119 (2000): 311–28.
2. Encontrará más detalles sobre la naturaleza y la motivación de esta persecución, a la luz de la teoría de la desviación, en Todd D. Still, *Conflict in Thessalonica: A Pauline*

Los estudiosos discuten sobre la posibilidad de que, después del incidente de la sinagoga, Pablo se quedara en la ciudad durante un periodo de tiempo. Muchos creen que es imposible que aquella creciente iglesia se estableciera solo en base a lo que Lucas describe en Hechos 17:1–4. En Filipenses 4:6 Pablo dice que recibió ayuda en repetidas ocasiones mientras estaba en Tesalónica, por lo que parece que debió de estar allí más de las tres semanas del relato en Hechos. La 1ª carta a los Tesalonicenses parece presuponer que la iglesia estaba compuesta principalmente por gentiles conversos (ver, p. ej., 1:9), para lo que habría sido necesario hacer más ministerio en la ciudad después del incidente en la sinagoga. Dado las numerosas lagunas en la narrativa de Lucas, esta sugerencia no es imposible, pero, aunque se acepte, en este segundo viaje misionero, Pablo no debió de pasar allí más de unos pocos meses.[3]

Es probable que Hechos también omita algunos detalles de los siguientes viajes de Pablo y sus compañeros, en aras de la brevedad. Sabemos que Timoteo ha estado acompañando a Pablo y a Silas en este viaje (Hch 16:1–5), aunque no se menciona su nombre cuando salen de Tesalónica en dirección a Berea en 17:10. No obstante, hemos de dar por sentado que sí iba con ellos porque en el versículo 14 Pablo va de Berea a Atenas, dejando atrás a Silas y a Timoteo, que se volverán a unir a él en la siguiente parada de su viaje, en Corinto (18:5). Sin embargo, en 1ª Tesalonicenses Pablo dice que se quedó solo en Atenas cuando envió a Timoteo de regreso a Tesalónica para animar a los creyentes de aquella ciudad (3:1–2) y añade más adelante que Timoteo acaba de regresar a él para traerle buenas noticias sobre el crecimiento espiritual de los tesalonicenses (v. 6). Por tanto, podemos decir que Pablo está escribiendo esta carta *desde Corinto*, pero también que al menos Timoteo debió de ir de Berea a Atenas, luego debió de regresar a Tesalónica, y por último debió de reunirse con Pablo en Corinto. No hay nada en Hechos que contradiga esta hipótesis; Lucas simplemente no recoge toda esta información.[44]

Según nuestra cronología de Hechos, si Pablo está escribiendo desde Corinto en su segundo viaje misionero, entonces podemos fechar 1ª Tesalonicenses entre el año 50 y el 52 d.C. Dado que Pablo parece tener muchas ganas de recibir noticias de Tesalónica, deberíamos decantarnos por una fecha más bien temprana. Por tanto, la mayoría de estudiosos fechan la carta en el 50 o el 51.

La epístola toma la forma de una *carta exhortativa* o *parenética*.[5] La retórica es principalmente deliberativa, pero con una buena dosis de alabanza

---

Church and Its Neighbors (Sheffield: SAP, 1999).

3. Cf. Charles A. Wanamaker, *The Epistles to the Thessalonians* (Grand Rapids: Eerdmans; Exeter: Paternoster, 1990), 6–8.

4. Cf. D. Michael Martin, *1, 2 Thessalonians* (Nashville: Broadman & Colman, 1995), 25.

5. Abraham J. Malherbe (*The Letters to the Thessalonians* [New York and London: Doubleday, 2001], 85) cree que es uno de los mejores ejemplos de este formato de carta. Otro tipo de carta que tiene bastante relación es la carta de consolación, la categoría que Juan Chapa prefiere («Is First Thessalonians a Letter of Consolation?» *NTS* 40

epidíctica.[66] En comparación con las demás iglesias a las que Pablo escribe, Tesalónica tiene muy poco que condenar, y mucho que alabar. Así, la introducción, las acciones de gracias, y el cuerpo de la carta (capítulos 1–3) forman el segmento más largo de alabanza ininterrumpida que Pablo dirige a una congregación concreta. Esto es aún más sorprendente si pensamos en el poco tiempo que Pablo pasó en aquella ciudad, y la severa persecución que esta iglesia experimentó de forma continuada (1:6). Los capítulos 4–5 introducen al menos dos cuestiones en las que sus lectores aún necesitan algo más de instrucción: el deber de trabajar duro y no entrometerse en los asuntos de los demás, y la cuestión de la escatología, especialmente sobre lo que ocurre cuando un cristiano muere. Ambos temas volverán a aparecer de modos distintos en 2ª Tesalonicenses. Por tanto, la subdivisión más simple de la carta sería la siguiente:

I. Introducción (1:1–10)
    A. Saludos (1:1)
    B. Acción de gracias (1:2–10)
II. Las preocupaciones de Pablo durante y después de su ministerio en Tesalónica (2:1–3:13)
    A. El ministerio de Pablo durante su tiempo en Tesalónica (2:1–16)
    B. Los sentimientos y las acciones de Pablo desde que se marchó de Tesalónica (2:17–3:13)
III. Exhortaciones (4:1–5:28)
    A. Vida moral (4:1–12)
    B. Cuestiones sobre la Escatología (4:13–5:11)
    C. Instrucciones finales (5:12–22)
    D. Oraciones y saludos finales (5:23–28)

COMENTARIO

INTRODUCCIÓN (1:1–10)

Saludos (1:1). La salutación de esta carta, con una breve presentación de los coautores, los destinatarios y las palabras de buenos deseos se asemeja más al formato epistolar grecorromano que el principio de la carta a los Gálatas. El hecho de que Pablo pone junto al suyo los nombres de Silvano y Timoteo podría sugerir que fueron los amanuenses, los mensajeros que llevaron la carta, o simplemente sus compañeros en aquel momento. Pero lo más probable es que lo hiciera porque esos dos colaboradores suyos tenían algo que ver con la

---

[1994]: 150–60). Cf. también Abraham Smith, *Comfort One Another: Reconstructing the Rhetoric and Audience of 1 Thessalonians* (Louisville: WJKP, 1995).

6. Jan Lambrecht, «A Structural Analysis of 1 Thessalonians 4–5» en *The Thessalonians Debate: Methodological Discord or Methodolical Synthesis?* Eds. Karl P. Donfried y Johannes Beutler (Grand Rapids and Cambridge: Eerdmans, 2000), 177.

composición de la carta.[7] Vemos que el Señor Jesucristo aparece asociado con Dios el Padre, por lo que ya tenemos, si no una comprensión trinitaria de Dios, al menos sí una comprensión binitaria. «Gracia» era el saludo convencional griego, y «paz», el saludo judío. Pablo los ha combinado y cristianizado con la referencia a Jesús.

Acción de gracias (1:2–10). Esta carta también utiliza la acción de gracias convencional que tampoco aparece en Gálatas. Aunque, si tenemos en cuenta la extensión de la carta, 1ª Tesalonicenses tiene las acciones de gracias más largas de todas las cartas de Pablo. Aquí, Pablo alaba a la congregación de Tesalónica por su rápido crecimiento y su relativa madurez a pesar de la persecución que ha experimentado. Las oraciones de gratitud de Pablo normalmente introducen temas que luego desarrollará de forma más extensa en el cuerpo de la carta.[88] En este caso, ya podemos ver tanto su gratitud por el modelo en el que esta iglesia se ha convertido, como su deseo de enseñarles más sobre los sucesos en torno a la Segunda Venida de Jesús (v. 3–9 y 10, respectivamente). La traducción que la NVI hace del versículo 3 es particularmente elegante. El texto griego tiene simplemente tres genitivos subjetivos en paralelo: obra de fe, trabajo de amor, y constancia de esperanza. Pero como hemos dicho, la traducción de la NVI es mucho más fluida: «obra realizada por vuestra fe», «trabajo motivado por vuestro amor», y «constancia sostenida por vuestra esperanza». La tríada de la fe, el amor y la esperanza aparecerá de nuevo al final de la carta (5:8) y se ha hecho mucho más famosa por su aparición en 1ª Corintios 13:13, donde el amor se presenta como el clímax de los tres.

Pablo está particularmente impresionado por los efectos que el mensaje del evangelio había tenido en esos nuevos creyentes, que solo puede atribuir al poder sobrenatural de Dios (v. 4–5a). Los versículos 5b–6a introducen un tema prominente en la correspondencia a los tesalonicenses y en cierto grado en todas las cartas de Pablo: el tema de imitar los modelos ejemplares. En tiempos de Pablo, los filósofos, maestros y líderes religiosos no solo comunicaban información: los candidatos a discípulos observaban sus vidas y decidían si querían o no imitarlas.[99] En este caso, la imitación ocurría a pesar del sufrimiento, que presumiblemente hace referencia a la persecución que estos creyentes experimentaron a causa de su nueva fe (v. 6b). Cuando analicemos el catálogo de

---

7. I. Howard Marshall, *1 and 2 Thessalonians* (London: Marshall, Morgan & Scout; Grand Rapids: Eerdmans, 1983), 50.

8. Paul Schubert, *Form and Function of the Pauline Thanksgivings* (Berlin: Töpelmann, 1939); Peter T. O'Brien, *Introductory Thanksgivings in the Letters of Paul* (Leiden and New York: Brill, 1977). Sobre la naturaleza y la importancia de la gratitud en las cartas de Pablo, ver David W. Pao, *Thanksgiving: An Investigation of a Pauline Theme* (Leicester and Downers Grove: IVP, 2002).

9. Sobre este tema, ver Abraham J. Malherbe, *Paul and the Thessalonians: The Philosophic Tradition of Pastoral Care* (Philadelphia: Fortress, 1987).

sufrimientos que Pablo incluye en 2ª Corintios 4; 6; 11; 12, entenderemos que él es el ejemplo idóneo.[10]

También es digno de alabanza que la iglesia de Tesalónica se había convertido en un modelo para los creyentes de todos los lugares de Grecia (v. 7–10). Esta afirmación presupone al menos un lapso de tiempo de unos meses, si no más, tiempo necesario para que Pablo estableciera más iglesias en otros lugares del país, aunque siempre es posible que otros ya hubieran llevado a cabo algún tipo de esfuerzo evangelístico que no ha quedado recogido en ningún documento. Aun cuando el «en todo lugar» del versículo 8 sea un tanto hiperbólico, sí sugiere que el «ellos mismos» del versículo 9 no tiene por qué estar refiriéndose solo a los otros creyentes. *Podría ser que, cuando Pablo empezó a evangelizar a otras comunidades, varios judíos o griegos le dijeran que ya conocían algo del evangelio gracias a la actividad de los tesalonicenses.*[11]El capítulo 1 ofrece un excelente resumen de lo que suponía la conversión para los gentiles: dejar atrás a los ídolos para servir al Dios vivo y verdadero (v. 9). La oración de Pablo acaba con una alusión a la Segunda Venida de Cristo (v. 10), como ocurrirá en los tres capítulos siguientes.

LAS PREOCUPACIONES DE PABLO DURANTE Y DESPUÉS DE SU MINISTERIO EN TESALÓNICA (2:1–3:13)

El ministerio de Pablo durante su tiempo en Tesalónica (2:1–16). El cuerpo de la carta de Pablo se divide en dos partes. En primer lugar, Pablo describe su ministerio cuando estaba con los tesalonicenses. Los temas que toca y los comentarios que hace sobre ellos sugieren que quizá recibió algún tipo de crítica, ya fuera dentro o fuera de la iglesia.[12] Fácilmente, algunos podrían haber dicho que el tiempo de Pablo en Tesalónica fue un fracaso, dado que lo echaron de la ciudad tan rápido, o que esa marcha precipitada de la ciudad hablaba de una falta de preocupación por los nuevos creyentes. Pero él enfatiza que eso le ha ocurrido en otros lugares sin fracaso, mientras que los resultados por los que da gracias a Dios en 1:2–10 reflejan un éxito considerable (2:1–2). En el mundo helenista, muchos maestros itinerantes cobraban grandes sumas de dinero por sus discursos públicos, lo que hizo que muchos se volvieran escépticos en cuanto a las motivaciones de ese tipo de maestros. Muchos de ellos solían alabar a sus patrones para asegurarse de que éstos les siguieran financiando. Pablo dice que su conducta no es como la de esos maestros (v. 3–6).[13]

10. «Cuando la iglesia se convierte en un ejemplo de fidelidad en medio del sufrimiento al imitar a Cristo y a los apóstoles, su testimonio se vuelve eficaz» (Gregory K. Bealie, *1 and 2 Thessalonians* [Leicester and Downers Grove: IVP, 2003], 55).

11. Además, parece ser que los tesalonicenses eran abiertamente evangelísticos y que Pablo esperaba que continuaran siendo así. Ver James Ware, «The Thessalonians as a Missionary Congregation: 1 Thessalonians 1,5–8», *ZNW* 83 (1992): 126–31.

12. Jeffrey A. D. Weima, «An Apology for the Apologetic Function of 1 Thessalonians 2:1–12», *JSNT* 68 (1997): 73–99.

13. Bruce W. Winter («The Entries and Ethics of Orators and Paul [1 Thessalonians 2:1–12]», *TynB* 44 [1993]: 55–74) defiende la tesis de que Pablo está respondiendo a una

Dejando lo que él y sus compañeros no hicieron en Tesalónica (v. 1–6a) para centrarse en el modelo positivo de los tesalonicenses (v. 6b–12), Pablo emplea dos metáforas asociadas con la paternidad para hacer hincapié en su cuidado y por su preocupación por estos nuevos creyentes. Por un lado, Pablo, Silas y Timoteo eran como una madre que cuida de sus hijos (v. 7); por otro, como un padre, animando, consolando y exhortando a sus hijos e hijas (v. 11). La forma en la que cada uno reacciona ante estas metáforas depende en gran medida de las experiencias que uno ha tenido con su padre y su madre. Pero Pablo las está usando en un sentido positivo para subrayar su compromiso y su amor constante, afectuoso y profundo por sus hijos espirituales,[14] sin dejar a un lado la autoridad que en sus días se asocia con los padres, y más especialmente, con el padre.[15] Los comentarios que Pablo hace en cuanto a las motivaciones válidas y las no válidas en el ministerio pastoral siguen siendo vigentes hoy en día. Si alguien está principalmente por las ganancias económicas o por la alabanza de los hombres, lo más probable es que no dure mucho. El verdadero éxito conlleva perseverar aun cuando no recibimos ninguna muestra de gratitud, y eso lo vemos en los padres, comprometidos con sus hijos tanto en los buenos tiempos, como en los malos.[16] En esta sección, Pablo también habla de lo duro que él y sus colaboradores han trabajado para no ser una carga para los tesalonicenses (v. 9). Con esto quiere decir que trabajaron, en el caso de Pablo, haciendo tiendas (recuérdese Hechos 18:3), para cubrir sus necesidades materiales en lugar de pedir apoyo a la nueva iglesia que estaban estableciendo.[17]

En el versículo 7 es necesario tomar una difícil decisión textual. Muchos manuscritos antiguos contienen «bebés», en lugar de «con delicadeza»; es decir, «fuimos niños en medio de vosotros», en lugar de «fuimos tiernos en medio de vosotros». Tanto las evidencias externas, aunque en menor grado, como las evidencias internas parecen apuntar a la traducción de «niños» o «bebés». En griego, las palabras «bebés» y «tiernos» tan solo difieren en una letra (*epioi* vs. *nepioi*), y lo más probable es que la metáfora más discordante, pues Pablo se estaría describiendo como bebé y también como madre en el mismo versículo, se alterara y se sustituyera por el concepto de ser gentil.[18]

La primera mitad de la carta de Pablo acaba con una segunda oración de gratitud (vv. 13–16), una característica que no se encuentra en la mayoría de las cartas de Pablo, y otro indicativo de la salud general de la congregación de

---

comparación con los sofistas.

14. Beverly R. Gaventa, «Our Mother St. Paul: Toward the Recovery of a Neglected Theme», *PSB* 17 (1996): 33–36, 42.

15. Trevor J. Burke, «Pauline Paternity in 1 Thessalonians», *TynB* 51 (2000): 59–80.

16. Cf. esp. Jeffrey A.D. Weima, «Infants, Nursing Mother, and Father: Paul's Portrayal of a Pastor», *TynB* 52 (2001): 1–31; M. Carsoa, «For Now We Live: A Study of Paul's Leadership in 1 Thessalonians», *Themelios* 30 (2005): 23–41.

17. Ronald F. Hock (*The Social Context of Paul's Ministry* [Philadelphia: Fortress, 1980], 31–37) describe las largas horas que los trabajadores dedicados a la manufactura hacían, y el desprecio que la élite les tenía.

18. Jeffrey A. D. Weima, «But We Became Infants among You», *NTS* 46 (2000): 547–61.

Tesalónica. *El versículo 13 nos da una pista de por qué crecieron tan rápido: aceptaron el mensaje del evangelio como lo que es, palabra de Dios, que obra en los creyentes y los equipa para aquello para lo que Él quiere.* Eso les permitió perseverar aun en medio de la persecución, una característica que une su experiencia a la de la iglesia en Judea (v. 14–16).[19]Algunos han malinterpretado los comentarios que Pablo hace aquí, diciendo que son antisemitas, error comprensible a la luz de sus duras palabras. Pero Pablo no está condenando a todos los judíos, sino solo a aquellos que «mataron al Señor Jesús y a los profetas, y a nosotros nos expulsaron» (v. 15).[20] Dicho de otro modo, los que perseguían a los mensajeros de Dios en tiempos veterotestamentarios o a Jesús y a sus seguidores en la era neotestamentaria experimentarán por sí mismos la ira de Dios. Ésta no es una afirmación más fuerte que los numerosos juicios del Antiguo Testamento que los profetas pronunciaron contra el pueblo de Israel cuando éste vivía de espaldas a Dios, ¡y nadie acusa a los autores de las Escrituras hebreas de ser antisemitas![21] Ciertamente, la crítica que Pablo hace de los «cristianos» en las cartas de Gálatas, Filipenses y 2ª Corintios son incluso más duras, y sin embargo a nadie se le ocurriría decir que Pablo es anticristiano.[22]

Al llegar a la frase final del versículo 16 encontramos otra controversia interpretativa. El verbo que la versión inglesa NIV traduce por «ha venido» podría reflejar el uso profético del tiempo pasado y tener el sentido de «vendrá», refiriéndose al día del juicio. Si está haciendo referencia a un suceso concreto del pasado, entonces probablemente esté apuntando al comienzo del juicio contra los enemigos de Cristo que se selló con la muerte y la resurrección. También es posible que Pablo tuviera en mente las dos perspectivas.[23] Igual de incierta es

---

19. La persecución que la iglesia en Judea estaba experimentando podría deberse a la violencia de los zelotes judíos entre los años 48 y 52 d.C.(Gene L. Green, *The Letters to the Thessalonians* [Grand Rapids: Eerdmans, 2002], 143).

20. Por tanto, la coma que aparece después de «judíos» confunde, y debería no estar. Ver Frank D. Gilliard, «The Problem of the Antisemitic Comma between 1 Thessalonians 2.14 and 15», *NTS* 35 (1989): 481–502.

21. Son particularmente intrigantes los paralelismos conceptuales y estructurales entre 1ª Tesalonicenses 2:13–16 y el Testamento de Leví 6:1–11. El versículo 11 es muy similar al final de 1ª Tesalonicenses 2:16. Ver Jeffrey S. Lamp, «Is Paul Anti–Jewish? *Testament of Levi* 6 in the Interpretation of 1 Thessalonians 2:113–16», *CBQ* 65 (2003): 408–27. Encontrará reflexiones concienzudas sobre cómo aplicar los versículos 13–16 en otros tiempos y lugares en Michael W. Holmes, *1 and 2 Thessalonians* (Grand Rapids: Zondervan, 1998), 86–92.

22. Carol J. Schlueter describe el estilo retórico de Pablo como hipérbole polémica, con claros paralelismos en los Manuscritos del Mar Muerto. Ver *Filling Up the Measure: Polemical Hyperbole in 1 Thessalonians 2:14–16* (Sheffield: SAP, 1994).

23. Markus Bockmuehl («1 Thessalonians 2:14–16 and the Church in Jerusalem», *TynB* 52 [2001]: 1–31) argumenta que Pablo tiene en mente la reciente persecución de la iglesia de Jerusalén ordenada por Claudio en los años 48–49 d.C., que fue interpretada como una serie de juicios divinos contra el judaísmo, entre los cuales estaban el baño de sangre en el Monte del Templo durante la semana de la Pascua instigado por Ven-

la traducción de las dos últimas palabras de este versículo; en griego, *eis telos*. Podrían significar «al fin / por fin», o «al máximo / hasta más no poder», y ambas traducciones encajarían en este contexto. Por último, es interesante que el lenguaje de Pablo en este párrafo es similar a muchos de los comentarios que Jesús hace cuando denuncia a los fariseos y escribas en Mateo 23, particularmente en los versículos 31–36. Podría ser que Pablo basara sus palabras en la tradición oral sobre las enseñanzas de Jesús, puesto que su carta es anterior a cualquiera de los Evangelios.[24] Esta observación también hace que la sugerencia de que 1ª Tesalonicenses 2:14–16 es una interpolación tardía introducida por alguien que no era Pablo resulte muy poco satisfactoria, ¡una propuesta que lidia con el supuesto antisemitismo de Pablo de una forma bien diferente![25]

Los sentimientos y las acciones de Pablo desde que se marchó de Tesalónica (2:17–3:13). La segunda parte del cuerpo de la carta pasa del tiempo en el que Pablo estuvo en Tesalónica, a los días en los que él ya no está allí. En 2:17–3:10, Pablo revela su profunda preocupación por el bienestar de los tesalonicenses y luego, su profunda gratitud al escuchar que, a pesar del sufrimiento que están experimentando, espiritualmente están muy bien. Inicialmente, Pablo quería regresar a Tesalónica y lo intentó en varias ocasiones (2:17–18). No se nos dice de qué forma «Satanás se lo impidió», pero parece lógico pensar que quizá tuviera que ver con la violencia que en primer lugar le hizo huir de la ciudad (violencia que no solo se ha encontrado en Tesalónica). Los versículos 19–20 cierran el capítulo explicando la profundidad de la pasión de Pablo. A diferencia de los que se glorían en las posesiones terrenales o materiales, Pablo reconoce que lo único que puede llegar a la era venidera son las relaciones redimidas.

Los versículos 1–3 del capítulo 3 presentan su plan para visitar de nuevo a los tesalonicenses. Enviará a Timoteo para ver qué tal van las cosas, y animar a los nuevos creyentes. El versículo 4 parece confirmar nuestra suposición de que el problema que había impedido la visita de Pablo tiene que ver con la persecución. En circunstancias como esas es muy normal sentirse tentado a abandonar la fe, por lo que Pablo quiere asegurarse de que los tesalonicenses no sucumban a esa tentación (v. 5).[26] Gracias a Dios, le llegan noticias de que han perseverado. Ciertamente, la fe y el amor de la iglesia siguen siendo fuertes, al igual que su deseo por ver a Pablo (v. 6–8). En lo que es *casi una tercera oración de gratitud*, los versículos 9–10 alaban a Dios por el gozo que su madurez produce y piden que Pablo tenga la oportunidad de volver a verlos y así

---

tidio Cumano, varias hambrunas, y el edicto de Claudio que decretaba la expulsión de los judíos de Roma.

24. Wenham, *Paul*, 319–21.

25. Jon A. Weatherly, «The Authenticity of 1 Thessalonians 2.13–16: Additional Evidence», *JSNT* 42 (1991): 79–98. Hace años los eruditos solían decir que estos versículos los había introducido otra persona posteriormente, pero hoy en día son muy pocos los que defienden esta idea.

26. «Parte del catecismo básico para nuevos creyentes constaba en instrucción concerniente al sufrimiento que iban a experimentar» (Green, *Thessalonians*, 161).

poder seguir alimentándolos.[27] Los versículos 11–13 dan paso a una doxología madura, donde desarrolla más todos estos temas. Una vez más, un capítulo se cierra anticipando que el proceso del crecimiento cristiano se completará cuando Cristo regrese. Lo más probable es que los «santos» del versículo 13 estén haciendo referencia a ángeles, y no a creyentes que han sido arrebatados antes que los demás. El lenguaje que Pablo usa se asemeja a Zacarías 14:5, donde claramente se está hablando de ángeles. Ver también 2ª Tesalonicenses 1:7.

EXHORTACIONES (4:1–5:28)

Vida moral (4:1–12). El material exhortativo de la carta comprende desde 4:1 hasta 5:24. El fragmento 5:25–28 ya es la conclusión de la carta, aunque contiene algunos mandatos y peticiones. Pablo empieza animando a sus amigos a que sigan esforzándose por vivir de un modo que agrade a Dios (v. 1–2). Luego define la voluntad de Dios, de forma coherente con el resto de las Escrituras, y lo hace con categorías morales («que seáis santificados», v. 3) y aplica este tema de la santidad a un área de tentación muy presente en el mundo antiguo (y contemporáneo): la impureza sexual (v. 3b–8). La palabra del versículo 3 que traducimos por «inmoralidad sexual» es *porneia*, que en griego es el término más amplio para referirse al pecado sexual, pues recoge todo tipo de relación fuera del matrimonio heterosexual y monógamo.[28] En el versículo 4 encontramos una expresión a modo de transición que literalmente dice «adquiera un vaso» (NVI: «aprenda a controlar su propio cuerpo»). Dado que 1ª Pedro 3:7 se refiere a la esposa como un «vaso más frágil» (LBLA), algunos han pensado que Pablo está hablando de cómo encontrar esposa. Pero la mayoría de estudiosos hoy en día reconocen que lo más probable es que esta expresión sea un eufemismo para decir que uno debe controlar la propia conducta sexual y reservarla para la esposa (cf. también v. 5).[29] Algunos han especulado que el versículo 6 introduce un nuevo tema, dado que la palabra «asunto» puede usarse para referirse a cuestiones de negocio. Pero la mayoría de los comentaristas cree que «este asunto» aún está haciendo referencia a la pureza sexual (v. 7–8). Una vez más Pablo insiste en que su instrucción es Palabra de Dios. Por tanto, rechazarla es rechazar al Espíritu de Dios (v. 8).

En lugar de la lujuria, el ideal es el amor verdadero; por eso, es natural que Pablo siga con ese tema (v. 9–10). Aquí reconoce que en cuanto a este tema los tesalonicenses van bien, y les anima a continuar y a hacerlo aún más. *El final*

---

27. Ciertamente, uno puede pensar en 1ª Tesalonicenses 1–3 como una oración de gratitud interrumpida tan solo por una serie de digresiones (Jan Lambrecht, «Thanksgivings in 1 Thessalonians 1–3», en *The Thessalonians Debate*, eds. Donfried y Beutler, 135–62).

28. Joseph Jensen, «Does *Porneia* Mean Fornication? A Critique of Bruce Malina», *NovT* 20 (1978): 161–84.

29. Cf. Robert Yarbrough, «Sexual Gratification in 1 Thess 4:1–8», *TrinJ* 20 (1999): 215–32; Jay E. Smith, «Another Look at 4Q416 2ii 21, a Critical Parallel to First Thessalonians 4:4», *CBQ* 63 (2001): 499–504; e ídem, «1 Thessalonians 4:4: Breaking the Impasse», *BBR* 11 (2001): 65–105.

del versículo 10 podría traducirse «sed aún más excelentes» o «seguid destacando aún más», que también podría reflejar el tema principal de la carta.

Los versículos 11–12 piden a los tesalonicenses que vivan una vida tranquila, que se ocupen de sus propias responsabilidades y que trabajen con sus propias manos.[30] Dado que Pablo tiene que exhortar a algunos a que tengan su propio trabajo y que no dependan de los demás, muchos lectores han visto aquí el problema de la pereza, que ya estaba presente antes de que Pablo escribiera 2ª Tesalonicenses 3:6–15. Es necesario que dentro de la comunidad cristiana todos los miembros trabajen para su propio sostenimiento, y es necesario tener buena reputación ante los no creyentes. Hoy en día tenemos problemas con ambos temas. La santidad de los creyentes tanto *dentro* como *fuera* de la iglesia sería de gran ayuda para nuestro testimonio. «Si no podemos ser santos en nuestro lugar de trabajo, ya no vale la pena esforzarse por ser santo en ningún otro lugar».[31]

Cuestiones sobre la escatología (4:13–5:11). *Por último, Pablo se centra en la cuestión doctrinal que, al parecer, más preocupa a los cristianos de Tesalónica.* Quizá alguno o algunos de sus miembros acaban de morir.[32] Es muy probable que Pablo no tuviera el tiempo que habría querido tener para enseñar de forma detallada sobre la vida después de la muerte. No hay duda de que sí enseñó las promesas de Cristo sobre su pronto regreso, porque algunos estaban preguntándose si veinte años después de la muerte de Jesús aún se podía confiar en la promesa de que regresaría «pronto». Fuera cual fuera la preocupación de los tesalonicenses, en esta sección Pablo nos ofrece una instrucción fundamental sobre la doctrina de la escatología. Vamos a destacar seis cuestiones en concreto.

1. Los cristianos no deberían dolerse por la pérdida de sus seres queridos cristianos *como lo hacen los no creyentes* (v. 13). Pablo no está prohibiendo el duelo en sí; el dolor es parte natural de la experiencia humana. Pero no deberíamos dolernos al modo no cristiano, pues las personas no creyentes «no tienen esperanza». Los epitafios de las tumbas grecorromanas dan fe de la desesperación que muchos sentían cuando la muerte se acercaba, aun a pesar de que la mayoría de gente creía en alguna forma abstracta de vida después de la muerte.[33]

2. En el versículo 14 encontramos la razón de la esperanza cristiana. Los creyentes pueden regocijarse en el hecho de que los seres queridos cristianos viven con Jesús y volverán con él cuando él regrese. En otros textos de Pablo

---

30. Ocuparse de las responsabilidades propias era lo opuesto a participar de los asuntos públicos o políticos (Green, *Thessalonians*, 210).

31. Leon Morris, *The First and Second Epistles to the Thessalonians* (Grand Rapids: Eerdmans, rev. 1991), 132, n. 48, citando a James Denney.

32. Ver esp. Colin R. Nicholl, *From Hope to Despair in Thessalonica* (Cambridge and New York: CUP, 2004).

33. «La esperanza es para los vivos, porque los que mueren no tienen esperanza» (Teócrito, *Idil*, 4.42, citado en Beale, *Thessalonians*, 130).

queda claro que nadie recibe un cuerpo resucitado hasta la Segunda Venida de Jesús (p. ej., 1Co 15:23). Así que Pablo aquí debe de estar diciendo que, para los creyentes, el estado intermedio entre la muerte y la resurrección consistirá en una existencia consciente e incorpórea con Cristo.[34]

3. Los cristianos que estén vivos cuando Jesús regrese no tendrán ninguna ventaja sobre los que ya hayan muerto (v. 15), por lo que no necesitan preocuparse si no viven para ver la parusía (la Segunda Venida). Dado que en este versículo Pablo escribe en primera persona del plural, muchos comentaristas han dicho que el apóstol estaba seguro de que él estaría vivo cuando Jesús regresara. En ese caso, con el paso del tiempo cambiaría de opinión al ver que se hacía mayor y que no le quedaba mucho tiempo de vida (p. ej., Fil 1:22). Pero la expresión «[nosotros] los que estemos vivos» no tiene por qué interpretarse de forma tan concreta. Es posible que esa expresión solo signifique «los que estén vivos, incluya eso a alguno de ustedes o a mí, o no». Después de todo, en 5:10 vuelve a usar la primera persona del plural, pero considera la posibilidad de que en la parusía él y sus lectores estén «despiertos» o «dormidos».[35] Pablo también introduce este versículo, y quizá los dos siguientes, con la fórmula: «Conforme a lo dicho por el Señor». Aunque algunos han dicho que estamos ante las palabras de un profeta cristiano, encontramos suficientes paralelismos con la enseñanza escatológica de Jesús (esp. en Mt 24) como para sugerir que Pablo debía conocer parte de aquella tradición.[36]

4. Todos los creyentes que estén vivos en la tierra cuando Cristo vuelva serán «arrebatados en las nubes junto» a los que le acompañen para «encontrarnos con el Señor en el aire» (v. 16–17). Este suceso se ha pasado a llamar «el arrebatamiento», a partir de la palabra latina *raptus*, que es el sustantivo formado a partir del verbo que traducimos por «arrebatar». Éste es el único pasaje de las Escrituras que usa esta imagen de ser arrebatados en el aire, aunque el mismo verbo griego (*harpazo*) aparece en 2ª Corintios 12:1–4 cuando Pablo es arrebatado hasta el tercer cielo, en el cuerpo o fuera del cuerpo, cosa que ni él mismo sabe. Los teólogos han debatido ampliamente si éste es un evento diferente a la Segunda Venida de Cristo, visible y corporal, al final de la historia de la humanidad. Dado que las Escrituras parecen enseñar sobre una «gran tribulación» que tendrá lugar justo antes de la Segunda Venida de Cristo (p. ej., Mt 24:21–28; Ap. 7:14), los intérpretes han debatido la relación entre la tribulación y el arrebatamiento, asociándose a bandos pretribulacionistas, mediotribulacionistas y postribulacionistas. No obstante, la mayoría coincide en que en la Biblia no hay ningún texto que diga que la tribulación y el arrebata-

---

34. El término «dormir» era un eufemismo para referirse a la muerte tanto en el mundo judío como en el mundo grecorromano, así que no tiene sentido recurrir a una teoría sobre el estado dormido del alma.

35. A. L. Moore, *The Parousia in the New Testament* (Leiden and New York: Brill, 1966), 78–79.

36. Seyoon Kim, «The Jesus Tradition in 1 Thess 4.13–5.11», *NTS* 48 (2002): 225–42.

miento tendrán lugar de forma simultánea, así que para llegar a una conclusión es necesario contar con la síntesis teológica de una gran cantidad de textos.[37]

Sin embargo, es interesante observar que el término que se usa en este pasaje para referirnos al «encuentro» con el Señor en el aire (gr. *apantesis*) es el mismo que normalmente se usaba en el antiguo mundo grecorromano para hablar de la bienvenida y la escolta que se ofrecía a un dignatario que iba de visita o a un rey que regresaba a su ciudad. Las otras dos veces en las que esta palabra aparece en el Nuevo Testamento encajan exactamente con este uso. En Mateo 25:6, las jóvenes se despiertan para encontrarse con el novio y su mujer y escoltarles a la casa de los padres donde vivirán juntos. En Hechos 28:15, los cristianos de Roma salen de la ciudad para encontrarse con Pablo y escoltarle durante su entrada en la ciudad. Del mismo modo, aquí en 1ª Tesalonicenses 4:17, *la imagen apunta a una comprensión postribulacionista del arrebatamiento*. En la Segunda Venida, Jesús desciende del cielo a la tierra, y sus seguidores forman un comité de bienvenida para salir a su encuentro y escoltarle en su entrada triunfal en la tierra.[38] Curiosamente, es precisamente el *pos*tribulacionismo el que mejor sirve para ver a Pablo como *pre*mileniarista. Porque, ¿para qué traer a Cristo de nuevo a la tierra a menos que sea para iniciar su reinado *terrenal*, que algunos tesalonicenses temían que sus hermanos ya muertos se iban a perder?[39]

5. El objetivo del mensaje de Pablo es animar y consolar (4:18: cf. 5:11). Aunque no estemos de acuerdo sobre los detalles del arrebatamiento, ¡que eso no nos divida ni impida la comunión y el servicio unido! La literatura apocalíptica en los dos testamentos tiene la intención de consolar a los cristianos asediados, ¡y no dividirlos en bandos contrarios!

6. No se puede predecir cuándo será el momento final, pero sí podemos prepararnos para cuando llegue (5:1–10). Los que no estén aguardando la venida de Cristo, ésta les cogerá por sorpresa (v. 1–3), del mismo modo que sorprende la entrada de un ladrón durante la noche, o los dolores de parto a la embarazada. Comparar el regreso de Cristo a un ladrón es un símil tan extraño que no hay duda de que Pablo se está haciendo eco de la enseñanza de Jesús (Mt 24:43). Tanto Jesús como Pablo enfatizan que es imposible predecir el momento de la parusía, ¡y aun así a lo largo de la historia de la iglesia muchos creyentes han

---

37. Encontrará una guía útil de este debate en Richard R. Reiter, Paul D. Feinberg, Gleason L. Archer y Douglas J. Moo, *The Rapture: Pre–, Mid–, or Post–Tribulational?* (Grand Rapids: Zondervan, 1984).

38. Cf. Robert H Gundry, «A Brief Note on "Hellenistic Formal Receptions and Paul's Use of *AΠANTHΣIΣ*"», *BBR* 6 (1996): 39–41. También es revelador que 4:15–17 y 5:1–11 reflejan algunas de las ideas de Mateo 24, sugiriendo así que esos dos textos, como el discurso de Jesús en esos capítulos de Mateo, están haciendo referencia al regreso público y final de Cristo. Ver David Wehnam, *The Rediscovery of Jesus' Eschatological Discourse* (Sheffield: JSOT, 1984), 303–14.

39. Seth Turner, «The Interim, Earthly Messianic Kingdom in Paul», *JSNT* 25 (2003): 323–42, esp. 326–32.

intentado averiguarlo! Si algo sabemos es que llegará cuando no haya señales que lleven a la gente a pensar que el momento ha llegado. «Paz y seguridad» (v. 3) era un eslogan augusto, que tenía el objetivo de recordar a los habitantes la seguridad que había traído la *pax romana*.[40] Pero ningún gobierno puede ofrecer la paz auténtica que existirá en la tierra una vez Cristo regrese. No obstante, lo que los creyentes pueden y deben hacer es estar alerta y vivir vidas santas para estar listos cuando llegue el final (v. 4–11). El versículo 4 «no significa que un día la iglesia sabrá cuándo será el día final, sino que expresa que los cristianos son los que están preparados para el día final».[41] La tríada paulina de fe, amor y esperanza vuelve a aparecer aquí, esta vez usando metáforas de la armadura de un soldado (v. 8), basadas originalmente en Isaías 59:17.

Instrucciones finales (5:12–22). Pablo finaliza su exhortación con más mandatos, de forma similar al final de otras epístolas (cf. esp. Ro 12:19–21). Quizá algunos de ellos tengan que ver con preocupaciones relativamente comunes a otras congregaciones.[42] Pero otros responden a las circunstancias únicas de Tesalónica, sobre todo el recordatorio a trabajar duro (v. 12) y a amonestar a los holgazanes (v. 14).[43] Hemos de comentar algunos de los mandatos, porque pueden ser fácilmente malinterpretados. «Dad gracias a Dios en toda situación» (v. 18) no significa dar gracias por todo lo que ocurre, como si tuviéramos que dar gracias por lo malo, como cuando las damos por lo bueno. Como veremos al comentar Romanos 8:28, Dios obra para sacar algo bueno de todas las situaciones, incluso de las malas. ¡Por eso sí que podemos darle gracias!

El versículo 22 ha confundido a muchos, sobre todo en algunas versiones donde pone algo así como «absteneos de toda apariencia de mal» (versión inglesa KJV) o incluso «absteneos de toda especie de mal» (RV60). Esa traducción podría sugerir que incluso deberíamos evitar aquellas buenas acciones que pueden ser malinterpretadas. Pero la palabra griega que se traduce por «apariencia» (*eidos*) no significa algo que parece una cosa que no es, sino la presencia visible de algo. De ahí que la mayoría de versiones traduzcan «evitad toda clase de mal» (NVI) o «toda forma de mal» (LBLA).[44]

ORACIONES Y SALUDOS FINALES (5:23–28)

En los versículos 23–24, Pablo concluye esta epístola con una oración para plena satisfacción de sus lectores. El espíritu, el alma y el cuerpo no son

---

40. Yeo Khiok–Khng («A Political Reading of Paul's Eschatology in I and II Thessalonians», *AJT* 12 [1998]: 77–88) dice que muchas porciones de ambas cartas, incluyendo las discusiones sobre la epifanía, la parusía y el apocalipsis, debieron entenderse como contrapuntos de la función y el papel del Emperador.

41. Green, *Thessalonians*, 235.

42. Encontrará unas tablas comparativas donde aparecen los paralelismos entre Romanos, 1ª Pedro y 1ª Tesalonicenses en Marshall, *Thessalonians*, 145–46.

43. O quizá el término (*ataktoi*) debería traducirse por «desordenados» o «indisciplinados» (Beale, *Thessalonians*, 163).

44. Cf. Malherbe, *Thessalonians*, 334.

tres partes aisladas del ser humano; como se enseña en todas las Escrituras, el «alma» y el «espíritu» se solapan en multitud de ocasiones para referirse a la parte inmaterial de la persona.[45] De otro modo, ¡podríamos decir que según Marcos 12:30, donde se nos ordena amar a Dios con el corazón, el alma la mente y las fuerzas, la persona se puede dividir en cuatro partes o, según Hebreos 4:12, incluso en seis (alma, espíritu, médula, huesos, pensamientos e intenciones)!

De las palabras finales de Pablo (v. 25–28), hay dos cuestiones que debemos mencionar. El beso santo tenía un papel muy importante en la adoración cristiana primitiva. En las culturas mediterráneas antiguas, ese era el saludo normal entre amigos cercanos y familiares; de hecho, lo sigue siendo en muchas partes del mundo, y no tienen ninguna connotación sexual. El encargo del versículo 27 nos recuerda que esta carta, como quizá todos los libros del Nuevo Testamento, está pensada para ser leída en voz alta delante de una congregación perteneciente al pueblo de Dios.

LOS TESALONICENSES Y LA SEGUNDA VENIDA DE CRISTO

---

45. Earl J. Richard, *First and Second Thessalonians* (Collegeville: Liturgical, 1995), 285–86.

2ª TESALONICENSES: ¡PERO NO TAN PRONTO!

INTRODUCCIÓN

AUTORÍA

Aunque ningún estudioso serio duda que Pablo sea el autor de Gálatas y 1ª Tesalonicenses, *aproximadamente la mitad de los especialistas bíblicos cree que 2ª Tesalonicenses es una carta seudónima.* Hay principalmente siete razones para creer que Pablo no es el autor de esta epístola: (1) 1ª y 2ª Tesalonicenses son muy similares, pues contienen dos oraciones de gratitud (y en ambas cartas, la primera es más extensa de lo normal), los mismos temas en el cuerpo de la carta, los mismos elementos en la parte final expresados en el mismo orden y con un estilo y vocabulario muy similar. Dicen que es muy poco probable que la mente creativa de Pablo produjera dos epístolas dirigidas a la misma comunidad con tan pocas diferencias entre ellas. (2) 2ª Tesalonicenses no refleja esa relación cercana entre el autor y su congregación que encontramos en la primera epístola. (3) La segunda carta no contiene la misma riqueza de temas teológicos que aparece en la primera, pues se centra casi exclusivamente en la Escatología. (4) Igualmente, las cuestiones éticas en 2ª Tesalonicenses se reducen a una sola: la pereza o la indisciplina. (5) Si Pablo escribió las dos cartas, tenemos que dar por sentado que el intervalo entre la una y la otra es muy pequeño, por lo que no habría dado tiempo a que otros escribieran e hicieran circular cartas falsas en las que se hacían pasar por Pablo (cf. 2Ts 2:2, 15). (6) Ya que la situación es diferente, lo más lógico es que haya pasado algo entre una y otra. En la primera epístola, los problemas giran sobre todo en torno a la tardanza de la Segunda Venida de Cristo; ahora, ¡parece ser que algunos están diciendo que la Segunda Venida ya ha tenido lugar! (7) Al parecer, 2ª Tesalonicenses hace un uso mayor de la tradición anterior que 1ª Tesalonicenses, sobre todo en lo que se refiere a las convicciones judías y cristianas sobre el Anticristo (2:3–10).[46]

Ninguno de estos argumentos tiene peso suficiente. Las similitudes tanto del estilo como de la forma son naturales si Pablo se estaba dirigiendo a la misma comunidad y, además, escribiéndoles sobre los mismos temas. Si la situación se había deteriorado, es normal que Pablo empleara un tono más distante y menos personal. Del mismo modo, es normal que se centrara en las cuestiones más urgentes. La cuestión sobre el tiempo que debería haber pasado entre las dos cartas depende claramente de la interpretación de 2ª Tesalonicenses 2:2 y 15. Si estos versículos se están refiriendo a documentos apócrifos, la lógica del escéptico podría tener algo de sentido aquí. Pero más abajo veremos que estos versículos podrían estar refiriéndose a una mala interpretación de 1ª Tesalonicenses, en cuyo caso no sería necesario que hubiera pasado un periodo de tiem-

---

46. Cf. Beverly Gaventa, *First and Second Thessalonians* (Louisville: WJKP, 1998), 93–97; Bonnie Thurston, *Reading Colossians, Ephisians and 2 Thessalonians* (New York: Crossroad, 1995), 159–62.

po más largo (simplemente, el necesario para que la persecución de los creyentes en Tesalónica se intensificara). En cuanto al uso de la tradición anterior, ya sea judía o cristiana, en las cartas de Pablo no encontramos ningún patrón claro que nos indique cuándo está haciendo uso de ese tipo de material, y cuándo no.

Por tanto, el debate sobre las evidencias internas que demostrarían que Pablo no es el autor no cuenta con demasiados argumentos. Sin embargo, las evidencias externas que apuntan a Pablo como autor de esta carta son de mucho peso: Policarpo, Ignacio, Justino y la Didaké ya conocían la carta en la primera mitad del siglo II. A mediados del siglo II, el Canon Juratorio y el canon de Marción también la incluían. Ireneo, hacia finales del siglo II (*Contra las herejías*, 26.4), y otros padres de la iglesia posteriores reconocen esta carta como una carta paulina.[47] Los que creen que estos argumentos no son suficientemente convincentes ven 2ª Tesalonicenses como la obra de un autor de la escuela de pensamiento paulina y perteneciente a una generación después de la del apóstol, que escribe para responder a un nuevo problema: el fervor apocalíptico surgido en Tesalónica.[48] Pero no nos sorprende que el comentario más reciente de estas dos epístolas escrito desde una perspectiva crítica no solo defienda la autoría de Pablo, sino que además concluya que no es razonable tildar de «seudónima» a una carta que (1) se interesa por la comunicación previa que se le atribuye al autor, (2) hace referencia a lo que el autor enseñó tanto de forma oral como escrita, y (3) subraya su autenticidad (2:2, 15; 3:17). Esta conclusión, que respalda la autoría de Pablo, parece la más sólida.[49]

ORDEN DE LAS CARTAS

La mayor parte de la historia de la iglesia ha dado por sentado que 2ª Tesalonicenses se escribió después que 1ª Tesalonicenses. Esto es así independientemente de que uno acepte a Pablo como autor de ambas o no. Pero como hemos visto, la principal razón que hizo que estas dos cartas se incluyeran en este orden en el canon bíblico tiene que ver más con un orden según la extensión, que con un orden cronológico. Por tanto, un pequeño número de estudiosos en diferentes épocas ha propuesto que la segunda epístola era anterior a la primera.[50] Son cinco los argumentos que suelen mencionar: (1) Varios pasajes en 1ª Tesalonicenses parecen apuntar a que Pablo ya les ha enviado correspondencia. La expresión «Ahora bien» o «En cuanto a» (1Ts 4:9; 5:1) parece introducir respuestas a preguntas que los destinatarios le han hecho anteriormente (cf. 1Co 7:1), mientras que 1ª Tesalonicenses 3:1–2 podría estar haciendo referencia a que Pablo había enviado a Timoteo con una carta anterior. (2) La persecución de la que se habla en 2ª Tesalonicenses parece que se está dando en ese momento (1:4–7), mientras que en 1ª Tesalonicenses parece que es algo del pasado (2:14). (3) Del mismo modo, el problema de la indis-

---

47. David J. Williams, *1 and 2 Thessalonians* (Peabody: Hendrickson, 1992), 13.
48. Earl J. Richard, *First and Second Thessalonians* (Collegeville: Liturgical, 1995), 25–29, 32.
49. Malherbe, *Thessalonians*, 373.
50. Ver esp. Wanamaker, *Thessalonians*, 37–45.

ciplina en 2ª Tesalonicenses 3:11–15 parece ser un problema nuevo, mientras que en 1ª Tesalonicenses 4:10–12 se cita como un problema ya conocido. (4) 2ª Tesalonicenses 3:17 no es verdad si 1ª Tesalonicenses fue escrita primero, puesto que en esa carta Pablo no contiene ninguna mención sobre el saludo hecho con el puño y letra del apóstol. (5) 1ª Tesalonicenses 5:1 (donde dice que los lectores no necesitan que les escriba sobre los días finales) tiene más sentido si 2ª Tesalonicenses 2:1–12 es anterior.

Todos y cada uno de estos argumentos son poco sólidos, incluso si los consideramos en conjunto. En el punto (1) no hay nada que apunte a que en 1ª Tesalonicenses hay referencias a una correspondencia anterior. En cuanto al punto (2), la mayoría de lectores entiende que la persecución ha empeorado de la primera a la segunda carta. Y el problema de la pereza y la indisciplina encaja con orden tradicional de las cartas (punto 3; lo más probable es que esa situación se hubiera deteriorado de la primera a la segunda carta). En cuanto al punto (4), no es que Pablo esté diciendo que en cada carta escribe de forma explícita que es él quien la cierra con su puño y letra, sino que cada carta la concluye él con su puño y letra, aunque no lo mencione. Gálatas 6:11 nos habla de esa práctica; no hay razón para pensar que 1ª Tesalonicenses 5:25–28 no puede ser un segundo ejemplo de esa práctica, aunque Pablo no haya anunciado explícitamente que así es. En sus últimas cartas, tampoco hace una mención explícita de su sello final. En cuanto al (5), 1ª Tesalonicenses 5:1 no se puede usar de forma aislada, porque aunque dice eso, Pablo sí les da instrucciones escatológicas detalladas.[51]

FECHA

Lo que una discusión así demuestra es que en las dos cartas hay pocas evidencias concluyentes sobre cuál es el orden en el que se escribieron. Pero en lugar de poner empeño en buscar argumentos en contra del orden tradicional, se debería tener en cuenta el acercamiento adoptado por la vasta mayoría de comentaristas, especialmente los de la iglesia primitiva. Por tanto, procederemos asumiendo que el orden canónico de estas dos epístolas también es su orden cronológico. Es este caso, lo más probable es que 2ª Tesalonicenses se escribiera poco después de la primera carta y, por tanto, *cuando Pablo estaba aún en Corinto* (recuérdese que estuvo allí al menos un año y medio; Hch 18:11). Además, Corinto es el único lugar descrito en Hechos donde se dice de forma explícita que, a partir de ese momento, Pablo y Silas están juntos (cf. 2Ts 1:1). Así, la fecha de 2ª Tesalonicenses estaría entre el año 50 y el 52, y más concretamente, *el 51 o el 52.*

CONTEXTO Y GÉNERO

El mensaje que Pablo parece haber transmitido con éxito a través de 1ª Tesalonicenses sobre la parusía es el siguiente: nadie debe dudar que Cristo

---

51. Cf. Williams, *1 and 2 Thessalonians*, 13–15. En cuanto al uso de la tradición en 2ª Tesalonicenses, ver G.S. Holland, *The Tradition That You Received from Us* (Tübingen: Mohr, 1998).

va a regresar pronto, pues así lo prometió. Pero es muy posible que los tesa-
lonicenses se lo tomaran al pie de la letra, porque el mensaje central de su
segunda carta es «Sí, regresa pronto, ¡pero no tan pronto!». Pablo menciona-
na «ciertas profecías» y «mensajes orales o escritos supuestamente nuestros»
que decían: «¡Ya llegó el día del Señor!» (2Ts 2:2). Una afirmación así podría
haber venido de los círculos casi gnósticos que creían que en el momento de
la conversión, todo creyente experimentaba una resurrección invisible y espiritual, por lo que no había necesidad de una resurrección corporal posterior.[52]
Pero también es posible que Pablo esté refiriéndose a una mala interpretación
de su primera carta. El texto griego dice literalmente: «un espíritu, palabra o
carta, como por medio de nosotros, como si el día del Señor hubiera venido».
I. H. Marshall dice que lo más probable es que la expresión «como por medio
de nosotros» vaya con los tres sustantivos que la preceden, «y que no está hablando de si la fuente de las enseñanzas es paulina o no, sino de si el mensaje
atribuido a Pablo es una fiel representación de su enseñanza».[53]

En 3:6, Pablo habla de los que son perezosos (o indisciplinados). Normalmente se ha creído que esas personas eran creyentes que habían dejado de
trabajar porque creían que la venida de Cristo iba a ser inminente. Así, ya sea
pensando en los que temen haberse perdido la parusía, o simplemente en los
que creen que está a punto de llegar, Pablo utiliza el cuerpo de esta carta para
recordarles que antes de la Segunda Venida de Cristo hay una serie de cosas
que deben ocurrir. Aunque hay elementos de exhortación y consuelo como en
1ª Tesalonicenses, el género de esta carta no encaja fácilmente dentro de ninguna categoría literaria del mundo antiguo mediterráneo. No obstante, podemos
verla como una carta de consejos, pues Pablo aconseja a los tesalonicenses que
no piensen que se han perdido el Día del Señor, y que mantengan las distancias
con los perezosos.[54] En esta carta no encontramos tantas palabras de alabanza,
y la retórica es más deliberativa.

---

52. Cf. los siguientes extractos de *Treatise on Resurrection*, 46–49: «El pensamiento de
los que son salvos no perecerá. La mente de los que le han conocido no perecerá».
«Pero los hay que quieren entender si el que es salvo, en el caso que deje su cuerpo
atrás, será salvo inmediatamente. Que nadie dude en cuanto a esto ... ciertamente, los
miembros visibles que están muertos no serán salvos, puesto que (solo) los [miem-
bros] vivos que existen dentro de ellos se levantarán.» «Ciertamente, es más adecuado
decir que el mundo es una ilusión, y no la resurrección que ahora existe por nuestro
Señor el Salvador, Jesucristo.» «Por tanto, no ... viváis en conformidad con esta carne
... sino huid de las divisiones y de las prisiones, y ya tenéis la resurrección. Porque si
el que va a morir cree que va a morir (aunque viva mucho en esta vida, eso acabará
sucediendo), ¿por qué no creer que uno ha sido resucitado, y creer que eso (ya) ha
sucedido?».
53. Marshall, *Thessalonians*, 187.
54. Cf. Wanamaker, *Thessalonians*, 48; Maarten J. J. Meneen, *2 Thessalonians* (London
and New York: Routledge, 1994), 20.

ESTRUCTURA

Como en 1ª Tesalonicenses, Pablo sigue de cerca el formato de una carta grecorromana, con su introducción, acción de gracias, cuerpo de la carta (dividido en información y exhortación), y conclusión. Para simplificarlo, combinaremos la introducción con la acción de gracias, y el cierre con las exhortaciones finales. A continuación ofrecemos un esquema en tres partes, que coinciden con los capítulos de la epístola.

I. Introducción (1:1–12)

    A. Saludos (1:1–2)

    B. Acción de gracias (1:3–12)

II. Más sobre la parusía: aún tienen que suceder una serie de señales (2:1–17)

    A. Tesis (2:1–2)

    B. Las señales que aún tienen que suceder (2:3–7)

    C. El juicio sobre los incrédulos (2:8–12)

    D. Fidelidad para los creyentes (2:13–17)

III. Conclusión (3:1–18)

    A. Exhortación (3:1–15)

    B. Oraciones y saludos finales (3:16–18)

COMENTARIO

INTRODUCCIÓN (1:1–12)

Saludos (1:1–12). Como en su carta previa, Pablo, Silas y Timoteo dejan claro que todos han colaborado en la redacción de esta carta (ver más arriba, p. 163). En general, este saludo encaja a la perfección con el de 1ª Tesalonicenses, con la excepción de que nuestros autores añaden una segunda referencia a Dios y a Jesús.

Acción de gracias (1:3–12). A continuación, tenemos de nuevo una oración de gratitud muy detallada, personal, y teológicamente rica. Los paralelismos con la primera carta continúan cuando Pablo y sus colaboradores dan gracias a Dios por la fe, el amor y la perseverancia de estos cristianos (v. 3–4). Aunque el término «esperanza» no aparece de forma explícita, sin duda alguna es la base del concepto de la perseverancia. No obstante, lo que entendemos del versículo 4 es que la severidad de la persecución ha aumentado considerablemente. Aunque el sufrimiento de los creyentes *per se* es una muestra de su madurez o fidelidad (¡a uno también le pueden atacar por haberse portado de forma horrorosa o estúpida!), un testimonio activo de la fe cristiana tarde o temprano levantará cierta hostilidad (v. 5).[55] Una clave para perseverar bajo ese tipo de circunstancias (y no caer en querer pagar con la misma moneda) es re-

---

55. Con frecuencia se ha pensado que lo que apunta al justo juicio de Dios es la capacidad de los creyentes de soportar la aflicción; pero quizá sea la aflicción misma. Ver Jouette M. Bassler, «The Enigmatic Sign: 2 Thessalonians 1:5», *CBQ* 46 (1984): 496–510.

conocer el horrible juicio que caerá un día sobre los enemigos de Dios si nunca se arrepienten (v. 6).[56] El día del juicio también traerá alivio y recompensa para el pueblo de Dios (v. 7).

Los versículos 8–9 desarrollan la idea del castigo que cae sobre los enemigos de Dios. A éstos se les describe desde dos puntos de vista. Desde el punto de vista relacional, no conocen a Dios; desde el punto de vista conductual, no obedecen el evangelio (v. 8). Está claro que el requisito fundamental del evangelio no es el hacer obras buenas concretas, sino la fe en Jesucristo. El versículo 9 nos ofrece una de las afirmaciones más claras de las Escrituras sobre el destino eterno de los perdidos. Mientras que otros textos a menudo hacen referencia al fuego eterno y a las tinieblas, (conceptos que no se pueden dar de forma simultánea, por lo que resulta extraño tomarlos de forma literal),[57] aquí tenemos una descripción clara y libre de ambigüedades: «sufrirán el castigo de la destrucción eterna, lejos de la presencia del Señor y de la majestad de su poder». Algunos han argumentado que «destrucción eterna» apunta a la doctrina de la aniquilación, pero la única otra vez que encontramos esta expresión en la literatura judía asociada a la Biblia es en 4º Macabeos 10:15, donde claramente se refiere al sufrimiento eterno que hay después de la muerte.[58] Por otro lado, el versículo 9 enseña que todos los incrédulos estarán separados de Dios y de todas las cosas buenas, que debería ser razón suficiente para que todo el mundo quisiera evitar un destino así.[59] El versículo 10 reafirma una vez más que este juicio último tendrá lugar cuando Cristo vuelva, que los creyentes esperan con ansia pensando en su glorificación (ver más en p. 295).

MÁS SOBRE LA PARUSÍA: AÚN TIENEN QUE SUCEDER UNA SERIE DE SEÑALES (2:1–17)

Tesis (2:1–2). Los dos primeros versículos del capítulo 2 son la tesis de la epístola. Pablo tiene que recordar a los tesalonicenses que rechacen cualquier mensaje que diga que el día de la Segunda Venida de Jesús ya ha tenido lugar. La expresión «nuestra reunión con él» (v. 1) nos sugiere el mismo evento descrito en 1ª Tesalonicenses 4:17, es decir, el arrebatamiento. Curiosamente, Pablo no les dice que no se les puede haber pasado la Segunda Venida porque primero habrá un arrebatamiento secreto en el que todos los creyentes serán tomados de la tierra. Sin embargo, si Pablo creyera en un arrebatamiento pretribulacional, lo lógico sería que lo hubiera mencionado: si todos los cristianos

---

56. «El énfasis en la venganza de Dios se menciona para animar a los hermanos y hermanas que está padeciendo gran adversidad, dándoles así una perspectiva escatológica que les permitirá evaluar su situación presente de forma adecuada» (Green, *Thessalonians*, 287).

57. Así en G. E. Ladd, *Teología del Nuevo Testamento* (Viladecavalls: CLIE, 2002).

58. Beale, *Thessalonians*, 188.

59. Este versículo no contradice la Omnipresencia de Dios; simplemente habla de que esa comodidad no estará a la disponibilidad de los que estén en el infierno. Ver Charles L. Quarles, «The ΑΠΟ of 2 Thessalonians 1:9 and the Nature off Eternal Punishment», *WTJ* 59 (1997): 201–11.

que están vivos aún están en este mundo, el final no puede haber llegado. Pero si Pablo entendía que el arrebatamiento tendría lugar en el mismo momento en el que Jesús regresara (ver p. 171), y si algunos de los tesalonicenses habían llegado a pensar de forma errónea que quizá Cristo regresaría sin que nadie le viera, entonces el error es comprensible.[60] Dado que el gnosticismo tardío creía en una resurrección espiritual, en la que la nueva era irrumpiría en nuestro mundo y los creyentes serían perfeccionados sin una intervención universal y visible como la venida de nuestro Señor, es posible que alguien confundiera a los tesalonicenses animándoles a adoptar una comprensión similar a la del gnosticismo.

Las señales que aún tienen que suceder (2:3–7). Para corregir esa escatología errónea, Pablo hace una lista de sucesos concretos que tienen que suceder antes del fin. Vemos, sobre todo, dos dignos de mencionar. *En primer lugar, el «hombre de maldad», que «está destinado a la destrucción», tiene que revelarse (v. 3–4).* La descripción de esta persona lo asocia con la tradición judía que dice que justo antes de la era mesiánica aparecería un archienemigo de Dios. Parece ser que se trata de la misma persona que Juan menciona más adelante, refiriéndose a ella como el Anticristo (1Jn 2:18) y como la «bestia que subía del mar» (Ap. 13:1). Esa persona aparecerá en el momento de la «rebelión» (gr. *apostasia*, una «gran separación»), que en este contexto podría significar una revuelta contra Dios y el poder de la ley.[61] Se «adueñará del templo de Dios», imagen que resulta una reminiscencia de la profanación del templo judío por parte del líder seléucida Antíoco Epífanes en el año 167 a.C., y el intento fallido del emperador romano Calígula de colocar estatuas de su imagen en el templo judío en el año 40 d.C.

Algunos han pensado que el cumplimiento de la profecía de Pablo incluye la reconstrucción del templo de Jerusalén en la época moderna. Pero el único distintivo del templo era su papel como lugar de sacrificio para el perdón de pecados; la adoración semanal podía ser y se hacía en las sinagogas locales. Y es difícil encajar el restablecimiento de los sacrificios de animales con la enseñanza neotestamentaria de que Cristo ha puesto punto y final a los sacrificios (ver esp. Heb 10:18; cf. los capítulos del 7 al 10). De hecho, todas las demás ocasiones en las que Pablo usa esta palabra para referirse al templo (*naos*) lo hace de forma metafórica, refiriéndose a los cristianos ya sea de forma individual o colectiva (1Co 3:16, 17 [2 veces]; 6:19; 2Co 6:16 [2 veces]; Ef 2:21).

---

60. «Este versículo parece apuntar a que el arrebatamiento de la iglesia tendrá lugar de algún modo antes de la tribulación» (Green, *Thessalonians*, 301, n. 4). Ante la objeción de que la Segunda Venida de Cristo no puede suceder hasta que ciertas señales sucedan, Beale (*Thessalonians*, 204–5, n.) observa que las señales podrían ocurrir de forma muy rápida, justo antes del regreso de Cristo, pero como parte misma del regreso de nuestro Señor.

61. Dispensacionalistas anteriores suelen argumentar que la apostasía era lo mismo que el arrebatamiento de los creyentes, pero en ningún otro lugar del Nuevo Testamento esta palabra apunta a esa idea ni a nada que se le parezca. Ver F.F. Bruce, *1 and 2 Thessalonians* (Waco: Word, 1982), 166–67.

Quizá el Anticristo surgirá de una iglesia que se profesa cristiana, e inicialmente él mismo llevará una máscara de verdadero cristiano. O quizá todas estas perspectivas son demasiado literales, y Pablo simplemente está subrayando el hecho de que esta persona está en total oposición a cualquier forma de adoración a Dios.[62]

La segunda señal importante que aún tiene que suceder tiene que ver con «alguien o algo que retiene» al hombre de maldad, y ese alguien o algo tiene que ser quitado de en medio (v. 5–7). Alguien (en el v. 7 el sustantivo es masculino) y/o algo (en el v. 6 es neutro) está deteniendo al hombre de maldad, impidiendo que aparezca, y esta persona o poder tiene que desaparecer o quitarse de en medio. Los pretribulacionistas normalmente dicen que este alguien o algo es la iglesia, pero el término griego que traducimos por iglesia (*ekklesia*) es femenino, así que no encaja. Muchos lo asocian con el Emperador o el gobierno imperial de aquel momento (o cualquier poder mundial posterior). O también podría estarse refiriendo a Dios mismo, quizá a través de su Espíritu Santo.[63]

El juicio sobre incrédulos (2:8–12). Independientemente de cómo interpretemos toda la serie de referencias de este texto, el resto de este capítulo da dos garantías. *La primera,* todos los malvados serán juzgados. Cuando el Anticristo aparezca, estará muy poco tiempo, porque Cristo vendrá enseguida y lo destruirá (v. 8). No obstante, sus falsos milagros confundirán y engañarán a muchos de los que no conocen a Cristo (v. 9–10a). Una vez más, Pablo describe a los perdidos desde perspectivas complementarias. Al pensar en los obstáculos que hacen que la gente no crea en Jesús, existen no menos de tres agentes. Las propias personas son responsables de su decisión cuando se niegan a amar la verdad (v. 10b). Dios también permite que se reafirmen en su rechazo del evangelio (v. 11–12; cf Ro 1:24, 26, 28), mientras que Satanás juega un papel intermedio al ser el agente más directo del engaño (v. 9). El versículo 12 también presenta dos descripciones complementarias de aquellos que se niegan a amar la verdad: no han creído, y se han deleitado en el mal. Debido a nuestras mentes finitas y caídas, no podemos entender cómo puede ser que todas estas afirmaciones sean cien por cien ciertas. Pero las Escrituras dan por sentado que así es, y hemos de asumirlo.[64]

Fidelidad para los creyentes (2:13–17). La *segunda* garantía es más positiva. Los creyentes han sido escogidos y llamados por Dios para ser salvos. Hablaremos más de la elección o predestinación cuando lleguemos a Romanos

---

62. Cf. Bruce, *Thessalonians*, 169: «Una forma gráfica de decir que planea usurpar la autoridad de Dios ... demanda no solo obediencia, sino también la adoración que solo Dios merece». Cf. también Marshall, Thessalonians, 191–92; «La manifestación culminante del mal como un poder antiteísta que usurpa el lugar de Dios en el mundo».

63. O a través de un ángel. Cf. C.Nicoll, «Michael, the Restrainer Removed (2 Thess. 2:6–7)», *JTS* 51 (2000): 27–53.

64. Dado que Satanás está subordinado a Dios y sus poderes están limitados por Dios, Dios puede usar y redirigir sus acciones para que éstas sirvan a los propósitos divinos (cf. Williams, *1 and 2 Thessalonians*, 130–31).

8–9 y Efesios 1, pero aquí ya podemos observar que las elecciones de Dios nunca anulan la libertad humana ni eliminan la responsabilidad humana.[65] Los medios por los que la gente llega a ser salva son los siguientes: desde una perspectiva divina, «la obra santificadora del Espíritu», y desde una perspectiva humana, «la fe en la verdad» (v. 13).[66] Por eso Pablo puede decirle a los tesalonicenses que sigan firmes en su fe (v. 15). Como al final del cuerpo de la carta en 1ª Tesalonicenses, aquí Pablo también concluye con una doxología (v. 16–17).

CONCLUSIÓN (3:1–18)

Exhortación (3:1–15). Pablo le pide que oren para que la predicación del evangelio continúe produciendo fruto y que Dios le proteja de la oposición (v. 1–2). Presumiblemente, él está orando por los tesalonicenses de la misma forma, y lo está haciendo con confianza porque cree que el Señor es fiel para responder a esas dos peticiones que él hace por ellos (v. 3–4). Pero hay una prioridad mucho más importante, que es su espiritualidad: que se mantengan en el amor de Dios (v. 5).

La advertencia principal en esta sección de exhortaciones tiene que ver de nuevo con el problema de la pereza y la falta de disciplina (v. 6–15). Pablo ordena a la iglesia que se aparten de ese tipo de persona si no está dispuesta a buscar trabajo (v. 6–15). Normalmente, se ha pensado que estas personas son las mismas que aquellas que pensaban que la parusía estaba tan cerca que ya no tenían necesidad de trabajar. Y como no tenían nada que hacer y disponían de mucho tiempo, interferían en los asuntos de los demás, por lo que Pablo puede decir en el versículo 11, con un juego de palabras que algunas versiones han logrado reflejar: «sin ocuparse en ningún trabajo, se ocupan de lo ajeno». Más recientemente se ha dado una explicación sociológica que ha recibido bastante apoyo: esta gente formaba parte de un grupo grande de tesalonicenses pobres que dependían económicamente de los donativos que los «patrones» ricos les daban de vez en cuando, cuando hacían algún trabajo para ellos. Pablo entonces estaría intentando animar a estas personas a dejar de depender de los patrones, el equivalente más cercano al bienestar en el mundo grecorromano, y les estaría diciendo que buscaran un trabajo seguro y de jornada completa.[67] Quizá ambos acercamientos tengan parte de razón.[68]

---

65. William W. Klein («Paul's Use of *Kalein*: A Proposal», *JETS* 27 [1984]: 53–64) entiende el llamamiento tanto aquí como en toda la literatura paulina como un término técnico que significa «designar» a los que son del pueblo de Dios.

66. Cf. Malherbe, *Thessalonians*, 426.

67. Ver esp. Robert Jewett, *The Thessalonian Correspondence: Pauline Rhetoric and Millenarian Piety* (Philadelphia: Fortress, 1986). Cf. Bruce W. Winter, «"If a Man Does No Wish to Work...": A Cultural and Historical Setting for 2 Thessalonians 3.6–16», *TynB* 40 (1989): 303–15.

68. M. J. J. Menken, «Paradise Regained or Still Lost? Eschatology and Disorderly Behaviour in 2 Thessalonians», *NTS* 38 (1992): 271–89.

Como ya hizo en 1ª Tesalonicenses 2, Pablo enfatiza de nuevo su propio ejemplo: él se ganaba su sustento mientras a la vez llevaba a cabo la misión de la extensión de la iglesia, y lo hacía para no tener que depender económicamente de nadie (v. 7–9). El versículo 10 se ha malinterpretado en muchas ocasiones. ¡No significa que todos los cristianos que no trabajan deberían morir de hambre! Solo está hablando de los que no están dispuestos a trabajar (el texto griego enfatiza la idea de «no querer» o «no estar dispuesto»). Así que Pablo no dice que no se pueda ser caritativo con los necesitados que intentan encontrar trabajo, pero no lo logran. De hecho, quizá el contexto concreto de este versículo sea el siguiente: Robert Jewett dice que al parecer la mayoría de los cristianos (muchos de ellos pobres) de algunas comunidades grecorromanas vivían en viviendas comunitarias donde se organizaban comidas comunitarias (que incluía la celebración de la santa cena). Así, los organizadores debían informar a los creyentes irresponsables que no podían formar parte de estas comidas. Porque, ¿cómo podía una comunidad cristiana poner en práctica el versículo 10 si no se estuviera refiriendo a las comidas organizadas y gestionadas por la propia comunidad?[69]

Sea cual sea el escenario, Pablo deja claro que todos los creyentes tienen que trabajar y hacer lo que es correcto (v. 11–13). Luego repite su mandato de evitar a los que desobedecen sus instrucciones (v. 14–15). No parece que con eso se esté refiriendo a la excomunión, pues está reservada a los miembros de la iglesia que pecan y se niegan a arrepentirse, a los que ya no se puede mirar como si fueran de la fe (como en Mt 18:15–17). Las personas de 3:15 aún son hermanos en la fe, pero Pablo espera que, al tratarles así, se avergüencen de su conducta y cambien (v. 14). Quizá la expresión «no relacionarse con ellos» solo esté haciendo referencia a no dejarles participar de la santa cena. Después de todo, incluso en el caso más extremo en el que se había de tratar a alguien como a «un incrédulo o un traidor» (Mt 18:17), se seguía en contacto con el pecador ya que Jesús había venido a buscar a los pecadores. Del mismo modo, los estudios hechos en la actualidad demuestran que expulsar a los cristianos que han pecado rara vez produce el arrepentimiento deseado. Sin embargo, resulta mucho más efectivo relegarles de su posición de liderazgo o de la membresía de la iglesia, o incluso impedir su participación en algunas actividades concretas, mientras se trabaja con ellos durante un periodo para hablar claramente de su situación, animarles a rendir cuentas, y para buscar en amor su restauración.[70]

Oraciones y saludos finales (3:16–18). Del mismo modo que la gracia y la paz se combinan para formar el saludo introductorio, ahora Pablo vuelve a pedirle a Dios que conceda a los tesalonicenses estas dos cualidades (v. 16, 18). También hace hincapié en que la carta es suya (v. 17), a la luz de la confusión causada por lo que habían dicho algunos anteriormente (2:2, 15).

---

69. Robert Jewett, *Paul: The Apostle to America* (Louisville: WJKP, 1994): 73–86.
70. Michael E. Phillips, «Creative Church Discipline», *Leadership* 17.4 (1986): 46–50.

APLICACIÓN

Las dos epístolas nos ofrecen un equilibrio crucial en cuanto a la Segunda Venida de Cristo, equilibrio muy necesario en la actualidad. La mayoría de la iglesia actúa como si Cristo no fuera a regresar de forma literal, o al menos, no en el futuro cercano. Una minoría está convencida de que va a regresar dentro de un periodo de tiempo concreto (algunos de ellos incluso se atreven a poner fechas). Estas dos cartas nos recuerdan que siempre hemos de estar alerta ante la posibilidad de que sea el final, pero nunca hemos de pensar que sabemos cuándo va a llegar. Independientemente de lo corta o larga que sea nuestra espera, nuestra tarea principal es vivir una vida cristiana fiel, cuidando nuestras vidas y nuestra evangelización (como iglesias y como individuos) y compartir nuestros bienes con los creyentes necesitados (que deben estar dispuestos a poner de su parte). Intentar averiguar si los eventos de la actualidad coinciden con «las señales del fin» o calcular el intervalo que queda hasta que Cristo regrese nos distrae de nuestro llamamiento. Y además, va en detrimento de nuestra misión, ya que cada vez que hay creyentes que proclaman que el fin está a las puertas, y dejan de preocuparse por el mundo en el que viven, nuestro mensaje pierde credibilidad.[71]

Estos principios también se aplican a la hora de nuestra muerte. No podemos decir que sabemos que aún nos quedan bastantes años por vivir, o que sabemos que nos queda muy poco. Dios a veces escoge sanar de forma milagrosa a enfermos terminales, y otras, cortar de forma imprevista la vida de una persona sana. Nuestra prioridad siempre será vivir de forma fiel en el presente.

En el debate del arrebatamiento necesitamos ese mismo equilibrio. Los pretribulacionistas a veces promueven la indiferencia (como «el barco se hunde», no hay nada que hacer), y así dejan de obedecer todo el consejo de la Palabra de Dios, porque se centran en «salvar almas» y se olvidan de las demás necesidades del mundo. Los postribulacionistas a veces promueven la histeria («hay que prepararse para lo peor») pues están convencidos de que van a sufrir lo peor y se abastecen de todo tipo de provisiones para estar preparados cuando les ataquen. Ambos extremos son altamente peligrosos. Nunca deberíamos buscar el sufrimiento como si fuera un requisito que Dios pide de nosotros, ni tampoco deberíamos decir que estamos seguros de que no vamos a sufrir. Lo que tenemos que hacer es pedirle a Dios que nos ayude a madurar y que nos use para el avance de su reino ocurra lo que ocurra.

Y necesitamos modelos. Necesitamos urgentemente un gran número de cristianos que sean tan transparentes y ejemplares en cuanto a sus motivaciones y su conducta como lo fue Pablo. No necesitamos nuevos programas de discipulado, sino mentores honestos y maduros a los que podamos mirar para

---

71. Robert G. Clouse, Robert N Hosack y Richard V. Pierard, *The New Millennium Manual: A Once and Future Guide* (Grand Rapids: Baker, 1999) es una guía sana que se escribió en respuesta a los creyentes dados a poner fechas y a toda la histeria apocalíptica. Cf. también B.J. Oropeza, *99 Reasons Why No One Can Know When Christ Will Return* (Downers Grove: IVP, 1994).

aprender cómo deberíamos vivir los cristianos (y cómo deberíamos arrepentirnos cuando pecamos; porque pecamos). Siempre es importante que haya modelos así; pero aún más en tiempos de persecución.

PREGUNTAS

1. ¿Cuál es la cuestión textual crítica en 1ª Tesalonicenses 2:7? ¿Cuál de las variantes tiene mayor probabilidad de ser la original, y por qué?

2. En medio de las alabanzas que Pablo pronuncia sobre los creyentes de Tesalónica, el apóstol también les dirige, principalmente, dos exhortaciones. ¿Cuáles son? ¿Qué circunstancias de la iglesia llevan a Pablo a hacer esas exhortaciones?

3. Identifica los principios atemporales que encontramos en 1ª Tesalonicenses para establecer una doctrina correcta de la escatología.

4. ¿De qué forma las evidencias internas y externas responden a la teoría de la seudonimia de 2ª Tesalonicenses?

5. Si aceptamos el orden de 1ª y 2ª Tesalonicenses tal como aparecen en el Nuevo Testamento, ¿cuáles son los temas clave de 1ª Tesalonicenses que se tienen que desarrollar más o volver a tratar en 2ª Tesalonicenses? Compárense las tesis de ambas cartas.

6. ¿De qué forma 1ª y 2ª Tesalonicenses dan credibilidad a la posición postribulacionista del arrebatamiento?

7. ¿De qué modo 1ª y 2ª Tesalonicenses respaldan una escatología cristiana equilibrada? ¿Qué mensaje tienen estas dos cartas para los creyentes del siglo XXI que dedican mucha energía y recursos a debatir sobre los últimos tiempos?

OBRAS SELECCIONADAS

COMENTARIOS:

Avanzados

Bruce, F. F. *1 and 2 Thessalonians*. WBC. Waco: Word, 1982.

Malherbe, Abraham J. *The Letters to the Thessalonians*. AB. New York y London: Doubleday, 2001.

Wanamaker, Charles A. *The Epistles to the Thessalonians*. NIGTC. Exeter: Paternoster; Grand Rapids: Eerdmans, 1990.

Intermedios

Green, Gene L. *The Letters to the Thessalonians*. PNTC. Grand Rapids y Cambridge: Eerdmans, 2002.

Marshall, I. Howard. *1 and 2 Thessalonians*. NCB. London: Marshall, Morgan & Scott; Grand Rapids: Eerdmans, 1983.

Martin, D. Michael. *1, 2 Thessalonians*. NAC. Nashville: Broadman & Holman, 1995.

Morris, Leon. *The First and Second Epistle to the Thessalonians*. NICNT, rev. Grand Rapids: Eerdmans, 1984.

Richard, Earl J. *First and Second Thessalonians*. SP. Collegeville: Liturgical, 1995.

Introductorios

Beale, Gregory K. *1–2 Thessalonians*. IVPNTC. Leicester y Downers Grove: IVP, 2003.

Gaventa, Beverly. *First and Second Thessalonians*. Int. Louisville: WJKP, 1998.

Holmes, Michael W. *1 & 2 Thessalonians*. NIVAC. Grand Rapids: Zondervan, 1998.

Stott, John. *The Gospel and the End of Time: The Message of 1 & 2 Thessalonians*. BST. Leicester y Downers Grove: IVP, 1991.

Williams, David J. *1 and 2 Thessalonians*. NIBC. Peabody: Hendrickson, 1997.

OTROS LIBROS:

Burke, Trevor J. *Family Matters: A Socio–Historical Study of Kinship Metaphors in 1 Thessalonians*. London y New York: T & T Clark, 2003.

Collins, Raymond F. *The Birth of the New Testament: The Origin and Development of the First Christian Generation*. New York: Crossroad, 1993.

Collins, Raymond F., ed. *The Thessalonian Correspondence*. Leuven: LUP y Peeters, 1990.

Donfried, Karl P. *Paul, Thessalonica, and Early Christianity* (London: T & T Clark; Grand Rapids: Eerdmans, 2002).

Donfried, Karl P. y Johannes Beutler, eds. *The Thessalonians Debate*. Grand Rapids y Cambridge: Eerdmans, 2000.

Jewett, Robert. *The Thessalonian Correspondence: Pauline Rhetoric and Millenarian Piety*. Philadelphia: Fortress, 1986.

Malherbe, Abraham J. *Paul and the Thessalonians: The Philosophic Tradition of Pastoral Care*. Philadelphia: Fortress, 1987.

Nicholl, Colin R. *From Hope to Despair in Thessalonica*. Cambridge y New York: CUP, 2004.

Still, Todd D. *Conflict at Thessalonica: A Pauline Church and Its Neighbours*. Sheffield: SAP, 1999.

MÁS BIBLIOGRAFÍA EN:

Weima, Jeffrey A. D. y Stanley E. Porter. *An Annotated Bibliography of 1 and 2 Thessalonians*. Leiden y New York: Brill, 1998.

LA CORRESPONDENCIA A LOS CORINTIOS: RESPONDIENDO A LAS IDEAS ERRÓNEAS SOBRE LA MADUREZ CRISTIANA

1ª CORINTIOS: INMADUREZ INTERNA Y AMENAZAS EXTERNAS POR PARTE DE LOS HELENISTAS

INTRODUCCIÓN

LA CIUDAD DE CORINTO

Corinto era un importante centro urbano griego bajo el poder romano. Cuando Roma destruyó gran parte de la ciudad incendiándola en 146 a.C., Corinto casi eclipsaba en tamaño e importancia a la ciudad de Atenas. En el año 44 a.C. Julio César la reconstruyó como colonia romana, momento en el que contaba aproximadamente con unos 100.000 habitantes. En tiempos de Pablo, Corinto se había convertido en la ciudad más rica de Grecia. Situada entre las ciudades portuarias de Cencrea y Lequeo, era uno de los principales centros para el comercio. El estrecho istmo en el que estaba ubicada tenía una ruta, el *diolkos*, por la que los marineros podían arrastrar sus embarcaciones entre el mar Adriático y el mar Egeo, y así evitaban el rodeo por Acaya, ahorrándose unos 160 kilómetros.

Cada dos años en Corinto se celebraban los juegos ístmicos, que en Grecia eran los segundos juegos más importantes, después de los olímpicos. En la ciudad había un teatro con un aforo de dieciocho mil personas, un lugar para conciertos con tres mil asientos, y un gran mercado central para los granjeros. Al lado de la ciudad había una elevación rocosa conocida como el Acrocorinto, en cuya cumbre estaba el templo a Afrodita. Ese lugar representaba el dominio de las sectas paganas. Se dice que en tiempos precristianos dicho templo contaba con mil sacerdotes y sacerdotisas, que hacían a su vez de prostitutas. En la parte baja de la ciudad había muchas más prostitutas, dispuestas tanto para los muchos visitantes que Corinto recibía, como para los propios habitantes de la ciudad. Y aunque en tiempos de Pablo debía de haber muchas menos, no nos sorprende que el apóstol tenga que tratar en su carta el tema del pecado sexual. Era tal la fama de la ciudad, que en griego, la expresión «mujer corintia» pasó a ser un término equivalente a «prostituta», y el verbo «corintianizar», un término equivalente a «prostituirse».[1] Pero también se han encontrado las ruinas

---

1. Platón acuñó el sustantivo, y Aristófanes el verbo. Ver D. Nelly Ogden y Andrew C. Skinner, *New Testament Apostles Testify of Christ: A Guide for Acts through Revelation*

de una pequeña sinagoga judía, así que Pablo ya pudo apelar a la ley de Dios cuando llegó a la ciudad.[2] Gordon Fee dice que Corinto era como las ciudades de Nueva York, Los Angeles y Las Vegas en uno.[3]

CIRCUNSTANCIAS QUE LLEVARON A PABLO A ESCRIBIR LA CARTA

Han pasado aproximadamente de tres a cinco años desde que Pablo escribió 2ª Tesalonicenses. Ya ha acabado su segundo viaje misionero y ha pasado un tiempo considerable en *Éfeso*, la parada principal de su tercer viaje. En 1ª Corintios 16:8 vemos que aún está en esa ciudad, desde donde quiere ir a Corinto pero después de la fiesta de Pentecostés. Por tanto, si pensamos en los viajes de Pablo y en su estancia en Éfeso de aproximadamente tres años (Hch 19:10; 20:31), la fecha más probable de esta epístola sería finales del invierno o principios de la primavera del año 55 d.C.

La descripción de los primeros esfuerzos evangelísticos de Pablo aparecen en Hechos 18:1–17. Los primeros cristianos eran una mezcla de judíos y gentiles, pero predominaban los gentiles. Después de predicar primero a los judíos, como era su costumbre, la hostilidad con la que le trataron algunos de ellos hizo que dejara su ministerio en la sinagoga y se centrara en la casa de un temeroso de Dios, Ticio Justo, que se había convertido al cristianismo. Como la casa de Justo estaba al lado de la sinagoga, y como el jefe de la sinagoga y toda su familia también creyeron, había bastante tensión entre ambas comunidades. No es de extrañar, pues, que año y medio más tarde algunos judíos atacaran a Pablo y lo llevaran ante el gobernador Galión. Como vimos cuando tratamos la cronología de Hechos, el breve periodo de tiempo en el que Galión gobernó en Corinto (muy probablemente desde el verano del 51 al verano del 52) es una referencia que nos sirve para fechar con bastante precisión muchos momentos de la vida y el ministerio de Pablo.

La misma epístola explica que *por medio de algunos de la familia de Cloé, Pablo había oído noticias sobre la situación de la iglesia de Corinto* (1:11). En 16:17 Pablo también hace referencia a tres creyentes (Estéfanas, Fortunato y Acaico) que han llegado a Éfeso, al parecer desde Corinto, y que «han suplido lo que vosotros no podíais darme», tranquilizando el espíritu de Pablo (v. 18). Es posible que uno o más de estos hombres fueran de la familia de Cloé, pero no hay forma de estar totalmente seguros. Se da por sentado que Cloé era una cristiana de Corinto, quizá soltera o viuda, y la expresión «algunos de la familia» podría incluir a sus hijos ya adultos, otros parientes, o esclavos que estaban al servicio de la casa. La carta procedente de Corinto podría haber llevado a manos de Pablo a través de los tres hombres, o a través de los de la familia de Cloé, si se trata de dos grupos diferentes. Pero todo esto no son

(Salt Lake City: Deseret, 1998), 129.

2. Encontrará una buena introducción a la ciudad de Corinto en tiempos de Pablo en Murphy–O'Connor, *St. Paul's Corinth*; Donald Engels, *Roman Corinth: An Alternative Model for the classical City* (Chicago: University of Chicago Press, 1990).

3. Gordon D. Fee, Gordon Fee, *Primera Epístola a los Corintios* (Nueva Creación: Grand Rapids, Michigan, 1994), p. 3 de la edición en inglés.

más que especulaciones. *El capítulo 7 también nos revela que los corintios le habían escrito una carta a Pablo con varias preguntas (v. 1), mientras que 5:9 hace referencia a una carta anterior que Pablo había enviado a los corintios.*

Los contenidos de la carta que los corintios enviaron a Pablo se pueden imaginar a partir de la colección de temas que Pablo trata desde 7:1 hasta el final de la carta. Los contenidos de la primera carta que el apóstol Pablo escribió a los corintios nos son desconocidos, excepto por lo que comenta en 5:9–11. Al parecer, advirtió a la iglesia diciéndoles que no se asociaran con aquellos que practicaban la inmoralidad sexual y, aunque los corintios pensaban que se estaba refiriendo a personas no creyentes, él estaba hablando de gente que se profesaba cristiana. A lo largo de la historia de la iglesia se han hecho muchas preguntas fascinantes sobre esta primera carta, como por ejemplo por qué no se ha conservado, pero ninguna de ellas tiene respuesta. Puede que sus contenidos fueran tan concretos o sus aplicaciones tan localizadas que la iglesia vio que no tenía el mismo valor vinculante de las siguientes cartas paulinas. Pero de nuevo, esto no es más que especular. La 3ª carta a los Corintios, el documento apócrifo del siglo III, es pura ficción. Pero refleja el deseo de los primeros cristianos, visible en muchos de los apócrifos neotestamentarios, de rellenar los huecos dejados por el canon.[4]

ESTRUCTURA

El esquema general de 1ª Corintios es quizá el más claro de las epístolas paulinas porque Pablo se limita a ir tratando una serie de temas que afectan a la iglesia de Corinto. A partir de algunos paralelismos estructurales y temáticos algunos eruditos han intentado hacer una lista de los temas que habían llegado a oídos de Pablo, y de los temas que aparecían en la primera carta. Por ejemplo, se ha dicho que cada vez que Pablo dice «ahora bien» (o «en cuanto a»), está haciendo referencia a la carta perdida. Pero la comprensión más natural de 7:1a («Paso ahora a los asuntos que me plantearon por escrito») es que hasta este momento de la epístola Pablo ha estado tratando estrictamente la información que ha recibido de sus mensajeros personales, mientras que a partir de este momento todos los temas que trata los saca de la carta que los corintios le han enviado.[5] Eso nos permite realizar un esquema como el que sigue:

I. Introducción (1:1–9)
   A. Saludos (1:1–3)
   B. Acción de gracias (1:4–9)
II. Respuesta ante las noticias de Cloé (1:10–6:20)
   A. Divisiones en la iglesia (1:10–4:17)

---

4. Wilhem Schneemelcher, «Acts of Paul», en *New Testament Apocrypha*, ed. Wilhem Schneemelcher, vol. 2 (London: James Clark: Louisville: WJKP, 1992), 217, 235.

5. Margaret M. Mitchell («Concerning *ΠΕΡΙ ΔΕ* in 1 Corinthians», *NovT* 31 [1989]: 229–56) muestra que esta fórmula introductoria no tiene por qué ser una marca que diferencie entre los temas de la carta desaparecida y otros.

      1. Describiendo el problema (1:10–17)

      2. La necesidad de centrarse en la Cruz de Cristo (1:18–2:5)

      3. Sabiduría cristiana (2:6–16)

      4. Dos tipos de cristianos (3:1–23)

      5. El verdadero ministerio apostólico (4:1–21)

  B. Incesto en la iglesia (5:1–13)

  C. Pleitos entre cristianos (6:1–11)

  D. La seriedad de la inmoralidad sexual en general (6:12–20)

III. Respuesta a la carta de los corintios (7:1–16:4)

  A. En cuanto al matrimonio (7:1–40)

  B. En cuando a la comida sacrificada a los ídolos (8:1–11:1)

      1. Discusión inicial (8:1–13)

      2. Un ejemplo paralelo (9:1–18)

      3. El principio unificador (9:19–27)

      4. Una prohibición absoluta (10:1–22)

      5. Tres principios resumidos (10:23–11:1)

  C. En cuanto a la adoración (11:2–14:40)

      1. Cubrimiento de la cabeza, tanto para hombres como para mujeres (11:2–16)

      2. Uso y abuso de la Cena del Señor (11:17–37)

      3. El uso adecuado y el uso erróneo de los dones espirituales (12:1–14:40)

  D. En cuanto a la resurrección (15:1–58)

  E. En cuanto a la ofrenda para Jerusalén (16:5–24)

IV. Conclusión (16:5:24)

  A. Los planes de viajes de varios cristianos (16:5–18)

  B. Saludos finales (16:19–24)

Este acercamiento, es decir, organizar los contenidos según los problemas que estaban afectando a la iglesia de Corinto, no encaja con ningún subgénero epistolar. Quizá lo máximo que se puede decir es que tiene cierto parecido con la *carta de petición* helena, que tiene una estructura única que se podría describir de la siguiente manera: «petición–mandato–petición».[6] No obstante, la retórica de la mayor parte de la carta está claramente marcada por las formas deliberativas.[7]

TEMAS UNIFICADORES

A primera vista, parece que 1ª Corintios no tiene un tema central, sino que tan solo es una lista de los problemas de una iglesia inmadura. Pero si obser-

---

6. Linda L. Belleville, «Continuity or Discontinuity: A Fresh Look at 1 Corinthians in the Light of First–Century Epistolary Forms and Conventions», *EQ* 59 (1987): 15–37.

7. Ben Witherington III, *Conflict and Community in Corinto: A Socio–Rhetorical Commentary on 1 and 2 Corinthians* (Grand Rapids: Eerdmans; Carlisle: Paternoster, 1995), 75.

vamos con atención, aparecen una serie de temas centrales. La filosofía griega, especialmente a partir de Platón, era radicalmente *dualista*, es decir, el mundo espiritual y el mundo material estaban completamente separados. En muchos sistemas de pensamiento, y especialmente en *las ramas filosóficas que generarían el gnosticismo* a finales del primer siglo y principios del segundo, se daba por sentado que la materia era mala. El espíritu era lo único que se podía salvar. Este dualismo desembocó, paradójicamente, en dos líneas éticas totalmente opuestas. La mayoría de los gnósticos eran *ascetas*, es decir, intentaban negar el cuerpo (lo malo) y sus apetitos naturales de formas diversas. La minoría era hedonista: si el cuerpo era malo, como no había nada que hacer en contra de eso, satisfacía todos los apetitos del cuerpo. Al parecer, estas dos líneas estaban presentes en Corinto. Los que estaban inmersos en problemas de incesto, pleitos y promiscuidad (capítulos 5–6); los cristianos «maduros» que comían comida sacrificada a los ídolos (capítulos 8–10); las profetisas que no respetaban las normas de decoro y los ricos que comían y bebían la Cena del Señor de forma indigna (capítulo 11); y los que abusaban de los dones espirituales (capítulo 12–14), todos ellos encajaban en la categoría de hedonistas. Por otro lado, los que promovían el celibato (capítulo 7); los que tenían miedo de comer comida ofrecida a los ídolos (capítulos 8–10); y los miembros de la iglesia que negaban la resurrección corporal (capítulo 15) eran claramente ascetas.[8]

NEGANDO DESEOS/ HUMANIDAD	SATISFACER DESEOS/ HUMANIDAD
• Tener falso sentido de madurez • Creerse con sabiduría especial • Abogar por el celibato • Prohibir ciertas comidas y bebidas • Creer solo en la resurrección espiritual	• Pecado sexual • Pleitos • Comer comida sin preocuparse por la conciencia de los demás • Exigir pagas por el trabajo cristiano • Borracheras en la Cena del Señor • Falta de decencia sexual • Desorden en el culto de adoración
ASCETISMO	**HEDONISMO**

Como resultado tenemos una división demasiado grande entre cuerpo y espíritu

---

8. Cf. Robert McL. Wilson, «Gnosis at Corinth», en *Paul and Paulinism*, eds. Morna D Hooker y Stephen G. Wilson (London: SPCK, 1982), 102–14; y John Painter, «Paul and the πνευματικοί, at Corinto», en *Ibíd.*, 237–50.

Muchos eruditos han intentado identificar de forma más precisa a los opositores ideológicos de Pablo y los desafíos filosóficos que estaban haciendo que algunos miembros de la iglesia se desviaran. Puede ser que la *sabiduría judía helenista*[9] confundiera las ideas de algunos, y que la influencia de varias *sectas locales* agravara la práctica del pecado sexual o de las cuestiones de división como la profecía y las lenguas.[10] Pero la propuesta más convincente en cuanto al trasfondo histórico es la que apunta a la influencia de la escuela de filosofía y retórica conocida como *sofismo*, sobre todo si pensamos en su énfasis en los discursos elegantes y pulidos, en los que normalmente se hacía más hincapié en la forma que en el contenido.[11]

Junto a estos problemas ideológicos estaban también *los enfrentamientos entre los distintos bandos* que había en la iglesia de Corinto. Los capítulos 1–4 dejan bien claro los problemas de divisiones (ver esp. 1:10–12). Veremos más adelante que las explicaciones teológicas de esas divisiones han dado paso a explicaciones sociológicas, con la posibilidad de que los diferentes grupos que se reunían en casas reflejaban la competitividad entre los que se identificaban con diferentes líderes cristianos. Además, las amonestaciones de Pablo sugieren que en la iglesia existía cierto tipo de *triunfalismo* (los creyentes se creían maduros, aunque no lo eran; ver esp. 4:8). Anthony Theselton, cuya opinión es bastante verosímil, lo ha atribuido a una *escatología abiertamente realizada*, es decir, a una visión equivocada sobre el crecimiento espiritual y la victoria sobre el pecado que el creyente puede alcanzar en esta vida.[12]

El análisis sociológico de la carta también parece indicar que un alto porcentaje de los problemas se puede atribuir a *las divisiones entre los ricos y los pobres*.[13] En el capítulo 1:26–29 se dice que no muchos de los cristianos corintios eran sabios, ni poderosos, ni de noble cuna, según los criterios de la sociedad. Pero eso significa que algunos sí lo eran. Lo más probable es que los creyentes ricos que procedían del contexto grecorromano fueran patronos o mecenas, es decir, que tendrían un número de «clientes» bajo su mecenazgo y responsabilidad. Este sistema es el equivalente antiguo más cercano al estado de bienestar o protección: los ricos se rodeaban de un grupo de gente más pobre y cuidaban de sus necesidades materiales a cambio de que éstos trabajaran para ellos como temporeros en el campo, como siervos en casa, hablando bien de ellos en el mercado y en los foros, y dándoles respaldo político. En el

---

9. Ver esp. James A. David, *Wisdom and Spirit: An Invertigation of 1 Corinthians 1.18–3.20 against the Background of Jewish Sapiential Traditions in the Greco–Roman Period* (Lanham: UPA, 1984).

10. Ver esp. Christopher Forbes, *Prophecy and Inspired Speech in Early Christianity and Its Hellenistic Envirenment* (Tübingen: Mohr, 1994; Peabody: Hendrickson, 1997).

11. Ver esp. Bruce W. Winter, *Philo and Paul among the Sophists* (Grand Rapids and Cambridge: Eerdmans, rev.: 2002).

12. Anthony C. Thiselton, «Realized Eschatology at Corinth», *NTS* 24 (1977–78): 510–26.

13. Andrew D. Clarke, *Serve the Community of the Church: Christians as Leaders and Ministers* (Grand Rapids and Cambridge: Eerdmans, 2000), 174–85.

Nuevo Testamento aparecen muchos indicios de que en los primeros años del cristianismo muchos problemas se debían a que los creyentes, ricos y pobres, aún seguían actuando según el sistema del mecenazgo en el que siempre se esperaba algo a cambio de algo.[14]

En 1ª Corintios los enfrentamientos entre los distintos bandos en los primeros capítulos podrían deberse a la competición entre patronos rivales y entre los respectivos seguidores. La única razón que se me ocurre para explicar que la iglesia no hubiera disciplinado al hombre del capítulo 5 que ha cometido incesto es que fuera un poderoso patrono.[15] Los pleitos, casi siempre empezaban por iniciativa de los ricos. Solían enfrentarse contra otros ricos, y no lo hacían tanto para amasar más riquezas, sino para adquirir más popularidad ante la opinión pública.[16] Los jóvenes romanos de familias nobles esperaban ansiosos la fiesta de la mayoría de edad, donde habría cortesanas o «prostitutas» de algo *standing*.[17] Los pobres de la ciudad solo comían carne en las festividades porque la daban en los templos locales, por lo que las comidas tenían una dimensión abiertamente pagana.[18] Aceptar dinero por el ministerio de forma regular quería decir que el mecenas que pagaba podía marcar qué se debía hacer.[19] Las mujeres ricas eran las únicas que disponían de suficiente tiempo libre como para dedicarlo a la educación, y las únicas que podían emanciparse socialmente; con lo que también eran las únicas que pudieron causar el tipo de alboroto que se describe en los capítulos 11 y 14.[20] El abuso de la Cena del Señor, como veremos, refleja la discriminación que los ricos ejercían sobre los pobres.[21] Incluso la tendencia de alardear de los dones espirituales probablemente fuera un problema más presente entre los ricos que entre los demás grupos socioeconómicos.[22]

COMENTARIO

INTRODUCCIÓN (1:1–9)

Saludos (1:1–3). En esta carta, Pablo presenta a Sóstenes como el que envía la carta junto con él (para ver las posibles funciones de este rol, ver p.

---

14. Ver esp. Andrew D. Clarke, *Secular and Christian Leadership in Corinth* (Leiden and New York: Brill, 1993); John K. Chow, *Patronage and Power: A Study of Social Networks in Corinth* (Sheffield: JSOT, 1992).

15. Bruce W. Winter, *After Paul Left Corinth* (Grand Rapids and Cambridge: Eerdmans, 2001), 44–57.

16. *Ibíd.*, 58–75.

17. *Ibíd.*, 76–109.

18. Encontrará el mejor debate exegético y la mejor información sobre el trasfondo en Wendell L. Willis, *Idol Meat in Corinth* (Chico: Scholars, 1985), 14.

19. Hock, *The Social Context of Paul's Ministry*, esp. 59–62.

20. Antoinette C. Wire, *The Corinthian Women Profets* (Minneapolis: Fortress, 1990).

21. Gerd Theissen, *The Social Setting of Pauline Christianity* (Philadelphia: Fortress, 1982), 145–74.

22. Dale Martin, «Tongues of Angels and Other Status Indicators», *JAAR* 59 (1991): 547–50.

163). Aunque no podemos estar seguros, es natural asociar a este Sóstenes con el jefe de la sinagoga al que golpean en Roma delante del magistrado en Hechos 18:17 (ver p. 76), que podría haberse convertido al cristianismo después de ese incidente. Ésta es la única carta en la que Pablo se dirige a todos los cristianos en todo lugar, además de dirigirse a la iglesia local que tiene en mente. Quizá se dio cuenta de que la lista de problemas que había en Corinto recogía temas que todas las congregaciones tendrán que enfrentar en un momento u otro.

Acción de gracias (1:4–9). De nuevo, Pablo introduce en esta oración de gratitud una serie de temas clave que irán apareciendo a lo largo de toda la carta. Lo más sorprendente es lo positivo que Pablo puede ser, dándole gracias a Dios por la forma en la que ha dado dones a los corintios en las áreas en las que ha habido más problemas (vv. 4–7; cf. capítulos 12–14). Los versículos 8–9 explican su entusiasmo: confía en el poder de Dios, que puede obrar en ellos para hacerles madurar.[23]

RESPUESTA ANTE LAS NOTICIAS DE CLOÉ (1:10–6:20)

Divisiones en la iglesia (1:10–4:17). *Describiendo el problema (1:10–17).* Al comienzo del cuerpo de la carta, Pablo presenta uno de los principales problemas de la iglesia de Corinto —los enfrentamientos entre los distintos bandos— y apela a la restauración de la unidad. Las divisiones se deben a la asociación con un líder concreto. Se nos habla de diferentes grupos, que hablan de su fidelidad a Pablo, a Apolo, a Pedro y a Cristo respectivamente (v. 12). Tradicionalmente, se ha dado por sentado que estas divisiones eran por cuestiones teológicas: que quizá los bandos de Pedro y Pablo tenían la mirada puesta aún en el debate en Antioquía (Gá 2:11–14), mientras que Apolos hacía hincapié en la «sabiduría» del evangelio (cf. Hch 18:28, donde se habla de su habilidad retórica). El bando «de Cristo» debía incluir a los que no querían asociarse a un líder humano, aunque eso no significa necesariamente que no fuera un bando sectario.[24]

El debate académico más recientes ha optado por centrarse en las posibles divisiones sociológicas. La iglesia en Corinto era probablemente una red de congregaciones que se reunían en casas, y cada congregación podía ser un grupo de entre treinta y cincuenta personas. Los pocos miembros ricos (1:26)[25] podrían haber sido los anfitriones de las diferentes congregaciones, puesto que nadie más tendría un espacio tan grande para acomodar a tanta gente. Como vimos en la introducción, quizá siguieron apoyándose en la posición de poder que tenían como patronos antes de convertirse al cristianismo para crear ban-

---

23. Richard B. Hays, *First Corinthians* (Louiville: WJKP, 1997), 18,
24. Encontrará un intento reciente de defender que lo que diferenciaba a estos grupos eran sobre todo cuestiones teológicas en Michael D. Goulder, *Paul and the Competing Mission in Corinth* (Peabody: Hendrickson, 2001).
25. Quizá también había un pequeño grupo de gente de clase media, tal como argumenta Dirk Jongkind, «Corinth in the First Century A.D.: The Search for Another Class», *TynB* 52 (2001): 139–48.

dos rivales en lugar de buscar la unidad que el evangelio debería haber traído. Los versículos 14–17 nos dan alguna clave más sobre la naturaleza de los diferentes bandos. Aquí Pablo minimiza el valor del bautismo, no porque no tuviera importancia, sino porque no era lo suficientemente importante como para ser una causa de división. *Puede que lo que allí ocurrió fuera simplemente lo siguiente: los miembros de los diferentes grupos se habían identificado con los líderes humanos que les habían llevado a Cristo y luego les bautizaron.*[26]

La necesidad de centrarse en la Cruz de Cristo (1:18–2:5) Si la naturaleza del problema en sí no está del todo clara, con la solución ocurre todo lo contrario. En 1:18.2:5, Pablo llama a los corintios a centrarse de nuevo en lo que Cristo hizo por ellos en la cruz (ver esp. 2:2). Al pie de la cruz no hay más que un nivel; es difícil ponerse por encima de los demás creyentes cuando se medita en la humillación que Cristo sufrió por nuestro bien. Para el mundo, el mensaje de un Mesías crucificado es locura (1:18–25), entre los judíos porque muestra la maldición de Dios (Dt 21:23) y entre los gentiles porque, en lugar de sacar a relucir la fuerza de Cristo, saca a la luz su debilidad. Además, los judíos buscaban señales completamente claras, señales que ni aún los milagros de Cristo ofrecieron, mientras que los griegos buscaban una sabiduría filosófica sofisticada que no encajaba con el mensaje directo de Cristo. Por tanto, los «sabios» de ambas culturas rechazaron el evangelio. Pero Pablo deja claro que *Dios ha decidido salvar a las personas a través de aquello que para muchos de los intelectuales de sus días es pura locura.*[27]

El hecho de que la mayoría de cristianos de Corinto no procedían de la minoría rica, poderosa y culta muestra claramente lo que Pablo está explicando (1:26–31). Y la forma en la que Pablo les predicó cuando llegó a ellos también lo corrobora; según las pautas de los filósofos de aquel entonces, sobre todo de los sofistas, la retórica de Pablo era muy poco elocuente (2:1–5; cf. 2Co 10:10). No debemos interpretar que en estas líneas se anima a los cristianos a desechar la educación, a desestimar la preparación cuidadosa de los sermones, y a predicar única y exclusivamente de la cruz. El mismo modelo de Pablo echa por tierra todas estas interpretaciones. Con frecuencia hace referencia a su conocimiento y observaciones de las culturas tanto judía como grecorromana, 2ª Corintios 10–13 es una muestra de un uso elaborado y concienzudo de la retórica, y 1ª Corintios trata muchos otros temas más allá de la cruz de

---

26. Lyle D. Vander Broek (*Breaking Barriers: The Possibilities of Christian Community in a Lonely World* [Grand Rapids: Brazos, 2002], 40) observa que la fuerte reacción de Pablo ante una situación peligrosa se basa en la identificación no adecuada de los corintios con algunos líderes, acompañada de una comprensión errónea de la predicación, que valoraba en exceso la expresión de la sabiduría humana a través de la lógica, la persuasión y la belleza de una retórica cuidadosamente elaborada.

27. El papel de loco con el que Pablo se asocia también podría provenir en parte del mundo del teatro. Cf. L. L. Welborn, *Paul the Fool of Christ: A Study of 1 Corinthians 1–4 in the Cynic Philosophic Tradition* (London and New York: T & T Clark, 2005); y Duane Litfin, *St. Paul's Theology of Proclamation: 1 Corinthians 1–4 and Greco–Roman Rhetoric* (Cambridge and New York: CUP, 1994).

Cristo. Pero Pablo rechaza cualquier intento de confiar en los recursos propios en lugar de reconocer la necesidad del poder del Espíritu para vivir una vida cruciforme y enseñar una enseñanza cruciforme.[28]

Sabiduría cristiana (2:6–16). Ciertamente, los cristianos deben esforzarse para ser más sabios cada día, no imitando la «sabiduría» de la sociedad sin Dios en la que viven, sino adoptando la sabiduría de Dios (recuérdese 1:24) por el poder del Espíritu (recuérdese 2:4). Así, 2:6–16 elabora la idea del tipo de sabiduría que los creyentes deberían adquirir y anima a los corintios a madurar para que dejen a un lado las divisiones y luchas de bandos. Aquí Pablo habla de una «sabiduría escondida» (v. 7a), que podría sonar a un tipo de elitismo. Pero lo que antes estaba escondido, y lo que sigue escondido para los gobernantes no creyentes en tiempos de Pablo (vv. 7b–9), ahora ha sido revelado a los creyentes (v. 10). De hecho, es posible que algunos de los corintios se estuvieran jactando de su sabiduría y se estuvieran colocando por encima de sus hermanos, como si ellos fueran los verdaderamente «maduros» (gr. *teleioi*). En las religiones mistéricas, este término se usaba para hacer referencia a los iniciados de una secta que habían llegado a comprender verdades espirituales secretas que el resto del grupo no había logrado entender. Pablo retoma este término, y lo usa para referirse a todos los creyentes (por lo que los que quedan fuera son los no creyentes), y recalcar así que no hay dos categorías de cristianos.[29]

Por tanto, en los versículos 11–16, Pablo distingue entre la persona «natural» (*psychikos*) y la «espiritual» (*pneumatikos*), por usar la traducción que aparece en la tan usada RV. La NVI traduce adecuadamente «el que no tiene el Espíritu» (v. 14) y «el que tiene el Espíritu» (v. 15), respectivamente. Solo los que son cristianos, y por tanto tienen al Espíritu, que habita en ellos, pueden discernir las cosas desde la perspectiva de Dios. Estos versículos no quieren decir que los no creyentes no pueden comprender cognitivamente o expresar adecuadamente las verdades bíblicas. Lo que quieren decir es que no aceptan que estas provengan de Dios (v. 14). Después de todo, la única forma legítima y definitiva de «comprensión» desde una perspectiva bíblica es la que acepta el evangelio.[30]

Dos tipos de cristianos (3:1–23). Sin embargo, en el capítulo 3 Pablo realiza un tipo diferente de comparación. Ahora usa el término «espiritual» para

---

28. Sin embargo, el escándalo de la cruz sigue siendo central en toda la ética de Pablo, como vemos en H. H.D. Williams, «Living as Christ Crucified: The Cross as a Foundation for Christian Ethics in 1 Corinthians», *EQ* 75 (2003): 117–31. En cuanto a su papel en la carta a nivel más general, ver Raymond Pickett, *The Cross in Corinth: The Social Significance of the Death of Jesus* (Sheffield: SAP, 1997).

29. Y, en la medida que el Espíritu da dones a los creyentes para la edificación de la iglesia, podemos decir que los cristianos tanto de forma colectiva como también de forma individual tienen «la mente de Cristo» (v. 16). Ver Allen r. Hunt, *The Inspired Body: Paul, the Corinthians, and Divine Inspiration* (Macon: Mercer, 1996).

30. Peter Stuhlmacher, «The Hermeneutical Significance of 1 Cor 2:6–16», en *Tradition and Interpretation in the New Testament*, eds. Gerald F. Hawthorne y Otto Betz (Grand Rapids: Eerdmans, 1987), 328–47.

referirse a los creyentes *maduros*, a lo que cree que los corintios ya deberían haber llegado, que es el término opuesto al que usa para referirse a los cristianos «carnales» o *inmaduros* (*sarkinos/sarkikos*). Tenemos que fijarnos con detenimiento qué señales de inmadurez tiene Pablo en mente. Los corintios no eran creyentes nominales que se habían afiliado a una iglesia pero no practicaban su fe. Sí eran activos; el problema es que su mentalidad estaba marcada por el enfrentamiento entre los distintos bandos. Así, Pablo tiene que aludir de nuevo a este tema (vv. 1–4), y esa mentalidad es la que les hace ser carnales o inmaduros. A lo largo de la historia de la iglesia algunos cristianos han utilizado la categoría de cristiano carnal o inmaduro para justificar la creencia de que una persona puede hacer una profesión superficial de fe en un momento de su vida, no mostrar ningún signo de vida espiritual, incluso durante años o hasta el final, morir, y aún así ser salvo. ¡Eso no es lo que Pablo tenía en mente en este contexto![31] Los corintios no son pasivos ni están faltos de vida espiritual, pues que están haciendo uso de sus dones (recuérdese 1:7); lo que ocurre es que están usando sus dones con propósitos egoístas, en lugar de usarlos para la edificación del Cuerpo de Cristo.

El resto del capítulo 3 ilustra la igualdad fundamental de todas las personas en Cristo que debería acabar con el enfrentamiento de bandos que había entre los creyentes de Corinto. En primer lugar, Pablo compara a la iglesia con el campo de cultivo de Dios en el que todos los creyentes son compañeros de trabajo (vv. 5–9a). Los diferentes líderes cristianos no son más que labradores, y dependen por completo de que Dios produzca la cosecha. Cada uno de ellos puede tener un papel diferente, pero eso no les da el derecho de poner un rol por encima de otro rol.

En segundo lugar, la iglesia se parece a las piedras que forman un edificio, colocadas encima del fundamento, que es Cristo (vv. 9b–17). Aunque el día del juicio sacará a la luz la calidad de las obras de los cristianos (vv. 12–15), el contraste principal de esta sección está entre los que están al menos intentando construir, y los que solo están intentando destruir el edificio (vv. 16–17).[32] Los versículos 12–15 se citan con frecuencia para respaldar la idea de que los cristianos pueden experimentar diferentes grados de recompensa en el cielo. Sin duda, tanto aquí como en otros lugares de las Escrituras parece claro que en el día del juicio, cada creyente tendrá una experiencia diferente y única cuando se presente ante Dios para revisar su vida. Pero ni éste ni ningún otro texto enseña que tendremos diferentes estatus o privilegios que duren por toda la eternidad. Después de todo, si la vida por venir es perfecta, no tiene ningún sentido hablar de grados de perfección. La parábola de los viñadores (Mt 20:1–16) representa a todos los seguidores de Jesús recibiendo la misma recompensa independientemente del trabajo realizado, que es precisamente lo que esperamos al saber que

---

31. Gordon D. Fee, Gordon Fee, *Primera Epístola a los Corintios* (Nueva Creación: Grand Rapids, Michigan, 1994), p. 121–28 de la edición en inglés.
32. Hays, *First Corinthians*, 58.

la salvación es por gracia solo a través de la fe y no a través de las buenas obras.[33] Curiosamente, la doctrina de los grados de recompensa eternos en el cielo fue en la era de la Reforma un remanente del concepto católico del purgatorio.[34] Sin embargo, Martín Lutero advirtió duramente en contra de dicha doctrina.

Uno de los principales peligros asociados con esta doctrina se parece al problema de aplicar la categoría de cristiano carnal a los creyentes nominales. Es demasiado fácil dar esperanza de que uno está realmente «dentro», aunque sea solo «por los pelos», cuando de hecho la falta de un compromiso continuado sugiere que uno nunca ha estado «dentro». Ése parece ser justamente el problema de los que Pablo menciona en los versículos 16–17. Puede que los corintios más implicados en las divisiones no estén contribuyendo nada a la obra de Dios y, al intentar destruir esa obra, demuestran que no son salvos, sino que caminan hacia la destrucción eterna. En estos versículos también, Pablo pasa de describir un edificio cualquiera a dibujar el edificio más santo que había en su tiempo: un templo. Más adelante dirá que cada cristiano es templo del Espíritu Santo (6:19), pero aquí está hablando de la iglesia de forma colectiva. ¡Aquellos que destruyen la unidad de una entidad tan sagrada están flirteando con la ira eterna de un Dios justo y santo![35]

Los versículos 18–23 resumen el capítulo recordándonos que todos los creyentes tienen el mismo acceso a los privilegios espirituales. Por tanto, no hay necesidad de enorgullecerse de un líder, o de uno mismo. Ciertamente, Dios conoce los pensamientos de todas las personas, así que puede reconocer las actitudes orgullosas antes de que éstas se conviertan en acciones.

El verdadero ministerio apostólico (4:1–21). El capítulo 4 concluye la respuesta a los bandos que hay en la iglesia de Corinto, y lo hace centrándose en la actitud que deben tener hacia Pablo y los otros apóstoles. *En primer lugar*, los versículos 1–5 los describe como fieles administradores. El término que traducimos por «siervos» o «servidores» en el versículo 1 (*hyperetes*) describe a una persona a la que se la ha puesto por encima de una propiedad y/o otros siervos, pero que sigue estando subordinada a su amo.[36] Del mismo modo, Pablo, aunque ha recibido autoridad y responsabilidad como apóstol y misionero, no es más que un siervo de Cristo. Por tanto, cuando Pablo dice que no le importa los que los corintios piensen de él, ni aun lo que su propia conciencia le diga de él mismo, no está menospreciando a la iglesia, sino que simplemente está enfatizando que lo único que importa en última instancia es la evaluación que Dios hace de cada persona (vv. 2–5).

---

33. Ver Craig L. Blomberg, «Degrees of Reward in the Kingdom of Heaven?», *JETS* 35 (1992): 159–72.

34. Emma Disley, «Degrees of Glory: Protestant Doctrine and the Concept of Rewards Hereafter», *JTS* 42 (1991): 77–105.

35. Anthony C. Thiselton, *The First Epistle to the Corinthians* (Grand Rapids: Eerdmans; Carlisle: Paternoster, 2000), 318.

36. Paul Ellingworth y Howard Hatton, *A Translator's Handbook on Paul's First Letter to the Corinthians* (New York: UBS, 1985), 75.

En segundo lugar, los versículos 6–7 apuntan a que cualquier juicio debería tener una base espiritual. El versículo 6 contiene una dificultad: ¿de dónde viene esa frase y qué significa no ir más allá de lo escrito? Esta cita no proviene de ninguna parte de la Escritura. Algunos comentan que podría hacer referencia a la forma en la que los niños grecorromanos aprendían a escribir, repasando las letras del alfabeto y sin salirse de la línea. Otros especulan que se refiere a seguir normas de arbitraje en el trabajo. Pero lo más probable es que esté hablando de que todas nuestras acciones deberían estar basadas en la Biblia.[37] Eso eliminaría el orgullo que era el causante de que hubiera diferentes bandos. Después de todo, todos los dones de los creyentes vienen de Dios, y no por algo que hayamos hecho nosotros. Una traducción más literal del verbo que en versículo 6 traducimos por «he aplicado» sería «he transformado». Así, es posible que Pablo esté diciendo que el problema real está en los líderes corintios, no entre Apolos y Pablo: pero él hace referencia a ellos dos para evitar una confrontación tan directa.[38]

En tercer lugar, el verdadero ministerio apostólico normalmente conlleva sufrimiento, incluso sufrir de forma injusta (vv. 8:13). El catálogo de penalidades y persecuciones que Pablo presenta contrasta llamativamente con el triunfalismo de algunos cristianos corintios. El versículo 8a debe entenderse como una clara ironía. Los corintios no son ricos, ni han empezado a reinar, como vemos en la segunda parte del versículo. Paradójicamente, si hubieran madurado espiritualmente, estarían sufriendo junto con Pablo.[39] Pero su concepción de la vida cristiana no concibe que vayan a ser tratados como «la escoria de la tierra, la basura del mundo» (v. 13). En el griego original, las palabras que traducimos por «escoria» y «basura» son términos bastantes vulgares;[40] ¡los equivalentes más cercanos en español ofenderían a tantos lectores que los traductores de la Biblia han utilizado en su lugar eufemismos como «escoria» y «basura»!

Por último, y con un tono más positivo, los apóstoles tienen una relación especial con los corintios (vv. 14–21). Pablo en particular es el padre espiritual de muchos de ellos, y eso le da el derecho de hablar tanto con un todo duro, como con un todo tierno (vv. 14–15).[41] Como con los tesalonicenses, Pablo les dice que le imiten (v. 16),[42] y dado que ahora no puede estar con ellos, les envía esta carta con Timoteo, que pasará algún tiempo con ellos enseñándoles más cosas y siendo un modelo para ellos, un modelo de la conducta cristiana de

---

37. David E. Garland, *1 Corinthians* (Grand Rapids: Baker, 2003), 135.
38. David R. Hall, «A Disguise for the Wise: μεταχηνάατιoα in 1 Corinthians 4.6», *NTS* 40 (1994): 143–49.
39. Cf. esp. K. A. Plank, *Paul and the Irony of Affliction* (Atlanta: Scholars, 1987).
40. Thiselton, *First Corinthians*, 365: «el vocabulario más bajo, más fuerte y más mundano».
41. Cf. Eva M. Lassen, «The Use of the Father Image in Imperial Propaganda and 1 Corinthians 4:14–21», *TynB* 42 (1991): 127–36.
42. Curiosamente, tan solo tres versículos después de haber hecho una descripción tan elaborada de sus sufrimientos. Sobre el tema de la *mimesis* en Pablo, ver esp. Andrew D. Clarke, «"Be Imitators of Me": Paul's Model of Leadership», *TynB* 49 (1998): 329–60.

Pablo (v. 17). Pero si este acercamiento amable no surte efecto, Pablo mismo tendrá que ir a Corinto e intervenir con dureza para castigar a los que no han abandonado su arrogancia (vv. 18–21).[43]

Incesto en la iglesia (5:1–13). Del amplio tema de las divisiones, Pablo pasar a hablar de una serie de temas específicos y de la libertad que los corintios tienen en cuanto a estos temas, pues no han entendido bien en qué consiste esa libertad, y además están alardeando de ella (capítulos 5–6). La primera cuestión gira en torno a un hombre que está teniendo relaciones sexuales con su madrastra. Dado que Pablo se refiere a la mujer como la «esposa de su padre» (v. 1), lo más lógico es pensar que no se refiere a la madre biológica del hombre que está cometiendo incesto. Normalmente, una segunda mujer era considerablemente más joven que su marido, por lo que su edad podía ser más cercana a la edad del hijo de su marido, lo que explicaría que el hijo se sintiera atraído por ella. Sin embargo, el incesto era una ofensa sexual que estaba mal vista incluso en el promiscuo mundo grecorromano (Cicerón, *Pro Cluentio* 15), ¡y aquí la iglesia actúa como si estuviera orgullosa de que su «libertad» en Cristo tolerara ese tipo de conducta! (v. 2). Pablo no duda en usar su autoridad en esta situación para ordenar que excomulguen al pecador si no se arrepiente (vv. 3–5) para preservar la pureza de la iglesia (vv. 6–8). Al menos así interpreta el versículo 5 la NVI. Pero la palabra que traducimos por «naturaleza pecaminosa» es *sarx* (literalmente «carne»), que también podría referirse al cuerpo del hombre en cuestión.

Por tanto, algunos comentaristas creen que Pablo está hablando de su muerte. Quizá tenía una enfermedad de transmisión sexual, y Pablo simplemente está diciendo: «Dejadle morir». O quizá Pablo imagina que Dios lo va a hacer caer muerto de alguna forma sobrenatural. Pero independientemente de que pensemos que Pablo se está refiriendo a su excomunión o a su muerte, su propósito es claro: para que el espíritu del hombre «sea salvo [puede llegar a ser salvo] en el día del Señor». Dado que en 2ª Corintios 2 y 7 se hace referencia a un pecador de la iglesia de Corinto al que la iglesia ha castigado, en consecuencia se ha arrepentido y Pablo anima a la iglesia a que lo reciban de nuevo, parece ser que aquí se está hablando de excomunión, y que la acción disciplinaria surge el efecto esperado: la restauración.[44]

Es en este contexto en el que nos enteramos de que Pablo ha escrito una carta anterior a los corintios (vv. 9–13; cf. p. 189). Y explica que la iglesia ha invertido completamente su mensaje. Se están separando de los no creyentes pecaminosos, mientras que están tolerando una gran cantidad de inmoralidad en la congregación: lo que deberían estar haciendo es vivir vidas puras, y estar

---

43. Encontrará una buenísima exposición y aplicación de los capítulos 1–4 en D.A. Carson, *La cruz y el ministerio cristiano* (Viladecavalls: Andamio, 1994).

44. Garland, *1 Corinthians*, 181: «La iglesia camina por una línea muy fina, pues tiene que ser una comunidad acogedora y aceptar al pecador que confiesa y ayudarle a volver a ponerse en pie, pero no tiene que llegar a ser una comunidad laxa moralmente hablando, en la que todo vale».

lo suficientemente cerca de los no creyentes para influenciarles de forma positiva. ¡Es increíble ver cómo la iglesia cristiana conservadora ha invertido esas prioridades una y otra vez a lo largo de los siglos!

Pleitos entre cristianos (6:1–11). Igual de vergonzoso es que los cristianos se acostumbren a llevar a juicio a otros cristianos por cuestiones legales (v. 1).[45] Los juicios más comunes en la época de Pablo tenían que ver con las peleas por cuestiones de propiedad. Los «patronos» ricos del mundo grecorromano solían emprender acciones legales con tal de aumentar su estatus y avergonzar a sus oponentes.[46] Sin embargo, los cristianos al menos deberían seguir el precedente judío de arreglar las disputas «en casa» (vv. 2–6). En la mayoría de casos, la legislación rabínica prohibía a los judíos ir a los tribunales grecorromanos, mientras que las sinagogas ejercían una «doble función» de servir como lugar en el que podían juzgar sus propios casos. Si el versículo 4 se traduce y puntúa como lo hace la versión inglesa NIV, entonces la expresión «hombres que no cuentan para nada en la iglesia» debe referirse a la forma en la que los de fuera etiquetan a los creyentes. Pero la traducción tradicional es mucho más probable: Pablo está preguntando, «¿nombráis como jueces a los que tienen un estilo de vida que no es de agrado en la iglesia?», es decir, a los magistrados gentiles.[47]

Los versículos 7–8 son aún mucho más desafiantes. Aunque Pablo reconoce que las personas caídas deben tener mecanismos para solucionar sus disputas, el cristiano ideal no debería buscar la indemnización. Eso no significa que los creyentes no pueden luchar por la justicia abogando por aquellos que han sido oprimidos o privados de sus derechos. Ni tampoco significa que no pueden recurrir a un tribunal secular para tratar un pleito que tienen con un no creyente. Pero la pregunta que deben hacerse los cristianos cuando se estén planteando tomar una acción legal es la siguiente: ¿Cuál va a ser el resultado? ¿Va a ser perjudicial para el evangelio? ¿O va a mejorar la forma en la que los de afuera perciben el evangelio?[48] Dado el aumento de los ministerios cristianos de mediación, al menos en los EE.UU., no hay excusa: los cristianos deben esforzarse en solucionar sus enfrentamientos «en casa».

Pablo subraya la seriedad de este tema asociándolo con la práctica continua de varias formas de inmoralidad sexual, idolatría, robo, borrachera, calumnia y estafa (vv. 9–10). El hecho de que Pablo use adjetivos que califican a personas («fornicarios», «idólatras», etc.) en lugar de sustantivos («inmoralidad

---

45. Este tema está relacionado con el capítulo 5 porque la iglesia ha vuelto a fallar como comunidad, pues los miembros no han sabido ser responsables los unos de los otros (Hays, *First Corinthians*, 93).

46. D. Neufeld, «Acts of Admonition and Rebuke: A Speech Act Approach to 1 Corinthians 6:1–11», *BI* 8 (2000): 375–99.

47. Reginald H. Fuller, «First Corinthians 6:1–11: An Exegetical Paper», *Ex Auditu* 2 (1986): 100.

48. Cf. Gordon D. Fee, Gordon Fee, *Primera Epístola a los Corintios* (Nueva Creación: Grand Rapids, Michigan, 1994), p. 238 de la edición en inglés.

sexual», «idolatría», etc.) sugiere que no está hablando de una acción ocasional sino de un estilo de vida regular. Ese tipo de personas no entrará en el reino de Dios. Pero claro está, uno puede arrepentirse, seguir a Cristo, cambiar sus hábitos, y ser salvo (v. 11). Los términos que traducimos por «sodomitas» (*malakoi*) y «pervertidos sexuales» (*arsenokoitai*) hacen referencia a los hombres que tienen relaciones homosexuales, tanto de forma pasiva como activa respectivamente.[49] Hablaremos del tema de la práctica homosexual con más detenimiento en el comentario de Romanos 1, pero por el momento es importante dejar claro que estas palabras, cuando se usan juntas, no solo se refieren a ciertas formas de conducta homosexual como la prostitución o la pederastria.

La seriedad de la inmoralidad sexual en general (6:12–20). Pablo regresa al tema de la inmoralidad sexual pero lo amplía para recoger todo tipo de promiscuidad, especialmente la prostitución. En los versículos 12–13 Pablo introduce una forma de argumentación, que usará más veces a los largo de la epístola («*Sí, pero...*»). En cada caso cita lo que parece ser un «eslogan», una forma de pensar que algunos miembros de la iglesia han adoptado, y con la que Pablo está de acuerdo en parte, pero de la que también difiere. La NVI pone los eslóganes entre comillas. Es verdad que un evangelio libre de la ley, desde un punto de vista, todo es permisible, pero eso no hace que todo sea bueno o aceptable (v. 12). Al parecer, los corintios estaban diciendo que si el argumento de que el cuerpo se destruye servía para decir que comer es una cuestión moral neutral, lo mismo ocurría con la práctica sexual: uno podía hacerlo cuando y como quisiera (v. 13a).[50] Aquí Pablo se opone tajantemente. La relación sexual es la forma más íntima de comunicación corporal y, como refleja la unidad entre dos personas se debe reservar para aquella persona con la que uno se comprometa de forma definitiva (vv. 13b–18).[51] Pablo de nuevo apela al hecho de que el cuerpo del cristiano es templo del Espíritu Santo debido a nuestra redención en Cristo (vv. 19–20), pero esta vez está pensando

---

49. David F. Wright, «Translating ΑΠΣΕΝΟΚΟΙΤΑΙ (1 Cor. 6:9; 1Ti 1:10)», *VC* 41 (1987): 396–98; David E. Malick: «The Condemnation of Homosexuality in 1 Corinthians 6:9», *BSac* 150 (1993): 479–92. Por otro lado, los términos representan a aquellos que practican la homosexualidad, no a aquellos que se sienten homosexuales o tienen deseos homosexuales pero optan por el celibato, negándose así a seguir sus impulsos. Ver William L. Petersen, «Can be translated by "Homosexuals"? (1 Cor. 6:9; 1Ti 1:10)», *VC* (1986): 187–91.

50. Probablemente las comillas deberían llegar hasta el final de la frase, «así es, y Dios los destruirá a ambos». La siguiente frase empieza con un «pero», aunque no todas las versiones lo traducen.

51. Ver esp. Brendan Byrne, «Sinning against One's Own Body: Paul's Understanding of the Sexual Relationship in 1 Corinthians 6:18», *CBQ* 45 (1983): 613. Bruce N. Fisk («ΠΟΡΝΕΥΕΙΝ as Body Violation: The Unique Nature of Sexual Sin in 1 Corinthians 6:18», *NTS* 42 [1996]: 558) concluye «otros pecados pueden destruir el cuerpo (p. ej. el suicidio, la gula), la comunidad (p. ej., la murmuración, la división) o contaminar el espíritu (p. ej., la idolatría), pero para Pablo, dado que el pecado sexual tiene que ver con una unión del cuerpo única, también contamina el cuerpo de forma única».

más en cada individuo que en el colectivo (recuérdese 3:16–17). «Hemos sido comprados por un precio, un precio enorme: la sangre expiatoria de Cristo». Por tanto, los creyentes «deberían expresar su gratitud por el precio que se ha pagado a través de su actitud y su conducta».[52]

RESPUESTA A LA CARTA DE LOS CORINTIOS (7:1–16:4)

En cuanto al matrimonio (7:1–40). Ahora Pablo se dirige al bando asceta de la iglesia. La clave para entender el capítulo 7 es reconocer, como hace la NVI poniendo las comillas, que *el versículo 1b es parte de una frase o eslogan común entre los corintios.* El padre de la iglesia Orígenes lo confirmó en su comentario ya en torno al año 200 d.C. El texto griego dice literalmente: «Es bueno para un hombre no tocar a una mujer». Pero «tocar» era un eufemismo para las relaciones sexuales. Algunos miembros de la iglesia de Corinto estaban abogando por el celibato —la abstinencia sexual completa— como la norma para todos los cristianos. Pablo afirma que el celibato puede ser bueno, pero se niega a hacerlo un absoluto.[53]

Empieza considerando a *los que ya están casados.* El bando pro celibato promovía la abstinencia incluso entre marido y esposa. El versículo 2 no significa que todas las personas deberían buscar pareja, sino que todas las personas casadas deberían continuar teniendo relaciones sexuales con su cónyuge (lo mismo en los vv. 3–4). Es importante notar que tanto aquí como a lo largo de todo el capítulo, Pablo da las mismas órdenes tanto a maridos como a esposas, tratándolos como seres iguales entre ellos.[54] Pablo hace una concesión a sus oponentes, diciendo que marido y mujer se pueden abstener de tener relaciones sexuales por mutuo acuerdo durante un breve periodo de tiempo en aras de la disciplina espiritual. Pero reconoce que prolongar ese régimen puede llevar a uno o a ambos cónyuges a buscar relaciones sexuales en otro lugar; y, por tanto, no puede respaldarlo a menos que sea un pequeño cambio de rutina por propósitos espirituales especiales (vv. 5–6). Éste es uno de los textos de los que podemos inferir que Pablo no estaba casado, al menos en el momento en el que escribe esta carta (v. 7a). Pero aunque expresa su preferencia por la soltería, reconoce que solo deberían buscarla los que tienen ese don de Dios (cf. Mt 19:10–12).

---

52. Ogden y Skinner, *Acts through Revelation*, 134.

53. La exposición de este capítulo está en deuda con el comentario de Fee, *Primera Epístola a los Corintios* (Nueva Creación: Grand Rapids, Michigan, 1994), p. 266–357 de la edición en inglés. Posiblemente los del bando en pro del celibato creían que tenían derecho a puestos de liderazgo porque como eran ascetas decían que habían recibido una inspiración o una revelación especial, como solía ocurrir en las culturas paganas. Ver Judith M. Gundry–Volf, «Celibate Pneumatics and Social Power: On the Motivations for Sexual Asceticism in Corinth», *USQR* 48 (1994): 105–26. En cuanto a la idea de que en el bando pro celibato había influencia de los estoicos y los cínicos, ver Will Deming, *Paul on Marriage and Calibacy* (Cambridge and New York: CUP, 1995).

54. A diferencia de todas las culturas y religiones de alrededor. Cf. G. W. Petermann, «Marriage and Sexual Fidelity in the Papyri, Plutarch and Paul», *TynB* 50 (1999): 163–72.

En los versículos 8–9, Pablo habla a *los viudos* (probablemente «solteros» sea una mejor traducción) y *las viudas*. En este caso, considera el celibato mucho más favorable porque él es soltero o, posiblemente, viudo. Pero el matrimonio es preferible a la lujuria y la promiscuidad. El verbo que traducimos por «poder» en el versículo 9a no aparece en el texto griego; una traducción más adecuada diría: «Pero si no se están controlando, que se casen». En el versículo 9b, el texto griego dice simplemente: «Es preferible casarse que quemarse», pero la NVI añade «de pasión». Las novelas románticas griegas solían hacer ese tipo de afirmaciones cuando hablaban de la celebración del placer sexual en el matrimonio, así que esto no sonaría extraño a oídos de los corintios.[55]

Los versículos 10–16 vuelven a considerar a los casados, pero esta vez a *los que quizá están contemplando la idea del divorcio* como modo de librarse de las relaciones sexuales. Esta sección contiene lo que ha pasado a llamarse el privilegio paulino, la segunda de dos excepciones bíblicas a la prohibición general del divorcio. Jesús lo había permitido en caso de infidelidad sexual (Mt 5:32; 19:9); ahora Pablo lo permite cuando un cónyuge no creyente quiere marcharse (vv. 15–16). No obstante, en otras situaciones, si la separación o el divorcio ya se han dado y no se han vuelto a casar, los separados deberían reconciliarse y volver a juntarse o quedarse solteros (vv. 10–11). Hay aquí dos cuestiones exegéticas que dividen a los comentaristas. En primer lugar, ¿qué es lo que hace que Pablo haga una excepción? ¿El abandono o el matrimonio mixto (o ambos)? Muchos han dado por sentado que se trata de la relación mixta, pero es interesante que, si uno se centra en el abandono, entonces Jesús y Pablo estarían poniendo el dedo en uno de los dos elementos fundamentales del matrimonio —dejar y unirse (vs. abandono) y ser una sola carne (vs. infidelidad sexual)—, tal y como se define en Génesis 2:24. Así que quizá lo del matrimonio mixto no sea más que un elemento de aquella situación específica.

En segundo lugar, ¿las enseñanzas de Jesús y de Pablo cubren todas las situaciones posibles en las que el divorcio podría reflejar la voluntad (permisiva) de Dios? Obviamente, la enseñanza de Jesús no fue exhaustiva; si no, Pablo no podría haber añadido nada. De forma similar, Pablo no muestra ser consciente de la excepción de Jesús, así que su lista de (una) situación excepcional tampoco puede ser absoluta. Por tanto, varios intérpretes han sugerido otras situaciones extremas en las que el divorcio podría ser la opción menos mala. Sin embargo, probablemente sea mejor no añadir a la lista bíblica, sino simplemente tratar cada caso de forma individual, preguntándose si el matrimonio ha quedado destruido tanto como si se hubiera dado infidelidad sexual o un abandono irrevocable.[56]

---

55. Ver J. Edward Ellis, «Controlled Burn: The Romantic Note in 1 Corinthians 7», *PRS* 29 (2002): 89–98.

56. Ver el siguiente artículo: Craig L. Blomberg, «Marriage, Divorce, Remarriage, and Celibacy», *TrinJ* 11 (1990*):* 161–96, esp. 186–94. Los mejores libros sobre el tema son Craig S. Keener, ... *And Marries Another: Divorce and Remarriage in the Teaching of the New Testament* (Peabody: Hendrickson, 1991); y David Instone–Brewer, *Divorce and Remarriage in the Bible* (Grand Rapids and Cambridge: Eerdmans,

El contraste entre los versículos 10 y 12 también ha sorprendido a muchos lectores. ¿Está Pablo diciendo que el primer contexto es inspirado, pero que el segundo no lo es? Si consideramos el versículo 40, veremos que no es así. Lo que ocurre es que en el versículo 10 está haciendo referencia a una enseñanza concreta del Jesús histórico, mientras que en el versículo 12 dice que no conoce ninguna enseñanza específica de Jesús al respecto que pueda citar.[57] Del mismo modo, en el versículo 25 Pablo tampoco está diciendo que ese mensaje no es inspirado, pues también dice que su opinión proviene de la misericordia del Señor, que es digna de confianza.[58] Y en el versículo 40, lo más probable es que esté tiñendo sus comentarios de cierta ironía, ¡y no dudando de la guía de Dios! Después de todo, los elitistas de Corinto probablemente decían que ellos eran los únicos que tenían al Espíritu, así que Pablo añade que él también lo tiene.

EL MATRIMONIO Y EL DIVORCIO EN MATEO 19 Y EN 1 CORINTIOS 7

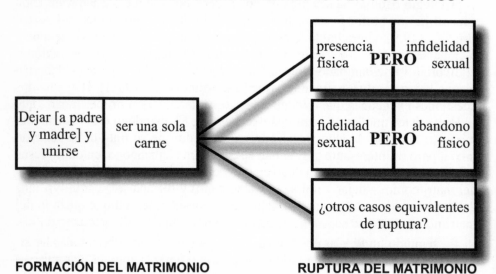

FORMACIÓN DEL MATRIMONIO   **RUPTURA DEL MATRIMONIO**

No obstante, aún queda un versículo de esta sección que ha causado más de un debate. A primera vista parece que el versículo 14 enseña que, si uno de los progenitores de una familia acepta a Cristo, ¡todos los miembros de la familia serán salvos! Esta confusión tiene lugar porque suele usar el verbo «santificar»

2002). Puede que Pablo también esté contestando a los que temían que ese tipo de matrimonios mixtos ensuciaran al cónyuge cristiano. Ver Yonder M. Gillihan, «Jewish Law on Ilicit Marriage, The Defilement of Offspring and the Holiness of the Temple: A New Halakik Interpretation of 1 Corinthians 7:14», *JBL* 121 (2002): 730.

57. Gordon Fee, *Primera Epístola a los Corintios* (Nueva Creación: Grand Rapids, Michigan, 1994), p. 291 de la edición en inglés.

58. Ciertamente, *gnome* se podría traducir «máxima», adecuando la forma de este versículo, y sugerir así que Pablo está rebatiendo el eslogan del versículo 1 con un proverbio que sí aprueba. Ver Rollin A. Ramsaran, «More Than an Opinión: Paul's Rethorical Maxim in First Corinthians 7:25–26», *CBQ* 57 (1995): 531–41.

para referirse a creyentes. Pero su significado no es más que el de «apartar» o «colocar en un ambiente de santidad». Dado que Pablo dirá en los próximos dos versículos que un cónyuge creyente no puede saber si llevará al cónyuge no creyente al Señor, en el versículo 14 no puede estar hablando de la salvación. Lo que el versículo 14 significa es que cuando uno de los progenitores es creyente eso aporta a la familia un ambiente de santidad que puede ayudar a que los otros miembros lleguen a confiar sus vidas a Cristo.[59]

Los versículos 17–24 ofrecen una conclusión preliminar que se podría parafrasear de la siguiente forma: *florece en el lugar en el que has sido plantado*. Aplicado a los defensores del celibato, Pablo estaría diciendo «no hagáis nada radical solo para libraros de la práctica sexual», pero aplica el principio también a otras cuestiones. A lo largo de la historia de la iglesia, el versículo 21b se ha traducido de dos formas completamente opuestas, debido en la mayoría de ocasiones a las actitudes preconcebidas en cuanto a la esclavitud. El texto griego dice, literalmente, que si un esclavo puede obtener la libertad, «mucho más, úsa[la]». ¿Significa eso «muéstrate mucho más dispuesto a usar esa oportunidad de libertad» o «mantente en tu situación actual»? El detallado análisis histórico y lingüístico de Scout Bartchy ha convencido a la inmensa mayoría de comentaristas de que la primera afirmación es la correcta.[60] Después de todo, en la mayoría de los casos en los que el amo elegía dar a un esclavo la libertad, ¡el esclavo no tenía derecho a rechazarla!

En los versículos 25–35 Pablo se vuelve a centrar en *los que nunca han estado casados*. Junto a los defensores del celibato, les anima a que sigan solteros, pero a diferencia de ellos, se niega a imponer la soltería. Además, el argumento que Pablo usa es totalmente diferente al de ellos. A Pablo le preocupa «la crisis actual» (v. 26). Pero, ¿qué crisis? Algunos creen que hace referencia a los vestigios de la hambruna que hubo a finales de los años 40, pero el contexto inmediato sugiere una respuesta más convincente. En el versículo 29 Pablo explica: «Lo que quiero decir … es que nos queda poco tiempo». Pablo no sabe cuándo volverá Cristo para poner fin a este mundo tal y como lo conocemos (v. 31), y por eso quiere que los creyentes estén lo más libres posibles para poder dedicar sus energías al trabajo del reino (vv. 32–35). No obstante, como en todas las demás secciones de este capítulo, Pablo reconoce que Dios prepara solo a algunas personas para este estilo de vida en cuestión. Por lo que, a diferencia de sus oponentes, el apóstol enfatiza que los que se casan no pecan (v. 28).[61] ¿Con qué frecuencia los creyentes que contemplan la idea de casarse se preguntan si su pareja les permitirá servir mejor a Dios? Si después

---

59. Nigel Watson, *The First Epistle to the Corinthians* (London: Epworth, 1992), 71.

60. Schott Bartchy, *ΜΑΛΛΟΝ ΧΡΗΣΑΙ: First–Century Slavery and 1 Corinthians 7:21* (Missoula: Scholars, 1973). En cuanto a la opinión de que el texto paulino es inherentemente ambiguo, ver Brad R. Braxton, *The Tyranny of Resolution: 1 Corinthians 7:17–24* (Atlanta: SBL, 2000).

61. El equilibrio que Pablo buscar en cuanto a estas cuestiones llevó a Vincent L. Wimbush a titular su libro *Paul: The Worldly Ascetic* [Pablo: el asceta terrenal] (Macon: Mercer, 1987).

de hacerse esa pregunta creen que eso no va a ser posible, ¡lo mejor es que no se casen!

Los versículos 36–38 suponen otra dificultad para el traductor. En las notas al pie de la NVI vemos que antiguamente se creía que Pablo se estaba dirigiendo a un padre que se está debatiendo entre dar a su hija en matrimonio o no. Pero las investigaciones lingüísticas más recientes han demostrado de forma bastante convincente que se trata de una *pareja de prometidos* que está intentando decidir si casarse o no.[62] Pablo está de acuerdo con los defensores del celibato en que esta pareja no está obligada a consumar el matrimonio, pero él no puede obligarles a mantenerse célibes. Su apreciación de la soltería le lleva a preferir dicha opción, pero deja claro una y otra vez que la alternativa del matrimonio no es pecado.

El capítulo concluye con un recordatorio de que *el matrimonio ha sido creado para durar toda la vida* (vv. 39–40). Pero cuando el cónyuge muere, el cristiano es libre de volver a casarse —siempre que el nuevo cónyuge sea creyente— aunque una vez más Pablo les recuerda a sus lectores que él prefiere la vida en soltería. La palabra que traducimos por «ligado» en el versículo 39, en griego no es la misma palabra que la que aparece en el versículo 15, pero son sinónimos bastante próximos. Dado que el capítulo no trata de forma explícita la cuestión de volver a casarse después de un divorcio permitido por las Escrituras, la observación más relevante que podemos hacer es que, si en un versículo no estar «ligado» significa estar libre para casarse otra vez, lo más probable es que en el otro versículo tenga el mismo significado. Además, el derecho a casarse después de un divorcio legítimo era algo aceptable entre los judíos, griegos y romanos, por lo que, si Pablo se estaba desviando de dicha idea, tendría que haberlo expresado de forma explícita.[63]

En cuanto a la comida sacrificada a los ídolos (8:1–11:1). *Discusión inicial (8:1–13).* En los próximos tres capítulos entran en escena los bandos ascetas y hedonistas de la iglesia. El primer grupo se niega a comer de la carne sacrificada a los ídolos. Muchos de estos cristianos eran pobres y no podían permitirse comer carne de forma regular, y asociaban el comer carne con los rituales del templo pagano en Corinto. El segundo grupo se ha dado cuenta de que no es inmoral comer ese tipo de carne, pero no está teniendo en cuenta a los que Pablo llama «los hermanos más débiles». No ve el problema que tiene delante: que *la libertad cristiana se puede convertir en licencia*. De nuevo Pablo tiene que matizar que, aunque está de acuerdo, tiene que añadir un «pero» pues, como dice en los versículos 1–3, la libertad cristiana se puede convertir en licencia. Los que tienen el conocimiento de que la carne ofrecida a los ídolos no

---

62. Bruce W. Winter, «Puberty or Passion? The Referent of ὑπέρακμοσ in 1 Corinthians 7:36», *TynB* 49 (1998): 71–89.

63. David Instone–Brewer, «1 Corinthians 7 in the Light of the Graeco–Roman Marriage and Divorce Papyri», *TynB* 52 (2001): 101–16, 225–43. Sobre los capítulos 5–7, cf. esp. Brian S. Rosner, *Paul, Scripture and Ethics: A Study of 1 Corinthians 5–7* (Leiden and New York: Brill, 1994; Grand Rapids, Baker, 1999).

es en sí inmunda deben gestionar ese conocimiento con amor. Tal como aparece a pie de página en la NIV inglesa, parece ser que los corintios tenían un eslogan que decía algo como «Todos tenemos conocimiento», a lo que Pablo tiene que añadir «el conocimiento envanece, mientras que el amor edifica» (v. 1).[64]

La *aplicación del principio de Pablo* aparece en los versículos 4–13. Aunque no hay nada malo en comer carne sacrificada a los ídolos (vv. 4–6, 8), los cristianos deberían evitar hacerlo si eso provoca que otros cristianos caigan en pecado (vv. 7, 9–13). El pecado en cuestión debía consistir en no saber diferenciar entre comer de la carne ofrecida a los ídolos que se vendía en el mercado (cf. 10:25), y comer en el contexto de la adoración pagana o en otros eventos dentro del local del templo, como bodas, fiestas, reuniones de los diferentes gremios, o rituales abiertamente religiosos (cf. v. 10a). O tan solo provocar que un cristiano débil comiera de esa carne y, aun siendo fuera de un contexto religioso pagano, le quedara la conciencia herida (vv. 10, 12).[65]

Es importante observar quiénes son los que Pablo no considera un «hermano [o hermana] débil». Pablo no está pensando en los cristianos que se ofenden o irritan al ver que otro creyente participa en una práctica que ellos consideran incorrecta. En una situación así, la persona ofendida no va a imitarle, porque piensa que lo que el otro está haciendo es incorrecto. Está claro que no vamos a ir por ahí buscando ofender a nuestros hermanos, pero habrá ocasiones en que por el bien del evangelio sí tengamos que hacerlo. Curiosamente, los métodos evangelísticos novedosos, creativos ¡y más eficaces! siempre reciben la crítica de los cristianos aferrados a la tradición. En situaciones así, es mucho más importante pensar en los no creyentes que necesitan oír el evangelio que preocuparse por los cristianos que se van a ofender (9:19–23). Y podríamos mencionar muchísimas más situaciones.[66]

---

64. La mejor discusión exegética y la mejor información en cuanto al trasfondo la encontrará en Willis, *Idol Meat in Corinth*. También encontrará mucha información sobre el trasfondo en Derek Newton, *Deity and Diet: The Dilemma of Sacrificial Food at Corinth* (Sheffield: SAP, 1998), aunque la exégesis que aquí se presenta es menos convincente.

65. La reconstrucción de los eventos que adoptamos aquí siguen muy de cerca la que encontramos en Bruce N. Fisk, «Eating Meat Offered to Idols: Corinthian Behavior and Pauline Response in 1 Corinthians 8.10», *TrinJ* 10 (1989): 49–70; Cf. también E.C. Still, «The Meaning and Uses of *ΕΙΛΟΛΟΘΥΤΟΝΟ* in First Centruty Non–Pauline Literatura and 1 Cor 8:1–11: Toward Resolution of the Debate», *TrinJ* 23 (2002): 225–34. Algunos estudios recientes han argumentado que Pablo prohíbe comer carne ofrecida a los ídolos excepto en casa, donde nadie presta atención al origen de la carne, pero dichos estudios no tratan de forma adecuada los argumentos más elaborados como los que aparecen en obras como esta. El argumento de Still de que Pablo pide a los que tienen conocimiento que renuncien por completo a su derecho a comer carne sacrificada a los ídolos no es la única conclusión posible; de hecho, ni siquiera encaja con los énfasis que encontramos en la parte final (10:23–11:1).

66. Más aplicaciones en Garry Friesen con Robin Maxson, *Decision–Making and the Will of God* (Portland: Multnomah, 1980), 382–83; y Joseph C. Aldrich, *Life–Style Evan-*

En los versículos 4–6 encontramos una importante teología que no debiéramos pasar por alto. Está claro que el objetivo principal de Pablo es abogar por el monoteísmo; los dioses y las diosas politeístas del mundo grecorromano no existen; su existencia no es objetiva. El versículo 6 no debe entenderse como si se estuviera sugiriendo que todo es subjetivo, es decir, que los cristianos creen que solo hay un Dios, otros están en desacuerdo, y en el fondo no hay forma de saber quién está en lo cierto. Cuando Pablo dice «para nosotros», lo que está queriendo decir es que «sabemos» (aunque otros no lo sepan) que no hay más que un Dios en el Universo. Pero aún son mucho más sorprendentes las palabras de Pablo en la segunda parte del versículo 6, donde hace la misma declaración sobre Jesús. No hay más que «un solo Dios, el Padre, de quien todo procede y para el cual vivimos; y no hay más que un solo Señor, es decir, Jesucristo, por quien todo existe y por medio del cual vivimos». Como vimos en Hechos, la primera generación de cristianos ya adjudicaba a Jesús las mismas afirmaciones que hacían sobre Yahvé, el Dios de Israel, sin caer en el error de creer en dos divinidades. Dado que Jesús era Dios mismo, también es Creador y Sustentador del Universo. Es cierto que esto aún no es el pensamiento trinitario, pero sí es al menos un pensamiento binitario.[67]

Un ejemplo paralelo (9:1–18). En 9:1–18, Pablo da *otro ejemplo en cuanto a refrenar la libertad cristiana.* A primera vista parece que ha pasado a hablar de otro tema. Pero el capítulo 10 dejará claro que no es así. Lo que está haciendo aquí es tratar otro tema controvertido que requiere la aplicación de los mismos principios que sirvieron para el tema de la carne ofrecida a los ídolos. Aunque los ministros cristianos tienen el derecho de recibir sustento por el ministerio que realizan (vv. 1–12a, 13–14), nunca pensarían en exigir dicho derecho. Ciertamente, si va a ser causa de escándalo —por ejemplo, la acusación de predicar el evangelio movido por motivaciones incorrectas— deberían servir sin esperar nada a cambio y buscar otro tipo de sustento, tal y como Pablo hizo con frecuencia (vv. 12b, 15–18). El hecho de que los maestros religiosos y los filósofos itinerantes en el mundo grecorromano cobraran (y a veces, cantidades desorbitantes) por sus servicios ponía en cuestión sus motivaciones, y Pablo no quiere que le asocien con ese tipo de gente ni que cuestionen su ministerio. Además, como hemos visto, muchos de los patrones que subvencionaban a este tipo de personas se creían con el derecho de darles órdenes, y Pablo no quería deber favores a alguien que pensaba que le podía ordenar qué debía decir y qué no debía decir.[68]

---

gelism (Portland: Mulnomah, 1981), 39–76.

67. Una característica sorprendentemente presente incluso en el pensamiento y en los escritos cristianos más tempranos. Ver esp. Hurtado, *Lord Jesus Christ.* Si tomamos y unimos las enseñanzas de Pablo sobre Dios, Jesús y el Espíritu, podemos decir que en ese momento ya existía una visión trinitaria de Dios. Ver Ulrich Mauser, «One God and Trinitarian Language in the Letters of Paul», *HBT* 20 (1998): 99–108. Ver esp. 1ª Corintios 12:4–6.

68. Encontrará una detallada reconstrucción de las posibles acusaciones que se le hicieron a Pablo en Peter Marshall, *Enmity in Corinth: Social Conditions in Paul's Relation*

En esta sección hay algunas otras cuestiones que merecen nuestra atención, aunque sea de forma breve. Los versículos 1–2 asocian el apostolado de Pablo con el hecho de que él es testigo del Jesús resucitado, sugiriendo así que Pablo se veía a sí mismo como apóstol no solo porque había recibido el don espiritual del apostolado, sino porque era un testigo ocular de la resurrección (como los otros doce). Los versículos 3–6 suscitan el debate sobre si Pablo había estado casado o no, aunque quizá solo lo hace poniéndose en la piel de su compañero Bernabé. Uno de los usos más extraños que se hace del Antiguo Testamento en el Nuevo Testamento aparece en los versículos 9–10. Pablo aplica el mandamiento mosaico de no poner un bozal al buey mientras está trillando (Dt 25:4) a la responsabilidad de los creyentes de no estorbar el trabajo de los ministros «a todo tiempo» no pagándoles (¡o pagándoles de forma insuficiente!). Uno puede entender la analogía entre estas dos situaciones, y entre los autores del Nuevo Testamento, aplicar textos del Antiguo Testamento a sus situaciones contemporáneas sin dilucidar el significado original de aquellos textos en que era una práctica bastante común. Pero lo sorprendente del caso es que aquí, Pablo parece estar diciendo que el texto veterotestamentario se escribió exclusivamente o «enteramente» (*pantos*) para nosotros. Pero esa palabra también se puede traducir por «ciertamente» o «desde luego», apuntando así a que el texto no solo se aplica a los animales, que sin duda es lo que Pablo tiene en mente.[69]

¿Por qué Pablo insiste tanto en el derecho a recibir dinero para el ministerio, si luego dice que él suele renunciar a dicho derecho? Al parecer, lo hace por el bien de otros que están en su situación. El versículo 14 incluso alude a un dicho de Jesús (cf. Lc 10:7, citado de nuevo en 1 Ti. 5:18) que resalta la obligación de apoyar a aquellos que nos sirven. Cuando Pablo cree que no va a haber conflicto de intereses, acepta agradecido la ayuda y el apoyo (Fil 4:10–20), ¡pero se niega a exigirla! El ministerio bivocacional tiene sus ventajas, sobre todo porque así uno tiene una plataforma «secular» desde la que compartir el evangelio con regularidad, como Pablo hacía cuando hacía y vendía tiendas.[70]

El principio unificador (9:19–27). Detrás del acercamiento de Pablo al debate sobre la comida sacrificada a los ídolos y al tema de aceptar dinero por el servicio ministerial hay una motivación bien clara: *eliminar esos obstáculos innecesarios que impiden que la gente se acerque a Cristo* (vv. 19–23). Obviamente, al hacerse todo para todos, Pablo no cometió actos pecaminosos (no se hizo borracho para ganar a los borrachos, etc.). Pero en cualquier situación moralmente neutral, incluso si sus prácticas parecían contradecir lo que decía y hacía en otras ocasiones (recordemos su circuncisión de Timoteo en Hechos

---

with the Corinthians (Tübingen: Mohr, 1987), 282–340.

69. Garland, *1 Corinthians,* 410: *pantos* puede significar «ciertamente», «indudablemente», «por supuesto», «especialmente», o «simplemente».

70. Encontrará un extenso análisis sobre pedir dinero en el Nuevo Testamento en Jouette M. Bassler, *God and Mammon* (Nashville: Abingdon, 1991).

16:3), estaba dispuesto a ser flexible para lograr que los no creyentes se acercaran al Señor. ¿Tenemos nosotros esa misma pasión por el mundo que nos rodea?[71]

En este contexto Pablo usa metáforas extraídas del mundo del deporte, recordando a sus lectores que para competir en las carreras o en la lucha es necesario prepararse a conciencia (vv. 24–27).[72] Si uno no está dispuesto a aceptar el difícil y exigente estilo de vida cristiano del que se habla en los versículo 19–23, estará en peligro de ser «descalificado» (v. 27). Siempre es más fácil decir que las prácticas cuestionables son o totalmente erróneas o totalmente acertadas, que tratar cada situación de forma individualizada y con suma sensibilidad y amor. Pero no estamos llamados a las soluciones fáciles y cómodas. Ese no es el modelo bíblico. Tampoco podemos suavizar el concepto de «descalificación» (lo que implica no poder obtener el premio), e interpretar que se refiere simplemente a perder la recompensa en el cielo. El adjetivo «descalificado» (*adokimos*) viene de la misma raíz que la palabra «poner a prueba» (*dokimazo*) que aparece en 3:13, que hace referencia al día del juicio. Pablo quiere asegurarse de que su estilo de vida está caracterizado por frutos que reflejan una actitud de arrepentimiento hasta el final.[73]

Una prohibición absoluta (10:1–22). Sin embargo, no todas las cuestiones éticas quedan en una zona grisácea. La Biblia enseña que ciertas cosas están mal, y en esas áreas el cristiano no tiene la libertad de abrazarlas. Así, en los versículos 1–13 Pablo regresa al trágico episodio de la historia de Israel en el que el pueblo de Dios cayó en la idolatría y la inmoralidad, lo que dio lugar el severo juicio de Dios. A pesar de haber sido «bautizados» para unirse a Moisés (v. 2) —es decir, la identificación del pueblo con Moisés cuando la nación fue guiada por Dios y cruzó el mar de forma milagrosa— muchos de los israelitas se rebelaron (vv. 7, 8a, 9a, 10a) y Dios los mató (vv. 8b, 9b, 10b). Esta gente había vivido la provisión milagrosa del maná y del agua que salió de la roca, que según Pablo son imágenes tipológicas del Cristo que había de venir (v. 4),[74] y aun así habían olvidado que Dios había provisto, habían desobedeci-

---

71. Cf. Michael Prior, *The Message of 1 Corinthians* (Leicester and Downers Grove: IVP, 1985), 162: "La versatilidad de Pablo con vistas a acercar a personas de todos los trasfondos a Cristo nos desafía a cruzar el abismo cultural que hay entre la subcultura cristiana (reuniones donde nos sentimos cómodos, conversaciones «santas») y la comunidad pagana en la que vivimos. La iglesia se tiene que enfrentar a una de sus tareas más importantes: identificarse con el paganismo contemporáneo, acercarse como Cristo se acercó a nosotros, ¡hasta el punto de encarnarse!".

72. Sobre este tema, ver Victor C. Pfitzner, *Paul and the Agon Motif* (Leiden and New York: Brill, 1967), 82–98.

73. Cf. Judith M. Gundry–Volf, *Paul and Perseverance: Staying in and Falling Away* (Louisville: WJKP, 1991), 233–47.

74. Dado que Dios sacó agua de una roca tanto al principio como al final del peregrinaje de los israelitas, la tradición judía recoge que los arroyos y las fuentes rebosantes de agua estuvieron presentes durante todo el viaje del pueblo de Dios. De esa creencia, al concepto de una roca errante que provee agua no hay más que un pequeño salto (F.F. Bruce, *1 and 2 Corinthians* [London: Marshall, Morgan & Scout, 1971; Grand

do sus mandamientos y, como resultado, se encontraron con la muerte (v. 5). Como ocurre con el material narrativo en todo el Antiguo Testamento, Pablo reconoce que éste tiene la función de servir de ejemplo. En este caso, el comportamiento de los israelitas sirve para advertir a las generaciones posteriores que no actúen del mismo modo (v. 6), sobre todo una vez llegue la era mesiánica (vv. 11–12).[75] Aunque Pablo dedica doce versículos a la advertencia, acaba con unas palabras de ánimo. Los miembros del pueblo de Dios siempre pueden resistir la tentación si dan lugar al Espíritu; Él nunca les dará más de lo que puedan soportar con su ayuda divina (v. 13).

Pablo introdujo el ejemplo de la idolatría de los israelitas para advertir a los corintios y que éstos no cayeran en una falsa adoración. Aquí tenemos *su prohibición absoluta: no deben participar en un servicio religioso dedicado a la adoración de los dioses* de Grecia o Roma (vv. 14–22). Aunque esos dioses no existen (recordemos 8:4–6), detrás de cualquier forma de religión siempre están los poderes demoníacos al acecho. Una de las prácticas más características de la adoración pagana era un banquete y un sacrificio, y los que participaban creían que a través de aquello se unían a los dioses. La similitud con la eucaristía cristiana lleva a Pablo a enfatizar la clara diferencia entre ambos ritos (vv. 14–17).

Es importante reconocer, aunque muchos no estén de acuerdo, que el principio fundamental sigue siendo la libertad, no las restricciones. «La preocupación de Pablo en 1ª Corintios 10:23–31 es afirmar el uso de los derechos individuales cuando en la comunidad existe una clara sensibilidad hacia todos los miembros de dicha comunidad». De nuevo, «La libertad del individuo no debe ser cortada por los escrúpulos de los débiles, pues la identidad de los creyentes supone que, habiendo sido libertados por la muerte de Cristo, ahora reciben la gracia y todo lo necesario para ser usados para la gloria de Dios».[76]

Tres principios resumidos (10:23–11:1). Cuando llegamos el cierre de esta discusión, Pablo repite *tres principios clave que aparecen en los capítulos 8–10*. Primero, el cristianismo supone librarse del legalismo, y significa ser libre para hacer todo aquello que no está mal (vv. 23a, 25–27, 29b–30). Segundo, en algunas ocasiones uno debe estar dispuesto a no hacer uso de su libertad si hacer uso de ella va a incitar a otros a pecar (vv. 23b–24, 28–29a, 32–33). Tercero, en ambos casos, dar gloria a Dios debería seguir siendo la

---

Rapids: Eerdmans, 1980], 91). «La mitología local decía que la fuente principal de Corinto provenía de una roca que también había sido golpeada» (Craig S. Keener, *1–2 Corinthians* [Cambridge: CUP, 2005], 85, n. 181).

75. Sobre el uso del Antiguo Testamento en esta sección, ver Wayne A. Meeks, «"And Rose Up to Play": Midrash and Paraenesis in 1 Corinthians 10:1–22», *JSNT* 16 (1982): 64–78. Sin embargo, aunque Meeks y otros creen que esta sección (o al menos 10:1–13) forman un *midrash* que ya existía anteriormente, eso parece bastante improbable. Ver B. J. Oropeza, «Laying to Rest the Midrash: Paul's Message on Meat Sacrified to Idols in Light of the Deuteronomio Tradition», *Bib* 79 (1998): 57–68.

76. Ramsaran, *Paul's Use of Liberating Rhetorical Maxims in 1 Corinthians 1–10*, 71.

motivación principal (v. 31). La forma en la que estos tres principios se aplican a la cuestión de la comida sacrificada a los ídolos es la siguiente: los creyentes tenían plena libertad de comer de toda la carne que se vendía en el mercado, incluso si era carne sacrificada para los ídolos como parte de una ceremonia pagana o carne bendecida por los sacerdotes paganos. Los creyentes podían comer de esa carne en sus casas e incluso si un amigo pagano se la ofrecía. La única excepción era si, estando varios, alguien menciona la procedencia de la carne. Entonces se debía tener cuidado y detectar si se iba a herir la conciencia de alguien; es decir, no animar a alguien a comer si lo va a hacer pensando que no tiene la libertad para hacerlo.

Obviamente, comer carne ofrecida a los ídolos no está en la lista de dilemas morales de los cristianos de Occidente, aunque sí sigue siendo una cuestión delicada en algunas partes del mundo. No obstante, estos tres principios son aplicables a innumerables cuestiones a las que sí nos enfrentamos en Occidente y otros lugares, como la consumición de alcohol, algunas modas, algunas actividades de ocio, algunas técnicas de desarrollo personal, mediación y terapias tan comunes hoy en el mundo empresarial, etcétera. A la hora de identificar a personas «más débiles», debemos recordar que Pablo no se refiere a la gente que, ofendida delante de una actividad concreta, está firme en su postura y no va a participar de ella. Se está refiriendo a los que acabarían participando de algo que en sí no está mal, pero lo harían con una conciencia intranquila; o a aquellos que participarían sin saber dónde están los límites y acabarían cayendo en pecado. Si captamos este equilibrio, estaremos imitando a Pablo, en su actitud de imitar a Cristo (11:1).[77]

En cuanto a la adoración (11:2–14:40). *Cubrimiento de la cabeza, tanto para hombres como para mujeres (11:2–16).* Los próximos cuatro capítulos están dedicados a problemas relacionados con el culto de adoración en Corinto.[78] Pablo vuelve a usar su estrategia de alabar algo, pero aun así añadir algún comentario o reproche (vv. 2–3). La iglesia parece haber entendido la enseñanza básica que Pablo les dio sobre este tema, pero aun así sigue habiendo algunos problemas que el apóstol debe corregir. Probablemente reconocían los privilegios de la libertad cristiana, por lo que entendían que la vestimenta y los peinados vistosos eran algo amoral. Pero no se habían dado cuenta de que ciertas prácticas podían enviar señales equívocas al mundo que los observaba. Es posible que, al igual que en algunos tipos de adoración pagana del mundo grecorromano, intentaran «trascender» su sexualidad y recrear el ser humano original, supuestamente andrógino. Por lo que Pablo les recuerda que el esposo es «cabeza» de la esposa,[79] como Cristo es cabeza del hombre, y Dios, de Cris-

---

77. Cf. R. L. Plummer, «Immitation of Paul and the Church's Missionary Role in 1 Corinthians», *JETS* 44 (2001): 225: «la exhortación de Pablo: que estamos dispuestos a negarnos a nosotros mismos por razones evangelísticas».

78. «La tendencia de los corintios a verse como gigantes espirituales salía a la luz, sobre todo, en los cultos de adoración». Así, Hays, *First Corinthians*, 182.

79. Los términos griegos pueden ser tanto hombre y mujer, como esposo y esposa. Dado que las mujeres que no estaban casadas pero que ya no vivían en casa del padre no tenían a

to. Independientemente de si traducimos *kephale* (cabeza) por «autoridad» o «fuente»,[80] el significado en este contexto es «alguien que merece ser honrado».

Así, los esposos y las esposas reflejan en el culto sus respectivas situaciones cubriéndose o descubriéndose la cabeza (vv. 4–16). ¿A qué tipo de cobertura se refiere Pablo? Muchos han dado por sentado que se refería a un velo, pero esa palabra nunca aparece en el texto griego, a excepción del versículo 10 en algunos manuscritos tardíos (que influyeron algunas traducciones como la KJV inglesa). En el siglo I, algunas mujeres judías y, aunque menos, algunas mujeres grecorromanas aún se cubrían el rostro con un velo (o hacían uso de otro tipo de accesorios para cubrirse la cabeza); pero la práctica en sí estaba desapareciendo. En los versículos 13–15, la cobertura a la que se está haciendo referencia es, claramente, el cabello. Esta interpretación además encaja con el contraste que se establece entre esa cobertura y la cabeza rasurada (vv. 5–6). Así que hay evidencias para decir que la explicación más acertada de los versículos 4–7 es la que aparece en la versión inglesa NIV a pie de página [*N. de la T*: «Todo hombre que ora o profetiza con el cabello largo deshonra al que es su cabeza. En cambio, toda mujer que ora o profetiza con la cabeza descubierta —de cabello— deshonra al que es su cabeza; es como si fuera una de las "mujeres rasuradas". Si la mujer no se cubre, dejad que por ahora lleve el pelo corto; pero como es deshonroso para la mujer tener la cabeza rasurada, debería dejarse crecer el pelo. El hombre no debe llevar el pelo largo»]. Por tanto, el tema del que Pablo está hablando en este pasaje tiene que ver con la cuestión del cabello corto y el cabello largo.[81]

Ya sea que se esté refiriendo a algún tipo de tela, o al cabello largo, ¿por qué en el culto de adoración las mujeres debían cubrirse, y los hombres no? En el mundo griego, las mujeres casadas que llevaban un pañuelo en la cabeza normalmente lo hacían para transmitir que ya no estaban «disponibles». Por otro lado, las profetisas paganas llevaban la cabeza desnuda y el pelo suelto durante el frenético éxtasis que formaba parte de sus rituales de adoración. En los hombres, el pañuelo en la cabeza recordaba a las togas que los sacerdotes romanos se ponían para adorar a sus dioses. Si el debate en cuestión gira en torno a la longitud del cabello, entonces es interesante mencionar que en el mundo griego el cabello corto o rasurado en una mujer era una señal de que esa mujer en cuestión era la parte más «masculina» de una pareja lesbiana, mientras que el cabello largo en los hombres hablaba de su homosexualidad. Sea cual sea el trasfondo histórico–cultural que tomemos en cuenta, lo que Pablo

---

un hombre concreto como su «cabeza», la segunda traducción parece la más adecuada.

80. A pesar de los muchos *argumentos que algunos presentan para decir que en el griego antiguo no encontramos* estos significados, lo cierto es que sí hay ejemplos de ambos usos, aunque eso sí, son escasos. La amplia mayoría de los usos hacen referencia a una parte de la anatomía de los seres humanos o de los animales.

81. Ver esp. David E. Blattenberger, *Rethinking 1 Corinthians 11:2–16 through Archaeological and Moral–Rhetorical Analysis* (Lewiston and Lampeter: Mellen, 1997).

quiere transmitir, con casi toda seguridad, es que la cobertura de la cabeza en Corinto era un símbolo de *fidelidad religiosa o sexual*.[82]

Algunos cristianos aún hoy interpretan este pasaje de forma normativa, pero pierden de vista que en la actualidad los peinados y los pañuelos no tienen el mismo significado que entonces. Incluso en tiempos de Pablo había hombres respetados que nunca se cortaban el cabello (p. ej., los nazareos judíos). Por tanto, muchos cristianos se preguntan si hay en este pasaje algo que sea normativo; pero, ¿no enseña Pablo en otros pasajes que la Escritura es relevante para todos los tiempos (2Ti 3:16)? Probablemente lo mejor sea ver el tema del cubrimiento de la cabeza como una cuestión cultural (específica de aquel tiempo y aquella cultura), pero entender que sí estamos ante un principio atemporal: honrar al que es la cabeza espiritual, también por medio del decoro exterior y una manera de vestir adecuada. Después de todo, los versículos 8–9 argumentan que todo lo anterior es así debido al orden en el que Dios creó al hombre y a la mujer antes de la caída. Pero estos versículos vienen inmediatamente después del contraste entre el hombre como la gloria de Dios y la mujer como la gloria del hombre (v. 7), relaciones claramente relacionadas con los roles descritos en el versículo 3.[83] No determinan de forma directa los mandamientos sobre el cubrimiento de la cabeza que aparecen en los versículos 4–6. Los argumentos que Pablo utiliza en los versículos 13–16 hacen referencia al cabello largo y al cabello corto, pero son argumentos construidos sobre la base de un contexto y una cultura concretos. Lo que es «apropiado» (v. 13), lo «vergonzoso» (v. 14) o lo «glorioso» (v. 15) varía de una cultura a otra, al menos en relación con la apariencia personal. Aunque Pablo usa con frecuencia lo «natural» (v. 14) para referirse al orden creado por Dios, el ejemplo de los nazarenos demuestra que en este contexto estamos hablando de «costumbres». El versículo 16, a primera vista, parece lapidario, pero lo que quiere decir es que esa práctica era común en toda la iglesia del *siglo primero* (en la iglesia de aquel momento).[84]

---

82. Encontrará una lista más extensa de opciones en Craig. L. Blomberg, *1 Corinthians* (Grand Rapids: Zondervan, 1994), 210–11.

83. No obstante, el paralelismo es deliberadamente parcial. El hombre es la imagen y la gloria de Dios, pero la mujer no es *la imagen* y la gloria del hombre. Ambos géneros reflejan por igual la imagen de *Dios*. Cf. Garland, *1 Corinthians*, 523.

84. El argumento del versículo 10 es notoriamente opaco. Quizá la mejor sugerencia es que Pablo refleja la creencia judía de que los ángeles servían como guardianes de la adoración y por tanto no querrían ser testigos de una falta de decoro en la congregación de Corinto. La NVI añade «una señal de», que no aparece en el texto griego. Una mejor traducción sería: «La mujer debe tener un control sobre su cabeza», es decir, utilizar el cubrimiento apropiado según la cultura. Ver *Ibíd.*, 524–35.

1ª CORINTIOS 11:2–16			
	¿Cabello?	¿Cubrimiento de la cabeza?	
Trasfondo grecorromano	cabello largo = homosexualidad	sacerdote romano: toga en la cabeza para el culto de adoración	**hombre**
	cabello corto = parte «masculina» de pareja lesbiana	«moño» / velo signo de mujer casada mujer vs. sacerdotisa durante el éxtasis	**mujer**
Trasfondo judío	¿? pero recuérdese a los nazareos	¿? lo contrario al posterior uso del *yalmulke*	**hombre**
	pena para la adúltera	«velo» ¿signo de la mujer casada?	**mujer**

También es importante observar el equilibrio entre los versículos 8–9 y 11–12. Aparte de las diferencias culturales, existen diferencias entre el hombre y la mujer, pero entre los cristianos lo que más debería caracterizar las relaciones interpersonales es la interdependencia (en ambas direcciones). Más revolucionarias aún son las implicaciones del versículo 5. La profecía en el mundo antiguo recogía una serie muy variada de fenómenos, que iba desde las disertaciones bien preparadas hasta las expresiones espontáneas, unidas por la convicción de que el orador estaba transmitiendo un mensaje que había recibido de Dios o de los dioses. Aunque la profecía no solo era predicación de sermones, sí incluía predicaciones *llenas del Espíritu* (ver más adelante, p. 221), por lo que al parecer Pablo está dando lugar a que la mujer predique, siempre que lo haga reconociendo a las autoridades que hay sobre ella. Hoy, esto equivaldría a la mujer casada que predica con la bendición de su marido, o a la mujer que predica con la bendición de los ancianos (es decir, el liderazgo masculino) de su iglesia (ver más adelante, p. 363–65).[85]

---

85. Más detalles sobre todos los puntos de este pasaje en Craig L. Blomberg, «Women in Ministry: A Complementarian View», en *Two Views on Women in Ministry*, ed. James F. Beck (Grand Rapids: Zondervan, rev. 2005), 155–61. En cuanto a la visión de que la profecía y la enseñanza deben diferenciarse y que la profecía en el Nuevo

Uso y abuso de la Cena del Señor (11:17–37). Para mostrar la seriedad del problema, en esta ocasión Pablo no incluye ningún tipo de alabanza (v. 17). Los versículos 17–22 describen el problema: en las comidas comunitarias que la iglesia primitiva celebraba, los cristianos mejor situados traían más comida y bebida que otros participantes y, a la vista de los creyentes más pobres comían hasta atiborrarse y bebían hasta emborracharse (lo que en Judas 12 se denomina «las fiestas de amor fraternal»). Por tanto, Pablo les recuerda la enseñanza de Jesús sobre esta comida (vv. 23–26). Esta es la cita más larga de las palabras de Jesús que encontramos en las epístolas, y su contenido se acerca mucho a las palabras que encontramos en el Evangelio de Lucas (Lc 22:17–20). Dado que 1ª Corintios es por lo menos siete años anterior a Lucas, tenemos aquí una confirmación de que el formato en el que aparecen algunos dichos de Jesús en los Evangelios más tardíos no fue creación de los evangelistas, sino que ya existía tal cual como parte de la tradición. Y, claro está, cuanto más temprana es la tradición, mayor es su fiabilidad.[86]

A lo largo de la historia de la iglesia, ha habido muchos debates sobre lo que Cristo quiso decir cuando partió el pan y lo llamó su cuerpo, y tomó la copa y la llamó su sangre. Es muy poco probable que sus seguidores, al verle y oírle decir «Esto es…», pensaran que se estaba refiriendo a que el pan y el vino se habían convertido en una extensión de sus brazos y manos. Cuando nos damos cuenta de que Jesús debió de pronunciar aquellas palabras en arameo, y que el arameo normalmente omitía la forma del verbo «ser» cuando la frase era suficientemente clara sin el verbo, vemos que es muy poco probable que Jesús estuviera diciendo que los elementos se habían convertido en su cuerpo y su sangre.[87] Como los profetas en el Antiguo Testamento, Jesús está representando una parábola visual para reflejar gráficamente el simbolismo de la cena.[88] Los que comen y beben con él deberían recordar su muerte expiatoria por los pecados de la humanidad, y con esperanza poner la mirada en el día en el que Cristo volverá y celebrará el banquete mesiánico con todos sus seguidores. Mientras, su Espíritu está presente con los creyentes siempre y, de forma especial, durante el recordatorio de su muerte sustitutoria.

Por tanto, los versículos 27–34 son una advertencia para que los corintios no coman ni beban de forma egoísta, pues si lo hacen el juicio de Dios puede caer sobre ellos, incluso en forma de enfermedad o muerte. La expresión «de

---

Testamento «siempre se refiere a algo que Dios pone en la mente de alguien de forma espontánea» ver Wayne Grudem, *Evangelical Feminism and Biblical Truth* (Sisters, Ore: Multnomah, 2004), 228–32. Grudem argumenta que «en la iglesia, las mujeres podían profetizar, pero no podían enseñar» (p. 230).

86. En cuanto al significado y la historia de la Cena del Señor, ver esp. I. Howard Marshall, *Last Supper and Lord's Supper* (Grand Rapids: Eerdmans; Exeter: Paternoster, 1980).

87. Hays (First Corinthians, 199) comenta que la Cena del Señor expresa precisamente lo opuesto a una presencia real: expresa la ausencia del Señor, pues lo que recordamos es su muerte y la espera hasta su Segunda Venida.

88. David Wenham, «How Jesus Understood the Last Supper: A Parable in Action», *Themelios* 20 (1995): 11–16.

manera indigna» que aparece en el versículo 27 es una traducción del adverbio griego «indignamente» (*anaxios*). Eso no significa que los que son o se sienten «indignos» (un adjetivo) deben abstenerse de participar de la Cena del Señor. ¡La Santa Cena es precisamente para pecadores! *Los que no deberían participar son los que no están dispuestos a compartir sus bienes materiales con los cristianos más necesitados de la congregación.* «Sin discernir el cuerpo del Señor» (v. 29) en este contexto significa, con casi toda seguridad, «no tener preocupación por el resto de la iglesia». Según esta interpretación, «el cuerpo del Señor» es un sinónimo de la expresión favorita de Pablo «el cuerpo de Cristo».[89] El apóstol también podría estar diciendo que los que participan deberían comprender el significado y la importancia de la muerte de Cristo.[90]

Sea como sea, los únicos que pueden cumplir esos requisitos son los verdaderos creyentes: ellos son los únicos que deberían participar de la Santa Cena. Pero eso no quiere decir que no demos los elementos a creyentes con un trasfondo denominacional diferente al nuestro. Y, como con el bautismo (ver p. 54), no hay ningún texto bíblico que indique que la Santa Cena debe ser administrada por alguien con un cargo especial. Parece ser que la celebración de la Cena del Señor es la práctica que más imposiciones culturales y tradicionales ha sufrido en casi todas las denominaciones cristianas, ¡y muchas veces la acompañamos de restricciones que van más allá de lo que aparece en las Escrituras!

El uso adecuado y el uso erróneo de los dones espirituales (12:1–14:40). El último de los tres problemas que se daban en los cultos de adoración en Corinto requiere una corrección cuidadosa y detallada.[91] Como mínimo, podemos subdividir estos capítulos en seis secciones:

1. El reconocimiento de los dones (12:1–3). En el culto de adoración, varias sectas grecorromanas exhibían características similares a las del culto cristiano, sobre todo por lo que a la profecía y a las lenguas se refiere. Por tanto, toda manifestación de dones espirituales debe ser evaluada. El *test* clave es averiguar si los que los están practicando reconocen a Jesús como Señor (v. 3).

2. La distribución de los dones (12:4–11). Dicho de forma sucinta, Dios quiere crear diversidad dentro de la unidad. Para ello, da dones diferentes a personas diferentes, aunque todos ellos vienen del mismo Dios trino (vv. 4–6). Los versículos 4–6 son reflejo de un incipiente trinitarianismo, suponiendo que «Señor» se refiere a Cristo. Todo cristiano recibe al menos un don espiritual (v. 7a), y todo don se debe utilizar para la edificación mutua (v. 7b). Entonces, Pablo da ejemplos de algunos de esos dones (vv. 8–10). En Romanos 12:3–8 y Efesios 4:11 encontramos algunos ejemplos más. No hay evidencias de que

---

89. Thiselton, *First Corinthians*, 890.
90. Gordon Fee, *Primera Epístola a los Corintios* (Nueva Creación: Grand Rapids, Michigan, 1994), p. 559, 563.
91. Sobre estos tres capítulos, ver esp. D. A. Carson, *Manifestaciones del Espíritu* (Andamio: 2000).

la unión de estas listas sea un inventario completo de los dones espirituales.[92] Una clasificación útil puede ser la que divide los dones entre los que simplemente magnifican características que se esperan en todos los creyentes, los que tienen que ver con el liderazgo, y los más «sobrenaturales» (que Dios da a algunos creyentes en momentos especiales, pero que no son habilidades que se puedan usar por voluntad propia).[93] El versículo 11 subraya el hecho de que el Espíritu de Dios determina qué dones recibe cada creyente; los dones no es algo que producimos o confeccionamos según nuestros deseos.

No obstante, los dones espirituales van desde habilidades dadas a los creyentes que claramente no podrían tener si no fueran cristianos, hasta talentos que ya tenían, y que Dios ha santificado y usa para el avance de su reino.[94] Por tanto, algunos dones se pueden trabajar, dedicándoles tiempo y poniéndolos en práctica (del mismo modo que hacemos con cualquier habilidad que tengamos). Pero sería erróneo decir que siguiendo una fórmula y unas prácticas concretas podemos tener el don que queramos.

3. La importancia de todos los dones (12:12–26). Como el cuerpo humano, la iglesia está compuesta de partes interdependientes, todas necesarias, incluso las que no son menos prominentes. Nuestro bautismo, que es común para todos, nos recuerda que el Espíritu Santo que vive en nosotros es el mismo (v. 13). Dado que Pablo puede afirmar que todos los cristianos de Corinto tienen al Espíritu, a pesar de la inmadurez que reinaba en aquella congregación, estamos ante uno de los textos neotestamentarios que más claramente expresa que todo creyente ha sido bautizado en el Espíritu (recuérdese más arriba, p. 35). Si hay una jerarquía de dones, los más valiosos no siempre son los dones que capacitan a los líderes o a los grandes

---

92. Más detalles sobre los diferentes dones en Kenneth Hemphill, *Spiritual Gifts* (Nashville: Broadman, 1988).

93. Una clasificación a la que hemos llegado combinando las explicaciones de Michael Green, *Creo en el Espíritu Santo* (Caribe: 1997; en inglés, *I believe in the Holy Spirit* [Grand Rapids: Eerdmans, rev. 2004]), pp. 210–59 de la edición en inglés; y Donald Bridge y David Phypers, *Spiritual Gifts and the Church* (London: IVP, 1973), 18–89. Existe un sinfín de inventarios para ayudar a los creyentes a identificar sus dones espirituales; uno de los más simples, y aún así útil, es el que aparece en Eddie Gibbs, *I Believe in Church Growth* (Grand Rapids: Eerdmans; London: Odre and Stoughton, 1981), 452–53.

94. Cf. Ralph P. Martin, *The Spirit and the Congregation* (Grand Rapids: Eerdmans, 1984), 37: «Cualquier condición de la vida se puede *convertir* en el *charisma* que Dios da a una persona, pero solo si reconozco que es Dios quien me lo ha dado y si acepto ese don como su llamamiento y su mandato para mí». De nuevo, «ningún 'don' es carismático en sí, pero puede serlo si se utiliza bajo el dominio de Cristo. Así, el orden natural es "santificado" cuando vuelve a las manos del dueño, de Cristo». Cf. también Prior, *1 Corinthians*, 198: «Sería un error *limitar* los dones del Espíritu a aquellas habilidades naturales que Dios nos da y nosotros trabajamos, y también sería un error afirmar que los dones espirituales *verdaderos* solo son los que se manifiestan de forma sobrenatural».

predicadores. Del mismo modo en que cubrimos nuestras partes privadas debido al gran valor que les asignamos, los creyentes cuyos dones no son vistosos también pueden ser los más necesarios (vv. 22–24). Pensemos, por ejemplo, en los hermanos a quienes Dios da el don de tener una medida de fe especial, o el don de la generosidad desmedida.

4. *El ranking de los dones (12:27-31a).* Aunque Pablo acaba de comparar los dones más escondidos con los más vistosos, y ha sugerido que, en cierto sentido, los primeros son más valiosos, el apóstol no está diciendo que tenga preferencias. La idea central de los versículos 12–26 es que todos los dones son importantes. Pero a la luz de que los líderes corintios estaban dando más importancia a sus propios dones, Pablo tiene que poner las cosas en su sitio. Ahora parece que se contradice de nuevo, si en los versículos 27–31 está estableciendo una jerarquía diferente. Ésta sería una contradicción muy fuerte porque parece que esté restituyendo el estatus de mayor importancia a los dones de liderazgo como el apostolado, la profecía o la enseñanza (v. 28). Lo más probable es que al decir «en primer lugar», «en segundo lugar» y «en tercer lugar» Pablo se esté refiriendo a la prioridad cronológica de dichos dones. Para que pueda haber una iglesia primero tiene que haber un misionero o alguien que establezca la iglesia (el significado del don de «apóstol»), alguien que proclame la Palabra de Dios (la función del «profeta»)[95], y alguien que enseñe la doctrina cristiana a los nuevos discípulos. Entonces, y solo entonces, puede haber lugar para el resto de dones.

CLASIFICACIÓN DE LOS DONES ESPIRITUALES
RO 12,   1CO 12,   EF 4

Virtudes de todos los cristianos	Roles especiales de los líderes	Charismas «sobrenaturales»
• Sabiduría	• Apóstoles	• Sanación
• Conocimiento	• Evangelistas	• Milagros
• Fe	• Pastores	• Profecía
• Servicio	• Maestros	• Discernimiento de espíritus
• Exhortación	• Administradores	
• Generosidad		• Lenguas
• Compartir		• Interpretación de lenguas
• Misericordia		

---

95. «Los profetas dan discursos de anuncio, proclamación, juicio, desafío, consuelo, apoyo o ánimo, mientras que los maestros dan discursos de transmisión, explicación, interpretación de los textos, enseñanza de los credos, exposición del significado y de las implicaciones, y discursos comunicativos más cognitivos y atemporales» (Thiselton, *First Corinthians*, 1017). Dicho de un modo más simple, la profecía se puede definir como «la declaración de la voluntad de Dios» (Garland, *1 Corinthians*, 582) o «predicación pastoral» (David Hill, *New Testament Prophecy* [London: Marshall, Morgan & Scout; Atlanta: John Knox, 1979], 123.

El orden de todos estos dones sería aleatorio, a excepción del don de lenguas. Aunque Pablo no está degradando las lenguas, el apóstol reconoce que los corintios han estado sobrevalorando ese don, y por eso lo pone el último de la lista. En griego, las preguntas retóricas de los versículos 29–30 hacen uso de un adverbio negativo que indica que la respuesta lógica es un «no». Los cristianos que dicen que todos los creyentes deberían recibir o incluso buscar un don espiritual en particular contradicen la Palabra de Dios. Entonces, ¿qué quiere decir Pablo cuando acaba esta sección con el mandato de «ambicionad los mejores dones» (v. 31a)? En este contexto, probablemente esté diciendo a sus lectores que aspiren a tener los dones más escondidos, los que no son de cara al escenario, ya que muy pocos corintios estaban teniendo en cuenta esos dones. Es totalmente correcto orar pidiendo unos dones en concreto, siempre que se haga dando lugar a que el Espíritu responda esas oraciones de la manera que Él escoja. Dios quiere que abramos nuestros corazones y que le hablemos de nuestros deseos, pero hemos de acercarnos a Él reconociendo que es Soberano, y no dando por sentado que podemos decirle lo que debe hacer, o que sabemos cómo va a responder.

5. El papel del amor (12:31b–13:13). Mucha gente que no está familiarizada con la Biblia ha escuchado o leído el capítulo 13. Es uno de los textos favoritos para las bodas, sobre todo en círculos cristianos. Pero, al parecer, pocos saben que este pasaje no es un poema independiente exaltando el amor, sino que es una parte importante del discurso de Pablo sobre los dones espirituales. Los versículos 1–3 recogen algunos dones a modo de ejemplo para ilustrar que, sin amor, incluso los dones más extraordinarios no valen nada.[96] Los versículos 4–7 recogen cualidades del amor tanto positivas como negativas que los corintos debían o poner en práctica o evitar. En muchas ocasiones se ha comentado que estas características concuerdan con el carácter o estilo de vida de Jesús, y que cuanto más nos caractericen a nosotros, más nos pareceremos a Cristo. Un buen resumen del retrato del amor que aquí se nos dibuja sería el siguiente: «dar lo mejor de uno (aunque nadie lo haya pedido) por el bien de los demás e independientemente de la respuesta de los demás».[97] Y «el amor se convierte en un modo de luchar contra un mundo que aún está lleno de pecado; es algo que hacemos por los demás *a pesar de* quiénes son y *a pesar de* nuestros sentimientos hacia ellos».[98]

En los versículos 8–13, Pablo selecciona algunos dones, subrayando su transitoriedad cuando los comparamos con la permanencia del amor (y más adelante, de la fe y la esperanza, v. 13). A la luz de 1:7 («de modo que no

---

96. En el versículo 3 hay una variante textual importante, como indica la nota al pie de la NVI («para tener de qué jactarme» en lugar de «para que lo consuman las llamas»). Dado que es muy poco probable que un escriba eliminara la vívida descripción que aparece en el texto de la NVI para sustituirla por lo que aparece a pie de página, lo más lógico es pensar que en el texto original aparecía «para tener de qué jactarme».

97. Richard Walter, el eslogan de AMOR Ministries (Murray, Ky.). Walker es misionero y pastor en la zona alta del Amazonas, en Brasil.

98. Vader Broek, *Breaking Barriers*, 146.

os falta ningún don espiritual mientras esperáis con ansias que se manifieste nuestro Señor Jesucristo»), la expresión «lo perfecto» del versículo 10 se refiere, con casi toda seguridad, a la Segunda Venida de Cristo, lo cual también encaja con el contexto inmediato. Aunque algunos han intentado argumentar que Pablo está hablando del final de la era apostólica o el cierre del canon, en el siglo I los creyentes ni lo sabían todo, ni llegaron a una madurez perfecta (vv. 9–10). Tampoco vieron a Dios «cara a cara», pues eso no sucederá hasta que Jesús vuelva (v. 12). El argumento de que solo algunos dones, es decir, los más sobrenaturales, cesaron al final del siglo I no tiene en cuenta que esos dones se dieron con cierta asiduidad hasta el siglo III de nuestra era, y que continuaron dándose (aunque de forma menos frecuente) durante la historia de la iglesia.[99] Esta posición también afirma que las lenguas cesarán por sí solas (es decir, antes que los dones menos sobrenaturales) porque el verbo que traducimos por «será silenciado» en el versículo 8 está en voz media. Pero en el griego del siglo I, este verbo (*pauomai*) había pasado a ser un verbo deponente, por lo que no hay diferencia entre esta forma y la forma activa, por lo que simplemente afirma que, en algún momento en el futuro, el don ya no continuará.[100]

Así, cuando la era cristiana llegue a su fin, las lenguas (al igual que todos los demás dones) ya no serán necesarios porque ya no estaremos construyendo la iglesia. Pero la fe, la esperanza y el amor permanecerán (v. 13a). Eso sugiere que estas tres virtudes seguirán existiendo por toda la eternidad, lo cual tiene sentido «si entendemos la fe como la creencia en Jesús y el servicio fiel a Él, y si la esperanza hace referencia a la anticipación expectante de las buenas cosas que Dios tiene para nosotros en el futuro».[101] Pero el amor es el mayor de todos, probablemente porque es el fundamento y el centro de la ética cristiana.

6. Comparación de la profecía y las lenguas (14:1–40). Pablo ahora se centra en los dos dones que estaban dividiendo a los corintos. La «idea central» de

---

99. Encontrará una buena historia sobre el tema de las lenguas en Morton Kelsey, *Tongues Speaking: The History and Meaning of Charismatic Experience* (New York: Crossroad, 1981). Encontrará un buen estudio sobre la profecía en una parte influyente de la iglesia del siglo III en Cecil M. Robeck Jr., *Prophecy in Carthage: Perpetua, Tertullian, Cyprian* (Cleveland: Pilgrim, 1992). Más breve pero más general, cf. el catálogo de referencias a la presencia continua de los dones sobrenaturales en los primeros siglos de la historia de la iglesia: C.H. Talbert, *Reading Corinthians* (New York: Crossroad, 1987), 82–83, 88–90. Además, en los escritos de Pablo no encontramos ninguna evidencia de que él fuera conocedor de la llegada del final de una «era apostólica» o del «cierre del canon». Los padres de la iglesia de forma unánime interpretaron que «lo perfecto» hacía referencia a la parusía; ver Gary S. Shogren, «How Did They Suppose the Perfect Would Come? 1 Corinthians 13.8–12 in Patristic Exegesis», *JPT* 15 (1999): 99–129. Como Hays (*First Corinthians*, 229) dice, el lenguaje de Pablo es «claramente escatológico» y la interpretación de lo «perfecto» como el final del siglo I «no tiene ningún sentido».

100. Cf. Carson, *Manifestaciones del Espíritu* (Andamio: 2000), 66–67 de la edición en inglés.

101. Blomberg, *1 Corinthians*, 260.

este capítulo es *la preferencia de la profecía.* Los versículos 1–25 explican por qué la profecía (la proclamación inteligible de la Palabra de Dios, ya sea de forma preparada o espontánea) es superior: es comprensible de forma inmediata (vv. 1–19) y no hay tanta probabilidad como con las lenguas de que los incrédulos piensen que los cristianos están locos (vv. 20–25). En el mundo antiguo, hablar en lenguas, al igual que la profecía, se daba en varias formas. Una característica común de estas formas era el sonido de un lenguaje desconocido, que no tenía necesariamente una estructura lingüística formal.[102] Es cierto que las lenguas podían funcionar como profecía una vez eran interpretadas (v. 5).[103] Pero no hay garantía de que habrá un intérprete cada vez que haya alguien con el don de lenguas, por lo que a Pablo no le entusiasma tanto el despliegue de ese *charisma* en particular. Los versículos 6–12 ofrecen varias analogías mencionando otras combinaciones de sonidos que también pueden resultar ambiguas. Dado que la congregación de Corinto no recibía las glosolalia de forma automática en un lenguaje comprensible, sabemos que estamos ante un fenómeno diferente al que acompañó a la venida del Espíritu en Pentecostés (Hechos 2).

A la luz de los problemas que las lenguas estaban causando, Pablo podría haberse visto tentado a prohibir su práctica. Pero los versículos 13–19 dejan claro que Pablo resiste la tentación. Los que tienen ese don deben orar por un intérprete, o pedirle a Dios que les revele la interpretación. Si no, deben usar su don en privado (probablemente similar a lo que los carismáticos contemporáneos denominan «lenguaje de oración») y emplear en público otras habilidades más cognitivas. Sorprendentemente, Pablo dice que él habla en lenguas más que todos los corintios juntos (v. 19), pero que probablemente nadie lo sabía porque solo hace uso de ese don fuera de «la iglesia».

Pablo continúa reflexionando sobre qué es más inteligible y menos desorientador (vv. 20–25). Citando Isaías 28:11–12 (v. 21), deduce que hablar en lenguas «es una señal, no para los creyentes sino para los incrédulos; en cambio, la profecía no es señal para los incrédulos sino para los creyentes» (v. 22).[104] Pero, ¡esto parece justo lo contrario de lo que acaba de decir! Como Pablo dice a continuación, le preocupa que, cuando los no creyentes asisten a un culto cristiano, la ininteligibilidad de las lenguas (v. 23) les «eche para atrás». Entonces, ¿en qué sentido las lenguas pueden ser una señal para los no creyentes? La respuesta surge al considerar la cita de Isaías en su contexto. Ahí, el profeta estaba prediciendo la invasión asiria que Israel iba a sufrir, invasión que era parte del juicio de Dios sobre su pueblo rebelde. Del mismo modo, las lenguas pueden funcionar como una señal de juicio cuando los no creyentes reaccionan de forma negativa y rechazan así acercarse a Cristo. La profecía,

---

102. Carson, *Manifestaciones del Espíritu* (Andamio: 2000), 77–88 de la edición en inglés.
103. Garland, *1 Corinthians*, 635.
104. En cuanto a los contrastes entre las comunidades de los que están «en Adán» y los que están «en Cristo» vistos como realidades ontológicas, Sang–Won (Aaron) Son, *Corporate Elements in Pauline Anthropology* (Rome: PIB, 2001).

por otro lado, es sobre todo una predicación para los creyentes. Pero el poder del Espíritu Santo puede usarla para convencer de pecado a los no creyentes y acercarles al Señor (vv. 24–25).[105]

La segunda parte del capítulo 14 pasa de la idea central de Pablo (su preferencia por la profecía) al tema de la necesidad de orden en el ejercicio de los dones espirituales. El versículo 26 describe un típico culto de adoración, en el que toda persona que tenga un don declarativo puede usarlo. Los cultos contemporáneos deberían crear oportunidades al menos de forma periódica para ese tipo de espontaneidad; ¡es difícil que el Espíritu Santo sea soberano si todo lo que ocurre en la iglesia se ha planificado con varios días de antelación! Pero el propósito de esos espacios es la edificación de la iglesia, ¡no una oportunidad para que los creyentes hagan alarde en público de su piedad! Entonces Pablo se centra en consejos específicos para esos dos dones controvertidos: las lenguas y la profecía (vv. 27–33a). En ambos casos limita el número de gente que debería participar, e insiste en que la gente no se debería interrumpir. En cuanto a las lenguas, debe haber interpretación. Si ésta no surge, el que tiene el don de lenguas debería callar hasta que haya evidencias de que hay alguien con el don de interpretación. En cuanto a la profecía, la congregación debería cerciorarse de la credibilidad de lo que se dice.[106]

Aunque alguien diga «Dios me ha dicho hoy…», eso no significa necesariamente que Dios está hablando a través de esa persona. Aún en el caso de que una persona haya recibido un mensaje del Señor, los creyentes nunca ejercen ningún don espiritual de forma perfecta, por lo que la persona puede añadir al mensaje algo de su propia interpretación, que puede coincidir o no con la intención de Dios (recuérdese el comentario que hicimos sobre Hechos 21:4). Por tanto, la necesidad de examinar las instrucciones de Pablo apunta también a que incluso aquellos que tienen los dones más sobrenaturales pueden contro-

---

105. Ver David E. Lanier, «With Stammering Lips and Another Tongue: 1 Cor 14:20–22 and Isa 28:11–12», *CTR* (1991): 259–85. Cf. Kart O Sanders, «Prophecy – a Sign for Believers (1 Cor 14, 20–25)», *Bib* 77 (1996): 1–15.

106. La evaluación de la profecía se debe distinguir del don espiritual del discernimiento de espíritus (12:10). Éste último tiene que ver con decidir si un fenómeno espiritual viene del Señor o no. Ver Wayne A. Grudem, *The Gift of Prophecy in 1 Corinthians* (Lanham: UPA, 1982), 263–88. «Los demás» del versículo 29 (los que deberían examinar con cuidado lo que se ha dicho), teniendo en cuenta la palabra que Pablo usa (*hoi alloi* y no *hoi loipoi*), se debe estar refiriendo al conjunto de la congregación, y no a los demás profetas – Carson, *Manifestaciones del Espíritu* (Andamio: 2000), 120 de la edición en inglés. No se nos dice qué criterios usar para juzgar las supuestas declaraciones proféticas, pero Michael Green (*To Corinth with Love* [London: Odre and Stoughton, 1982], 77–78) combina numerosos pasajes bíblicos para sugerir siete pautas: (1) ¿Glorifica a Dios en lugar de glorificar a la persona, iglesia o denominación? (2) ¿Concuerda con las Escrituras? (3) ¿Edifica a la iglesia? (4) ¿Está dicha en amor? (5) ¿El que habla se somete al juicio y al consenso de los demás con humildad espiritual? (6) ¿El que habla tiene control de sí mismo? (7) ¿Contiene una cantidad razonable de instrucción, o el mensaje parece excesivamente detallado?

lar el ejercicio de dichos dones (vv. 28, 32). No hay lugar para el «éxtasis», en el sentido técnico de la palabra, que describe la incapacidad de frenar algunos comportamientos, como ocurría a veces en las prácticas religiosas paganas.

Los versículos 33b–38 forman, para el lector moderno, el segundo pasaje desconcertante de esta epístola en cuanto a los roles de los diferentes géneros.[107] Sacado de contexto, ¡diríamos que está ordenando a las mujeres que no abran la boca en la iglesia! Pero a la luz de 11:5, vemos que este pasaje no puede estar diciendo eso. Entonces, ¿qué hacemos con este texto? Ofrecemos una lista de los cinco acercamientos principales, y hemos ordenado estos acercamientos de menor a mayor probabilidad.[108]

1. En algunos manuscritos tardíos, los versículos 34–35 aparecen después del versículo 40. ¿Podría ser porque estos versículos se añadieron posteriormente, y no son palabras de Pablo? Esto es muy poco probable, porque no se conoce ningún manuscrito que no los contenga, y el cambio de lugar es natural porque si miramos el lugar en el que están, parecen no encajar demasiado. Sin embargo, abajo encontramos una explicación de por qué aparecen en este contexto.

2. ¿Los versículos 34–35 son otro eslogan de los que sonaban en Corinto, que Pablo luego refuta en los versículos 36–38?[109] Probablemente no, pues los demás eslóganes de 1ª Corintios representan al ala más libertina de la iglesia, aparecen a modo de proverbio breve, y según Pablo, contienen parte de verdad. Y los versículos 34–35 no tienen ninguna de estas características.

3. ¿Sentarían a las mujeres aparte de los hombres, particularmente a aquellas de trasfondo judío, y éstas se dedicaban a hablar y murmurar entre ellas sin participar del culto?[110] Quizá algunas sí, pero en el texto no hay nada que nos indique que eso es lo que estaba ocurriendo, así que no son más que especulaciones. Y las evidencias de que los judíos hacían sentar a las mujeres separadas de los hombres son de siglos después, y al parecer no era costumbre en tiempos de Pablo.

---

107. Más detalles en Blomberg, «Women in Ministry», 161–65.
108. Philip B. Payne («Fuldensis, Sigla for Variants in Vaticanus, and 1 Cor 14.34–5», *NTS* 41 [1995]: 240–62) ha argumentado que ciertas marcas de algunos manuscritos nos indican que a veces estos versículos se omitían, pero Curt Niccum le ha refutado («The Voice of the Manuscripts on the Silence of Women: The External Evidence for 1 Cor 14.34–5», *NTS* 43 [1997]: 242–55). Encontrará más argumentos de cada uno de los extremos del debate en Philip B. Payne, «MS. 88 as Evidence for a Text without 1 Cor 14–34–5», *NTS* 44 (1998): 152–58; y J. Edward Miller, «Some Observations on the Text–Critical Function of the Umlauts in Vaticanus with Special Attention to 1 Corinthians 14.34–35», *JSNT* 26 (2003): 217–36.
109. Ver esp. David W. Odell–Scott, «Let Women Speak in Church: An Egalitarian Interpretation of 1 Cor 14:33b–36», *BTB* 13 (1983): 90–93; Ídem, «In Defense o fan Egalitarian Interpretation of 1 Cor 14:34–36», *BTB* 17 (1987): 100–3.
110. P. ej., J. Keir Howard, «Neither Male nor Female: An Examination of the Status of Women in the New Testament», *EQ* 55 (1983): 31–42.

4. Dado que en la Antigüedad las mujeres por lo general no tenían acceso a la educación, ¿estarían haciendo preguntas que interrumpían el avance del culto, y que podían hacer en casa a sus maridos o a sus padres?[111] Esto encajaría con el versículo 35a muy bien, pero habría sido totalmente sexista por parte de Pablo hacer callar a todas las mujeres y no decir nada en cuanto a los hombres (pues sabemos de algunas mujeres con formación y de muchos hombres que no tenían ninguna).

5. Quizá la mejor perspectiva es la que limita el tipo de discurso que Pablo prohíbe aquí, la que dice que quizá Pablo está hablando de una forma específica de discurso en el contexto del uso de los dones espirituales. El pasaje anterior recogía los criterios para hablar en lenguas, su interpretación, la profecía, y la evaluación de ésta, en ese orden, y todos menos uno de los veintitrés usos del verbo «hablar» en este capítulo tienen la misma restricción. No obstante, de las cuatro formas declarativas de las que se habla, el único que no es un don espiritual dado por él es la evaluación de las profecías. Aunque todos están llamados a evaluar cualquier profecía (v. 29), la responsabilidad última sería de los ancianos de la iglesia (ancianos u obispos/supervisores); y, al menos en tiempos de Pablo, parece ser que todos los ancianos y obispos eran hombres (ver sobre 1Ti 2:8–15 más adelante). Así que quizá Pablo está prohibiendo la intervención de las mujeres tan solo en este contexto: en el de *la evaluación de la profecía*; eso también explicaría que este pasaje aparezca donde aparece, precisamente justo después de la regulación de la profecía (vv. 29–33a).[112] También es posible combinar esta perspectiva con lo que lo acabamos de ver en el punto 4. *Puede que algunas mujeres estuvieran haciendo preguntas embarazosas o cuestionando la profecía que sus maridos hacían durante el culto.* Eso explicaría el versículo 35a, que, si no, resulta un tanto chocante (5).[113]

111. Ver esp. Craig S. Keener, «Women in Ministry: An Egalitarian View» (p. 205–53) y Linda L. Bellville, «Women in Ministry: An Egalitarian View» (p. 21–103), ambos en *Two Views on Women in Ministry*, ed. Beck.

112. P. ej., D.A. Carson, «"Silent in the Churches": On the Role of Women in 1 Corinthians 14:33b–38», en *Rediscovering Biblical Manhood and Womanhood*, eds. John Piper y Wayne Grudem (Wheaton: Crossway, 1991), 140–53.

113. Thiselton, *First Corinthians*, 1150–61.

1ª CORINTIOS 14:26–40

NORMAS GENERALES PARA EL CULTO DE ADORACIÓN (vv. 26)

- Lenguas (vv. 27)
- Interpretación de lenguas (vv. 28)
- Profetas y evaluación (vv. 29–33a)

SILENCIANDO A LAS MUJERES (VV. 33B–38)

- Conclusión sobre las profecías y las lenguas (vv. 39–40)

La decisión de aplicar esa restricción hoy dependerá de la interpretación que se haga del pasaje de 1ª Timoteo. Como en 1ª Corintios 11:2–16, el principio atemporal podría ser simplemente que la mujer se someta a su marido adecuadamente (v. 34). Después de todo, ese es el principio general que encontramos en todo el Antiguo Testamento al que Pablo apela en el versículo 34.

El capítulo 14 acaba con dos mandatos que son dos excelentes resúmenes, y que si los corintios los observan servirán para aliviar la falta de unidad que hay entre ellos. Son dos mandatos cruciales también para cualquier contexto contemporáneo en el que el tema de los dones es causa de división o de controversia. Por un lado, los creyentes deberían aprovechar cualquier oportunidad para ejercer sus dones, particularmente los que son inteligibles de forma inmediata; pero *ningún don, ni siquiera el don de lenguas, debería prohibirse* (v. 39). Por otro lado, *el ejercicio de los dones no debe realizarse de forma descontrolada* (v. 40). Obviamente, los conceptos de «control» y «descontrol» siempre estarán culturalmente determinados. ¡Un culto africano no carismático siempre será más «desordenado» que un culto carismático británico! El control en este contexto queda definido en grandes líneas por los criterios que aparecen en los versículos 26–33a. Y «los que insistimos en que todas las cosas en la iglesia se hagan "decentemente y con orden" debemos recordar que el orden significa dejar que el Espíritu nos controle, y no intentar controlar al Espíritu».[114]

En cuanto a la resurrección (15:1–58). El dualismo helenista llevó a muchos griegos y romanos a creer solo en la inmortalidad del alma, abandonando la idea de la resurrección del cuerpo. Como respuesta, Pablo afirma *la certeza de la resurrección* (vv. 1–34) y luego responde a una posible objeción explicando *la naturaleza de la resurrección* (vv. 35–58). La primera de estas dos secciones puede dividirse en la parte en la que Pablo nos recuerda que la resurrección de Cristo también fue una resurrección del cuerpo (vv. 1–11) y la parte en la que explica que su resurrección garantiza la resurrección de todos los creyentes (vv. 12–34).

---

114. Vander Broek, *Breaking Barriers*, 150.

Pablo empieza enfatizando la centralidad de esta doctrina (vv. 1–2). Los cristianos pueden debatir otros temas; pero sin la creencia de que Jesús resucitó corporalmente de la muerte, uno no puede ser salvo (r. 10:9). Los verbos «recibí» y «transmití» son términos técnicos tanto en griego como en hebreo para la transmisión oral de la enseñanza religiosa básica. Lo que Pablo está describiendo probablemente se lo enseñaron poco después de su conversión en el año 32 d.C. Dicho de otro modo, la lista de testigos de la resurrección de Cristo de la muerte no es una leyenda ni la invención creada una o dos generaciones después del inicio del cristianismo, sino una convicción clave de los primeros seguidores de Jesús presente ya uno o dos años después de su muerte. Uno podría decir que vivían engañados, o que tuvieron una visión subjetiva de Cristo, pero la fe en la resurrección ya era una parte esencial de la fe cristiana desde los inicios.[115]

Por su estructura casi poética, muchos académicos creen que parte o toda la sección que va del versículo 3b al 7 se trata de un credo temprano o de una unidad de tradición anterior a los escritos paulinos. Si esto es cierto, estaríamos ante un testimonio *escrito* temprano que, junto a la tradición oral, apunta a la veracidad de esta doctrina. La lista de testigos es impresionante; los apóstoles no fueron los únicos que vieron a Jesús resucitado de entre los muertos, sino que también lo vieron quinientos seguidores más. El hecho de que la mayoría aún estaba con vida significa que los escépticos podían preguntarles y decidir por sí mismos si su relato era creíble o no.[116]   Pablo también tuvo su «audiencia» con Cristo en el camino a Damasco, pero tuvo lugar después de que Jesús ascendiera a los cielos, no durante el periodo de cuarenta días en el que se apareció a otra gente. Por eso Pablo se describe como «uno nacido fuera de tiempo» (v. 8). La palabra que usa normalmente significa «aborto», pero eso haría referencia a un parto prematuro, mientras que aquí la experiencia de Pablo de ver al Cristo resucitado es posterior a la de los demás. Sea como sea, Pablo reconoce que no es digno de que Cristo lo escogiera para dedicarle una atención especial, que revolucionó su vida completamente (vv. 9–11).[117]

Otras porciones de las Escrituras destacan que la importancia de la resurrección radica en que ésta vindica las afirmaciones que Cristo había hecho sobre su persona o su obra; otras, en que se trata de un paso clave en el camino de

---

115. Así lo encontramos incluso en Lüdemann con Losen, *What Really Happened to Jesus*, 15. Lüdemman empezó su carrera académica como cristiano liberal, pero con el tiempo abandonó su creencia en Dios. Él sostiene la hipótesis de la visión subjetiva, pero reconoce que era una creencia presente en una fecha muy temprana, incluso antes de la conversión de Pablo.

116. El estudio más completo de la resurrección, en relación con su veracidad, pero también con su significado es, sin duda alguna, el de N.T. Wright, *The Resurrection of the Son of God* (London: SPCK; Minneapolis: Fortress, 2003).

117. Sin duda, una razón por la que Pablo no habla más de este tema en sus cartas, a diferencia del énfasis especial que Lucas hace en el libro de Hechos (recuérdese arriba, p. 20). Cf. Gaye Strathearn, «"Jesus Christ, and Him Crucified": Paul's Testimony of Christ», en *Jesus Christ: Son of God, Savior*, ed. Paul H. Peterson, Gary L. Hatch and Laura D. Card (Provo: Religious Studies Center, 2002), 338–40.

regreso a la diestra del Padre. Pero las implicaciones que Pablo quiere subrayar aquí es que al final de tiempo todas las personas resucitarán. Si el cuerpo de Jesús hubiera permanecido en la tumba (o si nunca lo enterraron y quedó como pasto de las aves, como dicen algunos revisionistas modernos[118]), entonces la fe cristiana no sirve de nada (vv. 12–19). Nadie tiene la esperanza de vida después de la muerte si Cristo no ha resucitado.[119]

Pero si la resurrección tuvo lugar, entonces la nueva vida de Jesús fue «las primicias» o los primeros frutos que garantiza que habrá muchas más resurrecciones (vv. 20–28). El pecado de Adán llevó a la muerte a toda la raza humana; «en Cristo todos volverán a vivir» (vv. 22). Eso no significa que todas las personas serán salvas, pues Pablo en varias ocasiones habla del castigo eterno que les espera a los que rechacen a Dios. Como vemos claramente en el versículo 23, está hablando de todos los creyentes. En primer lugar, Cristo ha resucitado; luego, cuando regrese, resucitará a todos sus seguidores. «Entonces vendrá el fin» (v. 24). Las palabras que en los versículos 23–24 traducimos por «entonces» se usaban para referirse al intervalo de tiempo que había entre dos eventos. Esto ha llevado a varios comentaristas a preguntarse si Pablo estaría pensando en la existencia de un intervalo considerable entre la parusía y la disolución final del Universo y la recreación de los cielos y la tierra (como en Ap. 20–21). Si fuera así, éste sería el único texto paulino en el que encontraríamos una mención del milenio. Lo que más le interesa a Pablo aquí es que después de que Cristo ha completado su obra cósmica, hace uso de su derecho y ocupa su posición subordinada bajo su Padre celestial (v. 28).[120]

A continuación Pablo reúne más argumentos a favor de la resurrección (vv. 29–32) para intentar convencer a aquellos que habían corrompido sus creencias por el contacto con los escépticos (vv. 33–34). Usa tres argumentos *ad hoc*; es decir, todos hacen referencia a acontecimientos que han ocurrido, aunque no sean los acontecimientos más deseados. Nadie piensa que Pablo creía que la persecución y el acoso que experimentó (vv. 30–32) eran situaciones que uno debía buscar.[121] Pero si Pablo no hubiera tenido esperanza de una vida

---

118. John Dominic Crossan, *Who Killed Jesus?* (San Francisco: HarperSanFrancisco, 1995), 160–88.

119. «La resurrección significa esperanza sin fin, pero la ausencia de resurrección significa un final sin esperanza» (Garland, *1 Corinthians*, 721). «Si no hay resurrección, este estilo de vida de negación no tiene ningún sentido; los que siguen el ejemplo de Jesús y de Pablo son unos desgraciados que no están disfrutando de la vida» (Hays, *First Corinthians*, 262). «Si Jesús no tuvo el poder de resucitar para salvar el cuerpo, tal como dijo, entonces no tenía el poder de perdonar pecados, de salvar el alma» (Robert L. Millet, *Jesus Christ: The Only Sure Foundation* [Salt Lake City: Bookcraft, 1999], 80).

120. Cf. Craig S. Keener, «Is Subordinationism within the Trinity Really Heresy? A Study of John 5:18 in Context», *TrinJ* 20 (1999): esp. 47–49.

121. Dado que los ciudadanos romanos estaban exentos de luchar contra los animales en el circo (*Digest* xxviii, 1.8.4), la mayoría de los comentaristas interpreta que la expresión «fieras salvajes» del versículo 32 es una metáfora de los enemigos humanos de Pablo.

mejor, lo único que podríamos decir de él es que soportar lo que soportó por su fe cristiana era de tontos. Lo mismo ocurre con el versículo 29. Las evidencias de mitad del siglo II d.C. sugieren que algunos cristianos griegos estaban bautizando a creyentes vivos en representación de los creyentes ya muertos que no habían sido bautizados (ver esp. Crisóstomo, *Homilía sobre 1 Cor. 40:1*), y es posible que en la ciudad de Corinto en tiempos de Pablo se estuviera dando algo similar.[122] Pero eso no significa que Pablo está recomendando esa práctica (mucho menos ordenándola) tal y como alega el pensamiento mormón contemporáneo.

Luego, Pablo se centra en la naturaleza del cuerpo resucitado.[123] Aunque la curiosidad de algunos era sincera, la mayoría de los que hacían esta pregunta probablemente lo hacían para ridiculizar el concepto de un cuerpo físico después de la muerte. Para responder, Pablo apunta a una serie de analogías de la creación que ilustran la continuidad y la discontinuidad física de una forma previa de existencia (vv. 35–49). Si Dios puede sacar de una pequeña semilla una planta grande que a la vista es totalmente diferente a la semilla de la que sale, también puede transformar nuestros cuerpos (vv. 36–38). En el mundo hay diferentes tipos de cuerpos, y del mismo modo hay cuerpos terrenales y cuerpos celestiales; la creatividad diversa e infinita de Dios debería ser prueba suficiente para creer que Él puede crear otra forma de vida en el mundo venidero (vv. 39–49). Ahora tenemos cuerpos físicos (o naturales); cuanto Cristo vuelva recibiremos cuerpos espirituales (o sobrenaturales). No sabemos cómo serán estos cuerpos, a excepción de las legítimas suposiciones que podemos hacer si nos fijamos en la naturaleza del cuerpo resucitado de Cristo. Pero lo que sus seguidores vieron era una forma transitoria dado que Jesús aún estaba entre la tierra y el cielo (aún tenía heridas), así que esa estrategia tampoco es completamente fiable.

No obstante, la transformación de nuestros cuerpos es necesaria porque «el cuerpo mortal» o «carne y sangre» (expresión judía que hace referencia a la humanidad caída, frágil y mortal) no puede coexistir con un Dios santo e infinito hasta que sea glorificado y quede libre de todo pecado e imperfección (vv. 50–58).[124] Los detalles de este párrafo concuerdan bien con nuestra comprensión de 1ª Tesalonicenses 4–5. Algunos creyentes estarán vivos cuando Cristo vuelva, otros ya habrán muerto, pero todos ellos resucitarán, para no morir nunca más. De nuevo, las promesas apocalípticas tienen el objetivo de animar (v. 58).

---

122. Encontrará más información en Thiselton, *First Corinthians*, 1242–49. Los que pasaban por este rito probablemente lo hacían en representación solo de creyentes que habían fallecido, pero que no habían sido bautizados. Cf. N. H. Taylor, «Baptism for the Dead (1 Cor 15:29)?», *Neot* 36 (2002): 111–20.

123. S. Hultgren, «The Origin of Paul's Doctrine of the Two Adams in 1 Corinthians 15.45–49», *JSNT* 25 (2003): 343.

124. Alan Padgett, «The Body in Resurrection: Science and Scripture on the "Spiritual Body" (1 Cor 15:35–58)», *WW* 22 (2002): 162.

En cuanto a la ofrenda para Jerusalén (16:5–24). El último tema que Pablo trata en el cuerpo de la carta tiene que ver con la colecta que había estado recogiendo para los creyentes de Jerusalén. Pablo dirá mucho más en 2ª Corintios 8–9 y Romanos 15:26–27. En estos dos últimos versículos vemos que había principalmente dos razones que llevaron a Pablo a recolectar esta ofrenda: aliviar las necesidades de los cristianos pobres de Jerusalén y ofrecer un tributo a la «iglesia madre» de la que provenían todas las comunidades cristianas de entonces. Estas dos razones se corresponden bastante bien con los dos propósitos centrales de la ofrenda cristiana a lo largo de la historia de la iglesia: suplir las necesidades físicas y espirituales de la gente, y remunerar a las autoridades eclesiales. Aquí Pablo establece dos principios: apartar una cantidad de dinero de forma semanal y dar según las posibilidades (v. 2).[125] Cuando Pablo menciona «el primer día de la semana» podría tratarse de una referencia al culto de adoración del domingo. Si eso fuera así, estaríamos ante el primer ejemplo de colecta semanal en la iglesia.

CONCLUSIÓN (16:5:24)

Los planes de viajes de varios cristianos (16:5–18). Pablo empieza su conclusión explicando las ganas que tiene de ver a los corintios, pero que les verá según Dios lo permita, es decir, en el momento indicado por Dios (vv. 5–9). Los versículos 8–9 son el reflejo de una comprensión profunda sobre cuándo quedarse en el ministerio, y cuándo marcharse. Pablo podía sentirse animado por la tarea eficaz que ha desempeñado, pero también ha tenido que enfrentarse a mucha oposición. ¡El ministerio que funciona suele atraer la atención de Satanás! Si Pablo solo hubiera tenido en cuenta la oposición, lo más seguro es que se hubiera marchado, pero la combinación de lucha y victoria le convence de que está colocado estratégicamente y que se debe quedar por un tiempo. Los comentarios sobre Timoteo y Apolos reflejan parte de las tensiones que había en Corinto (vv. 10–12), pero Pablo tiene la confianza de que lo peor ya ha pasado.[126] A diferencia de las cartas helenistas, 1ª Corintios no se ahorra por completo las exhortaciones que solían aparecer al final del cuerpo de la epístola, pues encontramos vestigios de este tipo de material en los versículos 13–14.

El breve párrafo final de esta sección alaba a los corintios que han venido a visitarle (vv. 15–18). El hecho de que describa a esos hombres como «los primeros convertidos de Acaya» (v. 15) puede parecer una contradicción dado que Pablo evangelizó en Atenas antes que en Corinto (Hechos 17–18), pero se resuelve si recordamos que Acaya a veces se usaba para referirse a la región

---

125. «La enseñanza apostólica sobre las posesiones va, de hecho, mucho más allá que el simple diezmo; los Evangelios demandan un sacrificio completo, animando a los seguidores de Jesús a vivir teniendo en cuenta que las personas importan más que las posesiones» (Keener, *1–2 Corinthians*, 139).

126. Una función clave de la mención de otros cristianos en el capítulo 16 es recordar a los corintios que pertenecen a una red más amplia de comunidades con las que, por Cristo, deben estar unidas (Hays, First *Corinthians*, 283).

más reducida del sur de Grecia, que incluía Corinto pero que no incluía la ciudad de Atenas.[127]

Saludos finales (16:19–24). Para acabar, Pablo incluye los saludos convencionales. El «beso santo» (v. 20) no se trata de un beso erótico, sino un beso que mostraba la unidad y el amor, rompiendo las barreras de las diferencias sociales como el trasfondo, el rango o el género.[128] Como en Gálatas y en 2ª Tesalonicenses, sabemos, porque se dice de forma explícita, que Pablo escribe los saludos finales con su propio puño y letra (v. 21). Las palabras en cuanto a los no creyentes (v. 22) y en cuanto a los creyentes (v. 23) son un reflejo de su pasión y convicción de que todo el mundo está en alguna de estas dos categorías, los salvos y los perdidos.

APLICACIÓN[129]

El problema de los diferentes bandos en Corinto parece minúsculo en comparación con los miles de denominaciones en las que la iglesia cristiana se ha ido dividiendo a lo largo de los siglos. Como en Corinto, a menudo estas divisiones se han dado por cuestiones filosóficas o teológicas y/o socioeconómicas, pero detrás de las divisiones de iglesias el común denominador predominante suele ser la asociación con uno de los líderes rivales. Es probable que el estilo de vida y el liderazgo cristiano desinteresado, crucicéntrico, dispuesto a la renuncia, sea más difícil de poner en práctica hoy que en la Grecia del siglo I. De hecho, nuestro mundo hoy sigue bajo la influencia del ascetismo y el hedonismo. Cuanto más rienda suelta se da al hedonismo en esta sociedad, a través de los medios que tanto exaltan el sexo y la gratificación instantánea en cualquier área, más probabilidades hay de que los que se horrorizan ante tal exceso sucumban ante la tentación de tratar de forma absoluta las áreas moralmente grises, áreas que lo que requieren es que las conciencias cristianas maduras y bien informadas sepan que para tomar decisiones sabias tienen que mirar cada caso de forma particular. El ejercicio armónico de todos los dones que Dios da a los creyentes en cada congregación local y globalmente, como anticipo de la comunión que habrá después de la resurrección —garantizada por la resurrección corporal de Cristo— podría rectificar todos estos problemas.

Hoy, la división entre los ricos y los pobres, especialmente en la iglesia a nivel global, es la división donde el abismo entre un grupo y otro es cada vez mayor. Dado que hay tantos grupos e iglesias homogéneas, muchos creyentes no son conscientes de las diferencias que hay. Como mínimo, hay 200 millones de *cristianos* evangélicos que viven bajo la línea de pobreza marcada por las Naciones Unidas, mientras que en Occidente y el Norte estamos batiendo los récords en obesidad, estamos incurriendo en un consumo irresponsable de gasolina, estamos endeudándonos tanto a título personal como empresarial,

---

127. Gordon Fee, *Primera Epístola a los Corintios* (Nueva Creación: Grand Rapids, Michigan, 1994), p. 829 de la edición en inglés, n. 19.
128. Ver William Klassen, «The Sacred Kiss in the New Testament», *NTS* 39 (1993): 135.
129. Cf. también Craig L. Blomberg, «Applying 1 Corinthians in the Early Twenty–First Century», *SWJT* 45 (2002): 19–38.

etcétera. Es decir, estamos cayendo en un consumo sin sentido y, así, reduciendo las materias primas y perjudicando a todos, también a nosotros mismos. La moderación, junto con las ofrendas generosas a favor de los que tienen menos, puede ser el principio del fin de las tendencias actuales.

PREGUNTAS

1. ¿Cuáles son las ideologías reinantes en la antigua ciudad de Corinto contra las que Pablo lucha en su primera carta a los Corintios? Además de estas ideologías externas, ¿cuáles eran los problemas internos de la iglesia de Corinto?

2. ¿En qué se parece o en qué se diferencia la definición que Pablo hace en 1ª Corintios 3 de un cristiano carnal (*sarkinos/sarkikos*) y la forma en la que hoy usamos ese término? ¿Qué peligros tiene aplicar la categoría de cristiano carnal a un creyente nominal? ¿De qué modo una mejor comprensión de lo que Pablo quería decir con ese término nos ayuda a entender y definir las doctrinas de la soteriología y la seguridad eterna?

3. ¿El texto de 1ª Corintios 3:17–19 confirma o niega que en el cielo habrá diferentes grados de recompensa eterna? ¿Cuáles serían las conclusiones más lógicas en cuanto a la recompensa eterna según este pasaje y Mateo 20:1–16, la parábola de los viñadores?

4. Según 1ª Corintios 4–6, ¿cuáles son algunas actitudes que los corintios deberían tener ante las palabras de Pablo y sus compañeros, aquellos que son los apóstoles verdaderos? ¿De qué modo esa actitud puede sofocar las rivalidades entre diferentes bandos, como por ejemplo los pleitos en la iglesia? ¿A qué tipos de pecado Pablo asocia los pleitos entre creyentes para avergonzar a los corintios por su tendencia a las divisiones?

5. ¿Cuál sería el resumen adecuado de 1ª Corintios 7, en cuanto al matrimonio, la soltería y el divorcio? ¿Está Pablo hablando tan solo del estado civil de los creyentes, o está tratando un tema mucho más profundo? Si está tratando otro tema mucho más profundo, ¿cuál es?

6. ¿De qué forma podemos responder a alguien que interpreta 1ª Corintios 7:14 diciendo que cuando un miembro de la pareja acepta a Cristo, toda la familia se salva gracias a la fe de esa persona?

7. Dado que la comida sacrificada a los ídolos no es un dilema para los cristianos en Occidente en el siglo XXI, ¿cuál es el principio que podemos extraer de los capítulos 8–10 que se puede aplicar a las relaciones en la vida de la iglesia hoy? ¿En qué sentido la cuestión de aceptar dinero por ejercer un ministerio tiene que ver con este principio?

8. ¿Qué tres principios menciona Pablo para hacer un uso adecuado de la libertad cristiana? Nombra algunas cuestiones específicas del cristianismo moderno a las que se puede aplicar estos tres principios.

9. ¿Qué prácticas culturales antiguas debemos recordar cuando interpretamos los dos pasajes en 1ª Corintios sobre los roles de los diferentes géneros? En

ambos pasajes, ¿qué cosas son normativas y qué cosas son culturales? ¿Cuál es la única restricción para las mujeres en ambos textos? ¿Qué fenómeno de la iglesia lleva a Pablo a escribir sobre este tema?

10. Al celebrar la santa cena, ¿qué estaban haciendo mal los corintios? ¿Cómo aplicaríamos hoy la forma en la que Pablo reacciona ante este problema?

11. ¿Por qué los corintios estaban usando mal sus dones espirituales? ¿De qué forma responde Pablo? ¿De qué forma estructura su respuesta? Es decir, ¿cuáles son los puntos principales que Pablo desarrolla, y las ideas que aparecen en cada punto?

12. ¿Qué cree Pablo sobre la resurrección? Sobre la resurrección de Cristo; sobre la resurrección de los creyentes. ¿Por qué es, según Pablo, un tema tan crucial?

OBRAS SELECCIONADAS

COMENTARIOS:

Avanzados

Collins, Raymond F. *First Corinthians*. SP. Collegeville: Liturgical, 1999.

Conzelmann, Hans. *1 Corinthians*. Hermeneia. Philadelphia: Fortress, 1975.

Garland, David E. *1 Corinthians*. BECNT. Grand Rapids: Baker, 2003.

Thiselton, Anthony C. *The First Epistle to the Corinthians*. NIGTC. Carlisle: Paternoster; Grand Rapids: Eerdmans, 2000.

Intermedios

Fee, Gordon D. *The First Epistle to the Corinthians,* rev. NICNT. Grand Rapids: Eerdmans, 1987.

Keener, Craig S. *1–2 Corinthians*. NCBC. Cambridge: CUP, 2005.

Kistemaker, Simon J. *Exposition of the First Epistle to the Corinthians*. NTC. Grand Rapids: Baker, 1993.

Talbert, Charles H. *Reading Corinthians*. New York: Crossroad, 1987.

Watson, Nigel. *The First Epistle to the Corinthians*. London: Epworth, 1992.

Witherington, Ben, III. *Conflict and Community in Corinth: A Socio–Rhetorical Commentary on 1 and 2 Corinthians*. Grand Rapids: Eerdmans; Carlisle: Paternoster, 1995.

Introductorios

Blomberg, Craig L. *1 Corinthians*. NIVAC. Grand Rapids: Zondervan, 1994. Hays, Richard B. *First Corinthians*. Int. Louisville: WJKP, 1997.

Johnson, Alan F. *1 Corinthians*. IVPNTC. Leicester y Downers Grove: IVP, 2004.

Morris, Leon. *The First Epistle of Paul to the Corinthians*, rev. TNTC. Leicester: IVP; Grand Rapids: Eerdmans, 1985.

Prior, David. *The Message of 1 Corinthians: Life in the Local Church*. BST. Leicester y Downers Grove: IVP, 1985.

OTROS LIBROS:

Adams, Edward y David G. Horrell, eds. *Christianity at Corinth: The Quest for the Pauline Church*. Louisville y London: WJKP, 2004.

Brown, Alexandra R. *The Cross and Human Transformation: Paul's Apocalyptic Word in 1 Corinthians*. Minneapolis: Fortress, 1995.

Chow, John K. *Patronage and Power: A Study of Social Networks in Corinth*. Sheffield: JSOT, 1992.

Clarke, Andrew D. *Secular and Christian Leadership in Corinth*. Leiden y NewYork: Brill, 1993.

Dutch, Robert S. *The Educated Elite in 1 Corinthians: Education and Community Conflict in Gaeco–Roman Context*. London y New York: T & T Clark, 2005.

Furnish, Victor P. *The Theology of the First Letter to the Corinthians*. Cambridge Y New York: CUP, 1999.

Grant, Robert M. *Paul in the Roman World: The Conflict at Corinth*. Louisville y London: WJKP, 2001.

Horrell, David G. *The Social Ethos of the Corinthian Correspondence*. Edinburgh: T & T Clark, 1996.

Marshall, Peter. *Enmity in Corinth: Social Conventions in Paul's Relations with the Corinthians*. Tübingen: Mohr, 1987.

Martin, Dale B. *The Corinthian Body*. New Haven y London: Yale University Press, 1995.

Mitchell, Margaret M. *Paul and the Rhetoric of Reconciliation: An Exegetical Investigation of the Language and Composition of 1 Corinthians*. Tübingen: Mohr, 1991.

Pickett, Raymond. *The Cross in Corinth: The Social Significance of the Death of Jesus*. Sheffield: SAP, 1997.

Winter, Bruce W. *After Paul Left Corinth*. Grand Rapids y Cambridge: Eerdmans, 2002.

MÁS BIBLIOGRAFÍA EN:

Mills, Watson E. *1 Corinthians*. Lewiston y Lampeter: Mellen, 1996.

2ª CORINTIOS:
MÁS MADUREZ, PERO AMENAZAS DE LOS JUDAIZANTES

INTRODUCCIÓN

CIRCUNSTANCIAS

Resulta muy difícil reconstruir el periodo entre la 1ª y la 2ª epístola a los corintios. Tanto el principio como el fin de la compleja secuencia de eventos es relativamente clara, pero hay un sinfín de propuestas en cuanto a las etapas intermedias. Destacaremos las más importantes, pero no intentaremos abarcar todas las teorías.

Al principio, Pablo esperaba visitar Corinto poco después, cuando su tiempo en Éfeso hubiera llegado a su fin, probablemente después de Pentecostés del año 55 d.C.(1Co 16:8). Originalmente su plan era salir de Éfeso en barco y cruzar el mar Egeo hasta Macedonia, parando en Corinto, y hacer el mismo recorrido a la vuelta (2Co 1:15–16). No obstante, al recibir la primera epístola, la iglesia no reaccionó tan bien como Pablo había esperado, por lo que se vio obligado a hacer *una breve visita a los corintios cuando aún estaba ministrando en Éfeso* (probablemente navegó directamente desde Éfeso a Corinto por el mar Egeo, y regresó a Éfeso del mismo modo). En 2ª Corintios 12:14 Pablo dice: «por tercera vez estoy listo para visitaros».

Así, 2ª Corintios 13:1 especifica que «ésta será la tercera vez que os visito» aunque en Hechos solo se recojan dos viajes: la estancia durante el segundo viaje misionero (visita en la que empezó la iglesia en Corinto; Hch 18:1–18) y la visita en el tercer viaje misionero (presumiblemente como parte de la estancia de tres meses en Grecia que se menciona en Hechos 20:2–3). Lo más probable es que 2ª Corintios 2:1 se refiera a esa visita intermedia entre las dos que aparecen en Hechos, puesto que Pablo explica que decidió «no hacerles otra visita que les causara tristeza». Es imposible que Pablo se refiriera así al periodo en que se inició la iglesia, y la otra visita que Hechos menciona no tiene lugar hasta una fecha claramente posterior a la escritura de 2ª Corintios.

Cabe también la posibilidad de que Pablo escribiera *una carta adicional entre las cartas que conocemos como 1ª y 2ª Corintios*. En 2ª Corintios 2:3–4 Pablo insiste en que «os escribí con gran tristeza y angustia de corazón, y con muchas lágrimas». Tradicionalmente se ha interpretado que esa descripción hace referencia a la carta que conocemos como 1ª Corintios. Pero a pesar de todos los problemas que Pablo trata en esa carta, el tono general no parece concordar con una situación de angustia y tristeza extrema. Por tanto, los estudiosos de los diferentes espectros teológicos están de acuerdo en que este versículo describe una carta que Pablo escribió a la iglesia de Corinto entre las que aparecen en el canon. En 1ª Corintios 5:9 ya vimos una mención clara a otra carta del apóstol a los corintios que no se ha conservado, así que la propuesta de una segunda carta anterior a 2ª Corintios no debería, en principio, ser causa de debate. Pensando en la reconstrucción de esta idea, 2ª Corintios 7:8 y 12 hacen referencia a esa carta perdida «que os había entristecido», y los versículos 8–13 describen el arrepentimiento del hombre que había pecado («ofensor») como respuesta a la carta, respuesta que no parece haber tenido lugar inmediatamente después de la visita intermedia de Pablo (1:23–2:2). Por tanto, podemos concluir que *la visita intermedia fue anterior a la carta intermedia, y la situación en Corinto empezó a resolverse después de esa carta intermedia.*[130]

LA CORRESPONDENCIA A LOS CORINTIOS

Pablo a los corintios A	1ª Corintios 5:9
Los corintios a Pablo A	1ª Corintios 7:1
Pablo a los corintios B	1ª Corintios
Pablo a los corintios C*	2ª Corintios 2:4, 7:8
Pablo a los corintios D	2ª Corintios 1–9
Pablo a los corintios E**	2ª Corintios 10–13

* o C = B

** o D y E eran una carta que quedó interrumpida por la llegada de noticias frescas

o D y E fueron concebidas tal y como están desde el principio.

Todo esto se complica más cuando leemos los contenidos de 2:5–11 y 7:8–13, que son un llamamiento a la iglesia a perdonar a un miembro al que habían disciplinado, y a recibirle de nuevo en la comunidad. Después de leer sobre el hombre incestuoso en 1ª Corintios 5:1, lo normal es pensar que ahora se está hablando del mismo hombre. Pero eso depende de si uno cree que «para la destrucción de la carne» de 1ª Corintios 5:5 se está refiriendo a la naturaleza pecaminosa del hombre (o a su estilo de vida pecaminoso) en lugar de referirse a su muerte física. Está claro que si el hombre había muerto, ¡no podía volver a formar parte de la congregación! Dado que 1ª Corintios 5:1–5 podría concordar con cualquiera de las interpretaciones, no podemos mostrarnos dogmáticos y decir que una de ellas es la correcta. Para muchos comentaristas es más importante el hecho de que según 2ª Corintios 2:5 y 10 parece que ese hombre ha ofendido a Pablo de forma personal, por lo que concluyen que se trata de otra persona. Sin embargo, aunque 1ª Corintios no habla de un encuentro y una

---

130. En cuanto a esta secuencia de los eventos, cf. también Frank J. Matera, *II Corinthians: A Commentary* (Louisville and London: WJKP, 2003), 15–20; Paul Barnett, *The Second Epistle to the Corinthians* (Grand Rapids and Cambridge: Eerdmans, 1997), 9.15.

ofensa personal, tiene sentido imaginar a *Pablo enfrentándose a ese hombre en su visita intermedia, y que eso agravara su pecado inicial por su rebeldía ante la llamada del apóstol al arrepentimiento.*[131]

COMPOSICIÓN

Capítulos 10–13. La cuestión se complica cuando vemos que 2ª Corintios 10–13 rompe con el tono tranquilo y de felicitación de los primeros nueve capítulos de la epístola. Cambia tanto que, si valoráramos la carta por estos capítulos la podríamos calificar de dolorosa, triste, e incluso severa. *Es por eso que algunos han sugerido que los capítulos 10–13 no deberían estar incluidos en esta carta, y que de hecho contienen los que originalmente fue la carta que Pablo escribió antes de escribir 2ª Corintios 1–9.*[132] No obstante, no hay ningún manuscrito antiguo que respalde esta teoría ni ninguna razón convincente que explique por qué se añadieron estos capítulos al final de la carta en lugar de al principio. Y aunque es cierto que el tono es severo, los problemas son en su mayoría bien diferentes. En 2ª Corintios 10–13 no habla del hombre que ha pecado, y al parecer la preocupación se centra en un grupo de maestros itinerantes similar a los judaizantes que estaban incordiando a los gálatas, grupo que está empezando a causar problemas en la iglesia de Corinto.

LOS BLOQUES CENTRALES PRINCIPALES DE 2ª CORINTIOS

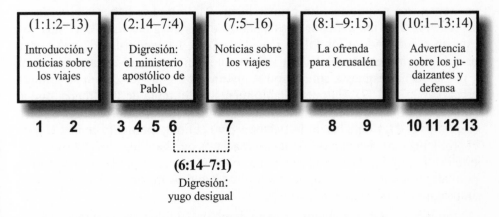

Hay más argumentos que pretenden probar que 2ª Corintios 10–13 se corresponde con la dolorosa carta que Pablo escribió antes de 2ª Corintios 1–9, pero todos son igual de débiles. Unos dicen que en 12:16–18 los corintios sospechan de la falta de integridad en la forma en la que Pablo gestiona el dinero, mientras que en 8:11, 9:2 y 9:12–15 el apóstol alaba la actitud de los corintios hacia la ofrenda. Pero se trata de dos cuestiones diferentes; una es la motiva-

---

131. Ver esp. Colin G. Kruse, «The Relationship between the Opposition to Paul Reflected in 2 Corinthians 1–7 and 10–13», *EQ* 61 (1989): 195–202. Cf. David Garland, *2 Corinthians* (Nashville: Broadman & Colman, 1999), 121–23.

132. P. ej., Talbert, *Reading Corinthians*, xviii–xxi. Más detalles en Brian K. Peterson, *Eloquence and the Proclamation of the Gospel in Corinth* (Atlanta: Scholars, 1998).

ción de Pablo, y la otra, la actitud de los corintios. Y si miramos detalladamente las tres últimas referencias veremos que Pablo está haciendo referencia a la
actitud ejemplar de los corintios *en el pasado*, y a los beneficios de una buena
mayordomía *en el futuro*. Así que no dice nada que contradiga el resto de los
capítulos 8–9, donde habla claramente de su descontento ante la contribución
que los corintios han hecho *en el presente* a la ofrenda. Otros han dicho que
los capítulos 10–13 deberían preceder a 1–7 porque en los capítulos 10–13
Pablo se enfrenta a una dura oposición, y en 1–7 ya se ha reconciliado con sus
oponentes. Pero este argumento pierde todo su valor si 10–13 representa a un
nuevo grupo de oponentes. Por último, algunos creen que las referencias que
aparecen en 2ª Corintios 3:1 y 5:12 en cuanto a la recomendación describen
partes clave de los capítulos 10–13. Pero, en general, está claro que los malentendidos sobre la motivación de Pablo siempre le acompañaron durante los
años de ministerio entre los corintios. Recordemos las mordaces amonestaciones en 1ª Corintios 4:8–21.[133] La referencia que Pablo hace en 2ª Corintios
12:18 al «hermano» y a Tito suena como si se estuviera refiriendo al «hermano» anónimo de 8:18 y 22, que es de hecho un argumento a favor de que los
capítulos 10–13 se escribieron después de los capítulos 1–9 (dos secciones que
unidas en orden cronológico forman una sola carta).[134]

Si 2ª Corintios 10–13 no es anterior a los capítulos 1–9, ¿cómo explicamos
el cambio abrupto de tono en este momento de la carta? Se han dado, principalmente, tres respuestas. En primer lugar, Pablo podría haber sabido desde
un principio que iba a incluir unas palabras duras dirigidas a los corintios que
estaban escuchando a los falsos maestros. Pero, haciendo uso de una buena
psicología, primero les alaba por lo bien que han tratado el tema del pecador
y por la buena respuesta ante las otras instrucciones que les dio en su primera
carta (capítulos 1–7). Entonces Pablo menciona el tema de la ofrenda, que al
parecer es la única cuestión ante la cual no han respondido demasiado bien
(capítulos 8–9), y deja las duras palabras para el final, momento en el que trata
el problema más reciente de los falsos maestros que han llegado a Corinto (capítulos 10–13). Hasta ahora, muy pocos comentaristas respaldaban esta teoría,
pero algunos comentarios recientes y otros estudios más especializados están
empezando a optar por esta explicación.[135]

También se puede concebir la carta como una unidad que tiene una estructura a–b–a, en la que Pablo empieza centrándose en su ministerio apostólico
usando un tono comparativamente más suave (capítulos 1–7), pasa al problema

---

133. Encontrará un resumen completo de los argumentos tanto a favor como en contra en
     Margaret E. Thrall, *A Critical and Exegetical Commentary on the Second Epistle to
     the Corinthians*, vol. 1 (Edinburgh: T & T Clark, 1994), 13–20.
134. Cf. Keener, *1–2 Corinthians*, 243.
135. Ver esp. David R. Hall, *The Unity of the Corinthian Correspondence* (London and
     New York: T& T Clark, 2003). Cf. Witherington, *Conflict and Community in Corinth*,
     327–36; David A. deSilva, «Measuring Penultimate against Ultimate Reality: An In-
     vestigation of the Integrity and Argumentation of 2 Corinthians», *JSNT* 52 (1993):
     41–70.

de la ofrenda (capítulos 8–9), para luego regresar al tema del ministerio apostólico, esta vez adoptando un tono más severo (capítulos 10–13).[136] Y otros sugieren otras estructuras basadas en las formas grecorromanas de la Retórica y la Oratoria, aunque sus esquemas a veces resultan un tanto artificiales.[137]

2ª CORINTIOS

El ministerio apostólico de Pablo (tono suave)
Capítulos 1–7; A
La ofrenda para Jerusalén
Capítulos 8–9; B
El ministerio apostólico de Pablo (tono severo)
Capítulos 10–13; A'

Una segunda respuesta consiste en ver los capítulos 10–13 como el cuerpo de una carta que Pablo escribió después *de escribir la carta formada por los capítulos 1–9.* Dicho de otro modo, los judaizantes aún no habían llegado a Corinto cuando Pablo escribió el material que corresponde con los primeros nueve capítulos de 2ª Corintios; pero cuando se enteró de ese nuevo problema, se puso a escribir una nueva carta, breve pero tajante. Esta teoría al menos explica el orden en el que aparecen los capítulos, a diferencia de la teoría que dice que los capítulos 10–13 preceden en el tiempo a los capítulos 1–9.[138] Pero de nuevo no hay ningún manuscrito ni testimonio de la iglesia primitiva que respalde que hubiera dos cartas que luego se fusionaran en una. De hecho, todas las teorías que dicen que 2ª Corintios está formada por más de una carta no son más que hipótesis propuestas por los académicos de estos últimos doscientos años. Por otro lado, en cuatro ocasiones, antiguos compiladores de cartas de Cicerón crearon un solo documento que recopilaba múltiples cartas en orden cronológico, y la primera carta ocupaba la mayor parte del documento. Así que en principio no hay razón para objetar rechazar la idea de que algún redactor pudo hacer lo mismo con las dos cartas de Pablo.[139]

---

136. Cf. Frances M. Young y David F. Ford, *Meaning and Truth in 2 Corinthians* (London: SPCK, 1987; Grand Rapids: Eerdmans, 1988), 16–40.

137. P. ej., J.D.H. Amador, «Revisiting 2 Corinthians: Rhetoric and the Case for Unity», *NTS* 46 (2000): 92–111; David A. Hester, «The Unity of 2 Corinthians: A Test Case for a Re–discovered and Re–invented Rhetoric», *Neot* 33 (1999); 411–32. DeSilva (*An Introduction to the New Testament*, 584) cree que el cambio de tono se debe a que Pablo quiso hacer uso del recurso literario de la *sunkrisis* («comparación» –en este caso, con otros maestros) en los capítulos 10–13, y cita ejemplos de un cambio igualmente abrupto en la segunda epístola de Demóstenes.

138. P. ej., Victor P. Furnish, *II Corinthians* (Garden City: Doubleday, 1984), 35–41; Thrall, *Second Corinthians*, vol. 1, 5–13.

139. Thomas Schmeller, «Die Cicerobriefe und die Frage nach der Einheitlichkeit des 2. Korintherbriefs», *ZNW* 95 (2004): 181–208.

La tercera respuesta dice que Pablo estuvo dictando esta carta durante un periodo de tiempo considerable, como solía ocurrir en tiempos antiguos. Cuando la empezó, aún no había oído de la llegada de los judaizantes a Corinto. Pero en algún momento durante el proceso de escritura, llegaron a sus oídos noticias sobre el problema y avanzó rápidamente y sin planificación hacia los capítulos 10–13, usando amonestaciones más duras de lo que había planeado cuando empezó a dictar la carta. La carta habría quedado y se habría enviado exactamente tal como nos ha llegado, pero así tendríamos una explicación de la clara deferencia entre los capítulos 1–9 y 10:13. Los argumentos en contra de esta teoría suelen minimizar la naturaleza judía de los falsos maestros (pero véase 11:22) y enfatizan su predilección por las experiencias espirituales elitistas (que explicarían bien 12:11–13) y el triunfalismo (véase 11:16–21). Imaginamos que estos maestros serían bastante similares a aquellos que Pablo ya ha amonestado en 1ª Corintios 2:6–16 y 4:8–21.

Pero este acercamiento no convence porque en 1ª Corintios casi no encontramos nada que sirva de respuesta a unos maestros que se están jactando de sus credenciales judías. De hecho, todo lo que encontramos hace pensar en problemas creados por cristianos de trasfondo gentil (véase la Introducción a 1ª Corintios). Otras posibles premoniciones de problemas no resueltos (2Co 3:1; 4–16; 5:11, 13) continúan siendo teológicamente vagas, por lo que no hay razón para relacionarlas de forma directa a los falsos maestros a los que Pablo llama «superapóstoles» en 12:11.[140]

Otros paralelos teológicos y conceptuales entre las dos secciones de 2ª Corintios parecen suficientemente genuinos, pero eso no demuestra que Pablo los tuviera en mente cuando empezó a escribir la carta. Aun en el caso de que Pablo añadiera más de lo que había planeado escribir en un principio, lo lógico sería que usara el mismo marco conceptual y el mismo fundamento teológico que había estado usando hasta ese momento. Se hace difícil elegir entre la segunda y la tercera alternativa, pero *quizá el conjunto de evidencias favorece más la tercera respuesta.*[141]

Capítulos 8–9. Aún hay otras teorías sobre la naturaleza fragmentada de 2ª Corintios, aunque ninguna tiene mucho peso. Para algunos, el capítulo 8, que abre el tema de la ofrenda para Jerusalén, no guarda ningún tipo de relación con el resto de la carta, por lo que debería considerarse una carta totalmente independiente. El capítulo 8:1–5 parece presentar un retrato completamente positivo de los macedonios, diferente al retrato de hostilidad que aparece en 7:5, mientras que los análisis retóricos han sugerido que podríamos ver los ca-

---

140. Tampoco deberíamos asociar estos «superapóstoles» con los apóstoles de Jerusalén (recuérdese lo que dijimos sobre el problema paralelo en Gálatas) como hace C.K. Barrett, *The Second Epistle to the Corinthians* (London: Black; New York: Harper & Row, 1973), 28–32.

141. Cf. Ralph P. Martin, *2 Corinthians* (Waco: Word, 1986), xvii–li; Carson y Moo, *Una Introducción al Nuevo Testamento*, 434–36.

pítulos 8–9 como el cuerpo de una carta totalmente independiente.[142] Por otro lado, la estructura que nos ha llegado tiene sentido si aceptamos que Pablo ha actuado con psicología dejando el tema de la ofrenda para el final, una vez que ya ha alabado a los corintios tanto como ha podido. Lo más probable es que 7:5 refleje la persecución de Pablo por parte de personas no cristianas, que no tiene nada que ver con el positivo testimonio sobre los creyentes del norte de Grecia, mientras que los análisis retóricos resultan un tanto forzados y para aceptarlos nos hemos de olvidar de las partes introductorias y finales del género epistolar helenista.

Otros estudiosos han dividido los capítulos 8 y 9 en dos cartas, o han unido el capítulo 8 a la sección 1–7 y estudiado el capítulo 9 por separado. Pero entonces el versículo 9:1 es particularmente problemático («No hace falta que os escriba acerca de esta ayuda para los santos»), porque empieza mencionando el tema del capítulo 8. Argumentan que el capítulo 9 sería superfluo si Pablo ya hubiera escrito el capítulo 8 en la misma carta.[143] Por otro lado, en 9:1 la NVI no traduce las tres primeras palabras del texto griego (*peri men gar* – «Porque por un lado acerca…»), palabras que apuntan a que se trata de una continuación del tema del capítulo anterior, y por el inicio de una carta independiente. Y a pesar de que Pablo dice que no hace falta que les escriba acerca de ese tema, aunque solo leamos el capítulo 9 es evidente que la comprensión de los corintios sobre el tema de la mayordomía dejaba mucho que desear. Por tanto, es mejor entender que 9:1 está diciendo «No tendría que hacer falta que os siguiera diciendo estas cosas, [pero sí hace falta, sí que os digo…]». Y lo que escribe en el capítulo 9, en su mayoría, es diferente a lo que se recoge en el capítulo 8.[144]

¿Digresiones? Hay dos elementos estructurales más que han propiciado la creación de más teorías sobre la existencia de textos independientes dentro de 2ª Corintios. Al parecer, los capítulos *2:14–7:4* funcionan como una larga digresión sobre el ministerio apostólico de Pablo, que interrumpe su narración sobre sus viajes y su preocupación por el progreso de los corintios. Más sorprendente aún, si uno se saltara estos capítulos y pasara del 2:13 directamente al 7:5, el texto tendría mucho sentido («Aun así, me sentí intranquilo por no haber encontrado allí a mi hermano Tito, por lo cual me despedí de ellos y me fui a Macedonia. Cuando llegamos a Macedonia, nuestro cuerpo no tuvo ningún descanso, sino que nos vimos acosados por todas partes; conflictos por fuera, temores por dentro»).[145]

---

142. Ver esp. Kieran J. O'Mahony, *Pauline Persuasion: A Sounding in 2 Corinthians 8–9* (Sheffield: SAP, 2000).

143. Encontrará una presentación completa de todas las opciones en cuanto a los capítulos 8 y 9 en Hans Dieter Betz (*2 Corinthians 8 and 9* [Philadelphia: Fortress, 1985], quien argumenta que cada capítulo era una carta independiente.

144. Cf. Stanley K. Stowers, «Peri Men Gar and the Integrity of 2 Cor 8 and 9», *NovT* 32 (1990): 340–48.

145. Ver esp. Günther Bornkamm, «The History of the Origin of the So–Called Second Letter to the Corinthians», *NTS* 8 (1962): 258–64.

Lo mismo ocurre con *6:14–7:1*. Este breve párrafo sobre no unirse con los incrédulos porque eso da lugar a una unión desigual parece apartarse totalmente del llamamiento que Pablo está haciendo a los corintios a seguir teniéndole el mismo afecto que al principio. Y si uno lee 6:13 y 7:2 seguidos, queda claro que los dos versículos aún están tratando el mismo tema («Para corresponder del mismo modo —os hablo como si fuerais mis hijos—, ¡abrid también vuestro corazón de par en par! Haced lugar para nosotros en vuestro corazón. A nadie hemos agraviado, a nadie hemos corrompido, a nadie hemos explotado.»). Por eso algunos eruditos atribuyen una o las dos «digresiones» a cartas originalmente diferentes; y algunos comentaristas, viendo similitudes entre 6:14–7:1 y varios escritos de Qumrán, han sugerido que Pablo está tomando prestado de una fuente judía esenia similar a algunos escritos de la secta del mar Muerto, o que el párrafo es un fragmento de una fuente no paulina que ha sido interpolado en lo que ahora conocemos como 2ª Corintios.[146]

Por otro lado, queda claro incluso si miramos las secciones inicial y final de los capítulos 1–7 (1:1–2:13 y 7:5–15) que la integridad apostólica de Pablo ha sido puesta en cuestión, por lo que la existencia de una larga digresión sobre dicho tema no debería ser una sorpresa. Pero no parece correcto usar el término «digresión» para designar una sección que es más extensa y más importante que las secciones inicial y final. Es mucho más lógico decir que 2:14–7:4 es *la sección más importante de la carta*. En cuanto a los puntos de unión entre 2:13, 14 y entre 7:4, 5, el comentario que sigue presentará explicaciones lógicas sobre el orden en el que están las diferentes secciones.

Lo mismo ocurre con el lugar en el que aparece 6:14–7:1. Además, vale la pena destacar que la verdadera unidad de pensamiento es 6:11–7:4, que hay vínculos temáticos entre 7:5–6 sobre el gozo y el consuelo, que abrir el corazón a Pablo supondría cerrar el corazón a la idolatría (eso explica la inserción de 6:14–7:1 en 6:11:7:4) y que la yuxtaposición de 6:13 y 7:2 no es tan evidente como algunos dicen, dado que se repetiría la idea de tener un lugar en el corazón de los corintios. Aunque se han presentado un sinfín de esquemas de 2ª Corintios, y el desacuerdo en cuanto a su estructura es mayor que cualquier desacuerdo sobre las otras cartas paulinas, la propuesta de una estructura quiástica de los capítulos 1–7 parece ser el camino a seguir, pues explica algunas de las extrañas rupturas que encontramos en la segunda parte del esquema (lo que Pablo hace es iniciar un tema nuevo avanzando por la primera mitad de su esquema de forma inversa),[147] aunque también es cierto que estructuras

---

146. Un estudio reciente que analiza estas hipótesis y se basa en ellas es el de Stephen J. Hutlgren, «2 Cor 6.14–7.1 and Rev 21.3–8: Evidence for the Ephisian Redaction of 2 Corinthians», *NTS* 49 (2003): 39–56.

147. Craig L. Blomberg, «The Structure of 2 Corinthians 1–7», *CTR* 4 (1989): 3–20. Las tres primeras secciones de este quiasmo también han sido identificadas por Laurence L. Welborn («Like Broken Pieces of a Ring: 2 Cor 1.1–2.13; 7.5–16 and Ancient Theories of Literacy Unity», *NTS* 42 [1996]: 559–83), pero según él son dos mitades de una carta original, y 2:14–7:4 era, originalmente, una carta aparte.

propuestas también sirven para encontrar una explicación al orden del texto tal y como nos ha llegado.[148]

RESUMEN Y ESTRUCTURA GENERAL

Lo que hoy llamamos la 2ª Epístola a los Corintios, Pablo probablemente la escribe, si no toda, al menos la mayor parte, en el año 56 d.C. *después de dejar Éfeso y viajar por tierra a Troas y a Macedonia, para luego llegar a Corinto (2:12–13, 13:1).* Ha enviado a Tito para que le prepare su visita, y esperaba con muchas ganas su informe sobre cómo iban las cosas en la iglesia de Corinto (2:13, 7:5). Cuando por fin se encuentra con él, queda aliviado al oír de la respuesta positiva de los corintios hasta el momento (7:6–7). Poco después, empieza a escribir esta carta. Puede describirse (al menos si pensamos en los primeros siete capítulos) como una carta de defensa y recomendación personal, pues Pablo se explaya sobre la naturaleza de su ministerio apostólico, ministerio que tiene que defender.[149] A continuación ofrecemos un posible esquema:

I.   Introducción y acción de gracias (1:1–11)
   A. Saludos (1:1–2)
   B. Bendición (1:3–11)

II. El ministerio de Pablo con los corintios (1:12–7:16)
   A. Confianza de Pablo en sus motivaciones (1:12–22)
   B. Tristeza de Pablo (1:23–2:11)
   C. Viajes de Pablo a Macedonia (2:12–13)
   D. Una serie de contrastes: los salvos vs. los que se pierden (2:14–4:6)
   E. Aflicciones presentes vs. gloria venidera (4:7–5:10)
   F. El centro del ministerio: la reconciliación (5:11–21)
   G. Aflicciones presentes vs. gloria presente (6:1–10)
   H. Cristo vs. Belial / creyentes vs. incrédulos (6:11–7:4)
   I. El informe sobre el viaje de Pablo continúa (7:5–7)
   J. Tristeza de los corintios (7:8–13a)
   K. Confianza de Pablo en los corintios (7:13b–16)

III. La colecta para Jerusalén (8:1–9:15)

IV. «Del triunfalismo a la madurez» (10:1–13:14)
   A. Pablo vs. los «superapóstoles» o los falsos apóstoles (10:1–12:13)
   B. Advertencias y saludos finales (12:14–13:14)
      1. Advertencias finales (12:14–13:10)
      2. Saludos finales (13:11–14)

---

148. Ver esp. David A. de Silva, «Meeting the Exigency of a Complex Rhetorical Situation: Paul's Strategy in 2 Corinthians 1 through 7», *AUSS* 34 (1996): 5–22.

149. Linda L. Belleville, «A Letter of Apologetic Self–Commendation: 2 Cor. 1:8–7:16», *NovT* 31 (1989): 142–63.

Con mayor frecuencia que en las otras cartas paulinas, podemos identificar diferentes secciones en las que podemos apreciar los tres tipos de retórica greco-corromana: judicial o forense en el material apologético (2:14–7:4), deliberativa en los capítulos sobre la colecta (8–9), y epidíctica – culpa y censura – en la diatriba contra los falsos maestros (10–13).[150]

---

2 CORINTIOS 1–7

EL MINISTERIO DE PABLO CON LA IGLESIA DE CORINTO

A Confianza en sus motivaciones (1:12–22)

A Confianza en los corintios (7:13b–16)

B Tristeza por los castigados (1:23–2:11)

B Tristeza entre los corintios (7:8–13a)

C Planes de viaje (2:12–13)

C Continuación de los planes de viaje (7:5–7)

D El Espíritu vs. la letra (2:14–4:6) (nuevo vs. antiguo pacto)

D Cristo vs. Belial (6:11–7:4) (fe vs. incredulidad)

E Aflicciones presentes vs. gloria venidera (4:7–5:10)

E Aflicciones presentes vs. gloria presente (6:1–10)

F El centro del ministerio: la reconciliación (5:11–21)

COMENTARIO

INTRODUCCIÓN Y ACCIÓN DE GRACIAS (1:1–11)

Saludos (1:1–2). Los saludos introductorios en 2ª Corintios son menos extensos que los de la primera epístola. Presentan a Pablo y a Timoteo como coautores, y se dirigen a los receptores, que es la iglesia en y alrededor de Corinto, en el sur de Grecia. La forma sigue bastante la del género epístola helenista.

Bendición (1:3–11). Pablo no hace uso de su oración de gratitud característica, y compone una bendicón clásica judía (o *beraká*). De todos modos, también da gracias a Dios y le alaba, pero no tanto por los corintios sino por el

---

150. Cf. Witherington, *Conflict and Community in Corinth*, 46.

consuelo que Dios le da en medio de sus sufrimientos, que luego él puede usar para animar a los corintios también.[151] A pesar de la diferencia en la forma, Pablo introduce temas clave que aparecerán a lo largo de toda la carta, sobre todo en cuanto a la aflicción y al consuelo.[152] El sustantivo y el verbo que proceden de la raíz griega *parakal–* aparecen ocho veces en los versículos 3–7. Estos términos recogen las ideas de consuelo, ánimo y exhortación. Aparecen tantas veces en un espacio tan reducido, que la idea central de Pablo queda bien clara: ¡Dios nos puede ayudar a salir de los tiempos más difíciles! *Pero el consuelo de Dios no solo nos alivia en momentos de aflicción; también nos prepara para consolar a otros cuando están afligidos. Éste es el primer principio sobre el sufrimiento que Pablo presenta en esta carta.* Incluso a nivel secular, es obvio que las personas que han pasado por enfermedades o heridas específicas (y esa experiencia les ha ayudado a madurar) están mejor preparadas para animar y empatizar con personas que pasan por lo que ellos ya han pasado. ¡Cuánto más en el ámbito espiritual, cuando contamos con el poder sobrenatural de Dios!

Los versículos 8–11 hacen referencia a los sufrimientos por los que Pablo ha pasado recientemente. Sin duda, los corintios conocían esos detalles, pero nosotros no, y Pablo no incluye suficiente información para que nosotros podamos saber cuál es el peligro que le hizo pensar que no iba a sobrevivir. La referencia a Asia (Menor) debe apuntar, sin duda, a las circunstancias que se dieron en Éfeso. Existe una tradición cristiana antigua que dice que Pablo estuvo encarcelado en aquella ciudad durante un breve periodo de tiempo (el *Prólogo marcionita a Colosenses*), pero no sabemos si se trata de una información fiable.[153] En 1ª Corintios 15:32 dice que allí luchó contra las fieras, y dijimos que por el contexto, lo más probable es que estuviera hablando de las personas que le perseguían; sabemos que a los ciudadanos romanos no se les podía echar a las fieras del circo. La oposición que se describe en Hechos 19 no parece ser tan peligrosa para que Pablo temiera por su vida, por lo que en última instancia cualquier sugerencia que hagamos será de naturaleza especulativa. A Pablo no le importa que conozcamos todos los detalles exactos del escenario en el que se dio todo aquel sufrimiento, sino que lo que le importa es que nos quedemos con la acción de Dios, que obró para liberarlo, y que así, respondió las oraciones de los corintios.

EL MINISTERIO DE PABLO CON LOS CORINTIOS (1:12–7:16)

Confianza de Pablo en sus motivaciones (1:12–22). Pablo empieza el cuerpo de su carta con una defensa de por qué cambió sus planes de viaje. En los versículos 12–14 nos recuerda que su motivación siempre había sido pura. No es de extrañar que algunos creyentes de Corinto vieran aquel cambio de

---

151. Más concretamente, Pablo aún no tiene tanto por lo que agradecer a Dios en relación con los corintios, y el apóstol necesita que ellos den gracias a Dios por él y por lo que Dios está haciendo en y a través de él (Garland, *2 Corinthians*, 55–56).

152. Sze–Kar Wan, *Power in Weakness: The Second Letter of Paul to the Corinthians* (Harrisburg: Trinity, 2000), 34.

153. Bruce, *Paul*, 298.

planes como una señal de debilidad. Si algunos de los elitistas espirituales a los que tuvo que llamar la atención en su primera carta seguían pensando que los terrenales no eran ellos, sino los apóstoles, la actitud defensiva de Pablo cuando les dice que los terrenales son ellos, es comprensible. Y el apóstol es suficientemente optimista como para pensar que sus oponentes van a llegar a ver las cosas como él las ve. Aunque no tan claramente como en otras de sus cartas, este párrafo introductorio del cuerpo de la carta anuncia el tema general de toda esta parte. La jactancia de la que Pablo va a hablar, aquí y en toda la carta, no se trata de una glorificación de sí mismo, sino que nace de la «confianza» u «orgullo justificable».[154]

Los versículos 15–17 hablan del cambio de itinerario. Hasta ese momento, Pablo había pensado que iba a ver a los corintios dos veces más, pero su visita quedó frustrada por los desagradables sucesos que tuvieron lugar en el periodo que va desde que escribió la primera carta hasta que escribió la segunda (ver arriba). Los nuevos planes de viaje que le llevarían a visitar Macedonia dos veces y Corinto una sola vez (en lugar de a la inversa, que es lo que había planeado originalmente) podrían haber desatado el enfado de sus oponentes, que podrían haber interpretado que Pablo los estaba despreciando.[155] Incluso podrían haber citado las palabras de Jesús; después de todo, Cristo mismo ordenó a sus seguidores que su sí fuera sí, y su no fuera no, es decir, ser personas en las que se podía confiar (Mt 5:37).[156] De nuevo, Pablo les sigue el hilo a sus oponentes y, para defender su cambio de planes, habla de la integridad perfecta de Jesús (v. 19–20). Además, el Espíritu de Dios que vive en nosotros nos ha «sellado» (de *sphragizo*) a modo de garantía (*arrabon*) de su obra futura en nuestras vidas (v. 22). Ambos son términos semitécnicos de la teología paulina y hablan de la seguridad de que «el que comenzó en vosotros tan buena obra la irá perfeccionando hasta el día de Jesucristo» (Fil 1:6).[157]

Tristeza de Pablo (1:23–2:11). Los versículos 1:23–2:4 pueden verse como el final de la sección que empieza arriba porque Pablo explica que su decisión de no visitar Corinto enseguida tiene el propósito de evitarles otro encuentro desagradable. Aparentemente, aún había demasiado conflicto (1:23–2:1). Pero 2:2–4 ya introduce el lenguaje emocional de dolor y gozo, de angustia y alegría, y así, enlaza esta sección con 2:5–11. Pablo quiere regocijarse de la conducta de los corintios, en lugar de angustiarse, por lo que les está dando más tiempo para que cambien. La experiencia de escribir la carta «que os había entristecido» (ver arriba, p. 237) ya le había causado suficiente dolor; el apóstol preferiría no repetir esa experiencia, y menos en persona.[158]

---

154. Barnett, *Second Epistle to the Corinthians*, 84.
155. Victor P. Furnish, *II Corinthians* (Garden City: Doubleday, 1984), 144–45.
156. Wenham, *Paul*, 271–74.
157. A. J. Kerr («*APPABΩN*», *JTS* 39 [1988]; 92–97) opta por la traducción «primer pago o entrega».
158. Sobre el papel de la pena, la rabia y el celo que aparece en el material de los capítulos 1–7, ver Laurence L. Welborn, «Paul's Appeal to the Emotions in 2 Corinthians 1.1–2.13; 7.5–16», *JSNT* 82 (2001): 31–60.

Una parte importante del conflicto tiene que ver con una persona que se opone a Pablo, quien dice a los corintios que deberían disciplinarlo (2:5–11). Es tentador pensar que ese hombre es el mismo que el de 1 Corintios 5 (el que ha cometido incesto), y en ese caso la carta que se menciona en 2ª Corintios 2:9 podría ser 1ª Corintios, y no la carta «que os había entristecido» (a menos que esas dos sean una única carta. Pero hay otras posibilidades (recuérdese lo que dijimos en las páginas 205–8). Sea quien sea ese hombre, y haya hecho lo que haya hecho, la iglesia ha respondido de una forma apropiada, y el pecador se ha arrepentido (cf. 7:8–13). Así que ahora lo que Pablo quiere es que lo perdonen y lo acepten de nuevo en la congregación, pues prolongar su aislamiento podría ser contraproducente (pues es, además, lo que Satanás quiere). Si el hombre en cuestión ha ofendido a Pablo de forma directa, el apóstol quiere que los corintios sepan que él ya le ha perdonado.[159]

Viajes de Pablo a Macedonia (2:12–13). A pesar del retraso en el viaje, y del cambio de recorrido, Pablo por fin va a venir, sin detenerse en ningún otro lugar, aunque haya oportunidades para el ministerio. «Aprendemos que cuando un cristiano intenta servir en algún área, pero tiene inquietud y preocupación por otro área, y tiene la cabeza puesta ahí, de poco aprovechará su servicio».[160] La prioridad principal de Pablo es encontrarse con Tito a su regreso de Corinto y así recibir las noticias que éste le traía de la iglesia en aquella ciudad. Lo lógico es que Pablo hubiera seguido con la descripción de sus viajes, pero en cambio abre una larga «digresión» centrándose en otro tema totalmente diferente (2:14–7:4). No obstante, esta sección debería verse como la parte principal del cuerpo de la carta, y describe con todo detalle la naturaleza del ministerio apostólico genuino.

Una serie de contrastes: los salvos vs. los que se pierden (2:14–4:6). Los viajes de Pablo le llevaron a reflexionar sobre otro tipo de viaje o desfile: la de un ejército victorioso que regresa de la batalla con prisioneros de guerra.[161] Éste es el simbolismo al que apunta el verbo que traducimos por «nos lleva triunfantes» (la traducción literal sería «nos conduce en desfile victorioso») en 2:14. Un mismo desfile resulta glorioso para el ejército por un lado y, por otro, deshonroso para los prisioneros de guerra. Del mismo modo, los viajes apostólicos de Pablo, marcados por las muchas dificultades, parecen desacreditarlo a los ojos de los que lo juzgan con criterios humanos, pero de hecho son una señal de ministerio legítimo entre los que van a ser salvos.[162] De forma similar, su ministerio es como un elixir de la vida para algunos, pero un veneno mortal

---

159. Cf. Colin G. Kruse, «The Ofender and the Offense in 2 Corinthians 2:5 and 7:12», *EQ* 60 (1988): 129–39.
160. Martin, *2 Corinthians*, 42.
161. Sobre esta sección y su hilo narrativo ver esp. Scott J. Hafemann, *Suffering and Ministry in the Spirit: Paul's Defense of His Ministry in II Corinthians 2:14–3:3* (Gran Rapids: Eerdmans, 1990).
162. Cf. Paul B. Duff, «Metaphor, Motif, and Meaning: the Rhetorical Strategy behind the Image "Lead in Triumph" in 2 Corinthians 2:14», *CBQ* 53 (1991): 79–92. Para Pablo, el desfile podría haberse parecido a un desfile de epifanía de dignatarios romanos.

para otros (vv. 15–16). Los rabinos enseñaban algo semejante sobre la Torá.[163] El versículo 17 habla de otros maestros grecorromanos itinerantes que lo único que buscaban era ganancia económica. Con frecuencia se anunciaban enviando cartas de recomendación (3:1). Esas prácticas llevaron a Pablo a establecer un contraste entre esas cartas y los corintios, de los que dice «vosotros sois nuestra carta de recomendación» (3:2–6). *Este contraste entre dos tipos de cartas* es paralelo al contraste entre los dos tipos de tablas, las que están hechas de piedra, y las que están hechas de carne o de corazón (v. 3). Pero hablar de estas cartas *nos hace recordar el contraste entre la «letra» de la ley y el Espíritu* (v. 6), una comparación que el apóstol seguirá desarrollando en los versículos 7–18.[164]

El pacto con Moisés inauguró la era de la ley (o el periodo del Antiguo Testamento, como lo llamamos los cristianos), mientras que en la era del nuevo pacto, el Espíritu vive de forma permanente en el pueblo de Dios. En el Antiguo Testamento, Jeremías profetizó de forma explícita sobre esta nueva era (Jer. 31:31–34). *Por lo que es natural que Pablo compare las glorias de los dos pactos*. La referencia a las tablas podría haberle llevado a pensar en la ley, dado que los diez mandamientos que Dios dio a Moisés en el monte Sinaí quedaron escritos sobre tablas de piedra. El suceso al que se hace referencia en el versículo 7 aparece en Éxodo 34:29–30. En ese relato, Moisés desciende de la montaña, y no es consciente de que tiene el rostro radiante de haber hablado con Dios. El pueblo tenía miedo de acercarse a él a causa del brillo sobrenatural. El texto no dice nada de que la gloria se extinguiera, pero es obvio que en algún momento debería desaparecer. Este proceso se repetía cada vez que Moisés entraba y salía de la presencia de Dios (Éx 34:33–35).

---

163. Philip E. Hughes, *The Second Epistle to the Corinthians* (Grand Rapids: Eerdmans, 1962), 81.

164. No es suficiente argumentar que Pablo tan solo compara el uso legal de la ley con un uso espiritual; también está haciendo un contraste entre la era antigua, que ha pasado, con una era nueva y unos nuevos arreglos para presentarse limpios ante Dios. Ver Sigurd Grindheim, «The Law Kills but the Gospel Gives Life: The Letter–Spirit Dualism in 2 Corinthians 3.5–18», *JSNT* 84 (2001): 97–115.

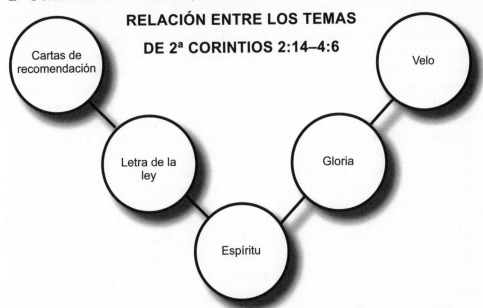

RELACIÓN ENTRE LOS TEMAS DE 2ª CORINTIOS 2:14–4:6

Cartas de recomendación

Velo

Letra de la ley

Gloria

Espíritu

Pablo razona que el ministerio del Espíritu debe ser más glorioso puesto que trae justicia en lugar de la condenación asociada a la ley. Como en Gálatas 3, anticipa la explicación más completa que hace en Romanos 7 sobre la invalidez de la ley para salvar y en Romanos 8 sobre la libertad que el Espíritu da. Así, la conclusión lógica es que la ley solo puede condenar. El apóstol no niega que la ley contenga elementos para el perdón (el sacrificio animal), pero después del sacrificio de Cristo que fue una vez y para siempre, el acercamiento de la ley ya no sirve. La única función salvífica de la ley es apuntar a Cristo (pp. 150-151).[165]

La comparación continúa en los versículos 12–18. El versículo 13 casi siempre se traduce mal. En el Antiguo Testamento no dice que Moisés se puso un velo en el rostro para que el pueblo no viera cómo la gloria se iba extinguiendo. ¡Todo lo contrario! Pues se lo ponía para que no quedaran cegados por el resplandor! Una traducción más literal del versículo 13 sería: «para que los hijos de Israel no asistieran *al final de aquello que estaba siendo abolido*». Dado que en el versículo 11 aparece el mismo participio («estaba siendo abolido» o «se estaba extinguiendo»), lo más lógico es pensar que en el versículo 13 Pablo también se está refiriendo al fin o al objetivo del pacto, y no al fin de la extinción del resplandor del rostro de Moisés (como en el v. 7). Sabemos que esta interpretación también es ir más allá de lo que dice el Antiguo Testamento, pero al menos no lo contradice. Y está claro que para llegar a esta conclusión era necesario poder mirar en retrospectiva: una vez en la era del Nuevo Testamento se podía mirar atrás y ver que el pacto mosaico no era permanente.[166]

---

165. Cf. Thrall, *Second Epistle to the Corinthians*, vol. 1, 235, 244.

166. Ver Linda L. Belleville, *Reflections of Glory: Paul's Polemical Use of the Moses–Doxa Tradition in 2 Corinthians 3* (Sheffield: JSOT, 1991), esp. p. 295. Cf. Carol K. Stockhausen, *Moses' Veil and the Glory of the New Covenant: The Exegetical Structure of II Cor. 3,1–4,6* (Roma: PIB, 1989).

El término «velo» constituye el último juego de palabras de esta sección. Si de forma literal Moisés se puso sobre el rostro un velo, los no creyentes que leen el Antiguo Testamento en la era cristiana pero no encuentran en él a Cristo tienen el corazón cubierto por un velo metafórico, que les impide responder de forma positiva (vv. 14–15). Sin embargo, cuando se acercan al Señor, pueden entender las Escrituras hebreas de forma completa (v. 16). Y para los cristianos, el Señor ya no es simplemente Dios, si tan siquiera simplemente Dios en Cristo, sino el Dios trino que incluye también al Espíritu Santo. El Espíritu da libertad, no solo de la ley, que no puede salvar, sino que también propicia el inicio de un proceso de transformación por el que los creyentes nos vamos pareciendo más a Cristo (vv. 17–18). Eso no significa que llegamos a ser dioses, sino que cada vez estamos más de acuerdo a la imagen de Dios, aquella imagen que Dios quería que reflejáramos sin pecado (Gé. 1:26–27). La palabra que traducimos por «semejanza» es de hecho la palabra que la Septuaginta usa (*eikon*) para traducir el término hebreo «imagen» que aparece en Génesis 1:26.[167]

Los versículos 4:1–6 repiten y resumen los temas principales de esta sección: la determinación de Pablo a renunciar a las formas engañosas de autorrecomendación, su presentación directa del evangelio, la doble reacción que se encuentra (de aceptación por un lado, y de rechazo por otro), y la explicación que hay detrás de ambas reacciones. El «dios de este mundo» (v. 4) es sin duda alguna Satanás. Pero incluir a los judíos que observaban la ley entre aquellos a los que Satanás ha cegado es una de las mezclas de conceptos más chocantes que Pablo podría haber hecho.[168]

Aflicciones presentes vs. gloria venidera (4:7–5:10). Las glorias del nuevo pacto quedan, con demasiada frecuencia, escondidas en los cuerpos humanos de los creyentes, cuerpos frágiles, mortales, pecaminosos y perseguidos.[169] Pero a ese deprimente estado de las cosas, Pablo le ve un lado positivo. Cuando los cristianos viven por encima de las dificultades los demás pueden ver de forma más clara que es el poder sobrenatural de Dios que les sostiene (4:7–12). Aquí encontramos un segundo principio sobre el sufrimiento, y un recordatorio sobre cómo soportar las penalidades (vimos el primer principio en la p. 247). Los versículos 8–10 presentan la primera lista de 2ª Corintios donde aparecen las penalidades que Pablo ha experimentado (cf. 6:4–10; 1123b–27).[170] Lo que es realmente sorprendente es que Dios permita que sus seguidores lleguen casi hasta el «límite», pero también se nos dice que no permitirá que caigamos al

---

167. Sobre los atributos interpersonales asociados con esta transformación, ver R. Ward Wilson y Craig L. Blomberg, «The Image of God in Humanity: A Biblical–Psychological Perspective», *Themelios* 18.3 (1993): 8–15.

168. Comparar con Mohan Uddin, «Paul, a Devil and "Unbelief" in Israel (with Particular Reference to 2 Corinthians 3–4 and Romans 9–11)», *TynB* 50 (1999): 265–80.

169. Si Pablo se hubiera detenido en 4:6, le podrían haber acusado de predicar el mismo mensaje de poder y fuerza que sus oponentes predicaban, pero inmediatamente añade una sección sobre su ministerio de penalidades, un símbolo más apropiado para un mensaje sobre la muerte de Jesús (Wan, *Power in Weakness*, 77–78).

170. Sobre los símbolos o imágenes que aparecen en este pasaje, ver esp. Jack T. Fitzgerald, *Crack in Earthen Vessels* (Atlanta: Scholars, 1988).

abismo; eso sí, siempre que confiemos en su poder.[171] Pablo nunca muestra una indiferencia estoica ante el sufrimiento. El sufrimiento es real, duele, desanima, y no es motivo de celebración. No hay que buscarlo, aunque sí se puede soportar, pero solo «con confianza sobrehumana y tenacidad».[172] El evangelio precisa de una forma que se ajuste a su contenido, ya sea que hablemos de la predicación o del predicador; por tanto, el tesoro de Dios *tiene que* permanecer en frágiles vasijas de barro.[173]

Un tercer principio sobre el sufrimiento es reconocer la gloria eterna que un día compensará las dificultades más duras de esta vida (4:13–18). Aunque el valiente testimonio de Pablo tiene como consecuencia la tortura física, el apóstol puede poner la mirada en el cuerpo resucitado, glorificado y perfeccionado que tendrá en la vida venidera (vv. 13–14). Mientras, su ministerio está sirviendo para que más gente llegue a conocer a Cristo, lo que hace que su sufrimiento sea más soportable (v. 15). Así, Pablo experimenta renovación espiritual aunque su cuerpo se esté deteriorando (v. 16).[174] El versículo 17 comprende una de las declaraciones más notables de las Escrituras y muestra el drástico cambio de perspectiva que da meditar en las realidades eternas. A la luz de una eternidad perfecta, ¡cualquier agonía humana, por prolongada que sea, palidece! Hace años se decía que algunos cristianos estaban «tan centrados en el cielo, que no eran útiles en la tierra». Pero hoy, el problema es que hay muchos creyentes que están tan centrados en la tierra, ¡que no son útiles para los propósitos celestiales! Pablo nos enseña a poner nuestra mirada en las verdades eternas e invisibles (v. 18).

Los versículos 5:1–10 desarrollan más el tema de la gloria eterna. Pablo habla de la esperanza de un cuerpo resucitado. Del cuerpo físico presente dice que es una «morada terrestre» o «tienda de campaña» que será sustituida por «un edificio de Dios, una casa eterna en el cielo» (v. 1). Como Pablo usa el tiempo presente, «tenemos», junto con la promesa de un cuerpo nuevo, algunos han interpretado que Pablo creía que los creyentes recibían ese cuerpo inmediatamente después de la muerte.[175] Pero no es fácil encajar esa idea con la enseñanza de 1ª Tesalonicenses 4–5 y 1ª Corintios 15, textos que ya hemos

---

171. En el texto griego hay un juego de palabras al final de versículo 8, que en castellano podríamos traducir por «en situación desesperante, pero no desesperados» (Garland, *2 Corinthians*, 229).

172. William R. Baker, *2 Corinthians* (Joplin: Collage Press, 1999), 185.

173. Stephen J. Kraftchick, «Death in Us, Life in You: Thge Apostolic Medium», en *Pauline Theology*, vol. 2, ed. David M. Hay (Minneapolis: Fortress, 1993), 172.

174. Cf. esp. A.E. Harvey, *Renewal through Suffering: A Study of 2 Corinthians* (Edinburgh: T & T Clark, 1996). Harvey dice que esta perspectiva no tiene precedentes en toda la historia de la Religión, aunque no queda claro cuántas de las convicciones de Pablo se desarrollaron solo después de 1ª Corintios.

175. P. ej., Murray J. Harris, *Raised Immortal* (London: Marshall, Morgan & Scott; Grand Rapids: Eerdmans, 1985), 219–26. Harris ha adoptado ahora una posición mediadora: según él la «adquisición futura del cuerpo espiritual cuando morimos es una posesión ideal que se completa en la parusía» (Ídem, *The Second Epistle to the Corinthians* [Milton Keynes: Paternoster; Grand Rapids: Eerdmans, 2005], 378–80).

analizado. Lo más probable es que el verbo utiliza el uso futurista del tiempo presente para enfatizar la certeza y la seguridad de la resurrección, aunque ésta tenga lugar después de un intervalo de tiempo posterior a la muerte.

Las metáforas de los versículos 2–4 no son sencillas. Pablo habla de poner-se el cuerpo nuevo, no como si uno se quitara lo que lleva y se cambiara de ropa, sino como si uno se pusiera una vestimenta encima de la que ya llevaba (el verbo *ependuomai* significa literalmente «ponerse encima de»). ¿Sugiere eso que después de todo no habrá un intervalo entre la muerte y la refección del cuerpo resucitado? Esto parece poco probable. Lo más lógico es pensar que estas ilustraciones nos dicen que Pablo prefiere vivir hasta la parusía a experi-mentar el estado intermedio e incorpóreo entre la muerte y la resurrección.[176] Sea como sea, lo que está claro es que la vida nueva está garantizada, de nuevo por el papel del Espíritu en nuestras vidas (v. 5; la palabra que traducimos por «garantía» o «arras» es la misma que aparece en 1:22).

Los versículos 6–8 también respaldan la doctrina de un estado intermedio. Mientras los cristianos están en sus cuerpos físicos en la tierra, no experimen-tan la presencia inmediata de Dios que sí se experimenta después de la muerte (v. 6). Ciertamente, en primer lugar tienen que ejercer fe y creer que existe un reino invisible en el que Dios habita (v. 7). Prefieren experimentar a Dios de forma más directa en el estado intermedio, aunque eso signifique estar sin un cuerpo durante un tiempo (v. 8).[177] Pero a ellos no les toca elegir el momento de su muerte, así que, estén en el estado que estén, su objetivo sigue siendo agradar al Señor (v. 9) porque cuando Cristo vuelva y dé comienzo a la resurrección de todos los creyentes se presentarán delante de Él en el juicio para rendirle cuentas de las vidas que han llevado (v. 10). Ese juicio, del que ya se habló en 1ª Corintios 3:13–15, será una demostración pública de la justicia y la misericordia de Dios, no de una decisión del momento y a la ligera sobre el destino de los muertos.

El centro del ministerio: la reconciliación (5:11–21). *Este medio capítulo es la parte teológica principal de la epístola.* Ralph Martin dice que el tema de la reconciliación es el eje de todo el pensamiento paulino.[178] Si los capítu-

---

176. Otros defienden el concepto del «sueño del alma», que dice que cuando la gente muere deja el estado de conciencia, por lo que el siguiente momento que experimen-tan es el de la resurrección, aunque ésta tenga lugar mucho tiempo después. Pero la interpretación más común a lo largo de la historia de la iglesia apunta a un estado intermedio, incorpóreo, consciente, en el que el espíritu del creyente experimenta la presencia de Dios. Ver esp. Joseph Osei–Bonsu, «Does 2 Cor 5:1–10 Teach the Reception of the Resurrection Body at the Moment at Death?», *JSNT* 28 (1986): 81–101; Idem, «The intermediate State in the New Testament», *SJT* 40 (1987): 571–90.

177. Sobre estos versículos, ver esp. William L. Craig, «Paul's Dilemma in 2 Corinthians 5.1–10: A "Catch–22"?», *NTS* 34 (1988): 145–47.

178. Ralph P. Martin, *Reconciliation: A Study of Paul's Theology* (London: Marshall, Morgan & Scott; Atlanta: John Knox, 1981). Encontrará una profunda reflexión de cómo la reconciliación, y no solamente la justicia, debe ser el objetivo último de toda relación humana, social y espiritual, pues solo así se consigue la verdadera justicia (con una referencia especial a la literatura paulina), en Miroslav Volf, «The Social Meanings of Reconciliation», *Int* 54 (2000): 158–72.

los 1–7 tienen una estructura quiásmica (ver p. 246), entonces este texto es el centro y el clímax del quiasmo. La reconciliación implica reestablecer una relación de amor entre dos partes que se han separado. Como la justificación (véase el comentario sobre Gálatas 2), empieza con una conversión pero no está completa hasta el escatón.[179]

Si seremos juzgados por cómo vivimos como creyentes, entonces tenemos que compartir el evangelio siempre que podamos (v. 11), no para jactarnos de ello sino para que otros puedan sentirse orgullosos de nuestro comportamiento (v. 12). El versículo 13 podría significar simplemente que alguna gente pensará que este estilo de vida es de locos, pero Pablo también podría estar haciendo referencia a sus experiencias más extáticas (ver el comentario sobre 12:1–6) o incluso a las quejas en contra de su estilo y retórica.[180] Pero soportará cualquier reacción que la gente tenga por el bien de su ministerio del evangelio (vv. 14–21). Este pasaje es muy rico, pues en un breve espacio contiene muchos elementos cristológicos: la expiación ilimitada de Cristo (vv. 14–15), alguien que fue más que un hombre cualquiera (v. 16), que trajo con la salvación de los creyentes un anticipo de la futura recreación del cosmos (v. 17), ofreciéndose a sí mismo como nuestro sustituto y recibiendo la ira y el juicio de Dios que nosotros merecíamos (vv. 18–19, 21). Por el ministerio de sacrificio de Cristo, lograr la reconciliación entre Dios y los creyentes, somos llamados a ser «embajadores» de esa reconciliación, que incluye tener paz entre los creyentes (v. 20).

De los versículos 14–21 hemos de comentar algún elemento más. El versículo 16b en ocasiones se ha utilizado para decir que no es necesario que los cristianos conozcan al Jesús de la historia; lo único que importa es que crean por fe en el Cristo resucitado. Pero eso es sacar el versículo de su contexto; en su contexto, significa que los creyentes ya no pueden considerar a nadie, ni siquiera a Jesús, como lo hacían antes de ser salvos.[181] El significado completo del versículo 17 también se pierde en muchas ocasiones. El texto griego dice literalmente: «Si alguno [está] en Cristo, ¡nueva creación!». Dicho de otro modo, si la era mesiánica ha llegado haciendo posible que las personas se puedan unir al Mesías, entonces el principio de la recreación del Cosmos también ha llegado. La salvación va más allá de la renovación de las personas (cf. Ro 8:19–22). Por último, el orden de las palabras del versículo 21a en el texto original es significativo. Pablo escribe: «[Dios] hizo al que no cometió pecado [ser] pecado por nosotros». Como Murray Harris explica: «parece que la intención de Pablo [es] destacar la importancia de que Cristo fuera hecho *un sacrificio* por los pecados, y no tanto que Cristo fuera hecho *pecado* [que tiene su importancia también, pues no hemos de olvidar que el énfasis está en la

---

179. Encontrará un estudio reciente completo sobre esta palabra en Stanley E. Porter, *Καταλάσσω in Ancient Greek Literature, with Reference to the Pauline Writings* (Córdoba: Ediciones el Almendro, 1994).

180. Moyer Hubbard, «Was Paul our of His Mind? Re–reading 2 Corinthians 5.13», *JSNT* 70 (1998): 39–64.

181. Ver, p. ej., James M. Scott, *2 Corinthians* (Peabody: Hendrickson; Carlisle: Paternoster, 1998), 134.

sustitución]. La identificación del Cristo sin pecado con el pecado del pecador fue tan completa, incluyendo la culpa y la consecuencia de separación de Dios, que Pablo pudo decir, "Dios lo hizo ... ser pecado por nosotros"».[182]

Aflicciones presentes vs. gloria presente (6:1–10). Si pensamos que los capítulos 1–9 siguen la estructura típica de la epístola grecorromana, *es aquí donde empieza el material exhortativo más directo*. Pablo anima a los corintios a seguir regresando a una comprensión correcta y verdadera del evangelio que no debe avergonzarse del estilo de su ministerio apostólico y sus aflicciones (v. 1–3). Su llamamiento a que no reciban la gracia de Dios en vano implica que se reconcilien con él, puesto que él es embajador de Cristo.[183] Parece que Pablo vuelve a tratar los temas de los que ya ha hablado en las cinco secciones de 2:14–7:16, pero esta vez en orden inverso. Los versículos 4–10 nos ofrecen otra dura lista de sus sufrimientos semejante a la de 4:7–12, pero aquí establece un contraste entre las aflicciones y las bendiciones presentes, que compensan. Veamos la sorprendente estructura: primero, enumera las duras aflicciones (v. 4–5), luego en mitad de una frase hace un cambio brusco y pasa a hablar de las virtudes por las que el Espíritu le capacita para vivir por encima de las circunstancias (vv. 6–7), y por último añade una lista de contrastes entre las interpretaciones diametralmente opuestas sobre su ministerio (vv. 8–10).

Cristo vs. Belial / creyentes vs. incrédulos (6:11–7:4). La segunda exhortación es un llamamiento a la iglesia de Corinto a restaurar su afecto por Pablo (6:11–14; 7:2–4). En estos párrafos, Pablo inserta su mandato sobre no unirse en yugo desigual con los incrédulos debido al inmenso abismo que separa la fe de la incredulidad (6:14–7:1; recuérdense los contrastes de 2:14–4:6).[184] El verbo que traducimos por «unirse en yugo desigual» (*heterozugeo*) no es el mismo que se usa para referirse al matrimonio,[185] y en este contexto el único tipo de «unión desigual» a la que al parecer se está haciendo referencia es entre el cristianismo y la idolatría. Dado que en el versículo 16 menciona de forma específica los templos, lo más probable es que Pablo esté hablando de los problemas que iban a surgir si los cristianos continuaban asistiendo a los cultos paganos (recuérdese 1Co 8–10 y especialmente 10:14–22).[186] Para la minoría

---

182. Murray J. Harris, «2 Corinthians», en *The Expositor's Bible Commentary*, ed. Frank E. Gaebelein, vol. 10 (Gran Rapids: Zondervan, 1976), 354. O, con N.T. Wright («On Becoming the Righteousness of God: 2 Corinthians 5:21», en *Pauline Theology*, vol. 2, ed. David M. Hay [Minneapolis: Fortress, 1993], 206),

183. Matera, *II Corinthians*, 150.

184. Cf. también William J. Webb (*Returning Home: New Covenant: Second Exodus as the Context for 2 Corinthians 6.14–7.1* [Sheffield: JSOT, 1993]) donde encontrará otras conexiones entre 6:14–7:1 y su contexto, basadas sobre todo en las tradiciones del Antiguo Testamento que se usan en este segmento.

185. No obstante, otras expresiones hebreas, griegas y latinas que significan «yugo» sí se usaban para hacer referencia al matrimonio, así que es difícil saber si Pablo está evitando esas expresiones de forma deliberada porque al escribir esos versículos no está pensando concretamente en el matrimonio, o si está usando un sinónimo, y espera que los corintios hagan también un uso metafórico.

186. Matera, *II Corinthians*, 162, incluyendo n. 62.

cristiana de trasfondo judío que había en Corinto, también podría haber aquí una aplicación en cuanto al tema de la ley. Los niños judíos, cuando llegaba la edad señalada, aceptaban el «yugo de la Torá» y se comprometían así a obedecer los mandamientos de Moisés. Por otro lado, los cristianos estaban bajo la «ley de Cristo» (Gá 6:2; 1Co 9:21). En el Antiguo Testamento, para separarse de la falsa religión la gente se apartaba física o geográficamente (vv. 17–18, citando Is. 52:11; Ez. 20:34, 41), pero Pablo ya ha rechazado ese acercamiento (1Co 5:10), así que aquí debe de estar refiriéndose a una separación moral, a separarse del pecado, no a separarse físicamente de los pecadores.

El informe sobre el viaje de Pablo continúa (7:5–7). Por fin Pablo retoma el tema que había dejado en 2:13 y describe su euforia por la llegada de Tito y las buenas noticias de que los corintios están preocupados por Pablo y que están dolidos por haber pecado. Los conflictos tanto externos como internos que estaban atormentando a Pablo parecían la peor de las pruebas, hasta que Dios le consuela con la llegada de su colaborador. En el momento antes de amanecer, el cielo suele parecer más oscuro que nunca.

Tristeza de los corintios (7:8–13a). Esta sección se corresponde con 1:23– 2:11 y especialmente con 2:5–11, pues describe con mayor detalle la adecuada respuesta de los corintios a la carta de Pablo que les «había entristecido», y también su llamamiento a hacer algo con el grupo de la iglesia causante de los problemas. A Pablo le preocupaba haber hecho más mal que bien, pero no se disculpa como quizá había planeado, porque su severidad ha servido para producir una tristeza santa que lleva al arrepentimiento. Repite que tiene más interés en que toda la iglesia reaccione adecuadamente que en que el pecador se retracte de su error. Esta parte es una continuación natural a la indignación de Pablo en 1ª Corintios 5:2 ante una congregación que se siente orgullosa en lugar de lamentarse y expulsar al hombre que vive con la esposa de su padre. De nuevo, esto no prueba que los dos pasajes estén haciendo referencia al mismo individuo, pero sí es cierto que, temáticamente, encajan a la perfección.

Confianza de Pablo en los corintios (7:13b–16). Pablo empezó esta primera sección del cuerpo de la carta hablando de la confianza en sus propias motivaciones, y ahora acaba hablando de la confianza que tiene en los corintios después de recibir el positivo informe de Tito. A continuación, y por esta confianza, pasa a hablar del tema ético que es de gran importancia para él: la colecta para los creyentes de Jerusalén. Pablo le ha hablado a Tito bien de los corintios diciendo que al final entrarían en razón y verían igual que él las cuestiones que él había tratado en las otras cartas y durante sus visitas, por lo que les pide a los corintios que no le dejen mal y que lleven a cabo el compromiso de recoger la colecta (recuérdese 1Co 16:1–4).

LA COLECTA PARA JERUSALÉN (8:1–9:15)

Estos dos capítulos componen la enseñanza más extensa e ininterrumpida del Nuevo Testamento sobre el tema de la mayordomía. Por un lado, debemos tener en mente la situación histórica. Pablo está organizando una colecta para los pobres, principalmente los cristianos judíos de Judea, que aún están sufriendo las consecuencias de la hambruna que acechó aquella zona a finales de los años 40. Algunos académicos han especulado que Pablo daba mucha importancia a esta ofrenda porque quería mostrar a las iglesias judías más conservadoras de Israel que los creyentes gentiles de la Diáspora reconocían la deuda que tenían con la «madre iglesia». Lo que sí está claro es que él quería acortar distancias entre ambos grupos, y lograr una mayor unidad del movimiento cristiano que ya se había extendido por todo el Imperio.

Algunos incluso han llegado a decir que quizá Pablo tenía la esperanza de que los judíos no creyentes de Jerusalén y de alrededores se convirtieran a Cristo al ver la generosidad de los gentiles cristianos con sus hermanos judíos. En Hechos podemos ver alguna pista que apunta a que Lucas conocía la existencia de esa colecta (Hechos 20:4; 21:24), pero el hecho de que no la describa explícitamente podría significar que no logró cumplir el objetivo que Pablo se había propuesto. Por otro lado, los principios que Pablo establece en 2ª Corintios son perfectamente aplicables a la forma en la que los cristianos damos, estemos donde estemos, seamos de donde seamos, y tengamos lo que tengamos.[187]

De 8:1–15 podemos extraer *cuatro principios generales. En primer lugar*, dar de forma sacrificada es más digno de alabar (vv. 1–4). Los cristianos pobres de Macedonia sorprendieron a Pablo contribuyendo con más de lo que él pensaba que podían dar. Ciertamente, parece que él no planeó pedirles que colaboraran económicamente, pero quisieron hacer uso de esa oportunidad, que vieron como un privilegio. Con esto en mente, ¡los ricos corintios podían hacer mucho más![188]

En segundo lugar, la acción de dar nace como parte de una entrega total a Cristo (vv. 5–7). Volviendo a mencionar a los macedonios, Pablo anima a los corintios a que vean el proyecto como parte de su servicio al Señor y de sumisión a su voluntad. Y, de paso, eso también reflejaría su sumisión a la autoridad apostólica de Pablo.[189] El versículo 7 sugiere que estamos ante el tema que Pablo trató en su primera carta en el que los corintios no han hecho ningún avance.

En tercer lugar, los creyentes deberían demostrar su sinceridad manteniendo sus compromisos económicos (vv. 8–11). En este contexto, lo que más importa no es la cantidad de la ofrenda, si no el hecho de que los corintios habían tomado la iniciativa y habían prometido dar una ofrenda generosa. Ahora corrían el peligro de no ser fieles a aquellas promesas y de quedar mal – quedar mal ellos, y dejar mal al apóstol – delante de los creyentes pobres de Macedonia. Si Jesús renunció a la gloria eterna del cielo para hacerse uno de nosotros y

187. Los dos libros más amplios e importantes sobre el tema de esta colecta son Dieter Georgi, *Remembering the Poor: The History of Paul's Collection in Jerusalem* (Nashville: Abingdon, 1992); y Keith F. Nicle, *The Collection* (London: SCM: Naperville: Allenson, 1966).

188. Betz (*2 Corinthians 8 and 9*, 48) apunta a la rivalidad étnica y política entre Corinto y Macedonia, que habría hecho que las comparaciones de Pablo tuvieran un efecto inmediato.

189. Martin, *2 Corinthians*, 255.

nacer y morir de forma vergonzosa, ¡los cristianos de Corinto podían renunciar a parte de sus riquezas!

En cuarto lugar, se debería dar de forma proporcional a los propios ingresos (vv. 12–15). De forma ocasional, cuando los líderes cristianos hacen un llamamiento a hacer una donación especial, los creyentes se preguntan si lo que sus líderes les están pidiendo es que lo den todo y se queden pobres. Pablo explícitamente refuta esta idea (v. 13). Él solo les está pidiendo que den de lo que les sobra, pero eso sí, ¡que sean honestos sobre la cantidad que les sobra![190] Aplicando la Regla de Oro (Mt 7:12), deberían aportar la cantidad que les gustaría recibir si ellos tuvieran necesidad (v. 14). La provisión de maná en el desierto (Éx 16:18) es un buen ejemplo. Cada israelita tenía necesidades diferentes y habilidades distintas para reunir aquel alimento. Por tanto, por un lado no había «igualdad». Pero Dios se aseguró de que a nadie le faltara y de que nadie tuviera más de lo que podía comer (v. 15). El pueblo de Dios en la actualidad debería trabajar para lograr una igualdad similar.[191]

Curiosamente, en el Nuevo Testamento, después de la muerte y resurrección de Cristo (es decir, cuando la era de la ley dio paso a la era del evangelio) no hay ninguna enseñanza sobre dar el diezmo. Los cristianos que respaldan la idea del diezmo no se dan cuenta de que el Antiguo Testamento hablaba de cumplir con tres ofrendas diferentes, que unidas venían a ser el 23,33% de los ingresos anuales. Es decir, un judío fiel daba para diferentes frentes de la obra del Señor, y lo que daba en total era el 23,33% de sus ganancias. Y además de eso, tenían los impuestos del templo (y bajo el Imperio Romano pagaban también un tributo adicional).[192] Aunque hoy alguien estuviera dispuesto a imitar el judaísmo antiguo y dar un porcentaje tan alto, podría seguir sin entender la idea central de nuestro pasaje. Para la mayoría de millonarios, dar el 20% de sus ganancias no es ningún sacrificio. Para alguien que vive en la pobreza, dar el diezmo puede ser irresponsable pues lo necesita de forma desesperada para cubrir las necesidades básicas. Vemos que la ofrenda sacrificada o generosa no tiene que ver con un porcentaje, sino con cada situación en concreto, con cada individuo que ofrenda.[193] La libertad a la hora de dar supone «un riesgo si alguna gente da menos del diez por ciento», pero también «deja la puerta abierta a que quien quiera no ponga límites a su generosidad, yendo más allá del diez por ciento».[194]

En 8:16–9:5, Pablo pasa a hablar de *la protección de la ofrenda*. Ofrece instrucciones detalladas sobre el plan para llevar la ofrenda a Jerusalén: para que

---

190. Ver Wan, *Power in Weakness*, 110.
191. Ciertamente, «equidad» o «aquello que es equitativo» sería, en este contexto, una mejor traducción que «igualdad». Ver Linda L. Belleville, *2 Corinthians* (Leicester and Downers Grove: IVP, 1996), 223.
192. Cf. Blomberg, *Ni pobreza ni riquezas* (CLIE: 2002), 46–49 de la edición en inglés.
193. Cf. Garland, *2 Corinthians*, 381: «Algunos pueden dar mucho más que el diezmo y siguen teniendo más que suficiente para todas las necesidades de la vida. Otros apenas tienen para cubrir las necesidades más básicas».
194. Baker, *2 Corinthians*, 329.

todo llegue a su destino y no haya ocasión de que algunos se aprovechen de la ofrenda, serán varias las personas que viajen para llevarla y custodiarla. La lista de los compañeros de viaje de Pablo que aparece en Hechos 20:4 sugiere que el apóstol se preocupó de llevar consigo representantes de casi todas las regiones en las que se había recogido la colecta. Algunos se han preguntado si el «hermano que se ha ganado el reconocimiento de todas las iglesias por los servicios prestados al evangelio» en 8:18 era Pablo. El médico podría encajar en esta descripción, pero solo si creemos que la expresión «el evangelio» está haciendo referencia al libro que lleva su nombre; si no, son muchos los cristianos del primer siglo que podrían encajar con esa descripción. Además, en sus escritos Pablo nunca usa la expresión «el evangelio» para referirse a un libro o escrito.

Es interesante ver que Hechos no menciona a ningún representante de Corinto ni a nadie de la zona de Acaya. Quizá esa es la razón por la que los corintios se muestran un poco reacios a participar en aquella colecta, aunque Romanos 15:26–27a sugiere que al final entraron en razón, al menos en cierto grado. Pero los representantes servían también para un segundo propósito, que era ayudar a los corintios a ser responsables con la promesa que habían hecho (9:3–5). Aunque para llevar la colecta a Judea son un buen grupo, parece que a Corinto solo llegan para recoger la ofrenda Tito y otros dos hombres cuyos nombres desconocemos. Y ese grupo de tres es una combinación de un hombre escogido por Pablo (8:17–18), uno elegido por las otras iglesias (8:19), y otro que es de la confianza de Pablo y de las iglesias (8:22–23). Por tanto, si surgía una disputa entre Pablo y las iglesias que habían participado en la colecta, ambas partes contaban con un representante, además de haber una tercera parte de la confianza tanto de Pablo como de las iglesias. Es difícil encontrar otra fórmula que ofreciera tanta paridad.[195]

Por último, 9:6–15 habla de *las recompensas que tiene la acción de dar*. Las bendiciones de Dios son proporcionales a la generosidad de la ofrenda de cada persona en particular (v. 6). Está claro que hay que dar de forma voluntaria (no hacerlo bajo ningún tipo de coacción); pero cuando alguien entiende el principio del versículo 6, tiene el deseo de dar de forma generosa (v. 7). Los versículos 8–11 aclaran que estas bendiciones no solo hacen referencia a bendiciones materiales; Pablo está refiriéndose a cualquier forma de gracia que capacita a los creyentes para hacer buenas obras, para cosechar justicia, y para crecer espiritualmente.[196] Es cierto que a lo largo de la historia muchos cristianos fieles han sufrido la pobreza en sus propias carnes. Pero no deberíamos olvidar que 8:13–15 es el mecanismo deseado por Dios para aliviar ese tipo de pobreza: cubrir las necesidades económicas de sus hijos a través de la generosidad de la iglesia. Dada la yuxtaposición de los versículos 9:8 y 9:9,

---

195. Betz, *2 Corinthians 8 and 9*, 78.
196. «Aquí no hay nada que apunte a la "teología de la prosperidad". El enriquecimiento, como 'la abundancia' (v. 8), es metafórico, y no está motivado por el interés personal. Este 'ministerio' busca despertar generosidad, y una generosidad cuyo objetivo es dar gracias a Dios» (Barnett, *Second Epistle to the Corinthians*, 443).

las «buenas obras» en las que podemos «abundar» por la gracia o los dones de Dios deberían incluir el compartir algunos de esos dones con los pobres.[197]

Obviamente, cuando la iglesia comparta de esta manera, mucha gente alabará a Dios y le dará gracias por la ayuda recibida (vv. 12–15). Pero el versículo 13 hace que sea difícil limitar esa expresión de gratitud solo a los creyentes que han recibido ayuda. Aunque la palabra «todos» que aparece al final del versículo haya sido utilizada como generalización o exageración, el hecho de que Pablo elija incluirla habla de que tenía en mente a un grupo más amplio de personas, entre las que estarían los no creyentes que se entregarán al Señor en parte por ver la generosidad ejemplar de la comunidad cristiana. Vemos también que los creyentes no pueden pensar que solo son responsables de los cristianos pobres de su comunidad o localidad. Después de todo, en esta colecta ha participado gente que está repartida por todo el Imperio, mostrando así preocupación práctica por los creyentes que están en otra parte del mundo.[198]

«DEL TRIUNFALISMO A LA MADUREZ» (10:1–13:14)[199]

Pablo vs. los «superapóstoles» o los falsos apóstoles (10:1–12:13). De repente Pablo se expresa de forma abiertamente sarcástica sobre los nuevos intrusos en la iglesia de Corinto, aquellos que están promoviendo una forma de cristianismo triunfalista y judaizante.[200] Cuando se quiere referir a ese grupo, les llama «falsos apóstoles» (p. ej., 11:13) y, haciendo uso de la ironía y reflejando la forma en la que ellos se ven a sí mismos, «superapóstoles» (p. ej., 11:15). Probablemente no tiene en mente a ninguno de los doce, sino a los intrusos que dicen falsamente que representan la perspectiva judeocristiana (como ocurrió en Galacia). Se jactan de su procedencia étnica y de sus credenciales ministeriales, lo que obliga a Pablo a jactarse también. Pero el apóstol prefiere jactarse principalmente en su debilidad, en los atributos espirituales que esos judaizantes menosprecian.[201] Podemos establecer una lista de esos

---

197. Por eso Wan (*Power in Weakness*, 120) califica la «autosuficiencia» del v. 8 de «nada más que un término medio entre la gracia y las buenas obras».

198. Pablo cree «en una fraternidad mundial comprometida, en la que los miembros constituyentes tienen obligaciones de reciprocidad. La perspectiva de Pablo no es ni congregacional ni individualista» (Barnett, *Second Corinthians*, 447).

199. Tomo prestada esta expresión de la excelente exposición que D.A. Carson hace de estos cuatro capítulos (Viladecavalls: Andamio, 1994).

200. Los términos «ternura y bondad» son peyorativos, pues los oponentes de Pablo creen que son muestra de su debilidad. Algunas versiones los ponen entre comillas, del mismo modo que ponen entre comillas «tímido» y «atrevido». Ver Carson, *Del triunfalismo a la madurez* (Andamio: 1994), 47 de la edición en inglés. O bien Pablo tan solo está haciendo uso de una «suave ironía», y sus palabras deberían traducirse «por la indulgencia y la clemencia de Cristo». Ver Donald D. Walker, *Paul's Offer of Leniency (2 Cor 10:1)* (Tübingen: Mohr, 2002).

201. Estas acusaciones, en particular, apuntan a las redefiniciones paulinas de la «masculinidad» con respecto a su cultura (Jennifer Larson, «Paul's Masculinity», *JBL* 123 [2004]: 85–97) y al hecho de que se jactara en las palizas que le habían dado en lugar de jactarse de las heridas de guerra, otra señal cultural de ignominia (Jennifer A. Glancy, «Boasting of Beatings» [2 Corinthians 11:23–25], *Ibíd.*, 99–135).

atributos, que estaría formada por seis elementos, que aparecen en las seis secciones que encontramos de 10:1 a 12:10. Los criterios que aquí veremos son tan válidos hoy como lo eran en el siglo I.

En primer lugar, debemos depender de la autoridad espiritual, no de la autoridad humana (10:1–11). A Pablo lo acusan de ser débil cuando está entre los corintios, y de ser duro solo cuando está lejos (v. 1). Así que les deja claro que, si se lo propone, podría ser muy duro la próxima vez que esté con ellos (v. 2). Pero prefiere no usar su autoridad apostólica con dureza por dos razones: porque no sería coherente con su liderazgo servicial, y por el afecto que tiene a las iglesias que él mismo ha establecido (ver 1Co 4). Lo que desde la perspectiva humana parece débil puede ser un reflejo del poder de Dios (vv. 3–4; recuérdese 1Co 1:18–2:5). Un día, ese poder destruirá todas las fuerzas no cristianas que hoy en día parecen mucho más fuertes que nosotros (vv. 5–6). En los estudios modernos sobre la lucha espiritual, el versículo 4 muchas veces se cita fuera de contexto, y se interpreta que el término «fortalezas» es una clara referencia a la actividad demoníaca. De ahí, al cristiano se le estaría prometiendo que va a ser capaz de ahuyentar a Satanás en varios encuentros sobrenaturales con sus milicias diabólicas. Podríamos extraer esa promesa de otros pasajes (p. ej., 1 Jn 4:4), pero no de éste. En este contexto, Pablo está declarando la superioridad del evangelio sobre esas ideologías filosóficas no cristianas que han cautivado a sus oponentes (v. 5). Como Pablo demuestra una y otra vez en sus cartas, esas filosofías se pueden combatir con una refutación lógica y rigurosa, en combinación con la guía del Espíritu Santo. Irónicamente, las personas del ala más antiintelectual de la iglesia son los que suelen usar este pasaje para decir que el Espíritu y la mente son opuestos. Pero de hecho, sabemos que tanto el uno como la otra son indispensables (recuérdese 1Co 2:6–16).

Alister McGrath ha dicho que «el futuro del mundo evangélico está en la formación de un fundamento teológico riguroso y de la credibilidad intelectual». Pero «para que esto ocurra, Cristo debe reinar de forma suprema en nuestras mentes».[202] Por eso, cuando los detractores de Pablo solo miran su falta de formación y la sencillez de su oratoria, no lo juzgan justamente ni logran apreciar la contundencia de su razonamiento y el poder del Espíritu que reside en él (vv. 7–11).

En segundo lugar, deberíamos limitar nuestro trabajo a territorios que no han sido asignados a otros (10:12–18). Las rivalidades entre los diferentes bandos que vimos en 1ª Corintios no habían desaparecido del todo, y los falsos maestros que acaban de llegar no hacen más que empeorar las cosas. Aunque es Pablo el que ha iniciado la iglesia en Corinto, otros, ya sea líderes locales o intrusos provenientes de otros lugares, están poniéndose las medallas y diciendo que superan a Pablo. Como respuesta encontramos dos ideas. Primero, esas comparaciones y recomendaciones de uno mismo son producto de la necedad, sobre todo porque no suelen reflejar la forma en la que el Señor evalúa a las personas (vv. 12, 18). Más importante aún, esa competición por afiliarse a una

---

202. Belleville, *2 Corinthians*, 256; resumiendo a McGrath, «Why Evangelicalism Is the Future of Protestantism», *CT* 39 (1995): 18.

congregación o a otra desvía la atención de la tarea principal: llevar el evangelio a los que aún no lo conocen (vv. 13–16).

Como vimos en Hechos, la tarea de Pablo siempre era establecer iglesias, discipular a los nuevos creyentes, dejar un liderazgo autóctono, y marchar a un nuevo lugar lo antes posible. Hoy, una cantidad desproporcionada del ministerio cristiano tiene lugar en partes del mundo que ya están evangelizadas, mientras se presta menos atención a las etnias y a los lugares donde aún no ha llegado el evangelio. Sin duda, el Señor hoy quiere que muchos más creyentes vayan «más allá de sus regiones» (v. 16) como vemos en este pasaje.[203] Es cierto que eso muchas veces significará menos crecimiento externo, y, aquellos que juzgan con criterios humanos, pensarán que los ministerios se ven más anémicos, pero la única jactancia que cuenta es gloriarse en lo que Dios hace, no en lo que nosotros hacemos (v. 17).

En tercer lugar, deberíamos rechazar cualquier tipo de «conocimiento» que hace que alguien deje a Cristo y se vuelva a Satanás, aunque venga enmascarado para crear confusión (11:1–6, 13–15). Después de denunciar a los que se están poniendo en el pedestal apelando al éxito según criterios humanos, Pablo ahora se ve obligado a hacer algunas comparaciones entre él mismo y los falsos maestros a fin de corregir algunos malentendidos que corrían por Corinto. Admite la incongruencia de dicha comparación, pues en el versículo 1 dice que lo que va a hacer es una «tontería». Pero las perversiones competitivas del mensaje cristiano tergiversan dicho mensaje y el destino eterno de las personas está en juego. Por eso debe defender su autoridad apostólica como no inferior a la supuesta relación que sus oponentes dicen tener con los apóstoles de Jerusalén (vv. 2–6). Ya fuera por la perspectiva judaizante de sus oponentes, o por su triunfalismo (o por ambos), no le queda más remedio que calificar a sus portavoces de falsos apóstoles que, aunque inconscientemente quizá, están siendo usados por el diablo. Esa duplicidad no debería sorprender dado que el maligno a menudo aparece de forma atractiva (vv. 13–15).[204] Las expresiones del versículo 4 «un espíritu diferente» o «un evangelio diferente» y en el versículo 14 sobre los ángeles engañosos se parece tanto a las advertencias de Gálatas 1:6–9 que Pablo probablemente ve en los judaizantes de Corinto al mismo tipo de judaizantes que antes había hecho daño en Antioquía y Galacia.[205]

En cuarto lugar, no deberíamos aceptar dinero por nuestro ministerio cuando eso va a poner en cuestión la integridad de nuestro mensaje (11:7–12).

---

203. Incluso en los ministerios que tienen objetivos distintos al evangelismo de primera línea nos debemos preguntar si los proyectos simplemente duplican la que otros cristianos evangélicos ya están haciendo bien en la zona (en cuyo caso lo ideal es la cooperación, no la competición) o si realmente van a apuntar a una necesidad por cubrir.

204. Paul Barnett (*The Message of 2 Corinthians: Power in Weakness* [Leicester and Downers Grove: IVP, 1988], 170) observa que esta carta revela el rol triple de Satanás: busca dividir a la iglesia envenenándola de amargura y de falta de perdón (2:10–11), mantiene a los pecadores en su ceguera espiritual (4:4), y separa a los creyentes de Cristo a través de la falsa doctrina (11:3, 14).

205. Wan, *Power in Weakness*, 139.

Como vimos con 1ª Corintios 9, los filósofos y los oradores itinerantes en la Roma y en la Grecia antiguas solían cobrar grandes sumas de dinero por sus discursos, mientras que Pablo predicaba su mensaje de forma gratuita. Es probable que los judaizantes estuvieran pidiendo una retribución. La forma de pensar de los detractores del apóstol provenía del concepto, aún vigente «tanto tienes, tanto vales». Por lo que Pablo tiene que explicar su forma de ver este asunto. Él sí aceptaba el apoyo económico de otras iglesias (v. 8),[206] sobre todo de la iglesia de Filipos, pero incluso en ese caso procura asegurarse de que la ayuda la envían de forma completamente desinteresada (ver el comentario de Fil 4:10–20). Los ricos patrones que subvencionaban las campañas de los maestros itinerantes esperaban poder controlar, en cierta medida, los contenidos de las enseñanzas, pero Pablo no tolera que se cuestionen las palabras que vienen de Dios mismo. Además, reconoce que pedir ayuda a una iglesia que ya se ha mostrado reticente a dar generosamente para sus hermanos pobres sería poner sobre ella una carga aún más grande. Por amor a ellos, renuncia a su derecho de pedirles apoyo económico por su ministerio (v. 11).[207]

En quinto lugar, hemos de ser conscientes de que podemos llegar a experimentar persecución aunque se nos haya dado plena autoridad para el ministerio que estamos realizando (11:16–33). En el caso de Pablo, su procedencia judía le cualifica para entender el rol de la Torá en la era del evangelio. Si los judaizantes pueden jactarse de sus antecedentes judíos, él también (v. 22). Pero el apóstol sigue reconociendo que hacer ese tipo de comparaciones es estúpido (vv. 16–19).[208] Para defender la legitimidad de su apostolado, hace mención de sus sufrimientos. ¿Están ellos dispuestos a pasar por eso? Si la autoridad cristiana lleva al líder a tomar la actitud de siervo, aunque eso haga que los que juzgan según los criterios humanos lo tachen de débil, las persecuciones y los sufrimientos son una demostración de la obra del Espíritu en su vida (vv. 23b–29). Esta lista de sufrimientos es una combinación de experiencias causadas directamente por su ministerio (sobre todo los encarcelamientos, los azotes[209] y

206. Al usar la expresión sarcástica «despojé a otras iglesias» o «robé a otras iglesias» el apóstol está remarcando su agradecimiento a los que le están respaldando (Baker, *2 Corinthians*, 384).

207. A la vez, al tener que depender de un oficio para poder mantenerse, Pablo habría tenido que soportar la burla de las clases altas que despreciaban ese tipo de trabajo (ver Cicerón, *De officiis* 150–51), y quizá la enemistad de algunos patrones que se habrían sentido ofendidos porque el apóstol se había negado a aceptar su ayuda (Keener, *1–2 Corinthians*, 229).

208. Las referencias violentas que encontramos en los vv. 20–21 probablemente sean metafóricas, igual que lo son la esclavitud y la explotación en el v. 20. Ambas hacen referencia a la actitud autoritaria de los falsos maestros, y a su exigente demanda de apoyo económico.

209. Los treinta y nueve latigazos era un castigo impartido por los líderes de la sinagoga judía. Pablo podría haberse librado de este castigo simplemente renunciando a su trasfondo judío y estableciendo una clara ruptura con las instituciones judías. Pero el hecho de que no lo hiciera demuestra su comprensión teológica de que el cristianismo era el cumplimiento del judaísmo, y su increíble deseo de ganar a los judíos para Cristo.

los apedreamientos) y de dificultades comunes a todo el que viajaba por el extenso territorio del Imperio (p. ej., naufragios, asaltos, hambre, etcétera). Después de una lista que desanimaría a cualquiera (vv. 23b–27), Pablo concluye aparentemente de forma anticlimática con el peso diario de «su preocupación por todas las iglesias» (vv. 28–29). Pero este último sufrimiento es el único que nunca desaparece, así que, después de todo, es el clímax más apropiado. En todas las épocas, el ministerio pastoral que se lleva a cabo de corazón siempre va acompañado de ese peso y esa preocupación.[210]

Así, los versículos 30–33 recogen la ignominia más grande: que le tuvieran que bajar en una cesta por una ventana de la muralla (justo la antítesis de la acción militar más reconocida y premiada, pues el honor más alto se reservaba para el soldado que era el primero en *escalar* una muralla enemiga). ¡Pablo es bien consciente de su debilidad![211] A la vez, es importante tener en cuenta que cierta corriente filosófica grecorromana reconocía que jactarse en la debilidad era aceptable, e incluso era visto como la forma más noble de recomendarse. Así que a la vez que Pablo denuncia el énfasis desmedido en la sofisticación del discurso, énfasis que daba más importancia a la forma que al contenido y que ponía toda la atención en la persona que hablaba, en lugar de ponerla en el mensaje que transmitía, el apóstol sabe suficiente de filosofía y oratoria como para usarla en su favor para resaltar de nuevo el mensaje del evangelio.[212]

En sexto lugar, debemos soportar nuestros «aguijones en la carne» aunque Dios nos haya dado experiencias espirituales maravillosas (12:1–13). La yuxtaposición de los versículos 1–6 y 7–10 sorprende por el conjunto discordante que forman. En el primer párrafo, Pablo se ve obligado a hablar de sus propias «visiones y revelaciones del Señor», dado que los falsos maestros se jactan de haber tenido ese tipo de visiones (v. 1). Y relata el que quizá sea el ejemplo más dramático de las visiones que ha tenido (vv. 2–5). Al principio parece que está hablando de otro individuo, porque habla en tercera persona, pero en el versículo 7 cambia a primera persona. En ese momento se hace evidente que estaba hablando de sí mismo, pero narra como si le hubiera ocurrido a otra persona porque se quiere distanciar de ese tipo de experiencia espiritual elitista. Los detalles sobre esta visita al cielo son muy vagos.[213] El apóstol ni

---

210. Por lo general, hay muy poca gente capaz de apreciar el sufrimiento que un pastor está dispuesto a sobrellevar cuando, de forma diaria, se preocupa por su «rebaño». Cf. Matera, *II Corinthians*, 220.

211. 2ª Corintios 10:3–6 recoge el uso más extenso de lenguaje militar que encontramos en las epístolas paulinas; sin embargo, al llegar a 11:32, esa imagen que Pablo ha presentado de sí mismo como una figura militar se convierte en el soldado que escapa bajando por la muralla, derrotado y humillado desde una perspectiva humana, pero fortalecido espiritualmente desde la perspectiva de Dios (Brian Peterson, «Conquest, Control, and Cross: Paul's Self Portrayal in 2 Corinthians 10–13», *Int* 52 [1998]: 258–70.

212. Christopher Forbes, «Comparison, Self–Praise and Irony: Paul's Boastingin the Conventions of Hellenistic Rhetoric», *NTS* 32 (1986): 1–30.

213. El pensamiento apocalíptico judío solía hablar de tres o incluso de siete cielos, el último de los cuales era donde vivía Yahvé. En el caso de los tres cielos, el primero

siquiera sabe si realmente ha tenido una experiencia fuera del cuerpo o si tan solo ha sido una visión (vv. 2–3). Dios no le permite decir a los demás lo que ha escuchado durante la visión (v. 4), así que no tenemos forma de saber lo que ocurrió. Además, Pablo reconoce que presumir de este extraordinario viaje a los cielos solo serviría para exaltarse a sí mimo y ponerse por encima de los falsos maestros, es decir, que sería usar los mismos criterios carnales que ellos estaban usando (vv. 5–6).[214]

Para transmitir su visión de las cosas, inmediatamente después Pablo narra una experiencia totalmente opuesta que le ha obligado a mantenerse humilde a pesar de los privilegios espirituales que Dios le ha concedido. El famoso «aguijón en la carne» (v. 7) ha confundido a los lectores a lo largo de toda la historia de la iglesia. Las interpretaciones más comunes son una dolencia física recurrente, un enemigo personal, o una batalla espiritual más general. Las dos últimas opciones surgen del hecho de que Pablo también define el problema como «un mensajero de Satanás», pero el significado literal de «aguijón» (*skolops*) es «estaca», y la única forma natural de interpretar la presencia de una estaca en la «carne» o en el cuerpo es una aflicción física.[215] Las dos sugerencias más comunes han sido problemas en la vista o malaria (recuérdese, p. 108), pero hemos de ser honestos y admitir que no lo sabemos a ciencia cierta. No hay duda de que los corintios sí conocían cuál era el problema de Pablo; y probablemente sea providencial que a nosotros no se nos dé esa información. Después de todo, nuestra inclinación natural nos haría caer en decir que la enseñanza de Pablo en este pasaje solo es para las personas que sufren de la misma enfermedad que Pablo sufrió.

---

representaba el firmamento visible con el Sol, la Luna y las estrellas. El segundo hacía referencia al reino invisible donde los ángeles y los demonios lidian su batalla. El tercero era donde estaba la sala del trono de Dios. El término «paraíso» del v. 4 provenía de un préstamo del persa que hacía referencia a un parque bello, y los judíos y los cristianos acabaron por adoptarlo para referirse a la vida que el pueblo de Dios experimentaría después de la muerte. Encontrará un estudio completo de 12:2–4 en James D. Tabor, *Things Unutterable: Paul's Ascent to Paradise in its Greco–Roman, Judaic, and Early Christian Contexts* (Lanham and London: UPA, 1986), donde el autor explica su convicción de que estas visiones que Pablo tuvo de los cielos le permitieron escribir en sus cartas de forma tan positiva y confiada sobre esa gloria venidera que es mayor que los sufrimientos presentes.

214. De hecho, este acercamiento ofrece un modelo de la forma en la que los creyentes debería tratar muchas de sus experiencias espirituales más personales con Dios, ya sean «carismáticas» o no. Probablemente sea sabio «quedárselas para sí tanto como sea posible y no usarlas como barómetro para hacer comparaciones de madurez o profundidad espiritual» (Baker, *2 Corinthians*, 427).

215. Cf. el completo estudio de opciones y conclusiones que aparece en Thrall, *Second Corinthians*, vol. 2, 814–18. Los oponentes más declarados de esta interpretación suelen ser los que rechazan la idea de que Dios no quiera sanar a alguien; idea que se rechaza sobre todo en los círculos carismáticos, pero ver John Christopher Thomas, «"An Angel from Satan": Paul's Thorn in the Flesh (2 Corinthians 12.7–10)», *JPT* 9 (1996): 39–52. Thomas, académico y carismático, cree que el significado más probable sea una dolencia física.

TERCER CIELO	El trono de Dios
SEGUNDO CIELO	Reino de ángeles y demonios
PRIMER CIELO	Atmósfera

La respuesta del Señor a la ferviente y repetida oración de Pablo pidiendo que se le libre de su aguijón sirve como respuesta a cualquier forma de sufrimiento de los cristianos, aunque ese sufrimiento no sea consecuencia de sus actos: «*Te basta con mi gracia, pues mi poder se perfecciona en la debilidad». Éste es el clímax de la enseñanza de esta epístola sobre cómo entender el sufrimiento y cómo responder ante él, y es el símbolo de una perspectiva claramente contraria a la visión común de este mundo caído.*[216] No sorprende pues que Cristo mismo le hable a Pablo de forma directa para enfatizar este principio; el versículo 9 es el único versículo en «letras rojas» de toda la epístola.

Los versículos 11–13 nos llevan a la sección final de esta carta. Pablo reitera una vez más que su jactancia ha sido una insensatez. Pero lo ha hecho porque la competición estaba poniendo en peligro su ministerio. Si los judaizantes impresionan a los corintios con su habilidad para hacer milagros, el apóstol recuerda a sus lectores que Dios ha usado a Pablo de forma similar en ocasiones anteriores (v. 12). Toda esta sección, de hecho, toda la epístola, es la mejor refutación teológica que encontramos en las Escrituras del «evangelio de la prosperidad». Los cristianos siempre deben recordar que Dios puede elegir usarles en su situación o condición de debilidad, incluyendo la enfermedad y la pobreza, porque en esas situaciones se puede ver de forma mucho más visible nuestra dependencia de Él.

Advertencias y saludos finales (12:14–13:14). *Advertencias finales (12:14–13:10).* Los comentarios finales de Pablo preparan a los lectores para su inminente visita. El apóstol desea fervientemente poder mostrar a los corintios su amor por ellos, del modo en que los padres derraman su amor por sus hijos y se desviven por ellos. De hecho, esta analogía ofrece una razón más para que Pablo no quiera que la iglesia le pague por su ministerio: son los padres los que mantienen a sus hijos mientras éstos están creciendo, y no a la inversa (vv. 14–18). Pero si la congregación no ha cambiado sustancialmente

---

216. Por eso Baker (*2 Corinthians*, 433) dice que este versículo es el lema de toda la carta y, también, de la vida apostólica de Pablo. Encontrará una investigación exhaustiva de este tema en toda la epístola en Timothy B. Savage, *Power through Weakness: Paul's Understanding of the Christian Ministry in 2 Corinthians* (Cambridge and New York: CUP, 1997).

su actitud cuando él llegue, Pablo investigará si hay necesidad de aplicar disciplina (vv. 19–21). Dado que ésta ya será su tercera visita a Corinto, Pablo piensa en el mandato de Deuteronomio que establece la necesidad de que haya dos o tres testigos para esclarecer las cuestiones legales (Dt 19:15). A modo de metáfora, cada una de sus visitas sirve de testigo de la condición en la que la iglesia de Corinto está. Esta vez, la respuesta de los corintios a los mandamos del apóstol será completamente clara, y si no han obedecido, Pablo tendrá razones más que justificadas para castigar a los tercos tan severamente como sea necesario. La centralidad de la crucifixión de Cristo a veces lleva a vivir de un modo que el mundo considera débil, pero la resurrección de Jesús también da a los creyentes un gran poder, incluyendo la autoridad y la responsabilidad de disciplinar a los miembros problemáticos de la comunidad (13:1–4).

Los versículos 13:5–10 recogen un llamamiento a los corintios a examinarse para ver si realmente son cristianos. Los que se identifican con un mensaje totalmente opuesto al evangelio de la cruz, que es un evangelio de poder a través de la debilidad, deben preguntarse si el Espíritu de Jesús vive en ellos. Si vive en ellos, admitirán que Pablo predica la verdad y que los intrusos son representantes de una mentira. Entonces no tendrá que tratarles duramente cuando llegue, y podrá usar su autoridad para edificarles.

Saludos finales (13:11–14). Un llamamiento final a vivir en la paz característica de una comunidad restaurada[217] da paso al mandamiento de saludarse con un beso santo. Todos los creyentes que están con Pablo envían sus saludos. La particularidad del cierre de esta carta es la bendición trinitaria que aparece en el versículo 14. «Que la gracia del Señor Jesucristo, el amor de Dios y la comunión del Espíritu Santo sean con todos vosotros». Estas palabras se siguen usando al final del culto de adoración en muchas partes del mundo hoy.

APLICACIÓN

En una palabra, el problema teológico de Corinto a lo largo de las dos epístolas ha sido el triunfalismo o, como hemos sugerido en nuestros títulos para estos dos últimos capítulos, un sentido enormemente desmesurado de su propia madurez en Cristo. En el siglo XXI, el triunfalismo sigue siendo un peligro para los evangélicos del mundo occidental. A mediados de los 70 del siglo pasado, los evangélicos americanos se pasaron a las expresiones liberales del cristianismo al convertirse en el ala más acaudalada de la iglesia en los Estados Unidos, y sus riquezas se han multiplicado desde entonces. En algunos círculos carismáticos hemos visto la aparición de la herejía «reclama y recibe»; otras congregaciones que explícitamente son menos heréticas siguen dejándose cautivar por lo milagroso, a veces rayando en lo estrambótico, en lugar de reflejar un evangelio de la cruz cuyo poder se muestra en la debilidad. Hay un crecimiento explosivo en varios lugares del tercer mundo por la influencia de un misionero exitoso y el efecto de aventuras evangelísticas; el resurgimiento del posmileniarismo arrasa en algunos círculos. Otros ponen fechas o al menos

---

217. El verbo *katartizo* significa arreglar o restaurar más que «buscar la perfección». Ver Garland, *2 Corithians*, 552–53.

anuncian que dentro de una generación habremos cumplido la Gran Comisión, lo que dará lugar a la Segunda Venida de Cristo. Mientras, nuestra teología del sufrimiento sigue anémica, y por eso muchos renuncian a su compromiso con Dios y con los demás cada vez que surge la más mínima dificultad.

Otros ejemplos del triunfalismo serían los métodos de crecimiento de iglesia que garantizan éxito si se siguen las fórmulas adecuadas; los libros de autoayuda, grabaciones y seminarios sobre un sinfín de temas que prometen buenos resultados simplemente si uno hace lo que aparece en las instrucciones; y la idea de muchos graduados de seminarios y escuelas bíblicas de que su formación les reportará una carrera exitosa en cuanto a ingresos, tamaño e influencia (que no son más que criterios humanos). La lista podría ser mucho más larga, y la próxima generación sin duda creará nuevas manifestaciones de esta antigua tentación. Tan solo el pasaje de 2ª Corintios 8–9 ya debería hacer pensar a la mayoría de cristianos en Occidente, y llevarles a reordenar sus gastos tanto a nivel individual como congregacional. Y los capítulos 10–13 nos recuerdan, del mismo modo que 1ª Corintios 5 y 9, que no debemos caer en el legalismo e ignorar a los que aún no pertenecen a la familia de Dios. Precisamente lo que se nos pide es lo contrario: duras amonestaciones y, si es necesario, disciplina firme para los miembros cerrados de mente que deberían ser más sensibles y pensar en formas creativas con las que llegar a los de afuera, formas que no pongan obstáculos innecesarios entre los de afuera y Cristo.[218]

PREGUNTAS

1. Según las evidencias, reconstruye el orden más probable de la comunicación entre Pablo y los corintios, incluyendo las dos cartas que nos han llegado y las visitas de Pablo, y las dos cartas que llegaron a Pablo con noticias de Corinto a través de sus emisarios personales.

2. ¿De qué modo se puede resolver la dificultad en torno a los capítulos 10–13 de 2ª Corintios, aparentemente inconexos?

3. ¿Qué principios básicos sobre el sufrimiento presenta Pablo en 2ª Corintios?

4. ¿De qué modo se resuelve en 2ª Corintios la situación con el hombre incestuoso que se presentó en 1ª Corintios? ¿Qué principios podemos extraer sobre el seguimiento que se ha de hacer cuando la iglesia ha ejercido disciplina?

5. Junto con los otros pasajes paulinos que hablan de la esperanza de un cuerpo resucitado (esp. 1Ts 4–5 y 1Co 15), ¿qué sugiere 2ª Corintios 5:1–10 sobre el intervalo entre la muerte y la recepción del cuerpo resucitado y eterno? ¿Por qué Pablo prefiere el estado incorpóreo a la vida aquí en la tierra?

6. ¿Cuál es el centro teológico de 2ª Corintios? ¿Qué elementos del contenido y de la estructura de la carta nos revelan el énfasis central de Pablo?

---

218. Cf. Craig L. Blomberg, «The New Testament Definition of Heresy (of When Do Jesus and the Apostles Really Get Mad?)», *JETS* 45 (2002): 59–72.

7. En los dos capítulos que tratan el tema de una mayordomía adecuada del dinero (2Co 8:1–9:15), ¿qué principios generales establece el apóstol? ¿Qué enseña este pasaje, y los demás pasajes bíblicos posteriores a Pentecostés que tratan sobre la mayordomía, en cuanto al tema del diezmo?

8. De la defensa que Pablo hace de su autoridad apostólica en los capítulos 10–13 podemos extraer varias verdades atemporales sobre las características del verdadero ministerio cristiano. ¿Cuáles son los principios que reflejan de forma realista las presiones y las preocupaciones de aquellos que han sido llamados a guiar al pueblo de Dios?

9. ¿Cuántos ejemplos «cristianos» contemporáneos de triunfalismo conoces? ¿De qué forma se podrían reconducir?

OBRAS SELECCIONADAS

COMENTARIOS:

Avanzados

Furnish, Victor P. *2 Corinthians*. AB. Garden City: Doubleday, 1984.

Harris, Murray J. *The Second Epistle to the Corinthians*. NIGTC. Carlisle: Paternoster; Grand Rapids: Eerdmans, 2005.

Martin, Ralph P. *2 Corinthians*. WBC. Waco: Word, 1986.

Thrall, Margaret E. *A Critical and Exegetical Commentary on the Second Epistle to the Corinthians*. 2 vols. ICC, rev. Edinburgh: T & T Clark, 1994, 2000.

Intermedios

Baker, William R. *2 Corinthians*. CollegePressNIV. Joplin: College Press, 1999.

Barnett, Paul. *The Second Epistle to the Corinthians*. NICNT, rev. Grand Rapids y Cambridge: Eerdmans, 1997.

Garland, David E. *2 Corinthians*. NAC. Nashville: Broadman & Holman, 1999.

Hafemann, Scott J. *2 Corinthians*. NIVAC. Grand Rapids: Zondervan, 2000.

Kistemaker, Simon J. *Exposition of the Second Epistle to the Corinthians*. NTC. Grand Rapids: Baker, 1997.

Matera, Frank J. *II Corinthians*. NTL. Louisville y London: WJKP, 2003.

Witherington, Ben III. *Conflict and Community in Corinth: A Socio–Rhetorical Commentary on 1 and 2 Corinthians*. Grand Rapids y Cambridge: Eerdmans, 1995.

Introductorios

Barnett, Paul. *The Message of 2 Corinthians: Power in Weakness*. BST. Leicester Y Downers Grove: IVP, 1988.

Belleville, Linda L. *2 Corinthians*. IVPNTC. Leicester y Downers Grove: IVP, 1996.

Kruse, Colin. *The Second Epistle of Paul to the Corinthians,* rev. TNTC. Leicester: IVP; Grand Rapids: Eerdmans, 1987.

Scott, James M. *2 Corinthians*. NIBC. Peabody: Hendrickson; Carlisle: Paternoster, 1999.

Wan, Sze–Kar. *Power in Weakness: The Second Letter of Paul to the Corinthians*. TinCont. Harrisburg: Trinity, 2000.

OTROS LIBROS

Becker, Eve–Marie. *Letter Hermeneutics in 2 Corinthians*. London y New York: T & T Clark, 2004.

Crafton, Jeffrey A. *The Agency of the Apostle*. Sheffield: JSOT, 1991.

Fitzgerald, John T. *Cracks in an Earthen Vessel: An Examination of the Catalogues of Hardships in the Corinthian Correspondence*. Atlanta: Scholars, 1988.

Harvey, Anthony E. *Renewed through Suffering: A Study of 2 Corinthians*. Edinburgh: T & T Clark, 1996.

Murphy–O'Connor, Jerome. *The Theology of the Second Letter to the Corinthians*. Cambridge y New York: CUP, 1991.

Peterson, Brian K. *Eloquence and the Proclamation of the Gospel in Corinth*. Atlanta: Scholars, 1998.

Savage, Timothy B. *Power through Weakness: Paul's Understanding of the Christian Ministry in 2 Corinthians*. Cambridge y New York: CUP, 1996.

Stegman, Thomas D. *The Character of Jesus: the Linchpin to Paul's Argument in 2 Corinthians*. Rome: PIB, 2005.

Sumney, Jerry L. *Identifying Paul's Opponents: The Question of Method in 2 Corinthians*. Sheffield: JSOT, 1990.

Young, Frances M. y David F. Ford. *Meaning and Truth in 2 Corinthians*. London: SPCK, 1987; Grand Rapids: Eerdmans, 1988.

MÁS BIBLIOGRAFÍA EN:

Mills, Watson E. *2 Corinthians*. Lewiston y Lampeter: Mellen, 1997.

6

ROMANOS:
LA EXPOSICIÓN MÁS SISTEMÁTICA DEL EVANGELIO DE PABLO

INTRODUCCIÓN

CIRCUNSTANCIAS

Romanos 15:23–33 nos ofrece casi toda la información que necesitamos para introducir esta epístola. Ya en el versículo 19 Pablo dice: «habiendo comenzado en Jerusalén, he completado la proclamación del evangelio de Cristo por todas partes, hasta la región de Iliria». Iliria era un territorio en la costa este del mar Adriático que hoy se correspondería con partes de Albania y partes de Macedonia. De Iliria y Jerusalén se cubría casi toda la mitad Este de habla griega del Imperio Romano en tiempos de Pablo, o al menos la parte más densamente poblada. Por tanto, cuando los versículos 23–24 dicen que a Pablo ya no le quedaba lugar donde trabajar en aquellas regiones y que esperaba visitar Roma y más adelante España, el apóstol está anunciando una transición en su ministerio, una transición a la mitad occidental y de habla latina del Imperio.[1]

Obviamente, aún había en el Este muchas personas que no habían oído el evangelio, pero dado que la prioridad de Pablo era establecer iglesias con un liderazgo autóctono y una vez logrado, marchar rápidamente a hacer lo mismo en otras zonas donde aún no había llegado el evangelio (recuérdese 2Co 10:13–16), su anuncio no es ninguna sorpresa. En Romanos 15:20 reitera este principio: «mi propósito ha sido predicar el evangelio donde Cristo no sea conocido, para no edificar sobre fundamento ajeno». Después de establecer una congregación sostenible en un lugar concreto, Pablo confía en dejar la evangelización de esa zona a la nueva comunidad cristiana.[2]

Es evidente que Pablo aún no sabe de su arresto en Jerusalén, ni tampoco sabe que no llegará a Roma como un hombre libre. Si fue liberado o no del encarcelamiento en Roma y si llegó a España es un tema sobre el que los expertos no se ponen de acuerdo (ver el comentario de final de Hechos, p. 93). No obstante, cuando escribe la epístola a los romanos, Pablo proyecta lo que se podría llamar su cuarto viaje misionero que le llevaría a la parte más occidental del Imperio. Aunque él no es quien ha fundado la iglesia en Roma, reconoce su

---

1. Douglas J. Moo, *The Epistle to the Romans* (Grand Rapids: Eerdmans, 1996), 3.
2. David G. Peterson, «Maturity: The Goal of Mission», en *The Gospel to the Nations: Perspectives on Paul's Mission*, eds. Peter Bolt y Mark Thompson (Leicester and Downers Grove: IVP, 2000), 187–88.

ubicación estratégica y quiere servirles, recibir ánimo de la iglesia de la capital, y quizá recibir alguna ayuda material para el duro viaje que tenía por delante (cf. también 1:10–13). El verso que en 15:24 traducimos por «ayudar» o «encaminar» normalmente hacía referencia a la ayuda económica o financiación.[3]

Mientras tanto, Pablo está de camino a Jerusalén con la colecta para los judeocristianos que se han visto azotados por la pobreza (15:25–27), y luego espera poder regresar dirección Oeste (v. 28–29). Sin embargo, ya antes de las predicciones de Agabo sobre la hostilidad que encontraría en la capital judía (Hechos 21:11), el apóstol se da cuenta de que la situación puede ser peligrosa y que los cristianos de trasfondo judío no están muy dispuestos a aceptar su ministerio libre de la ley y orientado a los gentiles. Por eso en los versículos 30–33 les pide que oren por él.

Toda esta información nos permite fechar su epístola al final de ese periodo de tres meses que Pablo pasa en Grecia al final de su tercer viaje misionero, justo antes de embarcarse para ir a Siria (Hechos 20:2–3). La referencia a los saludos de Erasto, el tesorero de la ciudad desde la que Pablo escribe (Ro 16:24), parece apuntar a la ciudad de Corinto, porque allí se ha encontrado una inscripción con el nombre Erasto como persona que ostentaba dicha posición. En 2ª Timoteo 4:20 también habla de un tal Erasto «que se quedó en Corinto». A la vez, la recomendación que Pablo hace de Febe, que venía de la iglesia en Cencreas y quizá era la que iba a llevar la carta a Roma (16:1), podría sugerir que Pablo ya ha llegado a esa ciudad portuaria cerca de Corinto. Dado que lo encarcelan muy poco después de su llegada a Jerusalén (Hechos 21:33) y se queda allí durante dos años hasta que el gobernador Félix deja el cargo en manos de Festo (Hechos 24:27), y que ese cambio de gobierno probablemente ocurrió en el año 59 d.C., podemos fechar Romanos sobre el año 57 d.C., aproximadamente un año después de que Pablo escribiera 2ª Corintios.[4]

Por tanto, Romanos supone un punto de inflexión en la carrera de Pablo en muchos sentidos. El apóstol piensa que está llegando el momento de dejar el Oriente para ir a Occidente. Pero de hecho, en breve lo van a encarcelar, va a presentarse a una serie de vistas ante las autoridades judías y romanas, y va a apelar al Emperador. De camino a Roma, el viaje por el Mediterráneo acaba fatal: arresto domiciliario en la capital imperial durante dos años más (es así como acaba el libro de Hechos). *Romanos también es, que sepamos, la primera epístola que Pablo escribe a una iglesia que él no fundó.* No sabemos quién la fundó. Sus raíces podrían remontarse a los peregrinos que estuvieron en Jerusalén en Pentecostés, que regresaron a Roma después del 30 (o 33) d.C. (ver Hechos 2:10). La tradición católica, claro está, recoge que Pedro fue su fundador, y que llegó a Roma poco después de salir de Jerusalén, en algún momento entre los años 42–44 d.C. (véase arriba, el comentario sobre Hechos 12,

---

3. James D. G. Dunn, *Romans 9–16* (Dallas: Word, 1988), 872.

4. Joseph A. Fitzmyer, *Romans* (New York and London: Doubleday, 1993), 85–87.

p. 61). Pero no hay evidencias concluyentes dentro o fuera de la Biblia de que Pedro estuviera en Roma antes de la década de los 60.[5]

Un acontecimiento crucial en la historia de la iglesia romana que nos permite entender una gran parte del contenido de esta epístola es la expulsión de los judíos de Roma bajo el emperador Claudio en el año 49 (véase el comentario sobre Hechos 18:2). Como vimos anteriormente, según el historiador romano Suetonio, la expulsión fue causada por los disturbios provocados por un tal *Chrestus* (*Vida de Claudio*, 25). Dado que la forma latina de Cristo (*Christus*) solo difiere en una letra, la mayoría de historiadores creen que esta información de Suetonio es una referencia a la encendida discusión entre los judíos cristianos y los no cristianos en torno a la verdad del evangelio. Pero en el año 54 después de la muerte de Claudio, el edicto se derogó y los judíos tuvieron la oportunidad de regresar a Roma.[6]

Dicho de otro modo, *durante unos cinco años la iglesia habría estado compuesta tan solo por gentiles*. Y, de repente, un número importante de judíos cristianos, muchos de los cuales llevarían más tiempo en la fe que los gentiles y habían ayudado a crear la congregación de Roma, regresan a la ciudad. Es lógico pensar que mucha de esa gente querría recuperar sus roles de liderazgo. O aunque ese no fuera el caso, la asimilación de un influjo repentino de gente nueva procedente de un grupo étnico rival nunca es una tarea fácil para una iglesia. No es de extrañar que tres años después (en el año 57) algunas de las tensiones entre los cristianos gentiles y judíos no estuvieran del todo resueltas, y *una parte importante del propósito de Pablo a la hora de escribir la carta habría sido unir los diferentes bandos*.[7]

GÉNERO Y ESTRUCTURA

A la vez, Pablo también se presenta a sí mismo y el mensaje que Dios le ha confiado dando *la exposición del evangelio más completa y sistemática de todas sus cartas*. Esto encaja con el hecho de que estaba escribiendo a una iglesia que aún no había escuchado de forma personal su explicación y comprensión de las buenas nuevas de Jesucristo. En cuanto al género de esta epístola, quizá la mejor forma de entenderla es *como una carta con la función de hacer de embajador* escrita para preparar el camino para la visita que Pablo esperaba ha-

---

5. Encontrará un estudio de las evidencias que sí hay y una vigorosa defensa hecha por un evangélico conservador de que Pablo llegó a Roma entre los años 42–44 en John Wenham, *Reading Matthew, Mark and Luke* (Leicester and Downers Grove: IVP, 1992), 146–72.
6. La fecha de la expulsión, y también el tiempo que duró, ha sido un tema de debate en los últimos años. Pero estas conclusiones tradicionales siguen siendo las más plausibles. Ver Ben Witherington III con Marlene Hyatt, *Paul's Letter to the Romans: A Socio–Rhetorical Commentary* (Grand Rapids and Cambridge: Eerdmans, 2004), 11–16.
7. Thomas R. Schreiner, Romans (Grand Rapids: Baker, 1998), 15–23. Schreiner también comenta otros propósitos de la carta, relacionados con el principal. Encontrará un estudio amplio en Philip F. Esler, *Conflict and Identity in Romans* (Minneapolis: Fortress, rev. 2003).

cerles.[8] Más que en sus otras cartas, Pablo también usa la diatriba, contentando posibles objeciones de unos interlocutores imaginarios, aunque este género no sirve para explicar toda la carta.[9] Pero sí ha servido para ofrecernos la forma retórica deliberativa más clara de todos los escritos paulinos.[10]

La estructura de la epístola encaja bien, al igual que las demás cartas de Pablo, en el paradigma de epístola helenista. Dado que no tenía conocimiento de primera mano sobre la iglesia, y sin negar los énfasis unificadores que acabamos de mencionar, ésta es su epístola menos específica o «situacional», por lo que no tiene ninguna necesidad de desviarse de la estructura estándar para tratar situaciones particulares de la iglesia a la que escribe. Por tanto, empieza con los saludos iniciales (1:1–7), y con la gratitud (1:8–15) que siempre precede al cuerpo de la carta. Una clara tesis da comienzo a la sección más extensa de la estructura, describiendo la disponibilidad de la justicia de Dios por la fe tanto para judíos como para gentiles (1:16–17). Las subdivisiones de esta sección tienen que ver lógicamente con los principales elementos teológicos del mensaje del evangelio: desde el pecado universal de la humanidad, pasando por la justificación por la fe en Cristo que se nos ofrece a través de las buenas nuevas, hasta el proceso de santificación por medio del Espíritu que dura toda la vida (1:18–8:39).

Lo que algunos han visto como una digresión sobre el estado de Israel en 9:1–11:36, de hecho es una parte central de la carta, dada la necesidad de reunificar a los judíos y a los gentiles de la iglesia. La parte informativa de la carta llega a su fin y empieza un apartado sobre las implicaciones éticas del evangelio (12:1–15:13). Esta sección se corresponde con el material exhortativo que a veces aparece al final del cuerpo de la carta helenista. Por último, Pablo explica sus planes de viaje y añade la lista más larga de saludos finales de todas sus cartas (15:14–16:27). Cuando lleguemos a estos versículos en cuestión trataremos el debate sobre la autenticidad del capítulo 16 y sobre las variantes textuales que difieren en cuanto a dónde acababa la carta original.

En cuanto a este esquema, quizá el único desacuerdo importante entre los comentaristas es el que tiene que ver con el capítulo 5. Tradicionalmente se ha interpretando como una parte que presentaba los resultados de la justificación y que por tanto pertenecía a la sección compuesta por 3:12–4:25.[11] Entre co-

---

8. Robert Jewett, «Romans as an Ambassadorial Letter», *Int* 36 (1982): 5–20. James D. Hester («The Rhetoric of *Persona* in Romans: Re–reading Romans 1:1–12», en *Celebrating Romans: Template for Pauline Theology*, ed. Sheila E. McGinn [Grand Rapids and Cambridge: Eerdmans, 2004], 104) de forma similar habla de Romanos como una carta *diplomática*.

9. Ver esp. Stanley K. Stowers, *The Diatribe and Paul's Letter to the Romans* (Chico: Scholars, 1981).

10. Cf. Witherington con Hyatt, *Romans*, 19. No obstante, Anthony Guerra (*Romans and the Apologetic Tradition* [Cambridge and New York: CUP, 1995]) defiende que se trata de un género «protréptico» y de un propósito apologético que combina elementos de los tres tipos de retórica y buscan elogiar el ministerio de Pablo y el evangelio.

11. Como aún queda reflejado, p. ej., en Robert H. Mounce, *Romans* (Nashville: Broadman & Holman, 1995), 57.

mentaristas recientes, la tendencia la sido verlo como una introducción al proceso de la santificación hacia la glorificación que encontramos en los capítulos 6–8.[12] Sin duda alguna, el capítulo es una transición, e incluso sería posible hacer la división entre las dos subsecciones principales después de 5:11,[13] pero la división tradicional sigue pareciendo la opción más preferible.[14] El esquema que seguiremos es el siguiente:

I. Introducción (1:1–15)
    A. Saludos (1:1–7)
    B. Acción de gracias (1:8–15)
II. La exposición teológica del evangelio (1:16–11:36)
    A. La tesis de la carta: la justicia por la fe para los judíos y los gentiles (1:16–17)
    B. El pecado universal de la humanidad (1:18–3:20)
        1. Los pecados característicos de los gentiles (1:18–32)
        2. Evitando la satisfacción de los judíos (2:1–3:8)
        3. Las Escrituras respaldan que toda la humanidad ha pecado (3:9–20)
    C. La justificación por la fe (3:21–5:21)
        1. Elaboración de la tesis (3:21–31)
        2. El ejemplo de Abraham (4:1–25)
        3. Los resultados de la justificación (5:1–21)
    D. La santificación por medio del Espíritu (6:1–8:39)
        1. Libertad del pecado (6:1–23)
        2. Libertad de la ley (7:1–25)
        3. Libertad de la muerte (8:1–39)
    E. El estatus de Israel (9:1–11:36)
        1. La frecuente desobediencia de Israel y sus consecuencias (9:1–29)
        2. El error, y cómo remediarlo (9:30–10:21)
        3. El futuro de Israel (11:1–36)
III. Las implicaciones éticas del evangelio (12:1–15:13)
    A. El principio básico (12:1–2)
    B. El uso de tus dones (12:3–8)
    C. El uso de los dones en amor (12:9–13:14)
    D. La tolerancia cristiana (14:1–15:13)
IV. Conclusión (15:14–16:27)
    A. Planes de viaje (15:14–33)
    B. Saludos finales (16:1–27)

---

12. Especialmente a la luz de C. E. B. Cranfield, *A Critical and Exegetical Commentary on the Epistle to the Romans*, vol. 1 (Edinburgh: T & T Clark, 1975), 28.
13. Charles H. Talbert, *Romans* (Macon: Smyth & Helwys, 2002), 16.
14. Ver Dunn, *Romans 1–8*, 242–44, 271.

COMENTARIO

INTRODUCCIÓN (1:1–15)

Saludos (1:1–7). Hemos dicho que ésta es la carta más detallada y teológica de Pablo, y coincidiendo con eso, el apóstol la empieza con una sección de saludos más rica y más completa que las de las demás cartas. En los saludos incluye información importante sobre su Maestro (Jesús como hombre y como Dios, vv. 3–4), su misión (el apóstol del mundo gentil, cuya capital es Roma, v. 5a) y su mensaje («la obediencia que viene de la fe», 5b, una declaración clave para entender lo que más adelante enseñará sobre las buenas obras).[15] También anticipa la instrucción más completa que hará sobre la relación entre la ley y el evangelio (la primera predijo el segundo, v. 2) y la importancia de la resurrección. Jesús no se convirtió en un ser divino después de resucitar de los muertos (la perspectiva conocida como adopcionismo), sino que fue designado «Hijo de Dios en poder» (así es el orden de las palabras en el texto griego; v. 4) por la resurrección. Su victoria sobre la tumba mostró su poder y su divinidad (su condición como Hijo de Dios) de un modo que su encarnación no había mostrado. La descripción que ofrece este párrafo introductorio, donde se nos habla de Dios Hijo que anuncia las buenas nuevas de salvación («el evangelio de Dios») y que además es rey («descendiente de David»), debió de caer como un desafío al Emperador, que se creía dios y rey.[16]

Acción de gracias (1:8–15). La acostumbrada oración de gratitud apenas guarda la forma de una oración (tan solo en el v. 8 y 10b). Su gratitud porque la fe de los romanos está llegando a todo el Imperio le lleva de inmediato a explicar su propio llamamiento a predicar por todo el mundo gentil y su deseo de ir a Roma para cumplir con ese objetivo (vv. 9–15). También anuncia que él y la iglesia se pueden animar mutuamente (vv. 11–12), ánimo que podría incluir el apoyo económico para su viaje a Occidente (15:24). No podemos saber qué ha impedido que Pablo fuera a Roma antes (1:13–14); quizá tan solo las necesidades de las iglesias que había establecido más al Este. No obstante, consciente de que Roma es el centro del mundo gentil, no estará contento hasta que pueda predicar allí también (v. 15). Aunque el versículo 14 nos recuerda que en cuanto a la evangelización, no se olvida de sus compatriotas judíos. Las referencias a «cultos» e «incultos» o «instruidos» e «ignorantes» nos recuerdan a las etiquetas que aparecen en 1ª Corintios 1:20–25. A diferencia de las oraciones de las otras cartas, esta «oración» / transición al cuerpo de la carta no sirve tanto

---

15. Cf. esp. Don B. Garlington, *«The Obediente of Faith»: A Pauline Phrase in Historical Context* (Tübingen: Mohr, 1991). El legalismo, el nomismo pactual y el etnocentrismo son erróneos, y solo hay lugar para las obras *cristianas* que son fruto de la salvación (junto con el material final de 15:14–16:27).

16. Witherington con Hyatt, (*Romans*, 31–32) dice que este párrafo introductorio tiene el formato de la retórica antiimperial.

para introducir temas clave de la epístola, sino más bien para establecer una relación afectuosa con una congregación a la que Pablo aún no conoce.[17]

LA EXPOSICIÓN TEOLÓGICA DEL EVANGELIO (1:16–11:36)

La tesis de la carta: la justicia por la fe para los judíos y los gentiles (1:16–17). En dos versículos muy breves Pablo presenta la esencia del evangelio. A diferencia del nacionalismo judío típico de la época, su mensaje está dirigido a todos los grupos étnicos, pero teniendo en cuenta que los judíos son el pueblo escogido por Dios y que deben ser los primeros en tener la oportunidad para responder (v. 16). A diferencia del énfasis típicamente judío en las obras de la ley, Pablo define la justicia o rectitud como algo que Dios da y que solo se recibe por la fe (v. 17). La reivindicación de Martín Lutero en época de la Reforma Protestante incluía el reconocimiento de que «la justicia de Dios» no solo hacía referencia a un atributo de Dios, sino que también era un don que Él concedía a los que creían (cf. 3:22). No obstante, la «fe» en la cita de Habacuc (v. 17b; cf. Hab 2:4) también implica «fidelidad», por lo que las palabras de Pablo no quitan valor a las buenas obras como respuesta adecuada ante el regalo de Dios (recuérdese 1:5).[18]

El pecado universal de la humanidad (1:18–3:20). Antes de poder apreciar el valor de la salvación, uno tiene que entender y reconocer que necesita un Salvador. Por tanto, aunque Pablo tiene mucho más que decir sobre los conceptos que aparecen en los versículos 16–17 (ver esp. 3:21–31), en primer lugar tiene que dejar claro el hecho de que todos los seres humanos, sin Jesús, están espiritualmente muertos en sus pecados. La maravillosa promesa de que la justicia de Dios está siendo revelada se debe contrarrestar con el hecho soberano de que su ira también está siendo revelada contra todo pecado, y por tanto contra toda persona que se ha negado a reconocer al verdadero Dios del Universo y a aceptar el perdón de sus pecados (v. 18).

Los pecados característicos de los gentiles (1:18–32). Pablo primero demuestra su idea hablando del mundo gentil. El catálogo de pecados que aparece en esta sección se acerca mucho a la percepción típica judía de las trasgresiones de la cultura grecorromana[19] (las cuales, claro está, los judíos que no valoraban su tradición imitaban de forma ocasional).[20] Los versículos 18–20 argumentan que también los que no tienen la ley judía deben rendir cuentas por sus pecados porque conocen la verdad de Dios a través de lo que los teólogos

---

17. Grant R. Osborne, *Romans* (Leicester and Downers Grove: IVP, 2004), 35. El efecto conjunto de los saludos y la oración de gratitud también establece el por qué Pablo cree que su autoridad apostólica alcanza a la iglesia en Roma, una iglesia que él no ha fundado. Ver L. Ann Jervis, *The Purpose of Romans* (Sheffield: JSOT, 1991).

18. Dunn, *Romans 1–8*, 48–49.

19. Expresados de forma paradigmática en las tradiciones israelitas sobre Sodoma y Gomorra siglos antes (Philip F. Esler, «The Sodom Tradition in Romans 1:18–32», *BTB* 34 [2004]: 4–16).

20. Ver esp. Sabiduría de Salomón 13–19 y *Life of Adam and Eve*.

han llamado la revelación general.[21] Pueden saber que Dios existe por el orden y el diseño de la creación (lo que los filósofos de hoy llaman el argumento teológico a favor de la existencia de Dios). Eso no significa que todo el mundo reconoce a Dios, porque la humanidad por causa de su maldad ha suprimido esa verdad. Pero la lógica resulta convincente incluso entre los incrédulos, por lo que el juicio de Dios sigue siendo justo.[22]

Los versículos 21–23 revelan la esencia de la rebelión humana como *idolatría*. A lo largo de la historia, no todos los idólatras han adorado réplicas literales de animales o personas (como en el v. 23). Pero toda la idolatría tiene que ver con la adoración de cosas creadas en lugar de la adoración al Creador (v. 25). En tres ocasiones, Pablo describe que la respuesta de Dios es entregar a esa gente a sus deseos pecaminosos (vv. 24, 26, 28), una elaboración de cómo Dios revela su ira. Como C. S. Lewis expresó de forma memorable: «Al final solo hay dos tipos de persona: las que dicen a Dios "que se haga tu voluntad"; y aquellas a las que Dios dice … "que se haga tu voluntad"».[23] La ira de Dios no es la rabia vengativa que a menudo asociamos con la ira o el enfado humano, sino la expresión justa de su amor que no viola la libre elección de las personas cuando éstas eligen el mal y no se arrepienten de ello.

La idolatría normalmente lleva a la *inmoralidad*, sobre todo en el terreno sexual. Por tanto, no sorprende que Pablo presente el *pecado sexual como la «expresión por excelencia»* de la rebelión humana (vv. 24–27). Curiosamente, los pecados heterosexuales y homosexuales se mencionan por igual (vv. 24, 26–27), y ninguno de ellos se describe como peor que el otro. Dada la situación actual en la que la relación homosexual está bien vista, los versículos 26–27 se han estudiado muy a fondo. Numerosos escritores han dicho que aquí solo se está haciendo referencia a algunas formas de la práctica homosexual, como por ejemplo la «prostitución sagrada» que se llevaba a cabo en algunos templos grecorromanos y la pederastia (la relación de un adulto con chicos adolescentes común entre los grecorromanos). Pero, aunque en otros pasajes bíblicos se usan términos que son más precisos, aquí la terminología es demasiado general. Pablo está hablando simplemente de deseos deshonrosos (NVI: «pasiones vergonzosas»), uso (o relación) natural y uso vergonzoso (NVI: «actos indecentes»).

Algunos han argumentado que, para el homosexual, las «relaciones naturales» hacen referencia a personas del mismo sexo; para ellos, lo que sería contra natura es la conducta heterosexual. Pero eso es interpretar el vocabulario

---

21. Sobre esto, ver esp. Bruce A. Demarest, *General Revelation* (Grand Rapids: Zondervan, 1982).

22. Robert Coles (*Spiritual Life of Children* [Boston: Houghton Mifflin, 1990]) ha hecho investigación psiquiátrica en diferentes culturas de todo el mundo y argumenta que todos los niños tienen cierto concepto de Dios, aunque en algunos queda sofocado con el paso del tiempo.

23. C. S. Lewis, *El gran divorcio* (Madrid: RIALP, 2008). Cf. también Beverly R. Gaventa, «God Hended Them Over: Reading Romans 1.18–32 Apocalyptically», *ABR* 53 (2005): 42–53.

antiguo a través de un sesgo moderno. La mayoría de la conducta homosexual en tiempos de Pablo debería describirse como bisexual, dado que los hombres que tenían relaciones con chicos normalmente las tenían por un breve periodo de tiempo, previo al matrimonio heterosexual, mientras que las prostitutas prestaban sus servicios según las preferencias de los «adoradores», fueran del sexo que fueran. Además, el término que aquí traducimos por «natural» (gr. *phusis*), en la literatura paulina siempre significa, casi sin excepción y debido a su trasfondo judío, «la forma en la que Dios creó las cosas»; y la literatura veterotestamentaria y la intertestamentaria judía estaban de acuerdo en que la homosexualidad violaba el orden creado. Una exégesis responsable no tiene más elección que concluir que las relaciones sexuales gay y lesbianas siempre contravienen la voluntad de Dios.[24]

No obstante, no podemos quedarnos con los árboles y perder de vista el bosque. La idea general de esta sección no es confeccionar una jerarquía de pecados ordenándolos de mayor a menor, sino demostrar que *todos* han pecado. Los versículos 29–31 cubren todas las áreas de la maldad humana, incluyendo transgresiones «leves» como la avaricia, la calumnia y la arrogancia. No hay nadie que pueda leer esta «lista de vicios» y creerse que puede empezar a señalar a otros; en la vida de todas las personas hay suficiente trabajo que hacer. En el mundo occidental contemporáneo en el que muchos evangélicos tienen como prioridad combatir el estilo de vida gay, los cristianos deberíamos dedicar más energía mostrando el amor de Cristo a aquellos que se sienten rechazados y odiados. Jesús se relacionó con los pecadores transmitiendo amor y compasión, y una clara opinión sobre su conducta, y esas dos actitudes son las que deberían caracterizar también nuestras relaciones.

El versículo 32 cierra esta sección con una razón más por la que los pecadores deben rendir cuentas ante Dios: todas las personas tienen una conciencia moral y saben que la violan. Los filósofos han llamado a esta realidad el argumento moral de la existencia de Dios. O como Mark Twain dijo: ¡los seres humanos son los únicos animales que se sonrojan! Los antropólogos han demostrado que la lista de conductas malvadas no es igual en todas las culturas. Pero eso no es lo que Pablo está discutiendo. Según el apóstol, todos los grupos étnicos que ha habido creen que *algunas* acciones son malvadas (de ahí la expresión «tales cosas», que no es específica sino abierta). Pero las ideologías ateas no tienen una explicación satisfactoria para describir la forma en la que unas criaturas amorales han evolucionado hasta convertirse en seres con un profundo sentido del bien y del mal. La única explicación posible es que exista

---

24. Encontrará un detallado estudio de los textos bíblicos relevantes, del trasfondo histórico y cultural antiguo, y un buen análisis sociológico moderno en Thomas E. Schmidt, *La homosexualidad: compasión y claridad en el debate*, de Thomas E. Schmidt (Colombia: CLIE, 2008); James B. de Young, *Homosexuality* (Grand Rapids: Kregel, 2000); y Robert A. J. Gagnon, *The Bible and Homosexual Practice* (Nashville: Abingdon, 2001). Sobre este pasaje solamente, ver esp. John Nolland, «Romans 1:26–27 and the Homosexuality Debate», *HBT* 22 (2000): 32–57.

un Creador que ha creado una vida a su propia imagen a la que ha infundido esos valores.[25]

Evitando la satisfacción de los judíos (2:1–3:8). Los judíos cristianos en Roma seguro que estaban completamente de acuerdo con todo lo que Pablo había escrito hasta ahora. *Sí, muchos gentiles se comportan exactamente como Pablo ha descrito*, debían pensar en su interior. Pero de repente el apóstol les confronta de forma directa. En esta sección deja claro que los judíos son igualmente culpables de violar la ley que Dios les ha dado, y por lo tanto también son pecadores y también deben rendir cuentas ante Dios. No está del todo claro si Pablo ya está hablando explícitamente de los judíos en el versículo 1, dado que se está dirigiendo solamente a los que juzgan a los demás. Pero cuando llegamos al versículo 17 es evidente que el apóstol está contrastando las actitudes y la conducta de los judíos con las de los gentiles. Sea como sea, la cuestión es que aquellos que han tenido acceso a la voluntad revelada de Dios no tienen más privilegios que los demás una vez violan dicha voluntad. Y en 3:9–20, Pablo aclara que tarde o temprano todas las personas fracasan en su intento por cumplir la porción de ley divina que sí han entendido. Por tanto, todo juicio que emitamos juega en nuestra contra, pues en última instancia nadie va a escapar del juicio de Dios (2:1–4).[26]

Los versículos 2:5–16 a primera vista parecen no encajar en la argumentación. La idea central sigue siendo la misma que en 1:18–32: todos pecan y merecen condenación (v. 12). Pero en los versículos 6–11 y 13–16 parece que Pablo cree que algunas personas pueden alcanzar la vida eterna haciendo el bien, mientras que los que andan por caminos de maldad son rechazados por Dios. La misma tensión vuelve a aparecer en los versículos 17–29. Los versículos 17–24 reiteran la hipocresía de condenar a los que incumplen la ley, dado que no hay quien la cumpla de forma perfecta. Pero luego los versículos 25–29 de nuevo parecen apuntar a que hay dos categorías de personas: los que guardan la ley, y los que no guardan la ley. ¿Cómo explicamos esta aparente anomalía?

A lo largo de la historia de la iglesia ha habido tres acercamientos a esta cuestión. (1) Pablo está hablando de forma hipotética; de hecho, no hay nadie que cumpla la ley de forma perfecta, por lo que nadie alcanza la salvación por las obras de la ley (p. ej., Martín Lutero). (2) Los que «perseverando en las buenas obras, buscan gloria, honor e inmortalidad» (v. 7) reciben vida eterna, son cristianos cuyas buenas obras demuestran su fe en Jesús (p. ej, Agustín de Hipona). (3) Se trata de los judíos antes del inicio del cristianismo que, aunque seguían el pacto mosaico, no creían que sus buenas obras eran las que les abrían el camino a Dios. Reconocían su pecaminosidad y ofrecían los sacrificios establecidos para recibir el perdón de Dios, confiando en que Él les iba a conceder dicho perdón (p. ej., John Wesley).

---

25. En cuanto a todos estos puntos, cf. John Stott, *El mensaje de Romanos* (Certeza: 2007), 74 de la edición en inglés.

26. Cf. Jouette M. Bassler, *Divine Impartiality: Paul and a Theological Axiom* (Chico: SBL, 1982).

La primera de esas tres opciones constituye una de las principales verdades cristianas, pero es poco probable que sea eso lo que Pablo quiere decir aquí. Después de todo, en los versículos 27 y 29 dice de forma explícita que los que están obedeciendo la ley, aunque sean incircuncisos, son judíos interiormente, llenos del Espíritu Santo. Esta hipótesis suena como algo muy probable. La segunda opción encaja a la perfección con los versículos 25–29, pero no encaja con 2:14, donde los gentiles «que no tienen la ley, cumplen por naturaleza lo que la ley exige».[27] Los cristianos no obedecen la ley por una capacidad innata; y, una vez se convierten, *tienen* la ley. La tercera posición es la que mejor encaja con todo el contexto, puesto que 1:18–3:20 está intentando demostrar que todos han pecado antes de la venida de Cristo (cf. la transición de 3:20 a 3:21). En esta sección no hay otros versículos que sugieran que Pablo ya ha empezado a referirse a los que han aceptado la salvación que hay en Jesús. Y en tiempos del Antiguo Testamento ya había judíos auténticos y judíos falsos, en función de si el Espíritu de Dios había obrado en sus vidas o no.

Pero entonces, ¿qué ocurre con los incircuncisos de los versículos 26–27? ¿Y qué de los gentiles que no tienen la ley de los que habla el versículo 14? Ese grupo debía incluir, al menos, a los no judíos de tiempos pre–cristianos que adoraban al Dios de Israel aunque no conocían la revelación de Dios a Abraham y a sus descendientes. Pensamos, por ejemplo, en Melquisedeq, Job y Naamán.

El destino de aquellos que no han escuchado el evangelio es un interrogante teológico que ha desvelado a un sinfín de cristianos a lo largo de toda la historia de la iglesia. Entre los cristianos evangélicos no ha surgido una posición ortodoxa.[28] Algunos han argumentado que dado que todos han pecado y que la pena por el pecado es el castigo eterno, los que no oyen el evangelio quedan perdidos de forma automática; otros, que Dios se puede manifestar de forma más directa a algunas personas que le buscan; y otros, que Dios juzgará a la gente según la luz que hayan recibido. El texto que suelen citar los que defienden esta última idea es Romanos 2:14–16. Sir Norman Anderson, que durante años fue el erudito evangélico más prominente en el campo de las religiones del mundo, escribió:

> ¿No podría esto llevarnos hacia la solución del problema de las personas de otras religiones que nunca han oído, o que nunca han oído con entendimiento, del Salvador? Claro está que no pueden ganar la salvación a través de su devoción religiosa o de sus logros morales, por grandes que estos sean, pues el Nuevo Testamento deja claro que nadie puede ganarse la salvación. ¿Pero qué ocurre si el Espíritu de Dios les convence, como Él solo puede hacerlo,

---

27. Los defensores de este acercamiento traducen el versículo de la siguiente manera: «los gentiles, que no tienen la ley por naturaleza, cumplen lo que la ley exige». Pero esta traducción no es muy natural, si analizamos bien el texto original; ver Fitzmyer, *Romans*, 310.

28. Ver el excelente resumen de las diferentes posiciones en Sanders, *No Other Name*.

de parte de su pecado y necesidad; y qué ocurre si les permite, en su oscuridad, que de algún modo se entreguen a la misericordia de Dios y clamen pidiéndole su perdón y la salvación? ¿No serán entonces aceptados y perdonados en el único Salvador?[29]

Sin embargo, aun si Anderson tuviera razón, el estudio de las principales ideologías no cristianas del mundo nos demuestra que no hay mucha gente que vaya a seguir ese camino; además, no tenemos modo alguno de saber si eso se da o no, por lo que la Gran Comisión sigue siendo tan urgente como siempre. De hecho, es precisamente la evangelización (dado el número de personas que rechazan el cristianismo porque creen que tienen que aceptar la enseñanza aparentemente injusta de que Dios condenará a las personas que no acepten un mensaje del que nunca han oído) la que hace que sea crucial que todos los creyentes estudien y traten este tema de forma cuidadosa y que sean capaces de dar razones por las que adoptan la posición que adoptan.[30]

Después de destacar que los judíos son tan culpables como los gentiles, Pablo se anticipa y trata una posible objeción. Entonces, ¿ya no hay ninguna ventaja por ser judío? Claro que las hay. La cultura judía, centrada en las Escrituras judías, es para muchas el instrumento que les lleva a la fe (vv. 2–4). Los que no tienen fe ensalzan de forma inconsciente la gracia de Dios que salva a los que sí tienen fe, aunque eso no justifica el pecar de forma deliberada (vv. 5–9). Pablo desarrolla esta idea en 5:20–6:4, quizá porque sabía que algunos estaban adoptando ese razonamiento.

Las Escrituras respaldan que toda la humanidad ha pecado (3:9–20). El apóstol cierra su defensa de que tanto los gentiles como los judíos han pecado y están separados de la gloria de Dios citando toda una artillería de textos del Antiguo Testamento. De nuevo, como ya vimos al comentar Gálatas 3, eso no significa que la gente del judaísmo pre–cristiano no fuera salva. Todo el sistema de sacrificios fue creado para ofrecer el perdón de pecados de forma temporal. Lo que significa es que antes de la llegada de Jesús, el pueblo de Dios conocía su situación y sabía que la única forma de reconciliarse con Dios era a través de los medios que Él ofrecía. No había nadie que cumpliera la ley de forma perfecta, por lo que nadie podía salvarse por las obras de la ley (v. 20). La salvación, incluso en tiempos del Antiguo Testamento, venía a través de la fe en las promesas de Dios (recuérdese Gá 3:6–7).[31]

---

29. Sir Norman Anderson, ed., *The World's Religions* (London: IVP, rev. 1975; Grand Rapids: Eerdmans, 1976), 234.

30. Sobre la exégesis de las partes relevantes de Romanos 2, ver Glenn N. Davies, *Faith and Obededience in Romans* (Sheffield: JSOT, 1990), 53–71; Klyne R. Snodgrass, «Justification by Grace – to the Doers: An Analysis of the Place of Romans 2 in the Theology of Paul», *NTS* 32 (1986): 72–93.

31. Recuérdese nuestra discusión sobre Pablo y el nomismo pactual más arriba, pp. 108–9. Para ver un estudio opuesto a la tendencia de la «nueva perspectiva de Pablo» de reducir 3:20 a las obras judías o a las «insignias de justicia nacional», ver Moo, *Romanos* (Miami: Vida, 2011), 206–17; y Schreiner, *Romans*, 162–73.

La justificación por la fe (3:21–5:21). *Elaboración de la tesis (3:21–31).*
Sin embargo, con la venida de Cristo, Dios ha provisto de una solución permanente y definitiva para el problema del pecado de la humanidad. De nuevo como en Gálatas, Pablo resume esta solución como la justificación por la fe. Los versículos 3:21–31 recogen de forma condensada este principio clave. La justicia de Dios, imputada a los creyentes, está a nuestro alcance solo a través de la propiciación de Cristo. El creyente se la puede apropiar a través de la fe en Jesús,[32] y no a través de las obras de la ley; aunque los cristianos no rechazan las Escrituras hebreas porque éstas apuntan a las verdades teológicas que acabamos de mencionar y porque una vida de fe supone el cumplimiento del significado de la ley en la dispensación cristiana (vv. 21–22, 27–31). El problema del pecado es que nos descalifica ante la gloria de Dios, por lo que ya no podemos estar en su presencia (v. 23). Por eso, necesitamos que sea Dios el que abra el camino a la salvación. Por su misericordia, eso es lo que ha hecho al enviar a Jesús y, a la vez, también ha demostrado su justicia porque continúa perdonando los pecados pero para ello ha realizado un sacrificio definitivo y completo (v. 24–26).

Ya hemos visto que la «justificación» como metáfora de nuestra salvación proviene del ámbito jurídico, haciendo referencia a un culpable que es declarado «no culpable». Aquí Pablo introduce dos metáforas más para explicar otras dos dimensiones del proceso. «redención» (v. 24) es una metáfora comercial, que se usaba sobre todo para describir el precio que se pagaba para comprar la libertad de un esclavo. «Propiciación» (v. 25; «expiación» en la NVI) era una metáfora religiosa, relacionada con los sacrificios que se hacían para aplacar la ira de Dios tanto en el templo judío como en el grecorromano. Algunos han intentado limitar este término (gr. *hilasterion*) traduciéndolo por «expiación», que simplemente hace mención al perdón de los pecados, pero eso es captar solamente la mitad de su significado. Aunque en el texto de la NVI aparece «expiación», en la nota al pie añade acertadamente que literalmente significa «propiciación» (desviaría su ira, quitando el pecado). Nuestras transgresiones no solo nos separan de Dios; ¡también provocan su ira![33] El término *hilasterion* también nos trae a la memoria el cerramiento del arca del pacto o propiciatorio,

---

32. Como en Gálatas 2:16, como en otros textos clave de Pablo, algunos la traducen la expresión que normalmente traducimos por «fe en Cristo» por «la fidelidad de Cristo». Pero como vimos arriba (p. 125), esa última traducción parece menos acertada. No obstante, *pistis* puede apuntar a la *fidelidad* de los creyentes (o a la fe más como «confianza» que como mera «declaración»). En el pensamiento religioso popular, son demasiados los evangélicos que han definido la fe solo como creencia, lo que ha derivado, entre otras cosas, en el rechazo por parte de los Santos de los Últimos Días de la *sola fide*. Véase la equilibrada presentación que hace Robinson, *Following Christ*, 78–90.

33. La explicación clásica de este significado de la palabra «propiciación» aparece en Leon Morris, *The Apostolic Preaching of the Cross* (Grand Rapids: Eerdmans, 1955), 125–85.

que se rociaba con la sangre del sacrificio, convirtiéndose así en un símbolo de la propiciación de los pecados.[34]

El ejemplo de Abraham (4:1–25). El capítulo 4 presenta una de las principales objeciones que los judíos tendrían ante el planteamiento de Pablo (de nuevo, recuérdese Gálatas 3): entonces, ¿qué pasa con Abraham? El fundador de Israel, ¿no fue salvo por sus obras, la mayor de las cuales fue estar dispuesto a ofrecer a su hijo único Isaac sobre el altar? (Gn 22:15–18)? Después de todo, la *mishná* opinaría posteriormente que «Abraham nuestro padre cumplió toda la ley antes de que ésta nos fuera dada» (*Kidd.* 4:14). Y 1ª Macabeos 2:52 ya había preguntado: «¿Acaso Abraham no fue hallado fiel en la prueba y por eso Dios lo contó entre los justos?». La respuesta de Pablo obliga a sus lectores a remontarse a una época aún más antigua, cuando Dios declaró justo a Abraham porque éste tuvo fe (Ro 4:3, citando Gn 15:6). Mientras que el término «justificado» o «declarar justo» proviene del ámbito jurídico, el término «contar como» proviene del ámbito comercial, pues se usaba en los registros para acreditarle a alguien una suma concreta de dinero.[35] *Podríamos decir que lo que se anotó en el libro de contabilidad espiritual de Abraham no fueron sus obras, sino su fe*. Ciertamente, la disposición de ofrecer a Isaac fue una enorme muestra de fe (cf. Heb 11:17–19), pero aquí Pablo apunta a otro suceso crucial: creyó en la promesa divina de que él y Sara, a pesar de su avanzada edad, tendrían un niño (Ro 4:18–22; cf. Gn 18:1–5).[36] Además, Abraham también fue justificado por la fe antes de su circuncisión (Ro 4:1–12; cf. Gn 17), por lo que él ya apunta a que la salvación es tanto para los circuncisos como para los incircuncisos (Ro 4:13–25).[37]

Como consecuencia, ni Abraham ni ninguna otra persona de fe tiene de qué gloriarse delante de Dios (v. 2).[38] Aunque la mayoría de textos paulinos que explican que las buenas obras no salvan tienen en mente los mandamientos de la ley mosaica, aquí encontramos un principio más general: al que trabaja, su salario no se le da como un regalo, sino como una obligación. Pero al que no trabaja sino que cree en Dios que justifica al malvado, «se le toma en cuenta esa fe como justicia» (v. 4). En todas las épocas y en todo lugar, los seres humanos intentan agradar a Dios con su comportamiento siguiendo otras fórmulas similares o diferentes a la ley de Moisés. Sea como sea, cualquier intento es en vano.[39] Es cierto que los que reciben la revelación especial en las Escrituras son más res-

---

34. Moo, *Romanos* (Miami: Vida, 2011), 231–36.
35. Witherington y Hyatt, *Romans*, 121.
36. La risa inicial de la pareja es totalmente comprensible. Pero «a partir de aquel momento Abraham tuvo una confianza extraordinaria en Dios» (Osborne, *Romans*, 119).
37. Cf. Michael Cranford, «Abraham in Romans 4: The Father of All Who Believe», *NTS* 41 (1995): 71–88.
38. Sobre este tema, ver especialmente Simon J. Gathercole, *Where is Boasting? Early Jewish Soteriology and Paul's Response in Romans 1–5* (Grand Rapids y Cambridge: Eerdmans, 2002).
39. Cf. Moisés Silva, «The Law and Christianity; Dunn's New Synthesis», *WTJ* 53 (1991): 339–53.

ponsables ante Dios cuando la desobedecen que aquellos que no la conocen. El término «transgresiones» hace referencia a la violación consciente de una norma conocida, por lo que cuando el versículo 15 afirma «donde no hay ley, tampoco hay trasgresión», Pablo quiere decir que los que no tienen la Torá pecan, pero sin ser conscientes de que se están rebelando contra ella. Pero, de todos modos, su conocimiento de la revelación general (recuérdese 1:18–20) les hace responsables y también estar sujetos al castigo que entró en el mundo (cf. 5:14).

Los resultados de la justificación (5:1–21). Sin embargo, los que imitan a Abraham y se salvan por gracia a través de la fe pueden experimentar paz, gozo y esperanza (vv. 1–5). Estos atributos no deben verse como meras emociones subjetivas, sino como características objetivas de nuestro nuevo estado como personas que han sido reconciliadas con Dios a través de Cristo (v. 2). Seguimos experimentando aflicciones en esta vida; pero cuando vemos que pueden servir para hacernos madurar, podemos verlas como parte del plan bondadoso de Dios para nosotros (vv. 3–5). ¡Es increíble que Cristo se sacrificara muriendo por nosotros! ¿Cuántas veces alguien muere de forma voluntaria por alguien? ¿Cuántas veces alguien muere por sus enemigos? (vv. 6–8, 10a). Pero si Jesús pasó por la agonía de la crucifixión cuando lo único que merecíamos era la ira de Dios, ¡la vida con Él, aquí y en la era por venir, sobrepasará todas nuestras expectativas![40] Robert Mollet resume la secuencia y las implicaciones personales de todos los principales conceptos que aparecen en este texto: «La gracia representa que Dios me acepta. La fe representa que yo acepto que Dios me acepta. La paz es aceptarme a mí mismo».[41]

Esta paz, objetiva y subjetiva que proviene de la salvación está al alcance de toda la humanidad porque del mismo modo que el pecado de Adán derivó en la muerte espiritual de todas las personas, la muerte de Cristo hace posible que todas las personas puedan volver a tener vida espiritual (vv. 12–21). El versículo 12 ha sido objeto de numerosos debates sobre la naturaleza del «pecado original» (sobre por qué la trasgresión de la primera pareja de seres humanos ha afectado al resto de la humanidad y continúa afectándola hasta el día de hoy).[42] La Vulgata latina, la traducción de la Biblia utilizada en la misa de la Iglesia Católica durante más de un milenio, traducía el término *eph'ho* que aparece al principio de la última proposición de este versículo con una expresión que significa «en quien». De ahí, unos hablaban de la posición representativa o «federal» de Cristo (por la cual Dios determinó que trataría a todas las personas según la conducta de Adán), y otros hablaban de una transmisión del pecado más «realista» (de algún modo, todos los descendientes de

---

40. Algunos teólogos modernos dicen que la doctrina de que Dios sacrificó a su hijo es repugnante y nos habla de un Dios que comete abuso infantil. Pero eso es reflejo de una mala comprensión de la Trinidad; el Padre y el Hijo son uno y Jesús en la encarnación es Dios mismo. Y su sacrificio representa el deseo de Dios de dar su propia vida, si se puede decir así. Ver una respuesta más extensa esp. en Charles H. Talbert, *Romans* (Macon: Smyth and Helwys, 2002), 140–44.

41. Robert L. Mollet, *Are We There Yet?* (Salt Lake City: Deseret, 2005), 141.

42. Más detalles en G. C. Berkouwer, *Sin* (Grand Rapids: Eerdmans, 1971), 424–65.

Abraham estaban presentes en su cuerpo; cf. Heb 7:10). Pero lo más probable es que la mejor traducción de la expresión griega en cuestión sea «porque» (como en la NVI).[43]

Por tanto, este versículo afirma dos verdades complementarias: debido a la desobediencia inicial de Adán el pecado se extendió a todas las personas, y todas las personas de forma voluntaria eligen pecar. La relación entre estas dos verdades no tiene una explicación clara, aunque con el conocimiento de la genética que tenemos hoy en día es más fácil concebir que el progenitor de la raza humana transmitiera sus tendencias conductuales.[44]. A su vez, los versículos 13–14 podrían sugerir que los que, por la razón que sea (edad, incompetencia mental, etc.), no eligen de forma consciente rechazar a Dios y sus mandamientos no serán juzgados por sus pecados del mismo modo. Morirán físicamente, pero quizá no tendrán que experimentar la muerte espiritual en el infierno. Aquí es donde surge la idea de una «edad responsable», la idea de que los seres humanos que no llegan a la madurez intelectual necesaria para ser conscientes de su rebeldía serán salvos. Pero hemos de admitir que ésta no es una doctrina explícita de las Escrituras; como mucho, tan solo es una inferencia lógica de textos como éste.[45]

Sin embargo, el interés principal de Pablo en los versículos 12–21 no es explicar la naturaleza del pecado, sino transmitir lo maravillosa que es la salvación. Por tanto, los versículos 15–21 establecen un contraste entre el pecado de Adán y la salvación que hay en Cristo. En ambos casos, el proceso empezó por la acción de un solo hombre: sus acciones afectaron a toda la raza humana, y una sola acción fue lo que desencadenó todo lo que vendría a continuación. Por otro lado, la trasgresión de Adán trajo pecado y muerte, mientras que la crucifixión de Cristo ofrece salvación y vida. Con Adán, un solo pecado fue el causante de todo el problema, mientras que la salvación de Cristo fue la respuesta a todos los pecados acumulados por la humanidad hasta el día de hoy. Por último, el pecado original llevó a todos los que lo imitaron a la condenación definitiva, mientras que la obra de Cristo en la cruz simplemente ofrece la oportunidad de la salvación a toda la humanidad. Son las personas las que deben decidir qué hacen con esa oferta; y, para obtener la salvación, deben aceptar la oferta a través de la fe en Jesús.

Hay gente que cuestiona esta última idea, y lo hace basándose en el versículo 18. El texto griego dice literalmente: «En consecuencia, como por uno [vino] la trasgresión sobre todos los hombres que lleva a la condenación, de la misma manera por uno [vino] un acto de justicia sobre todas las personas que lleva a la justificación de vida». Pero el versículo 17 acaba de dejar claro que la vida se hereda recibiendo «la gracia abundante y el don de la justicia de Dios», no solo por el hecho de pertenecer a la raza humana. Así que el sentido del ver-

---

43. Luke T. Johnson, *Reading Romans* (New York: Crossroad, 1997), 88–89.

44. Ciertamente, 4º Esdras 3:7–22 ya proponía a finales del siglo I una creencia en la transmisión seminal del pecado.

45. Encontrará un resumen de las varias soluciones a este problema en Ronald H. Nash, *When a Baby Dies* (Grand Rapids: Zondervan, 1999).

sículo 18 tiene que ser que la propiciación de Cristo da a todas las personas *la posibilidad* de tener vida. El versículo 19 parece confirmar esta interpretación porque deja de usar «todos» y usa «muchos». Es verdad que todos pecaron, y ciertamente los pecadores son «muchos»; pero no todos serán salvos, sino solo «muchos» (es decir, todos los *creyentes*).[46]

Los versículos 5:20–21 preparan al lector para el tema de la santificación que se extiende a los capítulos 6, 7 y 8. Como en Gálatas 3:19–20, Pablo explica que la entrega de la ley mosaica hizo aumentar la cantidad de trasgresiones conscientes y deliberadas, haciendo relucir de forma aún más clara la necesidad que la humanidad tenía de un Salvador. Como en Romanos 3:5–8, esto podría llevar a algunos a pensar que para que haya más gracia de Dios, deben pecar mucho (6:1). Pero, esa afirmación pierde de vista el hecho de que los creyentes han muerto al pecado. Han recibido una nueva naturaleza que les lleva a querer hacer lo que le agrada (v. 2). Pero, llegado este punto, ya nos hemos adentrado en el tema que Pablo trata a continuación.

La santificación por medio del Espíritu (6:1–8:39). *Libertad del pecado (6:1–23).* Dado que ahora Dios ya no nos ve como pecadores (justificación), durante el transcurso de nuestra vida deberíamos crecer en santidad (santificación).[47] Pablo desarrolla esta idea en tres fases, una por capítulo, que podríamos titular de la siguiente forma: «libertad del pecado» (capítulo 6), «libertad de la ley» (capítulo 7) y «libertad de la muerte» (capítulo 8).[48]

Como ya hemos visto, el capítulo 6 empieza con una transición que lo relaciona con el material anterior. Además, Pablo prevé una posible respuesta a lo que acaba de decir, y procede a responder. La abundancia de la desobediencia ha llevado a la sobreabundancia de la gracia. Pero la gracia no ha sido ideada para darnos permiso para pecar (vv. 1–2). Los cristianos han sido librados del pecado, primero a través de la unión con Cristo, como simboliza el bautismo (vv. 2–11) y segundo a través de la lealtad a un nuevo Señor (vv. 12–23). Los versículos 2–11 no enseñan la regeneración por bautismal (salvación a través del bautismo) porque 1ª Corintios 10:1–12 explica que un «bautismo» no nos garantiza una relación personal con Dios. Lo que Romanos 6:3–11 hace es mostrar la estrecha relación que había en tiempos neotestamentarios entre la profesión de fe y el bautismo. Las referencias al bautismo en este pasaje podrían verse como una metonimia (una figura retórica que consiste en usar un

---

46. Ver Peter Stuhlmacher, *Paul's Letter to the Romans* (Louisville: WJKP, 1994), 87–88.

47. «Ser justificados es ser librados del pecado, ser presentados delante de Dios como personas limpias de todo pecado. Ser santificado es ser librados de los *efectos* del pecado, y del poder que el pecado antes tenía sobre nuestro deseo y nuestro corazón» (Millet, *Jesus Christ: The Only Sure Fundation*, 123).

48. F. F. Bruce, *The Epistle of Paul to the Romans* (Leicester: IVP; Grand Rapids: Eerdmans, rev. 1985), 65.

concepto para referirse a otro concepto con el que tiene algo que ver; p. ej. referirse a una bandera para referirse al país que dicha bandera representa).[49]

PECADO & SANTIFICACIÓN

PERFECCIÓN

ESPÍRITU VIVO   CUERPO RESUCITADO

EL CRISTIANO   INTERVALOS CRUCIALES

ESPÍRITU VIVO   CUERPO MORTAL

MUERTO EN EL PECADO

ESPÍRITU MUERTO   CUERPO MORTAL

C. E. B. Cranfield explica acertadamente que hay cuatro sentidos en los que los creyentes han muerto al pecado: el sentido jurídico (Dios ya no nos ve como pecadores), el sentido bautismal (los creyentes ratifican que aceptan la obra que Dios ha hecho en beneficio de ellos), el sentido moral (son llamados a dejar de pecar en esta vida, y de forma progresiva reciben la capacidad de dejar de pecar), y el sentido escatológico (en la vida venidera ya no pecarán más).[50]

Aquellos que enfatizan en exceso la primera mitad de Romanos 6 y aseguran que los creyentes ya no tienen una vieja naturaleza pecaminosa en esta vida, deberían fijarse en la segunda parte del capítulo, donde se insta a los cristianos a morir al pecado una y otra vez (vv. 12–23). ¡Estos mandatos no

---

49. El énfasis del v. 3 está en «la realidad espiritual que el bautismo por agua representa» (Witherington con Hyatt, *Romans*, 157). Por otro lado, no podemos reducir este pasaje y hablar solo del bautismo del Espíritu. En tiempos de la Epístola a los Romanos, el término «bautismo» ya hacía referencia al bautismo por agua aunque no llevara ningún calificativo más (Moo, *Romans*, 359).

50. Cranfield, *Romans*, vol. 1, 300–1.

tendrían ningún sentido si no hubiera la posibilidad de que los creyentes los desobedecieran! Pablo incluso les advierte diciendo que podrían volver a ser esclavos del pecado. Entonces, ¿qué quiere decir que nuestra vieja naturaleza ha sido crucificada con Cristo (v. 6) y que hemos sido liberados del pecado (v. 18)? Quiere decir lo siguiente: antes no teníamos otra elección que servir al pecado como nuestro señor. Ahora tenemos elección, y somos llamados a elegir de forma acertada.[51] Esto tiene que ver con la relación que hay en los escritos paulinos entre la Teología y la Ética, que en muchas ocasiones se ha descrito como el indicativo que lleva al imperativo. *Nuestra naturaleza pecaminosa no queda erradicada cuando nos hacemos cristianos, y por eso debemos esforzarnos cada día para llegar a ser lo que ya somos a los ojos de Dios.* Del mismo modo, aunque nuestro nuevo señor es Cristo, debemos seguir haciéndolo nuestro señor día a día (vv. 12–14, 17–18, 22).[52]

Libertad de la ley (7:1–25). Romanos 7 describe la libertad de la ley de la que los cristianos disfrutan. La ley, aparte del rol de apuntar a Cristo (recuérdese el comentario de Gálatas 5–6), solo está al servicio del pecado. Este capítulo se divide en tres partes. *En primer lugar*, estar bajo la ley es como un voto matrimonial: es vigente hasta que una de las partes muere (vv. 1–6). El periodo de tiempo en el que el pacto de Abraham estuvo en vigor acabó con la muerte y resurrección de Jesús. Ahora, el Espíritu Santo vive de forma permanente en todos los creyentes, dándoles poder para vencer a su naturaleza pecaminosa y llevándoles a crecer en santidad, que es diferente a la obediencia literal de las 613 ordenanzas de la Torá (vv. 4–6).

En segundo lugar, hubo un tiempo anterior a la entrega de la ley cuando no había un conocimiento explícito del pecado como violación de la ley, pero hace mucho que eso dejó de ser así (vv. 7–11). «En otro tiempo yo tenía vida aparte de la ley; pero cuando vino el mandamiento, cobró vida el pecado y yo morí» (v. 9). Los comentaristas se preguntan si Pablo está hablando como un judío típico y está pensando en Moisés cuando recibió la ley en el monte Sinaí, o si se está refiriendo a Adán y Eva en el jardín del Edén y a su trasgresión de la primera ley que Dios dio a la humanidad. Incluso podría estar haciendo referencia a la ceremonia de los doce o trece años, la versión antiguo de la *bar mitzvá*, cuando él decidió tomar el «yugo de la Torá».[53] Una vez que los humanos se dan cuenta de que algunas conductas violan los patrones santos y justos de Dios, más deseos tienen de hacer lo que le ofende. Por tanto, aunque la ley

---

51. Talbert, *Romans*, 166.
52. En cuanto a las cuestiones del lenguaje, ver David Matthewson, «Verbal Aspect in Imperatival Constructions in Pauline Ethical Injunctions», *FN* 9 (1996): 21–35.
53. O cualquiera de estas dos opciones, o las tres. Osborne (*Romans*, 174) dice que lo que Pablo dice aquí es tanto autobiográfico como típico de toda la humanidad. L. Ann Jervis («The Commandment Which Is for Life [Romans 7.10]: Sin's Use of the Obedience of Faith», *JSNT* 27 [2004]: 193–216) presenta un argumento plausible defendiendo que la vida fuera de la ley puede ser vida cristiana, utilizando el término mandamiento para referirse a la obligación cristiana.

no es mala en sí misma, Pablo dice que el pecado se personifica como el poder que la utiliza y la hace producir muerte en lugar de vida (vv. 10–12).

En tercer lugar, una vez la era de la ley ha terminado, en Cristo tenemos una gran libertad; no obstante, la vieja y la nueva naturaleza del creyente batallan entre sí (vv. 14–25). Esta última sección es con diferencia la más controvertida del capítulo, quizá de toda la epístola. Aproximadamente la mitad de comentaristas la ve como la reinterpretación cristiana que Pablo hace de su vida bajo la ley, y la otra mitad la ve como su experiencia cristiana del momento en el que escribe; y en ambos casos el apóstol estaría hablando como representante de los que están en su misma situación. A su vez, los estudiosos que ven en este pasaje al Pablo pre–cristiano se dividen en dos: los que creen que Pablo está hablando desde una perspectiva claramente judía, y los que creen que está representando a la humanidad caída en general. El problema más grande de esta última posición es que resulta difícil imaginar a un gentil incrédulo sufriendo por haber desobedecido la ley de Moisés (v. 22). El argumento más serio que se ha usado para decir que el Pablo que aquí habla no es el Pablo cristiano es que, aunque los creyentes luchan con el pecado, no son esclavos de su naturaleza pecaminosa (vv. 14, 25b). Pero ya hemos visto en 6:12–23 que también los cristianos tenemos que elegir a quién o a qué servir. Ya rechazamos (ver p. 289) la afirmación de que los creyentes ya no tenemos una naturaleza pecaminosa, refutación que el Pablo que habla en esta sección es el Pablo cristiano.[54]

De hecho, *son varios los argumentos a favor de que estos versículos describen la lucha que todos los cristianos experimentan en un momento u otro.* (1) En los versículos 7–13 y 14–25 tenemos un cambio en los tiempos verbales, que pasan de tiempo pasado a tiempo presente. (2) La secuencia de las dos partes del versículo 25 sugiere que la tensión continúa después de la salvación. En primer lugar, Pablo alaba de Dios por rescatarnos en Cristo, y luego describe la tensión entre servir a la ley y servir al pecado. (3) Por lo general, la tensión entre lo que las personas deberían hacer y lo que realmente hacen es realmente notable solo cuando éstas reciben el Espíritu y comprenden de forma plena la absoluta santidad de Dios y el grado de su propia depravación.[55] (4) Gálatas 5:17 también deja claro, en un contexto en el que Pablo está dirigiéndose a los creyentes, que los deseos de la naturaleza pecaminosa están en conflicto con el Espíritu. (5) El versículo 10 del capítulo 8 es un resumen perfecto: «Pero si Cristo está en vosotros, el cuerpo está muerto a causa del pecado, pero el Espíritu que está en vosotros es vida a causa de la justicia».[56]

---

54. Otros argumentos incluyen el triunfo sobre el pecado en la vida del creyente que encontramos en el capítulo 8 y el supuesto paralelo en Gálatas 5:17. Ver la explicación que hacemos de ambos textos a continuación.

55. «El cristiano será más consciente de la profundidad y la seriedad de los antagonismos de la vida». Así también Hans D. Betz, «The Concept of "Inner Human Being" (ὁ ἔσω ἄνθρωπος) in the Anthropology of Paul», *NTS* 46 (2000): 34].

56. En cuanto a esta posición, ver Cranfield, *Romans*, vol. 1, 344–47. Schreiner (*Romans*, 372–92) argumenta que Pablo se está dirigiendo tanto a creyentes como a no creyentes.

Si adoptamos esta posición sobre los versículos 14–25, las implicaciones pastorales son realmente profundas. A menudo, personas que para los de fuera parecen cristianas, y que claramente muestran el fruto del Espíritu, dudan de su propia salvación debido a conciencias particularmente sensibles que recuerdan constantemente lo lejos que están de la perfección que agrada a Dios. Sus amigos cristianos les pueden ayudar recordándoles que la discrepancia entre sus deseos y su conducta que les atormenta no provocaría esa agonía en una persona no creyente que no está comprometida con los caminos de Dios. De hecho, ¡la tensión que experimentan es un testimonio de que su fe cristiana es genuina![57]

Libertad de la muerte (8:1–39). El capítulo 8 cierra la primera mitad de esta epístola hablando claramente de la libertad de la condenación y, por tanto, de la muerte espiritual que el creyente tiene. Pablo presenta cinco ideas principales, y tenemos así cinco secciones.

En primer lugar, aunque los cristianos experimentan la lucha entre el pecado y la justicia, a través del Espíritu se puede obtener una victoria considerable sobre el pecado (vv. 1–11). Del mismo modo en que no podemos sobrevalorar nuestro avance en la santificación, tampoco podemos contentarnos si vemos que nuestro crecimiento en santidad no es continuo ni visible. La obra propiciatoria de Cristo en la cruz no fue solo para darnos nueva vida en un mundo venidero, sino para que en este mundo pudiéramos tener una nueva libertad que nos permite vivir como Dios quiere que vivamos, que es el estilo de vida más beneficioso para nosotros.

Para conseguirlo, Dios envió a su Hijo «en condición semejante a nuestra condición de pecadores, para que se ofreciera en sacrificio por el pecado. Así condenó Dios al pecado en la naturaleza humana» (v. 3b). Esta parte del versículo 3 es, quizá, el fragmento más difícil de traducir de todo el capítulo; literalmente, dice: «en semejanza a la carne pecaminosa y con respecto al pecado, condenó al pecado en la carne». Algunos han argumentado que Pablo creía que Jesús sí tenía una naturaleza pecaminosa; lo que ocurre es que nunca sucumbió a ella, por lo que nunca cometió acciones pecaminosas concretas. Pero es significativo ver que Pablo no usa el término «imagen», sino que usa «semejanza». Aunque es cierto que estas dos palabras pueden ser sinónimas, en este contexto tiene más sentido pensar que se está hablando de «semejanza» o «parecido». Después de todo, la «semejanza» de Adán y Eva siguió siendo la misma después de la caída. Así, podríamos describir a un ser humano sin pecado como alguien «semejante» a un ser humano pecador, y viceversa. Aunque es más difícil aceptar la posición de que Cristo era «impecable», que no existía la posibilidad de que pecara. Eso supondría que las tentaciones por las que pasó no eran más que una farsa. Así que lo mejor es optar por una posición intermedia: como Adán y Eva antes de la caída, Cristo no tenía una naturaleza pecaminosa aunque sí tenía la posibilidad de pecar, si así lo hubiera elegido. Pero, a diferencia de la primera pareja, Cristo nunca sucumbió a la

---

57. Cf. Michael P. Middendorf, *The «I» in the Storm: A Study of Romans 7* (St. Louis: Concordia, 1997), 224.

tentación cayendo en el pecado y por tanto nunca llegó a tener una naturaleza pecaminosa.[58]

En segundo lugar, el Espíritu no solo obra justicia en nosotros, sino que nos hace hijos de Dios; Dios nos adopta y nos concede todos los derechos que le corresponden a un heredero (vv. 12–17). Como en Gálatas 4:5–7, vemos que nuestra adopción nos sitúa en una relación íntima con nuestro Padre celestial, que nos permite dirigirnos a Él haciendo uso de un término que expresa familiaridad y estrecha cercanía (el término arameo *Abba* equivale a decir «papá» o «papaíto»). Y esto también es obra del Espíritu Santo.

En tercer lugar, la unidad con Cristo produce sufrimientos, pero éstos palidecen cuando se comparan con la gloria futura de toda la creación (vv. 18–25). El versículo 18 contiene, junto a 2ª Corintios 4:17, una de las perspectivas sobre el sufrimiento humano más extraordinaria de toda la historia. Las aflicciones por las que Pablo ha pasado hacen que el apóstol no minimice el alcance del mal, pero también deja claro que cuando lo compara con la grandeza y la permanencia de los nuevos cielos y la nueva tierra y de sus habitantes glorificados, está seguro de que un día podrá mirar atrás y ver los momentos horribles de su vida como una nube, que aunque oscura, ya pasó. Los versículos 99–22 bis recuerdan que, metafóricamente hablando, todo el Universo gime bajo la corrupción a la que ha sido sometido y anhela el día de su regeneración. El pecado del hombre dio entrada al caos de todo el cosmos, y la enemistad entre la «naturaleza» y la voluntad humana continuará hasta la redención final de todas las cosas. Estas observaciones son importantes a la hora de construir una teodicea, una respuesta al problema del mal. Los desastres «naturales» son resultado de la caída, tanto como lo es el pecado, por lo que no podemos esperar que Dios va a librar a los cristianos del sufrimiento en esta vida, del mismo modo que no pensamos que vamos a lograr un estado de perfección sin pecado a este lado de la eternidad.[59]

En cuarto lugar, el Espíritu nos ayuda en nuestra debilidad, incluso cuando no sabemos cómo orar (vv. 26–27). Del mismo modo en que la creación gime de forma figurada mientras aguarda el momento de su redención (v. 26), los creyentes aguardan (y a veces gimen de forma literal) el día en el que todo su sufrimiento cesará (v. 27). Nuestro estado caído muchas veces no nos permite comprender cómo orar, precisamente porque no conocemos la voluntad de Dios en diferentes situaciones. Así que Pablo nos asegura que el Espíritu, que conoce la mente de Dios, intercede por nosotros en esos momentos. Algunos

---

58. Agustín de Hipona lo explicó muy bien hace siglos: «¿Qué contiene la carne pecaminosa? Muerte y pecado. ¿Qué contiene la semejanza a la carne pecaminosa? Muerte sin pecado. Si tuviera pecado sería carne pecaminosa; si no tuviera muerte, no sería semejante a la carne pecaminosa. Él vino en semejanza a la carne pecaminosa; vino como Salvador. Murió, pero venció a la muerte» (*Sermones, Homilía* 233.3).

59. Encontrará una excelente introducción a este tema, de forma más general, en D. A. Carson, *¿Hasta cuándo, Señor? Reflexiones sobre el sufrimiento y el mal* (Andamio: 1995).

comentaristas han dicho que la palabra «gime» apunta a hablar en lenguas, otra forma de lenguaje divino que sobrepasa la cognición humana (recuérdese p. 223), pero es muy poco probable que podamos hablar con exactitud de una manifestación de este ministerio.[60]

En quinto lugar, los creyentes pueden estar seguros de que no hay nada en la creación que les pueda separar del amor de Dios en Cristo porque el proceso de salvación que Dios ha iniciado viene con la garantía de que continuará hasta que se haya completado (vv. 28–29). Esta sección empieza con una de las promesas más famosas de la Biblia; sin embargo, en muchas ocasiones no se traduce de forma adecuada. El énfasis adecuado es el siguiente: «*En todas las cosas* Dios obra para el bien de los que le aman». Es decir, no todas las cosas son para bien. Algunas cosas son horribles y contrarias a los propósitos de Dios, pero sin embargo Dios obra *en medio de* ellas, sacando algo bueno incluso cuando el mal prevalece.[61]

Los versículos 29–30 contienen el famoso *ordo salutis* de Pablo («orden de la salvación»), que empieza con la presciencia o conocimiento previo de Dios y acaba con la glorificación del creyente. La mayoría de los arminianos ven esta presciencia como la explicación de la predestinación que aparece acto seguido, sin embargo eso convierte la salvación en un logro humano, en lugar de divino (es decir, que Dios tan solo conoce la respuesta que cada persona, haciendo uso de su libertad, va a dar). La mayoría de los calvinistas dicen que la presciencia que aquí se menciona tiene el sentido veterotestamentario que normalmente se asocia al verbo hebreo *yada'* (saber) de elección, pero la palabra griega que se usa en este texto (*proginosko*) no suele tener ese sentido, ni siquiera en la Septuaginta. Por lo que es necesario buscar una posición intermedia: Dios inició los planes para dar a aquellos que le iban a aceptar el estado de hijos.[62]

Así que Dios sabe de antemano la respuesta libre que toda persona creada va a dar ante el evangelio (presciencia). Escoge crear una lista o grupo de entre esas personas y en ese sentido determina que sus destinos se corresponderán con sus elecciones (predestinación).[63] Entonces el Espíritu Santo empieza a obrar en los corazones de los que Dios sabe que responderán con fe, y éstos de forma libre aceptan a Jesucristo (llamamiento). Cuando le aceptan, son decla-

60. Cf. Emmanuel A. Obeng, «The Origins of the Spirit Intercesión Motif in Romans 8:26», *NTS* 32 (1986): 621–32; Ídem, «The Reconciliation of Ro 8.26f. to the New Testament Writings and Themes», *STJ* (1986): 165–74; Ídem, «Abba, Father: The Prayer of the Sonso f God», *ET* 99 (1988): 63–66.

61. Ver esp. Carroll D. Osburn, «The Interpretation of Romans 8:28», *WTJ* 44 (1982): 99–109.

62. Millard J. Erickson, *Teología Sistemática* (Colombia: CLIE, 2008), 356–62 (páginas de la edición en inglés: *Christian Theology*, vol. I).

63. Cf. el trato que hace de este «medio conocimiento» William L. Craig en *The Only Wise God* (Grand Rapids: Baker, 1987): 127–51. Craig defiende la popular perspectiva medieval de que Dios conocía todas las elecciones libres posibles de todas las personas creadas y eligió crear la mejor combinación posible de dichas criaturas, aunque sabía que la libertad que les daba provocaría una enorme cantidad de pecado y de mal.

rados justos delante de Dios (justificación). Por último, Dios les promete que a la experiencia presente con Él le sucederá la resurrección corporal (glorificación). Dado que este futuro está garantizado, Pablo utiliza el tiempo verbal aoristo o pasado. La cantidad de gente que Dios conoce de antemano se corresponde con la cantidad de gente que Dios predestina, con la cantidad de gente que Dios llama, con la cantidad de gente que justifica, y con la cantidad de gente que glorifica. Por tanto, podemos estar seguros de que nada va a frustrar los propósitos salvíficos de Dios (vv. 31–39). Los versículos 38–39 contienen quizá la afirmación más potente de todas las Escrituras sobre la seguridad que el creyente tiene en Cristo.[64] El hecho de que las personas que están en la cadena que va del conocimiento previo a la glorificación siguen siendo las mismas durante todo el proceso tira por tierra la afirmación de que los creyentes pueden salirse de forma voluntaria de dicho proceso. Lógicamente, ningún cristiano verdadero querría hacerlo.[65]

ROMANOS 8:29–39		
Calvinismo	«Calminianismo» (conocimiento medio)	Arminianismo
Previa Soberanía de Dios	Soberanía de Dios y libertad humana en equilibrio	Previa libertad humana

El estatus de Israel (9:1–11:36). *La frecuente desobediencia de Israel y sus consecuencias (9:1–29).* Pablo ya ha completado su apartado doctrinal. Ha analizado la situación del ser humano desde el pecado, pasando por la justificación y la santificación, hasta la glorificación. Ahora se centra en responder a una objeción que con toda seguridad estaba en la mente de sus lectores, tanto judíos como gentiles. Si éste evangelio realmente es el cumplimiento de aquello que Israel esperaba, ¿por qué tantos judíos lo han rechazado? Pablo da tres respuestas: *(1) Encaja con la frecuente desobediencia de los israelitas a lo largo de todo el Antiguo Testamento (9:1–29); (2) Han tratado la ley como un medio para alcanzar la justicia, en lugar de vivir por fe (9:30–10:21); (3) Es solo un rechazo temporal, que prepara el camino para el momento en el que habrá un aumento de la fe entre los judíos (11:1–36).*

Pablo empieza la primera de estas tres respuestas hablando de su dolor y de su identificación con sus compatriotas judíos (9:1–5). Si fuera posible, ¡prefe-

---

64. «El fracaso final no existe para el discípulo de Jesucristo. Al final, nadie ni nada impedirán que esté con Dios» (Ogden y Skinner, *Acts through Revelation*, 179).

65. Quizá las reflexiones bíblicas más equilibradas sobre estos complejos temas aparecen en Thomas R. Schreiner y Ardel D. Canaday, *The Race Set Before Us: A Biblical Theology of Perseverante and Assurance* (Downers Grove and Leicester: IPV, 2001).

riría ser maldecido por el bien de sus hermanos! (v. 3). Este sentimiento es totalmente opuesto al antisemitismo que en muchas ocasiones ha caracterizado a la iglesia gentil. Pablo también enumera las ventajas de ser judíos (recuérdese 3:1–4), una de las cuales es que el Mesías nació en medio de ellos. Aquí tenemos de forma explícita una afirmación poco habitual en el Nuevo Testamento: Jesús es Dios mismo (v. 5).[66]

Pablo continúa recordando que a lo largo de todo el Antiguo Testamento el verdadero pueblo de Dios está formado solo por un remanente de los descendientes de Abraham escogidos por gracia (vv. 6–29, ver esp. vv. 27–29). Para ello, cuenta cómo la promesa pasó solo a través de uno de los dos hijos de Abraham, Isaac, y solo a través de uno de los dos hijos de Isaac, Jacob (vv. 6–13). Lo más probable es que el apóstol no esté hablando aquí sobre la elección para salvación eterna o para condenación eterna, sino sobre la forma en la que Dios iba a trazar su plan para la humanidad en *esta* vida. Después de todo, la reconciliación de Esaú con Jacob (Gn 33) sugiere que Esaú volvió a hacer las paces con Dios. A esta idea la podemos llamar «elección colectiva y temporal».[67]

ELECCIÓN COLECTIVA EN LA TORÁ

(ROMANOS 9:6–21)

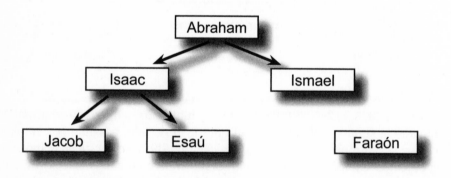

Los versículos 14–29 responden a la posible objeción «¿es eso justo?». Básicamente, Pablo ofrece cuatro respuestas.

---

66. Algunos lo han negado, cambiando la puntuación y finalizando la frase después de «Cristo» y traduciendo el resto del versículo de la siguiente forma: «Dios, que está sobre todas las cosas, sea alabado por siempre, amén». Pero la interpretación más natural del texto griego es la que aparece en nuestras versiones. Ver esp. Murray J. Harris, *Jesus as God: The New Testament Use of* Theos *in Reference to Jesus* (Grand Rapids: Baker, 1992), 143–72.

67. Ver Craig L. Blomberg, «Elijah, Election, and the Use of Malachi in the New Testament», *CRT* 2 (1987): 111–16; William W. Klein, *The New Chosen People* (Grand Rapids: Zondervan, 1990), 173–75, 197–98. Las palabras que en el v. 13 expresan amor y odio en hebreo y en griego semita pueden significar, incluso, «escoger» y «no escoger» respectivamente.

En primer lugar, fue justo en el contexto de Moisés y el faraón (vv. 14–18). De nuevo, Pablo no está hablando sobre la elección para un destino eterno; el libro de Éxodo no nos dice cuál fue la reacción del faraón ante la tragedia final (la pérdida de su ejército) después de los numerosos «arrepentimientos» anteriores. Pablo dice que Dios le endureció el corazón como respuesta a que el faraón mismo había endurecido su corazón (recuérdese la secuencia de los acontecimientos en Ro 1:18–32) con un propósito temporal e incluso misericordioso, es decir, la salvación de Israel.[68]

En segundo lugar, las elecciones de Dios son justas porque Dios es Creador y puede hacer vasijas para fines especiales y para fines ordinarios (vv. 19–21). Pero éstas no son categorías irrevocables porque en 2ª Timoteo 2:20–21 se usa el mismo simbolismo y, sin embargo, se habla de los que se mantienen limpios de propósitos innobles (por la fe en Cristo) y son salvos. Una vez más, parece que Pablo está hablando de una elección para unos roles concretos durante las diversas etapas en la vida temporal del creyente.

En tercer lugar, cuando Dios predestina para salvación, estamos ante lo que los teólogos llaman predestinación positiva, diferente a la doble predestinación (vv. 22–23). En esta sección hemos llegado claramente a la era del Nuevo Testamento, y Pablo está hablando de los que han sido llamados para formar la iglesia cristiana, así que imaginamos que el apóstol no solo tiene en mente propósitos temporales. Pero la asimetría entre los versículos 22 y 23 es sorprendente: (a) *Dios* prepara las vasijas de misericordia, pero las vasijas de ira simplemente están «preparadas» (de hecho, el texto griego se puede traducir por «se preparan a sí mismas») para destrucción; y (b) las vasijas de misericordia están preparadas «*de antemano*», mientras que cuando habla de las vasijas de ira no aparece un complemento de tiempo de ese tipo.[69]

Para los que argumentan que la única posición lógica y coherente es o bien la doble predestinación (tanto para salvación como para condenación) o la ausencia de predestinación (en el sentido tradicional: la acción por la que Dios elige a las personas para sus destinos eternos), diremos lo siguiente: (1) No podemos esperar que nuestras mentes caídas y finitas siempre comprendan la forma de obrar de Dios, pero no se puede demostrar que la idea de la predestinación positiva se contradiga a sí misma. (2) Es la enseñanza que encontramos a lo largo de todas las Escrituras, pues en la Biblia la salvación de los creyentes se debe únicamente a la gracia de Dios, mientras que los que son condenados son juzgados según sus obras, de las que son completamente responsables. (3) La experiencia humana nos respalda: los que han creído se han encontrado en circunstancias que se les escapaban, circunstancias que les han llevado a estar

---

68. «La acción de Dios de endurecer un corazón es una acción dirigida con los seres humanos que ya han mostrado su rebelión en contra del gobierno justo de Dios. La acción de Dios, pues, no *provoca* una insensibilidad espiritual a las cosas de Dios; mantiene a las personas en el estado de pecado que ya les caracteriza» (Moo, *Romans*, 599).

69. Cf. esp. Cranfield, *Romans*, vol. 2 (1979), 495–96.

abiertos a la fe en Cristo, mientras que los que no han creído no apelan a un poder coercitivo que, en contra de su voluntad, les ha impedido creer.[70]

En cuarto lugar, la elección de Dios es justa porque permite que los gentiles también puedan ser salvos, igual que a los judíos (vv. 24–29). Si Dios hubiera preservado al pueblo judío como la única nación escogida, ¡eso sí habría sido injusto! Sobre todo porque en muy pocas ocasiones a lo largo de toda su historia habían llevado la Palabra de Dios a otros grupos étnicos, a pesar de que Dios los había llamado para bendecir a todas las naciones de la tierra (Gn 12:3).[71]

El error, y cómo remediarlo (9:30–10:21). ¿Qué hizo que los israelitas se desviaran? En resumidas cuentas, fue su mal uso o mala interpretación de la revelación del Antiguo Testamento (9:30–10:13). No entendieron que aun teniendo la ley, la justicia venía por la fe y no por la obediencia a la Torá (9:30–33). Recuérdese el uso programático de Habacuc 2:4 que Pablo ya ha hecho en Romanos 1:17. Tampoco supieron ver que el fin de la ley era Cristo (10:1–4).[72] Como en Gálatas 3:10–14, Pablo cita el Antiguo Testamento «contra sí mismo» para mostrar cuál es la forma adecuada y cuál es la forma errónea de responder ante él (10:5–8).[73] Ahora, con la venida de Cristo, la lectura de las Escrituras hebreas debe llevar al lector a confesar a Jesús como Dios y Señor, tal como ha quedado confirmado en la resurrección (vv. 9–10). *Aquí tenemos quizá la expresión más fundamental, y quizá la más temprana, de lo que la fe cristiana es*. Y esta fe está al alcance tanto de judíos como gentiles, en igualdad de condiciones (vv. 11–13).

No obstante, seguro que después de leer esto, muchos seguían pensando que Dios es injusto. Aunque la primera generación de cristianos hizo un gran esfuerzo misionero, ¿se puede decir que todos tuvieron una oportunidad de responder a la revelación de Dios? Los cuatro versículos siguientes subrayan la necesidad de que los cristianos continúen esparciendo la Palabra para que más personas puedan creer (vv. 14–17). Pero entonces Pablo plantea «¿Acaso no oyeron?»; a lo que enseguida responde exclamando «¡Claro que sí!» y citando

---

70. Encontrará una excelente comparación de estas tres perspectivas sobre la predestinación en Fred H. Klooster, «Predestination: A Calvinistic Note»; Wilber T. Dayton, «A Wesleyan Note on Election»; y David P. Scaer, «The Doctrine of Election: A Lutheran Note», en *Perspectives on Evangelical Theology*, eds. Kenneth S. Kantzer y Stanley N. Gundry (Grand Rapids: Baker, 1979), 81–94, 95–103, y 105–15, respectivamente.

71. Sobre el «ardiente deseo de guardar la ley *tuvieran o no en mente a los gentiles*», ver Vincent M. Smiles, «The Concepto f "Zeal" in Second–Temple Judaism and Paul's Critique of It in Romans 10:2», *CBQ* 64 (2002): 282–99 (cita de la p. 285).

72. La palabra griega que traducimos por «fin» es *telos*, que se puede significar tanto «objetivo» como «terminación». A pesar de que hay muchos estudiosos que optan por uno y otro significado, es muy probable que Pablo tuviera en mente ambos significados. Encontrará un resumen de las principales posiciones en Robert Badenas, *Christ the End of the Law: Romans 10.4 in Pauline Perspective* (Sheffield: JSOT, 1985).

73. Pablo ve que Deuteronomio 30 se cumple de forma tipológica en Cristo, dada la larga lista de bendiciones y maldiciones de los capítulos 27–29 que apunta a cuál es el uso adecuado de la ley, y cuál el erróneo (Osborne, *Romans*, 269).

el Salmo 19:4, que describe la revelación general de Dios a toda la humanidad a través de su creación (v. 18). Como en Romanos 1:19–20, toda la humanidad es responsable ante Dios porque todos pueden ver el increíble diseño que hay detrás de todo el Universo.[74] Puede que Pablo también aplique este salmo en un sentido representativo a la extensión del evangelio por todo el mundo conocido en su época (que más o menos coincide con el Imperio Romano), a la luz de sus palabras en 15:19 y al conocimiento que tenía de la obra de otros evangelistas. Pero muchos de los que han escuchado han sido obstinados, sobre todo entre los judíos, mientras que, de forma inesperada, muchos gentiles están respondiendo de forma positiva (vv. 19–21).

El futuro de Israel (11:1–36). Entonces, ¿a Israel le espera un futuro gris y sin esperanza? De ningún modo. En primer lugar, Pablo habla de una esperanza presente. Muchos judíos ya han creído en Jesús (11:1–10). Si Pablo ha podido, ¡cualquiera puede! (v. 1). Los creyentes de Roma no deben pensar que son pocos, igual que el Señor le dijo a Elías en su tiempo (v. 2–6; cf. 1 Re. 19:10–18). Pero también hay una esperanza futura mayor. Llegará el día en que más judíos creerán, movidos a los celos al ver cómo los gentiles abrazan la fe (11:11–24). Aquí Pablo desarrolla su famosa metáfora del olivo, comparando a los judíos con las ramas naturales y a los gentiles con las ramas injertadas.[75] Los versículos 20–22 dejan claro que el texto no está prometiendo algo que se logra de forma automática simplemente por el hecho de ser judío. Esa promesa no es para los que persisten en su incredulidad. Pero los versículos 23–24 dejan abierta la posibilidad de que los judíos puedan volver a ser injertados. Cuando «haya entrado la totalidad de los gentiles», es decir, cuando todos los no judíos a los que Dios conoció de antemano y predestinó para salvación hayan creído, entonces «todo Israel será salvo» (v. 26). Dicho de otro modo, cuando lleguemos al final de la era de la iglesia, cuando el «redentor» (el Mesías) venga de Sión (v.26b; la Segunda Venida de Cristo), un gran número de judíos pondrán su confianza en Jesús.[76]

En relación a este acontecimiento, aún hay muchas preguntas sin respuesta. ¿Cuándo ocurrirá exactamente? ¿Será gracias a la predicación de los cristianos, o será algo más sobrenatural? ¿Y a cuánta gente se refiere la palabra «todo»?

---

74. Encontrará una introducción divulgativa sobre este tema en Lee Strobel, *El caso del Creador* (Miami: VIDA, 2005). El movimiento del diseño inteligente, formado no solo por científicos cristianos, ha presentado suficientes evidencias contundentes. Si desea consultar una obra más técnica, ver las obras de Michael Behe y William Bembki.

75. Algunos han dicho que Pablo habla de una forma de horticultura que aún no se conocía en su tiempo, pero véase Columella, *De re rustica* 5.9.16, sobre injertar una rama salvaje a un olivo. Philip F. Esler dice que Pablo usa de forma deliberada los métodos griegos de agricultura para enfatizar la posición privilegiada que los judíos siguen teniendo en la historia de la salvación: «Ancient Oleiculture and Ethnic Differentiation: The Meaning of the Olive–Tree Image in Romans 11», *JSNT* 26 (2003): 103–24.

76. Ver esp. Richard H. Bell, *Provoked to Jealousy* (Tübingen: Mohr, 1994). Cf. Jennifer Glancy, «Israel vs. Israel in Romans 11:25–32», *USQR* 45 (1991): 191–203.

No lo sabemos. No obstante, podemos hacer alguna deducción. Parece lógico decir que «todo» no se puede referir a todas las personas judías que estén vivas en ese momento; el Talmud contiene una frase similar en la que se afirma que «todos los israelitas heredan el reino», pero el contexto inmediato descalifica a todos los pecadores que no se arrepientan (*b. San.* 10). Ni en Romanos ni en ningún lugar del Nuevo Testamento se dice que antes de que ese gran día de fe llegue los judíos habrán recuperado la tierra de Israel. Los textos veterotestamentarios que prometen el regreso a la tierra (esp. Ez 37) y la reconstrucción del templo (caps. 40–48) son muy difíciles de interpretar desde una perspectiva neotestamentaria. Algunos creen que el rechazo de Jesús por parte de los judíos ha supuesto la pérdida de esa promesa. Otros espiritualizan el pasaje diciendo que es una referencia al cielo. Lo más probable es que se cumplirá de forma literal en el milenio, o de forma metafórica en el cielo nuevo y en la tierra nueva (o ambas cosas).[77]

Hay que recordar que, aun en el caso de interpretar que esta promesa incluye una repatriación del pueblo judío a Israel anterior a la Segunda Venida de Cristo, los textos bíblicos dejan claro que eso solo ocurrirá cuando el pueblo de nuevo siga a Dios con devoción sincera. Por tanto, aunque el hecho de que el pueblo judío vuelve a existir desde hace casi sesenta años como la nación independiente de Israel puede animar a muchos, este estado no refleja el cumplimiento de ninguna profecía bíblica. Una gran mayoría de los judíos de Israel es completamente secular; el judaísmo ortodoxo representa un porcentaje muy pequeño del total de la población. Como mucho, el estado actual de Israel podría ser el preludio del cumplimiento de la profecía; aunque, sinceramente, y como hemos dicho antes, puede que no tenga nada que ver. Aún haciendo una interpretación literal de Ezequiel 37, los judíos podrían ser expulsados de la tierra una o más veces antes del establecimiento definitivo y el cumplimiento de la Escritura. Por tanto, es peligroso que los cristianos respalden a ciegas la política actual de Israel, que no se atrevan a ser críticos, sobre todo cuando Israel viola los principios de justicia que se establecen en las Escrituras hebreas. Parece que hacer justicia tanto a los palestinos como a los judíos es misión imposible, pero la ética cristiana exige que trabajemos para encontrar una solución que trate de forma justa tanto a los unos como a los otros.[78]

Existe una interpretación alternativa que consiste en entender la partícula *houtos* que aparece al principio del versículo 26 como una partícula lógica, y no como una partícula cronológica. En lugar de entender que la salvación de «todo Israel» ocurre *después* de que la totalidad de los gentiles haya creído, esta interpretación traduciría «y *de esta manera* todo Israel será salvo». Y «todo Israel» lo entiende como la suma total de los hijos de Dios a lo largo de toda la historia, del mismo modo que «el Israel de Dios» en Gálatas 6:16 puede ser una

---

77. Encontrará una breve presentación de las principales opciones en John B. Taylor, *Ezekiel* (London: Tyndale; Grand Rapids: Eerdmans, 1969), 250–54.

78. Cf. esp. Gary M. Burge, *Whose Land? Whose Promise? What Christians Are Not Being Told about Israel and the Palestinians* (Cleveland: Pilgrim, 2003).

referencia a todos los creyentes. Dicho de otro modo, los creyentes judíos del pasado y del presente junto con los gentiles que hayan creído en Jesús formarán el pueblo completo de Dios.[79] Por otro lado, *houtos* puede significar «entonces», y en Romanos 9–11 todas las demás referencias a los judíos se refieren de forma literal al pueblo judío, así que a falta de evidencias contextuales claras que la respalden, esta interpretación alternativa resulta muy poco probable.[80]

LOS DESTINOS DE LOS JUDÍOS

Y hay que decir que ninguna de las interpretaciones que se han mencionado respalda la «teoría de los dos pactos», que dice que los judíos en la actualidad pueden ser salvos aunque no crean en Jesús como el Mesías, si al menos siguen fielmente el pacto mosaico. Precisamente, la idea que Pablo intenta transmitir en 1:18–3:20 es que nadie se ha salvado de ese modo. Y el sistema de sacrificios que era el medio de perdón en el antiguo pacto ahora ha sido sustituido por el sacrificio definitivo de Cristo, el sacrificio del nuevo pacto que fue una vez y para siempre.[81] Así, no es de sorprender que Pablo complete esta larga sección teológica con una doxología de alabanza a Dios por sus caminos impenetrables (vv. 33–36).

---

79. Ver esp. N. T. Wright, *The Climax of the Covenant: Christ and the Law in Pauline Theology* (Edinburgh: T & T Clark, 1991; Minneapolis: Fortress, 1992), 231–57.

80. P. W. van der Horst, «"Only Then Will All Israel Be Saved": A Short Note on the Meaning of *kai outo* (ver p. 257 del original inglés) in Romans 11:26», *JBL* 119 (2000): 521–25.

81. Cf. Talbert, *Romans*, 267.

LAS IMPLICACIONES ÉTICAS DEL EVANGELIO (12:1–15:13)

El principio básico (12:1–2). Del mismo modo en que la sección doctrinal de Pablo sigue una estructura claramente sistemática, en su material exhortativo también hace uso de una secuencia lógica. A la luz de este maravilloso plan de salvación, ¿cómo quiere Dios que los creyentes vivan? En primer lugar, el principio básico aplicable a todos los cristianos es la transformación del cuerpo y de la mente. Cuando pensamos en el tema de la voluntad de Dios para nuestras vidas, normalmente pasamos inmediatamente a cuestiones concretas como con quién casarse, dónde vivir, a qué profesión dedicarse, etc. Sin embargo, como vimos al hablar de 1ª Tesalonicenses 4:3–8, el elemento fundamental en cuanto a la voluntad de Dios en las Escrituras es vivir de acuerdo a la moral de Dios. Una vez hemos rechazado los deseos que no agradan a Dios y las conductas de la humanidad caída, y nos hemos comprometido a dejar que el Espíritu Santo transforme nuestras vidas, podemos pedirle a Dios una guía más específica. Cuando esa transformación afecta tanto a nuestros cuerpos (v. 1) como a nuestras mentes (v. 2), hemos rendido todo nuestro yo, toda nuestra vida, a la voluntad de Dios,[82] y entonces agradamos a Dios con nuestra adoración. El adjetivo del versículo 2 que traducimos por «adoración espiritual» (*logikos*) engloba los siguientes significados: lógico, racional, espiritual y de adoración; pero, al parecer, su sentido más claro es «razonable».[83]

El uso de tus dones (12:3–8). El siguiente paso que cada persona tiene que dar es descubrir su combinación única de dones espirituales y usarlos con todas sus energías para el crecimiento del cuerpo de Cristo. Sobre el tema de los dones espirituales, véase el apartado sobre 1ª Corintios 12. Aquí en Romanos el énfasis está en hacer una evaluación adecuada sobre los dones que Dios nos ha dado, no cayendo ni en sobrevalorar ni en infravalorar nuestras habilidades y nuestro llamamiento. Una vez más, Pablo destaca la diversidad de dones y la importancia de que todos los creyentes sean honestos sobre lo que Dios ha hecho y está haciendo en sus vidas, en lugar de intentar ser alguien que no son (o animar a los demás a que les imiten).

El uso de los dones en amor (12:9–13:14). Esta siguiente lista de mandatos se ha visto, en muchas ocasiones, como un anexo de ideas sueltas. Pero empieza haciendo referencia al amor (12:9a), y la última parte cierra esta sección con un llamamiento al amor a la luz de que el fin está cerca (13:8–14). En medio, las palabras sobre bendecir y hacer bien a los enemigos nos insta claramente a que les mostremos amor (12:14–21), mientras que 13:1–7 supone un

---

82. En estos tiempos en los que la inmoralidad sexual arruina muchos ministerios cristianos, podemos caer en la tentación de enfatizar solo la transformación de nuestros cuerpos. Pero Cranfield (*Romans*, vol. 2, 633) también nos recuerda que «en las vidas que están siendo transformadas por la renovación de la mente no hay lugar para la pereza, pues esa actitud, que busca hacer el menor trabajo posible, intentará evitar el polvo y el calor, y verá cualquier tarea que requiera esfuerzo como una molestia y una imposición».

83. Osborne, *Romans*, 320–21, n. sobre 12:1.

equilibrio con el material anterior, pues deja claro que los gobiernos tienen la responsabilidad de ejercer la fuerza en caso de ser necesario. Así que es lógico pensar que el amor es el hilo conductor que Pablo tenía en mente cuando escribió toda esta sección.[84] Cuando uno recuerda que el capítulo 13 de 1ª Corintios, una preciosa rapsodia al amor, aparece justo después de un capítulo dedicado a los dones espirituales, le resulta normal que en Romanos el apóstol también les recuerde a sus lectores que deben ejercer sus dones en el contexto del amor.[85]

Los versículos 12:9–13 sugieren que el amor es algo que hay que trabajar; fijémonos en las expresiones que usa: *«aferraos»*, *«sed devotos en el amor»*, *«nunca dejéis de ser diligentes»*, *«servid con fervor»*. Los versículos 14–21 desarrollan más la idea de amar a los enemigos. Está claro que Pablo aquí está haciendo referencia a la enseñanza de Jesús (cf. Lc 6:35).[86] No niega la aplicación de la ley, pues en 13:1–7 insiste en que el gobierno debe castigar a los que hacen lo malo. Pero sí prohíbe la venganza y anima a la iglesia, como comunidad contracultural, a crear modelos positivos de acción pacificadora.[87] Los egipcios practicaban un rito que consistía en caminar con un plato de carbón y cenizas sobre la cabeza delante de todo el mundo como acto de penitencia, y quizá eso nos ayuda a entender el versículo 20, donde habla de «amontonar ascuas de fuego sobre la cabeza del enemigo». La cuestión es que cuando la persona atacada responde con bien en lugar de tomarse la justicia por su mano, avergüenza al que le ha atacado.[88]

La instrucción del Nuevo Testamento sobre este tema contrasta con la del Antiguo Testamento. Aunque Pablo cita Proverbios 25:21–22 para respaldar sus mandatos, este pasaje difiere de casi toda la demás enseñanza veterotestamentaria sobre cómo tratar a los enemigos.[89] De hecho, no fue hasta el periodo intertestamentario «que se prohibió tomarse la justicia por la mano, basándose en que Dios es el único que puede hacer venganza».[90] Incluso entonces, la aplicación de ellos se limitaba principalmente a las disputas dentro de la comunidad judía. Sea cual sea nuestra posición en el debate sobre la pena capital y las guerras (ver más abajo), los cristianos deberíamos estar de acuerdo en que el mundo debería poder ver a la iglesia como una institución que promueve la

---

84. Ver Walter T. Wilson, *Love without Pretense: Romans 12.9–21 and Hellenistic–Jewish Wisdom Literature* (Tübingen: Mohr, 1991).

85. Talbert, *Romans*, 287.

86. Sobre éste y otros posibles usos de la enseñanza de Jesús en el material exhortativo de Romanos, ver Michael Thompson, *Clothed with Christ: Example and Teaching of Jesus in Romans 12.1–15.13* (Sheffield: JSOT, 1991).

87. Ver esp. Glenn Stassen, *Just Peacemaking: Transforming Initiatives for Justice and Peace* (Louisville: WJKP, 1992); y Walter Wink, *The Powers That Be* (New York and London: Doubleday, 1998).

88. Cf. Duna, *Romans 9–16* (1988), 751.

89. Ver Craig L. Blomberg, *Contagious Holiness: Jesus' Meals with Sinners* (Leicester and Downers Grove: IVP, 2005), 32–64.

90. Kent L. Yinger, «Romans 12:14–21 and Non–Retaliation in Second Temple Judaism: Addressing Persecution within the Community», *CBQ* 60 (1998): 78.

reconciliación y provee de ayuda humanitaria en medio de cualquier situación de violencia humana. Tristemente, al menos entre algunos cristianos conservadores, la separación entre la iglesia y el Estado en cuanto a estos temas es prácticamente inexistente.

Los versículos 13:1–7 se centran en el tema de las autoridades. Si lo tomamos de forma aislada, este pasaje puede resultar bastante chocante. ¿Quiere decir Pablo que los cristianos tienen que obedecer cualquier orden, aunque sea inmoral e idólatra, del Emperador o cualquier magistrado local? Como judío culto que era, Pablo conocía los ejemplos del Antiguo Testamento en los que Dios aprobó la desobediencia a las autoridades (p. ej., las mujeres de los israelitas que no obedecieron la orden del faraón de matar a los bebés, o la desobediencia de Daniel cuando no adoró la estatua de Nabucodonosor). Del mismo modo, seguro que conocía el episodio en el que Pedro había preferido obedecer a Dios antes que a las autoridades humanas del Sanedrín (ver arriba, p. 42). Más adelante en el Nuevo Testamento (Ap 13), el gobierno del final de los tiempos, el gobierno del Anticristo, no se describe una autoridad inspirada por Dios, sino como una autoridad demoníaca. Uno incluso se pregunta si Pablo habría escrito lo mismo en el 64 d.C., tan solo siete años después, año en el que Nerón inició la primera persecución imperial de los cristianos.

Para resolver esta cuestión, debemos tener en cuenta algunas consideraciones exegéticas. *En primer lugar*, someterse a alguien no siempre implica obedecer a ese alguien. Uno puede elegir desobedecer la orden de una autoridad humana si viola las leyes de Dios, pero puede decidir hacerlo con un espíritu pacífico y manso, y así mostrar un cierto respeto por el cargo de la autoridad en cuestión.[91] *En segundo lugar*, es posible interpretar la expresión «autoridades públicas» del v. 1 (literalmente, «las autoridades que te superan») como aquellos que son superiores moralmente, por lo que no estaría sugiriendo un sometimiento a los gobernantes que hacen lo malo.[92] *En tercer lugar*, las dos veces que el verbo «rebelarse» aparece en el versículo 2 (traducido en la NVI por «oponerse» y «rebelarse»), lo hace en forma de participio presente e indicativo perfecto, sugiriendo así una acción continua. Pablo no está descartando las protestas breves contra la injusticia, pero sí «la rebelión persistente».[93]

En cuarto lugar, los versículos 3–4 reflejan las dos funciones principales del gobierno en tiempos del Imperio Romano: recompensar (o dar aclamación pública) a los que hacen lo bueno y castigar a los que hacen lo malo. La expresión «hacer lo bueno» del versículo 3 puede tener el sentido más limitado

91. Cf. Cranfield, *Romans*, vol. 2 (1979), 660–63.

92. Stanley E. Porter, «Romans 13:1–7 as Pauline Political Rhetoric», *FN* 3 (1990): 115–39. Encontrará dos aplicaciones diametralmente opuestas, a la luz de esta ambigüedad, ante la situación de un régimen africano corrupto, en Lovemore Togarasei, «"Let Everyone Be Subject to Governing Authorities": Interpretation of New Testament Political Ethics Towards Authorities after Zimbabwe's 2002 Presidential Elections», *Scriptura* 85 (2004): 73–80.

93. Witherington con Hyatt, *Romans*, 313.

de hacer lo bueno con el dinero y las posesiones materiales que uno tiene.[94] Entonces, podría ser que Pablo solo estuviera hablando de someterse a los gobiernos mientras éstos realicen de forma adecuada esas dos tareas. (Aunque el versículo 4 se ha usado con frecuencia para defender la pena capital, los romanos no usaban la espada para ejecutar, así que quizá este pasaje es totalmente irrelevante para el debate sobre la pena de muerte[95]). *En quinto lugar*, todo este pasaje juega un papel subversivo cuando uno se da cuenta de que los emperadores no habrían creído que estaban sirviendo a Yahvé, el Dios de los judíos o cristianos. *Por último*, la mención especial del pago de impuestos (vv. 6–7) tendría que ver con el contento social del momento que propició en el año 58 d.C. la revuelta por los impuestos del Imperio, y reflejaría el deseo de Pablo de que los cristianos no sean vistos como «alborotadores e instigadores a la violencia».[96] La referencia a la conciencia que aparece en el versículo 5 nos recuerda que en última instancia, en una situación en que las autoridades le piden a un creyente que comprometa su fe, el creyente debe obedecer a Dios según Él le guíe en ese momento; pero, haga lo que haga, siempre deberá hacerlo buscando minimizar el impacto negativo de su acción sobre el avance del evangelio, y aceptando las consecuencias.[97]

Los versículos 13:8–10 vuelven de forma explícita al tema del amor. El versículo 8 «no prohíbe al cristiano endeudarse, sino que le obliga a devolver cualquier deuda lo antes posible y según los términos del contrato».[98] Como en Gálatas 5:14, actuar con amor en todos los contextos es cumplir la ley (vv. 9–10). Una conducta así no lleva a la famosa «ética de situación» de la década de 1960, que negaba todos los absolutos bíblicos porque se creía que siem-

---

94. Bruce W. Winter, *Seek the Welfare of the City: Christians As Benefactors and Citizens* (Carlisle: Paternoster; Grand Rapids: Eerdmans, 1994), 19–20; sobre este texto concreto, cf. p. 25–40. Encontrará una buena comprensión sobre el tema de hacer bien en la sociedad en Philip H. Towner, «Romans 13:1–7 and Paul's Missiological Perspectiva: A Call to Political Quietism or Tranformation?», en *Romans and the People of God*, eds. Sven K. Soderlund y N. T. Wright (Grand Rapids and Cambridge: Eerdmans, 1999), 149–69.

95. Glen H. Stassen y David P. Gushee, *Kingdom Ethics: Following Jesus in Contemporary Context* (Downers Grove: IVP, 2003), 206–10. El uso de este texto para justificar algunas guerras es más complicado. El aspecto atractivo de la posición «solo pacificadores» es que es compatible tanto con el pacifismo como con la teoría bélica. En cualquiera de estas posiciones, la Biblia exige a los cristianos que hagan todo lo que esté en sus manos de forma proactiva y retrospectiva para crear paz y reconcialición entre las personas y los pueblos. Ver eso. Glen Stassen, *Just Peacemaking: Ten Practices for Abolishing War* (Cleveland: Pilgrim, 1998).

96. Osborne, *Romans*, 346.

97. Agustín de Hipona recogió otra idea equilibrada necesaria: «Si alguien piensa que porque es cristiano no tiene que pagar impuestos ni mostrar respeto a las autoridades … está muy equivocado. Del mismo modo, si alguien cree que debe someterse hasta el punto de aceptar que alguien con un cargo superior temporal tiene autoridad sobre su fe, está aún más equivocado» (*Sobre Romanos*, 72).

98. Moo, *Romans*, 812.

pre había alguna situación en la que el amor llevaba al incumplimiento de un mandato bíblico.[99] Una conducta así, de hecho, reconoce que los principios fundamentales (como los mandamientos citados en el versículo 9) nos enseñan a aplicar el amor en toda situación. Y la demostración de ese amor se ha convertido en algo urgente porque el fin de los tiempos está cada vez más cerca (vv. 11–14).

La tolerancia cristiana (14:1–15:13). La última sección del material exhortativo de Pablo es el escalón final para llegar a comprender la voluntad de Dios. El amor lleva de forma natural a la tolerancia cristiana. Aquí, Pablo habla de temas similares a los de 1ª Corintios 8–10, aunque quizá más centrado en las divisiones entre los judeocristianos que aún seguían la dieta *kosher* y los creyentes gentiles que tenían la libertad de comer de todo. Cada grupo es libre de actuar según lo sienta, pero ninguno tiene el derecho de menospreciar al otro.[100]

El párrafo introductorio (14:1–4) también indica que estamos ante una situación un tanto distinta a la de Corinto. Algunos miembros de la iglesia en Roma «solo comen verduras», mientras otros comen «de todo» (vv. 2–3). Ninguna de estas expresiones es completamente literal. Estos versículos hablan del vegetariano, que no comía carne porque no era fácil encontrar carne preparada según las normas *kosher*, y de la persona que no observaba ninguna norma alimenticia.[101] Ninguno de los grupos puede juzgar al otro porque en Cristo ni comer ni abstenerse de ciertos alimentos es una cuestión moral porque, en última instancia, Dios es el juez de todos (cf. también vv. 9–12; recuérdese Marcos 7:19b). Y lo mismo ocurre con los días de guardar. En el judaísmo, había que guardar el *sabbat* semanal, las festividades mensuales de luna nueva, y las festividades anuales en Jerusalén. Siempre que uno siga su propia conciencia y dedique lo que hace al Señor, tanto celebrar festividades como no participar de ellas será aceptable (vv. 5–8).

Al mismo tiempo, los cristianos deben usar su libertad con el amor que se preocupa de no ser de piedra de tropiezo para otros creyentes, incitándoles a practicar algo moralmente neutral pero que viola sus conciencias (vv. 13b,

---

99. Joseph Fletcher la hizo famosa con su libro *Situation Ethics: The New Morality* que publicó en 1966, que cuatro años más tarde se tradujo al español bajo el título *La Ética de la Situación: Nueva Moralidad* (Barcelona: Ediciones Ariel, 1970).

100. Sobre esta sección, ver esp. Robert Jewett, *Christian Tolerance: Paul's Message to the Modern Church* (Philadelphia: Westminster, 1982).

101. Moo, *Romanos*, (Miami: Vida, 2011), 837. Algunos estudiosos no solo hablan de los judíos, pues algunas sectas grecorromanas a veces practicaban el vegetarianismo y celebraban sus propias festividades. Mark Reasoner (*The Strong and the Weak: Romans 14.1–15.13 in Context* [Cambridge and New York: CUP, 1997]) incluye tanto a los judíos como a los gentiles entre los débiles, y según él los «fuertes» era gente de una posición elevada, sobre todo ciudadanos romanos. Recientemente, Mark Nanos (*The Mystery of Romans* [Minneapolis: Fortress, 1996]) ha defendido que los débiles eran los judíos no cristianos, pero Witherington con Hyatt (*Romans*, 331) dicen que ese grupo se abstiene por el Señor (vv. 5–8), y el en v. 9 está claro que el Señor es Jesús. Así que la interpretación de Moo sigue reflejando la opinión de la mayoría.

14–15). De nuevo, lo más probable es que las palabras «tropiezo» y «obstáculo» hagan referencia a conductas que no solo ofendían a los demás, sino que realmente podían «hacerles caer».[102] E incluso en esta sección sobre abstenerse de forma voluntaria, Pablo vuelve a su énfasis inicial en los versículos 13a, 14a y 16–17. Aunque algunas versiones contienen que «no hay comida que sea impura en sí misma» (14b), la traducción más literal es «no hay nada impuro en sí mismo». Dado que Pablo ha hablado tanto de comida como de días de guardar, probablemente está generalizando y refiriéndose a todas las prácticas moralmente neutrales. Pero, claro está, ¡no podemos generalizar hasta el punto de pensar que Pablo haría la vista gorda ante algo inherentemente pecaminoso! En el versículo 17 añade la bebida como una cuestión no moral (y en el v. 21 habla específicamente del vino), diferenciando entre los que se preocupan por lo que ellos y los demás comen o beben o dejan de comer o beber, y los que agradan a Dios centrándose en la «justicia, paz y alegría en el Espíritu Santo».

Los versículos 19–23 básicamente repiten los mismos temas, enfatizando así su importancia. Los creyentes de Roma deben poner en práctica aquello que les edifica, en lugar de llevar a los hermanos a pecar de hecho o contra sus conciencias («todo lo que no se hace por convicción», v. 23b). Los versículos 15:1–6 reiteran estos conceptos una vez más, esta vez apelando también al modelo de Cristo, que sirvió a los demás antes que a sí mismo (v. 3a), y a que lo hagan para glorificar al Padre (v. 6). De forma concreta, Pablo cita el Salmo 69:9 y lo aplica de forma tipológica a Jesús. Como en 1ª Corintios 10:6, justifica ese procedimiento diciendo que todo el Antiguo Testamento «se escribió para enseñarnos» (v. 4), es decir, a nosotros, los que vivimos en la era del Nuevo Testamento en la que las increíbles promesas de Dios empiezan a alcanzar su cumplimiento.

Las palabras finales sobre este tema sirven también para cerrar bien esta sección, mencionando de nuevo la libertad y la aceptación mutua. De ese modo se apartan los obstáculos innecesarios que impiden que los gentiles lleguen a la fe, que es la pasión y la misión de Pablo (vv. 7–9a). Así que cita no menos de cuatro textos de las Escrituras para recordarles a los judíos cristianos «más débiles», a los que aún les preocupaba la observancia de la ley, la importancia de llevar el evangelio a los no judíos (vv. 9b–12).[103] Entonces, el cuerpo de la carta concluye de forma muy apropiada: con una oración en la que Pablo pide a Dios que los romanos experimenten en medio de ellos las diversas señales del reino de Dios que se mencionaron en 14:17 (v. 13). Así, el debate de 14:1–15:13 sigue una estructura ABA: *14:1–12 enfatiza la libertad y la aceptación; 14:13–15:6 subraya la importancia de no ser tropiezo; y 15:7–13 vuelve a enfatizar la libertad y la aceptación.*[104] Como en 1ª Corintios 8–10, Pablo está

---

102. Osborne, *Romans*, 366.

103. Ciertamente, el éxito de la misión global depende en gran medida de que los judíos y los gentiles se acepten en Cristo. Ver Scott Hafemann, «Escatology and Ethics: The Future of Israel and the Nations in Romans 15:1–13», *TynB* 51 (2000): 161–92.

104. Cf. James C. Miller, *The Obedience of Faith, the Eschatological People of God, and the Purpose of Romans* (Atlanta: SBL, 2000).

más preocupado por llegar al que aún no conoce a Cristo, que por quedar bien con creyentes legalistas y escrupulosos.

Una aplicación contemporánea debería considerar formas en las que equivocadamente marcamos distinciones como las que separaban a los judíos y los gentiles del siglo I. En la actualidad, algunos, en aras de la evangelización de los judíos y los musulmanes, animan a las personas que se convierten al cristianismo desde esos trasfondos (o incluso a aquellas que sirven entre personas de esos trasfondos) a que observen las leyes alimenticias de dichas religiones. Al hacerlo, cometen el mismo error que cometieron los romanos. La abstención voluntaria con el fin de ganar a otros es encomiable, pero imponerle a alguien este tipo de restricciones es comprometer la libertad que el evangelio promete. Recordando nuestra aplicación de Gálatas, diremos que hemos de ampliar nuestro horizonte para entender la forma en la que los principios que Pablo desarrolla en esta sección puede ayudarnos a reducir el racismo, nacionalismo y etnocentrismo que existe también en la iglesia de Jesucristo. Los grupos homogéneos de creyentes pueden ayudar a ganar a los perdidos, ¡pero no se atreven a enseñar sobre toda la vida cristiana posterior![105]

CONCLUSIÓN (15:14–16:27)

Planes de viaje (15:14–33). Antes de que Pablo pase a los saludos finales más formales, habla de sus viajes recientes y de los futuros. Como en 1:8–15, Pablo usa la segunda breve sección de la carta para hablar, al principio, de su deseo de visitar Roma; en 15:14–33, Pablo regresa a este tema en la penúltima sección de la carta. Como vimos en la introducción (p. 272), es aquí donde encontramos mucha información sobre el trasfondo de la epístola. Además de las observaciones que hicimos allí, comentaremos algunos detalles más. Aunque Pablo no conoce la iglesia de Roma tan bien como las congregaciones que él mismo fundó, en general habla de ellos de forma optimista. Si algunos encuentran su forma de expresarse un tanto fuerte en alguna ocasión, es simplemente porque está profundamente comprometido con la extensión del evangelio en el mundo gentil, el corazón del cual es Roma (vv. 14–16). La idea de llevar el evangelio «por todas partes» es un principio que repite en más de una ocasión, principio que habla de ampliar el círculo de su predicación a territorio virgen cuando en los lugares cercanos ya existen iglesias que pueden subsistir por sí solas (vv. 17–22). Ahora la iglesia de Roma es la siguiente parada en su itinerario, una vez haya regresado a Jerusalén con la ofrenda para los judíos que están pasando necesidad, ofrenda que ya puede llevar, pues por fin ha recaudado suficiente.

---

105. Aunque no es directamente paralelo, probablemente sea legítimo aplicar estos principios a las cuestiones doctrinales sobre las que la Biblia no ofrece una guía totalmente clara y sobre las que no todos los cristianos estamos de acuerdo. Osborne (*Romans*, 361) sugiere como ilustraciones los debates sobre la hora del arrebatamiento, los dones carismáticos, los roles según el género, y el calvinismo versus el arminianismo.

Pablo aún no sabe de su futuro encarcelamiento en Roma, que le llevará a la capital en circunstancias insospechables y, al menos temporalmente, le impedirá continuar sus planes de viajar hacia el Oeste hasta España (vv. 23–29). Aún así, ya sabe que en Jerusalén no será fácil, pues es muy probable que los judíos no cristianos le reciban con hostilidad, y que la ofrenda no sea suficiente para aplacar a los judíos cristianos. Por ello, pide oración, para poder salir victorioso de ambas situaciones, y así, poder al final viajar a Roma (vv. 30–33).

Saludos finales (16:1–27). El capítulo 16 recoge el cierre más formal de esta epístola. Lo que sorprende, siendo que se trata de una iglesia que nunca ha visitado, es la cantidad de gente que Pablo saluda, mucha más que en cualquier otra epístola del Nuevo Testamento. Esta anomalía ha llevado a algunos eruditos a proponer que este capítulo debería ir al final de la epístola a los Efesios, iglesia en la que más tiempo pasó el apóstol. Después de todo, Efesios no tiene ningún saludo personal al final. Pero no poseemos evidencias textuales que respalden esa teoría, y existe una explicación mucho mejor para esa larga lista de nombres al final de Romanos. Como Pablo nunca ha estado en la iglesia de Roma, saluda a muchas personas con el objetivo de construir puentes con dicha congregación. Si entre todas ellas hay personas a las que ha conocido en sus viajes, resulta normal que las mencione, con la esperanza de que aún le tengan en buena consideración y encomienden tanto a él como su mensaje al resto de la congregación. Así es al menos con la primera pareja que menciona, Priscila y Aquila (ver Hechos 18:2). Y ya en el antiguo imperio, la expresión «todos los caminos llevan a Roma» tenía su razón de ser. Había mucha gente que emigraba de cualquier parte del Imperio a la capital. Así que tiene sentido pensar que las otras personas que Pablo saluda quizá estaban en la misma situación que la pareja mencionada en el versículo 3.

El final de esta carta está marcado también por la existencia de una serie de variantes textuales. Marción, el hereje de mediados del siglo II, tenía una copia de Romanos en la que no aparecían los capítulos 15 y 16. Pero a Marción se le conoce por eliminar las partes del Nuevo Testamento que no le gustaban, así que el documento que nos ha quedado de él poco sirve para esclarecer la cuestión del texto original de Romanos. Sin embargo, es curioso que un número de manuscritos coloca la doxología de los versículos 25–27 después del capítulo 14, mientras que otros la colocan tanto después del capítulo 14 como al final de la carta, por lo que los estudiosos se preguntan si algunos escribas conocían otros textos en los que no aparecía el resto de estos dos últimos capítulos.[106] Pero aunque ese fuera el caso, esos textos podrían haber sido los manipulados por Marción. Existe un manuscrito anterior que coloca la doxología después del capítulo 15; por otro lado, se ha encontrado un manuscrito muy tardío que

---

106. O las evidencias podrían sugerir que la doxología es una creación posterior que más tarde se insertó en los manuscritos en diferentes lugares. I. Howard Marshall, «Romans 16:25–27 – an Apt Conclusion», en *Romans and the People of God*, eds. Sodelund y Wright, 170–84, defiende la autenticidad e integridad de la colocación tal y como está aceptada hoy en día.

no contiene 16:1–24. Aunque pueden resultar atractivas, estas evidencias no tienen el peso de las evidencias textuales que respaldan que la secuencia de capítulos que tenemos en las traducciones contemporáneas de la Biblia coincidan con el texto original de la epístola a los Romanos.

Pablo usa los versículos 1 y 2 del capítulo final para recomendar a los romanos a una mujer llamada Febe. Quizá fue ella la que llevó la carta desde Corinto a Roma, y Pablo la describe como una *diakonos* de la iglesia en Cencreas y una *prostatis* para muchas personas, incluyendo a Pablo mismo. Aunque muchas versiones de la Biblia traducen el primero de estos términos por «sierva», este término era el que se usaba para referirse a los diáconos, y en griego aún no se había creado la forma femenina de dicho sustantivo. Como se dice que Febe es *diakonos* de una iglesia concreta, lo más probable es que se esté haciendo referencia al cargo que ella ocupaba. Sobre el origen del diaconado, ver el comentario de Hechos 6:1–7. El segundo término griego que hemos mencionado se suele traducir por «patrón» o «patrona», indicando así que el tipo de ayuda que ofrecía era, sobre todo, de tipo económico. Al igual que las mujeres ricas que ofrecieron ese tipo de ayuda a Jesús y los doce (Lucas 8:1–3), Febe dio de forma generosa para el sustento de Pablo, proveyendo para llegar a donde él no llegaba con su trabajo como fabricante de tiendas y con las ofrendas que de forma ocasional recibía de las iglesias.[107]

En los versículos 3–16, Pablo saluda a veintiséis personas y a tres iglesias que se reunían en casa (cinco de las familias nombradas en los vv. 10–11 también son iglesias). La mayoría de los nombres son nombres gentiles, confirmando así lo que la mayoría de los estudiosos creen: que la iglesia de Roma estaba formada sobre todo por gentiles, y no tanto por cristianos de raza judía. Aunque está claro que algunas de las personas que Pablo menciona en el pasado podrían haber sido gentiles temerosos del Dios de los judíos. También, la mayoría de los nombres son nombres que proliferaban, sobre todo, entre los miembros de las clases sociales bajas: esclavos, libertos y artesanos.[108] Y dieciséis de ellas reciben una mención por alguna cuestión especial. «No se trata de una típica lista de saludos. Es más bien un listado de reconocimiento y menciones honoríficas».[109] *De las veintiséis personas, nueve son mujeres, y varias de ellas han trabajado con Pablo «en el Señor». Se demuestra así lo valiosas que fueron para el ministerio del apóstol.*

La mayoría de los nombres que Pablo menciona no aparecen en ninguna otra obra cristiana, por lo que no sabemos nada sobre ellos. Pero de dos de ellos sí podemos decir algo más. El versículo 7 hace referencia a dos parientes de Pablo que habían estado en la cárcel con él. Los describe como «destacados

107. Ver R. A. Kearsley, «Women in Public Life in the Roman East: Iunia Teodora, Claudia Metrodora and Phoebe, Benefactress of Paul», *TynB* 50 (1999): 189–211. Cf. también Caroline F. Whelan, «Amica Pauli: The Role of Phoebe in the Early Church», *JSNT* 49 (1993): 67–85.

108. Osborne, *Romans*, 403–4.

109. Witherington con Hyatt, *Romans*, 380.

entre los apóstoles», que muchas veces se ha traducido por «destacados por los apóstoles». Pero lo que significa esta expresión es que esos dos personajes eran apóstoles.[110] Algunas traducciones antiguas contienen Andrónico y Junias, pero el segundo nombre en griego es con casi toda seguridad nombre de mujer, por lo que la mejor traducción al castellano sería Junia. Podría tratarse de un matrimonio.[111] Está claro que no eran parte de los doce, pero hemos de recordar que Pablo usa el término «apóstol» para referirse también a un don espiritual, similar a nuestro término contemporáneo de «misionero» o «fundador de iglesias» (ver arriba, p. 221).[112]

Aunque no parece que la iglesia en Roma se viera afectada por divisiones semejantes a las que vivió la iglesia de Corinto, Pablo sabe la facilidad con la que se puede caer en una situación así. Cualquiera podría haber alimentado las tensiones que había entre los judíos y los gentiles de la congregación, y haber causado una división. Así que, en los versículos 17–19, les pide que estén alertas. El versículo 20 recoge el saludo de la Gracia y la Paz de Dios, aunque para aquellos que se oponen a Cristo, el establecimiento de dicha paz significará su destrucción. Los versículos 21–23 recogen los saludos de personas que podrían haber estado con Pablo mientras escribía. Ya conocemos a Timoteo por el texto de Hechos 16 y las epístolas que Pablo le escribe. Algunos se han preguntado si Lucio es la misma persona que Lucas; pero lo más probable es que no sea así. Jasón podría ser el cristiano tesalonicense de Hechos 17:5–9, aunque era un nombre muy común. So(sí)pater y Gayo probablemente sean los delegados que llevaron la ofrenda a Judea, que se mencionan en Hechos 20:4. Y Erasto es con casi toda seguridad la persona que aparece en una inscripción en Corinto, descubierta por los arqueólogos (recuérdese p. 273). El nombre de Tercio no es importante porque sepamos quién es, sino porque es el único ejemplo claro de que Pablo utilizaba los servicios de un amanuense o escriba, como era la costumbre helena, para que escribiera las cartas que él le dictaba (recuérdese p. 119). Los versículos 25–27 cierran la epístola con otra estimulante doxología que además resume algunos de los temas clave de la epístola.

---

110. Richard Bauckham, *Gospel Women: Studies of the Named Women in the Gospels* (Grand Rapids and Cambridge: Eerdmans, 2002), 172–80. Cf. Linda L. Belleville, «A Re–examination of Romans 16.7 in Light of Primary Source Materials», *NTS* 51 (2005): 231–49; Eldon J. Epp, *Junia: The First Woman Apostle* (Minneapolis: Fortress, 2005).

111. Schreiner, *Romans*, 795–96.

112. La importancia de esta observación para el debate sobre los roles de género en el ministerio no está clara. Está claro que una persona con ese cargo ejercía su autoridad sobre hombres y mujeres, pero podría ser que no ejerciera la misma autoridad como líder o anciana de una iglesia local. A diferencia de lo que han hecho muchos misioneros a lo largo de la historia de la iglesia, el modelo neotestamentario parece ser el siguiente: levantar una iglesia, y luego, tan pronto como sea factible, pasar la responsabilidad a líderes locales, para poder marchar a otro lugar donde no haya testimonio cristiano, y empezar de nuevo.

APLICACIÓN

La epístola a los Romanos llevó a Martín Lutero a reconsiderar el catolicismo medieval que le habían enseñado, y a recuperar una teología bíblica de la justificación por fe. Por tanto, ésta fue la porción bíblica que marcó la Reforma Protestante a principios del siglo XVI. De forma similar, también fue esta epístola la que llevó a John Wesley dos siglos después a recuperar en una parte importante de la Iglesia de Inglaterra la necesidad de una experiencia personal de conversión. Como consecuencia, nació una nueva rama del protestantismo que pasó a conocerse como la Iglesia Metodista, de la que a su vez más adelante surgirían otras iglesias que hacían un gran énfasis en la santidad (p. ej. los nazarenos) y, por último, los movimientos pentecostales y carismáticos de nuestro siglo XXI. También en el siglo XX, la epístola a los Romanos transformó al joven liberal Kart Barth, quien se convirtió quizá en el teólogo más influyente del siglo a nivel mundial, estableciendo lo que se ha llamado la neoortodoxia.

Estas transformaciones no deberían sorprendernos. La epístola de Pablo nos ofrece la respuesta más sistemática de toda la Biblia a la pregunta sobre cómo presentarnos justos delante de Dios, que es la pregunta fundamental del ser humano cuando asumimos la posibilidad de que Dios exista. Más aún, si tenemos en cuenta tanto el material teológico como el material ético de esta epístola, Romanos resume la respuesta cristiana a la pregunta sobre cómo podemos averiguar la voluntad de Dios para nuestras vidas. *Esta carta es el «Evangelio de Juan» de las epístolas, la presentación más completa y mejor organizada del evangelio.*[113] Todos los seres humanos han pecado y por lo tanto están enemistados con Dios. Para restaurar esa relación deseable con su Creador fue necesaria la expiación que Jesucristo efectuó. Para recuperar esa relación (lo que los cristianos llaman salvación) es necesario tener fe en Cristo, y la fe en Cristo implica por un lado creer en su deidad y su resurrección corporal, y por otro, aceptar que es Señor y someterse a Él (dejando que sea el Señor de todo lo que uno es y hace). No hay obra alguna que tenga la capacidad de salvar de ese modo.

Por definición, los que han sido justificados tienen en ellos al Espíritu, que garantiza su transformación y crecimiento en santidad, aunque lo hace de forma diferente con cada persona y el camino no está exento de altos y retrocesos. Esta «santificación progresiva» culmina en la glorificación final del creyente cuando Cristo vuelva, que consta de la resurrección corporal y por tanto la liberación del cuerpo de corrupción que está destinado a la muerte, y de un espíritu moral perfeccionado que no volverá a pecar. Dado que el cambio moral ya empieza a este lado de la eternidad, a los creyentes se les pide que permanez-

---

113. Estas generalizaciones siguen siendo verdad incluso después de tener en cuenta el contexto histórico y sociológico de la carta. La serie completa de propuestas queda recogida en Kart P. Donfried, ed, *The Romans Debate* (Peabody: Hendrickson, rev. 1991). Como Jeffrey A. D. Weima («The Reason for Romans: The Evidence of Its Epistolary Framework [1:1–15, 15:14–15, 27]», *RevExp* 100 [2003], 17–33) muestra, el material en torno al cuerpo de la carta refuerza la convicción de que el propósito central de Pablo en Romanos sigue siendo la predicación del evangelio.

can en el Espíritu, quien les ayudará a obedecer los mandatos del evangelio. De forma general, estos mandatos tienen que ver con la pureza física y mental, una entrega y dedicación completa al Señor. De una forma más personal, tienen que ver con el descubrimiento de los dones espirituales, y su ejercicio con fidelidad y amor. Y nos recuerdan que la madurez cristiana está caracterizada por la tolerancia gozosa y por animar a otros creyentes a vivir como Dios les muestre a través de su conciencia, en lugar de imponer un puñado de absolutos bíblicos no negociables.

Si empezamos a seguir todas estas valiosas verdades que claramente representan la voluntad de Dios para nuestras vidas, entonces estaremos preparados para entender su guía en las cuestiones más complejas a título personal, como dónde trabajar, dónde vivir, con quién casarse (o si quedarse soltero/a), si tener hijos o no, cuándo mudarse, etcétera. En ocasiones, esa guía puede llevarnos a entender que Dios nos está dando la libertad de confiar en lo que se ha llamado «el sentido común santificado». Dicho de otro modo, como vimos en Hechos, Dios en muchas ocasiones no muestra su voluntad a través de señales claras, sino a través de un proceso en el que tenemos que explorar numerosas posibilidades, todas ellas formas aceptables de servirle, aunque solo una de ellas se materializará. O, en otros casos, simplemente tenemos que escoger de entre todas las actividades que honran a Dios, puesto que en esta existencia caída y finita solo podemos hacer una serie limitada de cosas y solo podemos estar en un número limitado de lugares.

PREGUNTAS

1. ¿Cuál es la fecha y la procedencia de la carta de Pablo a los Romanos? ¿Qué información nos ayuda a ubicar y a fechar esta carta de forma tan precisa? ¿Por qué el momento en el que Pablo escribió esta carta supone un punto de inflexión en su trayectoria evangelística? ¿Qué importante suceso ocurrido en Roma ayuda al lector a entender una gran parte del contenido de la epístola, y de qué modo afectó este suceso a la iglesia de Roma?

2. ¿Cuál es la mejor forma de dividir el cuerpo de la carta? Escribe una tesis o afirmación que defina cada una de las secciones principales. ¿De qué forma las subdivisiones de la primera sección nos ayudan a entender y a presentar el evangelio? Escribe una tesis o afirmación que resuma cada sudivisión.

3. ¿Qué quiere decir Pablo en Romanos 1 sobre el pecado en general, y también sobre la homosexualidad? ¿De qué forma esta lista de pecados se ha sacado de contexto y se ha usado mal en medio del mundo evangélico, sobre todo recientemente? ¿Cómo podría una exégesis sana de este texto subsanar las acusaciones que se ha hecho a los homosexuales?

4. ¿Qué dice Romanos 3–5 sobre nuestro derecho a ser justificados por la fe? ¿La asociación con la ley judía y su observancia suponen una ayuda para alcanzar la justificación? ¿Qué significa la aplicación de la enseñanza de Pablo en la actualidad para aquellos que buscan la justificación?

5. Basándote en Romanos 5, escribe una buena conclusión sobre la forma en la que el «pecado original» afecta a toda la humanidad. ¿Cuál es la idea principal de Romanos 5?

6. Según la epístola a los Romanos, ¿cuál es la relación entre la justificación y la santificación? ¿Qué le ocurre a la naturaleza pecaminosa de una persona después de ser justificada por la fe en Jesús? ¿De qué forma las diferentes interpretaciones de Romanos 7:14–25 afectan la teología paulina de la santificación? ¿Cuáles son las implicaciones personales y pastorales de las diferentes interpretaciones de Romanos 7:14–25?

7. Según Romanos 8, ¿qué dones reciben los que son justificados por la fe en Jesús? ¿Cuál es el proceso del orden de la salvación?

8. ¿Qué principios podemos extraer de Romanos 9–11 para hablar de la justicia de la elección y la predestinación? ¿De qué forma el debate sobre la elección de Israel puede guiarnos en cuanto a nuestras afiliaciones políticas?

9. ¿Qué observaciones exegéticas nos dan elementos para entender las palabras de Pablo sobre la sumisión a las autoridades en Romanos 13?

10. Observando la estructura de Romanos 14, ¿cuál es la idea más importante del capítulo? ¿Cuál es la aplicación práctica de este principio a la vida cristiana diaria?

11. Si comparamos la conclusión de Romanos con las conclusiones de las otras epístolas paulinas, ¿cuál es la característica única del final de Romanos? ¿Cómo podríamos explicar esta diferencia?

OBRAS SELECCIONADAS

COMENTARIOS:

Avanzados

Cranfield, C. E. B. *A Critical and Exegetical Commentary on the Epistle to the Romans,* 2 vols. ICC, rev. Edinburgh: T & T Clark, 1976–79.

Dunn, James D. G. *Romans,* 2 vols. WBC. Dallas: Word, 1988.

Fitzmyer, Joseph A. *Romans.* AB. New York y London: Doubleday, 1993.

Käsemann, Ernst. *Commentary on Romans.* Grand Rapids: Eerdmans, 1980.

Schreiner, Thomas R. *Romans.* BECNT. Grand Rapids: Baker, 1998.

Intermedios

Johnson, Luke T. *Reading Romans.* New York: Crossroad, 1997.

Moo, Douglas J. *The Epistle to the Romans,* rev. NICNT. Grand Rapids y Cambridge: Eerdmans, 1996.

Morris, Leon. *The Epistle to the Romans.* PNTC. Leicester: Apollos; Grand Rapids: Eerdmans, 1988.

Mounce, Robert H. *Romans.* NAC. Nashville: Broadman & Holman, 1995.

Stuhlmacher, Peter. *Paul's Letter to the Romans*. Louisville: WJKP, 1994.

Talbert, Charles H. *Romans*. SHBC. Macon: Smyth & Helwys, 2002.

Witherington, Ben, III, con Darlene Hyatt. *Paul's Letter to the Romans: A Socio–Rhetorical Commentary*. Grand Rapids y Cambridge: Eerdmans, 2004.

Básicos

Bruce, F. F. *The Epistle of Paul to the Romans*. TNTC. Leicester: IVP; Grand Rapids: Eerdmans, 1963.

Moo, Douglas J. *Romanos*. Miami: Vida, 2011.

Osborne, Grant R. *Romans*. IVPNTC. Leicester y Downers Grove: IVP, 2004.

Stott, John. *Romans: God's Good News for the World*. Leicester y Downers Grove: IVP, 1994.

OTROS LIBROS

Bryan, Christopher. *A Preface to Romans*. Oxford y New York: OUP, 2000.

Davies, Glenn N. *Faith and Obedience in Romans*. Sheffield: JSOT, 1990.

Donfried, Karl P., ed. The Romans Debate. Peabody: Hendrickson, rev. 1991.

Elliott, Neal. *The Rhetoric of Romans*. Sheffield: JSOT, 1990.

Esler, Philip F. *Conflict and Identity in Romans*. Minneapolis: Fortress, rev. 2003.

Guerra, Anthon J. *Romans and the Apologetic Tradition: The Purpose, Genre and Audience of Paul's Letter*. Cambridge y New York: CUP, 1995.

Haacker, Klaus. *The Theology of Paul's Letter to the Romans*. Cambridge y New York: CUP, 2003.

Hay, David M. y Elizabeth Johnson, eds. *Pauline Theology*, vol. 3: *Romans*. Minneapolis: Fortress, 1995.

Jervis, L. Ann. *The Purpose of Romans*. Sheffield: JSOT, 1991.

McGinn, Sheila E., ed. *Celebrating Romans: Template for Pauline Theology*. Grand Rapids y Cambridge: Eerdmans, 2004.

Soderlund, Sven y N. T. Wright, eds. *Romans and the People of God*. Grand Rapids y Cambridge: Eerdmans, 1999.

Stowers, Stanley K. *The Diatribe and Paul's Letter to the Romans*. Chico: Scholars, 1981.

Stowers, Stanley K. *A Rereading of Romans: Justice, Jews, and Gentiles*. New Haven
Y London: Yale, 1994.

Tobin, Thomas H. *Paul's Rhetoric in Its Contexts: The Argument of Romans.* Peabody: Hendrickson, 2004.

Wedderburn, A. J. M. *The Reasons for Romans.* Edinburgh: T & T Clark, 1988.

Westerholm, Stephen. *Preface to the Study of Paul.* Grand Rapids y Cambridge: Eerdmans, 1997.

Yeo, Khiok–khng. *Navigating Romans through Cultures.* London y New York: T & T Clark, 2004.

MÁS BIBLIOGRAFÍA EN:

Mills, Watson E. *Romans.* Lewiston y Lampeter: Mellen, 1996.

7

LAS EPÍSTOLAS DE LA CÁRCEL: INTRODUCCIÓN GENERAL

T*radicionalmente, se cree que son cuatro las cartas que Pablo escribió durante su encarcelamiento en Roma descrito al final del libro de los Hechos. Si esta tradición es exacta, debemos fechar estas cartas entre los años 60–62 d.C. Las cuatro cartas son Filemón, Colosenses, Efesios y Filipenses.* Las cuatro contienen alguna referencia a que Pablo estaba encarcelado mientras escribía (Flm 1; Col 4:3; Ef 6:20; Fil 1:14); por tanto, se han denominado las epístolas de la cárcel. Existe una quinta carta paulina que también recoge que su autor está en prisión (2Ti 1:16–17), pero hay razones para creer que el encarcelamiento del que se habla en 2ª Timoteo es un encarcelamiento posterior (ver más adelante, p. 428). Además, en cuanto a estilo y contenido, 2ª Timoteo hay que incluirla en un grupo junto a 1ª Timoteo y Tito, como una de las «cartas pastorales».

Tradicionalmente también, se ha creído que Filemón, Colosenses y Efesios provienen de un periodo del encarcelamiento de Pablo, y Filipenses, de otro periodo. Diremos más en cuanto a Filipenses en nuestra introducción a esta carta; ahora queremos centrarnos en las otras tres. Tanto en Efesios 6:21–22 como en Colosenses 4:7–8, Pablo nombra a Tíquico como el portador de la carta. Tanto en Colosenses 4:10–14 como en Filemón 23, Pablo menciona a los mismos cinco compañeros que envían sus saludos: Epafras, Marcos, Aristarco, Demas y Lucas. Todo esto sugiere que Pablo escribió las tres cartas a la vez. Al parecer, Filemón era miembro de la iglesia en Colosas. Filemón 2 y Colosenses 4:17 envían saludos a Arquipo, miembro de la casa de Filemón, lo cual tiene sentido si esa familia vive en Colosas. Éfeso era el centro urbano más cerca de Colosas, a unos ciento sesenta quilómetros hacia el Oeste en la costa del mar Egeo, por lo que habría sido lógico enviar las tres cartas desde Roma, con el mismo mensajero, que pasaría primero por Éfeso, y de allí probablemente seguiría en barco hasta Colosas en el valle del Lico. Puede ser que durante su ministerio en Éfeso Pablo conociera a Epafras y compartiera el evangelio con él, el hombre que más tarde fundaría la iglesia de su ciudad natal (Col 1:7; 4:12).

No obstante, las Escrituras no especifican sobre el lugar ni la fecha del encarcelamiento (o encarcelamientos) que se mencionan en estas cuatro epístolas. Por ello, a lo largo de la historia de la iglesia han surgido otras dos explicaciones con un respaldo considerable sobre el lugar y la fecha en la que Pablo escribió estas cartas. En Hechos 23:23–24:27 vemos que Pablo pasó dos años en la cárcel en Cesarea, en la costa de Palestina (57–59 d.C.), por lo que quizá escribió una o más de las cartas de las que estamos hablando desde ese lugar.[1] Pero Cesarea está a más de setecientos quilómetros de Éfeso, un viaje considerablemente largo para un solo mensajero. Además, en Filemón 22, Pablo espera ser liberado en un futuro cercano, un optimismo que no encaja con la actitud o las circunstancias que se describen en Hechos 23–24.

La tradición postneotestamentaria más temprana sobre la procedencia de Colosenses (el prólogo antimarcionita que acompaña a la carta) cita Éfeso como el lugar en el que Pablo está encarcelado, con lo que la carta se habría escrito entre el 52 y el 55. Eso habría hecho que la correspondencia con los efesios y los colosenses fuera algo muy sencillo. Tíquico solo habría tenido que cruzar la ciudad para entregar una de las cartas, y viajar unos ciento sesenta quilómetros para entregar la otra. Esta hipótesis explicaría cómo es que Onésimo, el esclavo de Filemón, llegó hasta Pablo con bastante facilidad, aunque uno se puede preguntar también si un fugitivo se habría quedado tan cerca del lugar del que se había escapado.[2] No obstante, como veremos en la introducción a Filemón, existen otras formas de explicar el encuentro entre Onésimo y Pablo.

CARTAS DE LA CÁRCEL: PERSONAJES EN COMÚN

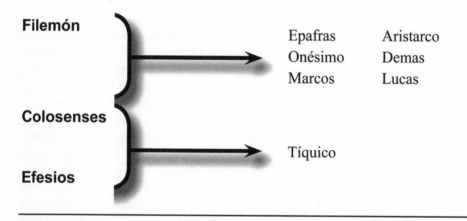

Filemón

Colosenses

Efesios

Epafras   Aristarco
Onésimo   Demas
Marcos   Lucas

Tíquico

Filipenses

A la vez, en el Nuevo Testamento no aparece ninguna referencia explícita a un encarcelamiento en Éfeso. Las dificultades que Pablo sufrió en Asia (Menor), mencionadas en 1ª Corintios 15:32 y 2ª Corintios 1:8, podrían respaldar el encarcelamiento en Éfeso, pero también es verdad que podrían estar haciendo referencia a otras formas de aflicción y persecución. Más relevante podría ser el relato de Hechos 19 sobre el ministerio de Pablo en Éfeso, que no es una de esas porciones en las que Lucas usa la primera persona del plural. Sin embargo, como ya hemos visto, Lucas está con Pablo cuando escribe Filemón y Colosenses, pues el apóstol envía saludos de parte de Lucas. Para los que creen

---

1. Ver, p. ej., Robinson, *Redating the New Testament,* 61–67.
2. Ver, p. ej., N. T. Wright, *Colossians and Philemon* (Leicester: IVP; Grand Rapids: Eerdmans, 1986), 34–39.

que Colosenses es una carta seudónima (ver más adelante, p. 333), esto no supone un problema. Pero, dado que existe un claro consenso sobre la autoría paulina de Filemón, la presencia de Lucas cuando Pablo escribe esa breve carta sí es un problema.

El argumento de más peso en contra de los que creen que Pablo está encarcelado en Roma cuando escribe estas cartas es que en Filemón 22 leemos que Pablo tiene intención de visitar Colosas cuando le liberen, mientras que en Romanos 15:24 explica que, una vez en Roma, su plan es viajar hacia España, que es justo en dirección contraria. Pero la epístola a los Romanos se escribió antes de que Pablo supiera que iba a ser arrestado en Jerusalén y llevado a Roma como prisionero. Los dos años que estuvo bajo arresto domiciliario podrían haberle hecho cambiar de planes, al igual que las circunstancias en las comunidades de Colosas, Éfeso y Filipos. Un segundo problema tiene que ver con la distancia entre Roma y las ciudades a donde se enviaron las cartas. La distancia entre Roma y Colosas es casi de mil quinientos quilómetros, ¡más del doble de la distancia entre Colosas y Cesarea! ¿Cómo iba a hacer Onésimo un viaje así sin ningún tipo de ayuda, y cómo iba Pablo a pensar que era seguro enviar una carta con un mensajero que tenía que hacer un viaje tan largo, aunque fuera con la compañía de Onésimo?

Por otro lado, si Onésimo no era un fugitivo, quizá viajaba con más gente, y el servicio postal del Imperio, increíblemente eficiente para la época, enviaba a mensajeros bien preparados que viajando por las excelentes vías romanas hacían distancias mucho más largas. Si Onésimo sí era un fugitivo, Roma era un refugio perfecto, pues sería fácil pasar desapercibido entre la población de un millón de habitantes, y muy difícil que le arrestaran y lo devolvieran a Asia Menor. El hecho de que la mayor parte de la tradición de la iglesia, incluyendo a Jerónimo, Juan Crisóstomo y Teodoreto, apunte a Roma (a pesar de todas las objeciones de las otras alternativas también propuestas en un periodo temprano) hace que se siga presentando como la localidad en la que Pablo estaba encarcelado cuando escribió estas cuatro cartas. Ciertamente, los estudiosos contemporáneos que dicen que una de las cartas procede de Éfeso casi siempre mencionan la epístola a los Filipenses, por razones que veremos más adelante. Por tanto, parece ser que al menos Filemón, Colosenses y Efesios proceden de Roma y fueron escritas en torno al año 61 d.C.[3]

PREGUNTAS

1. ¿Qué cartas del Nuevo Testamento se cree que fueron escritas por Pablo y desde la prisión? ¿Qué tres cartas fueron enviadas al mismo tiempo, y qué evidencias textuales respaldan esta afirmación?

2. ¿Cuáles son las opciones en cuanto al lugar en el que Pablo está encarcelado y desde el que envía estas cartas? ¿Y de qué modo encajan estos lugares con las evidencias del encarcelamiento en Hechos?

---

3. Cf. Marcus Barth y Helmut Blanke, *Colossians* (New York and London: Doubleday, 1994), 126–34.

FILEMÓN:
UNA RESPUESTA CRISTIANA A LA ESCLAVITUD

INTRODUCCIÓN

Filemón es claramente la carta más corta, personal y específica de todas las cartas de Pablo. Aun así, está dirigida a una congregación (v. 2), y el hecho de que se incluyera en el canon demuestra que la iglesia primitiva creía que era de aplicación atemporal. Ignacio, obispo de Antioquía, a principios del siglo II, recoge que Onésimo era obispo de Éfeso en aquel momento (Ign. Epf. 1:3; 2:1; 6:2). Si esta información es exacta, esta afirmación podría explicar la preservación de la carta (aunque siempre cabe la posibilidad de que se estuviera refiriendo a otra persona que respondía al mismo nombre). En esta breve carta tenemos la petición que Pablo le hace a Filemón, aparentemente el líder de esta pequeña «congregación» o célula que pertenecía a la congregación de Colosas, de que vuelva a acoger a uno de sus esclavos, Onésimo, que ahora es «útil» (justamente lo que su nombre significa), como nuevo creyente en Cristo (vv. 10–11), y Pablo está dispuesto a compensar a Filemón si el esclavo le ha perjudicado en algo (v. 18).

La suposición más común a lo largo de la historia de la iglesia ha sido que Onésimo había huido de la casa de su amo como fugitivo, quizá después de haberle robado. El porqué va a ver a Pablo sigue siendo un misterio no desvelado, pero los que creemos en la guía providencial no necesitamos una respuesta a esa pregunta para aceptar esta opción como posible.[4]

Por otro lado, de todas las explicaciones sobre la marcha de Onésimo y su encuentro con Pablo, hay otras tres que merecen cierta consideración. En primer lugar, quizá la marcha de Onésimo no había sido una huida. De hecho, quizá la iglesia de Colosas lo envió a visitar a Pablo en la cárcel, puede que para llevarle a Pablo ayuda de algún tipo. En la carta no se dice de forma explícita que Onésimo se hubiera fugado o que hubiera cometido algún tipo de delito. El versículo 13, que habla de la ayuda de Onésimo que quizá Filemón mismo hubiera querido ofrecer, encaja con la sugerencia de que el esclavo fue enviado a ayudar a Pablo, y los versículos 18–19 podrían ser hipotéticos o una referencia a la pérdida económica que le suponía a Filemón no contar con el trabajo de Onésimo durante el tiempo de su ausencia.[5] Por otro lado, Onésimo no era creyente antes de encontrarse con Pablo (v. 10) y aparentemente era un siervo inútil (v. 11), así que es poco probable que Filemón escogiera a alguien así para esta tarea en cuestión. Y la referencia a la posibilidad de que Onésimo ha perjudicado a Filemón (v. 18a) resulta un comentario aleatorio, a menos que el esclavo hubiera sido acusado de algún delito.

---

4. Encontrará una buena y reciente defensa de esta perspectiva tradicional en John G. Nordling, «Onesimus Fugitivus: A Defense of the Runaway Slave Hypothesis in Philemon», *JSNT* 41 (1991): 97–119.

5. Ver esp. Sara C. Winter, «Paul's Letter to Philemon», *NTS* 33 (1987): 1–15.

En segundo lugar tenemos una opción promovida por los abolicionistas del siglo XIX. Ésta toma la mención de Onésimo como hermano de Filemón de forma totalmente literal (ver el versículo 16). El término «esclavo» en ese mismo versículo debe entenderse entonces de forma metafórica, como si en un momento anterior a Onésimo le hubieran separado de su hermano biológico. Esta hipótesis invierte la comprensión tradicional de estos dos términos, pues siempre se había dicho que «esclavo» debía entenderse de forma literal, y «hermano», de forma metafórica. Onésimo, conocedor de la relación entre Pablo y Filemón, podría haber ido a Roma con la esperanza de que el apóstol hiciera de mediador y lograr la reconciliación entre los dos miembros de la familia. Eso también explicaría la expresión que Pablo usa en el versículo 16b cuando le dice a Filemón que Onésimo es «mucho más [especial] para ti», afirmación que la interpretación tradicional solo puede explicar como algo que Pablo espera que se haga realidad en el futuro.[6]

Sin embargo, este escenario contradice el uso más común que en el Nuevo Testamento se hace de los términos «hermano» y «esclavo». *Adelphos* (hermano) de vez en cuando hace referencia a un hermano biológico, pero es el contexto el que deja claro si es así o no. Es mucho más común el uso indeterminado para referirse a alguien de la familia espiritual: se usa para denominar a otros judíos, a los discípulos de Jesús, o a los hermanos de la iglesia primitiva. Por otro lado, la palabra que traducimos por esclavo (*doulos*) siempre se refiere de forma literal a un siervo que está a las órdenes de un amo (a menos que se especifique otra cosa, como en el caso de «esclavo de Jesucristo»), y en el texto de esta epístola todo apunta a que también debe entenderse de forma literal.[7]

En tercer lugar, existe otra interpretación que parece más prometedora que las demás. Se basa en la costumbre romana de buscar un *amicus domini* («amigo del amo») para que hiciera de mediador en una disputa que parecía no tener solución. Parece claro que Onésimo le ha causado a Filemón algún tipo de perjuicio, aunque no se trate de algo tan grave como un robo. Quizá Onésimo huyó (o fue enviado) con la intención, ya desde el principio, de encontrarse con Pablo y que éste mediase para que el conflicto entre esclavo y amo se solucionara. Eso explicaría su largo viaje, su encuentro con Pablo, y la forma de expresarse de Pablo en los versículos 16 y 18. Según esta interpretación, el único suceso inesperado sería la conversión de Onésimo en Roma, lo que dio a Pablo una mayor convicción de que tenía que haber una reconciliación. Un gran número de estudios y comentarios recientes sobre la epístola a Filemón han optado por esta interpretación, unas con más argumentos de peso que otras, y

---

6. En los últimos años, esta opción se ha asociado sobre todo con Allen D. Callahan. Ver esp. su obra titulada *Embassy of Onesimus: The Letter to Philemon* (Valley Forge: Trinity, 1997).

7. Cf. Murray J. Harris, *Slave of Christ* (Leicester and Downers Grove: IVP, 1999), 57–59.

parece que es digna de consideración.[8] Su único gran problema es la distancia que Onésimo tendría que haber viajado tan solo para buscar un mediador.[9]

Ya sea que uno opta por la interpretación tradicional, es decir, que Onésimo huye como fugitivo, o por la interpretación más reciente, que huye para recurrir a la intervención de un *amicus domini*, la carta a Filemón es un excelente modelo de carta de recomendación (llamada también carta de presentación o carta intercesora).[10] Este tipo de carta era común entre los papiros y estaba diseñada para presentar al portador de la carta a su destinatario y para pedir algún tipo de favor. Por lo general, el escritor de la carta era un buen amigo o pariente del destinatario, y le prometía devolverle el favor en el futuro. Está claro que en este caso, Filemón conoce a Onésimo, pero no conoce al Onésimo que ahora es seguidor de Jesús. Naturalmente, la carta de recomendación toma la forma de la retórica deliberativa.[11] Aunque breve, sigue la estructura epistolar helena estándar, que podemos detallar de la forma siguiente:

I. Saludos (1–3)

II. Acción de gracias (4–7)

III. Cuerpo de la carta: la petición (8–22)

    A. Preparación para la petición (8–16)

    B. La petición (17–22)

IV. Saludos finales (23–25)

COMENTARIO

SALUDOS (vv. 1–3)

Aunque esta carta es la más corta con diferencia de todas las cartas que se atribuyen a Pablo, de todos modos contiene los saludos iniciales. A diferencia de las cartas en las que el apóstol escribe como hombre libre, esta carta le presenta como prisionero a causa de su compromiso cristiano (v. 1). En esta dura situación, Pablo se parece al esclavo por el que va a interceder mucho más de lo que nos imaginamos.[12] Como en 1ª y 2ª Corintios, Timoteo aparece como co–remitente, o quizá incluso como coautor. Para dirigirse a Filemón, Pablo usa las palabras «querido compañero de trabajo», sugiriendo así que habían trabajado juntos en algún momento de su trayectoria. Como destinatarios se

---

8. Ver esp. Chris Frilingos, «"For My Chile, Onesimus": Paul and Domestic Power in Philemon», *JBL* 119 (2000): 91–104. Cf. también Brian M. Rapske, «The Prisoner Paul in the Eyes of Onesimus», *NTS* 37 (1991): 187–203.

9. Carson y Moo, *Una Introducción al Nuevo Testamento*.

10. David E. Aune, *The New Testament in Its Literary Environment* (Philadelphia: Westminster, 1987), 211–12; Stowers, *Letter–Writing*, 155.

11. Joseph A. Fitzmyer, *The Letter to Philemon* (New York and London: Doubleday, 2000), 41.

12. Markus Barth and Helmut Blanke, *The Letter to Philemon* (Grand Rapids and Cambridge: Eerdmans, 2000), 244.

menciona a dos personas más, Apia y Arquipo, descritos tan solo como «la hermana» y «nuestro compañero de lucha» respectivamente (v. 2).

Algunos comentaristas se han aventurado a decir que Apia y Arquipo podrían ser la mujer y el hijo de Filemón; pero lo único que podemos afirmar con seguridad es que son hermanos en la fe, y que Arquipo había colaborado de algún modo con Filemón en la obra del evangelio. Sin embargo, esta carta no solo está dirigida a una familia, sino a todo un grupo que se congrega en una casa. De ahí que su aplicación trascienda más allá de esa situación particular, y sin duda eso también explica que la carta se preservara y que entrara en el canon. El saludo de «gracia y paz» es, como sabemos por sus cartas anteriores, típicamente paulino (v. 3).

ACCIÓN DE GRACIAS (vv. 4–7)

El párrafo dedicado a dar gracias es comprensiblemente más breve que los que encontramos en las demás cartas, pero aun así, es mucho más rico de lo que encontramos en el género epistolar heleno. Como en las demás cartas paulinas, aquí ya se mencionan conceptos que se retomarán y elaborarán más adelante: «amor», «oraciones», «compañerismo», «lo bueno», «hermano», «reconfortar» y «corazón».[13] Del mismo modo que en otras cartas vemos que Pablo alaba a Dios por el progreso de toda una congregación, aquí el apóstol está agradecido por la fe y el amor de Filemón. La traducción literal del versículo 5 sería: «Habiendo oído [sobre] tu amor y fe, que tienes por el Señor Jesús y por todos los santos [es decir, los creyentes]». Dado que no es apropiado decir que alguien deposita su fe en otros cristianos, al menos en el sentido en el que estamos llamados a depositar nuestra fe en Jesús, algunos han sugerido que este versículo forma un quiasmo. Así, el amor de Filemón hay que asociarlo con los santos, mientras que su fe, con el Señor Jesús.[14] Por eso hay traducciones que optan por esta interpretación y ordenan las palabras de la siguiente forma: «porque tengo noticias de tu fe en el Señor Jesús y de tu amor hacia todos los creyentes».

Por otro lado, en el versículo 6 hay traducciones que no hacen una buena interpretación del texto griego. En el lenguaje original, tenemos una expresión bastante ambigua: *he koinonia tes pisteos sou* («la comunión de vuestra fe»). Si interpretamos que el caso de la palabra «fe» es genitivo objetivo, entonces traducimos «compartir tu fe» y entendemos que Pablo está animando a Filemón a ser activo en la evangelización. En la actualidad, en algunos círculos este versículo se usa como la prueba definitiva de que Dios nos llama a dar testimonio de forma personal. Pero de hecho, en esta carta no hay ninguna frase con la que Pablo esté animando a Filemón a proclamar el evangelio o compartir el evangelio con los demás: porque el tema de la carta es pedirle a Filemón que ame a su esclavo, que ahora también es su hermano. Además, en las cartas paulinas, otras parejas de sustantivos que reflejan una construcción similar de virtudes abstractas (con el sustantivo que aparece en segundo lugar

---

13. David E. Garland, *Colossians/Philemon* (Grand Rapids: Zondervan, 1998), 319.
14. Eduard Lohse, *Colossians and Philemon* (Philadelphia: Fortress, 1971), 193.

en genitivo), la mayoría de veces reflejan un genitivo subjetivo (p. ej., Gá 5:19; 1Ts 1:3; 5:8; Ro 1:5, etcétera). Esta categoría gramatical encaja perfectamente en este contexto. Pablo quiere que Filemón tenga con Onésimo la misma relación de amor fraternal y de comunión que tiene con otros creyentes, por lo que ora por ese «compañerismo que brota de tu fe».[15]

La segunda mitad del versículo 6 también se ha traducido de diversas formas. La traducción literal sería: «está activo para conocer todo lo bueno que hay en nosotros [algunos manuscritos, «en ti»] en Cristo». Parece ser que la oración de Pablo por Filemón incluye la esperanza de que éste reconozca que recibir a Onésimo (en lugar de rechazarle) nace o brota de sus convicciones cristianas. No obstante, la mayoría de versiones aclaran la cuestión cuando en el versículo 7 el apóstol habla del amor de Filemón no solo hacia Pablo, sino hacia otros creyentes. Pensando en esa característica, Pablo tiene la esperanza de que Filemón también tratará a su esclavo con amor.[16]

CUERPO DE LA CARTA: LA PETICIÓN (8–22)

Preparación para la petición (8–16). Aunque en el cuerpo de esta breve carta encontramos de forma hilvanada tanta información como exhortación, podríamos dividirlo en dos partes: los versículos 8–16 y 17–22. Mientras Pablo se prepara en la primera parte para la petición que aparecerá de forma más explícita en la segunda, le pide a Filemón que actúe no solo porque un apóstol se lo manda, sino por la amistad que les une. Estos versículos nos ofrecen un ejemplo magistral sobre el tacto y la psicología pastoral.[17] Pablo no quiere coaccionar a Filemón, ¡pero quiere asegurarse de que va a acceder a lo que le pide! Vemos que Pablo quiere que Filemón reciba a Onésimo en su casa y que no le castigue como solían hacer los amos en aquel entonces, pues la ley romana les permitía, incluso, castigarles con la ejecución. No tenemos suficientes elementos para saber si Pablo tiene en mente alguna cosa más.

En los versículos 8–9 vemos el contraste que hay entre las dos formas que Pablo podría haber adoptado. Debido a su autoridad, se podría haber limitado a decirle a Filemón lo que tenía que hacer, pero quiere que Filemón haga suya la forma correcta de actuar ante una situación así. Así, el apóstol apela al principio del amor, y menciona su anciana edad y su encarcelamiento para apelar también al principio del sacrificio. La palabra que traducimos por «anciano» (*presbutes*) difiere de la palabra «embajador» tan solo por una letra (*presbeu-*

---

15. Así interpretan la mayoría de comentaristas recientes. Ver p. ej., James D. G. Dunn, *The Epistles to the colossians and to Philemon* (Carlisle: Paternoster; Grand Rapids: Eerdmans, 1996), 318–20.

16. «La carta de Pablo gira en torno al tema central de la comunidad cristiana, tema que une con el amor y el compromiso mutuos» (Marianne M. Thompson, *Colossians and Philemon* [Grand Rapids & Cambridge: Eerdmans, 2005], 214).

17. Sobre esto, ver esp. Andrew Wilson, «The Pragmatics of Politeness and Pauline Epistolography: A Case Study of the Letter to Philemon», *JSNT* 48 (1992): 107–19. *Holloday (A Critical Introduction to the New Testament*, 383) la llama «una obra maestra en diplomacia, dada la sensibilidad con la que trata esta delicada situación».

tes); de hecho, la pronunciación de ambas palabras es prácticamente la misma, por lo que algunos creen que Pablo usó la segunda palabra. Pero eso quitaría fuerza a la idea de sacrificio que Pablo está intentando elaborar; «anciano» encaja mejor con «prisionero», y así ambas ideas sirven para animar a Filemón a que empatice con la situación de Pablo y siga su consejo.[18]

En el versículo 10, vemos que Pablo considera a Onésimo como su «hijo», que probablemente es una referencia a que el apóstol llevó al esclavo a la fe cuando se encontraron en Roma («mientras yo estaba preso»). En el versículo 11 Pablo hace un juego de palabras con el significado del nombre Onésimo («útil»). El esclavo solo ha hecho honor a su nombre una vez ha aceptado a Cristo.[19] Pablo no tenía ningún derecho legal a quedarse con Onésimo, ya que aún pertenecía a Filemón, y por eso se lo envía a su amo (v. 12). Pero el apóstol describe al esclavo como «mi propio corazón» (es el mismo término que otras versiones traducen como «mis entrañas», el centro de las emociones del ser humano).[20] Luego añade que le hubiera gustado que su nuevo hijo Onésimo se quedara con él para serle de ayuda durante su arresto domiciliario, tanto a nivel material como espiritual. Según el apóstol, si hubiera tenido la oportunidad, a Filemón le habría gustado desempeñar el papel que su esclavo estaba desempeñando (v. 13).

Pero Pablo vuelve a decir que no quiere imponer nada: prefiere que Filemón consienta de forma voluntaria (v. 14). El apóstol reconoce que el propósito de Dios quizá sea que Onésimo continúe con su amo; aunque ahora bajo una nueva relación (vv. 15–16). No queda claro de qué tipo de relación está hablando. Pero al menos, Filemón tiene que reconocer que la conversión de Onésimo hace que, delante de Dios, Onésimo sea igual que su amo. De ahí, Filemón debería amar y valorar a Onésimo aún más de lo que lo hace Pablo, porque Filemón es quien más se va a percatar de la transformación que Onésimo ha experimentado. Pero la expresión «ya no como a esclavo» apunta a que quizá Pablo le está pidiendo que ponga a Onésimo en libertad[21], petición altamente

---

18. El término «anciano» se solía usar para referirse a alguien entre 50 y 56 años de edad, que también encaja con la información que tenemos sobre la vida de Pablo (ver más arriba, p. 101), aunque no es del todo específica y por eso no podemos desechar ninguna de las tres posibles fechas de la carta (ver arriba). Ver Dunn, *Colossians and Philemon*, 327.

19. Podría haber un segundo juego de palabras con la palabra «inútil» (*achrestos*), que solo difiere del término «no cristiano» por una letra (*achristos*) (Garland, *Colossians/ Philemon*, 330).

20. Al llamar a Onésimo «mi propio corazón» es como el que volviera a Filemón en la persona del esclavo fuera Pablo mismo (Fitzmyer, *Philemon*, 109).

21. Fitzmyer, *Philemon*, 114–15. La expresión «como persona y como hermano en el Señor» es en griego *kai en sarki kai en kurio* (que literalmente significa: «tanto en la carne como en el Señor»), y Barth y Blanke (*Philemon*, 454) observan que «un hermano y prójimo tiene derecho propio a ser amado como persona única».

probable si tenemos en cuenta que Pablo usa una expresión enfática tan poco común («ya no»). [22]

La petición (17–22). Aunque en esta segunda parte de la carta tenemos la petición de Pablo, sigue sin estar demasiado claro qué es lo que el apóstol pide exactamente. No obstante, varios indicios apuntan a que su deseo es que Filemón libere a Onésimo.[23] En primer lugar, le pide a su «compañero» (término que podría hacer referencia a su trabajo conjunto, ya fuera en un negocio o en el ministerio) que lo reciba «como a mí mismo» (v. 17), y sabemos que Pablo no era un esclavo. En segundo lugar, Pablo sabe que eso privará a Filemón de recuperar las pérdidas que ha tenido y de beneficiarse en el futuro del servicio de Onésimo, por lo que promete que él le va a pagar (vv. 18–19a).[24] Es probable que en prisión no tuviera los recursos suficientes para pagarle; de ahí que hable de cargárselo a su cuenta. Pero podríamos estar hablando de una cifra desorbitante, algo que Pablo nunca podría pagar. Al parecer, el apóstol espera que Filemón no le cobre, y por si acaso éste se ve tentado a hacerlo, Pablo añade «por no decirte que tú mismo me debes lo que eres» (v. 19b), de donde se podría extraer que Pablo también es el padre espiritual de Filemón.[25]

En el versículo 20, el apóstol regresa al juego de palabras con el nombre de Onésimo, ahora comunicando su deseo de que Filemón también sea útil (gr., onaimen; NVI: «algún beneficio»). Por último, confiado en que Filemón va a cooperar, Pablo dice que está seguro de que su amigo va a hacer más de lo que le pide. Pero lo único que Pablo no ha pedido de forma explícita es la libertad de Onésimo. Así que el versículo 21 es el argumento de más peso para pensar que la preocupación final del apóstol en esta breve carta es la liberación de este esclavo. Algunos incluso han dicho que, si Pablo ya ha apuntado a la liberación de este esclavo anteriormente, este comentario sugiere que el deseo del apóstol es que Filemón le envíe a Onésimo para que esté con él.[26]

A primera vista, diríamos que el versículo 22 es el principio de los saludos finales, pues recoge una petición diferente: que le prepare una habitación, porque espera ser liberado pronto e ir a Colosas. Pero démonos cuenta de que se trata de un mecanismo más para animar a Filemón a responder de forma

---

22. Barth y Blanke, *Philemon*, 416–17. En griego es *ouketi*, pero, dado que la proposición que esta palabra introduce depende de la proposición introducida por *hina*, que se construye con el subjuntivo, lo normal hubiera sido usar *meketi*. «Pablo quiso hablar de hechos, y no meramente de una mera posibilidad, deseo o esperanza. Lo que le ha ocurrido a Onésimo, y aquello en lo que se ha convertido, es lo que lleva al apóstol a intervenir y a esperar que Onésimo tendrá en el futuro una mejor posición y un mejor trato».

23. Cf. Robert W. Wall, *Colossians and Philemon* (Leicester and Downers Grove: IVP, 1993), 213–18.

24. La alternativa sería interpretar que lo que Pablo está prometiendo es pagar por el rescate de Onésimo, una cifra más manejable. Ver Laura L. Sanders, «Equality and a Request for the Manumission of Onesimus», *RestQ* 46 (2004): 113–14.

25. El énfasis es mayor ahora que es Pablo mismo el que escribe, de su puño y letra. Ver los comentarios anteriores sobre la firma final que aparece al final de sus cartas.

26. Barth y Blanke, *Philemon*, 492.

adecuada a la petición de Pablo. Si no trata bien a Onésimo, cuando el apóstol venga tendrá que rendirle cuentas.[27] Además, el hecho de que esta carta no es solo para Filemón, sino para todos los que se congregan con él, supone un incentivo más para acceder a la petición de Pablo.

SALUDOS FINALES (23–25)

Epafras es quien al parecer estableció la iglesia de Colosas (ver arriba, p. 336). Lo más probable es que Marcos sea el Juan Marcos de Hechos 12:12, 25; 13:13 y 15:37, 39. El hecho de que esté con Pablo sugiere que se han reconciliado. Aristarco podría ser el representante de las iglesias de Macedonia que llevó la ofrenda de Pablo a Judea (Hch 19:29; 20:4; 27:2). Demas podría ser el que luego abandonó a Pablo (2Ti 4:10), mientras que lo más probable es que Lucas sea el médico amado de Colosenses 4:14, el único que no abandonó a Pablo en 2ª Timoteo 4:11. Como en las demás ocasiones, el apóstol cierra esta preciosa carta con el deseo de que quien reciba la carta experimente la gracia de Dios.

APLICACIÓN

El tema principal de esta carta para el lector contemporáneo es el problema de la esclavitud. Durante un largo periodo de la historia de la iglesia, la epístola no se interpretaba como la petición de la liberación de un esclavo. Aún hoy, cuando la mayoría está de acuerdo en que parece que el deseo de Pablo es que Filemón libere a Onésimo, nos seguimos preguntando por qué Pablo no cuestiona abiertamente la institución de la esclavitud. Para responder, hay siete factores que se deben tener en cuenta.[28]

1. No pensemos que la esclavitud de la antigua Roma era similar a la institución que hasta después de la Guerra Civil de América del Norte de 1861–65 sacó a miles y miles de africanos de su hogar para someterlos a una cruel esclavitud. En la Antigüedad, los esclavos ocuparon todo tipo de posiciones; desde artesanos y todo tipo de trabajo manual, hasta maestros, doctores y senadores. Eso no quiere decir que en Roma no hubiera esclavos maltratados. En muchas ocasiones, las esclavas se veían obligadas a ceder ante las apetencias sexuales de sus amos. Pero cabe destacar que había esclavos en buena posición y con amos razonables que vivían mejor que muchas personas libres.

2. De nuevo, a diferencia de la esclavitud más cercana a nosotros, la esclavitud en el mundo grecorromano no estaba basada en el racismo sino en el dominio de los territorios conquistados. Por tanto, muchas veces no había diferencias visibles entre los esclavos y los libres; en ambos grupos había gente de

---

27. Lohse, *Colossians and Philemon*, 206–7.
28. Ver los siguientes estudios sobre la esclavitud en días de Pablo: K. R. Bradley, *Slavery and Society at Rome* (Cambridge and New York: CUP, 1994); Peter Garnsey, *Ideas of Slavery from Aristotle to Augustine* (Cambridge and New York: CUP, 1996). Encontrará un recopilatorio de las investigaciones más recientes en John Byron, «Paul and the Background of Slavery: The Status Quaestionis in New Testament Scholarship», *CBR* 3 (2004): 116–39.

todas las razas y grupos étnicos. De hecho, a veces había personas libres que se vendían de forma voluntaria como esclavos para pagar alguna deuda.

3. Apenas había precedentes ideológicos para la abolición de la esclavitud. Entre los judíos, los únicos que se negaron públicamente a tener esclavos fueron los esenios y los egipcios *terapeutae*, y en la filosofía grecorromana solo se opusieron los sofistas. Aunque antes de la era precristiana hubo alguna revuelta de esclavos, todas fracasaron y la mayoría acabó con una cruel masacre de los insurgentes.

4. En relación con este último punto, en una cultura que nunca había experimentado otras alternativas y en la que el cristianismo no tenía ningún tipo de poder, cualquier intento por parte de los cristianos de luchar por la libertad de los esclavos, que quizá comprendían la tercera parte de la población, habría fracasado y probablemente habría conllevado la destrucción del cristianismo.

5. En el Imperio Romano, la liberación de los esclavos era algo normal. De hecho, la mayoría de los esclavos de servicio doméstico eran puestos en libertad cuando cumplían treinta años.

6. Incluso después de su liberación, en la mayoría de ocasiones los esclavos seguían en contacto con sus antiguos amos; a veces, aunque ya en libertad, aún tenían alguna obligación económica con ellos. Y recordemos que la libertad significaba tener que preocuparse por el alojamiento y la comida, así que podían acabar en una situación peor, sobre todo si su amo era alguien acomodado.

7. Pero el factor más importante de todos es quizá que el cristianismo apostólico tenía que ver con la transformación interna y espiritual que tenía lugar en la persona que se reconciliaba con Dios, transformación que le permitía mirar con esperanza a la eternidad gloriosa con Él, aunque aquí en la tierra nunca hubiera experimentado la libertad física o nunca se hubiera visto libre de circunstancias desagradables (ver 1Co 7:17–24).[29]

No obstante, Pablo había enseñado en 1ª Corintios 7:21b que los esclavos que tenían la oportunidad de conseguir su libertad, debían aprovecharla (ver arriba, p. 207). Y al hacer énfasis en la igualdad que hay en Cristo, independientemente del estatus social o económico, Pablo puso el fundamento para los movimientos abolicionistas más explícitos que aparecerían siglos después, movimientos iniciados principalmente por personas de convicciones cristianas.[30] Como dice F.F. Bruce, «lo que esta carta hace es introducirnos en un ambiente en el que la institución [de la esclavitud] no puede más que marchitarse y morir».[31] Quién sabe cuánto derramamiento de sangre se podría haber

---

29. Craig S. de Vos («Once a Slave, Always a Slave? Slavery, Manumission and Relational Patterns in Paul's Letter to Philemon», *JSNT* 82 [2001]: 89–105) cree que Pablo estaba pidiendo algo que era mucho más difícil que liberar a un esclavo: que Filemón tratara a Onésimo como a un igual, un amigo, y un invitado de honor, aunque aún fuera un esclavo.

30. En cuanto a las prácticas cristianas de principios de nuestra era ver J. Albert Harrill, *The Manumission of Slaves in Early Christianity* (Tübingen: Mohr, 1995); con Jennifer A. Glancy, *Slavery in Early Christianity Oxford and New York*: OUP, 2002).

31. Bruce, *Paul*, 401.

evitado en los siglos que siguieron si las revoluciones y los movimientos de liberación hubieran progresado de forma más lenta y «espiritual». No obstante, ante situaciones de opresión e injusticia, incluso la Biblia condona en alguna ocasión la violencia. Así que, en este mundo caído, quizá debamos tolerarla como último recurso.[32]

PREGUNTAS

1. La versión tradicional da por sentado que Onésimo es un esclavo que se ha fugado. ¿Qué otras razones se dan para explicar la marcha de Onésimo de casa de Filemón? ¿Qué evidencias textuales respaldan o niegan cada una de esas teorías? Basándonos en el contexto cultural, ¿cuál es la teoría más probable?

2. ¿Cuáles son los problemas de traducción que en más de una ocasión han llevado a muchos a usar las dos partes del versículo 6 de forma errónea? ¿Cuál parece la mejor traducción y la mejor interpretación?

3. ¿Por qué la epístola a Filemón sirve de modelo de tacto y psicología pastoral? Enumera algún ejemplo específico. ¿Qué es lo que Pablo le está pidiendo a Filemón? ¿Qué características de la segunda parte de la carta nos hablan de la intención de Pablo con Filemón?

4. ¿Qué respuesta se puede dar a los que dicen que Pablo (y por ello el cristianismo) respalda la esclavitud porque no la cuestiona de forma directa? Pablo se centra en la transformación cristiana. ¿Por qué podemos decir que Pablo sí cuestiona de forma sutil la institución de la esclavitud cuando se centra en la transformación cristiana, y qué otros textos paulinos crees que contribuyen a ese cuestionamiento?

OBRAS SELECCIONADAS

COMENTARIOS:

Avanzados

Barth, Markus y Helmut Blanke. *The Letter to Philemon*. ECC. Grand Rapids y Cambridge: Eerdmans, 2000.

Dunn, James D. G. *The Epistles to the Colossians and to Philemon*. NIGTC. Carlisle: Paternoster; Grand Rapids: Eerdmans, 1996.

Lohse, Eduard. *Colossians and Philemon*. Hermeneia. Philadelphia: Fortress, 1971.

O'Brien, Peter T. *Colossians, Philemon*. WBC. Waco: Word, 1982.

Wilson, Robert McL. *Colossians and Philemon: A Critical and Exegetical Commentary*. New York y London: T & T Clark, 2005.

---

32. Ver las perspectivas opuestas de Mikeal Parsons, «Slavery and the New Testament: Equility and Submissiveness», *Vox Evangelica* 18 (1988): 89–96; y Lloyd G. Lewis, «An African American Appraisal of the Philemon–Paul–Onesimus Triangle», en *Stony the Road We Trod,* ed. Cain H. Folder (Minneapolis: Fortress, 1991), 232–46.

Intermedios

Bruce, F. F. *The Epistles to the Colossians, to Philemon, and to the Ephesians*, rev. NICNT. Grand Rapids: Eerdmans, 1984.

Fitzmyer, Joseph A. *The Letter to Philemon*. AB. New York y London: Doubleday, 2000.

Melick, Richard R., Jr. *Philippians, Colossians, Philemon*. NAC. Nashville: Broadman, 1991.

Thompson, Marianne M. *Colossians & Philemon*. THNTC. Grand Rapids y Cambridge: Eerdmans, 2005.

Thurston, Bonnie B. y Judith M. Ryan. *Philippians and Philemon*. SP. Collegeville: Liturgical, 2005.

Introductorios

Garland, David E. *Colossians/Philemon*. NIVAC. Grand Rapids: Zondervan, 1998.

Lucas, Richard C. *The Message of Colossians and Philemon*. BST. Leicester y Downers Grove: IVP, 1980.

Wall, Robert W. *Colossians and Philemon*. IVPNTC. Leicester y Downers Grove: IVP, 1993.

Wright, N. T. *Colossians and Philemon*, rev. TNTC. Leicester: IVP; Grand Rapids: Eerdmans, 1986.

OTROS LIBROS

Petersen, Norman R. Rediscovering *Paul: Philemon and the Sociology of Paul's Narrative World*. Philadelphia: Fortress, 1985.

MÁS BIBLIOGRAFÍA EN:

Byron, John. "Paul and the Background of Slavery: The Status Quaestionis in New Testament Scholarship." *CBR* 3 (2004): 116–39.

Mills, Watson E. *Philemon*. Lewiston y Lampeter: Mellen, 1993.

COLOSENSES: CRISTO COMO SEÑOR DEL COSMOS Y DE LA IGLESIA

INTRODUCCIÓN

Colosenses es la segunda carta que Pablo escribió a una iglesia que no había sido fundada por él. La razón principal por la que Pablo escribe es el problema de la falsa enseñanza que hay en Colosas, descrita como ejemplo de «vana y engañosa filosofía que sigue tradiciones humanas, la que va de acuerdo con los principios de este mundo y no conforme a Cristo» (2:8). Si nuestras conclusiones sobre el contexto de las epístolas de la cárcel son acertadas (ver arriba, pp. 317–319), entonces sabemos que Pablo está dirigiéndose a una iglesia en una pequeña comunidad gentil en el valle del Lico, donde hay una importante minoría judía, que les escribe en torno al año 61 d.C., mientras está encarcelado en Roma, y que envía la carta con Tíquico y Onésimo (ver esp. 4:7–9). Aún en el caso de que Pablo estuviera exagerando, las afirmaciones que aparecen en 1:6 y 23 sobre la expansión del evangelio por todo el Imperio encajan mejor con la fecha y el encarcelamiento mencionados y con el tono que encontramos en Hechos 28:31, donde el mensaje del reino continúa avanzando sin impedimento alguno. Mientras el grupo que se reunía en casa de Filemón representa tan solo una parte de la iglesia de Colosas, esta carta está dirigida a toda la comunidad cristiana que hay en esa ciudad.

LA HEREJÍA COLOSENSE

Se ha escrito mucho para intentar definir cuál era la naturaleza de la falsa enseñanza que estaba infectando a los colosenses. En 2:8–3:17 se la define con el término «filosofía». La información que tenemos es la que aparece en la epístola misma, en la que se mencionan los siguientes elementos heréticos: una negación de la deidad total de Cristo (2:8–10); la circuncisión como requisito (2:11–15); ciertas restricciones alimenticias (v. 16a); la participación en fiestas religiosas semanales, mensuales y anuales (16b); la «adoración de ángeles» (vv. 18–19); y otras reglas legalistas (vv. 20–22), sobre todo de naturaleza ascética (v. 23). Al parecer, esa falsa filosofía hacía una marcada separación entre el cuerpo y el espíritu, lo que quizá llevaba a la práctica de ejercicios místicos (3:1–4) y al descuido de la moral básica (vv. 5–17).

Algunos estudiosos proponen que esta herejía se puede explicar con categorías judías (o más probablemente, judeocristianas).[33] Está claro que la circuncisión, las leyes alimenticias, el sabbat y las fiestas de las estaciones y de luna nueva se pueden asociar al judaísmo. A primera vista, la «adoración de ángeles» no encajaría porque los judíos habían mantenido su monoteísmo, aun en medio del contexto politeísta grecorromano. Pero no encajaría si entende-

---

33. En cuanto a las prácticas judías principales ver Allan R. Bevere, *Sharing in the Inheritance: Identity and the Moral Life in Colossians* (London and N.Y.: SAP, 2003). Thomas J. Sappington, *Revelation and Redemption at Colossae* (Sheffield: JSOT, 1991) ve en el género apocalíptico judío una orientación al ascetismo y al misticismo.

mos que la expresión es un genitivo objetivo (adoración dirigida a los ángeles). No obstante, si interpretamos que es un genitivo subjetivo (la adoración
que los ángeles ofrecen), encajaría con varias formas de misticismo judío y/o
apocalipticismo. Aunque también es verdad que el judaísmo en general, incluyendo las ramas más esotéricas, no estaba caracterizado por un estilo de vida
ascético. Más adelante, los judeocristianos (los ebionitas del siglo II) negaban
la deidad de Cristo, pero apenas discutían la forma corporal de su humanidad
(como en 2:9). Y Colosenses 2:10 más bien parece una respuesta a alguna forma de pensamiento grecorromano que, con su escatología realizada (presente
de forma completa en esta vida), ha hecho caer en el olvido la creencia judeocristiana en la futura resurrección del cuerpo.

Otros comentaristas se han ido al otro extremo y defienden que la falsa
filosofía se puede explicar con categorías griegas.[34] Varias sectas y religiones
mistéricas imponían algunas restricciones alimenticias. Además, el mundo
grecorromano cuenta con sus festividades mensuales y anuales. La adoración a
los ángeles y las prácticas ascéticas también encajan con esta hipótesis, pero no
así la circuncisión, ni tampoco el sabbat, pues ninguna religión grecorromana
tenía el concepto de un día de descanso a la semana.

LA HEREJÍA COLOSENSE

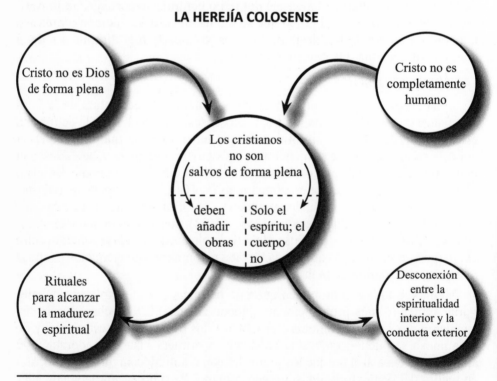

---

34. Eduard Schweizer (*The Letter to the Colossians* [Minneapolis: Augsburg, 1982], 132–
33), por ejemplo, cree ver paralelismos entre la herejía de Colosas y el pitagorismo
griego. Troy W. Martin (*By Philosophy and Empty Deceit: Colossians as Response to
a Cynic Critique* [Sheffield: SAP, 1996]) atribuye a los falsos maestros un trasfondo
puramente cínico.

Por tanto, la mayoría de estudiosos, tanto en el pasado como en la actualidad, creen que la herejía colosense era una combinación «sincretista» en la que se mezclaban elementos del judaísmo y de la cultura helena.[35] Algunos creen que estos últimos tienen que ver con las formas incipientes del gnosticismo, sobre todo a la luz del papel prominente del término pleroma («plenitud»), como en 2:91–0, que definía la divinidad gnóstica. Pero el detallado estudio de Clinton Arnold sugiere que los rasgos distintivos de la filosofía también se pueden explicar desde las supersticiones folklóricas locales, la religión frigia y varias sectas mistéricas, así que no tiene sentido hablar solo del gnosticismo.[36]

Teniendo en cuenta todos los elementos de la filosofía que aparecen a lo largo de la epístola, se podría decir que la herejía afectaba principalmente a tres doctrinas: la cristología, la soteriología y la antropología. La influencia judaizante podría haber llevado a la negación de la deidad total de Cristo (una cristología insuficiente), lo que a su vez llevaría a una expiación incompleta (una soteriología insuficiente) que el hombre tenía que completar con las obras (una antropología insuficiente). La influencia helena podría haber negado la humanidad total de Cristo (otra cristología insuficiente), lo que a su vez llevaría a una salvación únicamente del espíritu del hombre (otra soteriología insuficiente) y a una separación radical de la espiritualidad interior y la moralidad exterior (otra antropología insuficiente). De hecho, podemos ver que Pablo habla de estas tres doctrinas exactamente en ese orden (2:9–15, 16–23; 3:1–17),[37] aunque más adelante veremos otra alternativa posible. En cuanto a la moralidad o comportamiento ético impuesto por los falsos maestros, al parecer se centraba en «ritos y marcas físicas como respuesta ascética ante el mundo».[38]

AUTORÍA

El otro gran debate en torno a la carta a los Colosenses tiene que ver con el tema de la autoría. ¿Quién escribió esta epístola? A veces se ha dicho que Pablo no es el autor. Se ha dicho con mayor frecuencia que de 2ª Tesalonicenses (ver arriba, p. 175), aunque con menor frecuencia que de Efesios y de las epístolas pastorales (ver más adelante, pp. 350–353, 394–397).[39] El lenguaje y el estilo de la carta difieren considerablemente de las cartas claramente paulinas, con frases extensísimas y vocabulario sectario. Pero la forma especial en la que el autor se expresa puede ser un reflejo de la necesidad que Pablo tenía de refutar la herejía colosense, y la diferencia en el estilo se puede explicar porque

---

35. Encontrará un buen resumen en Petr Pokorny, *Colossians: A Commentary* (Peabody: Hendrickson, 1991), 113–20. Ver Richard E. Damaris, *The Colossian Controversy: Wisdom in Dispute at Colossae* (Sheffield: JSOT, 1994), donde encontrará un detallado estudio que defiende que la herejía colosense era una mezcla de influencias judías y griegas (esp. platonismo medio) y de elementos cristianos en busca de la sabiduría.

36. Clinton E. Arnold, *The Colossian Syncretism* (Grand Rapids: Baker, 1996).

37. Encontrará un análisis bastante similar en Barth and Blanke, *Colossians*, 25.

38. Margaret Y. MacDonald, *Colossians and Ephesians* (Collegeville: Liturgical, 2000), 12.

39. Encontrará argumentos respaldando esa teoría en Lohse, *Colossians and Philemon*, 84–91 y 177–83.

Pablo estaría usando extensas porciones de la tradición,[40] y/o porque daría a un nuevo amanuense (escriba) la libertad de redactar los pensamientos que le explicaba con su propio estilo (ver arriba, p. 120). Dado que 1:1 menciona el nombre de Timoteo junto al de Pablo, algunos expertos han dicho que en este caso participó en la elaboración de la carta mucho más que en los otros casos en los que también se le menciona.[41]

La teología de Colosenses también parece diferente, sobre todo en cuanto a la Cristología, la Eclesiología y la Escatología. En 1:15–20 y 2:9 encontramos unas de las afirmaciones más contundentes del Nuevo Testamento sobre la deidad de Cristo. En 1:18, Cristo aparece como la cabeza de su cuerpo, la iglesia, en lugar de la imagen en la que los creyentes son los que forman el cuerpo (como en 1Co 12 y Ro 12). Por último, la escatología de las epístolas parece más «cumplida» o «realizada» y menos orientada al futuro (3:1–3). Al mismo tiempo, podemos apelar a textos indiscutiblemente paulinos como Romanos 9:5 y Filipenses 2:5–11, que también exaltan a Cristo de una forma similar. Las metáforas de Pablo son notoriamente fluidas (recuérdese 1Co 3:9), y 3:4 pone en perspectiva la esperanza presente del autor, pues recuerda lo que aún está por venir en el futuro.[42] También se podría decir que el autor de Colosenses no menciona el tema económico presente en todas las cartas claramente paulinas, pero cuando el apóstol lo menciona es o bien por el entusiasmo apocalíptico, por la relación patrono–cliente que aún existía entre los nuevos cristianos, o por la ofrenda de Judea, cuestiones ya superadas a principios de la década de los 60.[43]

Colosenses y Efesios son muy similares en cuanto al estilo y al contenido. De todas las cartas que se atribuyen a Pablo, son las que más se parecen entre sí. Así, igual que ocurre con las similitudes entre 1ª y 2ª Tesalonicenses, para algunos estos paralelismos han servido como argumento para rechazar la autenticidad de una o de ambas cartas. Pero normalmente, este argumento lleva a los estudiosos a dudar de la autoría paulina de Efesios (ver más adelante, pp. 350–352, no de Colosenses, y si alguien abierta y servilmente hubiera seguido un modelo de una carta previa intentando hacerla pasar por la obra de otra persona, lo lógico es que hubiera imitado una carta de dicha persona. Por tanto, las similitudes entre Colosenses y Efesios hablan de hecho a favor de la autenticidad de Colosenses, incluso si aceptamos que la firma de Efesios no es más que un pseudónimo.

---

40. Ver esp. George E. Cannon, *The Use of Tradicional Materials in Colossians* (Macon: Mercer, 1983).

41. P. ej., Schweizer (*Colossians*, 23–24) sugiere que Timoteo escribió la carta y que Pablo le dio el visto bueno para que se enviara en su nombre. Cf. también Dunn, *Colossians and Philemon,* 38.

42. Encontrará una estudiada defensa de la autoría paulina en Barth y Blanke, *Colossians*, 114–26. Concretamente sobre el tema de la escatología, que para muchos estudiosos es el distintivo teológico decisivo, ver Todd D. Still, «Eschatology in Colissians: How Realized Is It?», *NTS* 50 (2004): 125–38.

43. «Colosenses nos permite descubrir el evangelio de Pablo aunque no está formulado con las categorías de la justificación por la fe, en relación con la Torá y el judaísmo, o con las categorías que aparecen en Gálatas y Romanos» (Thompson, *Colossians & Philemon*, 9).

Merece la pena preguntarse si un autor que quería que su carta pasara por una carta de Pablo escogería escribir a una iglesia que Pablo no fundó, especialmente la iglesia de una ciudad más pequeña e insignificante que las otras que también recibieron cartas del apóstol. El último argumento a favor de la autenticidad nos recuerda que aproximadamente en el año 61 o 62 d.C., un terremoto devastador destruyó la ciudad de Colosas, y no existe ningún documento antiguo que hable de su reconstrucción. Eso apunta a que la carta se escribió como muy tarde a principios del año 61. Por otro lado, el recurso de la pseudoepigrafía, que un discípulo firmara con el nombre de su maestro, se usó generaciones después para hacer llegar el mensaje de un maestro a lectores diferentes en situaciones diferentes, por lo que los que niegan la autoría paulina de Colosenses también fechan esta carta en algún momento de las tres últimas décadas del siglo I. Pero a menos que las referencias a Colosas también sean ficticias (y, de nuevo, ¿por qué escoger un lugar tan críptico en comparación con otros lugares, para este tipo de ficción?), debemos fechar la composición de la carta dentro del periodo correspondiente a la vida y el ministerio de Pablo. Por todo lo dicho, proseguiremos asumiendo que Pablo escribió Colosenses.[44]

ESTRUCTURA Y GÉNERO

En cuanto al género de la carta a los Colosenses (aparte del obvio género epistolar), se ha dicho mucho menos que de cualquier otra carta del Nuevo Testamento. La estructura es próxima a la de la típica carta helena, que ya hemos comentado en más de una ocasión, aunque faltaría la partición sintáctica entre la acción de gracias y el cuerpo de la carta. Eso se explicaría si aceptamos el uso de una confesión o credo prepaulino en 1:15–20 (ver más adelante), del mismo modo en que el «código doméstico» de 3:18–4:1 aparece insertado en medio de un material exhortativo. Andrew Lincoln describe esta carta como «pensamiento paulino en tono sapiencial»,[45] pero ésta no es la descripción de un género epistolar concreto. Walter Wilson cree que toda la carta está marcada por el tono parenético, no solo 3:1–4:6, y divide lo que él identifica como el cuerpo de la carta en tres partes: 1:3–2:7, que sería la base teológica en la que se fundamente la exhortación; 2:8–23, que sería la corrección de la falsa filosofía, necesaria antes de entrar en la exhortación; y 3:1:4–6, que sería la exhortación propiamente dicha.[46] Un esquema más convencional no entra en conflicto con los propósitos identificados en la estructura en tres de Wilson.

I. Introducción (1:1–14)
    A. Saludos (1:1–2)
    B. Acción de gracias (1:3–14)
II. Cuerpo de la carta (1:15–4:6)

---

44. Cf. Garland, *Colosenses y Filemón,* (Miami: Vida, 2010, 17-22 en el original).

45. Andrew T. Lincoln, «The Household Code and Wisdom Mode of Colossians», *JSNT* 74 (1999): 112.

46. Walter T. Wilson, *The Hope of Glory: Education and Exhortation in the Epistle to the Colossians* (Leiden and Nueva York: Brill, 1997): 229–52.

A. Exposición teológica (1:15–2:23)
 1. El himno cristológico (1:15–20)
 2. La aplicación del himno cristológico (1:21–2:23)
B. Implicaciones éticas (3:1–4:6)
 1. Definiendo la santidad (3:1–17)
 2. El código doméstico (3:18–4:1)
 3. Orando y hablando de forma adecuada (4:2–6)
III. Saludos finales (4:7–18)

Dado que la primera parte de esta carta alaba a Dios en Cristo por la salvación del Cosmos, la retórica se mantiene epidíctica, aunque la respuesta a la herejía introduce la retórica deliberativa. La segunda parte ya está plenamente caracterizada por la retórica deliberativa tan típica de las exhortaciones paulinas. Este patrón en dos partes reaparecerá de forma aún más clara en Efesios (ver más adelante, p. 355).

COMENTARIO

INTRODUCCIÓN (1:1–14)

Saludos (1:1–2). Después de describirse como prisionero en el versículo introductorio de Filemón, en esta carta más general dirigida a la iglesia en Colosas, Pablo regresa a la costumbre típica de presentarse como apóstol. De forma particular, se dirige a estos cristianos no como a una «iglesia» *per se,* sino como a «santos y fieles hermanos», es decir, como a parientes espirituales. Pero su convencional deseo de gracia y paz reaparece, aunque la evidencia textual nos hace dudar de que el texto original incluyera la referencia a Jesús que aparece junto a la referencia a Dios.

Acción de gracias (1:3–14). Como es su costumbre cuando puede hacerlo, Pablo empieza su oración de gratitud alabando a Dios por el crecimiento de la iglesia a la que está escribiendo (vv. 3–8).[47] Como en Filemón, habla de la fe y del amor, pero aquí es más específico, pues su amor está dirigido a los demás creyentes, y su fe, depositada en Cristo (vv. 4–5), confirmando quizá la sugerencia de un quiasmo en Filemón 5 (arriba, p. 323). Al añadir una referencia a la esperanza en 1:5, el apóstol completa su tríada favorita de atributos (recuérdese lo dicho anteriormente, p. 164). Está claro que la raíz de esta esperanza es el mensaje del evangelio, que se ha estado extendiendo por todo el mundo conocido, es decir, el Imperio Romano (v. 6). Pablo subraya el hecho de que esta proclamación haya llegado incluso a Colosas, sin duda porque sabía que él no había fundado la iglesia de esa ciudad. El fundador fue Epafras, al que Pablo también alaba y menciona como la fuente que le ha informado sobre el estado de la congregación colosense (vv. 7–8).

---

47. De hecho, esta acción de gracias tiene la función de alabar a los colosenses, quizá para que este nuevo auditorio acepte de forma favorable el mensaje que les escribe. Ver Thurston, *Colossians, Ephesians and 2 Thessalonians,* 14.

La segunda parte de la oración de Pablo es de intercesión, pues el apóstol le pide a Dios por el crecimiento de los colosenses (vv. 9–14). El versículo 9 utiliza muchas expresiones relacionadas con la madurez intelectual, pero a la luz de la filosofía que está afligiendo a la iglesia de Colosas el tema del pensamiento es crucial. Y la comprensión y la sabiduría verdaderamente cristianas nunca son meramente cognitivas; siempre tienen que llevar a una vida de santidad (v. 10).[48] Estas dos dimensiones solo se dan por el poder de Dios, debido a todos los obstáculos por los que constantemente pasamos en esta vida (vv. 11–12). Pero ese poder se nos ofrece gracias a la redención en Cristo, para que ahora ya podamos vencer al reinado de Satanás (vv. 13–14).[49]

CUERPO DE LA CARTA (1:15–4:6)

Exposición teológica (1:15–2:23). El himno cristológico (1:15–20) En el griego original, en Colosenses 1:15 no hay ninguna marca de que el autor empiece una nueva frase. No obstante, ya no hay señales de la oración anterior, y es evidente que estamos ante el núcleo principal de la información teológica que Pablo quiere transmitir. El pronombre relativo «que» o «el cual», que une el versículo 15 con el 14 (la NVI y otras versiones comienzan el nuevo párrafo cambiando el pronombre relativo por el pronombre personal «él») suele ser indicativo de la inserción de un material tradicional, lo que podría ser la explicación de la extraña estructura gramatical que tenemos aquí. Los versículos 15–20 tienen una estructura poética y forman una unidad coherente, divisible casi por la mitad: la primera parte del 15 al 17 proclama la Soberanía de Cristo sobre la creación, y la segunda parte del 18 al 20 declara su supremacía sobre la iglesia. Puede que este «poema» ya estuviera utilizándose en la iglesia primitiva como una confesión de fe o incluso como himno antes de que Pablo lo incorporara a esta epístola. En tal caso, esto sería una muestra de que la cristología no es meramente una evolución posterior, sino que ya tenía forma en los inicios de la fe cristiana.[50]

Sea como sea, lo que sí está muy claro es que los versículos 15–20 contienen de forma muy concentrada una clara doctrina sobre la persona y la obra de

48. J. Goetzmann, «σύνεσιν», en *The New International Dictionary of New Testament Theology*, ed. Colin Brown, vol. 3 (Grand Rapids: Zondervan, 1978), 130–33.

49. Terence Y. Mullins («The Thanksgivings of Philemon and Colossians», *NTS* 30 [1984]: 288–93) propone que, si Colosenses fuera pseudoepigráfica, la acción de gracias sería similar a la de Filemón, como lo son los saludos, pero sin la misma correspondencia entre los temas que aparecen en la acción de gracias y los que se desarrollan en el cuerpo de la carta. De hecho, si comparamos los temas que aparecen en Colosenses con los que aparecen en Filemón, hay más diferencias que similitudes, y en Colosenses los temas que se presentan al principio sí se elaboran de forma extensa en el resto de la carta.

50. Sobre la poesía de este pasaje, ver Steven M. Baugh, «The Poetic Form of Col 1:15–20», *WTJ* 47 (1985): 227–44. Sobre la estructura y el mensaje, ver esp. N. T. Wright, «Poetry and Theology in Colossians 1.15–20», *NTS* 36 (1990): 444–68. Más recientemente, cf. L. Carlos Reyes, «The Structure and Rhetoric of Colossians 1:15–20», *FN* 12 (1999): 139–54.

Cristo. Así Pablo comienza a combatir la cristología errónea de la herejía colosense incluso antes de llegar a 2:8, donde introduce el tema en cuestión de manera más formal (2:8).[51] Jesús (1) es «la imagen del Dios invisible», la réplica exacta en forma corporal del Padre incorpóreo (v. 15a, que probablemente se basa tanto en Gn 1 como en Pr 8:22–36); (2) es «el primogénito de toda creación»; la palabra griega prototokos no solo significa un ser que ha sido creado el primero, que entraría en contradicción con 2:9, sino también alguien que es primero en rango o prominencia (v. 15b);[52] (3) es el agente de Dios en la creación; ver también Juan 1:3–4 y Génesis 1:3 (v. 16); (4) existe antes de que toda la creación haya sido formada (v. 17a); (6) es la «cabeza» de la iglesia, a la luz del versículo 18c, que apunta claramente a su autoridad y señorío (v. 18a); (7) el primero en resucitar, garantizando, por tanto, nuestra resurrección (v. 18b);[53] es totalmente divino; ver la palabra que traducimos por «plenitud» (*pleroma*), que más tarde usaron los gnósticos para referirse a su divinidad de múltiples «eones» o emanaciones, divinidad que no se puede conocer (v. 19); y (9) hace posible la reconciliación universal a través de su crucifixión, que es para todos los que se arrepienten; esto no debe confundirse con el «universalismo», en el que todas las criaturas son salvas automáticamente, independientemente de su respuesta al evangelio (v. 20).[54]

La aplicación del himno cristológico (1:21–2:23). De esa elevada doctrina, Pablo pasa a hablar de la aplicación práctica de la obra de Cristo para la iglesia. No obstante, aún lo hace en términos teológicos, sin adentrarse en el ámbito de la ética. Aquí combate la soteriología errónea. En primer lugar, la reconciliación con Dios queda garantizada siempre que los colosenses perseveren (1:21–23). Sabemos que hay diferentes tipos de frases condicionales (de mayor a menor probabilidad), así que vale la pena tener en cuenta que la frase condicional que aparece al principio del versículo 23 no introduce ningún tipo de duda sobre el cumplimiento de lo que está hablando.[55]

En segundo lugar, en consonancia con la característica labor de Pablo como apóstol al mundo no judío, se revela la reconciliación entre los judíos y los gentiles que hay en Cristo (1:24–2:7). Para Pablo, es un trabajo muy duro,

---

51. Jarl Fosum, «Colossians 1.15–18a in the Light of Jewish Mysticism and Gnosticism», *NTS* 35 (1989): 183–201.

52. Ver Garland (*Colossians/Philemon,* 87), que comenta que la expresión también aparece como un título de soberanía en el Salmo 89:27.

53. El término «primogénito» aquí tiene ambos significados: el primero cronológicamente hablando, y preeminente. Ver Dunn, *Colossians and Philemon,* 97–98.

54. Pero los que no son salvos de todos modos «se tendrán que someter en contra de su voluntad a un poder que no podrán resistir» (Peter T. O'Brien, *Colossians, Philemon* [Waco: Word, 1982], 56; cf. F.F. Bruce y E. K. Simpson, *Commentary on the Epistles to the Ephesians and the Colossians* (Grand Rapids: Eerdmans, 1957), 210.

55. «Desde el punto de vista de Dios, cuando hay fe genuina no hay duda alguna de que ésta perseverará hasta el final. Desde el punto de vista del hombre, los cristianos descubren si su fe es genuina a través de la perseverancia paciente» (Wright. *Colossians and Philemon,* 83).

hasta agonizante (1:24–29). Con una metáfora muy expresiva, Pablo dice que está completando en su carne lo que falta de las aflicciones de Cristo (v. 24). Normalmente, esta expresión se entiende como una referencia a la creencia judía en un periodo concreto de intensa tribulación por la que pasará el pueblo de Dios antes de la llegada definitiva de la era mesiánica; en ese caso, cuanto más sufra Pablo, menos tendrán que sufrir los demás cristianos.[56] Otra opción sería que está siguiendo el ejemplo de Cristo, y dice que aún no ha sufrido tanto como Jesús sufrió, es decir, no ha muerto por los demás.[57]

Sea como sea, Pablo no está hablando de que la propiciación sea incompleta; lo que sí está diciendo es que el hecho de que Jesús sufriera no significa que sus seguidores ya no van a sufrir. De hecho, la unión con él implica sufrir. Pablo reconoce que está enseñando una revelación de Dios más completa que la recibida por las generaciones anteriores (v. 25), revelación que define como la revelación de un misterio, algo que era un secreto y que aún es difícil de explicar (v. 26):[58] que la obra del Mesías colocaría a los judíos y a los gentiles en la misma posición (v. 27; cf. Ef 3:6). Vemos que la pasión de Pablo sigue siendo que tanta gente como sea posible pueda ser transformada por estas verdades (vv. 28–29).

Para los colosenses, estos principios significan que deberían dejar que Cristo les llevara a una mayor unidad en amor, madurez y comprensión (2:1–7). Este deseo es el marco en el que Pablo empieza su discusión sobre la herejía, pues ese crecimiento prepara a la iglesia para no dejarse llevar por la falsa enseñanza (v. 4). Pablo inserta aquí la información de que también está luchando por los que están en Laodicea y por otros a los que aún no conoce personalmente (v. 1). Laodicea era una de las dos ciudades más cercanas a Colosas (la otra era Hierápolis), y 4:16 nos informa que Pablo también ha escrito a los de Laodicea y que quiere que las dos iglesias se intercambien las cartas para que lean ambas. Como veremos más adelante, algunos estudiosos sugieren que la carta que Pablo escribió a los laodicenses es la misma que la epístola a los Efesios (ver más abajo, p. 352–353). Si no lo es, entonces se extravió (como la carta a los Corintios), y tampoco es la epístola apócrifa a los Laodicenses, que es mucho más tardía.[59]

A partir de 2:8, Pablo confronta la herejía colosense de forma directa. Este versículo no se debería usar para decir que los cristianos no deben estudiar filosofía no cristiana (si no la estudiamos, no podremos interactuar con ella de forma inteligente), ¡ni mucho menos para decir que no existe tal cosa como la filosofía cristiana! Lo que este versículo nos dice es que tengamos cuida-

---

56. P. ej., F.F. Bruce, *The Epistles to the Colossians, to Philemon, and to the Ephisians* (Grand Rapids: Eerdmans, 1984), 83–84.

57. Andrew Perriman, «The Pattern of Christ's Sufferings», *TynB* 42 (1991): 62–79.

58. Chrys C. Caragounis, *The Ephesian Mysterion* (Lund: Gleerup, 1977).

59. El texto comprende veinte versículos cortos, muchos de ellos sacados de Filipenses, y la fecha más temprana que se le ha atribuido es finales del siglo II; la más tardía, el siglo IV. Ver Wilhelm Schneemelcher, «The Epistle to the Laodiceans» en *New Testament Apocrypha*, ed. Schneemelcher, vol. 2, 44–45.

do con adoptar cualquier ideología que solo tiene origen humano o que entra en conflicto con los principios cristianos. La palabra que la NVI traduce por «principios de este mundo» es *stoicheia* que, como vimos en Gálatas 4:9, probablemente también incluía el concepto de fuerzas demoníacas. Como dijimos en la Introducción a Colosenses (arriba, p. 333), la falsa enseñanza afectaba en las áreas de la Cristología, la Soteriología y la Antropología. Los versículos 9–10 dejan claro que Cristo es completamente divino y completamente humano, lo que le permite vencer y darnos el poder para triunfar sobre los poderes enemigos y sobre los poderes diabólicos (que suele ser el sentido de «poder» y «autoridad» o «principados» y «potestades»).

Los versículos 11–15 apuntan a que la circuncisión literal de los creyentes ya no es necesaria, pues ha sido sustituida por la circuncisión metafórica o espiritual que la mano humana no puede realizar que consiste en «despojarse del cuerpo pecaminoso» (*sarx*; «carne», v. 11). El orden en que aparecen las palabras muestra que Pablo no considera el bautismo del nuevo pacto como un equivalente exacto a la circuncisión del antiguo.[60] Lo que salva a la persona es la fe y el arrepentimiento, no un ritual externo. De lo contrario, Pablo estaría regresando a las regulaciones del código escrito, ese código que según el versículo 14 Jesús ya anuló. Por la misma razón, estos versículos tampoco prueban que los bebés deben ser bautizados del mismo modo que los bebés judíos eran circuncidados; después de todo, no circuncidaban a las niñas, mientras que los cristianos sí bautizan a las mujeres. Así que no se puede establecer un paralelismo entre todos los elementos de ambos ritos. El versículo 12 debe entenderse, por tanto, como el texto de Romanos 6:3–4. El bautismo es una metonimia de la salvación porque normalmente ocurre poco después de la fe salvífica.[61]

Los versículos 13–15 refuerzan esta interpretación cuando hacen un contraste entre la circuncisión espiritual de la conversión y la incircuncisión espiritual de los inconversos. La obra de Cristo en la cruz nos rescató de los poderes demoníacos que nos tenían esclavizados, lo reconociéramos o no, e inició una nueva era en la historia de la salvación en la que no tenemos que obedecer todos los mandamientos mosaicos de forma literal. De todos modos, nadie podía seguir la ley de forma perfecta, por lo que solo apuntaba a la necesidad que tenían de un salvador (recuérdese el desarrollo que hicimos de este tema en Gálatas y en Romanos). El «acta de decretos» o «deuda» podría estar haciendo referencia a la ley mosaica o a un pagaré o deuda; o a ambos.[62] La expresión completa, «la deuda que teníamos pendiente por los requisitos de la ley» (NVI) o «el acta

---

60. Ver, p. ej., John P.T. Hunt, «Colossians 2:11–12, The Circumcision/Baptism Analogy, and Infant Baptism», *TynB* 41 (1990): 227–44. Hunt también muestra que lo que corresponde con la perspectiva de los primeros autores patrísticos no es la analogía entre la circuncisión y el bautismo, sino la analogía entre la circuncisión y la salvación. Fue después de que el bautismo de bebés apareciera cuando el texto de Colosenses 2:11–12 se empezó a utilizar como prueba bíblica.

61. Ver Barth and Blanke, *Colossians*, 368.

62. Wright, *Colossians and Philemon,* 170.

de los decretos que había contra nosotros, que nos era contraria» (RV), probablemente tenga sentido jurídico y se pueda expresar de la siguiente manera: «que nos era contraria en base a las demandas presentadas».[63] La palabra que traducimos por «desfile triunfal» (NVI) o «triunfando» (RV) en el versículo 15 emplea la misma raíz que vimos en 2ª Corintios 2:14, donde la imagen que Pablo tiene en mente es la de una procesión triunfal en la que, a modo de exhibición, se lleva a los prisioneros de guerra en un remolque. «Mencionar la cruz como un momento de victoria iba en contra de todos los valores de la época».[64]

En los versículos 16–17 Pablo se centra en otros aspectos de la ley mosaica (aunque también de varias religiones grecorromanas) que los falsos maestros estaban imponiendo, respondiendo de forma bastante similar a 1ª Corintios 8–10 y Romanos 14–15: los creyentes no deberían juzgarse los unos a los otros por esas cuestiones morales neutrales. Estos versículos representan la enseñanza más clara de todo el Nuevo Testamento en contra del sabbatismo (la convicción de que los cristianos deben guardar el sabbat, ya sea el sábado o el domingo, como día obligado de descanso).[65] Todos los ritos o leyes ceremoniales del Antiguo Testamento se han cumplido en Cristo (v. 17) y los cristianos no tienen necesidad de adoptarlas, aunque lo cierto es que sí pueden aprender principios espirituales de cada una de ellas. Pero las únicas que siguen en vigor son las leyes morales (ver arriba, pp. 155–156).

Algunos creen que, dado que aparece en los Diez Mandamientos, el sabbat sigue siendo un requisito hoy. Pero ninguno de los testamentos apunta a que estas diez leyes sean más importantes que otras. Y la iglesia primitiva, antes de que en el siglo IV Constantino legalizara el cristianismo, ¡a los que exigían que se guardara el día de descanso les llamaban judaizantes![66] Los cristianos empezaron a encontrarse para adorar en domingo porque el Señor resucitó en domingo, no porque estuvieran estableciendo un día de descanso diferente. Por otro lado, muchos cristianos hoy ni siquiera adoran una vez a la semana, lo que acaba creando otro tipo de problemas.

Como vimos anteriormente (pp. 331–332), la expresión «adoración de ángeles» en el versículo 18 es ambigua, pero dado que después de un verbo de adoración suele ir un objeto directo, lo más probable es que aquí tengamos un genitivo objetivo (adoración dirigida a los ángeles).[67] La expresión «no dejéis que os priven de esta realidad» (NVI) o «nadie os prive de vuestro premio» (RV) de hecho podría querer decir «condenar», «injuriar» o «aprove-

---

63. Barth y Blanke, *Colossians*, 329–30.

64. Dunn, *Colossians and Philemon*, 170.

65. Cf. esp. D.A. Carson, ed. *From sabbath to Lord's Day* (Grand Rapids: Zondervan, 1982).

66. William Barclay, *The Plain Man's Guide to Ethics: Thoughts on the Ten Commandments* (Glasgow and London: Collins, 1973), 26–48.

67. Arnold, *Colossians Syncretism*, 92–95. Arnold también comenta que no ha podido encontrar ningún ejemplo en la literatura griega existente de la palabra que aquí se usa para «adorar» en el contexto de adorar con alguien, que es lo que el genitivo subjetivo requeriría (adorar junto a los ángeles).

charse de».[68] La expresión «hacer alarde» (NVI) o «entrometiéndose» (RV) probablemente se debería traducir por «entrar en», haciendo así referencia a la iniciación del adorador pagano en una seria de experiencias visionarias que tenían lugar en el templo grecorromano.[69] Una fascinación demasiado grande por cualquier ser espiritual que no sea Dios puede hacer a uno descarriarse, en este caso aparentemente hacia experiencias ascéticas y también visionarias (vv. 20–23). Dado que los ángeles no procrean, se presume que no tienen relaciones sexuales, y podría ser que los que daban un valor desmesurado a los ángeles estuvieran imponiendo a los cristianos restricciones innecesarias. Y lo que es peor, ese tipo de personas normalmente se autoengañan creyendo que esas prácticas les hacen espiritualmente superiores a los demás, aunque de cara a los demás muchas veces se presenten como personas humildes (v. 18). Pero la madurez cristiana busca el crecimiento de toda la iglesia, un objetivo que la mentalidad elitista nunca tiene en cuenta (v. 19).

Ciertamente, las prácticas ascéticas normalmente «de nada sirven frente a los apetitos de la naturaleza pecaminosa» (v. 23). Por ejemplo, el que ayuna a veces come tanto una vez ha acabado el ayuno que los beneficios del ayuno se pierden por completo. Incluso si no ocurre eso, negarse a uno mismo los apetitos físicos normales no tiene valor espiritual si no se acompaña de disciplinas espirituales o ejercicios que ayuden a la persona a madurar. Si no, el corazón fácilmente empieza a codiciar aquello a lo que ha renunciado, momento en el cual el ascetismo lleva a la persona al pecado (cf. Mt 5:28).[70]

Implicaciones éticas (3:1–4:6). *Definiendo la santidad (3:1–17).* Ahora Pablo pasa de la Teología a la Ética, y lo hace introduciendo el material exhortativo con un «ya que» (*oun*), como en Romanos, y respondiendo a la antropología de la herejía colosense (3:1–4). Si se toman de forma aislada, estos versículos podrían apuntar a un tipo de misticismo; se parecen, incluso, a la herejía que Pablo está criticando. Pero los versículos 5–17 se apresuran a explicar que concentrar la atención en las cosas de arriba (v. 2) implica vivir una vida santa. Pablo se niega a hacer una división entre el espíritu y el cuerpo o entre el cielo y la tierra. Los creyentes pueden decir que ya están experimentando la vida resucitada siempre que estén dispuestos a vivir una vida piadosa y moral en medio de las actividades rutinarias de la experiencia humana.[71]

---

68. Kent L. Yinger, «Translating καταβραβευέτω ('Disqualify' NRSV) in Colossians 2.18», *BT* 54 (2003):138–45.

69. Arnold, *Colossian Syncretism*, 104–57.

70. Thurston *(Colossians, Ephesians, and 2 Thessalonians,* 47) observa que 2:6–23 combate cualquier «espiritualidad impuesta» que juzga a los que no practican las disciplinas espirituales de acuerdo con el gusto personal del que juzga.

71. Dicho de otro modo, poner la mente en las cosas de arriba significa que su visión moral está condicionada por la realidad divina que está por venir (Ibíd., 214). Cf. John R. Levison, «2 Apoc. Bar. 48:42–52:7 and the Apocalyptic Dimension of Colossians 3:1–6», *JBL* 108 (1989): 93–108.

Esta transformación puede asociarse con dos acciones muy ilustrativas: despojarse de la ropa sucia y vieja y vestirse con ropa nueva (el contraste que encontramos en los v. 5 y 12). El hecho de que Pablo tiene que escribir estas instrucciones para los que ya han profesado fe en Jesucristo es una evidencia más de que la naturaleza pecaminosa no desaparece en el momento de la conversión (véase arriba, p. 291). Pero, al mismo tiempo, los creyentes cuentan con el poder para resistirse al pecado, por lo que las conductas que aparecen en los versículos 5–9 deberían en gran parte convertirse en algo del pasado (v. 7). Entonces uno puede hablar, aunque sea en un sentido relativo, de haberse despojado de la vieja naturaleza y haberse puesto la nueva (vv. 9–10a). No obstante, de inmediato Pablo nos recuerda que está hablando de un proceso: cuando habla de revestirse del nuevo hombre dice que «se va renovando» (es decir, durante un periodo de tiempo) en conocimiento a imagen de su Creador. Aquí tenemos uno de los textos bíblicos más claros para entender qué significa para el ser humano ser creado a la imagen de Dios. Aparte de todo lo que este concepto pueda significar (cf. Gn 1:26–28), es obvio que incluye el hecho de que los seres humanos son, entre todas las criaturas del Universo, los únicos seres morales creados de forma única con la capacidad de relacionarse con Dios.[72]

Cuando la redención en Cristo restaura esa relación, «no hay griego ni judío, circunciso ni incircunciso, culto ni inculto, esclavo ni libre, sino que Cristo es todo y está en todos» (v. 11). La última parte de este versículo sugiere que Pablo aún está refutando la noción de estilo gnóstico de que hay muchas emanaciones de Dios, cada una de las cuales es responsable de diferentes partes del Universo. En lugar de eso, el Cristo Omnipresente es Soberano sobre todo lo creado. La primera parte del versículo es la que ha resultado más controvertida. Pablo elige algunas de las principales barreras de la sociedad de su tiempo y anuncia su abolición. No obstante, como vimos en Gálatas 3:28, uno no puede probar una anulación total de todas las distinciones solo a partir de generalizaciones como esta.[73] Lo que debería poder ver el mundo caído es una comunidad cristiana heterogénea en la que la gente se ama y se lleva bien, aun cuando no haya razones humanas para ello.[74]

---

72. Ver esp. G. C. Berkouwer, *Man: The Image of God* (Grand Rapids: Eerdmans, 1962).

73. Las distinciones no dejan de existir, pero se introduce que a estas personas y grupos se les debe mostrar amor, honor y respeto (Wright, *Colossians and Philemon*, 140).

74. La parte sorprendente en la lista de enemigos es «culto ni inculto» o «bárbaro o escita», puesto que ambos eran enemigos de los judíos, los griegos y los romanos, pero no entre ellos. La mayoría de comentaristas asume que Pablo los menciona simplemente porque los escitas eran, de entre los que no pertenecían a estas tres culturas, particularmente brutos y salvajes. Troy Martin («The Scythian Perspective in Col 3:11», *NovT* 37 [1995]: 249–61) argumenta que la palabra escita aquí se parece a «cínico», o sea que se estaría refiriendo a alguien que protesta contra el resto de la humanidad, y por tanto sí habría un contraste entre él y el «bárbaro». Douglas A. Campbell («Unravelling Colossians 3.11b», *NTS* 42 [1996]: 120–32) cree que esta mitad del versículo crea dos quiasmos: griego, judío, circunciso, incircunciso (está suficientemente

El equivalente contemporáneo podría incluir a blancos y negros en algunas partes de América, a coreanos y japoneses en muchas partes del mundo, a judíos y árabes en Israel, a tribus rivales en el África negra, a etnias enfrentadas en los Balcanes, etcétera. Cuando las iglesias se organizan por razas o grupos étnicos, y no se relacionan con hermanos en la fe de otras razas o grupos étnicos, impedimos que el mundo no cristiano vea esa increíble unidad en Cristo que tanto necesita.

Obviamente, amar a los que son diferentes a nosotros puede ser difícil. Pero si ponemos en práctica las virtudes que aparecen en los versículos 12–17, Dios nos dará el poder de vencer nuestra parcialidad carnal. El perdón tiene un papel central; pero el amor, como en toda la ética paulina, es más crucial aún (vv. 13–14). El amor cristiano lleva de forma natural a la paz, la unidad y la gratitud (v. 15) y se alimenta por la enseñanza de la Palabra de Dios, la exhortación sabia y la alabanza cantada (v. 16). Dedicar de forma consciente todo lo que uno dice y todo el servicio que uno hace al Señor Jesús ayuda a mantenerse centrado en estas prácticas tan importantes (v. 17).[75]

El código doméstico (3:18–4:1). Martín Lutero llamó a esta sección sobre esposas y esposos, hijos y padres, y esclavos y amos Haustafel, una expresión alemana que se podría traducir por código del «hogar» o código «doméstico». En la Antigüedad ya existían muchos listados de instrucciones sobre las relaciones en el hogar: Efesios 5–6, 1ª Pedro 2–3, Josefo, Filón, Ben Sira, y los estoicos, por ejemplo.[76] En el mundo antiguo, donde había menos posibilidades de elegir profesión, pareja, lugar de residencia o clase social, lo que importaba más era la vida virtuosa que uno llevara independientemente de las circunstancias que le habían tocado. El mayor distintivo de los Haustafeln cristianos (la n hace que el sustantivo esté en plural) era la naturaleza recíproca de las responsabilidades que recogía. ¡Los maridos, padres y amos no estaban acostumbrados a que alguien les pusiera las restricciones que Pablo les pone![77] A los que dicen que el Pablo que escribió Gálatas 3:28 no pudo haber ordenado la sumisión de la que aquí se habla, les recordaremos que quien quiera que escribiera Colosenses 3:18, 20 y 22–24, también escribió el versículo 25, que confirma la igualdad de todos los seres humanos, pues en Dios no hay favoritismos. Y a menos que uno argumente que el autor de Colosenses utilizó un código doméstico que ya existía y olvidó eliminar el material que se contradecía con su opinión, tenemos que asumir que 3:11 también puede encajar con la orden a someterse y obedecer.[78] Por último, si la secuencia que nos ha llegado (3:17 y 18) se corres-

---

claro); y bárbaro, escita, esclavo, libre (basándose en evidencias que igualaban los escitas a los esclavos).

75. Thompson (*Colossians and Philemon,* 80) subraya que aquí las listas de virtudes y vicios se centran en rasgos que promueven la unidad versus la división.

76. Ver esp. David L. Balch, *Let Wives Be Submissive: The Domestic Code in 1 Peter* (Chico: Scholars, 1981).

77. Cf. Andrew T. Lincoln, *Ephesians* (Dallas: Word, 1990), 374.

78. En cuanto a estos dos puntos, ver Stephen Motyer, «The Relationship between Paul's Gospel of "All One in Christ Jesus" (Gal. 3:28) and the "Household Codes"», *Vox Evangelica* 19 (1989): 37–44.

ponde con la secuencia original de Pablo, entonces el texto estaría diciendo que la moralidad del nuevo pacto que se acaba de describir empieza en el hogar.[79]

La mayoría de mandatos del código colosense se repite y se desarrolla más en Efesios, así que nos reservaremos los comentarios para cuando lleguemos a esa epístola (pp. 368–370). Aquí hablaremos brevemente de los complementos que Pablo incluye. La sumisión de las esposas debe ser «como conviene en el Señor» (3:18). Esta expresión implica que «la única sujeción que se aprueba es la que está de acuerdo con el Señor».[80] Dicho de otro modo, si los esposos quieren que sus esposas hagan algo que está en contra de la voluntad de Dios, las esposas deben negarse. El amor de los esposos debe llevarles a no ser duros (v. 19), a pesar de la antigua tradición del paterfamilias romano, que tenía la libertad de comportarse de forma severa si así lo deseaba.

El versículo 20 dice «obedeced a vuestros padres en todo», pero una mejor traducción sería «en toda circunstancia», puesto que obedecer una orden que transgredía la ley de Dios no iba a «agradar al Señor».[81] El versículo 21 habla de una psicología que no siempre se entendía en la Antigüedad. El versículo 25 explica que los esclavos podían trabajar de buena gana, incluso si estaban al servicio de amos injustos. Pero, para ello, la única razón no es que lo hacen para Cristo y no para una autoridad humana (v. 23), sino que saben que el juicio de Dios sobre los amos incrédulos será un castigo mucho peor que cualquier retribución humana. El capítulo 4, de forma indirecta recuerda a los amos esta misma verdad.

EL «CODIGO DOMESTICO» (*HAUSTAFEL*) EN LAS EPÍSTOLAS

Colosenses / Efesios			1ª Pedro	
Esposos	Padres		Autoridades	Padres
Esposas	Hijos		Ciudadanos	Hijos
Amos			Amos	Ancianos
Esclavos			esclavos	Resto de la iglesia
Tiene que ser coherente con 3:11			2:11–3:7	5:1–5a

Si quieren ser coherentes, los que argumentan que este código doméstico está condicionado socialmente tendrían que defender que los cristianos hoy en día también siguen todas las normas de vida familiar de la sociedad no cristiana que les rodea. Las objeciones a la aplicación atemporal de este material no suelen tener en cuenta que en Cristo «no hay una lucha por conseguir la

---

79. Wright, *Colossians and Philemon*, 145.
80. Dunn, *Colossians and Philemon*, 248.
81. Peter T. O'Brien, *The Letter to the Ephesians* (Grand Rapids and Cambridge: Eerdmans; Leicester: IVP, 1999), 417. O'Brien comenta la expresión paralela que aparece en Efesios 5:24.

igualdad de poder, sino que hay una igualdad basada en el amor y el servicio mutuos».[82] A los que alegan que, puesto que se ha abolido la esclavitud, también deberíamos abolir la sumisión en el matrimonio, es importante recordarles que el equivalente institucional a la esclavitud sería el matrimonio (no la sumisión), ¡e imaginamos que no quieren abolir el matrimonio! Y la mayoría de los igualitarios tampoco busca suprimir la sumisión y obediencia de los hijos. La cuestión es, simplemente, que aunque hay paralelismos entre las tres partes del código doméstico, también es cierto que cada institución tiene unos rasgos únicos. Y las órdenes a los esclavos y a los amos se pueden aplicar a otras categorías de personas cuya responsabilidad consiste en trabajar «por encima de» o «por debajo de» otros.[83]

Orando y hablando de forma adecuada (4:2–6). Este párrafo pone punto y final al cuerpo de la carta y a este apartado exhortativo con otra serie de instrucciones, como suele ocurrir al final de las epístolas paulinas. Los colosenses deben orar por sí mismos pidiendo a Dios que les guarde de cualquier peligro espiritual y dando gracias a Dios por toda su bondad, además de orar por Pablo, para que el ministerio del evangelio siga progresando a pesar de su encarcelamiento (vv. 2–4). También les pide que oren para que pueda transmitir el mensaje a los no creyentes con claridad, lo que le lleva de forma natural a decirle que deben comportarse de forma sabia con los que no creen, y que sus conversaciones deben estar llenas de gracia (vv. 5–6). Sobre esto, C. F. D. Moule hace un comentario muy útil: «Este versículo es un llamamiento a los cristianos a no confundir la piedad y la lealtad con una actitud aburrida, insípida y desprovista de gracia. Si vamos a ser una compañía difícil para alguien, que no sea porque les aburrimos o no les inspiramos nada, sino porque el contacto con nosotros les hace pensar y responder de alguna manera».[84]

SALUDOS FINALES (4:7–18)

En Romanos, Pablo saluda a un buen número de cristianos que había conocido en algún otro lugar y luego había emigrado a Roma, y lo hace para construir puentes con una iglesia que no ha fundado.[85] Ahora escribe a la segunda iglesia que no ha fundado, y como está en una ciudad más pequeña y alejada, lo más probable es que Pablo no conociera a casi ningún miembro de aquella congregación. Por eso, en lugar de saludar a esas personas por nombre, envía los saludos de todos los que están con él. Sus compañeros en ese momento son

---

82. Barth y Blanke, *Colossians*, 438.

83. Encontrará un análisis completo sobre las similitudes y las diferencias (contemplando también el tema de la conducta homosexual) en Webb, *Slaves, Women and Homosexuals*. Thompson (*Colossians and Philemon*, 96) capta el equilibrio exacto aquí reflejado cuando dice: «Pablo deja claro que los que están en el poder [esposos, padres y amos] no imponen las reglas según sus caprichos o preferencias … [o] no imponen su poder para lograr sus propios fines, sino que lo ejercen en favor de los desaventajados».

84. C.F.D. Moule, *The Epistle of Paul to the Colossians and to Philemon* (Cambridge: University Press , 1962), 135.

85. Thurston, *Colossians, Ephesians, and 2 Thessalonians*, 65.

Tíquico, que les lleva la carta y les va a explicar lo que haga falta (vv. 7–8); Onésimo, el esclavo que vuelve a su amo (v. 9); una serie de colaboradores judeocristianos (vv. 10–11), dos de los cuales ya mencionamos al hablar de la epístola a Filemón (Aristarco y Marcos), y un tercero del que no sabemos nada más que su nombre (Jesús el Justo); Epafras, el fundador de la iglesia en Colosas, quien pudo haber fundado también las iglesias en Laodicea y Hierápolis (vv. 12–13); y Lucas, el querido médico gentil, junto con Demas (v. 14; cf. el comentario de Filemón 24).

Dado que Laodicea estaba tan cerca, y dado que las comunidades cristianas tanto en Colosas como en Laodicea debían ser pequeñas y necesitaban palabras de ánimo, Pablo pide a los colosenses que saluden a los creyentes en la ciudad vecina. Parece ser que en Laodicea conoce al menos a una mujer, Ninfas, en cuya casa se reúne un grupo de creyentes (v. 15). También espera que los de Laodicea y los de Colosas se intercambien las cartas (v. 16; ver más arriba). Conoce a Arquipo de la casa de Filemón, al que anima a completar cierta tarea de la que no sabemos más (v. 17). Por último, toma la tarea del escriba y, como suele hacer, rubrica el saludo final con su puño y letra (v. 18).

APLICACIÓN

Hoy en día siguen siendo necesarias las correcciones doctrinales que aparecen en la epístola a los Colosenses. En cuanto a la cristología, muchos «cristianos» liberales y numerosas sectas niegan la deidad de Cristo. Algunos descendientes del gnosticismo antiguo, particularmente dentro del movimiento de la Nueva Era, siguen negando su humanidad. En cuanto a la soteriología, el catolicismo tradicional y algunas religiones ritualistas niegan que la propiciación de Jesús sea completa. El legalismo y el nomismo, como vimos cuando comentamos la epístola a los Gálatas, son un mal endémico de nuestra iglesia y nuestro mundo. Si pensamos en la antropología, encontramos quizá la aplicación más urgente para la iglesia evangélica de hoy. La importancia que Pablo da a la unión inquebrantable entre la doctrina y la ética, la adoración y la obediencia, o la vida interior y la práctica exterior, nos lleva a cuestionar de forma seria la fe de muchas personas o grupos de personas que profesan creer en Cristo, pero que no le dejan transformar muchas áreas de su ética personal o corporativa, ya sea en la vida privada o en la vida pública.

Como se ha dicho, el cristianismo en Occidente está cada vez más relegado a la vida privada, casi prohibido en la esfera pública (donde a veces solo aparece para centrarse en algunas cuestiones sociales), y maltratado y deformado por los medios de comunicación. Originalmente, en EE.UU. la separación entre iglesia y Estado se planteó para asegurar la libertad de religión, mientras que hoy se utiliza para librarse de la religión. En los países en los que hay una iglesia estatal, ésta se estableció porque así el cristianismo tendría más posibilidades de afectar de forma positiva a la sociedad. Irónicamente, una gran mayoría de los líderes de esas iglesias han abdicado de su responsabilidad (si juzgamos desde la ética bíblica), por lo que sus culturas están menos influenciadas por el cristianismo auténtico que los EE.UU. con su «separación». En una era posmoderna, muchos cristianos piensan que su religión no debería abarcar toda su vida o afectar cada decisión que hacen, cada relación que tienen.

Pero tengo buenas noticias. El Imperio Romano de entonces era mucho más pluralista que el mundo occidental contemporáneo (incluso a pesar del serio declive de la influencia cristiana en las últimas décadas), y aun así los cristianos de los tres primeros siglos influenciaron no solo a las personas que les rodeaban, sino que también marcaron una diferencia en la esfera pública. El poder espiritual que les empujó a vivir vidas coherentes y entregadas sigue al alcance de los creyentes hoy. Como ha dicho Margaret MacDonald: «El aspecto central de la importancia religiosa de Colosenses es que ofrece una visión de la victoria humana ante el mal que puede alcanzar proporciones cósmicas».[86]

PREGUNTAS

1. ¿Qué lleva a Pablo a escribir a los colosenses, y en qué sentido la relación del apóstol con los colosenses es diferente a su relación con la mayoría de iglesias a las que escribe?

2. ¿Cuáles son algunos de los elementos clave de la herejía que ha infectado Colosas, y a qué doctrinas cristianas puede afectar?

3. Identifica algunos elementos de Colosenses que difieren de las cartas claramente paulinas, y que llevan a algunos estudiosos a dudar de la autoría de Pablo. ¿Qué argumentos existen para probar la autoría de Pablo?

4. ¿Qué sugiere la respuesta de Pablo en Colosenses 2 al tema de las festividades sobre la aplicación de la ley veterotestamentaria a la comunidad cristiana recién establecida? ¿Qué leyes siguen en vigor?

5. ¿Cómo se pueden armonizar las afirmaciones sobre la igualdad de todas las personas y el mandamiento a la sumisión que aparece en el código doméstico? ¿Cómo deberíamos aplicar hoy los códigos domésticos? ¿Cuáles son las implicaciones de relegar los códigos domésticos a la sociedad del primer siglo? ¿Y cuáles son las implicaciones de no hacerlo?

6. Basándote en Colosenses, escribe una declaración breve sobre las doctrinas de la Cristología, la Soteriología y la Antropología. Da algunos ejemplos de filosofías modernas que niegan todas o alguna de estas doctrinas. ¿En qué se desvían?

OBRAS SELECCIONADAS

Además de las obras citadas en la sección sobre Filemón, ver también las siguientes:

COMENTARIOS:

Avanzados

---

86. MacDonald, *Colossians and Ephesians,* 15. Encontrará una aplicación provocadora de Colosenses (y Filemón) teniendo en cuenta el tema de los imperios, antiguos y modernos, en Brian J. Walsh y Sylvia C. Keesmaat, *Colossians Remixed: Subverting the Empire* (Downers Grove: IVP, 2004).

Barth, Markus y Helmut Blanke. *Colossians*. AB. New York y London: Doubleday, 1994.

Intermedios

MacDonald, Margaret Y. *Colossians and Ephesians*. SP. Collegeville: Liturgical, 2000.

Pokorný, Petr. *Colossians: A Commentary*. Peabody: Hendrickson, 1991.

Schweizer, Eduard. *The Letter to the Colossians*. Minneapolis: Augsburg, 1982.

Introductorios

Hay, David M. *Colossians*. ANTC. Nashville: Abingdon, 2000.

OTROS LIBROS

Arnold, Clinton E. *The Colossian Syncretism*. Tübingen: Mohr, 1995; Grand Rapids: Baker, 1996.

Bevere, Allan R. *Sharing in the Inheritance: Identity and the Moral Life in Colossians*. Sheffield: SAP, 2003.

Cannon, George E. *The Use of Traditional Materials in Colossians*. Macon: Mercer, 1983.

de Maris, Richard E. *The Colossians Controversy: Wisdom in Dispute at Colossae*. Sheffield: JSOT, 1994.

Martin, Troy W. By *Philosophy and Empty Deceit: Colossians as Response to a Cynic Critique*. Sheffield: SAP, 1996.

Sappington, Thomas J. *Revelation and Redemption at Colossae*. Sheffield: JSOT, 1991.

Walsh, Brian J. y Sylvia C. Keesmaat. *Colossians Remixed: Subverting the Empire*. Downers Grove: IVP, 2004.

Wilson, Walter T. *The Hope of Glory: Education and Exhortation in the Epistles to the Colossians*. Leiden y New York: Brill, 1997.

MÁS BIBLIOGRAFÍA EN:

Mills, Watson E. *Colossians*. Lewiston y Lampeter: Mellen, 1993.

EFESIOS:
UNIDAD EN LA DIVERSIDAD COMO TESTIMONIO A LOS «PODERES»

INTRODUCCIÓN

COMPOSICIÓN Y AUTORÍA

Hay tres problemas o elementos de la carta a los Efesios que la diferencian de los demás escritos atribuidos a Pablo. *En primer lugar, algunas de sus características no son muy propias de una epístola dirigida a una iglesia que Pablo conocía muy bien.* En Hechos 19–20 vemos que Pablo, en su tercer viaje misionero, estuvo en Éfeso aproximadamente tres años (siendo así la estancia más extensa del apóstol que se recoge en Hechos). Y sin embargo, la epístola a los Efesios se parece mucho a la epístola a los Romanos, escrita a una iglesia que Pablo no conocía personalmente, porque también incluye un resumen muy sistemático de su teología, y apenas hay referencias explícitas a circunstancias o situaciones concretas. En este sentido, hay dos versículos que llaman nuestra atención. En 3:2, el autor escribe: «Sin duda os habéis enterado del plan de la gracia de Dios que él me encomendó para vosotros», como si Pablo no conociera de forma personal a los destinatarios de la carta, pero confiaba que habrían oído de su llamamiento específico. De nuevo, en 4:20–21 leemos «No fue ésta la enseñanza que recibisteis acerca de Cristo, si de veras se os habló y enseñó de Jesús según la verdad que está en él». Aquí parece que el autor no está completamente seguro de que en esa congregación todos conozcan al Señor, o de que todos conozcan el verdadero evangelio.

En segundo lugar, Efesios y Colosenses son, de todas las cartas atribuidas a Pablo, las que más se parecen en cuanto al contenido y al esquema. De hecho, a veces incluso contienen párrafos casi exactos. Por ejemplo, ambas contienen códigos domésticos similares (Ef 5:22–6:9; Col 3:18–4:1) y frases idénticas (la más larga de ellas de treinta y dos palabras en el texto griego; Ef 6:21–22; Col 4:7–8; cf. también Col 1:14 y Ef 1:7). Más de un tercio de las palabras que aparecen en Efesios también aparecen en Colosenses.[90] Más generalmente, ambos escritos empiezan con una exposición detallada de la persona y la obra de Cristo, luego pasan a hablar de la reconciliación y la unidad de los judíos y los gentiles en la iglesia, y acaban con un material exhortativo que trata una serie de temas similares.[91] Ambas epístolas tienen el mismo estilo, con frases largas y enrevesadas (p. ej., Ef 1:3–14; Col 1:9–17). Ambas contienen una cristología muy elaborada (p. ej., Ef 1:5–10; Col 1:15–20); una eclesiología muy universal (la iglesia es un cuerpo global, formado por los creyentes judíos y gentiles que ahora son uno en Cristo); y la misma escatología realizada (las

---

90. C. Leslie Mitton, *Ephesians* (London: Marshall, Morgan & Scott, 1976; Grand Rapids: Eerdmans, 1981), 11.

91. Encontrará una lista detallada de los paralelismo en Andrew T. Lincoln, *Ephesians* (Dallas: Word, 1990), xlix.

bendiciones celestiales son una realidad ahora en el presente, no solo en el futuro; Efesios ni siquiera menciona la Segunda Venida de Jesús).

En estos y otros aspectos, Efesios también se diferencia de las siete epístolas indiscutiblemente paulinas. Por ejemplo, mientras que en 1ª Corintios, cuya autoría está universalmente reconocida, Jesús es el único fundamento de la iglesia (3:11), en Efesios el fundamento está formado por los apóstoles y los profetas (2:20). También, mientras que en las epístolas indiscutiblemente paulinas Pablo solo usa el término *Satán* o *Satanás* para referirse al jefe de los ángeles caídos (ocho veces), en Efesios solo aparece la palabra *diablo* (dos veces, en 4:27 y 6:11). Además, en Efesios encontramos cuarenta y dos palabras que no aparecen en ningún otro lugar del Nuevo Testamento, y ochenta y cuatro palabras más que sí aparecen en el resto del Nuevo Testamento, pero que no aparecen en ninguno de los escritos de Pablo.[92]

En tercer lugar, en los tres manuscritos más antiguos y fiables de esta epístola (p⁴⁶, א, B) no aparecen las palabras «en Éfeso» de 1:1. Aunque la vasta mayoría de testimonios incluyen esa información, hay que tener en cuenta que algunos textos posteriores y algunos padres de la iglesia tampoco la incluyen. Marción alegó que esta carta se escribió originalmente para los de Laodicea, lo que también explicaría la referencia en Colosenses 4:16 a una epístola dirigida a la congregación en dicha ciudad.

De todas las explicaciones que se han dado ante estos tres problemas de la epístola a los Efesios, vamos a detenernos en cinco de ellas. *La teoría más común entre los estudiosos de hoy dice que el autor sería un discípulo de Pablo, que escribió esta epístola de forma seudónima (firmando con el nombre de Pablo), quizá hasta una generación después.* Para explicar esta hipótesis, sus defensores normalmente se basan en la tradición judía por la que había obras escritas en nombre de autores del pasado, para subrayar su autoridad o, en ocasiones, para contextualizar su obra y adaptarla a los nuevos tiempos (algunos de los defensores creen que esta tradición ya se utiliza en el Antiguo Testamento, y todos están de acuerdo en que se utiliza en el periodo intertestamentario).[93] Estas obras no están consideradas como falsificaciones literarias, sino como algo similar al uso que hoy hacemos de las notas a pie de página.[94] A excepción de las epístolas pastorales, de las cartas atribuidas a Pablo, Efesios ha sido siempre la más cuestionada. La hipótesis del autor seu-

---

92. Harold W. Hoehner, *Ephesians: An Exegetical Commentary* (Grand Rapids: Baker, 2002), 24–25.

93. Sorprendentemente, encontrará esta opinión en el excelente comentario evangélico de Lincoln (*Ephesians*). En el conocidísimo comentario crítico sobre esta carta, Ernest Best (*A Critical and Exegetical Commentary on Ephesians* [Edinburgh: T & T Clark, 1988], 13) explica que el autor «no escribe con la intención de engañar, sino tan solo de instruir a los cristianos en las nuevas situaciones del mismo modo en el que Pablo lo habría hecho si aún estuviera vivo».

94. Ver esp. David G. Meade, *Pseudonymity and Canon* (Tübingen: Mohr, 1986; Grand Rapids: Eerdmans, 1987).

dónimo explicaría el estilo y la forma de la carta, y también las similitudes con Colosenses. Aunque el autor no logró imitar a Pablo en todos los aspectos, sí hizo lo que pudo para que su escrito pareciera un documento auténticamente paulino. Entre aquellos que creen que Colosenses también es producto de la mano de un autor seudónimo, la mayoría es de la opinión de que no se trataría del mismo autor seudónimo.

Pero, ¿habría aceptado la iglesia primitiva una carta como canónica sabiendo que era seudónima? La única evidencia clara que tenemos, aunque admitimos que se trata de una evidencia de mediados del siglo II, sugiere que no, que la iglesia no la habría aceptado.[95] Entonces, eso nos deja con una única opción: la iglesia fue engañada y aceptaron como auténtico algo que no lo era. Afirmación que suscita muchas preguntas sobre la canonicidad y la autoridad de esta carta (ver más en la p. 122).[96]

La segunda opción surge a mitades del siglo XX. *E J. Goodspeed propuso una hipótesis muy influyente, diciendo que Efesios era una carta seudónima escrita también como carta introductoria a una serie de epístolas auténticamente paulinas, pero que estaban siendo rechazadas.*[97] Esta teoría explicaría la naturaleza general de la epístola, y el hecho de que no haya una referencia a unos destinatarios originales, ni siquiera un lugar. También explicaría por qué Hechos nunca menciona las cartas de Pablo, siendo que cubre precisamente el periodo ministerial en el que escribió la mayoría de ellas. Pero si Efesios sirvió como introducción a todas las cartas de Pablo o a parte de ellas, ¿por qué no se mantuvo en el canon esa posición introductoria? Y esta hipótesis tiene, además, todos los problemas asociados a la teoría de la seudoepigrafía.

En tercer lugar, algunos escritores han sugerido que Pablo dio a aquel amanuense en cuestión una mayor libertad en la composición literaria. Es obvio que aquel amanuense intentó copiar el estilo de Pablo, y si Pablo quería que la carta dirigida a Éfeso tratara los mismos temas que la carta a los Colosenses, es lógico que el escriba siguiera el modelo de esa carta. Pero lo sorprendente es que su estilo sigue siendo bastante diferente. El estilo de Efesios, y también la dicción, es más cercano al de Lucas que al de las cartas incuestionablemente paulinas, y Lucas estuvo con Pablo durante su encarcelamiento en Roma, por lo que quizá deberíamos pensar que él fue el autor.[98] Pero esta teoría no logra explicar por qué en los manuscritos más tempranos no aparece la mención a la ciudad de Éfeso.

En cuarto lugar, es posible pensar que la carta está formada por una parte original auténticamente paulina, complementada por las interpolaciones de un

---

95. Desde dos perspectivas teológicas diferentes, obsérvese el acuerdo en cuanto a este punto de Donald Guthrie (*New Testament Introduction* [Leicester and Downers Grove: IVP, 1990], 1011–28) y Lewis R. Donelson (*Pseudepigraphy and Ethical Argument in the Pastoral Epistles* [Tübingen: Mohr, 1986]).

96. Stanley E. Porter y Kent D. Clarke, «Canonical–Critical Perspectiva and the Relationship of Colossians and Ephesians», *Bib* 78 (1997): 57–86.

97. E. J. Goodspeed, *The Key to Ephesians* (Chicago: University of Chicago Press, 1956).

98. P. ej., Martin, *New Testament Foundations*, vol. 2, 227–33.

editor posterior. Después de todo, la erudición más tradicional con frecuencia ha destacado que una importante mayoría de versículos de esta carta contiene teología genuinamente paulina, tanto que ha llegado a definir esta epístola como «la quintaesencia del pensamiento paulino».[99] Además, 3:1–13 recoge una oración tan personal del apóstol por los efesios, que probablemente sea la parte más difícil de atribuir a un autor seudónimo. Por otro lado, esta hipótesis explica los elementos problemáticos de Efesios que han llevado a muchos a verla como una carta seudónima. No obstante, las reconstrucciones del material paulino que se han hecho defienden que la cantidad de interpolaciones posteriores es considerable, pero los criterios que ofrecen para separar entre la tradición que el autor usó y las interpolaciones son poco serios y poco dignos de confianza.[100] Aquí, también, es más difícil incluso encontrar paralelismos cercanos en la epistolografía antigua que en cartas completamente seudónimas, por lo que no es sorprendente que ésta sea la opción menos utilizada en el debate sobre la autoría.

Por último, con frecuencia se ha sugerido que Pablo compuso esta carta como una encíclica o carta circular, al estilo de Apocalipsis (ver Ap. 2–3), destinada tanto a los efesios como a los creyentes de las ciudades de alrededor. La intrigante referencia en Colosenses 4:16 a la epístola a los de Laodicea, y la petición de Pablo de que los de Laodicea y los colosenses intercambiaran las cartas después de haberlas leído en la congregación, podría respaldar la teoría de Marción. Quizá la carta que conocemos como Efesios fue dirigida originalmente a varias iglesias, incluyendo al menos las de Éfeso y Laodicea, lo que explicaría que en los manuscritos más antiguos no aparezca el nombre de Éfeso. Y cada iglesia habría incluido el nombre de su ciudad en la copia que hicieron del manuscrito original.[101] Parece que esta opción explica mejor las evidencias textuales y la naturaleza general de los contenidos. Pero tampoco explica el estilo o las similitudes con Colosenses, aunque se ha observado que las frases más engorrosas o pesadas de Pablo aparecen en sus doxologías, oraciones, secciones doctrinales y material exhortativo, más numerosas en Colosenses y Efesios que en cualquier otra carta.[102] Por tanto, los contenidos únicos de Pablo podrían haber marcado una porción significativa del estilo único de esta carta.

Pero no está claro que una mayoría de las características distintivas de esta carta se puedan explicar de esa manera.[103] *Por ello, es probable que sea nece-*

---

99. Ver a lo largo de toda esta obra de Bruce, *Colossians, Philemon, and Ephesians*.

100. Ver a lo largo de toda esta obra de John Muddiman (*The Epistle to the Ephesians* [London and New York: Continuum, 2001]), quien no obstante aprueba esta hipótesis.

101. Michael D. Goulder («The Visionaries of Laodicea», *JSNT* 43 [1991]: 15–39) defiende la autoría paulina de Efesios pero cree que los destinatarios originales eran los de Laodicea.

102. A. van Roon, *The Authenticity of Ephesians* (Leiden and New York: Brill, 1974), 105–11. Markus Barth («Traditions in Ephesians», *NTS* 30 [1984]: 3–25) explica que una gran parte del estilo y contenidos característicos de Efesios se deben al uso que Pablo hace de la tradición.

103. Aunque véase el valeroso intento de Hoehner, *Ephesians*, 2–61.

sario combinar los puntos de vista tres y cinco: Pablo le dio al amanuense una mayor libertad en la composición literaria, pero a la vez le dio una guía clara en cada uno de los temas que quería tratar, y la carta era un comunicado o carta circular dirigida a dos o más iglesias de Asia Menor.[104] En cuanto a las supuestas diferencias teológicas entre Efesios y las cartas indiscutiblemente paulinas, nos remitimos a las explicaciones que ofrecimos en el comentario de Colosenses (pp. 333–335).

Ya introdujimos de forma breve la ciudad de Éfeso (pp. 77–80). Era una ciudad en auge e importante por su puerto clave en Asia Menor. Allí convivían las sectas dionisíacas, la adoración a Artemisa, albergaba una de las principales bibliotecas, teatros interiores y al aire libre, y contaba con calles de mármol y con alumbrado en el centro de la ciudad, baños y saunas romanas de vanguardia, un gimnasio, y un estadio de atletismo. Éfeso tenía un porcentaje poco usual de ciudadanos romanos, un número considerable de templos del culto imperial y tribunales llenos de magistrados locales.[105]

CONTEXTO Y CIRCUNSTANCIAS ADICIONALES

En varias obras recientes, Clinton Arnold ha demostrado el importante rol que *el tema de la victoria de Cristo sobre los poderes demoníacos, ocultos y opresores* juega en esta carta. Además, este tema *encaja con mucho de lo que leemos en Hechos sobre el tiempo que Pablo pasó en Éfeso.*[106] Los milagros extraordinarios que allí hizo incluyen echar a espíritus malignos, y las señales aparentemente más supersticiosas (Hechos 19:11–12) quizá fueran necesarias debido a la guerra espiritual que había en aquella región (ver más arriba). Los versículos 13–16 describen el peligro que tiene intentar apropiarse del poder del Espíritu de forma mágica, sin conocer al Señor; mientras que los versículos 17–20 recogen la quema de papiros sobre hechicería que tuvo lugar en aquella zona. Así que, aunque muchos escritores todavía hablan de la imposibilidad de determinar que esta es una carta escrita a una congregación concreta para tratar un tema concreto, o hablan de vagos paralelismos con el gnosticismo del momento (y el uso que éste hacía de términos como «plenitud» y «misterio», o de conceptos como el de un redentor que desciende y asciende o como el de un edificio como metáfora de un pueblo),[107] de hecho, relacionar la carta con la ciudad de Éfeso de la década de los 60 no es tan improbable como muchos han imaginado.

Así, eso nos permite reinsertar la otra información que tenemos sobre la fecha y las circunstancias de las epístolas a Filemón y Colosenses. Pablo habría

---

104. van Roon, *Authenticity* (la defensa más detallada de la autoría paulina de Efesios); cf. esp. O'Brien, *Ephesians*, 4–47.

105. Ver más en G.H.R. Horsley, «The Inscriptions of Ephesus and the New Testament», *NovT* 34 (1992): 105–68.

106. Ver esp. Arnold, *Ephesians*. Cf. también *Ídem*, «Ephesians, Letter to the», en *Dictionary of Paul and His Letters*, eds. Gerald F. Hawthorne, Ralph P. Martin y Daniel G. Reid (Leicester and Downers Grove: IVP, 1993).

107. Best, *Ephesians*, 88.

escrito la carta a los Efesios desde Roma cuando estaba bajo arresto domiciliario (en el año 60 o 61), y la habría enviado con Tíquico y Onésimo (como esas otras dos epístolas desde la prisión). Después de entregar la carta dirigida a los efesios y a las otras comunidades cercanas, la pareja habría continuado hasta Colosas con las otras dos cartas para la iglesia de aquella ciudad.

GÉNERO Y ESTRUCTURA

Al considerar la epístola a los Efesios, la mayoría de comentaristas se ha preguntado una y otra vez: *¿qué tipo de carta es ésta?* Las sugerencias más comunes han sido las siguientes: un tratado (o ensayo teológico), un escrito litúrgico, una meditación, un discurso, y una homilía o sermón.[108] Sin embargo, H. Hendrix ha observado que en las inscripciones antiguas siempre aparece un patrón común: alabar a los benefactores mediante una oración o *encomium* (patrón que podría explicar Efesios 1–3). Esas palabras de halago y gratitud con frecuencia daban lugar a una resolución de compromisos (lo que explicaría los capítulos 4–6).[109] Si seguimos subdividiendo esas dos «mitades» de la epístola, obtenemos el siguiente esquema:[110]

I. Saludos introductorios (1:1–2)

II. Exposición teológica: los privilegios espirituales de la iglesia – La unidad entre los creyentes es posible (1:3–3:21)

    A. Alabando al Dios trino (1:3–14)

    B. Orando por los efesios (1:15–23)

    C. Las bendiciones comunes a todos los creyentes (2:1–10)

    D. Unidad en Cristo (2:11–22)

    E. Oración por fortaleza (3:1–19)

    F. Doxología (3:20–21)

III. Implicaciones éticas: las responsabilidades espirituales de la iglesia – La unidad entre los creyentes es real (4:1–6:20)

    A. Alcanzando la madurez por el uso de los dones espirituales en amor (4:1–16)

    B. Despojándose de lo antiguo y revistiéndose de lo nuevo (4:17–5:21)

    C. El código doméstico (5:22–6:9)

    D. Armándose para la guerra espiritual (6:10–20)

IV. Saludos finales (6:21–24)

Más aún que en Colosenses, en la primera parte de la carta encontramos principalmente una retórica epidíctica, apropiada para alabar a los benefac-

---

108. Ibíd., 61.

109. Holland Hendrix, «On the Form and Ethos of Ephesians», *USQR* 42 (1988): 3–15.

110. Cf. esp. William W. Klein, «Ephesians» en *EBC*, vol. 12 (Grand Rapids: Zondervan). Sobre la unidad de las dos secciones principales, ver Peter W. Gosnell, «Honor and Shame Rhetoric as a Unifying Motif in Ephesians», *BBR* 16 (2006): 105–28.

tores; mientras que la segunda mitad presenta la respuesta apropiada de los creyentes por medio de la retórica deliberativa.[111]

COMENTARIO

SALUDOS INTRODUCTORIOS (1:1–2)

El elemento más enigmático de estos dos versículos introductorios es el hecho de que los tres manuscritos más antiguos y fiables omiten la expresión «en Éfeso» (ver más arriba, p. 351). Los que defienden que esta omisión es una corrupción posterior del texto lo hacen por una cuestión gramatical: cuando no aparece la expresión «en Éfeso», nos queda, de forma literal, «A los santos, los que están y a los fieles en Cristo Jesús». El «están» solo tiene sentido si va seguido de una preposición y el nombre de un lugar.[112] Muchos han especulado que en el manuscrito original se dejó un hueco precisamente para que, cuando la carta fuera de ciudad en ciudad tal como Pablo lo había mandado, se añadiera en cada momento el nombre de la ciudad en cuestión. Pero lo cierto es que los manuscritos en los que no aparece la expresión «en Éfeso» tampoco hay ningún hueco. Por otro lado, también es verdad que los huecos podrían haber sido eliminados por escribas posteriores que, al no saber que tenían una función concreta, pudieron interpretar que se trataba de un error del copista anterior. Aparte de esta cuestión, el resto de estos dos versículos encaja bien con la forma en la que Pablo suele introducir sus cartas.

EXPOSICIÓN TEOLÓGICA: LOS PRIVILEGIOS ESPIRITUALES DE LA IGLESIA – LA UNIDAD ENTRE LOS CREYENTES ES POSIBLE (1:3–3:21)

Alabando al Dios trino (1:3–14). Como en 2ª Corintios (1:3), en lugar de empezar simplemente con una oración de gratitud, Pablo empieza con la oración judía conocida como *berakah* o bendición. Así, no abre la oración describiendo el crecimiento de los efesios o transmitiendo su deseo de que los efesios crezcan, sino que lo hace dirigiéndose a Dios. Sin duda, de todas las oraciones de Pablo, ésta es la más rica en cuanto a contenido teológico.[113] Está marcada por el triple uso de la expresión «para alabanza de su gloria / gloriosa gracia» (vv. 6, 12, 14). En el texto griego, estos doce versículos forman una sola frase, en la que cada segmento está dedicado a una persona de la trinidad. *Resumiendo, Pablo da gracias porque Dios Padre ha predestinado a los creyentes (vv. 3–6), porque Cristo los ha redimido a través de su sangre (vv. 7–12), y porque el Espíritu Santo les garantiza la salvación (vv. 13–14).*

---

111. Lincoln, *Ephesians*, lxxv.

112. P. ej., Hoehner, *Ephesians*, 144–48. No obstante, Hoehner reconoce que la carta podría haber sido una circular aún en el caso de que este versículo no aporte evidencias de ello (p. 141).

113. Ver esp. D. A. Carson, *Un llamamiento a la renovación espiritual* (Andamio, 2004).

Está claro que el tema de la predestinación trae mucha controversia teológica (véase arriba, pp. 294–298).[114] El versículo 3 introduce el primer segmento de la bendición de Pablo con una de las cinco referencias que aparecen en esta carta a «las regiones celestiales» (1:3, 20; 2:6; 3:10; 6:12), una expresión que no aparece en ningún otro lugar de la Biblia. Al parecer, hace referencia al mundo invisible donde los ángeles y los demonios libran sus batallas (ver más adelante el comentario sobre 2:2), y el efecto que producen todas estas menciones en Efesios es apuntar a nuestro triunfo en Cristo sobre todas las fuerzas cósmicas.[115] El versículo 4 nos habla de la elección: la palabra «escoger» es la traducción del término griego *eklegomai*, de la que proviene nuestra palabra «elegir». No obstante, la elección de Dios no es arbitraria; es «en él», es decir, en Cristo. Dios eligió libremente a todos los que aceptarán a Cristo (v. 13) para que sean sus hijos adoptados,[116] una elección amorosa que ya hizo antes de la creación (vv. 4–5). Aquí, parece tratarse, no de la elección personal, sino de la elección del Cuerpo o pueblo de Dios.[117] De todos modos, en este contexto Pablo ni siquiera menciona los planes de Dios para los incrédulos. Como en Romanos 9:22–23, parece que aquí también estamos ante la predestinación particular.[118]

El segundo segmento de la oración se centra en la función específica de Cristo. Como en Romanos 3:24, la redención alude al precio que se pagaba para comprar la libertad de un esclavo. Espiritualmente, fue la sangre de Jesús derramada en la cruz la que hizo posible esta compra (v. 7). Como en Colosenses 1:26 y 2:2, los detalles del plan de salvación de la humanidad se pueden definir como un «misterio» que Dios ha ido revelando a lo largo del tiempo, y que culmina con la revelación total en la era mesiánica (vv. 8–10a). El versículo 10b hace referencia al objetivo último de Dios: restaurar todo el Universo caído, colocándolo de nuevo en su lugar, bajo el señorío de Cristo Jesús (recuérdese el comentario de Col 1:20). La era de esa restauración ha empezado con los primeros creyentes en Jesús, mostrando que las elecciones soberanas de Dios se están llevando a cabo en la historia (vv. 11–12).[119]

---

114. Encontrará las perspectivas principales en David Basinger y Randall Basinger, eds., *Predestination and Free Will: Four Views of Divine Sovereignty and Human Freedom* (Downers Grove: IVP, 1986).

115. Ver esp. Andrew T. Lincoln, *Paradise Now and Not Yet* (Cambridge and New York: CUP, 1981).

116. William W. Klein, *The New Chosen People* (Grand Rapids: Zondervan, 1990), esp. 179–81, 186–87.

117. Ver esp. Markus Barth, *Ephesians 1–3* (Garden City: Doubleday, 1974), 105–9.

118. Es decir, que no se hace ninguna referencia a los perdidos, sino solo a los que son salvos. «Los que creen en Cristo pasan a participar del plan eterno de Dios» (Pheme Perkins, *Ephesians* [Nashville: Abingdon, 1997], 38).

119. La expresión griega que traducimos por «reunir todas las cosas» significa «resumir». Best (*Ephesians*, 142) ve aquí una analogía arquitectónica: Cristo resume el Universo del mismo modo que «el plan de un arquitecto resume lo que se ha construido; la forma de lo que se ha creado queda por un lado resumido en el plan, y por otro, determinado por el plan».

Por último, Pablo ilustra la función del Espíritu utilizando dos metáforas. Los creyentes son «sellados» (v. 13; del gr. *sphragizo*), del mismo modo que en un documento oficial se enrollaba y se sellaba con una insignia de cera. El Espíritu actúa como un «depósito» o «garantía», como una «paga y señal» (v. 14; gr. *arrabon*), igual que cuando una persona que compra algo caro solo paga una parte del total, como muestra de su intención de pagar el resto más adelante.[120] Ambas metáforas garantizan que cuando el Espíritu de Dios entra a vivir en una persona que se convierte, promete continuar obrando en esa persona hasta la glorificación (recuérdese Ro 8:30). Entonces, los creyentes recibirán su herencia espiritual de forma completa.

Orando por los efesios (1:15–23). Después de esta oración introductoria, lo más lógico sería que Pablo pasara al cuerpo de la carta. Pero aún no ha dado las gracias a Dios por la fe y el amor de los efesios, ni ha pedido que sigan creciendo espiritualmente. Por lo que el párrafo siguiente está dedicado a estas dos cosas (vv. 15–19). Como en Colosenses, Pablo unirá todo eso a una exposición teológica, introduciéndola con un pronombre relativo. La proposición subordinada que empieza el versículo 20 convierte una frase larga en una frase aún más larga, y así, los versículos 15–23 forman una sola unidad sintáctica. Por ello, es casi imposible dividir esta larga frase intermedia para destacar el inicio del cuerpo de la carta. Pero queda claro al final del versículo 19 que la oración ha dado lugar a la instrucción doctrinal. El objetivo principal de los versículos 20–23 es explicar cómo los creyentes pueden estar seguros de que les espera una gran herencia. Pueden estarlo por el incomparable poder de Dios que resucitó a Cristo de los muertos, que lo sentó a la derecha del Padre en los lugares celestiales, y que lo ha puesto por encima de todo lo creado (vv. 20–22a). Por definición, esto incluye a los creyentes; no obstante, los versículos 22b–23 hacen la extraordinaria afirmación de que el señorío de Cristo sobre el cosmos (que, en este contexto, debe referirse a su «autoridad») está diseñado para beneficiar al pueblo de Dios (v. 22b), que es su «cuerpo» (v. 23a; recuérdese 1Co 12:12–17).

La última parte del versículo 23 es difícil de interpretar y traducir, pero parece sugerir una distinción algo similar a la que hay entre la enseñanza de Jesús sobre la iglesia y su enseñanza sobre el reino. Aunque el poder de Dios como rey reside de forma particular en la comunidad de los seguidores de Cristo

---

120. En el griego moderno la palabra puede referirse a un anillo de compromiso o arras. O, preservando la metáfora antigua, «el Espíritu de Dios que opera en nuestras vidas como el "depósito de garantía", es decir, su dulce palabra o certificado de que su intención inamovible es la de salvarnos con una salvación eterna» (Robert Millet, «The Process of Salvation», en *Salvation in Christ: Comparative Christian Views*, ed. Roger R. Keller y Robert L. Millet [Provo: Religious Studies Center, 2005], 164.

(descrita aquí como su «plenitud»), también obra de forma omnipresente en todo el Universo.[121]

Las bendiciones comunes a todos los creyentes (2:1–10). De nuevo, es posible ver esta sección como la continuación gramatical de la anterior, ¡por lo que la frase que empezó en 1:5 no terminaría hasta 2:7! Pero creemos que es más probable, incluso a pesar de que 2:1 empieza con *kai* («y»), que aquí empiece una nueva frase. Después de iniciarla, en 2:2 Pablo da lugar a una digresión, y para continuar en el versículo 5 con la idea de 2:1 el apóstol se tiene que repetir. El tema unificador de este párrafo es la bendición abundante que los creyentes tienen gracias a la victoria de Jesús sobre la muerte. Nosotros también podemos vencer cualquier poder malvado porque, espiritualmente hablando, hemos sido resucitados y exaltados con Cristo (v. 6). Aunque aún no hemos resucitado ni puestos en algo de forma física, Pablo usa el tiempo pasado porque en el presente las bendiciones espirituales ya son una realidad.[122] Antes estábamos muertos en nuestros pecados, porque servíamos de forma consciente o inconsciente «al que gobierna las tinieblas» (NVI) o «al príncipe de la potestad del aire» (RV, LBLA), que es una referencia a Satanás (v. 1–3). Como en 2ª Corintios 12:2, podría ser que aquí Pablo estuviera pensando en el concepto judío de los tres cielos (ver más arriba, p. 267). El «segundo cielo» o «cielo medio» entre la atmósfera y la sala del trono de Dios, que también recibía el nombre de «aire», representaba el reino invisible de la lucha espiritual, desde el cual el diablo aún reinaba en las vidas de los incrédulos.

Pero Dios, por su gracia, nos ha salvado de todo eso, no por nuestros méritos ni por obras, sino solo por el favor divino que no merecemos, el cual es nuestro a través de la fe (vv. 4–9). Durante siglos los creyentes han atesorado y memorizado los versículos 8–9. En los versículos 5 y 8, Pablo emplea un participio perfecto perifrástico para enfatizar la naturaleza continua de esa liberación espiritual que Dios nos regala de forma gratuita. *El énfasis de Pablo en la salvación por gracia a través de la fe diferencia al cristianismo de todas las demás religiones, y nos permite distinguir las formas corruptas de cristianismo de las formas genuinas.[123] Sin embargo, estos versículos nunca deben separarse del versículo 10, que hace un énfasis igual de importante en el hecho de que Dios ha diseñado a los creyentes desde la creación para que hagan buenas obras y le agraden. Pero esas obras no salvan a nadie; fluyen de forma inevitable de la fe del que ya es salvo.[124]*

---

121. Es más normal tomar el participio *pleromenou* como voz pasiva que como voz media, y en ese caso, Cristo es quien llena a la iglesia, del mismo modo que Dios es quien llena a Cristo (Best, *Ephesians*, 188–89).

122. Bruce, *Colossians, Philemon, and Ephesians*, 286.

123. Ver esp. Sir Norman Anderson, *Christianity and World Religions: The Challenge of Pluralism* (Leicester and Downers Grove: IVP, rev. 1984).

124. «Dado que la fe es una creación en Cristo para buenas obras, esas obras no pueden ser la causa de la salvación de nadie» (Lincoln, *Ephesians*, 113).

Unidad en Cristo (2:11–22). La salvación no solo nos reconcilia con Dios; permite la reconciliación entre los seres humanos, incluso entre los peores enemigos. Si la muerte de Jesús ha conquistado el territorio de Satanás, está claro que puede conquistar también cualquier alienación terrenal. En la Antigüedad se esperaba que cualquier soberano del Oriente Próximo asegurara la paz entre los pueblos que conquistaba. ¡Con Cristo, sin duda alguna, se podía contar para reconciliar cualquier bando enfrentado![125] En el mundo de Pablo, la enemistad más clara era la que existía entre los judíos y los gentiles. Externamente, la diferencia estaba en que los hombres judíos estaban circuncidados. Los incircuncisos no formaban parte de Israel y quedaban excluidos de todas las promesas que Dios había hecho a esa nación. Sin embargo, cuando los judíos y los gentiles se convertían al cristianismo, esa alienación quedaba abolida (vv. 11–13). La muerte de Cristo acaba con la hostilidad existente entre aquellos que se vuelven a Él, sustituyéndola por reconciliación y paz.

En los versículos 14–18 nos encontramos con la siguiente metáfora: la destrucción de la barrera descrita como «la pared intermedia de separación» (v. 14). Quizá Pablo tenía en mente la balaustrada que en el templo de Jerusalén separaba el patio de los gentiles del patio de los judíos. Si un gentil entraba en el patio de los judíos, se le sentenciaba con la pena capital. Pero de hecho Pablo usa esa imagen para referirse a la ley, «los mandamientos y las ordenanzas» (v. 15), y probablemente se debe interpretar en la línea de Colosenses 2:14.[126] Si hay alguna diferencia está en que aquí Pablo habla de la reconciliación entre pueblos enfrentados, no solo de la enemistad entre los seres humanos y Dios. Por eso habla de reconciliar «a los dos» (judíos y gentiles) y de esa reconciliación crear «un cuerpo», lo que tiene cierto parecido con la unión entre marido y mujer en «una sola carne». Los gentiles estaban lejos de Dios, mientras que los judíos estaban mucho más cerca (v. 17). Pero ahora ambos tienen el mismo acceso a Dios a través de la obra de Cristo en la cruz,[127] por la cual el espíritu de Dios ha hecho la paz entre las dos razas (vv. 16, 18).

¡Que no se nos ocurra limitar esta reconciliación a las relaciones entre personas! Los versículos 19–22 utilizan toda una serie de ilustraciones para hablar de la unidad de la iglesia. Los creyentes, sea cual sea su trasfondo, ya no son extranjeros espirituales, sino que son ciudadanos con todos sus derechos y privilegios (v. 19a). Para subrayar la idea de cercanía, se dice que forman parte de la familia de Dios (v. 19b). Una vez ya ha hablado del concepto de familia,

---

125. Timothy G. Gombis, «Ephesians 2 as a Narrative of Divine Warfare», *JSNT* 26 (2004): 403–18.

126. Peter Balla, «Is the Law Abolished according to Eph. 2:15?», *EJT* 3 (1994): 9–16. Cf. Klein, «Ephesians»: «De nuevo Pablo compone sinónimos, quizá para captar la repugnancia que los gentiles sentían por la minuciosidad detallada de las normas y las ceremonias judías, ya que de forma clara y tajante dejaba a los gentiles fuera».

127. «Se podría estar apuntando, en parte, al acceso que uno tenía a la monarquía en virtud de los derechos como ciudadano». Pero sobre todo estamos ante una «referencia cúltica», puesto que desaparecen todas las barreras étnicas que impedían «el acercamiento a la presencia de Dios a través de la adoración» (Muddiman, *Ephesians*, 138)

es muy natural utilizar la idea de una casa o edificio que tiene a Cristo Jesús como piedra angular (v. 20b).[128] En la Antigüedad, para construir los grandes edificios se colocaban primero las piedras más grandes, sólidas y cuadradas, y se ponían en una de las cuatro esquinas. Entonces ya se podía colocar el resto de piedras de la primera fila, formando así el fundamento del edificio.

Esta imagen no contradice 1ª Corintios 3:10–15, aunque en ese texto Pablo dice que Jesús es el único fundamento que se puede poner (v. 11). Pablo no está intentando hacer una clasificación de los líderes cristianos, sino solventar las rivalidades que había en la iglesia, por lo que quiere dejar claro que Jesús es el único fundamento de todo el edificio. Pero aquí en Efesios la idea es que los líderes y los predicadores son el fundamento sobre el que otros seres humanos pueden seguir edificando la iglesia (recuérdese 1Co 12:28).[129] Sea cual sea la metáfora que examinemos, la idea que Pablo está intentando transmitir es que debemos empezar con Cristo, para que las obras de los cristianos se construyan sobre Él y sobre lo que Él ya ha hecho (ver Ef 2:21–22).[130] Los edificios antiguos más bonitos y más santos eran los templos, así que es natural que Pablo cierre esta sección describiendo a la iglesia como un templo (vv. 21–22).

Oración por fortaleza (3:1–19). Ahora Pablo empieza una tercera oración. Es, pues, comprensible que algunos crean que casi toda la primera mitad de esta carta es una larga oración. Aunque, de hecho, no podemos apreciar la oración en el versículo 1 porque Pablo parte la frase para interpolar una digresión. La oración no se retomará hasta el versículo 14, como podemos ver gracias a la expresión «me arrodillo delante del Padre». En los versículos del 2 al 13, el apóstol describe su comisión especial a aquellos que aún no han escuchado de ella.[131] Como en Colosenses, pero aún de forma más explícita, describe *el misterio de Cristo* como *la unidad de los judíos y los gentiles en la fe cristiana* (v. 6). En el versículo 5 podría haber una ambigüedad. ¿Está Pablo diciendo que el misterio se ha revelado por primera vez en la era cristiana? Más bien, y a la luz de todos los textos veterotestamentarios que los cristianos vieron como predicciones de la era mesiánica, el apóstol está diciendo que, a pesar de que

---

128. Algunos eruditos defienden que se debería traducir «piedra clave» o «cabeza del ángulo», pero parece menos probable. Encontrará una explicación en Rudolf Schnackenburg, *Ephesians: A Commentary* (Edinburgh: T & T Clark, 1991), 123–24.

129. Tanto el orden en el que aparecen los términos «apóstoles y profetas» como el contexto de 3:5 muestran que Pablo está hablando de los profetas del Nuevo Testamento, no de los del Antiguo Testamento. En contra de la creencia de que este fundamento implica el cese de los llamados dones carismáticos al final de la era apostólica, ver Jon Ruthven, «The "Foundational Gifts" of Ephesians 2:20», *JPT* 10 (2002): 28–43.

130. Aunque solo aparece la tensión cuando se traduce «piedra clave». Ver Hoehner, *Ephesians*, 406.

131. Aunque estos versículos forman una digresión gramatical, dan continuidad al tema de la guerra espiritual que impregna toda la epístola. Ni siquiera el encarcelamiento (v. 1) ha impedido que Dios obre a través de Pablo para vencer a los poderes demoníacos (v. 10). Cf. Timothy Gombis, «Ephesians 3:2–13: Pointless Digression, or Epitome of the Triumph of God in Christ», *WTJ* 66 (2004): 313–23.

los escritores proféticos apuntaron claramente a lo que había de venir, en tiempos del Antiguo Testamento el plan de salvación no era tan claro.[132]

Al describir su comisión, Pablo subraya una vez más la gracia poderosa de Dios, que logró transformarlo cuando él, en contra de la voluntad divina, perseguía a los creyentes (v. 8). De nuevo se refiere al misterio, explicando ahora que esa unidad de judíos y gentiles en Cristo se tiene que ver en la iglesia (v. 10a). Dicho de otro modo, la reconciliación entre personas de diferentes trasfondos étnicos o raciales no es suficiente. Ante un mundo que está observado, el pueblo de Dios debe caracterizarse por vivir su heterogeneidad en amor.[133] Así, hasta los poderes cósmicos más hostiles los verán (v. 10b). Aunque algunos estudiosos dicen que «los poderes y autoridades en las regiones celestiales» es una forma hiperbólica de referirse a las máximas autoridades humanas, el uso que Pablo y otros autores extrabíblicos hacen de este tipo de expresiones hace pensar que el apóstol se está refiriendo principalmente a ángeles y demonios.[134]

---

132. Caragounis, *Ephesian Mysterion*, 102–3 (contra muchos autores).

133. Ver esp. Bruce W. Fong, «Addressing the Issue of Racial Reconciliation according to the Principles of Eph 2:11–22», *JETS* 38 (1995): 565–80.

134. O'Brien, *Ephesians*, 246–47. A la vez, aunque la ecuación que Walter Wink hace entre estos poderes y las instituciones religiosas, gubernamentales e incluso multinacionales (*The Powers That Be* [New York: Doubleday, 1998]) probablemente «desmitifica» el concepto, no hay duda de que las fuerzas demoníacas actúan a través de las instituciones humanas de modo que el total de su maldad es mayor que la suma del mal individual. En este sentido, los cristianos deben luchar contra el mal estructural de las sociedades en las que viven.

LA IGLESIA CONTEMPORÁNEA   EL IDEAL DE EFESIOS

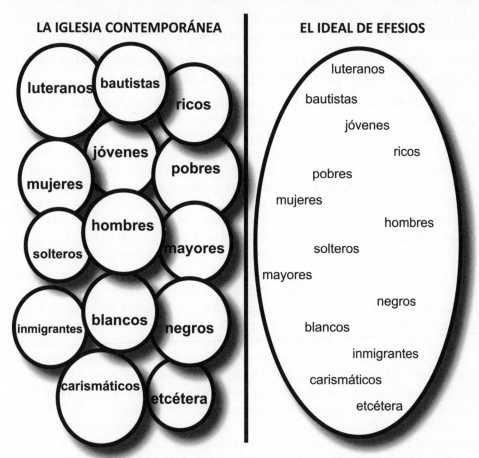

Cuando Pablo al fin regresa a la oración, reconoce que el origen de toda la humanidad está en Dios (v. 15), pensamiento que sin duda alguna le animaba en su ministerio a los gentiles.[135] A continuación ora por el crecimiento espiritual de los efesios, sobre todo en cuanto al elemento central de la ética cristiana: el amor (vv. 17–19). Su petición de que Cristo habite en los corazones de los efesios creyentes no quiere decir que Jesús a través de su Espíritu no viva dentro de ellos. La palabra que usa (de *katoikeo*) «hace referencia a una morada estable y duradera»[136] y es paralela a la metáfora de estar «arraigados y cimentados» que aparece a continuación. Hoy hablaríamos de alguien que está «firme en la fe».

Doxología (3:20–21). Pablo cierra al fin la sección doctrinal de su carta. Y lo hace ofreciendo una sonora alabanza al Dios incomparable que puede obrar y obra haciendo mucho más de lo que podemos llegar a soñar. ¡Él es el único

135. Cf. Best, *Ephesians*, 338–39. Dado que se está refiriendo a toda la creación de Dios, una traducción más adecuada del término griego *patria* sería «grupo social», en lugar de «familia».

136. Hoehner, *Ephesians*, 480.

que merece toda la gloria por los siglos de los siglos! No es de extrañar que Pablo acabe con un rotundo «Amén», que significa «esto es totalmente cierto».[137]

IMPLICACIONES ÉTICAS: LAS RESPONSABILIDADES ESPIRITUALES DE LA IGLESIA – LA UNIDAD ENTRE LOS CREYENTES ES REAL (4:1–6:20)

Alcanzando la madurez por el uso de los dones espirituales en amor (4:1–16). El tema de la unidad es un puente entre las dos mitades de esta carta, entre la parte doctrinal y la parte ética. Pablo pasa a describir el estilo de vida que debería surgir de esa salvación gloriosa del v. 1, y lo hace exponiendo cualidades como el amor, la unidad y la paz (vv. 2–3). Para reforzar la necesidad de unidad, subraya la idea de que hay un solo cuerpo (es decir, la iglesia universal), un solo Espíritu, un solo Señor (Jesucristo), un solo Dios (otra clara referencia a la trinidad) y un solo bautismo cristiano, una sola fe cristiana y una sola esperanza cristiana (v. 4–6). Como en 1ª Corintios 8:4–6 y 12:4–6, Pablo es capaz de combinar el lenguaje monoteísta con la aritmética trinitaria: 1+1+1=1.[138]

Como en Romanos 12, inmediatamente después de enumerar los principios fundamentales para todo creyente, Pablo inserta una discusión sobre los dones espirituales. Efesios difiere de los demás textos en los que Pablo enseña sobre este tema porque aquí, antes de dar una lista de algunos de los dones, explica la forma en la que Cristo ha hecho posible la distribución de dones (vv. 7–10). El versículo 8 contiene uno de los usos del Antiguo Testamento más sorprendentes de todo el Nuevo Testamento, porque el texto citado (Salmo 68:18) tanto en el texto masorético como en la Septuaginta, se refiere a los dones que Dios recibe de la gente, no a que Dios da dones. Pero la versión siríaca Peshitta y la tradición targúmica hacen el mismo cambio que Efesios, así que el texto paulino sí tiene precedentes en la tradición judía. Esa tradición (o al menos Pablo) podría haber interpretado que el propósito de Dios al recibir los dones o tributos, cual conquistador triunfante, era redistribuirlos entre los suyos.[139] Después de Pentecostés, resulta natural interpretar que la ascensión del Señor se refiere a cuando Jesús regresa al Padre, a lo que siguió la venida del Espíritu Santo y la entrega de dones (recuérdese Hechos 2).

En la historia de la iglesia, a raíz de los versículos 9–10 (junto con 1P. 3:18–22), muchos han creído que Cristo descendió al infierno, especialmente

---

137. Cf. Best, *Ephesians*, 351–52.

138. Cf. esp. Richard Bauckham, *Monoteísmo y Cristología en el Nuevo Testamento* (España: CLIE, 2003)

139. Richard A. Taylor, «The Use of Psalm 68:18 in Ephesians 4:8 in Light of the Ancient Versions», *BSac* 148 (1991): 319–36. Pablo podría haber interpretado que el Salmo 68:18 está escrito a la luz de Números 8:19, en el que a los levitas se les llama «dones», como a los líderes cristianos del v. 11 de este capítulo de la epístola, y a la luz también de 18:8, donde Dios da a los levitas varias de las ofrendas que le han sido presentadas a él. Esto también respaldaría la idea de «recibir para distribuir» (Gary V. Smith, «Paul's Use of Psalm 68:18 in Ephesians 4:8», *JETS* 18 [1975]: 181–89), u otra opción sería pensar que Pablo simplemente «ofrece su propio *midrash*», haciendo uso de una tradición ya existente (Klein, «Ephesians»).

porque el v. 9b dice, literalmente, «las partes más bajas de la tierra». Pero la palabra que traducimos por «partes» no aparece en muchos de los manuscritos tempranos, mientras que «de la tierra», probablemente sea un genitivo explicativo o aposicional: «las [partes] más bajas, es decir, la tierra».[140] Después de todo, puesto que la ascensión del versículo 10 describe el regreso de Cristo a los cielos, el descenso anterior se refiere, con casi toda probabilidad, a la encarnación, cuando vino de los cielos a la tierra.[141]

Sea como sea, todos los comentaristas están de acuerdo sobre lo que Pablo quiere decir al hablar de la ascensión de Cristo, por lo que es natural hablando de los dones que da a los suyos. El versículo 11 difiere de las otras listas paulinas, porque aquí nombra a las personas que reciben los dones, en lugar de nombrar las cualidades o los roles que les son dados. Pero se trata de una diferencia sin demasiada importancia.[142] En ocasiones anteriores ya hemos visto a los que tienen el don del apostolado, la profecía y la enseñanza. Los que son nuevos son los evangelistas y los pastores (aunque recuérdese Hechos 20:28). Es interesante ver la combinación de «pastores y maestros» (en griego, la construcción sugiere que ambos términos se solapan, al menos en parte).[143] Todos los pastores dedican una parte importante de su tiempo a enseñar, y todos los maestros deberían preocuparse lo suficiente por sus alumnos y, en la medida de lo posible, pastorearlos. Los versículos 12–13 complementan la enseñanza previa de Pablo sobre los dones espirituales, destacando su propósito de servir para la edificación y la madurez de la iglesia y de sus miembros.[144] Es tarea, no solo de los líderes de la iglesia, sino de todos sus miembros, ejercer los dones que les han sido dados y hacer que la iglesia sea lo que Dios quiere que sea.[145]

---

140. Schackenburg, *Ephesians*, 178.

141. W. Hall Harris (*The Descent of Christ: Ephesians 4:7–11 and Tradicional Hebrew Imagery* [Grand Rapids: Baker, 1998]) cree que se está hablando del descenso del Espíritu en Pentecostés, lo cual es muy poco probable porque eso ocurrió después de la ascensión de Cristo a los cielos.

142. Markus Barth, *Ephesians 4–6* (Garden City: Doubleday, 1974), 435 (contra muchos autores). Después de todo, el v. 8 solo hace referencia a los «dones», no solo a las «personas que los reciben».

143. Dado que los sustantivos están en plural, la regla de Granville Sharp no se puede aplicar de forma estricta. No obstante, este tipo de construcciones normalmente hacen referencia a agrupaciones unidas o que se solapan, cuando no se refieren a una misma cosa. Ver Stanley E. Porter, *Idioms of the Greek New Testament* (Sheffield: JSOT, 1992), 111.

144. «La señal de la madurez es la habilidad de mantener la diversidad en medio de una unidad armoniosa» (Mitton, *Ephesians*, 154).

145. A pesar del apasionado debate en ambos bandos, es gramaticalmente imposible determinar si las tres proposiciones en los vv. 12a, 12b y 12c son paralelas, o si una se va construyendo encima de la otra. Pero, dado que Pablo se basa en el relato de Pentecostés en el que el Espíritu dio dones a todos los que eran del pueblo de Dios (Hechos 2:17–18), lo más probable es que esté subrayando la necesidad de que los líderes enseñen a todas las personas a desempeñar las funciones que Dios les ha dado. Aunque no fuera Pablo el que escribe, no podemos separar la teología de este pasaje

Los versículos 14–16 explican por qué es crucial llevar a cabo lo que se acaba de explicar: si no se lleva a cabo, los creyentes fácilmente se desvían de la sana doctrina y/o dejan de mostrar la unidad del cuerpo en amor. «Al vivir la verdad con amor» (v. 15) recoge dos dimensiones esenciales de la vida cristiana. Sin la verdad, ni todo el amor del mundo junto es suficiente para salvar a alguien. Sin amor, ¡poca gente escuchará la verdad!

Despojándose de lo antiguo y revistiéndose de lo nuevo (4:17–5:21). De forma paralela a lo que aparece en Colosenses 3:5–17, a continuación Pablo enuncia los principales vicios a evitar y las principales virtudes a poner en práctica, consciente de que la transformación del viejo yo al nuevo yo es un proceso continuo. Los versículos 17–19 hablan de la ignorancia de los caminos del Señor que caracteriza a los gentiles, a los que no se les había dado la ley de Dios. Esta falta de conocimiento les llevó a vivir inmersos en pensamientos frívolos y todo tipo de actos indecentes, que no deberían caracterizar la vida de los cristianos (vv. 20–22). En cambio, la vida nueva debería mostrar un creci-miento progresivo, crecimiento en actitudes y prácticas de justicia (vv. 23–24). El paralelismo entre Efesios 4:24 y Colosenses 3:10 es tan exacto que, aunque aquí no hay una referencia explícita a llegar a ser semejantes a Dios, está claro que la expresión «a imagen de Dios» no se refiere a una deificación, sino a ser recreados de nuevo a la imagen de Dios.[146]

A continuación, Pablo habla de las implicaciones que ese proceso tiene para la forma en la que hablamos, subrayando la necesidad de hablar con la verdad y con la actitud de perdonar, en lugar de con mentiras y con enojo y palabras hirientes[147] (vv. 25–27, 29–32). El versículo 26a hace una clara distinción entre el enojo o enfado, y el pecado, pues existe la «ira justa» (es lícito indignarse ante la injusticia). Pero la segunda parte de este versículo nos recuerda que el enfado debe durar poco. Entre estas dos secciones encontramos un principio importante para combatir el robo (y otras conductas criminales). No es la re-tribución, sino la restitución, lo que lleva a la rehabilitación (v. 28).[148] Los ver-sículos 5:1–2 son, probablemente, el final de esta sección. Imitar al Dios que no podemos ver siguiendo el ejemplo que Cristo nos dio, producirá en nosotros las cualidades que Dios quiere. Podemos resumir todo lo dicho mencionando los conceptos del amor entregado y del sacrificio.

---

de la enseñanza de Pablo sobre los dones espirituales que aparece en las cartas indis-cutiblemente paulinas. Ver O'Brien, *Ephesians*, 303; y Peter W. Gosnell, «Networks and Exchanges: Ephesians 4:7–16: and the Community Function of Teachers», *BTB* 30 (2000): 135–43.

146. Bruce, *Colossians, Philemon and Ephesians*, 358–59.

147. El adjetivo en la expresión que traducimos por «conversación obscena» (v. 29) es *sapros*, que en otras ocasiones se usa para hablar de «la madera podrida, las flores marchitas y el pescado rancio». Va más allá que simplemente la conversación obsce-na. Se refiere a cualquier cosa que destruya o hiera a la gente, en lugar de edificarla. Ver Hoehner, *Ephesians*, 628–29.

148. Lincoln (*Ephesians*, 304) añade: «El trabajo es positivo no por el beneficio indivi-dual, sino por el bienestar de la comunidad».

En 5:3–7 Pablo añade más instrucciones sobre la moralidad cristiana. La lista de los pecados a evitar es reveladora: normalmente, la inmoralidad sexual y la avaricia o codicia aparecen la una junto a la otra. La iglesia primitiva entendió que hay entre ambas una relación muy estrecha, porque esos dos pecados nos llevan a no querer retrasar la gratificación de los deseos materiales o carnales.[149] Tristemente, hoy tenemos la inmoralidad sexual por uno de los pecados más graves, y la codicia, como un pecadillo trivial y sin demasiada importancia. La traducción literal del versículo 3 sería la siguiente: «No dejéis que [estos pecados] se mencionen entre vosotros». Pero, ¡Pablo acaba de mencionarlos! Así que la NIV inglesa recoge bien el sentido al decir algo en la línea siguiente: «Entre vosotros no debe haber un ápice, ni tan siquiera una leve insinuación» de estos pecados. Las tres palabras del versículo 4 que traducimos por «palabras indecentes», «conversaciones obscenas» y «chistes groseros» no aparecen en ningún otro lugar del Nuevo Testamento, y no se refieren a un mero humor ordinario, sino a un lenguaje altamente vulgar.[150] El versículo 5 debería entenderse del mismo modo que 1ª Corintios 6:9–10: aquellos cuyas vidas están caracterizadas por estos pecados no pueden ser creyentes auténticos.

El cristiano auténtico ha dejado atrás estos rasgos de «oscuridad» espiritual y, por tanto, ya no deben tener nada que ver con ellos (vv. 8a, 11–12). Ahora deben practicar una vida piadosa («luz» espiritual) y poner al descubierto lo corrupto del mismo modo que la luz ilumina la oscuridad (vv. 8b–10, 13–14). Para todo ello, es necesario vivir con sabiduría y con sumo cuidado (v. 15), vigilantes, porque el mundo está dominado por la maldad (v. 16). La expresión que traducimos por «aprovechando al máximo cada momento oportuno», en griego es «redimiendo el tiempo». Cuando el creyente no busca de forma consciente servir al Señor con cada momento que Él le concede, en el mejor de los casos está malgastando el tiempo y, en el peor de los casos, pecando.

Para distinguir entre el bien y el mal tenemos que conocer cuál es la voluntad de Dios (v. 17). En este contexto, Pablo subraya que el deseo de Dios es llenar a los cristianos del Espíritu Santo *de forma repetida*[151], en contraste con la continua tentación tan presente en Éfeso, donde abundaban las sectas que adoraban al Dios del vino, ¡de llenarse de otro tipo de elementos espirituosos! (v. 18). Como vimos en Hechos (arriba, p. 35), el Espíritu mora de forma permanente en los cristianos desde el momento de la conversión, pero a la vez van siendo llenados del Espíritu de forma repetida cuando en cada nueva situación le prestan atención y hacen su voluntad. Lucas con frecuencia habla de esa plenitud como la ocasión para acciones valientes de testimonio y servicio; aquí, Pablo hace hincapié en aspectos de la adoración, probablemente por la

---

149. Ver esp. las *Confesiones* de Agustín de Hipona.

150. O'Brien, *Ephesians*, 360–61. Pablo podría haber usado esos términos debido a las palabras y las acciones de los participantes en las religiones mistéricas locales. Ver Larry J. Kreitzer, «"Crude Language" and "Shameful Things Done in Secret" (Ephesians 5:4, 12): Allusions to the Cult of Demeter/Cybele in Hierapolis?» *JSNT* 71 (1998): 51–77.

151. En este contexto, ése es el énfasis del presente de imperativo.

competencia religiosa que había en la ciudad. Junto al mandato «sed llenos», encontramos tres proposiciones subordinadas de instrumento o modo que explican cómo hacerlo.[152] *En primer lugar*, los creyentes se animan los unos a los otros con poemas y canciones de alabanza (v. 19). *En segundo lugar*, dan gracias por todo (*huper panton*); de nuevo, tenemos aquí una referencia a que podemos ver a Dios en todas las circunstancias, no una afirmación de que todo lo que nos ocurre es bueno (v. 20). *En tercer lugar*, se someten los unos a los otros con reverencia cristiana (v. 21).

Este último versículo sirve de transición. Dejamos la enseñanza sobre cómo estar llenos del Espíritu y pasamos al código doméstico, que va de 5:22 a 6:9. Por un lado, la sumisión de las esposas, los hijos y los esclavos del *Haustafel* de Efesios debe entenderse en el contexto de la sumisión mutua que acabamos de comentar. Hay momentos en los que toda figura de autoridad debe mostrar deferencia hacia los que tiene por debajo. Particularmente entre adultos (en este caso, esposos y esposas), las relaciones no deberían caracterizarse por el acatamiento de una serie de órdenes,[153] sino que más bien debería parecerse a una colaboración. Por otro lado, y por lógica, es imposible que todos los cristianos se sometan a los demás de la misma forma. El versículo 21 por sí solo no sirve para defender el igualitarismo, pues en este contexto aparece como introducción a tres ejemplos de sumisión.[154]

El código doméstico (5:22–6:9). Aquí vuelven a aparecer muchas de las ideas que aparecen en el código doméstico de Colosenses. Aunque la mayoría está algo más desarrollada aquí. Teniendo en cuenta los comentarios que hicimos más arriba (pp. 344–345), aún añadiremos algunos más. En el versículo 22 no aparece ningún verbo, así que se remite al «someteos unos a otros» del versículo 21. Si nos fijamos en la sintaxis, ¡parece que la frase que empezó en el versículo 18 no acaba hasta el versículo 24 incluido! La combinación de los conceptos «someterse» (de *hipotasso*) y «cabeza» (*kephale*) parece apuntar a cierta forma de estructura de autoridad (vv. 22–23), a pesar de los numerosos intentos que se han hecho recientemente de evitar esa conclusión.[155] No obstante, Pablo no aceptaría una sumisión inadecuada. A diferencia de las órdenes que el

---

152. Timothy G. Gombis, «Being the Fullness of God in Christ by the Spirit: Ephesians 5:18 in Its Epistolary Setting», *TynB* 53 (2002): 259–71. Según Gombis, 5:18–21 también tiene una aplicación colectiva que no podemos olvidar en nuestro mundo individualista.

153. Sarah Sumner (*Men and Women in the Church* [Downers Grove: IVP, 2003], 202) observa que, en la práctica, aproximadamente el 90% de los matrimonios evangélicos en los EE.UU. son así, aunque en la teoría la pareja diga que cree en la complementación o en el igualitarismo.

154. James B. Hurley, *Man and Woman in Biblical Perspective* (Grand Rapids: Zondervan; Leicester: IVP, 1981), 139–41.

155. Como en la literatura extrabíblica, en Efesios y Colosenses *kephale* puede enfatizar más el sentido de «autoridad» (Ef 1:22; Col 1:18; 2:10) o más la idea de «origen» o «fuente» (Ef 4:15; Col 2:19), pero la idea de «origen» siempre va acompañada de cierto sentido de «autoridad». Cf. Stephen Bedale, «The Meaning of *Kephale* in the

apóstol da a los hijos y a los esclavos (6:1, 5), a las esposas no les dice que «obedezcan» a sus maridos, sino que usa el término «respetar» u «honrar» (v. 33). De la expresión «como al Señor» que aparece en el versículo 22, probablemente podamos decir lo mismo que dijimos de la expresión paralela «como conviene en el Señor» que aparece en Colosenses 3:18 (ver p. 345). Lo que conviene en todo momento es poner a Cristo primero. Si hay un conflicto de autoridades, Dios debe ser honrado por encima de cualquier líder humano (recuérdese a la madre de Moisés, a Daniel, y a Pedro ante el Sanedrín). La traducción de la expresión «en todo» del versículo 24 debería ser «en todas las circunstancias» para no transmitir que Pablo está diciendo «¡haced todo lo que se os dice!».[156]

Cuando nos fijamos en las órdenes para los maridos (vv. 25–28) vemos que Pablo redefine de forma radical la jerarquía matrimonial. Los maridos tienen que amar de forma sacrificada, entregada, que es el equivalente a la enseñanza de Jesús sobre el líder como siervo (p. ej., Lc 22:24–30). Si los maridos tienen algún tipo de autoridad, ésta se caracteriza por ser *una responsabilidad más y no tanto un provilegio*.[157] Este tipo de matrimonio «complementario» no es muy diferente al matrimonio igualitario, con la excepción de que, cuando llega el momento de tomar una decisión, amar a la mujer como Cristo amó a la iglesia significa tomar la iniciativa de poner los intereses de la mujer por encima de los del marido («¡entregarse por ella!»; v. 25). Los versículos 28–30 comparan el amor a la esposa con el cuidado que normalmente uno tiene por su propio cuerpo. Obviamente, Pablo aquí no tiene en mente las excepciones patológicas.

Los versículos 31–33 completan el pasaje describiendo la analogía más general que hay entre la relación esposo–esposa y la intimidad de Cristo con la iglesia. En la creación, ambas fueron diseñadas para ser uniones inseparables, caracterizadas por la lealtad y el amor.[158] Y por otro lado, Pablo preserva la autoridad del marido fundamentándola en ese modelo de «nueva creación» que encontramos en el amor de Cristo por la iglesia. Pero le da un nuevo signifi-

---

Pauline Epistles», *JTS* 5 (1954): 214, contra la impresión que uno obtiene al leer muchos igualitarios que citan el artículo de Bedale.

156. Sobre este material, ver esp. Greogory W. Dawes, *The Body in Question: Metaphor and Meaning in the Interpretation of Ephesians 5:21–33* (Leiden and New York: Brill, 1998).

157. Ver más en Blomberg, «Women in Ministry: a Complementarian Perspective», 173–75.

158. Es fácil malinterpretar el hilo argumental de estos tres versículos. El versículo 31 cita Génesis 2:24 para hablar de la unión entre el marido y la esposa. Pablo habla de la relación humana entre marido y esposa y dice que es «un misterio profundo», pero enseguida explica que aplica ese pasaje, por analogía, a Jesús y a su «novia», la iglesia (vv. 29b–30). No obstante, en el versículo 33, regresa al tema del que estaba hablando, y resume cuál es su mandato para los maridos y las esposas. Cf. Andreas J. Köstenberger, «The Mistery of Christ and the Church: Head and Body. "One Flesh"», *TrinJ* 12 (1991): 79–94.

cado, ya que, siguiendo el modelo de Cristo, la autoridad tiene que ver con el sacrificio por la esposa.[159]

El mandato para los hijos y los padres (6:1–4) son semejantes al pasaje anterior solo de forma parcial. Aquí, Pablo no solo menciona la sumisión, sino que de forma explícita ordena la obediencia (v. 1). Eso es cumplir el cuarto mandamiento, el de «honrar» al padre y a la madre, mandamiento que va seguido de la promesa de una larga vida (vv. 2–3). Tanto en el texto del Antiguo como del Nuevo Testamento, esta promesa debe entenderse de forma colectiva. Cuando Israel o la iglesia promovían el valor de la familia, eso repercutía en la calidad y la longitud de la vida. Pero la promesa no apunta a que haya relación directa entre la fidelidad de una persona concreta y su longevidad.[160] A su vez, los padres no deben provocar a sus hijos, aunque sí deben hacer un uso adecuado de la disciplina, y guiarles (v. 4). No hay evidencias de que estos mandatos solo sirvan para una edad específica, pero es evidente que la forma en la que se aplican cambia a medida que los hijos crecen y, sobre todo, cuando estos se casan (ver 5:31). Y siempre estarán marcadas por la clara enseñanza de Jesús de que hemos de obedecerle a él antes que a cualquier ser humano, por cercano que éste sea (cf. esp. Lc 14:26).[161]

La tercera parte de este código doméstico se dirige a los esclavos y a los amos (6:5–9). Los esclavos (o los subordinados de forma voluntaria en cualquier tipo de situación laboral) deben trabajar con diligencia en todo momento y dar lo mejor porque Dios les ve también cuando nadie más les está viendo. Las autoridades y los amos deben tratar a sus esclavos o subordinados de forma imparcial. Se podría decir que el versículo 9 apunta a que el deseo de Pablo era que los amos dieron a sus esclavos un estatus de igualdad y, por tanto, la libertad. Pero por todas las razones enumeradas en nuestra aplicación de la carta a Filemón (ver arriba, pp. 281–82), el apóstol no aboga de forma explícita por la abolición de la esclavitud. Sí, más adelante sus palabras se usarían para desarrollar dicha causa. Pero por el momento, la relación entre esclavos y amos debería ser, al menos, «amable en ambas direcciones».[162]

Armándose para la guerra espiritual (6:10–20). Con esta sección llegamos al final de la carta. Pablo elabora un final climático, hablando de las potestades malignas del Universo y de la victoria de los creyentes. Ahora bien, nuestro triunfo no significa que no hay lucha, sino que Dios nos da la armadura espiritual necesaria para poder resistir. Las piezas de protección que describe

---

159. Ver esp. Stephen F. Meletic, *«One Flesh»: Eph. 5.22–24, 5:31: Marriage and the New Creation* (Rome: PIB, 1988). Cf. Timothy G. Gombis, «A Radically New Humanity: The Function of the *Haustafel* in Ephesians», *JETS* 48 (2005): 317–30.

160. Mitton, *Ephesians*, 212. Sobre el problema de que se le llama el primer mandamiento con promesa, ver Hoehner, *Ephesians*, 791. Probablemente Pablo se esté refiriendo o al primer mandamiento *importante*, o a la primera promesa *específica*.

161. Best, *Ephesians*, 563, 565. En el mundo antiguo, cuidar de los padres cuando se hacían mayores era una importante obligación de los hijos adultos.

162. Bruce, *Colossians, Philemon and Ephesians*, 401–2.

encajan con la armadura típica de un soldado romano, pero no hay duda de que parte de las imágenes tiene su inspiración en Isaías (cf. 11:%; 52:7; 59:17). Aunque a veces se ha pensado que hay una correlación entre cada pieza de la armadura y la imagen espiritual, no es así necesariamente. De hecho, Isaías las relaciona de forma diferente que Pablo. Lo que es importante es el efecto general de la imagen: la verdad, la justicia, la paz, la fe y la salvación son las armas que derrotarán al diablo y a sus subordinados. Pero es interesante que el cinturón, la coraza, el calzado, el escudo y el casco son para protegerse cuando te atacan, mientras que la espada (v. 17b) es la única pieza de la armadura del soldado que sirve para atacar. No sabemos si Pablo lo hizo a propósito, pero es verdad que la Palabra de Dios debe tener un papel central a la hora de combatir la falsa enseñanza con la que Satanás nos ataca a través de todas las ideologías anticristianas de nuestro mundo.[163]

Otra curiosa característica es que esta colección de armamento defensivo y ofensivo no incluye ningún elemento inusual o exótico. A diferencia de los partidarios de la magia y de lo oculto que tanto predominaban en Éfeso, cuando Pablo habla de la lucha espiritual no habla de fórmulas, ni de métodos supersticiosos, sensacionalistas o manipuladores. Lo que hace es llamar a los creyentes a estar firmes en los principios morales y teológicos de la fe que aparecen en las Escrituras. Y como parte fundamental de esta armadura está la oración constante y llena del Espíritu (v. 18). Esta imagen difiere enormemente de algunos acercamientos actuales a la lucha espiritual, repleta de exorcismos territoriales, de reclamos de una autoridad espiritual por la que uno puede pedir y obtener de forma automática, de la identificación de nuevos apóstoles a los que los creyentes y los demonios deben someterse, etcétera.[164]

SALUDOS FINALES (6:21–24)

Sorprendentemente, la única persona que Pablo menciona al final de la carta es Tíquico, el «mensajero» que también entrega la carta a los Colosenses (Co. 4:7–8) y que acompaña a Onésimo (v. 9). Es probable que estos dos hombres también llevaran consigo la carta para Filemón (Flm 12). No obstante, si Efesios es una carta circular (ver más arriba, p. 353), es lógico que Pablo no incluya saludos personales. Además, queda claro que la misión de Tíquico es contarles muchas más cosas de las que se han puesto por escrito (Ef 6:21–22). Como al final de muchas de sus cartas, el apóstol concluye con una bendición para sus lectores deseando que Dios les conceda los siguientes rasgos de carácter: paz, amor, fe y gracia. También, la forma en que hace referencia a Dios y a Jesús refleja que entre esas dos personas no hay diferencia material (vv. 23–24).

---

163. Cf. Schnackenburg, *Ephesians*, 279–80.
164. Cf. Thomas R. Poder Neufeld, *«Pat on the Armour of God»: The Divine Warrior from Isaiah to Ephesians* (Sheffield: SAP, 1997), 151: «La armadura está compuesta sobre todo por virtudes éticas». Es más, en primer lugar, el énfasis está en el cuerpo (el grupo), y luego en el individuo. Las iglesias locales (los creyentes), y la iglesia universal, resisten al diablo; en este texto no encontramos un llamamiento individual a que el creyente libre esta batalla en solitario.

APLICACIÓN

La unidad espiritual de los creyentes, que trasciende todas las barreras levantadas por el ser humano, es una de las características principales que Dios desea para su pueblo. Algunos cristianos de aquellos tiempos, cuando tenían que decir ante un tribunal cuál era su nacionalidad o ciudadanía, tan solo decían: «soy cristiano». Por eso, para definir el cristianismo, muchos empezaron a utilizar el término «la tercera raza», es decir, que no era ni judía, ni gentil. La enemistad histórica entre estas dos «razas» vendría a ser como el racismo y el odio nacional y religioso de algunos islámicos fanáticos hacia los «infieles», el odio presente entre algunos judíos y árabes (o palestinos) en Oriente Medio, la hostilidad de las tribus enfrentadas en algunos países del África subsahariana, y la encarnizada lucha de los grupos rebeldes contra las fuerzas del Gobierno en lugares como Indonesia, Filipinas, Sri Lanka, Chechenia y Yucatán. Tan solo unos pocos años atrás podríamos haber mencionado la lucha entre los serbios y los albaneses, el conflicto entre los católicos y los protestantes de Irlanda del Norte, y el odio entre los negros y los blancos en EE.UU. Aunque, por más que estos conflictos hayan amainado, y aunque en estos lugares se viva en tregua, eso no quiere decir que los prejuicios y la animosidad de las personas hayan desaparecido.

En contra del ambiente de división, Efesios manda a los cristianos que den pasos hacia la reconciliación, tanto como observadores externos que toman la iniciativa de trabajar por la paz en contextos donde hay conflictos, como cuando son uno de los grupos que forma parte directa del conflicto. No es de sorprender que el testimonio más fructífero en el Israel de hoy se da cuando los creyentes judíos y palestinos se unen y trabajan juntos, mostrando un amor los unos por los otros muy difícil de encontrar en otros contextos. Pero mientras haya creyentes en el mundo que prefieran seguir cerrados y aislados en sus comunidades homogéneas, seguiremos perdiendo el potencial evangelístico de la unidad en la diversidad. De hecho, creo que la unidad visible en Cristo entre personas que, humanamente hablando, no tienen ningún motivo para asociarse o relacionarse, es la herramienta más poderosa de Dios para alcanzar al mundo perdido de hoy. De ahí la importancia de crear *networks* o redes para facilitar el trabajo unido de las iglesias y la cooperación institucional, trabajo del que incluso podría darse la fusión de iglesias, siempre que eso no significara comprometer el evangelio.

En Efesios encontramos dos temas más que contribuyen a la cuestión de la unidad en medio de la diversidad. En primer lugar, los hogares que adopten el código doméstico de Pablo animarán a este mundo fracturado, transmitiendo que no todas las relaciones tienen por qué ser disfuncionales y que las familias pueden ser un refugio. Un refugio para sus miembros, y también para los que están alrededor y no conocen el amor, la aceptación y la seguridad. En segundo lugar, los ministerios que trabajan para que todos sus miembros usen sus dones espirituales para los propósitos del reino lucharán para que el cristianismo sea un bien para el mundo de forma más general. Y buscarán ese «bien» tanto para la sociedad como para las personas de forma individual. Como dijo Markus Barth hace más de treinta años: «Si la iglesia solo se preocupa por las almas de los hombres o por un aumento de su membresía, está limitando su tarea. Porque su tarea también es ser una señal y una prueba de un cambio que afecta positivamente a las instituciones y a las estructuras, y a la existencia humana en su totalidad, en su vertiente individual y social, y en su vertiente corporal y espiritual».[165] Aun así, un grupo de personas podrá funcionar como catalizador para el cambio solo si sus miembros han experimentado una transformación personal, una transformación caracterizada particularmente por la ética que se recoge en Efesios 4:32–5:2.[166]

Y otra cuestión crucial es tener una visión equilibrada de la lucha espiritual. La mayoría de la gente no creyente, y mucha de la que se profesa cristiana, niega de forma explícita o implícita la existencia del diablo y de las fuerzas espirituales malignas. Algunos creyentes con un celo excesivo se vuelven a técnicas exóticas de lucha espiritual (sin duda en reacción a la actitud del primer grupo), por miedo a que, en cualquier momento, los demonios les puedan oprimir. Pablo es plenamente consciente de la existencia y del poder del reino demoníaco, pero hace hincapié en la victoria de Cristo y en la consiguiente victoria de los cristianos que proviene, simplemente, del poder de una vida piadosa y agradable a Dios. Ningún cristiano debe tener miedo a la opresión demoníaca a menos que de forma voluntaria y repetida se rebele contra las normas de Dios y se interese y participe de lo que es abiertamente oculto o diabólico.[167]

PREGUNTAS

1. ¿Cuáles son los rasgos distintivos que diferencian la Epístola a los Efesios de las demás cartas paulinas? ¿Qué teorías han surgido para intentar explicar estas diferencias, y cuál de ellas es la más satisfactoria?

2. ¿Cómo se puede justificar la presencia de la expresión «en Éfeso» (1:1) si los tres manuscritos griegos más antiguos y más fiables la omiten? ¿Cómo podemos explicar esta omisión?

3. ¿Qué acciones concretas atribuye Pablo a cada miembro de la Trinidad en la oración introductoria? ¿De qué forma eso complementa y se asemeja a las ideas y declaraciones teológicas de la carta a los Romanos?

4. ¿Cómo explica Efesios 2 el equilibrio entre la fe y las buenas obras? Si pensamos en la salvación, ¿qué relación hay entre la fe y las buenas obras? ¿Por qué el papel de la gracia hace que el cristianismo sea totalmente diferente de cualquier otra religión del mundo e incluso de las herejías «cristianas»?

5. ¿Qué implicaciones tiene la salvación para el cristiano si piensa en el modo en el que se relaciona con las personas? ¿Qué metáforas usa Pablo para ha-

---

165. Barth, *Ephesians 1–3*, 365.
166. Lista que se desarrolla de forma muy clara en deSilva, *Introduction*, 731–32.
167. Particularmente equilibrado es Clinton E. Arnold, P*owers of Darkness: Principalities & Powers in Paul's Letters* (Leicester and Downers Grove: IVP, 1992), esp. 167–209 sobre la aplicación contemporánea.

blar de la reconciliación que debería haber entre las personas y los pueblos enfrentados? En este contexto, ¿de qué forma define Pablo «el misterio de Cristo»?

6. ¿Cuál es el propósito de la reconciliación dentro del cuerpo de Cristo? ¿Qué herramientas han recibido los creyentes para asegurar la madurez y la unidad de la iglesia? ¿Cómo y quién debe ejercer esos dones?

7. ¿De qué modo encajan los códigos domésticos con el tema paulino de la unidad en el cuerpo de Cristo? Esas ordenanzas, ¿eran válidas solo en aquella cultura, o siguen teniendo vigencia hoy? ¿Qué rasgo concreto del texto nos ayuda a contestar estas preguntas? ¿Dónde podemos ver que las ideas de Pablo son claramente «progresistas» si las comparamos con las ideas de su sociedad, en especial en relación con los maridos y las esposas, y los amos y los esclavos?

8. Tener una comprensión del contexto histórico de Éfeso nos ayuda a ver la importancia de la armadura espiritual que aparece en el capítulo 6. ¿Por qué? Esta metáfora ayuda a los creyentes a entender la forma en la que deben resistir a Satanás y su ejército. ¿Por qué?

FILIPENSES: GOZAOS EN TODA CIRCUNSTANCIA

INTRODUCCIÓN

RELACIÓN CON LAS OTRAS EPÍSTOLAS CARCELARIAS Y LUGAR DEL ENCARCELAMIENTO DE PABLO

Pablo evangelizó Filipos en su tercer viaje misionero (Hch 16:12–40). Esta colonia romana, ciudad próspera y estable de Macedonia, era el lugar donde se afincaban muchos de los soldados cuando se jubilaban (ver más arriba, p. 70). Por eso es fácil imaginar a Pablo encarcelado, bajo la supervisión de un guarda romano.[169] Pero es muy poco probable que en la iglesia hubiera muchos prósperos veteranos romanos dado el comentario que Pablo hace en 2ª Corintios sobre la pobreza de los cristianos de Macedonia, y dado el sufrimiento que se refleja en la misma carta de Filipenses.[170] Situada en la Vía Ignacia, una de las principales rutas «Este–Oeste» que cruzaba el norte de Grecia, Filipos recibía a muchos viajeros a los que hospedaba, viajeros que recogían noticias de la ciudad, y también traían noticias de otros lugares del Imperio. Aunque no era tan grande como Tesalónica, Atenas o Corinto, Filipos era una ciudad griega estratégica para la propagación de cualquier nueva ideología.

Ésta es la cuarta de las llamadas «epístolas carcelarias» de Pablo. Sin embargo, normalmente se estudia aparte de Efesios, Colosenses y Filemón porque la información que nos da sobre las circunstancias en las que Pablo está sugiere que se trata de una situación peor que cuando escribió las otras tres cartas. En esta epístola parece que Pablo ha considerado seriamente la idea de que está cerca de la muerte (1:21–25; 2:17). Ésta podría ser la evidencia más clara a favor de que en esta ocasión Pablo se halla encarcelado en Éfeso. Recuérdese que en 2ª Corintios 1:8–9 Pablo escribe que en Asia (Menor) había sufrido muchas aflicciones e incluso había perdido la esperanza de salir con vida. Si con eso se refiere a la dura oposición que en 1ª Corintios 15:32 describe metafóricamente como «luchar contra las fieras», entonces sabemos que esa situación de peligro tuvo lugar en Éfeso. No obstante, como con Efesios, Colosenses y Filemón, tenemos que considerar las evidencias que hay tanto a favor como en contra de los tres lugares en los que se ha ubicado el encarcelamiento de Pablo.

¿**Éfeso?** El factor más favorable para respaldar la teoría de que Pablo estaba encarcelado en Éfeso es la poca distancia que hay en comparación a otras ciudades; si la distancia no era demasiada, entonces tiene sentido que Timoteo y Epafrodito pudieran ir desde Filipos a donde Pablo estaba, regresar a Filipos, para luego volver a visitar a Pablo (2:19–30). Tengamos en cuenta que ya habían estado allí para llevarle una ofrenda a Pablo (4:18). Las dificultades que

---

169. Encontrará una introducción completa a la ciudad de Filipos en la «Antigüedad en Charalambos» Bakirtizis y Helmut Koester, eds., *Philippi at the Time of Paul and after His Death* (Harrisburg: Trinity, 1978).

170. Cf. Peter Oakes, *Philippians: From People to Letter* (Cambridge and New York: CUP, 2001).

acompañan a su encarcelamiento también encajan mejor con Éfeso que con Roma, porque en Hechos no encontramos nada que nos haga pensar que en Roma Pablo temiera por su vida. Los casi tres años que Pablo pasó en Éfeso (del 52 al 55 o del 53 al 56) es tiempo suficiente para que se pudieran dar las idas y venidas de los colaboradores de Pablo, que él menciona en esta epístola. Y no tendría que haber cambiado de idea en cuanto a continuar hacia el Oeste, a diferencia de si hubiera estado en Roma (ver más arriba, pp. 318–319). Es interesante ver que, igual que en Filemón expresó el deseo de ir a Colosas, aquí también espera poder regresar a Filipos (1:26–27).[171]

Por otro lado, en el mundo romano antiguo no hay ninguna evidencia de que en Éfeso existiera una guardia de palacio (1:3; gr. *praitorion*).[172] Tampoco es muy probable que Pablo, ciudadano romano, dispuesto a usar su ciudadanía para el avance del evangelio (ver más arriba, p. 72), estuviera detenido durante mucho tiempo de forma injusta en una ciudad donde no había liderazgo romano con suficiente poder para desobedecer la ley. Aun en Filipos, también colonia romana, su ciudadanía significaba que le podían retener en la cárcel más de una noche (Hch 16:22–40), y Éfeso era mucho menos romana que Filipos. Y aunque vimos un testimonio antiguo según el cual Colosenses se escribió desde Éfeso (ver p. 318), no se sabe de ningún testimonio antiguo que apunte a que Filipenses se escribió en Éfeso.

¿Cesarea? Un número reducido de estudiosos cree que Pablo escribió a los filipenses desde Cesarea. Al menos es cierto que Pablo estuvo encarcelado en esa ciudad, desde el año 57 al 59, y que allí atentaron varias veces contra su vida (Hch 23–26). Esos dos años en prisión habrían sido tiempo suficiente para que se dieran los sucesos recogidos en la epístola a los Filipenses. Las defensas de las que habla (cf. 1:7, 16–17) podrían referirse a las audiencias que tuvo ante Félix, Festo y Herodes Agripa II. La guarnición romana en Cesarea solía recibir el nombre de pretorio o guardia de palacio. Y no tenemos que imaginarnos a Pablo cambiando de planes después de su liberación y dirigiéndose a Grecia y al Este en lugar de a España, a diferencia de lo que ocurre con la hipótesis del encarcelamiento en Roma.[173]

Al mismo tiempo, si la distancia de Cesarea a Colosas y Éfeso ya parecía prohibitiva, mucho más la que hay entre Cesarea y Filipos. ¿Los emisarios de Pablo podrían haber hecho tanto viaje de un lugar a otro si la distancia era tanta? Aunque es verdad que había un pretorio en Cesarea, era muy pequeño en comparación con el de Roma, por lo que la afirmación de Pablo de que el evangelio se había extendido por toda la guardia (1:13) hubiera resultado pretenciosa para los filipenses (comunidad en la que se habían instalado muchos

---

171. Ver, p. ej., Carson y Moo, *Una Introducción al Nuevo Testamento*, donde lo afirman, pero no con total seguridad, o Holladay, *A Critical Introduction of the New Testament*, que lo afirma con más rotundidad.
172. I. Howard Marshall, *Philipians* (London: Epworth, 1991), xix–xx.
173. Entre los comentarios principales, ver esp. Gerald F. Hawthorne, *Philippians* (Waco: Word, 1983), xxxvii–xliv.

oficiales romanos jubilados), por ser ese un logro «insignificante». Además, las palabras que Pablo usa cuando habla de defender y confirmar el evangelio (1:7) no hablan de una audiencia formal o legal como la que tuvo en Cesarea. Por último, el libro de Hechos nunca dice que Pablo albergara la esperanza de salir de la prisión de Cesarea, pero Filipenses 1:25 sí parece sugerir que el apóstol espera salir de la cárcel en la que está cuando escribe a los de Filipos.

¿Roma? Todo el testimonio antiguo está de acuerdo en que Filipenses fue escrita desde Roma (el testimonio más antiguo lo encontramos en los escritos de Marción y en numerosos subíndices o manuscritos de la carta misma). A pesar de la considerable distancia que hay entre Roma y Filipos, los dos años de arresto domiciliario de Pablo proporcionan el tiempo suficiente para que se dieran los sucesos que recoge la epístola.[174] Ya hemos mencionado que el cambio en las circunstancias de Pablo podría haberle llevado a cambiar sus planes de viaje (más arriba, pp. 318–319). Lo más lógico es que «los de la casa del César» (4:22) esté haciendo referencia a una parte de la comitiva del Emperador en Roma mismo. El problema de las circunstancias que amenazaban la vida del apóstol puede explicarse si la situación de Pablo degeneró justo después de que Lucas escribiera Hechos. Es fácil imaginar que durante un tiempo Pablo perdiera la esperanza de salir en libertad, especialmente si ya habían pasado los dos años que la ley imperial marcaba como límite para examinar los casos pendientes. *En resumen, diremos que la teoría preferible es que Pablo escribió la carta a los Filipenses mientras estaba encarcelado en Roma, y que es posterior a las otras tres epístolas carcelarias, escrita a finales del año 61 o durante el año 62.*[175]

OTRAS CIRCUNSTANCIAS

Sin embargo, a pesar de este difícil contexto, la carta a los Filipenses se caracteriza porque el tema del gozo en medio del sufrimiento aparece desde el principio hasta el final. Se ha dicho que «la carta a los Filipenses podría ser la más alegre, más positiva y más personal de todos los escritos de Pablo».[176] Y, junto con 1ª Tesalonicenses, la carta contiene más palabras de reconocimiento y alabanza dirigidas a los receptores que todas las demás epístolas. *La actitud general de Pablo hacia los filipenses es de gratitud y de ánimo.*[177] Ciertamente, *parece que la razón más inmediata por la que el apóstol escribe esta carta es*

174. Más detalles del posible escenario en Stephen Llewelyn, «Sending Letters in the Ancient World: Paul and the Philippians», *TynB* 46 (1995): 337–56.

175. Cf. Markus Bockmuehl, *The Epistle to the Philippians* (London: Black; Peabody: Hendrickson, 1998), 25–32.

176. Ogden y Skinner, *Acts through Revelation*, 187.

177. Es verdad que los llamamientos que aparecen en la carta a la unidad podrían sugerir que se trata de una congregación donde no hay demasiada armonía, pero decir que el principal problema de la iglesia en Filipos era la falta de unidad (como dice Davorin Peterlin, *Paul's Letter to the Philippians in the Light of Disunity in the Church* [Leiden and New York: Brill, 1995]) es totalmente exagerado.

para agradecer a la iglesia, aunque de forma prudente, la ayuda económica que le han hecho llegar recientemente (4:10–20).

Al mismo tiempo, Pablo tiene que dedicar unas palabras de advertencia en cuanto a la oposición que la congregación está sufriendo, oposición que proviene tanto de fuera como de dentro. Los versículos 2–6 del capítulo 3 describen a un grupo de judaizantes que amenazan a la iglesia, quizá desde dentro de la congregación. No hay nada que sugiera que provienen de otra ciudad, como en el caso de Gálatas o de 2ª Corintios 10–13. En una colonia romana en la que era obligatorio adorar al Emperador, es decir, reconocer al César como señor y salvador, habría sido natural que los judeocristianos se resguardaran en la seguridad ofrecida por la creencia judía, que era una *religio licita* y estaba exenta de profesar ese tipo de confesiones. Quizá estaban buscando formas en las que dar la imagen de que toda la iglesia era judía.[178] Los versículos 27–30 del capítulo 1 describen una amenaza desde fuera de la congregación, una hostilidad tal hasta el punto de que Epafrodito, el colaborador de Pablo, estuvo a punto de morir (2:30). Para los oficiales romanos que intentaban imponer la secta imperial a los cristianos, los judíos ya no eran los principales candidatos de su acoso.[179]

Pablo menciona dos grupos más: los maestros que enseñan por rivalidad (1:15–18), y «los enemigos de la cruz de Cristo», cuyo «dios es su estómago» y cuya «gloria está en lo que es su vergüenza» (3:18–19). El último grupo podría ser el mismo que el grupo de los judaizantes; pero no es seguro. Hablaremos más de estos dos grupos cuando lleguemos a los pasajes mencionados.[180]

GÉNERO Y ESTRUCTURA

Como con 2ª Corintios, los estudiosos en la actualidad han dudado de la unidad de la carta a los Filipenses; es decir, dudan que el texto de la carta original fuera el texto que nos ha llegado. En 3:1, al parecer, se hace referencia a una carta anterior y se anuncia el inicio del final de esta carta, pero de hecho tan solo es la mitad de la carta, ¡y en 4:8 el apóstol repetirá el «por último»! Y en 3:2, de repente se interrumpe la idea que Pablo había iniciado en el versículo anterior, y Pablo dedica una diatriba contra los judaizantes y no regresa al tema del gozo en el Señor (3:1) hasta 4:1. Los versículos 2–3 del capítulo 4, en los que el apóstol ordena a Evodia y Síntique que se lleven bien, aunque forman una digresión muy breve, no dejan de ser sorprendentes, sobre todo cuando Pablo regresa de nuevo al tema de regocijarse en el Señor (v. 4). Por último, 4:10–20 nos presenta el tema de la ofrenda de los filipenses, tema para el que el lector no está preparado porque no se ha mencionado antes. Han surgido numerosas teorías sobre una composición a partir de diversas cartas, teorías que

---

178. Gordon D. Fee, *Comentario de la Epístola a los Filipenses* (España: Clie, 2004).
179. Mikael Tellbe, «The Sociological Factors behind Philippians 3.1–11 and the Conflict at Philippi», *JSNT* 55 (1994): 97–121.
180. En cuanto a todos los grupos opuestos a Pablo en Filipos, cf. Jerry L. Sumney, «Servants of *Satan»*, *«False Brothers»* and *Other Opponents of Paul* (Sheffield: SAP, 1999), 160–87.

hablan de la combinación de, al menos, dos o tres documentos originales.[181] Pero ninguna de ellas ha conseguido respaldo suficiente. La segunda carta a los Filipenses de Policarpo (3:2) hace referencia a las *cartas* de Pablo a esa misma comunidad, pero Pablo fácilmente podría haber escrito otras misivas que más tarde se extraviaron.

Más recientemente, numerosos estudios literarios y retóricos de eruditos de todo el espectro teológico han presentado argumentos a favor de la unidad de la epístola tal y como nos ha llegado. Ben Witherington hace una lista de seis puntos a tener en cuenta: (1) No hay evidencias textuales antiguas que respalden ninguna otra teoría de composición. (2) La sección de 3:20–21, aunque forma parte de la extensa «digresión», desarrolla temas que aparecen en 2:6–11. (3) La sección 4:10–20 en cierto sentido ya estaba implícita en 1:5–6 y 2:25. (4) Las epístolas de Pablo con frecuencia contienen «cambios repentinos de tono y dirección», por lo que la apariencia de digresión no sirve para probar que ha habido interpolación. (5) El tema de la unidad de la iglesia aparece en todas las secciones de la carta. Y por último, (6) los que respaldan una autoría múltiple no logran explicar la forma caótica en la que se ordenaron las diferentes cartas o fragmentos.[182] (En cuanto a los problemas de 3:1, ver más abajo, p. 388).

Por otro lado, una hipótesis propuesta por Loveday Alexander puede explicar la secuencia de temas que encontramos en Filipenses. Alexander define esta carta como una *carta familiar*, que normalmente incluía noticias sobre el bienestar del autor, pedía noticias sobre el estado de los receptores, y ofrecía información sobre el movimiento de los intermediarios entre el autor y los receptores. Estos tres elementos aparecen en orden en el cuerpo de la carta a los Filipenses (ver el esquema más abajo), aunque no haya otras cartas de Pablo en las que el apóstol desarrolle estos temas de forma sostenida y diferenciada. Alexander concluye que Pablo toma ese formato, y lo elabora añadiendo secciones que representan las circunstancias específicas que provocaron el envío de esta carta en ese momento en cuestión: la presencia de falsos maestros, las diferencias entre las dos mujeres, y la necesidad de hacer saber a los filipenses que su ofrenda había llegado a buen puerto. Esa situación única es suficiente para explicar las aparentes digresiones; ¡no hace falta ninguna hipótesis sobre una carta compuesta a partir de varios documentos![183] Sin adoptar la totalidad

---

181. Encontrará una lista completa de las principales propuestas, surgidas todas de los estudiosos en Alemania, ver Udo Schnelle, *The History and Theology of the New Testament Writings* (Minneapolis: Fortress, 1998), 135.

182. Ben Witherington III, *Frieindship and Finances in Philippi: The Letter of Paul to the Philippians* (Valley Forge: Trinity, 1994), 27–28.

183. Loveday Alexander, «Hellenistic Letter–Forms and the Structure of Philippians», *JSNT* 37 (1989): 87–101. Encontrará otro esquema basado en la retórica grecorromana pero factible igualmente y que también refleja la unidad de la carta en Duane F. Watson, «A Rhetorical Analysis of Philippians and Its Implications for the Unity Question», *NovT* 30 (1988): 57–88. Aquí ofrecemos una lista de otros estudios recientes que muestra la integridad literaria de esta epístola: David E. Garland, «The Composition and Unity of Philippians», *NovT* 27 (1985): 141–73; A. Boyd Luter y

de su esquema, Gordon Fee sigue de forma sustancial a Alexander, aunque define la epístola como una «carta de amistad».[184]

Por tanto, a continuación ofrecemos un posible esquema:

I. Saludos y acción de gracias (1:1–11)
 A. Saludos (1:1–2)
 B. Acción de gracias (1:3–11)
II. Información tranquilizadora sobre el remitente: Descripción del encarcelamiento de Pablo (1:12–26)
III. Petición de información tranquilizadora sobre los receptores: Llamamiento a vivir como Cristo (1:27–2:18)
 A. Viviendo de acuerdo con el evangelio (1:27–30)
 B. Imitando el sacrificio de Cristo (2:1–11)
 C. Esforzándose en la salvación (2:12–18)
IV. Información sobre el movimiento de los mensajeros: Timoteo y Epafrodito (2:19–30)
V. Preocupación especial: advertencia sobre los falsos maestros (3:1–4:1)
VI. Instrucciones, agradecimientos y saludos finales (4:2–23)
 A. Un ruego a dos mujeres enfrentadas (4:2–3)
 B. Tres mandatos: regocijaos, orad y pensad en lo bueno (4:4–9)
 C. Un agradecimiento ingrato (4:10–20)
 D. Saludos finales (4:21–23)

Las secciones de alabanza se caracterizan por una presencia dominante de la retórica epidíctica; la defensa de Pablo contra los judaizantes, por la retórica jurídica; y el resto de la carta hace uso en su mayoría de la retórica deliberativa.[185]

COMENTARIO

SALUDOS Y ACCIÓN DE GRACIAS (1:1–11)

Saludos (1:1–2). Como con 2ª Corintios y Colosenses, la epístola a los Filipenses empieza nombrando tanto a Pablo como a Timoteo como aquellos que envían la misiva. La única característica distintiva de este breve saludo in-

---

Michelle V. Lee, «Philippians as Chiasmus: Key to the Structure, Unity and Theme Questions», *NTS* 41 (1995): 89–101; y Jeffrey T. Reed, *A Discourse Analysis of Philippians* (Sheffield: SAP, 1997). Sobre las limitaciones de este tipo de estudio, ver esp. Stanley E. Porter y Jeffrey T. Reed, «Philippians as a Macro–Chiasm and Uts Exegetical Significance», *NTS* 44 (1988): 213–31.

184. Fee, *Filipenses*. En cuanto a la opinión menos probable de que esta epístola es una carta de consolación, ver Paul A. Holloway, *Consolation in Philippians: Philosophical Sources and Rhetorical Strategy* (Cambridge and New York: CUP, 2001). Este acercamiento da por sentado que la razón principal que movió a Pablo a escribir esta carta no fue la ofrenda de los filipenses, ni la gratitud del apóstol por su madurez, ni su preocupación por los judaizantes y los otros opositores, sino la gran aflicción que embargaba a los filipenses, consternados por el encarcelamiento de su querido Pablo. Pero todos los demás temas parecen mucho más importantes.

185. Cf. Witherington, *Philippians*, 16–17.

troductorio sería la mención no solo de la iglesia a la que está dirigida la carta, sino también de los «obispos y diáconos». Fuera cual fuera la razón que movió a Pablo a mencionar al liderazgo de forma específica, esta referencia tiene mucha importancia. Estas dos categorías de liderazgo volverán a aparecer en 1ª Timoteo 3, texto que muchos comentaristas usan para defender que en tiempos de Pablo aún no se había creado ningún nivel de institucionalización de la iglesia. Sin embargo, Filipenses es una muestra de que esos dos cargos ya existían en una de las iglesias que reciben una epístola indiscutiblemente paulina. Así, tengamos en cuenta la importancia de la mención de estos cargos, aunque no se especifiquen cuáles son sus funciones.[186]

Acción de gracias (1:3–11). En Filipenses, Pablo regresa a la forma más común de oración introductoria: primero da gracias a Dios por la iglesia a la que escribe y por su crecimiento (vv. 3–8), y luego le pide a Dios un crecimiento aún mayor (vv. 9–11). Las características distintivas de la oración introductoria de esta carta serían: la mención de su gozo (v. 4), de la aportación económica de los filipenses para su ministerio (v. 5), y de su encarcelamiento (v. 7). Además, el versículo 6 revela la confianza en que Dios completará la obra que ha empezado en esa congregación y que preservará espiritualmente a sus miembros hasta el día del juicio.[187] Está claro que Pablo siente un profundo cariño por este grupo de creyentes, idea que se ve reforzada en el versículo 8. Al mismo tiempo, el amor del que habla debe llevarles a un mayor conocimiento y a una constante conducta moral. Por tanto, es más que un mero sentimiento: el amor se convierte en «un hábito» o «una disposición firme en nuestro interior».[188]

INFORMACIÓN TRANQUILIZADORA SOBRE EL REMITENTE: DESCRIPCIÓN DEL ENCARCELAMIENTO DE PABLO (1:12–26)

Pablo tiene una razón especial para incluir esta sección típica de una *carta familiar*: está en prisión. No obstante, su encarcelamiento ha contribuido al avance del evangelio entre las tropas del pretorio que han escuchado el mensaje de Pablo (vv. 12–14). Si se está refiriendo a «la guardia de palacio», ¡entonces estaría hablando de más de nueve mil soldados! Los soldados hacían turnos de cuatro horas, y no sabemos con cuántos soldados tuvo contacto durante aquel periodo de aproximadamente dos años. Pero o bien Pablo tuvo la oportunidad de testificar de forma personal a un gran número de soldados, o bien los pocos soldados que tuvieron contacto directo con él encontraron su men-

---

186. Cf. *Ibíd.*, 32–33.
187. Hawthorne (*Philippians*, 21–22) argumenta que la «buena obra» solo se refiere al ministerio del evangelio que los filipenses están desarrollando, pero resulta difícil limitar este término tan amplio, sobre todo siendo que Pablo en las introducciones de sus epístolas suele dar gracias a Dios e interceder por la protección espiritual y el crecimiento de sus congregaciones.
188. Stephen E. Fowl, *Philippians* (Grand Rapids and Cambridge: Eerdmans, 2005), 33.

saje tan fascinante que lo transmitieron a muchos de sus compañeros.[189] Esta evangelización eficaz animó a otros cristianos a testificar con mayor valentía.

Al parecer, algunos de estos «predicadores» estaban intentando superar al apóstol predicando con un espíritu de «envidia y rivalidad» (vv. 15–17). Pero no preocupa a Pablo lo más mínimo porque la cuestión es que Cristo está siendo predicado, y más personas están teniendo la oportunidad de aceptar la salvación que Él ofrece (v. 18). Aparentemente, el mensaje de esos rivales es lo suficientemente sano y Pablo confía en el hecho de que la gente está escuchando el verdadero evangelio, por lo que puede decir que se goza. Lo único incorrecto es la motivación o motivaciones de esos maestros o predicadores (vv. 17–18a).[190] ¿Con cuánta frecuencia invertimos este patrón hoy y nos peleamos con personas que predican el verdadero evangelio con un espíritu competitivo, mientras que no nos enfrentamos a los que se equivocan en las doctrinas fundamentales?

Pablo admite que, estando en la cárcel, tiene una lucha interna por la que no sabía cómo orar (vv. 18b–26). Su vida ya había sido larga y dura. Pensemos que eran otros tiempos. El encarcelamiento, aunque fuera arresto domiciliario, era realmente severo. Y no tenía ninguna garantía de librarse de la cárcel, a menos que fuera por ejecución. Sabe que puede glorificar a Dios tanto si sigue vivo y siendo útil en manos de Dios, como si muere y entra en la misma presencia de Dios y en la vida por venir (vv. 20–22a). Y nos revela cuál es su dilema: «¿Qué escogeré? ¡No lo sé! Me siento presionado por dos posibilidades» (vv. 22b–23a). Esta pregunta no significa que Pablo esté contemplando la idea del suicidio, como algunos estudiosos han sugerido.[191] La palabra que traducimos por «escoger», en este contexto es más acertado traducirla por «preferir».[192] Pablo tiene la elección de orar por una cosa o por la otra, y se está refiriendo a esa deliberación. Claramente, su impresión sobre la respuesta a esa oración fue entender que su obra no había terminado, incluida la obra entre los filipenses, y que por lo tanto, seguiría vivo.

Al mismo tiempo, reconoce que estaría mucho mejor si partiera de esta vida y fuera con Cristo (vv. 23b–24). Así, cuando escribe esta epístola, se regocija en la confianza de que cuando sea el momento el Espíritu le librará de la cárcel

---

189. El pretorio también podría hacer referencia al edificio (o al cuartel) en el que vivía la guardia, en cuyo caso solo sería posible la última de estas dos opciones.

190. Cf. Fee, *Filipenses*, 177–78.

191. P. ej. Arthur J. Droge, «*Mori Lucrum*: Paul and Ancient Theories of Suicide», *NovT* 30 (1988): 263–86; James L. Jaquette, «A Not–So–Noble Death: Figured Speech, Friendship and Suicide in Philippians 1:21–26», *Neot* 28 (1994): 177–92.

192. Peter T. O'Brien, *The Epistle to the Philippians* (Carlisle: Paternoster; Grand Rapids: Eerdmans, 1991), 126. Además, N. Clayton Croy («"To Die is Gain" [Philippians 1:19–26]: Does Paul Contemplate Suicide?», *JBL* 122 [2003]: 517–31) apunta que Isócrates usa un lenguaje muy similar al de Pablo, *Sobre la paz*, 38–39, y que hay otros ejemplos grecorromanos en los que se usa el recurso retórico y literario de la «perplejidad fingida» para dramatizar un argumento, la conclusión del cual ya se veía venir (esp. p. 525).

para poder seguir ministrando a los filipenses (vv. 18b–19, 25–26). El hecho de que contemplara la posibilidad de estar vivo con Cristo después de la muerte y antes de la resurrección final nos habla, de nuevo, de su creencia en un estado intermedio incorpóreo y consciente de dicha en la presencia del Dios trino (recuérdese el comentario de 2Co 5:1–10).[193]

PETICIÓN DE INFORMACIÓN TRANQUILIZADORA SOBRE LOS RECEPTORES: LLAMAMIENTO A VIVIR COMO CRISTO (1:27–2:18)

Viviendo de acuerdo con el evangelio (1:27–30). Aquí tenemos el núcleo teológico central de la carta, pero, siguiendo el patrón de una epístola familiar, el formato en el que aparece no es más que la sección siguiente de ese tipo de epístola. Ahora, el apóstol desea saber sobre la conducta de los filipenses y poder quedarse tranquilo, del mismo modo en que está tranquilo en cuanto a su propia conducta. Y si él o ellos experimentan más persecución por esa razón, no es preocupante (1:27–30). Su interpretación de dicha oposición, que está afligiendo a los filipenses de la misma forma que afligió a Pablo cuando llegó a Filipos, es similar a la de 2ª Corintios 2.15–16: es una señal de salvación para los creyentes, y de condenación para los perseguidores (v. 28). Dado que Pablo fue arrestado y encarcelado en Filipos después de que los griegos lo llevaran ante las autoridades (Hch 16:19–28), es lógico pensar que aquí se está refiriendo a la hostilidad por parte de los gentiles de la ciudad (ver también p. 378).[194] Es sorprendente ver que Pablo concibe el sufrimiento como un regalo que Dios da a los creyentes; es un privilegio puesto que produce santificación y lleva a la glorificación última.[195] Para Stephen Fowl, toda esta epístola se resume en la elección que el apóstol plantea a los filipenses en estos versículos, que consistiría en gloriarse en las ventajas que tienen por tener ciudadanía romana, o gloriarse en una vida digna del evangelio y en su ciudadanía celestial (cf. 3:20).[196]

Imitando el sacrificio de Cristo (2:1–11). La unidad con Cristo que lleva a la madurez y a soportar el sufrimiento, también lleva a los creyentes a imitar a Jesús en otro área: la de poner los intereses de los demás por encima de los propios. En 2:14 se habla de la humildad cristiana, que es posible únicamente por la obra del Espíritu (v. 1). Saber que en Filipos practican esa conducta le

---

193. Cf. Moisés Silva, *Philippians* (Grand Rapids: Baker, rev. 2005), 80–82.

194. Cf. Fee, *Filipenses*, 229–36. No obstante, algunos comentaristas dicen que esta oposición es la causada por los judaizantes, en cuyo caso no habrían salido de dentro de la iglesia, sino que se trataría de intrusos que habían venido de fuera (contrastar, p. 378).

195. No nos atrevemos a separar el sufrimiento por la fe de otro tipo de sufrimientos. Como Silva (*Philippians*, 97–98) explica, «para la persona totalmente comprometida con el servicio a Cristo, toda aflicción y toda frustración se convierte en un obstáculo para poder cumplir el objetivo de servir a Cristo. Es erróneo pensar que los creyentes que disfrutan de libertad religiosa y que no sufren persecución o discriminación religiosa están en desventaja porque no tienen un elemento esencial para la santificación».

196. Fowl, *Philippians*, 62 y en muchos otros lugares.

dará a Pablo una mayor alegría (v. 2). Por definición, lo que Pablo desea es lo contrario a la concepción egoísta de «buscar al número uno» (v. 3). El versículo 4 es tan radical que muchas traducciones (incluida la NVI) reducen su fuerza. Pero la versión inglesa TNIV capta el sentido literal: «No mirando cada uno sus propios intereses, sino mirando los intereses de los demás».[197]

Con 2:5–11, llegamos a la porción más famosa de toda la carta. La humildad que Pablo espera de los filipenses consiste en imitar no solo el comportamiento de Cristo en su encarnación, sino, principalmente, en su crucifixión (v. 5).[198] Los versículos 6–11 forman lo que normalmente se conoce como el himno filipense. En el texto griego, se trata de un pasaje poético, estructurado de forma simétrica, con una gran concentración de enseñanza cristológica fundamental, y perfectamente separable del contexto en el que aparece, una vez el pronombre relativo introductorio se sustituye por su antecedente, «Cristo Jesús». Todos estos detalles son semejantes a los rasgos que suelen caracterizar a los primeros credos y e himnos cristianos.[199] Claro está, es perfectamente posible que Pablo compusiera él mismo un pasaje así,[200] pero es interesante notar que el texto tal y como lo tenemos tiene dos estrofas de casi la misma longitud, estableciendo así un equilibrio entre la humillación de Cristo (vv. 6–8) y su vindicación (vv. 9–11). A su vez, cada una de las estrofas contiene otras tres de tres versos cada una, con énfasis en tres sílabas. Cada verso termina en un lugar natural en la progresión del pensamiento, y cada estrofa presenta una etapa concreta de la experiencia de Cristo: la Encarnación, el rebajamiento o despojo y el sufrimiento; la resurrección, la exaltación y la glorificación universal. Pero al final del versículo 8 aparece una proposición que rompe este perfecto patrón: «y muerte de cruz».

Dado que «Jesucristo, y éste crucificado» es el centro del mensaje de Pablo (1Co 2:2), una posibilidad sería que Pablo tomó una confesión de los primeros cristianos bien conocida, y la adaptó insertando ese verso con énfasis en dos sílabas.[201] Si esta hipótesis es correcta, entonces tenemos un ejemplo más de que en una época muy temprana, es decir, mucho antes de que el apóstol escribiera las cartas indiscutiblemente paulinas, ya había una clara comprensión sobre la persona y la obra de Cristo. Esto vendría a contradecir las hipótesis

197. Ver también Bockmuehl, *Philippians*, 113–14.
198. De hecho, el texto es más elíptico: «Pensad esto entre vosotros lo cual también en Cristo Jesús». ¿Qué se supone que tenemos que añadir antes de «en Cristo Jesús»? ¿«Estaba»? ¿O «vosotros estáis»? Puede que la ambigüedad sea algo deliberada. Podría ser que Pablo quisiera afirmar las dos cosas: que debemos imitar a Cristo y que lo podemos hacer solo cuando estamos unidos a Él. Ver Silva, *Philippians*, 109–10.
199. Encontrará un catálogo completo de criterios para identificar credos o himnos en Barth, *Ephesians, 1–3*, 7–8.
200. Ver esp. Gordon D. Fee, «Philippians 2:5–11: Hymn of Exalted Pauline Prose?», *BBR* 2 (1992): 29–46.
201. Ver Ernst Lohmeyer, *Kyrios Jesus* (Heidelberg: Winter, 1928); respaldado y más trabajado por Ralph P. Martin, *A Hymn of Christ* (Downers Grove: IVP, 1997). Martin también ofrece una historia de la investigación y una exégesis detallada de este pasaje.

evolucionistas, que dicen que el credo cristiano tal y como lo conocemos hoy no se formó hasta el final de la segunda generación del cristianismo.[202]

Las afirmaciones cristológicas de este pasaje son: *(1) Jesús era completamente divino (v. 6a)*. Aunque la palabra *morphe* puede significar «forma» en el sentido de «tan solo la apariencia externa», vuelve a aparecer en el versículo 7, en el que Pablo enfatiza la humanidad de Jesús y su condición de siervo. Por lo que la NVI hace bien en traducir esa palabra por «naturaleza» en ambos versículos.[203] *(2) Jesús existía antes de su encarnación (v. 6b)*. Si no, no podría haber escogido de forma consciente no aferrarse a su posición en los cielos para venir a la tierra.[204] La expresión «como algo a que aferrarse» (*harpagmos*) ha generado bastante controversia, pero la mejor manera de entenderla es un estado elevado o eminente del que Jesús decidió no asirse. No significar que hubo un tiempo en el que no fue igual a Dios.[205] *(3) Durante la encarnación, Jesús se vació del ejercicio independiente de sus atributos divinos (v. 7a)*. El verbo que traducimos por «se rebajó *voluntariamente*» o «se despojó a sí mismo» (de *kenoo*), de donde procede la palabra *kenosis* (término usado en el debate teológico para referirse a lo que Cristo renunció para encarnarse), en este contexto probablemente se refiere a entregarse totalmente en servicio a los demás.[206] Pero cuando uno se pregunta qué podía hacer Jesús y qué no podía hacer según los Evangelios durante su vida en la tierra, está claro que conservó el poder divino para hacer milagros, pero lo usó solo cuando era la voluntad de Dios. Si pensamos en la totalidad de su ministerio, el uso de ese poder no fue la norma, sino algo más excepcional.

(4) Jesús era completamente humano (v. 7b). La palabra «semejante», en algunos contextos, también significa «tan solo la apariencia», pero, dado que en el mismo versículo aparece la palabra «naturaleza», se debe estar refiriendo a que es exactamente igual. (5) *Jesús se rebajó tanto que se sometió a la muerte más degradante y espantosa, la crucifixión*, que estaba reservada para los esclavos y los peores criminales (v. 8). *(6) En consecuencia, Dios lo exaltó, literalmente, a un lugar más elevado del que había ocupado antes* (v. 9; de

202. Ver Hurtado, *Lord Jesus*, 146–49.

203. En cuanto a esto y otros detalles exegéticos en esta lista de ítems, ver esp. Paul D. Feinberg, «The Kenosis and Christology: An Exegetical–Theological Analysis of Philippians 2:6–11», *TrinJ* 1 (1980): 21–46. Markus Bockmuehl («"The Form of God" [Phil. 2:6]: Variations on a Theme of Jewish Mysticism», *JTS* 48 [1997]: 1–23) propone una hipótesis interesante: que *morphe* en este texto también hace referencia a la forma divina visible revelada en las teofanías veterotestamentarias y en la encarnación de Cristo.

204. En contra de los que ven solo una cristología adámica —el verdadero hombre viniendo al mundo— ver Lawrence D. Hurst, «Re–enter the Pre–existent Christ in Philippians 2.5–11?», *NTS* 32 (1986): 449–57; y Charles A. Wanamaker, «Philippians 2.6–11: Son of God or Adamic Christology?», *NTS* 33 (1987): 179–93.

205. Ver esp. Rit W. Hoover, «The HARPAGMOS Enigma: A Philological Solution», *HTR* 64 (1971): 95–119.

206. Hawthorne, *Philippians*, 86.

huperupsoo). Una vez más, esto no significa que antes no fuera Dios, y que no fuera reconocido como Dios hasta después de la resurrección. *(7) Un día todos los poderes del Universo reconocerán a Cristo (vv. 10–11).* La expresión «en el cielo y en la tierra y debajo de la tierra» es una forma de referirse no solo a la humanidad, sino también a los seres angelicales y a los seres demoníacos. Pablo no está diciendo que un día todos serán salvos porque está citando Isaías 45:23–24, que añade que los enemigos de Dios serán avergonzados. Por tanto, lo que recoge es que, ante la realidad del retorno visible de Cristo, todos se verán forzados a reconocer que es Señor, aunque no lo hayan aceptado de forma voluntaria como su Señor recibiendo así la salvación.[207]

EL HIMNO FILIPENSE (2:6–11)

Estrofa 1: El rebajamiento de Cristo

Quien, siendo por naturaleza Dios,
no consideró el ser igual a Dios
como algo a qué aferrarse.

La actitud

Por el contrario, se rebajó voluntariamente,
tomando la naturaleza de siervo
y haciéndose semejante a los seres humanos.

El despojo

Y al manifestarse como hombre,
se humilló a sí mismo
y se hizo obediente hasta la muerte,

La humillación

¡y muerte de cruz!

¿Añadido por Pablo?

Estrofa 2: La exaltación de Cristo

Por eso Dios lo exaltó hasta lo sumo
y le otorgó el nombre
que está sobre todo nombre,

La restauración

para que ante el nombre de Jesús
se doble toda rodilla
en el cielo y en la tierra y debajo de la tierra,

La adoración

y toda lengua confiese
que Jesucristo es el Señor,
para gloria de Dios Padre.

La confesión

---

207. O'Brien, *Philippians*, 243. Encontrará una amplia antología de diferentes perspectivas de Filipenses 2:5–11 en Ralph P. Martin y Brian J. Dodd, eds., *Where Christology Began: Essays on Philippians 2* (Louisville: WJKP, 1998). Y, como con Ro 10:9–10, si Jesús es Señor, entonces el César y Roma no lo son.

Esforzándose en la salvación (2:12–18). Este maravilloso himno debía de animar mucho a los filipenses (vv. 12–18). Debía llevarles a «ocuparse en su salvación con temor y temblor» (v. 12), comprometiéndose de nuevo a vivir como discípulos de Jesús a pesar de las dificultades que eso conllevaba, y hacerlo porque reconocían lo que Cristo había hecho por ellos y entendían el gozo que les esperaba a largo plazo. Los versículos 12 y 13 ilustran el equilibrio entre la Soberanía de Dios y la responsabilidad humana, que aparece una y otra vez a lo largo de toda la Biblia. Nadie puede *esforzarse para* conseguir la salvación, pero, una vez salvo, todo creyente puede *esforzarse en* su salvación, dando frutos que muestren que su arrepentimiento es genuino (Mt 3:8). Y de todos modos, esa actividad también es imposible sin la obra de Dios en la vida del creyente, según la voluntad divina.[208] En este contexto, la voluntad de Dios es que los creyentes se desmarquen del mundo pecaminoso que les rodea: ellos no deben quejarse ni pelearse, y deben ser intachables y puros.[209] Además, ¡eso es necesario para la evangelización! (vv. 14–16). Entonces, tanto Pablo como los filipenses se podrán seguir alegrando, aun en el caso de que después de tenerlo un tiempo en la cárcel, lo sentencien a muerte (o aunque él se sienta en ese momento un moribundo; vv. 17–18).

INFORMACIÓN SOBRE EL MOVIMIENTO DE LOS MENSAJEROS: TIMOTEO Y EPAFRODITO (2:19–30)

Después de la sección más teológica de toda la carta, pasamos a la sección más personal. Esta sección de la epístola familiar ofrece información sobre las personas que viajan desde donde está el autor o autores hasta donde están los receptores, y viceversa. En este caso, los principales intermediarios entre Pablo y los filipenses son Timoteo y Epafrodito. Ambos son siervos de Pablo y de Dios y han demostrado ser siervos fieles y excepcionales, por lo que los filipenses deben recibirles, lo que provocará la alegría de Pablo. Timoteo vive las prioridades que encontramos en 2:1–4, y por eso les servirá de modelo hasta que el apóstol pueda visitarles en persona (v. 19–24). Al parecer, Epafrodito fue a visitar a Pablo como representante de los filipenses, para llevarle la ofrenda que estos habían reunido y para serle de ayuda en la cárcel. Una vez allí enfermó y estuvo a punto de morir, pero luego se recuperó, y ahora Pablo quiere enviarlo de regreso a casa para tranquilizar a los filipenses, que están comprensiblemente preocupados (vv. 25–29).[210]

---

208. Ver D.A. Carson, *Divine Sovereignty and Human Responsibility* (London: Marshall, Morgan & Scott; Atlanta: John Knox, 1981).

209. Los términos aquí no se refieren a la perfección por la ausencia del pecado, sino a una madurez moral libre del criticismo externo justificable. El mismo tipo de lenguaje aparece en 3:6 cuando Pablo se refiere a su vida antes de conocer a Cristo. Cf. O'Brien, *Philippians*, 380–81.

210. «En el v. 30 podría haber un bello juego de palabras. El participio *paraboleusamenos*, que significa "arriesgado", "apostado" o "jugado", y podría que fuera Pablo quien lo acuñara. El nombre Epafrodito significa 'favorito de Afrodita', la diosa del juego (entre otros vicios), cuyo nombre se invocaba al jugar a los dados, para que diera suerte. Por tanto, Pablo podría estar diciendo que Epafrodito tiró el dado, pero

PREOCUPACIÓN ESPECIAL: ADVERTENCIA SOBRE LOS FALSOS MAESTROS (3:1–4:1)

Pablo ahora inserta la primera de las secciones extra de esta epístola familiar, reflejando las circunstancias inmediatas de la iglesia en Filipos. Los judaizantes le preocupan; como en Gálatas y en 2ª Corintios, Pablo reserva su condena más contundente para el ala judeocristiana más legalista y nacionalista que amenaza con dejar atrás la base de la salvación, que es solo por gracia y solo a través de la fe. La expresión que traducimos por «por lo demás» y que algunas versiones traducen por «finalmente» (*to loipon*) no indica que el autor esté a punto de concluir la carta; simplemente introduce la última cuestión teológica principal de la carta.[211] «Lo mismo» (v. 1) no tiene por qué hacer referencia a una carta paulina anterior, pues Pablo lleva toda la carta diciéndoles a los filipenses una y otra vez que se regocijen. Y la transición del versículo 1 al versículo 2 no es tan abrupta como puede parecer, pues la referencia a la «seguridad» prepara el camino para la advertencia que aparece en la siguiente sección.[212]

Pablo toma la palabra peyorativa que los judíos utilizaban para referirse a los gentiles («perros»), y la utiliza para describir a los judaizantes (v. 2). Pablo los llama también como «esos que mutilan el cuerpo», y lo puede hacer porque ponen la circuncisión como requisito para salvarse (recuérdese Hechos 15:1). El apóstol recuerda a sus lectores que los cristianos son ahora la verdadera circuncisión, la circuncisión espiritual (v. 3; recuérdese Col 2:11–12). Él ha entendido que los credenciales judíos ya no tienen validez a la hora de acercarse a Dios. No obstante, dado que los judaizantes se jactan de su *pedigrí*, Pablo les habla de su trasfondo impecable (v. 4; recuérdese 2ª Corintios 11:22): no solo fue circuncidado, sino que además descendía de una tribu honorable, no era un judío heleno, sino hebreo de pura cepa, formaba parte de la élite de los fariseos y, antes de su conversión, su celo por la ley y la persecución de los cristianos, que según él impedían que Israel recibiera las bendiciones de Dios, era intachable (vv. 5–6).[213]

Sin embargo, como cristiano, Pablo reconoce que ese *currículum* no sirve de nada. Lo único que sirve es que ahora Cristo es su Señor y que ya no tiene que ganarse el favor de Dios a través de las obras de la Torá (vv. 7–11). Esos esfuerzos religiosos en los que ya no confía, ahora los ve como «basura» (v.

---

en la obra del Señor se jugó su propia vida para ejercer de parte de los filipenses el servicio que de otro modo no habría podido ofrecer» (Witherington, *Philippians*, 81).

211. Jeffrey T. Reed, «Philippians 3:1 and the Epistolary Hesitation Formulas: The Literary Integrity of Philippians Again», *JBL* 115 (1996): 82–83.

212. Demetrius K. Williams, *Enemies of the Cross of Christ: The Terminology of the Cross and Conflict in Philippians* (London: SAP, 2002), 149–53.

213. En la versión inglesa NVI, en el versículo 6 pone «justicia legalista», lo cual es una exageración de lo que pone en el texto griego, que no es más que «las obras de la ley». Pero *amemptos* («intachable») no significa sin pecado. Pablo solo está diciendo que él era tan devoto a la Torá como el que más (ver el comentario de Gá 1:11–14). Ver Alan J. Thomson, «Blameless before God?», *Themelios* 28: (2002): 5–12.

8; *skubala*), expresión igual de fuerte que las que usa en 1ª Corintios 4:13 (ver arriba, p. 200).[214] En cambio, con la misma pasión e intensidad, ahora solo desea crecer en Cristo, entender el poder tanto de la muerte como de la resurrección de Jesús, para responder de forma adecuada a sus sufrimientos, y entonces disfrutar de su recompensa celestial (vv. 10–11). El versículo 11 no significa que Pablo dude de si va a alcanzarla o no, sino que simplemente admite que no entiende el proceso de forma completa.[215]

Al mismo tiempo, Pablo nunca da por sentado que ya ha llegado a la madurez máxima o que ahora puede vivir de forma indiferente y siguiendo la ley del mínimo esfuerzo porque ya tiene la salvación asegurada. La «seguridad eterna», que los reformadores llamaron acertadamente «la perseverancia de los santos», significa que los que son creyentes verdaderos perseverarán. Pero la única forma de saber quiénes son esas personas es mirando y viendo quiénes se mantienen en la fe. Una actitud demasiado displicente ante la vida cristiana podría indicar que una persona no es realmente salva. Pablo opta por la actitud contraria, que consiste en perseverar y esforzarse por el premio celestial que le espera en la vida por venir (vv. 12–14). Ciertamente, él espera que todos los cristianos tengan esa actitud, reconociendo siempre que Dios es quien guía a los creyentes hacia la comprensión de cómo deben vivir su fe (v. 15). Pero cualquiera que esté en la iglesia debería mostrar al menos el deseo de no apartarse y de mantener el nivel de madurez que ya ha alcanzado (v. 16).[216]

Como en todas sus epístolas, Pablo no solo dice a sus lectores cómo deben vivir, sino que además se pone a él mismo (y a otros creyentes con su actitud) como ejemplo a imitar (v. 17). Modelos así son de vital importancia, sobre todo cuando existen otros modelos radicalmente diferentes que compiten por la lealtad de los cristianos. Los versículos 18–19 podrían referirse a un elemento hedonista entre los no creyentes gentiles de Filipos, pero hasta el momento en la carta no ha aparecido nada que prepare al lector para sacar esa conclusión aquí. Así que probablemente debamos entender estos versículos como otra alusión a los judaizantes de 3:2–6, que incluye un ataque directo a la insistencia de observar las leyes alimenticias («su dios es el estómago», v. 19).[217] Además, la palabra griega *koilia* no solo se refería al estómago; a veces se usaba como eufemismo para «el órgano sexual, por lo que Pablo podría estar diciendo que ven su circuncisión como un ídolo».[218]

---

214. «Basura, deshecho, u otras palabras más fuertes como estiércol: todas esas cosas que tiramos afuera cuando no tenemos instalación de tuberías» (Carolyn Osiek, *Philippians, Philemon* [Nashville: Abingdon: 2000], 91).

215. Ralph P. Martin, *Philippians* (London: Marshall, Morgan & Scott, 1976; Grand Rapids: Eerdmans, 1980), 135–36.

216. Ver más en Fee, *Filipenses*, 445–56.

217. Encontrará una larga lista de opciones en Hawthorne, *Philippians*, 163. Williams (*Enemies of the Cross of Christ*, 221–22), de forma natural, hace referencia a las demás descripciones que se han hecho de los judaizantes en el mismo capítulo, aunque dice que esos opositores podrían ser libertinos.

218. Marshall, *Philippians*, xxiv.

Somos conscientes de que Pablo ya ha aclarado que comer o no comer comida *kosher* es, en la era del nuevo pacto, una cuestión moral indiferente (Ro 14–15). Pero del mismo modo que la circuncisión y cualquier otra obra de la ley, cuando alguien la presenta como un requisito para la salvación, está negando la justificación por fe. Los que promueven ese tipo de legalismo o nomismo, sean conscientes o no, se han convertido en «enemigos de la cruz de Cristo» porque si la salvación puede alcanzarse a través de la obediencia de la Torá, entonces la crucifixión no es necesaria.

Centrarse en la comida representa pensar en «lo terrenal», mientras que los cristianos deberían centrarse en las realidades celestiales. Muchos de los romanos que vivían en Filipos se gloriaban en los privilegios que tenían gracias a su ciudadanía terrenal, pero Pablo quiere que los cristianos filipenses no se vean como judíos o gentiles, sino como ciudadanos de una nueva forma de existencia que no aparecerá de manera completa hasta que Cristo regrese (vv. 20–21).[219] Al mismo tiempo, la naturaleza incompleta del reino de Dios (el ya, pero todavía no), apunta a que su pueblo es una colonia o una avanzada (otras posibles traducciones de *politeuma* o «ciudadanía») del cielo en este mundo.[220] Es nuestra responsabilidad ser modelo de lo que la vida de santidad puede aportar a nuestras sociedades. Así es como nos mantenemos «firmes en el Señor» (4:1).[221]

INSTRUCCIONES, AGRADECIMIENTO Y SALUDOS FINALES (4:2-23)

Un ruego a dos mujeres enfrentadas (4:2–3). Como hemos podido ver, las epístolas familiares o de amistad no ordenan su contenido en secciones claramente teológicas, y secciones claramente exhortativas. De hecho, Pablo ha ido incluyendo exhortaciones a lo largo de toda la carta. No obstante, ahora que la carta está llegando al final, hay necesidad de dedicar un espacio claro. Evodia y Síntique son dos mujeres de la iglesia de Filipos sobre las que no sabemos nada aparte de lo que podemos deducir de estos versículos. Entre ellas hay algún tipo de desacuerdo lo suficientemente serio como para que Pablo le pida a un amigo cercano cuyo nombre no se menciona que intervenga para solucionar el problema.[222] El hecho de que las mencione por nombre podría apuntar a que estas mujeres tenían un papel prominente en la congregación.[223]

---

219. El «cuerpo miserable» probablemente se refiera a la disciplina que experimenta a causa de la humildad de la que describe en 2:2–5 e ilustra en 2:6–11. Esto no es un desprecio de nuestro cuerpo físico. Ver Peter Doble, «"Vile Bodies" or Tranformed Persons? Philippians 3.21 in Context», *JSNT* (2002): 3–27.

220. Cf. Silva, *Philippians*, 214.

221. Cf. Witherington, *Philippians*, 98.

222. La expresión «fiel compañero» es en griego γνήσιε σύζυγε, que podría traducirse también por «leal Sícigo», entendiendo la segunda palabra como un nombre propio. Pero no era un nombre muy común, y su significado (literalmente, «compañero de yugo») encaja muy bien aquí. Recuérdese que Pablo tampoco identificó a los «hermanos» de 2Co 8:23.

223. Porque en la iglesia de Filipos había mujeres que ocupaban un lugar prominente. Ver A. Boyd Luter, «Partnership in the Gospel: The Role of Women in the Church at

Tres mandatos: regocijaos, orad y pensad en lo bueno (4:4–9). A lo largo de la carta, Pablo ya ha hablado una y otra vez de su gozo. Ahora, manda a los filipenses que se alegren o regocijen (v. 4). Pero la alegría de la que habla no tiene por qué ser exuberancia bulliciosa; también se puede ser mesurado y feliz (v. 5). En lugar de dejar que la ansiedad les consuma, deben llevar todas sus preocupaciones al Señor en oración, que puede darles una paz sobrenatural, independientemente de cuál sea la respuesta a sus oraciones (v. 6). Si uno se centra en lo que es verdadero, en lo bello y lo excelente, eso también ayuda a tener una mente bien amueblada (vv. 7–8). Y una vez más, a la hora de ofrecer un modelo a imitar, Pablo no solo hace referencia a sus enseñanzas, sino también a su conducta (v. 9).

Un agradecimiento ingrato (4:10–20). Ésta es la segunda vez que Pablo inserta una sección extra, es decir, una sección que no encaja con el esquema típico de la epístola familiar. Si la razón principal por la que los filipenses han contactado con Pablo es la ofrenda que le han enviado con Epafrodito, entonces Pablo tiene que expresar su gratitud por ese regalo. Al mismo tiempo, como culturalmente había una serie de obligaciones recíprocas entre patrones y clientes (ver arriba, p. 188), si Pablo declarara su gratitud de forma explícita y formal, hubiera transmitido la intención de devolver el favor de algún modo. Así que Pablo hace algo semejante a dar las gracias, ¡pero sin hacerlo de forma demasiado explícita! En consecuencia, toda esta sección oscila entre las palabras con las que Pablo aprueba la preocupación de los filipenses por él (vv. 10–11, 14–16) y las palabras con las que expresa que se las podría haber arreglado sin su ayuda (vv. 12–13, 17–18). Si los filipenses necesitan que Pablo les devuelva el favor, Dios mismo podrá proveerles (vv. 19–20).[224] Los versículos que aparecen aquí no deben sacarse de su contexto. Los versículos 11–12 fuera de contexto pueden sonar a resignación estoica; aquí, reflejan una admirable confianza en la suficiencia de Dios.[225]

Claramente, el versículo 13 no significa que los cristianos pueden realizar hazañas físicas o mentales que de otra forma serían imposibles para sus cuerpos o mentes, o que Dios les va a dar la capacidad sobrenatural de realizar obras o un servicio para el que no les ha dado dones o al que no les ha llamado. El «todo» del que Pablo habla queda definido por los dos versículos anteriores: ha aprendido a

---

Philippi», *JETS* 39 (1996): 411–20.

224. Ver esp. Gerald W. Peterman, «"Thankless Thanks": The Epistolary Social Convention in Philippians 4:10–20», *TynB* 42 (1991): 261–70: Ídem, *Paul's Gift from Philippi* (Cambridge and New York: CUP, 1997), 121–61.

225. Abraham J. Malherbe, «Paul's Self–Sufficiency (Philippians 4:11», en *Friendship, Flattery and Frankness of Speech*, ed. John T. Fitzgerald (Leiden and New York: Brill, 1996), 125–39.

contentarse sea cual sea su situación económica.[226] Al mismo tiempo, agradece el apoyo de los filipenses, no solo la ofrenda, sino su fidelidad al evangelio.[227]

Saludos finales (4:21–23). No menciona ningún nombre en particular, ni de los que envían saludos con él, ni de aquellos a los que envía saludos, aunque es evidente que estas dos categorías están presentes. Sin embargo, Pablo sí alude una vez más a su encarcelamiento en el pretorio, pues envía saludos de parte de «los de la casa del Emperador»[228] que se han convertido al cristianismo. Y, por último, cierra con su característica mención de la gracia, deseando que esté con sus destinatarios.

APLICACIÓN

Podemos extraer al menos una aplicación para el ministerio de cada una de las principales secciones. (1) Da gracias a Dios por el crecimiento de las personas entre la que ministras, independientemente de lo errático que ése sea, y continúa orando fervientemente pidiéndole a Dios que les siga ayudando a avanzar hacia la madurez. (2) Desafía a aquellos a los que sirves animándoles a poner a los demás por encima de sus propios intereses, pensando que eso producirá una unidad que es imposible cuando la persona quiere ser el centro. Sé tu modelo de esa actitud, para que puedan ver cómo es posible. (3) Elogia públicamente a los creyentes fieles, especialmente a aquellos que han trabajado duro y han hecho sacrificios importantes por seguir a Jesús y por el avance de su reino. (4) Cuando la salvación de las personas está en juego, pronúnciate con dureza en contra de la herejía. Pero asegúrate de escoger bien qué batallas librar. Que solo sea por cuestiones realmente fundamentales: ¡no destruyas la unidad del Cuerpo por doctrinas secundarias o que no tienen que ver con la salvación! Si tan solo es por la motivación errónea o la rivalidad de creyentes que está predicando el verdadero evangelio, ¡regocíjate de todos modos! (5) Da gracias a las personas por su apoyo, y conténtate, sea grande o pequeño.

Pero detrás de todos estos temas está el gozo extraordinario de Pablo en medio del encarcelamiento, de la competitividad con la que le tratan otros cristianos, y de los ataques que acechan a sus hijos espirituales. Ese gozo solo es posible si existe una firme confianza en el amor y el cuidado soberano de Dios. Solo es real si existe un firme compromiso a imitar al Jesús que fue a la cruz. La vida cristiana y el ministerio cristiano en el mundo occidental de hoy, bajo la influencia de la cultura de los «derechos inalienables», la «autorreali-

---

226. Fee, *Filipenses*, 543: «Los que tienen "necesidad" aprenden a tener paciencia y confianza en medio del sufrimiento; los que tienen "abundancia" aprenden a ser humildes y a depender de Dios aun en medio de la prosperidad, ¡por no mencionar el gozo de ofrendar de forma desinteresada!».

227. Ver esp. John Reumann, «Contributions of the Philippian Community to Paul and to Earliest Christianity», *NTS* 39 (1993): 438–57. Cf. también Craig S. Wansink, *«Chained in Christ»: The Experience and Rhetoric of Paul's Imprisonments* (Sheffield: SAP, 1996), 146.

228. Ya fueran funcionarios o esclavos imperiales, pero no hay que confundirlos con la guardia de palacio. Ver Witherington, *Philippians*, 135–36.

zación», y los rígidos límites que buscan proteger la propiedad y la psique del que sirve, no tienen mucho margen para comprender y mucho menos experimentar este tipo de sufrimiento y este tipo de gozo. Ciertamente, debemos centrarnos en imitar a otros quienes, como Pablo, ya han caminado por el camino de un discipulado contracultural.[229]

PREGUNTAS

1. ¿Por qué Filipenses se estudia aparte de las demás epístolas carcelarias? En cuanto al lugar en el que Pablo estaba encarcelado cuando escribió Filipenses, ¿cuáles son las tres opciones posibles? ¿Qué evidencias hay tanto a favor como en contra de cada uno de los lugares?

2. ¿Qué razón principal motiva al autor a escribir esta carta? ¿Cuál es la mejor forma de describir esta carta, y cuáles son sus temas principales? ¿De qué modo se puede defender que esta carta es una unidad literaria?

3. Resume la parte teológica central de Filipenses. ¿Qué nos dice el himno cristológico sobre la cristología del cristianismo primitivo? ¿Qué verdades específicas sobre la persona de Jesucristo encontramos en este himno?

4. ¿Cuál es la principal digresión de Pablo que se aleja de la forma de epístola familiar y del tema de soportar la persecución con gozo? ¿De qué forma usa Pablo su situación anterior como judío modélico y su situación presente como cristiano en su argumentación contra los judaizantes? ¿Qué es lo que los judaizantes quieren lograr? ¿Ves en la actualidad algún paralelismo?

5. ¿Cuál es el tema de la segunda inserción extra que Pablo añade a esta epístola familiar? ¿De qué modo el contexto histórico nos ayuda a comprender esta sección de Filipenses?

6. ¿Cuál sería un buen resumen de Filipenses 4:3, y de qué forma en muchas ocasiones los cristianos lo utilizamos mal?

7. Identifica una aplicación contemporánea de cada una de las secciones de la carta. ¿Cuáles son algunas de las características de la sociedad occidental contemporánea a las que deberíamos renunciar para que los cristianos podamos disfrutar del gozo que Pablo exhibe a pesar de sus difíciles circunstancias?

---

229. Fowl (*Philippians*, 220) desarrolla esta idea: «Si las iglesias … no están animando a los cristianos ni permitiendo que tengan y mantengan ese tipo de amistad con Dios y con los demás, el Estado no tiene por qué temernos y no hay razón para sernos hostil». Cf. también p .1671: «La única arrogancia que rodea al tema de la imitación sería la arrogancia de aquellos tan influenciados por la cultura individualista que creen que pueden ir por ese camino… sin observar, sin aprender de aquellos que ya lo han caminado, y sin imitarles».

8

LAS EPÍSTOLAS PASTORALES:
INTRODUCCIÓN GENERAL

1ª y 2ª Timoteo y Tito son las únicas epístolas del Nuevo Testamento que están dirigidas a pastores. Timoteo estaba pastoreando la iglesia de Éfeso; Tito, la de Creta. O al menos esa es la información que encontramos en estas tres epístolas. Por ello, los estudiosos modernos las suelen llamar las «epístolas pastorales». Conocemos bien a Timoteo porque acompañó a Pablo en dos de sus viajes misioneros (en el segundo y en el tercero: Hechos 16–19). Y también aparece como remitente junto a Pablo en cinco de las cartas indiscutiblemente paulinas. A Tito lo conocemos solamente porque Pablo lo menciona en otras cartas, pero sabemos que desempeñó un papel importante en la visita a Jerusalén de Gálatas 2:1–10, y que fue un emisario a los corintios y en Corintio supervisó la colecta que allí se hizo (2Co 7–8).[1] Los contenidos de estas tres cartas coinciden bastante, sobre todo los de 1ª Timoteo y Tito. El estilo lingüístico de las tres también es extremadamente similar. Por lo que tiene mucho sentido hacer algunos comentarios generales, antes de pasar al comentario de cada carta en particular.

De hecho, las epístolas pastorales tienen en común tres puntos problemáticos relacionados con la cuestión histórica. *En primer lugar, los estilos lingüístico y literario solo son relativamente homogéneos, y además difieren bastante de los estilos de las demás epístolas paulinas.* En estas tres cartas encontramos hasta 175 palabras que no aparecen en ningún otro lugar del Nuevo Testamento, y otras 130 que no aparecen en ninguna de las epístolas paulinas.[2] Muchas de esas palabras son términos de la filosofía griega, como «religión», «piedad» y «modestia». En cinco ocasiones el autor describe algo que acaba de decir como un mensaje «digno de crédito» (1Ti 1:15; 3:1; 4:9; 2Ti 2:11–13; Tit 3:4–7), expresión que Pablo no utiliza en ningún otro lugar.[3] Por otro lado, otras palabras típicas de los escritos paulinos se utilizan aquí de un modo diferente, sobre todo cuando las expresiones «la fe» y «sana doctrina» se usan para referirse al depósito de la enseñanza cristiana. Además, en estas tres epístolas no aparecen términos característicos de Pablo como «evangelizar», «dar gracias», «espiritual», «sabiduría», «cuerpo» y «alma».

---

1. Dado el amplio ministerio de estas dos personas, Luke T. Johnson prefiere llamar a estas tres cartas «epístolas a los delegados de Pablo»; *Letters to Paul's Delegates* (Valley Forge: Trinity, 1996).

2. Donald Guthrie, *New Testament Introduction* (Leicester and Downers Grove: IVP, 1990), 619, n. 4.

3. Sobre esto, ver esp. George W. Knight III, *The Faithful Sayings in the Pastoral Letters* (Grand Rapids: Baker, 1979). Cf. también R. Alastair Campbell, «Identifying the Faithful Sayings in the Pastoral Epistles», *JSNT* 54 (1994): 73–86.

En segundo lugar, el énfasis doctrinal de estas epístolas parece diferente del de las cartas indiscutiblemente paulinas. La elevada cristología (esp. Tito 2:13) se parece más a la que encontramos en Efesios y Colosenses. La herejía que amenaza a las iglesias receptoras parece representar una forma judía de gnosticismo similar al que se desarrolló no antes de finales del siglo I. Y parece que estamos ante una eclesiología «católica temprana», similar a la de la iglesia institucionalizada de principios del siglo II, con su ordenación de obispos y diáconos (que contrasta con la libertad «carismática» y la estructura eclesial poco desarrollada de 1Co 12–14). En 1ª Timoteo 5:3–16 se habla, incluso, de los criterios que la iglesia debe seguir para ayudar a las viudas; los deberes de la viuda se acercan más a la línea monástica católica posterior que a lo que encontramos en el Nuevo Testamento (o en el siglo I). En muchas ocasiones se ha definido la ética que aparece en estas epístolas como una ética «burguesa», porque apunta más a una moralidad helenista convencional que al estilo de vida cristiano radical y claramente sacrificado.[4] Por otro lado, no recogen los principales énfasis doctrinales de las otras cartas paulinas, como la centralidad de la cruz, el conflicto entre la carne y el espíritu, la plenitud del Espíritu Santo, la unión con Cristo, etcétera.[5]

En tercer lugar, estas tres cartas no encajan en ninguno de los escenarios históricos recogidos en el libro de los Hechos. Al parecer, 1ª Timoteo está escrita desde Macedonia, después de que el apóstol pasara tres años en Éfeso (1:3; 3:14); Tito, después de la evangelización de Creta (1:5). Sin embargo, en Hechos 27:7–12, al principio del accidentado viaje por mar de Pablo, Lucas no menciona la presencia de cristianos en la isla, como hace en otras ocasiones en las que Pablo viaja por barco y los creyentes se acercan al puerto, aunque solo sea para saludarle de forma breve (p. ej., 21:1–9 e incluso 27:3, que se trata del mismo viaje del que estamos hablando). No obstante, este viaje culmina con el arresto domiciliario de Pablo en Roma, por lo que en Hechos ya no vuelve a aparecer como un hombre libre capaz de hacer el tipo de viaje descrito en 1ª Timoteo.

En respuesta a todas estas anomalías, ha habido principalmente cuatro propuestas. *La más común entre los estudiosos modernos es la teoría de que las epístolas pastorales son seudónimas.* Incluso algunos de los que aceptan que Pablo es el autor de 2ª Tesalonicenses, Colosenses y Efesios, sostienen que las evidencias en contra de la autoría paulina de las epístolas pastorales son de mucho peso. Según esta teoría, un cristiano anónimo escribió en nombre de Pablo una generación o dos después de que éste muriera, aplicando el evangelio del apóstol a las nuevas circunstancias. A. T. Hanson defiende que 1ª Timoteo se escribió como manual para los líderes de la iglesia, Tito como una advertencia en contra de la herejía, y 2ª Timoteo buscando reforzar la tradición paulina en

---

4. Más detalles en A.T. Hanson, *The Pastoral Epistles* (London: Marshall, Morgan & Scott; Grand Rapids: Eerdmans, 1982), 3–5, 13, 31–42.

5. J.N.D. Nelly, *A Commentary on the Pastoral Eplistles: I Timothy, II Timothy, Titus* (London: Black, 1963), 18.

general.[6] Las fechas propuestas van desde la década de los 80 del siglo I hasta mediados del siglo II, aunque las aparentes alusiones a las cartas que aparecen en los escritos de Ignacio de la primera década del siglo II[7] han hecho que los estudiosos de hoy sean más reacios que anteriormente a sugerir fechas tan tardías como mediados del siglo II.

No obstante, como ya dijimos en el comentario de Efesios, no está claro que la iglesia primitiva hubiera aceptado como canónicas cartas de falsa autoría. Los ejemplos que tenemos de seudonimia cristiana temprana pretendían hacer creer que se trataba de escritos auténticos (ver arriba, p. 122). Tampoco es fácil explicar las numerosas referencias personales que aparecen en estas cartas, en particular en 2ª Timoteo, si Pablo o las otras personas mencionadas ya no estaban vivas o activas en el ministerio. Además, en el caso de que fuera un cristiano de la iglesia primitiva que quería que sus escritos tuvieran autoridad y credibilidad, por las razones que fuera, ¿por qué no eligió un escenario histórico que se pudiera asociar con la vida de Pablo?[8] ¿Y por qué escribió a pastores o delegados, en lugar de escribir a iglesias, como hacen las cartas paulinas que ya se conocían?[9]

La segunda opción es la hipótesis de los fragmentos. Según esta teoría, alguien combinó porciones auténticamente paulinas con fragmentos posteriores en los que se trataban cuestiones surgidas en las décadas posteriores a la muerte del apóstol. El defensor principal de esta perspectiva fue P.N. Harrison, en su libro escrito hace cerca de un siglo,[10] pero otros estudios posteriores, más breves, han reavivado esta hipótesis.[11] Este acercamiento explicaría las referencias personales y la demás información demasiado específica como para venir de la mano de un escritor seudoepígrafo. Si esta teoría hablara de un porcentaje de edición muy bajo y una gran cantidad de documentos auténticos, estaríamos hablando de un amplio precedente antiguo y en principio no habría objeciones a la hora de aceptar los documentos. Pero los defensores de esta hipótesis dicen que los fragmentos que proceden de Pablo son minoritarios. Eso, junto al hecho de que dichos fragmentos se debieron organizar y repartir a modo de rompecabezas, hace que la propuesta sea aún menos creíble. No se ha encontrado ningún paralelo en ningún documento (cristiano o no cristiano) de tiempos de Pablo.[12]

---

6. Hanson, *Pastoral Epistles*, 23.
7. I. Howard Marshall con Philip H. Towner, *A Critical and Exegetical Commentary on the Pastoral Epistles* (Edinburgh: T & T Clark, 1999), 5.
8. También Kelly, *Pastoral Epistles*, 9.
9. Filemón también está dirigida a una persona, pero la iglesia se reunía en su casa.
10. P.N. Harrison, *The Problem of the Pastoral Epistles* (London: Oxford, 1921).
11. Entre las obras más recientes, ver esp. James D. Miller, *The Pastoral Letters as Composite Documents* (Cambridge and New York: CUP, 1997).
12. Kelly, *Pastoral Epistles*, 29.

La tercera posibilidad, adoptada por la mayoría de evangélicos (aunque no son los únicos que la adoptan),[13] es seguir defendiendo la autoría paulina. Como con Colosenses y/o Efesios, Pablo podría haber contado con los servicios de un amanuense diferente y podría haberle dado la libertad literaria de plasmar los pensamientos del apóstol haciendo uso de su propio estilo. Lucas podría haber sido ese amanuense, y que conste que hay más evidencias que en el caso de Efesios, pues hay muchas más similitudes lingüísticas y sintácticas entre las cartas pastorales y el Evangelio de Lucas y Hechos.[14] Y las diferencias de vocabulario y estilo podrían ser tan solo un reflejo de que las diferentes cartas tratan contenidos y propósitos diferentes, de que el género también es diferente (sobre todo, dado que el autor se está dirigiendo a individuos en lugar de a toda una congregación). Otras variables incluirían su ya avanzada edad[15] en el momento en que escribió estas cartas, y su tradición ya existente (además de las «palabras fieles», encontramos elementos típicos de los credos).

Es interesante ver que en algunas secciones encontramos un buen grupo de características no paulinas, que podrían respaldar la hipótesis de los fragmentos; pero también podría encajar con la teoría de que Pablo es el verdadero autor, pues esas características aparecen cuando las cartas pastorales tratan temas que no se hallan en las cartas indiscutiblemente paulinas.[16] Además, no es cierto que en las pastorales haya datos suficientes para concluir que, estadísticamente, se diferencian mucho en cuanto al vocabulario y al estilo del resto del corpus paulino.[17] Por último, el testimonio de los padres de la iglesia, empezando con Ireneo a finales del siglo II, de forma unánime atribuye estas epístolas al apóstol Pablo.

Las diferencias teológicas entre las pastorales y las otras epístolas paulinas no son marcadas; más bien tienen que ver con el hecho de que en unos lugares se hace más hincapié en una doctrina que en otras. Ya hemos visto la elevada cristología de Romanos 9:5 y Filipenses 2:6–11. Filipenses 1:1 menciona a los obispos y a los diáconos como los dos grupos de liderazgo de la iglesia, mien-

---

13. Fuera del mundo evangélico, ver esp. Luke T. Johnson, *The First and Second Letters to Timothy* (New York and London: Doubleday, 2001), 55–99; más brevemente, cf. Kelly, *Pastoral Epistles*, 27–34. Fuera del círculo anglosajón, son importantes los comentarios de Joachim Jeremias, *Die Briefe an Timotheus und Titus* (Göttingen: Vandenhoeck und Ruprecht, rev. 1975); y Ceslaus Spicq, *Les Épitres Pastorales*, 2 vols. (Paris: Gabalda, rev. 1969).

14. Ver esp. Stephen G. Wilson, *Luke and the Pastoral Epistles* (London: SPCK, 1979; Minneapolis: Fortress, 1995). No obstante, Wilson fecha estas cartas después de la muerte de Pablo, por lo que Lucas sería el único autor. En cuanto a la hipótesis tal como la hemos presentado, ver George W. Knight III, *The Pastoral Epistles* (Carlisle: Paternóster; Grand Rapids: Eerdmans, 1992), 48–51.

15. Encontrará una larga lista de datos que apuntan a que Pablo ya era muy mayor en Abraham J. Malherbe, «*Paulus Senex*», *RestQ* 36 (1994): 197–207.

16. Johnson, *1 Timothy, 2 Timothy, Titus*, 12.

17. T.A. Robinson, «Graysston and Herdan's "C" Quantity Formula and the Authorship of the Pastoral Epistles», *NTS* 30 (1984): 282–88.

tras que en Hechos 6:1–7 y 14:23 encontramos un precedente a estos oficios. Hechos 6:1–7 también recoge medidas cristianas tempranas sobre cuidar a las viudas e impedir que el sistema abuse de ellas. En 1ª Corintios y en Colosenses ya encontramos paralelos de la combinación de judaización y helenización (o la promoción de un proto–gnosticismo) que las pastorales combaten.[18] Es cierto que el autor podría en parte haber contextualizado su mensaje con el lenguaje de la ética helenista; de hecho, había bastantes coincidencias entre la filosofía grecorromana y la cristiana en cuanto a los principios básicos sobre lo que está bien, y lo que no está bien.[19] Pero la base de la ética de las pastorales es completamente cristiana, y las diferencias (incluso de contenido) se han exagerado con demasiada ligereza.[20] En contra de que en las pastorales el tema de la esperanza en la parusía ya ha desaparecido, argumentamos que contienen una escatología del «ya, pero todavía no» semejante a la que aparece en las otras epístolas paulinas (cf. 1Ti 4:1; 6:13–14; Tit 2:13; 2Ti 3:1; 4:1).[21]

En cuanto al marco histórico, existen dos posibilidades. La más aceptada es que estas tres cartas son del periodo final de la vida de Pablo, después de los años descritos en el libro de Hechos. Ya hemos visto que en el cristianismo temprano ya hay evidencias de que Pablo fue liberado del arresto domiciliario en Roma alrededor del año 62. Eso le habría dado la libertad de escribir y viajar, tal como se puede inferir de 1ª Timoteo y Tito. Y 2ª Timoteo correspondería con un segundo y último encarcelamiento durante la persecución de Nerón, que quiso acabar con los cristianos de Roma y alrededores (64–68 d.C.). Encontrará más detalles más adelante, en las introducciones a estas tres epístolas. El mayor obstáculo de esta reconstrucción histórica que acabamos de hacer es la declaración de Pablo en Hechos 20:25, cuando les dice a los líderes de Éfeso que no le volverán a ver. Es un obstáculo porque en 1ª Timoteo 1:3 parece que Pablo había estado en Éfeso antes de ir a Macedonia y ahora le ordena a Timoteo que se quede allí. Pero podría ser que hubiera estado en otro lugar, o que Hechos 20:25 esté basado en lo que Dios le había revelado a Pablo antes de su encarcelamiento en Jerusalén, y es una declaración que no tiene en cuenta el cambio de planes que se daría posteriormente.

18. Gordon D. Fee, *Comentario de las Epístolas a 1ª y 2ª de Timoteo y Tito*, 49.
19. John J. Wainwright, «*Eusebeia*: Syncretism or Conservative Contextualization?», *EQ* 65 (1993): 211–24.
20. Ver esp. Philip H. Towner, *The Goal of our Instruction: The Structure of Theology and Ethics in the Pastoral Epistles* (Sheffield: JSOT, 1989). Cf. Ídem., «Pauline Theology or Pauline Tradition in the Pastoral Epistles: The Question of Method», TynB 46 (1995): 287–314. En Marshall con Towner, *Pastoral Epistles*, 92–108, encontrará una comparación entre la teología de las pastorales y el resto de la literatura paulina; una comparación sucinta y más general, y que llega a unas conclusiones similares.
21. Ver más en Philip H. Towner, «The Present Age in the Eschatology of the Pastoral Epistles», *NTS* 32 (1986): 427–48. Encontrará un intento de encajar 2ª Timoteo en un periodo anterior a un supuesto encarcelamiento en Éfeso entre Hechos 20:3 y 4 en Terrence Y. Mullins, «A Comparison between 2 Timothy and the Book of Acts», *AUSS* 31 (1993): 199–203.

La opción menos conocida es la teoría de aquellos que dicen que Pablo escribió 1ª Timoteo y Tito durante los tres años que estuvo en Éfeso en su tercer viaje misionero. No es difícil imaginar que entre Hechos 19:20 y 21 podría haber pasado un periodo de varios meses. Quizá Pablo hizo el viaje a Corinto durante ese tiempo (ver arriba, p. 237). Ahora tanto 1ª Timoteo 1:3 como 3:14 (donde Pablo dice que espera volver a Éfeso pronto) encajan, y no existe ningún conflicto con Hechos 20:25 porque esa declaración tiene lugar en una fecha posterior. La redacción de 1ª Timoteo y Tito también podría encajar en el periodo descrito en Hechos 20:1–6, pues Pablo ha estado en Macedonia después del largo periodo en Éfeso, y al parecer sabe que quiere ver al menos a los líderes de la iglesia de Éfeso una vez más (aunque luego no llega hasta Éfeso, sino que los mandó llamar desde Mileto; vv. 16–17).

En cuanto a Tito, no hay evidencia explícita de que fuera Pablo el que evangelizara la isla, y el argumento del silencio de Hechos 27 no tiene mucho peso porque, si Pablo no hubiera conocido a nadie en Creta, no habría razón para que el centurión le dejara ir de visita o para que Lucas mencionara la comunidad cristiana que allí había. Así, 2ª Timoteo podría haberse escrito durante el arresto domiciliario del apóstol en Roma durante los años 60–62 (cf. 2Ti 1:16–18).[22]

La última opción es una combinación entre la primera y la tercera. El detallado comentario de I. Howard Marshall analiza de forma meticulosa todos los argumentos de las diferentes posiciones que hemos visto hasta ahora (y otras) y llega a la conclusión de que los acercamientos evangélicos tradicionales no logran explicar bien las diferencias lingüísticas. Pero afirma también que no hay cuestiones teológicas que no encajen con el pensamiento de Pablo y que no hay nada en estas epístolas que no se pudiera haber escrito en un periodo muy cercano al de la vida del apóstol. No detecta ninguna evidencia antigua que respalde la idea de que el cristianismo, ni siquiera el del siglo I, aceptaría conscientemente un escrito seudónimo. Según él, en otros círculos la seudonimia sí buscaba engañar a la gente sobre la identidad del autor, aunque fuera con buenas intenciones, y el engaño servía para subrayar la autoridad del documento en cuestión.[23] Por tanto, en el mundo mediterráneo antiguo no existe ningún paralelismo del concepto presentado por los que defienden que las epístolas pastorales son seudográficas (es decir, el concepto de que el autor seudónimo de las pastorales nunca pretendió engañar a nadie y que, de hecho, nunca engañó a nadie).

---

22. Cf. Philip H. Towner, *The Letters to Timothy and Titus* (Grand Rapids and Cambridge: Eerdmans, 2006), 12–15; y Robinson, *Redating the New Testament*, 81–84. En Terrence Y. Mullins, «A Comparison between 2 Timothy and the Book of Acts», *AUSS* 31 (1993): 199–203, encontrará un intento de encajar incluso 2ª Timoteo durante un supuesto encarcelamiento en Éfeso entre 20:3 y 4.
23. Cf. también Stanley E. Porter, «Pauline Authorship and the Pastoral Epistles: Implication for Canon», *BBR* 5 (1995): 105–23.

No obstante, Marshall está convencido de que las epístolas pastorales reflejan exactamente eso, por lo que acuña un nuevo término para explicar el proceso de escritura. *En lugar de hablar de seudonimia* (que proviene de *pseudos*, que significa «una mentira»), *se inventa la palabra «alonimia»* (formada a partir de la palabra griega *allos*, que significa «otro», en lugar de formarse a partir de *pseudos*, que significa «una mentira»). Aun así, reconoce que no encuentra en la literatura antigua ningún ejemplo o paralelo de dicho proceso, por lo que el autor de estas cartas habría inventado algo que no existía hasta el momento. Y Marshall no explica por qué la posición más tradicional de que Pablo podría haber dado a su amanuense más libertad literaria de lo habitual no sirve para explicar las diferencias lingüísticas que, según él, son tan contundentes.[24]

Por tanto, adoptaremos la tercera aproximación y seguiremos mencionando a Pablo como autor de estas tres epístolas. En cuanto a la fecha y al marco histórico, no vemos razón alguna para rechazar la opinión que ha predominado a lo largo de la historia de la iglesia, que incluye el testimonio de los escritores cristianos tempranos, y que respalda la teoría de que Pablo fue liberado y hubo un segundo encarcelamiento. *Eso significa que estas cartas se habrían escrito entre los años 63–67, dependiendo del año en el que Pablo murió.* Pero reconocemos que una fecha más temprana, coincidiendo con el periodo que Pablo pasó en Éfeso o el tiempo inmediatamente posterior a ese periodo (55–56), exegéticamente hablado también encajaría.

PREGUNTAS

1. ¿Cuáles son los tres problemas principales comunes a todas las epístolas pastorales, por lo que al escenario histórico se refiere? ¿Cuáles son las principales respuestas a estas dificultades? ¿Cuál de estas respuestas resulta más convincente? ¿Por qué?

2. ¿Qué circunstancias específicas sirven para explicar las diferencias teológicas entre las cartas indiscutiblemente paulinas y las pastorales? ¿Cuál es, al parecer, el mejor marco histórico y la fecha más acertada de las cartas pastorales?

---

24. Encontrará el debate completo sobre la autoría en Marshall con Towner, *Pastoral Epistles*, 57–92. Sobre la *allonimia*, ver 83–92. Hay que decir que este acercamiento es únicamente de Marshall, no de Towner. Cf. Towner (*Letters to Timothy and Titus*, 9–36), que prefiere la tercera aproximación presentada arriba.

TITO:

UN MANUAL SOBRE EL ORDEN EN LA IGLESIA

INTRODUCCIÓN

Después de ser liberado del encarcelamiento en Roma, Pablo escribe a Tito, al que ha nombrado como pastor de la iglesia en la isla de Creta (1:5). Con casi toda probabilidad, la intención del apóstol era que Tito leyera la carta primero, y que luego se asegurara de que su congregación o congregaciones la leyeran también. El hecho de que sabemos muy poco sobre el ministerio de Tito o sobre la iglesia de Creta nos hace pensar que es muy poco probable que el autor utilice un seudónimo que está intentando engañar a sus lectores, haciéndoles creer que la carta es auténticamente paulina. No se nos dice dónde está Pablo cuando escribe, pero sí sabemos que espera pasar el invierno en Nicápolis en el sudoeste de Macedonia, y que le gustaría que Tito se reencontrara allí con él (3:12). Mientras tanto, *da una serie de instrucciones para tratar una herejía similar a la que había en Éfeso, aunque aparentemente no es tan severa* (ver la Introducción a 1ª Timoteo). Esa falsa enseñanza contiene rasgos claramente judíos y, probablemente, también contiene elementos de tipo gnóstico (ver el comentario de 1:10–16), aunque la dimensión helenista o gnóstica es menor que en Éfeso.[25] De hecho, Luke Johnson cree que la carta a los Gálatas es, de todas las epístolas indiscutiblemente paulinas, la que más se parece a Tito.[26] Y en Galacia, los falsos maestros eran estrictamente judaizantes. Dado que en Creta había una comunidad judía considerable,[27] no deberían sorprendernos las similitudes entre estas dos cartas.

La semejanza entre las circunstancias y los contenidos de Tito y 1ª Timoteo apunta a que estas dos cartas podrían haberse enviado casi de forma simultánea, pero lo cierto es que no tenemos forma de saber a ciencia cierta si fue así. *La introducción más extensa y formal de Tito, que el autor habría incluido de forma abreviada en 1ª Timoteo, podría apuntar a que Tito fue escrita primero.*[28] Para respaldar esta perspectiva, se han presentado argumentos como la naturaleza poco desarrollada de la iglesia en la isla, y lo que a algunos les parece una eclesiología primitiva. Pero esta hipótesis solo sería válida si las iglesias de Éfeso y Creta empezaron justo al mismo tiempo, y luego avanzaron al mismo ritmo y del mismo modo. Además, el código doméstico o los mandamientos dirigidos a diferentes grupos de la iglesia son más elaborados en Tito que en 1ª Timoteo.

---

25. Según Sumney («*Servants of Satan*», 290–301), los oponentes de Tito son judeocristianos que abogan por «las interpretaciones y la observancia de la ley» (300), algo que Tito rechaza.
26. Johnson, *Letters to Paul's Delegates*, 214.
27. Raymond F. Collins, *I & II Timothy and Titus* (Louisville and London: WJKP, 2002), 298.
28. Jerome D. Quinn, *The Letter to Titus* (New York: Doubleday, 1990), 19–20.

En cuanto al género, Tito y 1ª Timoteo podrían catalogarse como *cartas mandato*, análogas a las epístolas que los gobernantes grecorromanos enviaban a los nuevos delegados de distrito o la provincia. Aunque formalmente estaban dirigidas a una persona, eran de carácter público, pues el propósito era que se leyeran ampliamente. Y si son cartas mandato, eso podría explicar algunos de los rasgos estilísticos y de estructura que las diferencian de las otras cartas paulinas.[29] La estructura de Tito podría ser la siguiente:

I. Saludos (1:1–4)

II. Instrucciones a varios grupos de la iglesia (1:5–2:15)

    A. Sobre los ancianos (1:5–9)

    B. Sobre los falsos maestros (1:10–16)

    C. Sobre los hombres y las mujeres de diversas edades (2:1–8)

    D. Sobre los esclavos (2:9–10)

    E. Razones finales (2:11–15)

III. Exhortaciones finales: Haced lo que es bueno (3:1–11)

IV. Conclusión (3:12–15)

La retórica de las tres epístolas pastorales, como la de la exhortación moral que las caracteriza, es una combinación de la retórica deliberativa (persuasiva y disuasiva) y la retórica epidíctica (alabanza y crítica).[30]

COMENTARIO

SALUDOS (1:1–4)

Tito empieza con una introducción muy rica teológicamente hablando (algo no muy común, aunque recuérdese Romanos 1:1–7), quizá para contrarrestar la herejía que había en Creta. De naturaleza paulina, describe al autor como siervo de Dios y como apóstol de Jesucristo, y combina los temas de la elección, la verdad y el conocimiento, con los de la moralidad, la esperanza de vida eterna y el progreso de la historia de la salvación. El énfasis en la santidad o una vida que agrade a Dios está presente en todas las pastorales, y característica también de estas epístolas es la descripción de *Dios como Salvador*, que *podría ser el tema unificador de Tito*.[31] Como en Gálatas, no aparece ninguna acción de gracias. Los problemas de inmadurez y de falta de piedad son serios, por lo que Pablo pasa directamente a tratar dichas cuestiones. «Lógicamente,

---

29. Johnson, *Letters to Paul's Delegates*, 32, 106–8, 214. Encontrará un análisis del hilo de pensamiento a la luz de seis etapas de movimientos de «revitalización» en Kenneth D. Tellefson, «Titus: Epistle of Religious Revitalization», *BTB* 30 (2000): 145–57. El resultado es apto, pero el esquema final no se corresponde demasiado con la subdivisión por temas que aparece en nuestro esquema.

30. Mark Harding, *Tradition and Rhetoric in the Pastoral Epistles* (New York: Peter Lang, 1998), 214–15.

31. Bonnie Thurston, «The Theology of Titus», *HBT* 21 (1999): 177.

estos saludos formales funcionan como legitimación pública de Tito en su papel como delegado de Pablo».[32]

INSTRUCCIONES A VARIOS GRUPOS DE LA IGLESIA (1:5–2:15)

Sobre los ancianos (1:5–9). A diferencia de la mayoría de personas de Occidente de hoy, para las personas del mundo mediterráneo antiguo lo más importante era saber cuál era el lugar que ocupaban en la sociedad, lugar que en muchas ocasiones era inmutable y, en ese contexto, vivir una vida virtuosa. Al parecer, parte del problema en Creta se debía a una confusión de roles, por lo que Pablo intenta ayudar a Tito a aclarar esta cuestión. Estas nuevas comunidades de creyentes aún no cuentan con el necesario grupo de ancianos, por lo que el apóstol encarga a Tito que «nombre» (o, menos probable, que «ordene») ancianos.[33] Encaja con la práctica de Pablo y Bernabé en Hechos 14:23, pero es diferente a la de 1ª Timoteo 3:1–7, donde la propia congregación es la que escoge a sus líderes. Pero si las iglesias de Creta eran jóvenes y corrían el peligro de ser influenciadas por alguna herejía (también sus líderes), entonces es perfectamente comprensible que Pablo ordene a Tito que él mismo tome las decisiones.[34]

Al parecer, el término «anciano» es perfectamente intercambiable con el término «obispo» o «supervisor» del versículo 7, pues la lista de criterios para esta posición de liderazgo va desde el versículo 6 al 9.[35] Llamar «anciano» (*presbuteros*; que también se traduce por «presbítero») al que desempeña esa función u ocupa ese cargo refleja el respeto por la edad, y la sabiduría que normalmente se asocia a la edad, que había en el mundo antiguo. Llamarle «supervisor» (*episkopos*; que también se traduce por «obispo») tan solo refleja su función. En las sinagogas ya existía la figura del anciano, por lo que, en este sentido, el cristianismo no hizo más que seguir la práctica del judaísmo.[36]

La traducción «sus hijos deben ser creyentes» (v. 6) puede llevar a interpretaciones erróneas, por lo que una mejor traducción sería «sus hijos deben ser fieles» (*pistos*), similar al respeto por los padres que también se pide de los hijos de los obispos en 1ª Timoteo 3:4.[37] El versículo 9 introduce una expresión característica y distintiva de las epístolas pastorales, «palabra fiel» o «mensaje digno de confianza» (*pistos logos*), y describe las tareas teológicas positivas y negativas de los líderes de la iglesia: animar a los creyentes enseñándoles sana

---

32. Johnson, *Letters to Paul's Delegates*, 216. Sobre el «pasar directamente a dichas cuestiones», ver p. 222.
33. Knight, *Pastoral Epistles*, 288.
34. Ver esp. William D. Mounce, *Pastoral Epistles* (Nashville: Nelson, 2000), 386–87.
35. Lo más probable es que la singular forma «supervisor» sea genérica (Kelly, *Pastoral Epistles*, 231), a pesar de los intentos que algunos han hecho para alegar que solo había un supervisor por «iglesia», y varios ancianos como líderes de los grupos que se reunían en casas, grupos que formaban parte de una única iglesia.
36. Sobre estos términos y su origen, ver Marshall con Towner, *Pastoral Epistles*, 170–81.
37. Knight, *Pastoral Epistles*, 289–90. Cf. Norris C. Grubbs, «The Truth about Elders and Their Children: Believing or Behaving in Titus 1:6?», *Faith and Mission* (2005): 3–15.

doctrina, y ahuyentar la herejía rebatiendo la falsa enseñanza. Con el debido equilibrio, las dos cosas son necesarias.

Sobre los falsos maestros (1:10–16). La descripción de la gente rebelde que aparece en este párrafo nos recuerda a la herejía colosense, y se parece aún más a los problemas de Éfeso que 1ª Timoteo combate. Tenemos aquí elementos judaizantes como la circuncisión (v. 10) y los mandamientos y los mitos judíos (v. 14), y también elementos del gnosticismo (o al menos del helenismo), pues los herejes dicen que «conocen» a Dios (como en la *gnosis* griega) pero le niegan con sus acciones (v. 16). Buscar ganancias deshonestas (v. 11) encaja más con un entorno helenista que con un entorno judío. Pero la herejía también tiene elementos claramente cretenses, pues Pablo cita un proverbio que describe de un modo nada halagador a los habitantes de la isla (v. 12). En el siglo I, Creta ya era conocida como un «lugar de descanso para ladrones y piratas»,[38] y «cretize» ya se había convertido en griego en un sinónimo de «mentir», porque los cretenses afirmaban que tenían la tumba de Zeus (quien, al ser un dios, no podía estar muerto).[39] La intención principal de Pablo es que la iglesia cretense huya del ascetismo (v. 15). Como en Romanos 14–15 y 1ª Timoteo 4, el principio de que para los puros todas las cosas son puras, debe entenderse en el contexto limitado de las cuestiones morales neutras como la comida, la bebida, el matrimonio, etcétera.[40]

Sobre los hombres y las mujeres de diversas edades (2:1–8). Los hombres y las mujeres mayores deben vivir de una forma moral y respetable, y ser un buen ejemplo para los cristianos más jóvenes (v. 1–5). De nuevo, Pablo hace referencia a la sana doctrina y a algunos de los criterios que se usaban para escoger a los ancianos/obispos. De hecho, la mayoría de ellos simplemente son características que todo cristiano maduro debería tener. Al parecer, las mujeres de las congregaciones de Tito eran particularmente susceptibles a la falsa enseñanza (cf. 2Ti 3:6–7), así que Pablo anima a las más maduras a que instruyan a las menos maduras. Como en Colosenses y Efesios, las esposas deben someterse a sus maridos, pero también deben ser diligentes en su «trabajo en el hogar» (*oikourgos*; v. 5). No se está haciendo énfasis en el hecho de

---

38. Hanson, *Pastoral Epistles*, 176. Cf. esp. Polibio, *Hist.* 6:46.3.
39. Anthony C. Thiselton («The Logical Role of the Liar Paradox in Titus 1:12, 13: A Dissent from the Commentaries in the Light of Philosophical and Logical Analysis», *BI* 2 [1994]: 207–23) cree que este texto emplea la «paradoja del mentiroso» (la persona que asegura que siempre dice la verdad, miente o viceversa) para mostrar lo frustrante que es llevar una vida que no encaja con la ideología propia. Pero Reggie M. Kidd («Titus as *Apologia*: Grace for Liars, Beasts, and Bellies», *HBT* 21 [1999]: 185–209) demuestra que no es contradictorio citar un proverbio crítico con la propia cultura cuando éste representa una generalización válida.
40. «Debería observarse que el apóstol se refiere al sentido moral y ritual de la palabra "puro". Cuando en la actualidad citamos el apotegma, normalmente tomamos solo el sentido moral y deducimos que el hombre que es puro no tiene que temer lo impuro, pues él no se va a contaminar. Ésta es una verdad a medias muy peligrosa, y queda muy lejos de lo que Pablo quiere decir» (Kelly, *Pastoral Epistles*, 237).

quedarse en casa (en la Antigüedad eso se daba por sentado), sino en ser fiel a la tarea que allí desempeñaban.[41] Muchas esposas en las culturas que aparecen en la Biblia ejercían su oficio en el hogar haciendo cualquier tipo de artesanía, que luego vendían y suponían unos ingresos extra para la familia (cf. la mujer de Pr 31). Esta idea es la opuesta a una palabra griega completamente diferente (*oikourous*; es decir, «sin trabajar»), que no es la que aquí se usa. No obstante, algunos manuscritos tardíos la adoptan y hacen que el texto diga, equivocadamente, «quedarse en casa».

La necesidad más grande entre los hombres jóvenes[42] era el autocontrol (v. 6). Esto sigue siendo cierto en nuestro mundo moderno, tan cargado de estímulos sensuales y sexuales. En las instrucciones que Pablo escribe tanto a hombres como a mujeres, el apóstol generaliza diciendo que hay que enseñar y hacer «lo que es bueno» (v. 3, 7). En el segundo de estos contextos, la enseñanza/doctrina no era lo único que debía ser sano e intachable; ¡esos atributos debían caracterizar a cualquier tipo de discurso! (v. 8). Al cultivar estas virtudes se minimizan los argumentos de los no creyentes a la hora de criticar a los creyentes; de hecho, si los creyentes se comportan así, ¡los no creyentes ya no tienen nada malo que decir! (vv. 5, 8).

Sobre los esclavos (2:9–10). El versículo 9 es un resumen de lo que Pablo dice a los esclavos en Colosenses y en Efesios.[43] El versículo 10a nos recuerda que el robo era un problema muy común, independientemente de si ese era el problema con Onésimo en la carta a Filemón (ver arriba, pp. 320–322). La segunda mitad de este versículo es la otra cara del versículo 8b. No solo deberíamos hacer que los otros no tengan oportunidad de hablar mal de nosotros; deberíamos contextualizar nuestra presentación del evangelio, haciéndola culturalmente relevante y, por tanto, atractiva, y asegurarnos también de que nuestras vidas apuntan de forma atractiva al Salvador.

Razones finales (2:11–15). *Los versículos 5b, 8b y 10b repiten la misma idea: cuando los cristianos se relacionan de forma adecuada, eso ayuda al avance del evangelio y hace que los no creyentes no tengan objeciones de peso*

---

41. Esta conducta también contrasta con las viudas jóvenes de Éfeso, que no trabajaban, sino que deambulaban por las calles. La enseñanza de Pablo no consiste en que la mujer solo debe trabajar en casa, pero sí menciona cuáles son sus funciones y tareas en casa (Mounce, *Pastoral Epistles*, 411).

42. Según la división de la vida humana que Hipócrates hacía, en la que la vida se divide en siete etapas, el término que aquí traducimos por «hombres jóvenes» se aproxima a la palabra que se usaba para referirse a los hombres entre 22 y 28 años. «En aquel entonces también había una división entre los jóvenes y los mayores, y la barrera divisoria estaba a los 40 años de edad, y creemos que los autores del NT seguían esta división» (Marshall con Towner, *Pastoral Epistles*, 239).

43. El hecho de que aquí se use *despotes* para referirse al «amo», una palabra más fuerte que las utilizadas en otros contextos, puede reflejar que aquí se está hablando sobre todo de amos no creyentes, contra los cuales el esclavo creyente tiene muchas ganas de rebelarse (Knight, *Pastoral Epistles*, 314).

ante el mensaje y el estilo de vida cristianos.[44] A continuación, los versículos 11–15 resumen toda la sección haciendo referencia a un principio fundamental. Todo lo anterior es bueno en sí mismo y es lo que Dios pide (v. 14, que desarrolla la idea que aparece en 3b y 7a).[45] La palabra que traducimos por «enseña» en el versículo 12 viene del vocablo griego *paideuo*, que con frecuencia significa «disciplinar»; no obstante, en este contexto quizá significa «educar en cultura humana».[46]

En el versículo 10, Pablo ha llamado a Dios «nuestro Salvador» y, de forma natural, eso le lleva a recordar el principio de la salvación por gracia que ya se ha demostrado de forma clara en el sacrificio expiatorio de Jesucristo (v. 11).[47] Pero como en Filipenses 2:12–13 o Efesios 2:8–10, Pablo se niega a separar la fe de las buenas obras (que es diferente a hablar de «las obras de la ley»). Los pecadores que son salvos solamente por gracia luego van siendo transformados para formar un pueblo que vive como a Dios le agrada (v. 12). Este proceso se completará cuando Cristo regrese y los creyentes resuciten y sean glorificados (vv. 13–14). En esta sección encontramos una clara ilustración de la regla gramatical de Granville Sharp: cuando hay dos sustantivos unidos por la conjunción «y», y el único que va precedido por un artículo definido es el primer sustantivo, el segundo sustantivo se refiere a la misma entidad o persona expresada con el primer sustantivo. Así, con la expresión *tou magalou theou kai soteros hemon Iesou Christou* («el gran Dios y nuestro Salvador Jesucristo», v. 13b), Pablo está describiendo a Jesús no solo como Salvador, sino también como Dios: una clara afirmación de la deidad de Cristo.[48] El versículo 15 repite el ministerio doble del pastor que ya presentó en 1:9, e insiste en que Tito recuerde que debe llevar a cabo ese ministerio de forma fiel, aunque algunos se enojen.

EXHORTACIONES FINALES: HACED LO QUE ES BUENO (3:1–11)

Siguiendo con el tema de relacionarse de la forma adecuada, Tito debe recordar a sus congregaciones que se sometan a las autoridades debidamente

---

44. Sobre esto, ver esp. el comentario de Fee, *Comentario de las Epístolas a 1ª y 2ª de Timoteo y Tito*.
45. Sobre esto, ver esp. el comentario de Knight, *Pastoral Epistles*.
46. Johnson, *Letters to Paul's Delegates*, 241.
47. La palabra que traducimos por «demostrar» o «manifestar» es la raíz que da lugar a nuestra palabra «epifanía». Junto a sí la mención de Dios como Salvador, esta expresión también recordaría a los oyentes a las apariciones de dioses sanadores o de emperadores deificados (Raymond F. Collins, *I & II Timonthy and Titus*, 349).
48. Ver especialmente Murray J. Harris, «Titus 2:13 and the Deity of Christ», en *Pauline Studies*, eds. Donald A. Hagner y Murray J. Harris (Grand Rapids: Eerdmans, 1980), 262–77. Cuando se aplica a parejas de nombres personales en singular, pero que no son nombres propios, Sharp asegura, después de hacer un amplio análisis de la literatura griega antigua (de la que el NT es tan solo una pequeñísima parte), que no ha encontrado ni una sola excepción de este principio. Se podría argumentar que «Dios» y «Salvador» se usan aquí como nombres propios, pero esa no es la forma más natural de ver estos dos términos.

constituidas, y que sean humildes en el trato con todos (vv. 1–2). Probablemente los no creyentes no respondan de forma recíproca; después de todo, los jóvenes cristianos de las congregaciones de Tito se pueden acordar perfectamente de cuando ellos mismos reaccionaban de ese modo (v. 3). Pero cuando Dios da salvación en Cristo, Él limpia, regenera y renueva a las personas, solo por su gracia y a través del poder del Espíritu Santo, para prepararnos para heredar la vida eterna (vv. 4–7).[49] El contraste entre la gracia y las obras en este pasaje nos recuerda a Efesios 2:8–9. Pero, de nuevo, como en Efesios 2:10, Pablo de inmediato menciona esas buenas obras que nacen de forma natural como consecuencia de la salvación, y lo hace añadiendo que los que han confiado en Dios deben dedicarse a hacer el bien. Y eso servirá para la edificación de la iglesia, en lugar de su división (v. 8).[50]

El versículo 8 hace referencia al primero de los ocho «mensajes dignos de confianza» que aparecen en las epístolas pastorales (véase más arriba, p. 394). Este «mensaje» debe incluir el material teológico anterior sobre la salvación de Dios, pues en el texto griego del versículo 4 al 7 hay una frase ininterrumpida.[51]

Los versículos 9–11 regresan al problema de los falsos maestros que aparecen en 1:10–16. Las «controversias» y las «discusiones» podrían tratar de cualquier cosa. El uso de la palabra «genealogías» podría apuntar a una especulación al puro estilo gnóstico sobre la evolución de la divinidad, o al interés de los judíos por los ancestros para determinar los privilegios que a uno le correspondían. Pero en cuanto a la expresión «peleas sobre la ley», casi no cabe duda de que hace referencia al debate sobre la interpretación de la Torá (v. 9). El versículo 10 sugiere un proceso de disciplina de iglesia similar al de Mateo 18:15–18. Después de advertencias privadas y públicas pensadas para unir a la gente en torno a una visión, es mejor dejar que los que causan división en cuanto a cuestiones teológicas fundamentales se vayan a hacer daño a otra parte. Curiosamente, el distanciamiento del que se habla aquí podría ser más radical qu el distanciamiento de los que han cometido pecados sexuales y no se arrepienten (ver arriba, p. 201). Y sin embargo, ¿con qué frecuencia las congregaciones excomulgan a los que constantemente causan división? El

---

49. El versículo 5 a veces se interpreta como si fuera una referencia al bautismo, lo que vuelve a sacar a la luz el debate de la regeneración bautismal: ¿está Pablo enseñando la regeneración bautismal? Si Pablo tenía en mente el bautismo, tendríamos que tratar este texto del mismo modo que tratamos Romanos 6:1–4. Pero lo más lógico y natural es pensar que la expresión «el lavamiento de la regeneración» hace referencia al hecho de que la regeneración, por sí misma, limpia y purifica (y así, no habría ninguna referencia o alusión al bautismo).

50. Winter (*Seek the Welfare of the City*) argumenta de forma reiterada que la expresión «hacer buenas obras» en las epístolas del Nuevo Testamento normalmente se refiere a un acto generoso concreto.

51. Según Collins (*1 & 2 Timothy and Titus*, 359–66) se trata de un himno bautismal muy temprano.

versículo 11 repite el juicio que la persona que causa división establece sobre sí mismo.[52]

CONCLUSIÓN (3:12–15)

Aquí encontramos el tipo de saludos e instrucciones personales que para nada encajan con la teoría del autor seudónimo. El Tíquico del versículo 12 es, con casi toda seguridad, el mismo que llevó las cartas de Efesios, Colosenses y Filemón (ver arriba, pp. 317–318). En el versículo 13, Apolos podría ser el mismo maestro que encontramos en Hechos y en 1ª Corintios. Sobre Artemas no sabemos nada más que lo que aquí pone. Nicópolis era una ciudad de la península griega, al sur de Corfú. Pablo añade otro llamamiento más a hacer «buenas obras», en un contexto en el que parece que se podría estar refiriendo al área económica también (v. 14). El problema de unas vidas «inútiles» (literalmente, «infructíferas»), nos recuerda a la problemática que había en Tesalónica. Quizá en Creta también se daba la misma situación y había clientes que vivían a costa de sus antiguos patronos. Pablo concluye con sus saludos finales y con la típica bendición deseando que la gracia de Dios esté con los creyentes de Creta.

APLICACIÓN

Independientemente de la opinión que uno tenga de los roles de los diferentes géneros, tenemos que reconocer que una vida que agrada a Dios se caracteriza por la sumisión a otros. Los problemas que había en Creta no solo tenían que ver con errores morales y teológicos; igual de importantes eran el problema de la rebelión, de la independencia, y de aquellos que estaban centrados en sí mismos. El antídoto de Pablo para enfrentarse a los falsos maestros y a sus enseñanzas consiste en un respeto por los demás generoso, paciente, amable y humilde. Ese es el estilo de vida con el que podemos mostrar a Dios nuestra gratitud por el regalo inmerecido de la salvación, y presentar la fe cristiana a un mundo perdido, pero que busca y observa. Y, de hecho, por sí mismo ese estilo de vida transmite que es inherentemente bueno. Esa conducta es diametralmente opuesta a la naturaleza humana caída, por lo que resulta difícil incluso para las personas redimidas. Dado que en nuestras culturas claramente no cristianas estamos rodeados por tendencias totalmente opuestas, es más complicado comportarse de forma diferente. Por tanto, hemos de estar siempre alerta, y luchar en contra de esos deseos y acciones que buscan nuestra propia promoción a expensas de los demás. En la vida cristiana no hay lugar para esa insistencia obstinada y orgullosa en defender nuestros propios derechos; y sí hay lugar, como vimos en Hechos, para luchar, con el espíritu adecuado, por los derechos de los demás.

---

52. «La idea que Pablo quiere transmitir es que, dado que el causante de división ha sido advertido por las autoridades de la iglesia, ya sabe que está actuando mal y su propio juicio debería condenarle. No se puede hacer nada con una persona que voluntariamente insiste en dividir la unidad de la iglesia» (Kelly, *Pastoral Epistles*, 256).

PREGUNTAS

1. En el capítulo 1 de Tito, vemos que en medio de la congregación de Creta hay cierta confusión, que Pablo intenta clarificar. ¿En qué consiste esa confusión?

2. ¿Cuál es la razón (repetida tres veces en Tito) por la que es importante que en la iglesia cada uno entienda su rol? Y esta aclaración sobre los diferentes roles, ¿qué aplicaciones tiene en cuanto a la forma en que nos relacionamos más allá de la iglesia?

3. ¿Cómo une Pablo el tema de Dios como Salvador con las implicaciones éticas que esa verdad tiene para los creyentes?

4. ¿Qué actitud hacia Dios y hacia los demás debe tener la comunidad cristiana?

1ª TIMOTEO:

CÓMO PASTOREAR UNA IGLESIA Y APARTARLA DE LA HEREJÍA

INTRODUCCIÓN

Parece ser que cuando Pablo escribió a Tito, también escribió a Timoteo, que estaba en Éfeso. Es probable que Pablo acabara de estar en esa ciudad. Lo que sí sabemos es que había estado en Macedonia, y quizá escribió desde esa provincia romana (1:3). *El apóstol le da a Timoteo unas pautas para combatir una forma de herejía similar a la que existía en Colosas* y, como vimos más arriba (pp. 331–333), algunos problemas que también se estaban dando en la isla de Creta. *Pero aquí, además del claro elemento judaizante, se daba con casi toda seguridad una dimensión de tipo gnóstico (o, al menos, una dimensión helenista que con el tiempo acabaría desembocando en el gnosticismo).*[53] Vemos pues que 1:7 habla de los que quieren enseñar la Torá, pero no saben de qué hablan, mientras que 4:1–5 hace referencia a una dimensión ascética que prohíbe el matrimonio (común en el helenismo pero poco usual en el judaísmo), y que 6:20 se opone de forma explícita a «los argumentos de la falsa ciencia (*gnosis*)», probablemente una alusión a algún elemento gnóstico. Cuando recordamos que Éfeso era la ciudad más cercana a Colosas, las similitudes de las falsas enseñanzas que había en ambas comunidades no son ninguna sorpresa.

Como la carta a Tito, 1ª Timoteo debió de escribirse para ser leída ante toda la iglesia de Éfeso, una vez Timoteo hubiera digerido las instrucciones de Pablo. En este caso, parece que la herejía había llegado a influenciar al liderazgo de la iglesia; de ahí, las elaboradas instrucciones para elegir a los obispos y diáconos (3:13). El silencio de las mujeres que se pide en 2:12 estaría relacionado con esta cuestión, aunque los comentaristas siguen sin ponerse de acuerdo en cuanto a cómo se relaciona lo uno con lo otro (ver más abajo). Las órdenes que encontramos en 2:9–10 parecen sugerir que una minoría de mujeres *pudientes*, que en aquel entonces eran las que podían acceder a posiciones de liderazgo en los círculos griegos, estaba causando muchos problemas.[54] Pablo espera ir pronto a Éfeso para ayudar en toda esa situación, pero no sabe si lo logrará; o, aunque lo logre, no sabe cuándo podrá ser (3:14–15a).

---

53. Según Michael Goulder («The Pastor's Wolves», *NovT* 38 [1996]: 242–56), había carismáticos visionarios judeocristianos que estaban proponiendo una mitología protognóstica.

54. Reggie Kidd, *Wealth and Beneficence in the Pastoral Epistles* (Atlanta: Sholars, 1990); Alan Padgett, «Wealthy Women in Ephesus: 1 Timothy 2:8–15 in Social Context», *Int* 41 (1987): 19–31.

Como la carta de Tito, 1ª Timoteo parece una *carta mandato* (ver arriba, p. 402).[55] Si consideramos las cartas indiscutiblemente paulinas, quizá a la que más se parece es a 1ª Corintios, donde también vimos que la iglesia se estaba viendo afectada por la filosofía helenista, o incluso protognóstica.[56] Podemos hablar de una estructura general de la carta si reconocemos que el cuerpo de la epístola trata la herejía que Timoteo tiene que combatir, y luego ofrece tres métodos sobre cómo combatirla, antes de pasar a la conclusión en la que hay una serie de advertencias.[57] Por tanto, el esquema que proponemos es el siguiente:

I.   Saludos (1:1–2)
II. Motivo de la carta: firmes ante la falsa enseñanza (1:3–20)
III. Primer método: controlar la adoración y el liderazgo de la iglesia (2:1–3:16)
  A. Actitud ante las autoridades fuera de la iglesia (2:1–7)
  B. Género y roles en el liderazgo (2:8–15)
  C. Criterios para el liderazgo de la iglesia (3:1–13)
    a. Obispos (3:1–7)
    b. Diáconos (3:8–13)
  D. Conclusión (3:14–16)
IV. Segundo método: practicar la verdadera piedad en lugar del ascetismo (4:1–16)
V.   Tercer método: normas para otros grupos de personas de la iglesia, y el respeto que merecen (5:1–6:2)
VI. Últimas advertencias (6:3–21)

COMENTARIO

SALUDOS (1:1–2)

El saludo en 1ª Timoteo es más corto que en Tito, volviendo así a una longitud más típica de las cartas helenas. Pero se mantienen las referencias a Dios como Salvador[58] y al receptor como «mi verdadero hijo en la fe». Es probable que Pablo llevara a la fe tanto a Tito como a Timoteo; de ahí que les llame de esa forma.

---

55. Johnson, *First and Second Timothy*, 91–97. Por otro lado Margaret M. Mitchell («PTebt 703 and the Genre of 1 Timothy: The Curious Career of a Ptolemaic Papyrus in Pauline Scholarship», *NovT* 44 [2002]: 344–70) los paralelismos no son tan cercanos como para hacer ese tipo de comparación. La lectura de los papiros que han generado este debate (que ella misma edita) permite ver tanto las similitudes como las diferencias, por lo que la decisión se vuelve difícil.

56. Johnson, *Letters to Paul's Delegates*, 214. Cf. Philip H. Towner, «Gnosis and Realized Eschatology in Ephesus (or the Pastoral Epistles) and the Corinthian Enthusiasm», *JSNT* 31 (1987): 95–124.

57. Cf. la obra de Fee, *Comentario de las Epístolas a 1ª y 2ª de Timoteo y Tito*.

58. De nuevo, central en toda la carta; ver J. L. Sumney, «"God Our Savior": The Fundamental Operacional Theological Assention of 1 Timothy», *HBT* 21 (1999): 105–23.

MOTIVO DE LA CARTA: FIRMES ANTE LA FALSA ENSEÑANZA (1:3–20)

Pablo enseguida pasa al tema que le lleva a escribir. A diferencia de Tito, 1ª Timoteo sí contiene una oración de acción de gracias (1:12–17), pero no aparece justo después de los saludos introductorios, que era lo normal en el género epistolar grecorromano. Como en Tito, probablemente se deba a la seriedad de la herejía que deben combatir.[59] Pero también podría ser porque responde a la forma de carta mandato, que suele no ceñirse a los esquemas convencionales. Los versículos 3–11enfatizan la responsabilidad de Timoteo de frenar la falsa enseñanza que hay en la iglesia. Ya hemos hablado de la combinación de elementos judaizantes y gnósticos. En cuanto a las genealogías, diremos lo mismo que dijimos en Tito (ver arriba, p. 407); los mitos que Pablo asocia a las genealogías (v. 4a) podrían referirse tanto a tradiciones judías (como muchas de las que aparecieron en el periodo intertestamentario) como a especulaciones de tipo gnóstico sobre la creación, la caída, y la salvación del cosmos.[60] Ninguna de estas historias representa la cosmovisión cristiana. El calificativo menos agresivo que se le ocurre a Pablo es «inútiles» (v. 6), pero también queda claro que dividen y son una barrera para la verdadera fe y amor cristianos (v. 4b–5). Intentan interpretar la ley, pero la interpretan mal (v. 7).

Los versículos 8–11 explican cómo debe uno acercarse a la ley. Esta sección encaja bien con la enseñanza que aparece en las cartas indiscutiblemente paulinas.[61] La ley no fue dada para hacer especulación, sino para tratar cuestiones morales. Fue dada concretamente a los pecadores de todo tipo para mostrarles su necesidad de un Salvador (recuérdese Gá 3:19–4:7; Ro 5:20–21).[62] La lista de pecadores que aparecen en estos versículos no es exhaustiva, y es similar a otras listas cristianas, grecorromanas y judías. Particularmente, en su mayoría sigue la secuencia de los diez mandamientos.[63] La palabra que algunas versiones traducen por «sodomitas» (de *arsenokoites*), significa de forma más exacta «hombres homosexuales», pues es una combinación de las dos palabras que significan «masculino» y «coito».[64] Como con cualquier otro texto, debemos evitar los dos errores opuestos: no caigamos en horrorizarnos más ante algunos de estos pecados (¡los «embusteros» también aparecen en la lista!), ni tampoco caigamos en declarar que algunas de estas prácticas no son pecado.

59. Collins, *I & II Timothy and Titus*, 24.

60. Johnson, *First and Second Timothy*, 163.

61. Stephen Westerholm, «The Law and the "Just Man" (1 Tim 1,3–11)», *ST* 36 (1982): 79–85.

62. Knight, *Pastoral Epistles*, 83.

63. Collings, *I & II Timothy and Titus*, 30. La palabra que traducimos por «traficante de esclavos» (*adrapodistes*) también puede significar «secuestrador», lo que explica que sea un pecado incluso bajo la ley, que permitía la esclavitud. Ver J. Albert Harrill, «The Vice of Slave Dealers in Greco–Roman Society: The Use of a Topos in 1 Timothy 1:10», *JBL* 118 (1999): 97–122.

64. David F. Wright, «Translating *APΣENOKOITAI* (1 Cor. 6:9; 1Ti 1:10)», *VC* 41 (1987): 396–98.

Cuando Pablo por fin da lugar a la oración de gratitud (vv. 12–17), lo que hace es centrarse en la salvación que Cristo ofrece como el remedio a los pecados que acaba de mencionar. Como en 2ª Corintios 1:3–7, no da gracias a Dios por sus lectores sino por la obra de Dios en su propia vida. Después de todo, ahora reconoce que su persecución de los cristianos antes de que Jesús se le apareciera en el camino a Damasco iba totalmente en contra del pueblo de Dios y sus propósitos (v. 13). Por tanto, si Dios escogió revelarse al apóstol de aquella forma fue por pura gracia, y también por pura gracia le cambió el corazón y le envió a cumplir el ministerio que, en el momento en el que escribe, ha estado ejerciendo durante más de treinta años (vv. 12, 14). Pablo añade uno de los «mensajes dignos de crédito» que encaja en este contexto a la perfección: el propósito central de Cristo al venir a la tierra es salvar a los pecadores (v. 15a; Lc 19:10). El apóstol repite lo horrible que ha sido su comportamiento (cf. 1Co 15:9 y Ef 3:8),[65] lo que subraya la gracia de Dios y da como resultado la doxología de los versículos 15b–17.

Para cerrar esta primera sección, Pablo regresa al encargo que tiene para Timoteo y que ya ha mencionado al principio: que se mantenga firme en la fe, que luche contra la herejía, y que evite la apostasía que proviene de adoptar la falsa enseñanza (vv. 18–20). Las profecías sobre Timoteo (v. 18) vuelven a mencionarse en 4:14b, donde también se menciona algún tipo de culto de ordenación, y que aparentemente están relacionadas con el don del Espíritu que Dios le ha dado (4:14a), un don que podría haber combinado la exhortación (*paraklesis*) y la enseñanza (*didaskalia*).[66] Pablo menciona a dos hombres que, al rechazar «la fe y la buena conciencia» (v. 19), «han naufragado en *la* fe». Aunque el artículo definido podría tener el sentido de pronombre posesivo, lo más probable no es que Pablo esté diciendo que han perdido su salvación, sino que han manchado la reputación o credibilidad del cristianismo.[67] Un naufragio no siempre quiere decir que el barco se haya hundido totalmente, ¡pero sí quiere decir que no va a ningún lado hasta que esté reparado! Sobre Himeneo y Alejandro, ver 2ª Timoteo 2:17–18 y 4:14. La expresión «entregarles a Satanás» nos recuerda al lenguaje de 1ª Corintios 5:5 y en este contexto es más restaurador, por lo que se está refiriendo a la excomunión y no la muerte.[68]

---

65. Curiosamente, v. 15b acaba con la proposición relativa *hon protos eimi ego* (literalmente «de los cuales yo *soy* primero»). Dado que en un contexto como este es muy inusual que aparezca una forma del verbo «ser», debe ser enfático. Así que parecería que incluso el Pablo cristiano reconoce su total depravación fuera de la Gracia de Dios en Cristo, una confirmación más de que Ro 7:14–25 se estaría refiriendo a la experiencia cristiana de Pablo.

66. Ver Marshall con Towner, *Pastoral Epistles*, 408–10.

67. Mounce, *Pastoral Epistles*, 67.

68. Knight, *Pastoral Epistles*, 112.

PRIMER MÉTODO: CONTROLAR LA ADORACIÓN Y EL LIDERAZGO DE LA IGLESIA (2:1–3:16)

Actitud ante las autoridades fuera de la iglesia (2:1–7). En un sentido, el cuerpo de la carta empieza aquí, como en 1ª Corintios 1:10, con la fórmula paulina *parakaleo* («os ruego» u «os suplico»). En 3:14 vemos que en toda esta sección, Pablo está pensando en la práctica y la organización de la iglesia local. *El principio básico que menciona es la oración y la sumisión pacífica a la autoridad como el mejor testimonio para un mundo perdido* (2:1–7). Hay lugar y momentos para la desobediencia a dichas autoridades (ver arriba), pero son más bien excepciones, y no la norma.[69] El texto de 2:4 es uno de los numerosos pasajes bíblicos que diferencian entre lo que los teólogos en alguna ocasión han llamado la voluntad directiva o decretiva de Dios y su voluntad permisiva. Dios *desea* que todo el mundo sea salvo, pero no decreta que todo el mundo *sea* salvo; Él no obliga a nadie, sino que permite que quien quiera, rechace el ofrecimiento qué Él hace.[70] La salvación solo es posible a través de Jesús, que medió entre el Dios santo y perfecto y la humanidad pecadora, pagando el precio del rescate para comprar nuestra libertad (vv. 5–6; cf. Mr 10:45; y recuérdese el comentario de Ro 3:24). Además, Pablo recibió el mandato especial de transmitir estas noticias maravillosas, y de transmitirlas concretamente al mundo gentil (v. 7; recuérdese Hch 9:15, 22:21).

Género y roles en el liderazgo (2:8–15). En segundo lugar, los hombres y las mujeres deben desempeñar su propio rol en la adoración y el liderazgo de la iglesia (2:8–15). Los hombres deben orar sin contiendas. En el texto griego, a continuación de esa afirmación aparece una proposición subordinada con un participio: «levanten las manos al cielo». Esta mención de las formas simplemente refleja una práctica común en aquel entonces. Es decir, no se trata ni de un mandato, ni de una prohibición. Pero lo que es atemporal es la aplicación del mandato que hay detrás de las formas. Si seguimos, vemos que, de hecho, casi la totalidad de este pasaje está dedicado a las mujeres. Sin duda, esto se debe al problema que se había dado en Éfeso (vv. 9–15). Pablo también describe o prescribe cuál deber ser su comportamiento durante la adoración comunitaria. Les dice que se arreglen de forma modesta y que, delante de los demás, su conducta santa es más importante que su apariencia exterior (vv. 9–10). En la segunda parte del versículo 9, el texto griego dice lo siguiente: «no con peinados ostentosos *y* oro o perlas o vestidos caros». Las mujeres pudientes del mundo grecorromano solían dedicar muchas horas a la confección del peinado, trenzándolo

---

69. De hecho, la oración por los gobernantes «era la forma judía y cristiana de combinar la negativa a reconocer a los príncipes terrenales como divinos, y las tareas de buen ciudadano dentro del orden establecido» (Johnson, *First and Second Timothy*, 194).

70. Probablemente, Pablo también estaba refutando la cerrada perspectiva de los judíos, que creían que Dios solo quería la salvación de los justos, y, también, la creencia de aquellos que hablaban de la *gnosis* y decían que solo se salvaban aquellos que la poseían, aquella élite que lograba avivar el conocimiento divino que ya habitaba en ellos. Cf. Kelly, *Pastoral Epistles*, 63.

e incrustando en las trenzas piedras preciosas y gemas, para dar a conocer a todo el mundo su riqueza y su estatus. La vestimenta y la ornamentación ostentosa no debería caracterizar a los cristianos: de nuevo, un principio atemporal.[71]

En los versículos que siguen (11–15) el apóstol pide a las mujeres de Éfeso que no suplanten el rol de liderazgo que los hombres tienen en la iglesia. Los versículos 11–12 asocian este rol con la enseñanza y con la autoridad. El versículo 11 empieza con el único mandamiento positivo para las mujeres, mandato radical en tiempos del apóstol: en el texto griego dice, literalmente, «*tiene que* aprender» o «*debe* aprender».[72] Pero tienen que hacerlo con la actitud adecuada, con un espíritu de sumisión. La palabra que la NVI traduce por «con serenidad» no significa «sin hablar», o «en silencio», como aparece en otras versiones. En 2:2 encontramos la misma raíz: «para que tengamos paz y tranquilidad» (NVI) o «para que vivamos quieta y reposadamente» (RV). El versículo 12, al parecer, contiene dos prohibiciones («no permito que enseñe», y «no permito que ejerza autoridad»), pero lo más probable es que se trate de una endíadis, figura retórica que consiste en emplear dos palabras coordinadas para expresar un único concepto.[73] Después de todo, Priscila y Aquila enseñaron a Apolos (Hch 18:26), mujeres como Junia, que era apóstol, por definición debieron enseñar a grupos formados tanto por hombres como por mujeres (ver el comentario de Ro 16:7), y diaconisas como Febe debieron de recibir de parte de los ancianos cierta autoridad sobre el resto de la congregación (ver el comentario de Ro 16:1–2). Es más, parece que el capítulo 2 está lleno de parejas de sinónimos, sinónimos que expresan lo mismo de dos formas diferentes (cf. v. 1a, b; 2a, b, c; 3; 4; 7a, b; 8b; 9b; 11).

1ª TIMOTEO 2:11–15

La mujer tiene que aprender (v. 11)

Prohibición de Pablo (v. 12)

No es «a» o «b»

    una, y no dos prácticas (Payne)

    ambas más o menos (Köstenberger)

Primera razón (v. 13)

Segunda razón (?) o preparación para el versículo 15 (v. 14)

Equilibrando las buenas noticias (v. 15)

El papel de enseñar con autoridad que Pablo prohíbe a las mujeres sería el cargo de supervisor o anciano, si consideramos que 3:2 y 5:17 asigna las

---

71. Hurley, *Man and Woman in Biblical Perspective*, 198–99.
72. Aída B. Spencer, *Beyond the Curse: Women Called to Ministry* (Nashville: Nelson, 1985), 74.
73. Igualmente, Philip B. Payne, «*Oude* in 1 Timothy 2:12» (Atlanta: tesis no publicada y entregada a la *Evangelical Theological Society*, 1986).

funciones de enseñar y ejercer autoridad tan solo a este cargo.[74] Otra opción sería apuntar a los diversos usos precristianos del verbo *authentein*, traducido por «tener autoridad» en la NVI, que tienen una connotación más negativa como «dominar» o «usurpar la autoridad» (versión inglesa KJ), en cuyo caso las mujeres (y supuestamente los hombres también) tendrían prohibido ejercer autoridad de un modo autoritario.[75] Pero las demás veces en las que aparece la construcción gramatical del v. 12 de infinitivo + *oude* + infinitivo («enseñar o tener autoridad»), siempre presenta o dos actividades positivas, o dos actividades negativas.[76] Siempre que la enseñanza en cuestión tenga que ver con la transmisión de la fe cristiana, es necesario que el ejercicio de la autoridad sea sano. Obviamente, Pablo podría estar prohibiendo la falsa enseñanza, y entonces la idea del autoritarismo podría servir para el segundo verbo, pero cuando el apóstol habla de falsa enseñanza siempre se refiere a ella de forma explícita, usando alguna forma del término *heterodidaskaleo* (1:3; 6:3). Así que lo más probable es que aquí tengamos un uso positivo y normal de ambos verbos. También cabe la posibilidad de traducir «hombre» y «mujer» por «esposo» y «esposa» en todo el pasaje. Pablo estaría transmitiendo que en la iglesia deberíamos poder encontrar modelos de estructuras familiares sanas (ver más arriba el comentario sobre Col 4 y Ef 5). Eso limitaría la restricción de Pablo, pues consistiría en que las mujeres casadas no pueden ejercer el rol de enseñar con autoridad sobre sus maridos.[77]

En el versículo 13, Pablo explica la razón que le lleva a darles esa instrucción; al parecer, se basa en la creación, pues Adán fue creado primero.[78] Los versículos 14–15 parecen un acercamiento positivo para explicar por qué la mujer no ocupa el cargo más alto en la iglesia, al subrayar el rol que Dios ha otorgado a la mujer en general. El versículo 14 normalmente se ha entendido como la segunda razón por la que Pablo le prohíbe enseñar en el v. 12 o, más recientemente, como una refutación más del mito gnóstico de que Eva no pecó. Pero el único respaldo que encontramos de esta última interpretación viene de los siglos III y IV,[79] y la primera supondría que las madres no pueden enseñar a sus hijos, ¡no vaya a ser que el sexo más «ingenuo» haga desviarse a los niños ingenuos! Además, si Adán no fue engañado, eso significa que pecó «a sabien-

---

74. Cf. Ann L. Bowman, «Women in Ministry: An Exegetical Study of 1 Timothy 2:11–15», *BSac* 149 (1992): 193–213.

75. P. ej., Craig S. Keener, *Paul, Women and Wives* (Peabody: Hendrickson, 1992), 108–9.

76. Andreas J. Köstenberger, «A Complex Sentence: The Syntax of 1 Timothy 2:12», en *Women in the Church: An Analysis and Application of 1 Timothy 2:9–15*, ed. Andreas J. Köstenberger y Thomas R. Schreiner (Grand Rapids: Baker, rev. 2005), 53–84.

77. Jerome D. Quinn y William C. Wacker, *The First and the Second Letters to Timothy* (Grand Rapids and Cambridge: Eerdmans, 1999), 199–200.

78. De acuerdo con las leyes judías de primogenitura, por las que el hijo primogénito heredaba una porción doble de la propiedad del progenitor. Cf. Mounce, *Pastoral Epistles*, 130–35.

79. Sharon H. Gritz, *Women Teachers and the Mother Goddess at Ephesus* (Lanham: UPA, 1991), 157–58.

das», es decir, ¡razón suficiente también para no darle ni a él ni a su progenie el rol del liderazgo!

Por tanto, quizá es mejor ver el versículo 14 simplemente como un pensamiento más bien causado de forma natural por la referencia al Génesis que aparece en el versículo anterior. Así, podríamos parafrasear la idea contenida en los versículos 11–15 de la siguiente forma: «Las mujeres (o las esposas) no deben desempeñar el rol de enseñar a la iglesia, porque ese no es el rol para el que fueron creadas. De hecho, después de la creación, la situación de la mujer se deterioró cuando cayó ante el engaño de la serpiente. Pero hay buenas noticias».[80] Ese aspecto positivo aparece en el versículo 15. Aquí, el texto griego dice literalmente: «Pero *ella será salva* al dar a luz, si *permanecen* en la fe y el amor y la santidad con modestia». El cambio del singular al plural en los verbos (cambia de tercera persona del singular a tercera persona del plural) sugiere que en la primera parte del versículo 15 se refiere al género femenino en general (en el que hay excepciones), mientras que en la segunda parte del versículo 15 describe lo que toda mujer cristiana debe hacer. «Salva» tendría el sentido de «preservada» o «restaurada», como en 1ª Timoteo 4:16 y 2ª Timoteo 4:18.

Esta interpretación, que anima a muchas mujeres (aunque no a todas) a centrarse en la maternidad y en criar a sus hijos, corregiría el error creado por la herejía que había en Éfeso que prohibía el matrimonio (1Ti 4:3) y cualquier otro error similar en otras culturas que no valoran el rol de la maternidad como una tarea apropiada y satisfactoria para la mujer.[81]

Si el problema de Éfeso, como algunos han sugerido, era que algunas mujeres se dejaban llevar por esa herejía, entonces la aplicación atemporal de estos versículos solo sería que nadie (ni hombre ni mujer) debería enseñar herejías.[82] Si el versículo 13 (o los vv. 13–14) hablan de una jerarquía atemporal, entonces la aplicación válida para hoy debe determinar los equivalentes contemporáneos del «obispo/supervisor» o «anciano». La conclusión de dicha interpretación sería que la autoridad y enseñanza última en una iglesia debería recaer en un hombre (o, al menos, no en una mujer casada que enseña a su marido). En iglesias de estructura congregacional, estaríamos hablando del pastor; en iglesias con otro tipo de gobierno, de la persona con el cargo de mayor responsabilidad (p. ej., un obispo o el papa). Sin embargo, el ministerio en equipo es un modelo más útil, incluso si no hay nadie que sea el supervisor último.[83]

---

80. Cf. Craig L. Blomberg, «Not Beyond What Is Written: A Review of Aida Spencer's *Beyond the Curse*», *CTR* 2 (1988): 410–16.

81. De forma similar, cf. Andreas Köstenberger, «Ascertaining Women's God–Ordained Roles: An Interpretation of 1 Timothy 2:15», *BBR* 7 (1997): 107–44.

82. Como encontramos, p. ej., en Linda L. Belleville, *Women Leaders and the Church: Three Crucial Questions* (Grand Rapids: Baker, 2000), 80.

83. Ver esp. John R. W. Stott, *Issues Facing Christians Today* (London: Marshall Pickering, rev. 1990), 278–80. En español, *Los problemas que los cristianos enfrentamos hoy* (Editorial Vida, 2007).

Sin embargo, en la mayoría de iglesias evangélicas, aún estamos muy lejos de violar la enseñanza de Pablo, y debemos pensar en formas en las que animar a las mujeres a usar todos sus dones. Una mujer puede ejercer el don de pastorear o de predicar, por ejemplo, sin ocupar el cargo de anciana (o pastora) en la congregación. Por último, tenemos que aprender a presentar nuestra opinión de forma prudente, admitiendo que podemos estar equivocados y estar dispuestos a discrepar en amor y tolerar los diversos modelos que hay en las iglesias claramente evangélicas.[84]

Criterios para el liderazgo de la iglesia (3:1–13) *Obispos (3:1–7).* Si el liderazgo en la iglesia de Éfeso no es sano, ¿cómo pueden elegir a gente con un carácter como el de Cristo? Pablo se propone tratar esta cuestión, primero hablando de los obispos o supervisores (vv. 1–7; recuérdese Tito 1:5–9) y luego de los diáconos (vv. 8–13). La posición de obispo es una posición noble, y está bien aspirar a dicha función, como vemos en esta «palabra fiel» de Pablo (v. 1).[85] La mayoría de los criterios para elegir a personas para estas dos funciones son palabras que se explican por sí solas, y caracterizan a la mayoría de cristianos maduros, aunque a veces sean difíciles de encontrar. A su vez, cada una de ellas contrarresta una característica de los efesios y los cretenses que se oponen al evangelio de Pablo.[86] Está claro que no podemos hacer absolutos con frases como «debe ser intachable» o «que hablen bien de él los que no pertenecen a la iglesia», pues muchas veces se critica a los cristianos de forma injusta. La idea es que no deben dar razones para que la gente les acuse de lo que se menciona en estos versículos. El criterio de que el obispo debe gestionar bien a su familia (vv. 4–5) no implica que sus hijos tengan que ser creyentes, pues esa es una decisión que cada persona debe tomar libre de la presión externa; y a los padres tampoco se les puede acusar por las malas decisiones de sus hijos adultos una vez que estos ya son independientes. La palabra que aquí traducimos por «familia» en estos dos versículos también se puede traducir por «hogar», y es un reflejo del rol del padre en días de Pablo: en aquella cultura, todos los que residían con el padre quedaban bajo su autoridad.[87]

---

84. A diferencia de las dos antologías contemporáneas más destacadas, que reflejan un complementarismo o igualitarismo más intransigente. Ver, respectivamente, *Rediscovering Biblical Manhood and Womanhood*, eds. Piper y Grudem; y *Discovering Biblical Equality*, eds. Ronald W. Pierce y Rebecca M. Groothuis (Downers Grove: IVP, 2004). Encontrará un excelente ejemplo de una actitud adecuada y una perspectiva equilibrada muy similar a la mía en Sumner, *Men and Women*. Cf. también Robert L. Saucy y Judith K ten Elshof, eds. *Women and Men in Ministry: A Complementary Perspective* (Chicago: Moody, 2001; Ronald y Beverly Allen, *Liberated Traditionalism* (Portland: Multnomah, 1985).

85. Ver más en J. Lionel North, «"Human Speech" in Paul and the Paulines: The Investigation and Meaning of ἀνθρωπίνος ὁ λόγος (1 Tim 3:1)», *NovT* 37 (1995): 50–67.

86. Mounce, *Pastoral Epistles*, 156–58.

87. Además, normalmente, aunque hay excepciones, *teknon* hace referencia a un hijo que todavía vive en la casa paterna; la combinación de ese término con la expresión «en

A menudo estos criterios se aplican en la iglesia hoy de forma incoherente. Por ejemplo, algunas congregaciones prestan poca atención a las palabras de Pablo cuando dice que los obispos no sean amigos del dinero (v. 3) o que no sean recién convertidos (v. 6). Por otro lado, la expresión «esposo de una sola mujer» ha recibido más importancia que lo demás, o simplemente se ha malinterpretado (ver más abajo). Los dos criterios que no aparecen en la lista de criterios para elegir diáconos son «capaz de enseñar» (el conocimiento de los contenidos de la fe cristiana, junto con la habilidad de transmitirlos a los demás) y «hospitalario» (v. 2). Históricamente, la hospitalidad ha formado parte de la responsabilidad de los pastores o ministros, que acogían a los que visitaban la iglesia o la comunidad, aunque hoy en día, en muchas iglesias esta práctica ha desaparecido casi por completo.

¿Qué diremos, pues, de *mias gunaikos andra* (literalmente, «un hombre de una mujer»)? Es poco probable que Pablo esté diciendo que un obispo tiene que estar casado, ¡porque se estaría descalificando a sí mismo, y también a Jesús! La comprensión dominante en la iglesia primitiva era que el obispo no podía haber tenido más de una mujer, por lo que quedaban excluidos los que se habían vuelto a casar. Pero esta interpretación refleja el creciente ascetismo helenista que invadió la iglesia y que llevó a la Iglesia Católica a insistir en que los clérigos no podían casarse. A diferencia de esto, Pablo permite e incluso anima a algunos que habían enviudado a casarse de nuevo (1Co 7:9, 39; 1Ti 5:14), y es impensable que animara a alguien a hacer algo que le impediría ejercer el liderazgo. ¿Se refiere, pues, a aquellos que no se han divorciado? Esto solo sería posible si estamos dispuestos a excluir a los viudos, puesto que no hay nada en la expresión «una mujer» que apunte a que se trata de «una mujer en unas circunstancias, pero no en otras». Por tanto, lo más probable es que lo que quiere decir el apóstol es «una mujer a la vez», excluyendo así la poligamia. Pero la poligamia no era una práctica común en el mundo grecorromano; no era nada común entre los judíos; y la expresión paralela «esposa de un solo marido» en 5:9 sería ininteligible para los lectores originales, porque la poliandria era algo totalmente desconocido en el Imperio Romano.

Por tanto, la única opción lógica es que esta expresión hace referencia a *un hombre que, en caso de estar casado, en ese momento es fiel a su esposa, es decir, que es un hombre de una sola mujer*.[88] Esta interpretación encaja con la observación de que los otros requisitos describían la condición del obispo en ese momento concreto, y no necesariamente su condición de por vida (como comentan autoridades tan tempranas como Teodoro de Mopsuestia, Teodoreto, Juan Crisóstomo y Calixto).[89] También encaja con el hincapié que Pablo hace

sujeción» (RV) u «obedezcan» (NVI) refuerza esta impresión (cf. Knight, *Pastoral Epistles*, 161).

88. Ed. Glasscock, «"The Husband Of One Wife" Requirement in 1 Timothy 3:2», *BSac* 140 (1983): 244–58.

89. Encontrará referencias en C.H. Dodd, «New Testament Translation Problems II.», *BT* 28 (1977): 112–16. Encontrará una defensa más reciente de esta perspectiva en Sydney Page, «Marital Expectations of Church Leaders in the Pastoral Epistles», *JSNT*

en este contexto en ser un buen «padre de familia» (v. 4), aunque deja sin contestar si se debe exigir que la fidelidad a la mujer actual haya sido durante un periodo de tiempo específico (del mismo modo que el v. 10 deja sin contestar cuánto tiempo debe ser puesto a prueba el diácono).

Diáconos (3:8–13). Esta larga lista, tan similar a la anterior, debería hacernos pensar que no podemos escoger a los diáconos por sus habilidades prácticas. Deben ser tan espirituales como los obispos, aun y a pesar de que en el modelo más temprano de esta división de tareas siguiera aparentemente el criterio de «lo espiritual frente a lo práctico» (Hechos 6:1–6). Lo que podemos decir es que aquí se habla de un cargo de algún modo subordinado, un cargo de «ayuda» o «servicio». ¿Quiénes son las *gunaikas* (literalmente «mujeres») del versículo 11? Algunos interpretan que se refiere a las esposas de los diáconos. Pero entonces, ¿por qué no menciona ni se establece cómo deben ser las esposas de los obispos, que ocupan un cargo más «elevado»? Lo más probable es que se esté hablando de mujeres que son diaconisas.[90] Hasta que el catolicismo desarrolló las órdenes monásticas, a modo de sustituto, a lo largo de la historia de la iglesia primitiva las diaconisas llevaron a cabo su servicio de un modo casi universal. Parte de su servicio se solapaba con las responsabilidades de los diáconos; pero algunas de sus tareas estaban prohibidas para los diáconos, como por ejemplo visitar, hacer cuidado pastoral, catequizar o dirigir el bautismo de *otras mujeres*.[91] ¡La recuperación de esta división de tareas ayudaría a que menos diáconos cayeran en pecado!

Conclusión (3:14–16). Pablo completa su discusión de este primer método para rebatir la herejía de Éfeso recordándole a Timoteo que, aunque él no está presente, estas instrucciones le servirán para saber cómo guiar a la iglesia (vv. 14–15). Casi a modo de doxología, el versículo 16 es una confesión de fe cristológica (probablemente se tratara de un himno). La interpretación que dice que las seis afirmaciones poéticas son secuenciales explica bien los primeros cinco versos: la encarnación, la resurrección, la exaltación, la misión global de la iglesia, y la respuesta de los creyentes. Pero «recibido en la gloria» coincide más con una descripción de la ascensión y exaltación que con la Segunda Venida de Cristo, y en ese caso ya no estamos ante un orden secuencial. Por tanto, podríamos decir que este «credo» es una combinación de tres pareados, cada uno de los cuales recoge algo que ocurrió en la tierra y algo que ocurre en el cielo, independientemente del orden dentro de cada pareado (el orden sería ABABBA).[92]

50 (1993): 105–20. Johnson (*Letters to Paul's Delegates*, 143) añade: «El valor que Pablo busca es el de la fidelidad y la responsabilidad».

90. Thomas R. Schreiner, «Women in Ministry: A Complementarian Perspective», en *Two Views of Women in Ministry*, p. 281–82; cf. Jennifer H. Stiefel, «Women Deacons in 1 Timothy: A Linguistic and Literary Look at "Women Likewise..." (1 Tim 3.11)», *NTS* 41 (1995): 442–57. Encontrará argumentos a favor de la traducción «esposas» en Mounce, *The Pastoral Epistles*, 202–4.

91. Stephen Clark, *Man and Women in Christ* (Ann Arbor: Servant, 1980), 117–23.

92. Ver más en D.J. MacLeod, «Christology in Six Lines: An Exposition of 1 Timothy 3:16», *BSac* 159 (2002): 334–48.

SEGUNDO MÉTODO: PRACTICAR LA VERDADERA PIEDAD EN LUGAR DEL ASCETISMO (4:1–16)

En lugar de promover el ascetismo que la herejía recomendaba, que además en última instancia es de origen demoníaco (vv. 1–5), Timoteo debe alimentar a la iglesia filipense con doctrina sana (vv. 6–7). El ejercicio físico tiene algo de valor, pero el ejercicio espiritual lo hace a uno aún más sano (vv. 8–10). Si Timoteo es fiel y enseña y encarna estas verdades, puede tener la esperanza de que la situación mejorará (vv. 11–16). Es irónico que las dos formas de ascetismo que se mencionan aquí, prohibir el matrimonio y abstenerse de comer ciertas comidas (y probablemente de beber ciertas bebidas; cf. 5:23) son precisamente las dos prohibiciones que los católicos y los evangélicos, respectivamente, han exigido de sus miembros más «maduros». La expresión «conciencia encallecida» del versículo 2 nos recuerda a los hermanos y hermanas débiles de 1ª Corintios 8–10 y Romanos 14–15. Los versículos 4 y 5 solo son aplicables a cuestiones neutralmente morales y no deben aplicarse a prácticas fundamentalmente inmorales.[93] Cualquier otra postura es ceder ante los mitos paganos de la herejía, a los que Pablo llama «fábulas de viejas» (v. 7), una imagen que no pretende acusar a todas las mujeres, sino solo a las ingenuas y crédulas (¡o a cualquier persona que se crea dichas fábulas sea del sexo que sea!).[94] La comparación entre el ejercicio físico y el espiritual es, de nuevo, otro «mensaje digno de crédito» o «palabra fiel», como vemos en el versículo 9. Curiosamente, en el siglo XXI, la mayoría de gente —muchos cristianos incluidos— dan mucha más importancia a estar en buena forma física que a estar en buena forma espiritual.

En el versículo 10 parece que hay una extraña distinción entre dos tipos de salvación, pero solo hasta que entendemos que el término *malista* en las epístolas pastorales (aparece cinco veces: 1Ti 4:10; 5:8; 5:17; 2Ti 4:13; Tit 1:10) debe traducirse por «es decir», en lugar de traducirse por «especialmente».[95] El versículo 12 anima a la iglesia, que escuchará la carta dirigida a Timoteo, a no despreciarle por ser joven (recuérdese que se trata de una cultura con un profundo respeto hacia los ancianos; recuérdese también 1Co 16:10–11). Pero pensemos que el término «joven» podía referirse a una persona de poco menos de cuarenta años (más arriba, ver también Ireneo, *Contra las Herejías* 2:22.5). El versículo 14 nos habla de un precedente bíblico poco común de una forma

---

93. «A la luz de la perspectiva de las pastorales, la conciencia buena y pura rechaza ambos extremos: la codicia desenfrenada, y el ascetismo excesivo» (Collins, *I & II Timothy and Titus*, 114).

94. Cf. Knight, *Pastoral Epistles*, 195.

95. T.C. Skeat, «"Especially the Parchments": A Note on 2 Timothy IV.13», *JTS* 30 (1979): 173–77. Encontrará una refutación tentativa en Vern S. Poythress, «The Meaning of μάλιστα in 2 Timothy 4:13 and Related Verses», *JTS* 53 (2002): 523–32. Pero precisamente para este versículo, Poythress no ofrece ninguna alternativa; lo único que dice es que «los comentarios muestran que hay otras interpretaciones posibles» (576). Además, se salta 1Ti 5:8, donde «los suyos» y «los de su propia casa» probablemente sean equivalentes.

de ordenación, que se practicaba entre los rabinos; compárese también 5:22 y 2ª Timoteo 1:6.[96] Es imposible saber a ciencia cierta si en este caso *tou presbuteriou* es un genitivo objetivo o un genitivo subjetivo. Si se trata del primero, se estaría refiriendo a la imposición de manos *por parte de* los ancianos (o presbiterio); si se trata del segundo, significaría que la imposición de manos *convirtió* a Timoteo en anciano o miembro del presbiterio.[97]

TERCER MÉTODO: NORMAS PARA OTROS GRUPOS DE PERSONAS DE LA IGLESIA, Y EL RESPETO QUE MERECEN (5:1–6:2)

La naturaleza de la herejía que había en Éfeso sugiere que los líderes afectados habían adoptado una mentalidad elitista, por lo que se hizo necesario hablar del respeto que merecen los diferentes grupos de personas que forman la iglesia. En 5:1–2 se insiste en que se ha de *respetar a los ancianos*[98] y *tratar a los jóvenes de forma considerada*, principios que aún hoy necesitamos recordar una y otra vez. Los versículos 3–16 introducen otra categoría y una lista de criterios (vv. 9–10), *el «cargo» de viuda*, claramente limitado a una pequeña selección de las viudas de la congregación. En una cultura en la que era el marido o el padre el que proveía a la mujer de cobertura legal y económica, cuando una mujer enviudaba quedaba desamparada y peligraba su propia subsistencia.[99] Si los parientes podían sustentar a sus viudas, Pablo dice que deben hacerlo (v. 4). Pero la iglesia debía hacerse cargo de aquellas que eran demasiado mayores para trabajar (a menudo identificadas como mayores de sesenta años;[100] cf. v. 9) y que no contaban con ayuda familiar (v. 3, 5, 16b). Anteriormente, estas viudas ya habían desarrollado varios ministerios especiales como la oración, la visitación y la enseñanza.

Por tanto, vemos que el versículo 8a no dice que el hombre debe ser el que provee para la familia, sino que habla del papel de los familiares, que deben preocuparse por los necesitados dentro de su familia, en lugar de dejar esa responsabilidad a la iglesia (o, en nuestros días, al Estado). Hacer lo contrario es

---

96. Más generalmente, ver especialmente Marjorie Warkentin, *Ordination: A Biblical–Historical View* (Grand Rapids: Eerdmans, 1982).

97. Pero a la luz de una expresión hebrea paralela de la práctica judía, la segunda parece la opción más probable (Kelly, *Pastoral Epistles*, 108).

98. La palabra traducida por «ancianas» o «mujeres mayores» en el v. 2 también podría traducirse por «esposas de los ancianos», pero no hay nada en este contexto que apunte a esta segunda traducción, pues se está hablando de diferentes grupos de edad dentro de la congregación. Además, la palabra equivalente en el pasaje paralelo que aparece en Tito 2:3 solo puede traducirse por «ancianas» o «mujeres mayores».

99. Más detalles y matices en Bruce W. Winter, «Providentia for the Widows of 1 Timothy 5:3–16», *TynB* 39 (1988): 83–99.

100. Towner, *1–2 Timothy & Titus*, 116: «En aquella cultura, esa era la edad para la jubilación, a la vez que la edad a partir de la cual el contraer matrimonio era ya muy poco probable».

igual a negar la fe (v. 8b).[101] La orden de las viudas sin familia se convirtió en un grupo establecido dentro de la iglesia, y así siguió durante varios siglos.[102] Lo miremos como lo miremos, ningún principio hermenéutico nos permite evadir la responsabilidad de cuidar de los más necesitados en nuestra congregación, aunque la forma de ayudar cambie de una cultura a otra.

Por otro lado, hay una serie de factores, como por ejemplo una edad joven, que puede llevar a las viudas a querer casarse de nuevo; y al parecer, eso no era una posibilidad si la viuda en cuestión había asumido ese «cargo» especial (vv. 6, 11–12). Incluso aquellas que no buscan un nuevo marido, sabiendo que la iglesia va a cuidar de ellas, pueden hacer un mal uso del tiempo (v. 13). Por eso, Pablo anima a las viudas jóvenes a que se casen y vuelvan a desempeñar el rol habitual en esos días, para que su reputación, e incluso su fe, no se vea afectada (vv. 14–15).[103]

En 5:17–25, Pablo *respalda a los ancianos*, a los que de nuevo asocia con la enseñanza y con el ejercicio de la autoridad dirigiendo los asuntos de la iglesia (v. 17; literalmente, «vigilar» o «supervisar»). Los que hacen bien su trabajo son dignos de «doble honor», lo que sin duda alguna incluía remuneración económica.[104] «Especialmente los que dedican sus esfuerzos a la predicación y a la enseñanza» podría entenderse como que Pablo habla de dos categorías de ancianos, los que predican y enseñan, y los que ejercen solamente otros tipos de autoridad. Pero entonces, ¿por qué Pablo incluiría la capacidad para enseñar entre los requisitos para ser obispo (3:2)? ¿No son, por tanto, obispos todos los ancianos? Lo eran en Tito 1:6–7 y también en Éfeso mismo en Hechos 20:17 y 28. De nuevo, es mejor reconocer que *malista* se debería traducir por «es decir», en lugar de traducirse por «especialmente»; así, Pablo no está haciendo una subdivisión de los ancianos y estableciendo dos grupos diferenciados, sino que hace referencia a ellos desde dos perspectivas diferentes.[105]

En el versículo 18, para respaldar el mandato de honrar a los ancianos, Pablo recurre al Antiguo Testamento y establece una analogía con el trato que el campesino trataba al buey (Dt 25:4; recuérdese 1Co 9:9), y cita unas palabras de Jesús (ver Lucas 10:7), de donde podríamos extraer que el tercer Evangelio ya se consideraba parte de las Escrituras.[106] Algunos aseguran que es imposible que eso ocurriera tan rápido, mientras que otros dicen que aquí tenemos

---

101. No cumplir con las responsabilidades familiares no es igual a la apostasía, pero que el creyente no cumpla ni siquiera «las normas de decencia de la cultura pagana es casi como negar el sentido de la fe cristiana y vivir como un no creyente» (Mounce, *Pastoral Epistles*, 285).

102. Sobre esto, ver especialmente Bonnie B. Thurston, *The Widows: A Women's Ministry in the Early Church* (Minneapolis: Fortress, 1989).

103. Sobre los vv. 3–16, ver también Jouette M. Bassler, «The Widows' Tale: A Fresh Look at 1 Tim 5:3–16», *JBL* 103 (1984): 23–41.

104. Quinn and Wacker, *First and Second Letters to Timothy*, 450.

105. Marshall con Towner, *Pastoral Epistles*, 612.

106. O que un dicho de la tradición oral de las enseñanzas de Jesús se añadió libremente al texto para ilustrar esa idea (Johnson, *First and Second Timothy*, 278).

una prueba de que la epístola es de una generación posterior. Pero si Lucas, compañero de Pablo, escribió su Evangelio en torno al año 62 d.C. (ver arriba, p. 21), lo más probable es que Pablo lo leyera inmediatamente después. Y si las siguientes generaciones de cristianos estuvieron de acuerdo sobre su naturaleza inspirada, ¿por qué Pablo no habría de reconocerlo también y decirlo unos años después pero aún dentro de la misma década?[107]

Sin embargo, el tema principal de Pablo en este contexto es el respeto debido a los ancianos. La otra cara de honrarles de forma debida es protegerles de las falsas acusaciones. El versículo 19 toma el principio de Deuteronomio 19:15, que Jesús ya utilizó en Mateo 18:16 y 19–20. Aquí, «testigos» (de *martys*) se refiere a los que testifican en contra de un anciano, no necesariamente a aquellos que vieron la acción de la que se les acusa.[108] No obstante, los ancianos deben rendir cuentas y ser puestos en disciplina si es necesario (v. 20), de forma totalmente imparcial (v. 21). Una forma de no tener que llegar a disciplinar a los líderes es no darles ese cargo antes de que estén preparados para ello (v. 22). Pero algunos rasgos del carácter son más evidentes que otros, así que de antemano nunca podemos estar totalmente seguros de que las personas elegidas estarán siempre a la altura (vv. 24–25).[109] En medio de todo esto aparece la orden aparentemente inconexa de que Timoteo debe beber un poco de vino con fines medicinales (v. 23). Pero la conexión podría estar en el versículo 22, porque contiene un llamamiento a la pureza y cabe la posibilidad de que la herejía estuviera promoviendo la abstinencia total.[110] Por tanto, Pablo quiere dejar claro que beber pequeñas cantidades de alcohol (ver el contraste con 3:3 y 8) no convierte a la persona en impura.

Por último, Pablo considera a los *esclavos cristianos* (6:1–2). Como en los códigos domésticos de Efesios y Colosenses, les ordena que respeten a sus amos. Como en Tito, enfatiza el gran impacto que ese comportamiento puede causar. Los esclavos que tienen amos cristianos que no les pusieron en libertad podían verse tentados a respetarles menos que a otros cristianos; pero, de hecho, por el compromiso que sus amos tienen con Cristo, deben respetarles aún más.[111]

ÚLTIMAS ADVERTENCIAS (6:3–21)

Se podría pensar que los versículos 3–19 recogen otro método para combatir la herejía: evitar el amor al dinero. Pero a diferencia de los mandatos anteriores, éste no trata la falsa enseñanza y a sus efectos *per se*, sino las actitudes de algunos de los falsos maestros. Sin embargo, Pablo sí pone al descubierto

---

107. Cf. Knight, *Pastoral Epistles*, 234.
108. Marshall con Towner, *Pastoral Epistles*, 618.
109. Encontrará una defensa de esta relación entre los vv. 19–20 y 21–25, pero basada en los paralelismos con Dt 19:15–20, en J. William Fuller, «Of Elders and Triads in 1 Timothy 5.19–25», *NTS* 29 (1983): 258–63.
110. Kelly, *Pastoral Epistles*, 95.
111. De nuevo, aunque Pablo no cuestiona directamente la institución de la esclavitud, su forma de expresarse apunta a «una reciprocidad entre amo y esclavo característica de la antigua *koinonia*» (Johnson, *First and Second Timothy*, 290).

las graves consecuencias de adorar a Mamón o al dinero en lugar de adorar a Dios (Lucas 16:13), y a la vez le pide a Timoteo que no se deje tentar en ese área. Así, se podría decir que esta sección es muy cercana a las exhortaciones finales del cuerpo de la carta helena, tradicionalmente mucho más estructurada.[112] Los versículos 3–5 dejan bien claro cuáles son las dos opciones: la herejía con sus divisiones, o la sana doctrina del verdadero evangelio. La expresión final del versículo 5 añade una nueva dimensión de la falsa enseñanza que no tiene que ver con otra idea heterodoxa, sino con la motivación de los herejes. La mayoría de maestros religiosos del mundo grecorromano cobraban y/o recibían dinero por su ministerio, y parece ser que los líderes de la herejía de Éfeso hacían lo mismo. El problema no era que se les pagara por sus servicios; Pablo ya había defendido enérgicamente el derecho de los líderes cristianos a ser remunerados por su dedicación (1Co 9:1–12a, 13–14). El problema es que ellos se creían con el derecho a *exigir* dinero, revelando así cuál era realmente el objeto de su adoración.[113]

Haciendo un juego de palabras con el término «ganancias», Pablo insiste en que lo que tiene valor espiritual o realmente merece la pena es «la piedad con contentamiento» (v. 6). Después de todo, vinimos desnudos a este mundo, y cuando nos vayamos no nos podremos llevar con nosotros ninguna de nuestras posesiones materiales (v. 7; cf. 1:21). Por lo que tenemos que aprender a estar satisfechos si tenemos lo esencial (v. 8). De otro modo, el deseo de querer tener más siempre puede llevar a la gente por caminos destructivos (v. 9). «Porque el amor al dinero es la raíz de toda clase de males» (v. 10a). Desafortunadamente, este famoso versículo se ha traducido mal y se ha interpretado mal en muchas ocasiones a lo largo de la historia. Ningún escritor bíblico ha dicho que la culpa la tiene el dinero; es nuestra codicia la que nos puede desviar de la fe y causar muchísimos sinsabores (v. 10b). Además, en el texto griego, el artículo que aparece delante del sustantivo «raíz» no es un artículo definido, y no tenemos aquí una estructura gramatical en la que se omite el artículo incluso ante un sustantivo determinado. Por último, la expresión en plural *panton ton kakon* apunta a «todo tipo de males», y no necesariamente todos los males habidos y por haber.[114] A pesar de estas tres advertencias, está claro que la insatisfacción con las circunstancias económicas que nos tocan vivir puede ser un poderoso estímulo para el pecado y para el mal en el mundo.

Por eso, Pablo le dice a Timoteo que huya de esas tentaciones y que cultive los rasgos de un carácter piadoso (v. 11), aun cuando eso suponga una lucha (v. 12a). Entonces puede estar seguro de que está llevando a buen término su vida cristiana, de acuerdo con la declaración que hizo cuando se convirtió (y, probablemente, cuando se bautizó;[115] v. 12b). Al recordar la confesión de Timoteo,

---

112. Cf. Knight, *Pastoral Epistles*, ix.

113. Cf. Quinn y Wacker, *First and Second Letters to Timothy*, 495.

114. En cuanto a todo esto, ver Johnson, *First and Second Timothy*, 296.

115. Kelly, *Pastoral Epistles*, 142. La otra opción posible es que se está haciendo referencia a su ordenación.

Pablo se ve llevado a repetir el mandato anterior: Timoteo debe mantener su promesa hasta que Cristo vuelva, del mismo modo en que Jesús no cedió ante el emperador romano ni siquiera cuando su vida estaba en juego (vv. 13–14). No podemos saber cuándo llegará el fin, pero podemos confiar en los tiempos de Dios, porque Él es el único Soberano, el único Inmortal, atributos que deberían llevarnos a la alabanza (v. 15–16).[116]

Una vez que Timoteo se haya asegurado de que su conducta refleja una actitud adecuada hacia el dinero, ya puede decir a los ricos que no confíen orgullosamente en las riquezas, sino que confíen en Dios (v. 17a). La clave para que las posesiones materiales no se conviertan en un ídolo es dar de forma generosa gran parte de ellas. Nuestra recompensa celestial compensará con creces esas «pérdidas» en la tierra (vv. 18–19). Entre estos dos mandatos aparece una preciosa promesa que nos recuerda que esta vida no tiene por qué estar caracterizada por el ascetismo que predicaban aquellos que, paradójicamente, querían enriquecerse a través de su enseñanza. Dios da a su hijos bienes materiales para que los disfruten, sobre todo cuando éstos han sido generosos y fieles con aquello que ya les ha confiado (v. 17b).[117] Una vez más, Pablo es directo y le dice a Timoteo que él también se aplique el principio que acaba de exponer, y le recuerda una vez más que se oponga a la herejía que ha desviado a algunos de la fe verdadera. Por fin, cierra con una oración, pidiéndole a Dios que su gracia esté con su joven colaborador (vv. 20–21).

APLICACIÓN

Gran parte del contenido de 1ª Timoteo repite y desarrolla la teología de Colosenses y las aplicaciones prácticas de Tito. Pero en esta carta a Timoteo se hace un énfasis especial en la calidad de los líderes cristianos, pues es un elemento esencial para que haya iglesias saludables. Además, vemos en ella detalles sobre los ministerios exclusivos de la mujer que quizá deberíamos recuperar, particularmente los roles o responsabilidades de las diaconisas, de las mujeres mayores y de las viudas. Como en muchas de las cartas de Pablo, hay un claro contraste entre las listas de lo que se debe y lo que no se debe hacer y la santidad que se genera en el interior de la persona; ésa es la diferencia entre la herejía y la verdadera espiritualidad, lección que muchas ramas de la iglesia evangélica de hoy deberían reconsiderar. Esto no tiene nada que ver con el cristianismo burgués del que algunos acusan a las epístolas pastorales; si hay algo que las caracteriza es su oposición a la moralidad convencional que solo se preocupa de hacer listas de vicios y virtudes y de legislarlos. Un estilo de vida sano y visible será más útil que un sinfín de reglas y regulaciones. Y una

---

116. Sobre el tema de la singularidad de las doxologías del Nuevo Testamento, especialmente para expresar un honor incomparable, ver Jerome H. Neyrey, «"First," "Only," "One of a Few," and "No One Else": The Rhetoric of Uniqueness and the Doxologies in 1 Timothy», *Bib* 86 (2003): 59–87.

117. Encontrará un equilibrio acertado en Johnson, *First and Second Timothy*, 315.

de las áreas más carente de buenos modelos es el área de la mayordomía.[118] Alguien ha dicho, acertadamente creo yo, que se puede saber mucho de la madurez de un cristiano observando qué hace con su monedero.

En cuanto a las secciones de la carta que reciben una atención desproporcionada hoy (las limitaciones del liderazgo de la mujer, los requisitos para ciertos tipos de cargos, la disciplina en la iglesia), es imprescindible encontrar el equilibrio entre la obediencia y el amor. Muchos creyentes, líderes de iglesia, y denominaciones enteras caen con demasiada rapidez en el dogmatismo, ya sea afirmando que las instrucciones de Timoteo solo son aplicables a aquella situación y cultura, o defendiendo que se trata de instrucciones atemporales. Ambos extremos deberían acompañar a sus interpretaciones de un mayor grado de humildad.

PREGUNTAS

1. ¿Dónde está Timoteo cuando recibe esta carta? ¿Dónde está Pablo y qué está haciendo?

2. ¿En qué consiste la herejía que amenaza a la iglesia que Timoteo pastorea? ¿Cuáles son las similitudes y las diferencias con la herejía que afecta a las iglesias de Creta y Colosas?

3. ¿Cuál es la estructura general de 1ª Timoteo? ¿Hasta qué punto podemos decir que la estructura está pensada para dar respuesta a la herejía?

4. ¿Cuál es la responsabilidad de Timoteo como pastor? ¿Cuáles son los mandatos de Pablo en cuanto a la forma en la que debe desempeñar esa responsabilidad?

5. Menciona los principios que aparecen en 1ª Timoteo 2:8–15 en cuanto a la mujer en las posiciones de liderazgo. ¿Qué características del texto (las palabras, la sintaxis) te llevan a dichas conclusiones? ¿Cuál es la mejor forma de interpretar y aplicar el versículo 15?

6. ¿Cuáles son los criterios a seguir para seleccionar a los obispos y a los diáconos? ¿Cómo hay que entender la expresión «esposo de una sola mujer» (3:2) en este contexto? ¿Qué mandatos incluye Pablo para los grupos de personas que no ocupan una posición de liderazgo dentro de la iglesia?

7. ¿Qué dice Pablo sobre el dinero en el capítulo 6? A la luz de lo dicho, ¿cómo deben Pablo y la congregación usar su dinero?

---

118. Me gustaría pensar que yo he hecho *algún* avance en este área; ver mis reflexiones autobiográficas en Blomberg, *Ni Pobreza, Ni Riquezas* (Andamio, Terrassa: Editorial Clie, 2004).

2ª TIMOTEO: ¡ENTRÉGALO!

INTRODUCCIÓN

Pablo está de nuevo en la cárcel de Roma, al parecer por segunda vez, esta vez a causa del linchamiento de Nerón contra los cristianos entre el año 64 y 68 d.C. Si 1ª y 2ª Timoteo son anteriores al arresto domiciliario de dos años (60–62 d.C.), entonces 2ª Timoteo podría encajar en ese periodo (Hechos 28:30–31). Pero cuando escribe 2ª Timoteo quiere que Timoteo vaya a verle y lleve consigo a Marcos (2Ti 4:9, 11, 21), y sabemos que Timoteo y Marcos estuvieron con Pablo en Roma al menos durante parte de su arresto domiciliario (Col 1:1; 4:10; Flm 21).[119] También, las condiciones en las que Pablo escribe 2ª Timoteo parecen más austeras que las de su arresto domiciliario. Ahora está encadenado, y en un lugar difícil de encontrar (1:16–17). La tradición recoge que Pablo estuvo en la cárcel mamertita, de la que aún se conservan unas ruinas, y se puede apreciar que se trataba de un oscuro calabozo.[120]

En 2ª Timoteo 4:6 vemos que Pablo estaba convencido de que iba a morir pronto. Los dos inviernos que se mencionan en Tito 3:12 y en 2ª Timoteo 4:21 encajan con la hipótesis de que Pablo tuvo al menos dos años de libertad entre el arresto domiciliario de Hechos y el arresto y su ejecución durante la persecución de Nerón. Ahora Pablo ya ha podido presentar una defensa que, humanamente hablando, no ha ido bien (4:16; aunque cf. v. 17). El único rescate que Pablo prevé es el que le llevará al cielo (v. 10). Así que escribe para pasarle a Timoteo la antorcha de su ministerio en Éfeso, y encargarle la misión de predicar el evangelio con valentía. Es como si esta carta fuera el testamento de Pablo,[121] semejante a los discursos de despedida de las figuras principales del Antiguo Testamento. Técnicamente hablando, esta epístola es una «epístola personal parenética», que exhorta a alguien a seguir un proceder concreto, y abstenerse de otro tipo de proceder.[122]

El hecho de que esta carta se preservara hizo que se leyera en las congregaciones de todo el mundo cristiano. No obstante, es la única carta de Pablo que no fue escrita en primer lugar para ser leída ante una congregación específica. Era un encargo personal para Timoteo. Por encima de todo, se centra en el carácter de Timoteo ahora que intenta seguir los pasos del apóstol. «También revela la fe y la esperanza de un apóstol valiente ante la soledad y la adversidad

---

119. Kelly, *Pastoral Epistles*, 7.
120. Encontrará una lista completa de lo que la tradición recoge en cuanto a la composición de 2ª Timoteo en Mounce, *Pastoral Epistles*, lxiii.
121. Sean C. Martin, *Pauli Testamentum: 2 Timothy and the Last Words of Moses* (Roma: Gregorian University Press, 1997).
122. Johnson, *First and Second Timothy*, 97.

justo antes de ser ejecutado».[123] De entre las cartas indiscutiblemente paulinas, Filipenses sería el paralelo más cercano.[124]

De las tres cartas pastorales, 2ª Timoteo también es la única carta que algunos estudiosos aceptan como paulina, aun cuando no aceptan la autoría de las otras dos.[125] A excepción de Romanos, ésta es la epístola del Nuevo Testamento en la que aparecen más nombres propios. Tambien muchos nombres de ciudades aparecen en la carta.[126] Mientras que los contenidos de las otras dos epístolas pastorales tienen mucho en común, los temas que aparecen en 2ª Timoteo son mayormente diferentes. También, mientras que los estilos de 1ª Timoteo y Tito son casi idénticos, hay muchas diferencias entre el vocabulario y la sintaxis de esas dos cartas y 2ª Timoteo.[127] Debido a todas las referencias personales, 2ª Timoteo encaja mejor con la hipótesis de los fragmentos (ver p. 396). Marshall la incluye junto a 1ª Timoteo y a Tito en el grupo de los «alónimos» (ver p. 400) debido a la similitud que guarda con esas dos epístolas, aunque observa que es más fácil defender la autenticidad de 2ª Timoteo que de las otras dos.[128] Por lo tanto, si se puede defender la autenticidad de 1ª Timoteo y de Tito (como hicimos más arriba), la autoría paulina de 2ª Timoteo es casi incuestionable. Y esta es la posición que adoptamos.

Un esquema sencillo, basado en los contenidos, sigue la división que la iglesia introduciría más adelante:

I. Temas preliminares (1:1–18)
    A. Saludos (1:1–2)
    B. Acción de gracias y llamamiento a la fidelidad (1:3–14)
    C. Buenos y malos modelos (1:15–18)
II. El compromiso de la fe (2:1–26)
    A. Soportar las dificultades (2:1–13)
    B. Esforzarse para ser aprobado (2:14–26)
III. Descripción de la impiedad y cómo oponerse a ella (3:1–17)
    A. Depravación en los últimos días (3:1–9)
    B. El antídoto para la depravación (3:10–17)
IV. Encargo final (4:1–22)
    A. Pasar la antorcha (4:1–8)
    B. Temas personales (4:9–18)
    C. Saludos finales (4:19–22)

---

123. Ogden y Skinner, *Acts Throught Revelation*, 221.
124. Ibíd., 450.
125. Ver esp. Michael Prior, *Paul the Letter–Writer and the Second Letter to Timothy* (Sheffield: JSOT, 1989).
126. Ver listas completas en Collins, *I & II Timothy and Titus*, 178–80.
127. Ver Jerome Murphy–O'Connor, «2 Timothy Contrasted with 1 Timothy and Titus», *RB* 98 (1991): 403–18.
128. Marshall con Towner, *Pastoral Epistles*, 85.

COMENTARIO

TEMAS PRELIMINARES (1:1–18)

Saludos (1:1–2). El principio del versículo 1 y el final del versículo 2 coinciden exactamente con el principio del versículo 1 y el final del versículo 2 de la primera carta a Timoteo. Entre esas palabras idénticas, el texto cambia solo levemente. Cierto es que si estas cartas fueran seudográficas, el imitador de Pablo habría sido muy astuto al mantener un paralelismo perfecto y, a la vez, introducir algunos pequeños cambios. Pero lo más lógico es pensar que todo eso es una muestra de que se trata de la obra de Pablo, porque no tenía la necesidad de escribir exactamente lo mismo, pero sí es natural que mantenga una forma similar.

Acción de gracias y llamamiento a la fidelidad (1:3–14). A diferencia de Tito y 1ª Timoteo, esta última epístola pastoral pasa de forma inmediata a la parte de acción de gracias, como se solía hacer. Pero el único versículo que tiene forma de oración es el versículo 3. Los versículos del 4 al 14 se siguen unos a otros de forma perfecta, y en ellos Pablo recoge los deseos (v. 4), los recuerdos (v. 5) y las exhortaciones a Timoteo (vv. 6–8, 13–14) que nacen de esa gratitud, y también la teología (vv. 9–10) y el modelo personal (vv. 11–12) que dan autoridad a sus mandamientos.

Pablo está agradecido al recordar que en la familia de Timoteo hay tres generaciones que han sido fieles a Dios, primero en el judaísmo, y ahora en el cristianismo. En Hechos 16:1–3 vemos que el padre de Timoteo era griego, y la madre judía. Ahora se nos dice el nombre de ella, Eunice, y también el nombre de la madre de ella, Loida (v. 5). No está claro si Pablo también está diciendo que estas dos mujeres se convirtieron al cristianismo antes que Timoteo,[129] pero sea como sea, lo que sí está claro es que no sucumbieron a la forma religiosa gentil que el padre de Timoteo habría preferido para la familia. La misma idea vuelve a aparecer en 3:15, cuando vemos que Timoteo conoce las Sagradas Escrituras desde su niñez. Por tanto, ahora anima a su joven amigo, a su hijo en la fe, a usar con valentía su(s) don(es) espiritual(es) poniéndolos al servicio de Dios (vv. 6–7). La referencia a la imposición de manos a través de la cual Timoteo recibió el don de Dios parece apuntar al momento que se menciona en 1ª Timoteo 4:14; probablemente la ordenación de Timoteo, en la que Pablo podría haber participado junto con los demás líderes locales. En el texto de 1ª Timoteo parece que el don tiene que ver con la predicación y la enseñanza; 2ª Timoteo 4:5 sugiere que tenía el don de evangelista. Obviamente, podría haber recibido más de un don.

Desafortunadamente, a partir de estos dos versículos (y quizá también 1ª Corintios 16:10–11) muchas personas han concluido que Timoteo era una per-

---

129. Probablemente, en este contexto Pablo no está haciendo una distinción entre la salvación por fe que los judíos experimentaban antes de recibir el evangelio y la salvación en Cristo. Después de todo, en sus cartas repite una y otra vez que Abraham es el modelo de fe para los creyentes de ambas comunidades. Cf. Johnson, *First and Second Timothy*, 342.

sona tímida. Los ataques a los que Pablo se tuvo que enfrentar podrían echar atrás a cualquiera, incluso a una persona valiente. Y, no obstante, en Hechos y las epístolas vemos que Timoteo siguió activo como el emisario de Pablo, y que el llamamiento al valor y a evitar la cobardía es solo un reflejo de los consejos típicos que los maestros religiosos y filósofos de la Antigüedad daban a los jóvenes.[130]

Así que Pablo le dice a Timoteo que no se avergüence de dar testimonio de Jesús o de que Pablo está de nuevo en la cárcel (v. 8a). Timoteo debería mantenerse santo, aunque quisiera actuar de otro modo, sobre todo para evitar ser perseguido por su fe (vv. 8b–9a). Después de todo, al final tendremos que responder ante Cristo, no ante las autoridades humanas, porque Él es el único responsable de la salvación (vv. 9–10). La teología de la gracia que encontramos aquí es tan sólida y clara como la que aparece en las epístolas indiscutiblemente paulinas. Pablo mismo está sufriendo por predicar valientemente ese mensaje, y no se avergüenza porque confía en el final glorioso que le espera en el futuro (vv. 11–12). Por lo que Timoteo puede imitar a su maestro y padre espiritual también en esta cuestión. Concretamente, debe preservar la «sana doctrina» del verdadero evangelio (una expresión recurrente en las epístolas pastorales), guardándola y cuidándola como si fuera literalmente un objeto que se le ha confiado para que lo custodie y proteja (vv. 13–14).[131] La interacción entre la gracia protectora de Dios y la responsabilidad humana de la perseverancia encaja perfectamente con lo que hemos visto en todas las epístolas comentadas hasta aquí. Dios tiene el poder de guardar a Timoteo, espiritualmente hablando (v. 12), a través del Espíritu Santo que habita en él (v. 14b). Como resultado de ello, Timoteo tiene que hacer todo lo que esté de su mano para mantenerse fiel (vv. 13–14a).

Buenos y malos modelos (1:15–18). Como ilustración, Pablo establece un contraste entre sus compañeros de Asia Menor, que lo abandonaron (v. 15), y los de la casa de Onesíforo, que le han servido fielmente y de forma sacrificada tanto cuando estaba viviendo en Éfeso como cuando estaba encarcelado en Roma (vv. 16–18). El versículo 15 no puede referirse a toda la iglesia de Éfeso; lo más probable es que se refiera a las personas de Asia Menor que estaban con Pablo en Roma justo antes de su encarcelamiento.[132] No podemos explicar por qué menciona a Figelo y Hermógenes, pues no sabemos nada más de estos dos hombres. Lo que está claro es que el apóstol prefiere recordar el modelo positivo de la familia de Onesíforo, aunque en esta ocasión fueran los únicos en permanecer a su lado.

EL COMPROMISO DE LA FE (2:1–26)

Soportar las dificultades (2:1–13). *En el capítulo 2:1–2 encontramos de forma condensada la tesis de esta epístola.* Ahora que Pablo pasa la antorcha

---

130. Christopher R. Hutson, «Was Timothy Timid? On the Rhetoric of Fearlessness (1 Corinthians 16:10–11) and Cowardice (2 Timothy 1:7)», *BibRes* 42 (1997): 58.

131. El «depósito» también podría ser la propia vida de Pablo, que él ha confiado a Dios.

132. O que casi todos los cristianos de Éfeso «se desvincularon de Pablo durante su arresto y encarcelamiento» (Mounce, *Pastoral Epistles*, 494).

del ministerio a su discípulo Timoteo, quiere que se fortalezca o que busque fuerzas en la gracia de Dios, y que procure que la cadena de líderes aprobados por Dios no se rompa. Para que un ministerio de enseñanza y discipulado tenga resultados duraderos hace falta formar a personas fieles que a su vez pasarán lo que han aprendido a otros, para que el patrón se pueda ir repitiendo.[133] Esta responsabilidad, al igual que el servicio cristiano en general y especialmente bajo circunstancias difíciles, hace que uno no se comprometa con cosas que le distraigan o le impidan avanzar en la línea que se propuso. Para subrayar esta idea, Pablo utiliza tres analogías extraídas de la vida cotidiana: los soldados no se enredan en asuntos civiles, los atletas dedican tiempo extra a entrenar, y los labradores trabajan duro pasando muchas horas en el campo (vv. 3–6). Pero en cada uno de estos casos, Pablo hace mención de la recompensa, y espera que el lector pueda establecer un paralelismo con el reino espiritual (v. 7). Los creyentes a los que les importa de verdad el servicio a Cristo trabajarán más duro que los demás, aunque también procurarán no «estar en todo» y no desgastarse.

LA CADENA DE LIDERAZGO CRISTIANO

Pablo   **Timoteo**   **Maestros fieles**   **Otros**

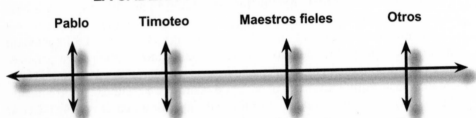

Tu ministerio precisa de discípulos que, a su vez, formen a otros. Y así, el testigo pasará de generación a generación.

2ª Timoteo 2:2: Cuatro etapas clave

Como en otros pasajes, Pablo ilustra esa devoción no dividida apelando a su propio ejemplo y al ejemplo de Jesús. Ambos sufrieron mucho, pero Jesús recibió la recompensa de la resurrección, y Pablo tiene la mirada puesta en la gloria eterna (vv. 8–10). «Una convicción así trasforma la persecución y la convierte en victoria».[134] Otro «mensaje digno de crédito» o «palabra fiel» respalda lo que Pablo está diciendo (vv. 11–13). Este cuarteto combina el paralelismo y la antítesis para hacer hincapié en las recompensas de la perseverancia aun en medio del sufrimiento. Lógicamente, al que rechaza a Cristo de forma categórica, Cristo también lo rechaza. Pero los periodos de falta de fe o de alejamiento no nos pueden separar de Él porque, a través del Espíritu, Él vive en los creyentes y no se puede rechazar a sí mismo.[135]

---

133. Knight (*Pastoral Epistles*, 391) relaciona el ministerio de la enseñanza de este texto con la responsabilidad de los ancianos/obispos en 1ª Timoteo, concluyendo que aquí Pablo también se está refiriendo a los ancianos; pero quizá eso sea limitar demasiado el alcance de esta enseñanza.

134. deSilva, *Introduction*, 756.

135. Cf. Marshall con Towner, *Pastoral Epistles*, 740–42.

Esforzarse para ser aprobado (2:14–26). En esta sección Pablo sigue animándonos a perseverar. Aquí, la metáfora principal es la del obrero que trabaja duro y es aprobado por Dios. En cuestiones espirituales, el telón de fondo para un servicio aceptable es la interpretación y aplicación responsable de la Palabra de Dios (v. 15).[136] Aquí encontramos el antídoto para las discusiones inútiles destructivas sobre el significado de las palabras que se mencionan en los versículos 14 y 16. Ese tipo de conducta suele llevar a la falsa enseñanza; al parecer, aún se notaban los efectos de la herejía de Éfeso (vv. 17–18a). Aquí Pablo se centra en la desviación en cuanto a la resurrección. Como en 1ª Corintios 15, puede que los «cristianos» de trasfondo griego solo creyeran en la inmortalidad del alma, y no en la resurrección del cuerpo. De forma similar a los posteriores gnósticos, podrían haber desarrollado una clara «escatología realizada», que aseguraba que el único tipo de resurrección que un creyente podía esperar era la resurrección espiritual que tenía lugar en esta vida cuando alguien entendía el conocimiento liberador de esta secta elitista (v. 18b).[137] Pero Dios conoce a los que son verdaderamente suyos y los protegerá de la herejía, y les hará ver que se deben distanciar o disociar abiertamente de la falsa enseñanza (v. 19).

Además, mientras una persona viva, siempre puede volverse de las creencias y las prácticas condenatorias (vv. 20–26). Haciendo uso de nuevo de la metáfora del «vaso para usos nobles u honrosos» y el «vaso para usos más bajos o viles» (vv. 20–21; recuérdese lo que comentamos en Ro 9:21–24), Pablo reitera que, para aquellos que están bajo la influencia de la herejía (o cualquier otro falso sistema), existe la posibilidad y la urgencia de escapar de las trampas del diablo y purificarse volviendo a Cristo.[138] Y los que no han caído en el engaño deben hacer todo lo posible por apartarse de la conducta de los que sí han sido engañados. Sin embargo, aunque la herejía encierra grandes peligros de los que hay que mantenerse alejado, Pablo reconoce que la amonestación mansa o la corrección humilde es más eficaz que la corrección combativa. Después de todo, si parte del problema tiene que ver con las discusiones que ya estaban teniendo, una respuesta polémica iba a servir para perpetuar el patrón que Pablo quiere que desaparezca (vv. 22–26).

---

136. La antigua versión inglesa King James traduce «dividiendo de forma adecuada». Así, muchos pensaron que aquí decía que se debía interpretar el texto deteniéndose en los lugares adecuados, o hacer una exposición o comentario versículo por versículo (obviamente, olvidaron tener en cuenta que la división de versículos no se realizó hasta la Edad Media). Una mejor traducción sería, por ejemplo, «que usa bien» (RV) o «que interpreta rectamente» (NVI). Johnson (*First and Second Timothy*, 385) sugiere «delinear con exactitud» para preservar la etimología del adverbio «correctamente» junto al verbo «cortar» o «dividir».

137. Cf. *Ibíd.*, 392–93. No se sabe nada más sobre Himeneo y Fileto.

138. Está claro que en este contexto no hay nada que apunte a la predestinación de los perdidos; está mucho más claro que en Romanos 9. Ver arriba, p. 297. Cf. Marshall con Towner, *Pastoral Epistles*, 763.

DESCRIPCIÓN DE LA IMPIEDAD Y CÓMO OPONERSE A ELLA (3:1–17).

Depravación en los últimos días (3:1–9). La falsa enseñanza de Éfeso le recuerda a Pablo que el periodo que precederá al retorno de Cristo estará caracterizado por el pensamiento impío y la conducta depravada (v. 1). Pero recordemos que los autores del Nuevo Testamento, sin excepción, entendían que ellos estaban viviendo en esos últimos días (Hch 2:17; Stg 5:3; 2Pe 3:3). Las señales de los versículos 2–5, que representan no solo a los que abiertamente están en contra de la religión, sino también a los que practican la religión de forma superficial (v. 5), han ido reapareciendo, en mayor o menor grado, en todas las épocas y culturas de la historia. El común denominador de todos estos pecados es el error de amarse a uno mismo por encima de todas las cosas, y por tanto considerarse el centro de todos los aspectos de la vida. Al parecer, los versículos 6–9 recogen de nuevo un problema en particular en cuanto a la influencia de la herejía de Éfeso: las mujeres espiritualmente inmaduras eran especialmente susceptibles ante las artimañas de los falsos maestros.[139] Probablemente se refiera a las mujeres de clase social alta, pues disponían del tiempo para escuchar a los falsos maestros, pero no tenían el suficiente discernimiento para detectar los errores de su mensaje. Pero aun así, Pablo está convencido de que la farsa quedará al descubierto, del mismo modo en que los magos del faraón quedaron en evidencia cuando solo pudieron imitar algunos de los milagros que Dios hizo a través de Moisés (la historia aparece en Éxodo 7:8–8:19; los nombres aparecen más adelante en la tradición judía, Documento de Damasco 5:17–19 y Targum Pseudo–Jonatán 1.3, 7.2).

El antídoto para la depravación (3:10–17). Para luchar en contra de los pecados promovidos por los falsos maestros, Pablo habla de la fidelidad al evangelio. De nuevo, le dice a Timoteo que siga su ejemplo, fijándose en la forma en la que él ha sobrellevado la persecución; y hace referencia a los sucesos que aparecen en Hechos 13–14, que tuvieron lugar en la ciudad de Timoteo y alrededores (vv. 10–11). Tarde o temprano, todos los creyentes sufrirán algún tipo de acoso u ostracismo a causa de su fe (v. 12). Ciertamente, las cosas empeorarán a medida que se acerquen lo que podríamos llamar «los últimos días de los últimos días» (v. 13). Pero, llegue cuando llegue, los hijos de Dios pueden mantenerse firmes imitando a los hermanos fieles que les han precedido, y dejando que los valores bíblicos queden grabados en sus almas y les guíen en sus decisiones (vv. 14–17).

Los versículos 15–17b son unos de los versículos más importantes del Nuevo Testamento sobre la naturaleza y el propósito de las Escrituras que, teniendo en cuenta el momento en el que Pablo escribió, se refiere a las Escrituras hebreas o lo que los cristianos llamamos el Antiguo Testamento. Pero, a medida que el canon del Nuevo Testamento se fue cerrando, los libros que se

---

139. La descripción de estas mujeres en particular no es una afirmación sobre el género femenino en general, sino «una descripción del dilema vivido por las mujeres de una clase social concreta en el mundo grecorromano» (Johnson, *First and Second Timothy*, 412). En la misma línea, ver Quinn y Wacker, *First and Second Letters to Timothy*, 725.

incluían en ese segundo testamento lo hacían porque se les podía aplicar lo que dice en estos versículos.[140] El propósito principal de la Escritura es acercar a las personas a la salvación, que es posible gracias a la persona y la obra de Cristo. Pero su origen divino (*theopneustos* en el v. 16 significa mucho más que «inspirada»: significa que Dios pone en ella su aliento, su soplo) la convierte en un instrumento útil para instruir y mostrar cómo vivir una vida que agrada a Dios, ya sea en sentido positivo (enseñando o instruyendo) o negativo (reprendiendo y corrigiendo). Aunque los teólogos se han centrado en el debate sobre la inspiración y la inerrancia de la Escritura,[141] el énfasis principal de Pablo aquí es el papel y la capacidad de la Palabra para producir madurez espiritual.

ENCARGO FINAL (4:1–22)

Pasar la antorcha (4:1–8). Pablo empieza a cerrar la que se considera su última carta, y lo hace animando de nuevo a Timoteo a usar sus dones de forma fiel independientemente de las circunstancias (vv. 1–5). «Sea o no oportuno» (NVI) o «a tiempo y fuera de tiempo» (RV) (v. 2a) resume muy bien la idea.[142] Tal y como estos dos hombres ya han experimentado, la doctrina cristiana será cada vez menos popular. La gente estará dispuesta a creer cualquier otra cosa, por extraña que sea, en lugar de creer la verdad (vv. 3–4). En cada situación será necesario hacer uso de tácticas diferentes. Todas tienen su importancia, y hay que combinarlas: argumentos y razones, confrontación directa, ayuda; y a todas acompañarlas de mucha paciencia y de una buena enseñanza (v. 2b). Por encima de todo, Timoteo tiene que mantenerse fiel al ministerio de la predicación y la evangelización (vv. 2, 5).[143]

En breve, Pablo ya no podrá recordarle a Timoteo estas responsabilidades. Justo antes de escribir la Epístola a los Filipenses, Pablo pensaba que iba a morir y describió ese proceso diciendo que «estaba siendo derramado como libación» (2:17). Aquí repite exactamente la misma expresión (*spendomai*), pero esta vez se da cuenta de que su fin sí ha llegado (2Ti 4:6). Si recordamos que en 1ª Timoteo anima a su discípulo a «pelear la buena batalla»[144] (1:18), aquí afirma que eso es lo que él ha hecho. Cambiando de metáfora, ha acabado

---

140. Ver esp. Bruce, *El Canon de la Escritura* (Ed. Clie: 2003).

141. Encontrará una exposición clásica y acertada en Benjamín B. Warfield, *The Inspiration and Authority of the Bible* (Philadelphia: Presbyterian & Reformed, 1948), esp. pp. 131–66 y 245–96. La traducción «toda la Escritura inspirada también es provechosa» es mucho menos acertada, gramaticalmente hablando; ver Marshall con Towner, *Pastoral Epistles*, 792–93.

142. Ver Abraham J. Marherbe, «"In Season and out of Season": 2 Timothy 4:2», *JBL* 103 (1984): 235–43.

143. Sobre el ministerio de la evangelización, ver Alastair Campbell, «The Work of an Evangelist», *EQ* 64 (1992): 117–29.

144. Como adjetivo que determina el sustantivo «batalla», «buena» no describe la manera en la que Pablo ha luchado, sino la naturaleza misma de la batalla. Traducir esta expresión como «noble combate» elimina mejor la ambigüedad. Kelly (*Pastoral Epistles*, 208) traduce la frase de la siguiente forma: «He peleado en el noble enfrentamiento».

la carrera. Tanto con una idea como con la otra, lo que quiere decir es que se ha «mantenido en la fe» (v. 7). Por lo que espera la corona celestial, que es la justicia de la vida eterna, que está a disposición de todos los que anhelan la llegada de la parusía porque saben que son de Cristo (v. 8).

Temas personales (4:9–18). «El final de la última carta de Pablo es una mezcla de sombras y de gloria, de exasperación y de júbilo».[145] Como en las cartas indiscutiblemente paulinas, antes de despedirse definitivamente Pablo inserta una serie de comentarios e instrucciones personales.[146] Como sabe que le queda poco tiempo, espera que Timoteo vaya a Roma a verle lo antes posible. Con la llegada del invierno (v. 21) necesitará su capa, y le pide que también le traiga los pergaminos, probablemente las Escrituras hebreas.[147] Nos alegra leer que se ha reconciliado con Marcos y que también quiere que vaya a verle. Lucas es la única compañía que tiene en ese momento; los demás le han abandonado, algunos porque Pablo mismo les ha enviado a otro lugar, otros por motivos mundanos. La lista de nombres es similar a las listas que aparecen al final de varias epístolas carcelarias, lo que quizá confirma que está de nuevo en Roma, aunque no en las mismas circunstancias que en las cartas anteriores (vv. 9–13). El único lugar que menciona aquí pero no se menciona en ninguna otra carta es Dalmacia (v. 9), la provincia donde estaba Ilírico (cf. Ro 15:19).

Pablo advierte a Timoteo que tenga cuidado con Alejandro el herrero, que ha sido un adversario feroz (vv. 14–15). Algunos creen que este personaje formaba parte del grupo de artesanos paganos que provocaron los disturbios en Éfeso en Hechos 19:23–41, pero no hay forma de saber si eso es así. Después de todo, ¡los que más problemas le causaban a Pablo eran los propios cristianos![148] También menciona una defensa preliminar en la que nadie le respaldó, pero, como Jesús en la cruz (Lc 23:34), pide a Dios que perdone a los que le han abandonado. Lo que cuenta es que la presencia del Señor estuvo con él y le dio fuerzas para proclamar la Palabra de Dios ante el tribunal gentil (vv. 16–17). Hay que destacar la afirmación triunfante del apóstol: a pesar de todo, el Señor le va a rescatar, no *de* la muerte, sino *para* su reino eterno. Y eso lleva a una explosión de alabanza y al sonoro «Amén» (v. 18).

Saludos finales (4:19–22). A los primeros cuatro personajes los hemos visto anteriormente; los otros cinco no aparecen en ningún otro lugar del Nuevo Testamento. En un documento de la iglesia muy temprano aparece el nombre de Lino como segundo obispo de Roma, después de Simón Pedro (Ireneo, *Contra las herejías* 3.3.3). Pablo bendice a su hijo espiritual y le encomienda a la gracia de Dios por última vez.

---

145. Ogden y Skinner, *Acts through Revelation*, 223.
146. Cf. Malcolm C. Bligh, «Seventeen Verses Written for Timothy (2Ti 4:6–22)», *ET* 109 (1998): 364–69.
147. Skeat, «2 Timothy 4:13».
148. Tampoco hay razón alguna para identificarle con Alejandro el judío, que aparece en Hechos 19:33.

APLICACIÓN

Toda iglesia local siempre está a una generación de la posibilidad de extinguirse. Si no nos preocupamos igual que hizo Pablo por seguir haciendo discípulos, formarles en la fe y ayudarles a avanzar hacia la madurez, no tenemos la garantía de que en un lugar dado seguirá habiendo testimonio una vez los creyentes actuales mueran o se marchen a otro lugar. Es cierto que Jesús prometió que nada destruiría su iglesia (Mt 16:18), pero a lo largo de la historia de la iglesia la presencia cristiana en muchos lugares ha fluctuado y menguado drásticamente. Es inquietante observar la situación de la iglesia en muchas de las comunidades en las que el mismo Pablo evangelizó (la actual Turquía). Después de más de 1300 años de actividad musulmana agresiva, la presencia del cristianismo es muy baja, y en la mayoría de las ciudades en las que Pablo predicó no hay testimonio cristiano. El compromiso a preservar y extender el testimonio de Dios requiere una devoción entregada, no dividida; trabajo duro; dependencia de la Palabra de Dios; y una firme confianza en su recompensa final, porque somos conscientes de que podemos ser perseguidos. Si no hemos vivido la persecución, la viviremos más adelante, porque todo el que quiere vivir según los deseos de Dios será perseguido. Los «cristianos» que hace años que dicen ser cristianos y no han experimentado ninguna reacción negativa a causa de su fe, deberían preguntarse si hay alguien que sepa exactamente lo que creen. Si no hay nadie que sepa en qué consiste exactamente lo que creen, deberían preguntarse si su fe es una fe genuina.

Por otro lado, los creyentes auténticos «se derramarán» por el bien de Cristo y de la humanidad. Eso no quiere decir que debamos vivir adictos al trabajo ministerial o trabajar hasta quemarnos; lo que Dios quiere es un compromiso continuado con el llamamiento a usar los dones espirituales que uno ha recibido, a nutrirse y a renovarse, y así *poder* servir a Dios y a los demás, sea o no como obrero remunerado, durante toda la vida.

PREGUNTAS

1. ¿Cuál es el propósito y el género de 2ª Timoteo?

2. ¿Qué circunstancias provocan que Pablo escriba esta carta?

3. Escribe una frase o tesis que describa la segunda carta de Pablo a Timoteo. ¿Qué aplicación tiene este encargo de Pablo a Timoteo para los líderes de la iglesia de hoy?

4. A la luz de 2ª Timoteo, ¿cuál debería ser la tarea principal de un líder? ¿Qué está en juego si no se toma en serio el tema de la instrucción?

5. ¿Qué doctrinas teológicas concretas se abordan en 2ª Timoteo? ¿Cuáles son los versículos clave, y qué aportan a la visión que el Nuevo Testamento en general da de dichas doctrinas?

PARTE 3
OTROS ESCRITOS DEL NUEVO TESTAMENTO

9

LA EPÍSTOLA DE SANTIAGO: «LA FE SIN OBRAS ESTÁ MUERTA»

INTRODUCCIÓN

AUTORÍA

La tradición de la iglesia primitiva (p.ej., Orígenes, Jerónimo, Agustín y el Concilio de Cartago) apoya con fuerza la identificación del autor de este libro con Santiago, el hermano (hermanastro)[1] de Jesús. Hay tres o cuatro hombres llamados de esa manera en el Nuevo Testamento, pero hay buenas razones para descartar a los otros. Santiago apóstol, hermano de Juan e hijo de Zebedeo, fue martirizado por Herodes Agripa I en el año 44 d.C. (véase Hch 12:1–2), probablemente en un momento demasiado temprano del desarrollo de la iglesia para haber escrito esta carta. El otro apóstol llamado Santiago, el hijo de Alfeo, nunca alcanzó una posición prominente en la iglesia primitiva, hasta donde sabemos. Santiago el menor (o «el pequeño»), mencionado solo como uno de los hijos de una de las María presentes en la crucifixión y ante la tumba vacía, bien puede ser la misma persona que el hijo de Alfeo. Pero se trata de otro individuo, no sabemos nada de él.

Santiago, el hermano de Jesús (Mr 6:3 y par.), sin embargo, llegó a ser un líder influyente entre los ancianos de Jerusalén (Hch 12–17) y con el tiempo la cabeza de la iglesia cristiana allí, al menos en torno al año 49 (Hch 15:13). Al parecer, todavía mantenía esa posición en torno al año 57, cuando Pablo regresó a Jerusalén después de su tercer viaje misionero. La mayoría ha creído que este Santiago no se convirtió en seguidor de Jesucristo hasta después de la crucifixión, basándose en la actitud de Jesús hacia su familia nuclear en Marcos 3:31–34 y paralelos, y en el escepticismo de sus hermanos respecto a él en Juan

---

1. A medida que se desarrolló el catolicismo romano, con su doctrina de la virginidad perpetua de María, se desarrollaron también alternativas para entender la palabra «hermano», como las ideas de que *adelphos* se refería a un pariente menos cercano o de que José había tenido otros hijos con una esposa anterior. Pero la deducción más natural a partir de Mateo 1:25 es que José y María tuvieron otros hijos después del nacimiento de Jesús, y *adelphos* rara vez significa en la *Koinē* algo distinto a hermano físico o espiritual.

7:1–5. Por supuesto, es posible, conforme se desarrollaban los acontecimientos que llevarían a Cristo a la cruz, que Santiago empezase a cambiar su actitud,[2] pero el hecho de que Jesús lo escoja para una aparición especial de resurrección (1Co 15:7) sugiere que puede haberse convertido en creyente en ese momento.

Como veremos más adelante, este mismo Santiago es probablemente el hermano de Judas, autor del penúltimo libro del Nuevo Testamento (Jud 1; cf. Mr 6:3). La tradición cristiana temprana le describe de manera uniforme como un hombre muy piadoso, muy entregado a la oración y a una profunda expresión judía de la fe cristiana.[3] Lo que parece ser el descubrimiento de su osario en Jerusalén a principios del siglo XXI[4] ha reavivado el interés internacional en una figura que tuvo bastante influencia en el cristianismo primitivo, pero que ha pasado, en comparación, desapercibido en los siglos posteriores.

La crítica moderna ha argumentado con frecuencia que esta carta es seudónima, aunque no tanto como en el caso de Efesios o de las epístolas pastorales.[5] Las razones para rechazar a Santiago como autor se incluyen en su mayor parte en estos dos epígrafes.

Primero, se alega que su estilo griego es demasiado bueno para un hijo de carpintero, sin formación, que lo escribe como su segunda lengua. Sin embargo, más de trescientos años de influencia helenística en Israel, junto al posible uso que Santiago hiciera de un amanuense que mejorase su estilo, hacen difícil afirmar qué es lo que podría o no haber escrito un judío galileo trabajador de la construcción.[6] Añádase la posibilidad de un redactor posterior que realizase mejoras similares y la alegación pierde casi todo su valor.

Segundo, se afirma que la enseñanza de Santiago es demasiado judía; es decir, que no hay suficiente material distintivamente cristiano en la epístola. Si sacamos las dos breves referencias a Jesús en 1:1 y 2:1, parece que es poco lo que no pudiera haber escrito un autor judío no cristiano. Se menciona a la audiencia como las doce tribus (de Israel; 1:1), se puede llamar sinagogas a sus congregaciones (NVI «el lugar donde se reúnen»; 2:2), y no hay referencia al

---

2. Véase, sobre todo, John Painter, *Just James: The Brother of Jesus in History and Tradition* (Columbia: University of South Carolina Press, rev. 2004).

3. Para una detallada presentación de la información bíblica y extrabíblica que tenemos sobre este Santiago, véase Hershel Shanks y Ben Witherington III, *The Brother of Jesus: The Dramatic Story and Meaning of the First Archaeological Link to Jesus and His Family* (San Francisco: HarperSanFrancisco, 2003), 91–223. Mucho más breve, cf. James B. Adamson, *James: The Man and His Message* (Grand Rapids: Eerdmans, 1989), 19–24.

4. Con más detalle, Shanks y Witherington, *The Brother of Jesus,* 1–87; más resumido, Craig A. Evans, *Jesus and the Ossuaries* (Waco: Baylor University Press, 2003), 112–22. Sin embargo, hay razones para dudar de la autenticidad de la inscripción completa del osario, de ahí nuestro uso del adjetivo «aparente».

5. Para una minuciosa discusión de estas cuestiones, véase Luke T. Johnson, *The Letter of James* (New York and London: Doubleday, 1995), 89–123.

6. Véase especialmente el estudio en dos tomos de Martin Hengel, *Judaism and Hellenism* (London: SCM; Philadelphia: Fortress, 1974).

Espíritu Santo en toda la carta (véase, sin embargo, la nota a 4:5 en NVI). De hecho, se ha argumentado que la sabiduría, casi personificada, toma el papel del Espíritu, tal como parece hacer, al menos en parte, en Proverbios y otra literatura sapiencial judía tardía.[7]

Pero ese toque judío inicial en la carta es justo lo que cabría esperar al tratarse de una carta escrita a los creyentes judíos en las primeras décadas del incipiente movimiento. Santiago puede distinguirse de los otros documentos del Nuevo Testamento precisamente porque no tenemos otros ejemplos de literatura cristiana temprana de este período y rama de la iglesia. Al mismo tiempo, la carta está salpicada de alusiones a la enseñanza de Jesús, sobre todo del Sermón del Monte, de manera que no se debe cuestionar su pedigrí cristiano.[8] Resulta irónico, pero las consideraciones sobre la carta como demasiado griega o demasiado judía, ¡está claro que se invalidan entre sí![9]

FECHA

Si la carta es auténtica, no seudónima, hay que datarla antes del martirio de Santiago, el hermano de Jesús, en torno al 62 a.C. (véase Josefo, *Antigüedades* 20.9.11). El problema teológico más enojoso de esta epístola a lo largo de la historia cristiana tal vez haya sido su relación con los escritos de Pablo. La enseñanza de Santiago, de que la fe necesita ser complementada con obras ¿contradice la insistencia de Pablo en que la salvación es por gracia a través de la fe y aparte de las obras humanas? Más adelante discutiremos esta cuestión (pp. 542–544); lo relevante aquí es el tema de si Santiago está respondiendo conscientemente a Pablo, o tal vez a una malinterpretación que se hace de Pablo. Si es así, es probable que se necesite suficiente tiempo para que hayan circulado las cartas de Pablo y tengamos que contemplar una fecha cercana al final de la vida de Santiago, probablemente a principios de la década de los 60.[10] Si escribe con independencia de Pablo, posiblemente redactó su epístola entre los años 44 y 49. Antes de la salida de Pedro de Jerusalén en el año 44, es posible que Santiago no tuviese suficiente autoridad o reputación para enviar una carta de esta naturaleza, mientras que después de Concilio Apostólico del

---

7. J. A. Kirk, «The Meaning of Wisdom in James», *NTS* 16 (1969): 24–38. Véase la evaluación más matizada y la modificación de esta hipótesis en Mariam J. Kamell, «Wisdom in James: An Examination and Comparison of the Roles of Wisdom and the Holy Spirit in James» (Denver Seminary: M.A. Thesis, 2003).

8. Véanse los útiles gráficos de Peter H. Davids, *The Epistle of James* (Exeter: Paternoster; Grand Rapids: Eerdmans, 1982), 147–48. Para un desarrollo detallado, véase Patrick J. Hartin, *James and the Q Sayings of Jesus* (Sheffield: JSOT, 1991).

9. Puede verse una meticulosa demostración de que la carta atribuida a Santiago podría perfectamente haberla escrito un cristiano judío palestino no muy posterior al año 40, junto con penetrantes presuposiciones escatológicas de ese entorno, en Todd C. Penner, *The Epistle of James and Eschatology* (Sheffield: SAP, 1996).

10. Así, p.ej., Ralph P. Martin, *James* (Waco: Word, 1988)

49 ya podía conocer la enseñanza de Pablo lo suficiente como para no escribir con independencia de ella.[11]

Muchos comentaristas, escépticos en cuanto a la autoría de Santiago, sitúan esta epístola en el último tercio del primer siglo.[12] Quienes piensan que el hermano de Jesús escribió la carta, casi todos los evangélicos, se reparten de manera bastante uniforme entre las fechas temprana y tardía, aunque los últimos estudios eruditos favorecen cada vez más una fecha temprana. Aunque no parece probable una discusión directa entre Santiago y Pablo, es bastante plausible que las facciones antinómicas que Pablo tiene que tratar en varias de sus cartas podían haber distorsionado su énfasis en la fe frente a las obras de la ley y haber afirmado que la buena conducta era algo opcional para los creyentes cristianos. Entonces Santiago habría tenido que refutar contundentemente esa distorsión. Por otro lado, de ser ése el caso, uno se pregunta si no debería haber clarificado mejor sus términos, para que su refutación sonase menos a discrepancia categórica. También se puede argumentar que la disputa en que se hallan envueltos los lectores de Santiago, especialmente en 4:1–4, indica una fecha justo antes de la muerte de Santiago, a medida que el abuso romano se hacía más insoportable.

Pero es probablemente mejor optar por la fecha temprana, cuando Santiago no podía saber aún cómo se expresaba Pablo en sus cartas. La epístola de Santiago, dirigida solo a judíos cristianos, es muy probable que no tuviese una circulación tan amplia alrededor del Imperio como la que tuvieron las cartas de Pablo, y no hay razón para que Santiago debiese reproducir exactamente las palabras de su carta en el Concilio Apostólico. Así, es más fácil concebir que Pablo escribiese antes que Santiago, pero sin conocer la aparente discordia que sus palabras generarían.[13] *Si Santiago se escribió en la segunda mitad de la década de los 40, es casi seguro el más antiguo de los documentos del Nuevo Testamento, o cristianos en general, que conocemos.*

AUDIENCIA Y CONTEXTO

La «lluvia temprana y tardía» de 5:7 (NVI: «las temporadas de lluvia») es característica solo de la mitad oriental del Imperio Romano y encaja mejor en el

---

11. Así, p.ej., Douglas J. Moo, *The Letter of James* (Grand Rapids y Cambridge: Eerdmans; Leicester: Apollos, 2000).

12. Aunque es posible argumentar en favor de una fecha posterior a Santiago y, por tanto, de una autoría seudónima, las luchas mencionadas en el libro encajan en el periodo de 62–66 d.C., cuando crecen las tensiones entre los judíos de Palestina y Siria y los «imperialistas» romanos. Véase, sobre todo, David H. Edgar, *Has God Not Chosen the Poor? The Social Setting of the Epistle of James* (Sheffield: SAP, 2001).

13. Véase también Davids, *James*, 2–22. Davids explica las características que plantean algunos para una fecha posterior postulando la influencia de un redactor que después editó un poco el documento (12–13), mientras que Patrick J. Hartin (*James* [Collegeville: Liturgical, 2003], 25) sugiere un compañero más cercano a Santiago, con excelente griego, que escribe en su nombre poco después de su muerte, a las iglesias de la diáspora que reconocían su autoridad.

clima de Israel o Siria y la parte más oriental del mar Mediterráneo. El comentario de no creyentes ricos que oprimen a cristianos pobres (2:6–7) en un contexto agrícola (5:1–6) encaja con la práctica de muchos hacendados judíos (y algunos romanos) que poseían extensas granjas en Palestina y Siria y contaban con lo que podríamos llamar obreros inmigrantes para su labor, muchos de los cuales solían ser tratados de forma injusta. *Dado el tono uniformemente judío de la carta, no hay razón para no tomar la referencia a las «doce tribus que se hallan dispersas por el mundo» de 1:1 de manera totalmente literal, y entender que la audiencia de Santiago constaba en su mayor parte de jornaleros judíos cristianos, probablemente de Siria, de un indeterminado número de congregaciones locales.* Dada la tensión que había en la iglesia primitiva entre judíos cristianos y no cristianos, esa marginación podría haberse acentuado en el caso de estos jornaleros que afirmaban ser judíos y cristianos.[14] Es posible contemplar la *Diáspora* en este versículo (que en la NVI vemos tras la palabra «dispersas») como la dispersión de los judíos creyentes después de la lapidación de Esteban (Hch 8:1), en cuyo caso algunos de los destinatarios podían haber permanecido dentro de Israel. Pero el uso más habitual de «diáspora» en el siglo primero se aplicaba a la expresión de los judíos que vivían fuera de su tierra.

GÉNERO Y ESTRUCTURA

Un análisis bastante diferente a Santiago lo analiza como una «carta apostólica» o «encíclica» para toda la Diáspora.[15] Desde esta perspectiva, Santiago tenía autoridad para dirigirse a los judíos cristianos de todo el Imperio Romano, y así lo hizo en este documento. Sin embargo, este punto de vista corre el riesgo de «atajar el texto», como lo describe Elsa Támez,[16] al no explicar de manera adecuada los detalles específicos de su situación que vemos en la carta y que no podían aplicarse a todos los judíos creyentes de la época, y al enmudecer el estridente clamor de castigo contra los opresores y de liberación para los oprimidos. Y ninguna de las demás epístolas del Nuevo Testamento insinúa siquiera la influencia de Santiago en una amplia franja del Imperio; ni siquiera el mucho más extenso y bien establecido liderazgo judío ejerció tanto poder (recuérdese Hch 28:21).

Una antigua escuela de pensamiento de la crítica de la forma, relacionada sobre todo con Martin Dibelius, consideraba Santiago como la analogía del Nuevo Testamento más cercana al Antiguo y a la *literatura sapiencial* judía intertestamentaria y asumía, por tanto, como en Proverbios o Eclesiástico, que no tenía que presentar una estructura con mucha cohesión. Esta perspectiva veía Santiago como una compilación de algunos dichos de Jesús, proverbios,

---

14. Véase también *Ibíd.*, 28–34. Cf. también a lo largo de Elsa Támez, *Santiago. Lectura latinoamericana de la epístola* (San José, Costa Rica: Departamento Ecuménico de Investigaciones, 1985).

15. Sobre todo Richard Bauckham, *James* (London and New York: Routledge, 1999), 11–28; cf. Donald J. Verseput, «Genre and Story: The Community Setting of the Epistle of James», *CBQ* 62 (2000): esp. 99–102.

16. Támez, *Santiago*, 1–11 de la edición en inglés.

mini homilías y sus propios pensamientos en un grupo de pequeños pasajes unificados sin ningún esquema global dominante. Estaba claro que en ciertos lugares Santiago pasaba de un texto a otro con «palabras guía», términos de un versículo que se repetían (o aludían mediante sinónimos) en el siguiente y generaban así otro pensamiento. Por ejemplo, en 1:2, «pruebas» tiene su eco en la «prueba» del versículo 3. «Constancia» enlaza los versículos 3 y 4. «Sin que les falte nada», en el versículo 4, nos lleva a «les falta», del 5. «Pedir» conecta los versículos 5 y 6a, mientras que «dudar» aparece en 6a, 6b y 7. No se pueden encontrar palabras guía para cada versículo de la carta, pero hay una llamativa cantidad de ejemplos más, de modo que se puede entender por qué muchos percibieron el modo narrativo de Santiago más como un «monólogo interior».[17]

ESQUEMA QUIÁSTICO DE SANTIAGO

Introducción (1:2)	A	B	C
3 Temas clave Afirmación 1	Pruebas (1:2–4)	Sabiduría (1:5–8)	Riqueza/Pobreza (1:9–11)
3 Temas clave Afirmación 2	Tentación (1:12–18)	Hablar (1:19–26)	Los desposeídos (1:27)
Ampliación del tema C			Riqueza frente a pobreza y los desposeídos (2:1-26)
Ampliación de Tema B		Hablar y sabiduría (3:1–4:17)	
Ampliación de Tema A		Pruebas/ Tentaciones (5:1–18)	

Conclusión (5:19–20)

En fechas más recientes, este análisis se ha visto ampliamente rechazado a favor de uno que contempla a Santiago como un resuelto teólogo que tenía una estructura global en mente (igual que la crítica de la forma en los estudios sobre los Evangelios ha dado en gran medida paso a la crítica literaria y de la redacción). Por desgracia, no existe un amplio acuerdo en cuanto al bosquejo preciso. Si embargo, resultan prometedoras varias propuestas de una *estructura quiástica extendida*. Aquí vamos a adoptar, con modificaciones menores, una que ha llegado a ser bien conocida gracias al comentario de Peter Davids. En

---

17. Cf. en todo Martin Dibelius, *James*, rev. Heinrich Greeven (Philadelphia: Fortress, 1976).

él, el capítulo 1 presenta los tres temas clave del libro dos veces y de manera rápida.[18] Después, los capítulos 2–5 elaboran cada uno de esos temas en orden inverso, con una breve conclusión al final. Fuera o no la intención de Santiago algo tan exacto, este tipo de esquema tiene el mérito de poner de relieve con precisión los tres temas capitales de la carta. Si *está* bien encaminado, sugiere que el tema central de la riqueza y la pobreza es el más importante de los tres, ¡una cuestión que suele pasar desapercibida en los (ricos) hemisferios del Norte y de Occidente!

I. Saludo (1:1)

II. Enunciación de los tres temas clave (1:2–11)

  A. Pruebas en la vida cristiana (1:2–4)

  B. Sabiduría (1:5–8)

  C. Riqueza y pobreza (1:9–11)

III. Reafirmación de los tres temas (1:12–27)

  A. Pruebas/tentaciones en relación con Dios (1:12–18)

  B. Sabiduría en el ámbito del habla (1:19–26)

  C. Los que no tienen nada y la responsabilidad de los que sí tienen (1:27)

IV. Los tres temas ampliados (2:1–5:18)

  A. Riqueza y pobreza (2:1–26)

    1. Condena del favoritismo (2:1–13)

    2. El problema de la fe sin obras (2:14–26)

  B. La sabiduría y el habla (3:1–4:17)

    1. Los peligros de la lengua (3:1–12)

    2. La sabiduría espiritual frente a la no espiritual (3:13–18)

    3. Ilustración de las dos clases de sabiduría: violencia frente a humildad (4:1–12)

    4. El habla jactanciosa (4:13–17)

  C. Pruebas y tentaciones (5:1–18)

    1. Persecución externa (5:1–6)

    2. Una repuesta paciente (5:7–12)

---

18. Véase Davids, *James,* 22–29. Una curiosa alternativa contempla esencialmente los mismos tres temas introducidos dos veces en 1:1–21 (aunque etiquetando el tercer tema como «la gran inversión»), pero después encuentra en 5:7–20 una doble presentación de (a) una exhortación a perseverar; (b) un ejemplo del Antiguo Testamento; y (c) la confirmación de la sabiduría. En medio se desarrollan los tres elementos de 1:19: (1) «listos para escuchar» (1:22–2:26), (2) «lentos para hablar» (3:1–18), y (3) «lentos para enojarse» (4:1–5:6). Véase Robert W. Wall, *Community of the Wise: The Letter of James* (Valley Forge: Trinity, 1997). Para un minucioso examen de enfoques recientes, véase Mark E. Taylor, «Recent Scholarship on the Structure of James», *CBR* 3 (2004): 86–115.

3. La enfermedad (5:13–18)

V. Cierre (5:19–20)

COMENTARIO

SALUDO (1:1)

Poco hay que añadir aquí que no se haya presentado ya en nuestra introducción más arriba. Que Santiago no se identifique como apóstol encaja con nuestra identificación de este hombre. Algunos se extrañan de que no subraye sus lazos familiares con Jesús, pero, si no llegó a la fe durante la vida terrenal de su especial hermano, no se entiende tal reticencia.

ENUNCIACIÓN DE LOS TRES TEMAS CLAVE (1:2–11)

Pruebas en la vida cristiana (1:2–4). Santiago comienza con el tema de las pruebas, sin duda debido a la pobreza y a la opresión religiosa y socioeconómica que estaban experimentando sus destinatarios. Su primer mandamiento tal vez sea el más desafiante de toda la carta: «considérense muy dichosos cuando tengan que enfrentarse con diversas pruebas» (v. 2). Por supuesto, la dicha que Santiago tiene en mente no puede ser una emoción, porque éstas no se pueden mandar (y «ninguna disciplina, en el momento de recibirla, parece agradable» [Heb 12:11]). Más bien tiene que referirse a un profundamente asentado contentamiento que podemos elegir adoptar, que nace de la convicción de que Dios obra para nuestro bien en las circunstancias difíciles, llevándonos por el camino hacia la madurez (vv. 3–4).[19] El hecho de que Santiago utilice los verbos «considerar» y «saber» demuestra aún más que *está hablando de una postura mental más que de un sentimiento*.

Sabiduría (1:5–8). Segundo, Santiago introduce el tema de la sabiduría. Puede que tenga en mente todavía el contexto de las pruebas, aunque sus principios no se limitan a ese contexto. Cuando necesitamos sabiduría, tenemos que pedírsela a Dios con fe, no dudando (vv. 5–6). El que duda es *dipsychos*, literalmente, «de doble alma» (v. 8), y no recibirá la sabiduría que reclama (v. 7). Este inusual término griego no aparece en la literatura precristiana que conocemos, así que es muy posible que lo acuñase Santiago.[20] Vuelve a aparecer en 4:8, donde se refiere a alguien que no se compromete de todo corazón con Dios. Así pues, no hay aquí base para la teología del «decláralo y reclámalo»

19. Cf. Wall, *Community of the Wise*, 48. «Perfección» en este contexto, ante todo, no significa la ausencia de pecado que tendremos en la vida venidera, sino una madurez significativamente alcanzable en esta vida. Lo mismo se aplica a la enseñanza de Jesús en Mateo 5:48, a la que parece que Santiago alude. Véase Patrick J. Hartin, «Call to Be Perfect through Suffering (James 1, 2–4): The Concept of Perfection in the Epistle of James and the Sermon on the Mount», *Bib* 71 (1996): 477–92. Este enfoque se expone después en Ídem., *A Spirituality of Perfection: Faith in Action in the Letter of James* (Collegeville: Liturgical, 1999).

20. Stanley E. Porter, «Is *Dipsuchos* (James 1,8; 4,8) a "Christian" Word?» *Bib* 41 (1990): 469–98.

que pretende que Dios nos dará todo lo que pidamos si lo creemos con la fuerza suficiente. La cuestión para Santiago no es que tenemos que saber de antemano *cómo* será la respuesta a nuestras oraciones; más bien, debemos estar seguros de *quién* las responderá. *Hemos de estar seguros de que confiamos en el Dios de Jesucristo, no en cualquier otro dios.*[21]

Riqueza y pobreza (1:9–11). Tercero, Santiago introduce el tema de la riqueza y la pobreza, el problema específico responsable de provocar las pruebas que sufren los cristianos a quienes escribe. La cuestión exegética principal de estos versículos es si el pobre y el rico son «hermanos», es decir, compañeros cristianos. El término aparece de manera explícita solo en el versículo 9, donde se modifica con el adjetivo *tapeinos*. No es ése el término más común del Nuevo Testamento traducido como «humilde» y se refiere más probablemente a alguien en *circunstancias* «humildes» o incluso «humillantes». Estos cristianos deben estar agradecidos al menos por sus posesiones espirituales de valor eterno. Algunos comentaristas creen que los versículos 10–11 describen únicamente al rico no cristiano, pero eso exige que la amonestación que se les hace para que estén orgullosos de su humilde condición refleje una amarga ironía.

En otras palabras, lo que Santiago está mandando en realidad podría ser justo lo opuesto al sentido literal de sus palabras. Pero no hace eso en ninguna otra parte de la carta; más bien, los ejemplos más claros de su ironía significan exactamente lo que dicen (5:1–6). *Por tanto, es mejor entender que el término «hermano» afecta a los comentarios de Santiago sobre el rico*, en cuyo caso les está recordando la naturaleza temporal y transitoria de su riqueza. En lugar de jactarse de sus posesiones materiales, deberían gloriarse en su condición humilde y dependiente ante el Dios del Universo.[22]

REAFIRMACIÓN DE LOS TRES TEMAS (1:12–27)

Pruebas/tentaciones en relación con Dios (1:12–18). Santiago vuelve a empezar con el tema de las pruebas (v. 12), pero da inmediatamente un giro para hablar de la tentación (vv. 13–18). El mismo término griego *peirasmos* se puede traducir de un modo u otro en función del contexto. *Un conjunto de circunstancias externas puede tanto ser una «prueba» que los creyentes asumen para que les ayude a madurar, como convertirse en seducción para pecar.* Lo determinante es nuestra respuesta.[23] Los que se muestran fieles bajo las pruebas recibirán la corona celestial, que es la vida eterna (v. 12). Los que caen en amargura o cualquier otro tipo de pecado no deben acusar a Dios, porque Él no causa el mal, e incluso cuando permite el mal lo hace para usarlo con un buen propósito (Ro 8:28). Además, cada creyente tiene el poder, por medio del Espíritu, de resistir las tentaciones (1Co 10:13). Por tanto, cuando los cristianos

---

21. Cf. George M. Stulac, *James* (Leicester and Downers Grove: IVP, 1993), 43: «vacilar entre confiar en uno mismo o en Dios».
22. Véase además Blomberg, *Ni pobreza ni riquezas*, 149–51 de la edición en inglés.
23. Cf. Douglas J. Moo, *La epístola de Santiago* (Miami: Vida, 2009), 95–96.

ceden ante las tentaciones, solo pueden acusarse a ellos mismos (vv. 13–14).[24] Pero un pecado sin examinar puede tener desastrosas consecuencias y en el peor de los casos demuestra que determinada persona nunca fue realmente salva (v. 15). Es curioso que Santiago tampoco permite aquí a los creyentes acusar al diablo por los pecados de ellos, incluso aunque después él mismo muestra que lo sabe todo sobre los ataques del diablo (4:7).

Si Dios no causa el mal, todo lo que Él produce tiene que ser bueno y perfecto (vv. 16–17). Entre sus dones tiene preeminencia la regeneración que se produce por medio del mensaje del evangelio. Como en los escritos de Pablo, Santiago puede contemplar las conversiones de las personas a Cristo como los primeros frutos de una planta o un árbol que sirven como anticipo de la cosecha mucho mayor que se avecina (v. 18).[25]

Sabiduría en el ámbito del habla (1:19–26). Uno puede imaginar que esta sección realmente no trata en absoluto de la sabiduría; al menos no aparece aquí esa palabra. Pero cuando vemos el habla y la sabiduría yuxtapuestas en 3:1–12 y 13–18, sospechamos que en la mente de Santiago están vinculadas. El contenido de 1:19–26 describe el habla sabia. Si bien no se usan las propias palabras «sabio» o «sabiduría», estos versículos están claramente impregnados de las «obras hechas con la humildad que le da su sabiduría» (3:13). *Los tres puntos principales de esta subsección aparecen en el versículo 19: debemos «estar listos para escuchar, y ser lentos para hablar y para enojarse».* Los versículos 20–21 elaboran el razonamiento y se refieren a no alterarse con rapidez. La «palabra sembrada» (v. 21), como la «palabra de verdad» del versículo 18, se refiere al evangelio plantado en nosotros en el momento de nuestro nuevo nacimiento.[26] Los versículos 22–25 desarrollan el tema de estar listo para oír. La cuestión para Santiago no es simplemente que escuchemos con atención lo que otros, sobre todo Dios, nos dicen, sino que después hagamos caso a su palabra.

---

24. Cf. Joel Marcus, «The Evil Inclination in the Epistle of James», *CBQ* 44 (1982): 606–21.

25. La conclusión de los vv. 2–18 sirve, por tanto, para realzar dos posibles patrones de conducta en respuesta a *peirasmoi* (la forma plural). Las difíciles circunstancias externas pueden considerarse de manera positiva como pruebas de Dios, diseñadas para producir perseverancia en nosotros, cuyo resultado final es la madurez/perfección. O pueden contemplarse negativamente como tentaciones causadas por nuestros propios malos deseos, que pueden llevarnos a pecar y, como fin, a la muerte. Cf. Stulac, *James,* 54. Obviamente, Santiago nos llama a escoger el primer patrón.

26. Así en la mayoría de comentaristas contemporáneos. Quienes quieran considerar un resurgimiento de la idea de que este *logos* es una ley (similar, aunque no idéntica, a la ley estoica de la razón) implantada en toda la humanidad en la creación, pueden ver Matt A. Jackson–McCabe, *Logos and Law in the Letter of James* (Leiden and New York: Brill, 2001). Para él, este logos encuentra expresión escrita en la Torá judía, que es entonces la perfecta ley de la libertad del v. 25, lo que entra en directa contradicción con la comprensión de Pablo de la ley.

Así como es absurdo que una persona que se ve algo inadecuado en la cara al mirarse al espejo y después se va sin prestar atención al problema, así también oír la palabra de Dios y al instante ignorarla resulta ridículo (vv. 22–24).[27] Las personas sabias más bien obedecerán siempre «la ley perfecta que da libertad» (v. 25), es decir, el evangelio del cumplimiento de la Torá, precisamente porque ella libera y bendice de maneras que la ley del Antiguo Testamento no podía por sí sola.[28] Finalmente, el versículo 26 amplifica el tema de ser lento para hablar. Tarde o temprano, los que hablan demasiado y demasiado pronto, sin escuchar con cuidado a los otros y a Dios, se meterán en problemas con lo que ellos mismos dicen (cf 3:1–12).[29]

Los que no tienen nada y la responsabilidad de los que sí tienen (1:27). El versículo 27 reintroduce el tema de los desposeídos. El 26 termina con una referencia a la «religión» vana con un término (*thrēskeia*) que por lo general se refiere a los sistemas externos de rituales o de moralidad. Aquí Santiago contrapone esa vanidad con un paradigma de conducta piadosa que refleja un servicio cristiano aceptable. De ese modo, combina dos dimensiones de la religión cristiana que a menudo se han separado o hasta se han considerado incompatibles.[30] Por un lado, *los creyentes nos tenemos que comprometer con las personas más necesitadas de nuestro mundo*, lo que incluye a los que tienen más necesidad en lo físico y material, como solía ser el caso de las viudas y los huérfanos en las culturas de los tiempos bíblicos. Por otro lado, debemos apartarnos del pecado del mundo (¡no de los pecadores!) manteniéndonos moralmente puros en medio de la corrupción que nos rodea.

LOS TRES TEMAS AMPLIADOS (2:1–5:18)

Riqueza y pobreza (2:1–26). *Condena del favoritismo (2:1–13).*[31] Santiago argumenta ahora su preocupación por la disparidad entre ricos y pobres. Empieza describiendo un caso de flagrante favoritismo con una persona rica y la discriminación contra una azotada por la pobreza (vv. 1–4). Todo esto tiene lugar en «el lugar donde se reúnen» (v. 2), pero el sustantivo griego que aquí se usa es *synagōgē* o «sinagoga». En 5:14, Santiago usa la palabra normal para «iglesia» (*ekklēsia*), así que es posible que aquí esté pensando en una clase de

---

27. El uso de un espejo como metáfora del examen moral de uno mismo, era bien conocido en el antiguo judaísmo y en el helenismo. Véase Luke T. Johnson, «The Mirror of Remembrance (James 1:22–25)», *CBQ* 50 (1988): 132–45.

28. O, para ser precisos, a «la ley de Moisés interpretada y complementada por Cristo», (Moo, *Epístola de Santiago* [2009], 120).

29. Acerca del significado y estructura de esta sección, cf. sobre todo William R. Baker, «James» en William R. Baker and Paul Carrier, *James–Jude* (Cincinnati: Standard, 1990), 29.

30. Véase, p.ej., Ronald J. Sider, *One–Sided Christianity?* (Grand Rapids: Zondervan; San Francisco: HarperSanFrancisco, 1993).

31. Para un análisis completo de este pasaje como desarrollo de un tema siguiendo la enseñanza de los manuales griegos de retórica, véase Wesley H. Wachob, *The Voice of Jesus in the Social Rhetoric of James* (Cambridge and New York: CUP, 2000).

asamblea diferente. Dado que los judíos solían usar sus sinagogas como cortes donde decidir sobre disputas internas, sobre todo cuestiones relacionadas con la propiedad, resulta tentadora la sugerencia de que algo así esté ocurriendo en las congregaciones de Santiago (recuérdense también las órdenes de Pablo en 1Co 6:1–11). Incluso hay pasajes de la literatura rabínica que exigen atuendos idénticos en los procesos de tribunales (b. Sheb 31a; *Deut. Rab.* 5.6 sobre 16:19), lo cual podía hacer que las discrepancias aquí fueran mucho más duras. Más aún, buena parte del lenguaje de Santiago es de carácter judicial: destaca sobre todo «favoritismos», en el versículo 1, y «discriminación» y «juzgando», en el 4. *Si se trata de un tribunal cristiano en lugar de una reunión normal de adoración, los litigantes son seguramente ambos cristianos, lo cual hace más evidente que Santiago podría estar contemplando a un cristiano rico, incluso aunque éste no esté tratando a los demás, ni esté él mismo siendo tratado, de manera adecuada.*[32]

A continuación Santiago alimenta el razonamiento de su ataque contra el tipo de favoritismo que acaba de describir (vv. 5–7). Éste es precisamente el comportamiento que más sufrimiento ha causado a los cristianos pobres a los que se dirige. Los ricos hacendados no cristianos están arrastrando a los pobres jornaleros a los tribunales (v. 6), sin duda para obligarlos a saldar diversas deudas, un escenario común en el siglo primero, que a menudo daba con los morosos incapaces de pagar en prisión. Con sus palabras y acciones, estos ricos están blasfemando el propio nombre de Cristo (v. 7). Al mismo tiempo, el versículo 5 debe leerse en su integridad. Este texto no apoya la «opción preferencial por los pobres» de la teología de la liberación, que no tiene en cuenta la fe del individuo, más bien promete una completa herencia del reino para las personas pobres «quienes lo aman [a Dios]».[33]

Además, la propia ley condenaba el favoritismo (vv. 8–11). La «ley suprema» (que también puede referirse a «la ley del reino») incluye la segunda parte del doble mandamiento de amor de Jesús: «Ama a tu prójimo como a ti mismo» (v. 8; Lv 19:18), que con toda claridad se mantiene vigente también en la era del Nuevo Testamento.[34] Si algunas personas protestan que han ob-

---

32. Véase, sobre todo, Ronald B. Ward, «Partiality in the Assembly: James 2:2–4», *HTR* 62 (1969): 87–97.

33. Santiago «no llega a una incondicional idealización de la pobreza como marca distintiva de membresía» de la comunidad. La marca es la fe (Sophie Laws, *The Epistle of James* [London: Black; New York: Harper & Row, 1980], 103). El versículo 5 es también «una observación de la realidad: el pobre está más inclinado hacia Dios que el rico» (Baker, «James», 50). Por supuesto, hay excepciones, pero este principio se ha mantenido notablemente uniforme como una generalización indiscriminada a lo largo de varias épocas y culturas de la historia cristiana. Al mismo tiempo, el tema principal de los vv. 1–4 es combatir el favoritismo, cuya política *permanente* de discriminación inversa difícilmente se lleva a cabo. Cf. Nancy J. Vyhmeister, «The Rich Man in James 2: Does Ancient Patronage Illumine the Text?» *AUSS* 33 (1995): 265–83.

34. Moo (*Epístola de Santiago*, 139–140) iguala así la ley real con «la voluntad de Dios para su pueblo».

servado las otras leyes morales fundamentales de la Escritura, Santiago replica que basta con una sola transgresión para ser un transgresor de la ley (vv. 9–11). Afortunadamente, los cristianos no serán juzgados por la ley, o todos serían condenados. Más bien estarán en pie ante Dios el día del juicio, perdonados gracias a los méritos y la misericordia de Cristo (de nuevo, «la ley que da libertad»; v. 12). Como en la parábola de Jesús sobre el siervo que no perdonó a su compañero (Mt 18:23–35) e incluso en el contexto del propio Padrenuestro (Mt 6:9–15), quien ha experimentado la espléndida misericordia de Dios en Cristo mostrará, por definición, una misericordia similar hacia los demás.[35] Los que nunca lo hacen puede que nunca hayan sido salvos, de modo que experimentarán juicio sin misericordia. Pero, para los creyentes, la misericordia inmerecida triunfa sobre el juicio merecido (v. 13).

El problema de la fe sin obras (2:14–26). Desde que Martín Lutero no supiera qué hacer con los versículos 18–26 y se atreviera a opinar que Santiago era una «epístola de paja» porque parecía contradecir el énfasis de Pablo en la salvación por la sola fe, se ha descuidado en gran medida el contexto de estos versículos. Esta subsección empieza en realidad con una ilustración de fe «sin obras» (vv. 14–17), que continúa desarrollando el tema del rico y el pobre. Santiago elabora otra ilustración extrema, aunque tanto aquí como en los versículos 1–4 pueden haber sido incidentes reales que le hubiesen contado o tuviese en mente. Esta vez, su descripción se ocupa de un cristiano que carece del alimento o el vestido necesarios y acude a otro creyente que está en condiciones de ayudar a su hermano o hermana, pero no hace nada en absoluto, aparte de expresarle buenos deseos (vv. 15–16).[36] Este tipo de fe sin obras está muerta, es decir, no existe (v. 17). La pregunta retórica con la que empieza el párrafo («¿Acaso podrá salvarlo esa fe?») emplea la partícula griega *mē*, lo que significa que la respuesta es «no».

Los versículos 18–26 anticipan y responden a una potencial objeción: ¿se pueden separar la fe y las obras? Santiago niega esa posibilidad (v. 18). Los demonios creen que Dios existe y que es el único Dios, pero ni le adoran ni, desde luego, son salvos (v. 19).[37] Tiene la «fe por sí sola» que censura el versículo 17. En contraste, Abraham y Rahab demostraron en los tiempos del Antiguo Testamento su justicia, presentándose ante Dios con sus buenas obras (vv. 20–26). ¡Santiago llega incluso más lejos al deducir de tales ejemplos que las personas son justificadas por las obras (*ex ergōn*) y no por la fe sola! No es de extrañar que muchos escépticos hayan planteado éste como uno de los

---

35. Cf. William Dyrness, «Mercy Triumphs over Justice: James 2:13 and the Theology of Faith and Works», *Themelios* 6.3 (1981): 14.

36. Situaciones como ésta condujeron a la creación del «fondo para los pobres» en cada sinagoga local, que incluía fondos para ayudar a los más desfavorecidos de cada congregación. Véase Johnson, *James,* 238.

37. Todos coinciden en que los vv. 18–19 contienen una pregunta y una respuesta, pero no existe mucho acuerdo en cuanto a la extensión de cada una y quién es responsable de cada posición. Véase un intento de salir de ese punto muerto en Craig L. Blomberg y Mariam J. Kamell, *The Epistle of James* (Grand Rapids: Zondervan, 2008).

ejemplos más claros de contradicción flagrante en la Escritura (recuérdense Ro 3:28 y 4:3). Pero debemos reconocer que Pablo y Santiago utilizan los términos «fe» y «obras» de modos diferentes. Tal como Joachim Jeremias expresó de manera memorable, *Pablo habla de la fe cristiana* (confianza en Cristo) *y las obras judías* (obediencia a la ley para la propia justificación), *mientras que Santiago se ocupa aquí de la fe judía* (puro monoteísmo) *y las obras cristianas* (buenas acciones que fluyen de la salvación).[38] Los dos autores coinciden en que el verdadero compromiso con Cristo conducirá necesariamente a un estilo de vida transformado (Gá 5:6).[39] Tal como expresó Agustín hace siglos, «Pablo dijo que el hombre es justificado por la fe sin las obras de la ley, pero no sin las obras de las que habla Santiago» (*De la vida cristiana,* 13).[40] Para ser más específicos, a la luz de Santiago 1:26–27, Santiago puede estar combatiendo que ciertos rituales en la vida y la adoración cristiana ocupen el lugar de las necesarias obras de misericordia (2:13) que definen la verdadera piedad.[41]

SANTIAGO Y PABLO ACERCA DE LA FE Y LAS OBRAS		
	Santiago	**Pablo**
Fe	Judía	Cristiana
Obras	Cristianas	Judías

La sabiduría y el habla (3:1–4:17). *Los peligros de la lengua (3:1–12).* Santiago comienza este tratamiento ampliado del sabio hablar refiriéndose al

---

38. Joachim Jeremias, «Paul and James», *ET* 66 (1955): 568–71.

39. John G. Lodge, «James and Paul at Cross–Purposes? James 2,22», *Bib* 62 (1981): 213.

40. O, si usamos el lenguaje de las matemáticas y la filosofía, las buenas obras son condición necesaria, pero no suficiente para la salvación. Excepto en los muy poco habituales casos de conversiones «en el lecho de muerte», las personas en las que el Espíritu Santo viene de veras a morar presentarán algún tipo de evidencia externa de la transformación que el Espíritu inicia. Y, si pudiéramos leer en la mente de las personas, incluyendo aquellos a quienes les queda poco tiempo para manifestar esta transformación, veríamos pensamientos y actitudes cambiados que son también parte del fruto o las obras de la salvación. Dicho de manera más sencilla, «la verdadera fe siempre resulta en devoción» (Robert L. Millet, *Grace Works* [Salt Lake City: Deseret, 2003], 118). Cf. esp. John F. MacArthur, «Faith according to the Apostle James», *JETS* 33 (1990): 13–34.

41. Donald J. Verseput, «Reworking the Puzzle of Faith and Deeds in James 2.14–26», *NTS* 43 (1997): 97–115.

poder y al potencial de influencia que tienen las palabras de las personas.[42] Debido a la condición que se concedía a los rabinos en los círculos judíos, demasiados miembros de las congregaciones de Santiago podían haber estado aspirando a una función parecida de maestro en sus círculos judíos cristianos. De modo que Santiago advierte contra el hecho de que demasiados pretendan dicha posición, dado que conlleva una gran responsabilidad (v. 1) Uno puede disculparse por palabras poco afortunadas y ser perdonado, pero siempre dejará algo de daño sin reparar. Cuanto mayor es el ámbito de influencia del maestro, más puede confundir un error y dañar un pecado y, como todos seguimos siendo pecadores, tarde o temprano todo maestro tropieza (v. 2a).[43]

De hecho, la lengua desata un gran poder tanto para lo bueno como para lo malo, más generalmente, en su capacidad para tener dos vertientes, para lo cual es única (vv. 2–12). Los versículos 2b–5a comparan el poder de la diminuta lengua para afectar a la persona en su totalidad con la función de la brida en la boca del caballo o el timón de un barco. Los versículos 5b–8 vuelven al claro poder destructivo de la lengua. Un habla maliciosa o descuidada es como la chispa que incendia un bosque entero, con el potencial de corromper toda la vida de alguien tanto en esta vida como más allá (vv. 5b–6). En cada rama del reino animal hay ejemplares domesticables, pero la lengua humana, controlada por una criatura que se supone superior a los animales, ¡no se puede domar (vv. 7–8)! La ironía de Santiago crece en los versículos 9–12 lamentándose de cómo las personas pueden maldecir al prójimo y alabar a Dios con la misma boca. Pero todos los hombres, hasta los no redimidos, son creados a imagen de Dios como criaturas que Él valora de modo inconmensurable. Una vez más, la propia naturaleza refleja una coherencia mayor, porque las fuentes y los árboles frutales producen únicamente el fruto previsible.[44]

La sabiduría espiritual frente a la no espiritual (3:13–18). En estos versículos tenemos de nuevo el concepto de sabiduría, explícitamente, al ir Santiago del habla a la conducta más general. La sabiduría no espiritual, que procede del mundo, de la carne y del diablo (v. 15), se caracteriza por su egocentrismo (vv. 14, 16). *La sabiduría espiritual, sin embargo, que viene de Dios, es por encima de todo pura* (v. 17) y además llena de agraciados rasgos como la humildad, el carácter pacificador, la compasión, la sinceridad y otros semejantes, todos los

---

42. El análisis más detallado y útil sobre estos temas aparece en William R. Baker, *Personal Speech–Ethics in the Epistle of James* (Tübingen: Mohr, 1993); si se busca un equivalente popular, véase Ídem., *Sticks and Stones: The Discipleship of Our Speech* (Downers Grove: IVP, 1996).

43. Los maestros, antiguos y modernos, viven situaciones en las que experimentan prácticamente toda clase de tentación para hablar de forma pecaminosa: «la arrogancia y el dominio sobre los alumnos; el enojo y la mezquindad ante las contradicciones o la falta de atención; calumnia y bajeza hacia los rivales ausentes; vanagloria por los halagos de los estudiantes» (Johnson, *James,* 263).

44. «Santiago parece más interesado en el carácter personal que en la competencia profesional. Lo que al final decide el valor de la fe del maestro es si es "sabio y entendido" [véase v. 13], no tanto que sea ortodoxo sin más» (Wall, *Community of the Wise,* 162).

cuales llevan a buenas obras que caracterizan a los verdaderos redimidos (vv. 13, 17–18).[45]

Ilustración de las dos clases de sabiduría: violencia frente a humildad (4:1–12). El egocentrismo característico de la sabiduría no espiritual lleva con facilidad a la violencia (vv. 1–6). En lugar de pedir a Dios por lo que necesitan, las personas se pelean por lo que quieren (vv. 1–2). Algunos eruditos fechan la carta de Santiago a principios de la década de los sesenta porque toman estos versículos en sentido literal y creen que en la iglesia se había infiltrado algo de la violencia propia del movimiento zelote.[46] Pero el lenguaje puede ser metafórico, igual que lo emplearíamos hoy, para referirse a intensas divisiones o disputas en la iglesia. Por supuesto, una réplica natural a la línea de razonamiento de Santiago podría ser que los cristianos no siempre consiguen lo que quieren (o incluso necesitan) de Dios. Santiago tiene una doble respuesta en este contexto.

Primero, a veces es que simplemente no han pedido (v. 2b) o no lo han hecho suficiente tiempo (el uso del presente en griego puede sugerir acción continua). Segundo, a menudo piden con motivaciones erróneas y egoístas (v. 3). Esta última explicación es probable que sirva para más oraciones no respondidas de lo que quisiéramos admitir. Incluso peticiones aparentemente nobles, como por la salud (para que podamos servir mejor a Cristo), sana economía (para que podamos cuidar debidamente de nuestras familias) o un buen trabajo (para poder ejercer nuestros dones espirituales) pueden con demasiada facilidad manifestar una motivación basada en deseos más primarios y, en definitiva, egoístas, como el de sentirnos bien, poder comprar lo que queremos y obtener una buena reputación ante otros.

Los versículos 4–6 dejan perplejos a los oyentes de Santiago. ¿De verdad dice que los cristianos son (metafóricamente) adúlteros, que aman al mundo y aborrecen a Dios y se convierten en enemigos de Él? Tal vez solo una minoría en sus congregaciones cumple los requisitos y, como el autor de Hebreos (véase más adelante), *no* da por sentado que todos los que están en la iglesia son necesariamente salvos. Luke Johnson, sin embargo, ve *4:4 como equivalente al versículo tesis de toda la epístola,*[47] en cuyo caso Santiago no estaría necesariamente diciendo que cada uno de sus destinatarios *está* completamente apartado de Dios, tan solo que esas son las consecuencias lógicas de emprender un camino en esa dirección (1:15).

El versículo 5 deja claramente de manifiesto la dificultad de traducción, tal como muestran las dos (¡) variantes que aparecen en las notas de la NVI. ¿Es

---

45. Comparando los capítulos 2 y 3 aprendemos que «el habla maliciosa de un miembro tiene el mismo efecto nefasto para la vida de la comunidad que el que provoca el rico de afuera cuando arrastra al creyente pobre hasta el tribunal con el fin de avergonzar a los que siguen» (*Ibíd.*, 187).

46. Véase, sobre todo, Martin, *James*, 144.

47. Johnson se refiere al «llamamiento a la conversión» de 3:13–4:10 como «el corazón temático de la redacción» y a 4:4 como «la más perfecta expresión de la "voz" de Santiago» (*James*, 88).

pneuma («espíritu») el sujeto o el objeto de ama/envidia? ¿Se refiere Santiago al Espíritu Santo o a un espíritu humano? Dado que *epipothēo* se usa siempre en el resto del Nuevo Testamento con connotaciones totalmente positivas de un celoso amor lleno de piedad, no siempre atribuible a un espíritu humano, y puesto que Dios es el único sujeto posible para «hizo morar», la manera más normal de entender el versículo 5b es «Dios ama celosamente al espíritu que él ha hecho morar en nosotros».[48] Así, Santiago podría estar estableciendo un contraste entre el deseo de Dios para mantenernos cerca de Él y nuestra tendencia a la rebelión, y lo refuerza citando la Escritura. ¿Qué pasaje? Ningún texto del Antiguo Testamento dice eso (ni las otras posibles traducciones). Es probable que tenga en mente el tema más amplio del celo de Dios por su pueblo, como se refleja en textos como Éxodo 20:5; 34:14 y Zacarías 8:2.[49]

En lugar de pelear entre ellos o imitar la codicia y orgullo del mundo, los creyentes deben someterse a Dios y humillarse ante Él (4:7–10). Este párrafo desata un aluvión de mandamientos, a modo de *staccato*, que acentúan la seriedad de los mandatos de Santiago. Nadie se atrevería a afirmar que «el diablo me hizo hacer» en algún pecado en particular, porque él no fuerza a nadie. Solo pecamos cuando nos rendimos ante las tentaciones de Satanás en lugar de mantenernos cerca de Dios; si resistimos al diablo, huirá de nosotros (vv. 7–8a). En el versículo 8b, Santiago aplica el lenguaje de la pureza ritual del Antiguo Testamento al ámbito de la pureza moral.[50] Sus mundanos oyentes deben dejar de burlarse de las normas de Dios y tienen que arrepentirse de su pecado (vv. 9–10).

Los versículos 11–12, a primera vista, parecen conectar más cómodamente con el material precedente, pero de hecho agrupan toda la sección sobre la sabiduría y el habla hasta aquí. En el contexto de las luchas principalmente verbales de los versículos 1–2, habría sido fácil dar una presentación negativa de los oponentes y denigrarlos. Pero hacerlo habría significado cometer falso testimonio contra ellos, violando uno de los mandamientos morales básicos del Antiguo Testamento (Éx 20:16) que se mantiene vigente en la época del Nuevo Testamento (Lc 18:20). Dicha conducta lo coloca implícitamente a uno como juez sobre los demás e incluso sobre la propia ley, cuando solo Dios puede ejercer de modo legítimo esa función. Esta es la «sabiduría» del mundo, de la carne y del diablo (3:15), que se manifiesta en pronunciado contraste con la sabiduría celestial que los cristianos han de mostrar (3:17), por medio de la cual aprenden a controlar la lengua (3:1–12).

El habla jactanciosa (4:13–17). La última subsección de esta parte de la carta de Santiago contrasta la planificación sabia con la necia (4:13–17). Los principios relevantes se ilustran con un ejemplo del pequeño comerciante de

---

48. Véase Moo, *Epístola de Santiago*, 220–222.

49. No obstante, una alternativa muy atrayente es la posibilidad de que 4:5b–6a refleje una paráfrasis de la «Escritura» que Santiago cita, que después se presenta de manera *literal en* vv. 6b–c con la cita de Proverbios 3:34 (LXX); véase Craig B. Carpenter, «James 4.5 Reconsidered», *NTS* 47 (2001).

50. Davids, *James*, 166.

clase media del Imperio Romano, que tenía la posibilidad de transportar sus mercancías tanto fuera de la ciudad como cerca de casa. Hoy los llamaríamos vendedores ambulantes. Planificar un año entero por adelantado era bastante más de lo que la mayoría de habitantes del antiguo mundo mediterráneo gestionaba, dada su dependencia de las vicisitudes de las estaciones del año. Pero hasta la vida misma podría acabarse o cambiar drásticamente en un momento, así que cualquier afirmación confiada acerca de los días o meses venideros reflejaría una arrogante jactancia (vv. 13–14, 16).[51] Pese a toda la tecnología que permite a la gente de hoy controlar su entorno de muchas maneras, este principio se mantiene intacto. La alternativa piadosa no es dejar de planificar, sino dejarle lugar a la voluntad del Señor para dar la vuelta a la nuestra (v. 15).[52] El hecho de que Santiago podría haber esperado que sus lectores actuasen de esa manera refuerza nuestra convicción de que se trataba de cristianos y de que él reconoce que algunos creyentes podrían ser de condición medianamente acomodada. Este párrafo también da *una tercera respuesta a la cuestión de por qué no siempre conseguimos lo que queremos de Dios (recuérdense vv. 2–3), porque sencillamente no es su voluntad.*

SANTIAGO ACERCA DE LA ORACIÓN

	Oramos	No oramos
Incondicional	+	+
Condicional	+	−
No voluntad de Dios	−	−

(voluntad de Dios: Incondicional / Condicional)

Pruebas y tentaciones (5:1–18). *Persecución externa (5:1–6).* Al final, Santiago regresa al tema con el que comenzó la epístola. Primero, retoma las circunstancias específicas de la opresión en que se encuentra buena parte de

---

51. J. Alec Motyer (*The Message of James: The Tests of Faith* [Leicester and Downers Grove: IVP, 1985], 161) observa que los tres verbos de vv. 14–15 advierten contra una actitud presuntuosa que niega, respectivamente, nuestra ignorancia, nuestra fragilidad y nuestra dependencia.

52. Ibíd. Kurt A. Richardson (*James* [Nashville: Broadman & Holman, 1997], 201) describe vv. 13–17 como «una de las fuentes bíblicas más importantes para una ética cristiana de los negocios». No involucrar a Dios en nuestra planificación equivale a un «ateísmo práctico» (James B. Adamson, *The Epistle of James* [Grand Rapids: Eerdmans, 1976], 180).

su iglesia (5:1–12). Les asegura que quienes provocan sus pruebas —la explotación que sufren por parte de los ricos hacendados— serán juzgados severamente (vv. 1–6). Estas personas autoindulgentes son, con toda claridad, no cristianas, pero su vida de lujos e indiferente al clamor de los oprimidos presenta una fuerte advertencia para todos los que podrían actuar de modo similar aun mientras afirman ser creyentes. El versículo 1 empieza con el mismo apóstrofe literario que 4:13, pero eso no significa que tenga en perspectiva a la misma audiencia. En el primer pasaje, Santiago anima para una acción correctiva; aquí dice a los ricos impíos que lloren ante el juicio y la condenación venideros.[53] Los versículos 2–3a podrían contener formas de tiempo perfecto con sentido profético a la luz de las formas de futuro del versículo 3b, pero tienen aún más sentido como verdaderas formas de pasado. Precisamente debido a que esas posesiones materiales son un excedente *sin usar*, se han podrido, corroído y apolillado.[54]

La negativa de los terratenientes a pagar salarios decentes y a tiempo a sus jornaleros se hace mucho más aborrecible en tanto que tienen recursos más que suficientes para hacerlo (vv. 4–5). *Como en toda la Biblia, adquirir riquezas no es necesariamente malo, pero no dar generosamente de la propia riqueza siempre lo hace a uno culpable.* El versículo 6 probablemente no se refiere a asesinato literal, sino judicial: condenar a prisión a los que no podían pagar las exageradas tasas o rentas con que a menudo se les gravaba. Con el tiempo, muchos podían morir en la cárcel.

Una respuesta paciente (5:7–12). A los cristianos les habría resultado fácil imitar a los sacerdotes y tratar de rebelarse o atacar a los opresores de algún modo. O bien, en la medida en que no podían desahogarse con sus propios hacendados, podrían al menos desfogar su furia y deshacerse de sus frustraciones unos contra otros. Santiago aconseja un método muy diferente (vv. 7–11).[55] Por una parte, anima a su audiencia a mirar al futuro y recordar el inminente regreso de Cristo (vv. 7–9). Por mucho que parezca demorarse Cristo desde la perspectiva humana, su Segunda Venida y la vindicación de su pueblo ocurrirán muy pronto desde la perspectiva de la eternidad. La paciencia, semejante a la espera de un granjero que aguarda los dos períodos de lluvia que permitirán a la siembra de primavera y a la de otoño traer su cosecha en su debida estación, aportará en su momento ricos dividendos. Quejarse unos de otros solo trae el juicio de Dios sobre ellos.

Por otro lado, Santiago también manda a sus oyentes que miren al pasado y recuerden los ejemplos de la paciencia y perseverancia de los profetas y de Job (vv. 10–11). Pero Santiago no ha hecho oscilar el péndulo desde el extremo violento de los zelotes al extremo quietista de muchos esenios, que se apar-

---

53. Los «"últimos días" (*eschatais hēmerais*) no son los adelantados años de retiro del rico, sino el momento del juicio de Dios», (Johnson, *James,* 301).
54. Davids, *James,* 176.
55. Moo, *Epístola de Santiago,* 255.

taban de la sociedad y se limitaban a rogar a Dios que interviniese de modo sobrenatural para corregir los males del mundo.

Lo que llama la atención en cuanto a los profetas es cómo «hablaron en el nombre del Señor». Y la manera que los profetas tenían que enfrentarse a la injusticia de sus días era una denuncia contundente, aunque significase condenar la conducta del Rey. De modo similar, Job mantuvo persistentemente su inocencia de cualquier pecado tan grave como para justificar las horribles aflicciones que le vinieron. Y con el tiempo Dios le vindicó frente a sus consejeros, cuyas tradicionales explicaciones teológicas para el mal que sufría habían errado. *Así, aunque Santiago evita la violencia, no se puede decir que apoye la pasividad; ¡el pueblo de Dios tiene la responsabilidad de expresarse enérgicamente contra la injusticia del mundo que hace que algunos sean más pobres para que los ricos sean más ricos!*[56]

Mucho más que en el caso de 4:11–12, el versículo 5:12 parece en principio independiente de nada que venga antes o después de él. De hecho, puede haber una relación muy directa con la opresión descrita en 5:1–6. Entonces, como ahora, una de las tácticas más comunes para intentar evitar la bancarrota, el desahucio, o incluso castigos más graves, como la prisión, era prometer el pago en un futuro próximo si se daba al deudor un poco más de tiempo. En muchos casos, sin embargo, tales promesas eran poco realistas y constituían un compromiso temerario. Jurar hacer algo que uno va a ser incapaz de cumplir solo trae un mayor descrédito para uno mismo y para su organización, o incluso para Dios, en cuyo nombre se jura. Las personas deberían más bien desarrollar una reputación de ser dignos de confianza, para no tener que tomar medidas especiales a fin de convencer a otros de que van a hacer lo que dicen.[57]

---

56. Cf. Adamson, *James: Man and Message,* 257; Martin, *James,* 197.

57. Cf. además William R. Baker, «"Above All Else": Contexts of the Call for Verbal Integrity in James 5.12», *JSNT* 54 (1994): 57–71.

LA PACIENCIA MILITANTE DE SANTIAGO
(5:10–11)

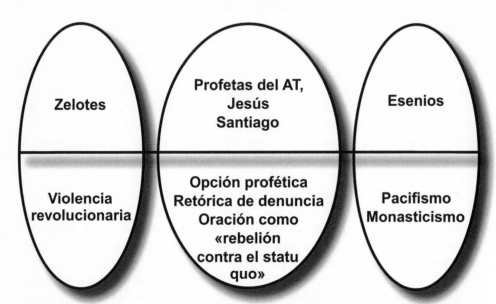

La enfermedad (5:13–18). Tal vez más habituales que la persecución y el acoso externos son las pruebas procedentes de enfermedades físicas. Este pasaje es uno de los más importantes de la Escritura relativos a la adecuada respuesta ante la enfermedad severa o prolongada. Una vez más, Santiago manda orar con fe, en esta ocasión como el antídoto primordial para el sufrimiento. En estos seis versos se dan siete veces términos para la oración, un factor importante para recordar antes de enredarse en los detalles del ritual de la unción. Pero en situaciones bastante serias (aquí indicadas por el hecho de que el enfermo llama a los ancianos, que oran por él, lo que indica a alguien que está postrado en cama),[58] también se aplica la unción con aceite. Algunas palabras de este pasaje pueden referirse tanto a la enfermedad y sanidad física como a la espiritual, lo que lleva a algunos intérpretes a pensar que solo se contempla la espiritual. Pero los versículos 15b–16 demuestran que solo *algunas* de esas enfermedades se deben al pecado (en cuyo caso se necesita la confesión), pero los rabinos solían usar el aceite para ungir de forma ceremonial a los enfermos en sentido físico, de modo que es mejor considerar que aquí se trata de enfermedad física.[59] Otros han argumentado que la unción con aceite reflejaba una primitiva forma de medicina, pero el equivalente rabínico vuelve a sugerir otra

---

58. Motyer (*James,* 193–94) señala otras tres razones para ver el daño o enfermedad como algo muy serio: la palabra traducida como «enfermo» también puede significar «completamente acabado», los ancianos realizan toda la oración, y la única fe que se menciona es también la de los ancianos.

59. Véase, sobre todo, Gary S. Shogren, «Will God Heal Us: A Re–examination of James 5:14–16a», *EQ* 61 (1989): 99–108; John C. Thomas, «The Devil, Disease, and Deliverance: James 5.14–16», *PT* 2 (1993): 25–50.

opción, por no mencionar el hecho de que los antiguos sabían que el aceite solo podía ayudar en un limitado número de afecciones.

¿Qué hacemos entonces con el versículo 15a: «La oración de fe sanará al enfermo»? *Debemos recordar que Santiago asume que ya hemos leído y tenemos en mente 4:15, donde la voluntad de Dios puede perfectamente dominar sobre la nuestra.* Tal como hábilmente expresa Douglas Moo: «la fe que ejercemos al orar es fe en el Dios que, de forma soberana, cumple su voluntad… nuestra fe reconoce, explícita o implícitamente, los propósitos soberanos y providenciales de Dios».[60] Obviamente, Santiago sabe que hasta las personas más piadosas del pueblo de Dios acaban muriendo, y muchos de enfermedades, de modo que 5:15 no debe interpretarse como la herejía de «riqueza y salud» en la que la única razón por la que un cristiano no se sana es la falta de fe. Al mismo tiempo, este pasaje no apoya el tradicional sacramento católico de la extrema unción o los santos óleos. Aunque algunos de los que convocan a sus ancianos pueden estar cerca de la muerte, nada sugiere que todos lo estén, y la cuestión en esta ceremonia es orar por curación, ¡no preparar para la muerte!

La unción con aceite debe también diferenciarse de los ministerios de quienes tienen el don de sanidad (1Co 12:30). Ninguno de los criterios para ser anciano incluía tener ese don. ¿Por qué entonces involucra a los ancianos? Posiblemente porque eran los responsables pastorales debidamente comisionados de la iglesia, y la ceremonia que se describe aquí se entiende como una manera de mantener al enfermo conectado con su congregación, mientras que los sanadores de fe solían tener un ministerio itinerante, débilmente conectados, en el mejor de los casos, con una asamblea local. Para que nadie dude del potencial de la ceremonia de unción y oración, Santiago recuerda a sus lectores cómo las oraciones de Elías detuvieron los cielos durante un año y medio y después inundaron de lluvia la tierra castigada por la sequía (vv. 17–18; cf. 1R 17–18).[61]

CIERRE (5:19–20)

El final comparativamente abrupto de Santiago nos recuerda que su carta no sigue el patrón de la forma epistolar helenística, sino que cae más en el género de la literatura sapiencial. *De todos modos, estos versículos constituyen una conclusión apropiada, recordando a su audiencia una tarea clave de la vida cristiana: restaurar a los pecadores de su error y salvarlos de la muerte espiritual.* La posición que uno tenga en el debate calvinista–arminiano sobre la perseverancia de los santos dictará normalmente su manera de evaluar la situación aquí descrita. «Se extravía de la verdad» traduce un verbo (*planaō*) que puede significar extraviar, dirigir mal o engañar, y en voz pasiva, como aquí, extraviarse, equivocarse, desviarse o vagar. Nada de este pasaje resuelve el

60. Moo, *Epístola de Santiago,* 281.
61. Acerca de esto, véase Keith Warrington, «The Significance of Elijah in James 5:13–18», *EQ* 66 (1994): 217–27.

debate sobre si se trata de alguien que ha sido un cristiano auténtico (o incluso profesante) o no.

CUESTIONES ADICIONALES PARA EL REPASO

1. ¿Quiénes son los posibles autores de Santiago? ¿Cuál de ellos es el candidato más probable y por qué?

2. ¿A quién se escribió la epístola de Santiago y en qué año la dataríamos? ¿Cuál es la problemática que afecta a la fecha de la carta?

3. ¿Qué temas recurrentes proporcionan a la carta de Santiago su estructura? Resume la idea principal acerca de cada uno de los tres temas clave según se presentan a lo largo de la epístola.

4. ¿Cuál es la postura de Santiago en torno a la relación entre fe y obras en 2:14–26? ¿Cómo se puede armonizar su enseñanza con las de Pablo acerca de la relación entre las dos?

5. ¿Qué acciones caracterizan a alguien que ha recibido la sabiduría de Dios? ¿Qué acciones y comportamientos excluirá obligatoriamente la conducta cristiana?

6. Para Santiago, ¿qué relación hay entre salvación y mayordomía? ¿En qué se diferencia la posición de los cristianos estadounidenses del siglo XXI de la situación de la audiencia original de la carta? ¿Qué fragmentos de la carta de Santiago son más delicadas y desconcertantes para la iglesia norteamericana? ¿Por qué?

7. ¿Cómo responde Santiago ante las frustraciones de los creyentes al no conseguir lo que han estado pidiendo a Dios? ¿Qué razones da Santiago para la falta de respuesta a las oraciones? ¿Cómo cuadran esos motivos con el consejo de Santiago para orar por los enfermos? ¿Cuáles son algunas de las claves exegéticas que deben entenderse con referencia a la oración de fe por el enfermo en Santiago 5?

APLICACIÓN

Tal vez en ningún otro documento del Nuevo Testamento se demuestre de manera tan aguda el contraste entre el cristianismo bíblico y el nominal. En realidad, el hecho de que los protestantes en general y los evangélicos en particular hayan realizado tantas contorsiones interpretativas al leer que «la fe sin obras está muerta» demuestra el abandono de amplias franjas de enseñanza bíblica para favorecer un énfasis doble en Pablo, acompañado de una lectura selectiva y unidimensional de él. El famoso debate de Dietrich Bonhoeffer sobre la «gracia barata» en su clásica obra *El precio del discipulado*,[62] podría, por desgracia, aplicarse a muchas ramas de la iglesia a lo largo de la historia y en la actualidad, no solo a la mayoría de cristianos alemanes que cooperaron sin ningún problema con el régimen nazi. Una de las razones por las que la Iglesia de Jesucristo de los Santos de los Últimos Días (también conocida como de los mormones) discrepa con la teología evangélica es por la percepción de

---

62. New York: Collier, 1959.

que promovemos un «creyentismo» fácil: alguien puede aceptar a Jesús como Salvador, salir fuera y vivir como el diablo, y todavía ser salvo.[63]

Igualmente, el cristianismo liberal rechaza con frecuencia una forma de fe más conservadora debido a la ética social que ven entre los evangélicos, especialmente en Estados Unidos, que es muy pobre o, al menos, limitada, centrada tal vez únicamente en cuestiones pro vida y antihomosexuales, en lugar de ocuparse también de la pobreza, la sanidad, el medio ambiente, la labor de ayuda para víctimas de desastres naturales y guerras, cuestiones todas que reciben importante atención en la Biblia. La teología de la liberación surgió de entre el catolicismo romano a mediados de los sesenta como una protesta contra una forma de fe católica muy tradicionalista, que *enfatizaba* las buenas obras, quizás demasiado, pero no la clase de obras que pudieran cambiar los injustos sistemas sociales, estructuras y gobiernos que perpetuaban una enorme división entre los que tienen y los que no en el Tercer Mundo, en particular en Latinoamérica.[64]

Los evangélicos han realizado grandes avances en los últimos cincuenta años para mejorar y estar más equilibrados en algunos de estos planos, aunque más fuera de Estados Unidos que dentro, y más en unas cuestiones que en otras. Los debates evangélicos internos ilustran tanto los pasos positivos que se han dado como la errónea oposición contra ellos. El énfasis que John MacArthur pone en algunos de sus escritos sobre «Salvación y señorío» muestra con detalle cómo en la Biblia no se apoya que se pueda aceptar a Jesús como Salvador por gracia por medio de la fe sin someterse, al mismo tiempo, a Él como Señor y Dueño definitivo. Por supuesto, los nuevos creyentes puede que no sepan, cuando inician su peregrinaje, todo lo que Dios pedirá de ellos a lo largo de sus vidas, pero quienes creen que pueden aceptar un don gratuito de salvación sin someterse a Jesús conforme entienden sus demandas y sin arrepentirse cuando no consiguen estar a la altura de ellas, ésos no se hacen realmente cristianos.[65]

La fe que salva conduce inevitablemente, con el tiempo, a una vida transformada, si el Espíritu Santo ha hecho de verdad su morada en una persona. Esa transformación se puede manifestar diferente en sus detalles en cada creyente y no le faltarán tropezones y hasta serias caídas. Pero los verdaderos creyentes regresarán a Dios, se someterán de nuevo a su Espíritu y reemprenderán su proceso de madurez. La preocupación económica por los pobres y necesitados será con frecuencia una primera demostración de esa vida cambiada. Si nunca se ven esos cambios, tenemos serias razones para cuestionar cualquier profesión de fe. *Es* posible ser rico y cristiano, según Santiago, pero *no* es posible

---

63. Véase, p.ej., Richard R. Hopkins, *Biblical Mormonism: Responding to Evangelical Criticism of LDS Theology* (Bountiful, UT: Horizon, 1994), 130–36.

64. Sobre Santiago, véase especialmente Támez, *Santiago*; y Pedrito U. Maynard–Reid, *Poverty and Wealth in James* (Maryknoll: Orbis, 1987).

65. Véase, más arriba, p. 450. Cf. también John F. MacArthur Jr., *El evangelio según Jesucristo* (El Paso, TX: Casa Bautista de Publicaciones, 1991; Ídem., *The Gospel according to the Apostles* (Nashville: Word, 2000).

ser un cristiano rico sin ser generoso para compartir la propia riqueza en la ayuda al necesitado.[66]

BIBLIOGRAFÍA SELECTA

COMENTARIOS

Avanzados

Davids, Peter H. *The Epistle of James.* NIGTC. Exeter: Paternoster; Grand Rapids: Eerdmans, 1982.

Dibelius, Martin. *James,* rev. Heinrich Greeven. Hermeneia. Philadelphia: Fortress, 1976.

Johnson, Luke T. *The Letter of James.* AB. New York and London: Doubleday, 1995.

Martin, Ralph P. *James.* WBC. Word: Waco, 1988.

Intermedios

Blomberg, Craig L., y Mariam J. Kamell. *The Epistle of James.* ZEC. Grand Rapids: Eerdmans, 2008.

Brosend, William F., II. *James and Jude.* NCBC. Cambridge and New York: CUP, 2004.

Hartin, Patrick J. *James.* SP. Collegeville: Liturgical, 2003.

Laws, Sophie. *The Epistle of James.* BNTC. London: Black; Peabody: Hendrickson, 1980.

Moo, Douglas J. *The Letter of James.* PNTC. Leicester: IVP; Grand Rapids: Eerdmans, 2000. [En español, Moo, Douglas J. *La epístola de Santiago.* Miami: Editorial Vida, 2009].

Wall, Robert W. *The Community of the Wise: The Letter of James.* NTinCont. Valley Forge: Trinity, 1997.

Introductorios

Baker, William R. «James» In William R. Baker and Paul K. Carrier, *James–Jude.* SBS. Cincinnati: Standard, 1990.

Motyer, J. Alec. *The Message of James: The Tests of Faith.* BST. Leicester and Downers Grove: IVP, 1985.

Sleeper, C. Freeman. *James.* ANTC. Nashville: Abingdon, 1998.

Stulac, George M. *James.* IVPNTC. Leicester and Downers Grove: IVP, 1993.

Tidball, Derek. *Wisdom from Heaven: The Message of the Letter of James for Today.* Fearn, Ross–shire, Scotland: Christian Focus Publications, 2003.

---

66. Véase también Blomberg, *Ni pobreza ni riquezas.*

Otros libros

Adamson, James B. *James: The Man and His Message.* Grand Rapids: Eerdmans, 1989.

Baker, William R. *Personal Speech–Ethics in the Epistle of James.* Tübingen: Mohr, 1995.

Bauckham, Richard. *James: Wisdom of James, Disciple of Jesus the Sage.* London and New York: Routledge, 1999.

Chilton, Bruce, y Jacob Neusner, eds. *The Brother of Jesus.* Louisville and London: WJKP, 2001.

Cheung, Luke L. *The Genre, Composition and Hermeneutics of the Epistle of James.* Carlisle: Paternoster, 2003.

Edgar, David H. *Has God Not Chosen the Poor? The Social Setting of the Epistle of James.* Sheffield: SAP, 2001.

Hartin, Patrick J. *James and the Q Sayings of Jesus.* Sheffield: JSOT, 1991.

Hartin, Patrick J. *A Spirituality of Perfection: Faith in Action in the Letter of James.* Collegeville: Liturgical, 1999.

Maynard–Reid, Pedrito U. *Poverty and Wealth in James.* Maryknoll: Orbis, 1987.

Painter, John. *Just James: The Brother of Jesus in History and Tradition.* Columbia: University of South Carolina Press, rev. 2004.

Penner, Todd C. *The Epistle of James and Eschatology.* Sheffield: SAP, 1996.

Shanks, Hershel, y Ben Witherington III. *The Brother of Jesus: The Dramatic Story and Meaning of the First Archaeological Link to Jesus and His Family.* San Francisco: HarperSanFrancisco, 2003.

Támez, Elsa. *The Scandalous Message of James: Faith without Works Is Dead.* New York: Crossroad, rev. 2002. [En español, Támez, Elsa. *Santiago. Lectura latinoamericana de la epístola.* San José, Costa Rica: Departamento Ecuménico de Investigaciones, 1985].

Wachob, Wesley H. *The Voice of Jesus in the Social Rhetoric of James.* Cambridge and New York: CUP, 2000.

Bibliografía

Mills, Watson E. *James.* Lewiston and Lampeter: Mellen, 2001.

10

EPÍSTOLA A LOS HEBREOS: LA SUPREMACÍA DE CRISTO

INTRODUCCIÓN

GÉNERO

A pesar del título de epístola que tradicionalmente se le ha dado, solo el final de este libro se parece a una carta. Comienza con un prólogo teológico de alto nivel (1:1–4), mientras que intercala doctrina y ética a lo largo del resto del documento, en distintas divisiones. El autor describe la obra como «estas palabras de exhortación» (13:22), expresión que solo encontramos una vez más en el Nuevo Testamento, en Hechos 13:5, donde se refiere a un sermón. Lo mismo se aplica a su uso en la obra cristiana extrabíblica conocida como las Constituciones Apostólicas (8:5), del siglo cuarto. Por tanto, es mejor pensar en Hebreos como *la forma escrita (o sustituta) de un mensaje predicado.*[1]

DESTINATARIOS

El público original del mensaje se ha identificado tradicionalmente como uno o más grupos de judíos cristianos; de ahí el título «a los hebreos». No se le dio ningún otro título al libro en la historia cristiana temprana y el contenido de la mayor parte del texto encaja en esa identificación. El documento está lleno de citas e imágenes del Antiguo Testamento, y está diseñado para demostrar la superioridad de Cristo sobre cualquier otra figura clave o institución judías.

Por supuesto, la frecuencia de estos rasgos en algunas de las cartas de Pablo dirigidas a las comunidades donde predominaban los cristianos gentiles muestra que también se habrían tenido en cuenta otras clases de destinatarios. Algunos expertos modernos incluso han defendido una orientación más gentil en el autor o su audiencia (o en ambos), señalando de modo particular un método de razonamiento que parece más propio del filósofo griego Platón o del judío helenista Filón, que mezclaba el pensamiento judío con la filosofía griega con el propósito de dejar en mejor lugar al judaísmo entre los gentiles. Quizás lo más digno de destacar a este respecto es la comparación entre el tabernáculo terrenal y el celestial, en 8:1–6, con paralelismos en la famosa alegoría platónica de la caverna, en la que las realidades terrenales no son sino sombras de sustancias celestiales. También se ha argumentado en ocasiones que pasajes

---

1. William L. Lane, «Hebrews: A Sermon in Search of a Setting», *SWJT* 28 (1985): 13–18. Andrew Trotter (*Interpreting the Epistle to the Hebrews* [Grand Rapids: Baker, 1997], 79) llega a la conclusión de que Hebreos es «una forma literaria compleja, básicamente un sermón, pero está claro que reconstruido como epístola».

como 3:12, que advierte en contra de alejarse «del Dios vivo», o 6:1, acerca de los «fundamentos» y las «obras que conducen a la muerte», no son expresiones que hubiera usado un autor judío (ni un autor gentil que aprecia ser judaísmo como preparación para el cristianismo) para describir a los que siguen el judaísmo no cristiano.[2]

Sin embargo, a partir del descubrimiento de los Rollos del Mar Muerto después de la Segunda Guerra Mundial, el péndulo ha regresado al otro extremo entre la mayoría de expertos, que ahora ven Hebreos a la luz del trasfondo judío. Algunos hasta han encontrado similitudes distintivas entre aquellos escritos esenios y la epístola. Por ejemplo, los miembros de la secta de Qumrán esperaban a un Mesías tanto sacerdotal como regio, y Hebreos es el único documento del Nuevo Testamento que desarrolla el tema de Cristo como sumo sacerdote. Hay un documento del Qumrán, 11QMelquisedec, que identifica al Mesías sacerdotal con Melquisedec, sacerdote de Salem en la época de Abraham (Gn 14:18–20). En otra parte de los Rollos del Mar Muerto, Melquisedec aparece como una figura ensalzada, incluso como el arcángel Miguel. Entretanto, Hebreos 7 desarrolla extensamente una comparación entre Jesús y Melquisedec, cuando ningún otro documento del Nuevo Testamento se refiere a esta poco conocida figura del Antiguo Testamento.

El fundador de Qumrán, conocido simplemente como «el Maestro de Justicia», se comparaba reiteradamente con un profeta como Moisés, y Hebreos también compara a Jesús y Moisés (sobre todo 3:1–6), aunque dicha comparación no se da únicamente en esta carta. Por último, Hebreos 6:2 presenta una extraña referencia a «bautismos» en plural, que podría encajar con las abluciones diarias que se practicaban en Qumrán.[3] Al mismo tiempo, otros escritos judíos que contemplan un mesías sacerdotal hablan de Melquisedec o del profeta escatológico, o describen múltiples bautismos, de modo que ninguno de estos argumentos es una prueba concluyente.

Tal vez la más equilibrada conclusión sea dar cabida a varias posibilidades. *Lo más probable parece ser una composición mayormente judeocristiana de los destinatarios originales. Pero bien puede haber habido creyentes gentiles entre-*

---

2. Puede verse un análisis completo de la cuestión en Ronald Williamson, *Philo and the Epistle to the Hebrews* (Leiden and New York: Brill, 1970). Cf. también James W. Thompson, *The Beginnings of Christian Philosophy: The Epistle to the Hebrews* (Washington: CBAA, 1982).

3. C. Spicq, «L'épitre aux Hébreux: Apollos, Jean–baptiste, les héllenistes, et Qumrán», *RevQ* 1 (1959): 365–90. Si se desea estudiar las evidencias de una influencia esenia posterior en Roma sobre la Primera de Clemente y el Pastor de Hermas, véase E. Glenn Hinson, Essene «Influence in Roman Christianity: A Look at the Second–Century Evidence», *PRS* 19 (1992): 399–407. Por otro lado, se ha establecido de manera plausible la existencia de un trasfondo ebionita (los cristianos judíos que conocemos a partir de testimonios del siglo II, que no creían en la deidad de Cristo, sino en que un poder angélico tomó posesión de él desde su bautismo hasta su pasión), si podemos asumir que existían ya a mediados del primer siglo. Michael Goulder, «Hebrews and the Ebionites», *NTS* 49 (2003): 393–406.

mezclados. Y, entre los del trasfondo judío, algunos fácilmente pudieran proceder de raíces sectarias, como las estrechamente unidas comunidades de los esenios.[4] Cuanto más temprana sea la fecha (véase más abajo), más probable es que los lectores fuesen predominantemente, o incluso de manera exclusiva, judíos. Cuanto más tardía sea la fecha, más probable es que los rasgos distintivos judíos de la carta no determinen necesariamente la composición de los destinatarios.

AUTOR

El autor de esta carta es desconocido. Los manuscritos antiguos no se las atribuyen a nadie, ni en el texto de la epístola misma, ni en ninguna anotación al margen ni sobrescrito. Las anotaciones de algunas ediciones de la versión King James que se refieren a Pablo como autor no se basan en ninguno de los manuscritos más antiguos y, por tanto, no deberían formar parte de lo que creen los cristianos como palabras inspiradas por Dios.[5] La autoridad paulina no era más que una convicción común en la Edad Media que transmitieron los traductores de la versión King James a partir de varios manuscritos tardíos que habían añadido esa referencia al final de la carta. Más bien, los varios padres de la iglesia de los primeros siglos que atribuyeron la carta a Pablo lo hicieron sobre todo para apoyar sus convicciones de que la carta poseía autoridad apostólica, no porque tuviesen verdadera evidencia de que Pablo la escribiese. De hecho, el testimonio artístico más antiguo se presenta muy dividido en su opinión.

Además de Pablo, otros candidatos a autor han sido Lucas (basándose en los supuestos paralelismos estilísticos entre sus escritos), Bernabé (que era levita, lo que justifica el interés por el sacerdocio y la exhortación y recuerda el significado de su apodo en Hechos 4:36), y Clemente de Roma (basándose en las similitudes con su última carta, conocida como Primera de Clemente). Los escritores católicos latinos fueron mucho más tardíos que los ortodoxos griegos incluso para contemplar la posibilidad de la autoría Paulina, en parte debido a su oposición a su supuesta línea dura contra los apóstatas. Las prime-

---

4. Véase sobre todo F.F. Bruce, *La epístola a los Hebreos* (Grand Rapids: Eerdmans, 1987), pp. 3–9 de la edición en inglés. David A. deSilva, en varios escritos, ahora resumidos en su comentario sociorretórico sobre Hebreos (*Perseverance in Gratitude: A Socio–Rhetorical Commentary on the Epistle to the Hebrews* [Grand Rapids and Cambridge: Eerdmans, 2000], 2–23) destaca que las conclusiones principales que podemos sacar sobre la constitución de la audiencia es que eran personas en posición de marginalidad en su mundo, que tenían que tratar con la desgracia o la vergüenza de ser cristianos, pero esos vínculos con el judaísmo o la persecución explícita son más precarios. Para un panorama completo de los posibles trasfondos, véase Lincoln D. Hurst, *The Epistle to the Hebrews: Its Background of Thought* (Cambridge and New York: CUP, 1990).

5. Basándose en el corpus específico de testimonios de la iglesia primitiva que *sugerían* la autoría paulina, los escribas posteriores añadieron esa afirmación en la familia de manuscritos medievales conocidos como Textus Receptus, a partir del cual se tradujo gran parte de la versión King James [y la Reina–Valera, en sus primeras revisiones, N de T.] publicada en 1611.

ras colecciones de libros del Nuevo Testamento nos presentan Hebreos insertado en posiciones muy diferentes, dentro y después de las cartas reconocidas como paulinas. La propuesta protestante más común, popularizada primero por Martín Lutero en el siglo XVI, atribuye la autoría a Apolos, basándose en su reputación de elocuencia y en su gran conocimiento del Antiguo Testamento (Hch 18:24–28) y en su formación en Alejandría, con su «escuela» de interpretación exegética similar a la que encontramos en esta carta. Hasta los paralelismos con Qumrán los podría haber adquirido en Alejandría, porque allí había una comunidad esenia.

Otros han sugerido, en los últimos tres siglos de erudición «moderna», a Silas, a Felipe e incluso a Priscila. Hay algunos parecidos entre Hebreos y 1 Pedro, y se ha considerado que Silas fue uno de los amanuenses que contribuyó al buen estilo griego de la carta (1P 5:12). Felipe, el diácono, fue uno de los dirigentes judeocristianos helenistas originales, cuyo pensamiento pudo haber reflejado el de Esteban y, así, haber sido más radical y haber estado más dispuesto a abrazar filosofía grecorromana similar a algunas lecturas de Hebreos. Priscila, por último, se ha sugerido para justificar el anonimato de la carta, puesto que en aquellos tiempos una mujer habría carecido de la credibilidad necesaria si hubiese escrito en su propio nombre. Sin embargo, 11:32 descarta esta última opción, a menos que se trate de una muy sutil ficción, puesto que emplea un participio masculino complementando al «yo» que se refiere al autor.

Es justo decir que Pablo, no obstante, sigue siendo la opción menos probable, por cuatro razones principales. (1) Ninguna otra carta de Pablo es anónima, y 2 Tesalonicenses 3:17 sugiere que Pablo ponía su nombre en todas sus cartas. (2) El estilo y la forma del argumento son completamente diferentes de todas las demás cartas de Pablo, incluyendo las que son objeto de discusión, y tales diferencias evidencian ser mucho mayores que las diferencias existentes entre las cartas de autoría paulina indiscutible y las epístolas llamadas deuteropaulinas. (3) Hebreos 2:3 muestra que el autor recibió el evangelio de segunda mano, no por un encuentro directo con el Señor resucitado. Finalmente, (4) ninguna de las otras cartas atribuidas a Pablo fue nunca objeto de debate en las discusiones antiguas acerca del canon del Nuevo Testamento, y Hebreos sí lo fue, precisamente debido a que estaba sin resolver la cuestión de la autoría.

Ya en torno al año 200 d.C., Orígenes declaró que *solo Dios sabía quién había escrito esta carta, y esa conclusión sigue siendo la más segura.*[6] Pero todas las sugerencias, antiguas y modernas, mantienen un vínculo con Pablo, puesto

---

6. Encontramos una elaboración de las opciones principales que se discuten aquí (y algunas menos importantes que en este libro no tratamos) en torno a la autoría de Paul Ellingworth, *The Epistle to the Hebrews* (Carlisle: Paternoster; Grand Rapids: Eerdmans, 1993), 3–21; acerca de su incorporación al canon, cf. pp. 34–36. Para un panorama aún más reciente las opiniones de los expertos en cuanto a la autoría, junto con la defensa de Apolos, Lucas e incluso Pablo como autores, véase Simon Kistemaker, «The Authorship of Hebrews», George H. Guthrie, «The Case for Apollos as the Author of Hebrews», David L. Allen, «The Authorship of Hebrews: The Lukan Proposal», y

que hay algunos toques muy paulinos aquí y allá, y cualquiera de esas propuestas sería adecuada para establecer la autoridad apostólica. La apostolicidad no significaba que un libro hubiese sido escrito por uno de los doce seguidores más cercanos de Jesús; de ser así, Marcos y Lucas hubieran quedado excluidos (y Pablo también, estrictamente hablando, aunque se llamaba apóstol en el sentido más amplio del término; véase más arriba, p. 221). Más bien significaba que el autor tenía un vínculo con uno de los apóstoles y escribió en el periodo de tiempo en el que todavía vivían uno o más de los apóstoles.[7]

LUGAR Y FECHA

La yuxtaposición de Romanos y Hebreos en algunas secuencias canónicas antiguas se explica mejor si se creía que la carta estaba dirigida a los cristianos de Roma. El hecho de que Clemente conociera la carta, en los años 90, concuerda con esta convicción. Hebreos 13:24 encaja también con esta creencia, dado que el autor envía saludos de «los de Italia». Aunque esto podría significar que el autor está en Italia escribiendo a otro lugar, y a lo largo de la historia de la iglesia se ha sugerido periódicamente ese lugar como Jerusalén y Alejandría,[8] habría sido un poco extraño referirse a todos los cristianos de la enorme provincia romana saludando a una congregación específica. Lo más natural es que ese saludo lo formularse así alguien que escribiera a Roma desde otra parte, en compañía de un puñado de cristianos italianos, conocidos por los destinatarios.[9]

Las referencias a Hebreos de 1 Clemente (véase sobre todo 36:1–5) y a Timoteo de Hebreos 13:23 imponen una fecha del siglo primero para esta carta. Las discusiones acerca de si es anterior o posterior al 70 d.C. suelen basarse en la ausencia de referencias a la destrucción del templo y al uso del presente cuando se refiere al sistema sacrificial. Pero, aunque ambos argumentos podían apoyar la fecha más temprana, el primero es un argumento de silencio y el segundo fenómeno encuentra paralelos en muchos textos rabínicos de siglos posteriores. Además, el mayor interés que tiene en los rituales del tabernáculo, previos incluso a la construcción del templo de Salomón, podría reflejar el reconocimiento de que los sacrificios literales del templo de Jerusalén ya no eran posibles. El aparentemente duro ataque contra el sacerdocio de esta carta podría también interpretarse de dos maneras: como la polémica entre dos comunidades vivas que debaten entre sí, o como la retórica de una era en la que el oponente de uno ya no está para defenderse. Lo mismo se puede decir de 8:13. La primera mitad del versículo podría sugerir una fecha posterior al año 70, al decir que el primer pacto de Dios es «obsoleto», mientras que la segunda mitad

---

David A. Black, «Who Wrote Hebrews? The Internal and External Evidence Reexamined», *Faith and Mission* 18 (2001): 57–69, 41–56, 27–40, y 3–26.

7. Cf. Klein, Blomberg y Hubbard, *Introduction to Biblical Interpretation,* 115.

8. Tenemos una enérgica defensa de Jerusalén en Carl Mosser, «No Lasting City: Rome, Jerusalem and the Place of Hebrews in the History of Earliest "Christianity"» (St. Andrews: Ph.D. thesis, 2004).

9. Cf. además R. McL. Wilson, *Hebrews* (London: Marshall, Morgan & Scott; Grand Rapids: Eerdmans, 1987), 9–12.

puede sugerir una redacción posterior al 70, porque «lo que se vuelve obsoleto y envejece ya está por desaparecer» (pero al parecer todavía no ha sucedido).[10]

Pero es más determinante 12:4. Aquí, el autor declara: «En la lucha que ustedes libran contra el pecado, todavía no han tenido que resistir hasta derramar su sangre». Esto parece ser una referencia al hecho de que ninguno de los destinatarios había sido aún martirizado por su fe cristiana, aunque la persecución iba en aumento. En otras palabras, la lucha contra el pecado es la respuesta de la comunidad al pecado de la persecución; ¡pocos pecados que los propios individuos puedan cometer conducen al derramamiento de su propia sangre en caso de resistir demasiado! *Si estos creyentes viviesen en Roma, ya hubiesen empezado a sufrir martirio durante la persecución de Nerón dentro y en los alrededores de la capital imperial, ya desde el año 64 a.C. la referencia a la previa confiscación de sus propiedades en 10:32–34 encajaría bien con la expulsión que Claudio impuso a los judíos de Roma en el 49, rescindida en el 54, a su muerte. Al combinar todos estos datos, la posibilidad más convincente para la fecha y procedencia nos muestra al autor escribiendo a una o más iglesias domésticas grandes de judíos cristianos de Roma (más que a toda la iglesia de la ciudad) justo antes del 64 a.C.*[11]

ESTRUCTURA Y TEMA

La «gran idea» de esta epístola *subraya la supremacía de Jesús como Mesías por encima de todas las otras cosas judías, presumiblemente para desalentar a esos cristianos judíos profesantes en su intención de regresar a una forma de judaísmo que tuviera menos de cristiana para así escapar a la creciente amenaza de persecución y martirio de los tiempos de Nerón.*[12] En cada sección principal del cuerpo de la carta se compara a Cristo con un individuo o institución diferente, alternando entre afirmaciones teológicas e implicaciones éticas, para advertir contra el castigo eterno que trae la apostasía en su totalidad.[13] Por

---

10. Craig R. Koester (*Hebrews* [New York and London: Doubleday, 2001], 50–54) estudia muchos de estos puntos y otros relacionados, concluyendo que es posible cualquier fecha entre el 60 y el 90.

11. Véase esp. William L. Lane, *Hebrews 1–8* (Dallas: Word, 1991), li–lxvi.

12. Cf. todo el libro de David Peterson, *Hebrews and Perfection* (Cambridge and New York; CUP, 1982). Encontramos una sobresaliente reconstrucción narrativa de cómo podía haber sido la vida de uno de esos cristianos judíos en George H. Guthrie, *Hebrews* (Grand Rapids: Zondervan, 1998), 17–18.

13. Cf. Trotter, *Hebrews,* 81–94. Un estudio mucho más completo de la estructura de Hebreos, que llega a conclusiones algo diferentes, es George H. Guthrie, *The Structure of Hebrews: A Text–Linguistic Analysis* (Leiden and New York: Brill, 1994; Grand Rapids: Baker, 1998). Encontramos incluso otra opción probable más en Cynthia L. Westfall, *A Discourse Analysis of the Letter to the Hebrews: Relationship between Form and Meaning* (London and New York: T & T Clark, próxima aparición). Tal vez la propuesta más conocida para el esquema de Hebreos sea el elaborado quiasmo de Albert Vanhoye (*Structure and Message of the Epistle to the Hebrews* [Rome:

tanto, la cristología y la soteriología constituyen las dos preocupaciones teológicas principales del autor, de modo que el esquema resultante será algo así:

I. Prólogo (1:1–4)

II. La tesis central: Afirmación de la supremacía de Cristo (1:5–12:29)

   A. Por encima de los ángeles (1:5–2:18)

      1. En soberanía (1:5–14)

      2. Primera advertencia resultante (2:1–4)

      3. El sufrimiento (2:5–18)

   B. Por encima de Moisés (3:1–4:13)

      1. Siervo frente a hijo (3:1–6)

      2. Segunda advertencia resultante (3:7–4:13)

   C. Por encima de los demás sacerdotes (4:14–7:28)

      1. La exhortación fundamental (4:14–16)

      2. Comparaciones con Aarón y Melquisedec (5:1–10)

      3. Tercera advertencia resultante (5:11–6:12)

      4. Comparaciones con Leví y Melquisedec (6:13–7:28)

   D. Por encima del antiguo pacto (8:1–10:39)

      1. Obsolescencia del pacto mosaico (8:1–10:18)

      2. Cuarta advertencia resultante (10:19–39)

   E. Por encima de los anteriores «héroes de la fe» (11:1–12:29)

      1. La nube de testigos (11:1–12:13)

      2. Quinta advertencia resultante (12:14–29)

III. Exhortaciones de conclusión (13:1–21)

IV. Conclusión de la carta (13:22–25)

COMENTARIO

PRÓLOGO (1:1–4)

Hebreos comienza con un párrafo que contiene una de las cristologías más elevadas de todo el Nuevo Testamento. En contraste con las variadas y reiteradas comunicaciones de parte de Dios en tiempos pasados, Jesús se ha convertido en su decisiva revelación a la humanidad «en estos días finales» (vv. 1–2a), otro recordatorio de cómo los escritores del Nuevo Testamento entendían que los tiempos finales habían comenzado con la primera venida de Cristo. Difícilmente se puede considerar a Jesús como profeta de los antiguos, que es el verdadero Hijo de Dios. Su carácter de Hijo se define por las acciones que se cuentan de él en el resto del prólogo. Aquí no hay un énfasis en la subor-

---

PIB, 1989], pero muchos de los supuestos puntos de correspondencia parecen muy generales.

dinación o la inferioridad, como suele pasar con los hijos terrenales, sino en *una exacta equivalencia entre Dios y Cristo*. Jesús hereda el Universo, que de hecho es creación de Dios por medio de él (v. 2b). Él es la imagen de su Padre y sostiene de manera providencial el Cosmos en todo momento (v. 3a). Y, lo más significativo para la humanidad, ofreció el sacrificio expiatorio por el problema de nuestro pecado, después de lo cual fue de nuevo exaltado y se reunió con su Padre en la posición más allegada posible a Dios mismo (v. 3b). Si había alguno que antes dudase de que fuese superior incluso al más exaltado de los ángeles, ¡este «currículum» debería dejar las cosas claras de una vez para siempre![14] El versículo 4 enlaza por tanto con la primera comparación principal que el autor quiere desarrollar, es decir, entre Cristo y los ángeles.

LA TESIS CENTRAL: AFIRMACIÓN DE LA SUPREMACÍA DE CRISTO (1:5–12:29)

Por encima de los ángeles (1:5–2:18) *En Soberanía (1:5–14).* Jesús es superior al orden de los seres que en el pensamiento judío eran los únicos que estaban cerca de Dios: los ángeles. Él es superior, primero con respecto a su Soberanía. Hebreos defiende esta afirmación por medio de *siete citas del Antiguo Testamento*, seis tomadas para referirse a Cristo y una a los ángeles. Cuando uno busca en estos pasajes, no siempre es fácil ver cómo interpretarlos igual que hizo el autor. En algunos casos, al menos hay algunos comentaristas judíos que ya los habían tomado como textos mesiánicos. Segundo de Samuel 7:14, citado en Hebreos 1:5b, es el menos controvertido. La promesa de Natán a David de crear un reino eterno de su descendencia todavía no se había cumplido, de modo que muchos judíos entendían que esta profecía tenía que ver con el Mesías (cf. esp. 4QFlor 10:11, 18–19, que ya había vinculado este texto con el siguiente que cita Hebreos).[15] Mientras que Salmos 2:7, citado en el versículo 5a, puede referirse al hombre mortal, su Soberanía universal descrita a lo largo del salmo, si no es una hipérbole retórica, sugiere con toda naturalidad a alguien más grande. Al menos los Salmos de Salomón 17:21–18:7 ya habían determinado eso. Salmos 45:6–7, citado en los versículos 8 a 9, plantea el problema de dirigirse a Dios y después hablar de un segundo individuo llamado «Dios, tu Dios» (RVR95). De nuevo, el vocativo inicial podría deberse a un lenguaje exagerado aplicado al monarca ungido de Dios en Israel, pero pudieron tomar el texto como una descripción del Mesías (cf. *Targum Ps. Jonathan* 45:2).[16]

El precedente para tomar el Salmo 110:1, citado en el versículo 13, como mesiánico nos viene del propio Jesús (Mr 12:35–37 y paralelos). Ahí Cristo pregunta a la gente congregada en el templo, básicamente, quién es el otro

---

14. La secuencia de predicados sobre Jesús dibuja un círculo completo, desde la exaltación a la creación, a la existencia eterna, a la conservación de la creación, a la muerte y la entrada en el santuario celestial, y de nuevo a la exaltación. Véase John P.Meier, «Structure and Theology in Heb 1,1–14», *Bib* 66 (1985): 189.

15. Lane, *Hebrews 1–8,* 25.

16. Véase también Murray J. Harris, «The Translation of *Elohim* in Psalm 45:7–8,» *TynB* 35 (1984): 65–89; e Ídem., «The Translation and Significance of ὁ Θεός in Hebrews 1:8–9», *TynB* 36 (1985): 129–62.

«Señor» que le habla a «mi Señor». Jesús acepta la tradición judía y la inscripción salmódica tal cual, con David como autor de este salmo. No hay señores meramente humanos por encima de David, de modo que la figura exaltada en medio de Yahvé y el rey tiene que ser el Mesías.[17] Puede funcionar una lógica similar en el uso del Salmo 102:25–27 en Hebreos 1:10–12. En la Septuaginta, las consonantes están revocalizadas, de modo que nos encontramos una vez más con Dios dirigiéndose a Dios.[18] La cita más extraña, a primera vista, es la forma de Deuteronomio 32:43 usada en Hebreos 1:6. Esta cláusula ni siquiera aparece en el MT, solo en la Septuaginta, aunque con el descubrimiento de los Rollos del Mar Muerto ha aparecido una versión hebrea (4Q Deut 32). Incluso en ese caso no hay manera de identificar más de una figura divina en el pasaje o en su contexto inmediato, y esa figura es con toda claridad Yahvé. Pero está proporcionando expiación, y la idea de un mesías rescatando al pueblo de Dios no resulta extraña en las Escrituras hebreas (véase esp. Is 52:13–53:12).[19] Una vez convencidos los discípulos de Jesús de que su resurrección había vindicado sus afirmaciones de que su crucifixión servía para expiar los pecados de la humanidad, habría sido natural para ellos asumir que tenía en mente los textos del Antiguo Testamento que profetizan la redención de Dios para la humanidad.[20]

El único texto en que solo intervienen los ángeles (Heb 1:7) cita Salmos 104:4. Mientras el término traducido aquí como ángeles se refiere en un sentido más natural a «vientos» (*pneumata*), la traducción anterior no es imposible, sobre todo partiendo de que *pneumata* también significa con frecuencia «espíritus». Y a los ángeles se los solía ver como espíritus (cf. v. 14).[21] Así pues, si algunos se veían tentados a buscar en el judaísmo un refugio ante la persecución, pensando que los ángeles podían salvarlos, o fascinados por los escritos apocalípticos intertestamentarios que atribuían gran poder y majestad a las huestes angélicas, Hebreos los llama a abandonar tan necias ideas.[22].

---

17. Hay indicios de una interpretación mesiánica previos a los cristianos judíos, pero no están exentos de ambigüedad. El judaísmo postcristiano, no obstante, desarrolló una interpretación mesiánica que no es nada ambigua. El texto bien podía haberse concebido como tipológico, amén de como profético. Véase Herbert W. Bateman IV, «Psalm 110:1 and the New Testament», *BSac* 149 (1992): 438–53.

18. Tal vez incluso indicando que en hebreo se leía originalmente de esa manera. Véase Philip E. Hughes, *A Commentary on the Epistle to the Hebrews* (Grand Rapids: Eerdmans, 1977), 67, n. 38.

19. Aunque, una vez más, solo una pequeña minoría del judaísmo precristiano parece haber tomado el pasaje de esta manera, en lugar de aplicarlo a Israel de manera corporativa.

20. Cf. C.F. Keil y F. Delitzsch, «The Fifth Book of Moses», en *Commentary on the Old Testament,* vol. 1 (Grand Rapids: Eerdmans, reimp. 1985), 491–92. Cf. y también Gareth L. Cockerill, «Hebrews 1:6: Source and Significance», *BBR* 9 (1999): 51–64.

21. Véase además Ellingworth, *Hebrews,* 120.

22. Para todo un libro de estudio de los usos del Antiguo Testamento en Hebreos 1, véase Herbert W. Bateman, *Early Jewish Hermeneutic and Hebrews 1:5–13* (New York: Lang, 1997). Algo más breve, cf. Stephen Motyer, «The Psalm Quotations of Hebrews 1: A Hermeneutic–Free Zone?» *TynB* 50 (1999): 3–22. Acerca de las diversas

Primera advertencia resultante (2:1–4). De lo anterior se desprende con naturalidad el primero de los cinco pasajes de advertencia de Hebreos. El mensaje del evangelio que predicó Jesús exige toda nuestra atención, para que no empecemos a desviarnos, aunque sea lenta o imperceptiblemente (v. 1). El verbo que se usa aquí (*pararéō*) también se podía usar para referirse a un anillo que se cae del dedo sin que uno se dé cuenta.[23] Después de todo, la ley mosaica, que en la tradición judía se creía dada con la mediación de ángeles (recuérdese más arriba, en Hch 7:53 y Gá 3:19), tenía un listado de castigos para todas las violaciones (v. 2). ¿Cuánto mayor juicio nos espera si ignoramos el mensaje en que interviene la mediación de uno mayor que los ángeles (v. 3a)? El problema de si el autor de Hebreos creía que un verdadero cristiano podía perder o quedarse sin su salvación condiciona cada uno de los pasajes de advertencia, y lo exploraremos con más detalle más adelante, al estudiar 6:4–8. Aquí, el escritor concluye la advertencia más corta de las cinco poniendo el acento sobre las razones para continuar creyendo en el mensaje de Jesús. Estos cristianos lo aprendieron de aquellos que habían oído directamente a Cristo, mientras Dios confirmaba su verdad con señales milagrosas y otros dones espirituales (vv. 3b–4).[24]

En el sufrimiento (2:5–18). Más extraordinaria incluso que la superioridad del Mesías sobre los ángeles en cuanto a Soberanía, es su superioridad en cuanto al sufrimiento. Está claro que esta era, de lejos, la característica menos esperada de su «descripción del cargo». Hebreos empieza esta sección recordando a los oyentes que Dios confirió inicialmente la tarea de sojuzgar la tierra a los hombres (no a los ángeles), como los únicos que portaban su imagen (Gn 1:27–28). Salmos 8:4–8 repasaría más tarde estas verdades en un majestuoso poema, expresando la maravilla de que Dios hubiese otorgado a tan frágiles criaturas una responsabilidad tan noble (Heb 2:5–8a).[25] Pero, debido al pecado originado con la caída de la humanidad, la creación no está adecuadamente sujeta a los hombres y mujeres mortales (v. 8b). Más bien, el Mesías nacido «un poco inferior a los ángeles», como los hombres, tuvo que morir por nuestros pecados (v. 9) para comenzar el proceso de restaurarnos a nuestro legítimo papel en el Cosmos.

---

investigaciones sobre el uso del Antiguo Testamento en Hebreos, en toda la epístola, véase George H. Guthrie, «"Hebrews" Use of the Old Testament: Recent Trends in Research», *CBR* 1 (2003): 271–94.

23. Bruce, *Hebreos,* 66 de la versión en inglés.

24. No hay nada en el aoristo de «confirmaron» en el v. 3 que sugiera que ninguna de las señales milagrosas haya cesado o perteneciera por entero al pasado. Este sencillo aoristo griego describe simplemente algunas cosas que ocurrieron antes del tiempo de escribir Hebreos.

25. Nada de su uso ni en el Salmo ni en Hebreos se refiere al Mesías. «Hijo de hombre» como en la mayoría de sus apariciones en el Antiguo Testamento, aparte de Daniel 7:13–14, se refiere simplemente a un ser un humano. «Hombre» e «hijo de hombre», como las frases en que aparece, presentan un sencillo paralelismo sinonímico. Véase, p.ej., Gerald H. Wilson, *Psalms,* vol. 1 (Grand Rapids: Zondervan, 2002), 204–5.

El versículo 10 describe esa muerte como algo que le «perfeccionará mediante el sufrimiento». El Hijo de Dios ya era perfecto en todo su ser, pero no experimentó todos los estadios de la vida humana hasta que murió. Así que entonces adquirió también un tipo de perfección adicional, una perfección que algunos entienden como cumplimiento, consumación o consagración (basándose en el significado de *teleioo*).[26] Esta experiencia le faculta más aún para identificarse con los demás hombres, que tarde o temprano tienen que morir, y en particular con los creyentes, que resucitarán y serán exaltados con él después de morir (v. 11). Hay tres citas más del Antiguo Testamento que respaldan estas maravillosas verdades (vv. 12–13).[27]

Los versículos 14–18 explican otras dos implicaciones de la muerte de Cristo. *Primero, Jesús ha conquistado la muerte y, por tanto, el dominio del diablo, para liberar a todos los que habían sido tomados cautivos por este.* Este aspecto de la obra de Cristo ha llegado a conocerse como la visión «clásica» de la expiación. El miedo a la muerte era algo muy extendido en las religiones del antiguo mundo mediterráneo,[28] aunque la mayoría no atribuían directamente dicho temor a la actividad de Satanás. Sin embargo, los judíos y los cristianos compartían la creencia en que Satanás era su causa indirecta. *Segundo, al aceptar la responsabilidad de una plena humanidad y susceptibilidad ante la tentación, no solo hizo una completa provisión para el perdón del pecado, sino que ahora conoce íntimamente lo que es ser tentado para pecar* (véase esp. Mt 4:1–11 y paral.).

Por encima de Moisés (3:1–4:13). *Siervo frente a hijo (3:1–6).* La segunda comparación principal en Hebreos subraya la superioridad de Cristo frente al gran legislador de Israel, Moisés. En este párrafo se comparan sus diferencias con las que existen entre un criado y un hijo. Ambos fueron fieles a su misión, la de dirigir a sus seguidores o «casas» (vv. 1–2). Pero Moisés fue fiel *en* su casa, mientras que Cristo fue el *constructor* de la casa, es decir, el Creador (vv. 3–6). Esto es así tanto si uno toma «casa» en el sentido de «familia» como en el de «dinastía», y ambos pueden ser los sentidos originales.[29] Jesús también fue un mensajero («apóstol») enviado celestial y sumo sacerdote (v. 1), así como

---

26. Leon Morris, «Hebrews», en *Expositor's Bible Commentary,* ed. Frank E. Gaebelein, vol. 12 (Grand Rapids: Zondervan, 1981), 27. Morris añade: «Hay una perfección que resulta de haber sufrido en la práctica» que «es diferente de la perfección de estar listo para sufrir».

27. Space evita una discusión de cada uso del Antiguo Testamento en Hebreos. Aquí, los contextos mesiánicos más extensos del Salmo 22 e Isaías 7–9 entran sin duda en juego de cara a la interpretación de los versículos en particular.

28. Véase esp. Peter G. Bolt, «Life, Death, and the Afterlife in the Greco–Roman World,» en *Life in the Face of Death: The Resurrection Message of the New Testament,* ed. Richard N. Longenecker (Grand Rapids and Cambridge:Eerdmans, 1998), 51–79. Encontramos una comparación detallada entre el temor piadoso y el supersticioso en Hebreos en Patrick Gray, *Godly Fear: The Epistle to the Hebrews and Greco–Roman Critiques of Superstition* (Atlanta: SBL, 2003; Leiden and Boston: Brill, 2004).

29. deSilva, *Perseverance in Gratitude,* 137.

el Hijo de Dios (v. 6), mientras que Moisés fue únicamente un siervo (v. 5; basándose en Nm 12:7). Los hijos pueden heredar sobre la casa una autoridad que no está al alcance de los siervos. Por tanto, los cristianos profesantes no deberían creer que el reverenciar a Moisés antes que a Jesús les aportaría a la herencia espiritual que podían desear.[30]

Segunda advertencia resultante (3:7–4:13). Vuelve a surgir la lógica de 2:1–3. Los israelitas, carentes de fe, fueron severamente castigados en tiempos de Moisés, de modo que a los que endurecen sus corazones contra el evangelio, anunciado por un mensajero muy superior, solo les cabe esperar una retribución más terrible (3:7–19). La preocupación del autor, que algunos de la comunidad judeocristiana de Roma pudieran cometer apostasía, le recuerda las advertencias del Salmo 95:7–11 a los israelitas para que no se revelaran contra Dios igual que hicieron sus antepasados durante la peregrinación en el desierto (vv. 7–11, 15). Le tocaba hondo la utilización en ese salmo de la palabra «hoy», que pone de manifiesto la perenne preocupación de Dios por que su pueblo no se aparte. Pero también sabe que se acerca un día de juicio en el que será demasiado tarde para arrepentirse, así que advierte a sus oyentes para que se animen unos a otros a ser fieles «mientras dure ese "hoy"» (v. 13).[31]

El lenguaje del versículo 14 no dirime la discusión entre calvinistas y arminianos acerca de lo que los reformadores llamaron la perseverancia de los santos. Ambos bandos estarían de acuerdo en que la manera de determinar quiénes son los verdaderos santos o creyentes es ver quién persevera hasta el fin.[32] Pero, como en los días de Moisés, y también como en el siglo primero, y se puede decir que como en todas las edades en la historia humana, muchos que abandonaron la fe han sido activos en la comunidad del pueblo de Dios y, vistos desde fuera, han dado, por lo menos, toda la apariencia de ser verdaderos creyentes. Pero si mueren en desobediencia e incredulidad están perdidos (vv. 16–19).

Sin embargo, en 4:1–3a se puede ver cómo el péndulo va más hacia la dirección de la interpretación calvinista. Aquí, el lenguaje del autor no sugiere de una manera muy natural a alguien que ha creído de verdad. El escritor parece más bien preocupado de que nadie «parezca quedarse atrás» en cuanto a la promesa de entrar en su reposo (v. 1). Asimismo, en el versículo 2, el problema de la generación rebelde de israelitas en el desierto fue que no «unieron» o combinaron el oír la palabra de Dios «con la fe». En otros manuscritos leemos:

---

30. Esto no deja de ser cierto incluso para los que estaban convencidos de que Moisés fue exaltado más aún que los ángeles debido a la intimidad que se notaba que él tuvo con Dios. Pero no llegaba al nivel de la unión de Cristo con su Padre. Véase también Mary R. D'Angelo, *Moses in the Letter to the Hebrews* (Missoula: Scholars, 1979), 91–131.

31. Acerca del uso del Salmo 95 en toda esta sección, véase esp. Peter E. Enns, «Creation and Re-Creation: Psalm 95 and Its Interpretation in Hebrews 3:1–4:13», *WTJ* 55 (1993): 255–80.

32. Véase sobre todo Schreiner and Canaday, *The Race Set Before Us*; cf. también Gerald Borchert, *Assurance and Warning* (Nashville: Broadman, 1989).

«porque no participaron en la fe de los que obedecieron», pero, sea como sea, la cuestión parece ser que nunca experimentaron la plena fe salvadora.[33] Por tanto, Dios declara mediante juramento que jamás entrarán en su reposo celestial, mientras que «En tal reposo entramos los que somos creyentes» (v. 3a).

El autor de Hebreos desarrolla ahora el concepto de «reposo» en varias etapas (vv. 3b–11). Partiendo de los relatos de la creación, se nos enseña que Dios reposó en el séptimo día (Gn 2:2). Esto podría haber sido todo lo que la Escritura dijera sobre el tema (vv. 3b–4). Sin embargo, mucho más adelante, Josué conduciría a los israelitas a la Tierra Prometida, en la que Dios les iba a proporcionar descanso de sus enemigos (v. 8). Aún más tarde, en el Salmo 95, seguiría ofreciendo descanso a aquellos que están en una correcta relación con Dios (vv. 5–7), y nuestro escritor reconoce con razón que no ha ocurrido nada desde entonces que reste validez a este ofrecimiento. *Por consiguiente, lo adecuado es hablar de personas que se convierten en cristianos al entrar en el reposo de Dios, una especie de descanso sabático que no está ligado a un día concreto de la semana ni a una frecuencia de celebración, sino que prosigue sin fin, incluso hasta la era venidera.* Deberíamos mover cielo y tierra, por así decirlo, para asegurar que disfrutamos de esta increíble experiencia (vv. 9–11).[34]

EL REPOSO EN HEBREOS

Creación

sabbat

Canaán

Día de David

En Cristo ahora y en la vida venidera

O bien, si las amenazas son mejor motivación que la recompensa, se nos recuerda el juicio de Dios que tenemos por delante y se nos asegura que nada de lo que hagamos escapará a él (vv. 12–13). La «palabra de Dios» no es la

---

33. P. Hughes, *Hebrews,* 157.
34. Khiok–Khng Yeo, «The Meaning and Usage of the Theology of "Rest" (Κατάπαυσιν and σαββατισμός) in Hebrews 3:7–4:13», *AJT* 5 (1990): 2–33.

Escritura en este contexto, sino el dictamen divino del juicio o la absolución de una persona sobre la base de la ausencia o presencia de fe. Puesto que el conocimiento de Dios sigue abarcándolo todo, sus opiniones y veredictos penetran incluso en las partes del ser humano que solemos considerar inseparables.[35] El versículo 12 no apoya la división tricotómica de la persona humana en cuerpo, alma y espíritu; si aquí tuviéramos que separar alma y espíritu, ¡tendríamos que defender una división séxtuple de alma, espíritu, médula, huesos, pensamientos y actitudes! Aquí no se trata de una cuestión antropológica, sino escatológica.[36]

A las advertencias de 3:7–4:13 le sigue una serie de corolarios teológicos. Primero, el escritor no está mirando hacia adelante, a un retorno literal de los judíos a la tierra de Israel, sino que ve que las promesas del Antiguo Testamento sobre el reposo en la tierra se cumplen en sentido espiritual cuando los hombres y mujeres se vuelven a Cristo.[37] Segundo, la observancia del sábado ya no consiste exactamente en dejar de trabajar un día de cada siete, sino en descansar en Cristo a lo largo de la vida cristiana (cf. Mt 11:28–30).[38] Tercero, entre ambos testamentos hay tanto continuidad como discontinuidad. Hebreos puede hablar de los israelitas en el desierto como personas a quienes se les predicó «la buena noticia» (4:2a), sin que eso implicara que conocieran todos los detalles que no se rebelaron sino en los tiempos del Nuevo Testamento.[39]

Por encima de los demás sacerdotes (4:14–7:28). *La exhortación fundamental (4:14–16).* La tercera comparación de Hebreos se presenta como la más extensa de todas. Aquí, el autor demuestra la superioridad de Cristo por encima del todo el sistema sacerdotal del Antiguo Testamento. Estos tres versículos dan comienzo a esta sección con las implicaciones de lo que van a demostrar: *El sacerdocio supremo de Jesús no es ni temporal ni meramente humano, para que pudiera ofrecer a sus seguidores acceso al mismísimo santuario del trono de Dios, identificándose con todo tipo de flaqueza que experimentamos.* Por eso deben mantenerse firmes en su profesión de fe, orar a Dios por todas sus necesidades y esperar de él misericordia y gracia. La expresión «ha atravesado los cielos» probablemente utiliza las mismas imágenes, escalonadas, que ya hemos visto en 2 Corintios 12:2 y Efesios 2:2.[40] La absoluta ausencia de pecado en Cristo, pese a experimentar todo tipo de tentaciones humanas, se enseña

---

35. Tenemos una excelente aplicación de este texto para los estudiantes de seminario en A. T. Lincoln, «God's Lethal Weapon (Hebrews 4:11–13)», *Themelios* 3 (1977): 1–3.

36. Cf. Koester, *Hebrews,* 274.

37. En la medida en que es coherente con el resto de la enseñanza del Nuevo Testamento acerca de este tema; véase esp. W.D. Davies, *The Gospel and the Land* (Berkeley: University of California, 1974).

38. Ver esp. A.T. Lincoln, «sabbath, Rest and Eschatology in the New Testament», en *From sabbath to Lord's Day,* ed. D.A. Carson (Grand Rapids: Zondervan, 1982), 197–220.

39. Para similitudes y diferencias, cf. Lane, *Hebrews 1–8,* 98.

40. Aunque no tenemos que intentar determinar cuántas tenía en mente el autor. Véase Bruce, *Hebreos,* 115 de la versión en inglés.

con claridad en el versículo 15: «uno que ha sido tentado en todo de la misma manera que nosotros, aunque sin pecado». Pero, dado que cualquier otro hombre tenía la capacidad de pecar al ser tentado, Jesús también tuvo que haber sido «pecable» (capaz de pecar).

Con frecuencia, gran parte de la teología cristiana ha negado una u otra de estas proposiciones. Los conservadores tendían a decir que Jesús, incluso en su naturaleza humana, nunca pudo haber pecado, en cuyo caso su tentación no era como la nuestra. Los liberales niegan a menudo que Cristo fuese sin pecado, en cuyo caso su muerte no podría ser sustitutoria de la nuestra; estaría muriendo por sus propios pecados. Millard Erickson capta el correcto equilibrio al afirmar tanto el carácter sin pecado de Jesús como su capacidad para aplicar, añadiendo que «aunque pudo haber pecado, estaba claro que no lo iba a hacer».[41] Esto proporciona a los creyentes una gran seguridad en cuanto a la capacidad de Jesús para identificarse con nosotros. Después de todo, «el Único sin pecado conoce la fuerza de la tentación de una manera que ignoramos los que pecamos. Nosotros nos rendimos antes de que la tentación haya mostrado todo su poder; solo el que no se rinde conoce toda la fuerza de ella».[42]

Comparaciones con Aarón y Melquisedec (5:1–10). El texto de 5:1–10 nos trae la primera de dos secciones que comparan y contrastan el sacerdocio de Jesús con la institución correspondiente en el Antiguo Testamento, administrada por los descendientes de Leví por la línea de Aarón, y asemejándolo finalmente con el sacerdocio de Melquisedec (cf. también 6:13–7:28).[43] Aquí se dirige el foco primero al sacerdocio aarónico; después se elabora la relación con el de Melquisedec. Los versículos 1–4 mencionan tres características de los sacerdotes judíos: (1) estos hombres representan a todo el pueblo cuando ofrecen los sacrificios de expiación por el pecado (v. 1); (2) tratan con gentileza a los demás pecadores porque ellos están sujetos a parejas flaquezas (vv. 2–3); y (3) no se nombran a sí mismos, sino que Dios los escoge (v. 4).[44]

A continuación, Hebreos presenta a Cristo cumpliendo con esos tres criterios, pero en orden inverso (vv. 5–10). Jesús no se puso en el cargo; Dios lo seleccionó para ello (vv. 5–6). Una vez más, el Salmo 2:7 lo apoya, pero también el Salmo 110:4, que se expondrá más extensamente en el capítulo 7. Jesús estaba sujeto a las debilidades del ser humano, no como pecaminoso, pero sí hasta el punto de tener que aprender por medio de la experiencia como

---

41. Millard Erickson, *Teología Sistemática* (Terrassa: Clie, 2009), 735–37, con cita en p. 736 de la versión en inglés.

42. Morris, *Hebrews*, 46.

43. Acerca de la continuidad o discontinuidad entre los dos sacerdocios, véase Susan Haber, «From Priestly Torah to Christ Cultus: The Re–Vision of Covenant and Cult in Hebrews», *VSNT* 28 (2005): 105–24.

44. En cuanto a la influencia formativa de las leyes del Pentateuco para el sacerdocio en los pensamientos que aquí plantea nuestro autor, véase William Horbury, «The Aaronic Priesthood in the Epistle to the Hebrews», *JSNT* 19 (1983): 43–71.

hombre lo que significa ser obediente (vv. 7–9a).[45] Aquí nuestro autor alude a la historia de Getsemaní (Mr 14:32–42 y paralelos), en la que Cristo demuestra su profunda humanidad al desear de corazón no tener que pasar por la cruz, que es lo que cualquier otra persona en su sano juicio habría deseado. Pero se sometió a la voluntad de Dios cuando quedó claro que no había otra manera. El final del versículo 7 ha desconcertado a muchos lectores cuando afirma que «fue escuchado por su reverente sumisión», como si Dios hubiese accedido finalmente a evitarle la crucifixión. Pero entonces carecerían de sentido todas las referencias del libro a su muerte expiatoria. Lo más probable es que se refiera a que Dios renovó su promesa a Jesús de resucitarle después de su muerte y de confirmar su misión.[46] Finalmente, el sacrificio de Jesús trajo salvación para todos lo que le siguieron (vv. 9b–10).

Tercera advertencia resultante (5:11–6:12). Aquí tenemos la advertencia central de esta carta, no solo por ser la tercera de cinco, sino también por ser teológicamente como un eje. En 5:11–6:3 se lamenta la inmadurez moral y doctrinal de los lectores; deberían haber progresado más en la vida cristiana a estas alturas. Deberían ya estar enseñando a otros, pero en vez de eso tenían que volver a aprender lo básico del evangelio. En lugar de comer carne espiritual, como adultos, tienen que seguir bebiendo leche espiritual, como niños.[47] El hecho de que algunos estén considerando seriamente retroceder de vuelta al judaísmo (y de que otros ya lo hubieran hecho) pone de manifiesto que no entendían la fuente exclusiva de la verdadera justicia y no podían distinguir cuál era el único camino en la vida que conduce a la dicha eterna (5:11–14). Pero el escritor de Hebreos quiere hacerles avanzar al siguiente nivel, para no tener que estar más repasando las verdades cristianas fundamentales. Entre ellas está el arrepentimiento y la fe en lugar de las obras de la ley como medios de salvación; el bautismo cristiano en lugar del judío;[48] y la oportunidad de ver por delante la vida de resurrección en lugar del juicio eterno (6:1–3).

En 6:4–12 se enfatiza, por tanto, la imposibilidad de arrepentirse después de haber cometido apostasía con todas las letras. Puede que no haya otro pasaje en las Escrituras que apoye tanto la posición de los que creen que los verdaderos

---

45. Acerca de las dos clases de perfección implicadas, véase más arriba (p. 474). «Hay una cierta cualidad que interviene cuando uno ha realizado una acción requerida; una cualidad que no se presenta cuando solo hay disposición a actuar. Inocencia no es lo mismo que virtud» (Morris, *Hebrews*, 50).

46. Ellingworth, *Hebrews,* 286–91. Para una mirada a otras soluciones y en defensa de una variación de ésta, véase James Swetnam, «The Crux at Hebrews 5, 7–8», *Bib* 81 (2000): 347–61.

47. El conjunto de imágenes puede haber sido tomado de otros modelos de educación común en el antiguo mundo mediterráneo. Véase Harold W. Attridge, *The Epistle to the Hebrews* (Philadelphia: Fortress, 1989), 162.

48. Esto seguramente aporta una explicación a los «bautismos» en plural, mientras que la imposición de manos en este contexto describe más probablemente un aspecto de los rituales de bautismo. Véase Koester, *Hebrews,* 305.

cristianos pueden renunciar a su fe y perderse.[49] Algunos han visto este pasaje como una advertencia meramente hipotética, pero el tono parece demasiado serio para eso. Otros han tomado las advertencias del autor como referencias a la pérdida de la recompensa en el cielo, no a la pérdida de la salvación, pero las imágenes de los versículos 7–8 señalan el peligro final del infierno.[50] Sin duda, parte de la dificultad surge del hecho de que los lectores son judíos cristianos que viven en un tiempo y un lugar en los que los límites entre el judaísmo cristiano y el no cristiano estaban mucho menos claros que en épocas posteriores de la historia de la iglesia. Aunque los verbos de los versículos 4–5 («iluminados», «saboreado», «tenido parte») suenan como si se refiriera a verdaderos creyentes, hay paralelos tanto dentro como fuera de la Biblia que muestran que pueden describir a personas que únicamente tienen una estrecha relación con algo, sin haberlo adoptado plenamente.

De forma parecida, la expresión «ser traídos de vuelta al arrepentimiento» [NVI: que renueve su arrepentimiento] puede referirse a ser llevado de nuevo a las puertas de la salvación. No es tan descabellado como muchos comentaristas sugieren el hecho de que el autor de Hebreos temiese que al menos algunos de su congregación no habían tenido un compromiso con Cristo del nivel suficiente como para garantizar su perseverancia durante una persecución sin precedentes.[51] Las palabras elegidas en 2:3; 3:19; 4:2; 10:39 y 12:25 apuntan, al menos, a la posibilidad de que el escritor habría argumentado que los que renuncian a su fe en Cristo de manera tan flagrante y sin arrepentimiento nunca fueron verdaderamente salvos.[52]

Pero adoptemos la perspectiva que adoptemos, es importante reconocer que Calvino y Arminio estaban de acuerdo en que Hebreos no ofrece esperanza eterna para los que repudian a Cristo y no cambian de parecer al respecto en esta vida. Los dos reformadores discrepan acerca de lo que tal conducta pone de manifiesto en lo referente a la vida previa de esas personas, pero coinciden en cuanto a su destino eterno. Al mismo tiempo, otros textos que hablan

---

49. Para una de las defensas más enérgicas de esta interpretación, a la luz de todos los datos relevantes de Hebreos, véase Scot McKnight, «The Warning Passages of Hebrews: A Formal Analysis and Theological Conclusions», *TrinJ* 13 (1992):21–59.

50. Encontramos un conciso panorama de las cuestiones de interpretación y de sus opciones en Guthrie, *Hebrews,* 223–32.

51. David Mathewson («Reading Heb 6:4–6 in Light of the Old Testament», *WTJ* 61 [1999]: 209–25) refuerza este punto con referencia a las citadas analogías del Antiguo Testamento.

52. Para una detallada defensa de este punto de vista a la luz de cada una de las expresiones clave de vv. 4–6, véase Roger Nicole, «Some Comments on Hebrews 6:4–6 and the Doctrine of the Perseverance of God with the Saints», en *Current Issues in Biblical and Patristic Interpretation,* ed. Gerald F. Hawthorne (Grand Rapids: Eerdmans, 1975), 355–64. Cf. también Wayne Grudem, «Perseverance of the Saints: A Case Study from Hebrews 6:4–6 and the Other Warning Passages in Hebrews», en *The Grace of God, the Bondage of the Will,* ed. Thomas R. Schreiner and Bruce A. Ware, vol. 1 (Grand Rapids: Baker, 1995), 133–82.

de este «pecado imperdonable» (Mr 3:29 y paral.) dejan claro que tales personas se oponen de manera implacable a Dios. La Escritura nunca dibuja un escenario en el que se le rechace el perdón a alguien que *quiere* arrepentirse. Además, justo después de la terrible advertencia de los versículos 4–8, en 9–12 procede a expresar la continua confianza del autor en al menos la mayoría de las personas de su congregación. Él cree que las actitudes y conducta de ellos en el pasado ponen de relieve que de verdad *son* salvos, y se limita a animarles a seguir adelante cueste lo que cueste conforme los tiempos se van poniendo más difíciles. Después de todo, la doctrina de la Reforma acerca de la perseverancia de los santos quiere decir que todos los que perseveran se muestran como santos genuinos. «Una vez salvo, salvo para siempre» puede expresar una verdad cristiana con cierta simplicidad, pero a menudo la única manera de determinar quién era salvo era ver quién permaneció salvo.[53] Por mucho optimismo que el autor de Hebreos albergue acerca de la mayoría, quiere estar seguro de que «cada uno» de ellos muestra la misma solicitud (v. 11), con lo que sugiere que no tiene tanta confianza en cuanto al estado actual de una minoría de los destinatarios.

Comparaciones con Leví y Melquisedec (6:13–7:28). Nuestro autor regresa a sus comparaciones entre el sacerdocio de Jesús y los de Aarón y Melquisedec, aunque en esta ocasión se centra más en Leví, el patriarca de quien descendían los sacerdotes judíos, de siglos antes que Aarón. También desarrolla con detalle las analogías entre Jesús y Melquisedec que hasta ahora solo había sugerido. El pasaje de 6:13–20 recoge del optimismo de los versículos 9–12 y de la promesa de la herencia para los creyentes (v. 12) para subrayar que podemos confiar absolutamente en que Dios cumplirá todas sus promesas. Igual que los hombres juran para certificar sus compromisos, Dios mismo juró que bendeciría a Abraham y su descendencia (Gn 22:17), juramento a partir del cual se desarrolla todo el plan de salvación (vv. 13–15). Las personas, por supuesto, juran por algún poder superior, mientras que Dios no podría hacer eso, por no haber ningún poder por encima del suyo. ¡Así que juró por sí mismo!

Si combinamos el juramento (la fiabilidad de Dios) con el carácter de la persona que pronuncia el juramento (su inmutabilidad o infalibilidad), tendremos «dos realidades inmutables» (v. 18) que garantizan que su propósito se llevará a cabo.[54] Todo esto debería servir de gran ánimo para los creyentes, para que siguieran confiando en Jesús incluso en días cada vez más difíciles, sobre todo recordando la crucifixión expiatoria de Cristo, la cual cumplió de modo perfecto la misma función que la obra que realizaba el sumo sacerdote el Día de la Expiación, cuando entraba en el Lugar Santísimo (vv. 17–20).

El capítulo 7 pone por fin delante el concepto de Jesús como eterno sumo sacerdote según el orden de Melquisedec. Obviamente, por la vía de su linaje

---

53. O, coincidiendo con deSilva (*Perseverance in Gratitude,* 221), el pueblo descrito en Heb 6.5 no puede ser salvo, puesto que la salvación para Hebreos viene determinada al final únicamente al concluir la vida de uno o cuando Cristo regrese.

54. O, más sencillamente, su juramento y su promesa (Lane, *Hebrews 1–8,* 152).

como hombre, no habría estado capacitado para ser ni siquiera un sacerdote normal, porque descendía de la tribu de Judá, no de la de Leví. Pero Melquisedec representaba una manera diferente de hacerse sacerdote. Los versículos 1–10 señalan la superioridad de este sacerdocio de Melquisedec.[55] Este casi desconocido líder religioso de la otrora ciudad pagana, la cananita Salén (de donde surgió Jerusalén) tenía de alguna manera un conocimiento del «Dios Altísimo», el Dios de Abraham (v. 1a).[56] Abraham, por su parte, reconoció su lugar subordinado ante este sacerdote entregándole los diezmos del botín de la batalla (vv. 1b–2a; recuérdese Gn 14:18–20). Tanto el nombre de Melquisedec como la ciudad en que realizaba su ministerio tienen significados que Hebreos considera indicadores significativos de su papel único (v. 2b).

Lo más contundente es cómo describe su sacerdocio como eterno: sin madre, padre, genealogía ni comienzo o final de su vida, se presenta como sacerdote para siempre «a semejanza del hijo de Dios» (v. 3). La expresión «a semejanza» elimina la posibilidad de que el autor de Hebreos pensara que Melquisedec *era* Cristo preencarnado; más bien estaba trazando una analogía entre ambos personajes.[57] La primera parte de este versículo debería probablemente interpretarse: «sin *registro* de padre ni madre, sin *registro* de genealogía», y así el resto (cf. GNB). Lo que importa aquí no es que Melquisedec no tuviera padres o no llegase a morir, sino que su sacerdocio no procedía de credenciales ancestrales ni pasaba a los descendientes.[58] Conforme a este modelo, también a Cristo podríamos considerarlo sumo sacerdote.

Pero si Jesús está al menos en el mismo nivel que Melquisedec, es superior a todo el sacerdocio del Antiguo Testamento. Los versículos 4–10 establecen esta idea mediante un argumento algo complicado que se puede reformular así: Al dar su diezmo a Melquisedec, Abraham puso de manifiesto su papel de subordinado ante él. Pero el sacerdocio del Antiguo Testamento venía de los descendientes de Leví, uno de los tataranietos de Abraham. Así, del mismo

---

55. Para lo cual véase esp. Bruce A. Demarest, *A History of Interpretation of Hebrews 7,1–10 from the Reformation to the Present* (Tübingen: Mohr, 1976).

56. La explicación evolutiva estándar del desarrollo de la religión —del temprano politeísmo al posterior monoteísmo— no puede dar una razón para tales anomalías. Pero la historia de la misión cristiana está salpicada de ejemplos de pueblos que se encuentran con el evangelio y cuentan que encaja con las tradiciones antiguas que afirman que una vez conocieron al único y verdadero Dios, pero perdieron ese conocimiento por su rebelión. Melquisedec bien pudo haber sido parte de un puñado de personas de su sociedad que había preservado ese conocimiento. Véase Don Richardson, *Eternity in Their Hearts* (Ventura: Regal, rev. 1984).

57. Koester, *Hebrews,* 349.

58. A menudo se piensa que Hebreos contaba con el principio rabínico de que lo que no estaba registrado en la Torá no existía en realidad. Más bien puede ser que estuviese siguiendo un concepto rabínico diferente según el cual cuando un pagano se vuelve al judaísmo no tiene padre *legal*. Está claro que Melquisedec tenía padres, pero «no ostentaba el derecho a ser rey o sacerdote por razón de su genealogía» (M. J. Paul, «The Order of Melchizedek [Ps 110:4 and Heb 7:3]», *WTJ* 49 [1987]: 207).

modo, los sacerdotes levíticos tienen que estar subordinados a Melquisedec y a cualquier otro sacerdote de su orden. Entonces, si Jesús es sacerdote del orden de Melquisedec, el sacerdocio levítico está también subordinado a Jesús.[59]

El resto del capítulo despliega un segundo argumento para demostrar la inferioridad de los sacerdotes judíos. El hecho de que en el Salmo 110:4 se use un segundo modelo, el de Melquisedec, para describir al Mesías, pone de relieve que los sacerdotes de la tribu de Leví dejaban bastante que desear (vv. 11–28). Por supuesto, el Salmo 110 es el que demuestra también la superioridad del Mesías ante los Reyes de Israel (v. 1, citado en Heb 1:13).[60] Hebreos 7:11 establece la afirmación básica; los versículos 12–17 simplemente la desarrollan y reiteran la lógica que está implícita en los versículos 4–10. ¿Pero qué es lo que estaba mal en el antiguo sacerdocio y en la ley que lo prescribía? Lo primero, no podía perfeccionar por completo a las personas y, en consecuencia, se podría considerar también inútil, porque a la presencia de Dios únicamente pueden acceder los que son justos y santos a la perfección (vv. 18–19). En segundo lugar, no se instituyó con el tipo de juramento que se encuentra en Salmos 110:4 relativo al sacerdocio de Melquisedec, así que su garantía no es igual de solemne (vv. 20–22). En tercer lugar, sus sacerdotes, al ser mortales, morían y debían ser reemplazados, mientras que el sacerdocio de Jesús es permanente (vv. 23–24). En cuarto lugar, como resultado, Jesús proporciona una salvación completa y eterna a sus seguidores, intercediendo siempre por ellos desde el cielo,[61] cosa que, de alguna forma temporal, los sacerdotes terrenales jamás podrían hacer (v. 25). En quinto lugar, el sacerdocio del Antiguo Testamento era oficiado por personas con pecado, que en un sentido cualitativo no eran diferentes de aquellos por quienes ofrecían sus sacrificios. Por su parte, Jesús era totalmente santo y sin pecado (vv. 26, 27b–28a). Por último, a diferencia de los sacrificios regulados en la Torá, que debían repetirse a diario, el sacrificio de Jesús fue una vez para siempre, eficaz a la perfección y sin necesidad de ser repetido (vv. 27a, 28b).

Por encima del antiguo pacto (8:1–10:39). *Obsolescencia del pacto mosaico (8:1–10:18).* [62] Partiendo de la comparación de los dos sacerdocios, se sigue con naturalidad el paso de comparar el viejo pacto y el nuevo. Jeremías había profetizado sobre un nuevo pacto (Jer 31:31–34), Jesús había aplicado la

---

59. Y, desde luego, la tesis de Hebreos no es que Jesús esté a la par de Melquisedec, sino que es más grande. Véase esp. Jerome H. Neyrey, «"Without Beginning of Days or End of Life" (Hebrews 7:3): Topos for a True Deity», *CBQ* 53 (1991): 439–55.

60. Deborah W. Rooke («Jesus as Royal Priest: Reflections on the Interpretation of the Melchizedek Tradition in Heb 7», *Bib* 81 [2000]: 81–94) ve aquí una tradición de realeza sacra que puede fácilmente aplicarse tanto a Jesús como a Melquisedec.

61. No es el retrato de un subordinado cortesano suplicando ante una reticente autoridad, sino el de un rey sacerdote en su trono «pidiendo lo que quiere de un Padre que siempre oye y concede su petición» (Bruce, *Hebreos,* 174 de la versión en inglés).

62. Acerca del curso narrativo de esta sección, cf. Gareth L. Cockerill, «Structure and Interpretation in Hebrews 8:1–10:18: A Symphony in Three Movements», *BBR* 11 (2001): 179–201.

expresión de Jeremías al vino de la Última Cena que simbolizaba su muerte con derramamiento de sangre (Lc 22:20), y ahora Hebreos desarrolla una conclusión que va más allá: el pacto mosaico tiene que ser viejo y estar al borde de la desaparición (8:13).[63] De hecho, el escritor establece dos puntos principales a lo largo de estos tres capítulos: (1) el tabernáculo del Antiguo Testamento prefiguraba una forma de adoración superior, más celestial;[64] y (2) la legislación mosaica había dado paso a una ética superior, más interiorizada.[65] El capítulo 8 presenta estos dos énfasis. Los versículos 1–5 describen el significado tipológico del tabernáculo, empleando un «dualismo cosmológico» entre tierra y cielo, mientras que los versículos 6–13 citan la profecía sobre la necesidad de un nuevo pacto, empleando un «dualismo escatológico» entre la vieja edad y la nueva.

Jesús como sacerdote a semejanza de Melquisedec
(Hebreos 7)

Dado que los sacerdotes terrenales servían en un santuario literal, físico, nunca recibieron una exaltación semejante a la de Cristo, quien regresó a la diestra de Dios, en lo que cabría concebir como un santuario celestial (vv. 1–5). Igual que Platón y Filón, el autor de Hebreos conceptualiza los objetos terrenales como meras copias, como sombras de las realidades celestiales y, por tanto, como inferiores a ellas. Pero su más directa inspiración procede de Éxodo 25:40, donde se ordenaba a los israelitas construir su santuario exactamente conforme al modelo que Dios le dio a Moisés en el monte Sinaí, un modelo que se interpreta como correspondencia con aquellas realidades celestiales (v.

---

63. Graham R. Hughes (*Hebrews and Hermeneutics* [Cambridge and New York: CUP, 1979], 66–74) observa que la discontinuidad entre los pactos se destaca más en las secciones teológicas de Hebreos; y la continuidad, en las secciones éticas.

64. Acerca de lo cual, véase esp. Susanne Lehne, *The New Covenant in Hebrews* (Sheffield: JSOT, 1990).

65. O, dicho en un lenguaje más sociológico, el paso de una comunidad «grupo fuerte, individuos aislados» a «grupo débil, individuos interrelacionados». Véase Richard W. Johnson, *Going Outside the Camp: The Sociological Function of the Levitical Critique in the Epistle to the Hebrews* (London and New York: SAP, 2001).

5b).[66] Tal vez sea por esto por lo que el escritor elige comparar el tabernáculo, y no el templo, con su contraparte celestial, puesto que no hay otro texto que establezca de manera tan explícita una conexión entre el templo postrero de Jerusalén y alguna entidad que se corresponda en el lugar del trono de Dios.

Pero, igual que con el sacerdocio, se nos lleva a la conclusión de que una copia imperfecta tiene que dar paso a otra mejor. Dado que las instrucciones para el tabernáculo las encontramos en la ley, por medio de la cual Dios estableció su pacto con Moisés, es lógico esperar un nuevo pacto en el que tengamos las provisiones que Jesús inaugura para el ministerio, más perfectas (vv. 6–13). Los versículos 6–7 presentan con exactitud esta idea. Los versículos 8–12 presentan después la más larga cita del Antiguo Testamento en el Nuevo: la profecía de Jeremías sobre el nuevo pacto. El pacto sigue siendo con la casa de Israel (v. 8), aunque está claro que para Hebreos el verdadero Israel es, como lo era para Pablo, la multiétnica iglesia de Jesucristo, junto con los creyentes del Antiguo Testamento (véase especialmente 11:40). Pero éste no resultará en el mismo tipo de incredulidad que manifestó Israel (v. 9; otra buena razón para creer que Hebreos no afirma la posibilidad de la apostasía entre los cristianos genuinos). En lugar de ello, en su momento producirá una ética completamente interiorizada (v. 10), que es justo lo que la enseñanza moral de Jesús solía promover. El nuevo pacto tampoco exigirá el mismo tipo de clase sacerdotal elitista de intermediarios que ofrezcan instrucción religiosa, puesto que el pueblo de Dios disfrutará de una relación con él sin estorbo (v. 11).[67]

Por encima de todo, este pacto traerá el completo y final perdón de los pecados (v. 12). Tomado aisladamente, el versículo 13 podría considerarse una afirmación de la absoluta discontinuidad entre el pacto antiguo y el nuevo, pero el lenguaje usado en 10:1 («La ley es solo una sombra de los bienes venideros»), es una reminiscencia de Colosenses 2:17 que sugiere que Hebreos sigue el mismo esquema de promesa–cumplimiento que el resto del Nuevo Testamento.[68]

El capítulo 9 elabora las dos tesis presentadas en el capítulo ocho. Los versículos 1–14 comparan los tabernáculos terrenal y celestial. El punto principal de ese texto es que ni siquiera los lugares y prácticas más santos de la religión judía, descritos prolijamente en los versículos 1–10, podían proporcionar lo

---

66. Otra posibilidad es que la «copia» del v. 5 se tradujese como «esbozo preliminar», de modo que tengamos aquí un paralelismo horizontal o temporal (más que uno vertical o especial). Véase Lincoln D. Hurst, «How "Platonic" are Heb. viii.5 and ix.23f?» *JTS* 34 (1983): 156–68.

67. Cf. P. Hughes, *Hebrews,* 301–2. Obviamente, la enseñanza será necesaria en la «era de la iglesia»; la carta a los Hebreos aporta precisamente eso, pero a los creyentes, habitados por primera vez de forma permanente por el Espíritu Santo, no habrá que repetirles «conoce al Señor», en el sentido de renovar su capacitación a cada momento.

68. No obstante, el lenguaje de inminencia señala al completo cumplimiento en el futuro, incluso a pesar de que Hebreos reconoce que ha comenzado la nueva era y la antigua está en proceso de desaparecer. Se trata de la misma estructura de «ya, pero todavía no» característica de Jesús y de Pablo. Cf. Marie E. Isaacs, *Reading Hebrews and James* (Macon: Smyth & Helwys, 2002), 199.

que Cristo proveía: salvación definitiva y completa (vv. 11–14). La detallada descripción del mobiliario del tabernáculo (vv. 1–5a; v. 5b)[69] y de su ritual (vv. 6–10) podría sugerir que los lectores no estaban tan familiarizados con esos detalles como se esperaría de un típico judío. Seguramente, el escritor está enfatizando de nuevo cada detalle con la cuidadosa atención que ponían en ello los israelitas. Pese a la larga historia de alegorización cristiana de todos estos elementos, en el texto en sí no hay nada que nos dirija en tal dirección.[70] Más bien, todo ello está al servicio del clímax de los versículos 8–10, según el cual, *pese a todo su elaborado cuidado, la eficacia de tales sacrificios era temporal e incompleta, en espera de la llegada de un nuevo orden de cosas.*

La muerte sacrificial de Cristo, por otro lado, provee una expiación por el pecado permanente y completa, en tanto que su exaltación y retorno a la diestra de su Padre lo llevó a un santuario celestial análogo al tabernáculo terrenal, pero sin sus imperfecciones (vv. 11–14). Mediante el ofrecimiento de su sangre plenamente humana, quedó perfectamente cualificado como representante de los hombres, algo que los sacrificios y sangre de animales nunca pudieron llevar a cabo. No estamos diciendo que los fieles judíos que estaban bajo el pacto mosaico percibieran que sus pecados no eran tratados de la forma debida, simplemente que la repetición de las ceremonias le recordaba al pueblo que los nuevos pecados requerían nuevos sacrificios.[71] El versículo 15 establece un puente hacia la siguiente subsección de 8:1–10:19. El autor ha concluido su argumentación sobre los dos tabernáculos y regresa al contraste entre los pactos, entrelazando expresiones relativas a la herencia y rescate que ella había usado antes. Pero su objetivo primordial al reintroducir la terminología pactual es establecer el escenario adecuado para un juego de palabras con el término griego *diathēkē*, que tanto podía significar «pacto» como «testamento».[72] Por tanto,

---

69. El altar de oro del incienso (v. 4a) no estaba de hecho en el Lugar Santísimo, sino en el patio exterior inmediato (Éx 30:6). Cuesta imaginar que un autor judío (o cualquiera tan empapado del Antiguo Testamento y de sus reglas rituales como este autor) no conozca un rasgo tan básico de la disposición del tabernáculo. Por tanto, es posible que Donald Guthrie (*The Letter to the Hebrews* [Leicester: IVP; Grand Rapids: Eerdmans, rev. 1983], 180) acierte al plantear que el verbo traducido como «tenía» realmente significa «pertenecía», igual que en 1 Reyes describe este altar como perteneciente al interior del santuario pese a no estar realmente en él. Para más detalles, cf. Harold S. Camacho, «The Altar of Incense in Hebrews 9:3–4», *AUSS* 24 (1986): 5–12.

70. En lugar de buscar símbolos en cada elemento del tabernáculo, deberíamos seguir los puntos de correspondencia que establece el autor entre el tabernáculo terrenal y el celestial, y entre el antiguo pacto y el nuevo. «La primera parte del tabernáculo es al Lugar Santísimo lo que el tabernáculo terrenal es al tabernáculo celestial», mientras que «los sacrificios diarios son al Día de la Expiación lo que los sacrificios levíticos en conjunto son al sacrificio de Cristo» (Steve Stanley, «Hebrews 9:6–10: The "Parable" of the Tabernacle», *NovT* 37 [1995]: 398).

71. William L. Lane, *Hebrews 9–13* (Dallas: Word, 1991), 225.

72. Por otro lado, John J. Hughes («Hebrews IX 15ff. and Galatians III 15ff»., *NovT* 21 [1979]: 27–96) argumenta que el término significa «pacto» incluso en estos versícu-

en los versículos 16–17 hace un quiebro hacia el segundo de esos significados para sacar partido al hecho de que uno recibe la herencia estipulada en un testamento únicamente cuando el testador fallece. De modo similar, el pacto/testamento mosaico exigía las muertes de animales para practicarse, y una parte central de las ceremonias que simbolizaban el perdón de pecados consistía en la aspersión de su sangre (vv. 18–22). Si nos remontamos a Levítico 17:11, al principio de que la vida de la criatura está en su sangre, judíos y cristianos coincidían en la creencia de que el requisito para la expiación era una muerte, con derramamiento real de sangre.

Por lo tanto, nuestro autor repite con intención enfática dos puntos que ya había expuesto acerca del superior sacrificio de Cristo (vv. 23–28). Tal sacrificio constituiría el anticipo celestial del ritual terreno (vv. 23–24), y se realizó una vez para siempre (vv. 25–28). Este último punto conduce a dos corolarios. Primero, si la muerte de Jesús proporcionó expiación completa y definitiva, «el fin de los tiempos» tenía que haber llegado (v. 25b). ¡Vemos de nuevo a los cristianos del primer siglo creyendo que vivían en los últimos tiempos! Segundo, a diferencia de la situación durante el pacto mosaico, ya no habrá más oportunidades para evitar el juicio, porque ya no hay provisión adicional que se pueda presentar para la salvación. *Por tanto, el versículo 27 es uno de los textos más importantes de la Escritura para refutar toda teología de «segunda oportunidad tras la muerte».* Mientras la persona vive, siempre puede arrepentirse y volver a Cristo. Pero, una vez muere, sus decisiones no tienen vuelta atrás y todo lo que le queda es presentarse ante Dios en el día del juicio. Entonces, aquellos, pero solo aquellos, que hayan creído durante esta vida pueden esperar la salvación (v. 28).[73]

Sin duda, el escritor de Hebreos se dio cuenta de la dificultad de inculcar todos estos nuevos conceptos comparativos a los cristianos que eran judíos acérrimos, así que reitera las imperfecciones del viejo sistema sacrificial (10:1–10) y las perfecciones del nuevo pacto (vv. 11–18) una última vez. La ley no constituía más que una sombra transitoria de las venideras realidades permanentes, porque los sacrificios tenían que repetirse cada día, cada estación y cada año (vv. 1–4). El versículo 2 no quiere decir que los fieles judíos siguieran sintiéndose culpables en cuanto a los pecados por los que ya habían ofrecido sacrificios, sino que tenían que reconocer que habrían de seguir ofreciendo sacrificios para cada nueva serie de pecados. Los versículos 5–7 proporcionan apoyo escritural (Sal 40:6–8) para el argumento del autor. Cristo no vino al mundo para ofrecer el tipo de sacrificios que mandaba Levítico, sino para llevar a cabo la voluntad de Dios ofreciéndose él mismo en su cuerpo (cf. vv. 8–10).[74]

---

los, como en el resto de sus usos en Hebreos, y que el autor se está refiriendo a las muertes representativas de víctimas sacrificiales cuando se ratificaban los pactos. En el último cuarto de siglo se ha hecho cada vez más popular esta perspectiva.

73. Cf. Ronald H. Nash, «Restrictivism», en *What About Those Who Have Never Heard?* ed. John Sanders (Downers Grove: IVP, 1995), 108.

74. Para el aparentemente extraño uso del Salmo 40 en estos versículos, véase Bruce, *Hebreos,* 239–43 de la versión en inglés. La tradición de David como portavoz con-

El hecho de que los sacrificios temporales del Antiguo Testamento diesen paso al sacrificio perfecto de Jesús nos conduce a otra preciosa verdad: su pueblo está ahora embarcado en el viaje de ser hecho santo, aunque solo llegue a su destino en la vida venidera. Después de todo, el propio Cristo tiene que esperar hasta su retorno a la tierra para ver a sus enemigos completamente derrotados (vv. 11–14). Jeremías también había predicho este proceso en la determinación de Dios de declarar a los creyentes legalmente libres de culpa (v. 17; citando 31:34) y de empezar a hacerlos en la práctica más obedientes (v. 16; citando 31:33). Emparedado entre estas citas tenemos otro recordatorio de que el Espíritu de Dios da testimonio a través de la Escritura (v. 15) y lo opuesto de una afirmación anterior. Si un sacrificio hecho una vez para siempre crea perdón completo, el pleno perdón a su vez pone de manifiesto que no hay ya necesidad de más sacrificios (v. 18).[75]

Cuarta advertencia resultante (10:19–39). Si ningún otro sistema religioso, ni siquiera el judaísmo precristiano, tenía provisión completa para la expiación del pecado, el abandonar el camino cristiano jamás podría ser la elección correcta, para nadie, por sombrías que se presentasen las circunstancias. Los versículos 19–39 presentan, pues, una llamada urgente a la perseverancia. Hay que recibir adecuadamente los inmensos privilegios del nuevo pacto (19–25) aprovechando el nuevo acceso, íntimo, que tenemos a Dios gracias a la sangre de Cristo, que nos purifica por completo, no como los rituales de inmersión judíos (vv. 19–22), siendo fieles a nuestras profesiones de fe de esperanza de Jesús (v. 23) y practicando la adoración y la comunión en el cuerpo, animándonos unos a otros para el amor y las buenas obras (vv. 24–25). Si, incluso bajo creciente persecución, el autor de Hebreos insistía en que los cristianos «no dejemos de congregarnos» (v. 25a), cuánta mayor desgracia será ver a los creyentes que están en situaciones menos peligrosas pensando que pueden caminar solos en su vida cristiana o considerar que las reuniones con sus hermanos creyentes son algo informal, una opción que solo se contempla si no interfiere en nuestras agendas.[76]

Valiéndose del contraste, los versículos 26–29 retratan las calamitosas consecuencias de desdeñar los privilegios del nuevo pacto. Estos versículos con-

---

dujo de forma natural a recibir la atribución de «el Hijo, más grande, del gran David», mientras que «oídos» [véase la nota al pie de Sal 40:6 en la NVI. N del T] puede haber pasado a ser «cuerpo», más fácil de entender, mediante una sinécdoque.

75. Encontramos una demostración de la relevancia de estas afirmaciones y de su carácter único entre las enseñanzas de todas las religiones del mundo en William D. Spencer, «Christ's Sacrifice as Apologetic: An Application of Heb 10:1–18», *JETS* 40 (1997): 189–97.

76. «La razón por la que no hay que descuidar las reuniones de la congregación es que proporcionan un escenario comunitario en el que se pueden dar el ánimo y la exhortación mutuos» (Lane, *Hebrews 9–13,* 290). Acerca del concepto veterotestamentario de solidaridad en Hebreos, de manera más general, véase el artículo «The Old Testament Concept of Solidarity in Hebrews» de G. W. Grogan, *TynB* 49 (1998): 159–73.

tienen el lenguaje «de juicio» más duro del Nuevo Testamento.[77] Los comentaristas interpretan normalmente los versículos 26–31 de manera que coincida con su modo de entender 6:4–6. Desde luego, una lectura superficial del texto favorece la creencia arminiana en la posibilidad de perder (o repudiar) la salvación. Pero insistimos, «recibir el conocimiento de la verdad» (v. 26) no implica necesariamente que alguien haya actuado en la verdad por haber confiado de una manera auténtica en Cristo; ni «pisotear al Hijo de Dios» o insultar «al Espíritu de la gracia» (v. 29) tienen que describir algo que exclusivamente un cristiano pueda hacer.

La cláusula más difícil de tratar desde una perspectiva calvinista dice: «que ha profanado la sangre del pacto por la cual había sido santificado». Pero «santificación» no siempre significa crecimiento en la vida cristiana, como suele significar en Pablo, sino que puede referirse simplemente a un «poner aparte» de algún tipo. En 9:13, está claro que se usa únicamente con el sentido de la limpieza externa, y puede que sea así como lo esté usando el autor aquí también.[78] Pero, como en el caso de 6:4–8, la cuestión final no es si una persona era o no cristiana antes de rechazar la fe. De cualquier modo, calvinistas y arminianos coinciden en que tal persona está perdida. *La idea principal de este párrafo es que el juicio eterno es tan terrible que deberíamos evitarlo a toda costa* (vv. 27–28, 30–31).[79]

Los versículos 32–39 dan el toque final a esta sección. Igual que el escritor aclaraba sus amenazas de 6:1–8 con su esperanza de que sus lectores perseverasen y demostrasen ser verdaderamente salvos, también aquí templa sus terribles advertencias con elogios por la fidelidad de estos cristianos judíos después de que, unos quince años antes, el edicto de Claudio los expulsase de Roma y confiscase sus propiedades (vv. 32–34; recuérdese más arriba, p. 469). Como resultado, puede animar a sus oyentes a perseverar de nuevo, recordándoles también que, después de un periodo de tiempo que puede considerarse corto en comparación con la perspectiva eterna, Cristo regresará para juzgar a sus opresores y para conducir a sus seguidores a una dicha gloriosa y para siempre (vv. 35–39). El argumento se remata con una cita de Habacuc (2:3–4).

Por encima de los anteriores «héroes de la fe» (11:1–12:29). *La nube de testigos (11:1–12:13).* El capítulo 10 termina recordando a los lectores el principio de vivir por fe, de modo que es lógico que derive a una explicación y series de ilustraciones de dicha fe. A lo largo de la mayor parte del capítulo 11, uno puede imaginar que el autor ha acabado de presentar su argumentación acerca de la supremacía de Jesús. Pero en su discurso comenta con frecuencia

---

77. Conocido por inspirar al pastor americano, teólogo y predicador del avivamiento Jonathan Edwards a escribir su célebre sermón «Pecadores en manos de un Dios airado».
78. Grudem, *Perseverance of the Saints*, 177.
79. deSilva (*Perseverance in Gratitude,* 344, n. 20) observa que este texto describe «no a la persona que es cristiana en lo externo, pero rechaza ser transformada en lo interno; más bien describe al individuo que tiene miedo de que lo vean como cristiano en lo externo porque conoce el precio de esa identificación en una sociedad hostil».

acerca de cómo aquellos modelos de la fe no recibieron en esta vida todo lo que Dios les había prometido (véase especialmente vv. 13–16). Por medio de los versículos 35–38a, presenta una lista de categorías de personas cuya experiencia en esta tierra fue francamente miserable a pesar de su fe (v. 39). ¿Y por qué fue así? El versículo 40 nos da la respuesta: «Esto sucedió para que ellos no llegaran a la meta sin nosotros, pues Dios nos había preparado algo mejor». En otras palabras, la comunidad de la fe no estaría completa hasta después de que Jesús hubiese cumplido su misión, de manera que sus seguidores pudiesen estar incluidos en esa comunidad junto con los creyentes de épocas anteriores. Así que, después de todo, se sigue con el tema de la superioridad de Jesús.

EL SUPERIOR SACERDOCIO DE CRISTO (SEGÚN HEBREOS)	
Sacerdocio Levítico	**Sacerdocio de Jesús**
Muchos	uno
finito	eterno
prefiguraba la salvación	lleva a cabo la salvación
ofrecido por pecadores y por sus propios pecados,	ofrecido por uno sin pecado, no por su pecado
repetido	una vez para siempre
bajo el temporal antiguo pacto	bajo el permanente nuevo pacto
en santuario terrenal	en santuario celestial
impedimentos para el acceso a Dios	intimidad con Dios
sangre de toros y chivos	su propia sangre
limpieza externa	limpieza interior
conciencia que sigue culpable	pleno perdón
sacrificio incompleto para una santificación incompleta	sacrificio perfecto para perfecta santificación

Antes de empezar lo que con frecuencia se ha llamado el «pasar lista» a los santos del Antiguo Testamento, nuestro autor nos da una importante definición de la fe (v. 1). La versión King James traduce de una manera muy literal: «La fe es la sustancia de las cosas esperadas, la evidencia de las cosas no vistas» [La Reina Valera 1909 traduce «la sustancia de las cosas que se esperan, la demostración de las cosas que no se ven», N del T]. Pero, ¿qué significa eso? La traducción de la NIV es más fácil de entender, pero menos realista: «estar seguros de lo que esperamos y tener la certeza de lo que no vemos» [La NVI lo presenta así: «La fe es la garantía de lo que se espera, la certeza de lo que no se ve» N del T]. La certeza, por definición, excluye cualquier duda, ¡y no hay creyente que camine mucho sin que le asalten varias dudas! Lo que expone el autor es más bien que la fe sustituye a la experiencia práctica de las cosas que están por venir para mostrar que hay razón para creer que un día sucederán, sobre todo cuando la realidad presente parece contradecir tal esperanza. *Dicho con más sencillez, la fe significa creer en las promesas de Dios acerca del futuro a pesar de las apariencias del presente.*[80] El Antiguo Testamento aporta numerosos ejemplos (v. 2).

Los versículos 3–38 proceden, pues, a liberar un aluvión de ejemplos de este tipo de fe en la historia judía.[81] La serie comienza con el acto de Dios de crear el Universo a partir de la nada, un ejemplo perfecto de Alguien que confió en que algo que no se veía en un momento podía venir a la existencia en el siguiente, por su mandato (v. 3).[82] Mucho antes de escribirse Hebreos, los judíos habían discutido acerca de qué hizo que el sacrificio de Abel fuese aceptable a Dios y el de Caín no (Gn 4:3–7). Sin entrar en la discusión, nuestro escritor afirma simplemente que Abel de alguna manera confiaba más en Dios y así le llevó una ofrenda más aceptable (v. 4).[83] Menos aún sabemos sobre la vida de Enoc, salvo que Dios lo «sacó» de este mundo al cielo sin pasar por la muerte, porque «anduvo fielmente con Dios». De un modo razonable, Hebreos interpreta este andar como una vida de fe (v. 5). Antes de pasar a la ilustración, el autor generaliza subrayando que la fe es un requisito previo para todo el que quiera agradar a Dios, y que será recompensada por él (v. 6).

El siguiente grupo de ejemplos resulta más fácil de entender. Está claro que Noé usó de una fe asombrosa para construir un arca en tierra seca en preparación para un diluvio de una magnitud hasta entonces desconocida en la tierra (v. 7; cf. Gn 6.13–7.1). Abraham manifestó tener una fe fuerte al seguir el llamamiento de Dios de dejar su hogar y viajar a un país lejano, cuya localización todavía no conocía, y para vivir como extranjero en tierra extraña incluso

---

80. «Hebreos se refiere a la contradicción entre la promesa de la Gloria y la experiencia del rechazo en el mundo» elaborando ejemplos de casos en los que las cosas terminaron bien, aunque de una manera aparentemente «contraria a lo que sería razonable esperar» (Koester, *Hebrews,* 469–70, citando a Aristóteles para la última expresión).

81. Para un análisis detallado, véase Pamela M. Eisenbaum, *The Jewish Heroes of Christian History: Hebrews 11 in Literary Context* (Atlanta: Scholars, 1997). La autora subraya el énfasis del autor en la naturaleza «no nacional», o «multinacional», de las experiencias de estos héroes, a menudo explícitas, o al menos implícitas, en el texto, pero en otros casos derivadas de experiencias con cierto paralelismo de casos de la diáspora de los judíos (y de los gentiles).

82. Este texto se cita con frecuencia para apoyar la doctrina de la *creatio ex nihilo,* pero «provino de lo que no se ve» deja la puerta abierta a que el Universo «fuese creado a partir de lo que era invisible», como en las cosmovisiones que creen que Dios dio forma al Universo a partir de partículas invisibles ya preexistentes. Pero, en el contexto, el v. 2 forma un quiasmo: literalmente, «por la fe entendemos: que ha sido creado [A] el mundo [B] por la palabra de Dios [C] así que no de lo visible [C] lo que se ve [B] ha sido hecho [A]». En otras palabras, ¡la entidad preexistente a partir de la cual Dios creó el cosmos era su propia palabra! Véase Ellingworth, *Hebrews,* 568.

83. Génesis 4:7a ya lo ha explicado: «Si hicieras lo bueno, podrías andar con la frente en alto».

después de llegar a ella, como hicieron también sus hijos y nietos (vv. 8; cf. Gn 12.1–9). Tal vez más destacable todavía sea su disposición a creer que Dios iba a capacitar a su esposa y a él para concebir un hijo con noventa y cien años respectivamente, y que Dios levantaría de ese hijo descendientes suficientes como para poblar toda la tierra de Canaán (vv. 11–12; cf. Gn 18:1–10, 16–19; 21:1–5). Pero, por supuesto, ninguno de los patriarcas viviría para ver suceder todo eso (v. 13). Aunque podían creer que Dios cumpliría sus promesas mucho después de morir ellos, su esperanza personal tenía que estar puesta en algún tipo de vida con Dios después de la muerte (vv. 10, 14–16).[84] ¿Qué, si no, podría haber motivado a Abraham a obedecer el aparentemente absurdo mandamiento de sacrificar a su hijo único Isaac, heredero de la promesa, salvo la fe en que Dios podía levantarlo de los muertos y así seguir adelante para cumplir su plan para la historia humana (vv. 17–19; cf. Gn 22:1–19)?

El escritor de Hebreos sigue adelante con ejemplos más breves de la fe en las vidas de Isaac, Jacob y José. Isaac tuvo que confiar que Rebeca había escuchado de veras la voz de Dios cuando se le dijo que el menor de sus mellizos heredaría las bendiciones de Dios (v. 20; Gn 25.23). Jacob necesitó incluso más discernimiento al final de su vida mientras repartía las distintas bendiciones de Dios entre sus doce hijos (v. 21, Gn 49:1–28).[85] Está claro que José creyó en esperanza contra esperanza cuando insistió en que llevaran sus huesos a la Tierra Prometida, a pesar de que eso no ocurriría sino cuatrocientos años después (v. 22, Gn 50:25).

El segundo personaje en el que nuestro autor profundiza con más detalle es Moisés.

Sus padres ejercieron una gran fe al desafiar el edicto de Faraón que mandaba matar a todos los israelitas varones recién nacidos y vieron cómo Dios colocó milagrosamente al niño en la propia casa de Faraón (v. 23, Éx 1:15–2:10). El mismo Moisés rechazó todas las comodidades de la distinguida familia que lo crió, para identificarse con su pueblo, a pesar de que eso significó abandonar

---

84. Con frecuencia se afirma que los patriarcas podrían tal vez no creer en la vida después de la muerte, y sobre todo en la resurrección corporal, puesto que no hay ningún texto en Génesis que enseñe con claridad tales doctrinas, que parecían haber surgido gradualmente a lo largo de todo el período de formación del Antiguo Testamento. Pero todas las naciones y culturas de su entorno creían en la vida después de la muerte, así que sería sorprendente que Abraham, de Ur de los caldeos, y sus descendientes no lo hicieran. Además, está claro que los egipcios creían en la resurrección corporal, dadas sus momificaciones y elaboradas tumbas, así que difícilmente se puede decir que la religión en general no hubiera «evolucionado» hasta ese nivel. Cf. Murray J. Harris, *From Grave to Glory: Resurrection in the New Testament* (Grand Rapids: Zondervan, 1990), 31–36.

85. La segunda mitad del v. 21 se basa en el texto de la LXX de Génesis 47:31, que es bastante diferente del MT. Acerca de las diversas posibles explicaciones, véase Moisés deSilva, «The New Testament Use of the Old Testament: Text Form and Authority», en *Scripture and Truth,* ed. D. A. Carson y John D. Woodbridge (Grand Rapids: Zondervan, 1983), 147–65.

Egipto después de haber matado a un egipcio que estaba golpeando a un compatriota hebreo (vv. 24–27; Éx 2:11–25). Fuerte tuvo que ser la fe que necesitó para creer que Dios no iba a destruir a los primogénitos hebreos junto con los egipcios, que la huida de Egipto conduciría en realidad al pueblo a la libertad y que el mar Rojo[86] se abriría en dos cuando el pueblo empezase a caminar en él y que no se los tragaría como después sí pasó con sus perseguidores (vv. 28–29, Éx 11–14).[87]

De forma mucho más rápida, se nos recuerda la fe de Josué y de los israelitas que marcharon alrededor de Jericó durante siete días, esperando que Dios derribara sus murallas (v. 30; Jos 6). La prostituta Rahab creyó que Dios estaba con los hebreos invasores y que ellos podrían protegerla, aunque para ella supusiera desafiar a sus dirigentes al recibir a los espías hebreos y mentir acerca de adónde se habían ido (v. 31; Jos 2). Nuestro autor es consciente de que podría alargarse más, pero piensa que ya ha establecido su tesis de manera adecuada. Así que se limita a nombrar media docena de personajes, menciona los profetas como grupo, da un resumen de algunas de sus hazañas y hace especial mención de aquellas madres cuyos hijos fueron resucitados por Elías y Eliseo (vv. 32–35a). Pero de pronto se va al otro extremo. Algunas personas que también estaban llenas de fe experimentaron únicamente persecución, sufrimiento y tortura, sin disfrutar siquiera los anticipos de las promesas de Dios con los cuales habían sido bendecidos la mayoría de sus contemporáneos en Israel (vv. 35–38).[88] Incluso estos últimos vemos claramente que solo recibieron una pequeña parte de la herencia que esperaban (v. 39).

¿Por que retrasaría Dios el proceso durante tantos siglos? Para expresarlo de manera sencilla, el Mesías aún no había venido y, por tanto, el nuevo pacto, que traería todas las bendiciones mayores que tanto ha destacado Hebreos, todavía no se había inaugurado. En otras palabras, *Dios sabía que un número inmensamente mayor de personas llegaría a ser creyente durante esa edad postrera, y quería que naciesen y tuviesen una oportunidad de formar parte de su «familia eterna».* Las palabras de 11:40 deberían humillar a todos los cristianos contemporáneos y hacerles estar profundamente agradecidos por la maravillosa gracia de Dios que esperó tanto tiempo para que ellos pudieran estar incluidos como herederos de sus increíbles promesas.[89] Además, la plena

---

86. De nuevo sigue a la LXX en lugar de al MT con su «Mar de Juncos». Pero esta última zona, menos profunda, desembocaba en la otra, de modo que no tiene por qué haber contradicción.

87. De hecho, todos los ejemplos de la vida de Moisés hablan directamente a la situación de la audiencia de Hebreos al recomendar la fe en lugar del temor. Véase Isaacs, *Hebrews and James,* 133.

88. No todas las clases de padecimientos aquí expuestos aparecen en el Antiguo Testamento. Parece que el autor se ha apoyado también en tradiciones extrabíblicas, como la del martirio de Isaías, en la que dicho profeta fue partido en dos (cf. v. 37). Los que fueron torturados después de negarse a ser liberados (a cambio de violar su fe) en el v. 35 fueron probablemente los mártires macabeos (véase esp. 2 Mac 6–12).

89. Cf. también deSilva, *Perseverance in Gratitude,* 424.

vida de resurrección para todo el pueblo de Dios de los periodos de ambos pactos solo se haría posible a través de la muerte y resurrección del Mesías.[90]

Con la inspiración que les daban todos estos modelos, lo más seguro es que los cristianos a quienes se escribió Hebreos pudieron «aguantar el tirón» un poco más y soportar cualquier persecución que Roma pudiese emprender (12:1–13). El versículo 1 presenta a los héroes del capítulo 11 como «una multitud tan grande de testigos» que rodea a todos estos cristianos judíos, quizás jaleándolos como los espectadores en el estadio, pero seguro que sirviéndoles de inspiración con el testimonio de sus vidas. Sin embargo, mucha mayor importancia tiene el modelo del propio Jesucristo, quien estuvo dispuesto a sufrir hasta la agonía y la afrenta de la crucifixión por nosotros. Puesto que le ha sido devuelto su trono junto a Yahvé, puede capacitar a todos aquellos que ponen su mirada exclusivamente en él para que resistan cualquier hostilidad que pueda presentarse en su camino. Al ser tanto iniciador o pionero como consumador o perfeccionador de nuestra fe, Él ve el proceso de nuestra preservación de principio a fin (vv. 2–3).[91] Y Hebreos recuerda a sus oyentes que, hasta el momento, en su comunidad nadie ha sido martirizado todavía (v. 4).

Lo que es más, Dios puede usar el sufrimiento de los creyentes, incluso cuando son sus enemigos los que en principio lo causan, para disciplinar y preparar a sus hijos espirituales (vv. 5–13).[92] En Proverbios 3:11–12 se nos enseña eso mismo cientos de años antes (vv. 5–6), pero también la experiencia normal de los padres biológicos y sus hijos refuerza esta verdad (vv. 7–11).[93] Por supuesto, las analogías entre la conducta humana y la divina se vienen abajo tarde o temprano. La disciplina humana se vuelve a veces abusiva, ¡pero lo que afirma nuestro autor no es que Dios tenga que ver con el maltrato infantil! Si bien la disciplina moderada que se equilibra con amor puede criar a los hijos biológicos para que tengan una buena conducta, ¡cuánto más deberíamos creer que Dios puede usar las adversidades para hacernos más santos, a nosotros que somos sus hijos espirituales! Por consiguiente, deberíamos ejercitar nuestras piernas espirituales para ser fortalecidos de manera que corramos la carrera a la que hemos sido llamados (vv. 12–13).

Quinta advertencia resultante (12:14–29). Por última vez, Hebreos pronuncia una de sus solemnes advertencias contra rechazar el plan de salvación de Dios. Emparedada entre una breve exhortación positiva en el versículo 14 y

---

90. Gareth L. Cockerill, «The Better Resurrection (Heb. 11:35): A Key to the Structure and Rhetorical Purpose of Hebrews 11», *TynB* 51 (2000): 232–33.

91. Wilson, *Hebrews,* 220.

92. Acerca de esto, véase esp. N. Clayton Croy, *Endurance in Suffering: Hebrews 12:1–13 in Its Rhetorical, Religious, and Philosophical Context* (Cambridge y New York: CUP, 1998).

93. La expresión «Padre de los espíritus» deriva probablemente de «el Dios de los espíritus de toda carne» (es decir, de los seres vivos) de Números 16:22 y otros [véase nota al pie en la NVI; N del T]. No sugiere por lógica el concepto de espíritus preexistentes antes de incorporarse a los seres humanos (Koester, *Hebrews,* 529).

un llamamiento final a adorar a Dios con acción de gracias y reverencia, en los versículos 28–29, tenemos una severa amonestación para no perdernos las maravillosas bendiciones del nuevo pacto y sufrir los horrores del castigo eterno (vv. 15–27). La amargura puede apartar a las personas de Dios, así que hay que evitarla (v. 15). Lo mismo con la inmoralidad sexual, no porque sea un pecado imperdonable, sino porque hay tanta gente que desea vivir de una manera contraria a los patrones de Dios (sin reconocer que incluso en esta vida no consiguen al final más que hacerse daño ellos mismos y a los demás en ese proceso) que fracasan en cuanto a llegar a ser sus seguidores (v. 16a). Pero todo rechazo total a la voluntad de Dios, como el de Esaú al vender su primogenitura (Gn 25:29–34), revelará ser igualmente desastroso (vv. 16b–17; cf. Gn 27:30–40).[94]

Resulta muy irónico todo esto, porque lo que se ofrece a la humanidad en la era del nuevo pacto no es un terrorífico monte santo (el Sinaí) que no se puede ni tocar, como en la entrega del pacto mosaico (vv. 18–21; cf. Éx 19:12–13; Dt 9:19). En lugar de eso, Dios invita al pueblo a acercarse al arquetipo celestial del monte del templo de Jerusalén (el de Sión) sin temor, y a unirse a la alegre congregación de todos los creyentes de cada edad de la historia en la presencia de Cristo y de todos los santos ángeles (22–24).[95] ¿Quién podría querer rechazar tan increíble oferta? Pero las personas la rechazan, y entonces hay que alertarles de lo que también ha prometido Dios Todopoderoso: la disolución del Cosmos tal como lo conocemos, seguida de nuevos cielos y nueva tierra para los redimidos y el lago de fuego (o infierno) para todos los demás (vv. 25–27; cf. Hag 2:6 para las imágenes usadas y Ap 21–22 para el desarrollo).

EXHORTACIONES DE CONCLUSIÓN (13:1–21)

Aunque el escritor de Hebreos ha salpicado de exhortaciones y advertencias a lo largo de su epístola, ahora reúne una serie de amonestaciones más conforme al patrón de como lo hace Pablo en sus cartas. Los versículos 1–6 parecen estar unidos en torno al tema del amor, una responsabilidad que siempre es crucial, pero especialmente cuando una comunidad está sufriendo persecución.[96] Los creyentes deberían tratarse con amor familiar (v. 1), pero también mostrar

---

94. Así «los bienes de la sociedad tienen una relación de valor con la recompensa de Dios similar a la relación existente entre una sola comida con un derecho de primogenitura» (deSilva, *Perseverance in Gratitude,* 462).

95. Como en los caps. 3–4, está claro que nuestro autor no menciona nada de ninguna esperanza que pueda albergar su audiencia acerca del regreso a la tierra de Israel para experimentar el cumplimiento literal de diversas profecías del Antiguo Testamento (sobre todo la de la reconstrucción del templo). Su manera de explicar las imágenes del Antiguo Testamento aquí es más bien «espiritualizadora», al trasladarse directamente de esta vida al «cielo». Cf. esp. Marie E. Isaacs, *Sacred Space: An Approach to the Theology of the Epistle to the Hebrews* (Sheffield: JSOT, 1992). Para este contraste Sinaí–Sion de los vv. 18–24 como «clave hermenéutica de la epístola» véase Kiwoong Son, *Zion Symbolism in Hebrews* (Milton Keynes y Waynesboro, Ga.: Paternoster, 2005), subtítulo.

96. deSilva, *Perseverance in Gratitude,* 485.

hospitalidad a los extranjeros, en particular cuando *no* se sabe quiénes son. Puede que resulten ser portadores de buenas noticias, como en Génesis 18–19 (v. 2). Al aplicar la Regla de Oro (Mt 7:12), los cristianos deberían amar y, por tanto, ayudar a sus hermanos y hermanas espirituales que están en prisión por causa de su fe, tal como a ellos mismos les gustaría ser amados y recibir ayuda si se encontrasen en la cárcel (v. 3). El amor a la esposa exige exclusividad en las relaciones sexuales (v. 4), mientras que el verdadero contentamiento entre las cambiantes circunstancias de la vida requiere de los creyentes que no amen el dinero. Si Dios jamás va a abandonarlos, no tiene demasiada importancia cuántas propiedades les quedan (v. 5). Además, no deben tener miedo a la persecución, ni siquiera al martirio, puesto que el Señor los ayudará en esos trances y los llevará seguros a la gloria posterior (v. 6).

Los versículos 7–17 se podrían reunir fácilmente bajo el tema de buenos o malos dirigentes.[97] Los versículos 7–8 y el 17 recomiendan a los buenos líderes, usando el término más extenso con que el Nuevo Testamento se refiere a tales personas (*hēgemenoi;* del verbo traducible como «gobernar»), de modo que no se tiene en mente ningún cargo en particular de la iglesia.[98] Los cristianos deben recordar a sus antiguos líderes, que les enseñaron la Palabra de Dios, pero que también la vivieron, incluso cuando eso les costó dificultades y quizás hasta la muerte. El mismo Jesús que promete ayuda presente acudió en su ayuda, también, y con el mismo poder fortalecerá también a los creyentes futuros (vv. 7–8).[99] Tales personas merecen la cooperación y respeto de aquellos sobre los que tienen autoridad, sobre todo porque ellos tienen que dar cuenta a Dios del liderazgo que han ejercido sobre esas personas (v. 17).

Las palabras aquí traducidas como «obedezcan» (de *peithō*) y «sométanse» (de *hupeikō*) no son las mismas que se usan en los códigos domésticos de Colosenses y Efesios. De hecho, «obedecer» puede ser una traducción demasiado fuerte de un verbo que en voz pasiva (la aquí usada) puede también significar «ser persuadido», «prestar atención a», «escuchar a» o «ser un seguidor de».[100] Por otra parte, «someterse» es la traducción normal del segundo verbo, lo que nos recuerda que el pueblo de Dios debe subordinarse de manera voluntaria a sus dirigentes, hombres o mujeres, no solo a los que tienen funciones o cargos reservados a los varones. Aquí podemos distinguir implicaciones mayores de la sumisión mutua que se ordena en Efesios 5:21.

Entre medio de este inciso aparece la advertencia de no seguir las falsas enseñanzas que quieren hacer retroceder a estas congregaciones hasta el ju-

---

97. Cf. Ibíd., 508.

98. Cf. Lane, *Hebrews 9–13,* 526.

99. Así pues, el v. 8 no tiene nada que ver con la idea de que los métodos para la adoración y el culto cristianos tuvieran que mantenerse sin cambios de una generación a la siguiente, sin tener en cuenta su pertinencia, como a veces se afirma.

100. Koester (*Hebrews,* 572) prefiere, por tanto, la traducción «prestar atención a».

daísmo puro y duro (vv. 9–16).[101] Tienen que permanecer firmes en la gracia de Dios, no confiando en las leyes dietéticas judías ni en las festividades del calendario, porque todo eso se ha cumplido en Cristo (vv. 9–10). Una vez más, el autor les recuerda que todo esto es resultado del sacrificio final y permanente de Jesús en la cruz, que tuvo lugar «fuera de la puerta de la ciudad», es decir, de Jerusalén (vv. 11–12). Aunque ello implique que les suceda lo mismo, los cristianos tienen que estar preparados para aceptar todo oprobio que resulte de su fe, porque saben que este mundo no es su verdadero hogar (vv. 13–14).[102] Deben ofrecer sacrificios, pero no los de ofrendas quemadas u holocaustos. Más bien ofrecen un sacrificio metafórico de alabanza, de reconocimiento de su Dios, incluso cuando eso les cueste un precio, y de tratar con bondad a los demás, incluso cuando reciben maltrato (vv. 15–16).

Conforme la carta se acerca a su final, se nos muestra por primera vez que puede haber uno o más coautores de la epístola. El versículo 18 cambia a la primera persona del plural, aunque no tiene por qué referirse a nadie más que al autor y a «los de Italia» que le acompañan (cf. v. 24). Se vuelve a la forma del singular en el versículo 19, lo que en cualquier caso sugiere un autor primario, que desea que oren para que pueda vivir de manera honrada y pueda ver pronto a sus congregaciones en Roma. Los versículos 20–21 llevan esta sección a su fin con una hermosa doxología, elaborada a la perfección para sus circunstancias. El Dios a quien se invoca es Aquel que estableció el eterno nuevo pacto por medio de Jesús, el Buen Pastor, quien murió por los pecados de la humanidad y fue resucitado por su Padre. Por tanto, ahora puede capacitar a sus seguidores para llevar a cabo la voluntad de Dios y agradarle en cada paso de su vida (vv. 20–21).

CONCLUSIÓN DE LA CARTA (13:22–25)

Aunque leer la carta, como si fuera un sermón, costaría más o menos una hora, sigue siendo breve (v. 22), al menos en comparación con algunas antiguas oraciones.[103] Al parecer, Timoteo había sido encarcelado, pero lo habían soltado recientemente y, si se reunía con el autor, irían juntos a Roma (v. 23). Por último, nuestro escritor saluda de nuevo a todos los destinatarios, señalando particularmente a los dirigentes durante estos tiempos difíciles y promulgando su gracia sobre todos los creyentes de sus congregaciones (vv. 24–25).

APLICACIÓN

Ningún otro documento del Nuevo Testamento presenta un énfasis tan fuerte y continuo sobre la perfecta deidad y la perfecta humanidad de Cristo. Solo

---

101. O a abandonarlo de una forma más tajante si no lo han hecho en primera instancia. Véase Norman H. Young, «"Bearing His Reproach" (Heb 13.9–14)», *NTS* 48 (2002): 243–61.

102. Hebreos llama, por tanto, a su audiencia a dejar un pueblo y una ciudad: el judaísmo y Jerusalén. Véase Peter Walker, «Jerusalem in Hebrews 13:9–14 and the Dating of the Epistle», *TynB* 45 (1994): 39–71.

103. deSilva, *Perseverance in Gratitude,* 513.

con esta precisa combinación de naturalezas podía Jesús haber ofrecido un sacrificio, por una parte, eterno y de una vez para siempre y, por otra parte, representativo y vicario. Tal y como aparece, esta es exactamente la forma de expiación que él provee, haciendo así que cualquier otra forma de expiación se revele obsoleta, irrelevante e impotente. Solo por medio de la crucifixión de Cristo puede alguien hallar redención.

Los destinatarios de Hebreos fueron tentados a retroceder a una forma de «religión institucionalizada» (en su caso, el judaísmo) para evitar la persecución. Pero, al hacerlo, se dieran cuenta o no, se estaban arriesgando a renunciar a la fe en Jesús y a ponerse en peligro de condenación. El cristianismo occidental de hoy cuenta con un amplio número de adherentes que se identifican con el movimiento, pero solo en la medida en que es socialmente aceptable. Puede ser que solo el crisol del sufrimiento o la persecución puedan demostrar la autenticidad de la profesión de fe de una persona. Si es así, un enorme porcentaje de los que se han identificado como creyentes a lo largo de la Historia en el mundo occidental siguen sin ser sometidos a prueba, al menos en la medida en que han sido probados muchos cristianos de la historia de la Iglesia y de hoy en otras partes del mundo. Otros, que ya han abandonado su profesión de fe bajo circunstancias menos severas, han puesto de manifiesto que nunca tuvieron una fe salvadora para empezar. El arrepentimiento sigue siendo posible en tanto que haya aliento en la persona. No obstante, careciendo de la capacidad de predecir el momento de su propia partida, nadie que necesite arrepentirse y volverse (o volver) a Jesús se atreve a posponerlo. Hebreos afirma que la supremacía de Jesús sobre todas las demás instituciones y figuras religiosas, incluso entre el grupo de personas que representaba la nación escogida por Dios hasta el establecimiento del nuevo pacto, hace que sea ridículo, o más bien eternamente peligroso, adoptar cualquier otra religión, filosofía o visión del mundo que no sea el cristianismo.

Una forma importante de inmunizarse contra la tentación a la apostasía es tener con regularidad devocionales (y devoción) con base bíblica. La Palabra de Dios es poderosa; incluso el Antiguo Testamento apunta a Cristo, ya sea literal o tipológicamente. Para un pleno entendimiento de la Escritura se necesita la comprensión de toda la iglesia, y se espera de los creyentes que se reúnan regularmente para adorar, orar, animarse mutuamente y recibir instrucción bíblica.

PREGUNTAS

1. ¿Cuáles son las hipótesis sobre la autoría de Hebreos y cuál de ellas es la más probable, dadas las evidencias?

2. ¿Qué relación existe entre la fecha de Hebreos y la constitución de su audiencia? ¿Cuál es la fecha más probable para la redacción de Hebreos? ¿Cuál era el contexto histórico de los destinatarios y del escritor?

3. Identifica la tesis central de la carta a los Hebreos. ¿Qué es lo que el autor está intentando animar a hacer a sus destinatarios? ¿Qué rasgos estructurales de la carta ayudan a la consecución de ese propósito?

4. ¿Qué nos comunican sobre Jesús las comparaciones de Cristo con cada una de las instituciones mencionadas en la Escritura? ¿Con qué instituciones se compara a Cristo?

5. ¿Cómo se entienden mejor algunos de los usos más problemáticos de citas del Antiguo Testamento en la comparación de Cristo con los ángeles que se usa en Hebreos 1?

6. ¿Qué cuestión teológica impregna todos los textos de advertencia de Hebreos? ¿Cuáles son los distintos bandos y sus interpretaciones ante esta cuestión? ¿Qué pasajes de advertencia son los más útiles para resolver el debate y por qué? Sea cual sea la cuestión que uno plantee, ¿cuál es la verdad central que el autor desea enfatizar en los pasajes de advertencia, sobre todo en Hebreos 6:4–12?

7. ¿Cuáles son las implicaciones del sufrimiento y la muerte de Cristo según Hebreos 2? ¿Qué beneficios obtiene la humanidad de su muerte, tanto en esta vida como en la venidera?

8. ¿En qué difiere de manera significativa el sacerdocio de Cristo del de los sacerdotes humanos? ¿Con qué ejemplos afirma el autor la superioridad de Jesús sobre todo el sacerdocio del Antiguo Testamento?

9. ¿Qué rasgos concretos del nuevo pacto, con Cristo, son superiores a los del viejo pacto, con Moisés?

10. ¿Cómo aclararíamos adecuadamente la traducción que la NVI hace de la definición de fe en Hebreos 11? ¿Qué ejemplos de los héroes de la fe reciben una atención más extensa y por qué motivos? ¿Qué propósito del «pasar lista» de los héroes de la fe a los Hebreos pasa a menudo desapercibido para los cristianos contemporáneos de entornos tan cómodos? ¿Cómo se recalca dicho propósito en los primeros versículos de Hebreos 12?

BIBLIOGRAFÍA SELECTA

COMENTARIOS

Nivel avanzado

Attridge, Harold W. *The Epistle to the Hebrews*. Hermeneia. Philadelphia: Fortress, 1989.

Ellingworth, Paul. *The Epistle to the Hebrews*. NIGTC. Carlisle: Paternoster; Grand Rapids: Eerdmans, 1993.

Koester, Craig R. *Hebrews*. AB. New York and London: Doubleday, 2001.

Lane, William L. *Hebrews*, 2 vols. WBC. Dallas: Word, 1991.

Nivel intermedio

Bruce, F.F. *The Epistle to the Hebrews*. NICNT. Grand Rapids: Eerdmans, rev. 1990. En español, *La epístola a los Hebreos*. Grand Rapids, MI: Eerdmans, 1987.

deSilva, David A. *Perseverance in Gratitude: A Socio–Rhetorical Commentary on the Epistle "to the Hebrews."* Grand Rapids and Cambridge: Eerdmans, 2000.

Hughes, Philip E. *A Commentary on the Epistle to the Hebrews*. Grand Rapids: Eerdmans, 1977.

Wilson, R. McL. *Hebrews*. NCB. London: Marshall, Morgan & Scott; Grand Rapids: Eerdmans, 1987.

Nivel introductorio

Guthrie, Donald. *The Letter to the Hebrews*. TNTC, rev. Leicester: IVP; Grand Rapids: Eerdmans, 1983.

Guthrie, George H. *Hebrews*. NIVAC. Grand Rapids: Zondervan, 1998.

Hagner, Donald A. *Encountering the Book of Hebrews*. Grand Rapids: Baker, 2002.

Isaacs, Marie E. *Reading Hebrews and James*. Macon: Smyth & Helwys, 2002.

Lane, William L. *Call to Commitment: Responding to the Message of Hebrews*. Nashville: Nelson, 1985.

Otros libros

D'Angelo, Mary R. *Moses in the Letter to the Hebrews*. Missoula: Scholars, 1979.

deSilva, David A. *Despising Shame: Honor Discourse and Community Maintenance in the Epistle to the Hebrews*. Atlanta: Scholars, 1995.

Dunnill, John. *Covenant and Sacrifice in the Letter to the Hebrews*. Cambridge and New York: CUP, 1993.

Gelardini, Gabriella, ed. *Hebrews: Contemporary Methods—New Insights*. Leiden and Boston: Brill, 2005.

Hurst, Lincoln D. *The Epistle to the Hebrews: Its Background of Thought*. Cambridge and New York: CUP, 1990.

Isaacs, Marie E. *Sacred Space: An Approach to the Theology of the Epistle to the Hebrews*. Sheffield: JSOT, 1992.

Käsemann, Ernst. *The Wandering People of God: An Investigation of the Letter to the Hebrews*. Minneapolis: Augsburg, 1984.

Lehne, Susanne. *The New Covenant in Hebrews*. Sheffield: JSOT, 1990.

Lindars, Barnabas. *The Theology of the Letter to the Hebrews.* Cambridge and New York: CUP, 1991.

Peterson, David. *Hebrews and Perfection.* Cambridge and New York: CUP, 1982.

Rhee, Victor (Sung–Yul). *Faith in Hebrews: Analyses within the Context of Christology, Eschatology, and Ethics.* New York: Peter Lang, 2001.

Salevao, Iutisone. *Legitimation in the Letter to the Hebrews: The Construction and Maintenance of a Symbolic Universe.* London and New York: SAP, 2002.

Scholer, John M. *Proleptic Priests: Priesthood in the Epistle to the Hebrews.* Sheffield: JSOT, 1991.

Thompson, James W. *The Beginnings of Christian Philosophy: The Epistle to the Hebrews.* Washington: CBAA, 1982.

Trotter, Andrew H. *Interpreting the Epistle to the Hebrews.* Grand Rapids: Baker, 1997.

Bibliografía

Mills, Watson E. *Hebrews.* Lewiston and Lampeter: Mellen, 2001.

11

1 PEDRO:
PERSEVERANCIA A PESAR DE LA PERSECUCIÓN

AUTORÍA

Primera de Pedro 1:1 afirma que esta carta la escribió Pedro, el apóstol de Jesús. El único Pedro que aparece en el Nuevo Testamento es Simón Pedro, el principal entre los Doce, a quien le fueron prometidas las llaves del reino (Mt 16:16–19), quien negó al Señor tres veces (Mr 14:66–72 y par.), fue restaurado por Cristo después de la pesca milagrosa en el mar de Galilea (Jn 21:15–19) y sirvió como cabeza de los apóstoles y misionero, sobre todo para los judíos, durante los primeros doce capítulos de Hechos. Pablo y él tuvieron un fuerte encontronazo en Antioquía, por la cuestión de los judaizantes (Gá 2:11–15), pero más tarde se reconciliaron, personal y teológicamente (Hch 15:1–29). La tradición de la iglesia primitiva dice que Pedro fue crucificado bocabajo por Nerón en Roma, en la segunda mitad de la década de los sesenta.[1] En tiempos antiguos ni siquiera se sugirió ninguna alternativa a la autoría petrina de esta carta, y muchas fuentes cristianas tempranas coinciden en señalar a Pedro como autor (véase esp. Ireneo, *Contra los herejes* 4.9.2; Tertuliano, *Scorpiace* 12; y Orígenes, citado por Eusebio, *Historia Eclesiástica* 6.25.8).[2] Algunos autores han detectado diversas similitudes entre el estilo y contenido de 1 Pedro y varios sermones de Pedro en Hechos o expresiones suyas en los Evangelios.[3]

Sin embargo, varios eruditos modernos han negado que Pedro pudiera haber escrito esta epístola. Se alega que el vocabulario y el estilo son de un griego demasiado pulido como para pertenecer a un pescador judío que tiene ese idioma como segunda lengua. La persecución implícita en 4:12 (lit. «la prueba ardiente», referida a cuando el cristiano era quemado en la hoguera) y 5:9 («en todo el mundo») es demasiado intensa y extensa para encajar en una fecha en vida de Pedro, en cuyo tiempo solo se desató una persecución contra los cristianos, que se produjo en Roma y su entorno, durante el mandato de Nerón. La práctica de quemar a las personas se dio en pocas ocasiones y en un ámbito reducido. También hay quienes encuentran un problema en la aparente depen-

---

1. El estudio estándar de la vida de Pedro según los documentos paleocristianos es el de Raymond E. Marrón, Karl P. Donfried, y John Reumann, *Peter in the New Testament* (Minneapolis: Augsburg, 1973). Hay un debate más reciente que se centra en la literatura posterior al Nuevo Testamento, tanto ortodoxa como no, en F. Lapham, *Peter: The Myth, the Man and the Writings* (London and New York: SAP, 2003).
2. Para estudiar estas y otras fuentes primarias, véase J. Ramsey Michaels, *1 Peter* (Waco: Word, 1988), xxxii–xxxiv.
3. Por ejemplo, Martin, *New Testament Foundations,* vol. 2, 330–31.

dencia de las cartas de Pablo por parte de 1 Pedro, sobre todo de las cartas de la prisión, incluyendo las que a menudo se consideran postpaulinas, y también en la ausencia en esta carta de suficientes referencias a la vida y enseñanzas de Cristo.[4]

Por otra parte, se puede pensar en un amanuense, experto en griego, para la calidad de su estilo, aunque, más incluso que en el caso de Santiago, es prácticamente imposible determinar hoy el grado de pericia en idioma griego atribuible a un judío del siglo primero que viajaba por todas partes del mundo helenista durante varias décadas, como Pedro (sobre todo si uno no traduce mal Hechos 4:13 como dando a entender que los apóstoles eran analfabetos).[5] «Con la ayuda de [*dia*] Silvano» en 1 Pedro 5:12 se ha tomado a menudo como la indicación de que Pedro dictó su carta a su compañero griego, que podría haber mejorado enormemente su estilo, pero estudios más recientes ponen en duda esta interpretación. La presencia de expresiones paralelas en otros pasajes no indica normalmente la ayuda en la escritura de la carta, sino simplemente en la entrega de una epístola.[6]

En cuanto a la persecución, la ardiente prueba puede ser una metáfora del sufrimiento intenso, sin llamas literales, como en la traducción que da la NIV (prueba dolorosa) en 1 Pedro 4:12.[7] Además, en ningún período de los 150 primeros años de la historia cristiana se vio persecución de creyentes por todo el Imperio; esto no ocurriría hasta mucho más tarde. Pero hay citas de 1 Pedro a principios y mediados del siglo II por parte de escritores cristianos, así que sabemos que tenía que haberla escrito él. El capítulo 5:9 se refiere con mucha más probabilidad al hostigamiento no oficial, local, de creyentes, tal como lo padecían los cristianos tanto por parte de los judíos, como de los paganos en todas partes del libro de Hechos en la primera generación de la historia de la iglesia.[8] Después de todo, el único desarrollo específico en la carta del tema de la persecución describe a los vecinos paganos que maltratan a los cristianos por no participar con ellos en sus libertinos festejos (4:4), justo la clase de rechazo local que los creyentes podrían experimentar en todas partes, independientemente de las políticas o actitudes imperiales.

En lo que concierne a la relación entre 1 Pedro y las cartas de Pablo, es dudoso que se pueda establecer su dependencia directa; los paralelos resultan más próximos en las secciones sobre el sometimiento a autoridades, instruc-

---

4. Hay un catálogo completo de los argumentos a favor y en contra de la paternidad literaria de Pedro para este libro en John H. Elliott, *1 Peter* (New York and London: Doubleday, 2000), 118–30.

5. Por otra parte, Karen H. Jobes *(1 Peter* [Grand Rapids: Baker, 2005], 325–38) determina que la carta contiene en la sintaxis suficiente «interferencia semítica» para hacer pensar que la lengua propia del autor no era el griego.

6. E. Randolph Richards, «Silvanus Was Not Peter's Secretary: Theological Bias in Interpreting *dia/ Silouanou egraya* in 1 Peter 5:12» *JETS* 43 (2000): 417–32.

7. Thomas R. Schreiner, *1, 2 Peter, Jude* (Nashville: Broadman & Holman, 2003), 219.

8. I. Howard Marshall, *1 Peter* (Leicester and Downers Grove: IVP, 1991), 23, 171.

ciones corrientes en los «códigos domésticos» de la época. Los segundos paralelismos más comunes son los cristológicos y teológicos de pasajes que, con frecuencia, se han considerado que reflejan los credos y confesiones cristianos tempranos, el tipo de material ampliamente aceptado en la iglesia primitiva.[9] Y, como en Santiago, aun sin haber citas exactas de las tradiciones de Jesús, hay numerosas alusiones al tipo de cosas que Jesús hizo y dijo en los Evangelios.[10] Así, aun cuando una ligera mayoría de eruditos actuales sostiene el seudonimato, apenas comparable con la situación de Colosenses entre las deuteropaulinas, el caso sigue sin resolver y permite que *las afirmaciones tradicionales sobre su autoría puedan seguir siendo aceptadas*. De hecho, incluso entre comentaristas poco dispuestos a llegar tan lejos, las propuestas de un «círculo petrino» de discípulos de Pedro como responsables de esta carta han crecido en popularidad. Pero no hay criterios adecuados para distinguir entre ese origen de la epístola y una paternidad literaria más directa de Pedro (o de cualquier otro autor al azar bajo seudónimo).[11]

LUGAR

El capítulo 5:13 envía «Saludos de parte de la que está en Babilonia, escogida como ustedes». Pero el Antiguo Testamento nos deja una Babilonia en ruinas, y en los tiempos del Nuevo Testamento solo había un pueblecito por allí cerca. No hay ningún otro documento antiguo que sugiera que el cristianismo hubiera alcanzado esa región tan pronto (ni que la hubiera alcanzado en varios siglos), y Babilonia estaba muy lejos de los destinatarios que vivieron en lo que hoy es la Turquía occidental y central (1:1). Teniendo en cuenta que Apocalipsis usa «Babilonia» como palabra en clave para referirse a Roma (Ap 17:5), que Pedro terminó su carrera apostólica en Roma y que Marcos fue a Roma para estar con Pablo a mediados de los años 60 (2Ti 4:11; probablemente también Col 4:10) y que está con Pedro cuando se escribe esta carta (1P 5:13), parece probable que *Pedro escribe desde Roma*.[12]

Una generación anterior de expertos sugería a menudo que el trasfondo más específico para el empleo de importantes partes de 1 Pedro era una liturgia bautismal.[13] Comentaristas más recientes reconocen esta hipótesis como «po-

---

9. J. N. D. Kelly, *A Commentary on the Epistles of Peter and of Jude* (London: Black; New York: Harper, 1969), 11–15.

10. Véase esp. Robert H. Gundry, «"*Verba Christi*" in 1 Peter: Their Implications concerning the Authorship of 1 Peter and the Authenticity of the Gospel Tradition», *NTS* 13 (1966–67): 336–50; Ídem, «Further *Verba* on the *Verba Christi* in First Peter», *Bib* 55 (1974): 211–32.

11. Hay una revisión y crítica de propuestas recientes en David G. Horrell, «The Product of a Petrine Circle? A Reassessment of the Origin and Character of 1 Peter», *JSNT* 86 (2002): 29–60.

12. Así en la mayoría de comentaristas, acepten o no la autoría de Pedro. Véase por ejemplo, Paul D. Achtemeier, *1 Peter* (Minneapolis: Fortress, 1996), 353–54.

13. Véase sobre todo en todo el libro de Edward G. Selwyn, *The First Epistle of St. Peter* (London: Macmillan, rev. 1947; Grand Rapids: Baker, 1981).

sible», pero carente de pruebas externas suficientes como para considerarlo «probable». Aun así, está claro que hay varios credos cristológicos o confesiones del tipo de los que vemos esparcidos por las cartas de Pablo, sobre todo en 1:19–21; 2:21–25; y 3:18–22, que sería muy apropiado para ser aprendidos y recitados por nuevos creyentes, puesto que concentran la doctrina fundamental sobre la persona y la obra de Cristo. Los eruditos coinciden además en que Pedro emplea numerosas fuentes y tradiciones en todas partes de su carta —nótese también el código doméstico de 2:13–3:7—, pero reconocen que identificarlas sin nuevas evidencias para comparar es algo que está más bien fuera de nuestro alcance.[14]

FECHA

Los que entienden que 1 Pedro es una obra seudónima suelen fecharla en el tiempo del emperador romano Domiciano, a finales de la década de los ochenta o principio de la de los noventa, justo antes de su persecución, breve pero intensa, contra los cristianos a mediados de los noventa,[15] aunque algunos la sitúan más tarde, durante las hostilidades ocurridas bajo el mandato de Trajano en la segunda década del siglo II.[16] Algunos subrayan la ausencia de una persecución imperial explícita y fechan la epístola en la época comparativamente pacífica de las décadas de los setenta o los ochenta.[17] Sin embargo, si Pedro escribió esta carta, es mejor darle una fecha temprana: o mediados de los años sesenta, *justo antes o durante los comienzos de la persecución de Nerón.* Contando con que Pedro dejó Jerusalén alrededor del 44 d.C. (Hch 12:17), podría haber viajado por las provincias a las que se refiere muy poco tiempo después, y podría haber llegado a Roma a finales de la década de los cuarenta o durante la siguiente. Pero hay una sólida tradición externa que no le sitúa en la capital imperial hasta la década de los sesenta. Al mismo tiempo, si las tradiciones que sitúan el martirio de Pedro en época de Nerón son exactas, la carta no puede ser datada después del suicidio de dicho emperador, en el año 68.[18] El capítulo 3:13–14 sugiere que la persecución por causa de la fe se ve todavía como algo posible, pero no probable, mientras que 2:13–17 nos recuerda a Romanos 13:1–7 con su actitud positiva para la sumisión a las autoridades gobernantes.

---

14. Lo que también socava las teorías principales y más antiguas que tienen 1 Pedro como un documento compuesto. Véase Achtemeier, *1 Peter,* 58–62.

15. Por ejemplo, en Ernest Best, *1 Peter* (London: Marshall, Morgan & Scott, 1971; Grand Rapids: Eerdmans, 1981), 63–64.

16. Por ejemplo, Francis W. Beare, *The First Epistle of Peter* (Oxford: Blackwell, 1970).

17. Por ejemplo, Elliott, *1 Peter,* 134–38.

18. Encontramos un catálogo conciso de estas y otras tradiciones extrabíblicas sobre la vida de Pedro en *New Testament Apocrypha,* ed. Wilhelm Schneemelcher, vol. 2 (London: Lutterworth; Philadelphia: Westminster, 1965), 45–50. Curiosamente, la mayor parte del material sobre tradiciones tempranas acerca de las actividades de cada uno de los apóstoles está omitida en la edición de 1992.

Todo esto sugiere la fecha *del año 63 o principios del 64,* quizás muy cerca en tiempo y circunstancias a la epístola a los Hebreos.[19]

DESTINATARIOS

Los destinatarios de 1 Pedro estaban esparcidos por todas partes de *Ponto, Galacia, Capadocia, Asia y Bitinia,* cinco provincias romanas conectadas por las calzadas que podrían haber permitido a los mensajeros pasar esta carta, y las copias que se habrían hecho de ella, de cada región de la actual Turquía a la contigua, en el orden en que se mencionan (1:1). A pesar de las expresiones de elección y dispersión (1:1–2), reminiscencia de Santiago 1:1, cabe dudar que los cristianos judíos fueran más que una minoría entre la audiencia de Pedro. Los gentiles predominaban en todas aquellas partes del mundo antiguo, y es improbable que se aplicaran a los judíos las descripciones de las vidas lascivas y de disipación que practicaban los paganos (4:4). El capítulo 2:10 refuerza la impresión de que *una mayoría era cristiana gentil, al referirse a los destinatarios no como el pueblo, sino como parte del pueblo* de Dios. Compárense también las descripciones de las vidas pasadas de estos creyentes en 1:14 y 18.[20]

En varios escritos, John Elliott ha argumentado con detalle que al menos un número significativo de «extranjeros y peregrinos» (2:11) a quienes se dirige 1 Pedro (cf. 1:1) debería considerarse como refugiados literales, desplazados de sus patrias contra su voluntad. Los términos *paroikai y parepidēmoi* en realidad tienen como significado más común el de «extranjeros con residencia» y «forasteros de visita» en un sentido geográfico y étnico. Los terremotos, hambres, guerras y agitaciones similares desplazaron seguramente a muchos residentes del Imperio Romano en el primer siglo, aunque la persecución o el hostigamiento por la fe cristiana pueden haber llevado a otros a abandonar sus hogares,[21] pero también hay un buen precedente bíblico para entender la expresión metafóricamente. Como este mundo no es el verdadero hogar de los cristianos (Fil 3:20 y Heb 11:13–16), deben considerarse extranjeros y forasteros en cualquier parte donde vivan.[22] Además, el proceso mismo de conversión del judaísmo o de una de las religiones grecorromanas al cristianismo, producía la suficiente desorientación inicial y necesaria reorientación como para que los nuevos creyentes se hubieran sentido «provisionalmente sin hogar».[23] Por

---

19. Cf. Wayne Grudem, *The First Epistle of Peter* (Leicester: IVP; Grand Rapids: Eerdmans, 1988), 35–37.
20. Cf. Achtemeier, *1 Peter,* 50–51
21. Véase esp. John H. Elliott, John H. Elliott, *A Home for the Homeless* (Philadelphia: Fortress; London: SCM, 1981).
22. Véase esp. Moses Chin, «A Heavenly Home for the Homeless: Aliens and Strangers in 1 Peter», *TynB* 42 (1991): 96–112.
23. Torrey Seland, «Παροίκους καί Παρεπιδήμους: Proselyte Characterizations in 1 Peter?» *BBR* 11 (2001): 239–68.

tanto, es imposible determinar qué porcentaje de la audiencia de Pedro puede haber sido de refugiados literales.[24]

GÉNERO Y CONTEXTO

Primera de Pedro es la primera de las cartas no paulinas que empieza y termina como una epístola helenista. En medio, el cuerpo de la carta expone doctrina y ética, con más parecido a Hebreos que a la mayor parte de las epístolas de Pablo. Pero, a diferencia de Hebreos, el material exhortativo comienza y domina cada sección principal, dejando el material teológico, mucho más breve, para después, como fundamento para las instrucciones de Pedro. En particular, funcionan de esta manera las confesiones cristológicas o credos. La primera sección principal del cuerpo de la carta refleja un enérgico llamamiento a la santidad y un interés por que las congregaciones de Pedro manifiesten preocupación mutua mientras la sociedad circundante se descompone o se muestra hostil a ellos (1:13–2:10).[25] La segunda sección principal, sin embargo, pone énfasis simultáneamente en la necesidad de mantener relaciones correctas en la familia y la sociedad como testimonio evangelizador para un mundo caído (2:11–4:19).[26] Juntos, ambos objetivos tienen la función de dar esperanza en medio del sufrimiento a los creyentes perseguidos. El capítulo 4:19 («Así pues, los que sufren según la voluntad de Dios, entréguense a su fiel Creador y sigan practicando el bien») bien puede constituir la tesis de la carta, resumiendo ambos énfasis.[27]

Esta estructura en conjunto no se amolda muy bien a un subgénero concreto de carta. Ramsey Michael crea la etiqueta «una carta apocalíptica de diáspora para Israel».[28] Paul Holloway se fija más en la función que en la forma y encuentra paralelos significativos con una epístola consolatoria.[29] Igual que Santiago, 1 Pedro refleja el mensaje de un dirigente cristiano judío clave que escribe a más de una sola comunidad de cristianos. La aplicación de la expresión de elegidos de Dios (véase esp. 1:1; 2:5, 9), ya no solo a los judíos, sino a la iglesia de Jesucristo, independientemente de su composición étnica, es una de las exposiciones teológicas más importantes de esta epístola.

I. Saludo (1:1–2)

II. Bendición (1:3–12)

---

24. Jobes *(1 Peter,* xi *et passim)* argumenta que muchos de los lectores originales eran refugiados literales de Roma, entre los que había judíos cristianos expulsados por Claudio, pero que el lenguaje de Pedro se inclinó también hacia un uso más espiritualizador.

25. Véase esp. John H. Elliott, *The Elect and the Holy* (Leiden and New York: Brill, 1966).

26. Véase esp. David L. Balch, *Let Wives Be Submissive: The Domestic Code in 1 Peter* (Chico: Scholars, 1981).

27. Grudem, *First Epistle of Peter,* 184.

28. Michael, *1 Peter,* xlvi–xlix

29. Paul A. Holloway, «*Nihil inopinati accidisse* —"Nothing Unexpected Has Happened": A Cyrenaic Consolatory *Topos* in 1 Pet 4.12ff», *NTS* 48 (2002): 433–48.

III. Primera respuesta al sufrimiento: Creación de una comunidad santa (1:13–2:10)

    A. Llamamiento a una vida santa (1:13–25)

    B. Creación de una comunidad viva (2:1–10)

IV. Segunda respuesta al sufrimiento: Testimonio atractivo hacia la sociedad (2:11–4:19)

    A. Buena conducta, con fines evangelizadores (2:11–12)

    B. Ejemplos específicos de sometimiento a las autoridades (2:13–3:7)

        1. Ciudadanos y gobierno (2:13–17)

        2. Esclavos y señores (2:18–25)

        3. Esposas y maridos (3:1–7)

    C. Más principios generales acerca del sufrimiento inmerecido (3:8–4:6)

        1. Un espíritu sumiso, no vengativo (3:8–12)

        2. La improbabilidad de sufrir haciendo el bien (3:13–17)

        3. El ejemplo de Jesús (3:18–22)

        4. La victoria que su expiación hace posible para nosotros (4:1–6)

    D. Resumen exhortativo (4:7–11)

    E. Resumen doctrinal (4:12–19)

V. Exhortaciones Finales (5:1–11)

VI. Conclusión (5:12–14)

COMENTARIO

SALUDO (1:1–2)

Además de la descripción que hace Pedro de las ubicaciones y la naturaleza de su audiencia, comentadas más arriba (p. 506), este saludo contiene una importante referencia trinitaria incipiente a Dios, quien trajo a estos creyentes a la comunión con Él. La expresión «Padre, Hijo y Espíritu Santo», en ese orden, aún no se ha estandarizado, pero las funciones de cada persona encajan con las cosas que se dicen de ellas ya en Pablo: Dios elige mediante su presciencia, la sangre de Cristo hace posible la obediencia de los creyentes y el Espíritu vive en los creyentes para permitir la santificación en progreso.[30]

BENDICIÓN (1:3–12)

Igual que en 2 Corintios, la forma judía *de berakah* (bendición) sustituye a una palabra explícita de acción de gracias al principio de la sección de oración. A pesar de la necesaria puntuación en nuestras traducciones, estos diez

---

30. Aunque la santificación, a lo largo de todo el Nuevo Testamento, pueda abarcar también el principio del proceso en el momento de la salvación inicial. Véase esp. David Peterson, *Possessed by God* (Leicester: Apollos and Downers Grove: IVP, 1995).

versículos forman una sola extensa oración en griego, cuyo tema principal es alabar a Dios por nuestra salvación (vv. 3, 9, 10). El foco primario de Pedro se fija en la certeza de nuestra esperanza futura en una herencia imperecedera (vv. 4–5), que puede inspirarnos para resistir y hasta alegrarnos durante cualesquiera sufrimientos que esta vida pueda poner en nuestro camino (v. 6). El carácter complementario de la Soberanía de Dios y la perseverancia humana surge en la característica forma bíblica: con el poder de Dios protegiendo a los creyentes mientras ellos tienen fe en Él.[31] Así como el fuego refinador del crisol separa la escoria de los metales preciosos, que son conservados, el sufrimiento nos permite centrarnos en la realidad eterna, la única duradera, y reconocer un valor positivo, purificador, en las pruebas que nos afligen (vv. 7–9).

Pero Pedro también echa una mirada hacia atrás, recordando a los creyentes la ventaja que ellos tienen frente a las personas de tiempos pasados, y hasta frente a los ángeles, que anhelaban entender más detalles sobre las profecías de Antiguo Testamento que apuntaban al clímax del plan de Salvador de Dios para la humanidad (vv. 10–12). Hay un importante debate en torno a la traducción *de tina ē poion kairon* en el versículo 11: ¿significa «qué tiempo y qué clase de tiempo» (p. ej., el tiempo y las circunstancias del ministerio del Mesías) o «quién y qué tiempo» (p. ej., la identidad y la cronología de dicho ministerio)? A pesar de la popularidad de la primera perspectiva, la gramática considera las dos, y es difícil imaginarse a los profetas sin interés en saber quién sería el Mesías, así como cuándo iba a venir.[32] Pero, desde luego, no les fue revelado ninguno de estos detalles, salvo la convicción general de que había una futura edad más allá de la vida de los profetas en que se vería el cumplimiento de sus predicciones (v. 12).

PRIMERA RESPUESTA AL SUFRIMIENTO: CREACIÓN DE UNA COMUNIDAD SANTA (1:13–2:10)

Llamamiento a una vida santa (1:13–25).[33] El capítulo 1:13–25 comienza el cuerpo de la carta de Pedro con la descripción del modo cristiano de vivir: ser santos, como Dios es santo, como Jesús fue santo, incluso cuando eso implica el sufrimiento. Los versículos 13–16 resumen la voluntad de Dios en términos del código de santidad levítico (véase esp. Lv 19:2). Una vida como debe ser comienza, desde luego, con el pensamiento adecuado, así que debemos estar mentalmente preparados y tener dominio propio centrándonos en nuestro destino final en Cristo.[34] Entonces, el deseo de una conducta santa

---

31. Acerca de esto, véase esp. I. Howard Marshall, *Kept by the Power of God* (London: Epworth; Minneapolis: Bethany, 1969).

32. Y esto se corresponde con el uso general del Nuevo Testamento. Véase G. D. Kilpatrick, «1 Peter 1.11: *TINA H ΠΟΙΟΝ KAIPON*», *NovT* 28 (1986): 91–92.

33. Puede encontrarse un análisis detallado de este paso como la base teológica para la ética de la carta entera en Jacob Prasad, *Foundations of the Christian Way of Life according to 1 Peter 1, 13–25: An Exegetico–Theological Study* (Rome: PIB, 2000).

34. Elliott (*1 Peter,* 355) sugiere, como equivalente idiomático inglés de v. 13a, «having rolled up the sleeves of your mind» [habiéndose arremangado la mente].

pesará más que la tentación a ceder ante los malos deseos, a pesar de que este ceder trae a menudo placer y ayuda a evitar el dolor a corto plazo.

Los versículos 17–21 desarrollan el fundamento lógico para esta ética: hemos sido redimidos de un modo mundano de vivir. Además, tenemos que dar cuentas a Dios, que es tanto juez como padre. Su rol de juez nos inspira un sano temor al día final; su rol paterno alivia lo anterior recordándonos que nuestras verdaderas casas y familias no están en esta tierra y que Dios espera dar entrada a los que son suyos a una relación con Él completamente caracterizada por el amor.[35]

Encajada en este párrafo está *la primera confesión cristológica* de Pedro (vv. 19–21; cf. más arriba) que se extiende más en la naturaleza de la redención que Jesús trajo. Igual que los corderos expiatorios del ritual del Antiguo Testamento, Jesús proporcionó una muerte que expía los pecados de la humanidad, una provisión decidida en tiempos remotos, pero no llevada a cabo sino recientemente con la inauguración de los tiempos del fin, en el siglo primero. En todas estas afirmaciones, Pedro es del todo coherente con lo que ya hemos estudiado en Hechos, Pablo y Hebreos.

La purificación de nuestras vidas, que comienza en la conversión, conduce a la obediencia, a la verdad y al amor los unos a los otros (Ef 4:15). Pedro anima a sus congregaciones para que dejen seguir y hacerse más profundo este proceso, reconociendo de nuevo su maravilloso futuro eterno, ahora que han renacido por el poder del evangelio (vv. 22–24). Este mundo en general, así como las vidas humanas de este mundo en particular, sigue siendo frágil y marchito comparado con las realidades eternas, como la revelación de Dios (v. 25; citando Is 40:6–8). Sin duda, este contraste entre lo transitorio y lo permanente fortaleció a la asediada comunidad cristiana que se enfrentaba al poder y la gloria aparentemente ilimitados de Roma. En realidad, toda «la fuerza, el poder, la riqueza, la belleza y la gloria humanas... se desvanecerán rápidamente», pero «los cristianos que han "nacido de nuevo"... vivirán con Dios para siempre».[36]

Creación de una comunidad viva (2:1–10). El capítulo 2:1–10 se centra más expresamente en cómo crecer en la vida cristiana, sobre todo mediante la formación de una comunidad santa. Para este fin, Pedro desarrolla dos metáforas: desear la leche pura, espiritual (vv. 1–3), y edificar la casa espiritual (vv. 4–10). El versículo 1 emplea la descripción gráfica de «abandonar» (*apothemenoi*, NIV «librarse de») vicios de la manera en que uno se quitaría la ropa sucia. Los pecados enumerados «no son los groseros vicios del paganismo, sino los pecados que destruyen la comunidad», que suponen una tentación mayor para una comunidad perseguida en una sociedad marcada por las rivalidades

---

35. Marshall (*1 Peter,* 53–54 n.), sin embargo, señala que el rol bíblico de «padre» también debería inspirar reverencia, quizás incluso más que la metáfora del juez, precisamente porque une las imágenes de autoridad y cuidado.

36. Grudem, *First Peter,* 93.

entre facciones, la competencia y el conflicto sociales. [37] En lugar de eso, estos cristianos deben ansiar «la leche» que les hace madurar en su fe (vv. 2–3). En 1 Corintios 3 y Hebreos 5 se menciona la leche como metáfora negativa que se refiere a la alimentación propia de los bebés; aquí funciona como una metáfora positiva referida a lo que nutre a los creyentes a lo largo de toda la vida.

La palabra traducida como «espiritual» *(logikos)* ha generado una larga controversia. Sus dos significados más comunes eran «racional» (cf. español «lógico») y «espiritual» (más en el sentido metafórico frente al literal). Pero el uso *de logos* en 1:23, junto con la doble aparición *de rhema* en 1:25 (las dos con el significado de «palabra») podría invitarnos a traducir según la etimología del adjetivo y hablar de «la leche pura de la Palabra [de Dios]».[38]

Los versículos 4–10 exponen aún más directamente, conforme sus miembros crecen, la naturaleza corporativa del pueblo del Dios. Partiendo de los versículos 4–8, Pedro piensa en los cristianos de manera colectiva, como un edificio compuesto por individuos, piedras vivas encajadas juntas para formar una casa de sacrificios, es decir, un templo. Pero tanto el edificio como las ofrendas son metafóricos, no literales (v. 5). El propio Cristo, por supuesto, es la piedra angular, una verdad que Pedro encuentra predicha en Isaías 28:16, Salmos 118:22[39] e Isaías 8:14, en este orden. El primero de estos textos lo usaba un targum judío para referirse al «Rey Mesías»; la expresión similar en los segundos dos textos, junto con sus referencias a un rey davídico y a Dios en sus contextos originales, hace que para Pedro sea natural aplicarlos de forma parecida.

Además, puede recordar la enseñanza similar de Jesús después de la parábola de la viña (Mr 12:1–11 y par.) en la que Cristo ya se refirió a sí mismo con esta imagen de la piedra angular. Unidas, estas citas del Antiguo testamento indican un doble rol en Jesús: promete honrar a sus seguidores, pero amenaza con avergonzar los que lo rechazan. La segunda mitad del versículo 8 podría sonar en la traducción inglesa como un apoyo a la predestinación de condenación, pero el griego usa un pronombre relativo neutro donde el inglés pone *which* [la NVI traduce correctamente «lo cual», N. de T], sugiriendo toda

---

37. Peter H. Davids, *The First Epistle of Peter* (Grand Rapids: Eerdmans, 1990), 80.

38. Dan G. McCartney, «λογικός en 1 Pedro 2,2», *ZNW* 82 (1991): 128–37. Karen H. Jobes («Got Milk? Septuagint Psalm 33 and the Interpretation of 1 Peter 2:1–3», *WTJ* 64 [2002]: 1–14) ve reminiscencias de Salmos 33:9 (LXX) y piensa que Pedro ha combinado la metáfora de gustar la bondad del Señor con la metáfora del nuevo nacimiento para referirse a la nueva realidad que se establece en un creyente por la resurrección de Jesús.

39. No hay razón para traducir, como hace la NIV, *kephalēn gōnias* de v. 7 como «capstone» [piedra culminante], después de interpretar *akrogōnaion*, en v. 6, como «cornerstone» [piedra angular], sobre todo considerando la descripción que da el v. 8 como una piedra sobre la cual uno puede tropezar (¡algo difícil si se refiriese a la piedra que culmina el arco!) La TNIV ha corregido esto traduciendo «piedra angular» en todos los casos.

la cláusula previa como antecedente del pronombre relativo.[40] En otras palabras, los incrédulos no están predestinados individualmente para desobedecer
a Dios, pero está el principio preestablecido de antemano de que los que desobedecen tropezarán (p. ej., caerán espiritualmente).[41]

Los dos siguientes versículos aplican una serie de metáforas del Antiguo
Testamento sobre Israel a la multiétnica iglesia de Jesucristo (vv. 9–10). Unidos a las descripciones similares en el versículo 5, está claro que Pedro ve el
traslape sustancial (aunque no necesariamente una exacta identidad) entre las
dos entidades. Es el cuerpo de creyentes cristianos de todo el mundo, no Israel
o los judíos, el que ahora constituye el pueblo elegido de Dios.[42] Partiendo del
versículo 5, Martín Lutero desarrolló su famosa doctrina del sacerdocio de todos los creyentes (opuesta al sacerdocio exclusivo del clero en el catolicismo
medieval). Esa aplicación parece justificada, pero el contexto aquí no acentúa
el individualismo (como en la moderna tendencia bautista de la "competencia
de cada alma"), sino el papel conjunto de todos los cristianos juntos intercediendo por la gracia de Dios para un mundo caído.[43]

SEGUNDA RESPUESTA AL SUFRIMIENTO: TESTIMONIO ATRACTIVO HACIA LA SOCIEDAD (2:11–4:19)

Buena conducta, con fines evangelizadores (2:11–12). Desde el tema de
enfoque interno de construir una comunidad santa, Pedro pasa a una tarea complementaria de la iglesia, sobre todo en un mundo hostil: una conducta externa
piadosa con el propósito de maximizar un impacto positivo y minimizar una
respuesta negativa entre las personas no creyentes de la sociedad. Los versículos 11–12 introducen estos dos objetivos, que luego serán ilustrados mediante
una *Haustafel* o código doméstico como los que hemos visto en Colosenses y
Efesios. Las vidas con moral dejan un testimonio poderoso a los incrédulos,
llevando a algunos a hacerse cristianos, de modo que alabarán a Dios en el Día
del Juicio (v. 12).[44] Por supuesto, será inevitable que algunas otras personas
sigan acusando a los cristianos de manera injusta.[45]

Ejemplos específicos de sometimiento a la autoridad (2:13–3:7). *Ciudadanos y gobierno (2:13–17).* El primero de los tres ejemplos de Pedro para

---

40. Achtemeier, *1 Peter,* 162,
41. Cf. Norman Hillyer (*1 and 2 Peter, Jude* [Peabody: Hendrickson, 1992], 64): «Lo que
    Pedro quiere decir es que la consecuencia inevitable de rechazar continuamente la
    obediencia a Cristo es tropezar hasta el desastre».
42. Cf. Achtemeier (*1 Pedro,* 69), quien añade, «Israel como un todo se ha convertido en
    la metáfora que controla los términos en que se expresa la teología de la carta».
43. Véase esp. Elliott (*1 Pedro,* 449–55), que, no obstante, puede que haya hecho oscilar
    el péndulo demasiado lejos del enfoque de Lutero.
44. Davids, *First Epistle of Peter,* 97 (contra los que ven el «día de la visitación» como
    algo que podría pasar durante el curso normal de acontecimientos de esta era).
45. Hay unas reflexiones excepcionales sobre estos dos fenómenos en Miroslav Volf,
    «Soft Difference: Theological Reflections on the Relation Between Church and Cul-
    ture in 1 Peter», *ExAud* 10 (1994): 15–30.

las relaciones entre autoridades y subordinados en su código doméstico es diferente de lo que Pablo incluyó en su *Haustafel* (recuérdese, sin embargo, Ro 13:1–7). Los individuos cristianos (hoy nosotros hablaríamos de ciudadanos, pero pocos cristianos del primer siglo eran realmente ciudadanos romanos) deben someterse «a toda creación humana» (v. 13a; esa es la traducción literal de lo que la NVI pone como «a toda autoridad humana»). Pero, en el contexto de trato con reyes y gobernantes (vv. 13b–14a), está claro que Pedro no se refiere a cualquier persona que pueda llegar a ostentar poder sobre otros, sino a las autoridades políticas debidamente constituidas.[46] Igual que Pablo antes de él, Pedro habla aquí únicamente del rol positivo del gobierno; hasta los regímenes imperiales son mejores que la anarquía y el caos.

Cuando funcionaba conforme a sus propios mandatos, el gobierno romano tenía dos papeles básicos: recompensar a los que hacen el bien y castigar a los criminales (v. 14b).[47] Pero el mismo Pedro había practicado la resistencia pasiva cuando las demandas de las autoridades de Israel contravenían la ley de Dios (Hch 4–5), así que «por causa del Señor», en el versículo 13, debemos entenderlo como «siempre que las leyes humanas no deshonren las leyes de Dios». Es también posible interpretar *hos huperechonti* («como suprema autoridad») como «cuando él es superior», es decir, cuando (y solo cuando) las demandas del rey reflejan la moralidad o la justicia cualitativamente superior (a la excesivamente habitual inmoralidad y corrupción).[48]

Las objeciones a las enseñanzas de Pedro que indican que el cristiano es libre de otras leyes que las de Dios son en principio válidas, pero los creyentes deben preocuparse por el efecto que causa su conducta en un mundo caído (vv. 15–16). El versículo 17 generaliza y da el toque final al párrafo concluyendo con otro mandamiento de honrar (*timaō*) al rey. Pero, antes de ponerlo, Pedro relativiza algo ese mandamiento al insistir en que los creyentes honren (de nuevo con *timaō) a todos, lo que incluye a sus hermanos y hermanas cristianos, y reservando el verbo más fuerte (phobeisthe*; temer, reverenciar) para Dios.[49]

Esclavos y señores (2:18–25). Las siguientes dos partes de la *Haustafel* de Pedro vuelven a las relaciones que Pablo también había tratado en sus códigos domésticos. Así, habría que consultar también nuestros comentarios sobre Efesios 6:1–9, Colosenses 3:20–25 y Filemón. En cuanto a esclavos y maestros, Pedro pone incluso más acento que Pablo en la virtud del sufrimiento injusto (vv. 18–20). «Con todo respeto», en el versículo 18, es una interpretación de-

---

46. Schreiner, *1, 2 Peter, Jude*, 128.
47. Winter (*Seek the Welfare of the City*, 25–40) pone de manifiesto el prominente papel de conceder honores cívicos a generosos benefactores privados en la tarea de «reconocer a los que hacen el bien».
48. Recuérdese nuestro argumento en Romanos 13:1.
49. «En lo que parece una moderada ironía, Pedro ha puesto al Emperador en el mismo nivel que "toda la gente"» (Grudem, First Epistle of Peter, 123). La NVI no permite verlo al traducir el primer uso de *timaō* como «Den a todos el debido respeto» en lugar de «honren».

masiado débil *de en panti phobē* («en todo temor»), que probablemente tiene
a Dios más bien que al amo como objeto implícito (cf. los finales de vv. 19
y 20).[50] Como ejemplo de someterse a un severo sufrimiento, Pedro se vuelve naturalmente hacia Jesús e inserta su *segunda confesión cristológica* (vv.
21–25). Aunque la crucifixión era mucho más que un mero modelo a imitar
para los cristianos (¡sobre todo porque no podemos expiar los pecados del
mundo!), era, no obstante, ejemplar (v. 21). Podemos negarnos a devolver a
los demás sus insultos o a amenazar con venganza cuando somos maltratados.
Así podemos mantenernos libres de pecado, no del todo, pero al menos en lo
relativo a esas situaciones específicas (vv. 22–23a). Y podemos así obrar de
la misma manera que Jesús, recordándonos que podemos esperar la venganza
que un Dios justo va a demandar de los que nos oprimen y nunca se arrepienten
de sus pecados (v. 23b).[51] De hecho, si no fuese por su muerte expiatoria, que
hace posible el perdón de nuestros pecados y la transformación de nuestras
vidas, estaríamos todavía tan apartados de Dios como nuestros enemigos no
salvos (vv. 24–25). Los ecos de Isaías 53 resuenan en todas partes de esta confesión, mientras el versículo 22 cita directamente ese capítulo (véase Is 53:9).
Las imágenes de la oveja extraviada proceden de Isaías 53:6, que nos lleva de
modo natural a llamar a Jesús el Pastor (v. 25), pero también puede subyacer
en el trasfondo la escena en que se restaura a Pedro tras pedirle tres veces que
cuide del rebaño de Cristo (Jn 21:15–17).

Esposas y maridos (3:1–7). La sección final de la *Haustafel* de Pedro se
vuelve hacia la relación entre los cónyuges. En los versículos 1–6, Pedro tiene en mente sobre todo a las cristianas con maridos no creyentes, ¡las cuales
tendrían, sin duda, grandes tentaciones para no someterse a sus esposos en numerosas áreas! Después de todo, ellas rompían con la convención cultural de
su entorno en el momento en que dejaban de profesar la religión del marido.[52]
«Así mismo» (v. 1a) no significa «como si ustedes fueran esclavas», sino «aquí
tienen otro ejemplo» de los principios que Pedro está comentando. Después de
todo, la expresión reaparece en el versículo 7, dirigida a los maridos, sin referirse siquiera a la parte subordinada de la relación (cf. también 4:5 donde *no
hay ningún* mandamiento de que nadie se someta previo al llamamiento «Así
mismo, esposas, sométanse»).[53]

Los versículos 1b–2 no significan que las mujeres no deban presentar a
sus maridos no creyentes la proclamación verbal del evangelio, sino que no
deben resultar molestas con ella.[54] Una vida reverente puede ser el testimonio

50. Achtemeier, *1 Peter*, 194–95.
51. Marshall (*1 Peter*, 97) subraya que este texto trata sobre el no tomar represalias cuando se es perseguido. Es asunto diferente asegurar la justicia para el oprimido, algo que
la Biblia llama regularmente al pueblo de Dios a procurar.
52. Schreiner, *1, 2 Pedro, Jude,* 153.
53. Cf. Hillyer, *1 and 2 Peter, Jude,* 92.
54. Después de todo, se presentaría 3:15 como principio más intemporal, de contraste.
Véase Jeannine K. Brown, «Silent Wives, Verbal Believers: Ethical and Hermeneutical Considerations in 1 Peter 3:1–6 and Its Context», *WW* 24 (2004): 395–403.

más poderoso. Pero seguir estas instrucciones no puede ser algo limitado a los matrimonios mixtos, puesto que Pedro escribe «si algunos de ellos no creen», lo cual implica que otros sí creen. Desde luego, la sumisión de las mujeres debería ser mucho más fácil dentro de un matrimonio cristiano en el cual los maridos hacen caso del versículo 7.

Los versículos 3–4 recuerdan a las mujeres ricas del Asia Menor que la adecuada belleza ha de ser interna más bien que externa (recuérdese 1Ti 2:9), un principio que, de nuevo, no se limita a la audiencia inmediata a la que se dirige. Igual que con sus instrucciones para esclavos, Pedro fundamenta estos mandamientos apelando a un modelo ejemplar, en este caso: «en tiempos antiguos las santas mujeres...». El más destacado ejemplo es el de Sara, la esposa de Abraham (vv. 5–6). El único lugar de Génesis donde llama a su marido *kurios* («señor») está en 18:12 (RVR60), en el cual también se burla de la idea de que vaya a dar a luz un hijo en su vejez. ¡Nada de ese contexto ilustra la obediencia a su marido, ni siquiera a Dios! Pero quizás Pedro tiene en mente dos incidentes separados, refiriéndose a la obediencia de Sara cuando estuvo dispuesta a cumplir con las instrucciones de Abraham para hacerse pasar por su hermana, en Génesis 12:10–20, a pesar del problema que eso le trajo a él después.[55]

Sea como sea, es importante ver que la obediencia de Sara es simplemente una ilustración del más amplio principio de las matriarcas de Israel que se someten a sus maridos, lo que sugiere que la obediencia *per se* es simplemente un modo de manifestar sumisión, junto con un testimonio silencioso, centrándose en el adorno interno, etc. Otras situaciones pueden requerir la táctica diferente. El término traducido como «temor» en el versículo 6 no es el habitual *phobos*, sino el raro *ptoēsis,* un acto de intimidación o incluso miedo. Así, este temor probablemente se refiere al miedo natural que las mujeres tendrían al castigo que los maridos no creyentes podrían infligirles.[56]

Aunque el contexto inmediato, en el que hay muchos matrimonios mixtos en los cuales es la esposa la que más probablemente se ha convertido, hace que haya un conjunto mucho más extenso de instrucciones para las mujeres, los maridos, sea cual sea su contexto, no se atreverán a descuidar el versículo 7. Aquí solo se puede esperar que conozcan las prescripciones de Pedro los maridos *cristianos*. «Sean comprensivos» puede traducirse más literalmente como «viviendo juntos conforme al conocimiento», más en el sentido de mostrar empatía hacia la esposa. «Ya que como mujer es más delicada» (literalmente, «vaso»), se ha tomado frecuentemente en la historia de la iglesia como una

---

55. Aída B. Spencer («Peter's Pedagogical Method in 1 Peter 3:6», *BBR* 10 [2000]: 107–19) defiende bien la última opción, concluyendo que «no se trata de la obediencia por la obediencia, sino más bien de una conducta pura» (p. 116).

56. Davids (*1 Peter*, 121) combina las ideas de estas tres últimas oraciones para concluir que las mujeres «son subordinadas, pero su subordinación es revolucionaria en tanto que no se subordinan por miedo, por deseo de posición social ni por otra ventaja humana, sino por obediencia a Cristo, que las trata como personas completas y las permite elevarse por encima de las amenazas y los miedos de esta era».

referencia a la inferioridad ontológica o incluso moral de la mujer, una opinión acertadamente abandonada por casi todos los eruditos hoy. Después de todo, este mismo versículo acentúa la igualdad absoluta de hombre y mujer a ojos de Dios como coherederos de su don inmerecido de la salvación. La mayoría asume actualmente que la expresión se refiere a la, por regla general, mayor delicadeza física de la mayoría de mujeres, pero eso ni siquiera se aplica en todos los matrimonios.

La psicología popular cristiana ha tratado de vez en cuando convertirlo en un elogio, afirmando que se refiere a la mayor sensibilidad de las mujeres, pero no hay ningún apoyo léxico para darle ese significado a *asthenēs*. La perspectiva que mejor encaja con el significado de la palabra y su contexto inmediato es *la posición de vulnerabilidad voluntariamente adoptada en que* una mujer cristiana se coloca al someterse a su marido,[57] ¡algo de lo que el marido no debe atreverse a abusar, o Dios rechazará sus oraciones!

Más principios generales acerca del sufrimiento inmerecido (3:8–4:6). *Un espíritu sumiso, no vengativo (3:8–12).* No hay acuerdo general en cuanto a dónde finaliza la sección que empieza en 2:11. Pero no aparecen más categorías de clases específicas de personas que se someten a sus dirigentes, por lo que parece que Pedro ha pasado a exponer más principios generales de sumisión a otros. Sin embargo, la repetición de 3:9 sobre no devolver los insultos (recuérdese 2:23) sugiere que seguimos estando en el mismo tema principal. El capítulo 3:8–4:6 está unificado en un sentido amplio por el tema de los creyentes sometidos a la injusticia, aunque los auténticos verbos de sumisión no reaparecen como sí lo hacían por todo 2:13–3:7. El primer subtema trata sobre responder al mal con el bien, no con más mal. A veces es bastante difícil vivir en armonía con otros cristianos (v. 8), ya que incluso ellos pueden hacernos mucho daño,[58] pero es más difícil todavía cuando el mundo no cristiano nos tienta a suplantar el papel de Dios como juez, vengándonos nosotros por las atrocidades que éste puede cometer contra nosotros. Pero, en el Sermón del Monte/Llanura (Mt 5:43–48; Lc 6:27–36), Jesús manda amar a los enemigos con una expresión lo bastante cercana a la que usa Pedro como para sugerir que aquí puede estar aludiendo a las palabras de Cristo (v. 9).[59] Además, el Salmo

---

57. Combinando ideas de Grudem (*First Epistle of Peter*, 144) y Davids (*First Epistle of Peter*, 123).

58. «Los conceptos occidentales modernos de individualismo tienden a estar por encima del compromiso con la comunidad. Donde se encuentra el compromiso, a menudo se evalúa en términos de necesidades individuales. Un individuo a quien la comunidad deja de suplir las necesidades, termina con el compromiso y busca un grupo nuevo y más complaciente. Este pensamiento se opone a las cualidades de 3.8. Para vivir en buena armonía tiene que haber una buena disposición a conformar los propios objetivos, necesidades, y expectativas a los de la comunidad» (Jobes, *1 Peter*, 216).

59. Elliott, *1 Peter,* 606–9. Este espíritu de no venganza ha demostrado ser influyente en las ideologías (y en la mayor parte de sus protestas) de la no violencia del siglo XX, con figuras diversas como Mohandas Gandhi en la India, Martin Luther King Jr. en Estados Unidos, Cory Aquino en Filipinas, las vigilias con velas de los luteranos de

34:12–16 refuerza las instrucciones de Jesús y Pedro en el contexto del sufrimiento del justo, incluyendo al extranjero residente (vv. 10–12).

La improbabilidad de sufrir haciendo el bien (3:13–17). La pregunta retórica del versículo 13, junto con la condición de cuarta clase (usando el raro modo optativo) del versículo 14a, una construcción a veces llamada «de futuro menos probable», sugiere que Pedro todavía no cree muy probable que los cristianos sean perseguidos entre tanto que hagan el bien,[60] pero también reconoce que puede pasar, en cuyo caso no deben tener miedo, sino seguir honrando a Cristo y explicar con amor por qué creen lo que creen (vv. 14b–16a). Como en 2:12, esto hará que algunos cambien su actitud hacia los cristianos y quizás hasta abracen su fe (v. 16b). Igual que en 2:20, sufrir por hacer el mal sirve de poco, pero perseverar a través del sufrimiento injusto puede ser la voluntad de Dios mientras él lleva a cabo un bien mayor (v. 17).

El ejemplo de Jesús (3:18–22). Pedro añade ahora *la tercera y más larga confesión cristológica* de su epístola. Su propuesta principal está clara: el sufrimiento puede tener un efecto de purificación sobre nosotros, así como la muerte de Jesús nos proporcionó purificación (4:1, recuérdese 1:7). Pero algunos detalles siguen siendo difíciles de entender. Históricamente, este pasaje se ha convertido en el texto fuera de contexto más comúnmente citado, como parte del Credo de los Apóstoles (no en la redacción original del siglo III, sino la añadida en el siglo VIII), sobre el descenso de Cristo al infierno. Aunque cabe dudar que el pasaje realmente enseñe esa doctrina. El versículo 18a es bastante claro. La crucifixión de Cristo proporcionó una expiación vicaria y sustitutoria que permite a las personas ser reconciliadas con Dios. Pero, después de eso, la interpretación se hace más difícil. El modo de explicarlo que vamos a esbozar aquí, sin embargo, refleja el de una buena mayoría de comentaristas contemporáneos de todo el espectro teológico.[61]

Los versículos 18b–19a podrían traducirse como «Él fue matado en el cuerpo, pero vivificado en el espíritu, por medio del cual [o de lo cual] también fue y predicó...» (véase nota al margen en la NIV), en cuyo caso Pedro estaría describiendo la actividad del espíritu de Cristo durante el período que estuvo en la sepultura aguardando su resurrección. Pero la parte de en medio de esta

---

la Alemania del Este justo antes de la caída del Telón de Acero, así como las reuniones de oración y las manifestaciones masivas en Ucrania después de unas elecciones fraudulentas, en 2004.

60. O, como una variante de esta opinión, que no sabe cuánta persecución puede experimentar el creyente individual, aunque reconoce la creciente amenaza sobre el horizonte en un sentido más general. Cf. Schreiner, *1, 2 Peter, Jude*, 179.

61. Puede encontrarse una historia de la interpretación de 3:18–22 y una defensa de la posición aquí adoptada en William J. Dalton, *Christ's Proclamation to the Spirits: A Study of 1 Peter 3:18–4:6* (Rome: PIB, rev. 1989). Más reciente, cf. Andrew J. Bandstra, «"Making Proclamation to the Spirits in Prison": Another Look at 1 Peter 3:19», *CTJ* 38 (2003): 120–24. Sobre los puntos débiles de esta perspectiva, hay información, sobre todo, en David G. Horrell, «Who Are "The Dead" and When Was the Gospel Preached to Them? The Interpretation of 1 Pet 4.6», *NTS* 49 (2003): 70–89.

porción podría fácilmente traducirse como «pero vivificado por el Espíritu, por medio de quien...» (NIV), en cuyo caso el tiempo de la predicación tendrá que ser determinado por otros elementos del pasaje. Los versículos 19–20 nos presentan el tema crucial. ¿Qué es la predicación a los espíritus prisioneros que desobedecieron en el tiempo de Noé? ¿Y quiénes son esos espíritus? ¿Se trata de una segunda oportunidad para la salvación? No es probable (recuérdese Heb 9:27). El verbo aquí empleado no es *euangelizō* («evangelizar»), sino *kērussō* («proclamar» o «anunciar un mensaje»). ¿Se trata de una *primera* oportunidad de salvación para los santos del Antiguo Testamento que aún no habían sabido sobre Jesús? Tampoco es probable, porque la palabra «espíritu», en todo el Nuevo Testamento, cuando no está calificada por una expresión modificadora explícita, siempre significa ángeles o demonios.

Lo más verosímil es que se refiera a un anuncio de Cristo a los demonios proclamando la victoria que su muerte le ha dado sobre ellos. ¿Cuándo ocurrió esto? Considerando que el «fue» del versículo 19 traduce la forma idéntica del participio aoristo pasivo como «subió» en el versículo 22 (*poreutheis*), teniendo también en cuenta que los cristianos del primer siglo creían en un reino invisible entre el cielo y la tierra donde peleaban ángeles y demonios (recuérdese el comentario a 2Co 12:2 y Ef 2:2), y dado que el versículo 22 habla explícitamente sobre el sometimiento a Cristo tanto de los espíritus del bien como los del mal, parece probable que todo esto tuvo lugar en su ascensión de la tierra al cielo.[62]

Los versículos 20–21 también contienen referencias extrañas a la generación de Noé y al bautismo. Si los espíritus encarcelados fueran demonios, entonces Pedro, por lo visto, los veía como el poder que había detrás de aquella humanidad excepcionalmente mala del tiempo de Noé (cf. Jud 6; 2P 2:4).[63] La mención de Noé da lugar a una tipología acerca de dos clases de salvación «por» agua: la de Noé y su familia, preservados físicamente en el arca que sobrevivió al diluvio, y la de los cristianos, que manifiestan su salvación espiritual mediante una breve inmersión en las aguas del bautismo. El versículo 21a

---

62. La forma siguiente más probable de entender este pasaje es que estaba predicando por medio de Noé la necesidad de arrepentirse a la generación que acabó destruida en el diluvio y así terminó en el infierno. Véase esp. Wayne Grudem, «Christ Preaching through Noah: 1 Peter 3:19–20 in the Light of Dominant Themes in Jewish Literature», *TrinJ* 7 (1986): 3–31. Con respecto a la opinión común a lo largo de la historia de la iglesia de que «Cristo descendió a los infiernos», parece entrar en conflicto con lo que Cristo dijo en la cruz a uno de los criminales crucificados a su lado sobre que estaría con él ese mismo día en el Paraíso (Lc 23:43). Cf. además John Yates, «"He Descended into Hell": Creed, Article and Scripture», *Churchman* 102 (1988): 240–50, 303–15.

63. Esta manera de entenderlo no requiere que interpretemos que Gn 6:1–2 se refiere a demonios que tienen literalmente relaciones sexuales con mujeres humanas, como en algunas tradiciones antiguas judías. Pero se podían ver los designios diabólicos detrás de las intenciones de los caudillos o aristócratas (otro antiguo significado de «los hijos de Dios») humanos al multiplicar su número de esposas. Véase esp. Meredith G. Kline, «Divine Kingship and Genesis 6:1–4», *WTJ* 24 (1962):187–204.

lo citan a menudo fuera de contexto los que creen en la regeneración bautismal, pero el 21b deja claro que el bautismo es el signo externo («el compromiso» o «la respuesta») de un cambio interno en el corazón («una buena conciencia»).[64]

La victoria que su expiación hace posible para nosotros (4:1–6). Aunque queden detalles poco claros en el pasaje anterior, el objetivo principal de Pedro al incorporar esta confesión es animar a los creyentes para que puedan soportar el sufrimiento tal como Cristo hizo, y que los padecimientos puedan ayudarles a librar sus vidas del pecado, si no de modo absoluto, al menos sí progresivamente (4:1–3).[65] Desde luego, nuestros vecinos no salvos no entenderán por qué abandonamos los aparentemente divertidos pecados que ellos todavía cometen, pero un día serán juzgados por esos actos (vv. 4–5).[66] El versículo 6 nos presenta el siguiente punto crucial exegético. En griego se lee simplemente: «Por esto también se les predicó el evangelio aun a los muertos». ¿Se está refiriendo de nuevo al hecho que se describe en 3:18–22? ¿Acaso hay aquí un apoyo a la segunda oportunidad para la salvación después de la muerte, incluso si no lo hay en 3:18–22? El resto del versículo introduce un contraste entre ser juzgado en la carne por otras personas (seguramente, refiriéndose a los condenados a muerte por sus perseguidores) y ser vivificado por Dios en el reino espiritual (con referencia a la resurrección). Esto apoya la interpretación de la NVI, que añade la palabra *ahora*: el evangelio fue predicado a las personas mientras estaban vivas, para que llegasen a ser creyentes, lo que a su vez les garantizaba la vida eterna, aunque fueran martirizados.[67]

Resumen de exhortaciones (4:7–11). Este párrafo nos recuerda muchas de las secciones de cierre con exhortaciones al final del cuerpo de las cartas de Pablo. Pedro resume varios conceptos clave rápidamente, estilo *staccato*. Igual que con Pablo, el potencial fin inminente de esta era crea un sentido de urgencia para la vida cristiana. El amor sigue siendo lo central, pues nos permite pasar por alto muchos pecados de otros, sobre todo los cometidos contra nosotros.

---

64. Marshall, *1 Peter*, 130–31.
65. Otros toman «el que ha sufrido en el cuerpo» como refiriéndose a la victoria absoluta de Cristo sobre el pecado o ven «ha roto con el pecado» más en un sentido legal que de experiencia. Pero la primera opción es menos apropiada en un contexto sobre la respuesta del creyente, mientras que este último percibe la teología paulina en la escritura de un autor diferente que en ninguna otra parte emplea esta categoría. Véase Elliott, *1 Peter*, 714–18.
66. En el v. 4, el griego que traducimos «corran con ellos en ese mismo desbordamiento de inmoralidad» es especialmente vívido. Kelly (*The Epistles of Peter and Jude*, 170) encuentra similitud con la imagen de «la eufórica estampida de los busca–placeres».
67. Véase esp. Elliott, *1 Peter*, 731–40. Sabiduría de Salomón 3:1–6 proporciona un pasaje paralelo particularmente cercano. Las otras opciones principales defendidas a lo largo de la historia de la iglesia, en frecuencia decreciente y en orden de más a menos probable, son: (a) que ofrece la plena salvación cristiana a los santos del Antiguo Testamento; (b) que ofrece una posibilidad de salvación a los que nunca han oído el evangelio en vida; y (c) que ofrece una segunda posibilidad de salvación incluso para los que habían oído el evangelio en vida pero no lo habían aceptado.

Los creyentes deben identificar sus dones espirituales y ejercerlos fielmente. Las listas de dones que presenta Pablo son mucho más completas (recuérdense las de 1Co 12, Ro 12, y Ef 4); Pedro posiblemente los ha incorporado todos bajo dos epígrafes (quizás pensando en el reparto de labores de Hechos 6:1–7): los dones de hablar (profecía, enseñanza, lenguas, sabiduría, etc.) y los de servicio (administración, hospitalidad, fe, dar, etc.).[68] La doxología con la que finaliza esta sección ha hecho que muchos comentaristas consideren que el cuerpo de la carta concluye aquí. Pero los escritores judíos tienen la tendencia a hacer paréntesis de alabanza a Dios también entre secciones (recuérdese Ro 9:5 y véase la literatura rabínica en general), mientras que el versículo 19 se lee como un resumen de todos los puntos principales de Pedro; de ahí el esquema que hemos adoptado aquí.

Resumen doctrinal (4:12–19). Pedro vuelve ahora a la acción de gracias con que comenzó la carta. El sufrimiento no tiene que parecernos algo extraño; hasta puede conducir a alegría y bendiciones (vv. 12–14). Aquí también puede estar detrás del pensamiento de Pedro el motivo de las aflicciones mesiánicas (véase más arriba sobre Col 1:24),[69] pero, se insiste, debemos estar seguros de que no sufrimos por causa de nuestra propia maldad, sino como cristianos (vv. 15–16). Esto no tiene por qué limitarse a la hostilidad directa contra nuestra fe; Dios puede usar una enfermedad contraída como parte normal de vivir en un mundo caído del mismo modo que usa la persecución. ¡Pero una enfermedad de transmisión sexual o un arresto por algún acto criminal no reflejan las bendiciones purificadoras de Dios! Los versículos 17–18 recuerdan a los lectores de Pedro la acción de Dios en Ezequiel 9:6, donde el juicio comenzó en el templo de Dios en Israel, un hecho que Malaquías 3:1 esperaba que se repetiría.[70] Con lo dura que fue la respuesta temporal de Dios a los pecados de su propio pueblo, imaginen el terror que producirá su juicio eterno a los incrédulos (cf. Pr 11:31). El cristiano puede descansar tranquilo en que Dios vengará todo el mal dirigido contra ellos (y cualquier otro mal) y puede todavía seguir los dos principios capitales para afrontar el sufrimiento: *lealtad a Dios y servicio a los demás* (la v. 19).[71]

EXHORTACIONES FINALES (5:1–11)

Aunque la carta de Pedro contenía por toda ella secciones principales de exhortación, el apóstol presenta ahora una sección final de exhortaciones reunidas antes de concluir con otra doxología y el amén. Si hay un eslabón con lo

---

68. Schreiner, *1, 2 Peter, Jude*, 215.
69. Véase esp. Mark Dubis, *Messianic Woes in First Peter: Suffering and Eschatology in 1 Peter 4:12–19* (New York: Peter Lang, 2002).
70. Véase esp. Dennis E. Johnson, «Fire in God's House: Imagery from Malachi 3 in Peter's Theology of Suffering (1 Pet. 4:12–19)», *JETS* 29 (1986): 285–94.
71. Michaels (*1 Peter*, 274–75) explica la intención en conjunto de esta sección como el recordatorio a los creyentes de que su vindicación final no produce una dicha presente, pura. El sufrimiento debe primero purificarlos, pero Dios sigue siendo soberano a lo largo de todo el proceso.

que ha dicho hasta ahora, puede ser el que los ancianos tienen un papel especial en la preparación de la casa de Dios para el juicio venidero mencionado en 4:17–18. El capítulo 5:1–5 parece un apartado más de un código doméstico, implicando esta vez a los ancianos de la iglesia y a quienes están bajo su cuidado y autoridad. La parte más importante de este material trata las responsabilidades de los ancianos (vv. 1–4). En este punto, Pedro podría haber afirmado su autoridad apostólica, pero, precisamente porque quiere formar parte de un liderazgo de servicio, subraya su papel como anciano igual que ellos; desde luego, él es especial por ser testigo ocular de la crucifixión de Cristo, pero es como ellos en su participación en la gloria de la resurrección de Cristo (v. 1). El resultado es más una petición de un igual que un dictado autoritario.[72]

El versículo 2a reproduce el modelo señalado en Hechos 20: los ancianos (presbíteros) son también pastores y supervisores (obispos).[73] Los versículos 2b–3 presentan un triple contraste. Estos líderes de la iglesia no deben servir bajo coacción, ni por beneficio material ni con tiranía, sino de buen grado, deseosos de darse a los demás y siendo modelos del comportamiento que quieren inculcar a su «rebaño». Si la gloria que eso da en esta vida es demasiado pequeña, pueden pensar con toda ilusión en una eternidad de gloria en la vida venidera, tras el regreso de Jesús, «el Pastor supremo» (v. 4). Este título de Cristo, que no se encuentra en ningún otro lugar de la Biblia, recuerda a los ancianos que incluso ellos son simples «pastoreados» bajo el verdadero cabeza de la iglesia.

El opuesto natural de «anciano» (*presbuteros*) es «joven» (*neoteros*), en el versículo 5. Pero si «ancianos» en los versículos 1–4 eran cargos, ¿se refiere «jóvenes» también a funciones en la iglesia? ¡Seguro que no! Precisamente por la ambigüedad del término *presbuteros,* sacado de la tradición de designar a los hombres de más edad como ancianos, se puede describir la sumisión del resto de la congregación a sus dirigentes en los términos que Pedro emplea aquí.[74] Otra posibilidad es que Pedro señale de manera especial a los que era más probable que se rebelaran contra los dirigentes. De cualquier modo, en la segunda mitad del versículo se dirige claramente a la iglesia en su totalidad, citando Proverbios 3:34, tal como Santiago hizo en 4:6 de su carta. Esta promesa a los humildes conduce de manera natural a un llamamiento a la humildad ante Dios y a una invitación a echar todas nuestras preocupaciones sobre él, como alternativa a la ansiedad y como medio para una posterior exaltación (vv. 6–7).

---

72. Elliott (*1 Peter*, 847) observa que la elección de palabras de Pedro modera pero no elimina las estructuras de autoridad existentes. Recuérdense nuestros comentarios de Ef 5:21–33 más arriba.

73. Un importante trabajo de R. Alastair Campbell (*The Elders: Seniority within Earliest Christianity* [Edinburgo: T & T Clark, 1994]) sobre los ancianos en el mundo del Nuevo Testamento defiende el estrecho vínculo entre el rol de autoridad y la edad, y también desafía la ecuación que iguala ancianos y supervisores. Su primer argumento resulta más persuasivo que el otro.

74. Leonhard Goppelt, *A Commentary on 1 Peter* (Grand Rapids: Eerdmans, 1993), 350–52.

Finalmente, Pedro llama a su audiencia a resistir al diablo mediante un autocontrol vigilante. El sufrimiento no nos purifica de manera automática; podemos decidir volvernos amargados o vengativos y culpar a Dios. Pero puede animarnos el hecho de que ningún cristiano se ha mantenido de manera permanente exento de sufrir, y Dios con frecuencia ha capacitado a muchos para actos heroicos de resistencia y padecimiento que normalmente harían palidecer en comparación a nuestras quejas (vv. 8–9). Después de lo que no es más que un puntito en la pantalla de radar de la eternidad, el sufrimiento dará paso a la gloria sin fin, una preciosa verdad que de la misma manera nos faculta para «perseverar», así como para dar a Dios toda la alabanza (vv. 10–11).

CIERRE (5:12–14)

Como señalamos en la introducción (p. 503), todo lo que podemos deducir con cierta seguridad acerca del papel de Silas en el versículo 12 es que él llevó la carta, aunque está claro que *podría* haber actuado como amanuense, con suficiente libertad como para escribir con el buen estilo griego de la carta. Solo que la frase «con la ayuda de Silvano» probablemente no implica nada acerca de esta última posibilidad. «Animarlos» y «confirmarles» refleja las secciones éticas y doctrinales de la epístola, normalmente repartidas en ese orden (recuérdese más arriba, p. 507). El empleo de Babilonia en el versículo 13 para referirse a Roma (recuérdese más arriba, p.504) también refleja una perspectiva más negativa, equilibrando la visión del gobierno que se revelaba en 2:13–17. Que Marcos esté con Pedro en Roma encaja bien con el testimonio de los padres de la iglesia, según el cual Marcos escribió su Evangelio basándose en las memorias de Pedro.[75] El saludo judío de paz (sin el más helenista de «gracia») cuadra con el trasfondo de cristiano judío más conservador de Pedro (v. 14).

APLICACIÓN

Dependiendo de en qué sección principal del cuerpo de la carta pongamos el acento, uno puede leer 1 Pedro de dos modos bastante diferentes. Uno se centra en el llamamiento de Pedro a la iglesia para que se cuiden el uno al otro en tiempos difíciles, y así proporcionar lo que John Elliott ha enfatizado a lo largo de sus numerosos trabajos sobre esta carta y ha condensado en el título de uno de sus libros como *un hogar para los que no tienen hogar*.[76] El otro modo destaca las instrucciones de Pedro para someterse a las estructuras sociales y presentar un testimonio atrayente de la fe cristiana en medio de un mundo caído, pero que observa. Aquí, el título del estudio de Bruce Winter, adoptando una parte de Jeremías 29:7, resume con acierto el énfasis de Pedro: *busquen el bienestar de la ciudad*.[77] Ambos modos de verlo son complementarios, no contradictorios, como se manifiesta en 4:19.

---

75. Véase Blomberg, *Jesus and the Gospels,* 123.

76. Véase p. 506 más arriba.

77. Véase p. 506 más arriba.

En un mundo con muchos refugiados literales y espirituales, y con una creciente «guerra de cultura» entre los cristianos y la sociedad no cristiana de su entorno, esos dos énfasis siguen siendo absolutamente cruciales para el pueblo de Dios. Como iglesia, debemos proveer para las personas que sufren de maneras que pocos gobiernos hacen, satisfaciendo las necesidades espirituales y físicas, participando al mismo tiempo de manera activa como ciudadanos respetuosos con la ley que trabajan todo lo posible por lo bueno que hay «en el sistema». Los tiempos de incremento de la persecución contra el pueblo de Dios deberían conducirnos a subrayar estos dos principios, más incluso que en otros tiempos.[78]

PREGUNTAS ADICIONALES

1. ¿Sobre qué base puede atribuirse la paternidad literaria de 1 Pedro al apóstol Pedro? ¿Cuáles son las afirmaciones de los eruditos modernos acerca de la autoría de 1 Pedro? ¿Cómo se explica la evidente relación entre 1 Pedro y las cartas de Pablo?

2. ¿Qué otros detalles de la introducción a 1 Pedro son más discutidos? ¿Cuáles son los más seguros? Explique por qué en cada caso.

3. Identifica los énfasis más importantes de cada una de las dos secciones principales de 1 Pedro. Basándose en ellos, ¿cuál sería una buena proposición de tesis para toda la epístola?

4. ¿Cómo pone Pedro el sufrimiento bajo una luz positiva en su epístola? ¿Qué puede lograr la vida piadosa en medio del sufrimiento?

5. ¿Qué razonamiento presenta Pedro para vivir vidas santas? ¿En qué medida es esencial la comunidad para fomentar una vida santa? ¿En qué difiere el énfasis de Pedro sobre el sacerdocio de creyentes del énfasis del reformador Martín Lutero sobre el mismo tema?

6. Para Pedro, ¿cuál es el objetivo último y el resultado de promover una comunidad santa? ¿Cómo encajan los códigos domésticos de Pedro en este objetivo? ¿Cómo puede entenderse el ejemplo que da Pedro de la vida de Abraham y Sara para ejemplificar la sumisión de las esposas a sus maridos, cuando la historia no fue en su contexto original como él la cuenta? ¿Cuál es la mejor interpretación de mencionar a la mujer como la «más delicada» en el matrimonio?

7. ¿Cuáles son las afirmaciones clave de cada una de las confesiones cristológicas de Pedro? Resuma brevemente la cristología de Pedro.

8. ¿Cuál es la mejor interpretación para el difícil pasaje de 1 Pedro 3:18–19 que afirma la predicación de Cristo a los espíritus encarcelados? ¿Qué puede decirse acerca de que este pasaje ofrece una segunda oportunidad de salvación a los que antes han rechazado el evangelio?

---

78. Puede encontrarse un estudio sociológico sobre cómo todo esto encaja con los destinatarios del mundo de Pedro en Steven R. Bechtler, *Following in His Steps: Suffering Community and Christology in 1 Peter* (Atlanta: Scholars, 1998).

9. En la conclusión de su epístola, ¿qué actitud aconseja Pedro cuando uno se enfrenta al sufrimiento o la persecución? ¿Cuál es el potencial peligro espiritual de amargarse en medio del sufrimiento? ¿Cuáles son los principios más importantes para afrontar el sufrimiento que en última instancia traerá la purificación y la santidad de los creyentes?

BIBLIOGRAFÍA SELECTA

COMENTARIOS:

Avanzados

Achtemeier, Paul D. *1 Peter.* Hermeneia. Minneapolis: Fortress, 1996.

Elliott, John H. *1 Peter.* AB. New York and London: Doubleday, 2000.

Jobes, Karen H. *1 Peter.* BECNT. Grand Rapids: Baker, 2005.

Michaels, J. Ramsey. *1 Peter.* WBC. Waco: Word, 1988.

Selwyn, Edward G. *The First Epistle of St. Peter.* London: Macmillan; rev. 1947; Grand Rapids: Baker, 1981.

Intermedios

Best, Ernest. *1 Peter.* NCB. London: Marshall, Morgan & Scott, 1971; Grand Rapids: Eerdmans, 1982.

Davids, Peter H. *The First Epistle of Peter.* NICNT. Grand Rapids: Eerdmans, 1990.

Goppelt, Leonhard. *A Commentary on 1 Peter.* Grand Rapids: Eerdmans, 1993.

Kelly, J.N.D. *A Commentary on the Epistles of Peter and Jude.* BNTC/HNTC. London: Black; New York: Harper, 1969.

Schreiner, Thomas R. *1, 2 Peter, Jude.* NAC. Nashville: Broadman & Holman, 2003.

Senior, Donald P., and Daniel J. Harrington. *1 Peter, Jude and 2 Peter.* SP. Collegeville: Liturgical, 2003.

Introductorios

Boring, M. Eugene. *1 Peter.* ANT. Nashville: Abingdon, 1999.

Grudem, Wayne A. *The First Epistle of Peter.* TNTC, rev. Leicester: IVP; Grand Rapids: Eerdmans, 1988.

Marshall, I. Howard. *1 Peter.* IVPNTC. Leicester and Downers Grove: IVP, 1991.

McKnight, Scot. *1 Peter.* NIVAC. Grand Rapids: Zondervan, 1996.

Otros libros

Balch, David L. *Let Wives Be Submissive: The Domestic Code in 1 Peter.* Chico: Scholars, 1981.

Bechtler, Steven R. *Following in His Steps: Suffering, Community and Christology in 1 Peter.* Atlanta: Scholars, 1998.

Campbell, Barth L. *Honor, Shame, and the Rhetoric of 1 Peter.* Atlanta: Scholars, 1998.

Elliott, John H. *A Home for the Homeless.* Philadelphia: Fortress; London: SCM, 1981.

Martin, Troy W. *Metaphor and Composition in 1 Peter.* Atlanta: Scholars, 1992.

Seland, Torrey. *Strangers in the Light: Philonic Perspectives on Christian Identity in 1 Peter.* Leiden and Boston: Brill, 2005.

Talbert, Charles H., ed. *Perspectives on 1 Peter.* Macon: Mercer, 1986.

BIBLIOGRAFÍA

Casurella, Anthony. *Bibliography of Literature on 1 Peter.* Leiden and New York: Brill, 1996.

Dubis, Mark. *Research on 1 Peter: A Survey of Scholarly Literature Since 1985, CBR* 4 (2006): 199–239.

12

LA EPÍSTOLA DE JUDAS:
«SIGAN LUCHANDO VIGOROSAMENTE POR LA FE»

INTRODUCCIÓN

RELACIÓN CON 2 PEDRO

Es bastante posible que ocuparnos de Judas en este punto rompa la secuencia cronológica de las epístolas no paulinas que estamos, por otro lado, tratando de seguir. Pero es natural comentar Judas junto a 2 Pedro, porque parece haber una relación literaria entre estas dos epístolas breves. *La mayor parte de las imágenes, detalles y hasta expresiones específicas de Judas concuerdan en gran medida con las de 2 Pedro 2.* Más concretamente, 2 Pedro 2:1–3:3 repite 80 de las 311 palabras de Judas 4–18 dentro de sus 426 palabras.[1] *Por lo general, se asume que Judas es la más antigua de las dos,* porque (1) habría habido poca necesidad de tener Judas de haber estado ya escrita 2 Pedro, (y 2) Judas sigue una forma de argumento estructurada con más cuidado y más obviamente judía, mucho más de lo que cabría esperar si Judas fuera el documento que toma de 2 Pedro y la modifica.[2] Así que interrumpimos el orden canónico (y quizás) cronológico de 1 a 2 Pedro al tratar ahora esta breve carta.

FECHA

Por lo tanto, siguiendo del acuerdo general de los expertos, la fecha de la composición de Judas debe preceder a la de 2 Pedro. Asumiendo que 2 Pedro es auténtica (véase más adelante, pp. 473–75), Judas tuvo que ser anterior a la muerte de Pedro, que ocurrió en algún momento durante la persecución de Nerón a los cristianos en el 64–68 d.C. Decir cuánto tiempo antes de mediados de los años 60 es conjeturar. *La fecha de principios de los años 60 refleja una sugerencia común y prudente,* considerando la gran cantidad de escritura apostólica que se dio durante esta década y el fácil acceso que muchos cristianos tenían a documentos apostólicos (y que varios líderes cristianos tenían entre

---

1. Terrance Callan, «Use of the Letter of Jude by the Second Letter of Peter», *Bib* 85 (2004): 43.
2. Véase esp. Richard J. Bauckham, *Jude, 2 Peter* (Waco: Word, 1983), 3–17. Douglas J. Moo (*2 Peter, Jude* [Grand Rapids: Zondervan, 1996] 16–18) opta en principio por la dependencia de Judas respecto de 2 Pedro porque piensa que Judas 17–18 cita 2 Pedro 3:3. Pero la mayor parte de los eruditos cree que estos versículos se refieren a la repetida profecía apostólica acerca del surgimiento de escépticos inmorales en los postreros días y que la referencia de Judas a «los apóstoles» demuestra que no está citando precisamente ninguna fuente en concreto.

ellos) por aquel entonces. Las semejanzas entre los falsos maestros contra los que se habla en Judas y en 2 Pedro indican una fecha similar para las dos cartas, y 2 Pedro no puede anteceder a 1 Pedro más allá de aproximadamente el año 63 d.C. Pero la naturaleza judía de la carta y el entorno apocalíptico de muchos de los ejemplos de Judas podrían sugerir una fecha tan temprana como las décadas de los 40 o 50. O bien, de ser Judas o 2 Pedro seudónimos, sería posible una fecha entre 70 y 90.[3]

JUDAS	2 PEDRO 2
«Se han infiltrado entre ustedes ciertos individuos … impíos que … niegan a Jesucristo, nuestro único Soberano y Señor» (v. 4).	«Habrá falsos maestros que encubiertamente introducirán herejías destructivas, al extremo de negar al mismo Señor que los rescató» (v. 1).
«Y a los ángeles que no mantuvieron su posición … los tiene perpetuamente encarcelados en oscuridad para el juicio del gran Día» (v. 6).	«Dios no perdonó a los ángeles cuando pecaron, sino que los arrojó al abismo, metiéndolos en tenebrosas cavernas y reservándolos para el juicio» (v. 4).
« Sodoma y Gomorra … son puestas como escarmiento … por haber practicado … inmoralidad sexual» (v. 7).	«Condenó a las ciudades de Sodoma y Gomorra … poniéndolas como escarmiento para los impíos» (la v. 6).
«Estos individuos … contaminan su cuerpo, desprecian la autoridad y maldicen a los seres celestiales. Ni siquiera el arcángel Miguel, … se atrevió a pronunciar contra él un juicio de maldición» (vv. 8–9).	«Los que siguen los corrompidos deseos de la naturaleza humana y desprecian la autoridad … No tienen reparo en insultar a los seres celestiales, mientras que los ángeles… no pronuncian contra tales seres ninguna acusación» (vv. 10–11).
«Y como animales irracionales, lo que entienden por instinto es precisamente lo que los corrompe» (v. 10).	Pero aquéllos … animales irracionales, se guían únicamente por el instinto, y nacieron para ser atrapados y degollados» (v. 12).

---

3. Encontramos una muestra representativa de perspectivas en Schreiner, *1, 2 Peter, Jude,* 409, n. 31.

«Se entregaron al error de Balaam … Son nubes sin agua, llevadas por el viento … para quienes está reservada eternamente la más densa oscuridad» (vv. 11–13).	«Se han extraviado para seguir la senda de Balaam … son fuentes sin agua … para quienes está reservada la más densa oscuridad» (vv. 15–17).

TRASFONDO

Las circunstancias que dieron lugar a esta epístola siguen siendo igual de vagas. La carta fue mayoritariamente aceptada en Alejandría en la historia de la iglesia primitiva, que comienza con Clemente, de finales del siglo II, que era de allí. Por eso, se ha sugerido con frecuencia que Judas escribe a los cristianos de aquella ciudad egipcia. Allí se desarrolló una importante comunidad cristiana de judíos, pero lo mismo sucede con Siria y Asia Menor, que también se han planteado como opciones ampliamente aceptadas. Una reciente sugerencia ha propuesto que la mención que el autor hace de 1 Enoc indica que escribía desde Palestina, donde se conocía mejor esa obra.[4] Sin embargo, *la naturaleza antinomista de la herejía* que está dañando a la iglesia o iglesias a las que Judas se dirige *refleja más probablemente las influencias paganas más comunes en la diáspora judía* que en Israel, de modo que al menos los destinatarios parecen haber sido de fuera de «tierra santa».

Igual de desconcertante resulta la cuestión de quiénes eran concretamente esos falsos maestros. Los expertos de una generación anterior sugerían con frecuencia que se trataba de gnósticos de alguna clase, basándose en el rechazo por parte de estos maestros a la moralidad fundamental mosaica y en las comparaciones y contrastes entre estos herejes y los ángeles y demonios (vv. 6, 9, 14), un área de interés particular del gnosticismo.[5] Pero el judaísmo apocalíptico ha manifestado tener al menos el mismo interés en ángeles, tanto buenos como caídos, y los líderes licenciosos lamentablemente surgen en todas las religiones, por muy orientadas a la ley que estén. Las analogías entre los falsos maestros y los que no respetaron su adecuada posición ni a las personas de autoridad (vv. 6, 7, 8, 10) podrían señalar a dirigentes demasiado tiranos, como en el caso del poderoso en muchos contextos de toda la historia que viola normas sexuales y sigue queriendo mantener su posición y evitar las medidas disciplinarias.[6]

Además, estos maestros eran probablemente «carismáticos», en el sentido de afirmar ser los únicos con autoridad del Espíritu y por tanto capaces de hacer lo que quisieran sin preocuparse por la reacción de los demás. Judas 8

---

4. Jonathan Knight, *2 Peter and Jude* (Sheffield: SAP, 1995), 32.
5. Véase el clásico de Rudolf Bultmann, *Teología del Nuevo Testamento*, vol. 1 (Salamanca: Sígueme, 1981), p. 170 de la edición en inglés.
6. Cf. Michel Desjardins, «The Portrayal of the Dissidents in 2 Peter and Jude: Does It Tell Us More about the "Godly" Than the "Ungodly"?» *JSNT* 30 (1987): 89–102.

parece indicar que concretamente apoyaban sus afirmaciones en sueños o visiones que habrían experimentado.[7]

AUTORÍA

El primer versículo de esta carta afirma que «Judas, siervo de Jesucristo y hermano de Jacobo» es el autor de la epístola. Puesto que el Jacobo que aparece con regularidad sin mayor descripción en el Nuevo Testamento es el hermanastro de Jesús (véase más arriba, p. 438), *lo más probable es que este Judas sea el otro hermanastro de Cristo.* Marcos 6:3 se refiere a esta persona con el nombre de Judas *(Ioudas)*, precisamente el nombre que reaparece en Judas 1:1. La forma diminutiva habitual en las traducciones inglesas (*Jude*) representa simplemente un recurso de traducción para evitar la confusión con Judas Iscariote, el discípulo que traicionó a Jesús. En el Nuevo Testamento aparecen otros dos seguidores de Jesús con el nombre de Judas. Uno de los Doce (Lc 6:16; Hch 1:13), a quien se llama Tadeo en los relatos paralelos (Mr 3:18; Mt 10:3); y Judas Barsabás, que acompañó a Pablo, Bernabé y Silas a Antioquía para entregar el Decreto Apostólico de Jerusalén (Hch 15:22). El Judas a cuya casa fue Saulo por indicación de Ananías de Damasco (Hch 9:11) también puede haber sido un creyente, pero no se nos dice explícitamente. Sin embargo, la tradición de la iglesia antigua nunca relacionó a ninguno de estos hombres con la carta de Judas.

Así, como el autor de Santiago, el Judas que escribió esta carta llegó probablemente a la fe después de la resurrección (cf. Jn 7:5 y Hch 1:14), pero entonces emprendió un ministerio itinerante, quizás hasta acompañado por su esposa (cf. 1Co 9:5). La familia de Judas bien puede haber llegado a ser bastante prominente en el cristianismo del primer siglo. Eusebio (*Historia de la Iglesia* 3.19.1–3.20.7) cita a Hegesipo cuando narra cómo el emperador Domiciano convocó a los nietos de Judas al final del primer siglo porque estaban emparentados con Jesús y con la línea davídica. Al parecer, él los veía como una amenaza para su reino, pero ellos le tranquilizaron diciendo que eran simples miembros de «la clase obrera», que trabajaban la tierra y esperaban un reino celestial, no terrenal.[8]

Las objeciones a la convicción de la iglesia primitiva acerca de la paternidad literaria de Judas se han centrado principalmente en la convicción que la carta refleja d*el catolicismo primitivo* del final del primer siglo. Este mundo de pensamiento a menudo es visto como formado por (1) una desvaneciente esperanza en el retorno de Cristo, (2) la institucionalización creciente de la iglesia, (y 3) la cristalización de la fe en un cuerpo fijo de doctrina.[9] El versículo 3 (que se refiere a «la fe encomendada una vez por todos a los santos») podría fácil-

---

7. Schreiner, *1, 2 Peter, Jude,* 414.

8. Véase Richard Bauckham, *Jude and the Relatives of Jesus in the Early Church* (Edinburgh: T & T Clark, 1990), 94–106. Proporciona una traducción y un minucioso análisis del texto en cuestión.

9. James D. G. Dunn, *Unity and Diversity in the New Testament* (London: SCM; Philadelphia: Westminster, 1977), 341–66.

mente encajar con la característica (3), mientras que el versículo 17 (la instrucción a los lectores para que «recuerden el mensaje anunciado anteriormente por los apóstoles de nuestro Señor Jesucristo») podrían cuadrar con el artículo (2). Pero «la fe» en cuestión es el evangelio, no la tradición eclesiástica posterior, y «Pablo hablaba con frecuencia de la "fe" como el contenido específico de su predicación del evangelio (Ro 10:8; Gá 1:23) y como la confesión de sus iglesias (1Co 16:13; Gá 6:10)».[10]

Como en el versículo 17, estas predicciones difícilmente den a entender que los apóstoles hayan muerto. Después de todo, ellos comenzaron a predecir (y experimentar) la aparición de falsos maestros mientras fundaban y visitaban sus iglesias a principios de la primera generación cristiana (cf. esp. Gálatas). Además, el elemento (1) no se aplica en absoluto a Judas; los versículos 6, 21 y 24 aclaran que Judas todavía experimentaba una viva esperanza ante el regreso de Cristo.

GÉNERO Y ESTRUCTURA

J. Daryl Charles asemeja Judas a «la palabra de exhortación» que con frecuencia describía los sermones cristianos primitivos (véase más arriba, p. 464), destacando la gran fuerza retórica de las figuras de dicción, la aliteración y otros recursos diseñados para comunicar la apasionada urgencia que sentía Judas de contender contra estos falsos maestros.[11] J.N.D. Kelly compara Judas «con un tratado de polémica», pensando más en las formas literarias que en las retóricas,[12] mientras que Richard Bauckham ve, al menos el cuerpo de la carta (vv. 5–19), como una *midrash* judía, con la repetida referencia y el comentario de Judas a textos y temas específicos de las Escrituras hebreas y la literatura intertestamentaria.[13] Independientemente de la etiqueta genérica de Bauckham, su comentario realmente parece haber captado las subdivisiones principales de la epístola, y en ese comentario se basa en buena medida este esquema:[14]

---

10. Jerome H. Neyrey, *2 Peter, Jude* (New York and London: Doubleday, 1993), 55.

11. J. Daryl Charles, *Literary Strategy in the Epistle of Jude* (Scranton: University of Scranton Press; London: Associated University Presses, 1993). Donald P. Senior y Daniel J. Harrington (*1 Peter, Jude and 2 Peter* [Collegeville: Liturgical, 2003], 178–79) identifican Judas como «una carta con rasgos de sermón judío y de discurso grecolatino».

12. Kelly, *The Epistles of Peter and of Jude*, 228.

13. Bauckham, *Jude, 2 Peter 3–5*. Aunque Judas se refiere a incidentes claramente descritos en el Antiguo testamento, a menudo deja ver su conocimiento de tradiciones posteriores judías sobre aquellos incidentes. Véase Thomas Wolthuis, «Jude and Jewish Traditions», *CTJ* 22 (1987): 21–41.

14. Bauckham, *Jude, 2 Peter*, 5–6. Encontramos un análisis ligeramente distinto, basado en la crítica retórica, en Duane F. Watson, *Invention, Arrangement, and Style: Rhetorical Criticism of Jude and 2 Peter* (Atlanta: Scholars, 1988), 29–79. Para Watson, los vv. 1–3 constituyen la introducción; v. 4, el punto central; vv. 5–16, la prueba; vv.

I. Introducción (vv. 1–4)

A. Saludo (vv. 1–2)

B. Apertura (vv. 3–4)

II. Descripción y denuncia de los falsos maestros (vv. 5–19)

A. Su inmoralidad (vv. 5–7)

B. Su blasfemia (vv. 8–10)

C. Su liderazgo (vv. 11–12a)

D. Su carencia de ley (vv. 12b–13)

E. Su juicio (vv. 14–16)

F. Su cumplimiento de las predicciones apostólicas (vv. 17–19)

III. Cómo deben responder las iglesias (vv. 20–23)

A. Dentro (vv. 20–21)

B. A los intrusos (vv. 22–23)

IV. Doxología (vv. 24–25)

COMENTARIO

INTRODUCCIÓN (vv. 1–4)

Saludo (vv. 1–2). El versículo 1 despliega el más general de los saludos epistolares de todo el Nuevo Testamento, pero está claro que Judas tiene en mente a una audiencia específica, aunque no los identifique con más precisión. El versículo 2 presenta su distintivo triplete de atributos que espera que caractericen a sus lectores —«la piedad, la paz y el amor»—, pero todos son tan apropiados como las típicas combinaciones de Pablo o Pedro.

La ocasión (vv. 3–4). Los dos siguientes versículos explican que originalmente Judas esperaba escribir una clase diferente de carta, pero, al saber de los falsos maestros que estaban perjudicando a su audiencia, cambió de dirección. Por lo visto, su proyecto original habría dado lugar a un tratado más optimista, desapasionado, alentando a sus lectores con los beneficios de la salvación cristiana (v. 3a), pero en su lugar escribe un texto más polémico, combativo (v. 3b). Igual que en Gálatas y Tito, la severidad de los problemas hace que se omita cualquier fórmula de acción de gracias. Sin embargo, como en Gálatas, 2 Corintios 10–13, y Filipenses 3 (los tres textos más polémicos de las cartas de Pablo, todas ellas advertencias contra los judaizantes), Judas no se dirige directamente a los herejes, sino que usa este tono de urgencia para advertir a los creyentes del peligro de ser extraviados por ellos. El denunciar a los incrédulos rara vez los persuade hacia Cristo; si acaso, los aleja más de la auténtica fe.[15] Pero la advertencia a los creyentes para no ser engañados por otros puede

---

17–23, las instrucciones resultantes; y vv. 24–25, la doxología (aunque usando los términos más exactos y técnicos latinos).

15. Cf. Bauckham, *Jude, 2 Peter*, 32. Mucho mejor es el método de diálogo; cf., e.g., John R. W. Stott y David L. Edwards, *Evangelical Essentials: A Liberal Evangelical*

en ocasiones adoptar una retórica de denuncia, sobre todo si «se han infiltrado» en una congregación cristiana (v. 4a).

En el caso de los destinatarios de Judas, los falsos maestros promueven un estilo de vida impío, inmoral, probablemente apelando a la gracia de Dios que los libera de la ley. Es posible que sigan afirmando que son seguidores de Jesús, pero su comportamiento y su autojustificación resultan en la práctica en una negación de Cristo (v. 4b).[16] El resto de la carta de Judas no describe su doctrina falsa para refutarla, sino que ofrece *un ataque ad hominem y ad hoc* acerca de su carácter, presentando una poblada lista de analogías de los personajes destacados por su maldad en la historia y tradición judías.

DESCRIPCIÓN Y DENUNCIA DE LOS FALSOS MAESTROS (vv. 5–19)

Su inmoralidad (vv. 5–7). Las tres primeras comparaciones de Judas nos remiten a las personas de conducta sexual inmoral descritas en el Antiguo Testamento, en todos los casos relacionándose con el pueblo fiel de Dios y causándoles daño. (1) Los israelitas destruidos en el desierto manifestaron su incredulidad en una serie de rebeliones, ninguna tan infame como la lasciva reunión vinculada a la adoración del becerro de oro (v. 5; cf. Éx 32). (2) Los ángeles que cayeron del cielo, según se creía, habían estado de algún modo implicados en la procreación de la raza particularmente malvada que fue destruida por el diluvio en tiempos de Noé (v. 6; cf. Gn 6).[17] (3) Los ciudadanos de Sodoma y Gomorra habían llegado hasta tal punto en su homosexualidad que la familia de Lot tuvo que ser protegida de modo sobrenatural por los ángeles del Señor, para evitar que tanto sus invitados como sus dos hijas vírgenes fueran violados por sus habitantes (v. 7a; Gn 19). Dado que solo en el último de estos ejemplos interviene la homosexualidad, no podemos deducir que los oponentes de Judas fueran necesariamente gays, tan solo que promovían un serio pecado sexual de alguna clase.[18] Sin embargo, los tres ejemplos acentúan en realidad el juicio eterno de Dios contra tales pecadores si no se arrepienten y vienen a la fe (v. 7b).

Su blasfemia (vv. 8–10). La siguiente característica que destaca Judas de los falsos maestros es su blasfemia (*de blasphemeō* NIV, «difamar» en v. 8). Aquí desarrolla solo un símil, partiendo del trabajo pseudoepigráfico judío co-

---

Dialogue (Leicester and Downers Grove: IVP, 1988); Stephen E. Robinson y Craig L. Blomberg, *How Wide the Divide? A Mormon and an Evangelical in Conversation* (Downers Grove: IVP, 1997). A veces, este proceso permite ver que el interlocutor es un creyente después de todo, y que uno se ha dibujado los parámetros de la propia fe demasiado estrechos; en casi todos los casos esto ayuda a clarificar en qué radican las diferencias más fundamentales entre comunidades de fe, así como dónde tienen importantes coincidencias.

16. Moo, *2 Peter, Jude*, 231
17. Véase más arriba, p. 528. Esto no tiene que implicar que los ángeles literalmente copularon con mujeres humanas, aunque algunas tradiciones judías interpretaron el texto así. Tenemos un estrecho paralelismo con el atar a estos demonios en 1 Enoc 10:4–6.
18. Cf. también Bauckham, *Jude, 2 Peter*, 54.

nocido como la Asunción de Moisés. En el mismo se cuenta cómo el arcángel Miguel rehusó maldecir al diablo en una discusión entre ellos acerca de si Moisés merecía un entierro honorable (ya que él había cometido asesinato y se había perdido la promesa de entrar en Canaán, pero seguía siendo un gran líder, obrador de milagros, legislador y profeta). Esta obra se ha perdido, pero numerosos escritores antiguos se refirieron a ella como parte integrante de otra obra intertestamentaria mayor, conocida como el Testamento de Moisés, la mayor parte de la cual *se conserva*.[19] El argumento de Judas no era que los cristianos debieran tratar con gentileza a Satanás, sino que el juicio está reservado para el Señor (v. 9). El reprender a Satanás en el nombre del Señor tiene también su propia expresión en Zacarías 3:2.

Que Judas apele a estas historias pseudoepigráficas, ¿significa que él cree que estos documentos son inspirados? ¡Lo dudo mucho! Pablo citó a poetas y profetas paganos sin asumir ninguna inspiración (Hch 17:28; Tit 1:12). ¿Pero piensa Judas que estas narraciones relatan, al menos, acontecimientos históricos reales? No hay modo de saberlo. Los predicadores judíos y cristianos, antiguos y modernos, apelaban a menudo a obras de ficción conocidas, citando los extractos que ilustrasen lecciones clave que ellos querían impartir, sin recordar explícitamente a sus congregaciones lo que todos ya sabían sobre su género literario. Hoy, un predicador bien podría mandar a su audiencia que persevere en su compromiso cristiano con la misma tenacidad que mostró Frodo en su esfuerzo por destruir a Sauron y las fuerzas oscuras de la Tierra Media, confiando en que los oyentes reconocerían la alusión a la trilogía de novelas de J. R. R. Tolkien, *El señor de los anillos* (o las tres películas inspiradas por ellas).[20] Por cierto, uno puede trazar un paralelismo aún más cercano. Igual que Lord Sauron, los que se oponían a Judas se presentaban como autoridades indiscutibles (v. 8), sobre todo si se trataba de juzgar la ley de Dios, pero obrando así se colocaban también bajo condenación divina (v. 10).

Su liderazgo (vv. 11–12a). Hay tres analogías más del Antiguo testamento, en el versículo 11, que ilustran el falso liderazgo de los herejes: (1) *Caín:* En las Escrituras hebreas se le conocía principalmente como el primer asesino, pero en la tradición judía llegó a ser un paradigma de falsa enseñanza,[21] y hubo una secta gnóstica en el siglo II que adoptó el nombre de «los cainitas»; (2) *Balaam: pese a que* al principio se resistió a los sobornos que le ofrecieron para maldecir a Israel, acabó valiéndose de su posición como profeta pagano para seducir a las israelitas (cf. Nm 31:16 con cap. 25; cf. también Ap 2:14);[22] (y 3) *Coré:* el rival *de Moisés* en Números 16, que acabó tragado por la tierra,

---

19. Sobre la utilización que hace Judas de esta tradición y las de 1 Enoc, véase esp. J. Daryl Charles, «Jude's Use of Pseudepigraphal Source–Material as Part of a Literary Strategy», *NTS* 37 (1991): 130–45.

20. Cf. Moo, *2 Peter, Jude*, 250.

21. «El arquetipo de pecador e instructor de otros para pecar», (Bauckham, *Jude, 2 Peter*, 79).

22. Judas puede estar también implicando que sus adversarios eran «profetas ambulantes que hablaban por dinero» (Schreiner, *1, 2 Peter, Jude*, 463).

convirtiéndose más adelante en «un ejemplo clásico del hereje antinomista».[23] Estas tres comparaciones apoyan así el énfasis del versículo 12a en que los falsos maestros «buscan solo su propio provecho». La palabra traducida como «peligro oculto» también significa «escollo» y bien puede representar el peligro para los creyentes de naufragar en su fe si siguen permitiendo a estos hombres participar con ellos en un acontecimiento tan santo como el banquete de amor o *agapē*, la comida en grupo de los cristianos que culmina en la Cena del Señor.[24]

Su anarquía (vv. 12b–13). En esta breve sección, Judas toma cuatro analogías del mundo natural de los fenómenos que violan el patrón estándar de conducta, una de cada uno de los elementos principales del Universo en la concepción de los antiguos: el aire, la tierra, el agua y el cielo. Las cuatro son: las nubes que no producen ninguna lluvia; los árboles que pasan el verano y no dan fruto y luego son desarraigados; las olas salvajes del mar; y los planetas, cuya apariencia de estrellas errantes les dio su nombre, en griego y en castellano. Una conducta así de antinatural (i.e., sin ley) condena más aún a los falsos maestros.

Su juicio (vv. 14–16). Ahora Judas cita explícitamente el primer libro de Enoc (*1 Enoc* 1:9). Esta obra, ampliamente usada por los escritores apocalípticos judíos de la época intertestamentaria, la conocían probablemente los destinatarios de Judas. Aquí Judas declara que «Enoc, el séptimo patriarca a partir de Adán, profetizó acerca de ellos», los falsos maestros, cuando habló del juicio venidero de Dios, en la compañía de sus miríadas de ángeles, para destruir y castigar a los malvados.[25] Pero, de todos modos, esta expresión no quiere decir que Judas creyera que 1 Enoc fuera inspirado (por lo que sabemos, nadie entre los judíos lo creía). En lugar de eso, bien podría haber creído que este texto, sin ser consciente de ello, presentó una verdad divina, igual que Caifás, según se decía, había realizado inconscientemente una profecía en Juan 11:51. Tampoco necesitaba creer que fuera el Enoc histórico el autor de esas palabras. La frase «séptimo patriarca a partir de Adán» procede en realidad del propio 1 Enoc (60:8), lo cual ayuda a identificar la fuente de Judas; no tiene por qué ser una afirmación de paternidad literaria.[26] Lo que Judas *sí* cree es que el texto de 1 Enoc que él cita presenta una declaración cierta.[27] De hecho, su enseñanza está fundamentalmente de acuerdo con Zacarías 14:5.

Su cumplimiento de predicciones apostólicas (vv. 17–19). Algunos comentaristas darían por concluido el cuerpo principal de la carta después del

---

23. *Ibíd.* 83.

24. Cf. Kelly, *The Epistles of Peter and Jude*, 270–71.

25. La cuádruple repetición de «impíos» en v. 15 [NIV inglesa] y las cuatro alusiones a los pecados de habla en el v. 16 crean una de las censuras más enfáticas posibles (Neyrey, *2 Peter, Jude*, 78).

26. Cf. Schreiner, *1, 2 Peter, Jude*, 471.

27. Charles (*Literary Strategy in the Epistle of Jude*, 165) habla de la «función ilustrativa» del pasaje.

versículo 16, observando que los versículos 17–23 están unidos mediante las dos introducciones paralelas que dicen literalmente «pero ustedes, amados» en los versículos 17 y 20. Pero los versículos 17–19 siguen describiendo a los falsos maestros, mientras que 20–23 regresa al tema de la adecuada conducta de la audiencia de Judas. Los versículos 17–19 se ven, por tanto, mejor como la conclusión del cuerpo de la carta explicando la existencia de estos herejes. Ellos habían cumplido a rajatabla las varias advertencias apostólicas sobre la aparición de tales engañadores (p.ej., Hch 20:29–31; 2Ts 2:1–4; 2Ti 3:1–8). Aunque ellos afirmen sin duda que los guía el Espíritu de Dios, Judas niega rotundamente esta alegación y atribuye su comportamiento a su humana naturaleza carnal y caída.[28]

CÓMO DEBEN RESPONDER LAS IGLESIAS (vv. 20–23)

Dentro (vv. 20–21). Judas cierra la carta animando a sus lectores a edificarse unos a otros y personalmente en la fe por medio de la oración (v. 20). Deben manifestar amor y piedad, no rencor, mientras esperan la final recompensa de Dios por su fidelidad y el juicio sobre los que los perturban (v. 21).[29] Estos versículos, discretamente, hacen mención de Dios, el Señor Jesucristo y el Espíritu Santo, lo que nos brinda otro recordatorio de que el pensamiento trinitario surgió en una etapa notablemente temprana de la historia cristiana.

A los intrusos (vv. 22–23). En cuanto a los adversarios, o a los contaminados por ellos, el comportamiento de la iglesia debe variar dependiendo de las circunstancias específicas. Los que simplemente comienzan a dudar de la ortodoxia deberían ser tratados con ternura y amabilidad, animándolos. A los que están a punto de caer en apostasía deben arrebatarlos, como del fuego, de toda influencia de los engañadores. Otros caerán en algún punto entre esos dos extremos. El ministerio y la orientación pastoral requieren una gran sensibilidad para saber lo que mejor pueda ayudar a cada individuo, en lugar de aplicar algún método «de talla única» para abordar problemas complejos.[30]

DOXOLOGÍA (vv. 24–25)

Aunque la carta de Judas es breve, concluye con una de las doxologías más pletóricas e inspiradoras del Nuevo Testamento. Reconociendo que en última

---

28. Knight (*2 Peter and Jude,* 51) señala la gravedad de esta acusación en un entorno religioso en el cual prácticamente todos los dirigentes religiosos afirmaban tener el Espíritu de Dios o los dioses.

29. Efectivamente, el patrón que sigue Judas es alabar a sus lectores a la vez que censura a los oponentes, una estrategia retórica diseñada para persuadir a los primeros para que rechacen a estos últimos. Véase Stephan J. Joubert, «Persuasion in the Letter of Jude», *JSNT* 58 (1995): 75–87.

30. Acerca de la combinación reflejada aquí de la urgencia de la necesidad y la indignación contra la oposición, véase Watson, *Invention, Arrangement, and Style,* 46. Sobre las variaciones textuales y los diferentes modos posibles de agrupar las cláusulas de vv. 22–23, véase el reciente trabajo de Joel S. Allen, «A New Possibility for the Three–Clause Format of Jude 22–3», *NTS* 44 (1998): 133–43.

instancia es solo Dios el que puede facultarnos para vivir como necesitamos, Judas cierra con alabanza y el deseo y oración de que Dios sea adorado, por medio de Cristo, como el único que ostenta toda «la gloria, la majestad, el dominio y la autoridad». La carta, pues, termina como ha comenzado; a pesar de la enérgica advertencia contra caer en la herejía y la inmoralidad, Dios llama y preserva a los que de verdad son suyos.[31]Aquí, además, aparece una de las más claras afirmaciones del Nuevo Testamento sobre el carácter eterno de la Deidad desde toda la eternidad del pasado hasta siempre en el futuro.

APLICACIÓN

Uno podría resumir la vigente relevancia de Judas con el lema «la tolerancia tiene sus límites».[32] En una era de pluralismo, en la que a veces lo único que no se tolera es la intolerancia, Judas envía señales agudamente contraculturales. Su estrategia también está fuera de la moda: no discute con razonamientos, sino emocionalmente, denunciando más el comportamiento de los falsos maestros que su teología. Pero aquí hay una clave a la hora de emplear esta pequeña carta. La teología incorrecta (la creencia acerca de Dios, Jesús, la naturaleza humana, etc.) puede ser algo imposible de demostrar en el «foro público». La libertad de religión de Estados Unidos, como el hecho de que Dios creó al hombre con libre albedrío, permite a los individuos escoger visiones del mundo que son condenatorias, que no hacen daño a nadie, salvo a ellos. Pero en el ámbito de las groseras ofensas entre personas, como la inmoralidad sexual, el liderazgo tiránico, la retórica de abuso y la manipulación materialista que caracterizaron a los oponentes de Judas, el pueblo de Dios tiene la responsabilidad de intervenir y tomar medidas firmes. Deberíamos manifestar una acérrima oposición al maltrato del islam contra las mujeres, al menosprecio del hinduismo hacia la casta de los intocables, y a la adoración a los demonios en varias formas de animismo que lleva a sus practicantes a mutilarse o a sacrificar niños a sus dioses. Pero con igual vigor deberíamos denunciar y proteger a nuestra gente de los líderes supuestamente cristianos que abusan de nuestros niños, se niegan a someterse a mecanismos razonables ante los que rendir cuentas o enseñan herejías con un espíritu duro y divisivo (*contra* las dos partes de Ef 4:15a).

Si queremos emular a Jesús y a Pablo, daremos a los intrusos el beneficio de la duda sobre si al menos tienen buena motivación, y trataremos de atraerlos hacia Cristo (y de ahí a la verdad cristiana) con formas de evangelización caracterizadas por la compasión y el amor. Pero, cuanto más convencidos estemos de que esos que han caído en herejía grave o viven sin ética son creyentes genuinos, más duras medidas tenemos que tomar, no simplemente para proteger a nuestra gente de su abuso, sino también para distinguir claramente

---

31. Véase además Schreiner, *1, 2 Peter, Jude*, 447.
32. Cf. Carson y Moo, *Una Introducción al Nuevo Testamento* (Terrassa: Clie, 2009), 694 de la edición inglesa: «La atmósfera de postmodernismo en la que vive ahora la iglesia requiere que nos guardemos atentamente de la tentación de dar acogida a la herejía en nombre de la "tolerancia"».

entre sus acciones y creencia y las verdaderas ética y teología cristianas ante la mirada de un mundo que nos observa.

PREGUNTAS ADICIONALES PARA REVISIÓN

1. ¿Por qué tratamos juntas Judas y 2 Pedro? ¿Qué relación tienen?

2. ¿Qué puede decirse del contexto y la fecha de Judas? ¿Cuáles son algunas de las características de Judas que han hecho que los eruditos duden de una fecha temprana, o de la paternidad literaria de Judas el hermanastro de Jesús? ¿Cómo se puede contestar a estas críticas?

3. ¿Cuál es la naturaleza de la herejía que Judas está rechazando? Cite algunos ejemplos concretos de figuras notorias de la historia judía que Judas usa para denunciar a los falsos maestros.

4. El empleo de pseudoepígrafos en la carta de Judas y de influencias culturales como profetas y poetas en las cartas paulinas, ¿cómo puede justificarse? ¿Qué puede decirse acerca de la inspiración de tales documentos? ¿Cómo pueden los maestros aplicar este principio a su propia enseñanza?

5. ¿Qué sugerencias específicas da Judas para combatir estas falsas enseñanzas? ¿Cómo deberían animarse unos a otros los cristianos, y cómo deberían tratar con los herejes? ¿Cómo se aplica esto a los ministerios cristianos de la actualidad cuando encuentran su mensaje comprometido por los que no enseñan la plena verdad del evangelio?

BIBLIOGRAFÍA ESCOGIDA

Además de las obras citadas en los capítulos sobre Santiago o 1 Pedro que también hablan de Judas, véanse:

COMENTARIOS

Avanzados

Bauckham, Richard J. *Jude, 2 Peter.* WBC. Waco: Word, 1983.

Bigg, Charles. *A Critical and Exegetical Commentary on the Epistles of St. Peter and St. Jude.* ICC. Edinburgh: T & T Clark, 1901.

Mayor, Joseph B. *The Epistle of S. Jude and the Second Epistle of S. Peter.* London and New York: Macmillan, 1907.

Intermedios

Hillyer, Norman. *1 and 2 Peter, Jude.* NIBC. Peabody: Hendrickson, 1992.

Moo, Douglas J. *2 Peter, Jude.* NIVAC. Grand Rapids: Zondervan, 1997.

Neyrey, Jerome H. *2 Peter, Jude.* AB. New York and London: Doubleday, 1993.

Introductorios

Green, Michael. *The Second Epistle General of Peter and the General Epistle of Jude.* TNTC, rev. Leicester: IVP; Grand Rapids: Eerdmans, 1987.

Knight, Jonathan. *2 Peter and Jude.* NTG. Sheffield: SAP, 1995.

Kraftchick, Steven J. *Jude, 2 Peter.* ANTC. Nashville: Abingdon, 2002.

Lucas, Richard C., y Christopher Green. *The Message of 2 Peter and Jude: The Promise of His Coming.* BST. Leicester and Downers Grove: IVP, 1995.

13

2 PEDRO

«¿QUÉ HUBO DE ESA PROMESA DE SU VENIDA?»

INTRODUCCIÓN

AUTORÍA Y GÉNERO

La mayor parte de las escrituras del Nuevo Testamento que muchos eruditos modernos juzgan seudónimas estaban fuera de toda discusión en la Antigüedad. Sobre 2 Pedro, sin embargo, las dudas circularon desde los períodos más tempranos de la historia de la iglesia. Por consiguiente, *ningún otro documento del Nuevo Testamento ha recibido un desafío tan permanente a sus afirmaciones tradicionales de paternidad literaria como este. Entre las objeciones antiguas estaba la* carencia de suficiente testimonio externo; una gran diferencia con el estilo de 1 Pedro; y una teología profundamente helenística (Eusebio, *Historia de la Iglesia* 6.25.11, citando a Orígenes; véase también 3.3.1, 4; 3.25.3–4). El testimonio inequívoco más temprano de la autoría petrina (y el único testimonio del segundo siglo de esta clase) es los Hechos de Pedro (h.180 d.C.).[1] Mientras que 1 Pedro se escribió en un griego bastante bueno, 2 Pedro contiene parte de la gramática más torpe del Nuevo Testamento: toques de sublime estilo clásico mezclados con muchos barbarismos no griegos.[2] Su teología de apariencia helenística llega al extremo de hablar de los cristianos como participantes de «la naturaleza divina» (1:4), lo que recuerda a la *apotheosis* —personas que se convierten en dioses— de los paganos.[3]

Entre las objeciones adicionales de la actualidad están la relación de 2 Pedro con Judas y con desarrollos teológicos que aparentemente exigen una fecha tardía de al menos finales del siglo primero, posterior a la muerte de Pedro, que fue en la segunda mitad de los 60. En nuestro anterior capítulo, surge

---

1. Bauckham, *Jude, 2 Peter,* 162–63.
2. Cf. Kelly, *The Epistles of Peter and of Jude,* 235–36. Terrance Callan («The Style of the Second Letter of Peter», *Bib* 84 [2003]: 202–24), por otra parte, considera significativos los paralelismos con la inscripción Nemrud–Dagh de Commager en el norte de Siria y con la descripción del «magnífico estilo asiático» descrito por Demetrio (Sobre el estilo, 38–124), un estilo deliberadamente diseñado para apelar a las emociones y dejar impresa en los oyentes la importancia del tema.
3. Este fue también el texto más influyente en el desarrollo de la doctrina ortodoxa oriental sobre la deificación, aunque, a diferencia de algunas equivalentes paganas, nunca se entendió que las personas compartan la naturaleza ontológica única de Dios. Así, Donald Fairbairn, *Eastern Orthodoxy Through Western Eyes* (Louisville and London: WJKP, 2002), 79–95; y Daniel B. Clendenin, *Eastern Orthodox Christianity: A Western Perspective* (Grand Rapids: Baker, 1994), 117–37.

la pregunta de por qué el líder de los Doce querría tomar texto prestado de «una luz menor» como Judas, si se acepta la idea común de la dependencia de 2 Pedro respecto de Judas (véase más arriba, p. 526). En la última parte aparecen tres cuestiones de prominencia particular: (1) el problema de la tardanza del regreso de Cristo (véase esp. 3:3–10) parece demasiado serio como para haber surgido dentro de la primera generación cristiana, sobre todo considerando la referencia a los antepasados de los creyentes en 3:4; (2) 2 Pedro 3:2 parece recordar una era apostólica previa; (y 3) la carta concluye con una referencia a una colección de las cartas de Pablo como la Escritura (3:15), una convicción que habría tomado un tiempo considerable para desarrollarse después de que aquellas epístolas fueron escritas.[4]

Sin embargo, aún se puede establecer la autenticidad de 2 Pedro.[5] Primero, el testimonio externo de apoyo a la carta es todavía mejor que el de cualquiera de los documentos discutidos que se consideran para incluirlos en el canon del Nuevo Testamento, pero que al final son rechazados.[6] En la iglesia primitiva se denunciaron con especial firmeza los apócrifos neotestamentarios atribuidos a Pedro (un Apocalipsis y un Evangelio). *Segundo,* si el responsable del buen griego de 1 Pedro fue un amanuense (véase más arriba, p. 503), entonces 2 Pedro podría ser un más fiel reflejo de las habilidades de Pedro con el griego como segunda lengua (o quizás se valió de dos escribanos; véase Jerónimo, *Epístola* 120.11). *Tercero,* si las expresiones que Judas había empleado contra similares falsos maestros causaron impresión en Pedro, no hay ninguna razón para que no se contentara con tomar y reutilizar parte de su material.

Cuarto, el retraso de la parusía era un problema ya en los años 50 (recuérdese 1 Tesalonicenses), y los antepasados mencionados en 3:4 son casi con seguridad líderes del Antiguo Testamento —el significado que siempre tiene «nuestros padres» en otras partes del Nuevo Testamento—, sobre todo porque el autor habla de una actitud que acentúa la supuesta uniformidad de la historia «desde el principio de la creación». *En quinto lugar,[7]* 3:15 no indica cuántas cartas de Pablo se consideraban Escritura, y no hay ninguna razón por la que una colección de sus más tempranas cartas escritas, digamos, a mediados de los años 50, no pudiera considerarse como Escritura por al menos algunos cristianos de una década después. Las características que convencieron a los creyentes del siglo II de su canonicidad estaban ya presentes[8] y, dado que

---

4. Cf. Knight, *2 Peter and Jude,* 15–20.

5. Dos de las defensas más extendidas son Guthrie, *New Testament Introduction,* 811–42; y E. M. B. Green, *2 Peter Reconsidered* (London: Tyndale, 1960).

6. Con más detalle, véase «Appendix D: Lists and Catalogues of New Testament Collections», en *The Canon Debate,* ed. Lee M. McDonald and James A. Sanders (Peabody: Hendrickson, 2002), 591–97.

7. Hillyer, *1 and 2 Peter, Jude,* 214.

8. Cf. además Bruce, *Canon,* 255–69. Por supuesto, no había pasado tiempo suficiente para demostrar el uso extendido de cada una de las obras de Pablo, aunque por otro lado se habrían reunido ya todos los criterios de canonicidad.

Pedro y Pablo pasaron varios años de la década de los 60 en o cerca de Roma, Pedro en particular podría haber llegado a apreciar la naturaleza inspirada de los escritos de Pablo, sobre todo su carta a los Romanos, antes de que la mayoría de cristianos de su tiempo lo hiciera.

Además de estas respuestas al cuestionamiento de la paternidad literaria petrina, hay que subrayar los puntos siguientes: (1) el autor de esta epístola realiza afirmaciones que sugieren que él fue testigo ocular de la transfiguración (1:16). Si no fuera Pedro, sería difícil ver esta afirmación como algo que no fuera un esfuerzo deliberado por engañar a sus lectores. (2) Las propias diferencias de estilo y forma entre las dos cartas son también difíciles de encajar con las teorías de seudonimato; cabe recordar que uno de los motivos principales por los que se suele considerar a 2 Tesalonicenses y Efesios como deuteropaulinas es su supuesta imitación servil de 1 Tesalonicenses y Colosenses, respectivamente. (3) Causa perplejidad sobre todo el saludo de 1:1, donde el autor usa el nombre *Sumeōn Petros* (Simeón Pedro), que en el resto del Nuevo Testamento solo aparece en Hechos 15:14. Esto parece mucho más una firma auténtica que una tentativa de imitar el estilo de 1 Pedro, donde el apóstol simplemente se llama *Petros* (1:1).[9] (4) Por último, una comparación meticulosa de 1 y 2 Pedro revela numerosas semejanzas en la expresión, así como las obvias diferencias de estilo.[10]

Una opinión intermedia, argumentada de una manera particularmente convincente por Richard Bauckham, postula que 2 Pedro fue una recopilación póstuma, «el testamento final» de Pedro.[11] Este era un género antiguo muy conocido, por lo general, aunque no necesariamente, seudoepigráfico, que adoptaba un recurso literario que seguramente no tenía intención de engañar a los lectores acerca del verdadero autor. El capítulo 1:15 podría sugerir que Pedro comenzó el proceso de preparar esta carta y pidió que un sucesor completara el trabajo si la muerte le impidiera terminarlo él. Bauckham cree que el autor era «un antiguo compañero de Pedro, que redacta el testamento de él después de su muerte, que escribe a su propio modo, pero que da toda la confianza en cuanto a su fidelidad al mensaje esencial de Pedro».[12] Tertuliano (*Contra Marción* 4:5) y la Mishná (*Berakoth* 5:5) sugieren que, al menos hacia el 200 d.C., se consideraba aceptable tanto en los círculos cristianos como en los judíos que

---

9. Schreiner, *1, 2 Peter, Jude*, 260–1.

10. Para listas detalladas que comparan a 2 Pedro con 1 Pedro y con varias otras escrituras paleocristianas, véase J.B. Mayor, *The Epistle of S. Jude and the Second Epistle of S. Peter* (London and New York: Macmillan, 1907), lxviii–cxiv.

11. Con variaciones, cf. Bauckham, *Jude, 2 Peter*, 131–35, 158–62; Denis Farkasfalvy, «The Ecclesial Setting of Pseudepigraphy in Second Peter and Its Role in the Formation of the Canon», *Second Century* 5 (1985): 3–29; y J. Ramsey Michaels, «Peter, Second Epistle of» en *International Standard Bible Encyclopedia, Revised*, ed. Edgar W. Smith, vol. 3 (Grand Rapids: Eerdmans, 1986), 816–18.

12. Bauckham, *Jude, 2 Peter*, 147. Más adelante sugiere a Lino, el sucesor de Pedro como obispo de Roma (véase también 2Ti 4:21), como un candidato plausible para esta tarea (pp. 160–61).

un discípulo publicara bajo el nombre de su maestro. No hay seguridad de que un siglo antes también fuera así. En principio, a quienes proponen la más alta consideración de la Escritura nada les impide incorporar este tipo de hipótesis de seudonimato (o, como Marshall lo llamaría, alonimato; recuérdese nuestro comentario, más arriba, sobre las pastorales, pp. 399–526); no está claro que haya casos paralelos a este recurso libres de ambigüedad que nos consten como aceptados por los cristianos de principios del siglo segundo o finales del primero.[13] Al mismo tiempo, realmente parece que el género y el contenido *de un testamento* encajan muy bien con lo que encontramos en esta epístola.

OTRAS CIRCUNSTANCIAS

Si al menos una parte importante de esta epístola es de Pedro, entonces hay que datarla *antes del 68,* como ya señalamos en 1 Pedro (p. 505). Si su forma final se debe a uno de los discípulos de Pedro, es probable que tenga una fecha de finales del primer siglo. Los defensores del seudonimato puro sugieren a menudo una fecha de principios del siglo II y hay quienes han propuesto incluso una fecha de mitad del siglo II. Pero las posibles alusiones a 2 Pedro en escritos cristianos ya a mediados del siglo II hacen que no sea muy probable.[14] Si 3:1 se refiere realmente a 1 Pedro, entonces 2 Pedro está dirigida obviamente a al menos una parte de la audiencia de la primera carta, a residentes de lo que es hoy la Turquía occidental y central [15] Si se refiere a alguna carta perdida, entonces no tenemos manera de determinar la localización de los destinatarios. Puesto que Pedro escribe su primera carta desde Roma, y dado que muere en Roma, y puesto que ninguna de las tradiciones tempranas de la Iglesia le sitúa en otra parte durante los años 60, *la carta viene probablemente de Roma.* Si 1 Pedro se escribió justo al principio de la persecución de Nerón (o al menos cuando asomaba por el horizonte), entonces *2 Pedro se escribió probablemente después de que la persecución de Nerón ya hubiera comenzado, dado que el apóstol estaba convencido de que la profecía de Jesús sobre su muerte como mártir (Jn 21:18–19) se iba a cumplir pronto.*[16]

Como en el caso de Judas, el objetivo clave de esta carta lo constituye el ataque a los falsos maestros, con estilo de vida libertino. En 2 Pedro, sin embargo, se presenta con claridad un fundamento doctrinal para esta inmoralidad: la negación de la parusía y, por lo tanto, de juicio final.[17] Esto podría encajar con la exagerada escatología de ciertas herejías gnósticas (recuérdese

---

13. Asimismo, Schreiner, *1, 2 Peter, Jude,* 274; Green, *The Second Epistle General of Peter and the General Epistle of Jude*, 33.

14. Bauckham *(Jude, 2 Peter*, 158) proponen así los años 80–90 para la fecha más probable.

15. Las similitudes entre los versículos de apertura de los dos libros y otros paralelismos hacen tal uso muy probable. Véase Tord Fornberg, *An Early Church in a Pluralistic Society: A Study of 2 Peter* (Lund: Gleerup, 1977), 13–15.

16. Moo, *2 Peter, Jude*, 25.

17. Bauckham *(Jude, 2 Peter*, 154–55) se refiere a esto como el «escepticismo escatológico» que alimenta la «libertad moral».

el comentario a 1Co 15), pero no podemos limitarlo a esa ideología. Jerome Neyrey ha indicado paralelismos significativos con la filosofía epicúrea,[18] mientras que Daryl Charles muestra cómo los falsos maestros ¡podrían haber sido estoicos![19] Que los epicúreos y los estoicos sostuvieran opiniones opuestas sobre numerosos temas fundamentales solo demuestra lo poco que sabemos en la práctica sobre los falsos maestros a los Pedro que se enfrentaba.[20] En realidad, Pedro expresa su respuesta en forma de predicciones de futuros problemas, como si los herejes no estuviesen todavía por allí, pero salta con frecuencia a descripciones del presente, dejando claro que la falsa enseñanza ya está actuando.[21]

UNIFORMISMO VS 2 PEDRO

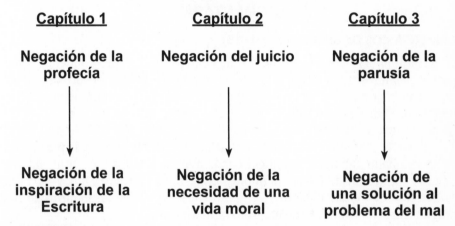

Capítulo 1	Capítulo 2	Capítulo 3
Negación de la profecía	Negación del juicio	Negación de la parusía
↓	↓	↓
Negación de la inspiración de la Escritura	Negación de la necesidad de una vida moral	Negación de una solución al problema del mal

ESTRUCTURA

En cada uno de los tres capítulos de 2 Pedro aparece un error doctrinal importante, cada uno de los cuales parece derivar de la negación de los herejes en cuanto al regreso de Cristo (o al menos a la cataclísmica intervención divina que lo acompaña):[22] *la negación de la inspiración de la Escritura* (refutada en 1:16–21), *la negación de una moralidad básica cristiana* (atacada en 2:1–22) *y la negación del juicio final* (refutado en 3:1–10). Si ponemos estas tres secciones en varios componentes de apertura y cierre de la carta, tenemos el siguiente esquema.

---

18. Neyrey, *2 Peter, Jude*, por todo el libro.

19. J. Daryl Charles, *Virtue amidst Vice: The Catalog of Virtues in 2 Peter 1* (Sheffield: SAP, 1997).

20. Se llega a la misma conclusión cuando uno intenta localizar el entorno social de la carta (basándose solo en pruebas internas) más exactamente entre mediados del siglo primero y principios del segundo. Véase con detalle en Michael J. Gilmour, *The Significance of Parallels between 2 Peter and Other Early Christian Literature* (Leiden and New York: Brill, 2002).

21. Callan, «Use of the Letter of Jude», 62–63.

22. Edward Adams, «Where Is the Promise of His Coming? The Complaint of the Scoffers in 2 Peter 3.4», *NTS* 51 (2005): 106–22.

I. Comentarios de apertura (1:1–15)
 A. Saludo (1:1–2)
 B. Las promesas y demandas de Dios (1:3–11)
 C. Disposición testamentaria (1:12–15)
II. Cuerpo de la carta (1:16–3:10)
 A. Defensa de la certeza de la parusía (1:16–21)
 B. La negación de la parusía trae un severo juicio (2:1–22)
 C. Explicación de la tardanza de la parusía (3:1–10)
III. Comentarios de cierre: Implicaciones resultantes para la vida cristiana (3:11–18)

COMENTARIO

COMENTARIOS DE APERTURA (1:1–15)

El saludo (1:1–2). Los versículos de apertura de 2 Pedro contienen semejanzas asombrosas y a la vez diferencias significativas con 1 Pedro que tienen más sentido como obra de un versátil autor único que como producto seudoepigráfico. Pedro es ahora Sim(e)ón Pedro (véase más arriba, pp. 540–542), no solamente un apóstol, sino también un siervo de Jesús. El final de 1 Pedro 1:2 reaparece textualmente («Que abunden en ustedes la gracia y la paz»), pero se ha ampliado con «por medio del conocimiento de Dios y de Jesús nuestro Señor». La deidad de Cristo se implica en la frase «nuestro Dios y Salvador Jesucristo», como en 1 Pedro 1:2,[23] pero sin la mención del Espíritu no hay ningún trinitarianismo incipiente, solo binitarianismo.

Las promesas y demandas de Dios (1:3–11). Esta sección refleja la antigua relación benefactora patrón–cliente (recuérdese más arriba, p. 188).[24] La sección tiene una semejanza con el contenido de algunas acciones de gracias epistolares mayor de la que encontramos en Judas, pero esta vez el particular género de testamento no nos lleva a esperar una oración introductoria formal. Como alguien que esperaba un próximo martirio, Pedro quiere naturalmente reafirmar a sus iglesias en el hecho de que tienen todo lo que necesitan para poder vivir una vida cristiana fiel en Jesús (v. 3), incluso si Pedro deja de estar ahí para dirigirles. El poder de Jesús permite, pues, a los creyentes «tener parte en la naturaleza divina» (v. 4a). Esta expresión es indudablemente la más polémica de todo el libro (véase más arriba, p. 539), pero el contexto inmediato explica su significado. Los versículos 3, 4b y 5–9 hablan todos claramente sobre la vida moral frente al comportamiento pecaminoso. Podemos compartir los atributos morales de Dios, pero no los ontológicos.[25] Nada en esta carta

---

23. Hillyer, 1 and 2 Peter, Jude, 158. Terrance Callan («The Christology of the Second Letter of Peter» Bib 82 [2001]: 253–63) encuentra aquí un paso intermedio importante entre el puro monoteísmo y el pleno trinitarianismo.

24. Neyrey, 2 Peter, Jude, 145.

25. Véase, más detalladamente, James M. Starr, Sharers in Divine Nature: 2 Peter 1:4 in Its Hellenistic Context (Stockholm: Almqvist and Wiksell, 2000).

insinúa, ni remotamente, que los cristianos lleguen a ser omnipresentes, omnipotentes u omniscientes.

Puede ser que los falsos maestros hubieran empleado una expresión como participar de la divinidad para arrogarse algo mucho mayor y que Pedro la retome, aunque redefiniéndola, dando así razón de la insólita terminología. También puede ser que tengamos una mejor interpretación del griego *theias koinōnoi phuseōs* en «compañeros de la deidad» que en «tener parte en la naturaleza divina», no en el sentido de compartir estatus con Dios, sino en el de colaboradores de Dios en los propósitos de su pacto que viven para siempre como Dios vive.[26]

Los versículos 5–9 detallan las virtudes en las que deben crecer los creyentes si han de ser eficaces compañeros de Dios. La lista específica de los versículos 5–7 no parece seguir una secuencia que requiera permanentemente en sus elementos el orden indicado, sino que en tales listas los elementos primero y último solían ser los más enfatizados. Esto cuadra bien aquí, además, con la «fe» y el «amor». La fe es también el requisito previo para que las otras virtudes sean realmente cristianas, mientras que el amor resume bien el resultado que se busca.[27] Que la persona que carece de estas virtudes «es tan corto de vista que ya ni ve» (v. 9) suena un poco extraño, hasta que entendemos que la palabra de donde viene nuestro *miope* también podría significar «con los ojos cerrados». ¡Los creyentes que no crecen no son intrínsecamente ciegos, simplemente han cerrado sus ojos a la verdad durante un tiempo![28] Los que avanzan de esta manera se aseguran «del llamamiento de Dios, que fue quien los eligió» (v. 10), un recordatorio de que la opción de predestinación de Dios nunca funciona aparte de la libre respuesta humana. Esos creyentes tampoco caerán nunca, en el sentido de cometer apostasía pura y dura, sino que recibirán una calurosa acogida en la plenitud del reino de Dios en la vida venidera (v. 11).[29]

La disposición testamentaria (1:12–15). A este fin, Pedro prepara a su audiencia de modo que incluso después de que él haya muerto, y aun cuando ya había aprendido los fundamentos de la fe, recuerde una y otra vez los principios cristianos clave. Sobre la posible importancia de este párrafo para las circunstancias que rodean la publicación de esta carta, véase más arriba (p. 542). Si la carta se terminó realmente antes de la muerte de Pedro, es obvio que él previese la posibilidad de no contar con tiempo suficiente para hacer todo que le gustaría con el fin de preparar a sus lectores para su partida, así que se esforzará (v. 15) por dejarlos listos mientras dure su vida.

---

26. Véase también Al Wolters, «"Partners of the Deity": A Covenantal Reading of 2 Peter 1:4», *CTJ* 25 (1990): 28–44; Ídem. «Postscript to "Partners of the Deity"», *CTJ* 26 (1991): 418–20.
27. Cf. además Bauckham, *Jude, 2 Peter*, 185.
28. Cf. además Moo, *2 Peter, Jude*, 48.
29. Cf. además Schreiner, *1, 2 Peter, Jude*, 305.

CUERPO DE LA CARTA (1:16–3:10)

Se defiende la certeza de la parusía (1:16–21). Es posible que el cuerpo de la carta mencione tres problemas con los falsos maestros a los que Pedro combate: negación de la inspiración de la Escritura, un estilo de vida inmoral y la negación del regreso de Cristo y del juicio final. Pero, más probablemente, las tres cuestiones forman parte de un problema principal de cuestionar la creencia en la Segunda Venida de Cristo, como se aclara en 3:4. Por eso Pedro señala en particular su experiencia en la Transfiguración (Mr 9:2–8 y par.) como una prefiguración del regreso de Cristo en gloria e insiste en que ese relato no es ningún mito (vv. 16–18). *Muthoi* (v. 16) puede significar simplemente «historias», pero a menudo connota algo «falso o impropio»; «los pensadores racionalistas del mundo antiguo solían criticar las historias de fantásticos castigos póstumos en el inframundo como mitos fabricados para el control moral y social de los ingenuos».[30]

Sin embargo, la realidad de la experiencia de Pedro con Jesús otorga a las profecías del Antiguo Testamento sobre el Día del Señor, en el que ahora se reconoce incluida la parusía de Cristo, esta certeza aún mayor (vv. 19–21). Así, todos los cristianos profesantes deberían prestar cuidadosa atención a las palabras de los profetas, no menospreciándolas, del mismo modo que las personas siguen una luz para encontrar la salida de un lugar oscuro, hasta que Cristo, la Estrella de la Mañana, regrese. Después de todo, ninguna profecía bíblica puede ser interpretada simplemente conforme al capricho personal, como seguro que hacían los falsos maestros, porque no es de origen meramente humano. Más bien, Dios, por su Espíritu, inspiró a los autores humanos de la Escritura e ilumina a sus intérpretes cuando realmente siguen al Espíritu de Dios en lugar de al propio.[31]

La negación de la parusía trae un severo juicio (2:1–22). Si Cristo no vuelve, porque no hay ningún final sobrenatural para el mundo como lo conocemos, entonces no hay juicio final y no hay razón final para no buscar el placer temporal y el poder, incluso si ello requiere un comportamiento inmoral. Una lógica como ésta es la que llevó a los falsos maestros a quienes Pedro se opone a saciarse de todos los pecados que el capítulo 2 denuncia. Aquí, Pedro muestra claramente cómo se apoya en la carta de Judas, tomando una gran parte de las analogías que Judas había usado en su epístola, aunque insertando comentarios adicionales y modificando las imágenes de manera que encajen en su ligeramente distinta situación y que rompan el fuerte entretejido midrásico de la estructura de Judas (véase más arriba, p. 526). Como ya hemos

---

30. Neyrey, *2 Peter, Jude,* 175.
31. Muchos intérpretes discuten si Pedro afirma aquí el origen divino o la interpretación divina de la Escritura, pero parece innecesario oponer esas dos interpretaciones. Se afirma el papel de Dios en ambos procesos.

comentado la mayor parte de este material en relación con Judas, limitaremos nuestros comentarios a las secciones más distintivas.[32]

El versículo 1 introduce el argumento de los falsos maestros como si fueran un fenómeno todavía por llegar. Pero el capítulo cambia del futuro de los versículos 1–10a al presente de 10b–22, lo que sugiere que esos individuos ya habrían comenzado a infiltrarse en las congregaciones a las que escribe. Pedro añade a la expresión de Judas de negar a su Soberano Señor la cláusula «que los rescató», lo que da a entender o bien que se trata de cristianos verdaderos que pierden su salvación o bien que el alcance de la expiación de Cristo no está limitado a los «elegidos». En vista de los versículos 20–22 (véase más adelante), es preferible la segunda conclusión. El término para «infierno» en el versículo 4 viene de la palabra *tartarus,* que no se emplea en ninguna otra parte de la Escritura, pero que era conocido en la mitología griega como «el abismo subterráneo en el cual los dioses rebeldes, los hombres infames, etc., eran castigados»,[33] una denominación apropiada para la experiencia de los demonios después de caer. El versículo 5 se refiere a Noé como «predicador de la justicia». El relato de Génesis no describe explícitamente a Noé obrando conforme a ese don, pero ¿qué le diría a la gente durante los largos años de construcción del arca? Las tradiciones judías posteriores aplicaban con regularidad este calificativo a Noé (cf., por ejemplo, Josefo, *Antigüedades* 1.74).

Más perplejidad nos causa la etiqueta que pone a Job como un hombre justo «que se hallaba abrumado por la vida desenfrenada de esos perversos» de Sodoma y Gomorra (v. 7). Después de todo, en Génesis 19:8, él se ofrece para entregar a sus hijas vírgenes a la lasciva muchedumbre. Pero, sin embargo, se puede explicar ese extraño ofrecimiento viendo que trataba de proteger y así demostrar la hospitalidad apropiada a sus visitantes angelicales, y no tenemos ninguna indicación de que esto fuera más que un único lapso en una vida que, por otra parte, era ejemplar hasta el punto de permitir que su familia y él pudieran ser rescatados de la destrucción de aquellas dos ciudades.[34] La creencia en el sufrimiento que Lot experimentaba en su alma (v. 8) bien puede derivar de la versión de Génesis 19:16 en la LXX, con un pequeño cambio de puntuación.[35]

El versículo 13 presenta una aplicación de *lex talionis* (juicio del «ojo por ojo») del Antiguo testamento, que deja el castigo de Dios para los incrédulos hasta la era del Nuevo Testamento. Independientemente de que las referen-

---

32. H.C.C. Cavalin («The False Teachers of 2 Pt as Pseudo–Prophets», *NovT* 21 [1979]: 263–70) sugiere de forma verosímil que más de uno de los rasgos subrayados en la falsa enseñanza corresponde a las repetidas comparaciones con los falsos profetas del Antiguo Testamento. Cf. also Terrance Callan, «Use of the Letter of Jude by the Second Letter of Peter», *Bib* 85 (2004): 42–64.

33. Kelly, *The Epistles of Peter and Jude,* 331.

34. Véase esp. T. Desmond Alexander, «Lot's Hospitality: A Clue to His Righteousness», *JBL* 104 (1985): 289–91. Sabiduría 10:6 también llama a Lot «hombre justo».

35. John Makujina, «The "Trouble" with Lot in 2 Peter: Locating Peter's Source for Lot's Torment», *WTJ* 60 (1998): 255–69.

cias más tempranas a «la vida desenfrenada de esos perversos» del entorno de Job (v. 7) pueden haber hecho pensar en pecados homosexuales, el versículo 14 se refiere explícitamente al adulterio, confirmando nuestra primera idea de que el pecado sexual *per se,* no necesariamente de una clase particular, caracterizaba a los falsos maestros de las iglesias de Pedro. También en el caso de Balaam se destaca aquí un elemento diferente de su historia (vv. 15–16): la tentación de vender sus servicios proféticos por dinero, lo que llevó a que Dios le reprendiera por boca de su propio asno (Nm 22:21–41).

Los versículos 18–19 expresan de manera explícita lo que en Judas seguía implícito. Los herejes no solo traen la destrucción sobre ellos mismos, sino que amenazan con conducir a otros también a la esclavitud del pecado. El versículo 20, a primera vista, parece describir a los que se han metido en la herejía como personas que una vez fueron creyentes genuinos. Pero el versículo 22 les aplica dos proverbios que señalan en la dirección opuesta. Así como el perro vuelve a su vómito y el cerdo se revuelve en el fango, así alguien que nunca se ha arrepentido de verdad puede sonar y actuar como cristiano un breve tiempo, pero al final reafirmará su original creencia y conducta dañinas.[36] El versículo 21 es difícil de compatibilizar con cualquier creencia aniquilacionista, porque el cese de la existencia consciente al morir difícilmente puede ser un destino peor para una persona que para otra. Pero si el infierno es alguna forma de castigo consciente, si bien en grados que varían enormemente según la forma como uno entienda la voluntad de Dios (Lc 12:47–48), entonces las palabras de Pedro tienen perfecto sentido.

Explicación de la tardanza de la parusía (3:1–10). La clave filosófica de la negación por parte de los falsos maestros del regreso de Cristo se sustenta en el naturalismo o uniformismo (vv. 3–4), notablemente similar a la convicción del ateo de nuestros días de que este mundo funciona simplemente conforme a leyes científicas analizables sin interferencia sobrenatural alguna. Pedro contesta que esta visión del mundo pasa por alto dos grandes acontecimientos de la historia humana que ya lo han refutado: la creación del mundo a partir de la nada y el diluvio universal (vv. 5–6). Resulta interesante que la teoría actual de que el Big Bang es el origen del Universo se parece mucho a la de *creatio ex nihilo,* mientras siguen aumentando las evidencias de un diluvio de enormes dimensiones en la Antigüedad.[37] Pero incluso en los tiempos de Pedro, las personas contaban con las Escrituras, compuestas por los profetas del Antiguo

---

36. Cf. esp. Schreiner, *1, 2 Peter, Jude,* 365.

37. Más allá del debate entre creacionistas sobre una Tierra vieja o una joven, que tienden a apoyar solo sus teorías preferidas y despreciar las alternativas, está el creciente movimiento del diseño inteligente, acerca del cual se puede ver, por ejemplo, los numerosos libros de William Dembski, sobre todo, *The Design Inference* (Cambridge and New York: CUP, 1998). Cf. David T. Tsumura, «Genesis and Ancient Near Eastern Stories of Creation and Flood: An Introduction in I Studied Inscription from Before the Flood» *Ancient Near Eastern, Literary and Linguistic Approaches to Genesis 1–11,* ed. Richard S. Hess and David T. Tsumura (Winona Lake, Ind., Eisebrauns, 1994), 27–57.

Testamento[38] y los apóstoles del Nuevo,[39] los cuales daban testimonio de estos hechos (vv. 1–2). El rechazo de este testimonio solo puede conducir al juicio final (v. 7).

Este juicio será acompañado por la siguiente gran conflagración sobrenatural: la destrucción del universo presente y la creación de nuevos cielos y nueva tierra (vv. 7, 10b, 12b–13; cf. Is 65–66; Ap 21–22). Los que piensan que treinta y cinco años o algo así tras la muerte de Cristo constituyen una demora excesiva para su regreso (¡o los que creen que dos mil años son demasiado!) deben reconocer el principio ya expresado en el Salmo 90:4 de que mil años son como un día a los ojos de Dios: su perspectiva del tiempo es infinitamente distinta de la nuestra (v. 8). ¿Puede un período finito de tiempo ser considerado demasiado» largo si se mira desde la superior posición de eternidad?[40] Pero la razón de la tardanza, como ellos la perciben, de Dios para causar los acontecimientos del fin de este mundo como lo conocemos, que la Segunda Venida de Jesús desencadenará, es que entonces no habrá ni la más remota oportunidad de arrepentirse para nadie. Dios quiere que todos (pero no obligará a nadie) se salven (v. 9). Pero llegará el momento en que su paciencia alcance su fin, y el Día del Señor vendrá sin aviso para los que no estén preparados (recuérdese 1Ts 5:2 y cf. Mt 24:43).

COMENTARIOS DE CIERRE: IMPLICACIONES RESULTANTES PARA LA VIDA CRISTIANA (3:11–18)

Como con la práctica paulina de exhortación después de la Teología, pero sin una conclusión formal de la carta, Pedro termina con las implicaciones éticas de su instrucción. Los creyentes deben vivir vidas santas, llenas de gracia y de acuerdo con la verdadera doctrina (vv. 11, 14 y 18), algo diametralmente opuesto a lo que hacen los falsos maestros. A medida que más sean salvados, el final se vislumbrará cada vez más cerca (vv. 12a y 15a), pero, como no sabemos cuál es «la totalidad» (Ro 11:25), no podemos usar este hecho

---

38. Green (*The Second Epistle General of Peter and the General Epistle of Jude*, 139–40) observa que el plural del término «profetas» en las demás partes del Nuevo Testamento se refiere a los profetas del Antiguo Testamento. Así no cabría el argumento de que estos son los profetas del Nuevo Testamento, de una edad pasada, lo que exigiría una fecha post–petrina para 2 Pedro.

39. De modo similar, «los apóstoles» no significa que el escritor de esta carta no sea apóstol, simplemente que otros apóstoles han tenido una influencia más formativa sobre las iglesias a las que se dirige. Recuérdense los problemas de 1Co 1:12, donde varias congregaciones o individuos que se adhieren a los diferentes líderes cristianos que habían influido más en ellos. Cf. Schreiner, *1, 2 Peter, Jude*, 371.

40. Es interesante que varias fuentes precristianas judías apelan también a este texto o principio para explicar lo que se percibe como tardanza del Día del Señor, profetizado por numerosos profetas del Antiguo Testamento desde el siglo VIII a.C., presentándolo como «a punto de suceder». Véase Richard Bauckham, «The Delay of the Parousia», *TynB* 31 (1980): 3–36.

para predecir la cronología del fin.[41] Por último, los cristianos deben guardarse de quienes tergiversan las Escrituras, como parece que hacían los falsos maestros (vv. 15b–17a). La referencia específica a Pablo bien puede indicar que hubiesen falsificado su enseñanza sobre la gracia, como en 1 Corintios 6:12. Guardándose así tendrán el antídoto infalible contra la apostasía (vv. 17b–18). Las expresiones de estos dos últimos versículos reiteran temas del principio de la epístola, lo que crea una *inclusio* que envuelve la carta entera[42]

APLICACIÓN

Segunda de Pedro proporciona la respuesta del Nuevo Testamento al clásico problema del mal. ¿Por qué tarda Dios en corregir todos los males del mundo? Cada cristiano debería tener al menos esta respuesta memorizada, basándose en 2 Pedro 3:9: Dios está esperando, porque el único modo de que pueda eliminar todo el mal es eliminando este mundo tal como lo conocemos, y eso significará un punto final a la oportunidad de que alguien más pueda salvarse. Así que mientras se demora debemos hacer todo lo posible para traer tantos como podamos a Cristo, dando así significado a este mundo que de lo contrario es injusto y que acabará siendo destruido. Desde luego, es también importante subrayar que Dios ya ha hecho lo más importante en relación con el problema del mal enviando a Jesús para morir una muerte expiatoria por los pecados de la humanidad, para que quien realmente se vuelva a él pueda ser perdonado del mal al cual ellos personalmente han contribuido. La Escritura da testimonio de todas estas verdades, y sus historias relatan cosas que en realidad pasaron, no como las leyendas o los mitos.

Sin embargo, los falsos maestros aparecerán en todas las épocas para cuestionar o para redefinir radicalmente la enseñanza bíblica de modo que satisfaga sus fantasías personales. Con una frecuencia sorprendente, como en el caso de estos oponentes de Pedro, aunque apoyados en la apariencia de «sabemos que tal y tal cosa nunca ocurrieron», su verdadero motivo será su negativa a adoptar la moralidad bíblica, lo cual les obliga a rechazar la idea cristiana histórica de juicio final. El cristiano verdadero debe evitar esas distorsiones de la fe como si de una plaga se tratara, porque, si no se le ponen límites, demuestran su carácter dañino. Al mismo tiempo, eso lo hacen justo en medio del mundo pagano, no retirándose de él.[43] En 1 Pedro 1:13–2:10 no encontramos en absoluto que la comunidad mire hacia adentro.

PREGUNTAS

1. ¿Por qué ha sido tan contestada la paternidad literaria de 2 Pedro? ¿Qué argumentos se pueden presentar a favor de la autoría del apóstol Pedro?

2. ¿Qué puede deducirse, de forma plausible, sobre las demás cuestiones introductorias de esta epístola? ¿Cuáles siguen siendo más o menos seguras?

---

41. Para una elaboración del tema, véase Schreiner, *1, 2 Peter, Jude,* 380
42. Cf. además Moo, *2 Peter, Jude,* 206–7.
43. Véase Robert W. Pared, «The Canonical Function of 2 Peter», *BI* 9 (2001): 64–81.

3. ¿Cuáles son las afirmaciones heréticas que se combaten en el cuerpo de la carta? ¿Cuál es el resultado lógico de cada una de estas negaciones según Pedro? ¿Cuál de estas negaciones es la que más se parece a un principio fundamental del ateísmo moderno?

4. Los argumentos de Pedro contra la raíz del problema filosófico tratado en 2 Pedro ¿en qué sentido siguen siendo eficaces hoy contra sus equivalentes modernos de cada una de las tres doctrinas falsas consideradas?

5. ¿Cuáles son las implicaciones éticas de la verdad de la cercana parusía para los creyentes?

6. ¿Cuál es la respuesta apropiada al problema del mal basándonos en 1 Pedro 3:9? Las negaciones hechas por los adversarios en 1 Pedro ¿en qué sentido reflejan algo de la misma oposición al evangelio que vemos en la gente hoy?

BIBLIOGRAFÍA SELECTA

Además de los trabajos mencionados para 1 Pedro o Judas que también tratan 2 Pedro, véanse:

Charles, J. Daryl. *Virtue amidst Vice: The Catalog of Virtues in 2 Peter 1.* Sheffield: SAP, 1997.

Fornberg, Tord. *An Early Church in a Pluralistic Society: A Study of 2 Peter.* Lund: Gleerup, 1977.

Green, E. M. B. *2 Peter Reconsidered.* London: Tyndale, 1960.

BIBLIOGRAFÍAS

Snyder, John. «A 2 Peter Bibliography», *JETS* 22 (1979): 265–67.

Hupper, William G. «Additions to "A 2 Peter Bibliography"», *JETS* 23 (1980): 65–66.

Bauckham, Richard J. «2 Peter: A Supplementary Bibliography», *JETS* 25 (1982):91–93.

Gilmour, M. J. «2 Peter in Recent Research: A Bibliography», *JETS* 42 (1999): 673–78.

14

LAS EPÍSTOLAS DE JUAN: EVIDENCIAS DE VIDA NUEVA

1ª JUAN: REBATIENDO A LOS SEPARATISTAS

INTRODUCCIÓN

AUTORÍA

Como la epístola de los Hebreos, formalmente, 1ª Juan es anónima. En toda la carta no hay ni un solo versículo que dé el nombre o descripción de su autor. No obstante, numerosos escritores cristianos tempranos recogen que el autor de esta epístola fue Juan. Entre los más antiguos están Tertuliano, Clemente de Alejandría y Orígenes.[1] El estilo y vocabulario de esta carta es muy similar al de las llamadas 2ª y 3ª Juan, de las que tan solo se diferencia en algunos pequeños detalles. Aunque con algunas variaciones más, 1ª Juan también se asemeja bastante en cuando a dicción y sintaxis al Evangelio de Juan.[2] Algunos de los paralelismos son realmente sorprendentes. Por ejemplo, solo el Evangelio y 1ª Juan usan el término *parakletos* para referirse al Espíritu Santo, y el término *monogenes* («hijo único») para referirse a Jesús. El griego que se usa en estos documentos es el más sencillo de todo el Nuevo Testamento, pues se trata del griego coiné, el que hablaban y usaban los judíos que habían aprendido ese idioma como segunda lengua.

Otros términos o temas similares son los siguientes: la vida, la luz, la fe, el testimonio, la verdad; también, la idea de permanecer, de guardar los mandamientos, y de amarse los unos a los otros. Por tanto, aunque algunos estudiosos creen que el autor del Evangelio y el de 1ª Juan no es el mismo, y aunque un número reducido de ellos piensa que el autor de 1ª Juan no es la misma persona que el autor de 2ª y 3ª Juan (se llama a sí mismo «el anciano»; ver más adelante, p. 569)[3], un número considerable de comentaristas reconoce la alta probabilidad de que estos cuatro documentos vengan de la misma mano.[4]

---

1. Encontrará más detalles y más evidencias en cuanto al tema de la autoría en Donald W. Burdick, *The Letters of John the Apostle* (Chicago: Moody, 1985), 7-37.
2. En cuanto a estas dos observaciones, ver p. ej. Werner G. Kümmel, *Introduction to the New Testament* (Nashville: Abingdon, 1975), 442-45, 449-51; John R. W. Stott, *The Epistles of John* (Leicester: IVP; Grand Rapids: Eerdmans, rev. 1988), 28-30.
3. Encontrará argumentos en ambas direcciones en Raymond E. Brown, *The Epistles of John* (Garden City: Doubleday, 1982), 19-30.
4. Encontrará una serie de tablas sobre la frecuencia de las palabras clave que relacionan el Evangelio de Juan con las tres epístolas joánicas en John Painter, *1, 2, and 3 John* (Conllegeville: Liturgical, 2002). 62-70.

Entonces, ¿quién es el autor? El temprano testimonio de Papías (principios del siglo II; citado por Eusebio en *Historia Eclesiástica* 3.9.3-4) recoge lo siguiente: «Escuchando a los ancianos, procuré averiguar qué habían dicho Tomás o Jacobo o Mateo o cualquier otro discípulo del Señor, y qué habían dicho Aristión y el anciano Juan, el discípulo del Señor». A partir de esta cita, se podría entender que había dos personas llamadas Juan: un anciano de la iglesia a principios del siglo II, y el apóstol e hijo de Zebedeo. Ello explicaría que el autor de 2ª y 3ª Juan se describiera en los primeros versículos de esas epístolas como «el anciano», y que la tradición temprana de la iglesia asociara estas dos epístolas a alguien llamado Juan.[5] Sin embargo, no explicaría por qué en 1ª Juan no aparece ningún nombre, y cabe la posibilidad de que Papías mencione al apóstol dos veces, que se trate de una misma persona que pertenece a dos grupos diferentes, ya que es el único apóstol que vivió hasta principios del siglo II y también fue anciano de su iglesia local o iglesias locales.[6]

Muchos estudiosos hablan de una escuela o comunidad joánica que editó (o produjo) la literatura que tradicionalmente se atribuye a Juan, y que dicha producción se hizo en varias etapas de composición y/o redacción. En cuanto al Evangelio, creer que pudo haber un mínimo trabajo de edición del Evangelio es aceptable, si tenemos en cuenta la cantidad de testigos mencionados en Juan 21:24-25. Una hipótesis razonable sugiere que el Evangelio apareció en su forma final justo después de la muerte de Juan, lo que explicaría la inclusión de 21:20-23 para evitar falsos rumores sobre lo que Cristo había prometido a Juan. El editor o editores podrían haber añadido todo el capítulo 21, dada la aparición de 20:31 como final del Evangelio, y también las referencias en tercera persona al discípulo amado que aparecen a lo largo de todo el Evangelio. Pero el grueso del texto vendría de la mano del apóstol (21:24).[7] Teorías, hay muchas. Hay otras mucho más elaboradas que ésta, que recogen hasta nueve etapas de composición entre el texto puramente joánico del Evangelio y la forma final de la primera epístola.[8] En el mejor de los casos, esas teorías se basan en especulaciones fundamentadas; en el peor de los casos, en especulaciones imaginarias sin ningún tipo de base.[9] A la luz de la clara afirmación en 1ª Juan

---

5. Ver esp. Martin Hengel, *The Johannine Question* (London: SCM; Philadelphia: Trinity, 1989). Encontrará una defensa de que esta figura es la misma que escribió Apocalipsis, ver John J. Gunther, «The Elder John, Author of Revelation», *JSNT* 11 (1981): 3-20.

6. Ver Craig L. Blomberg, *The Historical Reliability of John's Gospel* (Leicester and Downers Grove: IVP, 2001), 23-26.

7. Ver, p. ej., Colin G. Kruse, *The Letters of John* (Leicester: IVP; Grand Rapids: Eerdmans, 2000), 1-3; ídem, *The Gospel according to John* (Leicester: IVP, 2003; Grand Rapids: Eerdmans, 2004), 28-29.

8. John Ashton, *Understanding the Fourth Gospel* (Oxford: Clarendon, 1991), 163-66. Además de las ocho etapas que ve detrás de la elaboración del Evangelio de Juan, la novena sería la formación de 1ª Juan.

9. Encontrará al representante de una posición intermedia (la composición del Evangelio y de 1ª Juan en cuatro etapas) tan convincente como cualquiera de las perspectivas menos tradicionales en Rudolf Schnackenburg, *The Gospel according to John*, 3 vols.

1:1-4 de que el autor está hablando a personas que habían visto, oído y toca-do a Jesús, *creemos que es posible defender la postura tradicional de que el autor es el apóstol Juan, el discípulo amado y uno de los tres seguidores más cercanos de Jesús.*[10]

CIRCUNSTANCIAS

La tradición recoge que los destinatarios de la literatura joánica eran las congregaciones cristianas de Éfeso y alrededores hacia finales del siglo prime-ro (probablemente en la última década del siglo). Si miramos las evidencias internas de 1ª Juan, la comunidad joánica está afectada por la enseñanza de fal-sos maestros que niegan la humanidad total de Cristo, que dicen haber llegado a la perfección y estar libres de pecado, y que promueven ciertos estilos de vida que trasgreden la ley. Este cuadro encaja con las descripciones del maestro protognóstico Cerinto, que enseñó en Éfeso y alrededores en las misma épo-ca que el apóstol (Ireneo, *Contras las herejías* 1.26.1, 3.11.1). Una conocida historia que se atribuye a Policarpo, discípulo del apóstol Juan, cuenta de una vez que Juan fue a los baños públicos de Éfeso. «Cuando se dio cuenta de que Cerinto estaba en los baños, se marchó de allí sin bañarse y diciendo, "Salga-mos de aquí, no vaya a ser que los baños se vengan abajo, porque dentro está Cerinto, el enemigo de la verdad"» (Ireneo, *Contra las herejías* 3.3.4).

Aunque tenemos que evitar la tentación de meter en el mismo saco a va-rios movimientos relativamente diferentes, sí podemos sugerir, junto a Rudolf Schnackenburg, que 1ª Juan combate a los falsos maestros que están dividien-do la(s) iglesia(s) y llevándose con ellos a una serie de seguidores (ver esp. 2:19); y que la polémica gira en torno a tres ideologías parcialmente relaciona-das entre ellas: *el gnosticismo incipiente, el docetismo, y el cerintianismo.*[11] De la primera de ellas podría venir la idea de que una vida sin ley era compatible con la madurez espiritual; de la segunda, que Cristo no era humano, sino que solo lo parecía; y de la tercera, que el Espíritu descendió sobre Jesús en su bau-tismo y salió de él antes de la crucifixión, porque Dios no puede sufrir y morir como si fuera humano (comparar con 5:6, y ver más adelante: p. 564-566). Al mismo tiempo, no podemos dejar de mencionar la oposición judía que la iglesia de Éfeso vivió en el momento en el que se escribió el cuarto Evangelio. El énfasis de que Jesús es el Cristo o Mesías continúa; si ya para los judíos que seguían a Jesús era difícil de aceptar, mucho más para la comunidad judía en general.[12]

(London: Birms & Oates, 1968-82); y ídem, *The Johannine Epistles* (New York: Cros-sroad, 1992).

10. Kruse, *The Letters of John*, 9-14.

11. Schnackengurg, *The Johannine Epistles*, 23.

12. Stephen S. Smalley, *1, 2, 3 John* (Waco: Word, 1984), xxiii. Judith Lieu («What Was from the Beginning: Scripture and Tradition in the Johannine Epistles», *NTS* 39 [1993]: 458-77) cree que numerosos textos de estas tres cartas se pueden ver como exposiciones de la enseñanza del Antiguo Testamento sobre el pecado, la confesión y el perdón; Caín, pecado y justicia; y tinieblas, ceguera, y tropiezo. Propone que «no se

LAS DOCTRINAS GNÓSTICAS FRENTE A LAS EVIDENCIAS DE VIDA EN JUAN		
Perfeccionismo	vs.	cumplir los mandamientos
Antinomianismo	vs.	cumplir los mandamientos y el amor
Docetismo	vs.	creer en la plena humanidad de Cristo

Es interesante comparar 1ª Juan con el Evangelio de Juan en cuanto a otro aspecto. Mientras que el cuarto Evangelio hace más hincapié en la deidad de Jesús que los Sinópticos, en 1ª Juan vemos un énfasis mayor en su humanidad (claramente, debido a las creencias de los docetas contra los que el apóstol lucha). En el Evangelio, según los comentaristas hay una fuerte dicotomía entre la ley y la gracia; en la epístola, hay un énfasis mayor en el cumplimento de la ley (por establecer una diferencia clara con la conducta inmoral de los falsos maestros). En el Evangelio, Juan subraya la «escatología realizada» (la vida eterna o la muerte ya empiezan ahora en la era presente); en la epístola, predomina el énfasis futurista (quizá para contrarrestar la idea gnóstica de que la salvación se logra de forma *plena* en este vida). Por último, aunque el Evangelio contiene poca cosa (en comparación con los Sinópticos) sobre el significado expiatorio de la muerte de Jesús, en 1ª Juan el tema reaparece de forma más detallada (para contrarrestar la falta de dicho énfasis en el protognosticismo). Si el cuarto Evangelio se escribió teniendo en cuenta por un lado la polémica judía, y por otro (aunque en menor medida) las tendencias gnósticas y similares, *lo que podría haber ocurrido es que el problema gnóstico siguió creciendo cuando los falsos maestros tomaron algunos de los énfasis de Juan y los distorsionaron, exagerándolos y aplicándolos según su criterio, por lo que fue necesario que en sus epístolas, Juan retomara aquellas doctrinas de la fe cristiana que se estaban dejando a un lado.*[13] Gary Burge lo explica de forma provocativa: «Fueron las cartas de Juan – la primera en particular – las que redimieron el cuarto Evangelio, y así éste pudo entrar a formar parte del Nuevo Testamento»[14]

---

trata simplemente de una carta "judía", sino que es todo un reflejo de la tradición de interpretación y aplicación bíblica» (p. 461).

13. Ver esp. Raymond E. Brown, *The Community of the Beloved Disciple* (New York: Paulist, 1979), 93-144.
14. Ver Blomberg, *The Historical Reliabilities of John's Gospel*, 41-44.

ÉNFASIS EN LOS ESCRITOS DE JUAN

EVANGELIO DE
JUAN

1ª JUAN

Si esta hipótesis tiene algún valor, entonces tenemos que aceptar que las epístolas fueron escritas después del Evangelio. Si el Evangelio de Juan se escribió a finales de los 80 o principios de los 90 del siglo I,[15]entonces tendríamos que fechar las epístolas en la década de los 90. Pero si las epístolas no fueran una reacción ante el énfasis tan específico del cuarto Evangelio, o si el Evangelio es de la década de los 60, según la opinión de unos pocos estudiosos, entonces es cierto que las epístolas podrían haberse escrito en cualquier momento entre la década de los 60 y la década de los 90.[16] En el comentario de Gálatas 6:10 de Jerónimo (a principios del siglo V), se recoge una tradición cristiana posterior que encaja con la fecha en la que Juan ya debía de ser muy anciano. Dice que cuando ya no podía caminar sin ayuda, sus discípulos le llevaban a la iglesia, y él solo decía «hijitos, amaos los unos a los otros». Dice también que después de escuchar esa orden una y otra vez, le preguntaban por

---

15. Ver Blomberg, *The Historical Reliabilies of John's Gospel*, 41-44.
16. I. Howard Marshall, *Las cartas de Juan* (Nueva Creación, 1991), p. 48 de la edición en inglés.

qué solo les decía eso, a lo que él contestó: «Porque es el mandamiento del Señor, y si eso es lo único que hacéis, ya es suficiente» (Jerónimo, *Comentario de Gálatas* 6.10).

GÉNERO Y ESTRUCTURA

En cuanto a la forma, 1ª Juan tiene pocas similitudes a una carta. No contiene el típico párrafo de introducción, ni tampoco un final epistolar. No sigue la estructura epistolar común. De hecho, según algunos estudiosos, ¡no tiene una estructura clara! En cuanto al género, pues, algunos han sugerido que se trata de una homilía, una diatriba, un tratado informal, un trabajo académico, y hasta una encíclica pastoral. La naturaleza circular de la última de las posibilidades mencionadas (una declaración doctrinal para una serie de congregaciones) podría explicar que al principio y al final de la carta no haya ninguna referencia personal.[17] Una generación pasada de eruditos intentó dividir 1ª Juan apuntando a diferentes fuentes y a una unificación posterior, pero este acercamiento ya quedó descartado hace tiempo.[18] *El propósito de la carta parece quedar resumido en 1ª Juan 5:13: asegurar a los verdaderos creyentes que tienen la salvación, a la luz de la disensión y la herejía del momento*; aunque en un contexto así vemos tanto una intención pastoral como argumentativa.[19] Lo que está claro en cuanto a la estructura es que Juan toca de forma repetida *tres temas clave, que forman lo que se ha llamado «las evidencias de una vida nueva»: amarse los unos a los otros, guardar los mandamientos, y creer en la completa humanidad y la completa divinidad de Jesús*.[20] Aunque reconocemos que quizá estamos asignándole a la «epístola» una estructura más rígida que la que el propio Juan tenía en mente, sugerimos el siguiente esquema:

I. Prólogo (1:1-4)

II. Evidencias de vida: ciclo uno (1:5:2-27)

   a. El pecado frente a la obediencia (1:5-2:6)

   b. Amor los unos por los otros (2:7-17)

---

17. Kruse, *The Letters of John*, 28-29.
18. Encontrará ejemplos de ello, y los problemas de dicho acercamiento, en Marshall, *Las cartas de Juan* (Nueva Creación, 1991), 27-30 de la edición en inglés.
19. Cf. Daniel L. Akin, *1, 2, 3 John* (Nashville: Broadman & Holman, 2001), 31.
20. Siguiendo el comentario así titulado de Robert Law: *The Tests of Life* (Edinburgh: T & T Clark, 1909). Duane F. Watson («Amplification Techniquest in 1 John: The Interaction of Rhetorical Style and Invention», *JSNT* 51 [1993]: 99-123) habla extensamente del estilo repetitivo de Juan. Recientemente, algunos comentaristas han optado por un esquema de dos partes mucho más sencillo según el cual, después del prólogo de 1:1-4 y antes de los comentarios finales de 5:13-21, hay dos secciones que desarrollan los conceptos de Dios como *luz* y nuestra responsabilidad de caminar en la luz (1:5-3:10) y de Dios como *amor* y nuestra responsabilidad de caminar en amor (3:11-5:12). Ver p. ej., Akin, *1, 2, 3 John*, 47-48. Aunque estos temas sin duda aparecen una y otra vez, queda aún menos claro que con un esquema más detallado como el nuestro que lo que queda bajo cada encabezado tenga que ver con dicho encabezado.

  c. Cristología correcta (2:18-27)

 I. Evidencias de vida: ciclo dos (2:28-4:6)

  a. El pecado frente a la justicia (2:28-3:10)

  b. Amor los unos por los otros (3:11-24)

  c. Cristología correcta (4:1-6)

 II. Evidencias de vida: ciclo tres (4:7-5:21)

  a. Amor los unos por los otros (4:7-21)

  b. Cristología correcta (5:1-15)

  c. El pecado frente a la vida (5:16-21)[21]

LAS EVIDENCIAS DE UNA VIDA NUEVA (1ª JUAN)

	Ciclo 1	Ciclo 2	Ciclo 3
Guardar los mandamientos de Dios	1:5-2:6	2:28-3:10	5:16-21
Amarse los unos a los otros	2:7-17	3:11-24	4:7-21
Creer en Jesús como Dios-hombre	2:18-27	4:1-6	5:1-15

Cada evidencia supone las otras dos (3:23-24)

COMENTARIO

PRÓLOGO (1:1-4)

Aunque mucho más breve, *este párrafo introductorio nos recuerda al prólogo del Evangelio de Juan* (Juan 1:1-18).[22] El Hijo existía desde el principio con el Padre (ver Juan 1:1-2, 18), pero se encarnó y dio a sus seguidores la oportunidad de verle, escucharle y tocarle, confirmando así su humanidad (ver Juan 1:14). El papel de aquellos que le vieron es dar testimonio de lo que vivieron (ver Juan 1:6-8, 15): que Jesús es Aquel que trae vida eterna (ver Juan

---

21. Encontrará una división algo diferente del texto, aunque también siguiendo el mismo patrón de los tres ciclos, en Stott, *The Epistles of John*, 61.

22. Wendy E. Sproston («Witness to What Was ἀπ' ἀρχῆς: 1 John's Contribution to Our Knowledge of Tradition in the Fourth Gospel», *JSNT* 48 [1992]: 43-65) subraya ésta y otras semejanzas entre la epístola y el cuarto Evangelio, argumentando que ambos utilizaron la misma tradición. ¡Pero esas semejanzas también pueden apuntar a que están escritas por el mismo autor!

1:4). La proclamación de las buenas noticias da gozo tanto a los predicadores como a sus oyentes, porque las noticias consisten en que Jesús trae comunión entre Dios y la humanidad, y comunión entre los redimidos.[23]

EVIDENCIAS DE VIDA: CICLO I (1:1-5-2:27)

El pecado frente a la obediencia (1:5-2:6). La primera evidencia de una vida nueva es la obediencia a los mandamientos de Dios (2:3). Una expresión equivalente es la metáfora joánica de «caminar en la luz» (1:7), frente a vivir en la oscuridad. Los falsos maestros estaban promoviendo un perfeccionismo imposible, y Juan tiene que rebatirlo. Creer que uno no tiene pecado es pecado en sí, porque es mentira. En este contexto, la obediencia consiste en confesar ese pecado, para que la comunión con Dios pueda ser restaurada (1:9). Así, el cuerpo de esta carta empieza en 1:5 con la declaración de que Dios es luz, la única fuente fiable que nos ilumina para que sepamos cómo vivir. Los versículos 6-10 recogen tres ideas de aquellos falsos maestros de línea gnóstica (habían separado la espiritualidad interior de la moral exterior:)[24] (1) Puedo establecer una separación entre mi relación con Dios y mi estilo de vida (v. 6). (2) Como cristiano, puedo llegar a estar libre de pecado (v. 8). (3) Algunos ya hemos alcanzado ese estado (v. 10). Después de cada uno de estos versículos, Juan intercala cuál es el remedio: caminar con Dios, que nos lleva a un estilo de vida concreto (v. 7),[25] confesar nuestros pecados (v. 9), y reconocer que Jesús ha realizado la expiación necesaria para el perdón de esos pecados (2:1-2).

Probablemente, los falsos maestros no creían que habían logrado erradicar la naturaleza pecaminosa que heredamos por pertenecer a la humanidad caída; pero lo que sí estaban diciendo es que habían logrado no cometer ningún pecado durante un periodo de tiempo considerable, quizá desde que recibieron la «iluminación» que su sistema de creencias les otorgaba.[26] A lo largo de la historia de la iglesia, esta mentira se ha venido repitiendo una y otra vez. «El perfeccionismo siempre ha tenido cierto atractivo para los piadosos, para los intelectuales, y para aquellos que creen que ya dominan lo elemental. 1ª Juan enseña que la perfección es obedecer la palabra de Dios, ni más, ni menos.»[27] La verdadera fe cristiana nos lleva a reconocer que necesitamos obedecer to-

---

23. Por tanto, el objetivo de la proclamación del evangelio no es solo la salvación de individuos, sino la creación de la comunión del pueblo de Dios («la iglesia»). La proclamación tiene poder en sí misma, «pues el mensaje cristiano no es especulación filosófica, ni una sugerencia o alternativa, ni una modesta contribución al pensamiento religioso, sino que es una afirmación contundente hecha por aquellos cuya experiencia y comisión les confiere autoridad para hacer dicha afirmación» (Stott, *The Epistles of John*, 68).

24. Cf. Marianne Meye Thompson, *1-3 John* (Leicester and Downers Grove: IVP, 1992), 44.

25. «Pero esas obras del hombre, da igual la cantidad o la calidad, no alteran el hecho de que somos salvos por la gracia de Cristo: no porque nos hayamos ganado su favor, sino tan solo por la intervención y la ayuda de Dios» (Millet, *Jesus Christ*, 8).

26. Kruse, *The Letters of John*, 66, 70.

27. Gerard S. Sloyan, *Walking in the Truth: Perseverers and Deserters* (Valley Forge: Trinity, 1995), 18.

dos los mandamientos de Dios, viviendo como Jesús, es decir, dejando que Dios transforme nuestro interior y también nuestra conducta (2:3-6).

Amor los unos por los otros (2:7-17). La segunda evidencia una vida nueva tiene que ver con amarse los unos a los otros. Ciertamente, el mandamiento de Dios se puede resumir en el mandamiento del amor (v. 7-11), que es tanto un mandamiento antiguo, como nuevo (v. 7-8). Era la base de la ley (recuérdese que Jesús cita Dt 6:4 y Lv 19:19 en Mr 12:29-30 y par., cuando habla de amar a Dios y al prójimo), así que se trata de un principio antiguo. Pero la llegada de Jesús nos acercó el amor de Dios aún más, por lo que no hay duda de lo crucial que es para la comunión *cristiana*. Los que dicen ser cristianos, pero dividen la iglesia y no aman a los creyentes que les rodean, ponen en evidencia sus propias palabras. Por otro lado, el verdadero amor cristiano previene la apostasía (v. 9-11). El término «hermano» que aparece en las epístolas de Juan hace referencia a cualquier miembro de la comunidad cristiana, pero algunos de ellos resultan ser unos impostores.[28]

Todos los sectores de la comunidad tienen la responsabilidad de vivir como Juan ordena (v. 12-14). Los tres términos diferentes con los que Juan se dirige a sus congregaciones se refieren, con casi toda probabilidad, a todos sus lectores («queridos hijos», el término que siempre usa para referirse a todos los destinatarios de sus escritos, p. ej., 2:1, 18, 28; 3:7, etc.), aunque hace una distinción para dirigirse de forma específica a los mayores por un lado, y a los jóvenes por otro (ya sea biológica, o espiritualmente hablando).[29] Como vemos, Juan usa el verbo «escribir» seis veces. Si miramos el texto griego, las tres primeras veces el verbo está en presente, y las otras tres, en aoristo (tiempo pasado). Cuando aparece en pasado no se está refiriendo a una carta anterior; lo que Juan hace es enfatizar lo que está diciendo en ese momento, para luego enfatizar que lleva toda la carta apuntando a eso.[30]

El amor cristiano lleva, además, a no amar al mundo caído y todos sus atractivos pasajeros (v. 15-17). Las tres tentaciones del versículo 16 nos recuerdan a las tentaciones a las que se enfrentaron Adán y Eva en el Edén, y también Jesús en el desierto.[31] La traducción literal sería: «la lujuria de la carne, la lujuria de los ojos y el orgullo de la vida». Es decir: la neura del sexo, las ansias por comprar cualquier cosa que uno vea, y el orgullo que uno alberga cuando tiene mucho o es alguien importante.

Cristología correcta (2:18-27). La tercera evidencia de una vida nueva tiene que ver con una cristología correcta. Los falsos maestros a los que Juan se enfrenta son «anticristos», que apuntan al *anticristo* de los últimos tiempos (v. 18). Estos maestros, como algunos de sus seguidores, se han separado de la co-

---

28. Cf. Akin, *1, 2, 3 John*, 98.
29. P. ej., Smalley, *1, 2, 3 John*, 69-71.
30. Cf. Stanley E. Porter, *Verbal Aspect in the Greek of the New Testament, with Reference to Tense and Mood* (New York: Peter Lang, 1989), 229-30.
31. Ver la tabla en Blomberg, *Jesus and the Gospels*, 223. Akin (*1, 2, 3 John*, 108) cree que los paralelismos son «demasiado evidentes como para no prestarles atención».

munidad cristiana, demostrando así que realmente nunca pertenecieron a ella (v. 19). Los calvinistas suelen tomar este versículo como uno de los versículos más claros de todas las Escrituras en cuanto a cómo «diagnosticar» qué ocurre cuando alguien comete apostasía.[32] Estos maestros dicen tener una unción especial del Espíritu. Juan se lo discute, porque esa unción es común a *todos* los cristianos, y tiene lugar en el momento en el que alguien confía en Jesús (v. 20-21).[33] El error doctrinal básico de los separatistas es negar que Jesús es el Cristo (v. 22), una negación que podría apuntar no solo a una influencia helenista, sino también judía.[34] Los judeocristianos sectarios del siglo II conocidos como los ebionitas decían que Jesús no era el Mesías divino, y sostenían que seguían siendo cristianos porque adoraban al Padre. Si esta forma de pensar ya estaba presente en Éfeso a finales del siglo I, la respuesta de Juan tiene mucho sentido: *uno no puede tener al Padre si no tiene una comprensión correcta del Hijo* (v. 23).

El antídoto para una cristología incorrecta es simplemente mantenerse fiel a la verdad, a lo que aquellos creyentes habían oído desde el principio (v. 24-27). El versículo 27 no debe entenderse de una forma absoluta; después de todo, ¡lo que Juan está haciendo con esta carta es, precisamente, enseñar! Pero lo que quiere decir es que no tienen necesidad de una enseñanza esotérica o elitista para completar o superar lo que aprendieron al principio. No tienen que prestar atención a la nueva enseñanza que contradice la verdad, sino que deben mantenerse fieles al fundamento que recibieron. Las nuevas ideologías les harán desviarse del camino correcto.[35]

EVIDENCIAS DE VIDA: CICLO DOS (2:28-4:6)

El pecado frente a la justicia (2:28-3:10). Si en el primer ciclo se nos dice que debemos guardar los mandamientos de Dios y obedecer, en lugar de pecar, este ciclo habla de practicar la justicia en lugar de pecar. Veremos que el concepto unificador de esta sección «es practicar la justicia» (2:29; 3:7, 10). Aquí podríamos utilizar el refrán popular «de tal palo, tal astilla»: si alguien practica la justicia que nace del Dios justo, obviamente ha nacido de él (2:9). Está claro que en esta vida solo podemos imitar a nuestro Padre celestial en parte, pero en la vida venidera, seremos transformados de un modo que no podemos ni imaginar (2:28; 3:1-3). Entonces, «seremos semejantes a él» (3:2); no ontológica, sino moralmente hablando. «Los creyentes nunca podrán ser iguales a Cristo, puesto que Él es infinito, y nosotros, finitos; pero seremos *semejantes* a Él en santidad, y porque tendremos un cuerpo resucitado».[36] No obstante, en 3:4-10

---

32. P. ej., Gordon R. Lewis y Bruce A. Demarest, *Integrative Theology*, vol. 3 (Grand Rapids: Zondervan, 1994), 202, 205, 223.

33. Esta «unción» de Juan es equivalente al «bautismo» del Espíritu de Pablo (1Co 12:13) y podría tratarse de un juego de palabras (*chrisma*) con el término «anticristo» (*antichristos*), acuñado por él mismo. Cf. Burge, *The Letters of John*, 128.

34. Smalley, *1, 2, 3 John*, 113.

35. Cf. Thompson, *1-3 John*, 82.

36. Burdick, *The Letters of John the Apostle*, 234.

encontramos una afirmación aún más contundente. Dado que los creyentes han sido purificados del pecado (definido como el quebrantamiento de la ley) por la purificación de la muerte expiatoria de Cristo, ya no pecan más. ¡Los que pecan, no le conocen! (vv. 4-6). En los versículos 7-10 se sigue hablando de este claro contraste: los que pecan demuestran que son del diablo, y los que han nacido de Dios, no pecan. Practicar la justicia y amar a los demás son evidencias que demuestran que una persona es cristiana.

Pero, ¿cómo puede Juan decir estas cosas, si más adelante afirmaba que quien dice que no tiene pecado, es un mentiroso (1:6-10)? Pero muchas traducciones aciertan al traducir el tiempo verbal se la siguiente forma: «Todo el que permanece en él, no *practica el pecado*» y «todo el que *practica el pecado*, no lo ha visto ni lo ha conocido» (3:6; cf. también v. 9: «Ninguno que haya nacido de Dios *practica el pecado*»); también, «todo el que permanece en él, no *continúa* pecando». Dicho de otro modo, «el pecado no es una característica que defina a los que viven» en Cristo.[37]Aún pecan, pero ese no es el patrón de vida que llevan. Pero este tipo de comprensión sobre «no practicar el pecado» difiere de la comprensión gnóstica, porque reconoce que sí existe una ley (v. 4). Los gnósticos veían la ley del Antiguo Testamento (¡y al Dios del Antiguo Testamento!) como algo malo, y por lo tanto, no creían en la necesidad de cumplir todos los mandamientos de Dios.

Amor los unos por los otros (3:11-24). El final del versículo 10 da inicio a la segunda discusión de Juan sobre el amor cristiano. De nuevo, éste es el mensaje que los cristianos han escuchado «desde el principio» de su vida con el Señor (v. 11), a diferencia de la enseñanza polémica de los recién llegados herejes. Así, los versículos 15-18 establecen un contraste entre el modelo negativo de Caín (vv. 12-15) y el modelo positivo de Cristo (vv. 16-18). El odio de Caín hacia su hermano le llevó a convertirse en el primer asesino; el amor de Jesús por la humanidad le llevó a dejarse asesinar. No debería sorprendernos si el mundo nos odia, como a Cristo (v. 13; recuérdese Juan 15:18-17). Después de eso, la demostración más grande y genuina de amor consiste en compartir nuestras posesiones materiales para ayudar a los que tienen necesidad (v. 17).[38]

Este tipo de amor puede servir para demostrar al creyente que duda de su salvación, si es salvo o no (vv. 19-24). En muchas ocasiones, los que se preocu-

---

37. Thompson, *1-3 John*, 95. El significado del tiempo presente en griego, especialmente fuera del modo indicativo, era el de una acción continua. El hecho de que Juan utilice en toda la carta términos relacionados con la familia podría explicar la presencia de un lenguaje aparentemente tan contundente. La responsabilidad de los hijos de mantener el honor de la familia era una de las grandes motivaciones en el mundo mediterráneo antiguo. Ver J. G. van der Watt, «Ethics in First John: A Literary and SocioScientific Perspective», *CBQ* 61 (1999): 491-511. En Brown, *The Epistles of John*, 411-16, encontrará otras soluciones posibles a esta aparente contradicción.

38. «Juan no está diciendo que solo los ricos tienen que compartir sus posesiones con los demás; *todos* los cristianos en posición de ayudar a otros con bienes materiales tienen la responsabilidad de hacerlo» (Smalley, *1, 2, 3 John*, 196).

pan de forma desmesurada por si han «creído» en Jesús de forma verdadera son los creyentes que más amor tienen, debido quizá a una conciencia muy sensible o a inseguridades escondidas. En momentos así, las otras dos evidencias de vida pueden ayudarles a ver la transformación que Cristo ha realizado durante los años de vida con Él (vv. 19-20).[39] Cuando nos damos cuenta de que Dios no nos condena, ya no nos condenamos a nosotros mismos y podemos acercarnos a Él con confianza con nuestras peticiones (vv. 21-22). Como tantos otros textos en las Escrituras, el versículo 22 debe leerse en el contexto de todo el documento en el que aparece; en 1ª Juan 5:14 dice que hemos de pedir conforme a la voluntad de Dios. Los versículos 23-24 cierran esta sección mostrando que estas tres pruebas son inseparables: su mandamiento es que creamos y que amemos. El que ama, obedece, y Cristo vive en él.[40] Y el espíritu que vive en el creyente da testimonio de todas estas realidades.

Cristología correcta (4:1-6). El segundo ciclo culmina con la segunda discusión de Juan sobre la forma en la que hemos de creer. La obediencia y el amor en sí no pueden salvar a una persona si esa persona no ha puesto ya su confianza en el Jesús de los Evangelios. Los falsos maestros decían que eso era lo que ellos habían hecho, pero al negar la humanidad de Cristo, se contradecían a ellos mismos. Si al insistir en que Jesús también es el Cristo, Juan está respondiendo a los «creyentes» judíos que negaban la divinidad de Jesús, entonces aquí tenemos un recordatorio implícito de la otra doctrina clave que debemos afirmar sobre este «Dios-hombre» (vv. 1-3).[41] Cuando tenemos eso en cuenta, y cuando el Espíritu de Dios vive en nosotros de verdad, podemos discernir quiénes son los verdaderos espíritus, profetas y maestros y quiénes son los falsos espíritus, profetas y maestros (vv. 4-6). Y podemos hacerlo «porque el que está en vosotros [el Espíritu] es más poderoso que el que está en el mundo [el diablo]», una verdad que debería aplicarse a cualquier dimensión de la lucha espiritual.[42] Pero este principio solo funciona cuando *realmente «sometemos a prueba los espíritus» y no creemos ingenuamente a cualquiera que dice tener un mensaje de parte de Dios*, pero no vemos en él las evidencias de las que estamos hablando (v. 1).

---

39. Cf. Marshall, *Las cartas de Juan* (Nueva Creación, 1991), 197-98 de la edición en inglés.

40. Cf. Sloyan, *Walking in the Truth*, 39-40.

41. O combinar estas verdades y desarrollarlas, «pues detrás de estas palabras Juan está afirmando tres cosas sobre nuestra creencia: (1) the aquel hombre, Jesús de Nazaret, ciertamente es la Palabra divina de Dios; (2) que Jesucristo era y es completamente divino y completamente humano; y (3) que Jesús es la única fuente de vida eterna pues él es el único que nos revela al Padre y el único que expía nuestros pecados» (Burge, *The Letters of John*, 174-75).

42. Sobre est, ver esp. Clinton E. Arnold, *3 Crucial Questions about Spiritual Warfare* (Grand Rapids: Baker, 1997).

EVIDENCIAS DE VIDA: CICLO TRES (4:7-5:21)

Amor los unos por los otros (4:7-21). El tercer ciclo no nos presenta las evidencias de una vida nueva en el mismo orden en el que aparecían en los otros dos ciclos; de hecho, aquí, no dedica un apartado a una evidencia, sino que en cada apartado encontramos referencias a más de una evidencia. No obstante, creo que sí podemos decir que 1ª Juan se divide en tres secciones, y que en cada sección se presta más atención a una de las evidencias de vida. Juan menciona «el amor» en cada versículo desde el 7 al 21, a excepción de los versículos 13-15. Mucho de lo que aparece en esta sección refuerza temas que ya han aparecido en la carta: nuestra conducta como señal del nuevo nacimiento (vv. 8-9); el maravilloso amor de Dios por nosotros, que nos capacita para amar a otros de forma sacrificada (vv. 10-12, 16-17a); el papel del Espíritu Santo que nos da la certeza de que pertenecemos a Dios (v. 13); nuestro testimonio de Jesús y la imposibilidad de establecer una separación entre Jesús y el Padre (vv. 14-15); y la incompatibilidad de amar a Dios y odiar repetidamente a los demás (vv. 19-21).

El versículo 7 debe entenderse dentro del contexto más amplio. Dios es mucho más que amor, pero el amor es un atributo crucial. Y a la inversa: no todos los que muestran amor lo hacen por motivos cristianos. «Lo más probable es que aquí Juan esté presentando el amor como un *efecto* del nuevo nacimiento en Dios, y un *efecto* de haber conocido a Dios, y no como una *causa*».[43] El versículo 8a ilustra muy bien la siguiente regla gramatical griega: si una frase tiene la forma de «x es y», y «x» e «y» son sustantivos y tan solo uno de ellos está precedido por un artículo, el sujeto es, normalmente, el sustantivo que va precedido por el artículo. Dicho de otro modo, la afirmación «Dios es amor» es irreversible. El amor no es Dios, «¡pues una muestra de afecto no es divina en sí!».[44] El versículo 9 nos recuerda a Juan 3:16, mucho más conocido. Los versículos 13-14 son otro reflejo incipiente del concepto de la trinidad. Los versículos 15-16 muestran que una cristología correcta lleva al amor, y el versículo 21 señala que el amor es obediencia a los mandamientos de Dios. Claramente, aquí se está hablando de algo más que de una mera emoción, puesto que las emociones no se pueden «ordenar o mandar» (recuérdese lo comentado bajo 1Co 13). Cabe recordar de a lo largo de toda la Biblia, el amor a Dios no es tanto una experiencia emocional (aunque a veces también lo es), sino más bien la obediencia de sus mandamientos.

El elemento totalmente nuevo de esta sección es la idea de que el amor echa del creyente el temor al juicio (vv. 17-18). La muerte es algo horrible para aquellos que creen que no habrá nada después, o que si hay algo, será algo desagradable. Es verdad que creer en el concepto bíblico del día del juicio puede alimentar esa sensación de terror, pero para los creyentes ese día solo debería ser algo esperado con el gozo de un pueblo que ha sido perdonado de

43. Smalley, *1, 2, 3 John*, 238.
44. Burge, *The Letters of John*, 187. Cf. D. A. Carson, *La difícil doctrina del amor de Dios* (Andamio: 2001).

sus pecados y que espera la recompensa gloriosa que se le ha reservado en los cielos. Pero en nuestra humanidad caída, ¡la apropiación o asimilación de estas verdades no siempre es fácil!

Cristología correcta (5:1-15). El pasaje de 5:1-5 nos ofrece otro buen resumen de la interrelación que hay entre estas tres evidencias de vida. Los verdaderos creyentes reconocen tanto al Padre como al Hijo, aman, y obedecen los mandamientos. Aún así, la fe es prioritaria porque ha vencido al mundo y al mal (v. 4); el amor y la obediencia fluyen de la fe, y no van acompañados de la carga que sienten los que hacen buenas obras para ganarse el favor de Dios (v. 3).[45] Los versículos 6-12 están unidos por un tema: el testimonio de que Jesús es el Cristo y el Hijo de Dios. Aunque algunos de los detalles son de difícil comprensión. ¿Qué quiere decir que Jesús vino mediante agua y sangre (v. 6)? Según la enseñanza cerintianista (arriba, p. 554), Juan probablemente está enfatizando que el Espíritu no solo estuvo con Jesús durante su bautismo y su ministerio, sino que también estuvo con él en la cruz y en el momento de su muerte.[46]

La porción de los versículos 7b y 8a es una de las variantes textuales más famosas de la historia de la iglesia, conocida como la Cláusula joánica (o Coma joánica, del latín). No aparece en ningún manuscrito griego anterior al 1400 d.C., por lo que en la NVI se ha relegado a una nota al pie. De hecho, no existe ninguna edición impresa del Nuevo Testamento que incluya esta variante, ni tan siquiera a pie de página. Pero la cláusula se añadió en la tradición latina en copias tardías de la Vulgata católica romana, y no desentonó por su lenguaje trinitario. Cuando el reformador católico Erasmo compiló su texto crítico del Nuevo Testamento en 1520, no introdujo esta cláusula y, por ello, se ganó la crítica de algunas autoridades católicas. Él explicó que aquellas palabras no aparecían en ningún manuscrito griego conocido, pero debido a la presión que recibió, por fin se rindió, incluyendo dicho material. Los traductores de versiones tan antiguas como la King James inglesa o nuestra Reina-Valera siguieron a Erasmo y preservaron la cláusula; pero las buenas traducciones modernas, acertadamente, la omiten. Aquellos que dicen que la omisión es una acción «liberal» en contra de la doctrina de la Trinidad deberían considerar las evidencias históricas.[47]

Entonces, ¿qué quiere decir el resto del texto cuando dice que el Espíritu, el agua y la sangre están de acuerdo en su testimonio humano y divino sobre Jesucristo, el Hijo de Dios (v. 7-9)? La respuesta es que *los sucesos históricos del bautismo y la resurrección de Jesús, la inspiración divina que guió a los apóstoles a dejar testimonio oral y escrito del Cristo, y la tradición de la iglesia fielmente transmitida a la siguiente generación coinciden para dar*

---

45. Cf. Ogden y Skinner, *Acts through Revelation*, 296: «La salvación se logra solo a través de Cristo. ... No hay nada que podamos hacer para ganarnos el favor de Dios».
46. P. ej., Kruse, *The Letters of John*, 178.
47. Más detalles en Brown, *The Epistles of John*, 775-87.

testimonio de la verdad.[48] Juan está convencido de que esta verdad es creíble y convincente. Al final, toda persona debe elegir si acepta este testimonio, o si lo rechaza; no hay opciones intermedias. Los que lo aceptan, encuentran la vida eterna; los que no lo aceptan, hacen a Dios mentiroso y no encuentran la vida (vv. 10-12).

Los versículos 13-15 ponen fin a esta sección e incluyen la declaración de propósito de la epístola. Como ocurre con Juan 20:31, podríamos pensar que Juan estaba poniendo punto y final a su escrito; pero sea como sea, decidió añadir unas palabras más. Mientras que el propósito de su Evangelio fue el de animar a los incrédulos a creer (o a los que tenían fe, a que tuvieran aún más),[49] en la epístola vemos que se dirige a los creyentes para asegurarles que tienen la vida eterna. Pero el tiempo presente del verbo «creer» en el versículo 13 es crucial. Juan no está prometiendo la salvación a los que en el pasado hicieron una profesión de fe superficial pero posteriormente no dieron ninguna evidencia de vida espiritual (cristología correcta, amor, y obediencia a los mandamientos de Dios). Sin embargo, a los que creen *en el presente*, les promete que Dios responderá sus oraciones, si están hechas de acuerdo con la voluntad del Padre (vv. 14-15).[50]

El pecado frente a la vida (5:16-21). El tema del pecado vuelve a reaparecer, y esta vez Juan distingue entre los «pecados mortales» (los que solo llevan a la muerte espiritual) y esos pecados menores que pueden ser perdonados. Si el término «hermano» aquí se refiere a un creyente verdadero, entonces o bien Juan contempla que algunos pueden perder la salvación, o bien simplemente se está refiriendo a la muerte física (como con Ananías y Safira). Pero si, como hemos visto anteriormente, solo significa «miembro de la comunidad», entonces aquellos que «continúan pecando» (v. 18) como estilo de vida (recuérdese el comentario de 2:6 y 9), como es de suponer que estaban haciendo los falsos maestros que han salido de la iglesia de Éfeso, lo que hacen es demostrar que nunca fueron creyentes de verdad. Como en todas las Escrituras, el único pecado imperdonable es el pecado de no arrepentirse nunca de la incredulidad persistente.[51]

Si uno lee los versículos 16-21 demasiado rápido puede caer en un serio error de interpretación. Juan anima a los creyentes a orar por los que han caído en pecados que no llevan a la muerte. Pero el versículo 16, ¿no parece sugerir que *no deben orar* por los que han cometido pecado mortal? De hecho, lo que Juan escribe no es que *no deben orar*; lo que escribe es que *no está diciendo*

---

48. Thompson, *1-3 John*, 133.

49. Ver Blomberg, *Jesus and the Gospels*, 169.

50. «La vida divina que se les da a los creyentes debe convertirse en vida con Dios y con los hermanos y hermanas. Es una vida que requiere de una evaluación constante» (Schnackenburg, *The Johannine Epistles*, 247).

51. Ver esp. Tim Ward, «Sin "Not Unto Death" and Sin "Unto Death" in 1 John 5:16», *Churchman* 109 (1995): 226-37. Cf. Smalley, *1, 2, 3 John*, 299; Akin, *1, 2, 3 John*, 210.

que en esas situaciones *deben orar*. Dicho de otro modo, el apóstol dice que en estas líneas no está tratando el tema de qué hacer con aquellos que han endurecido su corazón y que nunca se arrepentirán.[52] Y como no tenemos la capacidad divina de saber quiénes no se arrepentirán jamás, ¡debemos orar por todo el mundo porque quizá aún les queda una oportunidad!

Los versículos 18-20 refuerzan las promesas de Juan sobre la seguridad del creyente. A pesar de los engaños del maligno, que controla a toda la humanidad no regenerada, Dios es mucho más fuerte y nos puede proteger, y su Hijo nos abre los ojos para que entendamos la naturaleza de Dios y nos da la capacidad de conocerlo. Pero todo esto no significa que el maligno no pueda tener un efecto negativo sobre nosotros, si le dejamos. Así que la advertencia del versículo 21 tiene mucho sentido. Aunque parece un modo muy brusco de poner fin a esta «carta» que no parece una carta, «idolatría» es una etiqueta que recoge la adoración a cualquier cosa que no sea el Dios único, vivo y verdadero. Según Juan, eso era lo que los falsos maestros estaban promoviendo; según los judíos, eso es lo que todas las religiones gentiles hacían. Y, si Jesús encarnó al único Dios verdadero, entonces los ídolos o estatuas de dioses y diosas que los gentiles adoraban encarnaban las deidades de las falsas religiones. Este último versículo es pues un buen resumen de lo que los lectores de la carta deberían estar haciendo.[53]

LA COMUNIDAD JOÁNICA

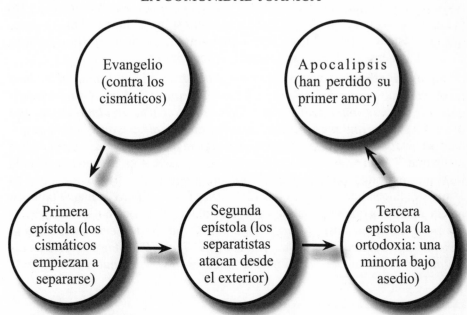

52. Ver esp. Randall K. J. Tan, «Should We Pray for Staying Brethren? John's Confidence in John 5:16-17», *JETS* 45 (2002): 599-609. Yourselves

53. Ver esp. Terry Griffith, *Keep Yourselves from Idols: A New Look at 1 John* (London y New York: SAP, 2002). Cf. también Julian Hills, «"Little Children, Keep Yourselves from Idols": 1 John 5.21 Reconsidered», *CBQ* 51 (1989): 285-310.

2ª JUAN: LOS SEPARATISTAS ATACAN DESDE EL EXTERIOR

INTRODUCCIÓN

A primera vista, esta carta parece estar dirigida a una mujer cristiana y a su familia para decirles que no ofrezcan hospitalidad a los falsos maestros. Pero si profundizamos un poco, se puede decir que Juan tiene en mente a *una iglesia que se reunía en una casa*, y así es como se ha entendido a lo largo de la historia de la iglesia: (1) en las Escrituras, las referencias a Israel y la iglesia suelen estar en género femenino. (2) El hecho de que esta «señora» cuenta con el amor de «*todos* los que han conocido la verdad» (v. 1) tiene más sentido si se trata de una iglesia en lugar de una persona. (3) Los saludos de «los hijos de tu hermana, la elegida» (v. 13) también tienen más sentido si se refieren a los saludos de una iglesia «hermana». ¿Por qué iban a enviar saludos los hijos biológicos de la hermana, sin enviar también saludos de parte de su madre? (4) Los cambios que Juan va haciendo a lo largo de la carta de plural a singular y de singular a plural no tienen mucho sentido si el apóstol se está dirigiendo a una mujer y a sus hijos, pero sí lo tienen si la «señora» se refiere a la iglesia, y «los hijos» (expresión característica de Juan para dirigirse a los creyentes), a sus miembros. Existen otras dos sugerencias que no cuentan con evidencias de peso: (a) Electa («la elegida») o Kyria («señora») es un nombre propio; y (b) la mujer es una pastora. Las evidencias externas sobre 2ª Juan son más escasas que las existentes sobre 1ª Juan, pero algunas provienen de los mismos autores: Ireneo, Clemente de Alejandría, Eusebio y Jerónimo.[54]

La similitud de los contenidos y los problemas que se tratan en 2ª Juan apuntan a que se escribió en una fecha muy cercana a 1ª Juan, y que está dirigida a la misma comunidad. Quizá 1ª Juan era una carta circular que pasó por todos los grupos que se reunían en casas en Éfeso y alrededores, mientras que 2ª Juan estaba dirigida exclusivamente a uno de dichos grupos.[55] Algunos han dicho que 2ª Juan es anterior a 1ª Juan porque al parecer en la segunda epístola los falsos maestros aún tienen contacto con la iglesia (v. 10), mientras que en 1ª Juan ya han salido de entre ellos (2:18-19; cf. 4:1).[56] Pero 2ª Juan 7 también parece apuntar a que «han salido» y ya no están entre ellos. *Así, es más probable que 2ª Juan sea posterior a 1ª Juan, puesto que el problema que llevó a la división se produjo dentro de la iglesia, y en 2ª Juan 10 los falsos maestros están atacando desde fuera de la iglesia, intentando volver y hacer más daño.*[57]

---

54. En cuanto a un resumen sobre evidencias internas y externas ver Stott, *The Epistles of John*, 19-20, 28-30.
55. Kruse, *The Letters of John*, 40.
56. Ver, p. ej., Marshall, *Las cartas de Juan* (Nueva Creación, 1991), 10-11 de la edición en inglés.
57. Cf. Brown, *The Epistles of John*, 70.

En cuanto al género, es difícil concretar demasiado, y la mayoría define 2ª Juan simplemente como una *carta exhortativa* o *parenética*.[58] Tiene la extensión y la forma de la típica epístola personal, pero la cuestión es que toma un carácter público, ya que está dirigida a un grupo de personas. Aunque existen distintos análisis retóricos de esta carta, creemos que lo más apropiado es un esquema tan sencillo como el siguiente:

I.   Saludos (vv. 1-3)
II. Cuerpo de la carta (vv. 4-11)
III. Cierre (vv. 12-13)

COMENTARIO

SALUDOS (vv. 1-3)

Ya hemos hablado de la mayor parte del contenido de estos versículos en la Introducción. Si estamos ante un escrito de Juan, el hijo de Zebedeo, el uso que hace del término «anciano» encaja tanto con su cargo como con su edad, y le da un aire más tierno del que le daría la formalidad del título «apóstol». Como era querido y respetado por todos, no le hace falta afirmar su autoridad apostólica de una forma explícita. «La verdad» hace referencia al mensaje del evangelio (también podría hacer referencia a Dios mismo en su Espíritu). Llama la atención la combinación de «verdad» y «amor» que encontramos en estos versículos introductorios, y nos recuerda a Efesios 4:15. En ocasiones, la unidad no se puede preservar cuando en una comunidad cristiana hay quieres niegan una verdad fundamental, como ocurría en Éfeso. Pero la confrontación y la disciplina se deben ejercer en un espíritu de amor, tanto como sea posible. La actitud adecuada es la de la «Regla de Oro» (Mt 7:12) (cf. también Gá 6:1-2).

CUERPO DE LA CARTA (vv. 4-11)

Los versículos 4-6 no son una oración de acción de gracias ni una petición, pero nos recuerdan a la segunda sección de las cartas helenas (incluidas las paulinas) porque recogen el gozo del apóstol por la fidelidad de «algunos» de los cristianos de esa congregación. Los comentaristas se preguntan si eso significa que «algunos» no se han mantenido fieles, pero sabemos que eso es así cuando llegamos a la segunda parte del cuerpo de la carta. En estos versículos vuelven a aparecer dos de las tres evidencias de la vida nueva: el amor y la obediencia a los mandamientos. Como en 1ª Juan 2:7-8, estos mandamientos del amor son tanto antiguos (ley mosaica) como nuevos (claramente cristianos). Aquí tenemos la base doctrinal de las exhortaciones que aparecerán a continuación.[59]

---

58. Duane F. Watson, «A Rhetorical Analysis of John according to Greco-Roman Convention», *NTS* 35 (1989): 107.

59. Urban C. von Wahlde, «The Theological Foundationof the Presbyter's Argument in 2 Jn (2 Jn 4-6)», *ZNW* 76 (1985): 209-24.

Los versículos 7-11 entran de lleno en el problema, y ofrecen una severa advertencia. Y tenemos aquí la tercera evidencia de vida: una cristología correcta. Juan anima a la congregación a cuidarse de los que no reconocen a Cristo (v. 7). Los cristianos que se dejan engañar por esos falsos maestros pueden perder la recompensa de ver el fruto del trabajo que Juan y sus colaboradores han hecho para edificar la iglesia (v. 8). Los que se unen a los falsos maestros demuestran de hecho que no son cristianos verdaderos. El verbo que traducimos por «descarriarse» en el versículo 9 significa literalmente «adelantarse», y algunos gnósticos lo usaban para referirse a su madurez. Juan sostiene que los que así se «adelantan» se apartan por completo del evangelio.[60] Los versículos 10-11, si están dirigidos a una iglesia, dejan claro que los cristianos no deben permitir que los falsos maestros utilicen sus cultos de adoración comunitaria como plataforma para propagar sus enseñanzas. Normalmente, «recibir» significaba ofrecer ayuda económica a los misioneros itinerantes, y Juan dice que ese es un tipo de ayuda que tampoco deben darles. Pero este texto no dice que los cristianos no deberían abrir la puerta a personas de otras religiones que llaman para compartir su fe. Si siempre actuáramos así, ¿cómo iban a escuchar (o ver el efecto) del evangelio del amor de Cristo?[61]

CIERRE (vv. 12-13)

La extensión de esta carta, como la de 3ª Juan, se aproxima a lo que cabría en un papiro normal. Juan no escribe más porque espera seguir su conversación la próxima vez que les visite para adorar a Dios junto a ellos. El final del versículo 12 nos recuerda a 1ª Juan 1:4. En cuanto al versículo 13, ver la Introducción a 2ª Juan (p. 568).

---

60. «La expresión "ir más allá" de la enseñanza de Cristo (προάγων) en lugar de "permanecer en" (μένων ἐν) lo que recibieron ha hecho que a estos disidentes se les llamara "progresistas". Normalmente, los progresistas son un movimiento de vanguardia que explora nuevas fronteras, pero cuando progresan, avanzan o "se adelantan" más allá de la enseñanza central que no debe ser abandonada, por sublime que sea para ellos su posición, no son dignos de alabanza» (Sloyan, *Walking in the Truth*, 65).
61. Cf. Akin, *1, 2, 3 John*, 233.

3ª JUAN: ¿LOS SEPARATISTAS SE HACEN CON EL MANDO?

INTRODUCCIÓN

Esta última epístola joánica está dirigida a un creyente llamado Gayo, del que no sabemos nada más, y se cree que fue escrita en Éfeso cerca del final del siglo I.[62] El autor se presenta de nuevo como «el anciano», y con casi toda seguridad tenemos aquí a la misma persona que escribió 2ª Juan. Al parecer, Gayo abría su casa a los cristianos que tenían un ministerio itinerante. Las pensiones en aquellos tiempos eran conocidas por su falta de civismo, así que era importante que los cristianos practicaran la hospitalidad, recibiendo a los hermano en la fe. Además de ofrecer una cama y comida, los creyentes solían ofrecer un donativo a los obreros que acogían para ayudarles con los gastos de sus viajes.[63] En este caso, Juan escribe a Gayo para animarle en su ministerio (vv. 5-8), y recordarle lo importante que es que, en medio de los ataques de los falsos maestros, se mantenga fiel a la ortodoxia (v. 3-4). Diótrefes, que podría ser uno de esos falsos maestros (ver más adelante, p. 573) que se está oponiendo a los verdaderos cristianos, es el obstáculo de Gayo (vv. 9-10).

De nuevo, no se sabe a ciencia cierta en qué orden se escribieron estas cartas. En esta breve epístola no hay una referencia clara a la falsa enseñanza de la que se habla en las otras dos epístolas. Por ello, algunos dicen que 3ª Juan podría ser anterior a 1ª y 2ª Juan. Aunque por otro lado, a Diótrefes se le ha relacionado con esa falsa enseñanza, por lo que *3ª Juan podría pertenecer a un periodo en el que las relaciones se han ido deteriorando, situación que algunos falsos maestros habrían aprovechado para regresar a alguna de las congregaciones y ocupar puestos de influencia y poder.*[64] El hecho de que las demás cartas del Nuevo Testamento dirigidas a personas concretas también estaban pensadas para ser leídas en la congregación a la que pertenecían (o con la que tenían algún tipo de relación) podría hacernos pensar que esta breve epístola también era para la comunidad de la que Gayo formaba parte. Pero en la carta no hay nada que apunte en esa dirección, a diferencia de cartas como la de Filemón, las pastorales o 2ª Juan. Por lo que quizá sí que estamos ante una

---

62. En el Nuevo Testamento se menciona a Gayo de Macedonia (Hch 19:19), de Derbe (20:4) y de Corinto (16:23), pero no hay razón alguna para pensar que el receptor de esta epístola sea uno de esos hombres. Gayo era un nombre griego muy común.

63. Sobre el tema de la hospitalidad en el mundo antiguo en la zona del Mediterráneo, y la importancia de dicho tema a la hora de considerar 3ª Juan, ver Bruce J. Malina, «The Received View and What It Cannot Do: III John and Hospitality», *Semeia* 35 (1986): 171-94.

64. Smalley, *1, 2, 3 John*, xxx-xxxii. Marshall (*Las cartas de Juan*, 9-14 de la edición en inglés) es más prudente, pues no establece ninguna relación doctrinal entre los falsos maestros y 1ª y 2ª Juan, y ve a Diótrefes como a un profeta o maestro en quienq Juan ha delegado la responsabilidad de supervisar, que no ha sabido desempeñar bien su rol de liderazgo.

carta personal para Gayo, y lo que ocurrió es que las generaciones siguientes de cristianos la vieron igual de valiosa e importante que las otras cartas de Juan, y pensaron que también merecía la pena preservarla y canonizarla. En cuanto a la extensión, una carta como 3ª Juan equivaldría en nuestros días a una detallada tarjeta postal. De nuevo, la dividiremos en tres partes:[65]

I.   Saludos (vv. 1-2)

II. Cuerpo de la carta (vv. 3-12)

III. Cierre (vv. 13-14)

COMENTARIO

SALUDOS (vv. 1-2)

Estos versículos contienen una salutación formal (v. 1) y una breve oración (v. 2), volviendo así a la forma de la epístola helena convencional. Como en 2ª Juan 1-2, aparece de nuevo la combinación del amor y la verdad. El elemento más sorprendente de la oración de Juan es la petición de que la salud física de Gayo sea tan buena como su salud espiritual. ¡Que todos tengamos la suficiente salud espiritual para que esta oración sea válida para cada uno de nosotros![66]

CUERPO DE LA CARTA (vv. 3-12)

Juan empieza el cuerpo de la carta alabando a Gayo por su hospitalidad con los obreros itinerantes (vv. 3-8). Como en 2ª Juan 4, da gracias por oír que el receptor de su carta está siendo fiel a la doctrina y a la conducta cristianas, e insiste diciendo que no hay nada que le produzca mayor gozo (vv. 3-4). Anima a Gayo a seguir siendo generoso con los predicadores itinerantes, incluso con aquellos que no conoce personalmente. Cuando en el versículo 6 habla de ayudarles con el viaje «como es digno del Señor», probablemente se está refiriendo también a la ayuda económica (ver más arriba, p. 273)[67], mientras que el versículo 7a se remonta al tiempo de los Hechos, cuando los creyentes se referían al «nombre» de Jesús casi como una entidad independiente de poder (condicionados quizá por la prohibición judía de pronunciar el nombre de Dios). El versículo 7b refleja la hostilidad que había en el siglo I hacia los cristianos, hostilidad que en algunas épocas y lugares no se ha repetido del mismo modo. Pero John Stott extrae una aplicación atemporal, y dice que «los

---

65. Encontrará un análisis más detallado en Duane F. Watson, «A Rhetorical Analysis of 3 John: A Study in Epistolary Rhetoric», *CBQ* 51 (1989): 479-501.

66. Cf. Akin, *1, 2, 3 John*, 240. En las oraciones helenas era normal incluir el tema de la salud física, aún cuando los que oraban eran conscientes de que probablemente esa salud no siempre formaba parte de la voluntad de Dios (o de los dioses). En este pasaje no hay nada que respalde la idea de que Dios quiere que los creyentes siempre tengan buena salud física (como dice la teología de la prosperidad). Esa idea no apareció hasta mediados del siglo XX, con las enseñanzas de Oral Roberts. Ver Heather L. Landrus, «Hearing 3 John 2 in the Voices of History», *JPT* 11 (2002); 81-82.

67. Thompson, *1-3 John*, 160.

cristianos deberían financiar las organizaciones cristianas que el mundo no va a financiar… Hay muchas buenas causas que *podríamos* apoyar; pero *debemos* apoyar a nuestros hermanos y hermanas, a quienes el mundo no va a apoyar».[68]

En segundo lugar, Juan advierte sobre el ejemplo negativo de Diótrefes (vv. 9-10). La carta a la que hace referencia en el versículo 9 no se puede equiparar a los documentos canónicos; lo más probable es que se perdiera.[69] Puede que Diótrefes tenga algún tipo de relación con los falsos maestros. Muchos comentaristas han intentado ser más concretos en cuanto a este tema, relacionando a este personaje con el proceso de institucionalización de la iglesia (y, por ejemplo, habría participado en una lucha de poder con los últimos, los apóstoles más «carismáticos»). Algunos han llegado a decir que fue el defensor de la ortodoxia y que luchó contra la heterodoxia de la comunidad joánica. Pero no hay ninguna evidencia que respalde esa teoría.[70] Lo único que sí sabemos a ciencia cierta es que a Diótrefes «le encanta[ba] ser el primero» (v. 9). ¡La ambición personal puede ser una causa suficiente para que haya una división de iglesia![71] Sea como sea, lo que podemos decir de este personaje es que echaba de su congregación a personas que eran verdaderos creyentes, y a otros que también eran verdaderos creyentes, no les permitía la entrada.

Por último, Juan alaba el ejemplo positivo de Demetrio (vv. 11-12), que solo se menciona aquí. Lo único que sabemos de él es que «todos dan buen testimonio de él» (v. 12). Gayo debía saber mucho más, por lo que a Juan no le hace falta entrar en detalles. Cuando advertimos a alguien de que tal o tal persona es un mal modelo, psicológica y espiritualmente hablando es bueno ofrecer a la vez un buen modelo que los cristianos puedan imitar. Las contundentes afirmaciones del versículo 11b deben entenderse en el contexto de las tres evidencias de vida, como ya vimos también en 1ª Juan 3:6 y 9. Está claro que los no creyentes hacen cosas buenas, pero no en el sentido pleno, que incluye servir y agradar al único Dios del Universo, encarnado en Jesús.[72]

CIERRE (vv. 13-14)

Como en 2ª Juan 12, el anciano explica que se reserva la mayoría de cosas que querría decirle para cuando se vean cara a cara (vv. 12-13a). En esta conclusión, Juan utiliza dos veces una expresión única para referirse a los cristianos: «los amigos». Puede que el término provenga de Juan 15:13. Se trata de un término que se ha utilizado mucho en la historia del movimiento cuáquero

---

68. Stott, *The Epistles of John*, 227. Obviamente, esto es diferente a aceptar el apoyo de gente no creyente (que no hemos pedido) para causas cristianas, que está bien siempre que el donante sepa para qué se va a utilizar su donación.

69. Kruse, *The Letters of John*, 226.

70. Sobre todo Ernst Käsemann, en su influyente artículo «Zum johanneischen Verfasserproblem», *ZTK* 48 (1951): 292-311. Ver también Georg Strecker, *The Johannine Letters* (Minneapolis: Fortress, 1996), 202-63.

71. Cf. Margaret M. Mitchell, «"Diotrephes Does Not Receive Us": The Lexicographical and Social Context of John 9-10», *JBL* 117 (1998): 299-320.

72. Cf. Brown, *The Epistles of John*, 721.

para referirse a los creyentes pertenecientes a su propio grupo denominacional. Stott sugiere que el mandamiento de saludar a esos amigos por nombre o «a cada uno en particular» habla «de comunidades locales lo suficientemente pequeñas y unidas para que los pastores y los miembros se conocieran de una forma personal y cercana».[73] Está claro que ese tipo de comunidades también se puede crear dentro del seno de una congregación más grande, pero el principio sigue siendo válido: todo creyente debería formar parte de una comunidad pequeña con esas características.

APLICACIÓN

Las evidencias de una nueva vida de las que Juan habla se convierten en elementos que nos previenen de cualquier visión truncada del cristianismo. Es fácil llegar a decir que lo único necesario para la salvación es una doctrina correcta sobre la persona de Jesús. Santiago nos recordaba que la fe, de forma inevitable, lleva a las buenas obras (su equivalente al énfasis joánico de obedecer los mandamientos). Pablo hizo hincapié en que la fe actúa mediante el amor (Gá 5:6), y, en las cartas de Juan, el amor es otra de las evidencias de vida. Cuando alguien que dice ser cristiano no está seguro de si ha creído lo suficiente, analizar la forma en la que el Espíritu le ha transformado convirtiéndole en alguien que ama más y obedece más que antes puede servir para reafirmarle en su fe. Pero cuando la fe no va acompañada de una vida transformada, aunque sea una transformación lenta o intermitente, tendremos razones para cuestionar si estamos ante una fe cristiana verdadera.

Si la secuencia histórica de las cartas de Juan se corresponde con el orden en el que aparecen en el canon, entonces podemos decir que la situación de la iglesia joánica experimenta un triste deterioro: de los gnósticos (o protognósticos, o enemigos semejantes a los gnósticos, etc.) que se van de la congregación (1ª Juan) a los ataques continuos una vez están fuera (2ª Juan), y de dichos ataques a la incursión en la iglesia de algunos falsos maestros (3ª Juan). Apocalipsis 2:1-7 confirma que la iglesia sufrió mucho como resultado de todos esos problemas, y a finales del siglo II la influencia cristiana en Éfeso había disminuido considerablemente. ¡Y esto ocurrió en la iglesia que más ministerio apostólico recibió durante el primer siglo! Pero a pesar de todo, podemos extraer una aplicación alentadora. Si un ministerio puede morir aun contando con todo ese apoyo, tengamos ánimo cuando estamos dando lo mejor que tenemos por la obra, y los resultados, humanamente hablando, son un fracaso. ¡Puede que no sea nuestra culpa! Debemos trabajar y hacer todo lo que podamos en el poder del Espíritu Santo, pero los resultados dependen de Dios.

PREGUNTAS

1. ¿Qué evidencias externas e internas respaldan que el apóstol Juan (o el autor del cuarto Evangelio) es también el autor de 1ª, 2ª y 3ª Juan? ¿Cuáles son algunas de las similitudes entre el Evangelio de Juan y las epístolas de Juan? ¿Por qué algunos cuestionan que se trate del mismo autor?

---

73. Stott, *The Epistles of John*, 234.

2. ¿Qué herejías están afectando a la iglesia a la que Juan escribe? ¿De quiénes son las enseñanzas que están propagando las herejías, y cuáles son las características y creencias principales de esas herejías? ¿En qué divergen de la fe cristiana verdadera?

3. ¿Cuál sería una posible estructura de 1ª Juan, y cuáles son los temas recurrentes de dicha estructura? Combinando esos temas, escribe una frase que resuma qué significa según Juan ser un cristiano verdadero.

4. ¿En qué se diferencian los propósitos de las epístolas de Juan de los propósitos del Evangelio de Juan? El debate sobre el tiempo verbal del verbo griego «creer» afecta a la comprensión que uno tiene de esos propósitos principales. ¿En qué sentido afecta? ¿Y cómo afecta a la comprensión que uno tiene de la doctrina de la «seguridad de la salvación»?

5. ¿Cómo define Juan el «amor»? Concretamente, ¿cómo ama un cristiano a Dios? ¿Y cuál es la forma en la que debe amar a los demás? ¿En qué se diferencian estas definiciones de la forma en la que se suele usar la palabra «amor» en la cultura occidental del siglo XXI?

6. ¿A quién está dirigida 2ª Juan? El destinatario, ¿es metafórico o literal? ¿En qué elementos del texto te basas?

7. Si la secuencia canónica de las cartas de Juan sigue la secuencia histórica, ¿qué podemos inferir sobre el estado de la(s) iglesia(s) a la(s) que Juan escribe? Reconstruye los sucesos que podrían haber ocurrido dentro y fuera de la iglesia.

8. Pensando en la progresión de sucesos que mencionábamos en la pregunta de arriba, ¿qué nos puede servir de aliento en el ministerio práctico?

OBRAS SELECCIONADAS

COMENTARIOS:

Avanzados

Brown, Raymond E. *The Epistles of John*. AB. Garden City: Doubleday, 1983.

Schnackenburg, Rudolf. *The Johannine Epistles: Introduction and Commentary*. New York: Crossroad, 1992.

Smalley, Stephen S. *1, 2, 3 John*. WBC. Waco: Word, 1984.

Strecker, Georg. *The Johannine Letters*. Hermeneia. Minneapolis: Fortress, 1996.

Intermedios

Akin, Daniel L. *1, 2, 3 John*. NAC. Nashville: Broadman & Holman, 2001.

Burdick, Donald W. *The Letters of John the Apostle*. Chicago: Moody, 1985.

Kruse, Colin G. *The Letters of John*. PNTC. Leicester: IVP; Grand Rapids: Eerdmans, 2000.

Marshall, I. Howard. *The Epistles of John*. NICNT. Grand Rapids: Eerdmans, 1978.

Painter, John. *1, 2 and 3 John*. SP. Collegeville: Liturgical, 2002.

Introductorios

Burge, Gary M. *The Letters of John*. NIVAC. Grand Rapids: Zondervan, 1996.

Rensberger, David. *1 John, 2 John, 3 John*. ANTC. Nashville: Abingdon, 1997.

Sloyan, Gerard S. *Walking in the Truth—Perseverers and Deserters: The First, Second, and Third Letters of John*. NTinCont. Valley Forge: Trinity, 1995.

Stott, John R. W. *The Epistles of John*. TNTC rev. Leicester: IVP; Grand Rapids: Eerdmans, 1988.

Thompson, Marianne Meye. *1–3 John*. IVPNTC. Leicester y Downers Grove: IVP, 1992.

OTROS LIBROS

Brown, Raymond. *The Community of the Beloved Disciple*. New York: Paulist, 1979.

Griffith, Terry. *Keep Yourselves from Idols: A New Look at 1 John*. London y New York: SAP, 2002.

Lieu, Judith M. *The Second and Third Epistles of John: History and Background*. Edinburgh: T & T Clark, 1986.

Lieu, Judith M. *The Theology of the Johannine Epistles*. Cambridge y New York: CUP, 1991.

Neufeld, Dietmar *Reconceiving Texts as Speech Acts: An Analysis of 1 John*. Leiden y New York: Brill, 1994.

von Wahlde, Urban C. *The Johannine Commandments: 1 John and the Struggle for Johannine Tradition*. New York: Paulist, 1990.

MÁS BIBLIOGRAFÍA EN:

Mills, Watson E. *The Letters of John*. Lewiston y Lampeter: Mellen, 1993.

15

EL LIBRO DE APOCALIPSIS:
LOS PLANES DE DIOS PARA LA HISTORIA DEL UNIVERSO

INTRODUCCIÓN

AUTORÍA

La escuela crítica en su mayoría rechaza la afirmación histórica de la iglesia de que Juan es el autor de Apocalipsis. Las principales razones tienen que ver con las diferencias teológicas y de estilo con el Evangelio y las epístolas de Juan. Por ejemplo, el sustantivo y el verbo «amar» (*ágape, agapao*) aparece 44 veces en el Evangelio, 52 veces en las epístolas, pero solo 6 veces en Apocalipsis. «Creer» (*pisteuo*) aparece 98 veces en el Evangelio, 9 veces en las epístolas, pero en Apocalipsis no aparece ni una sola vez. Apocalipsis contiene además numerosos solecismos (irregularidad gramatical que no se puede atribuir a ninguna norma o patrón de la escritura griega), pero en los otros libros que atribuimos a Juan no aparece ninguno. El obispo de Alejandría del siglo tercero, Dionisio, expresó dudas en cuanto a la autoría apostólica de este documento, sobre todo debido al recelo que le inspiraba la teología milenialista que éste recoge y porque, en general, no le gustaba demasiado la literatura apocalíptica.[1]

A la vez, éste es el único de los cinco libros atribuidos a Juan que menciona el nombre de «Juan». Es decir, si alguno de los libros habla de autoría apostólica, es éste. Por otro lado, este Juan se describe como siervo, hermano y profeta (1:1,4,9; 22:8), pero nunca como apóstol o anciano. Como muestra del resurgimiento de un reconocimiento de los orígenes judíos de la mayoría de la literatura neotestamentaria, muchos eruditos en la actualidad están dispuestos a aceptar las etiquetas que el texto usa y admiten que el autor de este documento fue un profeta judeocristiano llamado Juan, que podría ser incluso de Palestina, pero lo distinguen del apóstol que llevaba ese nombre.[2] Después de todo, el Evangelio y las epístolas no dicen que su autor se llama Juan. Dado que Apocalisis no especifica de qué Juan se trata, estamos ante un argumento totalmente razonable.

No obstante, no tenemos por qué echar por la borda la tradición de la iglesia temprana. Justino Mártir (*Diálogo* 81.15), Ireneo (*Contra las herejías* 4.14.1,

---

1. Encontrará más sobre este y otros argumentos en Robert H. Mounce, *Comentario al libro del Apocalipsis* (Barcelona: CLIE, 2007), 35ss.
2. Ver, p. ej., Richard Bauckham, *The Theology of the Book of Revelation* (Cambridge and New York: CUP, 1993).

5.26.1), Tertuliano (*Contra Marción* 3.14, 24) y Clemente de Alejandría (*Misceláneas* 6.106-7, *Maestro* 2.119) afirman que el apóstol escribió el libro de Apocalipsis, y no hay ninguna tradición temprana que cuestione la autoría de Juan. Las diferencias en vocabulario se pueden atribuir al género y a los contenidos. Apocalipsis no tiene un propósito evangelístico o catequístico de animar a la fe que encontramos en los otros escritos joánicos; el periodo de tiempo descrito refleja más el juicio de Dios que su amor. El estilo tosco y accidentado podría ser un reflejo de la naturaleza de las visiones de Juan —que intentaba describir lo indescriptible— o el éxtasis del profeta, o el hecho de que no utilizó a un amanuense o a ningún miembro de la «escuela joánica» (ver más arriba, p. 553).[3] En cuanto al vocabulario general y el nivel de redacción de Apocalipsis, hay más semejanzas que diferencias, si pensamos en los otros documentos joánicos, y más semejanzas que con cualquier otro documento neotestamentario.

Por ejemplo, estos cinco libros son los únicos documentos que recogen el concepto del logos con toda su cristología, o el título «Cordero de Dios» como un título para Jesús, o el uso de Zacarías 12:10 como una profecía cumplida en Jesús (cf. Jn 19:37; Ap 1:7). Apocalipsis también comparte con los otros escritos atribuidos a Juan una énfasis claro en el testimonio, la vida eterna en frente a la muerte eterna, el hambre y la sed espiritual, y el tema de la conquista.[4]

CONTEXTO

El contexto más aceptado como marco del libro de Apocalipsis es la breve pero intensa persecución bajo Domiciano entre el año 94 y el 96 d.C. Ireneo (*Contra las herejías* 5.30.3) y Eusebio (*Historia de la Iglesia* 3.18-20, 5.8.6) hacen referencia explícita al periodo final del imperio de Domiciano, que se extiende del año 81 al 96 d.C. (cf. también Victorino, Clemente de Alejandría y Orígenes). El breve exilio de Juan en la isla de Patmos (1:9) encaja bien en la mitad de la década de los 90, mientras que no hay evidencias de que antes de esa fecha el gobierno echara a los cristianos de su tierra. La política durante este periodo parece que solo arrestaba a los cristianos que eran entregados a las autoridades y solo cuando a la traición de reconocer a otro Señor la acompañaba una acusación por algún otro crimen (aunque fuera una falsa acusación). Incluso en esos casos, la pena normal era el encarcelamiento (o la prohibición

---

3. Además, no todas las rarezas del griego de Apocalipsis son tan extrañas como parece a primera vista, cuando hacemos un estudio más detallado del griego helenista. Ver Stanley E. Porter, «The Language of the Apocalypse in Recent Discussion», *NTS* 35 (1989): 582-603.

4. Cf. G. R. Beasley-Murray, *The Book of Revelation* (London: Marshall, Morgan & Scott, rev. 1978; Grand Rapids: Eerdmans, 1981), 34. A veces aparecen en Apocalipsis diferentes palabras para los mismos conceptos en relación con el cuarto Evangelio, pero muchos escritores no se percatan de que rara vez se da sin que las mismas palabras también aparezcan en ambos documentos en un momento u otro. Ver Peter Whale, «The Lamb of John: Some Myths about the Vocabulary of the Joanne Literature», *JBL* 106 (1987): 289-95.

de que los cristianos ocuparan posiciones de liderazgo, para que no tuvieran influencia), y no la muerte. Y el edicto contra los creyentes fue rescindido por Nerva, el sucesor de Domiciano, en el año 96.[5] Además, en Apocalipsis apenas aparecen detalles que apunten a una hostilidad directa por parte del Imperio. El acoso romano no oficial y el desprecio de las culturas paganas locales por los cristianos a partir de mediados del siglo I hasta principios del siglo II estaba muy extendido y serviría para explicar mucho de lo que las iglesias a las que Juan escribe estaban viviendo.[6]

Varias referencias históricas que aparecen en el libro de Apocalipsis también encajan con la fechación de mediados de la década de los 90. En aquel entonces, Laodicea se había recuperado del terremoto que la había destruido a principios de los 60. La tensión con varios sectores del judaísmo había llegado al rojo vivo, llevando a la *birkath ha-minim* («bendición» [como eufemismo de «maldición»] de los herejes, particularmente de los cristianos), una oración de diecinueve «bendiciones» insertada en la liturgia de la sinagoga, acompañada por la expulsión de los judeocristianos de las sinagogas y la cancelación de su membresía. Por eso, Juan llama a las asambleas judías de Éfeso y Filadelfia sinagogas «de Satanás» (2:9; 3:9). En aquel entonces, también, la creencia en ciertos círculos paganos de un Nerón *redivivus* (vuelto a la vida) seguía viva, imagen que podría estar detrás de las bestias anticristianas de los capítulos 12-13. La iglesia de Éfeso había perdido importancia (como en 2:1-7), el gnosticismo estaba a punto de extenderse (como quizá en 2:24) y la hambruna del año 92 podría ser el marco de la imagen de 6:6.[7]

Sin embargo, un pequeño número de estudiosos muy conservadores abogan por una fecha en la década de los 60, en parte debido al silencio sobre la destrucción de Jerusalén en el año 70 d.C., y a la idea de que las referencias al templo en el capítulo 11 apuntan a que todavía está en pie. Algunos apelan a una tradición minoritaria de la iglesia primitiva de que Juan murió como mártir en una fecha más temprana que la que se suele atribuir a su muerte. Muchos dicen que algunas de las imágenes que aparecen en Apocalipsis reflejan sucesos acaecidos en la época de Nerón, aunque lo que todo esto logra es establecer que el contexto no puede ser anterior al reinado de Nerón.[8] Algunos

---

5. Sobre todo a la luz de los argumentos de Leonard L. Thompson (*The Book of Revelation: Apocalypse and Empire* [Oxford and New York: OUP, 1990], 95-115), muchos estudiosos han empezado a decir que Domiciano apenas persiguió a los cristianos. Esta tendencia supone un cambio radical, en relación con el antiguo consenso que exageraba la severidad de esta persecución, pero estamos ante la ley del péndulo y ahora estos estudiosos infravaloran lo que realmente ocurrió. Encontrará una valoración equilibrada en Ben Witherington III, *Revelation* (Cambridge and New York: CUP, 2003), 5-10.

6. Thomas B. Slater, «On the Social Setting of the Revelation to John», *NTS* 44 (1998): 232-56.

7. En cuanto a estos y otros argumentos similares, cf. esp. Grant R. Osborne, *Revelation* (Grand Rapids: Baker, 2002), 6-9.

8. Desde un punto de vista bastante diferente, J. Christian Wilson («The Problem of the Domitianic Date of Revelation», *NTS* 39 [1993]: 587-605) cuestiona toda la tradición

cren que el misterio de los siete reyes en 17:9-11 (ver más abajo, p. 623) se puede explicar mejor asumiendo esta fechación. Otros, al parecer, solo *quieren* una fecha temprana para poder defender su aproximación «preterista» al libro de Apocalipsis (ver más abajo, p. 589), por la que casi todos los elementos, a excepción de los nuevos cielos y la nueva tierra de los capítulos 21-22, pueden entenderse como referencias a sucesos que llegada la década de los 70 ya se habían dado todos.[9] Pero las evidencias externas e internas que respaldan una fecha más tardía (y que sitúan el martirio de Juan más adelante) siguen siendo las que más peso tienen, por no mencionar el hecho de que la persecución bajo Nerón (64-68) apenas afectó a los cristianos fuera de la provincia de Italia.[10]

Sea cual sea la fecha, está claro quiénes son los destinatarios: *siete congregaciones cristianas de Asia Menor* (la actual Turquía occidental), que aparecen en el orden en el que se las encontraría el viajero que siguiera una ruta oval empezando en Éfeso en la costa del Egeo (1:4, 11). Esta era, como sabemos, el área en la que Juan estuvo desempeñando su ministerio (ver arriba, pp. 554). Probablemente el deseo de Juan fue que alguien que viniera a Patmos para visitarle, alguien de confianza, entregara el rollo primero a los efesios, quienes harían una copia y enviarían el original a la siguiente comunidad mencionada en el manuscrito. Esa iglesia debería repetir el proceso, al igual que la siguiente, hasta que las siete congregaciones hubieran recibido el mensaje. No se sabe por qué Juan eligió estas siete iglesias (no todas las comunidades tenían la misma importancia). Quizá esta selección responde a que quedaban cerca de una buena ruta, y a que Juan debería pensar que representaban bien al amplio abanico de iglesias, desde las sanas hasta las que no lo son (ver más abajo, pp. 592-597). Quizá se trata de las iglesias que mejor conocía, iglesias que conformaban la «comunidad joánica». Ciertamente, buena parte de ellas se hallaban en ciudades donde los grupos paganos estaban en auge, sobre todo la secta imperial.[11]

El mensaje de Juan pretende transmitir a estos cristianos de Asia que el acoso y la persecución (o simplemente el temor tanto al uno como a la otra) que estaban sufriendo encajaba con los planes de Dios, y que los acontecimientos del momento auguraban la tribulación que tendría lugar justo antes del retorno

---

patrística y las afirmaciones que esta hace sobre Juan y la persecución de Domiciano, e intenta coordinar las referencias a los cinco reyes que han caído en 17:10 con la lista de emperadores empezando por Julio o Augusto, acabando así con Claudio (predecesor de Nerón) o con Nerón mismo.

9. Ver esp. Kenneth L. Gentry, Jr., *Before Jerusalem Fell: Dating the Book of Revelation* (Tyler, Tex.: Institute for Christian Economics, 1989).

10. En Robert B. Moberly, «When Was Revelation Conceived?», *Bib* 73 (1992): 376-93 encontrará una teoría sobre un documento compuesto en dos etapas que recoge y combina los puntos fuertes de las dos fechas propuestas.

11. Sobre la omnipresencia de la adoración al Emperador y su importancia a la hora de interpretar Apocalipsis, ver Steven J. Friesen, *Imperial Cults and the Apocalypse of John* (Oxford and New York: OUP, 2001).

de Cristo.[12] Pero a los que «vencieron», a lo que se mantuvieron fieles y confesaron a Cristo, Dios les daría la recompensa y victoria final, en la que juzgaría y destruiría completamente a sus enemigos. No importa las dificultades que surjan en esta vida, Dios sigue estando al mando. Un día, Jesús triunfará, y lo único que importará es si estamos con él o no.

GÉNERO LITERARIO

Apocalipsis es un híbrido de tres conocidos géneros judíos y grecorromanos.[13] En primer lugar, como dice el título mismo y la primera palabra que aparece en él, esta obra es un apocalipsis. La literatura apocalíptica era muy común en otras fuentes judías y cristianas, como por ejemplo partes de Ezequiel, Daniel, Zacarías y el discurso escatológico de Jesús en Mateo 24-25 y paralelos. En la literatura intertestamentaria, 1º Enoc, 4º Esdras y 2º Baruc están entre los más conocidos e importantes libros judíos apocalípticos, especialmente importantes para la interpretación de Apocalipsis.[14] La literatura apocalíptica es muy variada, pero podemos mencionar algunas características generales: (a) un amplio uso de simbolismos, normalmente con una cosmología y unas criaturas extravagantes y grotescas, similares a las de las viñetas de humor sobre política;[15] (b) la representación de sucesos pasados, presentes y/o futuros de la historia mundial que acaba en una intervención decisiva de parte de Dios para juzgar las injusticias de la sociedad y para recompensar a su pueblo fiel; y (c) la seguridad para ese pueblo en un contexto de crisis o crisis aparente de que él no vencerá.[16]

Por tanto, no hay forma de predecir cuánto tiene una obra así de literal o de figurado. Cada imagen tendrá que ser interpretada a la luz de su trasfondo histórico y a la luz de la interpretación que probablemente hicieron los receptores originales. En el caso del apocalipsis de Juan, ese trasfondo incluye *el Antiguo Testamento,*[17] *la literatura intertestamentaria y sucesos recientes acaecidos en las ciudades de Asia Menor en tiempos de Juan. Sin embargo, los números*

---

12. Cf. esp. Adela Yarbro Collins, *Crisis and Chatarsis: The Power of the Apocalypse* (Philadelphia: Westminster, 1984).

13. Cf. Dave Mathewson, «Revelation in Recent Genre Criticism: Some Implications for Interpretation», *TrinJ* 13 (1992): 193-213.

14. Encontrará una excelente antología de apocalipsis no canónicos tanto judíos como cristianos en Mitchell G. Reddish, ed., *Apocalyptic Literature: A Reader* (Peabody: Hendrickson, 1995).

15. Beasley-Murray, *Revelation*, 16-17.

16. Una definición técnica de apocalipsis que se suele citar es la de John J. Collins en «Introduction: Toward the Morphology of a Genre», *Semeia* 14 (1979): 9: «Un género de literatura profética con un marco narrativo, en el que un ser espiritual hace llegar una revelación a un ser humano, revelando una realidad trascendente que es tanto temporal (en tanto que prevé una salvación escatológica) como espacial (en tanto que concibe un mundo sobrenatural, diferente a este)».

17. «Apocalipsis contiene más referencias al Antiguo Testamento que cualquier otro documento neotestamentario, aun teniendo en cuenta que estas a veces solo son por alu-

casi siempre son simbólicos, sobre todo los sietes y los múltiplos de siete (simbolismo basado en los siete días de la creación, que se usa para transmitir los conceptos de perfección o universalidad) y los doce y los múltiplos de doce (simbolismo basado en las doce tribus de Israel y/o los doce apóstoles, que se usa para hablar del pueblo de Dios).[18] A la vez, Apocalipsis es diferente de la mayoría de la literatura apocalíptica del mundo antiguo porque (a) no es una obra seudónima; (b) no es retrospectiva (es decir, las profecías no son *ex eventu* o posteriores a sucesos históricos con los que se pudieran relacionar); o (c) no presenta una cosmovisión pesimista ni moralmente dualista.[19] Y, dado que muchas obras apocalípticas no respondían a una visión o revelación vivida por el propio autor, sino que simplemente usaban lo apocalíptico como recurso literario para transmitir una verdad inefable, el apocalipsis de Juan es diferente porque está fundado en la experiencia objetiva que Juan vivió cuando el Señor se le reveló.

Ben Wintherington ofrece una explicación muy equilibrada en cuanto a si el Apocalipsis es una revelación literal y una interpretación simbólica: «Es muy probable que Juan transcribiera lo que oyó casi palabra por palabra; pero, para describir lo que vio tuvo que hacerlo utilizando los recursos mentales que tenía. Cuando uno ve imágenes y símbolos combinados de forma extraña, uno se ve obligado a buscar a tientas analogías que sirvan para explicar dicha experiencia (de ahí que aparezca una y otra vez la expresión "se parecía a" o "era como")».[20]

Apocalipsis también combina elementos de otros dos géneros que hacen que no sea una obra apocalíptica típica: la literatura profética y la literatura epistolar. Como *profecía* (1:3), Juan está haciendo referencia a sucesos futuros reales, aunque con frecuencia los describa con un alto grado de simbolismo. Cuando Juan habla de la situación actual de las iglesias, lo hace en parte porque las iglesias que se tienen que arrepentir lo harán y darán los pasos necesarios para trabajar por el mundo cambiado que Dios desea ver ya en el presente, aunque siga siendo un mundo imperfecto. Dicho de otro modo, en Apocalipsis vemos la misma teología del reino inaugurado del «ya pero todavía no» que caracteriza el resto del Nuevo Testamento.[21] De forma implícita también se enfrenta al diablo y a las estructuras imperiales de Roma que ilícitamente reclaman la autoridad divina, del mismo modo en que los profetas de otras épocas

---

sión» (Stephen S. Smalley, *The Revelation to John* [London: SPCK; Downers Grove: IVP, 2005], 9).

18. Ver esp. Richard Bauckham, *The Climax of Prophecy* (Edinburgh: T & T Clark, 1993), 22-37; cf. Frederick J. Murphy, *Fallen Is Babylon: The Revelation to John* (Harrisburg: Trinity, 1998), 24-27.

19. Encontrará una lista más extensa en Leon Morris, *The Book of Revelation* (Grand Rapids: Eerdmans, rev. 1987), 25-27.

20. Witherington, *Revelation*, 36.

21. Sobre Apocalipsis como profecía, ver esp. Frederick D. Mazzaferri, *The Genre of the Book of Revelation from a Source-Critical Perspective* (Berlin and New York: de Gruyter, 1989).

se habían enfrentado a los reyes o gobernantes que se excedían en el uso de la autoridad que Dios les había dado.[22]

Como epístola (cf. la forma de 1:4-5), que a su vez recoge siete breves cartas, cada una dirigida a una iglesia en particular (capítulos 2-3), el libro queda enmarcado en el contexto de finales del primer siglo y en los sucesos relacionados con cada una de las ciudades en las que estaban esas siete iglesias. Todo Apocalipsis está escrito para dar esperanza a todas esas congregaciones, y a cada una en particular, teniendo en cuenta sus circunstancias históricas concretas. *Eso significa que el principio hermenéutico fundamental para interpretar Apocalipsis consiste en buscar significados que pudieran ser comprensibles para los cristianos del siglo I de Asia Menor, y no significados que solo pudieran descifrar siglos más tarde personas que creen que viven en los días de la Segunda Venida de Cristo.*[23]

Esta conclusión no suele ser aceptada por los que citan Daniel 12:4, 8-10, la obra veterotestamentaria profético-apocalíptica más famosa. En ese pasaje, Dios le dice al profeta que selle el libro, porque muchos comprenderían sus palabras de forma plena más adelante, y que solo lo harían los «sabios». Pero Apocalipsis 22:10 contrasta con esa perspectiva, pues Dios ordena a Juan lo siguiente: «No guardes en secreto las palabras del mensaje profético de este libro, porque el tiempo de su cumplimiento está cerca». Los que piensan que los más de 1900 años que han pasado desde que Juan escribió refutan esta afirmación deberían consultar lo que escribimos más arriba sobre 2ª Pedro 3:8-9.[24]

ESTRUCTURA Y BOSQUEJO

Partes de la estructura de la revelación de Juan se presentan por sí solas. El capítulo 1 introduce todo el documento, los capítulos 2-3 recogen las cartas a las siete iglesias, los capítulos 4-5 describen una visión de alabanza celestial y los capítulos 6-19 son la columna vertebral del libro: esas tres series de siete juicios representados por los sellos, las trompetas, las copas de la ira de Dios. El capítulo 20 augura el milenio, mientras que los capítulos 21-22 describen el estado eterno, un cielo nuevo y una tierra nueva. El debate estructural más

---

22. Ver esp. Allan A. Boesak, *Comfort and Protest: Reflections on the Apocalypse of Patmos* (Philadelphia: Westminster, 1987); Elizabeth Schüssler Fiorenza, *The Book of Revelation: Justice and Judgement* (Philadelphia: Fortress, 1985).

23. Cf. Fee y Stuart, *How to Read the Bible for All Its Worth*, 254.

24. Encontrará una panorámica completa de estos tres géneros en relación con Apocalipsis en David E. Aune, *Revelation 1-5* (Dallas: Word, 1997), lxx-xc. Algún autor menciona un cuarto género: el teatro. James L. Blavins (*Revelation as Drama* [Nashville: Broadman, 1984]) defiende, por ejemplo, que el Apocalipsis se escribió para ser representado sobre un escenario, en siete escenas. Existe una sugerencia similar, que apunta a que la estructura y la función del libro tiene que ver con la liturgia de adoración de la comunidad cristiana. Cf. José A. Filho, «The Apocalypse of John as an Account of a Visionary Experience: Notes on the Book's Structure», *JNST* 25 (2001): 213-34; con Pablo A. de Souza Nogueira, «Celestial Worship and Ecstatic-Visionary Experience», *JNST* 25 (2002): 165-84.

complejo tiene que ver con la relación de las tres series de juicios que aparecen en los capítulos 6-19, sobre todo porque entre cada una de las series se interponen varios segmentos, que a menudo se han llamado «interludios» (7:1-17; 10-11:14; 12:1-14:20). Los interludios no suponen un avance en el progreso hacia el día del juicio, y a veces parecen *flashbacks* históricos, o incluso *flashes* del futuro.

La comprensión más simple de los tres grupos de siete es verlos como una secuencia *cronológica* o consecutiva. Así, se explica la creciente intensidad y severidad de los juicios a medida que uno pasa de la primera serie a la tercera. Por ejemplo, las siete trompetas atormentan a un tercio del planeta (8:7, 8, 9, 10, 11, 12), mientras que el juicio de las copas no tiene restricciones geográficas (16:1-21). Por otro lado, el sexto juicio de cada serie parece estar fuera del orden cronológico, llevándonos al mismo umbral del final del mundo, pues describe una agitación cósmica tal que supondría el fin de la existencia del Universo (16:12-17; 9:13-21; 16:17-21), No obstante, en cada uno de los casos, durante un rato Juan continúa el relato como si los cielos y la tierra no hubieran sido sacudidos con la violencia con la que se describe estas plagas.[25]

En consecuencia, muchos han visto estos tres grupos de siete como una *recapitulación,* porque describen el mismo periodo de gran tribulación desde diferentes ángulos. Pero, si fuera así, ¿cómo explicar la creciente intensidad a medida que uno pasa de la primera serie a la tercera? Por tanto, quizá la mejor opción sea la tercera. *Desde una perspectiva, el sexto juicio de cada serie nos acerca al final, pero el séptimo de cada serie no avanza cronológicamente, sino que nos introduce en la siguiente serie.* O, dicho de otro modo, recoge la serie siguiente. Sería como si alguien se acercara al séptimo sello con una lupa y entonces pudiera ver las siete trompetas, y lo mismo con la séptima trompeta en la que, si alguien mirara con atención, vería las siete copas. A este acercamiento se le suele llamar la *perspectiva telescópica.*[26]

---

25. Sin embargo, Marko Jauhiainen («Recapitulation and Chronological Progression in John's Apocalypse: Towards a New Perspective», *NTS* 49 [2003]: 543-59) argumenta que el sexto sello trae «el Día del Señor», mientras que la sexta trompeta pone punto y final al tiempo en el que los no creyentes podían arrepentirse. Así, explica la convulsión inusual asociada con esos juicios sin abandonar un acercamiento cronológico.

26. Otra forma de entender este acercamiento sería imaginar a una persona que camina hacia un acantilado (los primeros cinco sellos), se asoma para mirar hacia abajo (el sexto sello), da un paso atrás horrorizada y camina durante un rato por un sendero paralelo al acantilado, luego se vuelve a acercar al acantilado más que antes (el séptimo sello, que introduce las primeras cinco trompetas), se vuelve a asomar (sexta trompeta), da de nuevo un paso atrás y continúa por otro sendero paralelo al acantilado, se acerca por última vez y lo hace mucho más que la vez anterior (la séptima trompeta, que introduce las siete copas), se asoma por última vez (sexta copa) y la empujan precipicio abajo (séptima copa). Este diagrama no es inventado por mí, pero no he logrado recordar dónde lo leí. Encontrará alguna tabla o gráfico que recoge estos tres acercamientos a la estructura (¡de forma más sencilla!) en H. Wayne House, *Chronological and Background Charts of the New Testament* (Grand Rapids: Zondervan, 1981), 146.

ACERCÁNDOSE AL ABISMO

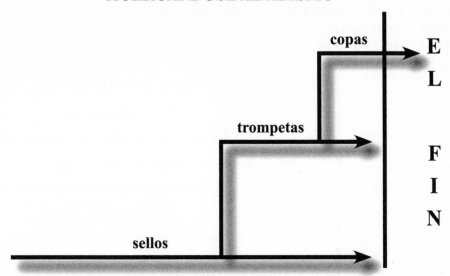

Muchos comentaristas hablan de otro bosquejo mucho más sencillo, basado en lo que dice en 1:19. Cristo ordena a Juan a escribir «lo que has visto, lo que sucede ahora y lo que sucederá después». Una interpretación natural de esta instrucción, si damos por sentado que Apocalipsis es el resultado de la respuesta obediente de Juan, *es que el capítulo 1 recoge lo que ya ha visto una vez le llega esta orden. Los capítulos 2-3 (y posiblemente 4-5, puesto que la única marca temporal que aparece es que tienen lugar después de la expiación de Cristo, 5:5-6)[27] son un reflejo de «lo que sucede ahora», pues encontramos una serie de afirmaciones sobre el estado espiritual de las siete iglesias. Por último, los capítulos 6-21 van avanzando en el tiempo y recogen sucesos que, desde la perspectiva de Juan, son sucesos futuros.* Este acercamiento no cuenta con mucho respaldo en la actualidad, aunque eso no quiere decir que no sea posible.[28] Otros defienden una división en siete secciones, y muchos de ellos explican que el libro presenta una estructura de quiasmo teniendo en cuenta la

---

27. Cap. 4:1 relata que una voz celestial prometió a Juan que se le mostraría «lo que tiene que suceder después de esto». Pero esa promesa no se cumple hasta que el Cordero empieza a abrir los sellos en 6:1. Los capítulos 4-5 son un himno de alabanza a Dios y al Cordero, que probablemente empezó en los cielos en el momento en el que Jesús resucitó.

28. John F. Walvoord, *The Revelation of Jesus Christ: A Commentary* (Chicago: Moody, 1966), 47-49. La principal objeción en contra de esta perspectiva es que en *cada sección* del libro encontramos material relacionado con el pasado, el presente y el futuro, pero eso no impide que en cada sección identifiquemos un periodo de tiempo *dominante*. La propuesta más común hoy interpreta que este versículo divide el libro en dos tiempos: «lo que has visto» prevé el cumplimiento de todas las revelaciones, y se divide en el presente («lo que sucede ahora») y en el futuro («lo que sucederá después»). G. K. Beale (*The Book of Revelation* [Carlisle: Paternoster; Grand Rapids and Cambridge: Eerdmans, 1999], 152-70) resume de forma muy completa y también

frecuencia del número siete como símbolo de la perfección o plenitud.[29] Aunque quizá pequemos de prudentes, propondremos un bosquejo principalmente temático, y dividiremos el texto en segmentos de uno a tres capítulos cada uno, que a su vez iremos subdividiendo.

APOCALIPSIS

Pasado	Cap. 1	**Introducción**
Presente	Cap. 2-3	**Cartas a las siete iglesias**
	Cap. 4-5	**Alabanza celestial**
Futuro	Cap. 6-19	**Siete sellos** **Siete trompetas** **Siete copas de la ira de Dios**
	Cap. 20-22	**Milenio** **Cielos nuevos y tierra nueva**

I. Introducción (1:1-20)

    A. Prólogo (1:1-3)

    B. Saludos y doxología (1:4-8)

    C. Comisión de Juan (1:9-20)

II. Cartas a las siete iglesias (2:1-3:22)

    A. Éfeso: pérdida del primer amor (2:1-7)

    B. Esmirna: perseverancia a pesar de circunstancias difíciles (2:8-11)

    C. Pérgamo: mezcla de fe e inmoralidad (2:12-17)

    D. Tiatira: confusión entre lo diabólico y lo divino (2:18-29)

    E. Sardis: casi muertos (3:1-6)

---

comenta esta y otras opciones, y propone que las tres proposiciones de 1:19 hacen referencia a la totalidad del libro.

29. Ver el listado de acercamientos en *Ibíd.*, 127-37.

ACERCAMIENTOS INTERPRETATIVOS

La existencia de un gran número de acercamiento o combinaciones de ellos para interpretar Apocalipsis hace imposible tratar todas las posibles opciones de interpretar los pasajes de este libro. Lo único que podemos hacer es presentar la perspectiva que hemos adoptado, y ofrecer al lector una lista bibliográfica donde encontrará más información sobre todas las opciones existentes.

El milenio. Un debate interpretativo tiene que ver con el papel del periodo de mil años descrito en 20:4-15. Los *premilenialistas* creen que Cristo regresa antes de esta era dorada de la historia de la humanidad. Los *posmilenialistas* creen que esos sucesos ocurrirán en el orden inverso. Los *amilenialistas* creen que o bien el milenio es espiritual y coincide con el reino presente de Cristo en los corazones de los creyentes (y en el cielo) o bien con los cielos nuevos y la tierra nueva que aún están por venir. Como veremos más adelante (p. 627), es difícil aceptar que entre 19:21 y 20:1 se puede insertar una pausa cronológicamente hablando, tal y como dicen las perspectivas amilenialistas y posmilenialistas estándar. La rebelión al final del milenio (20:11-15) hace que sea muy difícil equiparar ese periodo con el estado eterno. Por eso aquí vamos a seguir la perspectiva premilenialista. Pero el premilenialismo se divide en el *dispensacionalismo* y el premilenialismo *clásico o histórico*, por el debate que hay sobre el momento en el que tendrá lugar el arrebatamiento.[30]

Relación entre el arrebatamiento y la tribulación. Normalmente, el posmilenialismo, el amilenialismo y el premilenialismo clásico hablan de un arrebatamiento *postribulacionista*. Es decir, el arrebatamiento de los creyentes en el aire para encontrarse con Cristo (recuérdese el comentario de 1Ts 4:17) es simultáneo al descenso final de Cristo a la tierra (lo que normalmente se llama «la Segunda Venida»). En cambio, el premilenialismo dispensacionalista suele ser *pretribulacionista*, pues creen que habrá un arrebatamiento secreto de los creyentes antes del periodo descrito como «la gran tribulación», después de la cual vendrá de forma inmediata la Segunda Venida. Algunos premilenialistas, tanto clásicos como dispensacionalistas, hablan de un arrebatamiento *mediotribulacionista*, basándose sobre todo en su particular comprensión del capítulo 11 (ver más abajo, p. 611). Dicen que la iglesia vive la primera parte de la tribulación en la tierra, pero que queda exenta de la segunda parte. Recientemente, algunos premilenialistas han modificado este acercamiento para plantear lo que llaman el arrebatamiento *pre-ira*, porque su mayor preocupación no es que la iglesia quede exenta de toda la tribulación, sino concretamente que no experimente el derramamiento de la ira de Dios sobre la tierra. Pero no es que pretendan saber exactamente en qué momento de la tribulación será arrebatada la iglesia.

---

30. Encontrará información sobre diferentes acercamientos, esp., en Robert G. Clouse, ed., *The Meaning of the Millennium: Four Views* (Downers Grove: IVP, 1977); Millard J. Erickson, *A Basic Guide to Eschatology: Making Sense of the Millenium* (Grand Rapids: Baker, rev. 1999).

Ya hemos explicado por qué abogamos por un arrebatamiento postribulacionista basándonos en el único texto bíblico que utiliza el término del que obtenemos «arrebatamiento» (ver más arriba, pp. 171-172). Veremos que este acercamiento es el que mejor encaja, y en el comentario veremos que los textos de Apocalipsis que normalmente se utilizan para enseñar lo contrario no apuntan, en nuestra opinión, en esa línea.[31]

Perspectiva histórica. La decisión interpretativa más importante en relación con el libro de Apocalipsis es la siguiente: determinar si el libro respalda *el futurismo* – ver los sucesos de los capítulos 6-19 como futuros desde la perspectiva de Juan (y, desde nuestra perspectiva, futuros en su mayoría); el *preterismo* – entender que esos sucesos ya tuvieron lugar justo antes del años 70 d.C. inclusive, por lo que se refieren a sucesos que tuvieron lugar en tiempos de Juan y que para nosotros quedan en un pasado muy distante; el *historicismo* – entender que esos sucesos se han ido cumpliendo de forma progresiva a lo largo de la historia de la iglesia, y que desde nuestra perspectiva solo quedan por cumplirse los más horribles; o el *idealismo* – ver los sucesos como símbolos de esa lucha atemporal entre el bien y el mal que ha marcado la historia de la iglesia.[32]

No hay duda de que la lucha que se describe en todo el libro de Apocalipsis se repite frecuentemente en la historia de la iglesia, e incluso en la historia del mundo, por lo que las perspectivas idealista e historicista recogen verdades clave. De mismo modo, y de forma más concreta aún, muchos sucesos del siglo I se correspondían con algunos de los juicios descritos en el Apocalipsis de Juan. Si Juan quería que sus congregaciones del primer siglo entendieran algo de las inefables visiones que él vio, obviamente tenía que usar imágenes extraídas de los sucesos de entonces para ayudarles a entender la importancia de aquellas visiones. Pero dado que estos tres acercamientos suelen negar que algunos de los horribles juicios descritos en el libro aún están por llegar o que antes de la parusía aún tenemos que vivir un claro periodo de tribulación sin precedentes, objetamos y adoptamos una perspectiva principalmente *futurista*, aunque reconozcamos que esos tres acercamientos tienen también elementos acertados.[33]

Tendencias en la historia del cristianismo. Es interesante observar que el premilenialismo histórico fue la creencia aceptada por la iglesia preagustina

---

31. Encontrará información sobre varias perspectivas en Richard Reiter, ed., *The Rapture: Pre-, Mid- or Post-Tribulational* (Grand Rapids: Zondervan, 1984); Marvin J. Rosenthal, *The Pre-Wrath Rapture of the Church* (Nashville: Nelson, 1990).

32. Encontrará interpretaciones paralelas a cada una de estas cuatro perspectivas en Steve Greg, *Revelation: Four Views – A Parallel Commentary* (Nashville: Nelson, 1997). Si quiere ver una comparación entre los acercamientos del dispensacionalismo progresivo, idealista y preterista (más cercanos al premilenialismo histórico que al premilenialismo dispensacionalista) y los del dispensacionalismo clásico, ver C. Marvin Pate, ed., *Four Views on the Book of Revelation* (Grand Rapids: Zondervan, 1998).

33. Cf. Osborne, *Revelation*, 21-22.

durante aquellos tres primeros siglos de literatura patrística, aunque también se puede encontrar algún escrito amilenialista. A partir de Agustín de Hipona, la Iglesia Católica Romana se convirtió en amilenialista casi en su totalidad. Algunos de los reformadores protestantes mantuvieron esta perspectiva; otros empezaron a regresar al premilenialismo. A lo largo de la historia de la iglesia, la perspectiva que menos presencia ha tenido ha sido la posmilenialista, pero sí ha sido importante sobre todo en momentos de grandes movimientos misioneros y de expansión de la iglesia. En esos momentos parece como si el Espíritu de Dios quisiera usar a los cristianos para traer el milenio incluso antes de la parusía. El apogeo del posmilenialismo lo encontramos en Europa occidental y Norteamérica en el siglo XIX. El posmilenialismo normalmente ha adoptado una aproximación preterista; el amilenialismo, una aproximación idealista; y el premilenialismo, una aproximación futurista y, en ocasiones, historicista.

El premilenialismo dispensacionalista y, sobre todo, el arrebatamiento pretribulacionista provienen fundamentalmente de la denominación de los Hermanos de Plymouth, fundada por J. Nelson Darby en Escocia en la década de 1830 y trasladada posteriormente a los Estados Unidos, donde se extendió especialmente a través de las notas de estudio bíblico escritas por C. I. Scoffield y de los extensos escritos de Lewis Sperry Chafer, fundador del Dallas Theological Seminary. En Estados Unidos y en otras partes del mundo se fundaron muchos Seminarios y Escuelas Bíblicas de corte dispensacionalista y, a través del cristianismo conservador, su hermenéutica bíblica se extendió por todo el mundo. En las últimas décadas, a través de canales mucho más populares, sobre todo a través de los escritos de «no ficción» de Hal Lindsey y las novelas de *Dejados Atrás* de Tim LaHaye y Jerry Jenkins, tenemos un acercamiento que interpreta que la profecía de Apocalipsis se cumple en los sucesos actuales. Pero a lo largo de la historia ha habido muchos otros acercamientos que interpretaron que esas mismas profecías se cumplieron en sus días. La única observación indiscutible es que, a día de hoy, *sabemos que todas aquellas interpretaciones fueron erróneas, dato que deberíamos tomar como advertencia y, así, no casarnos con ninguna descripción específica.*[34]

COMENTARIO

INTRODUCCIÓN (1:1-20)

Prólogo (1:1-3). Como el Evangelio de Juan y 1ª Juan, el libro de Apocalipsis empieza con un prólogo centrado en Cristo. No obstante, aquí el énfasis principal está en la naturaleza de la revelación que Juan recibe. En el versículo 1, la traducción literal de la expresión «dar a conocer» es «indicar», palabra con la que el lector entendía que se trataba de una comunicación a través de señales y símbolos.[35] La cercanía del final que aquí se anuncia debe interpretarse

---

34. Encontrará información sobre varias de las perspectivas que han surgido a lo largo de la historia de la iglesia en Arthur W. Wainwright, *Mysterious Apocalypse: Interpreting the Book of Revelation* (Nashville: Abingdon, 1993).

35. Cf. Osborne, *Revelation*, 55.

como en 2ª Pedro 3:8 y en Salmos 90:4. También nos recuerda lo que hemos visto una y otra vez a partir de Hechos 2:17: que los últimos días empezaron en Pentecostés y continúan hasta el día de hoy. Apocalipsis es, además, el único libro del Nuevo Testamento que promete de forma explícita una bendición para aquellos que lo lean y que prestan atención a lo que dice, así que es peligroso ignorarlo, y aunque cueste interpretarlo, tenemos que luchar para entenderlo de forma coherente, y no caer en las interpretaciones erróneas y sin sentido en las que otros han caído.

Saludos y doxología (1:4-8). Al dirigirse a las siete iglesias, Juan utiliza el saludo griego «gracia»y la bendición judía «paz», pero los cristianiza diciendo que proceden del Dios trino: el Padre, cuya existencia es eterna, «los siete espíritus» o «el Espíritu en su plenitud» (ver la nota al pie de algunas Biblias)[36] y Jesucristo (vv. 4-5a). A continuación ofrece una doxología dirigida sobre todo a Cristo, en gratitud por la expiación que ha logrado y el reino que ha creado para los creyentes, que ahora son sacerdotes y tienen acceso directo al Padre (vv. 5b-6). Estos versículos ya apuntan a lo que se irá revelando a lo largo del libro: su teología es mucho más rica que un simple compendio de frases sobre el final de los tiempos.[37] Por lo que a la escatología se refiere, el principio central lo encontramos en el versículo 7: Cristo volverá a la tierra triunfante, el Universo entero lo verá, y todos se lamentarán. En Zacarías 12:10, este texto se refiere claramente al lamento de los creyentes cuando se arrepienten, pero, tal y como Jesús lo usa en Mateo 24:30, también podría referirse al lamento de los incrédulos ante el juicio. El versículo 8 es importante; los conceptos que recoge se repetirán en los versículos 17-18, esa vez refiriéndose a Jesús, no Dios el Señor, un claro indicativo de la deidad de Cristo.[38]

Comisión de Juan (1:9-20). Juan cierra esta introducción describiendo los sucesos que le han llevado a escribir este documento. Algunos de sus lectores se están viendo afectados por la persecución de Domiciano, y lo mismo le ocurre al apóstol: él es un «compañero en el sufrimiento» porque, también por causa de Jesús, lo exilian a la isla de Patmos (v. 9). Un domingo, mientras estaba alabando a Dios (¿en privado?), Juan experimentó un éxtasis, una visión del «Hijo del hombre» exaltado, es decir, de Jesús, en el papel que se describe en Daniel 7:13-14.[39] Ese Hijo del hombre estaba entre siete candelabros de oro

---

36. Aunque muchas veces se traduce «los siete espíritus», entendiéndolos como una hueste de seres angélicos que rodean a Dios, dado que en los demás lugares en los que aparece «espíritus» son «de Dios y del Cordero» (3:1; 4:5; 5:6), lo más lógico es pensar que se trata de una representación del Espíritu Santo en su plenitud. Ver esp. Bauckham, *The Theology of the Book of Revelation*, 110-15.

37. Ver esp. Graeme Goldsworthy, *The Gospel in Revelation* (Exeter: Paternóster, 1984; Nashville: Nelson, 1985).

38. Una característica curiosa de la traducción de la Biblia de los Testigos de Jehová (Nuevo Mundo) es que, aunque cambia muchos de los textos que afirman la deidad de Jesús, no hace ningún cambio en estos pasajes, por lo que podemos usar incluso la traducción del Nuevo Mundo para probar la divinidad de Cristo.

39. Ver Blomberg, *Jesus and the Gospels*, 405-7, y la bibliografía allí citada.

(v. 12), que representan a las siete iglesias (v. 20). Los elementos de esta visión (la túnica, la banda de oro, la cabellera, los ojos, etcétera [v. 13-16]), no deberían verse como elementos que esconden algún significado alegórico. Juntos, dan forma a una imagen impactante del Cristo de gloria, del juez majestuoso.[40] Después de identificarse (vv. 17-18), Jesús encomienda a Juan la redacción de este libro. Si el versículo 19 no es una referencia a la estructura temporal de este documento («pasado-presente-futuro»; ver más arriba, p. 515), entonces la expresión «lo que has visto» podría ser una referencia a todo el libro, en el que aparecen visiones tanto de cosas presentes («lo que sucede ahora») como de cosas futuras («lo que sucederá después»).[41]

Las siete estrellas, que son los «ángeles» de las siete iglesias siempre han supuesto una dificultad interpretativa para los comentaristas. La palabra *angelos* significa «mensajero», así que algunos han dicho que eran pastores o portadores de cartas, pero si tenemos en cuenta que en el resto del Nuevo Testamente esta palabra se usa para referirse a seres sobrenaturales, es más lógico pensar, con la mayoría, que Juan está haciendo referencia a la idea judía de que los ángeles observan a las iglesias durante el culto de adoración conjunta (que podría ser la idea que hay detrás de 1ª Corintios 11:10 [ver más arriba, p. 515]).[42] Sea como sea, está claro que los mensajes que está a punto de escribir son para las iglesias de Asia Menor.

CARTAS A LAS SIETE IGLESIAS (2:1-3:22)

Las siete cartas tienen una estructura muy similar. *El patrón general es el siguiente: mención de los receptores, identificación del que habla (Cristo), alabanza, crítica, amenaza de juicio, llamado a que presten atención y promesas para aquellos que «venzan», es decir, que se mantengan fieles a Jesús aun en medio de las dificultades.* Varios paralelismos con los edictos imperiales apuntan a que estas cartas son mandatos reales de Dios, el Rey, que está por encima del César.[43] Hay dos iglesias que no reciben ninguna crítica: Esmirna y Filadelfia. Dos que no reciben ninguna alabanza explícita: Sardis y Laodicea. Así, las siete iglesias reflejan, en cuestión de fidelidad, el amplio abanico presente en cada época de la historia de la iglesia.[44]

---

40. Algunos dicen que está representado de una forma similar a la forma en la que se representaba a los ángeles, y dicen que estaríamos ante un puente entre el monoteísmo judío y el trinitarismo del Nuevo Testamento. Ver esp. Peter R. Carrell, *Jesus and the Angels: Angelology and the Christology of the Apocalypse of John* (Cambridge and New York: CUP, 1997).

41. Ver, p. ej., Mounce, *Comentario al Libro del Apocalipsis*, 66ss.

42. Cf. Jürgen Roloff, *Revelation: A Continental Commentary* (Minneapolis: Fortress, 1993), 38-40.

43. David E. Aune, «The Form and Function of the Proclamations to the Seven Churches (Revelation 2-3)», *NTS* 36 (1990): 182-204; Nestor P. Friedrich, «Adapt of Resist? A Socio-Political Reading of Revelation 2.18-29», *JSNT* 25 (2002): 185-211.

44. La obra más completa y exacta sobre estas siete ciudades y más útil para descifrar estas visiones únicas que Dios confeccionó de forma particular para cada una de aque-

Éfeso: pérdida del primer amor (2:1-7). Los que se mantuvieron orto-
doxamente fieles a pesar de la intrusión de herejías (ver el comentario a las
epístolas de Juan, pp. 554-556) ganaron la batalla teológica, pero su espíritu
y su conducta quedaron seriamente dañadas. No sabemos nada sobre los nicolaítas (v. 6), a excepción de que es un sustantivo griego que significa «vence
al pueblo». En 2:15, se les asocia a los seguidores inmorales e idólatras de
Balaam, a los que, curiosamente, se les llama con un sustantivo hebreo que
significa lo mismo. Juan pide a los efesios que se arrepientan y que hagan las
obras que hacían antes (v. 5), lo que nos dice que el abandono del primer amor
(v. 4) no se refiere a su falta de fervor, sino a un problema relacionado con la
puesta en práctica de su fe.[45] Estaban más preocupados por la verdad que por el
amor a Dios o a los demás; ¡me vienen a la mente algunos «caza herejías» de
la actualidad! La amenaza de extinción —la desaparición de la iglesia de Éfeso— se hizo realidad a finales del siglo II, que ocurrió a la par que el declive
de la ciudad. La promesa del árbol de la vida (v. 7) contrasta con el santuario a
Artemisa que había en la ciudad y el asilo que éste ofrecía.

Esmirna: perseverancia a pesar de circunstancias difíciles (2:8-11). Aquí
tenemos a una de las dos iglesias para las que no hay ningún reproche o condena. Enfatizar la deidad y la resurrección de Jesús es muy importante (v. 8) para
contrarrestar el fuerte culto imperial que reinaba en Esmirna. Los ciudadanos
llamaban a la ciudad «la primera» entre las ciudades de Asia, y para ellos, había «resucitado» en el año 290 a.C., después de haber sido invadida y destruida
por un rey de Lidia.[46] Sobre la «sinagoga de Satanás» (v. 9), ver arriba, p. 579.
Obviamente, esa expresión no puede aplicarse a todos los judíos. «Los que
dicen ser judíos pero no lo son» hace referencia a aquellos que, con su práctica
de perseguir a los cristianos, van en contra de su herencia étnica y espiritual.[47]
Esmirna es la ciudad donde Policarpo, discípulo del apóstol Juan, moriría como
mártir unos treinta años más tarde, con la ayuda de un grupo de judíos que reunió la leña para la hoguera, a pesar de que era sábado (*Mart. Polyc.* 13.1, 17.2).
La persecución de «diez días» (v. 10) quizá no es más que un número redondo
para referirse a un periodo breve y limitado de sufrimiento (recuérdese Dn

---

llas iglesias es Colin J. Hemer, *The Letters to the Seven Churches of Asia in Their Lo-*
cal Setting (Sheffield: SJOT. 1986). Si busca un libro no tan extenso, ver las dos obras
de Roland H. Worth Jr., *The Seven Cities of the Apocalypse and Roman Culture* y *The*
Seven Cities of the Apocalypse and Greco-Asian Culture (New York: Paulist, 1999).

45. De hecho, dado el contexto en el que la comunidad joánica tenía que luchar con los
falsos maestros, parece más lógico pensar que el amor que tienen que recuperar es el
amor al miembro de la iglesia que se está extraviando o se ha extraviado, en lugar del
amor a Dios (Murphy, *Fallen Is Babylon*, 115-16).

46. Osborne, *Revelation*, 128.

47. Cf. Beasley-Murray, Revelation, 82. Añade lo siguiente: «No hubo oposición más
dura que la que hubo en Esmirna». Mark R. J. Bredin («The Synagogue of Satan
Accusation in Revelation 2:9», *BTB* 28 [1999]: 160-64) añade la sugerencia de que
la negativa por parte de los cristianos a pagar los impuestos a Roma que los judíos sí
pagaban para librarse de la persecución agravó las tensiones con la sinagoga.

1:12-14).[48] Una inscripción encontrada en Esmirna que dice exactamente lo mismo hace referencia a algo que duró cinco días.[49] A pesar de su fidelidad, Dios no les garantizó que en esta vida todo sería bendición. Pero los que se mantengan firmes recibirán una corona (un símbolo de la recompensa celestial muy apropiado ya que esa comunidad era conocida por la belleza de sus coronas) y no experimentarán la muerte «segunda» (es decir, espiritual y eterna).

Pérgamo: mezcla de fe e inmoralidad (2:12-17). Pérgamo era el centro de la adoración a Zeus, de las curaciones de Asclepio y de la secta imperial. Juan podría haber tenido en mente cualquiera de estas prácticas cuando escribió sobre el trono de Satanás (v. 13).[50] No sabemos nada más del martirio de Antipas, pero está claro que esta iglesia había sido fiel a Jesús solo en parte. Vemos que comieron alimentos sacrificados a los ídolos, obviamente en un contexto de adoración pagana, que incluía relaciones sexuales como las que practicaban los sacerdotes y las sacerdotisas en los templos paganos con la confianza de alcanzar así la unión con el dios/los dioses o la diosa/las diosas (v. 14; en cuanto a las alusiones a Balaam y Balac ver Números 24:14; 31:16). Recuérdense las recomendaciones que aparecen en 1ª Corintios 10:1-11. Sobre los nicolaítas, ver más arriba el comentario de Apocalipsis 2:6. Aunque, como ocurre en el Antiguo Testamento, la inmoralidad en este texto podría tratarse de una metáfora de la infidelidad que esa idolatría reflejaba. La recompensa para el que salga vencedor incluye el maná escondido, el «pan de vida» que los judíos pensaban que volverían a recibir en los últimos días, y que Jesús ofreció de forma espiritual a través de su persona y ministerio (Juan 6:30-59). En aquellos días, se podía utilizar una piedrecita blanca como entrada a una fiesta, como muestra de absolución en un juicio, como señal de iniciación en un grupo religioso y como amuleto mágico que ofrecía protección permanente.[51] Podemos ver el paralelismo espiritual que hay entre todos estos usos y la esperanza futura del cristianismo. El nombre nuevo refleja la regeneración del creyente, que ya ha empezado pero no será completa hasta que Cristo vuelva por segunda vez.

Tiatira: confusión entre lo diabólico y lo divino (2:18-29). Es muy natural que, al dirigirse a una ciudad que reúne una gran cantidad de gremios y artesanos, Juan describa a Jesús como a alguien que aparece «con llamas de fuego» y parece «bronce al rojo vivo» (v. 18), que es lo que ocurría con los utensilios recién sacados del horno.[52] Tiatira, como Pérgamo, estaba carac-

---

48. Roloff, *Revelation*, 48-49.
49. Hemer, *The Letters to the Seven Churches*, 69-70. Sjef van Tilborg («The Danger at Midday: Death Threats in the Apocalypse», *Bib* 85 [2004]: 12) observa que los juegos de gladiadores en los que los criminales condenados tenían que luchar contra hombres o animales podrían durar entre tres y trece días, y encajan bien con el tipo de sufrimiento que se describe aquí.
50. Mounce, *Comentario al Libro del Apocalipsis*.
51. Cf. Aune, *Revelation 1-5*, 190-91.
52. Aune (*Ibíd.*, 201) dice que en Tiatira había muchas agrupaciones de «sastres, horneros, curtidores, alfareros, mercaderes de lanas, comerciantes de esclavos, zapateros, tintoreros, trabajadores del cobre [*sic*]».

terizada por elementos básicos como la fe y el servicio (v. 19), pero también por una desastrosa desobediencia centrada en los alimentos sacrificados a los ídolos y la inmoralidad sexual. Esta vez Juan compara a esta ciudad con la reina Jezabel del Antiguo Testamento, la malvada mujer de Acab, que sufrió el juicio de Dios que había sido profetizado (vv. 20-23; cf. 1R 21:23 y 2R 9:33). La expresión «los mal llamados profundos secretos de Satanás» (v. 24) podría referirse a la idea gnóstica de que, para poder ser inmune al mal, uno tiene que haberlo experimentado de forma profunda.[53] Como alguien que destroza la bella cerámica que se producía en Tiatira, Cristo destruirá a aquellos de la iglesia que no se arrepienten (v. 27). La estrella de la mañana podría ser una referencia a Venus, el símbolo de la soberanía romana, y/o a Cristo mismo (ver 22:16; cf. Nm 24:17).

Sardis: casi muertos (3:1-6). El estado de la iglesia de Sardis concordaba con la condición de la ciudad. Ambas estaban en declive, pero ninguna de las dos estaba dispuesta a admitirlo (v 1). Jesús como el único que las puede sostener y preservar contrasta claramente con la fortaleza casi impenetrable de la ciudad, que de todos modos había caído en manos enemigas en dos ocasiones por el descuido de la guardia (bajo Ciro y Antíoco III).[54] Donde uno espera encontrar algún tipo de elogio, no hay nada por el estilo, aunque el versículo 4 reconoce que en la iglesia hay unos pocos fieles. Pero Juan pasa inmediatamente a una fuerte amonestación y un llamado al arrepentimiento, pues Jesús y el juicio pueden llegar cuando menos te lo esperes (vv. 2-3; recuérdese 1Ts 5:2 y Mt 24:43 y paralelos). A diferencia de la guardia que no estuvo alerta, los cristianos de Sardis deben mantenerse vigilantes.

La expresión «jamás borraré» es en el original una doble negación, que subraya con mucha fuerza la idea de que aquellos que venzan tienen la garantía de la vida eterna. Su inmoralidad («ropa manchada») será sustituida por la justicia («vestidos de blanco»; vv. 4-5).[55] En cuanto al simbolismo que hay en el árbol de la vida, ver Éxodo 32:32-33. También hay un claro contraste entre la promesa de Cristo y la excomunión que las sinagogas estaban practicando, expulsando a los judíos cristianos y borrando sus nombres del libro de membresía. La idea de reconocer el nombre de alguien ante el Padre y los ángeles parece ser una alusión a las palabras de Jesús en Lucas 12:8-9 y textos paralelos.

Filadelfia: obedientes y fieles (3:7:13). Aquí tenemos, de entre todas las cartas, la más positiva. A diferencia de Esmirna, que era fiel y aun así estaba siendo perseguida, Filadelfia es fiel y vemos claramente que está siendo bendecida, con la puerta abierta para entrar en el reino de Dios y para ayudar a otros a entrar con ellos, a pesar de la poca fuerza que ellos tienen (vv. 7-8).[56] Pero no

---

53. Cf. Osborne, *Revelation*, 162-63.
54. *Ibíd.*, 174, 177.
55. J. William Fuller, «"I Will Not Erase His Name from the Book of Life" (Revelation 3:5)», *JETS* 26 (1983): 297-306.
56. Hemer, *The Letters to the Seven Churches*, 162.

hay nada que sugiera que la iglesia de Filadelfia era *más* obediente que la de Esmirna. Dios, en su soberanía, es quien determina cuándo otorgar bendición física o externa en medio de la perseverancia y el servicio cristiano. El paralelismo con Esmirna sale a relucir de nuevo con la referencia a una «sinagoga de Satanás» (v. 9; recuérdese 2:9). El versículo 10 es el *quid* de esta carta. ¿A qué se refiere la promesa de guardarnos «de la hora de la prueba que vendrá sobre el mundo entero»? ¿A que Dios va a preservar a los cristianos sacándolos del lugar de tribulación? ¿O a que los va a preservar protegiéndoles en medio de la tribulación? Gramaticalmente hablando, la expresión que aquí tenemos podría referirse tanto a una cosa como a la otra. Obviamente, los que defienden un arrebatamiento pretribulationista optan por la primera, mientras que los postribulacionistas prefieren la segunda. Es interesante ver que la única vez, a parte de esta, que se usa el verbo *tereo* («guardar») con la preposición *ek* («de») en el Nuevo Testamento es en Juan 17:15, cuando Jesús le pide al Padre que guarde a sus seguidores del mal *mientras* siguen en este mundo.

Pero si esto es una alusión a la gran tribulación que habrá al final de la historia de la humanidad, es la única referencia de este tipo en estas cartas a las siete iglesias. Todo lo demás tiene que ver claramente con el contexto histórico de finales del siglo I. por lo que quizá, «la hora de la prueba» o «la hora de la tentación» solo apunta a una persecución de los cristianos de todo el Imperio (en el contexto romano, «el mundo entero» también podía tener ese significado). ¿Es solo una coincidencia que la iglesia de Filadelfia existiera hasta el año 1392, mucho más tiempo que las otras seis iglesias que fueron destruidas, algunas por las invasiones islámicas que empezaron en el siglo VII?[57] Los versículos 11-12 prometen que los que salgan vencedores serán columnas en el templo nuevo de Dios en la nueva Jerusalén. Obviamente, se está hablando de forma figurada para referirse a un fundamento sólido, pues sabemos que la nueva Jerusalén no tiene un templo (21:22). También es una imagen adecuada para los habitantes de Filadelfia, que estaban tan acostumbrados a que los terremotos sacudieran las columnas del templo y otras estructuras de piedra que la mayoría vivía fuera de las murallas de la ciudad.

Laodicea: imbebibles e inútiles (3:14-22). Esta es la carta más negativa de las siete. La iglesia era como el agua de la ciudad, conocida por su tibieza (v. 15). Laodicea no tenía fuente propia, así que el agua la tenían que traer o de los arroyos de la fría montaña que había cerca de Colosas, o de las fuentes termales cercanas a Hierápolis. Procediera de donde procediera, cuando llegaba a Laodicea el agua estaba tibia. Por tanto, en este pasaje, los adjetivos «frío» y «caliente» son metáforas positivas, que contrastan con el repugnante estado de los ciudadanos de Laodicea (v. 16).[58] La ciudad era famosa también por su

---

57. Cf. Aune, *Revelation 1-5*, 240; Craig S. Keener, *Revelation* (Grand Rapids: Zondervan, 2000), 154.

58. Ver esp. M. J. S. Rudwick y E. M. B. Green, «The Laodicean Lukewarmness», *ET* 69 (1957-58): 176-78; y Stanley E. Porter, «Why the Laodiceans Received Lukewarm Water (Revelation 3:15-18)», *TynB* 38 (1987): 143-49.

riqueza (después de un terremoto en el año 60 d.C., se pudo reconstruir sin la ayuda de los romanos), su industria de lana negra, y su escuela de medicina que producía un colirio especial. Y llama la atención que el versículo 17 dice claramente que los cristianos de aquella ciudad eran «infelices, miserables, pobres, ciegos y desnudos». ¡Vaya contraste! Si quieren cambiar las cosas, tienen que comprar «oro» espiritual, «ropas blancas» y «colirio» espiritual (v. 18).[59]

El llamamiento al arrepentimiento (v. 19) utiliza la famosa metáfora de abrir las puertas para que Jesús pueda entrar y cenar con ellos (v. 20). Aunque esta puede ser una imagen muy adecuada para describir a alguien que recibe a Cristo en su corazón por primera vez, en este contexto Juan se está refiriendo claramente a una iglesia que de forma *colectiva* recibe a Jesús *de nuevo*.[60] Su llamada paciente contrasta con la entrada ruda de los oficiales romanos, que revolucionaban aquella rica ciudad exigiendo alojamiento a la fuerza.

Eugene Peterson capta muy bien cuál es la esencia de las cosas que Dios alaba de cada iglesia, y las cosas que le desagradan. Su texto, además, nos ayuda a encontrar grupos de cristianos similares en cada época y lugar, grupos que necesitan el mismo tipo de promesas y de advertencias. «Dios alaba a las iglesias por su trabajo constante, entregado e infatigable (Éfeso); por su aguante y valentía en medio del sufrimiento (Esmirna); por un testimonio valiente (Pérgamo); por un discipulado que crece y se desarrolla (Tiatira); por su valerosa firmeza (Filadelfia)». Pero «tienen que ser corregidos porque han abandonado su primera amor por Cristo (Éfeso); porque toleran las herejías (Pérgamo); porque toleran la inmoralidad (Tiatira); porque se muestran indiferentes (Sardis); porque han sustituido la vida en el Espíritu por las riquezas y el lujo (Laodicea)».[61]

Además, Ricardo Foulkes subraya que la «irrupción» del mensaje de Jesús en las vidas de los miembros de las siete iglesias no les puede dejar indiferentes. El Señor les pide cambios vitales no solo a nivel individual (muchas religiones de Éfeso y alrededores aceptaban la conversión personal a cualquier secta siempre que no desacreditara las demás opciones religiosas del momento), sino también a nivel social y estructural, derrocando las «estructuras que esclavizan y engañan a la gente. Es decir, el aspecto religioso de la vida está tan interrelacionado con los demás aspectos de la vida (con el económico, el cívico, el legal, incluso con el llamado "secular" o "laico"), que un cambio religioso, o mejor dicho, el cambio que Jesús efectúa afectaría a todos los ámbitos de la existencia».[62]

---

59. Cf. Beasley-Murray, *Revelation*, 103, 106.
60. Tim Wiarda, «Revelation 3:20: Imagery and Literaty Context», *JETS* 38 (1995): 203-12.
61. Eugene H. Peterson, *Reversed Thunder: The Revelation of John and the Praying Imagination* (San Francisco: Harper&Row, 1988), 51, 52.
62. Ricardo Foulkes, *El Apocalipsis de San Juan: Una lectura desde América Latina* (Buenos Aires: Nueva Creación; Grand Rapids: Eerdmans, 1989), 30.

ALABANZA CELESTIAL (4:1-5:14)

A Dios (4:1-11). En esta visión, vemos a Juan en la sala del trono celestial, donde se le van a mostrar los sucesos futuros (que al parecer empiezan en 6:1). Pero primero se le concede tener un atisbo de la antesala de Dios mismo (cap. 4). El «cielo abierto» o «puerta abierta» del versículo 1, junto con la mención de la voz que le guía, es característico de la literatura apocalíptica, por lo que no hay razón para pensar que Juan representa a la iglesia que está siendo arrebatada, como diría el dispensacionalismo clásico.[63] No obstante, la expresión «después de esto» también en el versículo 1 respalda la interpretación futurista del resto del libro. La descripción velada de Dios y los detalles sobre lo que le rodea no deberían alegorizarse; los elementos de los versículos 2-6 se combinan para crear un espléndido cuadro de la riqueza, la belleza, la majestad, la soberanía, el poder y la pureza del Señor. Los veinticuatro ancianos y los cuatro seres vivientes se parecen a los querubines y serafines de Ezequiel 10:14 e Isaías 6:2. A los «ancianos» se les asocia con otros seres celestiales a lo largo del libro de Apocalipsis (4:6; 5:5, 11; 7:11; 19:4) y son seres diferentes a los redimidos de la tierra (5:8; 7:13-14; 11:18; 14:3), así que con casi toda probabilidades deberíamos verlos como portavoces angélicos.[64] El hecho de que son veinticuatro podría sugerir que representan y/o guardan a todo el pueblo de Dios a lo largo del tiempo, dirigidos por los doce hijos de Israel (o tribus) y los doce apóstoles. Pero el número también podría proceder de las veinticuatro divisiones de sacerdotes y cantores levitas de 1º Crónicas 24-25, y apuntar así a un rol de liderazgo en la alabanza celestial.[65]

Precisamente, los versículos 6b-11 nos introducen en esa alabanza. Aquí, está dirigida a Dios, alabándole sin cesar por su santidad, eternidad, creación y providencia. Honrarle como «Señor Dios Todopoderoso» era un desafío directo al emperador Domiciano, que se autoproclamaba el único Señor. El hecho de que los ancianos rinden sus coronas ante el trono (v. 10) normalmente se entiende como una prueba de que los creyentes reciben diferentes tipos de recompensas (coronas) en el cielo. Pero si los ancianos son ángeles, no podemos sacar de esta imagen ninguna enseñanza sobre las recompensas de los creyentes. Incluso si representaran a la iglesia, el hecho de que devuelvan sus recompensas a su Padre celestial en última instancia les hace a todos iguales.[66]

---

63. La palabra «abierto» es, de hecho, la forma pasiva perfecta del verbo, y literalmente significa «habiendo sido abierto». «Esto parece sugerir que la puerta ha estado abierta permanentemente como resultado de la muerte y la resurrección de Jesús y es un acceso perenne para los creyentes en Dios» (Witherington, *Revelation*, 116).

64. Ver esp. George E. Ladd, *A Commentary on the Revelation of John* (Grand Rapids: Eerdmans, 1972), 75.

65. Cf. esp. Mounce, *Revelation*, 121-22.

66. La alabanza «nos recuerda que sea cuál sea nuestro llamado ahora, o sean los que sean nuestro dones, todos los cristianos somos lo mismo cuando nos consideramos adoradores de Dios; en el futuro eterno no hay lugar para los dones que ahora valoramos más, pero lo que siempre podremos elevar y ofrecer es nuestra devoción a Dios» (Keener, *Revelation*, 180).

Ciertamente, la idea principal del capítulo no es otra que la exaltación de Dios mismo. Él es el único digno de recibir toda la gloria y honor.

Al Cordero (5:1-14). El capítulo 5 continúa con el mismo tema, pero dirige ahora su alabanza al Cordero inmolado, que es el único que puede abrir el rollo que recoge los sucesos del final de los tiempos. Primero, tenemos un problema aparentemente irresoluble: en todo el Universo no hay nadie que sea digno de romper los sellos del rollo que contiene las anheladas profecías (vv. 1-4). Normalmente, los rollos que estaban escritos por los dos lados eran edictos imperiales.[67] Romper los sellos de un rollo suponía, generalmente, la ejecución legal de lo que se ordenaba en el interior del rollo. En este caso, hacía falta realizar un sacrificio por el pecado antes de que el diablo fuera vencido y el reino perfecto de Cristo fuera establecido. Pero, cuando Juan se está lamentando, llega el anuncio de que «el León de la tribu de Judá, la Raíz de David, ha vencido» y puede abrir el rollo (v. 5). Un rey que desciende de la tribu y familia real es, sin duda alguna, el Mesías. Pero aunque a Cristo se le llama *león*, cuando Juan se vuelve para verlo, ver en el centro del trono de Dios un *cordero* inmolado que ha revivido, con siete cuernos y siete ojos que representa a los siete espíritus (o al Espíritu en su plenitud, es decir, el Espíritu Santo; recuérdese lo comentado en la p. 591), a través del cual Cristo es omnipresente. El hecho de que el Espíritu viene de Dios completa esta incipiente referencia trinitaria (v. 6).

La acción anterior a abrir el rollo es tomarlo, pero antes de que la acción prosiga, la hueste de ángeles rompe en cánticos de alabanzas por la expiación del Mesías, que ha hecho posible que entre los redimidos haya personas de todos los grupos étnicos y lingüísticos de la tierra. La alabanza va *in crescendo* a medida que el Cordero es presentado, exaltado y entronizado, ¡una ceremonia de coronación completa! (vv. 7-14).[68] El siervo sufriente se ha convertido en el rey-guerrero.[69] Vemos en el versículo 13 que todas las criaturas del universo alaban al Cordero, pero eso no quiere decir que todos son salvos. En Isaías 45:23-24 ya encontramos la idea de que los enemigos de Dios se verán forzados a adorar a Dios, quedando así en evidencia y avergonzados (cf. Fil 2:10-11; Col 1:20; Ef 1:21-23). Ver la gloria celestial reservada a los hijos de Dios que se describe en los capítulos 4 y 5 prepara a Juan para las visiones de los horribles sucesos que precederán a esa gloria y ofrece a los lectores la pers-

---

67. Todo el capítulo tiene un lenguaje que recuerda a la adoración del emperador romano, pero demuestra que Cristo es el que merece toda la adoración, no el César. Ver J. Daryl Charles, «Imperial Pretensions and the Throne-Vision of the Lamb: Observations on the Function of Revelation 5», *CTR* 7 (1993): 85-97.

68. Beasley-Murray, *Revelation*, 126. Mounce (*Apocalipsis*) llama a esto «una de las más grandes escenas jamás descritas de la adoración universal».

69. Donald Guthrie, *The Relevance of John's Apocalypse* (Exeter: Paternoster; Grand Rapids: Eerdmans, 1987), 46-51. Pero, como apunta Aune (*Revelation 1-5*, 368), la figura del cordero moribundo (como en la Pascua o en Isaías 52-53) se fusiona con la imagen del carnero guerreador que aparece en textos apocalípticos, como por ejemplo en Daniel 8.

pectiva necesaria para poder mantenerse fieles durante los momentos difíciles que están por llegar.[70]

LOS SIETE SELLOS Y EL PRIMER INTERLUDIO (6:1-8:5)

Los primeros seis sellos (6:1-17). El libro de Apocalipsis recoge veintiún juicios de Dios sobre el mundo, agrupados en tres bloques, y cada uno de esos tres bloques contiene, a su vez, siete elementos. El primero de estos bloques está representado por siete sellos, que alguien tiene que romper para que el rollo que mantienen precintado se pueda desenrollar. El uso de un rollo para hablar de los juicios de Dios tiene precedentes en el Antiguo Testamento (sobre todo en Ez 2:9-3:3). Dado que, para poder leer el rollo, primero hay que romper los sellos, lo más natural es entender la mayoría de estos primeros juicios como el preludio a los horrores de los días finales (lo que más adelante se llamará «la gran tribulación»: 7:14), en lugar de entenderlos como parte de esos horrores.[71] Los paralelismos que hay con una serie de sucesos que Jesús predijo (Mr 13:7a, 8 y paralelos) como elementos que *no* señalaban el final (v. 7b) refuerzan esta interpretación. Ciertamente, los primeros cuatro sellos o juicios, también representados por cuatro caballos y jinetes (reminiscencia de Zac 1:8-11), describen un tipo de tribulación que ha venido ocurriendo a lo largo de la historia: militarismo, guerras, hambre, y muerte (Ap. 6:1-8).

El primer sello (vv. 1-2) es el único de los cuatro que presenta una ambigüedad significativa. Dado que en 19:11 Cristo mismo aparecerá como un jinete sobre un caballo blanco, algunos creen que este sello tiene un sentido positivo, es decir, la conversión de las naciones. Pero, puesto que los veinte símbolos de juicio restantes son claramente negativos, lo más lógico es ver en este primer sello el símbolo romano de *militarismo y la conquista imperial*. El arco era un símbolo de combate, especialmente entre los partos, imperio cuyo noroeste colindaba con el romano.[72] Apolo, el dios grecorromano del sol, también luchaba con un arco. Pero los poderes de los seres humanos y de los «dioses» no son nada al lado del juicio poderoso de Yahvé.[73]

El segundo sello (vv. 3-4) representa con toda claridad *el conflicto bélico*. El tercer sello (vv. 5-6), *el hambre*, y recoge de forma muy aproximada las condiciones que reinaron después de la sequía del año 92 d.C. Hacía falta el salario de todo un día para comprar la ración diaria de trigo y cebada; no obstante, los olivos y las vides crecían bien porque sus raíces, que son mucho

---

70. «La alabanza pone la persecución, la pobreza y las plagas en la perspectiva correcta; Dios, de forma soberana, va a llevar a cabo sus propósitos, y los sufrimientos de este mundo son solo los dolores de parto que vienen antes de la llegada del nuevo mundo» (Keener, *Revelation*, 182).

71. Ladd, *Revelation*, 95-96, 98.

72. Murphy, *Fallen Is Babylon*, 205.

73. Ver Allen Kerkeslager, «Apollo, Greco-Roman Prophecy, and the Rider on the White Horse in Rev 6:2», *JBL* 112 (1993): 116-21.

más profundas que las del cereal, sí conseguían abastecerse de agua.[74] Está claro que la misericordia de Dios pone un límite y, gracias a ella, el sufrimiento no llega a ser todo lo atroz que podría haber sido. El cuarto sello (vv. 7-8) representa *la muerte* causada por la guerra, el hambre y las plagas. Algunos entienden que este texto profetiza la muerte de una cuarta parte de la humanidad. Pero lo que Juan está diciendo es que al caballo y al jinete «se les otorga poder sobre la cuarta parte de la tierra». No se especifica la cantidad de gente que morirá bajo este juicio.[75]

El quinto sello inicia un patrón diferente, pues ya no tenemos una descripción de la ejecución del juicio, representado por caballos y jinetes. Este sello desata *el clamor de los mártires cristianos*, que preguntan hasta cuándo seguirá Dios sin vengar sus muertes.[76] La respuesta dice que deben esperar un poco más, pues aún va a haber más mártires (vv. 9-11). Pero esas «almas» que se acercan a la presencia de Dios reciben ropas blancas, que son símbolo de pureza celestial. Así, la única plaga que el quinto sello representa es el hecho de que las plagas del primer, segundo y tercer sellos tienen que continuar. Y así ha sido en muchas ocasiones a lo largo de la historia del cristianismo.[77]

Con el sexto sello, pasamos de los sucesos que preparan la llegada de la gran tribulación, a sucesos que revelan que la gran tribulación ha empezado y se está acercando a su clímax (vv. 12-17). Se trata de sucesos que, aunque no los entendamos de forma literal, son de un alcance tan cósmico que con casi toda probabilidad Juan está diciendo que el mundo tal y como lo conocemos ahora no va a continuar (vv. 12-14). En otra literatura apocalíptica judía, este tipo de imágenes no siempre se refiere a una disolución literal del universo, sino a una era sociopolítica totalmente nueva en la que Dios gobierna la tierra.[78] La agitación que describe es tanta o más como la que queremos describir cuando usamos expresiones igualmente metafóricas como «los infiernos se han abierto» o «las puertas del infierno se han abierto». Como vimos anteriormente, esto podría ser una visión del principio del fin, lo que ocurrirá justo

---

74. Justo L. González y Catherine G. González, *Revelation* (Louisville and London: WJKP, 1997), 48-49.

75. Cf. Ladd, *Revelation*, 101.

76. Algunos cuestionan la moralidad de esta petición de venganza, pero la justicia de Dios es la otra cara de su amor. Él es el único que puede hacer justicia de forma ecuánime, así que tenemos que clamar a Él pidiendo que haga justicia, en lugar de tomarnos la justicia por nuestra mano. Recuérdese Dt 32:35, donde Dios dice que Él es el único que puede hacer venganza (cf. Sal 94:1; Ro 12:19, y muchos otros textos en los que Dios promete vengar a sus hijos).

77. Aunque se trata de la única «oración de súplica» que encontramos en todo Apocalipsis, el papel de este sello es crucial porque une lo que el libro enseña sobre el juicio y sobre la vindicación. Ver John P. Heil, «The Fifth Seal (Rev 6, 9-11) as the Key to the Book of Revelation», *Bib* 74 (1993): 220-43.

78. N. T. Wright, *The New Testament and the People of God* (London: SPCK; Minneapolis: Fortress, 199), 280-86.

antes de que Cristo regrese y haga nuevas todas las cosas.[79] Sean los que sean estos sucesos, lo que está claro es que producen un terror extremo y el deseo de morir para librarse de una tortura tan atroz (vv. 15-17). La «ira del Cordero» es un logrado oxímoron que explica muy bien el papel de Jesús en este momento.

Los 144.000 y la gran multitud (7:1-17). Antes de describir el séptimo sello, Juan inserta dos segmentos de otra visión del cielo. Los versículos 1-8 describen el momento en el que 144.000 personas son selladas. Antes de desatar la siguiente plaga, Dios se asegura de que sus «siervos» que aún están en la tierra estén protegidos de la ira que va a derramar (vv. 1-3; cf. Ez 9:4-6). El sello también podría representar que sus seguidores le pertenecen, que son suyos. Así que es evidente que hay creyentes en la tierra durante la tribulación que está por venir. Lo que resulta tema de debate es si esta es una descripción de toda la iglesia cristiana o solo de una parte de ella (por ejemplo, los judeo-cristianos); y esa parte (o algunos de ella) es la única que no es arrebatada, o abraza la fe cuando ve el arrebatamiento de toda la iglesia. A primera vista, las interpretaciones que dicen que aquí se está refiriendo a judíos parecen mucho más creíbles. Este pasaje es, quizá, el argumento bíblico más fuerte a favor del arrebatamiento pretribulacionista. Dice el texto que el grupo del que habla en los versículos 4-9 está formado por personas de las doce tribus de Israel, concretamente, 12.000 personas de cada una de las tribus. Por otro lado, en la visión de los versículos 9-17, Juan ve una multitud tan grande que no se puede contar, formada por personas de todos los grupos étnicos de la tierra (v. 9), que ha salido de la gran tribulación (v. 14), presumiblemente la iglesia ya arrebatada y multiétnica de Jesucristo.[80]

Sin embargo, si investigamos un poco más, encontramos en el mismo capítulo varios detalles que nos hacen dudar de esta interpretación. *El primero* es que la lista que aparece en los versículos 5-8 es una lista única. No hay ningún precedente de esta lista en ningún documento de la literatura judía antigua; no existe ni siquiera una lista con los mismos nombres, aunque estén ordenados en una secuencia diferente. Falta la tribu de Dan, y se menciona a José, pero tan solo a uno de sus hijos (aparece Manasés, pero no Efraín), entre los que repartió su tierra. Éste podría ser el primer indicativo de que no estamos ante una descripción totalmente literal del Israel étnico.[81] *El segundo*, los 144.000 vuelven a aparecer en 14:1-5, texto en el que no hay ninguna mención étnica, sino solo características cristianas generales (ver más abajo, p. 618). *El tercero*, Juan no tiene una visión de los 144.000. El versículo 4 dice que el apóstol «oyó» el número de los que fueron sellados de cada tribu. Después de escuchar una descripción así, una esperaría que Juan mire, para ver ese grupo que acaba

---

79. Cf. Witherington, *Revelation*, 135-36.

80. Este es el acercamiento clásico dispensacionalista. Ver, p. ej., Robert L. Thomas, *Revelation* 1-7 (Chicago: Moody, 1992), 487.

81. Encontrará un lista de los intentos de explicar este singular lista en Richard Bauckham, «The List of the Tribes in Revelation 7 Again», *JSNT* 42 (1991): 99-115. Cf. también Christopher R. Smith, «The Portrayal of the Church as the New Israel in the Names and Order of the Tribes in Revelation 7.5-8», *JSNT* 39 (1990): 111-18.

de ser anunciado. Eso es precisamente lo que hace al principio del versículo 9, y lo que ve es una multitud que nadie podía contar. *Parece que esta visión tiene el objetivo de presentar al mismo grupo que se describe en los versículos anteriores en términos más judíos.*[82]

No podemos olvidar que en 5:5-6 ya nos encontramos con el mismo fenómeno. En aquel texto, se le dijo a Juan que mirara para ver al León de Judá; pero, cuando miró, vio a un Cordero que parecía haber sido inmolado. Si tenemos en cuenta el simbolismo de aquella época, no hay un contraste más grande que el contraste entre el rey de los animales y un corderito sacrificado. Y, sin embargo, ambos están haciendo referencia a la misma realidad: Jesús mismo (ver arriba, p. 599).[83] Por tanto, es perfectamente concebible pensar que los miembros de las tribus de Israel (de los que se nos da una cifra exacta) y la multitud multiétnica que no se podía contar están hablando de la misma entidad, la iglesia, desde dos perspectivas diferentes pero complementarias. Por un lado, la iglesia es en última instancia el cumplimiento de la responsabilidad que Dios había dado a Israel. Por otro lado, está formada por un número mucho más amplio de personas que proceden de todos los grupos étnicos de la tierra.[84]

Los versículos 9-17 también contrastan con los versículos 4-8, y lo hacen refiriéndose a la compañía de los redimidos que ya están en el cielo. Cuando los describe como «los que están saliendo de la gran tribulación», aunque algunos creen que han quedado exentos de pasar por ella, lo más natural es pensar que la pasaron por ella, y que ahora ya han sido librados.[85] Las vestiduras blancas (vv. 9, 13) nos recuerdan a la recompensa reservada para los mártires mencionada en 6:11. Tenemos aquí otro oxímoron, pues dice que los redimidos han lavado y blanqueado sus túnicas *en la sangre del Cordero* (v. 14), pero la cuestión es que el sacrificio expiatorio de Cristo limpia de forma completa a sus seguidores, al menos una vez su vida en la tierra llega a su fin. Y pensando en ese maravilloso destino, no nos sorprende que los redimidos, junto con las huestes angelicales, rompan en alabanzas por la salvación que les ha sido otorgada (v. 10), por la magnificencia del Dios que la ha hecho posible (v. 12) y por su estado eterno (vv. 15-17). Sea cual sea el sufrimiento por el que han pasado en esta vida, este ha llegado a su fin. ¡El Cordero se transforma en el Pastor que guía a su pueblo a lugares de refrigerio eterno![86]

---

82. Ver, p. ej., Roloff, *Revelation*, 98.
83. Cf. el paralelismo con otro símbolo doble que aparece en el libro de Apocalipsis: los seguidores de Cristo, a los que a veces se describe como guerreros triunfantes, y otras, como mártires perseguidos. Ver esp. Stephen Pattemore, *The People of God in the Apocalypse* (Cambridge and New York: CUP, 2004).
84. Cf. Philip E. Hughes, *The Book of Revelation* (Leicester: IVP; Grand Rapids: Eerdmans, 1990), 94-95. La naturaleza totalmente multicultural del cielo nos dice que hoy no solo deberíamos hablar de la iglesia universal y multicultural, sino que deberíamos trabajar para que existieran *iglesias multiculturales*.
85. Cf. Ladd, *Revelation*, 117-18.
86. Cf. Kirsten Nielsen, «Shepherd, Lamb and Blood: Imagery in the Old Testament – Use and Reuse», *ST* 46 (1992): 121-32.

El séptimo sello (8:1-5). Por fin llega el momento en el que se va a desvelar qué esconde el séptimo sello. Pero, en lugar de liberar plagas, peticiones de venganza o cataclismos, como ocurrió cuando se rompieron los seis primeros sellos, lo único que ocurre es *un silencio prolongado en el cielo* (cf. Zac 2:13), *seguido de lo que podría llamarse efectos de sonido y ayudas visuales* como las que asociamos con los desastres «naturales» que han ocurrido a lo largo de la historia de la humanidad. Solo que en este caso parece que los truenos y los relámpagos empiezan en la tierra y resuenan en los cielos. El hecho de que el silencio (v. 1) y los posteriores efectos teatrales (vv. 3-5) aparezcan antes y después de esa referencia a los siete ángeles con las siete trompetas respalda la sugerencia que hacíamos anteriormente: que el séptimo sello no introduce un nuevo juicio, sino que simplemente engloba y prepara el camino para la siguiente serie de juicios (ver más arriba, p. 584).[87]

LAS SIETE TROMPETAS Y EL SEGUNDO INTERLUDIO (8:6-11:19)

Las primeras seis trompetas (8:6-9:21). Desde la famosa marcha alrededor de Jericó a textos apocalípticos como 1ª Corintios 15 y 1ª Tesalonicenses 4-5, vemos que en las Escrituras las trompetas actúan como heraldos de un juicio. *Ya ha llegado el momento de la gran tribulación*, como dice el rollo que ya se ha abierto y que desvela los juicios de Dios que van a acontecer (v. 6). Como ocurre con los cuatro primeros sellos, las primeras cuatro trompetas o juicios son muy similares (vv. 9-12). *También se parecen a las plagas que cayeron sobre los egipcios durante el enfrentamiento entre Moisés y el faraón. Este paralelismo sugiere que, aún en esta época, su propósito es animar a los malvados a que se arrepientan.* La conclusión de esta sección (9:20-21), aunque de forma ambigua, así lo confirma. A pesar de los juicios de las trompetas, los malvados de la tierra no se arrepienten, lo que apunta a que aún tienen la oportunidad de hacerlo.[88]

Cuando toca la primera trompeta, se desata una tormenta de *granizo mezclado con fuego ensangrentado*; cuando toca la segunda, *una enorme montaña envuelta en llamas es arrojada al mar, que se convierte en sangre*; con el son de la tercera, *una estrella en llamas convierte el agua de los ríos y manantiales en sangre*; y con la cuarta, *una plaga ataca el sol, la luna y las estrellas, produciendo oscuridad* (vv. 7-12). En cada uno de los casos, una tercera parte de las zonas atacadas quedan afectadas. No sabemos a ciencia cierta qué significa esta fracción, pero lo que sí está claro es que es más que la cuarta parte que se menciona en 6:8. Pero a pesar de que el juicio se ha intensificado, tan solo una parte minoritaria del mundo queda afectada por las plagas de Dios.[89] Es imposible determinar en qué medida estas descripciones son o no literales. Algunas de las visiones incluyen fenómenos que no podrían ocurrir de forma literal, por ejemplo, el oscurecimiento de exactamente una tercera parte del sol. El

---

87. Encontrará más detalles en J. Ramsey Michaels, *Interpreting the Book of Revelation* (Grand Rapids: Baker, 1992), 56-58.
88. Cf. Beasley-Murray, *Revelation*, 156-167.
89. Keener, *Revelation*, 272.

simbolismo que aquí encontramos es materia prima de la profecía apocalíptica no literal. Sin duda alguna, Juan describió de la forma más exacta posible lo que vio, pero eso es diferente de decir que esas visiones son una reproducción exacta de lo que está por suceder. De hecho, como ocurre a menudo en la literatura apocalíptica, hay símbolos que son muy diferentes de los sucesos que representan, pero sus propósitos y consecuencias son igual de atroces.[90]

Las trompetas quinta y sexta (también llamadas el primer y el segundo ayes) son de diferente naturaleza (8:13-9:21). *En primer lugar*, Juan ve ejércitos de langostas descritos de una forma grotesca, que proceden del abismo (9:1-2). Esto sugiere que no está viendo a un ejército formado por seres humanos, sino que está viendo una horda demoníaca.[91] Las plagas de langostas eran muy comunes en el antiguo Oriente Medio, y Joel 2:1-11 ya recoge profecías en las que plagas de langostas se convierten en ejércitos. Pero, de nuevo, Dios pone límite al caos provocado por estas criaturas diabólicas. Se les prohíbe dañar las plantas (aunque en 8:7 se había destruido toda la hierba de la tierra, un recordatorio de que éstas no siempre son profecías literales de los sucesos que han de ocurrir). Más importante aún, se les prohíbe dañar a las personas que han sido selladas en 7:4; no pueden matar a los no creyentes, y solo les pueden torturar por un periodo de cinco meses, periodo apropiado para esta visión, puesto que es el tiempo de vida de una langosta (v. 5a).[92]

No obstante, durante ese periodo pueden hacer sufrir a esas personas todo lo que quieran (vv. 5b-6). La ironía es que Satanás, al que en el versículo 11 se le llama el Destructor, se ha vuelto contra los suyos, pues eso es lo que siempre ocurre con el mal. A continuación, Juan describe a los guerreros-langosta con una serie de símiles, buscando las mejores analogías para describir lo indescriptible (vv. 7-10). El cuadro nos recuerda a las escenas en las que los ejércitos partos lucían sus caballos armados y engalanados con largas crines y sus jinetes que disparaban flechas en todas direcciones para combatir los ataques provinentes de cualquier flanco. En ocasiones, a sus espaldas blandían un mazo sin cesar, para frenar cualquier ataque por la retaguardia.[93] Pero, de nuevo, recordemos que no podemos verlos como meros ejércitos humanos; hacerlo sería «desmitificar» o deshacernos del elemento sobrenatural del texto.[94]

En segundo lugar, Juan oye la orden de soltar a los cuatro ángeles que van a matar a la tercera parte de la humanidad (vv. 13-16). Su *modus operandi* consiste en atacar con «dos miríadas de miríadas» de jinetes a caballo. Una «miríada» (*gr. muriados*) podía significar diez mil, o simplemente un número

---

90. Robert H. Mounce, *Comentario al libro del Apocalipsis* (Barcelona: CLIE, 2007).

91. David E. Aune, *Revelation 6-16* (Nashville: Nelson, 1998), 527.

92. *Ibíd.*, 530.

93. George B. Caird, *The Revelation of Saint John the Divine* (London: Black; New York: Harper & Row, 1966).

94. «Juan se habría reído ante cualquier intento de identificar esta horda con un ejército humano, porque él está hablando de principados y potestades» (Witherington, *Revelation*, 154).

muy elevado. El hecho de que los corceles echaran por la boca fuego, humo y azufre, todos ellos elementos asociados al infierno, apuntan a que también son seres demoníacos, al igual que las langostas. Los que intentan ver aquí ejércitos humanos, y piensan en naciones lo suficientemente grandes como para tener tropas de doscientos millones, no han entendido lo que Juan está intentando transmitir. *Si las criaturas son demoníacas, se trata de una guerra espiritual, y la muerte de la tercera parte de la humanidad podría referirse tanto a la muerte física como a la muerte espiritual* (vv. 17-19).[95] Sorprendentemente, aunque el juicio recae sobre una parte tan grande de la tierra, los incrédulos continúan con su idolatría y su inmoralidad (vv. 20-21).

El pequeño rollo (10:1-11). Como con los juicios de los sellos, aparece un interludio entre la narración del sexto y el séptimo juicio de las trompetas. Este interludio contiene dos visiones diferenciadas. La primera consiste en un ángel con «rollo pequeño» (*bibliarion*, el diminutivo de la palabra que aparece en 5:1). Se describe la majestuosidad celestial del ángel, reminiscencias de Jesús mismo (v. 1). Pero las Escrituras nunca se refieren a Jesús como un ángel, por lo que es muy poco probable que se esté hablando de él aquí. No deberíamos alegorizar los elementos que se utilizan para describir al ángel. Dado que el término que se usa en el versículo 2a para describir este rollo es diferente al término que se utiliza anteriormente, y dado que parece referirse a una nueva etapa en la revelación de Dios («tienes que volver a profetizar», 10:11), la mayoría de estudiosos suponen que su contenido se corresponde con 11:1-13, la visión que Juan tiene después de ingerir el rollo y antes de que acaben los juicios de las trompetas.[96] Sin embargo, unos pocos defienden que es parte del rollo y del plan de Dios mayor que ya se ha desplegado más arriba.[97] Tanto si seguimos una interpretación como la otra, el hecho de que los pies del ángel ocupen toda la tierra y todo el mar (2b) apunta a la importancia universal de esta revelación.

Cuando el ángel da un grito, Juan oye unas potentes voces descritas como «siete truenos» (v. 3). Pero cuando diligentemente se dispone a escribir las palabras, como ha hecho con todas las otras revelaciones de Dios, una voz le dice que «guarde en secreto» lo que las voces han dicho, y que no lo escriba (v. 4). La literatura apocalíptica judía a veces incluía una revelación velada en medio de una serie de revelaciones públicas (en el Nuevo Testamento, cf. la revelación privada a Pablo en 2Co 12:1-4).[98] A la luz de la idea principal de 5-7 de que no va a haber que esperar más, uno se imagina los siete truenos lanzando juicios que Dios habría enviado si no hubiera acortado el tiempo. Pero,

---

95. Aune (*Revelation 6-16*, 539) observa que en el Talmud babilónico en dos ocasiones aparecen grandes ejércitos de ángeles destructores (*b. Shabbat* 88a; *b. Pesahim* 112b). En dicho pasaje, «180.000 ángeles destructores salen cada noche», no para realizar ataques físicos, sino ataques espirituales.

96. P. ej., Mounce, *Revelation*, 282ss.

97. Ver esp. Bauckham, *Climax of Prophecy*, 243-57.

98. Cf. Aune, *Revelation 6-16*, 562-63.

obviamente, no son más que imaginaciones.[99] El juramento de los versículos 5-6, muy elaborado y muy formal, confiere a esta afirmación una gran confianza y solemnidad.

Mientras que a Daniel se le dijo que el contenido de su profecía estaría sellado y en secreto hasta la hora final, dando a entender que el final no era inminente (Dn 12:9), a Juan se le dice que guarde en secreto lo que ha escuchado porque el final *sí es inminente*. Mientras que el quinto sello dice a los mártires que quieren venganza que esperen un poco (6:9-11), ahora estamos una vez más a las puertas del fin (como con el sexto sello en 6:12-17). A su vez, aún vamos a leer ocho juicios más, así que parece que estamos ante un segundo anuncio de algo futuro que no nos lleva inmediatamente a la consumación final de todas las cosas.[100]

La orden que Juan recibe sobre lo que hacer con el rollo pequeño es exactamente igual que la que Ezequiel recibió siglos atrás (ver esp. Ez 3:3, 14). En esta visión, el ángel le dice a Juan que se coma el rollo y le advierte de que aunque le sepa dulce como la miel, le amargará el estómago (v. 9-10). Dicho de otro modo, los juicios que debe pronunciar sobre el destino del mundo (v. 11) serán agridulces. Para los creyentes, el fin significará salvación; para los incrédulos, juicio. La amargura quizá también haga referencia a la persecución que los creyentes experimentarán antes de la vindicación final. Como veremos de forma más clara en los capítulos 11-14, este largo «interludio» recoge estos tres temas antes de llegar a los juicios de las siete copas: *(1) El pueblo de Dios está exento de su ira, (2) pero eso no quiere decir que no vayan a sufrir persecución humana y diabólica; (3) al final Dios juzgará toda la maldad de este mundo dando vida eterna a los que estén a su favor y muerte eterna a los que estén en su contra.*[101]

PREGUNTAS

1. ¿Cuáles son algunos de los desafíos, si atribuimos la autoría de Apocalipsis a la misma persona que escribió el cuarto Evangelio y las epístolas joánicas? ¿Qué evidencias internas y externas sugieren que Apocalipsis está escrito por el mismo autor?

2. Apocalipsis es un híbrido literario con influencias tanto judías como grecorromanas. ¿Qué tres géneros conocidos utiliza? ¿En qué sentido es similar a otros textos apocalípticos antiguos y en qué difiere de ellos? ¿Qué principio hermenéutico hay que aplicar teniendo en cuenta la naturaleza epistolar de Apocalipsis?

3. La tres series de siete que aparecen en el Apocalipsis se han entendido de diferentes formas. ¿Cuál de las tres opciones ofrece la explicación de los sucesos de Apocalipsis?

---

99. P. ej., Caird, *Revelation*, 126.

100. La RV dice «el tiempo no sería más», pero es una mala traducción, porque eso solo es verdad en el estado eterno (si es que es verdad).

101. Cf. Murphy, *Fallen Is Babylon*, 260.

4. Apocalipsis 1:19 ofrece un sencillo esquema de toda la revelación de Apocalipsis. ¿En qué consiste ese esquema? ¿Por qué esa comprensión ayuda al lector a interpretar adecuadamente las imágenes y las metáforas de
Apocalipsis?

5. Quizá en mayor medida que cualquier otro libro del Nuevo Testamento,
Apocalipsis precisa de algunas decisiones interpretativas que dictan la comprensión de todo el libro. ¿Cuáles son estas cuestiones interpretativas y cuáles son las principales perspectivas de cada una de estas cuestiones?

6. ¿Cuál es la estructura de cada una de las siete cartas a las iglesias? ¿A quiénes representan las iglesias? Resume la idea central del mensaje de Cristo
a cada una de las siete iglesias y el principio aplicable a la iglesia de hoy.
¿Qué información histórica sobre cada iglesia ayuda el intérprete de hoy a
entender mejor el significado original del autor?

7. ¿Cómo tienen que entenderse las metáforas de Cristo como León y como
Cordero en todo el libro de Apocalipsis? Si pensamos en todos los habitantes del cielo, ¿por qué esta figura es única?

8. ¿Cuál es el propósito de los sellos en Apocalipsis? ¿Qué elementos del texto
mismo y del Antiguo Testamento nos ayudan a llegar a esa conclusión? Comentar lo mismo sobre las trompetas.

9. ¿Qué temas importantes recoge el interludio del rollo pequeño de Apocalipsis 10?

Los dos testigos (11:1-14). En la segunda visión que Juan ve antes del sonido de la séptima trompeta hay dos personas, llamados simplemente «testigos»
de Dios. Es sorprendente lo mucho que sus poderes para hacer milagros se
asemejan a los de Moisés y Elías, y también, que han sido crucificados y han
resucitado igual que Jesús. La mayoría de los comentaristas reconocen que,
en cuanto a los detalles, este es el capítulo más difícil de interpretar de todo
el libro de Apocalipsis; no obstante, los temas principales son bastante claros.
Independientemente de si toda la iglesia pasa por la tribulación o tan solo lo
hacen los judeocristianos (o los cristianos post-arrebatamiento), es natural pensar que estos dos testigos representan o son un símbolo de todos los seguidores
de Dios durante este horrible periodo a finales de la historia humana tal y como
la conocemos. Sin embargo, fuera del círculo académico, muchos prefieren
imaginarse a dos personas reales, posiblemente a Moisés y a Elías que han
regresado del cielo.[102]

Aquí, la profecía de Juan empieza con una visión del templo de Jerusalén
y la orden de medirlo y contar cuántas personas adoran en él (v. 1). Como en

---

102. Ver Osborne (*Revelation*, 417-24), donde encontrará una presentación y opiniones
    sobre un amplio abanico de interpretaciones. Sobre el tipo de Moisés en Apocalipsis,
    teoría posiblemente más extendida, ver Peder Borgen, «Moses, Jesus and the Roman
    Emperor; Observations in Philo's Writings and the Revelation of John», *NovT* 38
    (1996): 145-59.

Zacarías 2:2, estas acciones simbolizan la protección de Dios. El versículo 2 muestra lo que ocurre en el atrio exterior, que no debe incluir, porque va a ser destruido. Lo primero que les venía a la mente a los lectores de la última década del siglo I era la destrucción del templo del año 70 d.C. (ver esp. Lc 21:24). Pero en aquella ocasión, no solo se destruyeron las estancias exteriores, sino que todo el templo quedó destruido. De ahí que la protección de las instalaciones interiores debe ser espiritual, no literal. Si Dios ha descrito a toda la comunidad de creyentes usando la imagen de los 144.000 judíos, no es difícil imaginarle describiendo a su iglesia como «el templo»; de hecho, ese es el significado de la palabra *templo* en las epístolas de Pablo y Pedro (ver más arriba, pp. 180-182; cf. también p. 512). Es este caso, el contraste entre el interior y el exterior apunta a la protección interior (espiritual) a pesar de la persecución exterior (física). Y, una vez más, la iglesia es vista como el remanente fiel de Israel.[103]

POLARIZACIÓN PROGRESIVA ANTES DEL FINAL

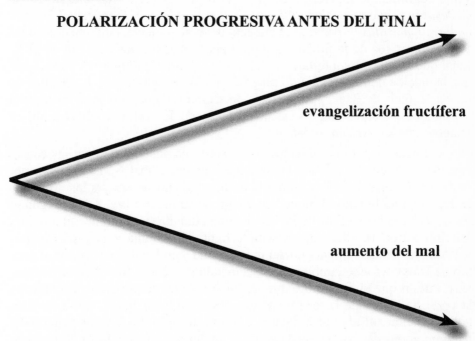

evangelización fructífera

aumento del mal

Los dos testigos profetizarán durante mil doscientos sesenta días. A treinta días por mes, este número equivale a cuarenta y dos meses o a tres años medio. Esta cantidad de tiempo proviene de Daniel 9:27 y 12:7, refiriéndose al último periodo de tiempo antes de que las profecías de Daniel se cumplan. Este periodo de tiempo se volverá a mencionar en 12:6, 14 y 13:5. Dado que en el Apocalipsis (y en casi toda la Biblia) el siete es el número de la plenitud o la perfección, el significado más obvio de «tres y medio», que es la mitad de siete, es un periodo incompleto que no representa la palabra completa o perfecta

---

103. Keener, *Revelation*, 288-89.

de Dios. El mal tiene la penúltima palabra, pero la tribulación da paso al juicio y a la vindicación de Dios, que despliega su veredicto final sobre la historia de la humanidad.[104] Puesto que la destrucción del atrio exterior da comienzo a este periodo de 1.260 días, resulta lógico pensar que da comienzo a «la era de la iglesia», o al menos al periodo de tiempo desde la destrucción del templo en el año 70 d.C. hasta el derramamiento de fe entre los judíos que tiene lugar justo antes del retorno de Cristo.[105]

Los dos testigos llevan a cabo su ministerio profético vestidos de cilicio, atuendo para el luto, porque se lamentan por los pecados del mundo que se ha rebelado contra Cristo y al que llaman al arrepentimiento. En el versículo 4, los olivos nos recuerdan al simbolismo que se usa en Zacarías 4:6 para describir la actividad del Espíritu de Dios, mientras que los candelabros aparecen en Apocalipsis 1:20, donde, como vimos, representan a las siete iglesias. Ambas imágenes confirman la sugerencia de que *los dos testigos representan a la iglesia de Jesucristo que con valentía testifica del evangelio por el poder del Espíritu en los últimos días*.[106] Aunque el impacto del mal aumenta, también crecen los efectos positivos de la proclamación de las buenas nuevas del plan de Dios. Igual que las plagas sobre la casa del faraón, que dieron lugar al éxodo. Igual que la oración de Elías pidiendo fuego del cielo, que dio lugar a la destrucción de los profetas de Baal, y su profecía de sequía y lluvia, que puso en marcha los sucesos que darían lugar a la caída del reinado de Acab y Jezabel (de ahí las imágenes de los versículos 5-6).[107]

Sin embargo, por el momento, los dos testigos tienen que sufrir las consecuencias de la batalla espiritual contra los poderes del mal. Son asesinados por fuerzas demoníacas (v. 7) y sufren la deshonra de no ser enterrados. Mientras tanto, la gente de todo el mundo se alegra de su muerte (vv. 8-10). Según el versículo 8, todo eso tiene lugar en «la gran ciudad» (término del siglo I para referirse a Roma), «llamada en sentido figurado Sodoma y Egipto» (lugares del Antiguo Testamento de mucha inmoralidad y en los que se oprime al pueblo de Dios), «donde también fue crucificado su Señor» (obviamente Jerusalén). Puesto que es imposible que un lugar esté en cuatro sitios diferentes a la vez, está claro que la idea no es identificar un lugar físico, sino comparar la persecución sufrida por la iglesia a la que sufrieron los creyentes tanto del Antiguo como del Nuevo Testamento, e incluso el mismo Jesús.[108] Los tres días y medio en que los cadáveres de los dos testigos están tendidos y sin enterrar son de nuevo una referencia a un periodo de tiempo que no es definitivo, puesto que esos tres días y medio dan lugar a su resurrección y ascensión al

---

104. Cf. Roloff, *Revelation*, 130.

105. Keener, *Revelation*, 287.

106. «Apocalipsis repite la Gran Comisión, pero la sitúa deliberadamente en el contexto de tribulación y sufrimiento». En la misma línea, David E. Holwerda, «The Church and the Little Scroll (Revelaton 10,11)», *CTJ* 34 (1999): 148.

107. Cf. Beasley-Murray, *Revelation*, 183-85.

108. Osborne (*Revelation*, 433) describe este cuatro como «un amalgama de Jerusalén y Roma que se convierte en la capital impía del Anticristo».

cielo (vv. 11-12). Del mismo modo en que Jesús fue vindicado, los creyentes también pueden poner su esperanza en la resurrección final y en la vida eterna con Dios en el reino celestial.

Para los que creen que Apocalipsis sigue una estricta secuencia cronológica, este «arrebatamiento» de los santos, que llega (según esta interpretación) antes de que acaben los juicios de las trompetas y las copas, ha dado lugar a la perspectiva mediotribulacionista (la iglesia es arrebatada a la mitad de la tribulación). Pero si la sexta trompeta nos llevó al umbral del fin, esta imagen sirve también para respaldar la perspectiva postribulacionista. Como los pretribulacionistas dicen que llegado este punto la iglesia ya ha sido arrebatada, se ven obligados a interpretar que los dos testigos son dos creyentes (o representantes del pequeño número de creyentes que sí viven la tribulación). Para los defensores de esta perspectiva, la resurrección de los testigos no aporta ninguna información sobre el momento del arrebatamiento.

Después de la resurrección y ascensión de los testigos, un violento terremoto destruye una décima parte de «la gran ciudad». Como mueren siete mil personas, estaríamos hablando de una población total de unos 70.000 habitantes, que era aproximadamente la población de Jerusalén en el siglo I. Si aquí se está hablando de la capital judía, puede que la conversión de los supervivientes sea una referencia a la fe que recibirán los judíos justo antes del retorno de Cristo (cf. Ro 11:25-26).[109] Pero, puesto que en el versículo 13 no hay ninguna mención explícita a los judíos, no podemos afirmar nada de forma contundente. Es más, algunos estudiosos creen que «dieron gloria al Dios del cielo» habla tan solo de confesar lo que uno ha hecho, como ocurre con la expresión paralela de Josué 7:19.[110] Optemos por la interpretación que optemos, tenemos aquí un ejemplo más de la naturaleza misericordiosa del juicio de Dios, incluso en este momento tan avanzado de su plan. Dios da a los seres humanos caídos todas las oportunidades posibles de arrepentirse si así lo deciden. Pero ese periodo pronto acabará; la séptima trompeta apunta a la inexorable marcha hacia el final (v. 14).[111]

---

109. Ver esp. Ladd, *Revelation*, 159-60.
110. Contrastar a Osborne (*Revelation*, 433-35), que cree que aquí se está hablando de la conversión de algunas personas de cada nación, con Mounce (*Comentario al Libro del Apocalipsis*, 313-314), para quien esto solo es el reconocimiento de su complicidad con la persecución de la iglesia.
111. R. Dalrymple («These Are the Ones ... [Rev 7]», *Bib* 86 [2005]: 396-406) identifica en el capítulo 11 cuatro claves para los juntos: protección divina, testimonio, perseverancia en medio de la persecución, y vindicación. Las dos primeras caracterizan a los 144.000 en Ap. 7:1-8; las dos últimas, a la multitud incontable en 7:9-17, respaldando de nuevo la ecuación de estos dos grupos.

LA TRIBULACIÓN

¿7 AÑOS?

Poderoso testimonio	Persecución
de los creyentes	de los creyentes

O

¿TRES AÑOS Y MEDIO?

El juicio de Dios sobre los no creyentes

Poderoso testimonio por parte de los creyentes

y

persecución de los creyentes por parte de Satanás

Los creyentes están exentos de la ira de Dios

Los creyentes no están exentos de la ira de Satanás

La séptima trompeta (11:15-19). Como ocurre con el séptimo sello, la séptima trompeta no viene acompañada de ninguna plaga, lo que refuerza además la sugerencia que hacíamos anteriormente de que introduce y engloba los siete juicios de las copas. Unas voces triunfantes en el cielo alaban a Dios porque la plenitud de su reino está a punto de instaurarse (vv. 15-17), lo que dará entrada al día del juicio, cuando Dios recompensará de forma definitiva a sus siervos de Dios y castigará a sus enemigos (v. 18). *Esta última trompeta viene acompañada de efectos de sonido cósmicos, como relámpagos, estruendos, truenos, un terremoto y una gran granizada*, pero no hay nada que sugiera que se notan en la tierra (v. 19).[112]

LA TRINIDAD SATÁNICA: CRECIMIENTO Y CAÍDA INMINENTE (12:1-14:20)

El dragón (12:1-17). Aquí tenemos de nuevo otro interludio, pues las siete copas de la ira de Dios no aparecen hasta los capítulos 15-16. Aunque los capítulos 12-14 tienen un tema propio y forman una sección lo suficientemente extensa como para ser consideradas tan solo como un interludio. Describen el momento álgido de la batalla espiritual, narrando el peor ataque del diablo

---

112. Ladd (*Revelation*, 164) explica que estos relámpagos, estruendos, truenos, terremoto y granizada «son expresiones convencionales para expresar la majestad y el poder que acompañan la manifestación de la presencia divina».

contra la humanidad (capítulos 12-13) que, al final, no logra sus objetivos. Sus enemigos son derrotados, mientras que mucha más gente entra en el reino (capítulo 14). *Los capítulos 12-13 forman una unidad porque describen a los tres miembros de lo que se ha llamado la trinidad satánica (vienen a ser los homólogos del Padre, el Hijo y el Espíritu Santo, pero también, parodias de estos).* El capítulo 12 describe a la cabeza de esa trinidad: el dragón (v. 3), que representa a Satanás (v. 9).

Una vez más, la atención de Juan se dirige al cielo. Esta vez ve la figura gloriosa de una mujer rodeada por el sol, la luna y las estrellas (v. 1). Esa imagen trae a la memoria el sueño de José en Génesis 37:9-11, que simbolizaba la obediencia que le rinde toda su familia (y, por tanto, todo Israel). Esta mujer está de parto (v. 2); los dolores de parto solían ser una referencia a los «ayes mesiánicos» o tribulaciones que, según los judíos, precederían a la venida del Mesías.[113] Cuando la mujer pare (v. 5), da a luz a un niño del que se dice que cumplirá una profecía que se asocia al Mesías (v. 5a; cf. Sal 2:9). Eso nos podría llevar a pensar que la mujer de este pasaje es María, o quizá la nación de Israel. Pero en el versículo 17 el dragón batalla contra la mujer y el resto de sus descendientes, en un contexto en el que se está hablando de la persecución de los creyentes. Por lo que es muy probable que la mujer represente a toda la «comunidad mesiánica».[114]

La cabeza y los cuernos del dragón nos recuerdan las profecías de Daniel 7-8 sobre los imperios que lucharían en contra del pueblo de Dios. Las diademas hablan de realeza y poder, por lo que muestran una actitud de pretensión y de querer parodiar a Dios. La cola que arrasa la tercera parte de las estrellas del cielo arrojándolas sobre la tierra (v. 4a) podría derivar de la tradición judía sobre la caída de los ángeles que se convirtieron en demonios.[115] Mientras tanto, el dragón espera en el cielo para devorar al hijo de la mujer en cuanto este nazca (v. 4b). Sin embargo, el niño se ve liberado de ese terrible destino y la visión pasa del nacimiento de Cristo a su ascensión a los cielos (v. 5; recuérdese 11:12). Los seguidores de Cristo tienen que escapar, pero Dios los protege durante el periodo de mil doscientos sesenta días que ya se había mencionado en 11:2-3 (v. 6). Dado que el capítulo 12 ha empezado con un *flashback* a la primera venida de Cristo, no podemos sumar sin más los dos periodos de tres años y medio. Lo más probable es que ambos sean una referencia al mismo intervalo entre la primera y la última generación de la historia cristiana.

No está claro en qué momento tiene lugar la guerra que se desata en el cielo en el versículo 7. En el versículo 4 parece que, cuando el niño nace, los demonios ya han sido expulsados del cielo, lo que ha llevado a algunos a pensar que los versículos 7-9 hablan de una caída de Satanás y sus subordinados prehistórica. Sin embargo, el versículo 4 también describe a Satanás en el cielo cuando el niño Jesús llega a la tierra, sugiriendo así que la caída, al menos de Satanás,

---

113. Ver esp. los Himnos de Qumrán (1QH 3:1-11); cf. Murphy, *Fallen Is Babylon*, 282-83.
114. Mounce, *Comentario al libro del Apocalipsis*, 336.
115. Osborne, *Revelation*, 461.

ocurre más adelante. En Lucas 10:18, cuando los setenta (o setenta y dos) discípulos le cuentan a Jesús el éxito que ha tenido su ministerio, Jesús les contesta diciendo «Yo veía a Satanás caer del cielo como un rayo».[116] Viendo la gran cantidad de metáforas apocalípticas que Juan utiliza, ¡es muy probable que no tuviera ninguna intención de responder a esa pregunta! Sea como sea, ya hemos visto que, para Juan, la crucifixión y la resurrección de Jesús fueron un golpe mortal para el diablo (recuérdese el capítulo 5), una idea que queda más clara aún en los versículos 10-11. Pero como la serpiente cuando se le corta la cabeza, que aún se retuerce en medio de la agonía, el diablo herido de muerte se retuerce con violencia en la tierra, haciendo tanto daño como puede durante el breve periodo de tiempo que le queda antes de caer de forma definitiva (v. 12).

Los versículos 13-17 vuelven a centrarse en la batalla entre el dragón y la mujer. La persecución del versículo 13 se corresponde con el versículo 6 (nótense las referencias al desierto tanto en el v. 6 como en el v. 14a). Por tanto, el tiempo, los (dos) tiempos y el medio tiempo del versículo 14b, encajan con los tres años y medio del versículo 6 y, una vez más, equivale aproximadamente a la era de la iglesia. El ataque continúa en el versículo 15, hasta que aparece la protección del versículo 16. Pero la persecución de los creyentes («los que obedecen los mandamientos de Dios y se mantienen fieles al testimonio de Jesús») continúa durante toda la historia de la iglesia (v. 17).[117]

La primera bestia (13:1-10). A continuación, Juan ve a una bestia que sale del mar (en el mundo antiguo, el mar solía ser un lugar terrorífico). Sus cuernos y cabezas se parecen a las de su «padre», el dragón, que le ha delegado su autoridad, y ambas descripciones utilizan símbolos de Daniel 7 para dibujar lo que 1ª Juan 2:18 llamó el Anticristo (vv. 1-2). El indicativo más claro de que esta bestia es una parodia de Jesús lo encontramos en el versículo 3a, donde dice que la bestia parecía haber sufrido una herida mortal que ya había sido sanada. Pero la forma de expresarse de Juan sugiere que las apariencias no coinciden necesariamente con la realidad. La bestia intenta tener la apariencia de Cristo, pero no ha pasado por una crucifixión y una resurrección. No obstante, logra engañar a muchos, y habrá gente de todo el mundo que adoraba al dragón que también adorará a la bestia (vv. 3b-4). Los lectores de Juan pensarían de forma inmediata en Domiciano, que decía ser Dios, y en la tradición que anunciaba que él (o alguien que pronto iba a aparecer) era Nerón vuelto a la vida.[118]

El Anticristo ejerce su autoridad durante cuarenta y dos meses. Ahora, por primera vez, tenemos un periodo de tres años y medio que parece hacer referencia a la gran tribulación al final de la era de la iglesia (v. 5). Pero como los tres años y medio que se mencionaron anteriormente no era una cifra literal,

---

116. Cf. Witherington, *Revelation*, 171.

117. Keener (*Revelation*, 327) habla de forma incisiva de la disposición a sufrir que será necesaria para poder alcanzar las partes del mundo más cerradas al evangelio.

118. Mounce (*Comentario al libro de Apocalipsis*, 347-48), resume este simbolismo de la siguiente forma: «La veneración de una perversión de la autoridad secular diabólicamente inspirada supone la mayor ofensa contra el único Dios verdadero».

no hay razón para pensar que la tribulación va a durar esa cantidad de tiempo.[119] Lo que ocurre es que se quiere mostrar el paralelismo entre la tribulación existente a lo largo de la historia cristiana y la que surgirá al final de esta era. Puede que la calamidad sea mayor justo antes del fin, pero no tiene por qué ser cualitativamente diferente de la que ya ha habido en épocas anteriores (vv. 6-7a). La influencia de la autoridad y la blasfemia del Anticristo llega a todos los grupos étnicos del mundo, del mismo modo en que un día habrá seguidores de Jesús de todos esos grupos (vv. 7b-8a; recuérdese 7:9).

A medida de que la Gran Comisión se va completando, la hostilidad contra la iglesia se intensifica. Cuanta más persecución, más y más gente decide seguir a Jesús. *La señal de que estamos viviendo en los días finales no es ni la cristianización del mundo, ni los desastres, sino la* polarización *progresiva del bien y del mal, pues ambos van en aumento por el poder de Cristo y por el poder del enemigo respectivamente.* El versículo 8b deja claro que el mundo está dividido es dos grupos: aquellos cuyos nombres han sido escritos desde la creación del mundo en el libro de la vida (nota al pie, en la NVI) y aquellos que deciden adorar a la bestia.[120] Ahora, queda tan poco tiempo y el destino de ambos grupos es tan claro, que Juan anima a los fieles a que perseveren, aunque pasen por la cautividad o la muerte (vv. 9-10).

La segunda bestia (13:11-18). El tercer miembro de la trinidad satánica está descrita como una bestia que proviene de la tierra (13:11-18). Esta bestia es una parodia del Espíritu Santo. Del mismo modo en que el Espíritu de Dios es uno con el Padre y con el Hijo, esta bestia de la tierra parece un cordero (el anticristo, parodiando al Cordero de Dios) y habla como un dragón (Satanás, parodiando a Dios mismo) (v. 11). Del mismo modo en que el Espíritu ejerce la autoridad de Jesús y hace que las personas lo adoren, la bestia de la tierra ejerce la autoridad de la primera bestia y hace que la gente la adore (v. 12). Del mismo modo en que el Espíritu produjo lenguas de fuego celestial y llenó a los discípulos para que hicieran señales milagrosas en Pentecostés, la bestia de la tierra hace caer fuego del cielo y hace señales falsas para engañar a los que no son los elegidos de Dios (vv. 13-14a). Del mismo modo en que los emperadores mandaban erigir estatuas en su honor, esta bestia ordena a los que ha engañado que construyan una imagen del Anticristo, a la que le infunde vida, imitando el rol del Espíritu de «insuflar vida» a los humanos (vv. 14b-15).[121] La

---

119. Cf. Ladd, *Revelation*, 180.

120. Aunque la traducción más literal sería «cuyos nombres no han sido en el libro de la vida que pertenece al Cordero que fue sacrificado desde la creación del mundo», no tiene demasiado sentido. Dios planeó la salvación a través de la muerte de Cristo antes de la creación del mundo, pero Jesús no murió entonces. La traducción que aparece a pie de página en la NVI nos parece acertada, pues tiene mucho más sentido. También es interesante ver que no aparece una descripción equivalente de aquellos que adoran la bestia, lo que podría apuntar de nuevo a la predestinación positiva (ver más arriba, pp. 272, 357).

121. Ciertamente, el culto imperial producía una serie de paralelismos parciales a las señales y maravillas descritos aquí haciendo uso de trucos y otros mecanismos. Ver

orden de matar a «quienes no adoraran la imagen» no puede referirse a todos los cristianos, porque los dos versículos siguientes hablan de cristianos que están vivos y sufren un boicot económico. Quizá esa expresión hace referencia a los que testificaron de su fe públicamente cuando fueron entregados a las autoridades (recuérdese más arriba, p. 578).[122]

La última acción de la bestia de la tierra que Juan ve es la más conocida de todas. A todos los no creyentes, de todas las clases sociales y económicas, se les pone una marca en la mano derecha y en la frente, marca sin la cual nadie puede comprar ni vender (vv. 16-17). Del mismo modo en que los creyentes fueron sellados en la frente antes de que la tribulación empezara (7:3), Satanás parodia la marca que Dios hace en los suyos marcando también a sus seguidores. Aunque no se sabe de ninguna práctica antigua exactamente igual, en el mundo grecorromano sí había gremios comerciales que no permitían hacer algunas transacciones a menos que fueras miembro (cf. también Ez 9:4-7).[123] Vemos que «la marca de la bestia» es igual al nombre de la bestia o al número de su nombre. Cuando se calcula, ese número es el 666. En seguida uno piensa en el uso numérico que tanto el hebreo como el griego antiguo hacían de las letras, y en la *gematría* correspondiente que asignaba significado esotérico a la suma de los números correspondientes a las letras del nombre de alguien o de algo.

כ	י	ט	ח	ז	ו	ה	ד	ג	ב	א
20	10	9	8	7	6	5	4	3	2	1

ת	ש	ר	ק	צ	פ	ע	ס	נ	מ	ל
400	300	200	100	90	80	70	60	50	40	30

ר	ס	ק		נ	ו	ר	נ	**NRWN QSR**
200 + 60 + 100				50 + 6 + 200 + 50				= 666

Ya en los inicios de la historia del cristianismo se sugirió que el 666 equivalía a Nerón César, dado que la suma de las consonantes hebreas de dicho nombre נרון קסר (NRWN QSR) dan ese resultado. El problema con esta identificación es que solo funciona en hebreo, mientras que Apocalipsis se escribió en

Steven J. Scherrer, «Signs and Wonders in the Imperial Cult: A New Look at a Roman Religious Institution in the Light of Rev 13:13-15», *JBL* 103 (1984): 599-610.

122. Osborne (*Revelation*, 516) nos recuerda que quince años después, Plinio también llevó a cabo esta práctica.

123. Edwin A. Judge, «The Mark of the Beast, Revelation 13:16», *TynB* 42 (1991): 158-160. Philip A. Harland («Honouring the Emperor or Assailing the Beast: Participation in Civic Life among Associations [Jewish, Christian and Other] in Asia Minor and the Apocalypse of John», *JSNT* 77 [2000]: 99-121) subraya los paralelismos entre las iglesias de Juan y las asociaciones grecorromanas de voluntarios, diciendo que es muy probable que algunos cristianos participaran también en estos gremios comerciales.

griego y Nerón hablaría latín. Además, funciona solo si deletreamos el nombre con «n» al final, que era menos común.[124] Quizá la sugerencia más lógica es que, como en la mayor parte de la simbología de Apocalipsis el número siete es el número perfecto, 777 sería el número para representar al Dios trino y perfecto. *Y así, el número 666 sería una forma natural de simbolizar el intento fallido de la trinidad satánica de imitar y parodiar al verdadero Padre, Hijo, y Espíritu Santo: intenta parecerse, pero no está a la altura.*[125]

Los intentos de realizar *gematría* en algunos idiomas modernos con los nombres de figuras contemporáneas no han sabido captar la idea ni el simbolismo de Juan. Ni tampoco los que buscan cuál será la marca física que se grabará sobre el cuerpo de las personas, o que piensan que la marca de la bestia será una tarjeta de crédito o un chip, ¡o los que piensan que será Internet porque la sexta letra del alfabeto hebreo es la «w»! También, lo único que logran los intentos de identificar al Anticristo con personas viles o movimientos despiadados que ha habido a lo largo de la historia es alejarle a uno de la vida cristiana fiel a la que se nos llama en la literatura apocalíptica. Las especulaciones tanto por parte de cristianos como de judíos sobre la identidad de esta figura resultan una lectura fascinante, pero de momento todas ellas han resultado ser erróneas, ¡lo que debería llevarnos a ser extremadamente cautelosos antes de sugerir otro candidato o de aceptar cualquier sugerencia![126] Después de todo, dado que Satanás no es omnisciente, y dado que Dios sabe cuándo será el final, el diablo debe tener un «anticristo» preparado para cada era por si acaso ese es el momento de la consumación de todas las cosas.[127]

Y en el caso de querer señalar a alguien con el dedo, lo que deberíamos hacer es apuntarnos a nosotros mismos. Las aplicaciones de Peterson son tan profundas que merece la pena recogerlas aquí:

> ¿Cómo podemos protegernos del engaño organizado? Juan es directo: ¡usen la cabeza! Intenten comprender lo que está ocurriendo. La mayor parte de la religión en boga en cualquier época proviene de la bestia de la tierra. Saquen a la luz las pretensiones de dicha religión. Esa religión no tiene nada que ver con Dios. ¿Quieres saber su número? Es un número *humano*. No se trata de un misterio divino, sino de charlatanería humana: es una religión que monta un *show*, una religión que se enorgullece del montaje que ha creado; una religión que no mira a los pobres, a los que sufren, ni al Jesús santo. En el lenguaje de los números, el 666 es un triple fracaso en el intento de llegar a ser el 777, el número

---

124. Aunque algunos manuscritos dicen 616, que es la suma de las consonantes sin la «n», por lo que vemos que algunos escribas creían que sí se estaba haciendo referencia a Nerón.
125. Ver, p. ej., Beasley-Murray, *Revelation*, 219-21.
126. Cf. esp. Bernard McGinn, *Antichrist* (San Francisco: HarperSanFrancisco, 1994).
127. Keener, *Revelation*, 342-43.

tres veces perfecto, el número divino. Otra característica de esta bestia de la tierra es que se comercializa. Necesita de enormes presupuestos para mantenerse. Nos manipula económicamente, consiguiendo que compremos y vendamos a su antojo, dejándonos convencer por su *marketing* y por sus promesas de solaz, bendición, soluciones, salvación y buenas vibraciones. En nuestro contexto, la estrategia del diablo no es la práctica del satanismo, sino del consumismo.[128]

La victoria del Cordero sobre la trinidad satánica (14:1-20). *Los 144.000 considerados de nuevo (14:1-5).* A pesar del engaño y del terror producido por el dragón y las dos bestias, su gloria tiene fecha de caducidad. El capítulo 14 está dividido en tres partes que describen la redención del pueblo de Dios (vv. 1-5), el juicio de los que han aceptado la marca de la bestia (vv. 6-13) y la «cosecha» de la tierra (vv. 14-20). Esta tercera al parecer contrasta la conversión de gente de todos los pueblos y naciones con el juicio de los no creyentes de los mismos pueblos y naciones (vv. 14-20). Estas tres escenas preparan el camino para la revelación de las siete plagas finales del capítulo 15.

Los 144.000 de los versículos 1-5 son, obviamente, el mismo grupo que aparece en 7:1-8.[129] Ahora sabemos qué pone en el sello que llevan en la frente (7:3), pues aquí se nos dice que lo que llevaban escrito en la frente era el nombre del Cordero y de su Padre (14:1). El sonido como el estruendo de una catarata nos recuerda la descripción de la voz de Cristo en 1:15. Pero ese sonido se transforma y suena como músicos que tocan el arpa, y Juan ve a las criaturas angélicas alrededor del trono de Dios cantando un himno nuevo, al que solo se pueden añadir los redimidos (vv. 2-3). El versículo 4 ha sorprendido a muchos lectores; en nuestro contexto puede sonar misógino.[130] Pero lo más probable es que la expresión «no se contaminaron con mujeres» sea igual a la metáfora veterotestamentaria que describe la infidelidad del pueblo de Dios como adulterio o prostitución.[131] Algunos creen que la metáfora «primeros frutos» se refiere solo a los mártires, que experimentan antes de tiempo el futuro glorioso que aguarda a todos los creyentes. Pero dicha expresión también podría referirse a la glorificación de los creyentes que viven durante la tribulación que serían, de entre los creyentes de todas las épocas, los protagonistas del primer episodio de la resurrección y la perfección (cf. v. 5). Sea como sea, en este

---

128. Peterson, *Reversed Thunder*, 126.
129. Beasley-Murray, *Revelation*, 222.
130. Como dice esp. Tina Pippin sobre todo el libro de Apocalipsis (*Death and Desire: The Rhetoric of Gender in the Apocalypse of John* [Louisville: WJKP, 1992]).
131. Ver esp. Elizabeth Schüssler Fiorenza, *Revelation: Vision of a Just World* (Minneapolis: Fortress, 1991), 88. Según ella, es muy probable que la infidelidad en este caso consistiera en la participación en el culto imperial. Cf. Ruben Zimmermann, «Die Virginitäts-Metapher in Apk 14:4-5 im Horizont von Befleckung, Loskauf un Erstlingsfrucht», *NovT* 45 (2003): 45-70.

texto no hay nada, como sí ocurre en el capítulo 7, que apunte a que se trata de judeocristianos.[132]

Los tres ángeles (14:6-13). Los versículo 6-13 describen a tres ángeles que hacen unas declaraciones finales sobre la salvación y el juicio, aunque con un mayor énfasis en el juicio. El primer ángel continúa el cumplimiento de la Gran Comisión, llamando a la gente a «temer a Dios y darle gloria», en un contexto en el que este mandato se refiere claramente a la verdadera adoración (vv. 6-7), respaldando así nuestra sugerencia de que en 11:13 se está hablando de conversión. El segundo ángel proclama el juicio inminente sobre el imperio maligno que la trinidad satánica ha establecido. Es la primera vez que lo llama Babilonia, reminiscencia del enemigo de Israel siglos atrás (v. 8). Pero el mensaje principal de esta sección es la declaración del tercer ángel sobre los que reciben la marca de la bestia, que están condenados (vv. 9-11), ¡porque lo que creían que les iba a dar el privilegio de disfrutar de los bienes de este mundo al final les condena al tormento eterno![133] El azufre y el humo podrían ser metáforas, pero, sea como sea, la cuestión es que describen una realidad agonizante.

Es difícil conciliar la afirmación de que para los incrédulos «no habrá descanso ni de día ni de noche» (v. 11) con la visión aniquilacionista del infierno, que dice que la separación eterna de Dios consiste en que los no creyentes dejan de existir. Aunque no minimiza el sufrimiento de los creyentes, el saber que la persecución que están sufriendo está llegando a su fin, y que sus opresores pagarán por lo que han hecho debería ayudarles a soportar lo que aún les queda por sufrir en la tierra (v. 12). Y entonces pueden poner su mirada en el descanso eterno del que sus opresores no disfrutarán (v. 13).[134]

Las dos cosechas (14:14-20). Los comentaristas debaten si estas dos escenas (vv. 14-16, 17-20) describen el juicio de los no creyentes, o si la primera

---

132. La referencia al monte Sión tampoco puede referirse a la colina en la que estaba el templo judío, porque estos creyentes, como el Cordero, están delante del trono de Dios. El uso que Juan hace es análogo al del monte Sión celestial que encontramos en Hebreos 12:22.

133. Sobre la inversión radical que ocurrirá entre los que acumulan los honores de este mundo pero luego recibirán la desaprobación de Dios, y los que son perseguidos ahora pero luego recibirán la aprobación de Dios, ver David A. deSilva, «Honor Discourse and the Rhetorical Strategy of the Apocalypse of John», *JSNT* 71 (1998): 79-110. Encontrará un comentario más detallado de este tema y pasaje en ídem, «A Sociorhetorical Interpretation of Revelation 14:6-13», *BBR* 9 (1999): 65-117, y verá cómo Juan enfatiza que Jesús ha suplantado a Roma, porque él es el verdadero Juez y Benefactor

134. «Algunos preguntan si, sabiendo del tormento eterno de los condenados, podremos vivir felices en el cielo (14:10-11). Pero el propósito de este anuncio es asegurarles a los cristianos oprimidos que su vindicación futura va a tener lugar (14:12). Para los que experimentamos un grado de opresión mucho menor, puede que la imagen no nos parezca un motivo de celebración. Para entender de forma plena el sentido del texto, tenemos que ponernos en la piel de nuestros hermanos y hermanas que están sufriendo persecución» (Keener, *Revelation*, 380).

presagia la conversión de las naciones. Si el hombre que lleva la hoz representa al sembrador de la parábola de la semilla que crece en secreto (Marcos 4:26-29), estaríamos ante una imagen positiva: alguien que recoge el fruto del reino de Dios. Si Juan tenía en mente la imagen de Joel 3:13, estaríamos ante una imagen de juicio. Dado que al principio del capítulo se usa la expresión «primeros frutos» para referirse a los 144.000, lo más lógico es pensar que ahora se está hablando del resto de los frutos (y tendríamos aquí la figura retórica llamada inclusión).[135] Sin embargo, los versículos 17-20, y especialmente la metáfora del lagar de la ira de Dios, anuncian sin ningún tipo de ambigüedad el juicio sobre los enemigos de Dios. Del mismo modo en que, después de haber sido prensada, se pisa la uva para extraer todo el jugo que sea posible, los seguidores del dragón y las dos bestias serán condenados «hasta la última gota». La metáfora sirve para representar la realidad simbolizada al final del versículo 20, donde las uvas se convierten en sangre, la cual llena una zona equivalente al territorio de Israel en el siglo II y llega a la altura de los frenos de los caballos.[136]

LAS SIETE COPAS (15:1-16:21)

La alabanza celestial anterior al juicio de las copas (15:1-8). El comienzo de las últimas siete plagas está acompañado de más alabanza celestial y gozo entre los creyentes. El pueblo de Dios están ante el trono (recuérdese 4:6), con arpas y cantando «el himno de Moisés … y el himno del Cordero» (recuérdese 14:2-3). La alabanza que Israel dedicaba a Yahvé después del Éxodo (Éx 15) ahora se cristianiza (vv. 3b-4). La adoración ofrecida por todas las naciones refuerza nuestra interpretación de 14:14-16: que estos versículos describen la conversión de gente de todos los grupos étnicos del mundo. ¡Esto sí que son las «naciones unidas» y la reconciliación racial de verdad![137] Los versículos 5-8 dejan atrás el tema de la adoración a Dios para centrarse en su gloria. Del mismo modo en que el tabernáculo y templo israelita en la tierra albergaban de forma figurada la gloria de Dios, este santuario celestial (donde hay ángeles puros a los que sorprendentemente se les entrega una serie de horribles plagas) se llena de humo que «procede de la gloria de Dios», llenándolo todo, lo que significa que nadie más podía entrar.

El juicio de las cosas se derrama (16:1-21). Por fin, los siete juicios finales que representan la ira de Dios sobre los no creyentes se derraman sobre la tierra (v. 1). Los cinco primeros son muy similares, y como ocurre con los cuatro primeros juicios de las trompetas, nos recuerdan a las plagas de Moisés

135. Cf. esp. Bauckham, *Climax of Prophecy*, 238-337. Sobre la perspectiva de que ambas escenas hacen referencia al juicio de los creyentes, ver esp. Eckhard J. Schnabel, «John and the Future of the Nations», *BBR* 12 (2002): 243-71.

136. Ladd, *Revelation*, 202. Por otro lado, quizá se haya usado la cifra de 1.600 estadios porque «es el cuadrado, multiplicado por 100, de 4, el número que expresa la totalidad del mundo (cf. 7:1). Entonces, el significado sería que la destrucción engloba a todo el mundo en todas sus regiones» (Roloff, *Revelation*, 178).

137. *Osborne, Revelation*, 573.

sobre los egipcios: *llagas, las aguas del mar y el agua dulce convertidas en sangre, quemaduras del sol y tinieblas* (vv. 2-11). Sin embargo, esta vez las desgracias no afectan solo a un porcentaje del mundo (ver esp. v. 3). Con todo y con eso, el propósito de Dios es salvar, como vemos en los versículos 9-11 de forma implícita, donde dice que la gente opta por no arrepentirse.[138] Uno de los ángeles le recuerda a Juan que los juicios de Dios son completamente justos, porque recaen precisamente sobre los que han atormentado a los hijos de Dios, incluso han matado a muchos de ellos (vv. 5-6).[139]

Como en las dos series de juicios anteriores, el sexto elemento difiere considerablemente de los cinco anteriores. La sexta copa *seca el río Éufrates* (la frontera ideal de Israel por el noreste), dejando así vía libre a los imperios de alrededor (v. 12). De nuevo, los lectores de finales del siglo I, en el contexto del Imperio Romano, enseguida pensarían en los partos.[140] De las «bocas» de la trinidad satánica emergen ahora tres ranas (de nuevo, reminiscencia de las plagas de Egipto), de las que se dice explícitamente que simbolizan espíritus demoníacos cuya misión es engañar a los poderes del mundo caído y reunirlos para la gran batalla (vv. 13-14) en un lugar llamado Armagedón (v. 16). Si tomamos la transliteración griega que Juan hace, en hebreo obtenemos la palabra *har magedon*, que es el monte Meguido. En el siglo I, en ese lugar había una pequeña fortaleza desde la cual se veía el valle de Jezrel, conocido por ser el escenario de varias de las batallas del Antiguo Testamento (ver Jue 5:19; 2R 9:27; 2Cr 35:22). Pero lo más probable es que en tiempos de Juan ya se utilizara esta expresión para describir cualquier lugar donde se podía librar una gran batalla.[141]

Antes de que Juan describa lo que ocurre cuando los reyes empiezan la batalla, recuerda a sus lectores que Cristo viene pronto y que va a venir de forma repentina (v. 15), y escucha al séptimo ángel decir «Ya está hecho» (v. 17). Al leer esto, uno enseguida recuerda las penúltimas palabras de Cristo en la cruz: «Todo se ha cumplido» o «Consumado es» (Jn 19:30). Como con el sexto sello, parece que todo el cosmos se está viniendo abajo (Ap 16-21). Los enemigos de Dios intentan sin éxito alguno escapar de todos esos horrores, mientras la gran ciudad que representa al imperio anticristiano del final de los tiempos, junto con todas sus ciudades satélite, se desmorona. Esta última visión del futuro lleva a Juan a dedicar los dos capítulos siguientes a narrar la desaparición de ese imperio, y a lamentarse por ello. Hasta 19:19 no regresará a la escena de los reyes de la tierra reunidos para esa gran batalla mencionada aquí.

---

138. Keener, *Revelation*, 400.
139. Cf. Mounce, *Comentario al libro del Apocalipsis*, 394: «El juicio de Dios no es ni vengativo ni caprichoso. Es una expresión de su naturaleza recta y justa».
140. Cf. Aune, *Revelation 6-16*, 893.
141. Alan F. Johnson, «Revelation», en *Expositor's Bible Commentary*, ed. Frank E. Gaebelein, vol. 12 (Grand Rapids: Zondervan, 1981), 552.

EL REINO DE CRISTO VENCE SOBRE LOS PODERES MALIGNOS (17:1-20:15)

La desaparición del imperio maligno del final de los tiempos (17:1-18:24). *Las dimensiones religiosa y política (17:1-18).* El capítulo 17 describe el imperio maligno de los últimos días como una prostituta que ha fornicado con los reyes de la tierra (vv. 1-2).[142] De nuevo, Juan usa las imágenes de la inmoralidad y la idolatría para apuntar a una mezcla blasfema y anticristiana de religión política. A los primeros lectores les vendría a la mente la capital romana bajo el mandato de Domiciano. Los versículos 3-6a cambian de escenario, pero la realidad que representan sigue siendo la misma. Ahora la prostituta se hace pasar por una reina con adornos y complementos de realeza. También va montada en una bestia escarlata (color que denota realeza y/y sangre) descrita como el Anticristo de 13:1. A pesar de la aparente belleza y poder de ambas criaturas, desde la perspectiva de Dios solo son abominación e inmundicia (v. 4). Ambas tienen también nombres blasfemos en la frente, y una vez más la prostituta recibe el nombre de Babilonia (recuérdese 14:8). El versículo 6a dice cuál es el pecado más horrible que ella ha cometido: matar creyentes.[143]

Después de echarse atrás a causa de esa desagradable visión, Juan recibe una explicación muy elaborada (vv. 6b-18). La bestia es de nuevo una pésima parodia o imitación del Dios eterno. En lugar de ser alguien que era, es y ha de venir (recuérdese 1:4), la bestia «antes era pero ya no es, y está a punto de subir» (v. 8). Los lectores de Juan también pensarían en la leyenda del *Nero redivivus*: un día Nerón reaparecería para reclamar su trono, aunque ahora estuviera ausente de la escena política.[144] Tenemos aquí de nuevo el simbolismo del libro de la vida, y esta vez no aparece nada sobre personas que son borradas de dicho libro. Lo que ocurre es que los nombres de los no creyentes simplemente no han sido escritos en el libro desde la creación del mundo, un apunte aún más predestinatario que el que encontramos en 3:5.

Los versículos 9-11 parecen tan crípticos como el misterioso número 666 de 13:18. Como ocurre en aquel versículo, tenemos un llamado a la sabiduría seguido de un uso de los números un tanto desconcertante. El Anticristo, reminiscencia de Nerón, está relacionado con la ciudad que está asentada sobre

---

142. Aquí y en el capítulo 21 encontramos los clímax respectivos de dos símbolos antitéticos que marcan el libro de Apocalipsis: Babilonia, la prostituta, y la nueva Jerusalén, la novia de Cristo. Ver Gordon Campbell, «Antithetical Geminine-Urban Imagery and a Tale of Two Women – Cities in the Book of Revelation», *TynB* 55 (2004): 81-108. Más información en Barbara R. Rossing, *The Choice Between Two Cities: Whore, Bride, and Empire in the Apocalypse* (Harrisburg: Trinity, 1999).

143. Roloff (*Revelation*, 197) observa que hay dos aspectos que caracterizan a la mujer que va montada en la bestia: «su voluptuosidad lujuriosa y lascivia arrogante», y que «el asesinato de los testigos de Jesús se convierte para el imperio en el triunfo final de la impiedad de la mujer».

144. Gilles Quispel, *The Secret Book of Revelation* (New York: McGraw-Hill, 1979), 96.

siete colinas (expresión que hacía referencia a Roma y a su topografía).[145] También es el octavo rey que de algún modo pertenece a una serie de siete reyes, de los cuales «cinco han caído», «uno está gobernando», y el último solo estará un breve periodo de tiempo. Ninguno de los intentos de asociar estos reyes a emperadores del siglo I (esp. el intento de asociar a Nerón y Domiciano con el sexto) se sostiene o goza de mucho respaldo.[146] Así que, probablemente, el único simbolismo que hay aquí sea el del número siete como el número completo y perfecto. Al decir que el sexto rey gobierna ahora, Juan transmite que, desde la perspectiva de Dios, queda poco tiempo para el final. La descripción del octavo rey sugiere que el Anticristo también es alguien de increíble influencia política y económica, pero abiertamente demoníaco.[147]

En una breve alianza, otros diez poderes políticos se unen al Anticristo y sus seguidores. De nuevo, el número probablemente busca transmitir el concepto de plenitud o perfección, aunque resulta interesante recordar que en aquel momento Roma estaba dividida en diez provincias.[148] Estas fuerzas, unidas, perseguirán a los seguidores de Cristo, pero al final serán derrotados (vv. 12-14). Mientras tanto, el mal se vuelve contra sí mismo, como ocurrió con la quinta y la sexta trompetas (cap. 9). Además, se nos recuerda que, en cuanto al bien y el mal, Dios obra de forma asimétrica. Dios y el diablo no son fuerzas opuestas pero iguales, como en muchas religiones antiguas o como en la teología de *La Guerra de las Galaxias* (donde «la Fuerza» tiene el lado luminoso y el lado oscuro), sino que el poder de Dios siempre es superior y sus propósitos siempre se cumplen, a pesar de que los poderes malignos y la gente malvada piensen que pueden gobernar libremente y sin freno (vv. 15-18).

Las dimensiones económicas (18:1-24). El capítulo 18 complementa la imagen del capítulo anterior añadiendo el anuncio de la caída de Babilonia (vv. 1-3), un llamado a que los hijos de Dios se aparten de ella (vv. 4-8), y el lamento de los poderosos de este mundo por su caída (vv. 9-19). Pero el pueblo de Dios tiene de qué regocijarse (v. 20), sobre todo porque este derrocamiento del mal es una derrota completa y definitiva (vv. 21-24). Al final del capítulo ya no hay duda de ello.

Los versículos 1-3 repiten el simbolismo clave del capítulo 17, aunque añaden un elemento importante: Babilonia despilfarra en lujos. Cuando obser-

---

145. David E. Aune (*Revelation 17-22* [Nashville: Nelson, 1998]. 920-22) observa que a finales del siglo I d.C. había una moneda que representaba a la diosa Roma como una guerrera, sentada sobre siete colinas y con un pie dentro del río Tíber, un elemento más de todo el trasfondo de esta referencia.

146. Encontrará siete acercamientos diferentes en Osborne, *Revelation*, 618-20.

147. Mounce, *Comentario al libro de Apocalipsis*, 439.

148. Decir que estos diez poderes hacen referencia a las Unión Económica Europea, que durante muchos años contaba con diez miembros, no tiene ninguna justificación exegética ni teológica. Hoy en día son más de veinticinco, e incluso cuando eran menos miembros, los creyentes europeos estaban consiguiendo poco a poco algunos avances significativos a través de dicha organización. Ver Fred Catherwood, *Pro-Europe?* (Leicester: IVP, 1991).

vamos cualquier gobierno de esta tierra para determinar, en la medida que se puede, si se asemeja al imperio de los días finales, *no solo hemos de buscar poderes políticos que persiguen a los cristianos y blasfeman contra el Dios trino, sino que también hemos de buscar poderes que amasan enormes cantidades de bienes materiales.* En este momento, el país con más influencia política y con más riquezas económicas es Estados Unidos. Y a medida que los valores de su herencia judeocristiana se van perdiendo, y que dar testimonio de Cristo en la vida pública se hace más difícil que en la antigua Unión Soviética, los estadounidenses no necesitamos buscar más allá de nuestras fronteras para encontrar ejemplos de la prostituta y de la bestia.[149]

Cuando estas circunstancias convergen, los cristianos deben apartarse de las abominaciones, no físicamente, sino moralmente, para no recibir el mismo juicio (vv. 4-8). Sin embargo, en casi todas las áreas éticas, las estadísticas en EE.UU. no muestran mucha diferencia entre los creyentes y los no creyentes, y tristemente, la enseñanza y la predicación evangélica prestan poquísima atención a las responsabilidades económicas de los cristianos. Las aplicaciones de Craig Keener son increíblemente directas:

> Hoy, más de mil millones de personas subsisten con menos de un dólar al día, y la situación está empeorando. Hoy, el abismo económico entre los países ricos y los pobres es dos veces mayor que en 1960; ese año, el 20 por ciento de los ricos de este mundo poseía el 70 por ciento de los ingresos mundiales; a principios de la década de los 90, poseía el 83 por ciento. En el mismo periodo, el 20 por cien de los pobres pasó de poseer el 2,3 por cierto de los ingresos mundiales, a poseer el 1,4 por ciento. Dado que en nuestro país hay muchos cristianos, y dado que los ciudadanos de este país y los accionistas de nuestras empresas tienen voz, lo lógico sería que hubiera más cristianos actuando en favor de nuestros hermanos y hermanas que pasan necesidad, actuando para que haya más equidad.

---

149. Quizá la explicación más clara que existe de estos paralelismos es la del poema de Julia Esquivel, «Thanksgiving Day in the USA», en *Threatened with Resurrection* (Elgin: Brethren, 1982). Mientras escribo el primer borrador de este comentario en la celebración de Acción de Gracias de 2004, poco ha cambiado desde 1980. Nuestra sofisticada fuerza armamentística está matando a cientos, si no miles, en Irak en lugar de en Centroamérica, pero las razones son las mismas. Curiosamente, durante el mandato de Clinton (1992-2000), muchos cristianos de derechas creían que los EE.UU. se estaban adentrando más y más en la ciénaga que Apocalipsis predice aquí. Durante el mandato de Bush del 2000 al día de hoy, muchos creen que esos pensamientos son blasfemia. Ambas reacciones son exageradas y muestran los problemas que surgen cuando un lector interpreta Apocalipsis como si los sucesos que narra se fueran a cumplir únicamente en su tiempo o en su cultura. Pero tarde o temprano las tendencias que encontramos en todas las épocas llegarán a su cumplimiento total.

Más específicamente, tenemos que reconocer que consumimos bienes de lujo a expensas de los recursos de los demás (cf. 18:12-13). El abismo que hay entre el estilo de vida de una familia estadounidense de clase media y el de los más de mil millones de pobres de este mundo es igual al que había entre un aristócrata y sus siervos en la Edad Media.[150].

¿Podemos decir honestamente que no estamos imitando la arrogancia de la prostituta (versículo 7) si muchas veces usamos todo tipo de argumentos para justificar el enorme gasto en nosotros mismos a expensas de los destituidos y los moribundos a los que podríamos estar ayudando, tanto en casa como más allá de nuestras fronteras?

Los versículos 9-19 pueden resumirse en una sola frase. Los ricos y los comerciantes de este mundo lloran porque ahora ya no pueden «comprar hasta morir». Los versículos 11-13 parecen la lista de los productos que se vendían en los muelles romanos. A principios del siglo II, Plinio escribió una lista de los veintisiete productos más caros de todo el Imperio, y dieciocho de ellos aparecen en estos versículos. Pero después de los lujos, la mayoría importados a Italia por gente de naciones subyugadas al poder imperial, también venían los productos básicos: vino, aceite de oliva, harina, trigo, ganado vacuno, ovejas, caballos y carruajes. Lo peor de la lista llega en el versículo 13, cuando dice «y hasta [cargamentos] de seres humanos», haciendo referencia al tráfico de esclavos romano.[151] Los versículos 14-17 resumen la pérdida de la riqueza, repitiendo todos los temas de los versículos 9-10 para obtener una inclusión (recurso literario). Los versículos 18-19 describen a los marineros que transportaban esos bienes por el Mediterráneo, y se unen a los comerciantes que lloran la pérdida de la «gran ciudad» y su riqueza. Paterson lo explica diciendo:

…que adorando a la prostituta obtenían todo lo que querían, y ahora ya no tienen nada, todo se ha evaporado, como el humo. Han perdido todo lo que se les había prometido, todo aquello en lo que habían invertido, todo lo que habían disfrutado. No son sus negocios lo que se ha derrumbado, sino su religión, una religión de la autoindulgencia, de tener y tener. Ahora todo se ha acabado: la salvación a través de la tarjeta de crédito, el «dios a mi antojo», el «mi vida tiene sentido porque tengo dinero», la religión como sentimiento, el «vivo como si fuera dios». Ahora ya no tienen nada, más que a sí mismos; y después de una vida en casa de la prostituta, no saben nada.[152]

---

150. Keener, *Revelation*, 442-43.

151. Ver Bauckham, *Climax of Prophecy*, 338-83; J. Nelson Kraybill, *Imperial Cult and Commerce in John's Apocalypse* (Sheffield: SAP, 1996).

152. Peterson, *Reversed Thunder*, 148. Para las sociedades capitalistas, encontrará sugerencias prácticas sobre cómo pueden los creyentes evitar este destino en Wes

Pero a diferencia de los cristianos estadounidenses hoy, los creyentes de la Roma antigua eran en su mayoría pobres. Por eso, la caída del Imperio les brindó nuevas oportunidades económicas, y también religiosas. Podían alegrarse (v. 20) ahora que la prostituta y la bestia iban a ser juzgadas. Con la misma contundencia con la que una rueda de molino cae en el mar, el ángel declara por última vez la destrucción definitiva de Babilonia (v. 21). Desaparecen la felicidad y hasta los elementos más cotidianos de la vida (vv. 22-23a), ahora que se ha roto el hechizo que llevó a tantos a adorar los placeres terrenales y que provocó el asesinato de profetas y santos (vv. 23b-24). ¡La cultura del narcisismo se ha derrumbado![153]

La instauración del reino de Cristo (19:1-20:15). *La parusía (19:1-20:3).* La caída de «Babilonia» da lugar a una letanía de *aleluyas* celestiales (vv. 1-8) por la victoria de Dios sobre sus enemigos. Por fin la venganza completamente justa que solo Dios puede ejecutar ha caído sobre los que han corrompido la tierra y han matado a muchos hijos e hijas de Dios, y este castigo es un castigo eterno. Los redimidos que ya están en la presencia de Dios le adoran (vv. 1-3), al igual que los ángeles (v. 4). Entonces, los dos grupos unen sus voces y juntos glorifican a Dios anunciando las bodas del Cordero (vv. 6-8), que son la culminación de la profecía de Isaías de un banquete escatológico (Is 25:6-8) y de la comunión que Jesús extendió a los pecadores al comer con ellos y de varias de sus parábolas. Una bienaventuranza para los invitados al banquete y un nuevo reconocimiento de la veracidad de Dios (v. 9) lleva a Juan a responder en adoración. Pero comete el error de adorar al mensajero, que no es más que un siervo, en lugar de adorar a Dios. Por ello, el ángel le amonesta, recordándole que solo puede adorar a Dios. Y añade que «el testimonio de Jesús es el espíritu que inspira la profecía» (v. 10). En los círculos carismáticos, algunos entienden que esta frase dice que el testimonio cristiano siempre profetiza. Pero en este contexto esa interpretación no tiene ningún sentido. Es mucho más probable que el ángel esté diciendo que los verdaderos profetas cristianos (como Juan) deben reconocer que Jesús es el único que puede ocupar el lugar central de su mensaje.[154]

Con la mirada bien enfocada de nuevo, ahora Juan está listo para ver la revelación de Cristo volviendo a la tierra (19:11-20:3). A diferencia del simbolismo del primer sello (6:2), esta vez el jinete del caballo blanco solo puede ser Jesús. Sus nombres y sus atributos son un reflejo de la perfección de Dios; su apariencia, de realeza y pureza. El que murió como cordero inmolado regresa como un guerrero divino para inmolar a sus enemigos y subyugarlos (vv. 11-16). Su nombre nos recuerda la descripción que aparece en Juan 1:1, «el Verbo de Dios», Apocalipsis 2:27 repite el Salmo 2:9, y la metáfora del lagar de la ira de Dios nos recuerda 14:18-20. Desafiando de forma explícita a Domiciano,

---

Howard-Brook y Anthony Gwyther, «Coming Out of Empire Today», en *Unveiling Empire: Reading Revelation Then and Now* (Maryknowll: Orbis, 1999).

153. Cf. Osborne, *Revelation*, 659.

154. Cf. Witherington, *Revelation*, 234. Ver también Smalley, *Revelation*, 487.

Juan proclama a Cristo, y no al César, como «Rey de reyes y Señor de señores» (v. 16).[155] Del mismo modo en que la trinidad satánica ha parodiado al Dios trino, Cristo ofrecerá una cena para sus enemigos que parodia el banquete de boda del Cordero: «la gran cena de Dios» (v. 17).[156] Pero sus invitados serán aves de carroña que se atiborrarán con los cuerpos de los enemigos de Dios, a los que no les valdrá de nada su poder (v. 18; Ez. 39:18).

El versículo 19 retoma la historia que se detuvo en 16:16: los gobernantes de la tierra se reúnen en Armagedón para hacer guerra contra el pueblo de Dios. Ahora Juan dice de forma explícita que la bestia o el Anticristo está presente. Hay un sinfín de poemas y novelas, cuadros y también películas que representan esta batalla final. Pero, ¡merece la pena ver lo que la Biblia dice! Sorprendentemente, *no hay ninguna batalla, al menos en el sentido convencional en el que hay enfrentamientos, y bajas en ambos bandos durante un periodo de tiempo prolongado.*[157] En lugar de eso, en el momento en que contenemos la respiración esperando el comienzo del combate, leemos que la bestia y el falso profeta (el tercer ser demoníaco) son capturados y arrojados al lago de fuego (v. 20). Y sus seguidores son exterminados (v. 21). ¡Cristo derrota a sus enemigos sin que sus seguidores sufran daño alguno![158]

Los amilenialistas y posmilenialistas tienen que interpretar 20:1-6 como un *flashback* a la primera venida de Cristo, igual que el *flashback* que aparece en 12:1-9, éste aceptado por casi todos los comentaristas. Está claro que hay paralelismos entre 20:1-6 y sucesos que ocurrieron en el siglo I: la sujeción de Satanás, la división de la humanidad en enemigos y seguidores de Jesús, y el inicio de una nueva vida espiritual para estos últimos. Su reinado con Cristo podría referirse a la victoria espiritual que tienen en él durante toda la vida y la «era de la iglesia». El breve periodo de tiempo en el que Satanás será liberado se corresponderá con el caos que provocará durante la tribulación (tal y como se describe en los capítulos anteriores). Engañará a las naciones y reunirá a sus ejércitos para luchas contra los escogidos de Dios, pero luego será juzgado por

---

155. Osborne, *Revelation*, 686.
156. Aune, *Revelation 17-22*, 1063.
157. El ejército que acompaña a Cristo «según la descripción de Apocalipsis, no llega a luchar. De hecho, no llevan armaduras, sino ropa ceremonial. Cristo es quien lleva a cabo la lucha, y lo hace por su palabra» (Witherington, *Revelation*, 243).
158. «Aunque no era la intención del apóstol, una de las consecuencias de la visión del Armagedón es que ha alimentado la imaginación de los que no conocen la Biblia, que se han dedicado a construir fantasías sobre los últimos días en lugar centrarse en el valor de la obediencia tenaz, del amor sacrificado, y de la entereza vigilante. Cuando la gente no conoce el simbolismo de los profetas y los Evangelios, ni el lenguaje metafórico de la guerra en la historia de la salvación, cae en el error de elaborar predicciones sobre un holocausto que tendrá lugar en los últimos días en el monte Meguido en Israel, basándose en una mala lectura de las noticias sobre la política internacional. Jesús nos dijo claramente que la gente que hace estas predicciones sensacionalistas son los falsos Cristos y falsos profetas de los que nos hemos de guardar (Mt 24:23-26)» (Peterson, *Reversed Thunder*, 165).

la intervención sobrenatural de Dios y condenado junto a todos sus seguidores (vv. 7-15).

Por otro lado, es más difícil introducir un alto en el tiempo y una costura literaria entre 19:21 y 20:1 que entre 11:19 y 12:1. La primera de las «costuras» da lugar a una escena totalmente diferente; aquí se nos acaba de decir de la caída de dos de las tres partes de la trinidad satánica, y ahora nos enteramos del destino de la tercera: el diablo. La sección 19:19-20:3 hay que verla como un todo indivisible, un párrafo ininterrumpido que recoge que cuando Jesús regresa del cielo el destino con el que las tres criaturas demoníacas se encuentran es un destino violento. En esta interpretación, Cristo regresa *antes* de que el milenio del versículo 3 empiece.[159] Saber si se trata o no de mil años no tiene demasiada importancia. Probablemente, este número redondo no se refiere a la duración, sino al carácter de ese periodo de tiempo, que se ha llamado «el *sabbat* de la historia».[160]

El milenio (20:4-15).[161] En el texto griego, los dos primeros tercios del versículo 4 son una sola frase. Muchas traducciones dividen la frase, lo que lleva a confusión, pues parece que los únicos que resucitarán y vivirán el milenio son los que habían sido decapitados (o, si vemos una sinécdoque, habían sido asesinados). Sin embargo, el texto griego dice que Juan vio a los «que habían sido decapitados ... por la palabra de Dios y a los que no habían adorado a la bestia». Dicho de otro modo, todos los redimidos (*tanto* los que ya habían muerto, subido al cielo y regresado con Cristo, *como* los que estaban vivos cuando Cristo regresó) recibirán sus cuerpos resucitados a la vez, como se promete en 1ª Tesalonicenses 4:15-17. Los únicos que tienen que esperar al final del milenio para recibir sus cuerpos resucitados son los no creyentes (v. 5); los creyentes reinan con Cristo en una «era dorada» de paz y justicia en la tierra (v. 6).[162]

---

159. Encontrará una lista de argumentos exegéticos a favor de que el milenio ocurre después de la venida de Cristo, en Keener, *Revelation*, 464-65. Cf. también Beatrice S. Neall, «Amillennialism Reconsidered», *AUSS* 43 (2005): 185-210.

160. George R. Beasley-Murray, «Premillennialism», en *Revelation: Three Viewpoints* (Nashville: Broadman, 1977), 67. La idea es que, igual que el Salmo 90:4 dice que un día es como mil años para Dios, podría ser que el día de reposo que Juan ve dura ese mismo periodo de tiempo. Sabemos que algunos judíos y cristianos creían que la historia de la humanidad duraría seis mil años seguidos de un milenio de reposo. La ironía de que haya cristianos hoy en día que sostienen esta creencia y que aseguran que el milenio tiene que empezar en torno al año 2000 d.C. es que ni siquiera los creacionistas más literales creen que podamos contar las referencias a años que aparecen en la Biblia y deducir sin más que Dios creó el Universo en torno al 4000 a.C. Incluso los creacionistas más estrictos reconocen que la tierra ha existido mucho más de 6000 años.

161. Cf. también J. Webb Mealy, *After the Thousand Years: Resurrection and Judgement in Revelation 20* (Sheffield: JSOT, 1992).

162. Keener (*Revelation*, 467) explica: «Como Juan entiende que toda la iglesia tiene que oponerse al sistema de este mundo, representa a la iglesia como una iglesia mártir,

Sin embargo, esta interpretación premilenialista presenta algunas dificultades. ¿Sobre quiénes reinan los santos? ¿Quiénes quedan en la tierra, para rebelarse al final de los «mil años»? En 19:21, «los demás» no creyentes fueron exterminados. Existen dos respuestas posibles: (1) Toda la «batalla» podría ser espiritual, por lo que estos adoradores de la bestia que nunca considerarán el arrepentimiento tan solo confirman su rebelión espiritual; o más probablemente, (2) la gente que aquí se mata sí muere físicamente, pero no son todos los no creyentes del planeta, sino solo los soldados de los ejércitos de la bestia (v. 19).[163] Pero, ¿por qué Dios les da al final del milenio otra oportunidad de rebelarse?

Al parecer, lo hace para demostrar que, aunque aquí se les devuelve brevemente el derecho a elegir libremente, eligen el mal y luchar contra Dios, mostrando que su condenación final es perfectamente justa.[164] ¿Se sugiere pues que el milenio es un periodo en el que los creyentes se pasean con cuerpos resucitados junto a los no creyentes con cuerpos mortales? Y, ¿no es esto demasiado extraño como para ser creíble? Es cierto que es extraño. Pero si creemos que Jesús resucitó corporalmente de la tumba (por no mencionar la resurrección de otros santos en Mateo 27:51-53), entonces ya ha ocurrido antes, y de hecho Jesús se apareció en varias ocasiones a sus seguidores con cuerpos mortales.[165] Decir que lo mismo le va a ocurrir a los creyentes no es diferente cualitativamente hablando, sino tan solo cuantitativamente.

¿Pero qué ocurre con las experiencias de los santos en el cielo? Después de estar disfrutando de una felicidad perfecta en un estado intermedio incorpóreo directamente en la presencia de Dios, ¿no es un anticlímax regresar a una tierra imperfecta, por mejor que esta sea durante el milenio? Todo depende. La felicidad fuera del cuerpo no recoge todo lo que Dios quiere para sus criaturas; si pensamos en cómo diseñó a la humanidad, sus hijos e hijas no estarán completos hasta que sean de nuevo entidades holísticas, no solo con un alma viva, sino un alma unida de forma perfecta con un cuerpo glorificado. Y en este capítulo no encontramos nada (ni tampoco en las profecías veterotestamentarias que según creemos hablan de este periodo) que sugiera que durante el milenio la felicidad del pueblo de Dios estará empañada porque aún no habrán llegado los cielos nuevos y la tierra nueva. El simple hecho de que se nos ocurra una idea así demuestra que muchos cristianos aún están bajo una fuerte influencia del pensamiento de Platón. Pensamos que la salvación consiste en la inmortalidad del alma, pero la verdadera esperanza cristiana es, como dice N. T. Wright, «la

---

aunque esa imagen también engloba a gente que no fue asesinada sino que resistió a la bestia».

163. Osborne, *Revelation*, 688.

164. Este es el pasaje de las Escrituras que más se acerca a la posible aunque improbable visión que C. S. Lewis presenta en su novela *El gran divorcio*, en la que se dice que las personas que ya están sufriendo los horrores del infierno no elegirían salir de allí e ir al cielo aunque se les ofreciera esa oportunidad, porque serían incapaces de disfrutarlo.

165. Cf. Ladd, *Revelation*, 268.

vida (resucitada) que hay *después* de la vida después de la muerte».[166] Además, después de crear *este* mundo, Dios dijo que era «bueno», lo mismo dijo de todas sus criaturas, y cuando creó a la humanidad dijo que era «muy bueno» (Gn 1). A pesar de nuestro pecado y de la proliferación del mal, Dios vindicará el propósito que él tenía originalmente para *este* mundo, antes de proceder a la recreación del resto del cosmos.

En 20:7-15 se describe la insurrección y el juicio definitivo que habrá al final del milenio. Los versículos 7-10 hablan de la última liberación de Satanás de su prisión en el abismo, para que pueda «engañar a las naciones» de todo el mundo una última vez (vv. 7-8). Para referirse a las naciones del mundo, Juan usa los nombres de Gog y Magog, que toma de Ezequiel 38. En el caso de que se esté hablando de un lugar identificable, Ezequiel podría estar hablando de Giges de Lidia, en el sudoeste de la actual Turquía. Aunque algunos manuales de profecías lo defiendan, no hay ninguna relación geográfica o etimológica entre estos términos y lugares de la antigua Unión Soviética o la actual Rusia.[167] Además, es muy probable que en tiempos de Juan esos topónimos ya se usaran como expresiones o proverbios, igual que «Armagedón»; después de todo, en tiempos del Imperio Romano no se veía Lidia (ni siquiera el sur de Rusia) como uno de los cuatro «ángulos de la tierra».

Más aún, Gog y Magog solo tienen relevancia para los sucesos *anteriores* al retorno de Cristo desde una interpretación amilenialista o posmilenialista. Desde una interpretación premilenialista (que suele ser la perspectiva de ese tipo de manuales), estos nombres hacen referencia a los extremos de la tierra ¡solo *al final* del milenio! Pero como ocurre con las naciones preparadas para la batalla en Armagedón, estos ejércitos tan solo llegan a prepararse para la batalla. No llegan a atacar al pueblo de Dios, pues son consumidos por un fuego que cae del cielo. El dragón, Satanás, también es arrojado en el lago de fuego junto con la bestia y el falso profeta (recuérdese 19:19-21) donde será atormentado por los siglos de los siglos.[168]

Llegado este momento, en lo que Juan llama «un gran trono blanco», los muertos sin Dios resucitan, son juzgados, y de igual modo son enviados al infierno para siempre (vv. 11-15). La causa o causas de esa condenación sigue siendo un tema un tanto enigmático. No se dice exactamente en función de qué se les condena. Vuelve a aparecer el simbolismo de los libros. Por un lado, parece ser que uno de los libros recoge todas las acciones de toda la humanidad (vv. 12-13). Así que los malvados son juzgados en función de lo que han

---

166. Wright, *The Resurrection of the Son of God*, 31, y a lo largo de toda la obra.

167. En Ezequiel 38:2, Gog aparece como el príncipe soberano de Mesec y Tubal. ¡Esos topónimos «no son la forma original de Moscú y Tobolsk! (Son los nombres hebreos de las tribus ubicadas en el este de *Anatolia* conocidas entre *los* historiadores como los mosci y los tibareni» (Mounce, *Comentario al libro del Apocalipsis*, 498 n. 5).

168. «Los que se ofenden ante esta enseñanza tienen un concepto muy pobre de la terrible naturaleza del pecado, y de la respuesta lógica de la santidad divina» (Osborne, *Revelation*, 717).

hecho. Por otro lado, también vuelve a aparecer el libro de la vida, y aquel cuyo nombre no esté escrito en él, también es condenado (vv. 12, 15). Así que son condenados por ambas razones: porque Dios no les ha incluido en el libro de los escogidos, y por sus malas acciones.[169] Cualquier intento de definir de forma más detallada la relación entre estas dos causas es ir más allá de lo que aparece en este texto.

LOS CIELOS NUEVOS Y LA TIERRA NUEVA (21:1-22:21)

El estado eterno (21:1-22:6). En «Babilonia», la humanidad intenta crear el paraíso en la tierra sin contar con Dios, y fracasa estrepitosamente. Para aquellos que resisten la tentación y esperan en Dios, él promete rehacer la tierra y el cielo y recrear el paraíso perfecto jamás concebido para que su pueblo disfrute toda la eternidad. Si el fuego acabará con el Universo tal como lo conocemos ahora (2P 3:10), este sería el momento en el que eso ocurriría. Pero después del primer cielo y la primera tierra, vienen un cielo nuevo y una tierra nueva (v. 1a), como ya se había profetizado en Isaías 65:17-25 (aunque allí seguía habiendo algunas imperfecciones, que ahora han desaparecido). La falta de mar (v. 1b) no debe decepcionar a los que les gusta navegar o pescar. En tiempos de Juan, el mar se asociaba con el terror. De él provenían grandes tormentas, la gente se ahogaba, los barcos se hundían, y, como se creía entonces, lo peor era que allí habitaban los demonios.[170] A diferencia de eso, el estado eterno no tendrá nada que cause «muerte, llanto, lamento o dolor» (v. 4).

La misma idea se nos explica también de forma positiva: una ciudad santa descenderá de esos cielos nuevos para adornar la tierra nueva. Empezamos nuestra historia en un jardín, pero acabaremos en una ciudad: *el pueblo de Dios en una comunidad perfecta.*[171] El hecho de que la ciudad se llame la nueva Jerusalén apunta al cumplimiento de todas las promesas hechas a Israel y también a toda la humanidad.[172] Pero la ciudad también es una novia (del mismo modo en que Yahvé y Cristo son los novios de sus seguidores en el

---

169. Como Mounce adopta la interpretación de que durante el milenio solo resucitarán los mártires (*Comentario al libro del Apocalipsis*, 503), da por sentado que los demás muertos cristianos son juzgados aquí y que sus nombres *sí* aparecen en el libro de la vida. Aunque es posible, es interesante notar que sobre eso no hay ninguna mención explícita; solo hay información explícita sobre aquellos cuyos nombres *no* aparecen en el libro.

170. Cf. Aune, *Revelation 17-22*, 1119.

171. Mucha gente imagina la vida por venir como un paraíso idílico y privado, ¡pero lo que Dios ha planeado es una gran multitud de personas viviendo todas juntas! En este mundo caído, las ciudades grandes son un nido de muchos males, pero con la santificación del cosmos, el pecado ya no existirá. «No entramos en el cielo escapando de aquello que no nos gusta, sino por la santificación del lugar en el que Dios nos ha puesto» (Peterson, *Reversed Thunder*, 174).

172. Cf. Celia Deutsch, «Transformation of Symbols: The New Jerusalem in Rv 21,1-22,5», *ZNW* 78 (1987): 106-26. Esta imagen ya ha aparecido como «la Jerusalén celestial» en Gá 4:26 y Heb 12:22. Encontrará un estudio detallado sobre este tema y

Antiguo y en el Nuevo Testamento respectivamente). La atención recae sobre las personas, no tanto en el lugar (v. 2).[173] Lo mejor de todo es que los redimidos de Dios tendrán con él una relación interpersonal, íntima e única (v. 3). El hecho de que todo esto ocurre porque la ciudad desciende del cielo apunta a que el estado eterno no se aplica solo a la humanidad, sino a toda la creación de Dios (v. 5a).[174] ¡No es de extrañar que se le pida a Juan que escriba todas estas cosas (v. 5b), aunque éste sea el pasaje en el que más debió notar la impotencia de un lenguaje finito e incompleto para describir la perfección infinita y extraordinaria!

Como en 16:7, Juan oye la declaración «Ya todo está hecho». Dios se vuelve a asignar los mismos títulos eternos que vimos en 1:8. Haciéndose eco de Isaías 55:1, ofrece de forma gratuita agua viva a los sedientos (v. 6). A todo «el que salga vencedor» (recuérdese el final de cada una de las siete cartas de los capítulos 2-3), le promete esta herencia increíble (v. 7). Pero el versículo 8 nos recuerda que en ese nuevo cosmos el infierno aún existe. La letanía de los pecadores aquí se corresponde con la de los que persiguieron a cristianos y/o se negaron a reconocer a Jesús por miedo a la persecución (v. 8).[175]

El resto de esta sección se centra en la nueva Jerusalén. Los versículos 9-14 describen su resplandor y cómo refleja la gloria de Dios. Las doce puertas tienen los nombres de las doce tribus de Israel, y los doce cimientos, los de los doce apóstoles (vv. 12, 14). El pueblo del pacto, tanto del Antiguo como del Nuevo Testamento, ahora está unido de forma inseparable. Las medidas de la ciudad dan forma a un cubo perfecto de dimensiones astronómicas (vv. 15-17). El único edificio con esta forma conocido en el mundo mediterráneo antiguo era el Lugar Santísimo en el templo de Jerusalén. El hecho de que en la nueva Jerusalén no haya templo (v. 22) podría apuntar a que toda la ciudad, toda la comunidad, todos los redimidos de Dios son ahora sumo sacerdotes y tienen acceso directo a Dios. La cifra de doce mil estadios sugiere, de nuevo, la idea de plenitud, de estado completo (recuérdese 7:5-8).[176] Las piedras preciosas de los cimientos (vv. 19-20) nos recuerdan al pectoral de Aarón en Éxodo 28:17-20, que estaba adornado con muchas de las piedras mencionadas aquí, apropia-

---

de Apocalipsis 21-22 en Phichan Lee, *The New Jerusalem in the Book of Revelation* (Tübingen: Mohr, 2001).

173. Cf. Robert H. Gundry, «The New Jerusalem: People as Place, Not Place as People», *NovT* 29 (1987): 254-64.

174. Keener, *Revelation*, 486.

175. Ver la lista de elementos y su explicación en *Ibíd.*, 489-90.

176. Witherington (*Revelation*, 268) deduce que «ya no hay división entre lo sagrado y lo secular. Toda la ciudad es un templo santo, porque Dios está con su pueblo en toda la ciudad y ellos son su templo». En cuanto a los doce mil estadios, también comenta que la superficie de la ciudad se aproximaría a «todo el Mediterráneo, desde Jerusalén hasta España» y que «entonces, Juan estaría sugiriendo que la nueva creación se corresponde exactamente con el nuevo pueblo de Dios o su nueva comunidad» (p. 269).

das para una comunidad sacerdotal.[177] El resto de muros, puertas y calles de la ciudad también estaban hechos de los metales más preciosos. Las calles de oro también denotarían realeza; y la comparación del oro con el cristal transparente es una referencia explícita a la pureza (vv. 18, 21).

Si todos los creyentes son sacerdotes y tienen acceso a Dios, es porque Dios en Cristo sigue siendo el sacrificio eterno. Así, tal como Jesús predijo en Juan 2:19, «el Dios Todopoderoso y el Cordero son su templo» (Ap 21:22). Ahora, su luz hace que la luz del sol y de la luna ya no sean necesarias para alumbrar a esta comunidad santa (v. 23). Pero a la vez, aunque aquí no se nos explique cómo, existe cierta continuidad con el viejo orden. Las entidades que una vez se llamaron «naciones» (o, mejor, «grupos étnicos») y sus gobernantes de algún modo siguen existiendo; lo que haya sido redimido aportará a la nueva Jerusalén su «esplendor y gloria» (vv. 24, 26; cf. Is 60).[178] Aunque la ciudad tiene muros, como todos los centros urbanos en tiempos de Juan, las puertas de esta ciudad nunca se cierran porque no hay ningún peligro del que protegerse, y la noche y todos sus horrores ya no existirán (v. 25). Sin embargo, como el versículo 8, el versículo 27 nos recuerda que los malvados aún existen, pero ahora que están en el infierno ya no pueden dañar a los habitantes de este paraíso.

Aunque en la tierra nueva ya no hay mar, Juan habla del río de la vida que fluye del trono de Dios y que corre por el centro de la ciudad (22:1). Eso nos recuerda especialmente al río asociado al nuevo templo de Ezequiel (Ez 47:1-12). Este paralelismo, junto al rol de la ciudad como un nuevo «lugar santísimo», sugiere que el verdadero cumplimiento de la profecía de Ezequiel tiene lugar en el estado eterno, y no mediante la reconstrucción de un edificio en una nación gobernada por los judíos, en la nación de Israel.[179] Como el río, el árbol (o los árboles) de la vida nutren al pueblo de Dios, dando siempre fruto suficiente para sostenerlos de forma abundante (2a). Los que carecían de salud, ahora ya están restablecidos.[180] El «trono de Dios y del Cordero» ya no están solo en el cielo; también están en la tierra nueva (vv. 1, 3b).

---

177. Keener, *Revelation*, 496.

178. Dave Mathewson («The Destiny of the Nations in Revelation 21:1-22:5: A Reconsideration», *TynB* 53 [2002]: 121-42) recoge las principales opciones, concluyendo que el lenguaje de Juan destaca «las naciones que se convertirán en el futuro como cumplimiento de las profecías del AT (Is. 2:2-5; 60)». Pero a diferencia del énfasis que encontramos en Bauckham (*Climax of Prophecy*), para Mathewson el énfasis que Juan hace en la salvación universal no reemplaza el énfasis que también hace en el juicio universal.

179. Keener, *Revelation*, 497.

180. En el texto griego no hay verbo, así que tenemos que incluir la forma del verbo «ser» que más encaja en este contexto. Dada la ausencia de maldición en la frase siguiente, es imposible creer que Juan pensaba que en la nueva Jerusalén *aún* habría gente que necesitaba ser sanada. La traducción debería ser la siguiente: «Y las hojas del árbol eran para la sanidad de los pueblos». Y este texto no respalda el universalismo, sino simplemente el cumplimiento de la Gran Comisión. Cf. *Ibíd.*, 511; Osborne, *Revelation*, 772.

La referencia a «servir» suscita muchas preguntas sobre qué tipo de actividades realizaremos por la eternidad, pero no las responde. Es probable que *latreuo* en este texto signifique simplemente «adorar». Sea como sea, por la relación íntima que tendremos con Dios Juan puede usar la metáfora de que «veremos a Dios cara a cara», acción que estaba prohibida bajo pena de muerte. El hecho de que llevaremos su nombre en la frente habla de identificación y pertenencia (v. 4). El versículo 5 repite los pensamientos de 21:23, quizá porque son increíbles, y concluye hablando de nuestro reinado eterno. En el versículo 6 tenemos una doble inclusión: una con 21:5, para subrayar la veracidad de las palabras de Dios, y otra con 1:1, para recordarnos que todo esto ocurrirá pronto.

Cierre (22:7-21). En este cierre, Jesús recoge esa idea repitiendo tres veces «Miren que/Sí, vengo pronto» (vv. 7a, 12a, 20).[181] La bienaventuranza del v. 7b retoma el tema de 1:3, solo que ahora la bendición no es solo para el que lee esta profecía, sino para el que obedece sus enseñanzas (un recordatorio de que, a menudo, la profecía es más un mensaje para el presente que una predicción del futuro). Los versículos 8-9 son una repetición de 19:10. Los que creen que Juan no podría haber caído en este error una segunda vez tienen una visión de la santificación muy poco realista y no saben ver la gran tentación a arrodillarse que supondría estar ante un ser que revela cosas tan increíbles. El versículo 10a contrasta tanto con 10:4 como con Daniel 12:4 (véase p. 607). Los versículos 10b-11 sugieren que el final está tan cerca que es demasiado tarde para cambiar de actitud (recuérdese 13:10),[182] aunque esto no es cierto de forma absoluta, porque a lo largo de Apocalipsis hay gente que se arrepiente, y también hay gente que tiene la oportunidad de arrepentirse aunque no la aprovecha.[183]

Como en el capítulo 1, Jesús puede decir que es el principio y el fin, exactamente como Dios (v. 13). Los versículos 14-15 forman una inclusión con 21:7-8. Por primera vez en todo el libro, Jesús se identifica con su nombre, y lo hace además usando tres títulos mesiánicos, todos enraizados en las Escrituras hebreas (v. 16). La única respuesta apropiada y lógica a esta abrumadora revelación del que escuche lo que el Espíritu y el pueblo de Dios dicen es aceptar la invitación a tomar gratuitamente de la vida eterna (v. 17). Sorprendentemente, algunos la rechazarán.

Peor aún, algunos añadirán o quitarán palabras de esta profecía. A estos, Dios no les dará parte en la vida futura (vv. 18-19). Estas advertencias provienen en última instancia de Deuteronomio 4:2 y no pueden referirse a todo el canon de las Escrituras. En el contexto de Juan, estas advertencias tienen que ver exclusivamente con el libro de Apocalipsis. Pero parte de lo que la iglesia primitiva pretendió al canonizar los veintisiete documentos que forman el

---

181. Beale (*Revelation*, 1135) dice que el suceso principal en la historia de la salvación después de Pentecostés es la parusía, por lo que siempre quedará poco, aunque aún queden muchos años.
182. Roloff, *Revelation*, 251.
183. Osborne, *Revelation*, 786.

Nuevo Testamento fue que todos esos libros fuesen tratados con la misma reverencia.[184] Aquellos que cambian sustancialmente la Palabra de Dios en cuanto al «quién» y al «cómo» de la salvación y el juicio no son de los suyos. Las respuestas litúrgicas del último versículo y la mitad del penúltimo afirman esta verdad una vez más, piden que Cristo vuelva pronto, y concluyen con una versión abreviada de la bendición para todos los creyentes de 2ª Corintios 13:14.

APLICACIÓN

En lugar de leer Apocalipsis como si fuera un manual de sucesos que están ocurriendo ahora, debemos intentar entender las verdades, promesas y advertencias atemporales que se nos han querido transmitir a través de su simbolismo apocalíptico. Cada generación verá que los sucesos profetizados en el Apocalipsis de Juan se cumplen en sus días; por eso, cada generación deberá darse cuenta de que en la generación anterior también ocurrieron sucesos similares, con los que se cumplían profecías de Apocalipsis. Dios no nos ha dado un mapa para hacernos saber cuándo estamos cerca de los últimos cumplimientos, precisamente porque el tipo de cosas que él predice ocurren en parte una y otra vez como anticipo de «el gran final». Nuestra tarea no es predicar o escuchar sermones, escribir o leer libros o cualquier otro medio que afirmen saber lo que Jesús dijo de forma repetida que no podíamos saber: la hora o el momento del cumplimiento final de la realidad representada por los símbolos de Apocalipsis. *Lo que debemos hacer es centrarnos en el mensaje principal del libro: en última instancia, a pesar de toda la diversidad en la humanidad, solo hay dos posibles destinos. Uno, indescriptiblemente maravilloso; y el otro, inimaginablemente horrible. Nuestro destino eterno depende de la respuesta que demos a la invitación de Jesús (el Cordero que también es un León).*

Mientras tanto, la historia humana avanza. Y todo suceso, por horrible que sea, queda bajo la guía soberana de Dios. Estas verdades deberían ser para los creyentes una fuente de ánimo en todo tipo de adversidades. Y, aunque no podemos saber cuándo volverá Cristo, sí sabemos cuál es la naturaleza de los días anteriores a su regreso. El bien y el mal estarán cada vez más polarizados, y a medida que la Palabra poderosa de Dios va llegando a todos los confines de la tierra, habrá gente de todos los grupos étnicos que abrazará la fe. A la vez, los que rechacen la salvación de Cristo se opondrán a los creyentes y habrá una persecución sin precedentes, por lo que la ira de Dios ante la acción de los incrédulos se descargará en forma de plagas y desastres de gran magnitud. En este contexto, ¡no es de extrañar que a los verdaderos creyentes se les describa como vencedores![185] Los que son verdaderamente salvos aguantarán hasta el

---

184. Cf. Peter Balla, «Evidence for an Early Christian Canon (Second and Third Century)», en *The Canon Debate*, ed. Lee M. McDonald y James A. Sanders (Peabody: Hendrickson, 2002), 375.

185. David Scholer («Breaking the Code: Interpretive Reflections on Revelation», *ERT* 25 [2001]: 304-17) explica que este libro es más un manual sobre discipulado, sobre todo durante una etapa de sufrimiento intenso, que un «criptograma» de sucesos presentes o futuros.

final, pero demostrarán la realidad de esa salvación precisamente a través de ese aguante. No obstante, la compensación en los cielos nuevos y la tierra nueva es espléndida, sin igual.

Este sería el momento en el que se podría aplicar la famosa «apuesta» de Blaise Pascal. Si el ateísmo está en lo cierto y el cristianismo se equivoca, lo único que los cristianos pierden es la vida física. Pero si el ateísmo se equivoca y el cristianismo es cierto, los ateos experimentan un sufrimiento horrible, separados de la presencia de Dios y de todas las cosas buenas para siempre. Si alguna religión del mundo está en lo cierto y el cristianismo no, la mayoría de cristianos tiene bastantes posibilidades de ganar la vida eterna, porque en un sentido todas las religiones creen en la salvación por obras. Y los verdaderos cristianos hacen muchas buenas obras a medida que sus vidas se van conformando más a la imagen de Jesús. Pero si todo depende de la gracia a través de la fe, entonces las personas de las demás religiones o ideologías deben renunciar a los intentos de ganarse el favor de Dios y deben confiar en su misericordia y creer que él es el único que les puede salvar, exclusivamente a través de la cruz de Cristo. Igual que Cristo en la cruz, para los creyentes el triunfo llega a través de la muerte. Pero igual que Cristo en la cruz, los creyentes triunfan sobre la muerte, y esa victoria vale más que nada en este mundo. Tomando prestada una idea muy en boga hoy, «¡Podemos tenerlo todo!». Pero para tenerlo todo, tenemos que aceptar las condiciones de Dios y esperar el tiempo perfecto de Dios.

PREGUNTAS

1. ¿Cómo podemos responder cuando se dice que ya debemos de estar en la última generación porque hay mucho mal en el mundo o porque ya se está evangelizando a muchos grupos étnicos que aún no habían escuchado el evangelio? ¿Qué principio exegético debemos usar para determinar cuándo será el final de los tiempos? Ver especialmente el capítulo 11.

2. Compara la trinidad satánica de Apocalipsis 12-14 con la trinidad bíblica. ¿De qué forma la trinidad satánica intenta imitar a la Santa Trinidad? Explica la forma en la que la trinidad satánica parodia a uno de los miembros de la Santa Trinidad. ¿Cuál es el tema principal que se nos intenta comunicar a través de esta visión de la trinidad satánica?

3. ¿Qué relación tienen los sellos y las trompetas con las copas? ¿A qué porción de la humanidad afecta cada uno de estos juicios, y cómo quería el autor que entendiéramos los números que utiliza? Comenta los interludios y la importancia que tienen en cada una de estas series de siete juicios.

4. ¿Qué visiones describen las dimensiones políticas, religiosas y económicas del gran imperio maligno que se levantará en el final de los tiempos? ¿Qué verdades más prosaicas podemos extraer de estas visiones?

5. ¿Cómo es la descripción que Juan hace de la batalla final en Armagedón? ¿En qué se diferencia esta descripción de la que normalmente aparece en los medios de comunicación o en las historias tan populares hoy en día? ¿Cómo

deben prepararse y armarse los creyentes para la batalla que derrocará a Satanás y al mal?

6. ¿Cuáles son los principales pasajes e ideas de Apocalipsis que los premilenialistas, posmilenialistas y amilenialistas usan para respaldar sus planteamientos? Analiza los sucesos en Armagedón según estas tres interpretaciones. ¿Qué ocurrió o qué ocurrirá en Armagedón? Al leer Apocalipsis 19:19-20-3 como una unidad, pasaje en el que la trinidad satánica es derrotada de golpe, una de las interpretaciones del milenio tiene más sentido. ¿Cuál es?

7. ¿Cuáles son algunas de las dificultades de la interpretación premilenialista de Apocalipsis 20? ¿De qué forma se pueden resolver esas dificultades?

8. Detrás de todo ese lenguaje críptico y de toda la simbología de Apocalipsis, ¿cuál es la afirmación principal que los creyentes deben entender en cuanto al final de la historia de la humanidad? ¿En qué se diferencia de la forma en la que mucha gente ha usado Apocalipsis, tanto en nuestra generación como en generaciones anteriores?

OBRAS SELECCIONADAS

COMENTARIO:

Avanzados

Aune, David E. *Revelation*, 3 vols. WBC. Dallas: Word, 1997–98.

Beale, Gregory K. *The Book of Revelation*. NIGTC. Carlisle: Paternoster; Grand Rapids and Cambridge: Eerdmans, 1999.

Osborne, Grant R. *Revelation*. BECNT. Grand Rapids: Baker, 2002.

Smalley, Stephen S. *The Revelation to John*. London: SPCK; Downers Grove: IVP, 2005.

Thomas, Robert L. *Revelation*, 2 vols. Chicago: Moody, 1992–96.

Intermedios

Beasley-Murray, G. R. *The Book of Revelation*. NCB, rev. London: Marshall, Morgan & Scott, 1978; Grand Rapids: Eerdmans, 1981.

Caird, George B. *A Commentary on the Revelation of Saint John the Divine*. BNTC/HNTC. London: Black; New York: Harper, 1966.

Hughes, Philip E. *The Book of Revelation*. PNTC. Leicester: IVP; Grand Rapids:Eerdmans, 1990.

Johnson, Dennis E. *Triumph of the Lamb: A Commentary on Revelation*. Phillipsburg,N.J.: Presbyterian and Reformed, 2001.

Keener, Craig S. *Revelation*. NIVAC. Grand Rapids: Zondervan, 2000.

Mounce, Robert H. *The Book of Revelation*. NICNT, rev. Grand Rapids: Eerdmans, 1998 [en español, Mounce, Robert H. *Comentario al libro del Apocalipsis*. Barcelona: Clie, 2007].

Murphy, Frederick J. *Fallen Is Babylon: The Revelation of John*. NTinCont. Harrisburg: Trinity, 1998.

Reddish, Mitchell G. *Revelation*. SHBC. Macon: Smyth & Helwys, 2001.

Roloff, Jürgen. *The Revelation of John: A Continental Commentary*. Minneapolis: Fortress, 1993.

Witherington, Ben, III. *Revelation*. NCBC. Cambridge and New York: CUP, 2003.

Introductorios

Kovacs, Judith, y Christopher Rowland, con Rebekah Callow. *Revelation*. BBC.

Oxford and Malden, Mass.: Blackwell, 2004.

Metzger, Bruce M. *Breaking the Code: Understanding the Book of Revelation*. Nashville: Abingdon, 1993.

Michaels, J. Ramsey. *Revelation*. IVPNTC. Leicester and Downers Grove: IVP, 1997.

Morris, Leon. *The Book of Revelation*. TNTC, rev. Leicester: IVP; Grand Rapids: Eerdmans, 1987.

Peterson, Eugene H. *Reversed Thunder: The Revelation of John and the Praying Imagination*. San Francisco: Harper & Row, 1988.

Wilcock, Michael. *The Message of Revelation: I Saw Heaven Opened*. BST. Downers Grove and Leicester: IVP, 1975.

OTROS LIBROS

Bauckham, Richard. *The Climax of Prophecy*. Edinburgh: T & T Clark, 1993.

Blevins, James L. *Revelation as Drama*. Nashville: Broadman, 1984.

Blount, Brian K. *Can I Get a Witness? Building Revelation through African American Culture*. Louisville: WJKP, 2005.

Boesak, Allan A. *Comfort and Protest: Reflections on the Apocalypse of John of Patmos*. Philadelphia: Westminster, 1987.

Collins, Adela Yarbro. *Crisis and Catharsis: The Power of the Apocalypse*. Philadelphia: Westminster, 1984.

Court, John M. *Myth and History in the Book of Revelation*. London: SPCK, 1979.

Dawn, Marva J. *Joy in Our Weakness: A Gift of Hope from the Book of Revelation*. Grand Rapids and Cambridge: Eerdmans, 2002.

Duff, Paul B. *Who Rides the Beast? Prophetic Rivalry and the Rhetoric of Crisis in the Churches of the Apocalypse*. Oxford and New York: OUP, 2001.

Fiorenza, Elizabeth Schüssler. *The Book of Revelation: Justice and Judgment*. Philadelphia: Fortress, 1985.

Friesen, Steven J. *Imperial Cults and the Apocalypse of John*. Oxford and New York: OUP, 2001.

Goldsworthy, Graeme. *The Gospel in Revelation*. Exeter: Paternoster, 1984; Nashville: Nelson, 1985.

Koester, Craig R. *Revelation and the End of All Things*. Grand Rapids and Cambridge: Eerdmans, 2001.

Kraybill, J. Nelson. *Imperial Cult and Commerce in John's Apocalypse*. Sheffield: SAP, 1996.

Michaels, J. Ramsey. *Interpreting the Book of Revelation*. Grand Rapids: Baker, 1992.

Pate, C. Marvin, ed. *Four Views on the Book of Revelation*. Grand Rapids: Zondervan, 1998 [en español, Gentry, Kenneth L., y C. Marvin Pate. *Cuatro puntos de vista sobre el Apocalipsis*. Miami, FL: Editorial Vida, 2005].

Rhoads, David, ed. *From Every People and Nation: The Book of Revelation in Intercultural Perspective*. Minneapolis: Fortress, 2005.

Slater, Thomas B. *Christ and Community: A Socio-Historical Study of the Christology of Revelation*. Sheffield: SAP, 1999.

Smalley, Stephen S. *Thunder and Love: John's Revelation and John's Community*. Milton Keynes: Word, 1994.

Thompson, Leonard L. *The Book of Revelation: Apocalypse and Empire*. Oxford and New York: OUP, 1990.

Wainwright, Arthur W. *Mysterious Apocalypse: Interpreting the Book of Revelation*. Nashville: Abingdon, 1993.

MÁS BIBLIOGRAFÍA

Muse, Robert L. *The Book of Revelation: An Annotated Bibliography*. New York: Garland, 1996.

Nos agradaría recibir noticias suyas.
Por favor, envíe sus comentarios sobre este libro
a la dirección que aparece a continuación.
Muchas gracias.

Vida@zondervan.com
www.editorialvida.com